imaginist

想象另一种可能

理
想
国

imaginist

文明的故事

THE STORY OF CIVILIZATION

6

宗教改革（上）

The Reformation

〔美〕威尔·杜兰特 著
by Will Durant

台湾幼狮文化 译

上海三联书店

致读者

本卷定名为《宗教改革》，读者定会觉察到并不十分恰当。正确的名称应是《1300年到1564年前后意大利以外的欧洲文明史，包括意大利的宗教史，兼及欧洲、非洲、西亚的伊斯兰教和犹太教的文明》。书名何以如此冗长呢？因为《文明的故事》第4卷《信仰的时代》，只将欧洲史叙述到1300年，而第5卷《文艺复兴》则又限于1304年至1576年的意大利本土，也未述及意大利对宗教改革的反响。所以本卷必须从1300年开始叙述，读者只要读到本卷1/3的篇幅时，即欣然发现路德（Martin Luther）登场。不过，我们都会私下同意，宗教改革真正开始于14世纪的约翰·威克利夫（John Wyclif）和巴伐利亚的路易，由15世纪的约翰·胡斯（John Huss）推波助澜，而到达16世纪，在鲁莽的修道士维腾贝格（Wittenberg）手中始大放异彩。兴趣只在宗教改革的读者，可略去第三至六章和第九至十章，也无影响。

不过宗教改革为本卷中心论题，却并非唯一的主题。我们以宗教的一般概念，其对灵魂和团体的功能及路德以前两个世纪罗马天主教廷的状况和问题开始。我们要观察一下1376年至1382年的英格兰、1320年至1347年的德国和1402年至1485年的波希米亚情形，以详述路德派宗教改革的观念和冲突。当我们叙述时，我们会注意到，以共产主义为理想的社会革命与宗教变革携手并进的状况。我们对吉本（Gibbon）论君士坦丁堡的陷落一章也略表同感；同时我们也想弄清楚土耳其人向维也纳进军，如何竟使一个人立即与一个帝王兼教皇的人公然作对。我们对伊拉斯谟为教廷和平地自我改造所做的努力也颇表同情。我们也要研究路德到来前夕的德国情况，也许可以从而了解，他的到来何以是不可避免的。在第二部中，将以宗教改革为主，说明德国的路德和梅兰希顿、瑞士的兹文利和加尔文、英国的亨利八世、苏格兰的诺克斯和瑞典的格斯道佛·瓦萨等人的活动情形，并顺便浏览一下弗朗索瓦一世和查理五世之间的长期斗争；而在那个惊天动地的半个世纪（1517—1564 年）中，为了让这幕宗教改革的好戏一一展露而无停滞，欧洲人其他方面生活的情形就只好后延了。第三部中的"门口的异教徒"（The Strangers in the Gate）一篇，叙述俄国人、伊凡家族和东正教，伊斯兰教及其挑战性的教义、文化和权力及犹太人在基督教国家中寻求信徒的努力。次篇"幕后"（Behind the Scences）研究路德时代，欧洲的法律、经济、道德、习俗、艺术、音乐以及文学、科学和哲学的情形。下篇我们想从受害的教廷观点，来看宗教改革而作一"神往实验"（experiment in empathy）。我们对教廷在暴风雨摧残下的宁静胆识，不由不敬佩。在"结语"中，我们则试以现代史和现代思潮的观点，来看文艺复兴、宗教改革、天主教义及启蒙运动。

因为要写的每一个字，几乎都可能引起争论或是顾忌，所以这是一个既让人神往却又困难的题目。虽然我知道，一个人的过去会使其戴着有色眼镜，也知道没有什么事如公正一般的烦人，但我仍力求公正。读者须知，我在天主教气氛浓郁的环境中长大，对虔诚的教区牧师、饱学的耶稣会教士及对我懵懂的青年时期曾如此容忍的仁慈修女们，怀有感激之情。但是，读者也应注意，我在乔纳森·C. 戴、威廉姆·亚当斯·布朗、亨利·斯洛安·柯芬和埃德蒙·查菲等坚忍卓绝的新教徒主持的长老会中，从事了 13 年的布道工作，从中也获不少教益；在那所长老会教堂中，我最虔诚的听众很多是犹太人，他们对接受教育的饥渴使我对这个民族有新的洞识。这并不是说我的偏见会少于任何人而求谅；而是同情深具热诚求知的人所追求的一切教义，即使依据理性，他们追求的是不实的信念，但须知我们都是在黑暗中探寻阳光的人。关于最后归宿问题，我知道我并不比一般无知的少年知道得更多。

我感谢亚洲研究所创办人亚瑟·欧普汉·鲍比博士，就伊斯兰教几章上所作的某些修正；美国犹太神学研习会的格逊·柯亨，审阅有关犹太人的几页篇幅；我友洛杉矶的哈瑞·考夫曼校订有关音乐的部分，及我妻在我们共同合作的每一阶段，对这本书所作的不断帮助和启发性的评论。

倘若作者要歇手的话，写完第 7 卷《理性开始的时代》就将结束，该卷问世，也许是 5 年以后的事，内容将写至拿破仑时代为止。那时，我们就会鞠躬下台。我们深深地感谢手中捧着这几卷沉重的书的读者，原谅我们尝试从过去解开现代的谜题中所犯的无数错误。因为现在即是过去装上底片准备拍摄下来的事物，而过去是为了了解现在而洗出底片的纪录。

威尔·杜兰特
1957 年 5 月 12 日于洛杉矶

注意事项

一、生卒日期通常都于内文中省略。

二、内文中所引述或提及的各作者之宗教观点，如非必要，则不特别标明天主教、犹太教、新教或理性主义者观点。

三、文中引文均用异体字表示，是为学者方便而不是为一般读者。

四、为使本卷成为一独立单元，前卷从《文艺复兴》中，引述数节宗教改革前的教廷史，作为首章的综论。

五、本卷中将 14、15 世纪时的货币单位：克朗（crown）、利维尔（livre）、弗罗林（florin）、杜卡特（ducat）以相当于 1954 年 25 美元计算。法郎和先令相当于 5 美元计算；马克为 66.67 美元，英镑为 100 美元，以及埃库（écu）为 15 美元计算。这些都是大致的估计，而通货不断贬值，仍不免有问题。我们要指出，1390 年时，一个牛津学生每周的膳宿费用为 2 先令；1424 年圣女贞德一匹马的花费是 16 法郎；1460 年时，达·芬奇父亲的一名侍婢年金为 8 弗罗林。

总　目

目　录

第一部

从威克利夫
到路德

德国画家霍尔拜因创作的《出访英国宫廷的法国大使》。左边是法国1533年派驻英国的大使丁特维尔；右边是他的朋友，身兼外交官、主教等职的塞尔维。

第一章 | 罗马天主教会
（1300—1517）

基督教的贡献

宗教是知识界最后才开始了解的东西。年轻时，我们可能以一种自豪的优越感，对受人珍视的宗教加以轻视；在疑惑之年，却眼见它在一个世俗科学化的时代里，竟能繁荣发展，且又历经伊壁鸠鲁、卢克莱修、卢奇安（Lucian）、马基雅维利、休谟（David Hume）与伏尔泰等人的致命打击之后，还能悠悠复活，我们确实惊异。在感叹的同时我们不禁产生疑问——这种恢复力的奥秘究竟何在？

即使最睿智者想要妥适地解答，恐怕也须阅历百世才能办到。他可能先得认清：即使在科学发达之际，仍有无数现象无法以自然原因、数量及必然结果立即予以解释。心灵的神秘仍然非心理学之公式所能表现。在物理学方面，支持科学定理成立的令人震惊的同一个自然秩序，仍可能合理地维系对宇宙神灵的一种宗教信仰。我们的知识如同在无知的大漠中一座渐渐消退的海市蜃楼。生命并非全不可知。任何无法解释的现象，都被假设有自然或超自然的起源，有时这样假设，有时那样假设。在相互矛盾的事实前，唯有少数人能坚持不予评断。大部分人类仍将神秘的事物或事件，归因于凌驾在"自然法则"

(natural law) 之上的超自然物。宗教一向即为对超自然物的崇拜——包括慰藉、祈求或膜拜。芸芸众生，尽为生命所苦，倘自然之力无济于事，他们乃转而求诸超自然的掖助。于是，他们由衷地感激并接受那能带给生存以尊严与希望，能带给世界以秩序和意义的诸般信仰。倘若他们不能相信自然的残酷无情、历史的奸诈血腥及他们自己身受的苦难与剥夺，是属于人所不可思议的神的设计的一部分，他们便很难耐心忍受凡此种种痛苦。无人能知其原因或命运的宇宙，不啻是一所知识的监狱；我们总愿意相信这一出伟大戏剧有一个公正的创作者和一个高远的目标。

尤有甚者，我们都渴望生存，我们觉得大自然生生不息地孕育人类与心灵，而其目的却只是待他们发展成熟时一举消灭之，这实在令人难以理解。科学给予人越来越大的力量，反而使人越来越微不足道；它改进了人的工具，但疏忽了它的目的；它对人类终极的起源、价值与目的，不发一言；它并未赋予生命、历史以意义或价值，这些是不因死亡或历史而取消的。因此，人们宁取自己觉得可靠的感性，而不取并不那么确切实际的理性。他们在厌倦了对凡世的思考和探索自然所感到的惶惑无助后，便竭诚欢迎一个权威教会的引导、悔罪的洗净及历经考验后而长久建立的坚定教条。由于不愿失败，不愿所爱者被剥夺离去，再由于罪的阴影与死亡的恐惧，人们觉得自己被上天救赎，因而洗除罪恶与恐怖，受到希望的慰藉与激发，并升到一种如神一样的永生境地。

同时，宗教也带给社会与国家错综而普遍的影响。传统的仪式抚慰了精神，并联系了世世代代的子孙。地方教会将个体集合成社群，成为一个大家庭。英国大教堂则成为统一自治区的产物与骄傲。生命得到神圣艺术的润饰，而宗教音乐也将舒缓、和谐注入人类心灵与群体之中。宗教对与我们本性相连、对文明不可缺的道德典范，提供了超自然的制裁与支持——无所不见的神灵、永生受罚的威胁、万世至福的许诺，及不尚人间脆弱的权威而尚天上神力的圣训。我们的本能经过 1000 个世纪的不安与追逐陶铸而成，这些本能使我们适合成为凶悍的猎人与贪婪的多妻者而非和平的市民。人们曾具有的活力胜过目前社会的需要。欲使社会文明，人们必须每天百次自觉或不自觉地节制这些本能。远在史前时期，家庭与国家早已乞援于宗教以缓和人类野蛮的冲动。父母发现宗教可驯服任性的孩子、使之趋于中庸与自制；教育家则珍视其为陶冶青年的无上法门；而政府也久已寻求与宗教合作，以便从人类分裂的自我主义与自然的无政府状态中，构筑出社会秩序来。倘若宗教不曾存在，则大立法家像汉谟拉比（Hammurabi）、摩西、莱喀古斯（Lycurgus）与庞皮利乌斯（Pompilius）也必会发明出来。但事实上他们并不需要如此，因为宗教是自动并不断地发自人类的需要与愿望的。

从君士坦丁到但丁，经过了千年风雨，基督教会终将宗教这份礼物赠给了人类。基督教会将耶稣的形象铸成德行的神圣化身，借以使粗鲁的野蛮人归向文明。同时，它也造成了一种信条，使每个不论多么卑微的生命都成为一个崇高的宇宙剧的一部分。它将每一个人和创造他的上帝极为紧密地连在一起，这位创造者，曾经在《圣经》中训诲大家，并订出一种道德典范。他曾自天堂而降，为救赎人类的罪恶而备受侮辱甚至死亡；他曾经建立教会，作为他圣训的宝库与他权威的世俗代表。这部伟大的"戏剧"年复一年地滋长着；圣者与殉道者为其教义而死，并将楷模留赠给一般信徒。各种形式的艺术与成千上万的作品解释这部"戏剧"，而使其永生在每个人甚至不识字者的心灵中。圣母玛利亚因而成为"所有诗歌中最纯美的花朵"，成为女性温柔体贴与母爱的典型，成为最柔和的圣歌与祈祷的接受对象，也成为雄伟的建筑、雕刻、绘画、诗歌与音乐的灵感之源。感人的仪式每天从百万圣坛和弥撒那种神秘而崇高的庄严中升起。忏悔与苦行净化了悔悟的罪人，祈祷则安慰并使其坚强。圣餐使他凛然与耶稣基督同在，而临终圣礼的洗涤、涂油，使其期待天堂。在对人类的服务上，宗教绝少发展成如此的多彩多姿。

　　教会的鼎盛，是凭着其教义的安慰、仪式的魔力、信徒的高尚道德及主教的勇气、热诚与圣洁。主教法庭的公正，取代了罗马帝国政府空出的席位，而成为基督教世界中黑暗时代（约 524—1079 年）秩序与和平的主要源泉。西方经过野蛮民族涌入意大利、法国、英国与西班牙之后，欧洲文明的复活实得力于教会而非其他任何机构。教会的僧侣开垦荒地，其修道院赈济贫民，教育孩童，安顿旅客；其医院则收容病患与穷人；其修女院则庇护孤寡妇女，将她们母性的冲动转移到社会服务；修女独力抚养女孩子，达数世纪之久。古典文化之所以没有完全丧失在文盲的洪流里，是因为僧侣们在被要求对许多异教抄本予以摧毁之余，还抄录并保留了其中成千的作品，因而延续了用以书写的希腊文与拉丁文。文艺复兴时代的人文主义者便在圣高尔（St.Gall）、富尔达（Fulda）、蒙特卡西诺（Monte Cassino）等地的教会图书馆，发现了从未听过耶稣之名的灿烂文明的珍贵遗物。从安布罗西（Ambrose）到沃尔西（Wolsey），凡千年之久，其间从事训练西欧教师、学者、法官、外交家与大臣工作的，即是欧洲的教会。从阿伯拉尔（Abélard）诞生算起，建立大学与哥特式教堂，以供知识分子和虔诚的人们安栖的，也是教会。在教会的保护下，经院派哲学家恢复古人试图以理性解释人生与命运的企图。整整 9 个世纪，欧洲所有的艺术，几乎都受到教会的启发与资助。即使艺术染上异教色彩，文艺复兴时的教父们仍然继续给予资助。音乐在达成较高的形式时，无疑是教会的贡献。

　　更重要的是，当教会的发展如日中天之际，还带给欧洲各国一种国际道德规范与政府。恰似教会在学校里所教的拉丁文，以之作为各国学术、文学、科学与哲学统一的媒介，天主教也以教义与仪式带给尚未分成列国的欧洲一种宗教上的统一，罗马教会以其神圣建筑与精神领导权，倡言自己为一个国际法庭，而使所有君主与国家，均须对之负起道义责任。教皇格列高利七世（Gregory Ⅶ）拟订了欧洲基督共和国的教旨；而神圣罗马帝国皇帝亨利四世（Henry Ⅳ）则在卡诺沙（Canossa）向格列高利屈服而承认了这一事实（1077 年）。一个世纪之后，较为强硬的君王巴巴罗萨（Frederick Barbarossa）在长期的抵抗之后，也在威尼斯向那位较为软弱的教皇亚历山大三世（Alexander Ⅲ）卑躬屈膝；1198 年，教皇英诺森三世（Innocent Ⅲ）更是大大提高了教皇的权力与威望。这样，格列高利期盼着的一个道德上的超级国家理想，一时之间似乎已经实现。

然而这一美梦，终因人性而宣告破灭。教皇的司法人员同样讲人情、怀偏见、爱钱财，甚至敲诈勒索；而同样身为人的国王与人民，当然也不满任何超越国家的权力的存在。法国日渐增加的财富，激发其国家主权的雄心。国王菲利普四世（Philip Ⅳ）即为法国境内教会财产的所有权向教皇博尼费斯八世（Boniface Ⅷ）挑战并获得成功；国王的使臣将年老的教皇拘押于阿纳尼（Anagni）达三天，而博尼费斯不久之后也一命呜呼（1303 年）。宗教改革的基本层面之一——世俗君主对抗教皇——于此开始。

纳地尔的教会（1307—1417）

整个 14 世纪，教会饱受政治的屈辱与道德的腐化。教会从彼得与保罗虔诚的信仰开始，逐渐成为一个具有家族性、学院性、社会性与国际性教条、秩序及道德的庄严体制。但如今则堕落为一个既得利益集团，专务自保和财利。菲利普四世促成一位法国人当选教皇，同时说服他将罗马教廷迁移到罗讷河（the Rhone）的阿维尼翁（Avignon）。如此，嗣后的诸教皇即成为法国的人质与囚犯，达 68 年之久，这使其他国家对教皇的崇敬与捐献，也因之急速减少。受制于人的教皇为了补充财库，便向教会各阶层、各修道院及各教区更贪厉地广征税收。每一个教会派定的人员均须将第一年薪俸的半数，汇交给教廷——教皇的行政组织；嗣后则年取 1/10，称为什一税。凡新任的大主教均须为一袭披带而偿付一笔可观的金钱——披带由白羊毛编织而成，是主教权威确定的标志。任何一位红衣主教、大主教、主教或修道院院长去世时，其私人拥有的财物均归于教皇。在教士死亡与继任者的述职期间，圣俸的净益由教皇接收，因此，教皇受到指控，认为他故意延长这一时间以图利。凡从教廷下来的判决或宠惠，均须赠礼答谢，而所谓的判决有时视赠礼的厚薄而定。

教皇这种税入的大部分，用来维持教会之中央组织，使其成为欧洲社会道德上的政府，但这种合法的方式越来越不成功。然而，部分税收却进了教士的私囊，有些甚至用来酬劳聚集在阿维尼翁的高等妓女。芒德（Mende）的主教杜兰德（William Durand）在向维也纳宗教会议所呈送的论文中写道：

> 倘使罗马教会开始将恶例从自身除去，整个教会才能受到革新……教会人士丑闻昭彰，而民众们事实上已受到传染……因为在境内的所有地区……罗马教会已经染上臭名，大家都在呼喊宣扬说，在教会怀抱中的所有人士——从大人物甚至到最小角色——都心向贪婪……由于教士的宴会比皇族、国王更加奢侈……整个基督教人民显然已从教士那里学到贪婪的坏习而弄得声名狼藉。

"狼群控制着教会，"阿尔瓦罗·佩拉约（Alvaro Pelayo），这位西班牙的高级教士喊道，"它们是以信仰基督的羊群的鲜血为食。"本人是敛税能手的英国爱德华三世（Edward Ⅲ）提醒教皇克莱门特六世（Clement Ⅵ）道："耶稣十二使徒的后继者，是受托来引导主的羊群走向草原，而非剪取其毛。"

在德国，教皇的收税人横遭追捕、监禁、残害及勒杀。1372年，科隆、波恩、克桑滕（Xanten）及美因茨诸地的教士凭誓团结起来，拒付格列高利十一世征收的什一税。

在所有的抱怨与叛变中，教皇仍继续声明他们对世俗国王们的绝对主宰权。约 1324 年，特里翁福（Agostino Trionfo）在教皇约翰二十二世的资助下，写了一篇《教会统治者概说》（"Summa de Potestae Ecclesiastica"），以回答帕多瓦（Padua）出身的马西利乌斯（Marsilius）和奥卡姆（Ockham）的威廉对教皇职位所做的攻击。特里翁福认为教皇的权力来自上帝，他是上帝在尘世的代理人，即使他是一个大罪人，也得对他服从，他可以由宗教大会以重大异端的罪名而罢黜。在位的教皇权力仅次于上帝，超越所有世俗君主。他甚至可以不顾人民或选民的抗议而随意废立国君与皇帝，他既可取消世俗君主的法令，也可废弃国家的宪法。王侯的任何法令，非经教皇同意，均告无效。教皇甚至高于天使，而与圣母玛利亚及诸圣者接受同一礼敬。教皇约翰二十二世便是这种高高在上的教皇的典型，且对其视为理所当然。

然而，教皇逃离罗马及屈从法国，毕竟损伤了他们的权力与威望。阿维尼翁的教皇们，似乎在向法国表示附庸的媚态。在红衣主教团 134 名的提名者中，法国人竟然占了 113 位。英国政府对教皇在英法"百年战争"（the Hundred Years' War）中贷款给法国一事，愤怒异常，其默许威克利夫攻击教皇，系事出有因。德国的选民反对教皇对国王、皇帝的选派再做任何干涉。1372 年，科隆各修道院院长公开承认说："罗马教廷已受到如此轻视，致使这些地区天主教的信仰似乎受到严重的危害。"在意大利，一些教皇属下的邦郡，像拉丁姆（Latium）、安布利亚（Umbria）、马尔凯（Marches）及罗马纳（Romagna），都被雇佣兵制下的暴君割据，他们向遥远的教皇表示形式上的礼敬，却保留自己的收益。当教皇乌尔班五世（Urban V）派遣两位代表到米兰，欲将违抗他命令的主教贝尔纳博·威斯孔蒂（Bernabò Visconti）除名时，来使竟然被迫吃下教皇的训谕——包括丝带、羊皮纸及封印（1362 年）。1376 年，佛罗伦萨与教皇格列高利十一世争吵之后，没收该地区教会的所有财产，关闭主教法庭，废除宗教裁判所的建筑，监禁或绞杀反抗的教士，并请求意大利终止教会所有世俗的权力。很显然，阿维尼翁的教皇已因他们对法国的效忠而丧失了整个欧洲。迄至 1377 年，格列高利十一世才将教皇职位迁回罗马。

他去世时（1378 年），红衣主教团举行教皇选举会议，其中法国人虽占绝对多数，但怕罗马人暴动，于是推选一位意大利人当教皇，即乌尔班六世。但乌尔班并不"乌尔班"（Urbane 为文质彬彬之意，与前一词谐音），他脾气非常暴躁，并且极力坚持与当时教阶组织意见相左的改革，因而红衣主教团申明其选举是被迫而出，宣告无效。于是，他们再改选一位日内瓦出生的罗伯特当教皇。罗伯特在阿维尼翁登基为克莱门特七世，而乌尔班六世则在罗马坚持教皇的职位不放。教皇权分裂时代（1378—1417 年）便如此产生，正如为宗教改革铺路的许多力量一样，其分裂也受到民族国家兴起的左右。事实上，这次分裂是法国对英国之战争中，为保留教皇道义上与财政上支援所做的尝试。那不勒斯、西班牙与苏格兰起而效尤，投向阿维尼翁一边，但英国、佛兰德斯、德国、波兰、波希米亚、匈牙利、意大利与葡萄牙则接受乌尔班。教会成为两个敌对阵营的武器与牺牲品。分裂为二的基督教世界视另一半为异端、为亵渎而逐之于教会之外；每一方都宣称由对方礼拜祭司所主持的圣餐无一价值，而由此领洗的儿童、忏悔的罪人及涂油的临终者，仍难赦重罪，倘其死亡，必注定堕入地狱——轻者也在地狱边缘。日渐扩张的伊斯兰教在嘲笑日渐解体的基督教。

乌尔班六世之死（1389 年）并未带来和解。那 14 位红衣主教在自己的阵营里另外选了博尼费斯九世，继而是诺森七世和格列高利十二世，而列国的割据也延长了教皇职位的分裂。克莱门特七世去世时（1394 年），阿维尼翁的红衣主教团便另选一位西班牙人当教皇，即圣本笃十三世（Benedict XIII）。他声言，要是格列高利十二世同意与他步调一致，他便辞职。但格列高利的亲党早已各应教职，当然不听这一声言。格列高利方面，有些红衣主教也背离了他，要求召开宗教大会。法国国王催促圣本笃十三世退位，但遭到拒绝。法国因而拒绝与他联盟，改采中立。圣本笃逃到西班牙时，他的红衣主教们加入那些离开格列高利的红衣主教，联合呼吁在比萨召开宗教会议并选举一位大家都接受的教皇。

几乎在 1 个世纪之前，那些反抗的哲学家为此已经定下"教会会议至上主义调停运动"（conciliar movement）的理论基础。威廉反对教会与教士混为一体。他说："教会是所有信仰者的集合。"又说："整体比任何一部分具有更优越的权力。"前者可将其权力交托给由主教与修道院院长组成的宗教会议；这一会议有权选举、训诫、处罚甚或废立教皇。帕多瓦的马西利乌斯也称，宗教大会是基督徒集体智慧的汇合，任何人怎可以将一己之智力驾越其上？他认为这一大会的组成不仅是教士，并且也应有由人们选出之教外人士参加。巴黎大学的一位神学家海因里希·朗根斯泰因（Heinrich von Langenstein）于 1381 年便将这些主张应用到教皇的分裂问题上。他论辩道，不论何种逻辑，在声称教皇至上的旋涡中，都无法避免危机的兴起，其唯一解决之途是：只有在教皇权之外并凌驾于红衣主教的另一种权力，才能将教会从正在摧毁其本身的一团混乱中挽救出来，这一权力就是宗教大会。

比萨的宗教大会于 1409 年 3 月 25 日举行。它邀请圣本笃十三世和格列高利十二世出席，但他们漠视不理。于是大会宣布废黜他们，并另选出一位新教皇亚历山大五世，建议他在 1412 年 5 月以前召集另一次宗教大会，然后该会再行解散。现在教皇已由两位增为三位。亚历山大并未因其死亡（1410 年）而解决问题，因为他的红衣主教们选了自约翰二十二世起即未曾一见的约翰二十三世——这位最难驾驭的人登上了教皇宝座。以前在博洛尼亚当主教的科萨，这位教会雇佣兵队长，曾大事聚敛财富，无所不用其极。他对娼妓、赌博及放高利贷者，均予征税。根据其秘书的透露，他曾勾引了 200 位处女、已婚妇女、寡妇与修女。他拥有金钱与军队，也许他可从格列高利的手中征服各个效忠教皇的国家，促使其因财库困绌而逊位。

约翰二十三世尽可能地拖延在比萨所宣告的宗教会议的召开。当这一会议于1414年11月5日在康斯坦茨（Constance）举行时，出席的应该有3位总主教、29位红衣主教、33位大主教、150位主教、300位神学博士、14位大学代表、26位王子、140位贵族及4000位教士。这些出席者将构成基督教历史上自尼西亚大会（325年）以来规模最大、最重要的一次大会。然而只有一小部分人参加会议。1415年4月6日，这个伟大的集会颁布了一道洋洋得意并带有革命性的告示：

> 在康斯坦茨举行的这次神圣的宗教会议，依据圣灵而合法召集，用以赞美上帝、终止目前的分裂、谋求教会首领与会员的统一与改革……因而制定、宣告、昭示如下：首先，大会声明此一会议……代表教会斗士，其权力直接来自耶稣基督；每一人士，包括教皇在内，不论其是何阶级或身份，均应服从大会所订的有关信仰、终止分裂与教会领袖及成员通盘改革诸事。同时，大会宣称，倘使任何人……包括教皇在内，拒绝服从这一圣会所订有关终止分裂或教会改革的命令、法规及训谕者，均将受到适当的处分……必要时并将诉诸其他惩戒途径。

这次会议要求格列高利十二世、圣本笃十三世及约翰二十三世三人退位。在未接获约翰回答之前，大会便指控他有54条罪状，指控他为异教徒、压迫者、骗子、圣职买卖者、卖国者、淫棍、窃贼；尚有其他16项罪名被认为过于严厉而遭压制。1415年5月29日，他终被废黜。格列高利十二世则较为柔顺与圆滑。他同意辞职，但附带一条件，即先允许他以自己的权威再召集一次会议。会议重新召开后，大会接受了他的辞职（7月4日）。为了进一步证实其正统权威地位，大会焚死波希米亚的宗教改革家胡斯（7月6日）。到了7月26日，大会复宣布废黜圣本笃十三世，他此后定居在瓦伦西亚（Valencia），直到90岁去世前仍自居为教皇。1417年11月17日，选举委员会终于选出红衣主教奥托内·科隆纳（Ottone Colonna）为教皇马丁五世（Martin V），所有的基督徒都承认他是正统。教皇的分裂，暂告结束。

这次宗教会议在此虽告胜利，却失败于另一方面——改革教会。马丁五世很快掌握了教皇的一切权力与特权。他唆使每一国家的代表团体相互对抗，说服他们接受一项笼统而无害到最小限度的改革。大会终因拖不起而屈从于他，1418 年 4 月 22 日，终于解散。

教皇的胜利（1417—1513）

马丁五世重新组织教廷，使之更宜于行使职务。但他除了模仿当时的世俗政府与卖官鬻爵外，也寻不出资助教廷之法。因为教会可以整个世纪不事改革而存在，却受不了一个礼拜没有钱，马丁认为金钱比改革更为迫切需要。1430 年，马丁逝世前一年，驻在罗马的一位德国使节在呈给他的王侯的一封信中，几乎敲响了宗教改革的警钟：

> 贪婪在罗马教廷里主宰一切，并且天天都有新花样……向德国人诈取金钱……因而引起许多咆哮与愤怒……教皇职位将会引起许多问题，不然，信徒最后必将悉数与教廷断交，以逃避意大利人疯狂的压榨。依我看，后一趋势将为许多国家所接受。

马丁的继任者是一位虔诚的圣方济各修会的弗朗索瓦科（Franciscan）修道士，却拙于管政，他面临罗马教廷许多累积的问题。教廷须同时统治列国与教会，因此教皇应为老于世故者，他们至少要涉足尘世，绝少可能成为圣者。尤金四世（Eugenius IV）如不因困扰烦心，便可能成为圣者。在他就任教皇的第一年，巴塞尔宗教大会（the Council of Basel）再度宣称大会权力高于教皇。它接二连三地指出教皇的传统职责：发行赎罪券与特赦状，指定圣俸，并要求教士头年的薪俸转交给大会而非教皇。教皇尤金下令解散该会，但后者反而宣布将他废黜，并指定萨伏依公爵阿马迪厄斯八世（Amadeus Ⅷ）为反教皇的费利克斯五世（Felix Ⅴ，1439年）。教皇的分裂再度出现。

为促使教皇完全败阵，法国国王查理七世召开由境内高级教士、贵族与律师组成的大会。后者宣称宗教大会的至高权威，同时发布了《布尔日诏典》（*The Pragmatic Sanction of Bourges*，1438年），其中规定神职人员从此由地方教士选举，但国王可以"推荐"；又向教廷请愿申诉，除非经过法国境内司法机构查问，否则不得办理；神职人员的头年薪俸，不再送交教皇。事实上，这道法令无异于建立了一个独立的高卢教会，并且使国王成为教会的主人。一年之后，在美因茨举行的宗教会议又采取决议，目的在于建立德国境内相似的国家教会。而波希米亚则早已脱离教廷管辖。罗马教会的整个结构似乎崩溃在即。

但尤金受到土耳其人的搭救。由于奥斯曼人逐渐接近君士坦丁堡，拜占庭政府认为希腊首都值得搭救，而希腊与拉丁基督教的重新统一，是赢得西方军事或财力支援不可或缺的前奏。希腊的高级教士与贵族们穿着画锦似的全副甲胄抵达费拉拉，继而又到佛罗伦萨参加由教皇召集的罗马教士团会议（1438年）。经过一年的争论，终于达成一项协议，认可罗马教皇的权威凌驾所有基督教世界。1439年7月6日，这一会议的所有会员，以希腊皇帝为首，一起跪在不久前似乎还是最受轻视与被排斥的尤金面前。虽然这项协议因受到希腊教士与人民的否认而寿命短暂；但毕竟恢复了教皇的威望，并使新的分裂及巴塞尔宗教大会告一结束。

嗣后一连几位能干的教皇，因为受到意大利文艺复兴的繁荣与激荡，将教皇职位提高到无上地位，连英诺森三世得意之日，也未能相比。教皇尼古拉五世（Nicholas Ⅴ）以教会收入资助学术与艺术，赢得大众赞扬。卡利克斯特斯三世（Calixtus Ⅲ）则建立了族阀主义的密切惯例——将职位给予亲戚，后来成为教会腐败的主因。英明却孤独的庇护二世（Pius Ⅱ），努力改革教廷与各修道院。他指定一个以廉洁、虔诚著称的高级教士委员会研究教会的缺失，并向这一委员会公开承认——

> 有两件事特别缠绕我心：与土耳其的战争及罗马教廷的改革。我决心施行的整个教会事务的改革，都依靠本教廷为其楷模。我想首先开始革新此处教会的风气，禁止一切圣职买卖及其他各项恶例。

这一委员会提出许多令人赞许的建议，庇护二世将其一一载入一道训谕中。但在罗马几乎无人愿意革新。下级官吏或高僧，都借种种贪污而获利。他们用冷淡与消极抵抗击败了庇护二世。同时，他用来对抗土耳其人却中途失败的十字军，也耗尽了他的精力与财力。在他担任教皇临结束时，他对红衣主教们作了最后的呼吁：

> 人们说我们生活享乐，聚敛财富，举止轻慢，骑肥骡，坐骏马……豢养猎犬以供狩猎，花在优伶与食客身上的钱多，而用来保卫信仰者，则无一物。他们有些话不无道理：我们教廷里的许多红衣主教及其他神职人员，确实过着这种腐化生活。如果坦白承认那是事实，那么我们教廷里的奢侈与靡费，实在太过分了。这就是老百姓为何如此厌恨我们，以至即使我们在传道何为正义与理性时，他们也不屑一听的原因。在如此令人羞辱的情形下，你们该如何去做？……我们必须调查我们的先辈是借何种方法来为教会赢得权威……我们也必须借同样的方法来维系这项权威。谦和、贞洁、单纯、信仰的热诚……轻视世俗，及殉道的志节等提高了罗马教会的地位，使她成为全世界的主人。

尽管像教皇尼古拉五世、庇护二世及真诚、渊博的红衣主教切萨里尼（Giuliano Cesarini）与古沙（Cusa）的尼古拉等人如此苦心孤诣地努力，教廷的罪过仍随着 15 世纪的将近终结而日渐增多。保罗二世戴了一顶超过一座皇宫价值的冠冕。西克斯图斯四世（Sixtus Ⅳ）使其侄儿成为百万富翁，热衷于进入政治圈，为他在战场使用的大炮祝福，并且用高价出卖神职来支援他侄儿的战争。英诺森八世在梵蒂冈庆贺他孩子们的婚礼。与马丁·路德与加尔文（John Calvin）一样，亚历山大六世也认为教士的独身主义是一个错误，因而在成为合理节欲的教皇之前，他生了 5 个以上的孩子。那时，某些风流韵事在教士中已被视为平常；而触怒欧洲的是亚历山大那种轻率的外交。其子恺撒·博尔贾（Caesar Borgia）残忍的领军，为教皇重新赢得各臣属国家添加了教廷所需的财源与力量。在这些政策与战役中，博尔贾家族使用了所有的战略方法和死亡战术。这些方法不久即被马基雅维利著入《君主论》（Prince，1513 年）一书中，而被视为建立一个强国或统一意大利所不可缺少的。尤里乌斯二世（Julius Ⅱ）在指挥对抗贪婪的威尼斯及法国入侵的那次战争中，更胜过恺撒·博尔贾。他千方百计地自梵蒂冈越狱，并率领自己的军队，对军事阵营的粗犷生活和言词非常喜爱。欧洲不但震惊于教皇的世俗化，而且震惊于他的军国主义倾向；然而也不禁要赞美那些误投身为教皇的勇武战士们。有些话传遍了阿尔卑斯山，称道教皇尤里乌斯特别眷顾拉斐尔与米开朗基罗对艺术的贡献。这位教皇开始建筑新的圣彼得教堂，并首先允许把赎罪券卖给购买者。在尤里乌斯教皇任内，路德曾到过罗马，并亲自看到了这座基督教会都城的"罪恶的沉沦"，这原来用以指洛伦佐·美第奇（Lorenzo dé Medici）。欧洲已没有一位统治者，再将教皇组织视为一个道德上的超级政府，用来团结所有国家，使之成为一个基督教联邦。教皇组织本身就像一般世俗国家，成为国家主义。随着旧信仰的消退，整个欧洲陷入列国分崩之局，既无超国家的，也无国际的道德法律，这注定了基督教会之间 5 个世纪的争斗。

　　欲对这些文艺复兴时期的教皇做一种公正的评判，我们必须以当时的背景做根据，北欧各国自可察觉到教皇的罪过，因其财务支援之故；唯有那些明了在尼古拉五世与利奥十世这段时期意大利之繁荣情形者，才能以宽谅之心待之。他们之中虽然有些在个人信仰上很虔诚，但大部分接受文艺复兴时期的信念，认为这个世界对很多人来讲，虽然还是个眼泪与邪恶诱惑的深谷，但始终是一个美丽的、生活紧张与飞驰的场景。他们的享受生活及教皇权位，并不为过。

他们也有好德行。他们曾费力地将罗马从阿维尼翁时期诸教皇陷入的丑陋与肮脏中挽救回来。他们抽干沼泽、铺平街道、恢复桥梁与道路，改良供水设备、建立梵蒂冈图书馆与罗马神殿博物馆，扩展医院、施舍赈济、修建教堂、以宫殿和花园点缀城市、改组罗马大学、支持人文主义者，以复活异教的文学、哲学与艺术，同时雇用画家、雕刻家和建筑家，使其作品留传至今成为全人类的宝贵遗产。他们浪费了数百万的钱财，但也有了同等价值的建设。他们花在新圣彼得教堂的钱财，虽然为数过巨，但比起法国国王花在枫丹白露、凡尔赛与卢瓦尔河河畔的城堡的款额，并不为多。也许他们认为，这些建筑是为了人民及上帝，而将转眼即逝的零星财富转变为永垂不朽的荣耀。大部分教皇，其私下的生活至为单纯，有些（如亚历山大六世）更起居有节，只是在迎合大众的趣味与宗规的要求下，才富丽奢华。他们总把备受斥责并没落的教皇职位，提高成一个具有权力的巍巍局面。

改变中的环境

当教会似乎再度走向壮观与权威之路时，欧洲却遭遇着种种经济上、政治上与学术上的变革。这渐渐影响到拉丁基督教世界的格局。

宗教通常繁荣于农业社会，科学则随工业经济而得势。每一次收获是大地的奇迹与苍穹的杰作。受到气候左右、耗竭劳力的卑微农夫，看到超自然的力量无所不在，因而祈求慈悲的上天保佑，并接受一个由诸侯、藩主、国王而对上帝层层效忠的封建宗教礼制。城市的工人、商人、制造业者与金融家，生活在计数、程序、物质因素及

规律效果的数学世界里；机器与柜台限制了他们放宽眼界去见识一下
"自然法则"的统治力。15世纪，工业、商业与金融的成长，劳力从
乡村引渡到城市，商人阶级的兴起及由地方经济到国家经济再扩张到
国际经济——凡此均为原本信赖相合的封建制度与农村阴沉变迁的预
兆。商人扬弃了教会的限制和封建诸侯的抽税权，此时教会只有借着
明显的神学戏法而屈为同意：倘所借的资本用以扩张生意及工业，则
可抽取利息。1500年，"高利贷"这条老禁令也遭到普遍漠视。律师
与商人越来越取代教会人士与贵族来管理政府。再度胜利地攫取了罗
马帝国传统与威严的法律，领导着世俗的进行，一天天地侵入教
会宗规规定的人生领域。世俗法庭延伸其司法权，教会法庭则日
趋没落。

由工商收入而致富的年轻王朝，一天天地脱离教会的管制。国王
对境内教皇使节的官邸，或只认教皇权威的特使及教会各自为政的现
象，愤愤不平。在英国，《圣职候补人法》（*Provisors*，1351年）与《王
权侵害罪法》（*Praemunire*，1353年），严格限制教士的经济与司法权
力。在法国，《布尔日诏典》理论上虽于1516年废止，但国王仍保有
提名大主教、主教、修道院院长及方丈的权力。威尼斯的元老院则坚
持指派威尼斯所有附庸的高级教士。斐迪南与伊莎贝拉夫妇因任派西
班牙境内许多神职的空缺而权驾教皇之上。在神圣罗马帝国，格列高
利七世过去击败国王亨利四世而维持着教皇的授职权，而今西克斯图
斯四世却将300采邑与7位主教的指定权让给国王。国王则滥用此权
而将神职给予宠臣，这些宠臣只知收取财利，而漠视了自己的责任。
教会的许多腐败现象，都可从这些被派任的世俗分子中寻得线索。

同时，教会的知识环境也在发生改变。教会仍扶持辛勤且有良心
的学者，它所建立的学校与大学却在培养少数思想时常拂忤圣徒的人
物。且听圣伯那汀诺（St.Bernardino）在1420年前夕所讲的一段话：

大多数人在考虑僧侣与修道士、修女与俗世教士邪恶的生

活后，深为这一事实所震惊：是的，他们常没有信仰，只相信自己高于其他一切，他们对形诸文字而与我们信仰有关的东西不认为真实，而相信并非上帝的启示，只是人们所虚构的骗人的东西……他们蔑视圣餐……并认为心灵不存在；他们既不害怕地狱，也不向往天堂，而只全心依附短暂的世物，坚决认为尘世是他们的乐园。

商人阶级可能最不虔诚，财富越多，宗教信仰却越趋淡薄。高尔（Gower）指出英国的商人很少关心来世。他说："凡能获取今生的甜蜜而不去取得的人，是蠢物。因为人死后，既无目标，也无方向。"十字军的失败，当时形成了一种怀疑，怀疑基督教的上帝竟然允许伊斯兰教获胜，这份怀疑原已渐渐消退，但君士坦丁堡被土耳其人占领，使这些怀疑重兴。古沙的尼古拉与洛伦佐·瓦拉两人揭发"君士坦丁的捐赠"（Donation of Constance）这一事实系伪造，更加伤害了教会的威信，削弱了其在世俗范围内的声誉。古典作品的整理与发行，由于其显示出早在基督教会诞生之前便已有繁荣的学术与艺术，因而滋生了对宗教的怀疑论调，但教会在拉特兰大教堂举行的第5次宗教大会，曾经否认了在教会以外获得救赎的可能性：除教会外，别无救赎之道。美洲的发现及对世界日益扩大的探究，更显示出成百的国家明目张胆地漠视或拒斥耶稣，却拥有与基督教同样肯定、同样灵验的信仰。从异教地区回来的旅行者，也带回一些奇特的教条与仪式。这些外来的宗教仪式与耶稣的崇拜、信仰，并肩齐行，对峙的教条因而在市场与港口彼此攻讦摩擦。

13世纪，曾经是神学婢仆的哲学，也在倾注全力为正统的信仰寻找合理的基础。14世纪，因威廉与马西利乌斯两人之力而获得解放。16世纪，因蓬波纳齐（Pomponazzi）、马基雅维利与圭恰迪尼（Guicciardini）诸人之力而更大胆地趋向世俗化，并"罪迹昭彰地"怀疑起来。约在路德宣言4年前，马基雅维利写下了一道震惊人心的预言：

> 倘使基督教遵照开创者的戒律而加以坚守，则信仰该教的国家与人民，将远比目前团结与幸福。同时也不会有"人们越接近罗马教会——他们宗教的头领——便越少宗教信仰"这一堕落的事实。凡曾查考过该教会依以建立的教义，并见到其目前恣肆地离经叛道的行为者，均会断定，其毁灭或遭受惩罚之日，即将来临。

教会被指控

我们应复述忠实的天主教徒对 14 世纪和 15 世纪的教会所做的指控吗？第一个并且是最厉害的指控是：教会喜爱钱财，且为自身利益花费过巨。在纽伦堡宗教会议（1522 年）所列举出来对教会的"百项指控"（Centum Gravamina）中断然指陈：教会拥有德国财产的半数。一位天主教历史学家评定教会的财产在德国占 1/3，在法国占 1/5 ；但法国总税官在 1520 年的计算则为：法国所有财富的 3/4 为教会所有。这里没有统计数据可供查考。当然，在意大利有 1/3 的半岛属于教皇国，而后者在其他地区也拥有巨额的财产。[1]

有 6 个因素使土地聚积为教会所有：（1）大部分遗赠财产者，都留给教会一些东西当作"火险"（fire insurance）；又由于教会主宰着遗嘱的订立与鉴定，她的那些代表必然鼓励这些捐赠。（2）由于教会财产比其他财产不易受到土匪、士兵或政府的掠夺，因此有些人为了安全起见，将土地契据交给教会，而自托为附庸，死时便将所有权送给教会。其他人则立据以病老时受教会供给为条件，而将财产的一部

---

[1] 在任何社会里，大部分的才能都集中在少数人身上；因此，大部分的财物、特权与权力，也迟早均将为这少数人拥有。中古世纪，财富之所以聚积于教会，是因为教会担当了主要任务，并且有最具能力者为其服务。就某些方面而言，宗教改革实际是世俗对教会这种自然集中的财富与利益所要求的重新分配。

分或全部献给教会。这样，教会即提供了残障保险。（3）十字军将土地出卖或典押，并把没收的土地给教会，以换取现金作为东征之用。（4）修士的索讨工作为教会赢取了成百上千亩的土地。（5）土地一经教会获得，即不可分割，除非经过一道道令人泄气的繁复程序，均不得由教会人士出卖或转让。（6）教会的财产通常均能免税。尽管有时国君冒着被咒骂之险而向教会抽税，或借一些合法的途径没收一部分教会财产。北欧的统治者倘使看到教会在其境内的收入，或是信徒们名目繁多的捐赠仍留在国内，则其对教会财富可能较少抱怨；然而，他们眼睁睁地看着北方的黄金循着千百条细流流入罗马，心里自然愤愤不平。

然而，教会自以为是维持道德、社会秩序、教育、文学、学术与艺术的主要代表。国家依赖其执行这些功能，为此，教会需要一个庞大而昂贵的组织。为了支援这个组织，她便征税与收费，即使是教会，也不受祈祷文的拘束。许多主教是当地的世俗兼教会领袖；其中大部分由教会外的权威人士指定，多是习于安逸与奢侈的贵族，他们抽税然后如同王孙般挥霍。有时，在执行任务时，他们披上甲胄，勇猛地带兵作战却糟蹋了圣徒之名。红衣大主教的选派，很少因其虔诚，通常均视其财富、政治关系或管理才能而定，他们并不把自己视为背负誓言的僧侣，而是富强国家的参议员与外交家。他们在许多方面不同于教士，也不因其红帽而妨碍他们的人生享受。教会这时已在权力的索取与挥霍中，遗忘了使徒清贫生活的规范。

由于身在尘世，教会的仆人也如同世俗政府的官吏，时常收受贿赂。腐败流染于当时社会的各个角落，并植根于人性深处。世俗宫廷屈服于金钱的诱惑而声名狼藉，没有一位教皇的贿选，能与查理五世的贿选相比。除此之外，欧洲最大的贿赂行为在罗马教廷中。教廷的职事原有合理的固定酬报，但教廷人员贪得无厌，将实际收入比规定数目提高了20倍。只要关节打通，任何教规上的障碍和任何罪恶，几乎均可打通豁免。埃涅阿斯·西尔维乌斯（Aeneas Sylvius）在当教皇之前曾描述过这个情形：在罗马一切都须靠钱买，没有钱便办不通。30 年后，意大利僧侣萨伏纳罗拉（Savonarola）愤慨地大呼罗马教会是一个为钱而出卖色相的"娼妓"。又再过 30 年后，伊拉斯谟（Erasmus）指称："罗马教廷的无耻，已达至极。"路德维格写道：

> 一种根深蒂固的腐败已浸及几乎所有教廷的神职人员……无节制的酬赠与聚敛，超过了所有界限。尤有甚者，各方面的行事均为教士诡谲地操纵，甚至蒙骗。基督教世界各地对教廷人员的腐败与聚敛怨声载道，当不足奇。

无钱贿赂而想凭功绩升迁，这在 15 世纪的教会中，十分罕见。从教士授职索取相当报酬到许多红衣主教为其选派而支付庞大的款项，几乎每一职位的指派都要向上级暗送红包。教皇筹集钱财最爱使用的方法就是出卖圣职，或以挂名领干薪的名义，将荣誉职位，甚至红衣主教这类职位，指派给捐献可观的财产供教会使用的人士。亚历山大六世设置了 80 个新职位，而从每位受任者接受了 760 杜卡特。尤里乌斯二世办了一所"学院"，并设置一个包括 101 位秘书的办事部门，他们为了所获的职位而付给他 7.4 万杜卡特。利奥十世为教皇府内务提名 60 位宫内大臣与 141 位侍从，并从他们那里收到 20.2 万杜卡特。付给这些教职的薪俸，就授者与受者而言，似乎是赠予条例下的年金收入；但就路德来看，却是最卑鄙的圣职买卖。

数以千计的被派任者，他们的生活远离教区、修道院或所任圣职的职守，这些圣职的收入用来支持其活动或奢侈。而且，一个人可以兼领好几种职位的缺额薪俸。所以，善于活动的红衣大主教布乔亚（Rodrigo Borgia，即教皇亚历山大六世），每年从各种圣职中收到 7 万杜卡特；而其愤怒的敌人红衣主教罗维尔（Rovere，即日后的教皇尤里乌斯二世），也同时兼任阿维尼翁的总主教，博洛尼亚、洛桑（Lausanne）、康斯坦茨、维维耶（Viviers）、芒德、奥斯提亚（Ostia）

及威雷特里（Velletri）诸地的主教，诺南托拉（Nonantola）与格罗塔法拉塔（Grot- taferrata）的修道院院长。教会便凭这种"兼职"来维持其机构中主要人员，而且经常资助学者、诗人与科学家。因此，对阿维尼翁教皇做严厉批评的彼特拉克，便经教皇认可挂名教会闲差领钱；而讽刺教会百种蠢行的伊拉斯谟，经常接到教会的津贴；而对中古基督教威胁最大的哥白尼，也曾好几年仰赖其与科学研究极少关联的圣职为生。

比对兼职更为严重的指控，是针对教士的个人道德而发。"教士的道德已经腐败，"托赛罗（Torcello）的主教说，"他们早已触怒了教外人士。"在 13 世纪建立的 4 个修道会——圣方济各修会、多米尼克教派（Dominican）、圣衣会（Carmelite）与奥古斯丁（Augustinian）教派——除后者外，其恶名与宗规的松弛，早已臭名四播。早期所订立的修道院教规，对于逐渐脱离超自然恐惧的人性而言，已属过苛。成千的僧侣与修道士，因享有积聚的财富而免于手工劳动，他们也疏离了宗教服务人群的宗旨，而尽在墙外游荡，在客栈喝酒，并追逐女色。一位属于 14 世纪多米尼克教派的约翰·布罗米亚德（John Bromyard）修道士，提到他的同道时说：

> 那些该作为贫苦者之父的教士……却贪于美味并大睡懒觉……只有极少数在晨祷或弥撒时到场……他们已被贪婪与醉酒伤毁……更不必说不圣洁了，所以，教士的集会所现已被认为是放荡子民的妓院与戏子的麇集场。

伊拉斯谟在一个世纪后重复这一指控："许多男女修道院与公共妓院并没有什么差异。"彼特拉克有力地描绘他兄弟居住的加尔都会（Carthusian）修道院的教义与虔诚，而在荷兰与德国境内，有好几个修道院还保持着，曾经构成兄弟会主旨的精髓并产生出《效法基督》（*The Imitation of Christ*）这本书的虔诚与研究精神。然而，斯蓬赫

（Sponheim）的修道院院长特里西米斯（Johannes Trithemius，约1490年），却以严厉的夸张之辞，攻击莱茵区的僧侣们：

> 宗教的三条誓愿……其甚少受到这些人的注重，就好像他们从未承诺过一般……他们整天言不及义，其全部时间都沉溺于游戏与贪婪……公开侵占私人财产……每人都居有私邸……他们既不敬畏，也不喜爱上帝；他们无顾于来世，喜爱肉体的放纵甚于精神的需要……他们蔑视教徒自甘贫穷的誓言、不知守贞为何物，而且毁谤服从的信誓……他们污秽的烟尘，已漫弥周遭。

一位奉命去改革法国圣本笃教派的教皇代表居伊·茹埃纳（Guy Jouenneaux），送回一份忧郁的报告（1503年），许多僧侣赌博、诅咒、冶游、带剑、聚财、私通，"过着酒神般的生活"，而且"比一般世俗更为世俗……倘我将亲眼所见者一一缕述，必将编成一极长的故事"。在修道院日趋混乱中，绝大多数教士已忽视赢得大众信任与支持并令人赞美的慈善、接待与教育等工作。教皇利奥十世说道（1516年）："法国修道院的缺乏教规，以及僧侣放纵的生活，已达到失去国王、王子及大部分信徒尊敬的程度。"一位天主教历史学家，将1490年教会的情形，以一种也许过分严厉的言词归结如下：

> 翻阅一下这一时期数不清的证据——包括历史逸事、道德家的谴责、学者与诗人的讽刺、教皇的训谕、宗教会议的律令——我们会问起它们所言者为何？总是那些相同的事实与相同的抱怨：修道院生活、教规与道德的压制……惊人的修道院强盗与荡子的众多；欲认清各修道院的混乱，我们必须读一下司法调查所披露的有关那些伟大修道士的内心状态……教派中的弊病，已大得使其本身恶名四扬……修道的生活已从修道院中消失……凡此均使这些祈祷的庇护所成为放荡与混乱的中心。

倘使我们对蓄妾采取一种宽厚的态度，则世俗教士要比修道士与僧侣多得好评。单纯的地方教士的主要罪恶是无知，这些人待遇微薄，工作又过于辛苦，以致没有财力或时间去研究，而且人们的虔诚在提示他，他是时常受人尊敬与爱戴的。违反贞洁这一僧侣誓约之事时有所闻。在英国的诺福克（Norfolk），在 1499 年存档的 73 件淫乱指控案中，有 15 件是对教士而发；在里彭（Ripon），126 件中有 24 件；在兰贝斯（Lambeth），58 件中占 9 件。这就是说，教士人数虽不到人口的 2%，犯规者却占总数的 23% 左右。有些听忏悔的牧师竟向女性忏悔者求爱。数以千计的教士拥有侍妾。在德国，几乎全都如此。在罗马，据说教士也养侍妾；有些报告估计，在不满 10 万的人口中，妓女便占了约 6000 名。这里再引用一位天主教历史学家的话：

> 最高阶层的教士既已处于如此状态，则罪恶与各种丑行在正规教派与世俗教士之间越来越泛滥，自然不足为奇。大地之盐，已失去其味……但若谓罗马一地教士的腐败甚于其他地方，则属错误；在意大利半岛上，几乎每个城镇都有教士罪行的记录证据……无疑，正如当时作者所叹息陈述的，教会势力已趋没落，许多地方对教士也不再尊敬。他们的罪行大到竟然公开建议准许教士结婚。

为了对这些好色的教士公平起见，我们或者可以先考虑教士们的蓄妾并非是为了淫逸，而是一种普遍的反抗，针对教皇格列高利七世（1074 年）强加于不愿者身上的独身规约而来，正如同 1054 年分裂后的希腊正教继续允许教士结婚，罗马教会的教士也要求同一权利。但由于他们的教规拒绝这一要求，他们便私自蓄起侍妾来。法国昂热（Angers）的主教让·阿杜安（Jean Hardouin）报告说（1428 年），他管区的教士并不认为蓄妾是一项罪恶，他们也不企图掩饰这种行为。约 1500 年，德国波美拉尼亚（Pomerania）的人们也承认这些男女是合理结合，并予以鼓励，用以保护他们的妻女。在公共宴会中，荣誉座位让与牧师及其女伴，事属当然。石勒苏益格（Schleswig）的主教企图废除这一惯例，竟被赶出教区（1499 年）。在康斯坦茨宗教会议上，红衣主教萨瓦勒拉（Zabarella）建议说，如果教士的蓄妾风气不遏制，教士的结婚就该予以恢复。西吉斯蒙德皇帝（Sigismund）在给巴塞尔宗教大会（1431 年）的一篇咨文中指称，教士的结婚，足以促进公共道德。当时的历史学家兼梵蒂冈图书馆长普拉蒂纳（Platina）引用埃涅阿斯·西尔维乌斯的话说："有好的理由赞成教士的独身，但有更好的理由予以反对。"假如我们把教士的蓄妾，看作对不为使徒们与东方基督徒所知的那种艰苦教规的一项可宽恕的反抗，则宗教改革前僧侣的道德记录，或可较为光彩体面。

最后点燃宗教改革之火的，是赎罪券的发售。通过耶稣托给彼得，彼得转托给各地主教，各地主教再传递给教士的权力，各级教士得以赦免忏悔者的罪恶与在地狱的受罚。不论如何完全地忏悔，只有绝少数人能在死时完成一切赎罪的苦行；而大多数人仍需在慈悲上帝所建的临时地狱，即炼狱里，受苦数年，以为平衡。另一方面，许多圣者因其虔诚与殉道精神，赢得了超过其罪恶的功绩；而耶稣之死也带来了无穷功绩。依据教会的理论，这些功绩都可视为一种宝藏，可由教皇取出，对受到赦免的罪人可以用来撤销一部分或一段时间内全部的惩罚。教会所开列的赎罪方式，通常为重复祈祷、施舍、朝拜圣地、参加十字军以对抗土耳其人或其他异教徒，捐赠金钱或贡献劳力于吸干沼泽、造桥筑路或建立医院等社会福利之事。惩罚以罚金抵消，早为世俗法庭的惯例。因此，早期使用赎罪券，并未引起骚动。凡付出这一罚金——献钱——而要求赦免的忏悔告解者，均将受到部分或完全的赦免，这并非意味着其不再犯罪，而只是借此逃避炼狱中一日、一月或一年之苦，不然，他便可能长期在那里为赎罪熬受苦行。单凭一张赎罪券并不能就此消罪。教士赦免一位忏悔告解者，只是行之于告解室。因此，赎罪券只是教会赦免因罪而一时（而非永世）所加的部分或全部惩罚，赎罪者在告解的圣礼中得到宽恕。

这一巧妙而复杂的赎罪理论，不久即因人们的单纯与"赦罪者"的贪婪而变质，赦罪者受指使或昧然去发售赎罪券。由于这些承办者可以抽取若干成收益，其中有些人便不再坚持告解与祈祷，而让买受者自由地解释赎罪券，免除了告解、自白与赦免等形式，而几乎完全决定于献金的多少。约 1450 年，牛津大学校长托马斯·加斯科因（Thomas Gascoigne）抱怨道：

> 今日的罪人说："我不在乎在上帝眼前犯了多少罪恶，因为我能够轻易地获得由教皇所授予的赦罪文与赎罪券，而完全免除所有的罪过与惩罚，其文券我可用 4 或 6 便士购得，或者同赦罪者在一场网球赛的赌金中赢得。"这些赎罪券的捐客巡游于乡间，有时以 2 便士，有时以一口啤酒……甚至以妓女的酬报及肉欲的满足就可将赦罪券卖出。

许多教皇——包括 1392 年的博尼费斯九世、1420 年的马丁五世、1478 年的西克斯图斯四世——一再谴责这些行为与弊端。然而，他们由于太需要收入而无法对这些弊病施行有效的控制。基于这些混乱的原因，他们时常颁布训谕，终于使知识分子失去对教理的信仰，并指控教会无耻地利用人类的轻信与希望。有些情形，如尤里乌斯二世在 1510 年或利奥十世在 1513 年发行赎罪券，其正式措辞完全在解释金钱一事。一位圣方济各修会的高层修道士愤怒地描写银箱如何放置在德国的所有教堂内，以便那些无法赶往罗马参加 1450 年大赦年的信徒将钱投入，以取得同样的赦罪；在马丁·路德半个世纪前，他曾警告德国人说，借着赎罪券与其他方法，他们的积蓄均将流入罗马。甚至教士也埋怨道，赎罪券正在诱使原本可供地方教区使用的捐献，转入教皇的银柜之中。后来又有一位天主教历史学家，以令人激赏的坦直态度总结这一问题：

> 所有与赎罪券有关的弊病，几乎都从此而起，当信徒如常实
> 行忏悔的圣礼以求取赎罪券的认可条件时，便发觉赦罪者要求他
> 们依照各人的财力捐钱。作为功德的捐钱，本该只是附带条件，
> 而今在某些情况下成为主要条件……金钱的需要替代了心灵的
> 诚善，并大多成为赎罪券的目的……训谕中的措辞虽绝未抛弃教
> 规，而告解自白、忏悔与——明列的善行，也曾载明是获得赦免
> 的条件；金钱方面的问题却昭然若揭，把捐钱的必须性极为无耻
> 地列在前面。赎罪券与金钱的联系越来越紧密，因而也与要求分
> 一杯羹的世俗权力引起了许多冲突。

与赎罪券几乎一样敛钱的，是教士们在弥撒中念经，以减轻死者
在炼狱的受刑时间，也要求付钱、赏赐或遗赠。很多虔诚的信徒甘愿
献出大笔钱财，为已死的亲友求解脱，减短或取消他们死后在炼狱的
受罪。贫穷者因而抱怨说，由于他们无力为弥撒捐钱购买赎罪券，使
得能继享天国者不是谦卑之人，而是尘世有钱人。哥伦布曾揶揄金钱
说："凡拥有金钱者，就拥有使灵魂升入天堂的权力。"

成千人的抱怨，扩大了对教会的指控。1522 年的纽伦堡宗教会
议宣称：教外原告无法使教会法庭对犯罪的教士给予处分。许多教外
人士愤恨于教士免受国法制裁及教会法庭对教士中犯诫者的姑息。并
警告说，倘教士不受世俗法律的裁判，则必将在德国引发一场反抗教
会的暴动，而这一暴动，显然早已开始。更严厉的指控是：宗教与道
德之仳离，强调正统信仰甚于善良的行为；宗教流于仪式；僧侣无聊
闲荡与公认的颓废；借赝品圣物与奇迹来利用众民的盲从；开除教籍
与停权的滥用；教士对出版物的检查；宗教裁判机关的监视与残酷；
把供十字军征讨土耳其人的基金用作他途；堕落教士要求除受洗外担
任各项圣礼的唯一主持者。

所有上述因素，汇成 16 世纪反抗欧洲罗马教会的浪潮。"教外人士对堕落教士的轻视与憎恨，"路德维格说道，"在这一场严重的离教运动中，并非是不起眼的小因素。"1515 年，伦敦的一位主教埋怨说："人们已如此邪恶地安习于异教的腐败……致使像艾贝尔一样无辜的教士，他们也会加以谴责。"伊拉斯谟报道说，在教外人士之间，对教会人员、教士或僧侣的称呼，成为一种尖刻的侮辱之词。在教士职位曾经最受人羡望的维也纳，在宗教改革的前 20 年，竟然没有一位新人选。

整个拉丁世界的人们疾呼"教会从头到尾要彻底改革"。激昂的意大利人如布雷西亚的阿诺德（Arnold of Brescia）、弗罗拉的乔基姆（Joachim of Flora）和佛罗伦萨的萨沃纳罗拉（Savonarola of Florence）都以天主教徒的身份攻击教会的弊端，其中两人被火刑焚死。但无论如何，好的基督徒仍旧希望由教会中忠于信仰的后继者来完成教会的改革。人文主义者像伊拉斯谟、科利特（John Colet）、莫尔（Thomas More）与比德（Guillaume Budé），恐惧公开分裂所带来的混乱，希腊正教断然脱离罗马教会，已是糟糕不过；"耶稣无缝外袍"的再度撕裂，必将威胁基督教本身的生存。教会曾一再诚心地试图清理各级教层与法庭，试图采取更为公平优越的财务规范；而各修道院也再三试图恢复昔日严格的教规，然而，人类的本质重写着所有的制度组织。多次宗教大会想改革教会，均遭教皇阻扼；而教皇想改革，又遭红衣主教团及教廷的官僚组织阻扼。利奥十世不得不在 1516 年悲叹于这些努力全然无效。开明的教会人士，如古沙的尼古拉，曾达成地方局部性的改革，但也只是一时的现象而已。反抗者与爱护者对教会弊病所做的指责，刺激了各学派，困扰了各教坛，成为文学评论的焦点，并日复一日、年复一年地积聚在人们的记忆与愤恨中，直到崇敬与传统的堤防崩决，使欧洲遭到一阵比现代所有的政治变革更为普遍、更为深远的宗教革命的横扫。

第二章 | 英国：威克利夫、乔叟与大叛乱

（1308—1400）

政府

1308 年 2 月 25 日，在教士、贵族聚集的威斯敏斯特教堂（Westminster Abbey），金雀花王朝（Plantagenet）的第六位国王爱德华二世（Edward Ⅱ）在其加冕礼中庄严宣誓：英国将自豪地要求她的所有主权——

坎特伯雷大主教：陛下，凭您坚定的誓词，您可愿赐给英国人民并信守由英国古代各君主们，即您那正直的及敬畏神灵的先皇们，所留赐的法律习俗，尤其是由先王，那位光荣的国王圣爱德华所赐给教士与人民的法律、习俗与权利？

国王：朕全予答应，并予信守。

大主教：陛下，您可愿凭依您的权力，对上帝与神圣教会及教士与人民，完全信守上帝所示的和平？

国王：朕将信守。

大主教：陛下，您可能使您的全部裁决，用您的仁慈与真实，做得公正合理与慎重，以显耀您的贤能？

国王： 朕将如此。

大主教： 陛下，您可能支持您臣民所选择的法律与正当的习俗，并予以保护及加强，以显示上帝与您无上的权能？

国王： 朕应允。

在如此宣誓并正式施行涂油礼予以神圣化之后，爱德华二世即将政府交于一些腐败与无能者之手，而自己与嬖臣加韦斯顿（Piers Gaveston）则沉迷于放荡的生活。英国贵族因而叛变，捕杀加韦斯顿（1312年），同时将爱德华二世与英国置于封建寡头政治之下。在班诺克本（Bannockburn）遭苏格兰人击败（1314年）而含辱归国后，爱德华二世以另结新欢休·勒·德斯潘塞三世（Hugh le Despenser Ⅲ）自慰。他那位受到忽视的法国妻子伊莎贝拉及其情夫罗歇·莫蒂默（Roger de Mortimer），阴谋将他推翻（1326年）；随后他又在贝克利城堡被莫蒂默的手下伯克利·卡斯特尔（Berkeley Castle）谋杀。他15岁的儿子于是登基，是为爱德华三世。

英国这一时期值得推崇的事，是建立任何法律须经国会同意后才能生效这个先例。而紧急时由显贵与高级教士组成的"御前会议"（King's Council），早就成为英国王朝的惯例。1295年，爱德华一世由于同时与法国、苏格兰与威尔士交战，极需现金与人力，因而指示"每一座城市、自治市与主要城镇"派遣两位市民（有选举权的公民），每一州郡派遣两位骑士（小贵族）参加国会，这一会议与御前会议形成了首届英国国会。有钱的城镇，其代表可能被说服而投票拥戴国王；而各州郡拥有自由民，他们可能成为强悍的射手与士兵；这股力量的形成使英国政府强大的时机已经来临。那时并不用伪装全民政治，各城镇虽已或直到1400年才脱离封建领主的统治，但城市的投票选举，只限于少数有产者。贵族与教士，仍是英国的统治者。他们拥有大部分土地，雇用大部分人为其佃户或农奴，并组织、指挥全国的军队。

国会（自爱德华三世之后即如此称呼）即在威斯敏斯特教堂对面的皇宫中举行。坎特伯雷与约克两郡的大主教、18位主教及主要的修道院院长，坐在国王右边，50位公、侯、伯、子、男爵坐在左边；威尔士亲王与御前会议代表则设位于王座附近；皇家大法官坐在羊皮垫上，以提醒大家羊毛贸易对英国的重要性，后者的参加，是作为法律顾问。会议开始时，市民与骑士——日后即成为下议院——脱帽站在一道分隔他们与贵族、高级教士的围栏底下，国会首次（1295年）有了上院与下院。联合议会从国王或财政大臣那里接受一道宣言（为日后的"王室演讲"），其中说明了讨论的议案与希望的用途。然后平民与骑士（下院）退到另一厅堂集会——通常为威斯敏斯特修道院的分院。他们在那里讨论王室的提议。待审议终结，他们再推派一位"议长"将结论报告给上院，并将他们的请求呈给国王。会议结束时，上下两院再度聚会，聆听国王的指示，并等候宣告散会。只有国王有权召集或解散国会。

两院均要求辩论的自由，通常也能享有这个权利。在许多案例中，他们均以文字或言词强有力地向统治者表达意见；然而有些场合，过于无礼的批评者，也会被拘禁。理论上，国会的权力扩及立法；但实际上，大部分通过的法规，均被皇家大臣以法案方式提出。两院也时常呈递新议案与申诉状，同时拖延对各项基金的投票，直到相当满意为止。下院的唯一武器，就是这种"钱袋权力"（power of purse）；但当政府费用与城市财富增加时，下院的权力也因而增长。英国王室既非绝对专制，也非完全立宪。国王不能公开、直接更改国会所提的法律，或随便制定新法律；但一年中的大部分时间，他都可不受国会牵制而施行统治，颁布影响英国每一阶层生活的行政法令。王位的继承，非由选举而成，而是由家族血统而定。其身份在宗教上被视为神圣；而人们对国王的服从与忠诚，也全靠宗教、习俗、法律、教育与仪式、誓词等力量合而成之。设若这些力量不够，则叛逆法中规定，凡被逮捕的叛国者，均须游街示众而上断头台，并当场挖出其内脏焚毁，然后将其吊死。

1330 年，18 岁的爱德华三世接管了国政，因而揭开了英国历史上最动乱王朝的一页。"他的身材普通，"当时一位历史学家描述说，"面貌则宛如神明。"在他没有被色欲弄坏身体之前，他确实很像个皇帝。他是一个战士而不是政治家，在位时几乎不管政事。他友善地将权力让给国会，只求国会能支援其作战。在长久的统治中，他为了使法国附庸英国而大事搜刮。他身上也有骑士精神，也有韵事流传，他对待成为阶下囚的法国国王约翰二世，足以媲美传奇中的亚瑟王。征调 722 人建筑温莎圆塔之后，他便与宠爱的骑士在那里组成圆桌骑士团；还主持了许多骑士的枪技比赛。侍从弗鲁瓦萨尔（Froissart）透露一个未经证实的故事，爱德华三世曾如何企图引诱可爱的萨里斯伯里（Salisbury）女伯爵，如何遭其婉拒，及如何举办马上比武，以图再饱餐其秀色。另一个动人的传奇则描述这位女伯爵在宫廷跳舞时，如何落下一只袜带，而被国王捡起，同时他说："以此事为邪恶者为耻辱。"这句名言竟成了爱德华三世在约 1349 年建立的袜带骑士团的座右铭。

另有一个女人艾丽斯（Alice Perrers），则比那位女伯爵易于接近。她虽已婚，却委身于贪婪的王室，同时取得大宗土地作为报酬，其势力凌驾王上，致使国会提出抗议。皇后菲利帕（Philippa）很耐心地忍受这一切，并宽恕她，在临终时只要求艾丽斯实现她爱民的心愿，又说："倘你蒙主宠召，请勿另择墓穴，仅须葬于我侧。"国王"眼里含着泪"承诺此事，然后转向艾丽斯，并以皇后的珠宝授之。

他凭着精力、勇气与技术指挥作战。那时作战被视为国王最高尚的工作。不好战的国王会受轻视，在英国历史上有三位国王因此被废黜。当时欧洲的贵族，都接受训练以从事战争；他只有凭着精通的武艺与勇敢以取得财富与权力。当时的人民虽苦于战争，但到爱德华三世，却绝少参与战事；他们的子孙已记不得以往的痛苦而只听到古代骑士光荣的事迹，他们将桂冠加在杀敌最多的国王头上。

爱德华三世建议征服法国时，其御前会议大臣绝少敢加以劝阻。只有等战争拖延了 30 年之久，使有钱大户也吃不消税金重担时，才激起全国的良心，呼吁和平。爱德华的征讨由胜利渐渐趋向失败，威胁到全国经济时，老百姓的不满已到革命边缘。不过，直到 1370 年，爱德华尚靠着大臣约翰·简多斯（John Chandos）忠诚谋国，使战事与外交得利。等简多斯这位大英雄一死，御前会议首长由爱德华之子——因生于根特（Gaunt）郡而被称为"根特的约翰"，即兰开斯特公爵——所取代，约翰竟然随便地将政事交予一群榨取公帑的政客败类。国会要求革新政风，社会正派人士祈祷国王早死，以使国家复兴。他的另一个叫"黑王子"（the Black Prince）——可能因其甲胄的颜色而得名——的儿子本可给政府带来朝气，可惜在 1376 年，老国王还在弥留之际，他便先一步去世。那年的"好国会"（Good Parliament）也曾制定了一些改革法案，拘押了两名不法之徒，并命令艾丽斯离宫。她如再回来，主教们必须褫夺其名号。待国会散会后，爱德华竟然不顾国会命令，立刻恢复约翰的权力，并召艾丽斯回宫；没有一位主教敢谴责她。最后这位顽固的君王，大限所至，终向死亡低头（1377 年）。由黑王子一位 11 岁的幼子，在经济、政治的一片混乱与宗教的叛变中，继位登基，称为理查二世（Richard Ⅱ）。

约翰·威克利夫（1320—1384）

14 世纪导致英国预演宗教改革的因素有哪些？

在这出戏里，教士的道德也许只扮演次要的角色。较高级的教士一致守着独身主义。我们虽听到伯内尔（Burnell）主教生有五子，但大概只是例外。威克利夫、朗格朗德（William Langland）、高尔（John Gower）与乔叟（Geoffrey Chaucer）诸人都记载僧侣与修道士偏好美食与荡妇。对于这种越轨行为，如修女们常常用皮条牵着狗或让饲养的小鸟停在肩膀上进入教堂礼拜，或僧侣们匆忙地念着不连贯的祈祷文，几乎难以激起不列颠人的怒潮。

英国教会日益膨大与向外侵蚀的财富，啮食着政府与教外人士的钱袋和神经，使其元气大伤。教士们在大多数场合也会将收入的 1/10 捐给国家，但坚持未经过他们会商同意，不得向其抽税。除了在上院有主教与修道院院长等代表外，他们也直接或派代表参加由坎特伯雷和约克大主教召开的教士会议，决定与宗教或教士有关的所有问题。国王通常都从教士阶级——英国接受最好教育的阶级中，选用国家高阶层的官吏。教外人士控诉教士涉及教会财产的案件，均受国王法庭审理，但主教法庭对正式僧侣涉案人员有单独的审判权。在许多城镇里，教会将财产租给佃户，并宣称对佃户具有完全的司法权力——即使佃户犯罪亦然。这些情况固然令人愤慨，但主要的刺激，是英国教会的财富流入教皇之手——类似 14 世纪教产流入阿维尼翁和法国。据估计，英国财物落入教皇手中比落入英国国库或国王之手的更多。

这时，朝廷里形成一个反教士团体。他们通过立法，使教会财库加重分担政府的费用。1333 年，爱德华三世拒绝再付英国约翰国王在 1213 年向教皇保证缴纳的贡物。1351 年的《圣职候补人法》（*Statute of Provisors*），企图终止教皇对英国神职人员与圣俸的控制。而《王权侵害罪法》（*The First Statvte of Praemunire*，1353 年）中，对英国人民把原来由国王裁定应受地方司法审理的事件，再去向"外国"（教皇）法庭申诉这种行为，视为非法。1376 年，下院正式指责英国境内教皇税吏将大笔钱财送给教皇，及遥领职衔的法国红衣主教从英国教区抽取大宗财富。

宫廷之反教士团体由根特郡的约翰领导，在他维护下，威克利夫后来能平安善终。

威克利夫，英国第一位宗教改革家，约 1320 年出生在约克郡北部的希波斯威尔（Hipswell），离威克利夫村不远。他就读于牛津，后来成为那里的神学教授，并当了一年巴利奥（Balliol）学院的校长

（1360年）。后又受任为牧师，从教皇接受各种圣俸或从地方教会收受俸禄，他同时执教于牛津大学。他的文学活动令人惊奇。他写了大量有关形而上学、神学与逻辑学的学术论文，两卷辩证神学，4卷讲道集，及包括其名著《内政权短论》（*Tractatus de Civili Dominio*）在内的许多简短精辟的杂文小册。他的大部分文章都用不雅的及难以明白的拉丁文写成，连文法专家对之都大伤脑筋。可是隐藏在这些晦涩的文字背后的，是一种爆炸性的思想，这些领先于胡斯和马丁·路德等宗教改革家的思想，几乎使英国在亨利八世之前155年与罗马教会割离，使波希米亚投入内战。

威克利夫开始就举错了步，由于服膺奥古斯丁的逻辑与雄辩，他将教义建立在可怕的宿命论之上。据威克利夫的说法，上帝将恩宠赐予其所喜爱者，并在人出生前就预示永生的存在。每个人会失去永生，或因得救而得永生。善行并不能赢得拯救，但他同时指出，凡行善者必接受圣宠，成为选民之一。我们依据上帝赋予的气质而行事，从与希腊哲人赫拉克利特观念相反的一面来理解即是，人的命运即人的德行。只有亚当与夏娃才具有自由意志，但由于他们背叛上帝，使自己及其后代子孙都丧失了这一自由意志。

上帝是人的主宰。我们直接对他忠顺，正如每一位英国子民对其国王效忠，并非像封建的法国先间接通过诸侯领主层层效忠。因此，人们与神的关系是直接的，不需要任何中间媒介；教会或祭司倘声称必须介入，则应予拒斥。从这个意义上来说，所有的基督徒均为牧师，无须授职。上帝主宰了大地及其所有物，人们只有归附于神时才可拥有财富。凡对天上这位君主犯有背离罪的，将丧失一切权利，因为合法的所有权（主权）需要沐浴在恩典之中。现在我们可以理解《圣经》所述：耶稣基督要他的门徒们与以后的继承者以及其授命代表守贫的道理。任何拥有财产的教会或祭司，均违反主的戒律，身在罪中，因此不得主持圣礼。教会与教士最需要改革的，是其完全放弃世上财物。

这一教理似乎还不够复杂，威克利夫又从其神学推论出一种理论性的共产社会与无政府主义。任何处在恩宠中的人均与上帝同享所有财物；理想上一切东西都该由正直者共同持有；私有财产与政府（像某些经院派哲学家提倡的）是亚当之罪（即人性）与人类承继下来的罪孽所产生的后果；在一个全德的社会里，不会有个人的私有权，也没有教会或国家人为制定的法律。威克利夫考虑到在当时英国境内叛乱的激进分子可能会利用这个字面解释，赶快说明他的所谓共产社会，应被理解为只是一个理想上的意识；现时存在的权力，如保罗所言，仍由上帝授予，必须服从。这种玩弄革命的手法，路德几乎一模一样地于 1525 年重新运用。

反教会团体即或不跟从威克利夫的论调，至少也由他的评责教会财富上看出某些苗头。国会再度拒绝向教皇纳贡时（1366 年），威克利夫即以效忠国王的教士身份，准备卫护这一行动。1374 年，爱德华三世授职他为拉特沃思（Lutterworth）教区长，显然是作为酬劳。1376 年 7 月，威克利夫受命随同皇室委员会前往比利时的布鲁日，与教皇代表讨论英国继续拒付贡金一事。根特的约翰建议政府应该没收教会部分的财产时，也邀请威克利夫去伦敦作一连串的讲演，为这一建议辩护。威克利夫予以应允（1376 年 9 月），后来被教士团体指其为约翰的利用工具。伦敦的考特尼（Courtenay）主教决定告发威克利夫为异端，借以间接攻击根特。威克利夫终于在 1377 年 2 月受召，出现在圣保罗教堂高级教士会议之前。他遵命而来，但由约翰带着武装扈从护送。其侍卫与某些围观群众发生争执，随即喧闹起来，因此主教认为最好休会。威克利夫则丝毫无伤地回到牛津。考特尼大主教遣送一份引述威克利夫作品多达 52 页的详细控状到罗马。同年 5 月，教皇格列高利十一世颁布训谕，谴责威克利夫的 18 项论题（大部分出自其《内政权短论》一文），同时命令萨德伯里（Sudbury）大主教与考特尼主教调查威克利夫是否仍持有这些观点。果真如此，他们便予以逮捕并拘押之，以等候处理。

这时，威克利夫不但已取得约翰与诺森伯兰（Northumberland）的领主珀西（Percy）的支持，也赢得不少舆论的拥护。10 月召开的国会，强烈反对教士。没收教产的争论吸引了许多会员，大家认为，万一国王获得现在由英国主教及修道院正、副院长所持有的财富，他可用来维持 15 位伯爵、1500 位骑士、6200 位扈从，并且每年还可留下 2 万英镑给他自己。这时，法国正准备入侵英国，而英国的财库几乎告罄；让一位法籍人代表教皇及一批绝大多数为法国人的红衣大主教从英国教区聚敛钱财，此举该多愚蠢！国王的顾问请求威克利夫对"当此驱除外敌成为燃眉之急时，英国王朝是否可以不理教皇的恶评，而合法地制止钱财流到国外？"这一问题置评时，威克利夫即在一本小册子上写出了答案，要求英国教会从实质上真正有效地与教皇割离。他写道："教皇除非用募捐方式，否则不能要求这份财富……由于一切施舍行为始自家庭，将本国所急需的钱财输往外国，并不是慈善工作而是愚昧行为。"威克利夫反对"英国教会本是整个教会或罗马天主教的一部分，因此该向她服从"这种观点，他主张英国教会的独立。"依据《圣经》之言，英国王朝应该是一个整体，而教士、领主与平民均属该组织的一员。"这种先于亨利八世的大胆言论，使国王的顾问都指示威克利夫对该问题不必再作进一步的探讨。

国会在 11 月 28 日休会。12 月 18 日，摆好阵势的主教们终于发布了一道谴责训谕，吩咐牛津大学校长执行教皇所下的拘捕令。但该大学那时正处在学术独立的高峰期。它曾在 1322 年事先未请示其行政上司林肯郡的主教，即宣称有废除一位不称职校长的权力。1367 年，它便已摆脱所有主教的控制。至少半数的教授支持威克利夫有表达意见的权利。牛津校长拒绝服从主教，并且否定任何高级教士在信仰问题上，超越大学而居于权威地位。同时，他也劝导威克利夫暂且隐退。但能保持沉默的改革家，实在很少。1378 年 3 月，威克利夫在兰贝斯召开的主教大会中出现，为自己的观点辩护。听证即将开始时，大主教从国王理查二世母后处接到一信，要其赦免对威克利夫最后的定罪；另外在议事进行中间，一群人忽从街头闯进，扬言英国人民不能容忍在英国境内的任何宗教裁判。主教们畏服于政府与人民的联合力量，暂缓对威克利夫的判决，而威克利夫再度胜利地平安回家。同年 3 月 27 日，格列高利十一世逝世，又数个月后，教皇的割裂分散削弱了教皇职位和整个教会的权威。威克利夫趁机再度展开攻击，发表了多篇文章（多半以英文写成），阐述他的反动异说。

经过多年奋战，由于辩论及年纪的影响，在我们看来，他如同一位严酷的清教徒。他并不是一个神秘主义者，他更像一个战士与组织者。或许，他的论辩方式是极端无情的。他的嬉笑怒骂才能，已经纵横自如。他抨击修道士大讲贫穷之道，实际上却在聚敛钱财。他认为某些修道院是"贼窝、蛇窟、妖魔之屋"。他对"圣者的功绩能解救落入炼狱的灵魂"这一教理大加诘难。他认为基督同十二使徒并未教导赦罪的教义。如果教皇有能力将灵魂救出炼狱，那他为何不以基督的慈悲立刻携带它们出来？威克利夫极为激动地宣称"许多教士⋯⋯以各种淫行玷污妇人、闺秀、寡妇与修女"。他主张，凡教士犯罪该受国家法律的制裁。他痛斥这批养狗放鹰、赌博、玩乐和捏造神迹、谄富、欺贫，对富者犯罪轻易宽恕，却将付不起什一税的贫民赶出教会的教士。他指控英国高级教士"剥夺穷人生计，却不反对压迫"；他们"视臭便士的价值高于耶稣的宝血"；他们的祈祷只是表演，并为他们从事的各项宗教活动收取税款；他们生活奢侈，乘坐配以金银鞍具的骏马；此种情形，路德所言的他似已预知。"买卖圣职之事已遍及各层教会⋯⋯而罗马教廷的圣职买卖，为害最大。因为它最为公开，并在最堂皇神圣的色彩下掠夺了老百姓大部分的土地与财富。"教皇之间（在分裂运动中）丢丑的敌对行为、他们对开除教籍权力的玩弄及他们无耻的争权，"只有在教皇们效仿耶稣时，才能使人相信他们"。教皇或教士在精神上"是领主，甚至是国王"；但如果他总揽了世上财物或政治权威，他便不配担任圣职。"耶稣基督没有寸土之地，这位教皇却拥有帝国之半⋯⋯耶稣至为谦卑⋯⋯教皇却端坐在他的宝座上，使各郡领主低吻其足。"威克利夫俏皮地提示，这位教皇或许是《使徒行传》与《启示录》里预言的那位传播耶稣第二次降临时的假基督（Antichrist）。

据威克利夫之见，这一问题的解决，是使教会脱离一切财物的拥有与权力。耶稣及其门徒生活在贫穷之中，教士也该如此。所有的修道士与僧侣均该避免一切财物或奢侈，而重返完全受戒的生活。所有的教士则"该乐守清苦并与尘世的权欲绝缘"；他们该温饱自足，而依施舍为生。如果教士不能自动皈依清苦的传道生涯，则国家便予以干涉而没收其财物。"让领主与国王改善他们"，并"约束教士们，使其坚守耶稣所训诫的贫穷"。别让国王在这时恐惧教皇的诅咒，因为"没有任何人的诅咒具有上帝诅咒的力量"。国王单独对上帝负责，其权力直接来自上帝。威克利夫否定了格列高利七世与博尼费斯八世所宣称的"世俗政府该服从教会"这一教条，他认为国家在一切世俗问题上该居于领导地位，并且控制教会所有的财产，教士职位该由国王授予。

教士的权力在于主持圣典。威克利夫有见于此，远早于路德和加尔文。他否认秘密告解的需要，主张恢复早期基督徒所乐行的自动而公开的忏悔。"向教士私下告解……并不需要，这只是后来魔鬼带来的玩意儿；耶稣未尝使用秘密告解，其后的任何使徒，也未见用过。"这种告解方式使人民受制于教士，有时被滥用在经济或政治的目的上；又"利用这种秘密忏悔，修道士与修女可能共同犯罪"。依这情形来看，正直的教外人士赦免一位罪人，可能比邪恶的教士更有效。但事实上，只有上帝才有赦免之权。通常而言，我们真的怀疑由一位犯罪或异端的教士主持圣礼的合法性。一位教士不论其好坏，他绝不能将圣餐的面包与酒变成上帝的身体与鲜血。对于威克利夫来说，他知道一些教士声称能完成上帝所创造的奇迹，而实际上却一无所为，没有比这件事更使人厌恶的了。像路德一样，威克利夫否定了化体之说，但并不否认神的"实存说"（Real Presence）；也不必借神迹来解释，耶稣确是"精神的、真实的、实在的、有效的"存在，只是必须借面包与酒这些不会消失的实体存在。

威克利夫不认为这些思想是异端，但这种"同体"的理论使他的一些支持者哗然大惊。皇室约翰因而匆匆赶往牛津，嘱咐他这位老友对圣餐一事勿再发表任何言论（1381 年）。威克利夫拒绝这一劝告，并在 1381 年 5 月 10 日发表的自白书中，重申其见解。一个月后，社会革命在英国突然爆发，所有财主为之震恐，从而对于威胁到各类财产（教外的或教会的）的任何主张，都转而冷眼以对。威克利夫现在已失去了政府中的大部分支持，而萨德伯里大主教被叛党暗杀，使威克利夫的死敌考特尼主教跃登英国教会首位。考特尼觉得，倘若威克利夫的圣餐之说传播开去，势将有损于教士的权威，也连带影响到教会道德权威的基础。1382 年 5 月，考特尼在伦敦的黑衣僧修道院召开教士会议。他说服这一会议谴责其从威克利夫作品中挑出来的 24 项主张，并发给牛津校长一道强制命令，令他限制威克利夫在其正统性获得证明之前，不再从事任何教学或传道工作。此时，国王理查二世也因为这次几乎使他垮台的叛乱而改变态度，命令牛津校长驱逐威克利夫及其全部追随者。威克利夫不得已退回拉特沃思生活，仍受到根特的约翰的保护。

由于这次叛乱的一位主要领袖约翰·鲍尔（John Ball）对威克利夫赞扬备至，威克利夫尴尬之下，不得不发表几篇文章，以排除他与这一叛变的关系。他否认任何社会主义者的观点，并力劝其追随者耐心顺从其世俗的领主，坚定其死后获得补偿的希望。虽然如此，他仍不断地写小册子攻击教会，并组织"穷传教士"会，在人民之间散布其改革之说。这些"威克利夫派信徒"（Lollard），有些教育程度很低，有些则高为牛津学人。像初期的托钵僧一样，他们穿着羊毛黑袍，赤足而行；他们被人们看作耶稣精神的再现，所有人都被他们的热忱所温暖。他们所言所行，早已成为日后新教徒用来强调永为真理的《圣经》，以对抗谬误百出的教会传统与独断教条，并力主使用本国语言传道以纠正在神秘仪式上使用外国语言的错误。威克利夫以浅显有力的英文为这些俗家教士和知识听众，写了 300 篇传道文章和大量宗教论文。由于他欲使大家归向《新约》所传的基督教，他与助手合力翻译《圣经》，作为真正宗教上唯一正确无误的指引。1381年，只有一小部分《圣经》被译成英文，法文译本也仅供知识阶级使用。此外，传自古代阿尔弗雷德（Alfred）国王的盎格鲁—撒克逊译本，对于威克利夫时代的英国人来说，是很难了解的。鉴于异教徒像韦尔多派教徒（Waldensian）大为利用《圣经》，教会劝告人们不要阅读未经认可的译本；同时对早已预料到的每一教派乱译《圣经》，各事渲染，及任意解释所带来的教义的混乱，极为反对。然而，威克利夫坚决认为，《圣经》该被每个识字的英国人阅读。他本人翻译《新约》，《旧约》则留给尼古拉斯·赫里福德（Nicholas Hereford）与约翰·珀维（John Purvey）两人。全部译作则在威克利夫死后约 10 年完成。这一译本根据哲罗姆（Jerome）的拉丁版，而非希伯来的《旧约》或希腊的《新约》。这部译作虽非英国散文的楷模，却是英国史上的一件大事。

1384 年，教皇乌尔班六世要求威克利夫赴罗马晋见，但另一个权威更大的召唤阻止了此行。1384 年 12 月 28 日，这位风烛残年的改革家在参加弥撒时突然中风，3 天后逝世。他被葬于拉特沃思，但康斯坦茨的宗教会议（1415 年 5 月 4 日）却下诏令，挖掘其墓穴，投其骸骨于附近的河中。该会议同时又下令搜查他的作品，一一销毁。

宗教改革的所有要素均集于威克利夫：反对教士的陋俗；要求严格的道德；召唤人们从教会回到《圣经》，从托马斯·阿奎那（Thomas Aquinas）回到奥古斯丁，从自由意志回到宿命论，从凭善行获救回到凭神宠获选；拒斥赎罪券、聆听告解与变体论等事；否认教士是上帝与信徒之间的沟通者；抗议将国家财富拱手让给罗马；请求国家终止再做教皇的附属；攻击教会拥有世上财产。若非这次大革命阻止了政府对威克利夫改革运动的保护，宗教改革在德国发生前 130 年，可能已在英国成形。

大叛乱（1381）

英格兰与威尔士在 1307 年的人口，据粗略估计约为 300 万，与 1066 年所推定的 250 万相较，只是一种缓慢的增加。这一数字一方面显示农业与工业技术进步迟缓，另一方面也显示了饥荒、疾病与战争对人口繁殖的有效抑制。在这块肥沃却狭窄的岛屿上，不能以其资源维持大量人口的生存。人口中约 3/4 为农民，而农民中又有一半是农奴。在这方面，英国比法国落后了一个世纪。

在英国，阶级的区分较诸欧洲大陆更为森严。当时的生活圈似乎只围绕着两个核心：优雅且骄慢的统治阶级，抱着希望且怀着仇恨的被统治阶级。以贵族领主而言，除了对国王的有限贡献外，他们是封地的主人，其权力甚至超出所辖地区之外。兰开斯特、诺福克与白金汉（Buckingham）诸地的公爵，其财产足与皇家相抗衡，尼维尔（Nevilles）、珀西两家的财富也不少。封建诸侯有权要求其附庸骑士与扈从效忠、保护，并穿戴其"仆役制服"（Livery）。然而，个人也可能从低阶层中崛起，一位商人的女儿也能钓得一名金龟婿并获取一个高贵的名衔。假如乔叟复生，他会惊异于他的孙女竟一变成为公爵夫人。中产阶级尽量模仿贵族的生活举止；他们在英国互以"主人"（Master）、在法国则互以"阁下"（Mon seigneur）相称呼；不久，每位男士又都成了"先生或君"（Mister 或 Monsieur），而每位女士则成了"夫人"（Mistress）或"女士"（Madame）。

工业的进展快于农业。1300 年，英国所有的煤矿几乎都在开工，银、铁、铅、锡也在开采，各类金属的输出在全国外贸上居于高位。"英国土地下的财富高于地上的"这句话，已是家喻户晓。这一时期羊毛工业的兴起使英国富足。贵族地主将以前拨给农奴与佃户作为平常用途的土地——收回，同时将一片片广大土地改为绵羊牧地，因为出售羊毛比种庄稼更能赚大钱。羊毛商一时成为英国最富有的贸易商，他们有能力将巨额的钱财贷借给压榨他们的国王爱德华三世。由于不想让英国本土的羊毛原料运往法国的佛兰德斯以供养别人的毛衣工业，爱德华三世（1331年起）引诱该地的织布匠前往不列颠，并经后者建议，终于在英国建立了纺织工业。随后，他禁止本国羊毛输出和大部分外国布匹的输入。14世纪末，布匹生产已取代羊毛贸易成为英国流动财富的主要来源，同时，英国达到半资本化的形态。

这门新工业需要许多技艺上的密切配合，包括织造、漂洗、梳毛、染色与整理等。旧式的手艺业公会已不能处理批量生产所需的精密合作，各项专业的劳动力由企业家组织、支持与控制。然而，英国不像佛罗伦萨与佛兰德斯等地那样形成工厂制度。大部分仍然靠小店里的老师傅、学徒及几个工人完成，或在小乡村的磨坊里利用水力，或在乡间家户中利用家务闲空，耐心地用双手在织布机上孜孜工作而成。手艺公会以罢工方式对抗这一新制度，但后者优越的生产方式征服了所有的抗力。那些竞相出卖劳动力与技术的工人，逐渐听由提供资本与经营管理的企业家摆布。城镇中穷苦的劳工大众"赚一文吃一文……没好穿的、没好住的，好日子时可以一饱，坏日子时只有挨饿。"当时英国城市的所有男性居民，均须征召参加公共工作，但有钱人家可以付钱免役。这一时期社会的贫穷情况也许不如19世纪早期那样可怕，但也苦涩难当。乞丐无数，他们居然还有组织，用来保护并管理这一行业。各教会、修道院与同业公会的救济，同样疲软无力。

在这种局面下，黑死病的侵入不只引发了一场自然大灾害，几乎也引发了一场经济革命。英国人民居地的气候虽适合植物生长却极不宜于健康；田野虽终年常绿，居民却易患痛风、风湿、哮喘、坐骨神经痛、肺痨、浮肿及眼疾、皮肤病等。各阶层人士都吃粗食，喝烈酒，以保温暖。"现在仅少数人活到40岁，"理查德·罗尔（Richard Rolle）约

1340 年说道,"活到 50 岁的,更少之又少。"那时的公共卫生尚在原始阶段;制革厂、猪栏、厕所的恶臭污染着空气;只有富室之家才装有自来水,大多数仍从沟渠或井里取水,甚至每周洗一次澡,用过的水也不敢浪费。贫苦阶级成了周期性削减人口的瘟疫的牺牲品。1349年,黑死病从诺曼底横渡海峡到达英格兰与威尔士,一年后侵入苏格兰与爱尔兰,然后分别于 1361 年、1368 年、1375 年、1382 年、1390年、1438 年及 1464 年又窜回英格兰。总结起来,每 3 个英国人中就有 1 个被夺走。约有近半数的教士死亡。后来英国教会受人指责的一些弊端,也许就是教士死亡太多,才将缺少适当训练与品格不合的人匆匆补缺的缘故。艺术也连带遭殃,教会建筑几乎停顿了 30 年之久。这时,道德趋于堕落,家庭束缚松懈,性关系泛滥,溢出了婚姻制度替社会秩序所设的防线。法律没有官吏来执行,而且常被漠视。

瘟疫与战争合作,加速了采邑制度的没落。许多农民由于丧失了孩子或其他援助,抛弃了租地迁往城镇。地主不得不以两倍于从前的工资雇用自由工人,以比过去更安适的条件来吸引新佃户,并以金钱换取封地上需要的劳力。另一方面地主们又苦于物价日益上涨,便诉请政府稳定工资。御前会议即刻颁发一道法令(1349 年 6 月 18 日)以为对策,内容如下:

> 由于近来大部分老百姓,特别是工人和仆役都死于瘟疫,许多人……除非接受额外的工资,便不肯工作,有些人甚至宁愿行乞于市而不愿凭劳力过活。我们考虑到因特别缺乏农人及此类劳工可能产生的严重困难,并与主教、贵族及学者共同会商之后,规定各项如下:
>
> 1. 凡年未满 60 岁具有体力者,生活无定,仍可工作者,均须受雇于人,否则送入监狱,直到寻到保人担保其工作为止。
>
> 2. 倘工人或仆役于期前离去,将受监禁。
>
> 3. 仆役工资照旧,不许多给……

4.倘技师或工人超额收取工资，将受判刑。

5.粮食须以合理价格出售。

6.任何人不得对有劳动能力的乞丐施舍。

这一法令受到雇主与雇工的普遍漠视，因此，国会又公布了一道《劳工法》(*Statute of Labourers*，1351年2月9日)，特别规定任何工资不得超过1346年的标准，同时核定了大多数劳务与货品的价格，并为此设立一个执行机构。1360年的法令进一步规定，凡契约期或租佃期未满即行离去的农夫，可用武力强制返工，由和平法庭判决，还可在其眉上烙印。日益严厉的此类法案，在1377年至1381年施行。尽管如此，工资却仍在上涨，而由此产生的劳工与政府之间的斗争，激发了阶级冲突，新武器也交到叛乱者手中。

继之而起的叛乱，来源甚多。奴属地位的农人要求自由；自由佃农则要求停止缴纳高税，把每亩每年的地租降到4便士。有些城镇仍然隶属封建领主，也极欲独立自治。在解放社区，工人仇视商人的寡头政治，而工匠则因为贫困不安而反抗。所有人——包括农民、劳工大众，甚至地方教士——都指责晚年的爱德华三世与理查二世接位初期时政事的失当。他们质问为何英国军队自1369年以后连战连败，为何还要抽重税来支援这些败仗。他们尤其痛恨年轻国王身边的两位重臣萨德伯里与罗伯特·黑尔斯 (Robert Hales)，还有根特的约翰，认为他们是政府腐败与无能的先锋和保护者。

动乱与威克利夫派关系很小，但动乱者心理上多少受其影响。这次叛乱中的知识分子约翰·鲍尔，便喜欢引用威克利夫之言，而瓦特·泰勒 (Wat Tyler) 也跟随着威克利夫要求没收教会的财产。鲍尔是"肯特 (Kent) 的疯牧师"，他在会众间传播共产主义，在1306年被处以破门律。他变成了巡回传教士，经常抨击高级教士与领主的不义之财，要求教士守持基督福音式的贫穷，他也嘲弄各个争权夺利的教皇在分裂运动中分抢耶稣的圣袍。有两句话流传甚广，据说是他的名言：

> 亚当耕田夏娃织，
> 那时谁又是绅士？

意为：亚当耕地、夏娃织布时，在伊甸园里可有任何阶级区分？弗鲁瓦萨尔虽然酷爱英国贵族政治，但也曾引述鲍尔的见解：

> 我的好朋友们，除非万物平等，否则英国国内的问题将难以解决；只有在既无奴仆，也无领主，统治者不再是我们的主人时，我们才有好日子过。他们对待我们多么恶劣！他们凭什么奴役我们？我们岂不全都从同一祖宗亚当与夏娃而来？他们又凭什么显示出他们该高居我们之上？……我们被看成奴隶，如果工作不力，即遭鞭打……让我们见国王予以申告；他很年轻，我们可从他那里得到有利的答复；倘或不然，我们便须自己设法改善我们的状况。

鲍尔曾被逮捕过三次。当叛乱爆发时，他还在狱中。

1380年开始的人头税使不满达到高峰。政府这时濒临破产，国王抵押的珠宝将遭没收，而在法国的战争犹在呼求新的支援。10万英镑的重税又落在老百姓身上，凡年过15岁的居民均须纳税。引起叛乱的各种不同怨气也因新税而汇集一起。成千上万的人们逃避税吏，税收总额大为短绌。当政府派遣新的监督官搜捕逃税者时，人民拿起武器聚集起来反抗他们。在布伦特伍德（Brentwood），皇室的代理人遭人用石头赶出城外（1381年），同样的事件也在福宾（Fobbing）、科林亨（Corringham）与圣奥尔班（St.Albans）等地发生。抗税的群众大会数度在伦敦举行，城市的示威运动助长了农村的叛乱，并引导农民趋集城市，与那里的群众结合，"逼迫国王不使英国境内再有农奴存在"。

进入肯特郡的一群收税官遇到暴力的反击。1381年6月6日，一群暴民攻入罗切斯特的监牢，将囚犯释放，同时劫掠该城。翌日，他们推举瓦特·泰勒为领袖。此人来历不明，是一名退伍军人，这可以从他能将混乱的乌合之众编练得行动规律一致，而且很快使得他们服从其统御看出。6月8日，这群庞大的队伍，携带弓箭、棍棒、斧头与刀剑，会合肯特郡几乎每一个村庄的新兵，纷纷去攻击那些不得人缘的地主、律师与政府官吏之家。6月10日，这群人在欢迎声中侵入坎特伯雷，他们掠夺退位的大主教萨德伯里的宫室，打开监狱，并抢劫富豪的宅第。整个东肯特郡都发动了革命，一城接着一城起义，地方官吏纷纷在暴风雨前溜逃。豪门富室则逃难到英国境内其他地方，躲在偏远的处所，甚或捐献财物给革命党，借以免除进一步的损害。6月11日，泰勒挥军转向伦敦，在梅德斯通（Maidstone）将约翰·鲍尔从狱中释放；后者也加入行列，而且每天向这群人传教。他说，现在将开始他梦想和祈求已久的基督民主的统治，所有的社会不平等均将铲除，再也没有贫富贵贱之分，每个人都是国王。

同时，连带的叛乱也在诺福克（Norfolk）、萨福克、伯弗利（Beverly）、布里奇沃特（Bridgewater）、剑桥（Cambridge）、埃塞克斯（Essex）、米德尔塞克斯（Middlesex）、萨塞克斯（Sussex）、赫特福德、萨默塞特（Somerset）各地爆发。在埃德蒙（Bury St.Edmund），人们将那位一向固执于修道院权力的修道院院长的头砍下。在科尔切斯特（Colchester），他们杀害了几位被认为插足英国贸易的佛罗伦萨商人。他们尽可能摧毁载有封建产权与义务的案卷、租约或特许状。因此，剑桥的市民便烧毁了该大学的特许状；在沃尔瑟姆（Waltham），修道院档案中的每个文件都被付之一炬。

6月11日，来自埃塞克斯与赫特福德的叛军接近伦敦北郊。12日，肯特郡的起义队伍刚刚渡过泰晤士河抵达萨瑟克（Southwark）。国王这方面并未作有力的抵抗。理查二世、萨德伯里与黑尔斯都藏在伦敦塔里。叛军领袖泰勒请求会见国王，但遭拒绝。伦敦市长威廉·沃尔沃思（William Walworth）下令关闭四座城门，但旋即被城里的革命志士打开。6月13日，肯特郡的革命队伍攻入首都，受到人民的欢迎，又有成千的工人加入。泰勒一方面监禁旧主约翰，予以善待；另一方面压制众怒，不许其手下侵犯约翰的府第。果然使约翰家中安然无恙，有一位想偷银杯的暴民便遭群众杀害。城内其他处却难免一劫：昂贵的家具被掷出窗外；富丽的幔帐被撕成碎片；首饰珠宝被打得粉碎；房子被烧塌；喝酒欢乐的叛军，有些醉倒在地窖中竟被人遗忘而活活烧死。嗣后，叛军转向教堂——那是英国律师的大本营，农民们永远记恨律师写过他们的卖身契和估算他们的财产去供课税的事，因此也把律师们的案卷全部付之一炬，并焚毁其建筑。纽盖特（Newgate）街与弗莱特（Fleet）街的监狱被打开，狂喜的囚犯都加入暴动。长达一个世纪的仇恨涌集在一天中发泄，群众也感到疲倦，他们一躺在城里空旷之地就呼呼入睡。

那天晚上，御前会议认为最好不让国王与泰勒单独会面。他们送信邀请泰勒及其随从于翌晨在伦敦北郊一个叫米莱·恩德（Mile End）的地方与国王理查二世谈判。6月14日，天刚破晓，除了不敢露面的萨德伯里和黑尔斯两人，这位14岁稚龄的国王冒着生命危险率领所有御前会议大臣骑马走出伦敦塔。这一小群人穿过聚集的人群到达米莱·恩德，埃塞克斯区的叛军早已等候在那里；以泰勒为首的肯特区叛军也跟随而至。理查二世似早已准备答应其所有要求，此番态度令泰勒甚感惊讶。英国全境废除农奴制度，所有封建领主制下的权利与义务一律终止，佃户的租额全部免清；并对所有参与叛乱的人民予以特赦。30位秘书立刻草拟对所有地区施用的自由状与赦罪令。在此，国王仅拒绝了一项要求，即不允许将皇室大臣与"奸贼"交给人民。理查二世答复叛军时表示，凡被控失职的政府官员，均应循正常的法律途径接受审判，倘发现有罪，定必予以惩处。

泰勒不满这一答复，因此率领人马赶往伦敦塔。他们发现萨德伯里大主教在小教堂里唱弥撒，便将他拖入庭院中，按倒在地，以木枕颈，行刑的刽子手是外行人，连砍八斧方将头砍下。叛乱者将黑尔斯及另外二人也如法炮制。他们给死去的大主教戴上法冠，把法冠用铁钉牢牢地钉在脑袋上。他们又用枪挑着砍下的头，游街示众，然后挂在伦敦桥的门楼上。那天剩余的时间都在屠杀。伦敦商人平日怨恨佛兰德斯人的买卖竞争，便怂恿群众悉数杀害城中的佛兰德斯人。为了判别可疑者的国籍，往往示以干酪面包，令其回答为何物，倘受嫌者答以"brod und käse"（佛兰德斯语与德语的"干酪面包"），或带上佛兰德斯的土腔，便立即没命。当天便有 150 名以上的外国商人与银行家在伦敦遇害，又有许多英国律师、税吏及根特的约翰的随从死在复仇者的乱斧下。小学徒谋杀师父，欠债人刺死债主。直到深夜，这群饱染鲜血的胜利者才停手歇息。

理查二世获悉此事后没有回伦敦塔，由米莱·恩德避往圣保罗教堂附近其母的居处。同时，大群从埃塞克斯与赫特福德来的叛众，由于争取自由特许状的成功，纷纷高兴回家。6 月 15 日，国王向留下的叛民发出一道委婉的咨文，要求他们在奥尔德桥（Aldersgate）外的史密斯菲尔德（Smithfield）广场与其见面，泰勒表示同意。赴约前，国王恐遭意外，先行告解及领圣体，然后带着 200 名身上暗藏利剑的便衣扈从骑马前往。泰勒却只带了一名护卫到史密斯菲尔德广场。他重新提出条件，其内容虽未确实见诸记载，但仍包括没收教会财产，分之于平民的要求。于是当场引起一场争论，国王的一名侍从骂泰勒为贼，泰勒命其助手将该侍从打倒，但被市长沃尔沃思所阻，泰勒乃亲自挥剑刺向市长，后者因斗篷之下穿着甲胄防身，幸而得免，泰勒反为市长的短刀所伤。此时，国王的卫士们也一齐拔剑攻击泰勒，泰勒最后骑马冲回他的军队，大呼国王背信，倒在他们脚下而死。叛军深为对方这一平白无故的背信行为震惊，纷纷持箭上弓，准备发射。叛民人数虽已减少，但据弗鲁瓦萨尔估计有两万人，仍可压倒国王的卫队。此时，理查二世勇敢地骑马走向他们，一面喊道：

"你们将射杀你们的国王吗？我将做你们的首领，你们可以从我这里获得你们要求的。你们只要跟着我走到外面的广场即可。"他骑马慢慢走出，心里却对群众是否会听从或宽恕他很是怀疑。这时，叛民们先是踌躇不决，最终都跟随在国王之后，而大部分皇家侍卫，也掺和在他们的队伍之中。

市长沃尔沃思急忙掉转马头奔回城去，一面传令给城内24区的市议员，速领所能召集的武装兵力加入阵营。最初许多市民同情叛党，这时也都被他们的乱杀乱抢吓怕，凡是有财产的市民都感觉到自己的生命财产竟无保障。因此，伦敦市长一声号召，仿佛突然由地底钻出了听他指挥的7000名士兵。他率领这群城内队伍又回到史密斯菲尔德广场，重新守护国王，并建议歼灭叛军。理查二世拒绝此举，因为叛军既曾礼遇国王，未敢相犯，他这时便应表现出宽宏大量。他宣布他们可以安然地自由离去。埃塞克斯与赫特福德两地余留的叛军旋即解散，而伦敦的乱民也各回原处，只有从肯特来的叛军尚逗留未去。他们通过城市时受到市长手下武装人员的围堵，但国王下令不准任何人干扰他们，这群人才得以安然开走，凌乱地沿着肯特旧路回乡。国王这时也回到他母亲身边。她喜极而泣地对国王说："啊，好儿子，母亲这一天可为你担心死了，折磨够了！""是的，母后，"这位孩子回答道，"我知道得很清楚。现在我们要高兴地感恩、赞美上帝，因为今天我已恢复了失去的祖宗遗产和英国王位。"

也许是受那位拯救他的伦敦市长的影响，理查国王在6月15日同一天发出一道谕告，驱逐凡在伦敦未住满一年的居民，否则处死。市长沃尔沃思带领人马在大街小巷大事搜查，捕捉了很多外来客，并杀害了其中一些人。这些俘虏中有一位叫杰克·斯特劳（Jack Straw）的，他显然是在苦刑之下供认出，肯特的群众曾计划推举泰勒为王。同时，埃塞克斯的起义者也推派了代表团抵达沃尔珊，要求国王正式批准他在6月14日所许下的诺言。国王理查二世回答说这项诺言是被迫而出，因此无意信守；相反，他告诉他们说："你们仍然是农奴，并且将永为农奴。"他同时威胁说，凡继续武装叛乱者，均将受到严厉的处分。愤怒的代表们因而重新召集部属，再谋叛乱；其中有些即听命叛乱，但因受到沃尔沃思手下的大量屠杀而人数锐减（6 月28 日）。

7 月 2 日，这位愤怒的国王取消了叛乱期间他所承诺的一切赦书与特赦令，并开始着手查办这次叛乱首脑人物。上百人因此遭受逮捕、审判，其中有 110 位或更多的人被处死。约翰·鲍尔也在考文垂（Coventry）被捕，他大无畏地直认自己在这次暴动中的领导角色，并拒绝要求国王宽宥。他被处吊刑，并被车裂分尸。他与泰勒、杰克·斯特劳等叛民首脑人物的头取代了萨德伯里、黑尔斯的头，高挂在伦敦桥头作为装饰。11 月 13 日，理查二世向国会报告经过。他说，如果到会的高僧、贵族与平民愿意解放农奴，他也十分赞同。到会人士几乎全是地主，他们不能认可国王有处置他们财产的权力，所以他们投票一致赞成维持现行的封建采邑制度。落败的农民只得重操犁锄，而愁苦的工人也只有回到机器旁边。

新文学

英语已渐渐成为文学的适当媒介物。1066 年诺曼底人的入侵，曾一度阻止了盎格鲁—撒克逊语演进为英语。这时，法语曾一度成为这一王国的官方语言。新的字汇与成语逐渐形成。这时的英语基本上是条顿语，但掺杂着高卢词来修饰。与法国的长期战争，可能激发了英国人反抗敌人的语言统治本国。1362 年，英语被宣布为法律上与法庭中的通用语；1363 年，上议院议长在国会上以英语演讲而开创了先例。这时，学者、史学家与哲学家（甚至到培根时代），虽仍继续以拉丁文写作以招徕国际读者，但诗人与戏剧家已使用英语。

现存最早的英语戏剧为"神迹剧"，一种宗教故事的戏剧化。它在约 1350 年排演于英格兰中部，剧名为《悲惨的地狱》（*The*

Harrowing of Hell），内容为撒旦与耶稣在地狱门口展开舌战。14 世纪，由城镇的同业公会来排演成套的神迹剧已成风气。主办的每一出戏，其题材通常来自《圣经》。演员们带着布景、坐着巡回车，在城里闹市中心搭设的临时舞台上演戏。嗣后几天则又轮到其他演员来演出同一《圣经》故事的后几场戏。目前为人所知最早的这类神剧，当推 1328 年的切斯特（Chester）神迹剧。1400 年，同样的整套神迹剧也在约克、伯弗利、剑桥、考文垂、威克菲尔德（Wakefield）、汤利（Towneley）、伦敦各地演出。早在 1182 年，拉丁神迹剧渐渐发展为一种称作"奇妙之事"的新型剧，通常以某些圣者的神迹与受苦难为主题。约 1378 年，又出现一种叫作"道德剧"的变体，是用一个故事来说明某一种道德观念。这一形式到《凡人》（Everyman）而达到顶峰（约 1480 年）。15 世纪初，我们也听到过无疑已成为老套表演的——幕间插剧，它并非是正式的戏，而是由两位或两位以上演员表演的一种插科打诨的杂剧。其题材不限于宗教或道德，可能是通俗的、幽默的、亵渎的，甚至是淫猥的。当时，歌舞团常在贵族或厅堂上，在市镇和乡村的广场上，或在五方杂处的客栈庭院中表演杂剧。1348 年，埃克特（Exeter）建立了自古典的罗马剧场以来第一座知名的英国剧院，也是第一座欧式风格的剧院，经常专门用来演戏。多彩多姿的伊丽莎白舞台上的喜剧，由杂剧演化而来，而其悲剧则来自神剧与道德剧。

第一首优秀的英语诗歌——最奇特而有力的诗歌之一，自题为《威廉眼中的农夫彼尔士》（The Vision of William Concerning Piers the Plowman）。其作者有待查考。如果此诗为自传性质，我们便可指其作者为约 1332 年出生的朗格朗德。他担任过许多小圣职，但从未成为教士；他流浪到伦敦，借着为死人在弥撒时唱圣歌而换取一饱。他生活放荡，犯了"贪色"之罪。他有一个养女，也许又娶了她的母亲，三人同住在康希尔（Cornhill）的一间小屋里。他形容自己为一个高大、瘦削的汉子，身穿暗色外袍配称着他黯淡的幻想。他喜爱自己的诗，曾三次出版印行，而每一次都增加篇幅。像盎格鲁—撒克逊诗人一样，他不押韵，只使用韵律不规则的头韵诗。

开始，他描写自己熟睡在一座叫莫尔文（Malvern）的山丘上，梦见一处"满是人群的田野"——无数的富人、穷人、好人、坏人、年轻人、老年人——其中有一位美丽而高贵的女郎，他认为她是代表神圣教会的。他于是跪倒在她跟前，不求"财宝"，而只求指示"如何救我灵魂"。她回答说：

> 历尽一切富贵，方知真理是宝。
> 口说真话，唯此是要，
> 凡遵此而行，待人无傲者，
> 即为奉行福音之道……且近似我等救主。

在第二场梦里他见到了人类七大罪，他在每项罪衔下，用猛烈的讽刺揭发人性之恶。随后农夫彼尔士（彼得）在诗中出现。他是一位模范农人，诚实、友善、慷慨，受到大家的信赖，辛勤工作，本分地与妻儿一起生活，还是一位教会的虔诚子民。不久，他又见到一个彼尔士化身为肉身的基督，化为使徒彼得，化为教皇，终而在教皇的大分裂与假基督的临世里消失。这位诗人说，教士已不再是救世的圣徒，他们中许多已趋堕落，他们欺骗诚朴者，为贪报酬而赦免富人，交易圣职，为一块钱可以出卖天堂。一个基督徒在如此世界中将欲何为？朗格朗德表示，他必须勇往直前，冲过一切干扰阻力与腐败风气，去追寻活的耶稣化身。

《威廉眼中的农夫彼尔士》包含一些废话，晦涩的比喻，也确实使需要作者明叙道德义务的读者感到厌倦，然而不失为一首真诚的诗歌。它坦直地攻击恶棍，生动地描写人世，其笔触与优美的格调，在14世纪的英国文学上，仅次于《坎特伯雷故事集》（*Canterbury Tales*）。其影响甚为显著，彼尔士在英国叛党们眼中，变成正直、无畏的农民的象征。约翰·鲍尔将他介绍给 1381 年埃塞克斯的起义者。迟至宗教改革，仍借其名衔批评旧的宗教组织和要求新秩序。于梦境结尾时，这位诗人使教皇彼士再度化归为农夫彼尔士。最后他下了结论，假使我们全都像彼尔士那样成为一个单纯朴实、身体力行的基督徒，那就是最伟大也是最后一次的革命，其他一切，均非所需。

高尔是个不很浪漫的诗人，较之神秘的朗格朗德，显然特别不同。他是肯特地方的富有地主，博览经书，深研三种语言。他也攻击教士的罪过，但震惊于威克利夫派的邪说，同时对曾以啤酒和谷物自乐而今却贪求肉食、牛奶与干酪且日趋狂傲的农民，感到惊诧。高尔说，有三样东西若失去控制，便会显得残酷无情，那就是水、火与暴民。由于厌恶今世，又担忧来世，品高的高尔于老年时隐居修道院，双目俱盲而在祈祷中度其晚年。当时人均钦佩他的德操，但对他的古板脾气与风格并不赞同，因此，人们以乐观的心情转向乔叟。

乔叟（1340—1400）

他是英国嬉乐时期中的人物，充满着嗜酒好斗的血性，他能够无视人生途中的自然困阻，并以宽容的幽默拔除生命的荆棘。同时，他用大诗人荷马的阔肆笔调和法国文人拉伯雷的泼辣风格，描绘英国各阶层的生活。

乔叟之名，就像其语言一样繁多，源自法语，意为"鞋匠"，可能读成"绍叟"（Shosayr）之音。他父亲约翰·乔叟（John Chaucer）是伦敦一位酒商。小乔叟从书本与人生两方面获得了良好的教育；他的诗极富男女两性、文学与历史方面的知识。1357 年，乔叟被官方录为后来的克拉伦公爵（Duke of Clarence）的家仆。两年后，他调往法国作战，失败被俘，旋由爱德华三世赎回。1367 年，他当了"英国皇家卫士"，年俸 20 马克。国王爱德华经常带着仆从漫游，乔叟大概也曾一起随行，得以到处领略英国风光。1366 年，他娶了王后的宫女菲利普，争争吵吵地相偕生活到她去世。理查二世接位，继续付给乔叟年金，而兰开斯特公爵——根特的约翰——则每年另加 10 英镑，此外尚有其他贵族的赏赐。这或许可以解释人生阅历如此丰富的乔叟，为何独对民间的这次大叛乱，充耳不闻。

在崇拜诗歌与辩才的当时，派遣文人出国担负外交使命，是一种惬意的时尚。乔叟即因此膺命与其他两位代表出使到意大利的热那亚商谈贸易协定（1372 年）；1378 年，他又与爱德华·贝克利男爵（Sir Edward Berkeley）前往米兰。谁晓得他这时会遇上多病的薄伽丘与苍老的彼特拉克？无论如何，意大利总带给他一种转变的启示。他在那里看到一种比英国更为优雅、更具修养、更精致的文化。他对古典文学产生了一种新的崇拜，至少对拉丁文是这样。曾影响他早期诗歌的法国感染力，现已退让给意大利的思想、诗体与题旨。等他最后回国、重见故国人物时，他已是一位多才多艺的艺术家，而且成熟老练、世故通达。

当时，无人能在英国凭写诗过活。我们姑且假定乔叟的年金足可供其日常使用。1378 年之后，其年金总数约相当于现在的 1 万美元；此外，他的夫人又另从根特的约翰与国王那里享受她的年俸。无论如何，乔叟总觉得有再担任些政府各种职务来补充收入的需要。他充当“关税与补助金监督”达 12 年之久（1374—1386 年），在此期间，他的居处与奥尔德盖特（Aldgate）塔傍邻。1380 年，他付给塞西莉亚·肖梅培娜（Cecilia Chaumpaigne）一笔钱，数目不详，使她撤回控告他强暴的案件。1385 年，他受命为肯特郡的调解法官；1386 年，他被选入国会。在公务之暇他从事诗歌写作。

他在《盛名之家》（The House of Fame）一书中描写自己在“忙完账务”后匆匆返家，然后埋首书中，“像块石头”呆坐，又如一位隐士生活在贫穷、清高与安守天命中，同时以其才气“从事著书、写歌与作有韵的小曲”。他说他年轻时写过“许多歌曲及淫猥的叙事诗”。他将包伊夏斯（Anicius Manlius Severinus Boethius）《哲学的慰藉》

（*De Consolatione Philosophiae*）一书翻成清雅的散文，又将纪尧姆·洛里斯（Guillaume de Lorris）的《玫瑰传奇》（*Romaunt de la Rose*）译为优美的诗歌。他开始写作可以称之为主要的小品诗：《盛名之家》、《女公爵传》（*The Book of the Duchess*）、《众鸟议会》（*The Parliament of Fowls*）、《贤妇传》（*The Legend of Good Women*）。这些虽未完成，但他是比我们领先一步的。他这些小品诗在题旨与形式上，仍脱胎于欧陆，作者本人虽具雄心，但免不了还是有小心尝试和公然模仿的毛病。

在他最好的单行诗《特罗伊拉斯与克莱西德》（*Troilus and Criseyde*）里，他继续模仿，甚至直译。但在他所抄袭薄伽丘 2730 行的《菲洛斯特拉托》诗篇中，他却加上了 5696 行属于其他来源或自行新创的东西。他不做欺骗之举，一再提到原书来源，而遗憾不能全予译出。这种方法，被认为合法而有用，因为即使高级知识分子在那时也并不能了解本国以外的方言。正如希腊与伊丽莎白一世时代的剧作家认为的，情节是共有财产，而艺术在于体裁。

不管如何贬抑，乔叟的《特罗伊拉斯与克莱西德》算得上是第一首伟大的英文叙事诗。小说家司各特（Walter Scott）评之为"略嫌冗长"——事实也如此，而诗人罗塞蒂（Rossetti）则誉之为"也许是最美丽的英语叙事长诗"。此说也属确实。因为所有长诗，不论多美，总容易流于沉闷。情感本是诗歌的精髓，而此经过 8386 行的情感，将变为平淡乏味，几乎可与欲念的发泄一样快速。追求女人也从未需浪费如此多的笔墨，而爱情亦绝少因为这种漂亮却无关的修辞，动人的夸吹与好听的言语，而变得踌躇、沉思、迟疑及屈服。在爱情曲折婉约的心理上，只有理查德森（Richardson）密西西比河式的散文，足与这种尼罗河式的诗体抗衡。但即使这种夸大的言词、无穷的堆砌字句与一味表现的无益杂学，仍难抹杀此诗的价值。这首诗毕竟是哲理性的故事，它表现女人如何为爱情而生，若甲在迢迢千里之外，她不久又如何移爱于乙。这首诗生动地描写了一个人物，即潘达罗斯（Pandarus）。他在史诗《伊利亚特》里原是特洛伊城郊利西亚（Lycian）军队的统帅，在此诗里却变成一位精力充沛、诡计多端、锲而不舍的淫媒，诱导特罗伊拉斯（Troilus）与克莱西德这对情人犯罪。他的名字即因此附带有这一意义。特洛伊拉斯原是一位投入驱逐希腊人阵营的勇士。他原轻视倒在温柔怀抱里而成为欲望的奴隶之徒，但这回却一见钟情地迷上了克莱西德，从此废寝忘食只思念着她的美丽、温柔与贤惠。另一方面，热切等待的克莱西德在这位脑胨的斗士写出 6000 行诗向她求爱后，才放心地倒入他的怀抱。这时，特罗伊拉斯立刻将两个世界置诸脑后：

> 其他一切的恐惧均不在意，
> 围城之急与得救之益。

乔叟在竭力完成这一狂欢高潮的情节后，为了使这首诗免于单调乏味，又很快结束这对情人的喜悦而归引到悲剧上去。且说克莱西德的父亲叛归希腊，愤怒的特洛伊人遂将其女押送敌方以换回被俘的安特诺尔（Antenor）。这对心碎的情侣因而互以至死不渝的誓言，惨然分手。送入希腊之后，克莱西德被赏给狄俄墨得斯（Diomedes），这位新勇士潇洒英俊，立刻慑住了这位佳人的心灵，因此，她以一纸情书尽吐私怀，钦慕而委身以事。特罗伊拉斯见而大愤，冲入敌阵寻找狄俄墨得斯，却不幸死于阿喀琉斯（Achilles）的矛下。乔叟最后向圣父、圣子、圣灵虔诚祈祷而终结这幕恋史，他也以愧疚心情将这首诗呈给"品行端正的高尔，以求指正"。

他在约 1387 年开始写《坎特伯雷故事集》。这是一部灿烂的巨构，在情节中，乔叟加入了在萨瑟克区的泰巴旅馆（Tabard Inn，他常在那里豪饮）里一群形形色色的不列颠人。他们一齐策马前往坎特伯雷的贝克特（Becket）大教堂朝拜。他借他们的口讲述积存在这位诗人心头上已有半个世纪之久的故事与思想。这种把许多故事编集在一起的手法，曾使用过多次，但以这次最成功。薄伽丘在《十日谈》

里搜集了100个同一阶层的男女人物，他并没有突出他们各自不同的性格。乔叟却塑造了客栈里如此迥异而又真实的人物，用这些人物表现英国生活，似乎比历史上的芸芸众生更为真切。他们不但居住在大地上，并且真正在熙来攘往，他们能爱、能恨、能哭、能笑。他们沿路策马前行时，我们不仅听到他们所说之事，而且可获悉他们本身的烦恼、争闹与人生观念。

在此谁会反对我们再引述他作品中那些清新活泼的开头诗句？——

> 四月春雨润甜了
> 三月的干草，而直透其根，
> 丝丝经络都浸沐在汁液之中，
> 百花因而怒放，
> 风神也以甜蜜的气息
> 鼓舞着每一田野与草原上的
> 柔嫩作物，而朝日春阳
> 在白羊宫行已半程，
> 小鸟歌声婉转，
> 夜里则开眼而眠。……
> 此时人们齐盼动身朝拜……
> 那远近闻名的遥远的圣地……
> 我躺在萨瑟克的泰巴旅馆
> 抱着满怀虔诚的勇气准备前往
> 坎特伯雷朝圣，
> 整整二十九位伙伴，
> 夜里来到客栈
> 他们各形各色，因机遇
> 而结为同伴，他们全是朝香客，

欲策马前往坎特伯雷。

乔叟随后在他无与伦比的序诗里，以神来之笔一一介绍这些人物：

其中有位骑士，足可尊敬，
自他首次出征，他即
喜爱骑士精神，
真理与荣誉，自由与谦恭……
他征战共十五次，
在特拉迈斯内为我等的信仰而战……
他虽勇武，但也精明，
其风采柔和如少女。
终生未尝道一个粗鄙字眼，
他的确是十全十美的彬彬骑士……

继则为骑士之子：

一位年轻的骑士，
一位情人，与一位活泼的单身汉……
他爱得如此狂热，故夜晚难寐
睡得比夜莺还少。

随后是位侍候骑士及骑士护从的家仆，再则为一位最迷人的修女：

这里也有一位修女，
其微笑充满着淳朴与羞怯，
她在圣路易斯教堂许下大愿，
而被称作爱伦汀女修士。

她擅唱圣歌，
鼻中细吟礼拜之曲……
她满怀仁慈与悲悯，即使见一只老鼠
陷入捕机，而流血或死亡，
也将为之啜泣。
她有小猎犬，饲以
烤肉或牛奶与剩面包；
设若其中一只死亡，她便伤心饮泣。
臂上挂着小珊瑚制的
全饰以绿色的小念珠，
胸前复挂着一枚金碧辉煌的饰物，
先有一个带冠饰的 A 字，
再接着写着"爱"征服一切。

　　另外还加上一位修女、三位教士、一位"喜好狩猎"的酒肉和尚
与一位榨取信徒口袋无出其右的修道士：

寡妇虽无一鞋，
然她笑脸迎人，
走前犹要索取一文。

　　乔叟比较喜欢年轻的哲学学子：

他也是牛津的一位学士，
很久以来即花费时日钻研逻辑，
像把挖地的耙子
我保证他身材不胖，
看起来严肃，瘦削。

他宽大的短外袍已经破裂。
他既未接受圣俸，
也未如此汲汲求职。
他床头上放置着
二十册黑皮或红皮书，
他爱好亚里士多德及其学术
比对锦衣玉食或欢乐弦琴
更为照顾、关注。
除非必要，他口不多述，
然其言词，尽为美德的玉珠，
怡然自得。
他学不厌，教不倦。

此外尚有很多人为之效劳的"巴斯一妇人"，一位"充满神圣思想与善行"的穷牧师，一位农夫，一位磨坊老板，他"鼻顶上有颗疣，上面长着一撮像母猪耳朵上的鬃毛一样的红毛"，一位客栈或大学的"采办员"，一位"领地总管"，及一位"传令兵"：

他是个温和友善的家伙，
人们再难找到的好人。
他愿为一壶酒而将自己的姬妾
让一年给一位合意的人，
并且还完全替人遮盖。

他身边

跟随着一位和蔼的赦罪者……
他的钱袋摆在他膝前，

满装着罗马印行的新赎罪券。

另外还有商人、讼师、"自由产业人"、木匠、织布匠、染匠、室内装饰匠、厨子和一位船夫。乔叟本人，则窘迫地站在一边，"庞大"得难以拥抱，而且"一直垂视地面，好像在搜寻野兔"。很重要的是，泰巴旅馆的东道主发誓说他从未招待过如此高兴的一群人，他真诚地提议一齐去朝圣，而且愿做众人的向导。他建议为了打发 56 英里的官途行程，请每一位进香客于往返途中各讲两个故事，讲得最好的，"大家于归来后，凑份子请他吃便饭"。大家一致同意。这幕人间喜剧的活动背景在此暂落，接着开始起程上路。一位宫廷骑士开头讲第一个故事。他叙述的是名叫帕拉蒙（Palamon）与阿尔西特（Arcite）的两位好友，看到一位少女在花园里摘花，同时爱上了她，结果为了她而做一场殊死的决斗，来争夺这位可人儿。

谁又相信这支如此浪漫的笔，竟会从这种骑士似的浮华风格转向磨坊匠故事那种粗俗下流的情节？这位磨坊匠一直酗酒不停，其在头昏舌溜之下吐出惯常说的下层粗话，这固不足怪。乔叟为这位磨坊匠及自己道歉，只要为了要如实报道之故。他请求正经的读者挑选那些"文雅、道德与神圣"的故事。关于《修女的故事》（Prioress's Tale），先以清甜的教义解释序幕，继则重述一个犹太人杀害了一个基督徒孩童的残酷传说。这城镇的市长迫于职责而逮捕了城内的犹太人，并将其中一些折磨至死。在《赦罪者的故事》（Pardoner's Tale）序诗里，乔叟又从这种虔诚的叙述转到对圣物与赎罪券贩卖者的尖刻讽刺。这个故事早在路德向世界鼓吹之前，已流传数世纪之久。但在《巴斯妇人的故事》（Wife of Bath's Tale）序诗里，我们的诗人一方面降到了道德的最低点，而另一方面也达到了文字力量的顶峰。这是借一位婚姻专家的淫猥之口对贞操与独身生活的强烈反抗。故事中，这位荡妇自 12 岁起便先后拥有 5 位丈夫。她埋葬了 4 位，现又在期待着第 6 位以解青春寂寞：

上帝令我们繁衍种族……

只是未示确切之数，

重婚或多婚，

人们为何责其邪恶？

看，这位贤明的国君——所罗门王，

我知道他拥有三妻四妾；

啊，愿上帝也赐我此福，

使我舒爽如所罗门

但不幸，不幸，爱情却常被认为是罪恶！

　　我们不便引述她生理上的自诉，也不拟叙说《传令兵的故事》（Somnour's Tale）中类似的男性自白。乔叟在后一故事里曾对他的浮夸笔调作分析研究。这种态度在我们读到《牛津士子的故事》（Oxford Cleric's Tale）里那位百依百顺的格丽塞尔达（Griselda）传奇时，便明朗起来。即如薄伽丘和彼特拉克对苦闷男性魂牵梦萦的这种传奇情节，都无法写得如此传神。

　　乔叟序诗中许下的58个故事只说了23个。也许他与读者都觉得500页的篇幅便已足够，再不然他或是江郎才尽了。这条滚滚水流，有几段浑浊不清，明眼人将会跳越过去。虽然如此，这条深缓的水流仍然轻载着我们前行，给我们清爽。正如诗人骋目优游于绿意盎然的两岸，而不是那伦敦的古老城门——尽管泰晤士河就在近处。诗篇中若干对自然美景的赞颂，虽属陈腔老调，但由于出自内心的感受与情感的自然流露，作者在世故人情上亲自体会的锐利观察，及莎士比亚才有的丰富意象和明比暗喻手法（如赦罪者"登上了讲坛，像一只鸽子在谷仓墙上，朝东朝西地向会众不住点头"），也勾勒出活泼生动的画面。乔叟使用的东英格兰中部方言，也由此而成为英国的文学语言———种足以表达思想上一切典雅与精致的丰富语言。英国老百姓的语言现已首次成为伟大的文学艺术媒介。

乔叟的作品，像莎士比亚一样，大部分都是转手题材，取自他人：《骑士的故事》（Knight's Tale），取材于薄伽丘的《苔塞伊达》（Teseide）；《格丽塞尔达》（Griselda）来自《十日谈》，另外十数篇则源溯到法国的故事诗（fabliaux）。这种民间弹词故事也许可用来说明乔叟有些作品中的淫秽笔调。但大部分的故事，除他自己知道外，均无来源可考。他无疑与伊丽莎白时代的剧作家持同一看法，认为必须偶尔给下层人士一些荤笑话，轻松一下脾胃。乔叟使他笔下的男女各依其背景身份与生活方式言谈。此外，他一再表示这伙人是老酒喝多了。大体来说，乔叟的幽默是健康的——面对着清教徒的枯燥生活，酒足饭饱的英国人那种称心快意的幽默，奇妙地加入了现代英国人的狡猾机智。

虽然乔叟熟知人类的过错、罪恶、愚昧与虚荣，他还是热爱人生；只要人们不过分地捉弄别人，阴损缺德，他都能予以忍受。他很少否定事物，而只是实描实写。他虽讽刺《巴斯妇人的故事》中那类中下阶级的女人，另一方面也欣赏她的活力。他对女人严酷，他那种尖酸的讽刺与评责，显然像一位打败仗的丈夫在夜晚与太太争吵后用笔展开报复。但一方面他也会温柔地颂扬爱情，认为没有比这更好的恩赐，并且把画廊挂满名女人的画像。他排斥以出身门第自炫的假上流人物，他只称"行为高洁者才是上流人物"。但他也不信任低层平民的变化不定，凡将命运寄放于群众或与暴民为伍者，他都视为愚蠢。

他完全摆脱当时的迷信习俗，他暴露了炼丹士的欺骗伎俩。他笔下的有些讲故事者虽曾提到星象之事，他自己却驳斥这件事。他为儿子写下一篇有关天象仪的论文，其中颇多符合现代的天文论调。他并不是一个博学的人，只因为他喜欢炫耀所学。他的作品里塞满了属于罗马哲人包伊夏斯的大堆理论，他甚至在《巴斯妇人的故事》也引述塞涅卡这位哲学大师之言。他虽然提及哲学与神学的某些问题，也仅是耸耸肩，无能为力而已。像一般人一样，或许他觉得一位精明的哲学家，决不愿把他自己的"形而上"学说随便透露。

他是一位基督徒吗？在《传令兵的故事》的序诗与主文里，他对修道士的无情讽刺与粗鲁笔调，实在无出其右，虽然正统派人士对这些教士也曾展开多次攻击。乔叟不时提出他对某些教条的怀疑：他与路德一样，无法将神的预知力与人的自由意志调和在一起。他先借特罗伊拉斯阐释宿命论之义，在尾页的跋诗中又予以否定。他一方面笃信天堂与地狱，一方面又不惜篇幅解说天堂地狱之界，无人能证实走过去的人生旅客能够再回来。他显然受到善恶之争无法相容的困扰，因此，以一种大胆如波斯诗人奥玛·开俨（Omar Khayyàm）的谴责而让阿尔西特质问神的公平正义：

> 啊，残酷之神，以你永世律令之索
> 统治这尘世，
> 复在磐石勒记你的诏令与赐恩，
> 人类在你眼里何异于
> 挤在栏中的羔羊？
> 人被杀戮，被视如与其他野兽一样，
> 有的被捕入狱，岁月悠长，
> 再加病患，或是灾殃，
> 又时常犯罪，必然这样！
> 今日成何世路，
> 罪孽竟然折磨无辜？
> 兽死犹无痛苦
> 人死尚须悲欢与号哭
> 我为众神代做答诉。

乔叟晚年想再捕捉年轻时代的虔诚。在其未完成的《坎特伯雷故事集》里，加上了"乔叟的祈祷"一节，请求上帝与世人宽恕他的淫秽与虚荣，并愿"有生之年……悲省吾过，同时研究自救灵魂之道"。

最后的几年，他以前那种生命的享受已变为抑郁寡欢。一个风烛残年的老人，追忆他年轻时的自由自在，这是常情。1381 年，他被理查二世任命为威斯敏斯特及有关皇家宅邸司账。10 年后的他，只有 50 岁出头，但健康似已崩溃。此时，其体力已不胜负荷其职责，只有退休。嗣后，我们没发现他再担任任何职位。他的经济状况也因而窘迫，最后甚至为了 6 先令 8 便士这点小数目，也低头求助于国王。1394 年，理查国王赐给他每年 20 镑的年金，以终其生。这笔钱并不足够，他再向国王乞求每年赏一大桶酒，结果也如愿以偿（1398年）。就在那年，他又为欠 14 镑钱被控诉，竟至无力偿还。他死于1400 年 10 月 25 日，葬在威斯敏斯特，是第一位能在那里接受葬礼的伟大诗人。[1]

理查二世

"理查二世，"英国史学家拉斐尔·霍林谢德（Raphael Holinshed）写道，"相貌不凡，受人爱戴。如不受周围恶言邪行的影响而改变，他本性至善……但他现已挥霍无度，野心勃勃，沉迷于声色之乐。"他喜欢读书，并资助乔叟与弗鲁瓦萨尔。大叛乱时，他也显示出勇气、镇静与明决的行动。自那次危机元气大伤后，他又陷入另一个损伤元气的危机——奢侈中，而将政府交给那批浪费公帑的大臣手中。结果，格洛切斯特（Gloucester）的托马斯公爵，阿伦德尔（Arundel）的理查伯爵与爱德华三世的孙儿亨利（Henry Bolingbroke）组织一个强大的反对党予以对抗。这一派人主宰着 1388 年的"残酷国会"（Merciless Parliamont），后者曾弹劾并绞死了国王左右的 10 位助手。1390 年，这位 23 岁年轻力壮的皇帝积极负起责任，遵行宪法，

---

[1] 他能葬于威斯敏斯特教堂，可能不是由于他写的诗歌，而是由于他死时恰借住在该处。

安治国政达 7 年之久——依照法律、传统与选派的全国代表行事。

波希米亚出生的安妮皇后（Queen Anne）之死（1394 年），使国王丧失了一位健全与温和的内助。1396 年，他再娶法国国王查理六世的女儿伊莎贝拉，希望与法国巩固和平关系。但她仅是一个 7 岁的女孩，国王只有与所宠爱的男女厮混。这位新皇后随身带着一批法国扈从到伦敦，而这些人也带来了法国的风习，或许引入了绝对君权的观念。当 1397 年国会呈文指责宫廷的奢华时，理查二世竟傲然答复说，这是国会管辖以外的问题。他同时要求查出提出这个诉愿的议员姓名，怯懦无用的国会竟然屈从，判处这位提议者死刑，反而是国王予以赦免。

随后，格洛切斯特公爵与阿伦德尔伯爵突然离开伦敦。国王怀疑他们将图谋不轨，便下令拘捕他们。结果阿伦德尔伯爵理查遭砍头，格洛切斯特公爵托马斯则被窒息而死（1397 年）。1399 年，根特的约翰逝世，留有一大笔财产，国王因需财力远征爱尔兰，就没收了这位公爵的财产，这引起贵族的恐慌。当国王平定爱尔兰之际，根特公爵那位被放逐同时也被剥夺遗产的儿子兼继承人亨利，也率领着一小支军队在约克郡登陆。这支小军队因有强大的贵族声援，急遽扩大。理查二世国王返回英国时，眼见叛军势大，自己兵力寡弱，而友军又纷纷恐慌逃离，只好连人与宝座一齐投降，亨利登基为亨利四世（1399 年）。1154 年，由亨利二世开始的金雀花王朝便如此结束；而至亨利六世而告终的兰开斯特王朝也由此产生。理查二世以 33 岁的英年死在庞蒂弗拉克特（Pontefract）的监狱中（1400 年）。其死一说可能由牢里的严寒所致，而霍林谢德与莎士比亚则认为是被新王的手下杀害。

第三章 | 法国受围

（1300—1461）

法国的情景

1300 年，法国的疆土绝不像今日从英伦海峡到地中海、从孚日山脉（the Vosges）与阿尔卑斯山到大西洋海岸这样广阔。当时，其东界只到罗纳河，西南的吉耶尔（Guienne）与加斯科尼（Gascony）由于亨利二世娶了法国亚奎丹的埃莉诺（Eleanor of Aquitaine）而并入英国版图（1152 年）。同时，英国也占领了法国北部的庞瑟郡（Ponthieu）与阿布维尔城（Abbeville）。英国诸王虽视这些土地为法国采邑，但有实际主权。普罗旺斯（Provence）、多芬（Dauphiné）与自由郡（Franche-Comté），同属于神圣罗马帝国，这些地方的领主通常是德国人。法国国王以近亲关系，间接统治着凡尔瓦、安茹（Anjou）、波旁（Bourbon）与昂古莱姆（Angoulême）等王子封地。同时，国王也直接统治诺曼底、皮卡第（Picardy）、香槟（Champagne）、普瓦图（Poitou）、奥维涅（Auvergne）、朗格多克（Languedoc）的大部分，以及环绕巴黎的北中央法国"岛"等皇室领土。阿图瓦（Artois）、布卢瓦（Blois）、讷韦尔（Nevers）、利摩日（Limoges）、阿马尼亚克（Armagnac）与瓦伦蒂诺斯（Valentinois）等地则由时而口头上服从，时而又与法国国王交战的封地领主统治。布列塔尼、勃艮第与佛兰德斯虽为法国封地，但如莎士比亚所言，它们"几乎是国王的公国"，各自为政，如独立之邦。法国已不成法国。

14 世纪初最富强也最反复无常的法国封地，是佛兰德斯。阿尔卑斯以北的欧洲，在经济发展方面只有该郡足与意大利抗衡。其边界在时间与空间上，时时都有变动；设定其包括布鲁日、根特（Ghent）、伊普尔（Ypres）与科特赖克（Courtrai）等地。须耳德河（the Scheldt）以东为布拉班特（Brabant）公国，包括安特卫普（Antwerp）、麦刻兰（Mechlin）、布鲁塞尔（Brussels）、图尔纳（Tournai）与卢万（Louvain）诸地。佛兰德斯南面则为列日（Liége）与康布雷（Cambrai）两个主教管区及瓦伦谢讷（Valenciennes）周围的海诺特（Hainaut）。约略而言，佛兰德斯包括布拉班特、列日、坎特伯雷与海诺特等地。其北面为 7 个小侯国，今日的荷兰大致由此构成。这些荷兰地区一直到 17 世纪，当其所谓的帝国从雷姆卜兰特（Rembrandt）伸张到巴达维亚（Batavia）时，才达到全盛地步。但佛兰德斯与布拉班特却早在 1300 年已以工业、商业与阶级战争著称于世，一条 12 英里长的运河将布鲁日城连到北海。成百的船只每天航行其上，从三个大陆的成百港口载进商品；古希腊英雄埃涅阿斯·西尔维乌斯曾将布鲁日划为世界上三个最美丽的城市之一。这个城市的铁匠，组成了城里整师的民兵；根特一地的织匠则提供了总数为 18.9 万武装兵力中的 27 个团的士兵。

曾维护手艺匠自由的尊严并夸耀其技能的中古同业公会组织，在佛兰德斯与布拉班特的纺织与金属大形态工业压力下，只好让位给资本化的企业制度。后者是由雇主提供资本、原料与机器，以按件计酬方式，聘用那些同业公会组织保护的工厂工人做工。加入同业公会组织变得愈来愈昂贵；成千的工人成为流动性散工，他们从这一镇到另一镇，从这家工厂到另一家工厂，其工作只是临时性质，而所得工资则只够住在贫民窟里，除所穿的衣服外，便所剩无几。共产思想于是在劳工与农民之间产生；穷人质问为什么贵族与主教谷仓里堆积的谷子快压塌了房子，他们反而在挨饿；所有双手不做工的人，都被骂为寄生虫。另一方面，雇主也在诉说他们投资所冒的风险，货源的不稳与周期性。货物的滞销，市场的波动，同业竞争的阴谋与不断的罢工引起的物价与工资上涨，币值的混乱等削减了雇主的收益，几乎无利可图。佛兰德斯的路易伯爵，由于过于偏袒雇主，使布鲁日与伊普尔的居民，在邻近农人的支持下，起而叛乱，废黜了路易伯爵，劫掠大教堂，同时杀害了一些有钱的豪富。教会当局对叛变区的群众下令开除教籍，但叛党迫使教士做弥撒。叛党中有一位首领，早于法国哲人狄德罗（Diderot）450 年就发誓说：他非见到最后一位教士被绞死，才能甘心。路易只好求援于其君主法国国王；菲利普六世亲自率军驰援，在卡塞尔（Cassel）击败叛军（1328 年），处布鲁日市长以绞刑，恢复路易爵位，并收佛兰德斯为法国藩属。

　　一般而言，法国在工业上比佛兰德斯远为落后。大部分的生产制造仍停留在手工阶段，但里尔（Lille）、杜亚（Douai）、康布雷与亚眠（Amiens）各城镇受到邻近佛兰德斯各地纺织工业繁荣的影响；法国境内的商业虽受到交通不便与通行税的阻碍，但因法国境内的运河与河流构成的天然道路系统，反而获助不少。新兴的商人阶级，获得国王赞助，1300 年已在国内跃居高位，他们的财富使有地无钱的贵族侧目。商人的寡头政治统治着各个城市，控制着各同业公会，严厉地限制生产与贸易。就像佛兰德斯一样，这些城市的劳工革命，也激愤到快要爆发的程度。

　　1300 年，历史上称作"牧羊人"（Pastoureaux）的贫农暴动，就像 1251 年那样，已汹涌于各个城市，这使愤怒的劳工大众因觉醒而聚集起来。队伍由一位僧侣率领，向南推进，其中大部分都是赤足没有武装，对外宣称耶路撒冷为其目标。他们因为饥饿，于是抢劫商店与村舍；又因为受到抵抗，于是抓取武器而成为一支武力部队。在巴黎，他们打开监狱，并击败皇家的军队。当时国王是菲利普四世，只得深居卢浮宫内，贵族们则避入城堡，商人也闭门不出。这群人呼啸来去，又拉进来京城中的贫民，声势更为浩大，男男女女此时已有 4 万人，从流氓地痞到最虔诚的信徒，混杂在一起。在凡尔登、奥茨与图卢兹，他们见到犹太人就杀，这群人在地中海边的艾格莫尔特（Aiguesmortes）集结时，终被喀尔卡松城（Carcassonne）市长率兵包围，并断其补给，困死在饥饿及瘟疫下，而少数活着的也被绞死。

像这样听任贪得无厌的富室与无法无天的贫民乱搞，法国政府到底怎样呢？从许多方面来说，它算是那个时期欧洲最能干的政府。13 世纪，历任精明的国王，使许多封建领主臣服于法国王室，并以熟练公务的官员，掌理全国的司法与行政，有时还召开大国会（Estate-General）：最初只有富有的有产阶级参加，以后增加了贵族、教士与一般市民或中产阶级的代表，共同开会论事。当时，全欧洲都向往法国宫廷。在那种场合中，高贵有势的公爵、伯爵与骑士在豪华的宴会中或动人情调的幽会里，忙着与满身绫罗的贵妇人调情交欢，再不然就是在耀眼的广场上，热闹地拼命决斗，维持着往日骑士精神的余晖。波希米亚的约翰国王称赞巴黎是"世界上最具骑士风度的地方"，说他无法离开巴黎。1331 年前往巴黎访问的意大利诗人彼特拉克却没有那么浪漫地描写巴黎：

　　虽然巴黎名过其实，而其得名也大都由于当地人民的宣传，但尚不失为一个大城市。不过除阿维尼翁外，我确未见过比巴黎更脏乱的地方。它同时却容留着最有学问之士，它真像一个大篮子，收集着各方的奇珍异果。有一段时间法国人曾因举止粗鲁而被认为是野蛮人。现在，这种情形已整个改观。性情活泼、喜爱社交、谈吐轻松诙谐，成为今日法国人的特征。他们有机会就表现自己，不顾一切地吃喝玩乐。

　　法国国王菲利普四世尽管像海盗似的没收了圣殿骑士与犹太人的财产，但留给儿子的（1314 年），却几乎一无所有。路易十世在位短暂，不久去世（1316 年），只留下一位怀孕的皇后。悬隔一段时间之后，终由其弟加冕为菲利普五世。此时，另一个敌党却立前王四岁的女儿让娜（Jeanne）继位，贵族与僧侣们开会决议并发布一道有名的律令（1316 年），规定："依据法兰克人永世遵守的法统惯例，女性不得为王。"当菲利普五世本身无子嗣而去世（1322 年），这一律令复被引用以阻止其女承继王位。此时，其弟被拥立而为查理四世。这些决策很可能也在排除菲利普四世之女伊莎贝拉继承王位（1312 年）。她嫁给英国国王爱德华二世，并生下爱德华三世。法国人此时已决定不让英国国王统治法国。

　　查理四世又以无男嗣而去世（1328 年）。王族的嫡系，到此中断。此时，甫在年前登基为英国国王的爱德华三世，因其为菲利普四世的外孙及休·卡佩（Hugh Capet）王最亲的后代的关系，向法国贵族会议要求继承法国王位。但被该大会否决，其理由为爱德华三世之母伊莎贝拉的王位继承权已被 1316 年和 1322 年的律令限制，因此不能将这一权力传递其子。此时，贵族看中菲利普四世的侄儿，凡尔瓦的伯爵。由此，菲利普六世开始了统治法国凡尔瓦的王朝，直到亨利四世建立的波旁（1589 年）王朝为止。爱德华三世虽表反对，最后也在 1329 年前往亚眠向菲利普六世称臣效忠，而受封为加斯科尼、吉耶尔与旁修诸地的领主。爱德华后来随着年龄与心计的成长，后悔称臣于法国，仍想同时跨登两座王位。其顾问们向他保证，新王菲利普六世比较懦弱，且正计划前往圣地。这似乎正是开展"百年战争"的千载良机。

往克雷西之路（1337—1347）

　　1337 年，英国国王爱德华三世再度正式提出其继承法国王座的权利，而这一要求遭到拒斥，这只是两国战争的近因。自从 1066 年诺曼底人占领英国之后，法国的诺曼底也一起为英国国王所有，达 138 年之久。后来法国国王菲利普二世为法国重新夺回该地（1204 年）。现在许多有诺曼底血统的英国贵族，把即将来临的战争，视为重回祖国怀抱的机会。英属吉耶尔的部分土地，已被法国国王菲利普四世与查理四世蚕食。吉耶尔充满着葡萄园的芬芳，而波尔多（Bordeaux）商港的葡萄酒贸易对于英国而言，是不愿放弃的宝贵利益。另外，苏格兰也是英国的心腹之患，法国人曾一再与其联盟助其跟英国作战。同时，北海水产丰富，英国海军当局宣称在这一带水域，及英伦海峡与比斯开湾等区具有主权，还扣押了对英国这项破天荒的海权宣言予以笑骂的法国船只。佛兰德斯本是英国羊毛的行销中心，作为羊群牧场主人的英国贵族与输出羊毛的英国商人，极不愿他们的主要市场听由法国国王的摆布。

1336 年，佛兰德斯的伯爵下令囚禁该地所有的英国人。这显然是奉法国国王菲利普六世的旨意，是对英国阴谋的一种戒备。英国国王爱德华三世予以回敬，下令拘捕英国境内的所有佛兰德斯人，同时禁止羊毛输往佛兰德斯。不到一周，该地的纺织机即因缺乏原料而停顿，工人跑上街道，呼求工作。根特一地的手艺匠与制造工人联合宣告不再对伯爵效忠，他们推出一位公认的智囊人物雅各布瓦·阿尔泰维德（Jacobvan Artevelde）担任该城市长，大家接受了他的办法，与英国维持友谊并解决羊毛问题（1337 年）。英国国王爱德华三世于是解除禁令，原来的伯爵逃往巴黎，佛兰德斯人全都接受阿尔泰维德的独裁统治，并同意加入英国对法国的交战。1337 年 11 月 1 日，英国国王爱德华三世遵照骑士精神的传统，向法国国王菲利普六世下了一道正式战书，声明英国在 3 天之后开始与法国为敌。

英法两国百年战争的首次重要海战，发生在佛兰德斯海边一处叫斯勒伊斯（Sluis）的地方（1340 年），英国海军把法国舰队的 172 艘船一下摧毁了 142 艘。1340 年底，身为菲利普之妹与爱德华岳母的瓦洛伊斯的琼恩（Joan of Valois），离开了她在丰特内尔（Fontenelle）的修道院，促使法国国王任命她为和平使者。她经历了许多危险抵达英军将领之营，并赢得敌方同意举行谈判。她以英雄式的调解，说服了双方国王，达成停战 9 个月的协定。复经教皇克莱门特六世的努力斡旋，和平终于维持到 1346 年。

在暴风雨间歇期的晴朗时刻，舞台上又再度上演阶级战争。根特的织布工人很有组织，是低地（Lowlands，苏格兰东南部的低地方）一区劳工中的贵族。他们抨击阿尔泰维德是一个暴君，一个侵吞公款者，英国与中产阶级的工具。阿尔泰维德曾建议请威尔士王子来统治佛兰德斯，爱德华三世也曾到斯勒伊斯来确定这项安排。当阿尔泰维德从斯勒伊斯返回根特城时，其住宅被愤怒的群众包围。他辩称自己是忠于佛兰德斯的真正爱国者，他一再乞求饶命，但终被推到街上，被群众乱刀砍死（1345 年）。织布工人在根特城建立了劳工专政，同时派遣专使到佛兰德斯各地煽动工人叛变。根特城的漂布工人因与织布工人纷争，结果占了上风，同时还屠杀了其中许多人。这时，人们已厌倦这个新政府，当时身为佛兰德斯的新领主路易伯爵，再次将境内各城市置于其管理下。

停战期满，爱德华三世挥兵侵入并大肆蹂躏诺曼底。1346 年 8 月 26 日，英、法两军在克雷西（Crécy）对峙，准备决定性的一战。双方的将领与士兵都望弥撒、领圣体、祈求圣灵援助击败敌方。之后，他们丝毫不容情地展开凶猛的会战。黑王子爱德华那天赢得他胜利的父王的赞扬；法国国王菲利普六世自己苦守阵地，奋战到只剩 6 名士兵。据弗鲁瓦萨尔的粗略估计，约有 3 万人死于该役。封建制度也几乎因此消灭。法国骑士跃马持戟奋勇前冲，却被阻挡在专刺坐马的英国长矛阵之前而毫无施为，反遭两翼的英国弓箭手纷纷射杀。968 年前在阿德里安堡（Adrianople）战役中曾大显威风的骑兵，自此由盛转衰。步兵转而领前，在军事上一向自诩武勇的贵族，也告失色。炮兵在克雷西一役虽有小规模应用，但由于搬动与填装之困难，麻烦多于功效，因此，意大利史学家维拉尼（Villani）对大炮的用途指为只是大声吓人而已。

爱德华又从克雷西率兵包围加来城（Calais），并以大炮轰城（1347年）。该城坚守了一年之久，后因迫于饥饿，终于接受英国国王的条件：只要献出该城6位地方代表，手捧城钥缚之来降，则其余城中居民可以安全离去。之后即有6人自愿前去，当他们站在英国国王前面时，英国国王即下令砍头，这时幸经英国王后跪代讨情，并派人护送他们回去。由此看来，女人在历史上的表现，比国王们更为出色，她们会勇敢地面对一场生死之战，以教化男人。

加来是英国货物与军队运往欧陆的战略性港口，从此成为英国的一部分，直到1558年。该地在1348年曾叛变，爱德华再予平服，他本人还微服化名投身这一战役。有一位名叫厄斯塔斯·里博门特（Eustace de Ribeaumont）的法国骑士，曾两度将英国国王击倒，但终被英国国王制伏并俘虏。英国国王再度攻下该城后，即设宴款待这位高贵的俘虏，随侍者有英国诸将领与威尔士王子。爱德华向里博门特说：

> 厄斯塔斯勇士，阁下是我在基督教世界里所曾看到对敌作战最骁勇的骑士……我把高过我朝中所有骑士名位的勇士奖颁给你。

说着便将头上的华丽冠冕取下，给这位法国骑士戴上，说：

> 厄斯塔斯勇士，我赠你这顶冠冕……请看在我的份上把它戴上一年。我知道你活泼热情，乐与贵妇、淑女为伴；这样，无论你到何处，便可告诉人家这顶冠冕是我赐给你的。我同时免你赎款，许你自由任意遨游各地。

这种骑士精神依恃于当时贪勇斗狠的风气中，到处可见。中古时期的亚瑟传奇，在弗鲁瓦萨尔作品中也有生动的描述。

黑死病及其他（1348—1349）

大瘟疫公平无私地落在满获法国战利品的英国与战败凄凉的法国。黑死病在中世纪是平常事件，其蹂躏欧洲，在 14 世纪达 32 年，在 15 世纪达 41 年，在 16 世纪达 30 年。由于自然律与人类的无知，那些顽固的马尔萨斯信徒（Malthusian），配合着战争与饥馑，共同抑制了人口的剧烈繁殖。在这些光临的凶神中，以黑死病最为糟糕，它大概是有史以来最恐怖的灾害。瘟疫从意大利窜入普罗旺斯与法国，或许更直接地是由于近东的老鼠在马赛港着陆而引起。在纳邦，据说就有 3 万人死于该疫，在巴黎为 5 万人，在欧洲为 2500 万人，总共合起来大概占"欧洲文明世界人口的 1/4"。当时的医药对之束手无策，医师找不出疾病的原因。基塔泽托·希巴塞伯罗（Kitazato Shibasaburo）与耶尔森·亚历山大（Yersin Alexandre）两人在 1894 年发现了黑死病的杆菌，他们只能用放血、清肠、强心剂、清洁身体与房子及用醋的蒸气来消毒。虽有少数的医生与教士因恐传染，竟拒绝治疗病人，他们中的大多数仍勇敢地面对这一个残酷无情的考验，无数的医生与教士因此牺牲了生命。1348 年尚活着的 28 位红衣主教，有 9 位也在一年后死去；其他尚有 64 位大主教中的 25 位，375 位主教中的 207 位，都遭遇同一噩运。

这种瘟疫对生活的方方面面都有影响。由于穷人死得比富人多，劳动力缺乏，成千上万亩的土地空下无人耕耘，几百万条鲱鱼也白白死掉。劳工获得了要求改善待遇的好机会，他们工资提高了，免除了许多义务，同时激起了使贵族们寒战半世纪之久的叛乱。即使圣职人员如祭司等，也在呼求提高薪俸。农奴离开农场而涌往城市，工业日趋发展，商人阶级比拥有土地的贵族获利更多。公共卫生这时已稍见改进。无限的苦痛与惨剧削弱了大众心灵，仿佛集体患上了精神病。

整个人群似乎同时发疯，就像自笞派教徒（Flagellant）一样。他们在1349年（13世纪也曾有一次）几乎一丝不挂地游行过街，一面鞭笞自己，以资赎罪，一面祈祷着最后审判、乌托邦与大屠杀的来临。人们比平常更加热心地倾听测心家、圆梦者、神棍术士、江湖郎中及其他骗徒之言。正统信仰已显衰落，迷信却泛滥流行。人们以种种怪因来解释这场大瘟疫。有些认为是土星、木星与火星三者相遇时辰冲克，另一些则认为是麻风病人或犹太人在井中下毒所致。从布鲁塞尔到布雷斯劳（Breslau）100个城市中的半数犹太居民因而被杀（1348—1349年）。成千的警察、法官、政府官吏、主教与牧师死于瘟疫，社会秩序几乎完全摧毁。即使"打仗"这门生意，也不得不暂时冷淡一下。从加来之围到普瓦捷一役（1356年），其间乃是英、法百年战争勉强休战之期。这时，丧生于瘟疫的步兵各级人员，由一些认为生比死多值不了几文钱的穷汉来补充。

在这场疫疠和战败之后，56岁的法国国王菲利普六世娶了一位十八妙龄、原准备嫁给他儿子的西班牙纳瓦尔的女人布兰奇（Blanche of Navarre）。但7个月之后他就去世。他的那位号称"好人"的儿子约翰二世对于贵族们而言，的确很好。他免除他们的赋税，付钱给他们以保卫土地对抗英国人，维持了骑士的一切仪式与风采。他用贬低币值的老办法来偿付战债。另一方面，他加重了中下阶级的赋税，之后，他便浩浩荡荡地率兵前往普瓦捷，与英国决战。约翰二世的1.5万名骑士、苏格兰军与佣兵，遭到英国黑王子7000名士兵的迎头痛击、杀害或俘虏。约翰国王虽拼命奋战，但由于不善领兵，他与儿子菲利普、17位伯爵及无数的贵族、骑士与扈从，都成了阶下囚。其中大部分当场被允许赎回自由，另有许多俘虏，则允许在圣诞节前将赎款带到波尔多而获释。这位黑王子对待法国国王约翰很有皇家风度，他从容地押着法国国王班师回英国。

革命与革新（1357—1380）

自从普瓦捷一役溃败后，法国全境即陷入混乱状态。政府的贪污无能，币值的贬低，国王与众骑士的昂贵赎款，战争与疫疠所留下的凄凉，及加于农工商业苛刻的赋税，终于导致全国的大叛乱。北部各郡的大国会应 19 岁的查理王子召请，在巴黎举行，除提高新税外，还着手在法国建立一个议会政府。巴黎和其他城市以前早已有了咨议院（Parlement），但只是由国王指派的小组织，其成员通常是法学家，而功用也仅限于做地方统治人或国王的法律顾问，及使他们的命令正式修订成为法国法律的一部分。这个由教士与中产阶级临时联合组成并加以控制的大国会，质问御前会议，用那笔征收来的庞大战费，何以只搞出训练无素的军队且丢人的吃败仗。大国会同时下令拘押 22 位政府官员，强迫财政大员交出侵吞的公款，硬行限制王室特权；甚至想废立“好人”约翰二世，并阻止其子继承王位，而将法国国王宝座给予休·卡佩王朝的嫡系子孙纳瓦尔的“坏蛋”查理国王；查理王子低声下气地央求，大会终算承认他做摄政，并投票支持他装备 3 万士兵的经费，但命令他务必开除腐败与无能的官吏，并警告他勿乱铸钱币，同时指派一个 36 人组成的委员会，以监督政府的工作与开支。当时法官也因其车马随从的铺张、行事的拖延怠惰，以及生活懒散而备受指责。从今以后，规定他们应日出而作，与诚实市民上工厂或下农田的同一时间开会，这道 1357 年的“大律令”（Great Ordinance）同时严禁贵族逃离法国或从事私战，并指示各城镇地方政府逮捕违犯这一律令的任何贵族。实际上，王室附属于社群而贵族则依附商人阶级；国王、王子与贵族则必须服从人民选出的代表。这样，法国早在大革命的 400 年前便已有了立宪政府。

查理王子在 3 月签署这一律令，4 月即开始违犯。此时，英国正向法国索取足以使其破产的一笔巨款，才释放法国国王，还威胁要进军巴黎。另一方面，法国人民也根据只有大国会才有权征税的新奇理由而迟迟不缴税。查理王子因极需款项，只得于1358年2月1日再度召开这一大会；同时，他进一步贬低币值。2月2日，担任商业公会主席的富商马塞尔（Marcel）（他在编订"大律令"中曾是领导角色，并统治过巴黎一年），起而率领一群武装市民——全都戴上红蓝（巴黎城的官方颜色）头巾——进入王宫。他指责查理违背郡联大会的规定。当查理无法顺从其意时，马塞尔即令手下公然杀害防护王子的两位侍臣，溅血于皇袍之上。

这个新国会的组织深为上述大胆犯上行动而震恐，然而，它仍未停止推动革命，而且下令（1358年5月）：今后只有大国会才能为法国制定并颁布法律，凡属重要之事，国王唯有经大国会同意后才可实行。许多贵族与教士于是纷纷逃离巴黎，而许多行政官吏为了保命，也弃职回家，叛军领袖马塞尔以市民阶级替补空缺，巴黎的商人一时有统治法国之势。查理只好与贵族逃往皮卡避难，同时组织军队，呼吁巴黎人民交出叛军首领。马塞尔将京城部署一番，并在周围建筑新城墙以资抵抗，这时，他占领了象征王权的卢浮宫宝座。

革命军占领巴黎时，乡间农民认为这正是向领主报复的好机会。他们大部分仍是农奴，要纳税供养领主，为主人负担赎金，备受乱兵与土匪抢夺的折磨，被逼交出辛苦积蓄，死于疫疬，饥困于战争；激愤之下，他们揭竿而起，冲入领主城堡，刀剑所及，悉数诛杀贵族，打开食柜与酒窖，饱餐痛饮，以解饥渴。贵族们在传统上对性情和顺的典型农民给予"好人詹姆士"（James Goodman）这一绰号。现在，成千上万的"詹姆士"已忍无可忍，转而投入农民暴动的洪流。他们杀害领主，强暴贵妇，谋杀后嗣，剥去死者的锦衣绣服给妻子穿用。

马塞尔希望这次的农民革命，可牵制查理王子进攻巴黎，因而派了800名手下前往支援农民。这些农民的兵力加强后，即进军莫城（Meaux）。在那里避难的奥尔良（Orléans）与诺曼底女公爵及其他高贵妇女，眼见着农奴与佃户等大群暴民涌入该城，失魂落魄地一切听天由命。继而，就像亚瑟传奇中那样神异，竟然有队骑士从十字军东征途中奔回莫城驰救，驱杀数千暴民，并一一将之投入附近的溪流里。躲藏着的贵族这时才出来处理善后。他们横行乡间，屠戮了 2 万造反与无辜的农民（1358 年 6 月）。

这时，皇太子的兵力已接近巴黎，并切断其食物补给。马塞尔困守无计，想把王座让与那位"坏蛋"查理，并准备让"坏蛋"查理的兵力进入城中。马塞尔的助手让·马亚尔（Jean Maillart），认为这一计划无异于出卖国家，便与查理王子秘密协议，在 7 月 31 日由他率领众人以斧头砍杀马塞尔，使查理王子带领武装贵族重入巴黎。查理回宫后行动谨慎，一面着手赎回父王，一面抚慰法国民心、安定经济。原来企图造成大国会无上权力的阴谋家，只好退避无言；感恩不尽的贵族们一致拥戴王室，曾经得势一时的大国会，成了加强王朝权力的柔顺工具。

1359 年 11 月，爱德华三世再度率军登陆加来港。他避攻巴黎，但并吞了从兰斯（Reims）到沙特尔（Chartres）一带的乡村。他有计划地破坏耕作物，使巴黎再度陷于饥荒。法国国王查理只好告饶求和。和约规定，法国割让加斯科尼与吉耶那给英国，免除对法国国王的一切封建义务，同时转让普瓦图、佩里戈尔（Périgord）、凯尔西（Quercy）、塞托泽（Saintonge）、罗尔泽（Rouergue）、加来、庞瑟、奥尼斯（Aunis）、昂古莱姆（Angoumois）、阿让奈（Agenois）、利穆赞（Limousin）与比戈尔（Bigorre）诸地，并交付 300 万克朗以赎回父王。爱德华为了答情，也放弃他与后代子孙对法国王位的要求。这一《布勒丁尼和约》（*Peace of Brétigny*）签署于 1360 年 5 月 8 日，法国 1/3 的人民与土地在英国统治下煎熬怒吼。为了保证法国对条约的信守，国王的两个儿子安茹公爵与贝里公爵，被遣往英国作为人质。然后，老王约翰才在钟声交鸣与举国上下的欢呼中回返巴黎。当安茹公爵背约逃回，探望其妻子时，约翰国王只有重返英国，代替其子作为人质，希望仍能换来较为宽厚的和平。爱德华视之为宾客，每日设宴款待并赞为骑士的精英。约翰王在 1364 年以俘虏之身客死伦敦，葬于圣保罗教堂。现年 26 岁的查理于是登基为查理五世。

仅仅因为查理五世懂得如何不战而屈人之兵，他对臣民所加给他
"智者"的雅号，也可以当之无愧。他的右手老是伤肿，手臂也已残
废，不能舞刀弄枪，据说他是被"坏蛋"查理下了毒。他虽身体不够
强健，却能起用精干大臣，整顿政府内部，改革司法，重建军队，鼓
励工业，稳定货币，支持文学与艺术，广集图册充实卢浮宫的藏书，
为法国文艺复兴提供正统资料及其译作，使其成为国家文库的中心。
他顺从贵族所请，恢复了封地通行税，但在他们上面另任命一位黝
黑、扁鼻、头大颈粗的不列颠大汉贝特兰·杜·盖克兰（Bertrand Du
Guesclin）做三军统帅。查理深信这位"不列颠之鹰"优于一切英国
的将领，决心将法国从英国的统治中救赎出来。1369 年，他终于向
英国国王爱德华三世正式宣战。

英国黑王子的回报是征服利摩日一城，并屠杀了城内 3000 名男
女与孩童，这便是他的政治教育观念。这一政策并不有效，他经过的
每一座城市，都构筑工事、派兵防守、囤积粮食，做有利的抵抗。黑
王子只有转向蹂躏广大的乡村，焚烧谷物，夷平荒凉的农家。这时，
"不列颠之鹰"杜·盖克兰按兵不动，只骚扰敌人后部，并逮捕其运
粮官，坐待英军饿乏，英军果然不支撤退。杜·盖克兰乘势进兵，将
法国丧失的省份，一一收复。由于这位法军将领两年的卓越统率，加
上国王与统帅君臣彼此依赖，除了波尔多、布雷斯特（Brest）、瑟堡
（Cherbourg）与加来诸城外，英军均被赶出法国国境，法国的国界首
次抵达比利牛斯山。查理和他这位伟大的司令官就在这胜利的顶峰上
同一年光荣地去世（1380 年）。

疯狂的国王（1380—1422）

法国查理五世去世后，按照世袭制，一位有趣的白痴成为继承
人。查理六世 12 岁丧父，由诸叔代为摄政至查理 20 岁。他们纵容

这位幼主生活放荡而不负责任，其时半个欧洲都濒临革命。1359 年，布鲁日的工人戴上红帽，群起袭击历史上著名的市政厅，引发一场短暂的暴动。1366 年，伊普尔城的低层阶级起而叛乱，大呼对抗富人的圣战。1378 年，在佛罗伦萨城建立了工人阶级专政。1379 年，朗格多克——法国南部中央地区——饥饿的农民，开始了一场为期 6 年的对抗贵族与教士的游击战争，其领袖下令"格杀一切具有柔软双手的男女"。1380 年工人在斯特拉斯堡叛乱，1381 年在伦敦，1396 年在科隆。1379 年至 1382 年，革命政府统治根特全郡。在鲁昂（Rouen），一位肥硕的布商被城里的起义劳工加冕为王；在巴黎，人民用铅锤打死国王的收税官（1382 年）。

查理六世于 1388 年开始执掌国政，起初 4 年治绩斐然，故赢得"受爱戴者"称号。不料，1392 年，他发起疯来，不认识自己的妻子，把她当作陌生的妇人，请她别再缠扰他。不久，只有仆役下人们稍微侍候他一下。5 个月中他一直没换衣服，最后决定要给他洗澡时，还要十几个大汉一起强制才行。法国的王冠由一位可怜的白痴戴了 30 年之久，此时，一位雄赳赳的年轻英国国王正在准备重燃攻击法国的战火。

1415 年 8 月 11 日，亨利五世率领 1300 艘船只与 1.1 万名士兵从英国渡海而来。14 日，他们在塞纳河河口的哈夫勒尔（Harfleur）附近登陆。哈夫勒尔城奋勇抵抗，但终于不支而退。英军一面乘着战胜余威，一面迫于赤痢，转向加来进攻。法国的骑兵在克雷西城附近的阿让库尔（Agincourt）与之遭遇（10 月 25 日）。法国人全未吸取克雷西与普瓦捷两役的教训，仍然仰赖骑兵作战。他们的马队为泥淖所阻；而前锋又被英军预先布置的鹿角锐桩所困，英国的弓箭手埋伏在周围，那些气馁的马匹掉头冲撞，本军阵营大乱。这时，英军趁势舞动锤矛、斧头与刀剑等各式武器砍杀法军，他们的国王奋勇率兵，毫不畏惧，终于获得压倒性的胜利。据法国历史学家估计，此役英军损失约 1600 名兵士，法军则达 1 万人。

亨利五世于 1417 年再度进攻法国，包围鲁昂。该城居民先吃尽了粮食，次及马匹，再及狗、猫。城里的老弱妇孺都被赶出城外以节省口粮，这群可怜的百姓想从英军阵线通过，也被拒绝。他们只有困在两军夹峙之间，毫无庇护地活活饿死，在无情的围困中，有 5 万法国人死于饥饿。该城投降时，亨利虽约束士兵勿屠杀城内的残存者，却向他们索取 30 万克朗，同时予以囚禁，直到付清赎款为止。1419 年，他向巴黎进军，但这时的巴黎，一无所有，充满着腐败、穷困、残酷与阶级战争。法国这回所订的《特鲁瓦和约》（Troyes，1420 年），比 1360 年更加屈辱，不但放弃了一切，甚至连国家荣誉都不计。法国国王查理六世将女儿凯萨琳嫁给亨利五世，同时应允把王座与法国的统治权也让出去，并公开宣明太子不是亲子。皇后伊莎贝拉由于获得 2.4 万克朗的年金，对私通的指控也不辩白。的确，在那时的宫廷中，皇室后妃不容易弄清楚谁是其子之父。此时法国国王的太子尚据有法国南部，他否认这个和约，同时组织加斯孔（Gascon）与阿马尼亚克（Armagnac）两地的军队继续作战，但英国国王已在卢浮宫内发号施令了。

两年之后，英国国王亨利五世死于赤痢，这些病菌是未签和约的。不久查理六世也追随亨利五世去世（1422 年），英国国王亨利六世加冕为法国国王。但因他未满周岁，故由贝德福德（Bedford）公爵代为摄政。这位公爵与以前统治过法国的所有英国人一样，严厉非常。他一年内吊起了 1 万名土匪，以镇压抢劫之风，由此可见当时地方的混乱。许多退伍的兵士——成为劫路者与骗徒——使道路不宁，他们甚至恐吓像巴黎与第戎（Dijon）一样的大城市。在诺曼底，战争的多次蹂躏，如同地狱恶浪的冲击，即使在较幸运的朗格多克城，也有 1/3 的人口失踪。农民逃往城市，或躲入洞穴，军队、各领主的人马或盗匪群来临时，他们就藏匿在教堂以求自保。许多农民不再回到他们那不安全的家中，只靠着乞讨或偷窃度日，不然便将死于饥饿或瘟疫。教堂、田地与整个城镇，都荒弃而任其破败。1422 年，巴黎城中就有 2.4 万间无人住的空屋，30 万居民中有 8 万人是乞丐。这时，人们不得不捕野狗为食。大街小巷到处是饿童的哭喊。

废墟中的生活

任何国家的经济与政府经过如此长期悲惨的瘫痪之后，其社会道德可想而知。杰弗里·德拉·图尔—朗德里（Geoffrey de la Tour-Landry）约于 1372 年写了两本书，只留下其中一本训女。该书写得温柔委婉，洋溢着温暖的亲情，尤其在那动荡之际，一般妇女淫荡犯罪，又复粗鄙无礼，他特别担心女孩子的清白与安全。这位正派骑士认为对抗这些诱惑的最佳之策，在于时时祈祷。该书反映出一个仍依从于文明情操与道德意识的时代。70 年后，我们遇到马雷夏尔·雷斯（Maréchal de Rais）这位阴森可怖的人物———一位富有的布列塔尼大领主。他惯于以训练唱诗班为名而邀请孩童入其城堡，凡进入者他都一一杀之，用来祭祀他供奉的魔鬼，求取法术。他同时也为了乐趣杀害孩童，据说他会对着受到折磨的垂死合唱队员发笑。他干这勾当达 14 年之久，最后，才由一位受害者的父亲出面告发。他坦白招供一切，终被处死（1440 年），但这只是由于他触犯了该地公爵的原因。因为像他那种地位的人，不论犯下何罪，很少受到审判。虽然，他所附属的贵族，也产生过许多英雄豪杰。像波希米亚的约翰国王、深受弗鲁瓦萨尔爱戴与赞誉的加斯顿·菲比斯三世（Gaston Phoebus Ⅲ de Foix），都是个中人物。骑士精神的最后花朵，便绽开在这池泥沼里。

此时，平民的道德堤岸也跟着溃裂。残酷、背信与腐败处处可见，官民之间，贿赂公行；亵渎不敬之事，不足为奇。格尔森大法官（Chancellor Gerson）叹息说，最神圣的节日宴会，也唯以牌戏、赌博与咒骂为务。骗徒、小偷、流浪汉、乞丐，白天横行市街，夜里则群聚在巴黎奇迹场（Cours des Miracles）的一角，享受一天的所得。

该地之所以如此称呼，是因为这些白天装作残废的乞丐，晚上一到那里，全都奇迹般地四肢健全起来。

那时，男色盛行，娼妓满街，男女私通之事充斥各地。14世纪的"亚当派"（Adamite）不但宣扬裸体主义，而且在公开场合实行，直到宗教裁判所将之取缔为止。淫秽画也到处售卖。据格尔森的记载，这些成人图片甚至行销于教堂或宗教节日。有些诗人像德尚（Deschamps）之流，尽为贵族命妇写些情歌艳诗。巴约（Bayeux）的执事长尼古拉·克莱芒热（Nicolas de Clémanges）形容其管区的各修道院为"信奉爱神的庇护所"。当时，国王、王子拥有情妇，被认为理所当然，因为皇室与许多贵族的婚姻，原只是政治性的结合，而无爱情存在。名门淑女不断公开讨论性关系的是非问题。勃艮第的"勇士"菲利普（Philip the Bold），于1401年在巴黎建立了一个"浪漫宫廷"，一些正经的男男女女，也混迹在这种纸醉金迷的圈子里。一位被称为"巴黎管家"、年逾花甲的无名氏，约于1393年写了一本奇书，我们在此书中，可略窥当时的情形：

> 我认为一对善良可敬的情侣结婚时，除了彼此相爱之外……别的一切均已丢开。我想他们在一起时应相互注视而少顾及他人；他们携手相对灵犀互通，不必一言一语……他们所有的特别乐趣、主要愿望和全心享受，就在这两心相悦和彼此体贴上面。

犹太人（1306年、1384年、1396年）与麻风病人（1321年）遭受杀戮，兽类伤人或人兽交合接受审判与行刑时，吸引无数热心群众围看，这一切都出现在那个时代。巴黎的英诺森教堂墓地，由于死人不断增加，以至埋葬的尸体刚刚化骨，就被挖出，以便腾出空位；教堂走廊两边的积骨堂里，堆着无数难认的白骨；尽管如此，这些场所，却是热闹非常，小贩在那里摆设摊位，妓女也在那里拉客。在墓地的一面墙上，有位艺术家于1424年费上数月工夫画了"死亡之舞"。画中，魔鬼与一群男男女女和孩童扭着舞，步步将他们诱入地狱。这幅画后来成为一个绝望时代的象征。死亡之舞的戏剧也于1449年在布鲁日城搬上了舞台。丢勒（Albrecht Dürer）、小霍尔拜因（Hans Holbein）与博施（Hieronymus Bosch）在其艺术里也都表现了这一主题。这个时代的诗歌，有一半充满了悲观主义。德尚几乎痛斥当时各阶层的生活。在他看来，这个世界似乎是一个衰弱、怯懦却又贪婪的老头，颠顶而又腐败。"世风日下"是他对那个时代的结论。格尔森也同意他的看法，他说，"我们是活在衰废的世界里"，最后审判即将来临。有一位老妇人认为她的脚趾痛苦地抽动一次，便有一个灵魂被抛入地狱。她这种估计还算是保守，照一般的看法，过去30年来，无人能进入天堂。

百年战争的前40年中，各教皇被拘禁在阿维尼翁，受到法国国王的保护与支使。由受囚诸教皇从欧洲聚敛而来的大部分收入，都转入法国国王手里以支援对抗英国的生死战争。教会在11年中（1345—1355年）向法国国王进贡了339.2万克朗的款额。教皇屡欲终止战争，但均归无效。教会也因法国受到长达一世纪的摧残而连带严重遭殃。成百的教堂与修道院被废弃或破坏，那些下级教士也造成了当时道德的败坏。骑士与侍仆直到面临战争或垂死之际，才念及宗教。上天的残酷无情，确使他们转而对教义疑惧。人们虽然违背了一切戒律，仍旧战战兢兢依靠着教会与信仰。他们将钱财与忧伤一齐带进能安慰人心的圣母殿堂。理查或费勒（St.Vincent Ferrer）赤诚传道时，人们竟会全体陷入宗教的狂喜中。有些家宅所供奉的圣母塑像，只要轻轻一碰，圣母的腹部立刻开启，显露出圣父、圣子与圣灵三位一体的塑像。

这一时期教会的学术领袖大部分是法国人。皮埃尔·阿伊（Pierre d'Ailly）不但为当时最伟大的科学家之一，而且是教会最能干与最廉洁的领袖之一。他也是一位教士政治家。在君士坦茨宗教会议中，他曾补救教皇的分裂。他是巴黎纳瓦尔学院（the College of Navarre）的董事，其学生中有一位成为当时杰出的神学家。格尔森曾访问苏格兰低地，深为吕斯布吕克（Ruysbroeck）的神秘主义与兄弟会的现代信仰所感动。当他担任巴黎大学校长时（1395年），他虽一面在攻击这一神秘教派的自我主义与多神崇拜，一面又想将其信仰形式带入法国。他的6位姐妹为其议论与楷模折服，据说她们都终身守贞。格尔森指责百姓的迷信，及星象、魔术、医药的伪劣，但也承认法术之于心理的影响。他认为我们对于星象的知识，贫乏得不足以做专门预测。我们甚至不能精确认识一个太阳年。由于光线传到地面需经过种种媒介物而发生折射现象，我们因此无法说出星球的真正位置。格尔森虽主张在教会里实行民主，有所约束并尊重咨议会的最高地位，却赞成法国应有一个强大的王朝。他的这种矛盾可能是由于他觉得"法国境内需要秩序更甚于自由"这一情况造成的。他风格特别，诚属一代伟人。正如歌德所说，他的道德学养俱佳，其所以有如此天真的想法，是因为受到时代的感染。他领导消除教皇之间的对立情形与改革教会的运动。胡斯与布拉格的哲罗姆遭火刑，他也曾插一手。

在民生凋萎中，上层人士照样锦衣玉食、富丽其屋；老百姓却衣履寒素，仅够蔽体；中产阶级不顾禁律，也都模仿国王的服饰，穿起染色的红袍或饰以毛边；贵族领主则穿紧身衣裤，披上华丽斗篷，帽上羽毛在朝拜时摇曳拖地。有些人鞋尖加上角钩，与鞋跟的暗饰相配。贵妇们爱戴像教堂尖塔的圆锥帽，穿紧身衣、花裤及装缀羽毛的曳地长裙，仪态高贵；她们优美地展露酥胸，却又以面纱遮面，以增魅力。从前只用来装饰的纽扣，那时已流行转做系扣之用。丝绸、金丝布、锦缎、花边及头发上、颈脖上、手腕上和衣鞋上用的各项珠宝，使一个胖妇也装扮得十分光彩。满身珠光宝气的上流妇女，几乎呈现了画家鲁本斯（Rubens）那五彩缤纷的丰富色调。

玻璃窗已普遍使用，穷人的住屋却仍与几个世纪前一样。有钱人的别墅与城市中的宅第不再是阴暗的城堡，而变为宽敞舒适、装设豪华的大厦。里面有广大的喷池庭院、宽阔的回旋楼梯、凸出的阳台、耸入云霄且不会积雪的尖斜屋顶，除了主人的大厅与卧房外，还附有佣人房、贮藏室、守卫室、门房、织布室、洗衣间、酒窖与烤房。有些著名的巨宅像皮埃冯茨（Pierrefonds）与沙托丹（Châteaudun），早已预兆为卢瓦尔河畔的皇家城堡。比当时其他宫室保存得更完美的，是大资本家克尔（Jacques Coeur）在布鲁日城所建的巨宅。该宅占了整条街道，里面有雕花石砌的哥特式高塔，华美的飞檐与浮雕，文艺复兴式的窗户。其内部陈设豪华……壮观的壁炉，至少可温暖房间的一侧及其住客；精细镂刻的坚实桌椅；摆在有花毡装饰的墙壁下的软垫长椅；巨型的镜台与展示金银盘碟及晶莹玻璃杯的橱柜；厚重的地毯，橡木或上釉瓷砖的光滑地板，及领主全家四口都睡得下的有漂亮帐盖的大卧床。14世纪和15世纪的男女，就赤裸地睡在这些可以躺卧的宝座上；睡袍这种麻烦的东西在当时尚未流行，也并非必不可少。

文学

在废墟中，一些才子与才女仍继续行文著书。里拉的尼古拉写了一本《永恒之后》（*Postillae Perpetuae*，1322—1331年），对《圣经》的理解贡献颇大，也为伊拉斯谟译《新约》与路德德译《圣经》铺了路。那一时代的小说盛行，安托瓦内·德·拉·萨莱（Antoine de la Salle）写了《百篇奇谭》（*Cent Nouvelles*）那类轻松的香艳故事，或是像《花神与白花》（*Flore et Blanchefleur*）那种骑士艳史。几乎同样新奇的是列日城一位医生马尔·让·奇德维尔所写的一本书，他自称为约翰·曼德维尔男爵，在约1370年出版了有关埃及、亚洲、俄罗斯与波兰的一本真实游记。约翰宣称他拜访过福音书里所提到的每个地方：那"恬静的圣母玛利亚上学的房子"，那"有温泉供我们救世主洗涤使徒双脚"的地方，那圣母玛利亚"曾栖息其中，从她圣洁的双乳挤出奶汁"的教室，"在那教堂中她所倚过的大理石柱上，至今仍有她奶汁的滋润；凡是奶水滴落之处，地面仍然是那样滑润和洁白"。"胡子约翰"在描写中国时，最有声有色。其文字的流畅，极少带有学究气味。当他叙述一个人"如何一直朝东面走去，最后会再回到原地"时，也像凡尔纳（Jules Verne）写"路路通先生"（M. Passepartout，《环游世界80天》的主角）时一样，偶尔会触及科学。他饮了两次青春之泉，却由于患了风湿（可能由于从未离开列日所致）而跛着腿返抵欧洲。这些游记被译成上百种语言，在中世纪晚期轰动一时。

14世纪最灿烂的法国文学作品，是弗鲁瓦萨尔写的《年代纪》（*Chronicles*）。他于1338年出生在瓦伦谢讷，早年即投身诗歌，24岁那年，渡海到伦敦，献诗于爱德华三世的王后菲利帕。他于是成了王后的秘书，周旋于英国贵族间。过分的谀赞奉承，使他失去对历史的公平客观。一股酷爱旅游的热望，使他不久即离开秘书工作，遍游苏格兰、波尔多、萨伏依及意大利等地，然后回到海诺特成为希梅教堂（Chimay）的一位宣道牧师。其后，他决定用散文写书，并向诗文发展。之后他再度游历英法两国，努力收集材料。他回到希梅教会，即献身完成"这本高贵而愉悦的历史……当我去世后，它将广受需求……激励胆识并示以若干光耀的典范"。此书的动人程度，胜过一切传奇，1200页的丰富内容，起伏变化，高潮迭起，使读者一开始便觉得引人入胜，欲罢不能，一气而想畅览全书。像教皇尤里乌斯二世一样，这位牧师也爱战争甚于一切。他深为战斗、豪侠与贵族风格所着迷，老百姓出现在其篇幅中，只是扮演贵族斗争下的牺牲角色。他不调查各种动机，太相信表面好看或存有偏见的记录。他并不讳言在叙述中加入自己的哲学。他虽只是一个编年史家，却是所有编年史家中最卓越的一位。

那时戏剧也盛行于整个社会。神迹剧、道德剧、奇迹剧、幕间小插剧与喜剧，经常在城里临时搭建的舞台上演出。其内容越来越俗世化，幽默也经常染上粗俗的成分。虽然如此，宗教的主题仍占首位，人们绝不会看厌表现耶稣受难的那种场面。当时最有名的戏剧公会组织——巴黎的圣主爱好社（Confrairie de la Passion de Nôtre Seigneur）即专门上演耶稣在耶路撒冷短暂停留的事迹。有一本阿尔努·格雷邦（Arnoul Greban）编写的耶稣受难剧，竟长达 35 000 行。

诗人也有同业公会组织。图卢兹在 1323 年建立了诗学社。在该社的赞助下，诗歌公开竞赛的目的在于复兴抒情派诗人的精神与艺术。性质相同的文学社也在亚眠、杜亚与瓦伦谢讷各地成立，为黎塞留（Richelieu）的法国学术院铺路。国王及王公大臣等在家里都供养着诗人、吟游歌手与丑角。"好人勒内"这位安茹和洛林（Lorraine）两地的公爵兼那不勒斯的挂名国王，在南锡（Nancy）、塔拉斯孔及普罗旺斯的艾克斯（Aix-en-Provence）等处的宫廷中供养了一群诗人与艺术家。由于他本人的造诣不输于手下最卓越的诗客，因此赢得"首席抒情派大师"的尊号。法国国王查理五世眷顾厄斯塔斯·德尚这位礼赞女性之美的诗人。他虽结了婚，却在他长达 12 000 行的《结婚之镜》（*Le Miroir de mariage*）一诗中，评斥婚姻；同时，他对他那个时代的凄惨与邪恶表示惋叹：

> 啊，天道无常，世态昏沉，时代乖张，
> 我少成就，贫乏无奈，
> 黎民受诅，忧伤满怀！——
> 我知来日世界，一片茫然，
> 哀尔全民，岂不应该？
> 郁郁悲怆又遍处荒乱，
> 一切行藏，均服罪难。
> 苦恼之世今日即来。

比桑（Christine de Pisanu）是国王查理五世的御医的女儿，她在巴黎长大，她丈夫死时，留下3个子女和3个亲戚要照顾。她就靠写优美的诗歌与爱国的历史，奇迹般地维持生计。她被推许为西欧第一位以笔耕谋生的女人，当无异议。另外，诗人阿兰·夏蒂埃（Alain Chartier）更幸运，他的情诗《无情淑女》（*La Belle Dame Sans Merci*）婉转地轻责女人不该掩藏其娇媚——这诗使贵妇们大为心动，据传说法国一位准皇后——苏格兰的玛格丽特，在这位诗人于长凳上小睡时，曾偷吻过他的双唇。一个世纪之后艾蒂安·帕基耶（Étienne Pasquier）曾经动人地描写过这段逸事：

> 当很多人正为此事惊异——实在来讲，造化竟将一个美丽的灵魂安置在最丑的身体里——这位贵妇却告诉大家不必为此事惊奇，因为她所吻的，并不是这个人，而是那能吐露珠玑的美妙嘴唇。

那时，最优秀的法国诗人，并不需要写诗，因为他是皇族，是查理六世的侄子和路易十二的父亲。但这位奥尔良的公爵查理，却在阿让库尔之役被俘而软禁在英国达25年之久（1415—1440年）。在那里，他以沉重的心情写些儿女柔情及法国悲剧的诗歌，来宽慰自己。全法国曾一度歌咏他写的咏春之歌：

> 新岁脱下了
> 风风雨雨凛冽的冬日外袍；
> 他已换上金衣，
> 带来了美好的季节和春阳的甜笑；
> 树林或原野里的鸟兽，
> 无不歌唱、嘶叫，
> 新岁已除去了他那寒冷的外袍。

即使在英国，也多佳丽。查理看到这些娴静的美女姗姗而行时，暂时忘了忧伤：

> 啊，上帝！看到她心里真是快慰，
> 体态庄妍，如此姣美！
> 她内在的一切端淑品德
> 人人都会赞赏称最。
> 她朝朝清丽，无与伦比，
> 面对佳人谁会疲累？
> 啊，上帝，看到她心里就快慰，
> 体态庄妍，如此姣美！

查理最后获准回到法国时，他将布卢瓦的城堡布置成一个文学与艺术的乐园。贫穷又犯过罪的诗人维庸（François Villon），也同样受到接待。当查理年老、无法再参加年轻朋友的聚会时，他写下优美的诗行向朋友致意，这首诗成为他的墓志铭：

> 所有朋友为我致意，
> 各位现在一堂相聚，
> 假如我也能参与，
> 试想我该何等欣愉；
> 但年龄却拘我在狱。
> 很早以前，我的生命
> 充满青春欢乐，而今却已消逝；
> 在巴黎过着如此自由的生活，
> 过去我是情人，而今绝不再是。
> 别了，我将不再看到好时日！……
> 我心致敬所有朋友。

艺术

　　这一世纪法国的艺术家虽较诗人优越，但均因国内的贫困而蒙受其苦。那时，在城镇、教会或皇室，找不出一位富有的奖掖者来资助他们。原来那些借着壮丽殿堂，夸示行业公会坚定信仰的社区，也由于王权的伸张与地方经济扩展为国家经济，已趋于衰落或毁弃。法国教会已不能像 12 世纪和 13 世纪那样，再去资助那些矗立于法国土地上的伟大建筑。信仰与财富同趋没落，几个世纪来十字军与各大教堂所怀抱的希望——表现在功业与祈祷上——现已丧失其原始的狂热。苍白的 14 世纪完成的建筑，远逊于在康乐富足的年头下着手兴建的。尽管如此，建筑家让·拉维（Jean Ravi）还是完成了巴黎圣母院（Notre Dame，1351 年），鲁昂则在供奉圣母的大教堂边又建了一座"圣母小教堂"（1302 年），而普瓦捷更为圣母院添盖了巍峨的西廊（1379 年）。

　　辐射状的哥特式建筑，1275 年以后已渐由几何图形的哥特式建筑取代。波尔多城即照此风格建造其教堂，卡昂（Caen）城在圣皮尔（St. Pierre）教堂上升起了壮观的尖塔，奥沙（Auxerre）城扩建原教堂，加盖了一所新的本堂，库唐斯与亚眠两地各在其古老的圣院外又添了美观的小礼拜堂，而鲁昂则以巍峨的圣奎恩（St. Quen）教堂增加该城建筑的光彩。

　　14 世纪的最后 25 年，当法国自认胜利之际，建筑家又推出一种新的哥特式建筑，这种建筑形式活泼，雕镂精致，窗饰复杂奇妙，装置设计美轮美奂。棱斜的尖拱门，现已变成斜弧形的圆锥拱门。因其形如火舌，故将这种风格的建筑命名为火焰式。这时，柱头已经废弃不用，柱身则刻上凹槽或凿成螺旋状。唱诗房、厅房雕饰华丽，铁制的围屏饰上精致的花边；建筑上的三角穹隆成钟乳石形状；拱形圆顶改成无数时隐时现的交错弯梁；窗户框架避免用老式的立体几何构型，而代以动人的柔和线条与不易了解的独特风格。那些高耸的尖塔似乎只是装饰品，正面的结构都隐藏在里面。这种新的风格，首见于亚眠教堂里的圣巴普蒂斯特（St. Jean-Baptiste）小礼拜堂（1375 年）。1425 年，便已风行法国；1436 年，这种柔美新奇风格的出现，鲁昂城的圣马克卢（St. Maclou）教堂建筑便是其代表之一。可能由于圣女贞德（Joan of Arc）与法国国王查理七世激起了法国的民心士气与军事力量之复苏，商人财富聚积（如克尔），新兴中产阶级倾向于房舍的踵事增华，这种火焰式的新风格在 15 世纪前半期，大为兴盛。哥特式那种女性味的建筑形式，一直留存到法国国王与贵族从意大利的战事中带回文艺复兴时期的古典建筑观念为止。

平民建筑的滋长显示着当时世俗主义的兴起。贵族认为教堂已多，因此转而建筑宫邸以供百姓观瞻，并供给其姬妾居住；富裕的市民花费巨资装饰家宅；各城邑则建造堂皇富丽的市政厅来显示财力。有些医院，环境设计清新优美，有助于病患复原。在阿维尼翁，各教皇与大主教召集并供养各种各类的艺术家，但法国的建筑家、画家与雕刻家聚集在贵族或国王左右。法国国王查理五世建造了温森斯别墅（Vincennes）与巴士底狱（Bastille），同时任命多才多艺的艺术家安德烈·博纳沃（André Beauneveû）雕刻菲利普六世、约翰二世与他自己的形象，以作为齐集于圣丹尼斯教堂（St. Denis）地下室的皇家陵墓的堂皇装饰。奥尔良的路易兴筑了皮埃冯茨（Pierrefonds）别墅，而伯利一地的约翰公爵，虽对农民苛刻，却是历史上伟大的艺术赞助人之一。

雕刻家兼画家博纳沃在 1402 年为这位公爵的《圣经诗篇》做过插画。这只是顶端有连续插图的诗集，也被称为"平面艺术中的室内乐"。另外，画家雅克马尔·德·赫斯丁（Jacquemart de Hesdin）也为这位有欣赏力的公爵绘制了《小祈祷》（*Les Petites Heures*）、《纯祈祷》（*Les Belles Heures*）与《大祈祷》（*Les Grandes Heures*）的插图，这些图画都是用来阐释每日 7 次正规祈祷时间使用的"崇拜六字"。同时也为约翰公爵及波尔（Pol）、雅翰内奎因（Jehannequin）与林堡的赫尔曼·马鲁尔（Herman Malouel）三兄弟绘制了《富足时代》（*Les Tres Riches Heures*）。这个画册包括 65 幅描绘法国生活与风景的精美小画，包括贵族的田猎、农夫的耕作及银色无垢的乡野雪景。《富足时代》诸画页及为"贤君"安茹的勒内而绘的画像，藏在尚蒂伊（Chantilly）城孔德（Condé）博物馆，甚至不让游客观赏，然而它们也仅仅是此类稿本装饰画的最后余晖而已。因为在 15 世纪，枫丹白露、亚眠、布尔日、都尔、摩兰、阿维尼翁与第戎各地木刻艺术蓬勃发展的那种插画艺术已受到壁画与版画的挑战，更遑论为勃艮第公爵们效劳的诸大画师。博纳沃与比利时埃克（Van Eyck）兄弟将佛兰德斯的绘画风格传入法国；意大利画家马蒂尼（Simone Martini）与阿维尼翁的其他意大利人及安茹王室在那不勒斯的统治（1268—1435年），又加深了这种影响。因此，意大利的艺术早在法军入侵意大利之前，便已影响了法国。法国的绘画直到 1450 年方才崛起，其成熟则表现在法国维勒那夫（Villeneuve）的那幅无名氏所画（现藏于卢浮宫）的《圣殇》。

富凯（Jean Fouquet）在法国绘画史上是第一位具有鲜明个性的人。他生于都尔（1416 年），曾在意大利研究 7 年之久（1440—1447 年），然后怀着对古典建筑风格的偏好回到法国普桑（Nicolas Poussin）与洛兰（Claude Lorrain）。那时画家们均为古典建筑的狂热信徒——尽管如此，他仍然画出了几幅个性鲜明有力的画像。尤维纳尔·德斯·乌尔森（Juvénal des Ursins）大主教同时也是法国大法官，画上的他显得强壮、严厉而果敢，但缺少政治家的机智。又如这一王朝的财政大臣艾提纳·谢弗里尔（Etienne Chevalier）的画像，显示出一位忧郁人物因无法征税去供应政府的花费而烦恼。此外，尚有受到圣女阿格尼斯·梭蕾（Agnès Sorel）恩护的查理七世画像；而肤色如同玫瑰的圣女阿格尼斯，大师富凯却将之画成两眼低垂，胸脯隆起，凛然不可侵犯的圣母。同时，富凯又为谢弗里尔的《祈祷书》

（*Book of Hours*）画了装饰画，使枯燥的仪式化祈祷沾上了卢瓦尔河谷芳丽的景色。藏在卢浮宫的一枚彩釉大奖章，保存了富凯的自我写照，不像拉斐尔高骑骏马俨如王子，而是一位身穿工作服、热心而谦虚、忧郁却坚决的朴实画匠，眉梢上凝聚着一个世纪以来的贫困。尽管如此，他仍一帆风顺地优游在历代国王之间，最后成为那位主意不定的国王路易十一的御前画师。经过多年的辛劳，他终于成名，但不久即去世。

圣女贞德（1412—1431）

1422 年，查理六世那位受到否认的儿子自封为查理七世。绝望中的法国原对他颇寄厚望，终却失望更深。这位胆怯、懒散而又轻率的 20 岁青年，配不上他自己宣称的国王封号。他和法国人民一样怀疑自己的合法血统。富凯为他作的画像里，有一张平平常常带些悲戚的脸，低垂下陷的眼睛，及一只过长的鼻子。他战战兢兢地信教，每天要望 3 次弥撒，绝不让祈祷时间空过而忘了朗诵指定的祈祷文。但剩余的时间，他去陪伴他那一长列的情妇，他的原配王后生了 12 个孩子。他典卖珠宝甚至自己穿的大部分披肩大氅，都用来支援军费、抵抗英国，但他自己厌恶战争，将艰苦战事交给手下的大臣与将军。不幸这批文武大臣既不热心也不警觉，他们彼此之间只会忌妒争吵——只有忠心的让·迪努瓦（Jean Dunois），这位路易的嫡子，奥尔良的公爵除外。当英军南进包围该城（1428 年）时，并未遇到一致的抵抗行动，当时秩序一片混乱。奥尔良城位于卢瓦尔河的湾口，当时南部各地对查理七世的效忠态度暧昧，一旦陷落，势将加入北部而使全法国成为英国的殖民地。这时，北部与南部同时都注视着奥尔良这场战役，并且祈祷着奇迹出现。

法国东界濒临默兹河的一座遥远村庄，也怀着爱国与宗教的热诚参与这场战事。该村农民在信仰与情绪上完全属于中世纪，他们身处凡世却心在超世，他们确信举头三尺有神灵，许多妇道人家甚至发誓说曾见到那些神灵，还对她们说过话。那里的男女，就像全法国乡村一般，都把英国人认作是将尾巴藏在外袍下摆里的魔鬼。流行在那村庄的一种预言说，上帝将在某天派遣一位圣女把法国从这些魔鬼手中拯救出来，而结束这场被撒旦长期统治的战争。栋雷米（Domrémy）的庄主夫人将这个预言偷偷告诉她的教女贞德。

贞德之父雅克（Jacques d'Arc）是位富农，他对这些传说，大概不甚在意。但贞德在这些笃信上帝的村民中却素以虔诚闻名。她喜欢上教堂，热衷于告解，并忙于教区的慈善工作。在她的小花园里，她亲自喂食禽鸟。有一天，她在禁食时，认为自己看见一道异光照在她头上，同时听到有种声音在呼唤："贞德，做个顺从的好孩子，常常去教堂。"那时她才13岁（1424年），也许由于若干生理上的变化，这位正处于敏感年龄的少女，显得迷惑而神秘。嗣后5年，她所听到的"呼唤声"——她称呼这种幽魂之名——曾多次向她劝告，直到最后仿佛是天使长米迦勒在命令她："快去救援法国国王，你应助王复国……去瓦库勒尔（Vaucouleurs）见博德里古（Baudricourt）队长，他会引你去见国王。"又一次，她听到那声音呼唤道："上帝的女儿，你得引导王子前往兰斯，使他在那里荣耀地接受涂油礼与加冕礼。"因为查理七世在未受教会涂油以前，法国上下将会怀疑他的神圣统治权。倘使圣油淋注在他头上，法国便会一致追随他而得救。

经过长时间困扰与犹豫再三之后，贞德终于将这件怪事向父母吐露。她父亲想，一个不懂事的小女孩，要担负如此重大的任务，不禁大为震惊，他绝不准她这样做，否则要亲手淹死她。为了进一步约束她，他唆使一位年轻村民宣布贞德已答应嫁给他，但遭贞德否认。由于她曾向天上的圣徒们许愿，永葆贞洁并服从他们的训谕，她便逃往其叔父处，求其叔父带她前往瓦库勒尔（1429年）去找那位队长。博德里古队长要这位叔父好好赏给这位17岁的女孩一顿巴掌，并打算将她送回其父母处。但贞德冲到队长面前，并且坚决声称她是奉上帝派遣来帮助查理国王解救奥尔良的。这位老粗队长，被贞德的态度弄得糊涂，态度软和下来。他虽然认为贞德是受到魔鬼蛊惑，但还是派人到希农（Chinon）去征求国王的同意。结果皇室下诏召见，博德里古队长给她一把剑，瓦库勒尔的人民则为她买了一匹马，这段漫长而危险的旅程，有6位士兵愿意护送她前往希农。可能是为了防范男性侵犯，或为了便利骑马，并为了获取军中官兵的好感，贞德改换男装，穿上军服短褂马裤、绑腿与马刺，还将头发剪短成男孩模样。她镇静而有信心地骑马上路，经过各个城镇时，人们搞不清楚，一面害怕她是个女巫，一面又崇拜她，当她是圣徒。

经过11天450英里的行程之后，她终于见到了查理国王和国王左右的大臣。当时查理国王虽然穿着没有皇家气派的破旧衣服，但贞德立即认出了他（传说是如此），并且向国王敬礼说："仁慈的殿下，上帝赐您长寿……我名叫贞德，天主借我传示于殿下，您将在兰斯接受涂油与加冕，凡是法国之王，应为天主的代理。"一位那时的随军牧师后来说，她是来确认国王的合法身份的。有些人认为，自贞德与查理初次会见起，她即接受这位教士作为她言论的合法解释人，并照他们的指示向国王建议；在王室的政策制定上，各主教可以通过贞德来更换高级将领。不过，查理对贞德仍有怀疑，便派遣她前往普瓦捷接受有学问之人的考验。他们并未在她身上发现邪恶，又另委派一些妇人检查她的贞洁，结果她们对此也感到满意。她们认定一位贞洁的少女，应有特权作为上帝的役使与传信人。

奥尔良的迪努瓦将军向守军保证说，上帝即将派遣一个人来援救他们。他听到贞德这位圣女，于是存着一半希望，请求朝廷立刻派遣贞德前来。朝廷同意，让贞德骑着黑马，穿着白盔白甲，手里举着绣有法国百合花纹章的白旗，由一群护卫带着准备分给围城人民的粮食，同往迪努瓦将军那里。进入该城（1429年4月29日）并不困难，因为英军并未全部包围，而只是将两三千士兵（少于奥尔良的守军）

分派在近郊的十几个要塞。城里的人，欢呼贞德为圣母的化身，虔诚地愿跟随她赴汤蹈火，拥着她上教堂，她祈祷时他们也跟着祈祷，她哭泣时他们也跟着哭泣。士兵们听到她的训话而离绝情妇，拼命地表现他们不再犯亵渎神明之罪。他们中有一位名叫拉·希雷（La Hire）的队长，觉得这事不可能，圣女贞德令他指着指挥棒发誓，以求天断。于是这位加斯孔地方的雇佣兵队长念出了下面这段有名的祈祷："上帝啊，如果您是加斯孔队长，而拉·希雷为上帝，则拉·希雷为您做什么，求您也同样为他做什么。"

　　贞德送信给英军统帅塔尔博特（Talbot），建议两军应如兄弟般联盟，同向巴勒斯坦进军，从土耳其人手里夺回圣地。塔尔博特认为这一建议超过了他的权限。几天后城内有批守军，瞒过迪努瓦与贞德，偷偷出城，攻击英军的一座营地。英军奋勇抵抗，击退法军。迪努瓦和贞德这时已听到骚动，上马命令士兵再次出击，结果大胜，迫使英军放弃据点。翌日，法军再度攻击并占据其他两座英军营垒，交战时贞德曾随军深入敌阵。她的肩膀在第二次迎战时，被箭所伤，但裹好伤处，她再次投入战场。这时，纪尧姆·迪斯（Guillaume Duisy）的巨炮将每颗重达 120 磅的炮弹轰入英军的坚固营垒。贞德并未看到英军营垒陷落及胜利的法军屠戮 500 名英军士兵的情景。塔尔博特最后认为其兵力不足以围城，因而向北撤退（5 月 8 日）。这时法国举国欢腾，一致承认"奥尔良的圣女"实为上帝的万能。但英军却视其为女巫，同时发誓不论死活都要捉到她。

　　胜利的第二天，贞德动身往见正从希农前来的国王。后者以一吻来迎接她，并且不顾通过敌区的困难，接纳了她穿过法国向兰斯城进军的计划。法国国王的军队分别在默恩（Meung）、博让西（Beaugency）、帕特（Patay）各地与英军遭遇，结果赢得决定性的胜利。但令圣女也为之震恐并使这场战役失去光彩的，是法军报复性的屠杀。贞德看到一位法兵在杀害一位英国囚犯，下马双手捧住那位垂死者的头，一面安慰他，一面叫人去请一位听告解的教士。7 月 15 日，国王进入兰斯；17 日，他在庄严的大教堂中以盛大的仪式举行涂油礼与加冕礼。这时，从栋雷米村庄赶来的贞德的父亲雅克，看到他的女儿仍然穿着男装，神采飞扬地骑马经过法国的这个宗教首都。他没有放过这个光荣的机会，通过女儿的斡旋，为其村庄争取到免税权。贞德认为其使命已经完成，她想："倘如上帝乐意，我便可离去，回家与兄弟姐妹去放羊了。"

战争的狂热已注入她的血液。全法国有一半人为之欢呼，视她为神召的圣使，她现在几乎已忘了自己是圣女的身份，而成为一位战士。她约束部属很严，常常恳切地开导他们，禁止部下放荡冶游——这事原已在军中成为习惯。有一次当贞德发现两位妓女陪伴着士兵作乐，她立即拔剑毫不容情地向其中一位妓女猛刺，竟使剑刃断在尸身上。她随同国王领军攻打英军掌握中的巴黎，充当前锋以破除第一线敌方战壕，当攻至第二线时，她大腿中箭，但仍不退却，并鼓舞士兵。这次攻击不幸失败，损失了 1500 人。于是大家开始责怪贞德的想法；认为祈祷可以打败炮火的想法实在可笑，因为他们的经验一向并非如此。有些忌妒的法国妇女幸灾乐祸地看贞德笑话，指责她不该在圣母诞辰的节日出兵打仗（1429 年 9 月 8 日）。贞德带着溃败队伍退入贡比涅（Compiegne）城。不料在该处受到勃艮第与英军的联合包围。她勇敢地率军突围，但遭击败。最后她想撤回城内，发现城门已经关闭。她终于被拖下马来，成为卢森堡约翰男爵的俘虏（1430 年 5 月 24 日）。约翰男爵礼敬地将她先后安置在博略（Beaulieu）与博尔维尔（Beaurevoir）两地的城堡中。

约翰男爵幸运地俘获贞德，这却将他带至危险的困境。他的领主勃艮第的"好人"菲利普公爵要求这份珍贵的奖品，而英方则在敦促约翰男爵将贞德交出，想对她施以屈辱刑罚来驱除贞德那份鼓舞法国人民的魔力。曾因支持英军而被赶出教区的博韦（Beauvais）的主教皮埃·科雄（Pierre Cauchon），这时也受英方派遣，而挟财势兵力之威，与约翰男爵商谈将贞德移交给英国。如此事办成，他可获得鲁昂大主教一职以为报酬。这时控制巴黎大学的约翰男爵，怂恿一批腐儒力劝菲利普以妖女与异端的罪嫌，将贞德交给那一地区教会领袖科雄——贞德就是在那里被俘的。这一建议受到排斥后，科雄再以1万克朗向菲利普与约翰男爵行贿，结果他们仍嫌不足。英国政府于是对北海岸的低地国家实施全面禁运。约翰男爵最富庶的税收来源地佛兰德斯因而面临破产。约翰男爵经不住其夫人与菲利普的恳求，不顾其贤善之名，终于接受贿赂而将贞德交给科雄，然后带往鲁昂。她在那里正式成为宗教裁判所的囚犯，却是由英军看守而被关在鲁昂市长沃里克（Richard Neville Warwick）伯爵辖下的一座堡塔中，双脚扣上脚镣，腰间绑上铁链，系在一根横柱上。

审判从1431年2月21日起，持续到5月30日。由科雄主持，其手下一位教士充当原告，另一位多米尼克派僧侣代表宗教裁判所，再加上40位对教理与法律有研究的人士做陪审。贞德被控为异端。当时教会为制止邪术分子侵染欧洲，早已向神灵宣称要处死异端分子。因此，女巫每因称具有超自然的权力而遭焚死。当时教内外人士曾一致认为，凡是这类人，实际上可能已入魔道，具有超自然的权力。贞德案子的一些陪审员，似乎相信她也如此。据他们判断，贞德否认教会是耶稣在世上的代理者，否定教会的权威，认为比不上她所听到的"呼唤"，由此就可证明她是妖女。这一点根据于是成了当时法庭上大多数人的意见。然而，他们还是被她那种单纯而无邪的回答，及虔诚贞洁的心灵感动。他们都是男人，有时似乎也为19岁少女感到痛惜。她显然是英国恐惧下造成的牺牲品。沃里克以军人的率直性格说："英国国王为她付出了高价，绝不会让她好死。"有些陪审员主张这事该由教皇来处理——如此可使贞德本人与法庭不受英国的主宰。贞德也表示愿意将自己交给教皇来裁决，但她同时提出的坚决声明害了她。她说：有关信仰的问题，她承认教皇的无上权威，但关于她服从"呼唤"的所作所为，却深信只有上帝才能裁判。法官们即以此点为异端。这时，由于连续几个月的疲劳讯问，贞德竟被诱签了一份悔过书。待发现她仍被英国司法当局处以终身监禁时，她否定了该悔过书。这时，英军包围法庭，扬言若贞德被免除火刑，他们即索取众法官的性命。5月31日，一些法官集会，终于判贞德死刑。

受刑那天早上，鲁昂市场空地上高堆着木柴。旁边搭起两座平台，一为英国温切斯特的红衣大主教及其高级教士，一为科雄及众法官；另有800英军站立警卫。贞德由载货马车带入，有一位生死之交的朋友教士伊桑贝尔（Isambart）伴送。这时贞德要求一个十字架，一个英兵以两根交叉的木棒递给她，她接受后要求再给她一个受过教会祝福的十字架。伊桑贝尔于是劝使在场官员从圣索沃（St.Sauveur）教堂带一支给她。时已正午，英军不耐烦而骚动。"你想请我们在这里吃午饭吗？"他们的队长吼叫道。这时，他的手下便将贞德从教士手中夺下，带到火刑柱上。这时，伊桑贝尔在她面前举起了十字架，另一位多米尼克派的教士跟她一起爬上柴堆。柴堆点燃，火焰即在她双脚周围升起。这时，她看到那位多米尼克派的教士仍然在侧，催促他离开柴堆到安全之处。她口中呼唤着她听到的"天上之音"、圣者、天使长米迦勒与耶稣，痛苦地受焚而死。英国的一位大臣对此事预先下了一个历史性的结论，他喊道："我们完了，我们烧死了一位圣徒。"

1455年，教皇卡利克斯特斯三世接受法国国王查理七世的命令，对贞德受刑的罪证重加审查。翌年（此时法国已经胜利），教会法庭宣布1431年的判决为不当而无效。1920年，教皇本笃十五世终于将这位奥尔良出生的圣女列入教会圣徒之林。

法国得救（1431—1453）

我们不可夸张圣女贞德在军事上的重要性。没有贞德，可能迪努瓦与拉·伊雷也可解奥尔良之围。贞德那种冒险的攻击战略，虽然赢得某些战果，但也损失了其他方面的收获。英国这时已感到百年战争耗费国力。1435年，勃艮第的菲利普公爵，这位英国的盟友，因厌战而与法国单独媾和。他的背叛终于削弱了英国对南部降服诸城的控制。它们一个接一个地驱除了外国的驻军。1436年，沦陷达17年的巴黎，最后将英军赶出，法国国王查理七世终于还都亲政。

说来奇怪，这位一向游手好闲幽魂似的国王，这时学会了治国统政——选派贤臣，整编军队，惩戒捣蛋的贵族，凡有关国家自由的大事，他都处理。圣女贞德一案固然让他有所感怀，但是查理并未给予一臂之力去救助她，这说明他仍然庸弱。幸得他有位不凡的岳母约兰德（Yolande）时加指点，鼓舞他应接纳贞德并予支持。现在——如果我们相信传统的说法——她终于将国王十年来魂牵梦萦的情人，送入女婿的怀抱。

阿格尼斯·梭蕾是土伦（Touraine）一位乡绅的女儿。她幼时父母双亡，而由洛林的公爵夫人伊莎贝拉抚育长大，教养良好。她在23岁，即贞德死后第一年（1432年）被带往在希农的法国国王行宫，查理迷上了这位栗色长发的佳丽，又爱上她的甜笑，就选她入宫。查理的岳母约兰德也觉得这位女孩温顺听话，想利用她来影响国王，于是力劝其女玛丽接受这位女孩成为她丈夫查理国王的新宠。阿格尼斯·梭蕾至死都一直本分地服侍国王。日后国王弗朗索瓦一世对此问题极富经验，曾称赞这位"美丽妇人"比隐居的修女对法国贡献更多。查理"从她双唇吸取智慧"，她使查理愧于过去的怠惰、懦弱，变为勤勉奋发。他聚集贤臣良将，使里乞蒙为之治军，让克尔整顿国家财税，重用擅长炮战的布罗将军（Jean Bureau），这位将军曾使顽强的贵族个个慑服，并使英军逃窜到加来港口。

克尔是商业界领袖。他出身寒微，少受教育，但精于计算。在和东部伊斯兰国家的贸易上，他是敢于同威尼斯、热那亚与加泰罗尼亚人（Catalans）竞争且获胜的法国人。他拥有配备良好的7艘商船，雇用囚犯或从街上捕捉流浪汉充当水手，打着圣母旗号航行海上。他积聚了当时法国首屈一指的财富，数目约为 2700 万法郎。1436 年，查理让他负责铸造钱币，不久又要他负责政府的税政与开支。1439 年召开的国民议会，由于一致热烈支持查理将英军赶出法国，以一连串有名的法令（1443—1447 年）授给国王全法国征税权，包括嗣后佃户付给封建领主的一切税额。政府的税收，现每年已升到 180 万克朗。从此以后的法国王朝再也不像英国，而能从国民议会的"控制钱袋权力中"脱离出来，并能抵制中产阶级主政的增长趋势。这种全国征税制度，供给了法国战胜英国的基金。但由于国王可以有权提高税额，这一制度又成了王室压榨的主要工具，引起了 1789 年的大革命。克尔在法国财务工作方面，担任了主要角色，他一面赢得多数人的赞扬，一面也惹起少数有势力者的仇恨。1451 年，他被控雇人毒害阿格尼斯·梭蕾（从未获得证明）而遭逮捕，随后就被定罪、放逐，其财产悉数充公——一项借刀杀人的妙计。他逃抵罗马，充当教皇舰队司令，前往解救希腊的罗德斯，结果在希腊希俄斯得病而死，享年 61 岁（1456 年）。

在此期间，由克尔辅佐的国王查理七世，建立了一套平实的货币制度，重建了破碎的村庄，推动了工商业，恢复了法国的经济。他迫令军中解散私人派系，同时改编军队，首次组成欧洲常备军（1439 年）。他训谕每一个教区由人民选出精壮市民，免除一切纳税，自备武装，操练武器，随时准备听候国王的命令。后来将英军赶出法国的，便是这些免税的弓箭手。

1449 年，法国国王已准备撕毁 1444 年签订的停战和约。英国又惊又怕，其内部的争斗，已削弱了原有的势力，15 世纪英国在法国维持一个没落的帝国，其花费正与 20 世纪在印度一样高昂。1427 年，法国花费了英国 6.8 万英镑，却只带给英国 5.7 万英镑的收入。英军奋勇作战，但不够聪明。他们长久依赖弓箭手与木桩，在克雷西与普瓦捷之战中曾阻挡过法国骑兵的战略，但在福尔米尼（Formigny）一役（1450 年）用来对抗布罗指挥的大炮，却无所施为。1449 年，英军自诺曼底大部分地方撤退。1451年，他们放弃了都城鲁昂。1453年，英军统帅塔尔博特大将在卡斯蒂永（Castillon）战败被杀。波尔多城投降，整个吉耶尔复归法国所有。这时英军只保有加来港口。1453年10月19日，英法两国签订了结束百年战争的和约。

第四章 | **法国的复兴**
（1453—1515）

路易十一（1461—1483）

路易是查理七世之子，是一位不受宠爱的皇太子。他 13 岁时（1436 年），被迫与 11 岁的苏格兰小姐玛格丽特结婚。他为报复此事，除了不理睬她外，并纳数妾。玛格丽特只有写诗度日，并于青春之年（1444 年）平静去世。她临终时曾说："可耻的事啊，别再向我提起！"路易在继承王位前，曾两度叛父。于第二次叛父后，逃往佛兰德斯，焦虑不安地俟机夺权。查理是法国各王中最奇特而伟大的一位国君，他统治法国 22 年，于 1461 年绝食而死。

路易现已 38 岁，身材瘦削，性格忧郁，不修边幅，朴实无华，有疑心重重的眼神和高耸的鼻子。平时身穿粗布灰色长袍，头戴破帽，俨如穷苦的乡下香客，他祷告时一如圣徒，治政上却非常老练。他蔑视封建主义的浮华，嘲笑传统形式，对自己的正统身份也表示怀疑。他的朴实作风，震惊了当时各国的君主。他住在巴黎都尔诺（Tournelles）幽暗的王宫中，有时也住在都尔附近的普勒西斯宫（Plessis-les-Tours）。他虽二度结婚，却常像一个单身汉，虽身为法国统治者，却生活俭朴，身边仅留着他被放逐时的几个随从，饮食一如农民，一点也看不出他是一位国王。

他下定决心，法国在他的铁腕下，必须把封建式的分割局面结合为君主式的统一，成为一块坚强的磐石，而这中央集权的君王，必须于战火余烬中振兴法国，予其新生与力量。为达成其政治目的，他用清晰而敏锐的头脑、开拓大业的毅力，昼夜思考，正如当年恺撒那样不计一切地专心政事。史学家科米纳曾说："他根本不去考虑'和平'那种想法。"他无法在战争中取胜时，就喜欢用外交、间谍、贿赂等手段。他以威胁利诱的方式，说服其人民来完成任务，并在国内外布置大批间谍，为他工作。他暗中还发情报费给英国国王爱德华四世身边的部长级人员。他能忍辱、让步、故作谦卑，以等待复仇或胜利的良机。他犯了大错后，能借口一时失常或偶尔疏忽的聪明理由来遮盖。他对政府各部门事无巨细都能牢记不忘。他也抽暇欣赏文学和艺术作品，并嗜好读书。他喜欢搜集原稿，从那些印刷品的内容中可预测到革命趋势。他好结交学者，尤其爱与巴黎人口中所谓的波希米亚人交往。当他被放逐佛兰德斯期间，与夏罗莱（Charolais）的伯爵共同组织一学院，学者们以有趣的薄伽丘故事来卖弄学问，安托万·德拉·夏尔把这些故事编成一部《百篇奇谭》。路易十一对富人严酷，对穷人不关心，对技匠工人仇视，独独爱护中产阶级，并视之为强有力的支持者，而且对任何反对他的人都残酷无情。他在佩皮尼昂（Perpignan）叛乱后便下令，凡曾被他驱逐出去的叛徒有偷返者，即处以宫刑。他与贵族阶级斗争时，曾把他的一些死敌或叛徒囚禁于长宽 8 英尺、高 7 英尺的一个个铁笼中，达数年之久，这种铁笼原是由凡尔登的主教设计的，而该主教自己以后也在这种铁笼里待了 14 年。路易十一也是一位虔诚的教徒，他需要教会的支援以对抗贵族及国会。他手中常持念珠，默诵《天主经》和《圣母经》，甚至照料过一位垂死的修女。1472 年，他曾为"奉告祈祷钟"举行落成礼，做正午祈祷求圣母保佑国土平安。他曾朝拜圣坛，征收圣物以贿赂圣徒们为他效忠，作战时，他还带着圣母像。他死后，在都尔的修道院大门上，被画成一位圣人。

路易十一就以这怪癖的性格，一手建立了现代的法国。他发现封建社会与教会的权力结构是松懈的，因而他把法国变成拉丁基督国家里最强有力的国家。他从意大利请来织丝工人，从德国招来开矿工人，改进了港口与运输，保障了法国的航运，为法国工业打开新市场，使法国政府与新兴企业和富有财力的中产阶级结合。他认为扩大本国与国际的贸易，需要一个有力的中央指挥机构，为了保护和经营农业，封建制度应予废除。农人地位逐渐在摆脱落伍的农奴制；封建贵族在其封地内擅定法规，私铸钱币，任意弄权的时代也已过去。他不惜任何手段要使他们逐一臣服，他禁止他们打猎时随意侵犯农民的权利。1464 年，他建立了一种各封地之间的政府邮递服务，他还严禁贵族们私斗，并命令他们偿清欠法国国王的租金。

因此，贵族们不喜欢他，有 500 家贵族代表集会巴黎，并于1464 年组成"善良大众同盟"（Ligue du Bign Public），以公益神圣名义保护自身的特权。勃艮第公国王位的继承人夏罗莱伯爵加入了该同盟，渴望将法国东北部列入其公爵领地。路易的胞弟查理——伯利（Berry）的公爵秘密逃往布列塔尼，领导革命。于是四面楚歌，敌人加上国内军人纷纷作乱，如果他们联合一致，路易必被打倒。唯一的办法是要把他们各个击破。他先突击南方，渡过阿列河（the Allier River），逼使一支敌军投降后，又及时挥兵北上阻止了勃艮第敌军侵犯首都。勃艮第敌军后撤，路易进入巴黎，而勃艮第的敌军与其盟军又返回包围巴黎。不愿造成巴黎市民因围城挨饿而叛变的危机，路易终于让步，在 1465 年签订了《孔夫朗和约》（*Treaty of Conflans*），该条约几乎允诺了敌人要求的一切——土地、金钱及职位，路易的胞弟查理接收了诺曼底。这次战争对百姓毫无益处，人民必须纳税凑足所需的赔款，而路易唯有再耐心等待机会。

查理不久与布列塔尼的弗朗索瓦公爵发生战争，查理被俘；路易十一遂趁机进军诺曼底，兵不血刃，收复该地。但弗朗索瓦公爵立即猜测路易也想染指布列塔尼，便与夏罗莱伯爵——现在已变成勃艮第的"勇士"查理公爵——达成攻守同盟，以对付难以制伏的路易。路易运用了各种外交战略与弗朗索瓦单独媾和，并同意与查理在佩罗讷（Péronne）会谈。结果查理在该处把路易监禁起来，强迫他割让皮卡并分享列日的利益。路易的声望和权力一落千丈，他于1468年回到巴黎时，甚至连黑嘴鹊也被人教了来嘲笑他。两年后，在反反复复的手段下，路易乘查理全神贯注于戈尔德兰（Gelderland）之际，进军圣康坦（Saint-Quentin）、亚眠及博韦。查理企图联合爱德华四世对付路易，但路易早已结好爱德华，他知道爱德华嗜好酒色，便邀请他来到巴黎，诱他沉迷于巴黎的风月；此外，他还派遣一位波旁的红衣主教给爱德华，作为皇室的告解神父，"如果他犯了淫乱而认罪，这位特定的主教可赦免他"。路易又设计让查理与瑞士作战；在查理阵亡后，路易不仅夺回了皮卡，并收回了勃艮第（1477年）。他以黄金厚利平服了勃艮第的贵族，并娶当地女子为妾，借以结好当地居民。

现在他认为已有力量对付桀骜不驯、不听征召令并时常攻击他的贵族。但那些曾于1465年阴谋叛变的贵族很多已经去世，有的也已年迈而无所作为了。贵族们的后代，均慑于路易十一之威，深知这位国王处置叛逆的手段是抄家杀头，而这位国王现已建立一支强大的雇佣兵，并且似乎经常有办法筹募巨款，供其花费享受或政治活动之用。路易在获取金钱方面比杀人更有兴趣，他由西班牙手中买得色丹（Cerdagne）和鲁西永（Roussillon）；他在其弟死后，获得了罗谢尔（Rochelle）；用武力夺得阿朗松（Alençon）及布卢瓦。说服勒内公爵，于1481年把普罗旺斯归属法国。一年后，安茹及缅因（Maine）也归属他的帝国。1483年，佛兰德斯为求取路易十一的支援来对抗神圣罗马帝国，将阿拉斯（Arras）和杜亚这两个新兴城市所属的阿图瓦割让给他。路易在降服贵族后，把市议会及各地方行政区全部置于国王指挥之下，完成了法国的统一和中央集权。10年后，亨利七世对英国，斐迪南及伊莎贝拉在西班牙，及亚历山大六世为教皇国，均分别完成了中央集权的统一政局。虽然这种中央集权为许多国家带来了暴政，但在那一时期是一项革新进步、安内攘外的措施，由此建立了币制和度量衡的标准，把方言改为国语，并促进了法国本土文学的成长。君主政体并非绝对专制，贵族们仍保留了不少特权，如开征新税，但通常也要获得国会的同意才行。贵族、官吏及教士均享有免税权，原因是贵族为人民作战，官员待遇菲薄而接受贿赂，教士为保护国王及国家而辛苦祷告。舆论及民意牵制着国王；地方议会依然坚持任何皇家命令非经他们正式同意备案，不得成为当地法律。尽管如此，"朕即国家"的局面形式，早已为路易十四预先铺下了路。

路易在政治上获得一连串的成功后，身心交瘁。他怕被政敌谋刺就躲在都尔的普勒西斯宫，疑神疑鬼，几乎不愿接见任何人，对臣下犯错或办事不力者，处罚酷严。他时御长袍，威仪非常，绝非登位初期穿着随便可以相比。但他现在形容憔悴，面色苍白，见过他的人都担心他活不久。多年来他一直为痔疾所苦，也曾得过中风。1483 年 8 月 25 日，突又得病，不能言语，5 天后即行去世。

路易十一一死，他的臣民非常高兴，因为这位国王的失败或胜利，都同样使他们痛苦不堪。法国在他的残酷统治下虽变得强大，老百姓却逐渐贫穷。话虽如此，他压服贵族，在财务、内政和国防上的改革，及扶植工商业和印刷技术等措施，最终促成一个统一的现代法国。科米纳对路易曾有评述："他一生中，虽然得志多于失意，颇称顺利，但他自己并不愉快，很难在二十天中有一天高兴的。"他与他的那一代人为了法国的繁荣进步，确实是付出了一番心力。

远征意大利

查理八世 13 岁时，父即逝世。仅大他 10 岁的姐姐波茹的安妮（Anne de Beaujeu）代为摄政 8 年，很明智地治理国事。她紧缩政府开支，宽减人民 1/4 的人头税，赦回一些被放逐者，释放甚多囚犯，并在 1485 年轻而易举地平服了贵族们的蠢动——他们想夺回已被路易推翻的封地主权。当布列塔尼联合奥尔良、洛林、昂古莱姆、奥兰治及纳瓦尔诸地再次叛乱时，她运用外交手腕并遣特拉姆伊的路易领军镇压，击败了他们。同时，她安排查理与布列塔尼的安妮的婚事，安妮于 1491 年把她名下的领地作为陪嫁，进贡于法国国王，因此这场骚乱很圆满地结束。随后这位摄政即行退休，不再问事，平静地度过其 31 年的余生。

这位酷似查理之姐并同名的新皇后，身短脸平，瘦弱而跛脚，短鼻阔嘴，有一张哥特人的马脸，她意志坚强，其精明与小气，与布列塔尼人一模一样。虽然平时衣履朴素、身着黑袍、面戴头巾，但在隆重场面上，她珠光宝气，打扮华丽。她较查理更爱接近艺术家及诗人，她委派布尔迪雄（Jean Bourdichon）为她画《布列塔尼的安妮的时代》。她从未忘怀她所爱的家乡的一切——布列塔尼人及其生活方式，她温柔而自傲，勤勉于事务，努力改造她丈夫及其朝廷的风气。

饶舌的布朗托姆也说："查理的好色已超过其瘦弱体格所能接受的程度。"婚后，查理总算控制自己，仅蓄一妾。他对王后的姿色无法抱怨。因为他本人也是头大背驼，尊容难看，眼大无神，近视，下唇厚而下垂，口齿笨拙，双手时常不断抽动。然而他天性善良，富于理想。他好阅读骑士故事，常怀大志要为法国收复那不勒斯，为基督徒收复耶路撒冷。安茹王室从 1268 年一直控制着那不勒斯王国，直到 1435 年被阿拉贡的阿方索五世逐出为止。安茹王室要求的权利早已留给路易十一，这些权利，现已被查理公开索要。议会认为他是世界上最不适宜领军作战的，但是他们希望利用外交途径来补救其弱点。占领下那不勒斯可以便利法国通商，进而控制地中海。为加强皇室侧翼，他们把阿图瓦和自由郡让给奥地利的贵族马克西米里安一世（Maximilian I），又把色丹及鲁西永送给西班牙的斐迪南；他们认为已呈弱势的法国，势必要占有半个意大利才行。他们加重征税，典卖珍宝并向热那亚银行家借款，从米兰的摄政洛多维科（Lodovico）那里，获得了 4 万陆军、100 门攻城炮和 86 艘战船。

查理于是在 1494 年欣然出发，也许没把身边两个安妮女士带着同行。他受到米兰人的欢迎（后者与那不勒斯早有宿怨）并迷恋于该地女人，以致在行军途中一路留下很多私生子。有一次他的副官为他找来了一位不屈从的少女，查理却很文雅地不但未予勉强，反而派人去把这少女的爱人接来，亲自为他们主持婚礼，并赠予 500 克朗的嫁妆。那不勒斯无力抵抗查理大军，查理不费吹灰之力夺得该地。但在欣赏其风景、享受其佳肴和美女之余，他忘记了耶路撒冷。在这场战役中，他是法国人中幸运未曾感染到梅毒的人，此病以后被称为"法国病"，因为在其部队返国后，这病在法国极为猖獗。神圣同盟中的威尼斯，亚历山大六世及米兰的洛多维科（早已变心），强迫查理撤离那不勒斯，并须经由怀有敌意的意大利撤退。他那腐化了的军队于 1495 年在福尔诺沃（Fornovo）打了一次无结果的战争后，便迅速返回法国，除了带回传染病外，也带来了文艺复兴。

贝厄德的领主皮尔·特雷（Pierre Terrail）22 岁时，就在福尔诺沃显露了勇气。他出生于贝尔德堡，具有贵族家世，200 年来，族中主人均死于战场。在这次战役中，皮尔似乎决心维持其传统家风。他杀了两匹马，俘虏了敌人的掌旗兵，因而被国王封为爵士。在那个暴乱与奸诈的时代中，他具有骑士一切的武德——心地高尚而不炫耀，忠诚而不卑躬屈膝，自尊而无失礼的骄狂。尤其他那轻松征战 12 次的精神令人激赏，他同时代的人称他为"标准的骑士"。关于皮尔，以后还要提到。

查理国王在征讨意大利归来后，又活了 3 年。他在安布瓦斯（Amboise）参观网球赛时，被一扇松脱的门砸了头，脑部受伤而死，时仅 28 岁。他的子女都已先他而亡，所以他的王位传其侄儿奥尔良公爵，奥尔良于 1498 年登位成为路易十二。路易现年 36 岁，却已体弱不堪。他的道德在那样的时代显得太高尚了，他的态度又极为诚恳和蔼，致使法国人民都敬爱他，并不因其从事无益的战争而稍减。

登位那年，他与路易十一的女儿珍妮·弗朗斯离婚，这事似乎犯了大不敬之罪。他年仅 11 岁时，就被那位柔弱却固执的国王强迫与这个讨人嫌的女孩结婚，他不可能对她表示爱情。而现在他把一位法国新娘、一个郡及养老金送给教皇之子恺撒·博尔贾作为报酬，说服亚历山大六世根据血族理由取消那件婚事，并批准他与那位携带公爵领地作为嫁妆，在布列塔尼寡居的安妮结合。然后他们定居布卢瓦，给法国皇室做一个互敬互爱的婚姻示范。

　　路易十二表现了特具的优越才智，他没有路易十一的狡诈心计，他的善良天性及充足的智慧，使他明智地选择能干的部属，并授给他们许多权力。他把政务及大部分的决策，交给他的生死之交安布瓦斯的红衣主教乔治。这位聪明善良的高级教士治理国事极佳，每当有新的任务，那些赶热闹的人就会耸耸肩说："让乔治去搞吧！"人们惊奇地发现法国的征税在逐渐减轻，最初减少 1/10，然后又减少 1/3。出身富贵、养尊处优的国王，尽量节省自己和朝廷开支，绝不让左右亲信中饱私囊。他废除官爵买卖，禁止官员接受人情，开放政府邮政为全民服务。任何行政官出缺，须由司法官提名三人，再由自己圈选其中之一。任何政府雇员非经公开调查，证明其不忠于事或不称职者，不得革职。有些喜剧演员和朝臣嘲讽他过于吝啬，他反而很高兴地接受。他说："在他们所说的下流话中，也许让我知道了一些有用的事情；如果他们喜欢去为女人捧场，那就让他们去陶醉好了，我宁愿朝臣们讥笑我小气，却不愿挥霍使老百姓受苦。"使他愉快的最好办法就是向他提供有利于人民的新计划。民众对他感戴，称他为"平民之父"。追溯法国的历史，老百姓从未有过这种繁荣的好日子。

　　可惜这种幸福的德政，因再度对意大利用兵而黯然失色。也许路易及历任法国国王从事这种外战的目的，在于使好斗成习的贵族忙于征战，否则他们就会搞起内战，扰乱法国，对尚未稳定的君主政体和国家统一造成不利。路易十二在征服意大利 12 年后，不得不从该半岛撤军，接着在 1513 年的那场圭内加特（Guinegate）战役中，败给英国。这次战役被笑称为"马刺之战"，因为法国骑兵在仓皇中从战场败退。于是路易求和，此后情愿只当他的法国国王。

　　1514 年，布列塔尼的安妮去世，结束了她一生的苦难。安妮没有所出，路易十二把他的女儿克劳德（Claude）嫁给昂古莱姆伯爵弗朗索瓦一世为妻，这样在家系继承王位上仅次一级。他的臣下劝路易十二（现已 52 岁）续娶第三任太太，并假传得子来哄骗热衷王位的女婿弗朗索瓦。路易十二终于娶了玛丽·都铎（Mary Tudor）——英国国王亨利八世的 16 岁的姐妹。她与病弱的国王过着愉快而疲惫的生活，她主张一切要注意美与年轻。路易在 1515 年，即其婚后第三个月便去世了。这位被爱戴、称作"平民之父"的国王，把战败却繁荣的法国留给其女婿。

庄园的兴起

　　除教会的建筑外，法国每一种艺术均受到君主体制及其侵略的意大利的影响。教会建筑物仍保持火焰状的哥特式，其过于奢侈的装饰及夸张的枝节，正象征其没落，恰如一个垂死的歌妓始终打扮得盛装艳丽，美色诱人。虽然如此，堂皇的教堂仍不断兴建。古老的建筑带有新的诱惑力。鲁昂大教堂称其北门为书房大门，因为该门正对着宫廷中林立的书架。四月斋期禁吃黄油，那些放纵自己吃黄油的人花钱以赎罪，这些钱财被用来修建了一座华丽的南塔，法国人讽之为"黄油塔"。安布瓦斯的大主教又募款用同样的火焰状设计修建了西门。博韦完成了其南向侧廊的重要工程，其门窗加高到超过了大部分正面建筑。桑利斯（Senlis）、都尔及特鲁瓦均将其教堂加以改建；特西耶（Jean le Texier）在沙特尔修建了一座华丽的西北向尖塔及一座华丽的圣诗班围屏——在哥特风格上加入了文艺复兴的构想。巴黎一座精美的圣雅各楼就是此一时期在一所残破的圣堂上募捐建成的，而后它被献给圣雅各布使徒圣·詹姆斯（St. James the Greater）。

　　宏伟的市民建筑物呈现了一片争奇斗艳的景象。庄严的市政厅分别在阿拉斯、杜亚、圣奥马尔（Saint-Omer）、努瓦永（Noyon）、圣康坦、贡比涅、德勒（Dreux）、埃夫勒（Evreux）、奥尔良及骚姆（Saumur）等城市兴建。1505 年，在格勒诺勃（Grenoble）城修建了一所法院。1493 年，在鲁昂又兴建了一座更华美的法院，由罗伯特·安戈（Robert Ango）和罗兰·勒洛（Rolland Leroux）使用装饰华丽的哥特风格设计的。19 世纪，又添加修饰，但第二次世界大战时其内部曾被破坏。

　　这是法国庄园兴起的阶段。教会已隶属政府，现世的享乐为来世做准备。国王们均自认为神，并把沿卢瓦尔河的伊斯兰教乐园作为游乐胜地。1490 年至 1530 年，庄园或城堡成了享乐之地。查理八世由那不勒斯回国后，命令建筑师将其宫殿改成和他在意大利所见的一样华美。他由意大利带来了建筑师乔瓦尼·焦孔多（Giovanni Giocondo），雕刻匠兼画家圭多·马佐尼（Guido Mazzoni），木匠多梅尼科·贝尔纳贝（Domenico Bernabei），及 19 位意大利艺术家，甚至还有一位庭园设计师多梅尼科·帕塞罗（Domenico Pacello）。他把安布瓦斯的古城堡加以修复，并派上述之人配合法国建筑师和艺术家，把这座城堡改成一所意大利式的豪华型皇家内宫。结果许许多多漂亮的楼塔、尖顶、飞檐、壁柱、天窗、阳台，耸立于斜坡上，俯视着平静无波的河流，产生了新风格的建筑。

　　把哥特式的楼塔改成文艺复兴式的宫殿，用古典式的点缀代替火焰状的装饰，触怒了爱国者和清教徒。墙壁、圆形塔、高耸而带斜坡式的屋顶、有枪眼的城垛、临时性的壕沟，虽还保持中世纪的式样，使人怀念起住宅即为城堡和炮垒的时代。但新建筑的风格在居住方面显示了一种有力的进取精神：直线型的加宽窗户使阳光射入，并配装了石雕的窗框予以美化；内部则建以古典式的矮壁柱、嵌线的壁带、奖章、雕像、错综的图饰及浮雕；四周布置以庭园、喷泉、花卉，通常还植有猎场灌木或是平坦的草地。在这种令人吃惊的奢侈家宅中，其敞亮代替了阴暗，阴沉可怜的中世纪建筑被文艺复兴的坚定勇敢和喜乐精神驱除。生命的热力形成一种建筑风格。

如果我们把这种庄园的兴起及发展，认为就是始于这个时代是不妥的。其中很多城堡式的庄园过去早已存在，如今只是加以修改而已。这些建筑在 16 世纪和 17 世纪时非常豪华优美，到 18 世纪又变换一下格调，以凡尔赛宫的宏伟华丽代替了庄园的舒畅风味。希农的城堡庄园，早在查理七世于 1429 年在该处接见圣女贞德时，就已存在多年。而洛克斯（Loches）成为皇家之地也很久远，路易十二第二次占领米兰之后，曾于 1504 年把洛多维科囚禁于该处。约 1460年，路易十一的国务大臣让·布雷曾经把 13 世纪的朗热（Langeais）城堡修复成为中世纪的形态——该城堡仍不失为保存良好的一座庄园。约 1473 年，安布瓦斯的查理在肖蒙（Châumont）依照中世纪样式，修建了另一座庄园，他的兄弟红衣主教又于 1497 年至 1510 年在加永（Gaillon）建造了一座巨形城堡庄园，但在革命中被摧毁。奥尔良的"私生子贵族"让·迪努瓦在 1464 年修复了庄园沙托丹（Châteaudun），奥尔良－朗格维耶的红衣主教用哥特式和文艺复兴式的调和风格，又为该城堡加添了新侧廊。布卢瓦的庄园仍带有 13 世纪的风格，路易十二和谐地用砖石为其增建了带有哥特式大门、文艺复兴式大窗的东廊，其辉煌光彩一直到弗朗索瓦一世。

哥特式的雕刻被使用在墓碑上，精美的雕塑装饰显得极为雅致。这种式样也被用于布鲁圣堂的修复，西比尔·阿格里帕（Sibyl Agrippa）雕像与兰斯城的任何雕像一样好。同时，意大利的艺术家把法式雕刻复制成文艺复兴的一种独特、和谐及雅致的风格。传教士、外交官、商人及旅客的访问，使法意两国的交往逐渐频繁。由意大利输入的艺术品，尤其是小铜器被当作文艺复兴及古典式风格的代表。查理八世、安布瓦斯的乔治及查理，使这种风气变成了一股激流。意大利的艺术家在国王的乡郊市镇上创设了一种意大利化的"安布瓦斯学校"。在圣丹尼斯教堂中的法国皇陵，便是由严肃高贵的哥特式雕刻改成柔和、文雅、欢欣的文艺复兴设计，装饰而成一种不朽的碑铭刻画，宣扬着胜利凯旋后虽死犹荣的精神。

在米歇尔·科隆贝（Michel Colombe）身上，可以看出这种转变。他生于约1431年，远在法国侵吞意大利前，已被称为法国卓越的雕刻家。法国的雕刻术此时几乎全在石器方面；科隆贝输入了热那亚的大理石，把它雕塑成纯哥特风格的严肃人像，然后嵌入框中，颇富古典美。他为加永城的庄园完成了一座巨大的《圣乔治与天龙》（St. George and the Dragon）的浮雕。一位死气沉沉的骑士骑在神态飞扬的马上，周围附有栏柱、壁饰和文艺复兴式的顶檐。科隆贝为圣加尔米耶（Saint Galmier）教堂塑制了一座《圣母》石像（The Virgin of the Pillar），雕像线条柔美、发丝滑细，充分表现了精致的意大利风格。1496年在索莱姆（Solesmes）小修院的《复活圣墓》，可能也是科隆贝晚年时代的作品。

在油画方面，法国受到荷兰与意大利的影响。尼古拉·弗莱蒙特（Nicolas Froment）开始用荷兰写实画派描绘《拉撒路的复活》（The Resurrection of Lazarus）。1476年，他从阿维尼翁迁居普罗旺斯的艾克斯为安茹的勒内作了一幅三联画——《旧约·出埃及记》（The Burning Bush），画面中央是圣母宝座、褐色发肤及眼睛的圣母玛利亚、庄严的摩西、可爱的天使、守护的猎犬及忠实的绵羊等，背景设置具有意大利的特色。由此可见意大利艺术已占有全面优势。有一幅画风格类似，题名《摩兰大师》（Master of Moulins）——大概是让·佩雷亚尔（Jean Perréal）的作品。他曾陪同查理八世、其后又陪同路易十二去意大利。他带回了大半的文艺复兴时期艺术人才——工笔画师、壁画家、雕刻师及人像画师等。在南特（Nantes），他设计了（由科隆贝雕刻）布列塔尼公爵弗朗索瓦二世的宏伟墓园，而且为纪念他穆林斯的恩人——博韦的安及皮尔——作了一幅美观的肖像画，至今仍悬挂在卢浮宫。

少数艺术未曾保留中世纪晚期的优美性，佛兰德斯的插图画家很早就传下凡俗的主题和尘世的景况。在 1508 年《布列塔尼的安妮的时代》，布尔迪雄的工笔细画代表重返中世纪俭朴与诚敬的风格——如《圣母与圣婴》、《各各他的悲剧》、《复活的胜利》及《圣徒传》等动人的故事。画虽不佳，但布局高雅、色调丰润而清纯，具有柔美及热情的恬静气氛。当时采用一种佛兰德斯自然派的染色玻璃，如果比较一下，这种玻璃初看不适用于窗户，因为其使阳光折射到教堂地板上的光线变形，这时期的彩色玻璃对于奥茨、鲁昂、博韦等城镇来说，会令人想起 13 世纪光辉的时代。利摩日城现在又重燃已冷了 100 年的窑炉，而以半透明的珐琅彩色器皿与意大利和伊斯兰国家竞争。木刻匠仍保存其特有的手艺；拉斯金（John Ruskin）认为亚眠大教堂的乐队座位，在法国是最好的一种。布里萨克（Brissac）庄园内有一批 15 世纪的绣幔，在 1847 年引起桑德（George Sand）的注意，后来这些多姿多彩的绣幔成为巴黎克吕尼（Cluny）博物院的宝物，在戈伯林（Gobelins）博物院里，现尚存有 1500 年音乐家在百合花园里演奏时的一幅漂亮绣幔。

总而言之，除了庄园建筑外，法国艺术在 15 世纪处于一个田地荒芜的休耕时代。兵士们的双脚代替了犁耕，战场流的鲜血代替了施肥。直到 15 世纪末，人们才有能力和空闲去播种弗朗索瓦一世将要收割的艺术种子。富凯的自画像透露出一种屈辱的时代悲哀，他的学生布尔迪雄的缩影画作品反映出路易十二二度婚姻时的和谐神态与光复土地的轻松微笑。对于法国而言，最坏的已经过去，最好的即将来临。

维庸（1431—1480）

15 世纪虽充满争斗与混乱，却产生了一位重要的诗人和一位有名的历史学家。因为国家经济及集权政府，不论作家是来自布列塔尼、勃艮第或普罗旺斯，法国的文学已使用书面法语。科米纳似乎要证明法文已经成熟，不用拉丁文而选用法文写他的《回忆录》。他采用了他出生地佛兰德斯的科米纳为其姓氏。他出身于贵族，公爵菲利普是他的教父，他曾在勃艮第朝廷长大。1464年，年仅17岁即在夏罗莱的伯爵手下任职。当伯爵成为勇士查理时，在裴隆俘虏了路易十一，科米纳愤恨公爵的这种行为，也许他自知将被免职，就很明智地转到国王座下服务。路易十一派他做御前大臣，并赐给他财产，查理八世又派他担任重要的外交上的职务。同时，科米纳编写了古典的历史文学——《回忆录》、《编年史》、《法国国王路易十一传》及《查理八世国王年谱》——这些书用简明的法语写成，作者显然深谙实情并曾亲身经历过书中所述的各项大事。

这些书证实了法国回忆录文学之丰。其缺点是大部分是叙述战争，不像弗鲁瓦萨尔或让·茹安维尔那么生动活泼；内容大部分是感谢上帝并赞扬路易十一狂妄的政策；经常有散漫离题和陈腔滥调之处。虽然如此，科米纳仍称得上近代第一位历史哲学家：他在人物事态上，寻求其因果关系，分析其特性、动机及借口，客观地判断行为，并对重大事故及原始文件加以研究并解说。在这些方面他比马基雅维利和圭恰迪尼要先一步。他对人类悲观的看法是：

那常常足以约束我们不互相加害，压制我们去保存我们所已有之物，或尽一切可能去阻止我们侵占别人所有的，既非自然的理性，也非我们自己的知识，不是邻人的友善更不是任何其他事物……坏人有了知识会变更坏，而好人则可改善向上。

他如同马基雅维利一样，希望他的书能教给王公贵胄一些谋略：

也许一般人不愿找麻烦去看这些回忆录，王侯们却可以阅读……虽然敌人或王侯立场并不常常相同，但是他们的事情大多类似，过去的事情对他们并非完全没有益处……使一个人增长智慧，最好的方法之一就是研究历史……依照我们先人的方式与先例去学习适应及配合我们的计划和事业，因为人生非常短暂，我们无法事事均有经验。

神圣罗马皇帝查理五世是他那个时代最明智的一位基督教统治者，他同意科米纳的思想，称科米纳的《回忆录》是其本人的每日祈祷书。

一般民众更喜爱传奇故事、笑剧及讽刺文章。1508 年，出现了《西班牙骑士恋史》（*Amadis de Gaule*）的法文译本。12 队演员连续表演了神秘剧、道德剧、笑剧及使教士和国王都发笑的荒唐剧。皮埃尔·格林戈勒（Pierre Gringore）就是这方面的行家，整整一个时代，他很成功而且很有天才地撰写、饰演了这种愚行剧。在法国文学里最持久的笑剧是《皮埃尔·巴特林先生》（*Maistre Pierre Pathelin*），约 1464 年首先演出，一直演到 1872 年止。巴特林是一位饥饿多病的穷苦律师，他曾劝说一位布商卖给他 6 厄尔（ell）布，并约定于当晚邀请布商吃晚饭并付款。当此布商来时，巴特林躺在床上口发狂言，佯装发高烧，对邀宴及付款之事称毫不知情。布商离去时遇见自己的牧羊人，控告他偷杀了他的羊，扭他去见法官。牧羊人请了一位收费少的律师即巴特林，巴特林教他如何装傻并学羊叫来回答一切问题。法官被羊叫声弄得莫名其妙，又被原告布商对牧羊人及律师的不停啰嗦搞烦了，只好要求双方安静，说出了法国最出名的一句谚语："让我们再回到羊的事情。"该案最后在吵吵闹闹中，毫无结果地结束。得意的巴特林要求牧羊人给他报酬，牧羊人也就只用"羊叫声"来回答，巴特林作法自毙，聪明的骗人者反而被老实人所骗。这个故事把法国人喜欢争辩的精神，完全揭露出来。当拉伯雷构想巴奴什（Panurge）时，也许会记起巴特林吧！而莫里哀又对此进行新的演绎。

维庸是 15 世纪法国文学史上一位令人难忘的人物。他曾犯过哄骗、盗窃、通奸、诈欺及杀人等罪，犹如当时的国王和贵族一样，但比较有理性与情调。他曾困窘到无法生活。1431 年，他出生于弗朗索斯·蒙科伯尔（François de Montcorbier），长于巴黎，该地遭受瘟疫，而被当地一位慈善的传教士纪尧姆·维庸（Guillaume de Villon）收为养子，他因采用养父之名而感到羞耻，却无法更除。纪尧姆忍受其顽皮、逃学，供应他进大学，当弗朗索斯·维庸获得文学硕士学位时他感到欣慰。此后 3 年，他又供给他在圣贝诺伊特（St.Benoît）修院中的食宿，等待他的成熟。

当纪尧姆及维庸的生母见到维庸由规矩转向诗人气质，复由神学混入下流时，必定感到伤心过。巴黎的流氓、娼妓、小偷、乞丐、土棍、鸨头、酒鬼、不良少年等非常猖獗，维庸却与这些人物往来。有一段时间他居然开过娼寮。这也许是因为他受到过多的宗教教育而产生对修院的厌腻；要一位教士的儿子去遵守"十戒"，尤其是一件难事。1455 年的 6 月 5 日，一位名叫菲利普·谢尔莫伊（Philippe Chermoye）的传教士开始与维庸争吵，并且用小刀割破他的嘴唇，维庸于是将菲利普重重地刺伤，数周内，后者便死亡。这位诗人在其伙伴中固然是位英雄，但成了警察追捕的不法分子，于是他由巴黎逃往乡间，藏匿近一年。

维庸鸠形鹄面、枯瘦如柴地归来，一边注视着宪警，一边随时干着扒窃之事，饥渴地在寻求爱情和食物。他爱上了一位富家少女，但她讨厌他，后来该少女找了一位英俊的骑士把他揍了一顿，他却更爱她。为了想念她，他称她为"我的歪鼻女士"。1456 年，他写下短短的诗句《小遗书》。他满身债务和怨仇，不知道何时会送命。他因未能得到爱人的肉体而咒骂，把他的紧身裤袜送给罗伯特·瓦莱（Robert Vallée），"为使他的情妇穿上更舒服；遗留给佩内特（Pernet Marchand）三捆干草放在空地上而作调情之用"。他想把他剪去的头发，送给他的理发师；他把他的那颗"可怜的、苍白的、麻木死了的"心，留给他那位"铁石心肠而不理睬他的爱人"。

维庸把所有的财物处理之后，又陷于绝粮之境。1456 年的圣诞前夕，伙同其他三人去抢劫纳瓦尔学院 500 克朗。他分到了一份赃金，又恢复了乡居隐匿的生活，有一年之久未再露面。1457 年冬天，奥尔良的查理在布卢瓦举办了一个诗人招待会，他也参加了。还参与该处的诗赛，而且一定很开心，查理留他做客数周，他那空空的钱袋又塞满了。其后，因开玩笑或是争论，冲淡了彼此的友情，他道歉一声后又离开。他流浪到南部的布尔日，与波旁的约翰二世公爵交换了一首诗作为礼物后，又漫游至鲁西永。我们从他的诗篇中，可以窥见这位诗人的生活，他多才多艺却债台高筑；偷鸡摸狗，顺手牵羊，却还与村姑和酒女谈情说爱；在路上他吹哨唱歌，在城中却逃避警员；他也是一位忽隐忽现、行踪不定的怪人。他终在 1460 年被因于奥尔良监狱，被判死刑。

我们弄不清是什么造成了他那种境遇。我们只知道在那年的 7 月，奥尔良的玛丽——那位诗人公爵的女儿，隆重地返归奥尔良，而查理为庆祝此事，大赦囚犯。维庸在这个全城狂欢中逃出牢狱。但因为饥饿，他又行窃而被捕，加之他以前的逃狱，两罪并罚。这次，他被关在奥尔良城附近的卢瓦尔河上游默恩（Meung）村中那个又黑又湿的地牢里。他囚入该牢有 4 个月之久，与老鼠和青蛙同居，他咬紧他那有伤痕的嘴唇，发誓要向那些惩罚窃贼和使诗人们饿死的人报仇。但全世界人们并非都是残酷的。路易十一经过奥尔良城，宣布了另一大赦，维庸获知他已自由时，高兴地在牢里大跳西班牙式的三步舞，然后急忙回到巴黎附近。他现已 30 岁，面色苍老又秃头，身无分文。这时，他又写下了他最伟大的诗篇，简单地称其为《短歌行》（*Les Lais*）。后世发现其中很多又以讽刺性的遗嘱文体出现，便称其为《大遗嘱》（*Le Grand Testament*，1461—1462 年）。他把他的眼镜留在医院供目盲的穷人使用，以便他们——如果他们能的话——可以到停尸所中去区别那些骷髅的善恶与贵贱。他为被死亡困扰的短促人生而哀叹美好的无常。他唱了一首《昨日的美女》（*Ballade des Dames du Temps Jadis*）三节联韵诗：

告诉我罗马的美女花神，在阴世何处？
泰斯及阿奇皮亚德——这对姐妹花罕世其匹？
当人们在河边或沼地呼唤时，美胜尘世的埃科，在上空答复。
但去年的雪花已变成了什么？

他认为使我们销魂的爱情，旋又在我们怀中融化，这真是大自然的一种不可恕的罪孽。他最痛苦的诗是《公正造物者的惋叹》（*Les Regrets de la Belle Heaulmière*）——

那些光洁的额头在何处？
那些蛾眉金发在何处？
而那些明媚的眸子如今又在何处？
连最聪明才智之士，也被尘世夺去？
挺直而娇小的鼻子，
细嫩柔美的耳朵；
笑靥的面颊和撅起的鲜艳迷人双唇，
这些又在何处？

此诗细腻的描述，产生了无限的诱惑，然后，在哀伤的连祷文中，这些魔力逐一消失：

胸部全已枯萎消失，
乳头已下坠腰部，
大腿不再似大腿，
松缩而有斑点，像野猪肉——

这一首诗，似乎为咏"腊肠"，真是可悲。
由于不再有动人的爱情或生命，维庸把自己的遗体留给尘土：

命运注定我的尸体，

要回入黄土——那是我们的老祖母；

那儿的虫豸将无多大好处，

因为多年来的饥饿，我早已皮干肉枯。

他为了报恩，把他的书遗赠给继父；他又把献给圣母的一首谦恭民谣，赠给老母，作为临别纪念物，他要求人们（不包括曾经监禁过他的那些人）都可怜他：这些人们包括修士和修女、哑剧演员、歌手、男仆、勇士，"那些善于交际的时髦人士……说对口相声者、耍把戏者、翻跟头者、耍猴子及铺地毯的小丑……良善者及诚朴者、生者及死者——我哀求所有的人可怜我。"所以：

贵与贱同在此处了结一生，

可怜的维庸遗书！当他死时，

当丧钟在头上响时……

我求你来参加他的丧礼。

善良如一岁婴儿的皇太子，

你听到他最后的一声叹息；

那时他已自感接近归宿，

他喝尽一大口红色葡萄汁。

他虽然立下这些遗书和告别赠言，仍不能马上丢掉人生的苦杯。1462年，他回到继父纪尧姆·维庸处（修道院），他的母亲很高兴。但是法律未曾放过他。纳瓦耳学院逮捕了他，释放的条件是6年前他从该学院偷的40克朗银币必须在3年内分期偿清。他在获释的当晚，霉运又临，由于在牢中和两个老囚犯酗酒肇事，致一位教士被误杀。显然，维庸并未参与此事，当时他已回到房间去祈祷。虽是如此，他还是再次被逮捕，并遭受灌水酷刑，灌水灌得喉咙似要胀裂。随后，

使他更感到惊骇的是他被判绞刑。他被严密地囚禁达数周之久，盼望
获救终又失望。目前，他与他的同犯只有等死，这时他向世人写下一
封可怜的告别书：

> 同胞们，在我们去世后，你们还活着！
> 不要对我们太狠心；
> 如果你们对我们这些不幸人好些，
> 上帝也会对你们好些。
> 你们眼看着，我们五六人要受绞刑，
> 我们的肉体在此将被喂狗，
> 一点一点被吃掉，腐烂，撕成破片，
> 我们的尸骨会变成灰尘；
> 但愿无人对我们的痛苦嘲笑，
> 只求上帝对我们宽恕。
>
> 雨水冲洗并泡浸了我们五人，
> 太阳又把我们炙成焦炭；的确，天天如此，
> 鸦鹊用嘴撕扯我们的身体，
> 挖出我们的眼珠，拔去我们的须眉，充作旅费，
> 我们死无安息，到处飘浮，
> 风向转变，随其狂飑乱游，
> 比林园中的果子遭到更多的鸟啄；
> 同胞们，请发慈悲心，别再在此地嘲弄，
> 只求上帝对我们宽恕。

不过，维庸这时尚未十分绝望，他说服了看守他的狱卒，为他的
养父纪尧姆带信，以便向议会法庭上诉如此不公平的判决。能宽恕他
近500次的养父，再度替这位诗人请愿，因为这位诗人终究多少有些

令人喜爱的优点。1463 年 1 月 3 日，"该法庭下令……宣告原判无效，但因其品行不佳，应被逐出该镇 10 年……及巴黎的子爵辖区"。维庸撰写了一首愉快的歌谣向法庭致谢，并要求 3 日的宽限，以便准备其旅程及向家人告别。这个请求也被获准，据说他曾向其养父及母亲作最后的告别。他整治行装，带着养父给他的一瓶酒和钱袋，在接受了祝福后，即离开巴黎并与历史告别。此后再无其消息。

维庸曾做过小偷，却是一位风趣的小偷，而这个世界需要风趣。他可能有些粗野，例如在《肥胖的玛戈特四节联韵诗》(*Ballade de la Grosse Margot*) 中，对那些情欲难以餍足的妇女任意作淫秽的描写，他很俏皮地赤裸裸解剖各项细节。他所犯的一切罪恶，他精神上的多愁善感，以及他诗中含有的忧伤悲调，这一切我们都能原谅。他因所犯的罪恶已经受到应得的惩罚，他遗留给我们的却全是酬报。

第五章 | 15世纪的英国
（1399—1509）

国王

亨利四世获得王位不久，就发现自己面临叛变的挑战。在威尔士，戈林（Owain Glyn）曾于1401年至1408年间，推翻英国的统治，但不久即被未来的亨利五世，即现在的威尔士王子，以锐利的战略击败了。戈林在威尔士的山岩城寨中度过了8年的流亡生活，在他收到英勇的征服者威尔士王子的大赦数小时之后，即逝世了。诺森伯兰的伯爵珀西与戈林同时发动革命，率领一部分北方贵族反抗国王，他们曾协助国王废除理查二世，国王却未能实现对他们的承诺。伯爵有一个鲁莽毛躁的儿子哈利，号称"急性子"（莎士比亚的戏剧不合宜地把他写成可爱的人），于1403年率领了一支畏畏缩缩而又缺少训练的部队在什鲁斯伯里（Shrewsbury）对抗国王，这个有勇无谋的年轻人在此役中牺牲。亨利四世在前线作战英勇，他的花花公子"哈尔王子"（Prince Hal）也表现英勇，在阿让库尔打赢了法国。因为下列各种问题，亨利无暇专心于政务：他的岁收不足以应付开支；他又患有麻风、脱肠和梅毒等病；财政上的困扰，使他与国会争吵不休，终于结束了其王朝。霍林谢德的记载上称："亨利46岁那年，在极为窘困与痛苦中，去见上帝了。"

根据传说和莎士比亚的戏剧，亨利五世在少年时代曾过着放荡不羁的生活，他甚至曾阴谋夺取其体弱而抓权甚紧的父亲的王位。当时的编年史家对他的狂欢作乐仅是轻轻一提，并使我们相信在继承王位之后，"他已变成了另外一个人——诚实、严肃和庄重"。曾经与酒徒及不正经的女人为伍而放荡的亨利五世，现在致力于领导联合一致的基督徒来抵抗进犯的土耳其大军——当然附带的是他必须先征服法国。他以惊人的速度完成了这个目标，一位英国国王坐在法国的王位上是一种危机，德国王公向他输诚，并拟奉他为主。他带兵作战，力追恺撒，命令简要，重视军事补给和鼓舞士气，他自己则餐风饮露，躬亲于每一场战役。突然，这位 35 岁英年的青年在温森斯的博伊斯（Bois-de-Vincennes）死于一场热病（1422 年）。

亨利五世之死救了法国，却几乎弄垮了英国。靠着他的威望，也许朝臣曾说服纳税人，解救政府免于崩溃。太子亨利六世继位，仅出生 9 个月。摄政者的贪污导致不良的后果；那些不称职的将领们，陷国库于空虚，致使债台高筑、无法补救。这位新的统治者永远无法提高王室的地位。他身体脆弱，神经衰弱，爱好宗教与书籍，但一谈到战争，就战栗不止。英国人曾怀念他们失去的老国王，现在却获得了一位圣人。亨利六世仿效法国查理六世，竟也变得疯狂。一年之后，他的大臣们签订了一项百年战争的和约，承认英国战败。

约克的公爵理查，做了两年摄政王，1454 年，不知何故，亨利六世罢黜了他。这位愤怒的公爵是爱德华三世的后裔，宣称有权要求王位。他污辱兰开斯特的国王们是篡夺王位者，在玫瑰战争中他加入了萨里斯伯里、沃里克及其他男爵——兰开斯特为红玫瑰，约克为白玫瑰。1454 年至 1485 年，盎格鲁－诺曼（Anglo-Norman）的贵族们不断自相残杀，给英国带来贫困与凄凉。复员的军人，因不惯于安定，更不愿重任农工，便加入了双方的争斗，抢劫村镇，毫无顾忌地屠杀那些不利于他们的人。约克公爵于 1460 年在戈尔德史密斯的威克菲（Goldsmith's Wakefield）战场阵亡，但他儿子爱德华——马尔茨伯爵（Earl of March）——仍然无情地继续战争，不论亲故渊源对所有的俘虏一律屠杀。安茹的玛格丽特是一位能干厉害的王后，与平和的亨利国王不同。她率领兰开斯特人做顽强的抵抗。马尔茨于1461年在道敦赢得胜利，结束了兰开斯特王朝，成为爱德华四世，第一任约克派君王。

以后6年中真正统治英国的是理查·内维尔（Richard Neville），即沃里克伯爵。他是一个富有而枝繁叶茂的宗族的领袖，具有一种统御指挥而使人顺服的性格，他娴熟政事，在战争中也很出色。"拥护国王的沃里克"在道敦奠定了胜利，即行拥护爱德华四世登上王位。这位国王不求上进、沉迷女色。沃里克则执政极佳，使英国除泰恩南部及塞文（Severn）东部外，一切都听命于沃里克。爱德华四世不愿如此，转而对付沃里克，于是沃里克联合玛格丽特，把爱德华逐出英境，并于1470年恢复亨利六世的权位，而让他再次统政。爱德华得到勃艮第的援助，组织了一支军队，越过赫尔（Hull），于1471年在巴尼特（Barnet）击杀了沃里克，又在蒂克斯伯立（Tewkesbury）击败玛格丽特（1471年），刺杀亨利六世于城堡中。此后，爱德华四世一直过着享福的生活。

那时他只有31岁。据科米纳的描述，在同时代的男人中，爱德华是最英俊的；他除了喜欢女人、跳舞、享受及行猎外，别无所好。他没收沃里克的财产补充国库，又从法国国王路易十一那里获得求和的贿金12.5万克朗，并约定以后每年付5万。他太安逸，可以不去理会议会，因为议会对他的唯一用途，只是投票来支持他的财政而已。他自觉王位稳固，又恢复了奢侈与懒惰的习气。他衣着华丽，心宽体胖，于1483年（41岁），其个人权力与财富正达巅峰之际，与世长辞了。

他留下两个儿子：12岁的爱德华五世和9岁的约克公爵理查德。他们的叔父格洛斯特（Gloucester）公爵理查，过去6年一直在朝任职内阁，他的勤劳、热心及才干，使英国人民愿意接受他为摄政王。他其貌不扬，佝偻着背，面容难看，左肩比右肩高。不知是否由于权力的过度膨胀，或只是疑惧有人要阴谋推翻他，理查监禁了很多有名人士，并处死了一人。1483 年 7 月 6 日，他为自己加冕，自封为理查三世。同年 7 月 15 日，老国王的两个儿子在城堡中被杀，无人知道凶手是谁。于是贵族们又起而叛变，这次是由里士满（Richmond）的伯爵亨利·都铎（Henry Tudor）领导。1485 年，这支秩序井然的军队与国王庞大的军队在包斯华斯战场（Bosworth Field）遭遇时，理查的大部分兵士拒绝作战，在无兵无士之下，他终于在拼命的突围时阵亡了。约克王朝遂告结束。里士满伯爵即亨利七世，开创了都铎王朝，这个王朝到伊丽莎白时代才告终止。

亨利七世在需要之时，显露了他在王位上应有的仁善与狠辣。中世纪的德国画家霍尔拜因（Ambrose Holbein）在白厅（Whitehall）内的壁画上，把这位英国国王描绘成：高瘦而无须，阴沉而文雅，城府深，工心计，冷酷而自负，倔强而容忍，他使亨利六世下的英格兰由贫困的绝境转为富足，并在以后的亨利八世下，实行了中央集权。培根说他"喜欢财库充裕时的快乐"，因为他知道财力在政治上的说服力。他有技巧地征税，以慈善名义来抽富人的血，他热切地利用罚金充实国库，并劝阻犯罪，同时暗示法官多科罚金少判重刑。自 1216 年以来，他是第一位用自己的收入做开支的英国国王，他的宽大与慷慨冲淡了他的吝啬。他很谨慎地专心于政务，不注重个人的快乐，以便完成他的计划。他的一生因终年猜忌而显得阴沉，他不信赖任何人，并隐藏他的心意，他用正当或不显明的手段，去完成其目的。他创立了"星室法院"（the Court of Star Chamber），利用秘密会议审讯那些有势力而不畏惧当地法官的暴躁贵族。他逐年把衰败失势的贵族和心怀恐惧的高级教士，纳入君主的统御之下。一些激烈分子愤恨自由被剥夺及议会被废除，但农人们非常谅解这位约束了他们地主的国王，工商人士也感激他明智地促进了工商业。当这位国王发现英格兰处于封建分裂状态，有一个极贫困而又毫无声誉的政府，无法赢得人民服从或效忠时，他专心于政务，扭转局面，给亨利八世带来了一个令人尊敬、有秩序、有财力、统一而和平的国家。

财富的增长

显然，在1381年的大叛乱中英国并无所获。奴隶税仍被榨取，直到1537年，上议院否决了一项有关解放所有农奴的议案。圈地的工作加速进行，成千被逐出的农奴变成城市中的无产贫民。托马斯·莫尔说，羊群吃光了农家。从某些方面来说，这种圈地运动是好的：近于荒废的土地，被放牧的羊群再次氮化，一直到1500年，农奴仅占人口的1%。小地主阶级产生了，他们自已耕种，逐渐让英国人养成坚强独立的性格，由此锤炼成大英联邦，并建立了空前的未成文的自由制度。

当全国工商业兴起，货币经济与国外贸易相互依存时，封建制度变得一无可取。农奴为地主生产时，他本人提不起发展商业的兴趣；自由的农民和商人却能在公共市场出售产品，对利润的追求，加速推动了全国的经济发展；各乡镇把更多的食物运往城市，城市则生产更多的货品来购买食物，这种过多的交易量超过了旧市场的容纳和公会的规定，终而发展到海外。

有些同业公会成为"商业公司"，由国王发执照，向海外推销英国商品。14世纪，大部分英国的贸易，用意大利的船只来运货，但现在英国自己建造船只，航运于北海、大西洋海岸及地中海一带。热那亚和汉撒同盟的商人愤恨这些后来者，便用海盗手段和禁止通商打击他们。亨利七世深信英国的发展必须靠海外贸易，因此用政府力量来保护英国货运，并与其他国家订立商务协定以建立海上秩序和和平。1500年以前，英国的投机商人控制了北海的贸易。眼光远大的英国国王已注意到对中国与日本的通商。1497年，意大利航海家乔瓦尼·卡伯特（Giovanni Caboto）——后来他迁居到布里斯托（Bristol）而改称为约翰·卡伯特（John Caboto）——寻找横渡大西洋的北方通路，却兴奋地发现了纽芬兰，并在 1498 年第二次航行时，探勘出拉布拉多（Labrador）到特拉华（Delaware）的海岸。他在这一年去世，他的儿子塞巴斯蒂昂·卡伯特（Sebastian Cabot）赴西班牙服役。大概海员们和国王都未料到，这些远征探险竟开创了大英帝国主义，也为英国贸易和殖民者开拓了领区，这些领区及时成为支持英国的力量。

实行保护关税政策也壮大了国家的工业。建立经济制度减低了利率，有时减低到 5%。政府的法令严格管制了工资和劳工待遇。亨利七世在 1495 年制定的法规如下：

从 3 月中旬到 9 月中旬，各技师与劳工早晨 5 点以前，必须工作，仅有半小时用早餐，一个半小时吃午饭，饭后有短暂的午睡，然后工作到晚上七八点。从 9 月中旬到 3 月中旬，各技师与劳工在每天黎明时就要工作，直到深夜……白天不可睡觉。

工人们在星期日可以休息饮酒，一年中有 24 天假日。很多日用品都由政府规定平价出售，凡超过定价而被逮捕者时有所闻。依照货价订定实际工资，15 世纪末的工资比 19 世纪初的显然高些。

这一时期英国的劳动革命者强调其政治上的权利及经济上的失策。半共产主义的宣传几乎每年都有，他们对工人们不断地煽动："你们与那些有钱的上流人士，是同样的人，为何他们玩乐，你们却要这样劳苦？为何他们如此富有，你们却贫无立锥之地？"反对圈地的暴动为数甚多，商人与技工间的冲突，时常发生；市政民主化的骚动也时有所闻，多半是为了在议会的劳工代表权和减税。

1450 年 6 月，一支庞大而有纪律的农人和城市劳工武力进军伦敦，在布兰克赫滋（Blackheath）扎营。他们的领导人杰克·凯德（Jack Cade）呈递诉怨报告书。"所有的平民如果缴税纳贡，再加上其他苛捐杂税，单靠做工或耕种，将无法维持生计。"《劳工法令》应予废止，并应重组新阁。政府指控凯德提倡共产主义。亨利六世的军队和若干贵族的卫士，于1450年的6月18日，在塞文欧克斯（Sevenoaks）对叛军作战。使人感到惊奇的是，叛军获胜并攻进了伦敦。为了使他们妥协，国王的议会下令逮捕领主塞伊（Saye）和威廉·克罗默（William Crowmer），尤其可恨的是那些榨油和暴政的官员们。同年7月4日，他们向围困城堡的暴民投降。他们被叛乱分子审讯，拒绝辩护，后被杀头。坎特伯雷的总主教和温切斯特的主教调和，准予某些要求及特赦。叛乱者同意而解散。但杰克·凯德攻击在谢佩（Sheppey）的昆斯自治区（Queensborough）的城堡，并于同年7月12日拒捕时受重伤。8个从犯同判死刑；其余人员均被国王赦免，"其臣民皆大欢喜"。

道德与习尚

约1500年，威尼斯驻英大使在给其政府的报告书中称：

英国大部分男女老幼都长得俊美而匀称……他们非常自负，并夸耀一切属于他们的东西；他们认为没有人能比他们更出色，除了英国之外没有更好的地方；他们见到一位漂亮的外国人，总会说："他看来像英国人。"非常遗憾的是，那一位英俊的外国人并非英国人。

的确，英国人在体格、特性及言语方面，都是粗犷而精力充沛。他们坦诚发誓说，圣女贞德通常都把他们喊作"死鬼"。妇女们也毫无顾忌地谈论生理和遗传上的事情，这些谈话会让今日的假道学吓一跳。幽默话和口语一样粗野污秽。甚至贵族们的举止也很粗鲁，必须要受严格的礼貌训练才行。这种粗野的特性激起伊丽莎白时代人们的贪求精神，冒险、暴力和粗野的生活方式早在 15 世纪即已形成。那时人人必须自卫，随时要以牙还牙，必要之时，更要心狠手辣地杀人。这些强横的人，本来是慷慨侠义的，有时甚至是仁慈的。约翰·简多斯——几乎是完美骑士的代表——逝世时，凶暴的战士们也哭了；而玛格丽特·帕斯顿（Margaret Paston）在给她病弱丈夫的信中（1443 年）表露了永恒的爱情没有种族之分。然而，我们应当补充说明的是，这个女人，却因女儿拒绝父母安排的婚姻，几乎打破女儿的头。

女孩在被保护的娴静与羞怯中长大，因为男人是捕食的野兽，处女身份在婚姻的市场上，是一份财产。婚姻是一项财产转移。女孩满 12 岁、男孩满 14 岁，即使未经父母同意，也可以合法地结婚。但上流阶层为了加速财产交易，一旦孩子满 7 岁，父母就为子女安排婚事。两相喜悦的结婚是例外，离婚被禁止，通奸普遍存在，尤其是在贵族家庭中。霍林谢德说："纵欲与通奸的不洁风气盛行，尤其是国王那种恶劣的通奸行为。"爱德华四世后来选了简·肖尔（Jane Shore）为其爱妾。她以美色迷惑国王，并为很多请愿者在朝廷中说情。爱德华死后，理查三世可能故意彰露其王兄的罪恶而掩饰其本人的缺点，强迫肖尔身穿一公开悔罪的白袍游行于伦敦市区。肖尔晚景凄凉，她曾经帮助过的人都轻视她，并离开了她。

根据记载，英国人原非如此无法无天。百年的战争使人们变得野蛮而不顾一切，由法国归来的贵族，在英国继续作战，并雇用复员军人为他们工作。贵族们不顾一切道德，与商人们勾结弄钱，小偷猖獗，商人们出售劣货，并使用假秤；出口的货品，一度由于质与量的不实，几乎毁灭了英国的国外贸易。海上的贸易促使海盗横行。贿赂公行，法官无红包就不审案；审判人员在受贿后，就对原告或被告甚至二者态度友善；稽征员揩油故意使人逃税；兵役官就如莎士比亚戏剧中描写的肥胖骑士一样，可能在利诱之下而故意对某个城镇放水；

一支入侵法国的英军部队，居然被敌人收买。乔叟之类的诗人，曾痛骂贪污事例。如果道德的基础没有在平民中生根，其社会道德结构也许早已土崩瓦解了。当他们的祖先图谋造成战祸、带来灾难时，这些人保存了家族的延续。

除了商人和贫民，其他阶级人士多年住在乡间。有了大炮之后，城堡不再具有防卫力量，逐渐变成庄园。砖代替了石头，朴实无华的房屋仍用木和泥建造。曾一度作为各种用途的中央大厅，已失去了原有的堂皇派头，被缩改为起居室、小房间及密谈接待室之间的通廊和门厅。悬挂在富人墙上和有彩色玻璃的窗户上的幔帘，使黑暗的内室明亮起来。以前由窗户、门及屋顶放出的火炉烟气，现在集中由烟囱放出，庞大的壁炉，使起居间显得气派豪华。天花板用了木材，地面铺上花砖，不过地毯仍然少见。伊拉斯谟所述的一段话，我们只能把它当成文学作品，不能信其为真实：

> 差不多所有的室内地面是用黏土和沼地的灯芯草铺成，不常更换，这种地面有时会保留 20 年之久，遮盖着下面的人与狗的唾沫、呕吐物、酒……鱼骨，及其他说不出的脏东西。当天气变化时，怪味散发，我想那绝非卫生。

雕刻华美的床，配有花色床罩和顶盖。在舒适的家庭中，用胡桃木或橡木雕刻的餐桌是一个伟大的杰作。靠近餐桌或在大厅中，还有酒橱、餐具架及化妆台，陈列着银器盘碟，以示美观。客厅也常用作餐厅。

为了节省灯油，午餐定在上午 10 点，晚餐下午 5 点。男士们用餐时需戴帽，以免长发扫入食物。食具多种，食用沙拉冷盘或吐司乳酪时就有专用的器皿，现代英式的餐具使用方法开始于 1463 年。餐刀由客人自备，他们把刀插入短鞘系在腰带上。礼仪上规定，食物应用手指送入口中。直到 16 世纪中期，才使用手巾，男士们揩鼻涕，用拿刀的那只手，不可用送食物的那只手。那时还不知道有餐巾，用餐人禁用桌布擦牙。每餐菜肴丰富，普通有地位的人士，经常有 15 或 20 道菜。大豪富进餐备有大桌，每日供应 100 人，包括侍从、宾客和仆人。拥立国王的沃里克每天要宰杀 6 只牛，有时要供应 500 人吃饭。肉食为全国的主食，蔬菜稀少或不用，啤酒及麦酒为大众饮料。饮酒虽不如法国人或意大利人那样豪量而普遍，但每天一加仑的啤酒，是每个人的日常定量，甚至修女们也是如此。福特斯古（John Fortescue）说："英国人（约 1470 年）不饮水，除非有时为了宗教的缘故，或是借此苦修。"

贵族们的服装是华丽的，平民则着素袍或头巾，或是一件方便工作的紧上衣。有钱人爱皮衣，戴有羽毛的帽子，穿花袍或两袖膨胀的新奇样式夹克及紧而高的长筒袜。乔叟的牧师对这种服装抱怨说："那些显得臃肿可怕的人似乎得了疝气和肥臀病，恰像母猿的圆月形后部。"乔叟本人也曾身穿亮闪闪的服装，外套红色或黑色的长筒袜。14 世纪那种长而尖的鞋子，在 15 世纪已不流行，这时的鞋子，前部圆而宽。妇女的装饰更为大胆，上帝知道她们有些人外观虽似贞洁高贵，但由她们暴露的服装正显出了她们的淫荡骄奢。传到我们手中的那些图片，那由耳到脚紧紧地包在薄薄衣服内的体态，显示了诱人的性感。

娱乐方面，从跳棋、象棋、双陆棋、骰子到钓鱼、打猎、射箭和马上长枪比武等等。玩牌流行于英国，已在 15 世纪末；今日在纸牌上仍然让我们的"国王"和"王后"保持着那个时期的服饰。歌舞同赌博一样流行。几乎每一个英国人均加入合唱团，亨利五世与约翰·邓斯塔布尔（John Dunstable）是当时一对杰出的作曲家，英国的歌手在欧洲大陆遍受欢迎。男士们热衷于网球、手球、足球、滚木球、掷环套桩、摔跤、拳击、斗鸡、斗熊和斗牛。观众们围睹特技和走绳者的表演，这些绝技既能娱古，又能悦今。国王和贵族都供养变戏法者、说笑话者及丑角，被国王或王后委派的宫廷饮宴娱乐事务总管，督导圣诞季节的狂欢节目。妇女们可以自由地参加各处男人们的活动：在酒店饮酒、带鹰犬狩猎、沉迷于观赏竞技比武。这些妇女们由王后领导，评审马上长枪比武竞赛，并颁发金冠奖。

旅行虽然是一件苦事，但似乎没有人愿意待在家里——对于一夫一妻来说更是一件不愉快的事。道路上泥泞不堪，强盗们不分种族、性别、阶级或教派。客栈雅致却不干净，充满着蟑螂、老鼠及跳蚤。几乎每一家旅馆都有卖淫的妓女，而不要妓女的正经人——几乎不能找到一张床铺。穷人外出要步行，小康者则骑马，通常有武装的侍从随行；至于豪门富户者乘新式的马车——这是由住在科滋（Kocz）村的一位 15 世纪的匈牙利人发明的。豪华的马车有镂花雕刻，喷了漆且镀了金边，并铺设有坐垫、窗帘和毡子。虽然如此，仍比不上骑骆驼舒适，因为坐在骆驼背上，其行动的起伏犹如深海捕鱼的小船。船并不比古代好，甚至更差；1357 年约翰二世由波尔多到伦敦，费时12 天。

犯罪猖獗，城镇里除义务警察之外，简直空空如也。但规定所有的男人要参与追捕逃犯并喊叫，凡没有叫喊者，被发现后，要受重罚。夜贼、盗窃罪、纵火、渎圣罪、叛国罪及谋杀罪，均判吊刑，其尸体要曝露示众并拿去喂乌鸦。对被告和证人刑囚的惯例，创始于爱德华四世，延续了 200 年。律师一业，充斥市面。

也许我们对这个时代的评价太苛刻，而忘了我们如今的野蛮行为。亨利六世的首席法官福特斯古爵士，认为他那个时代较为高尚，他曾把那个时代的优点写了两本书，一度被列为有名的著作。用对话体写的一本《英国法律的赞扬》（*De laudibus legum Angliae*），赞美陪审团的审讯权，为用刑而哀痛，并劝告王公们以身示范，作为平民守法的榜样。他写的另一本书是《君主或英国的统治》（*Monarchia, or Governance of England*），他以爱国的精神把法国与英国做比较：在法国，人民不经公审即被定罪，国会很少召开会议，国王征收盐酒一类的日用品税。福特斯古在赞扬他的祖国之后，在结论中称：所有政府均应服膺教皇，"甚至吻他的脚"。

威克利夫派信徒

1407 年，大主教阿伦德尔（Thomas Arundel）再次确定教会法规高于一切世俗法律，并将任何背弃教义者视为重大异端。从威克利夫手中夺回权力后，15 世纪，英国教会逐渐强大，财源逐渐兴旺。为人作追思弥撒，已成为一种习以为常的收入：将死的人，捐钱修建圣堂并举行弥撒，希望其灵魂及早进入天国。由于上议院中有 20 位主教和 26 位修道院院长的席次，而俗人的席次只有 47 位，教会控制了国会。亨利七世和以后的亨利八世，为禁止这种现象，坚持国王有权从合格的教士中提名英国修道院院长及主教。这种教士政治逐渐依附于君主，形成教士服从亨利八世、王权高于英国教会的态势。

同时，威克利夫派可怜的传道者继续传播他们反教士政治的思想。早在 1382 年，有一位修道的编年史家，耸人听闻地报告说："他们像发芽的植物，滋长极快而遍及全国……当你在路上行走，遇到两个人，其中之一就是威克利夫派的信徒。"他们在工人中，尤其是诺福克的织工中，很容易找到听众。1395 年，威克利夫教派感到有足够的力量向议会陈述他们的主张。他们反对教士的独身生活、变体论、崇拜偶像、朝圣远行，反对为死者祈祷、教会的财富及捐献，不赞成在政府机关中雇用教士，反对向牧师告解的必要、驱邪的仪式及崇拜圣人。在其他方面，他们建议人人经常阅读《圣经》，并遵守其中的戒条律令。他们谴责战争，认为这不是基督徒的事；奢侈是不道德的，他们要求节约，以便使人们恢复俭朴的衣食；他们厌恨赌咒发誓，而代以下述话语，"我确知"或"那是事实"——即是真理。清教徒的心理和观点，已经在大不列颠形成。有一些传教士把社会主义与其宗教混合，但他们大多数人不攻击私有财产，而且如争取农工阶级支持一样，也求助于骑士与上流阶层。

　　然而上层阶级难忘 1381 年大叛乱时的情景，而教会方面发现自身为防护所做的新准备已成为社会的一种安定力量。理查二世逮捕在议会中的威克利夫派代表，威胁他们必须安分沉默。1397 年，英国主教请求国王"依照其他归属于基督教范围的规定"处死那些毫无悔意的异教徒，但理查不愿这么做。1401 年，亨利四世及其议会颁布了一项有名的法令，"火焚异教徒"：凡被教会法庭宣判的顽固异教徒，应被焚死；所有异端书籍，均应销毁。就在那年，一位威克利夫派的传教士威廉·萨韦彻（William Sawtrey），即在火刑柱上被烧死。其他威克利夫派的教徒被捕后因能悔改，得免处死。1406 年，威尔士王子向亨利四世报告称：威克利夫教派的宣传及其对教会财产的攻击，威胁了整个社会的现存组织。于是，国王下令更严厉地处死异教徒，但从事罗马宗教分裂政治的主教们，其注意力暂时转移到了打猎中。1410 年，约翰·巴德比（John Badby），一个威克利夫教派的裁缝，被教会判处火刑，烧死在史密斯菲尔德市场。在木柴未点燃前，哈尔王子劝其如能悔改，愿宽赦其死刑，并给予金钱；巴德比拒绝了，他走上柴堆，接受死刑。

　　哈尔王子于 1413 年登位，是为亨利五世，他全力支持这种高压政策。他有一位朋友是科伯海姆（Cobham）的领主，叫奥尔德卡斯尔（John Oldcastle）。莎士比亚的观众认为他就是《亨利四世》一剧中的那个胖骑士。奥尔德卡斯尔在战场表现优越，对赫里福德郡（Herefordshire）和肯特郡其领域内的威克利夫传教士，予以容忍和保护。主教们曾三次召讯他，他三度拒绝出席，后经国王手令，他才屈服，出现在威克利夫 36 年前受审的圣保罗聚会所的主教们面前。他确证诚心信奉基督，但不反对威克利夫派有关告解或圣餐的见解。于是他被判处为异教徒，并被囚禁于伦敦城堡之中，他有 40 天的宽限期，以期悔改回头，他却借机逃走。伦敦附近的威克利夫派教徒得到消息，又起而叛乱，1414 年他们还企图劫持国王。这一阴谋未成，某些叛乱领袖被捕，并处以绞刑。奥尔德卡斯尔在赫里福特郡山区和威尔士藏匿了 3 年，终被擒获，以卖国贼罪判处绞刑，1417 年，终以异教徒的罪名被火焚而死。国家与教会，终偿其愿。

如果与其他罪刑相比，对威克利夫派的判刑，几乎还算温和的。1400 年至 1485 年，处死异教徒的案子共有 11 件，据闻有几处威克利夫派聚会所一直存在到 1521 年；直到 1518 年，遭受火刑的托马斯·曼（Thomas Man）还宣称他曾感化了 700 人信奉威克利夫教义；1521 年，尚有 6 人被焚。亨利八世使英国脱离罗马时，全国未经革命就接受改变，威克利夫派信徒或许会说，他们已多多少少为这件事铺好了道路。

1450 年，奇切斯特（Chichester）的主教雷金纳德·皮科克（Reginald Pecock）出版了一本书，以当时的幻想方式，把这书叫作《过分谴责传教士为镇压者》（*Repressor of Overmuch Blaming of the Clergy*）。它公开反驳威克利夫教派，建议不要用火刑来压制这种思想，最好诉诸理性。这位热心的主教太过理性，以至过分沉迷于理智，并已坠入异教的危险。他用理性反驳威克利夫派在《圣经》上的理论。在《论信仰》（*Treatise on Faith*）一书中，他的确把理性置于《圣经》之上，作为一项真理的考验——这种情形欧洲要费 200 年的时间才能恢复。无法阻止这一切的镇压者，只有尽量说明：教会中的神父们并不是常可信赖的，亚里士多德也非绝对的权威，圣徒们并不一定熟习他们的信条，而"君士坦丁的捐赠"只是一种伪造。1457 年，英国主教们对这位站在教会法庭前高傲的皮科克给出两种选择：悔改认罪或接受火刑。他不愿接受焚刑，便公开宣誓，随即被免除其主教职权，然后被禁于索尼（Thorney）修院，直到 1460 年他去世为止。

英国艺术（1300—1509）

虽有反宗教政治和异端邪说，宗教却有效地提高了英国的建筑技术，并使其达到巅峰。商业的成长和战争的破坏，带动了教堂、城堡和皇宫的建设，并拓展了牛津与剑桥两校的学习居所。英国的建材来源有珀贝克的大理石与诺丁汉的雪花石膏，舍伍德的林木与各郡的石砖，形成了高贵的楼塔和华丽的尖顶，加上木制的天花板，差不多与哥特式石制的拱形屋顶同样坚固、优美。原来墙与墙之间横贯着难看的衔接横梁，已改由巨大橡木承作的高耸穹形结构槌梁支撑，英国一些最好的教堂就以此来为它们的本堂架梁。塞尔比（Selby）的大教堂同样也采用橡木天花板和浮雕，以配合圆拱的弯梁和扇形的设计，使巴斯城的修院圣堂、伊利（Ely）的唱诗台及具有复杂石网的格洛斯特的南侧游廊，都有了拱形屋顶。

窗格花饰、墙壁嵌板及唱诗台的屏帘，这些影响后世的建筑式样，常常交互应用于大建筑物中。几何图形的哥特风格（约 1250—1315 年）使用了欧几里得图形，埃克塞特大教堂就是如此修建的。曲线形装饰的哥特式（约 1315—1380 年）放弃了固有的图形，改用自由流线型，以便对法国火焰式加以限制，如南方林肯郡的窗户形式。垂直的哥特式（约 1330—1530 年）强调在普通的哥特尖形拱式内有水平与垂直线，例如亨利七世在威斯敏斯特的小教堂即是如此。13 世纪重视的彩色玻璃窗，现已改用柔和的浅色或银色及淡淡的纯灰色；在这些玻璃窗内，画有濒死的骑士行列与基督教的故事，表现了哥特艺术的晚期光辉与衰落。

我们现在看到的威斯敏斯特，英国花费了 3 个世纪之久才辛苦完成。在这一过程中，我们会意识到英国的杰出人士为完成这座壮丽的陵墓所耗的心血。唯一使人感到美中不足的是温莎（Windsor）堡的重建：爱德华三世于 1344 年在该处大规模地重修圆塔，而爱德华四世于 1473 年开始修建圣乔治小教堂，并加上华丽的唱诗台、扇形的拱顶和染色玻璃。艾伦（Alan de Walsingham）用曲线的哥特风格设计了一座精致的圣母堂和伊利的"灯"塔。格洛斯特的大教堂有中央塔楼、唱诗台的穹形图、豪华的东面窗户，并有宽广的回廊，其扇形圆顶，被列为英国的奇观。温切斯特大教堂延展广阔的中心，并用垂直线形式美化其新建的前门。考文垂也用那种形式修建教堂，该教堂在第二次世界大战时，尚存留着堂皇的尖顶。彼得伯勒（Peterborough）高耸着令人昏眩的扇形拱顶，约克大教堂完成了其本堂、西塔及唱诗台的帷屏。尖塔建筑是当时主要的光耀，使牛津的墨顿及抹大拉学院、方廷斯修道院、坎特伯雷、格拉斯顿堡、德比、汤顿和其他近百座修院显得高贵。威克翰的威廉使用垂直形式，设计了牛津的新学院。威佛里特的威廉，是一位90多岁的老人，他在伊顿（Eton）循前例设计了方场四周的建筑物。剑桥的王室学院也配合时尚，修建了一座教堂，其窗户、拱形顶、唱诗台可使卡利班（Caliban）变得有教养，使雅典的泰蒙（Timon）参加祈祷。

垂直的哥特式建筑具有一种入世的现实精神，它完全适用于学院、城堡、堡垒、公会所及市政厅等公共建筑物。沃里克伯爵们在14世纪和15世纪，即用这种形式在利明顿（Leamington）附近建造了他们有名的城堡。伦敦的公会所，无疑是首都商业界夸耀的殿堂，它在1411—1435年完成，在1666年被烧毁，后又被雷恩（Christopher Wren）重建，在1866年整新其内部，却在第二次世界大战中被炸毁。即使是城市的商店，在它们直立形的窗框里，也表现着这种风格；雕刻的门楣、飞檐及突出的阳台，使这种即将消退的艺术，仍光彩动人。

英国当时的雕刻技术并不突出。教堂正面的雕像，如在林肯郡和埃克塞特大教堂等处，就远逊于那些刻意装饰的建筑物。威斯敏斯特和圣奥尔班修道院的大祭台，其屏帷被当作雕像的模式，但这些都很平凡，不值得叙述。英国最好的雕刻还是在墓碑上，通常用雪花石膏刻画人物雕像：在格洛斯特大教堂内有爱德华二世的雕像，在伯弗利大教堂内有埃莉诺·珀西夫人的雕像，在坎特伯雷有亨利四世及王后琼的雕像，在沃里克有理查德·博尚的雕像。英国的雕刻家最善于表现绿叶红花。木雕技术达到一定高度：温切斯特、伊利、格洛斯特、林肯郡、诺维奇大教堂的唱诗台，其雕刻之精美，令人叹为观止。

油画在英国仍属较差的艺术形式，比起同时代的法国和佛兰德斯的油画，相去甚远。附有彩色小插图的书籍仍很流行，爱德华三世曾花 66 英镑买了一卷彩色的爱情故事，而翁士拜的罗伯特赠给诺里奇大教堂一本金银彩图的诗篇集，波特莱图书馆把它列为丛书中"最佳的英文版本"。1450 年之后，这类小型彩画艺术随着壁画和版画的兴起而衰退。16 世纪，传奇小说开始印行时，这种艺术已完全绝迹。

卡克斯顿与马洛里

15 世纪，有一位无名作者写了一出极有名的英国道德剧《凡人》。这是一种寓言剧，剧中人物均为惹人厌烦的抽象概念："知识"（Knowledge）、"美丽"（Beauty）、"五种心知"（Five-Wits）、"明辨"（Discretion）、"力量"（Strength）、"才能"（Goods）、"善行"（Good Deeds）、"友谊"（Fellowship）、"亲戚"（Kindred）、"认罪"（Confession）、"死神"（Death）、"凡人"（Everyman）及"上帝"（God）等。在该剧的序幕中，"上帝"在发怒，7 天里倒有 6 天，10 个人中有 9 个人忘记了他的诫命，于是派了"死神"来提醒世人，他们必须马上去见他，汇报他们的行为。说话之间，"死神"由天上降到人间，发现剧中主角"凡人"一心在想女人与金钱，"死神"遂要带他去。"凡人"辩称，现在就死，还未交代，要求延长时间，并献出千镑红包。但"死神"仅答应他一种变通办法——可以选择一个朋友陪他同赴来世。"凡人"就请求"友谊"一起大冒险，"友谊"却为自己作勇敢的辩护：

> **友谊**：如果你要吃喝玩乐或同女人厮混，我是不会离开你的。
> **凡人**：那么你陪我做一远程旅行如何？
> **友谊**：说实话，这一点，我却不愿奉陪。如果你要去谋杀任何人，我倒很乐意帮忙。

这时"凡人"又请求"亲戚",他的这位表兄弟也谢绝了邀请,理由是"我的脚趾痛"。"凡人"去拜访和求助"才能",但"才能"已被深锁,不能自由地给他帮助。最后"凡人"恳求"善行",她很高兴他还没有忘记她,她把他介绍给"知识"。这时"知识"带他去"认罪","认罪"使他忏悔而清洗罪恶。于是"善行"就陪同"凡人"进入坟墓,这时,天使歌唱,欢迎这位洗罪者进入天堂。

作者对这种不像样的戏剧形式仍自鸣得意。把一种特性去人格化,绝不能指代一个实际的人,因为"凡人"是一种令人头疼的复杂的矛盾物,除了部分共性之外,个个都自有其特殊性;而伟大的艺术必须像哈姆雷特或堂吉诃德、俄狄甫斯,由特殊到普遍。如何把乏味呆板的道德剧变为多变化的生动活泼的伊丽莎白时代的戏剧,需要另一个世纪的尝试和探索。

15世纪,英国伟大的文化成就是其第一家印刷厂的建立。出生于肯特郡的卡克斯顿(William Caxton)移居到布鲁日经商。他在余暇时,翻译了一套法文爱情小说。他的朋友们向他要了几份手抄本。他告诉我们说:"他的手因写字太多而感到疲劳不稳定,眼睛也因过度注视白纸而模糊。"当他访问科隆时,他也许参观了泽尔(Ulrich Zell)所设的印刷厂(1466年),泽尔曾在美因茨学得新技术。1471年,科拉德(Colard Mansion)在布鲁日成立一处印刷所,卡克斯顿就常去该处复印其译作。1476年,他回到英国,一年之后,他在威斯敏斯特装设了一部由布鲁日带回的活版铅字印刷机。这时他已55岁,他的一生仅还有15年的岁月而已,在15年中,他印了98本书,其中几本是他自己用拉丁文或法文翻译的。他选择的书目及他在序言中特具的奇妙而动人的笔法,为英国文学树立了永久的典范。在他死后(1491年),他的阿尔萨蒂尔(Alsatia)的助理温金继续这项革新工作。

1485年,卡克斯顿编写出版了一本最受欢迎的英文散文杰作《亚瑟王及其骑士们的光辉史》(*The Noble Histories of King Arthur and of*

Certain of His Knights），这本书的作者大概早在 16 年前已死在监狱
中。马洛里（Sir Thomas Malory）在百年战争中曾任沃里克伯爵理
查德·博尚的随员，并于 1445 年出任沃里克在国会的代表。在战争
中，他不甘寂寞，闯入休·史密斯（Hugh Smyth）的家，非礼了休
的太太，勒索了马格丽特·金（Margaret Kyng）和威廉·黑尔斯 100
先令，再度闯入休的家，非礼其妻。他偷了 7 只母牛、2 只小牛及
335 只羊，两次抢劫库姆比（Coombe）的西多会修道院（Cistercian
Abbey），曾入狱两次。令人难以置信的是，这种人竟能写出英国骑
士的那种温柔的天鹅之歌——现在我们称它为《亚瑟之死》（*Le Morte
d'Arthur*）。经过一个世纪的争论之后，大家公认，这些绮丽的故事，
确是马洛里在监狱中写作的。

　　故事的大部分内容取材于法文的《亚瑟传奇》，他很辛苦地加以
编排，用一种使人遐思且柔美动人的词句写出。在野蛮与充满欺诈的
战争中，他向失去骑士风格的贵族，呼吁恢复亚瑟骑士那样的高尚水
准，要他们远离罪行。亚瑟因为年长，不再荒唐胡来，与他那位漂亮
而大胆的吉尼维尔（Guinevere）定居下来并统治英国——实际上是
全欧洲，在他的首都卡梅洛特（Camelot）宫中（温切斯特）有 150
个圆桌骑士来保卫他们：

　　　　决不做暴行，也不可谋杀……无论如何不可残暴，但对
　　于求告的人要可怜……而且要常常救助那些遭受死亡苦痛的
　　妇女们。

　　书中的主题交织着爱情与战争，颂扬无敌的骑士们为妇人和美丽
少女而争风相斗。特里斯特拉姆（Tristram）和兰斯洛特（Lancelot）
分别与王后通奸，但他们拥有勇敢和高贵的灵魂，彼此武装决斗，
头戴钢盔和面具，相互隐藏身份，酣战 4 个小时，剑刃变钝，染满
了鲜血：

最后，兰斯洛特说：骑士！你是我决斗以来，遇到的最佳骑士，请问尊姓大名。特里斯特拉姆说：我不愿意把我的名字告诉任何人。兰斯洛特说：真的吗？如果有人想要知道我的名字，我绝不拒绝。特里斯特拉姆便问：那么请教你的大名？兰斯洛特称：我名叫兰斯洛特·杜·拉克。特里斯特拉姆说：啊呀！我究竟干了什么？因为你是我在这世界上最喜欢的人。兰斯洛特说：现在请教你的大名？特里斯特拉姆说：我名叫特里斯特拉姆·德莱昂纳斯。兰斯洛特说：哎呀！我的老天爷我怎么这样不知死活？于是兰斯洛特跪下，把自己的剑给予对方。同时特里斯特拉姆也跪下，并把自己的剑交给对方……然后两个人一同到一块石头前，把剑放在上面，再脱下头盔……亲吻了对方 100 次。

按照《帕斯顿书信》（*Paston Letters*）中的描写：幻想的乐土与现实世界相比是多么不同！那里的人不需要为生活而劳苦，所有的女人都是温柔和善的"淑女"，这些活泼生动的信件把一个 15 世纪英国的分散大家庭，用感情和金钱再结合到一起！约翰·帕斯顿在伦敦任法官或巡回审判员，其妻玛格丽特在家养育儿女，并管理他在诺里奇城的财产。他办事严格认真，苛细精明。他太太非常顺从，是一位谦虚能干又胆小的妻子，她一想到曾经冒犯了他，就会发抖。吉尼维尔实际的世界就是如此。然而这里也有柔弱的感情，彼此的关切，甚至风流韵事。马热丽·布鲁斯（Margery Brews）向约翰·帕斯顿二世（John Paston Ⅱ）承认她爱他，对自己的寒碜嫁妆不能与其地位相配感到难过："假如你像我全心信赖你一样地爱我，那请你今后不要抛弃我。"而他，帕斯顿财产的主人，不顾亲友的抱怨娶了她，但他在两年后，就去世了。

英国的人文主义者

　　我们不必惊奇，意大利美第奇家族的洛伦佐和科西莫在古典文学上的贡献，对英国那些不关心文学的商人影响极微，而英国的贵族对缺少文化教养并不引以为耻。托马斯·莫尔爵士在16世纪初期曾估计过，只有40%的英国人有能力阅读，教会和它主办的大学，是当时学者唯一的支持者。在这种环境中及战争带来的暴乱与蹂躏下，格罗辛（William Grocyn）、利纳克尔（Thomas Linacre）、拉蒂默（William Latimer）及科利特等学者，将意大利的火种带回来，为英国带来了充足的热与光，而使当时的大学者伊拉斯谟于1499年访问英伦三岛时，有宾至如归之感，这对于英国来说，是一项光荣。专心研究异教和基督教文化的人文主义学者，被一些内向型的"特洛伊人"指责，他们怕这些"希腊人"从意大利带来害人的玩意。但这批人文主义学者受到教会勇敢的照顾与保护，如温切斯特的主教、威佛里特的威廉、坎特伯雷的大主教沃勒姆、罗切斯特的主教费希尔（John Fisher）及以后的英国大法官、红衣主教沃尔西（Thomas Cardinal Wolsey）等。

　　自从曼努埃尔·克莱索罗内斯（Manuel Chrysoloras）于1408年访问英国后，有些年轻的英国学者就害了狂热之病，他们觉得最好的办法，就是去研究或是用意大利的色情来治疗。格洛斯特的公爵汉弗莱热忱地带着这类手稿原本由意大利归来，他搜集的这些藏书后来充实了牛津大学的波特莱图书馆。乌斯特的伯爵约翰·蒂普托夫特（John Tiptoft），受教于费拉拉、维罗纳城的瓜利诺达（Guarinoda Verona）及佛罗伦萨的约翰·阿伊罗普洛斯（John Argyropoulos），他带着更多不道德的书籍回到英国。1464年至1467年，塞林的修士威廉·蒂利（William Tilley）在博洛尼亚、帕多瓦及罗马研学之后，携回了很多的异教古典文学，并在坎特伯雷教授希腊文。

　　他有一位热心的学生叫利纳克尔，蒂利于1487年再度去意大利时，利纳克尔随其同行，在意大利待了 12 年之久。他受教于佛罗伦萨的波利希安（Angelus Politian）和卡尔孔狄利斯（Demetrius Chalcondyles），并为威尼斯的马纽夏斯（Aldus Manutius）编纂希腊作品，而后饱学而归，获得国王亨利七世的召见，聘他做威尔士王子亚瑟的教师。在牛津，他和格罗辛及拉蒂默等人几乎组成了一场针对古典文学的牛津学派运动；他们的讲授启示了科利特和托马斯·莫尔，并吸引了伊拉斯谟。利纳克尔是最有名的英国人文主义学者，精通希腊文和拉丁文，翻译了盖仑的医学作品，提倡科学医术，创立皇家医学院，并将自己的财产捐赠给牛津与剑桥的医学讲座，正如伊拉斯谟说："由于他的提倡，新知学问就这样在英国奠定基础，而英国人也不再需要前往意大利深造了。"

格罗辛在佛罗伦萨结识利纳克尔时，年已 40 岁。他于 1492 年回到英国，在牛津埃克塞特学院租了间房，每天用希腊文讲演反对保守主义，保守派对他的演讲感到恐慌，担心《新约》和《圣经》的原文，将会推翻圣哲罗姆所译的拉丁语《圣经》千年来的权威性。格罗辛对正统教义绝对维持，其生活道德则非常严谨。英国的人文主义，在意大利文艺复兴下的某些学者中，甚至在一种对基督教潜在的敌意下是绝难发展的。基督教珍视基督的遗训超过一切知识精华；这样，它那些有名的使徒，在任职圣保罗修道院院长时，才不会有麻烦。

科利特是亨利·科利特的长子。亨利·科利特原为富商，生有子女 22 人，曾两任伦敦市长。科利特在牛津时，受利纳克尔和格罗辛两人的人文主义影响很深，而且沉迷于柏拉图、普罗提诺、西塞罗等。1493 年，他到法国和意大利旅行时，在巴黎遇见了伊拉斯谟和比代，在佛罗伦萨，感动于萨沃纳罗拉，也吃惊于罗马红衣主教们和亚历山大六世的轻狂与放纵。他回到英国后，继承了父亲的遗产，他很可能爬上商业或政治的崇高地位，但他宁愿在牛津过着学者的生活。他不理会传统规矩，即一个传教士只能教教神学，而对罗马人大讲圣保罗的书信；他用拉丁文《圣经》的评论说明代替了古典式的讨论方式；他的方法新颖，强调"善良的人生即最佳的神学"，这让他的广大听众感到新鲜而振奋。1499 年，伊拉斯谟在牛津遇到他，形容他是一位永受声色之诱的圣人，但"终生保持其圣洁的心田"，他轻视当时随遇而安的僧侣们，并把其财产作为慈善捐献及奉主之用。

他在教会里是一位有虔诚信仰的反对派，教会虽有缺点他仍爱护她；他虽怀疑《创世记》上文字的真义，但仍接受《圣经》上神的启示。他预示了宗教改革派强调《圣经》的权威来反对教会的传统与礼仪，否认古典哲学对基督教基本义理的削弱，怀疑传教士具有赦罪的能力及基督在圣饼内的真实存在性，并对教士们的俗世凡心予以斥责：

> 如果最高层的主教，即我们所称的教皇……是一位守法的主教，他应舍弃一切私欲，心中只有上帝存在。如果他只为自己打算，那么他就是万恶之源……过去多年来，的确如此，而现在这种毒素更流及于基督教会中的各分子，如果耶稣不尽快地伸手加以拯救，我们这个混乱到极点的教会就难以免于灭亡……啊！像这类不虔诚的可恶而又可怜的教士，在这一时期占了大多数，他们刚由妓女怀中离开，就敢乱闯圣堂，跑到祭台前，领取圣餐！上帝的报应终有一天会降临到他们头上。

1504 年，科利特被任命为圣保罗修道院院长。在那高高的讲坛上，他宣布反对主教职权的出售，也痛斥由一人承受大众利益的罪恶。他引起众怒，树敌甚多，但沃勒姆总主教予以保护。利纳克尔、格罗辛及托马斯·莫尔现在已定居伦敦，不再受牛津的古典派和保守派的拘束。受到伊拉斯谟访问的刺激，他们立刻乐意去拥护年轻的亨利八世。伴随着和平的宗教改革而来的英国文艺复兴运动，已臻成熟。

第六章 | 勃艮第的插曲

（1363—1515）

皇族公爵

勃艮第地处法国东翼第戎周围，因其公爵精于政治，在百年战争中未受丝毫损害，成为阿尔卑斯山北方基督教地区半个世纪以来最繁荣之地。卡佩王朝的勃艮第公爵世家被灭种后，这个公国重新归属法国王室，约翰二世把这块领地赏予第四子菲利普（1363年），奖励其在普瓦捷之战中的英勇。菲利普41岁任勃艮第公爵时，表现极佳，而其外交式的婚姻，使海诺特、佛兰德斯、阿图瓦等均归其统治。勃艮第这块领地，表面上说来，只是法国的一省，实际上，它受到佛兰德斯工商业的滋润和艺术文化的陶冶，无疑是一个独立的小国家。

"无畏者"约翰因其盟友和情报组织，将权力扩张到了顶点，这时的法国，感到被挑战。奥尔良的公爵——路易——代其疯傻的弟弟查理六世摄理政事，并与神圣罗马帝国缔结同盟，以抵制有勇无谋的约翰公爵。约翰雇用刺客把他杀了，于是勃艮第派与阿马尼亚克（Armagnac）派之间发生了激烈的争斗。约翰同样也被刺客所杀（1419年）。他的儿子菲利普拒绝效忠法国，使勃艮第与英国缔结同盟，还合并了图尔纳、那慕尔（Namur）、布拉班特、西兰

（Zeeland）、林堡及卢万。他与法国媾和后（1435 年），就要求承认他所辖公爵领地的实际主权，并要求割让卢森堡、列日、坎特伯雷和乌特勒支。勃艮第现已达到全盛时期，在财力和权力上，足与西方任何王国抗衡。

菲利普赢得"好好先生"的头衔，但他并非不会奸猾、残酷，有时也会愤怒失常。他确是一个孝顺的儿子、一位优秀的执政官，即使对于他那 16 个不合法的子女来说，他也是一位慈爱的父亲。他真心结交女人，共有 24 个姬妾。他祈祷、守斋、施舍，他曾以第戎、布鲁日及根特作为他的首府，而根特是除了意大利之外西方艺术的中心。经过长久的治理，他为勃艮第和其附属各省带来富足，几乎没有人挑剔他的毛病过错。唯独佛兰德斯各城镇，在他的统治下感到不安，由于看到他们旧有的公会组织和大众的自由，均置于集权的政府下，一切以国家经济为主，而深感悲哀。菲利普和其子查理镇压了他们的叛乱，但仍给他们一种抚慰性的和平，因为菲利普父子知道最丰富的领地收益，得自于这些城市的工商业。菲利普当政之前，莱茵河下游一带是零乱分散的地区，不同的制度和政策，正如其种族和语言一样，非常复杂。现在菲利普把它们连接成一个统一的邦国，使其井然有序，并辅助其发展。

布鲁日、根特、列日、卢万、布鲁塞尔及第戎等地的勃艮第社会，是欧洲最文雅可爱的，可与当时科西莫·美第奇族系下的佛罗伦萨城相媲美。公爵们保存了所有的骑士礼节，建立金羊毛勋章（1429年）的就是"好好先生"菲利普；英国骑士的华丽外表与魔力掩盖了英国风俗粗鲁的一面，显耀了亨利五世的军容，在马洛里及弗鲁瓦萨尔的记载中，也留下了光彩的一页，这些都是由勃艮第的社会演进而来。勃艮第贵族们被剥夺自主权力后，主要任职于朝廷，他们利用华美的服饰与仪态来掩饰其失势的窘态与通奸的丑行。工商界人士也穿着宽松的长袍，犹如贵族，并使他们的太太打扮得像准备让鲁本斯画像一样。在如此可爱的公爵领导下，一夫一妻制被认为是犯上忌。海因斯贝格的约翰是列日的风流主教，他有十多个私生子；勃艮第的约翰——坎特伯雷的主教——也曾生下 36 个非婚生子并拥有一群孙儿；当时很多社会名人，就是在这个优生时代中诞生的。公共浴室内，任何时间，有钱就可以找到妓女。在卢万，这些妓女冒充女房东，供给学生们膳宿。人们沉溺于节日中的吃喝玩乐。有名的艺术家，忙着去设计化装游行。并装饰游行车；来自边疆与海上的人们，观光这些豪华的场面，甚至有裸女扮演古代女神和森林女神。

宗教精神

圣人与神秘主义者与这个狂欢作乐的社会，形成了一种阴暗对比，他们在一些公爵的帮助之下，成就了荷兰在宗教史上的崇高地位。吕斯布鲁克（Jan Van Ruysbroeck）是一位布鲁塞尔的教士，于 50 岁（1343 年）退休后进入滑铁卢附近的格伦德尔（Groenendael）的奥古斯丁修道院，专心于神秘的沉思与著作。他声称，圣神指挥了他的笔。虽然如此，他的泛神论和否定个体不灭的思想，是很接近的：

> 上帝自己在不经意中把所有的幸福吞食了。……永久地失去自己……当超过一切的知识或一切有学问者达到第七级时，我们发现自己是在彻底的无知之中；当对上帝或受造之物毫无认识时，我们就近乎死亡，而且我们就在这种无知无识的情况下度过时光，完全失去了自己……我们沉思一些实际上已沉没了的幸福精神，被吞没和失落在他们超然的本质里，也失落在无形无知的黑暗中。

尼德兰 [1] 及莱茵见证了这一时期有很多非宗教组织，自由精神兄

---

[1] 在本卷中，尼德兰和低地两词使用的是它们的原意，大约包括现在的比利时和荷兰一带。

弟会（Brethren of the Free Spirit）——他们的神秘性作乐时常导向于虔敬爱国、社会服务、无为主义及和平色彩，有时则反对圣礼，认为圣礼根本不需要；与上帝同在一起时，偶尔也会愉快地承认有罪。代芬特尔的赫罗特（Gerrit Groote of Deventer）在巴黎、科隆和布拉格受过良好的教育，曾在格伦德尔与吕斯布鲁克共度过一段时间，深受其感动，遂将一生奉献于上帝。他于 1379 年接到教会执事的委派，开始在荷兰各城市用本地语讲道，听众之多，使当地教堂无法容纳，人们不做生意也不吃饭而去听他讲道。他恪守正统教义，他自己就是"异教徒的铁锤"，然而他攻击一般传教士和一般人道德的废弛，要求基督徒应严格按照基督的伦理生活。这使他被冠以异教徒的罪名，乌特勒支的主教取消他所有教会执事的宣教权。有一位名为弗洛里斯·拉德维佐恩（Floris Radewijnszoon）的人草拟了一项半修会半大众化的规则，使"共生兄弟们"遵守，他们奉赫罗特为会长，住在代芬特尔的兄弟会修道院里，他们并未发愿，他们忙着做工、教书、祈祷和抄写稿件。赫罗特因照料一位病友而染时疫，于 44 岁（1384 年）时去世，但他的兄弟会通过 200 个分会，使势力遍及荷兰和德国。兄弟会学校中的课程表，非常重视异教经典，而且为反宗教改革的耶稣会学校铺路。兄弟会友们对这种异教经典非常欢迎，并利用它散布他们的新信仰。在代芬特尔的亚历山大·黑吉乌斯（Alexander Hegius，1475—1498 年）是一位值得提起的典范人物，学生们有幸遇到这位专心教育、身为道德表率的圣人。他改善了课程，重视古典文学，因为他的纯粹拉丁式文体而赢得伊拉斯谟的赞扬。他身后萧条，只剩下一些衣衫和书籍，他的一切东西已秘密地赠予穷人。在（代芬特尔）他的有名弟子很多，如古沙的尼古拉、伊拉斯谟、阿格里科拉（Rudolf Agricola）、杰恩以及《效法基督》一书的作者。

我们不知谁写了《效法基督》这本谦虚的优美手册，作者可能是普鲁士的托马斯（1380—1471 年）。在靠近兹沃勒（Zwolle）的圣阿格尼斯（St. Agnes）修道院他那间静寂的小屋里，他从《圣经》、教会的神父及圣伯纳文章中搜集了有关说明吕斯布鲁克和赫罗特想象的超世信仰的理想，然后再改用简单流畅的拉丁语，予以修辞美化：

> 如果你缺乏谦卑及避免触怒三位一体的技巧，即使去深入讨论其道理，与你又有何益？诚然，高尚的言语并不能使人成为圣贤，但好的德行生活，总会得到上帝的钟爱。我宁愿遗憾，也不愿随便解释三位一体这件事。如果没有上帝的照顾和恩宠，即使你能背诵全部《圣经》和一切圣人之言，又将于你有何神益？除了敬拜上帝、一心侍奉他外，一切皆空。看穿俗世、重视天国，才是最高的智慧……学习并非坏事……因那本是一件好事，也是上帝所指示的，但良知与修身更为重要……
>
> 有伟大的爱者，才是真伟大。无所惑，且不计荣誉者，才是真伟大。把一切事物视若粪土者才是上智，他才能获得基督……尽量避开人世的纷扰，因为处理俗务是一种累赘………人生于世，确是可怜……能习于服从并听命于长者，而不自作主张，才是伟大。听命行事比统御别人更安全……安命守分自多平安。

《效法基督》温顺地反映出基督的道理与比喻的深刻纯真。这对于脆弱理性上及浅薄诡辩上的聪明自负，常常是一种打击。当我们不愿面对我们人生的责任时，我们唯有寻求托马斯的第五福音，才是良好的庇护。但当此乱世，谁能引领我们归附基督呢？

光辉灿烂的勃艮第（1363—1465）

勃艮第统治下的各省，不理会反对派的托马斯信徒，继续从事各种知识活动。公爵们——尤其是"好好先生"菲利普——搜集图书并提倡文学与艺术。各所学校更是加倍搜集，创立于1426年的卢万大学，很快被列为欧洲重要的教育中心之一。乔治·卡斯特兰

（George Castellain）写的《布戈涅公爵年谱》（*Chronique des Ducs de Bourgogne*），用华丽的辞藻和少许哲理，记述了公国的历史。这种生动的法文，弗鲁瓦萨尔及科米纳两人曾用来写清晰优美的散文，引人喜爱。私人团体组织了修辞会，准备参加演说、作诗及演戏等竞赛。当时流行使用两种语言——在南部使用法语或华隆人（Walloon）的拉丁语，在北部使用佛兰德斯或荷兰的德语——双方相互竞争，培植一些平时默默无闻的诗人。

公国最大的表现是在艺术方面。安特卫普于 1352 年开始修建其庞大而多侧廊的大教堂，于 1518 年完成。卢万建了一座豪华的圣皮尔教堂，第二次世界大战时，再度被毁。一般居民和各城镇都非常富足，有力量修建大厦或市镇厅，与奉献给上帝的教堂一样壮观。管辖列日的主教和职员们，都住在低地的最大、最雅致的宫殿。根特于 1325 年建造了公会所，布鲁塞尔在 1410 年至 1455 年建造了市政厅，卢万于 1448—1463 年修建了市政厅，布鲁日于 1377—1421 年增建了它的市政厅，并于 1393 年至 1396 年建立了一座世界有名的钟楼，作为航海的灯塔。这些高贵的哥特式建筑代表了各城市的繁荣和商人们的自豪。勃艮第的公爵与贵族对宫殿与坟墓的装饰，在雕刻、绘画和书稿彩饰方面，也达到了灿烂辉煌的最高峰。佛兰德斯的艺术因受到法国战争的威胁，又集中回到它们原来的城市。"勇士"菲利普聚集了 7 位天才和专家，装饰他在沙特勒斯·尚普莫尔（Chartreuse de Champmol）的避暑别墅——一所邻接第戎而位于"平地"的卡修斯修道院。

1386 年，菲利普委派让·马维勒（Jean de Marville）为他设计查特洛斯一所精美的陵墓。马维勒于 1389 年死后，荷兰的克劳斯·斯鲁特（Claus Sluter）继续这项工作。斯鲁特于 1406 年死后，其门徒克劳斯·韦尔维（Claus de Werve）继续执行。该陵墓于 1411 年终于完成，把该公爵之灵骨移入陵墓时，他已死了 7 年。1793 年，第戎的革命团体命令拆除这座陵墓，骸骨被拆卸或破坏。1827 年，当地的长老因为嗅到不利的政治气氛，把剩余的残骨搜集后安放在第戎博物馆。公爵及其夫人——佛兰德斯的玛格丽特——被安放在巨大的大理石板上精致的雪花石膏里。在他们二人下面，有 40 个作流泪状的人物——原雕刻有 90 个，现仅存此数——静穆而文雅地悲悼去世的公爵。查特洛斯圣堂的大门，由斯鲁特及其学生于 1391 年至 1394 年雕刻了 5 尊壮丽人像，圣母接受菲利普和玛格丽特的崇敬，由施洗者约翰和亚历山大的圣凯瑟琳献赠。庭院里有斯鲁特的杰作摩西天井：一座有摩西、大卫、耶利米、撒迦利亚、以赛亚、但以理等 5 人的半身塑像。塑像之上，耸立着忧郁而高贵、头戴荆棘冠冕的基督受难像，自从罗马艺术极盛时代以来，在欧洲尚未发现如此雄伟而大胆的雕刻。

　　绘画方面也如雕刻一样，形成了一个辉煌的时代。微图画家仍有主顾：海诺特的威廉伯爵高价购得一张《最美时刻的圣母》（Les Très Belles Heures de Notre Dame）[1] 的彩饰插画（约在 1414 年）；有一位无名天才，也许是埃克（Hubert van Eyck），为 1000 位低地的风景画家作了示范表演，他精细而热忱地描绘一个港口，有靠岸或满帆的船只，有乘客在登岸，有海员和码头工人在各做各事，海浪冲击着半月形的海岸，白云在天空里隐约地移动……这一切景象，都印在一张风景卡上。1392 年，易普尔的画家米歇尔·布勒德兰（Melchior Broederlam）是意大利之外唯一掌握最古老而有意义的多联画技法者，他光大了沙特勒斯·尚普莫尔的名气。布勒德兰与那批壁画家及教堂的塑像师，却使用了传统的涂料，把颜料与胶状物混合。阴影和线条上的细微差别，及半透明的色调显示，用这些方法是很难办到的，因为潮湿，常常破坏已完成的作品。早在 1329 年，根特的雅克·孔佩尔（Jacques Compère）曾试验过掺油的颜料。经过 100 多

---

[1] 此画又以《都灵的时代》（Lesheuresde Turin）见闻。这类微图画中有部分毁于 1904 年都灵国立图书馆（the Biblioteca Nazionale of Turin）的大火，幸而尚有摄影复制品留存，都灵的国民博物馆（Museo Civie）也还存有某些原版画。

年的尝试和失败，佛兰德斯人终于发明了新的绘画技术，15世纪初，有一种革命性的画法出现。胡贝特·凡·埃克和他的弟弟扬（Jan）为根特的圣巴沃纳（St. Bavon）大教堂合绘了一幅壁画《敬拜羔羊》（*The Adoration of the Lamb*）。他们不但创造性地使用油作为颜料调色上的优越辅助工具，而且在画史上留下了非凡的作品。他们兄弟二人这幅杰作，使圣巴沃纳教堂从此成为朝圣人途中拜访的一个胜地。

歌德声称，15世纪这种伟大的画，在形式上是"这种艺术上的历史转折点"。这是画在6块木板上折叠而成的，每边有12张图，打开后，有11英尺高、14英尺宽。在画面中心较下处，是一幅理想的乡景，附有壮丽的塔楼——天边的耶路撒冷圣城——耸立在遥远的山外；前景则画有一座生命之泉的水井；较远的后景有一座祭坛，上面有一只羊，象征着基督倒出他那牺牲的血，长老和先知，门徒和殉道者，天使和圣哲等，聚集在其周围，虔敬朝拜着。画中心的上方，有一人坐在王位上，貌似那位慈祥的查理曼一世（Charlemagne I）——被认作是天上之父的上帝。拿他来代表神，当然不恰当，却可以代表一位智慧的统治者和正义审判者的崇高观念。在这幅画里，唯有圣母的形象，其温柔的面貌和金发的条顿形态，并未显出十分娇羞与纯洁之美，圣母怀抱圣婴之像也被认为尚欠高贵。玛利亚的左边有一群天使。最左方是赤身的亚当，瘦弱而忧伤，"悲苦地回忆着幸福的时光"。上帝右边是施洗者约翰，身着华丽牧者长袍，在旷野中宣道。最右边是裸身的夏娃，面容忧伤而凄苦，悼念那失去的乐园。她和另一边的亚当，很长一段时间使不习惯于裸体生活与艺术的佛兰德斯人感到震惊。夏娃的上方，画有该隐杀弟的图样。

其中一幅面画的中央，左边有一个天使，其右边是圣母，中间隔一个小室，显示天使的报讯——老套不变的面容，非常细巧的双手，绣幔也如佛兰德斯一般绘画中的漂亮。画面下方是一首四行拉丁诗，其中有些字因年代太久而消失，其余的字则是：

　　胡贝特·凡·埃克，伟大而艺术高超，开始这个繁重的工作，而约翰内斯（Johannes）仅次之……他曾受到约多库斯·维德（Jodocus Vyd）教益的鼓励。这首于 5 月 6 日写下的诗句，是请你观赏这件完成的作品。

　　此诗的最后一行，说明完成年代是 1432 年。维德及其夫人是此画的赞助购赠者。究竟这幅画胡贝特画了多少，其弟扬又画了多少，仍是一个难解之谜。

　　在这幅划时代的名画中，也许仍有些多余的图案与赘笔：画中每一个男人、女人及天使，花朵、树枝及花丛，野兽、石头以至宝石，都是以无比的耐性和忠实去复制的——这是为了使米开朗基罗高兴，因为这位大师以佛兰德斯的写实主义观点，发现此画中的主要意义被那些次要的、无关的细节破坏了。但在当时意大利的画界，无论在见识、观念或效果上都无法与这幅画相比。在以后的绘画艺术方面，唯有教皇小教堂天花板上米开朗基罗的壁画才能胜过它。直到拉斐尔的梵蒂冈壁画和达·芬奇《最后的晚餐》等相继出现，版画才开始它那长年的衰落。在版画出风头的时代，整个欧洲都在谈论这幅《敬拜羔羊》。阿方索一世请求扬·凡·埃克到那不勒斯替他画这种表现金发男女唱歌神情的画，在意大利南部，这种金发男女极为稀少。

　　胡贝特·凡·埃克于 1432 年去世，但我们可以由他弟弟扬寻出他辉煌的过去。"好好先生"菲利普曾选他做议会的侍从官（当时是一种地位高、待遇优厚的职务），并派往驻外使馆，使他成为当时勃艮第公国中的风云人物。现存的画约有 24 幅是他的作品，几乎都是杰作。德累斯顿（Dresden）有一幅《圣母与圣婴》的画，仅次于埃克兄弟的那一幅《敬拜羔羊》。柏林市以《石竹与男人》（*The Man with the Pink*）一幅画炫夸，但画中冷酷生硬的面容很奇怪地与植物的花大不相配。墨尔本城有一幅色彩鲜艳的圣母画像，大小不到 9 尺6 寸，却值 25 万美元。布鲁日城珍藏着另一幅圣母画像——《圣母与教士》（*The Madonna with Canon van der Paele*）——圣母美好的长发，下垂到她那华丽而有褶纹的长袍边缘；修道院教士肥胖、秃头、面容和善，是 15 世纪中伟大人像之一。伦敦展出一幅画，画的是新婚的乔瓦尼·阿诺尔费尼（Giovanni Arnolfini）夫妇在一间有梳妆镜和枝形吊灯的内室中。纽约的弗利克收藏所（Frick Collection）花了一大笔钱——多少并未透露——买下一幅色彩华丽的《圣母、圣婴与圣巴巴拉和伊丽莎白》（*Virgin and Child with Sts. Barbara and Elizabeth*）。华盛顿另有一幅《天使报喜》（*Annunciation*），特色是具有空间深度的感觉，但加百利衣服的过分渲染夺去了圣母的神采。卢浮宫也有一幅《圣母与罗林大法官》（*The Madonna with Chancellor Rolin*），画中有迷人的风景、蜿蜒曲折的河流、拥挤的桥梁、高耸的城市、花朵盛开的庭园，还有绵延起伏的山冈，似在迎接朝阳。画中一切，除了完整的色调外，还含有一种对画主人的描绘，容貌显示出主人曾有的人生经历，及经年累月在思想与感觉上形成的特色与个性的透露。在上述的人像里，理想主义的中世纪精神被疏忽了，现代的自然主义——也许反映出中产阶级的现世主义——正活跃着。

这一时期，这片肥沃的土地还产生了许多有名气的画家，像佩特鲁斯·克里斯图斯（Petrus Christus）、雅克·达雷特（Jacques Daret）、罗伯特·康平（Robert Campin），我们诚意地向他们致敬，并转致敬意于康平的徒弟罗格·德拉·帕斯蒂尔（Roger de la Pasture）。罗格 27 岁时，在其故乡图尔纳就已创立自己的名气，当地曾两次赏给他三桶酒，扬·凡·埃克也曾获得这项三桶酒的奖励。罗格接受了布鲁塞尔的邀请，担任官方的画师，并把名字改成佛兰德斯的形式，称为罗希尔·魏登（Rogier van der Weyden）。1450 年，他 51 岁时，到罗马去过寿辰，见了意大利的画家们，他以世界名人的姿态，接受他们的款待。意大利油画的发展，可能是受到他的影响。1464 年，他在布鲁塞尔逝世，这时他已成为全欧洲大名鼎鼎的艺术大师。

他的画在数量方面并不多。他也画过"好好先生"菲利普、罗林、"勇士"查理及其他很多名人画像。华盛顿国家画廊有一幅《贵妇画像》（*Portrait of a Lady*），姿容绝美无法描述——画中人好强自负，虔诚而又娇媚。在人像画艺的造诣上，罗希尔稍嫌浪漫，不足与扬·凡·埃克相比；在宗教画上，他的画常流露出一种温柔而细致的情感和强烈的意欲，缺少扬的刚劲与实体的技巧。在这一点上，也许通过佛兰德斯的方式，反映了法国或意大利的精神及中世纪情调的苏醒。

如一般意大利人一样，罗希尔在圣母圣婴的感人故事中，描绘了重要的插曲：加百利天使向一位受惊的少女报喜说，她将为上帝之母；马槽的婴儿；三王的朝拜；描绘圣母看顾圣婴的圣路加；圣母访问伊丽莎白；圣母愉悦地默念其子；圣堂的奉献；耶稣被钉十字架；耶稣尸体由十字架取下；耶稣复活；最后审判。在最后的一幕里，罗希尔以一种繁复而重叠的设计，表现其最高技巧，但如与《敬拜羔羊》那幅画对照，价值却不高。这幅画是为罗林而绘的，现存于罗林在博讷（Beaune）建立的一座漂亮的医院。在该幅画的中心，基督坐着，担任审判，比起在米开朗基罗的那幅画中，耶稣显出更悲悯的神情；两边的天使，身着闪亮的白袍，带着耶稣受难而死的十字架；这两位天使下面是米迦勒天使长，用天平在评定善人与恶人；画面左方，圣母跪着朝拜与祈祷；旁边还有得救者，也在跪拜作感恩祈祷；另外一边的被定罪者，恐惧地跌入地狱。与此画同样有名的，是一幅放置在安特卫普的三叠版画，显示了7件圣事，并附有象征性的布景。然后，罗希尔唯恐大家以为他太沉迷于这些，又画了一位出浴的美女，还有两个少年在墙缝中偷看，以这种不正常设计的好奇心，使欲望永无止境。

勇士查理（1465—1477）

所有这一切兴旺气象均在"莽夫"查理急躁的脾气下像气泡般消

失了。查理通常被一般人称为"勇士"，实际上是一个粗鲁人。罗希尔·魏登把他描绘成一位黑发英俊而严肃的年轻伯爵，曾率领他父亲的军队赢得血腥的胜利，又咬牙忍耐等待父亲死。1465 年，"好好先生"菲利普已发觉他儿子的这种不耐烦，便把政权交给查理，以满足查理年轻人的野心与旺盛的精力。

查理愤恨其公爵领地被分割为南北两个部分，形成空间上的隔离和语言上的差异；他更厌恨某些省份要遵照封建规制向法国国王效忠，而某些省份又得向德国皇帝服顺。他渴望使更壮大的勃艮第像 9 世纪的洛林郡一样，成为德法之间的中间王国，团结一致，由君主领导。甚至有时他会诅咒那些挡路的继承人早死，而将法、英及神圣罗马帝国的王权都交给他，使他凌驾于历史上一切卓越的大人物。为了实现这个梦想，他组织了欧洲最强的常备军，征收人民的税捐超过了先例，他刻苦律己，更刻薄待人，无论对他自己或敌友，都不给片刻的安宁。

然而，法国国王路易十一视勃艮第为法国的封地，用其优越的战略和机智狡诈，同这位富强的年轻人作战。查理联合法国贵族对抗路易十一，夺得了一些市镇，也带给这位不肯服输的国王长久仇恨。在那次战役中，狄南（Dinant）和列日叛离勃艮第，宣布拥护法国国王，狄南的一些激进分子，公开抬出受绞刑的查理肖像，表示他是一位不负责任的传教士的私生子。查理大怒，攻下该城，让其军队在城里自由抢劫 3 日，城中男人一律因为奴隶，妇女和孩子被驱逐出境。然后，把该城夷为平地，800 名叛乱分子被捆绑手足，投入默兹河（Meuse，1466 年）。菲利普在次年 6 月去世。夏罗莱的年轻伯爵升为"勇士"查理，他再次对路易发起战争，并强迫他的同伙合攻一再叛变的列日。即将饿毙的市民们，将一切财物献给这位新勇士查理，企图赎回一命。他拒绝这项交易，该城一草一木均被洗劫，连传教士用来奉献弥撒的圣餐杯也被抢去。凡付不起巨额赎金的俘虏们，1468 年均遭溺毙。

虽然长期处于混乱时局，世人仍难宽恕查理的暴行，尤其是无法无天地囚禁、污辱其国王之事更不能得到谅解。他征服了海尔德兰，夺取了阿尔萨斯（Alsace），又侵犯科隆并包围诺伊斯（Neuss）时，终于触怒了帝国，所有邻邦均起而反对他。被查理派去治理阿尔萨斯的彼得·哈根贝赫（Peter van Hagenbach），因其粗野、贪婪和残暴，引起当地市民公愤而被吊死。瑞士的商人曾受彼得之害，瑞士各州又因查理势力的扩张，感觉到他们的自由受到威胁，于是各州联盟于1474年誓死对查理宣战。查理离开诺伊斯，转向南部，征服了洛林，然后挥军越过侏罗山（Jura），进入沃州（Vaud）。瑞士人在那个时代是最勇敢的战士，他们在格朗松（Granson）附近击败了查理，又于1476年在离此不远处，再度获胜。勃艮第军终于溃败，查理受此刺激，几近疯狂。这时，洛林乘机叛变，瑞士派兵支援，路易十一也致送金钱，协助叛乱。查理重新组军在南锡附近与敌军同盟作战，1477年的这一战，他再度惨败而身亡。翌日，其尸体被偷尸鬼剥光衣服，赤裸半沉在池塘中，而其面孔在结冰的水中很快冻僵，这时他已44岁。此后，勃艮第即被法国吞并。

低地国家的艺术（1465—1515）

在"好好先生"菲利普之后，南部的佛兰德斯曾衰落了一段时期。政治的不安定使许多纺织工人跑到英国。英国成衣工业因此兴起，其由佛兰德斯获得原料后生产成品又卖给该地。1520年，英国成衣充斥着佛兰德斯市场，布鲁塞尔、麦刻兰及瓦伦谢讷等地以高级花边、地毯、绣帷和珠宝占有市场。那慕尔以皮革著名，卢万则以其大学和啤酒立足。约1480年，布鲁日通海的运河，河床开始淤泥，虽曾大力清除，但仍无法解决。1494年后，海行的船只无法再驶入布鲁日。不久，该地的商人和工人纷纷离开布鲁日，前往安特卫普，吃水很深的船只经须耳德河海湾进入安特卫普，安特卫普和英国出口商签订协定，同加来分占了欧洲大陆与英国的贸易。

荷兰人托堤防之福而生存，但该堤必须重建，因为它随时有崩溃的可能，1470 年曾因该堤某处破裂淹死 2 万居民。唯一较大的产业是捕捉鲱鱼并加以腌制。荷兰在这一时期曾产生很多名画家，但因太穷而无法维持。除海特亨·托特·森特·琼斯（Geertgen tot Sint Jans）外，都迁往佛兰德斯。

各个城市虽然萧条，但富人们衣着华丽，住着豪华的坚固砖房——里面挂有阿拉斯或布鲁塞尔制造的绣帷，与狄南的铜器相互争辉。他们也建造像布鲁塞尔的"圣母"和安特卫普的"圣雅各布"圣堂，又全部用石头修建安特卫普大教堂的正面，在根特又建造一所神气的市政厅。他们资助画家，坐着让画家画像，用艺术许愿奉献去讨好上帝，准许妇女读书。也许，他们的世俗心理，导致佛兰德斯的画风在二度盛行之际特别强调现实主义与风景画，即使宗教画也如此，而且在室内与室外寻求新的题材。

迪尔克·鲍茨（Dirk Bouts）革新派画风过分重视自然，开创了写实主义。他出生于哈伦（Haarlem），到布鲁塞尔后受教于罗希尔·魏登，定居于卢万，替当地圣皮尔教堂画了一幅多联画《最后的晚餐》，使用一种有趣的嵌条装饰——犹太人家中的"逾越节"——此画似乎暗示"最后的晚餐"是犹太人庆祝一种正统的希伯来庆典仪式，显示犹太人仍忠于犹太教。在同一教堂中的小教堂里，鲍茨以令人惊奇的精确笔画，勾出了《圣伊拉斯谟的殉道》，两名刽子手慢慢地转动绞盘，由裸体的圣人腹中抽出肠子。在《圣希波吕托斯的殉道》画中，四匹马被驱向四方奔驰，把圣希波吕托斯活活分尸。在《无罪骑士被斩》中，一位骑士被一位单恋的寡妇报复性地诬控为犯了勾引罪，而被处斩刑；流血的尸体横置于前景，被砍下的脑袋安详地躺在这名寡妇的膝上；鲍茨几乎以将死者和已死者平静的心情，来补赎他的暴力。在这些画中，有生动的色彩，也时有美景和美物陪衬。但是其平庸的画技、呆板的人物和缺乏活力的面孔，显示时间并不常常能作聪明的辨别。

荷兰画家胡斯（Hugo van der Goes）的姓名大概是取自西兰的胡斯，这是荷兰产生天才又失去天才的又一例子。1467 年，他被准许参加根特的画家公会。虽然当时佛罗伦萨已有很多艺术人才，但一位佛兰德斯的意大利商人，选中他替佛罗伦萨新建的圣母玛利亚医院绘一幅巨型的三联画，这足以说明佛兰德斯画派的声望。胡斯选的主题是"她生了他，她朝拜他"。这幅画的圣母与本人大小一样，神情贯注着崇敬，画得非常精巧；左边的牧童预示着拉斐尔和提香（Titian）的魔力；画中各景的细致、逼真、自然达到了新的高度。强有力的写实主义风格，创新的作品，精确的绘图，鲜明的特性描画，使胡斯在 15 世纪中晚期被列为佛兰德斯画派的代表。为了更安静或摆脱困扰，他进了布鲁塞尔附近的一座修道院（约 1475 年）。在那里，他继续从事绘画，而且（据一位修士说）酗酒。或许是上帝的安排，使他沉迷不醒，使他疯狂。

韦斯帕夏诺·达·比斯提西（Vespasiano da Bisticci）告诉我们，约 1468 年，意大利乌尔比诺（Urbino）的公爵费德里戈（Federigo）派人到佛兰德斯请一位画家装饰他的书房，因为"那时他还不知在意大利谁懂得油画"。加斯特·瓦森霍维（Joost van Wassenhoeve）是胡斯的朋友，他接受了这个邀请后，就定居于乌尔比诺，被称为贾斯特斯（Justus van Ghent）。他替这位博学的公爵画了 28 幅哲学家的人像，并为乌尔比诺一个兄弟会画了一幅祭台背景画，内容是"建立七件圣事"。虽然这些作品仍是佛兰德斯形态，但显示了佛兰德斯与意大利之间已产生交互的影响：使用油画较多，并趋向写实主义，意大利的理想主义与绘画技巧，已渗入佛兰德斯的艺术。

德国画家汉斯·孟陵（Hans Memling）访问意大利的事情，我们缺乏记载，但他的画中含有细腻雅致的特色，也许是从科隆的画家那里学来的，再不就是由罗希尔·魏登，或是由威尼斯沿莱茵河到美因茨一带学得的。汉斯出生于美因茨附近，其名大概取自他的故乡莫林根（Mömlingen）。他于约 1465 年离开德国，前往佛兰德斯和布鲁日。他在那里住了 3 年之后，英国的约翰·多恩爵士（John Donne）委托他画一幅"圣母尊荣"，这幅画在观念与做法上是传统的，但已表现了他的才华、细腻的感触及专注的热情。《施洗者圣约翰》这幅画代表佛兰德斯的写实主义，另一幅《传播福音的圣约翰》代表安杰利科（Fra Angelico）的理想主义。而渐渐抬头的个人主义风格，已可在他的自画像中隐约地透露出来。

与 30 年之后的佩鲁吉诺（Perugino）一样，汉斯一共画了 100 幅圣母画——慈祥的母性，静穆的神性，这些画像被悬挂在各地博物馆墙上的醒目之处，包括柏林、慕尼黑、维也纳、佛罗伦萨、里斯本、马德里、巴黎、伦敦、纽约、华盛顿、克利夫兰、芝加哥等地。其中最好的两幅保存在布鲁日的圣约翰医院：一幅是《圣凯瑟琳的神秘婚姻》（*The Mystic Marriage of St. Catherine*），在这幅画上，画中每个人物几乎都显得高贵华丽；另一幅是《敬拜圣婴》（*The Adoration of the Child*），在这幅画上，有"三王"来朝，其中一位是真人，就是当时的参议员歌德——十分引人注意。在慕尼黑的一幅全景画上，汉斯把基督一生中被记录下的重要事迹都描绘在其中。放置在杜林的那一幅画，描述男女混杂的情形说明耶稣受难之事，即使勃鲁盖尔（Pieter Brueghel）也自叹不如。他为西班牙纳赫拉（Najera）一座修道院的风琴箱罩，画上一幅《天使围绕着基督》（*Christ Surrounded by Angels*）的三联版画，此画可与多年前梅洛佐绘的一幅《歌唱的天使》（*Angeli Musicanti*）颉颃。安特卫普博物院在 1896 年，曾以 24 万法郎购买这幅画。另一幅折叠式的祭坛背景画，题名为《最后的审判》，是画给洛伦佐·美第奇在布鲁日的一位代理人伊库甫·塔尼（Iacopo Tani）的。画放在开往意大利的一艘船上，但该船被德国北部的汉撒同盟船队拦截，现金被抢走，这幅画则被运到但泽港的玛利教堂。

在这些重要作品和单人的版画方面，汉斯有一些很杰出的人像画，如《马丁》（*Martin van Nieuwenhoev*）与《女人》（*A Woman*）——

"马丁"放在那位头戴高帽和满手戒指的女人之下——这两幅画均保存在布鲁日的医院里；在伦敦画廊中，是一幅《一位年轻人》（*A Young Man*）；在纽约是《一位老人》（*An Old Man*）；在华盛顿是一幅《手持箭的男人》（*The Man with an Arrow*）。这些画均未达到蒂希安、拉斐尔或霍尔拜因的境界，就其技巧来说，也很肤浅。偶然也有些裸体画：《亚当与夏娃》、《芭谢巴出浴》（*Bathsheba at the Bath*）——但都不够刺激。

在汉斯绘画事业的末期，他为布鲁日的医院装饰了一座哥特式的小圣堂，计划放置圣乌秀拉（Ursula）的遗物。在 8 块版画里，他描述这位专情的少女如何婚配坎农（Conon）太子，他们的婚事如何一直延迟到她到罗马朝圣，她又如何率领 1.1 万个童女溯莱茵河而到巴塞尔，如何轻巧地越过阿尔卑斯山而受到教皇的祝福，如何又在归途中，这 1.1 万个童女在科隆被异教徒匈奴（Hun）杀害。9 年后（1488年），画家维托雷·卡尔帕乔（Vittore Carpaccio）同样替威尼斯的圣乌秀拉学院用更精确的笔调和最美的色彩，描绘了这段美丽而荒唐的故事。

对于汉斯或对任何画家来说，自己的画数量多且流行，总是不好的，因为每一幅画都代表着不同的时代与环境，表达着特殊的情感。如果所有的画都拿出来看，立刻会发现某些缺点——题材与范围上的狭窄，人像的单调，甚至他绘的圣母像那滑泻如水流的金发也会有毛病。表面上可爱而真实，放出滑亮的色彩，但笔触很难透入内心，表现不出画中人深锁的孤寂、惊愕、渴盼和忧伤。汉斯的女像是无生命的，我们发现他绘的裸女全是大肚皮、小胸部，使我们感到索然无味。也许那个时代流行那个式样，与现在不同。这使我们的欲望也多少受到影响。然而，我们必须承认，汉斯于 1495 年去世后，支持他的与反对他的人都一致认为他是阿尔卑斯山北部画家中的第一人。如果其他艺术家敏锐地感受到他的缺点，超过他们自己的，那他们永难跟得上汉斯的细微的题材、纯洁的情操及瑰丽的色彩。汉斯在佛兰德斯画派中的卓越影响，曾达 30 年之久。

大卫（Gerard David）承继了这种方式。约 1483 年，他由荷兰来到布鲁日时，就感到汉斯悦目柔和的韵调的魔力。他的圣母画像酷似汉斯，几可乱真。也许他们两人之间，有一种共同的构想。在《逃亡埃及途中的休息》（*The Rest on the Flight to Egypt*，现保存于华盛顿）中，在描绘圣母娴静美丽这方面的技巧，他与汉斯相等，在描绘圣婴这方面，他高过汉斯。大卫在老年时经商，并迁到安特卫普。因此，他脱离布鲁日画派，而安特卫普画派这时由马赛斯（Quentin Massys）创始。

马赛斯是卢万一位铁匠的儿子，他于 1491 年获准加入安特卫普圣卢克（St. Luke）的画家公会，时年 25 岁。然而圣卢克画家们对《希罗德宴会》（*The Feast of Herod*）中希罗底（Herodias）用一把雕刻刀砍断了施洗者的头这件事并不赞同；对《基督入葬》（*The Entombment of Christ*）一画中，亚利马太城（Arimathea）的约瑟夫从一个已经没有血的死人头发上摘取血块这件事，也不赞成。马赛斯曾两度结婚，他 7 个子女都死掉了。他是一个冷血而顽强的人。他利用一个妓女来骗取一位年老放利者的钱，并以很有派头的神气点数金币，他太太在一旁又羡又妒地看着。马赛斯画的圣母像比汉斯的更感人，在柏林的一幅圣母画，画中的圣母如同其他任何母亲一样，怜爱地亲吻着她的婴儿，她身上穿着鲜明的蓝、紫、红三色长袍，更增加其美丽。谈到人像画，马赛斯能从人像的面容中透露出其特性，在这一方面，他比汉斯更成功。在巴黎的雅克马尔特−安德烈博物院里，马赛斯有一幅杰出的《人像研究》（*Study for a Portrait*），就具有这种优点。1517 年，彼得·基利斯（Peter Gillis）对托马斯·莫尔表示他自己与伊拉斯谟极为相似，那正是基利斯转向马赛斯之时。马赛斯与基利斯都生活得不错，伊拉斯谟却遭受了原应由霍尔拜因该受的厄运。1520 年丢勒和 1526 年霍尔拜因先后来到安特卫普时，他们高度颂扬马赛斯，奉马赛斯为佛兰德斯艺术的领袖。

在布拉班特出现了佛兰德斯历史上最原始、荒诞的艺术家。正如马德里的一幅《基督显现于人民》（*Christ Shown to the People*）中的民众，或是如同在纽约的《三王来朝》（*Adoration of the Magi*）一幅画中那些丑陋的面孔，马赛斯的画中随处都有这种性格乖戾而如野兽似的形象，如同达·芬奇用他讽刺穿插的描绘笔法。博施利用这种怪异的作品做了一笔好生意。他出生于博伊斯—勒—杜克（Bois-le-Duc）（布拉班特北部，今荷兰南部），其一生大部分时间均在该处度过。他最初用佛兰德斯的名字赫托根博施（Hertogenbosch），成名后又改为博施。曾有一段时间，他也画了一些普通的宗教题材，如《东方博士的朝拜》，就很接近正常。但他那种荒诞的意识，正逐渐控制着他的构想和艺术。也许，他在幼时曾受到中古时期那种起于岩石后或树上的鬼怪故事的惊吓，他常用针砭性的讽刺和内心的嘲笑，做出这些妖魔鬼怪的漫画。他以艺术家的敏感，愤恨人类愚拙的行事——奇怪的、丑陋的或畸形的——用愤怒与欢乐复杂的可怕情绪把它们描绘出来。甚至对应予抒情的主题也是如此，在《基督的诞生》（现存科隆）中，他竟在前景处绘上一个牛鼻；在《东方博士的朝拜》中，农人由窗户与拱道窥视圣母和圣婴。在这幅画的最后部分，他以完美的画技画了一位庄严的圣彼得和一位气概不凡的黑人国王。但开始描绘基督的故事时，他画上了兽性的脸，暴戾的眼、巨鼻、贪婪的突唇，使这幅画黯然失色。绘述圣徒的故事时，他绘出格外温柔的施洗者圣约翰，背景是一座岛屿和海水，非常特别；在这幅画的一角上，他却画上一个沉思的魔鬼——头戴修士帽，有老鼠的尾巴和昆虫的脚，正耐心地等待接收这个世界。在《圣安东尼的诱惑》（*The Temptation of St. Anthony*）中，周围有昏天昏地玩妓的放荡隐士——一个肩上长着脚的矮人，一只有山羊腿的鸟，一把有牛腿的壶，巫婆骑着一只老鼠，一个吟游诗人头上顶着马的骷髅。博施的这些怪异作品来自哥特式的大教堂，而且流传甚广。

他并非一位写实主义者。他随时都表达人生百态，在《浪子》

（*The Prodigal's Son*）中，过度描写了丑陋、贫穷和恐惧。他的那幅《骑在草堆上》（*Hay Ride*），并不是指 5 月的行乐，而是一种痛苦，说明"一切肉体皆如草木"。草堆之上一切都完美理想：一个青年为正在唱歌的女友伴奏，他们后面有一对爱人在亲吻，一旁还有一位天使跪着；在他们的上方，画着基督显身云中。在地面上，一个凶手正刺杀倒下的敌人，一个老鸨正诱使一个少女卖春，一个庸医在叫卖万灵药，一位肥胖的传教士接受修女的捐赠，一辆车碾死粗心的祭司。右边有一队鬼怪，加上猿猴的协助，把受罚者拖入地狱。菲利普二世——愁思的西班牙国王，把这幅画挂在他的室内。靠近这幅画，他另外挂上了一幅《世上的快乐》（*The Pleasures of the World*）。围绕池塘，裸体的男女在里面沐浴，另有一列裸身的人骑着动物，这些动物部分是真的，有些则是梦中的幻影；大钉与刺从周围进入该画；画的前景上，有两个裸体者相互紧抱着跳华尔兹舞；同时，一只巨鸟带着哲学意味的欣赏神态注视他们。有个窗门显示在创造夏娃，是罪恶的起源；另一个窗门表现了接受永罚者的苦痛与难受。这实在是一幅独特的作品，包含了灵巧的画技和畸态的想象——这就是真实的博施。

即使在现代主义方露曙光之时，成百万单纯敏感的基督徒是否会有这种荒诞的怪梦？博施属于这一种人吗？阿拉斯的图书馆里有他本人的画像，他虽年老，但显得充满活力，眼神锐利。他是活在自我嘲讽与愤怒中的人，而且能以行将离开尘世的幽默眼光来看人生。如果这些妖魔鬼怪式的幻想仍搅扰着他的话，他便不能把这些幻想绘得极为精巧。他超越这些幻想，愤怒而不愉快，因为人类一直摆脱不了这种幻想。他的作品经过雕刻，大量印制，流行于市面。这些画被他同时代的人视为戏谑作品，而不觉得恐怖。一个时代之后，彼特·勃鲁盖尔为了驱除邪魔，把这画上的妖魔鬼怪换成正常而愉快的人；4 个世纪之后，神经质的艺术家画出含有博施讽刺意味的幻想，来反映他们那个时代的不正常。

在结束本章时，要介绍佛兰德斯画派中一位更具传统的人物。让·霍萨尔特（Jan Gossaert）出生于法国的莫伯日（Maubeuge），因此也称马布塞（Mabuse）。他于1503年，大概是跟从布鲁日的大卫学画而来到安特卫普的。1507年，他被邀请到勃艮第菲利普公爵的宫廷。让陪同这位公爵到意大利，带回一些技巧用在自己的画艺中，在"异端神"和"裸体画"方面，也增加了一些鉴别能力。他画的《亚当与夏娃》，使不穿衣的肉体第一次在佛兰德斯艺术中获得生命力。《圣母、圣婴及天使》（*Mary with the Child and Angels*）、《画圣母像的圣卢克》（*St. Luke Drawing the Madonna*）等画，在背景上有肥胖的小天使和文艺复兴时期的建筑，模仿意大利的风格，而《基督在山园中的痛苦》中优美的月景，也应归功于意大利。但霍萨尔特擅长的是人像画。自扬·凡·埃克以来，佛兰德斯画派中，还没有哪一幅画跟卢浮宫让·卡龙德莱特（Jan Carondelet）的那些画一样，对人物个性作过如此深的探求。这里的艺术家，画人像着重脸和手，并透示其富有的祖先、禁欲的官吏及在权力压迫下忧郁的心灵。马赛斯把埃克兄弟时代达到高贵风格的一流佛兰德斯画作了一个结束；霍萨尔特从意大利带回这些稀奇的技术，雅致的装饰、优美的线条、细微的明暗对照及人像画法，使16世纪佛兰德斯画的乡土技巧得以转变，直到鲁本斯及凡·戴克时才达到最全盛的时代。

勇士查理没有儿子，他把女儿玛丽许配给奥地利的马克西米里安，希望哈布斯堡（Hapsburgs）会保护勃艮第不受法国侵略。路易十一依然侵吞公爵领地，玛丽逃到根特。以接受佛兰德斯、布拉班特、埃诺、荷兰四地宪政为代价，她签下了"格鲁特特权"（Groote Privilegie，1477年2月），这份特权明确若无国会或各省议会的同意，她保证不结婚、不征税、不宣战。当布拉班特把这个及以后的特权条件——包含"愉快的加入"（Joyeuse Entrie）——解释为是对当地自由本身的特惠，尼德兰为争独立开始了一个世纪之久的奋斗。玛丽与马克西米里安的婚姻（1477年8月）把有势力的哈布斯堡引入了低地。玛丽于 1482 年去世后，马克西米里安成为摄政王。马克西米里安于 1494 年被选为皇帝时，他把摄政权交给他的儿子菲利普。菲利普于 1506 年去世后，他的姐妹——奥地利的玛格丽特被皇帝任命为总督。菲利普之子——以后的查理五世——当时仅 15 岁，这时尼德兰已成为领土广大的哈布斯堡王国辖属的一部分，这位皇帝是历史上最富才艺，也是最有野心的统治者之一。

第七章 | 中古欧洲
（1300—1460）

土地与劳力

由于人类生存在有形的地理环境中，山川、河流和海洋把他们分割为发展各异的群体。在半隔离的状态下，言语与教养、气候的特性、风俗及服饰等都不相同。人类因受不安全感的驱使，而常猜疑异乡人，并对不同于自己种族的生活方式和陌生的面孔，常表敌意。不同的地形——高山与深谷、深海与海峡、港湾与河流——造成了欧洲各种独特的风光，也把这一块较小大陆的人口分割成20多个民族，各具歧见，心怀宿怨。这种原始创造的细工具有一种神秘的力量，人们反对把很多人拘囿于同一个神话与哑剧里。这些上下各异的服装、风俗、信仰与语言、本性与人类的需要，促使人类趋向经济的一致和相互的依赖，这种趋势显明而迫切地表露在发明与知识上，铲除了一切由地形阻隔而存有的障碍。从挪威到西西里岛，由俄罗斯到西班牙，我们用客观的眼光去观察，除了服装和语言上稍有差异外，其他都有类似的特性，像耕地、采矿、制衣、造屋、祭坛、学校、育幼、经营买卖，培养守法重秩序的习惯，成为人类自卫与生存上最坚强的组织。这样一来我们就会想象中古的欧洲，也是如此一个团体。

在斯堪的纳维亚（Scandinavia），人们的主要任务是克服寒冷；在荷兰，是战胜海洋；在德国，是控制森林；在奥地利，是征服高山。农业是人类生命的根基，其命运有赖于人类是否能赢得以上这些胜利。13 世纪以前，农作物的轮栽在欧洲逐渐普遍，使土地加倍生产。1347 年至 1381 年，中欧有一半人口死于黑死病。人口的死亡率阻止了土地生产力的提高。一年之内，斯特拉斯堡死了 1.4 万人，克拉科（Cracow）死了 2 万人，布雷斯劳死了 3 万人。约有一个世纪之久，哈茨（Harz）矿山仍无矿工开采。人们以原始的动物耐性，又恢复了古代的劳动，将土壤挖掘、翻松。瑞典与德国开采铁与铜，他们在亚琛（Aachen）和多特蒙德（Dortmund）采煤，在萨克森（Saxony）采锡，在哈茨山采铅，在瑞典及提洛尔（Tyrol）采银，在卡林西亚（Carinthia）和特兰西瓦尼亚（Transylvania）采金。

金属的生产供应了成长中的工业，而工业又促进了逐渐普遍的商业。德国是矿业巨子，在冶金术方面居领导地位。14 世纪，德国就已使用熔炉；他们用水压碓和滚动磨，改进了金属生产。纽伦堡成了五金商的首都，以制造大炮和钟而著名。纽伦堡、奥格斯堡、美因茨、施派尔、科隆等地的工商业，使它们几乎成为独立的城邦。莱茵河、美因河、莱希河、多瑙河等地，使德国南方诸城市，对于意大利与东方的陆上交通来说，具有重要地位。大的商业公司行号、广布的输出口与代理商沿着这些路线而建，远远超过 15 世纪汉撒同盟的势力与范围。后者在 14 世纪仍然很强盛，控制了北方与波罗的海的贸易。但是 1397 年，斯堪的纳维亚诸国的联盟突破了它的垄断。不久，英荷两国开始输运他们的货物。甚至连鲱鱼的贸易都违反汉撒同盟的规定。约 1417 年，他们决定在北海孵养鲱鱼，而不再在波罗的海；卢贝克（Lübeck），汉撒同盟的台柱，因失去了鲱鱼贸易而衰落，阿姆斯特丹因赢得这笔生意而日趋繁荣。

经济发展在乡村与城市、地主与农奴、贵族与企业家、商业公会与技工公会、资本家与无产阶级、教士与俗人、教会与政府之间激起了阶级斗争。在瑞典、挪威和瑞士，农奴制度逐渐衰退或全部消失，但在中古欧洲的其他地方，有一种新的生活方式来替代。在丹麦、普鲁士、西里西亚、波美拉尼亚、勃兰登堡等处，农民们获得了自由，但要清理土地。15 世纪，农奴制度又被好战的贵族恢复了。我们从勃兰登堡农民的一句俗语中，可以判知这些德国年轻贵族的苛刻——这句俗语是：农民宁愿终生做地主的牛马，而不愿让贵族骑在他们头上。在波罗的海，贵族和条顿族的骑士们，最初原以奴役被征服的斯拉夫人为乐。因为劳工的缺乏、黑死病及波兰战争（1409年），必须征用一般无业游民，并与邻邦订约，以引渡逃亡的奴隶。

被皇帝们祖护、作为男爵们陪衬的中产商人阶级，管理市政非常合适，市政厅和商人公会在很多事情上合作无间。技工公会也表顺服，甘愿接受市政当局规定的工资，而且禁止纠众罢工行动。就如同英国和法国一样，原本骄狂神气的技工，被压制成为不能自卫的平民。因此，工人们随时都想革命。1348 年，纽伦堡的技工占领了市议会，统治了该城将近一年，但被皇帝以武力征服，又恢复了贵族商人的权力。在普鲁士，1358 年有一项法令规定任何罢工者将被判割去一只耳朵。丹麦（1340 年、1441 年）、萨克森、西里西亚、勃兰登堡、莱茵（1432 年）、挪威以及瑞典（1434 年）等地的农民，相继叛乱。但因他们缺乏强固的组织，都失败了。但革命的思想已流传到城市和乡村。1438 年，有一位无名的激进分子写了一本小册子，说明了一种在集体主义原则下凯泽·西吉斯蒙德的理想改革运动（Kaiser Sigismund's Reformation）。这为 1525 年的农民革命做了铺垫。

秩序的组成

秩序是文明与自由之母，混乱是独裁之源，故历史随时可颂扬国王的德政。国王们在中古时代的任务，是从正在扩大的地方统治中解放个人，而且把立法、司法、刑法、造币及宣战等权力，集中于一人。封建制下的贵族们为丧失地方统治权力而悲哀，但诚朴的人民，对国无二君和币制及法律的统一，却感到欣慰。在那种半文盲的时代，人们不希望国家成为没有君王的无主状态。

14 世纪，斯堪的纳维亚曾产生过几位杰出的君主。瑞典国王马格努斯二世（Magnus Ⅱ）把与他王国抵触的法规重编为协调一致的国家法（1347 年）。丹麦的埃里克四世（Eric Ⅳ）控制了贵族阶级，加强了中央权力。克里斯托弗二世（Christopher Ⅱ）曾削弱王室的权力，但瓦尔德马四世（Waldemar Ⅳ）恢复了它，并使丹麦在欧洲政治上成为强国之一。在斯堪的纳维亚王朝中，最了不起的人是瓦尔德马四世的女儿玛格丽特。她 10 岁（1363 年）与挪威的哈康六世（Haakon Ⅵ）结婚。哈康六世是瑞典王马格努斯二世之子，因为血统与婚姻的关系，玛格丽特注定担负起联合王室的重任。她父亲去世时（1375 年），她带着 5 岁的儿子奥拉夫（Olaf）立刻前往本国京城哥本哈根，说服贵族与教会的选举人士，承认其子为王，并以她为摄政。她丈夫死后（1380 年），奥拉夫又继承了挪威的王权。这时，这位小国王只有 10 岁，玛格丽特当时已 27 岁，仍为摄政。她的谨慎、机智及勇敢使当时一般人都感到惊奇，他们对男性领导的无能或暴力，已习以为常；而丹麦和挪威的封建地主，在经历许多国王的统政之后，很愿意支持这位聪明、睿智、慈和的王后。奥拉夫 15 岁时（1385 年），其母后利用外交为他赢得瑞典王位的继承权。两年之后，奥拉夫去世。这位太后长期的耐心等候及为统一斯堪的那维亚联合王国的远大计划，似乎因为年轻国王的去世而被粉碎了。丹麦的皇家上议院，鉴于当时尚无一位男性继承人在维持国政安定方面的能力比得上玛格丽特，不顾斯堪的纳维亚禁止女人主政的规定，选她为王国的摄政王（1387 年）。翌年，她又前往奥斯陆，被选为终身制的挪威摄政王。一年之后，瑞典的贵族集团把那位不受欢迎的国王罢黜了，推举她为该国王后。这位兼领三国领导之位的女人说服三国承认她的外孙埃里克为三国王位的共同继承人。1397 年，她召集三国联合议会，在瑞典的卡耳马（Kalmar）开会。瑞典、挪威及丹麦三国在会议中共同宣布三国永久团结，并共同拥戴一位盟主，但各国可以保有其风俗与法律。埃里克被加冕为三国之王，他那时才15岁，玛格丽特于是继续摄政，一直到她1412年去世。在当时的欧洲，没有一位统治者拥有如此广大的国土和如此显赫的权势。

可惜她的外孙未能承继她的智慧。埃里克有意使这个联合王国成为一个丹麦大帝国，并想在哥本哈根设置一个议会来统治这三国。但在这大帝国里，挪威首先剥离，失去了10至13世纪她所掌握的实际领导权。1434年，恩格尔布雷克特·恩格尔布雷克松（Engelbrekt Engelbreksson）领导瑞典反对丹麦的盟主权力。1435年，他在阿尔博加（Arboga）召集了一个包括贵族、主教、小地主及市民在内的全体国民会议。这个具有广泛基础的大会持续了500年，即今日的瑞典国会。恩格尔布雷克松与卡尔克·克努特松（Kark Knutsen）同被选为摄政。一年后，革命英雄恩格尔布雷克松被刺，克努特松以摄政身份统治瑞典，后成为国王，直到1470年。

同时，克里斯蒂安一世（Christian I）开始了奥登堡（Oldenburg）王朝，这个王朝曾统治丹麦到1863年、统治挪威到1814年。在玛格丽特摄政时期（1381年），冰岛在丹麦的统治之下。该岛在历史上与文学上的极盛时代虽已过去，但其能力和政治实力对混乱的欧洲仍有潜在的影响。

瑞士在这个时期是世界上民主度最高的国家。这个难以征服的国家，其历史上的英雄就是各地方群。最初是说德语的施维茨（Schwyz）、乌里（Uri）及翁特瓦尔登（Unterwalden）的森林区各州，这些州在1291年曾结为防御同盟。瑞士农民曾于1315年在莫加顿（Morgarten）大胜哈布斯堡的军队，该同盟正式承认神圣罗马帝国的君主权力而维持其实际的独立。其后增加的新州郡有：琉森（Lucerne，1332年）、苏黎世（1351年）、格拉鲁斯和楚格（1352年）、柏恩（1353年），到1352年施维茨这个区名已伸展到各郡。由于地形的障碍，接受了法语、德语或意大利语等不同语言和不同的生活方式，各州郡都有经其公民所选的议会制定的法律。参政权的范围随各州郡及各时期而异，但各郡均拥护一致的外交政策，并接受联邦议会对彼此之间一切争端的裁决。各州郡有时相互争斗，邦联宪法仍具有联邦主义的影响，联邦主义即在自由采纳同一的机构与法律之下，团结各自治地区。

瑞士邦联为保卫其自由，所有的男人要受军事训练，10 岁至 60 岁的男人均须服役。有严格纪律并以矛为武器的瑞士步兵，是欧洲最令人惧怕而军费庞大的兵团。各郡为了增加收入，把自己的部队租给外国，有一段时间，"使得瑞士勇士变成商品的名称"。奥地利的邦主仍然宣称在瑞士具有封主的权力，偶然还企图使用武力强制实行，但 1386 年在森帕赫（Sempach）和 1388 年在奈弗尔斯（Näfels）被瑞士击退。这两次战役在民主史上，值得记上一笔。1446 年的《康斯坦茨条约》，再度确定瑞士正式效忠帝国而拥有实质的自由。

德国挑战教会

德国也是联邦之一，但其组织不是由民主议会治理，而是被世俗的或教会的王侯掌政，只承认有限度地效忠神圣罗马帝国的国王。这些联邦州郡如巴伐利亚、符登堡、色林吉亚、黑斯、拿骚、梅森、萨克森、勃兰登堡、卡林西亚、奥地利及巴拉丁娜——由公爵、伯爵、侯爵或其他非宗教的君主统治；另外的州郡如马德堡、美因茨、哈雷、本博、科隆、不来梅、斯特拉斯堡、萨尔茨堡、特里尔、巴塞尔、希尔德斯海姆——政治上属于不同等级的主教或总主教。但其中约有100 个城市，在 1460 年以前，已由其非宗教或宗教的领袖争得特许的实际自由。三种阶级的各公国代表——贵族、教士、平民——偶尔举行地区性的会议，以其财力影响对王子的权力予以约束。公国和自由城市派代表出席帝国会议。有一个特别选举人会议，是为选举国王而召开的，通常由波希米亚的国王萨克森的公爵、勃兰登堡的侯爵、有王室特权的伯爵及美因茨、特里尔和科隆的总主教等组成。他们只选举被承认为神圣罗马帝国领袖的国王，并须经过教皇加冕才行，因此他加冕前的头衔是"罗马国王"。国王的政治中心主要在纽伦堡，有时也在别处，甚至在布拉格。他的权力基于传统和威信，而非财力或武力。除了一份王子应有的封地外，他别无领土。有关施政或作战上的经费，全依赖帝国议会或选举会议。这种依存性，使查理四世或西吉斯蒙德这几位强人也受到掣肘，以致在外交事务上抬不起头来。自从霍亨斯陶芬（Hohenstaufen）王朝在 13 世纪有权势的教皇们手中摧毁之后，由利奥三世（Leo Ⅲ）和查理曼建立的神圣罗马帝国（800年）也因之衰颓。1400 年，德国、奥地利、波希米亚、荷兰和瑞士的联盟已成为一种松弛的结合。

1314 年，帝国与教廷的冲突再度兴起，双方敌对的选举组织分别选出巴伐利亚的路易和奥地利的腓特烈（Frederick）为国王。约翰二十二世依据他在阿维尼翁的教皇权，承认双方选的都是国王但不是皇帝；并坚称：唯有教皇才能加冕一个国王为皇帝，教皇应被视为选举有效的裁判。这位有野心的教皇说，帝国的政事自皇帝的逝世到继承人加冕均由教皇定夺。路易和腓特烈宁愿以战争的方式决定。1322年，在米尔多夫（Mühldorf）路易打败并俘虏了腓特烈，随后全揽整个皇权。约翰命令他辞去一切职权，到教皇法庭接受违叛教会的判决。路易断然拒绝，教皇便于 1324 年把他逐出教会，命令欧洲所有的基督徒不接受其统治，并对承认他为国王的地区发出禁令。大多数德国人不理这些敕令，那时德国人的看法与英国人一样，将阿维尼翁的教皇视为法国的仆人或法国的同盟而已。在教皇的职权与信仰逐渐衰落时，人们先想到爱国，然后再做基督徒。超然的天主教教义信仰已趋微弱，有民族主义色彩的新教逐渐抬头。

在这一重要关头，路易受到各方面同盟的支援与鼓励。教皇约翰二十二世 1323 年颁布的有关财产的敕书，将基督和其使徒拒绝据有财产的观念，视为异端邪说，并指示宗教裁判所把持有这种观点的圣方济各会修士召来。很多修士反驳教皇的这种异端指控。他们对教会的财富表示出神圣的恐惧。有些修士竟把这位年老的教皇称为假基督。该会的会长米夏尔·切塞纳（Michael Cesena）于 1324 年带领大部分年轻会士，公开效忠巴伐利亚的路易四世。路易因有他们的支持，更觉胆壮，在萨克森豪森（Sachsenhausen）宣布反对"约翰二十二世自封为教皇"，并斥责他为凶手和背义之人，说他决心破坏帝国，同时要求全国议会应以教皇为异端并对其审判。

国王又受到巴黎大学的两位教授在纽伦堡朝廷的鼓吹——帕多瓦的马西利乌斯和江敦的约翰（John of Jandun）——他们的书《和平的维护者》（Defensor Pacis）攻击阿维尼翁的教皇政治，其中措辞颇能取悦国王："除了一群来自各方的买卖圣职者外，你能在那里发现什么？除了一阵讼棍的喧闹声和辱骂正人君子外，还有什么？对于无辜的人来说，正义已威信扫地，除非他们花钱去买。"各方教士为响应 13 世纪的阿尔比教派及韦尔多教派的改革论调宣道，并以与两百年后对马丁·路德的期待同样的热情，主张基督教义应根据《圣经》来制定。教会的大会议不应由教皇召集，而应由皇帝召集；教皇的选举须得皇帝的同意；而且教皇同其他任何人一样，应从属于皇帝。

路易闻悉此情大为高兴，他决定亲往意大利，接受罗马人民为他加冕。早在 1327 年，他率领少数军队、一些圣方济各会修士及两位为他撰拟公告的哲学家出发。同年 4 月，教皇发布了新诏书，把约翰和马西利乌斯逐出教会，并命令路易离开意大利。执政的米兰城子爵欢迎他来，路易接受了铁冠，被拥为伦巴底的正式君主。1328 年 1 月 7 日，敌视阿维尼翁的教皇的民众，以欢呼声把路易迎进罗马。路易亲自设朝于梵蒂冈，并在神殿召集公共议会。他以帝国皇位继任候选人的身份出现于公众面前。公众给予热烈的欢迎。1 月 17 日，他所贪求的王冠，由长老科隆纳（Sciarra Colonna）戴在他头上——这位长老也是教皇的死敌，在 25 年以前就与博尼费斯八世斗争，并被威胁以死罪，这次又逢机会，便对已衰落的教会再度挑战。

教皇约翰现已 78 岁，从未想到失败一事。他正式召唤神圣十字军来削解路易的一切权力，严令罗马人驱逐路易，重新效忠教皇。路易答复的条件是把原来被逐出教会的前任亨利四世换回来。他又召集了一次公众会议，在会中他颁发了皇帝布告，控诉教皇的邪说及专横，废除其教皇的职衔，并以俗世的权力判他罪刑。在他的策划下，成立了一个罗马教士与教外人士联合的委员会，提名科瓦拉的彼得为教皇，恢复利奥三世和查理曼的职务。路易把教皇的三重冠冕放在彼得头上，并宣布他为教皇尼古拉五世（1328 年 5 月 12 日）。这使基督徒感到惊异。他们分成两大派别，混乱的情形与宗教革命后的欧洲分裂为二如出一辙。

小小的地方事件居然戏剧性地改变了大局。路易曾任命帕多瓦的马西利乌斯为首都的宗教信仰上的主管，马西利乌斯命令数位留在罗马的教士照常举行弥撒，不必顾及禁令。其中有些抗命者遭到处刑，有一个奥古斯丁教派的修士被丢在罗马神殿的狮窟里。很多罗马人觉得这种处置方法太过分。意大利人从未习知如何去和条顿人打交道，当有些士兵由市场上拿取食物而不付钱的事发生后，暴乱便发生了。路易为了维持其军队及人员开支，他向一般市民、教士及犹太人各征取捐献金 1 万弗罗林，闹得怨声载道。路易认为返回德国的时机到了，1328 年 8 月 4 日，开始由意大利撤退。第二天，教皇的军队便占领了罗马，路易在罗马的拥护者的宫殿也被破坏，他们的财产被教会没收，罗马人民并未做任何反抗，只是恢复了他们的祈祷与犯罪。

路易四世因在比萨因获得一位生力军——14 世纪最有名的哲学家——而感到安慰。奥卡姆从阿维尼翁教皇的监狱中逃了出来，现在愿为皇帝效忠，他对路易说（依据未经证实的记载）："你现在用剑保护我，我将用笔保护你。"他努力写文章，但没有挽回大局。路易曾经疏远了意大利的所有执政分子，他的保皇党徒（Ghibelline）为了他们自身的利益，企图凭借他的名义统治意大利半岛。但他们发现路易总揽大权、控制一切时，感到十分懊悔，尤其是路易强迫他们为了充实财源，去征募不受人民欢迎的税。当路易的武力与他的自负不相配时，很多保皇党徒，甚至连贵族爵士均背弃了路易而与教皇谋和。那位僭称的罗马教皇尼古拉在孤立无援之下，向原教皇的官员投诚。他颈绕缰绳，被带到老教皇约翰二十二世面前，跪下求告赦免（1328年）。约翰原谅了他，拥抱他如拥抱归来的浪子，然后把他终身监禁。

路易四世返德国后，屡派大使前往阿维尼翁，表示愿意撤回前言，向老教皇道歉并求其原谅。约翰拒绝了，并要与他作战，至死方休（1334年）。当英国开始百年战争时，为了寻求同盟，路易乘机收复了一些土地。爱德华三世承认路易为皇帝，而路易致贺爱德华为法国国王。乘此同盟反对教皇之机，他于1338年7月16日，在伦瑟举行德国王侯及大主教会议，宣布：由德国选民选举的德王不能被任何其他权力废止。又于1338年8月3日在法兰克福召集议会，宣称教皇反对路易的声明无效。同时，该议会裁决皇帝的头衔与权力是帝国选民的礼物，无须教皇的确证。德国与英国对教皇圣本笃十二世的抗议置之不理，使宗教改革的行动又迈进了一步。

路易不顾成功与否，决定充分运用马西利乌斯的理论，掌握宗教及非宗教的至高主权。他撤换教皇指定的在教会领俸的人，然后用自己的人递补其缺；他挪用教皇派征收人员为十字军所募的经费；他调停了卡林西亚的玛格丽特的婚事——她是提洛尔大部分领区的女继承人——而使她与他的儿子结婚，他儿子与她有一点亲戚关系，依教规其婚姻是无效的。被抛弃的丈夫——查理及波希米亚的约翰誓死复仇；而克莱门特六世曾于1342年当过教皇，他发现有机会废除教皇宝座上的年老对头。克莱门特利用巧妙的外交手段赢得每一个选举人的同意，认为要想恢复帝国的秩序和安定，唯有罢黜路易，并改立波希米亚的查理为帝；而查理保证会听命于教皇，作为其对查理支持的回报。1346年7月，在伦瑟举行的选举议会，宣布查理为德国之王。

路易因阿维尼翁教皇未听取他的申诉，也准备为其宝座抗争到底。这时路易已 60 岁，打猎兴趣仍很浓厚，不幸在 1347 年坠马而死。查理四世极善于治国。他以布拉格作为帝国京城，这一点让德国人讨厌；他对德国境内及其本乡的行政，作了同样的改善，而且保护商业和运输，减低税收，维持信用币制；他的整个帝国维持比较安定的局面有一代之久。他在历史上获得了可疑的名声，原因是 1356 年他颁布了一连串的重要法令——虽然这只是盖有皇帝金印的许多文件中的一些文件而已。他赋予 7 位有选举皇帝权力的大员一项几乎可以废止皇帝职权的权力，原因是他长时间不在德国，认为必须做这种安排。这些选举官员每年聚会一次，为他们的国家制定法律；国王或皇帝只是他们的代理和执行法律的工具。他们在自己的邦郡享有充分的司法权，在其领土内拥有一切矿产权，拥有铸造钱币和征税的权力，并在允许的范围内，有宣战与媾和的权力。这些重要法令，对已有事实给予合法追认，目的在于建立一个协和的联邦公国。这些官员专心于当地的政事，反而忽略了身为皇室议员的本身职责，以致“德国”仍然只是一个空名而已。这种各地区选举官员的独立性，造成了萨克森郡选举官员们保护马丁·路德的机会及此后新教信仰的发展。

查理年老时以贿赂为他的儿子获得了皇室继承权（1378 年）。温策斯劳斯四世（Wenceslaus Ⅳ）虽有些优点，但他酷爱喝酒并有家乡小圈子观念，当政的官员讨厌他这种习气，把他罢黜了，另立鲁伯特三世（Rupert Ⅲ）为王，他没有什么功过。卢森堡的西吉斯蒙德在 19 岁时被选为匈牙利的国王（1387 年），于 1411 年又被选为罗马人的国王，不久即就神圣罗马帝国皇帝职位。他有各种成就而且有招人喜爱之处：英俊、自负、大方、和蔼，偶尔也很冷酷。他会数种语言，除爱好文学外，也喜欢女色及弄权。他的这些欲念将他引上了一条狭窄的地狱之路，他的勇气也未能使他免于危机。他很诚心地改革政府机构中的浪费与其他毛病；他也订了一些极为出色的法令，并强行实施了其中数项；但他被当政官员的惰性与自作主张阻碍，甚至他们都不愿提供抵抗土耳其军队进犯的军费。在他晚年，他的财力与精力均消耗于对波希米亚的改革派乌特拉奎斯特信徒的抗争。1437 年，他死之后，欧洲人悲悼他是一位促进欧洲进步的人，除了他的一份尊严外，在各方面他都遭到失败。

他曾推许他的女婿——哈布斯堡的艾伯特——给波希米亚、匈牙利及德国的那些选举官员。艾伯特二世被加以三顶王冠，但在一展所长之前，便于 1440 年对土耳其之役中死于痢病。艾伯特无子嗣，当政的官员们投票决定把国王和皇帝的位置给另一位哈布斯堡人——腓特烈。此后的选王经常落在哈布斯堡族系的王侯上，皇权实际上已为这具有天才和野心的家族世代所有。腓特烈三世使奥地利成为一个大公国，哈布斯堡家族把维也纳作为他们的首都，拟定的继承人，通常是奥地利的大公爵。性格文雅的奥地利和维也纳人，在其女性的柔和气质中，糅合了北方条顿族人粗犷的雄性特征。

神秘主义者

14 世纪和 15 世纪已播下了宗教改革的种子：巴伐利亚的路易，英国的威克利夫，波希米亚的胡斯等，预演了马丁·路德、亨利八世、加尔文及诺克斯的戏。在斯堪的那维亚，教士财产因为免税而迅速增加，也成为人民和国家一种不情愿的负担。评论家宣称，教会占有丹麦一半的土地，握有哥本哈根的领地。贵族们对仅凭一项教条就受到保护的那些财产，早已产生忌恨，甚至正统教派也反对。瑞士各郡的傲然独立无异为改革派茨温利（Ulrich Zwingli）及加尔文铺路。1433 年，马德堡逐走其总主教和教士，本博也群起反抗主教的统治，而巴苏（Passau）把该地的主教监禁在城堡。1449 年，欧福（Erfurt）大学（马丁·路德曾在该处念书）的教授向尼古拉五世建议国民大会的抗辩在权威上高于教皇。胡斯在邻近的波希米亚的叛乱影响了整个德国。韦尔多教派到处集会，秘密地保存了早期的异端邪说及半共产式的企图。虔诚被引到依附于异端的神秘主义上去。

埃克哈特（Johannes Eckhart）所谓的神秘主义，变成了旁门左道，几乎不理会正规教条的多神主义。这位多米尼克派修士非常饱学，以至"名家"的头衔成了他大名的一部分。他的哲学著作用学院派的拉丁文写成，这些书是他独有的作品，也未带来任何伤害或名声。当他在科隆修道院用警句性的德语宣扬荒谬的多神主义时，引起了宗教裁判所的注意。他追随狄奥尼索斯（Dionysius）、最高法院法官及埃里杰纳（Johannes Scotus Erigena），努力宣述上帝无所不在的绝对意义。埃克哈特想象的这种广容的神性，非人非灵，只是"绝对的空灵之性"。概言之，那是一种无形的神性存在：

> 上帝即万物，万物即上帝。圣父生我，即为其子，永不止息。我再说明：他与我同在，我与他同在，我看上帝的那只眼即他看我的那只眼……我的眼和上帝的眼是同一只眼。

每个个体都有上帝的部分；因此我们可与他直接交往，我们认为与他是同属一体的。无须由教会的仪式，甚至无须由《圣经》，只须由这"宇宙的意识"，人的灵魂就能接近上帝、看见上帝。个人越能否定个体本身及尘世的欲念，这神性的火焰就显得更清楚、更久远，直到最后上帝与灵魂合而为一，于是"我们完全归入上帝"。天堂、炼狱和地狱只是灵魂的一种形态：脱离上帝即为地狱，与上帝结合即为天堂。这些主张被科隆的总主教认为具有异端邪说的味道。他召见了埃克哈特，并予以审讯（1326 年）。埃克哈特断言他所说的是顺乎道理的正统，并提出他的声明只应视为文字上的夸张。主教仍判了他的罪，他向教皇约翰二十二世上诉，及时被免于火刑（1327 年）。

苦修折磨自己达 16 年之久的汉里希·苏索（Heinrich Suso），把耶稣的名字切成碎片吞下去，自称基督伤口的血已饮入口内，并用德语写了一本《永恒智慧小册》（*Little Book of Eternal Wisdom*），他说那是上帝用德语给他的启示。约翰尼斯·陶勒（Johannes Tauler）奉埃克哈特为"最神圣的主人"，并在斯特拉斯堡和巴塞尔宣讲神秘主义与上帝结合的道理。马丁·路德认为《德国神学》（*Deutsche Theologie*）是属于陶勒的，该书关于上帝、基督及永恒不朽的简明教义使他印象深刻。

教会注意到神秘主义的那些说法，如不必理会大部分教义、不必注重仪式、宣称无须教士或圣事的助力即能接近上帝等等。这种神秘主义酝酿着私人判断教义的宗教改革可能，而且人人成为教士，赎罪不必需要善功，只凭超绝一切的信仰即可。教会认为这种超越自然的启示，可能来自上帝和圣人，也可能来自魔鬼和狂人，教会认为这时必须有权威性的领导，才不致使宗教崩溃于个人的幻想与理论的混乱中。

艺术

由于古典文艺复兴的影响，哥特式的风格在意大利和法国不再流行，在德国却依然未减。中欧有教堂的新兴城市，均以这种建筑式样为主。在富丽堂皇方面不如法国的大教堂那样壮观，却有静态美和朴实庄重的精神。瑞典的乌普沙拉（Uppsala）于 1287 年，萨克森·弗赖堡（Saxon Freiberg）于 1283 年，乌尔姆（Ulm）于 1377 年都建造了大教堂，维也纳于 1304 年也建了圣斯蒂芬（Stefansdom）大教堂，斯特拉尔松德（Stralsund）于 1382 年建了圣母院（Marienkirche），但泽于 1425 年建了另一座圣母院。亚琛和科隆在教堂里增加了唱诗台，斯特拉斯堡于 1439 年在教堂中完成了静肃的音乐台，克桑滕建了一座优美的圣维克多大学教堂——在第二次世界大战时被摧毁，纽伦堡因拥有供人欣赏与研究艺术的四座有名的教堂而自豪。劳伦斯教堂将其庄严的大门及绚烂的玫瑰归功于 14 世纪和 15 世纪。圣斯蒂芬大教堂（1304—1476 年）是一座吸引人的标志性建筑，其高耸的斜屋顶遮盖了本堂和侧廊，这座教堂于 1945 年被战争摧毁。1309 年，塞巴尔图斯教堂重建侧廊；1361 年，又建了一座新的唱诗台；1498 年，又完成了西面的塔楼；1360 年至 1510 年装设了绚烂的彩色玻璃。有雕刻门厅的圣母堂（1355—1361 年）曾在第二次世界大战中被破坏，但已修复；每日中午圣堂正面的大钟里，会有 4 个小人扮成民政官的样子，向查理四世鞠躬，对其有名的"金牛"法令表示无限的感谢。其雕刻仍显粗糙，但布雷斯劳与海尔加顿（Hallgarten）的教堂及纽伦堡的塞巴尔图斯教堂，已采用石头或木头雕刻了一些高贵的圣母像。

这些城市不仅美化其教堂，也美化其公共建筑物、商店及家庭住宅。那些尖顶式及半木板制的房屋流行起来，使德国城市有一种回味中古的魔力。议事厅是市民生活的中心，有时也是大商会的聚会地。墙壁上刻有壁画，其木刻通常含有条顿式的活力与精神。不来梅议会厅（1410—1450 年）的大厅天花板上有雕镂的横梁，曲折的楼梯附有雕花木栏杆，还有船形的吊灯架。在科隆的议事厅（1360—1571 年）曾举行过第一届汉撒同盟大会；在明斯特（Münster）的议会厅里（1335 年）曾签订了《威斯特伐利亚条约》（*Treaty of Westphalia*）；不伦瑞克（Brunswick）的议事厅是 14 世纪哥特式建筑的精华；法兰克福（1405 年）议会厅曾有民政官员在此宴请一位新当选的皇帝。上述建筑均毁于第二次世界大战中。在马林堡（Marienburg），执政者建造了宏伟的府邸（1309—1380 年）；在纽伦堡，议会厅（Rathaus）面朝塞巴尔图斯教堂，是 1340 年为举行帝国大会而修建的；修复后的该建筑物，有大半已失去了中古形态。在圣母堂前，一位名叫海因里希·帕勒（Heinrich Parler）的布拉格雕刻家，修建了一座美丽的喷泉（1361 年），周围刻有犹太人和基督徒的人像。1250 年至 1550 年的 300 年，纽伦堡的雕刻及教堂和一般建筑物的发展，代表了德国的文化精神。曲折的街道大部分狭窄，没有铺砌。后来的教皇庇护二世曾写下有关纽伦堡的事：

来自下法兰哥尼亚（Lower Franconia）的人，看到这座光辉的城市时，感叹其景色之美诚然不差。进入该城，第一印象便是它街道的漂亮和房屋的整齐。那些教堂……够资格去崇仰与敬拜，壮伟的城堡高傲地俯视着全城；一般市民的住宅，似乎是为王子们居住而造的。的确，苏格兰的国王们，如能像纽伦堡市民住得如此豪华，将会感到非常高兴。

在德国的城市中，工业和小型的艺术——用木头、象牙、铜、青铜、铁、银、金——在中古时期已达到成熟的阶段。艺术家与纺织技工制造了令人惊奇的绣帷；木刻家已为丢勒和霍尔拜因先铺了路；精细工笔画家在古登堡之前会作图案画的复写本，技艺颇精；木工雕刻了华丽的家具；金属铸造商在 15 世纪已能为教堂铸钟，其音响之美，胜过一切。在这里，音乐不只是一种艺术，而是大部分市民的生活享受。纽伦堡和其他城市，曾在年节庆祝会上表演流行的戏剧与歌唱。民谣显示了当地人民的热情。中等阶级对多音节问题大肆攻击；各公会以庞大的乐队相互竞争；屠夫、制革商、铸钟师及其他有势力的人，以猛烈的声响竞相争夺歌王奖。第一所有名的音乐学校在 1311 年建立于美因茨；其他的音乐学校，相继建立于斯特拉斯堡、法兰克福、符兹堡、苏黎世、奥格斯堡、纽伦堡和布拉格。凡能通过学者、学校校友、诗人及歌唱家等四关考试的学生，才能获得"专家"的头衔。浪漫而怀有理想的矿工之歌流传于世，正如德国人用歌声哼出他们对现实的满足一样。

因为工商阶层掌握了这些城市，除了教会的建筑物，其他一切艺术均向现实转变。气候寒冷而多雨，不适于裸体；崇拜肉体在此处不像在文艺复兴的意大利或古希腊等地那么合宜。在康斯坦茨的画家康拉德·威策（Konrad Witz）画的《所罗门与示巴女王》（*Solomon and the Queen of Sheba*）中，他们两位穿的衣服，俨如在阿尔卑斯山过冬一样厚。15 世纪，有 13 个城市已设立绘画学校——乌尔姆、萨尔茨堡、符兹堡、法兰克福、奥格斯堡、慕尼黑、达姆施塔特（Darmstadt）、巴塞尔、亚琛、纽伦堡、汉堡、科尔马（Colmar）、科隆，其样品保存至今。1380年的年鉴上记载着："当时在科隆有一名画家叫威廉，在全国各地找不到一个能与之相比的人。他描绘人像极为巧妙，栩栩如生。"威廉是许多"早期艺术家"中的一位——这些早期艺术家如贝尔特拉姆、弗兰克、圣韦罗尼卡和海斯特巴策等，主要受了佛兰德斯的影响，在德国创造了一种壁画风格。也许由于埃克哈特及其他德国神秘主义派的影响，这些人的画充分表现热情和传统的福音主题。直到1451年斯泰芬死于科隆，这种早期复古色彩的画风才告结束，他们已达到了早期学院派的最高峰。斯泰芬的那幅《三王来朝》，现已成为科隆大教堂的宝物，与15世纪中叶以前所绘的多数画作相比毫不逊色。画中有一位可爱的圣母，端庄而高贵；有一位令人喜爱的圣婴；而东方的哲人被德国化，但具有智慧；画的结构严整、色彩艳丽，有蓝、绿及金色。在《玫瑰格子架中的圣母》和《紫罗兰的圣母》两幅画中，表现了一位理想而年轻的德国母亲，富有温柔、沉思的美。这两幅画的描绘极具中古艺术的技巧，却明显地有走向现代的趋势。德国已开始步入其最伟大的时代。

古登堡

中世纪结束的原因何在？经过了3个世纪之久，原因甚多：十字军的失败；复兴的欧洲普遍对伊斯兰教的认识；夺取君士坦丁堡后的醒悟；古典式异教文化的复兴；由亨利的航海舰队、哥伦布及达·伽马等人航海后的商业扩张；兴起的商人阶级支持君主政府的集权；国民各城邦的发展及对教皇超然权威的反抗；路德反对教皇革命的成功；印刷术。

在古登堡出生前，几乎一切教育都掌握在教会手中。书价昂贵，手抄又费力，有时易出错误。很少作者能获得广大的读者，他们只能靠教学，或进入修院工作，或靠富人济助，或依教会的圣俸而生活。他们从出版商那里获得的报酬极少或全无，纵使某一出版商给予报酬，除了偶尔由教皇特准外，他们也无版权。图书馆虽多却很小；修院、大教堂、学院及一些城市，虽有书籍搜集，但很少有超过300册以上的；书籍通常藏于墙内，有些是用链子系于棹上。法国国王查理五世的一个图书馆，因保有910册图书而著名；格洛斯特公爵汉弗莱（Humphrey）曾有书籍600册；在坎特伯雷基督教会修道院的图书馆，像清真寺那样大，1300年约有图书2000册。在英国，最负盛名的图书馆是埃德蒙的理查图书馆，理查在他那本名为《书蠹》（*The Philobiblon*，1345年）的书中，写他热爱书，而使其书受到"名叫女人的两只腿的野兽"的虐待，报怨那个女人坚持要用精致的麻或丝与书交换。

学校倍增使有阅读能力的人随之增加，对书籍的需求也增加了。商业界人士发现识字有助于工商贸易业务；中上阶层的妇女们借阅读而沉醉于浪漫故事中。1300年，唯有教士才有学问的时代已过去了。由于读书需求的增多，纸张与油墨供不应求，这种情形刺激了古登堡。穆斯林在10世纪把造纸术带入西班牙，12世纪传到西西里岛，13世纪又传到意大利，14世纪传入法国。欧洲造纸业已达百年历史，印刷业才兴起。14世纪，麻制衣服在欧洲已很普遍，而废麻提供了造纸的原料，于是纸价下落。这项材料的适当利用和读书风气的发展，给印刷业提供了原料和市场。

印刷本身，如刻印一事，其历史比基督教还早。巴比伦人曾把字母或符号刻印在砖上，罗马人和其他种族把字或符号印在钱币上或陶器上，纺织业者把符号织在布上，装订书的人也把字印在封面上。任何古代或中古时代有地位的人，在文件上使用自己的印章盖印。复制地图和纸牌，也使用了类似的方法。木板印刷术——用木块或金属刻字、符号或图像——要追溯到8世纪，甚至更远时代的中国和日本。中国人在10世纪或更前，用此法来印纸币。木板印刷于1294年出现于大不里士（Tabriz），约1300年出现于埃及。

活字印刷术——每一个字或字母利用单独而活动的字模来印刷——早在1041年已为中国采用。1314年，王桢使用约6万个活字印刷一本有关农业的书籍；他先试用了金属模，但发现金属模不像木模那样容易吸收油墨。然而，活字版对一种没有字母仅有4万单字的语言没有多大用途。木板印刷法在中国一直保持到19世纪。1403年，一位韩国皇帝用活动金属版印刷了很多书，用硬木刻成方块字，再制成磁浆模，将这个模子再浇成金属字模。

欧洲的活版印刷，最初大约开始于荷兰。1569年以前的荷兰正式记载无法查考，据悉哈伦地区的小贩劳伦斯（Laurens）曾于1430年用活字印刷版印了一本宗教手册，此事是否确实，难予查证。一直到1473年，荷兰才听说有活版印刷之事，由科隆来的一批人在乌特勒支装设了一部印刷机。这些人在美因茨曾学会这套印刷技术。

古登堡约1400年出生于美因茨的一个富豪家族。其父名根斯弗雷希（Gensfleisch）。他前40年大部分时间住在斯特拉斯堡，似乎对于割切与铸炼金属模已有经验。约1448年，他成为美因茨的公民。1450年8月22日，他与富有的金匠约翰·福斯特（Johann Fust）订立契约，以800荷币盾贷款把他的印刷机抵押给福斯特，以后押金提高到了1600荷兰盾。1451年，尼古拉五世颁发的大赦令，大概就是由古登堡印的，有几份尚留存着，上面载有最早的日期为"1454年"。1455年，福斯特控告古登堡，要求偿债；古登堡无法照办，唯有放弃其印刷机。他继续与彼得·舍费尔（Peter Schöffer）合作，这位新合伙人以前曾被雇用为排字员。有人相信舍费尔在此时已发明了新的印刷工具和新技术：铸造字母，数字及标点符号的钢质衡床，有孔的金属铸字模，及排字的金属模等。

1456年，古登堡用借款添设了另一部印刷机。他用这部印刷机就在那一年或次一年出版了被认为第一部用活字印刷的书籍，即有名而美观的"古登堡《圣经》"（*Gutenberg Bible*）——一部对开11英寸高、双栏排印、1282 页厚的巨著。美因茨于 1462 年被拿骚的阿道夫部队劫掠；印刷员工逃往各地，他们把新的印刷技术传播到整个德国。1463 年，斯特拉斯堡、科隆、巴塞尔、奥格斯堡、纽伦堡及乌尔姆都有了印刷工人。逃亡难民之一的古登堡，定居于埃尔特威勒（Eltville），在该处他又重振旧业。他苦心奋斗，一再受到财务上的困扰，直到 1465 年阿道夫给他圣俸，才使他获得有保障的收入。约 3 年之后他就逝世了。

当然，即使没有古登堡，别人也会发明他使用的活字印刷术。1470 年，巴黎的纪尧姆·菲谢特（Guillaume Fichet）在一封信中提道，这项发明是多么广受欢迎："在德国已发明了生产书籍的奇妙的新方法，凡精于此道者，正由美因茨向世界进军。此项发明的光辉，将由德国普照于世界各地。"但并非所有人都欢迎这项新方法。抄写业者就抗议说印刷会断其生计；贵族们反对它，批评它是一种机械粗俗的东西，并担心这会降低他们手抄本图书的价值；政治家和传教士也不信任它，因为它可能成为革命思想的利器。虽然如此，它终究获得了成功。1464 年，两个德国人在罗马建了一个印刷所；1469 年或更早，另外两个德国人在威尼斯也开设了一个印刷所；1470 年，3 个德国人把这项新技术带到了巴黎；1471 年这项新技术传到了荷兰，1472 年传到瑞士，1473 年传到匈牙利，1474 年传到西班牙，1476 年传到英国，1482 年传到丹麦，1483 年传到瑞典，1490 年传到君士坦丁堡。在有科贝格（Koberger）家族的纽伦堡，有埃提尼斯（Ètiennes）的巴黎，有多雷（Dolet）的里昂，有马纽夏斯的威尼斯，有汉斯·阿默巴赫（Hans Amerbach）及约翰·弗罗奔（Johann Froben）的巴塞尔，有克里斯蒂安·弗罗绍尔（Christian Froschauer）的苏黎世，有埃尔泽维斯（Elzevirs）家族的来登，这些地方成了印刷与出版的新兴城市。不久，欧洲半数的人开始看书，这种过去罕有的读书狂热，成为宗教改革的引发剂。一位巴塞尔学者写信给他的朋友说："满满一车精装本的古典书籍，已由威尼斯运抵此处，你想要一本吗？如想要，请立刻通知我，并汇钱来，因为这些书刚到，就来了30位客户抢购，仅仅问一问价钱，就为争购不让，互相抓破了眼睛。"活字印刷的革命，正在进行。

为了叙述这件事的所有影响，实在需要把一大半的现代思想史都记下来才行。伊拉斯谟在他著作畅销的狂喜中，称赞印刷术是所有的发明中是最伟大的，也许他低估了语言、火、车轮、农业、写作、法律等发明的意义。印刷取代了过去的秘传手抄稿，而以低廉的成本快速扩张，并较以前更精确、更方便阅读。而且，印刷富有统一性，各地的学者均能借以相互参考印证某章某节。量的发展常致忽视其质，但最早印刷的书籍多半是活字印刷与装订技术上的范模。印刷的出版物使大众在有关宗教、文学、历史及科学方面，拥有一种价格低廉的指导手册。印刷出版成为在所有大学中，最伟大、最低廉，又对大众开放的专业。印刷出版并没有产生文艺复兴，但它为启蒙运动、美国与法国革命及民主政治铺了路。它使《圣经》成为一种普及品，并替路德准备好了一批人来向教皇祈求福音。此后，它让理性论者由福音诉诸理智。它结束了牧师学习的专利和教士对教育的控制。它还鼓励了本国的文学，因为它需要的大量读者，不能由拉丁文而达到。它便利了国际的交往及科学家的合作。它影响了文学特质以适合中等阶级的品味与经济能力，而不再专门侍候贵族或教会那些主顾，在语言之后，它提供了一种更方便的工具，来散播世人以往不知道的谎言谬论。

第八章 | 西斯拉夫族
（1300—1517）

波希米亚

以往斯拉夫族就像罹难的船只，漂泊不定，一时西走易北河，一时南下地中海，有时东去乌拉尔山，有时往北甚至到北冰洋。13 世纪，在西部被利沃尼亚（Livonia）和条顿骑士击败，在东部被蒙古和鞑靼（Tatar）统治。14 世纪，波希米亚首倡神圣罗马帝国和路德之前的宗教改革；而波兰联合立陶宛成为一个具有强大力量和高度文明的联盟。15 世纪，俄罗斯人脱离了鞑靼人的统治，并联合其边远的诸邦成为一个大国。

1306 年，温策斯劳斯三世（Wenceslaus III）的驾崩结束了波希米亚的普瑞米斯理德系（Przemyslid line）。一位幼王接替后，贵族和教会的选帝侯提携卢森堡的约翰，建立了一个新王朝（1310 年）。他伟大的冒险使得波希米亚一度成为骑士们最不情愿的避难处。他几乎不能没有竞技比赛，当他觉得这些竞技不够刺激时，就以战争为乐，几乎所有的欧洲战役，他都参与了。这造成了当时流传的一句话："没有上帝和波希米亚王的帮助，就做不成任何事情。"布雷西亚被维罗纳围城时，曾要求约翰的援助。他答应前往，维罗纳人获悉此一消息，立刻解围。布雷西亚、贝加莫、克里莫纳、帕尔马、摩德纳甚至米兰都主动愿作为其臣属，以换取其保护。腓特烈一世和腓特烈二世以武力不能办成的事，这位国王以他的一套魔力就能获胜。他的勇猛好战固然扩充了波希米亚的领土，却使他失去了人民的拥戴，人民对他的常年离国打仗以致荒废国事之举无法原谅。1336 年，征讨立陶宛时，他染病以至失明。尽管如此，当他获悉英格兰的爱德华三世已在诺曼底登陆，并向巴黎挺进时，便和其子查理，带领 500 名波希米亚骑士，飞骑越过欧洲，前往救援法王。父子在克雷西打头阵。当法军败退时，这位眼瞎的国王命令两个骑士把他们的马绑在他的马的两侧，冲向已占优势的英军，口中喊着："感谢上帝，你们大家将不会说，波希米亚的国王临阵脱逃了吧。"他周围的骑士有 50 名丧生，他自己也受重伤，他被送到英格兰王的帐下时已奄奄一息。爱德华三世把他的尸首送回给查理，并附了一封礼貌的函件称："今朝骑士断缨。"

查理四世欠缺这份英雄气概，却是一位较聪明的君主。他喜欢谈判甚于征战，但并非懦弱到不敢和解，他还能扩展其王国的疆土。在他主政的 32 年中，他使斯拉夫族和日耳曼族两方罕有地和平相处。他重新组政、改革司法，使布拉格成为欧洲最优雅的城市之一。他仿照卢浮宫的形式，建造了自己的皇宫和著名的卡尔士坦堡（查理的石窖），将之作为博物馆，存放立国的成果、王冠和珠宝。这些珠宝不是用来装饰和展览的，而是用来军事动员，并做通货的主要预备基金。他命阿拉斯的马太设计圣维特大教堂，又命摩德纳的托玛索在教堂和宫殿中绘制壁画。他保护农民，使其免受压榨，并倡导工商业。他设立布拉格大学（University of Prague，1347 年），将他从法国和意大利获得的文化兴趣灌输给他的国人，并予以知识上的鼓励，这导致了胡斯的改革运动。在彼特拉克的朋友，斯特雷萨（Stresa）的主教约翰的领导下，查理四世的宫廷成为波希米亚国内人文学派的中心。这位意大利诗人钦慕查理，特来布拉格拜谒，请求他征服意大利。但查理有更好的打算。除了他的"金牛律"（Gold Bull）外，他的朝代是波希米亚的极盛时期。布拉格大教堂有他一尊巨大的石灰石胸像，绽露着笑容，留存至今。

温策斯劳斯四世在他父王驾崩时（1378年），年方十八。他本性文雅，对百姓的热爱，宽大的课税，当政的智慧，使他赢得全民的爱戴，但贵族认为他广结人缘，会剥夺他们的特权。他偶尔的急性子和耽于饮酒的习惯，使这批人获得罢黜他的借口。他在其庄园中突遭逮捕，并被囚入监狱（1394年）。在他同意除了经贵族和主教组成的会议允准外，不再做任何事情后，这才复位。之后，争端又起，匈牙利的西吉斯蒙德被召入；他逮捕了温策斯劳斯及其兄弟，并把他关在维也纳（1402年）。数年之后，温策斯劳斯逃出维也纳，回到波希米亚，受到臣民热烈的迎接，并重获王位与权力。他以后的结局是卷入胡斯的悲剧。

胡斯（1369—1415）

由于敌视日耳曼人及对异教徒的包容，温策斯劳斯使人又恨又爱。德国矿工、工匠、商人和学生的快速渗透，造成波希米亚条顿人与捷克人之间的种族敌视。温策斯劳斯忘不了德国大主教将他从帝位放逐出去之事。其妹安妮与英格兰的理查二世结婚，而且——也可能是同情——看出威克利夫主张英格兰脱离罗马教会的企图。1388年，阿德尔伯特·兰科尼斯（Adelbert Ranconis）留下一笔钱，供给波希米亚的学生去巴黎和牛津求学。他们中的一些人，在英格兰取得或转抄了威克利夫的作品，并带回波希米亚。克罗米兹的米利奇及康拉德·瓦尔登豪斯公开指责一般世俗人士和教士的不道德行为，唤起布拉格人的觉醒。耶诺的马赛厄斯和斯地尼的托马斯则继续传教，皇帝甚至欧内斯特大主教都予以赞赏。1391年，一座叫伯利恒的教堂在布拉格建立，以领导宗教改革运动。1402年，胡斯被任命为这座教堂的住持。

　　他来自胡锡纳兹村，以胡锡纳兹的约翰而闻名，故简称为胡斯。1390 年，他来到布拉格时，还是一名穷学生。他在教堂中做事谋生，理想是做一个牧师。然而因时代的习俗，他参加了后来巴黎人所称的快乐的波希米亚大学青年团体。1396 年，他接受了人文学硕士学位，开始在大学授课。1401 年，他被选做人文学系的主任。同年，他被授予牧师职位，其生活完全像僧侣般严肃。他担任布拉格教会主事时，已是布拉格区最有名望的传教士。宫廷中的许多达官显要，常听其讲道，索菲亚王后还请他担任私人牧师。他在捷克传教，并教导他的徒众积极参加唱诗。

　　后来控告他的人确切地指出，在他工作的早年，他曾响应威克利夫的怀疑论，取消圣餐礼式中的面包和酒。毫无疑问，他读过威克利夫的著作，也曾在他的评论中引述威氏的话。在接受审判时，他坦承："我相信威克利夫会得救。我认为，要是他被罚入地狱，我的灵魂会追随他而去。"1403 年，威克利夫的见解在布拉格大学甚为流行，以致总主教堂的教士会议——主事教士摘送了 45 段威克利夫的文章给大学各主管，要求将这些言论清除出校。对此，包括胡斯在内的一些学校主管给予否定的答复。但大多数学校人士的意见是，自此以后大学的教职员，于公于私，均不应对这 45 段文字予以辩护或赞同。

　　胡斯一定是疏忽了这项禁令。1408 年，布拉格的教士向兹比涅克（Zbynek）大主教报告，要谴责胡斯。正与国王冲突的大主教，谨慎地处理此事。但当胡斯继续表示同情威克利夫的看法时，兹比涅克把他和他的一些同伴逐出教会（1409 年）。当他们坚持继续服行其传教的职务时，他对全布拉格发布禁令，命令把所有波希米亚能找到的威克利夫的作品悉数没收，搜出的 200 份手抄本在教廷的广场上予以焚毁。胡斯向新选出的教皇约翰二十三世申诉，约翰召他到教廷，但他拒绝前往。

　　1411 年，为抵抗那不勒斯国王拉迪斯拉斯（Ladislas），教皇组织了十字军，需款甚急，于是宣布了一项新的赦罪捐献办法。在布拉格宣布时，在宗教改革者看来，教皇的代理人似乎在为钱财出卖赎罪券，胡斯和他的主要支持者哲罗姆公开反对赎罪券，怀疑炼狱是否存在，并抗议教会募捐金钱来使基督徒流血。口诛笔伐之下，胡斯称教皇为淘金者，甚至说他是反基督者。大部分群众与胡斯的见解相同，教皇的代理人受到嘲笑和凌辱，因此，国王禁止任何进一步反对赎罪券的宣传和行动。3个反抗这项禁令的青年在市议会前受到欢呼。胡斯为他们辩护，承认他的宣传唤醒了他们。他们被定罪砍头。约翰此时将胡斯逐出教会。胡斯不予理会，约翰把禁令张贴于各处（1411年）。由于国王的劝告，胡斯才离开布拉格，在乡下休憩了两年。

在这些年中，胡斯写下了他的主要著作，或为拉丁文，或为捷克文，几乎都带有威克利夫的启示与影响，有些反映异端和反教权的看法可能是韦尔多派教徒在 12 世纪和 13 世纪带入波希米亚的。他反对幻想式的崇拜、耳听式的告诫和繁文缛节的宗教仪式。他谴责德国人而维护斯拉夫人，使他的运动带有通俗和民族的特性。在一本名为《圣物的交通》（*Traffic in Holy Things*）的宗教小册子中，他攻击教士的圣职买卖罪。在《论性别》（*De Sex Erroribus*）中，他指责牧师对洗礼、分娩、奠祭、婚姻或丧葬等事收取费用；他指控某些布拉格的神父出售圣油，并引用威克利夫的观点，认为犯有圣职买卖罪的牧师，不能参与圣礼。他的论文《论教会》（"De ecclesia"）成为他的灾祸之源。这些文字有引述异端之事，使他终被处以火刑。他追随威克利夫成为宿命论者，同意威克利夫、马西利乌斯和奥卡姆等人的主张，认为教会不应有现世的财物。与加尔文一样，他为教会下了定义，认为教会不仅是教士、基督徒的全体，也是天上或地下救恩的总体。《圣经》才是基督徒的导引；基督才是教会的首脑，而非教皇；教皇不论在信心上或精神上并非绝对正确。教皇本身也可能会是一个冥顽不灵的罪人或异端——接受当时广为人们相信的传说。这个传说称教皇约翰八世曾经改变罗马街上一个孩子的性别，胡斯显然明白隐藏在传说后的深意。他下结论道，只有在基督律令的范畴内，才有必要遵守教皇的命令。"反抗犯错的教皇，即是遵从基督"。

　　1414 年在康斯坦茨召开的大会，免除 3 位相敌对教皇的职务和从事宗教改革的立法——这似乎是胡斯派和教会修好的一个机会。显然西吉斯蒙德皇帝会继承无子嗣的温策斯劳斯四世，为了恢复波希米亚的宗教统一与和平，他建议胡斯应该到康斯坦茨尝试修好。为了这趟艰苦的行程，他给了胡斯到康斯坦茨的安全通行权、会议前的公开听证及回到波希米亚的自由和安全保证。胡斯不顾同党殷切的警告，于 1414 年 10 月前往康斯坦茨，有 3 个捷克贵族和几个朋友护送他。大约同时，斐勒杰的斯蒂芬（Stephen of Palecz）和波希米亚其他反对胡斯的人，也去了康斯坦茨，准备在会议上指控胡斯。

　　抵达康斯坦茨后，最初他被礼貌地接待，并有行动的自由。斐勒杰在议会前公布胡斯的邪说异行时，他们即传讯他、审问他。他答辩后，大会深信他是主要的异端分子，立即下令监禁他。在狱中，他染上了疾病，有段时间几乎死去，教皇约翰二十三世派御医给他医治。这时西吉斯蒙德抱怨议会的行动无视他曾答应过胡斯的安全保证，但议会答复西吉斯蒙德，这事不受其约束，他的权威不能管到精神领域。教会有权压制教会的敌人。4 月，胡斯被迁到莱茵区的哥特里本（Gottlieben）森林。在那里，他被戴上脚镣手铐，给的饮食极坏，以致再度染上严重的疾病。这时，胡斯的伙伴——布拉格的哲罗姆，已经毫无防范地到了康斯坦茨，并在城门上、教堂门上、主教府，遍贴诉愿状，要皇帝和议会给胡斯安全通行和公开听证的权利。由于朋友的这项请求，胡斯总算获准离开康斯坦茨，返回波希米亚。但他在路上又停下来宣传，反对议会对他的虐待。因此又被逮捕，带回康斯坦茨，再次下狱。

　　被拘禁 7 个月后，7 月 5 日，胡斯被锁铐着带到议会，7 日和 8 日依然如此。在庭上询问他对威克利夫被视为有罪的 45 篇文章的看法，他表示其中大部分他亦反对，但有些部分是赞成的。面对那些从他著《教会论》中所摘取出来的文字，胡斯表示愿收回《圣经》中能反驳他的任何意见（正如路德在沃尔姆斯所处的立场）。议会驳斥说：解释《圣经》不能由个人自由批判，而应交给教会首脑，议会要求胡斯毫无保留地撤回所引的文章。所有胡斯的朋友及控告者都要求他服从，但他拒绝了。他宣称：如果一个俗世中的教士犯了道德上的罪，即失去信仰上的权威地位，也不能作为一个法权上的统治者。这样一来，胡斯失去了那位主意不定的皇帝的关照。于是，西吉斯蒙德通知胡斯，假使他被议会定罪，他的安全通行权将自动被取消。

经过3天的审讯，又经过皇帝和红衣主教们的努力劝说，希望他悔过而终于无效之后，胡斯被押回牢房。议会答应给他4个星期考虑这件事。这件案子对于议会来说实比对胡斯复杂得多。如何能让一个异端分子活着，而让过去处死异端的事不会被骂为不人道的罪行？这个议会过去曾免去教皇的职位，现在又岂能被一个小小的波希米亚牧师蔑视？教会在精神信仰上的地位，如一个实体的社会权力一样，在道德秩序中的责任，需要不容辩驳的权威做基础。攻击这个权威，就如同议会以武力反对国王一般，属叛逆行为。

为了使胡斯撤回其言论，皇帝特派专使找胡斯商洽。他的答复还是一样：他愿意放弃一切能从《圣经》中找出来反驳他的意见。1415年7月6日，在康斯坦茨的大教堂，议会判定威克利夫和胡斯有罪，下令焚烧胡斯的作品，并解送他到世俗的权力机关。他马上被除去神职，并被带到预先准备有柴薪的火葬场。最后一次要他撤销的请求，又被他拒绝，他唱着圣诗被烧死。

在那种恐怖的情况下，我们能原谅吓怕了的哲罗姆在议会前公开否认受到胡斯的教诲（1415年9月10日）。被押返监狱后，他渐渐获得勇气。他要求听证，经过很长时间的拖延之后，被带到会议桌前（1416年5月23日）；但他在被允许陈述其案情前，先被要求回答一些不利于他的指控。哲罗姆用饱含情感的动人辞令，为自己辩护，感动了一位多疑的意大利政坛的人文学者布拉乔利尼（Poggio Bracciolini），那时他在康斯坦茨担任教皇约翰二十三世的秘书。哲罗姆说：

> 这是多么不公平！我已被拘于污秽的监狱 340 天。我的控诉者能常在您的耳际述说，而我却无从辩解，甚至不允许我有一小时的自辩。您的心中已被那些视我为异端的指控先入为主；在您未能了解我是怎样的一个人之前，您就判定我是邪恶的。您是人，不是神；是凡夫，不是永恒的上帝，您也会犯错误。您越标榜所凭所恃为人世的光明，您就越须对所有的人力求行事公正。像您审判的我这件案子，既不是总结，也不是为我自己的辩护，而是一件生死攸关的大事。我不能让如此多的聪明人做出一件不公正的事，这件事所开的先例，其危害将大于其本身所施的惩罚。

被指控的事一件件地向他宣读，他一一回答，却没提到撤回他的意见一事。最后，他被允许自由发言，以坦诚热烈的言词，他几乎说动了整个议会。他追述了一些历史上为信仰而牺牲的人物。他提起了圣徒斯蒂芬被教士们判定死罪的事情，他相信再也没有比教士错误地判处一个同道死罪的罪过来得更大。这时，议会希望他能请求宥免来救他自己，他反而改变主张，否认原先的，重又坚信威克利夫和胡斯的学说，他声称烧死胡斯的罪会受到天谴。议会给他 4 天的时间重新考虑。但他毫不悔改，终被判罪（5 月 30 日），并被带到胡斯受刑的同一地点。当刽子手走到他背后点火时，哲罗姆要求道："到前面来，在我面前点火；假如我怕死，我就不来此地了。"他唱着圣诗，一直到被烟火呛死。

波希米亚的革命（1415—1436）

胡斯的死讯引起了一场全国的暴动。波希米亚和摩拉维亚的贵族组成会议，一份由 500 位有领导地位的捷克人所签署的文件，被送到康斯坦茨议会（1415 年 9 月 2 日）。文件推崇胡斯为一个善良和正直的天主教徒，并谴责判他死刑是对其国家的侮辱。文件上宣称签署人等将为维护基督主张、反对人为规诫，而战至最后一滴血，并进一步声称要保证所有的人今后只遵从教皇合于《圣经》的命令。这协议的仲裁人为布拉格大学的教授们，大学本身誉胡斯为一位殉道者，并且嘉勉被囚的哲罗姆。议会传召反叛的贵族出席，要他们答辩异端的指控。但无人前往。议会下令关闭大学，但教授和学生们继续上课。

约 1412 年，一位胡斯信徒，斯提泽波的亚库贝克曾建议早先处理圣餐的方式——酒和面包，应被保留。当这个观念被其他各阶层支持者深信时，胡斯也表示赞同。但议会反对，声称这项原始的习俗有使基督的血遍流的危险。胡斯死后，布拉格大学和贵族，由王后索菲亚领导，明令把这两件事物视若基督的命令，而圣餐杯也变成胡斯派信徒（Utraquist）革命的象征。1420 年胡斯的信徒明确地说，《布拉格四条款》（*Four Articles of Prague*）为他们的主要要求：圣餐礼应有酒和面包；教会的买卖圣职罪应予处罚；上帝的言语应被阐明为宗教上真理和实务的唯一标准，毫无隐匿；教士和修士们的广事蓄积财物之行，必须制止。少数激进分子反对遗物崇拜、极刑、炼狱和临终弥撒。所有路德改革宗教的事项，在胡斯革命运动中都曾出现。

温策斯劳斯王曾同情这项运动，可能是因为这项运动答应把教产移转给国家；现在，他开始怕它也会对国政不利。在布拉格他建的新城中，他只任命反胡斯的人到议会，而这些人公布了用以处罚异端的法令。1419 年 7 月 30 日，一群胡斯信徒到新城游行，强行进入议事厅，把议员抛到街上，在那里另一群人将他们杀死。一个群众大会由此组成，选出了胡斯派的议员。温策斯劳斯认可这个议会。不久，他死于心脏病（1419 年）。

波希米亚的贵族表示，假使西吉斯蒙德承认《布拉格四条款》，则接受他为他们的王。西吉斯蒙德下令要求全捷克人完全遵从教会，并烧死一个拒绝和世俗圣餐断绝关系的波希米亚人。新教皇马丁五世宣布一项反对波希米亚异端的圣战，西吉斯蒙德则驱大军指向布拉格（1420 年）。几乎在一夜之间，胡斯派的人组成了一支军队，波希米亚和摩拉维亚各城市送来充满热情的新兵。由一位独眼的 60 岁骑士杰士卡（Jàn Zizka）训练他们，领导他们打了一次奇迹般的胜仗。他们两次打败西吉斯蒙德的军队。西吉斯蒙德重组了另一支军队，但当杰士卡逼近的消息传来时，这支新军在还没看到敌人前就已溃乱，一哄而散。战果丰盛之下，杰士卡的清教徒们认为宗教意见的相左，唯有以武力解决。他们像具有破坏力的风暴一样遍扫波希米亚、摩拉维亚和西里西亚，劫掠修道院，屠杀僧侣，强迫民众接受《布拉格四条款》。波希米亚的德国人志愿保持天主教徒身份，却成为胡斯派军队肆虐的受害者。随后，在 17 年中（1419—1436 年），波希米亚没有国王。

各种对抗的因素总合起来，造成了波希米亚革命。本地的波希米亚人怨恨德国移民的财富和骄气，希望把他们赶出去。贵族们觊觎教会的财产，认为他们应被驱除。平民阶级渴望摆脱中产阶级的主人，而中产阶级又希望提高他们在国会的权力，来对抗那些统治布拉格和管理波希米亚的贵族。农奴们也梦想瓜分教会那些神圣的土地，至少也要获得自由。一些低阶的教士常年被教会诈取，对革命也表示沉默的支持，还提供一些教会禁止的宗教服务。

胡斯派在波希米亚大获胜利时，他们各自目标上的冲突使他们互相分裂。贵族们在夺得大部分正统教会集团拥有的财产之后，感到革命需要平息并希望有一个尊崇神圣的时代。一些曾经为教会耕作的农奴们，也像自由人一样为了他们的一份而起争吵，贵族领主们却要求农民们像以往一样为其新主人在同一块土地上工作。杰士卡支持农民，还曾攻击在布拉格的保守派胡斯信徒。由于厌倦战斗，他接受了停战协定，撤退到东波希米亚，成立郝瑞柏兄弟会（Horeb Brotherhood），效忠《布拉格四条款》并杀戮德国人。1424 年去世时，他捐出他的皮制作军鼓。

在塔博尔（Tabor）城，另一个胡斯党组成了，这派主张真正的基督徒需要生活在共产组织中。在胡斯到波希米亚前，韦尔多教派、贝格哈德派（Beghards）和其他不受控制的异教徒等一小部分人把共有思想渗入宗教。起先他们保持有利的观望，直到杰士卡的部队已经推翻大部分在波希米亚的教会势力后，他们才公开活动，并在塔博尔取得了教条的领导解释地位。他们之中的许多人扬弃圣体实在论、洗罪、为死者祈祷及除了受洗和圣餐外的一切圣工，而且不鼓励遗物、偶像和圣迹的崇拜，其目的在于恢复原初使徒教会的简明仪式，对在早期基督教中无法发现的所有宗教仪式和服饰，一概排斥。他们反对祭坛、风琴和豪华的教堂装饰，并尽可能地破坏这种浮华风气。如同以后的新教徒一样，他们减少对领圣餐、祈祷、读经、宣教和颂诗等等的神圣崇拜，并认为这些圣工应由服饰与俗人相同的教士来做。大部分的塔博尔人从圣临纪中推演出共有主义，基督将在地上建立他的王国；在其王国中，人无私产，不分教会和国度，没有阶级区别，没有人世法律，没有税赋，没有婚嫁；当他临世，发现其信徒已建立了一个有如天上的极乐园乌托邦，必将高兴。在塔博尔和其他城市中，这些原则运用到日常生活。当时一位布拉格大学的教授说："所有的都是共有，无人拥有他自己的东西；所以'拥有'被认为是万死不赦的罪。他们主张所有的人是平等的兄弟姐妹。"

一位原是波希米亚农民的哲学家彼得·查尔斯基进一步用生动的捷克文写了类似托尔斯泰的主张的一系列宗教论文，倡导绥靖式的无政府主义。他攻击有势者和富人，谴责战争和死刑有如凶手，社会无需领主和农奴及任何法律。他要他的门徒完全奉行《圣经》的《新约》所示：成人才受洗，背弃现世及其俗习、誓言和学习及阶级分别、商业和城市生活；自愿居于贫苦中，喜好耕作，完全漠视"文明"和国度。塔博尔人发现大同主义不适于他们，分化为缓和派与激进派，最后由争论衍进为争斗。在几年中，不同的能力发展成不等的势力和声望，最后获得不同的地位。和平自由的传播者成为掌握权势的无情立法人。

　　波希米亚的贵族们和市民的胡斯派开始怀念罗马教会，认为它有足够力量来阻止现存社会秩序即将解体。巴塞尔宗教议会邀请双方出面调停，颇令他们高兴。一位议会的代表，未经教皇授权就来到波希米亚签署了一些协定，通过文字上的措辞可把它们解释为接受或反对1433年的《布拉格四条款》，于是胡斯派和天主教双方都满意。当塔博尔人拒绝承认这些协定时，保守的胡斯派信徒加入了波希米亚尚存的正统集团并击败塔博尔人（1434年）。波希米亚国会和西吉斯蒙德达成和解，并接受他为王（1436年）。

　　西吉斯蒙德于第二年去世。在随之而来的混乱中，正统派控制了布拉格。一位能干的省长波德布拉德，组织了一支胡斯派军队占领布拉格，恢复乌特拉奎斯特派信徒让·罗基卡纳的大主教之职，并立他为波希米亚总督（1451年）。教皇尼古拉五世拒绝承认罗基卡纳对希腊正教的输诚时，适逢君士坦丁堡陷入土耳其人手中，而中止了这项协商。1458年，国会见到波德布拉德优秀的行政才能，重整了秩序和繁荣，选他为王。

　　现在他把精力转移到宗教和平的重建上。经国会同意，他派庇护二世（1462年）为大使，要求教皇批准《布拉格协定》。教皇拒绝，并禁止一般人接受两种形式的圣餐。依据一位德国法学家格雷戈·亨贝格的建议，波德布拉德1464年邀请欧洲的王室组成一个永久性的欧洲联邦（Federation of European States），有自己的立法、行政、军队及司法，以求有能力解决当前和未来的国际纷争。王室们没有答复，而重新复活的教皇制度过于强大，以致联邦无法抵制它。教皇保罗二世宣称波德布拉德为异端，大家可以不必因为遵守其誓言而受他的挟制，并召唤所有的基督徒来反对他（1466年）。匈牙利的马赛厄斯·科菲努斯（Matthias Corvinus）受命行事，侵入波希米亚，并由天主教的贵族集团加冕为王（1469年）。波德布拉德让位给波兰王卡西米尔四世（Casimir IV）的子嗣拉迪斯拉斯二世。因战争又患有水肿病，波德布拉德已精疲力竭，他死时年仅 51 岁（1471 年）。波希米亚人，即现在的捷克斯拉夫人，称誉他是除查理四世以外最好的国王。

国会接受拉迪斯拉斯二世为王，而马赛厄斯退位回到匈牙利。贵族们利用国王的年轻势弱各营私利，以巩固他们的政治和经济实力，削减城镇和都市在国会的代表权，使那批梦想乌托邦的农民成为农奴。成千上万的波希米亚人，在这段革命和反动时期，流亡到他乡。[1] 1485 年，天主教和乌特拉奎斯特派信徒双方签署《库他纳霍拉条约》（*Treaty of Kutna Hora*），保证和平 30 年。

在东波希米亚和摩拉维亚，查尔斯基的门徒组成一个新的基督教派杰诺塔·伯拉奇斯卡（The Jednota Bratrska），或称兄弟会（Church of the Brotherhood，1457 年），依《新约》的原则从事简单的农作。1467 年，他们和天主教教会脱离关系，任命自己的牧师，反对赎罪和崇拜先圣，信服路德以信心为判断的道理，成为第一个有实践生活的近世基督教教会。1500 年，它已有 10 万信众。这些"摩拉维亚弟兄们"，几乎全部被"三十年战争"的一把火消灭了。他们由于科梅斯（John Comenius）的领导而存在。他们仍存在于欧洲、非洲和美洲，他们的宗教容忍、无条件的虔诚及在坚信教义上表现出的谦让忠贞，令这个暴戾和诡异的世界为之惊异。

---

[1] 由于把波希米亚人的流亡一事和 15 世纪从波希米亚来的吉普赛人进入西欧一事搞混了，法文"Bohème"即等于"Gypsy"，"Gypsy"是"Egyptian"的误用，意即从小埃及（Little Egypt）来的部落。英国传教士伯顿（Burton）追溯其源到印度。在拜占庭，他们用 Rom 这名字，即（东）罗马（Eastern Roman）；在巴尔干和中欧，他们被叫作不同的 Atzigan（Czigany, Zigeuer, Zingari），一个来源不确定的词。在欧洲的记载中，他们最先出现于 14 世纪初期，为流浪工匠、乐师、舞伎、术士和一般人认为的贼。1414 年他们到德国，1422 年到意大利，1427 年到法国，1500 年到英国。通常他们接受洗礼，但他们很少做礼拜和受戒，很快就和宗教裁判所发生冲突。他们从西班牙（1499 年）、神圣罗马帝国（1500—1548 年）和法国（1561 年）被赶逐出来。除了他们妇女的多彩衣饰外，他们对文明的贡献，在于舞蹈和音乐——其多变的哀伤和热情曾经激发了很多名作曲家的灵感。

波兰（1300—1505）

即使在因地理屏障而获得保护和统一的地区，和平也是很难保持的。我们可以推知，一个国家的边界暴露在贪婪的四邻下，时而利诱，时而威逼，显然会有更多麻烦。波兰在 14 世纪几乎被条顿骑士、立陶宛、匈牙利、摩拉维亚、波希米亚和日耳曼这些强敌压得喘不过气来。1306 年，"矮子"拉迪斯拉斯成为南方小波兰的邦主时，他遭遇到群敌来犯。西方大波兰（Greater-western-Poland）的日耳曼人否认其权威，骑士们攫取了但泽和波美拉尼亚，勃兰登堡侯爵阴谋摧毁他，波希米亚的温策斯劳斯三世要求波兰王位。拉迪斯拉斯使用武力、外交、联姻等方法，努力奋斗，渡过苦海，统一大小波兰成为一个强固的王国，并在其新都克拉科加冕为王（1320 年）。他死时 73 岁（1333 年），将来之不易的王位传给其独子卡西米尔大帝。

有些人可能会忌妒卡西米尔三世这个大帝头衔，因为对战争他较赞成谈判和协调。把西里西亚给波希米亚，把波美拉尼亚给骑士们，他获得罗佛附近的加里西亚和华沙附近的马索维亚。他专心统政近 37 年，使各个领土均置于同一法律之下，"这样，国家才不会像一个多头的怪物"。在其领导下，一个法学家的团体统一了各省的分歧立法和风俗，制定出《卡西米尔法典》（*Statutes of Casimir*）——波兰的第一个成文法，和现代法律相比，它是一个有节制性的人道主义的典范。卡西米尔保护犹太人、希腊正教和其他少数民族及宗教群体，鼓励提倡教育和艺术，设立克拉科大学（1364 年）。他很聪明地推展国家经济及各项建设，农夫奉他为"农民之王"，在和平安定中商业繁盛，各阶层的人都称他大帝。

因为没有男性继承人，他传位给他的侄子匈牙利路易大帝（1370 年），希望为他的国家赢得一个强大王朝的保护，分享安吉芬（Angevin）王朝从法兰西和意大利带来的文化影响。但路易全神贯注于匈牙利，而忽略了波兰。为了保持面子、使贵族们不因他的忽视而仍然尽忠，1374 年，他以"帝王特权"（Privilege of Kassa）赐予他们，免除他们大部分的税赋并给予高级官员专卖权。1382 年，他的去世引起了王位继承的战争。国会接受他 11 岁的女儿雅德维加（Jadwiga）为王，但纷乱的秩序直到立陶宛大公杰格罗（Jagello）和雅德维加联姻时，才告结束。两国合并，并给政府带来一位主人。

立陶宛的成长是 14 世纪的重要部分。吉第明（Gedymin）和他的儿子欧吉德（Olgierd）在他们的异教徒法则下差不多影响了整个西俄罗斯：波罗兹克、平斯克、斯摩棱斯克、切尔尼戈夫、沃伦、基辅、波多利亚、乌克兰（Ukraine）。其中一些地区，在大公的统治下，发现有从以东俄罗斯为采邑的鞑靼金族（Tatar Golden Horde）中逃出的人。杰格罗从欧吉德（1377 年）承继立陶宛帝国时，统治了威尔诺，从波罗的海迄黑海，几达莫斯科。这是杰格罗带给雅德维加的礼物，也可以说波兰是她带给他的妆奁。雅德维加结婚时，仅 16 岁，在文艺复兴时代的优良文化中，她被培养成为一个罗马天主教徒。杰格罗当年 36 岁，是文盲和异教徒，但他接受了洗礼，接受了拉迪斯拉斯二世的基督教名，并承诺全立陶宛人改信基督教。

这是一项适时的联合，因为条顿骑士的东进对联姻两国都有危险。"十字架旨令"，最初原是用来使斯拉夫人受基督教化的，却变成了武力征服者的工具，使之夺取异教徒或基督徒的土地，并在这片自由农民耕种的土地上，建立起农奴制度。1410 年，骑士大统领（Grand Master）从他的首都马林堡出发，统治了爱沙尼亚、利沃尼亚、库尔兰、普鲁士和东波美拉尼亚，关闭了波兰通海的路。在惨烈的北部战役，双方 10 万精兵相遇于坦嫩贝格，结果骑士们惨败溃散，留下 1.4 万名俘虏和 1.8 万具尸首，包括大领主。从此，"十字架旨令"的力量一落千丈，直到 1466 年《桑恩和约》（The Peace of Thorn），才把波美拉尼亚和西普鲁士割让给波兰，并以但泽的三个港口作为出海门户。

在卡西米尔四世统治时期（1447—1492 年），波兰国势的扩张和艺术的成就达到了顶点。虽然卡西米尔四世自己是一个白丁，但他让儿子受到完整的教育，以抵制骑士们对他的讥评。王后雅德维加死前留下她的珠宝作为克拉科大学重新开办的经费，下一个世纪哥白尼曾在该校求学。而让·德鲁戈齐（Jan Dlugosz）也用拉丁文写下古典的《波兰史》（*History of Poland*，1478 年）。1477 年，纽伦堡的维特·施托斯（Veit Stoss）应聘到克拉科大学。他在那里停留了 17 年，提高了该地的艺术水准。他为圣母堂雕刻了一座 147 个席位的唱诗班和一座巨大的祭坛——有 40 尺乘 37 尺见方，中央神龛上面，有生动的《圣母升天》壁画，有 18 块版画雕绘着玛利亚和圣婴的生活，虽然是木造的，但其价值堪与一代之前吉贝尔蒂（Lorenzo Ghiberti）为佛罗伦萨的浸礼会堂所做的铜门媲美。施托斯又为克拉科大教堂雕凿了一座红斑大理石的宏伟墓碑。从这些作品来看，哥特式的雕刻艺术水准在波兰达到了辉煌顶点。在卡西米尔的儿子西吉斯蒙德一世时代（1506—1548 年），波兰的艺术接受了意大利文艺复兴的风格，而路德教派也从德国传入，开启了一个新时代。

第九章 | 奥斯曼帝国
（1300—1516）

拜占庭的再兴（1261—1373）

1261 年，拜占庭帝国在新兴的培里奥洛克王朝（Palaeologus Dynasty）下不流血地复辟，自甘委屈地生存了两个世纪。它的领域因欧洲和亚洲穆斯林的侵入、斯拉夫人的扩张及在 1204 年曾劫掠君士坦丁堡的基督教敌人——诺曼底人、威尼斯人和热那亚人的分割，大为缩小。工业仍留置在帝国各个城市，其产品却用意大利船舶运走，不付分文税收给国库。曾占多数的中产阶级，也仅是沾到一点边屑而已。在上层阶级，奢侈的贵族和服饰华丽的教会高级人士，没有从历史学到一点教训；除了记得特权之外，忘了一切。在下层阶级，专以评责政治的僧侣，沦为佃户的地主，堕落为农奴的佃农，构成了梦想平等主义理想国的平民阶级。萨洛尼卡（Salonika）革命（1341年）打倒了贵族政治，掠夺了王宫，并建立了一个共和国。这个组织在被京城军队荡平之前，居然维持了 8 年之久。君士坦丁堡仍是商业中心，但 1330 年一个穆斯林旅客曾记述道：“断垣残壁，比比皆是。”西班牙的外交官克拉维霍（Clavijo），在约 1409 年也有记述：“首都的各处尽是大宫殿、大教堂和修道院，但大多被摧毁了。”荣耀已经离开了博斯普鲁斯女王。

在这种政治衰败中，永远令人怀念的古希腊文学和哲学遗产，结合拜占庭的东方建筑和绘画的传统，谱成了东罗马帝国文明的最后乐章。虽然他们认为伊壁鸠鲁是无神论者而规避他，学校仍然阐扬柏拉图、亚里士多德和芝诺，学者们也重新评注古典书籍。拜占庭派驻威尼斯的特使马克西姆斯·普拉努德斯（Maximus Planudes），编辑了《希腊文集》（*Greek Anthology*），并把拉丁古文译成希腊文，重建了拜占庭和意大利之间的文化桥梁。狄奥多鲁斯·梅托彻提斯（Theodoras Metochites）的成就说明了培里奥洛克的文艺复兴。他是安德罗尼柯二世（Andronicus II）的首相，是当时最博学、最多产的学者之一。尼兹菲拉斯·格雷戈拉斯（Nicephoras Gregoras）是一位学者、历史学家，描述中的他是："白天全心全意献身于公务，好像学术与他无缘似的；但在夜晚，离开宫廷之后，他专心一意地研究，就如一个学问高深的纯粹学者，没有其他任何兴趣。"狄奥多鲁斯编写史书、诗集、天文和哲学，其优秀出色是14世纪中任何希腊学者无法比的。革命推翻了他的权威，他丧失了地位、财富和家园，被送进监狱；但当他病倒时，他被允许移送到郊区的圣救主修道院终其一生。修道院的围墙，有拜占庭史上最好的镶嵌装饰，那还是他下令做的。

哲学上，柏拉图派和亚里士多德派之间的争执，又再度上场。皇帝约翰六世康特库仁（Cantacuzene）拥护亚里士多德，柏拉图仍是盖米斯都·布雷托（Gemistus Pletho）崇拜的偶像。这位最有名的新希腊雄辩学家在小亚细亚的布鲁沙（Brusa）学习哲学，当时那个城市已是奥斯曼的首府。从一位犹太教师那里他学习了袄教的知识，他回到原籍伯罗奔尼撒后——以后名叫摩里亚（Morea）——可能已经放弃了对基督教的信仰。在米斯特拉（Mistra）定居之后，他成了法官和教授。1400年，他用柏拉图之名写了一篇论文，题名《法律》（"The Laws"），在这篇文章中，他主张以古希腊的宗教替代基督教和伊斯兰教，把除了宙斯以外的古代奥林匹斯诸神转变成有创造性过程或理想的人格化象征。盖米斯都·布雷托不知道宗教信仰原是自然而成的，不是人为的。他的学生很热心地围绕着他、追随着他。学生中有一位叫约翰尼斯·贝萨里翁的，最后成为意大利人文主义的红衣主教。贝萨里翁和布雷托两人陪同皇帝约翰八世到费拉拉和佛罗伦萨（1438年），参加希腊和罗马两教会在神学和政治上暂时结合的会议。在佛罗伦萨，布雷托对一群上流精英人士发表了一篇关于柏拉图的演讲，几乎触及了意大利的文艺复兴。在那里，人们利用"詹米斯丢斯"和"柏拉图"两个词，在他的名字上加了"完全"的绰号。回到米斯特拉，他不再争论神学，而成为大主教，卒年95岁（1450年）。

　　文艺的复活标明了文学的返老还童。主题和角色仍是宗教的，但偶尔一幅风景的笔触、一股自然的气息及新色彩和线条的温暖，给那些镶嵌细致的作品以生命。那些最近在科拉修道院中发现的艺术品如此生动，西方的历史学者公认为从这些画中，可以看到一些意大利清新的影响。这些新风格的画逐渐替代在装饰教堂和宫殿上镶嵌精细而耗费巨大的壁画，宗教的把持放松了，画的内容除了圣者的传奇外，也有活泼生动的假想人物和通俗故事。然而，这些圣像画家仍固守着古代僧侣的传统典型——瘦弱的体形和清教徒式的忠贞面容，显然缺乏时代精神。拜占庭的小人像绘画现在落入低谷，但在当时的西方，丝织画仍是无可匹敌的杰作。约在14世纪或者15世纪，有一幅称为《查理曼大帝的加冕服》（*Dalmatic of Charlemagne*）的织画，是由艺术家设计在蓝色丝绸品上，熟练的工匠把金银线织成一幅幅的圣母玛利亚、耶稣基督和其他圣徒生活的景观。萨洛尼卡、塞尔维亚、摩尔达维亚和俄罗斯等地也出现同类的华丽纺织画。

　　现在希腊再次成为伟大艺术的中心。13世纪末，曾经喜欢城堡古迹如画景色的法兰克人企图使拜占庭势力复活。1348年，皇帝约翰六世遣送他的儿子曼努埃尔（Manuel）到摩里亚做总督。他把他的京畿建在能俯视胡斯巴达的小山上。许多贵族、客商、僧侣、艺人、学者和哲人来到这个新都，人们建起宏伟壮丽的修道院。其中的三座修道院在它们的教堂中，保存着中世纪的壁画：源自14世纪的梅托波利斯和佩里伯勒托斯修院，及源自15世纪早期的潘塔拉斯修院。这是拜占庭悠久艺术史上最好的壁画。在他们精巧的手工技术上，在他们造型的飘逸典雅上，在他们色彩的深度明暗上，他们堪与同时期意大利最好的壁画匹敌。确实，他们可能缺少奇马布埃、乔托或杜乔等人的故事性的吸引，而这些人也缺乏拜占庭的很多文化特性。

在希腊的东海岸，高高的圣山的海岬上，10世纪即有了修道院。在此后数个世纪中，继而有14世纪庄严的潘托克拉托和15世纪的圣保罗修道院。在这些隐居处所的壁画中，18世纪希腊的《绘画导引》（*Guide to Painting*）认为萨洛尼卡的曼努埃尔·潘瑟林诺（Manuel Panselinos）最好，"在其艺术中，他被捧为超越古今所有的画家，而表现出如此辉煌的技巧"。但是曼努埃尔的日期和作品并不确定，他可能属于11世纪，也可能是在16世纪，而且也没有人能确定圣山上的绘画出自他的手笔。

拜占庭艺术历经黄金时代的高潮时，拜占庭政权却堕落了。陆军乱纪，海军腐败；热那亚人和威尼斯人的船只控制了黑海，海盗横行于希腊群岛。一群来自加泰罗尼亚的雇佣兵——卡塔兰大兵团——占领了加利波利（1306年），抢夺达尼尔海峡的商业，并在雅典建立共和国（1310年）。没有政权能够镇压他们，他们是被其本身的暴乱摧毁。1307年，教皇克莱门特五世参加了法兰西、那不勒斯和威尼斯的一项重占君士坦丁堡的阴谋。这项阴谋破碎了，但多年来，深为拜占庭皇帝防范的西方基督教已经没有能力抵抗伊斯兰教的进犯。当奥斯曼土耳其逼临大门时，惧怕也没有用了。

有一些皇帝自取灭亡。1342年，约翰六世卷入内战，要求奥斯曼的苏丹乌尔汗（Orkhan）的协助；乌尔汗赠予船只而且帮助他取得萨洛尼卡。这位感激的皇帝把女儿狄奥多拉嫁给他作为偏房，苏丹王另外送 6000 名兵士给他。约翰·帕拉奥洛古斯（John Palaeologus）要废他时，他夺取君士坦丁堡的诸教堂给乌尔汗，要求再增加 2 万土耳其士兵作为报酬，而且答应送给苏丹王色雷斯切尔索尼斯（Chersonese）的一个城堡。就在约翰六世得意洋洋之时，君士坦丁堡的人民认为他是媚外的奸逆而反抗他，一夜之间革命把他由皇帝降为历史学家（1355 年）。他退隐到一处修道院，撰述他那段时期的经过，作为与敌人的最后一搏。

约翰·帕拉奥洛古斯发现王位并不稳定。1369 年，他到罗马求助于教皇，答应使他的人民尊奉教皇，作为教皇协助他抵抗土耳其人的条件。在圣彼得神龛前，他起誓弃绝希腊正教教会。教皇乌尔班五世答应援助他抵抗异教徒，并为他写信给基督教国家诸王。但这事因故被搁置下来，约翰不但失去了协助反而被留在威尼斯作为偿付希腊债务的人质。他的儿子曼努埃尔带去了这笔赎款。约翰回到君士坦丁堡时，变得比以前更穷了，又因为背叛了正教被人民诟骂。从西方获取救助的第二度尝试失败后，他承认穆拉德一世（Sultan Murad Ⅰ）为其宗主，同意向奥斯曼军队提供军事协助，并把他钟爱的儿子曼努埃尔交给土耳其作为人质。平静了一段时期，穆拉德放弃了拜占庭，转而试图征服巴尔干各国。

巴尔干与土耳其遭遇（1300—1396）

对于巴尔干而言，14 世纪是他们历史上的一个高峰。瓦拉几亚（Wallachia）、保加利亚、塞尔维亚、波斯尼亚、阿尔巴尼亚等地辛苦的斯拉夫人，以砍伐森林、开采矿业、耕作土地和放牧牛羊为生，并努力抚养他们的后代。从亚得里亚海到黑海，从黑海到波罗的海，斯拉夫人、意大利人、马扎儿人、保加利亚人、希腊人和犹太人带着东方和西方的商品，足迹遍及各城市。

在这个世纪中，塞尔维亚的伟人斯蒂芬·杜尚（Stephen

Dushan）是他父亲斯蒂芬·欧罗什三世（Stephen Urosh Ⅲ）的私生子。他的父亲给他取了个亲切的名字，并立他做嗣子。但当更合法的儿子出现，并取用这个受到钟爱的小名时，杜尚废黜其父，将其绞死，并用强硬手段统治塞尔维亚。"在他那个时代的所有人中，"当时的人写道，"他是高高在上而不可仰视的。"塞尔维亚人民原谅了他的一切，因为他能打胜仗。他训练一支大军，由能征善战的将领率领，征服了波斯尼亚、阿尔巴尼亚、伊比鲁斯、阿卡纳尼亚、埃托利亚、马其顿及色萨利。从贝尔格莱德（Belgrade）迁都到斯科普里（Skoplje），他召集一个贵族国会，要他们统一和编纂各邦的法律，编成一部《沙皇杜尚法典》（*Zabonik Tsara Dushana*，1349 年），他重订法律和文化发展的目标，力追西欧。由于财政宽裕及可能受政治地位的激励，塞尔维亚的艺术在 14 世纪能与当时君士坦丁堡和摩里亚的进步比拟。杜尚建造了伟丽的教堂，其镶嵌细工比希腊首都那些保守风格教会所允许的更为自由、更为活泼。1355 年，杜尚最后一次集合他的军队，问他们是否愿意去攻打君士坦丁堡或匈牙利。军士们答复他，他们愿追随他到任何地方去。于是他喊出"到君士坦丁堡去！"，但病殁于途。

除非有一个智慧机警且有组织能力的人来治理，这个王国是无法团结的。波斯尼亚为获得一时的自傲，在巴尔干的盟主斯蒂芬·特科（Stephen Trtko）的领导下退出了。保加利亚在约翰·亚历山大的领导下有了其伟大年代。瓦拉几亚原是拜占庭帝国的一部分，1290 年也分离，统治了多瑙河三角洲。摩尔达维亚则背离其盟邦依附匈牙利（1349 年）。

甚至在约翰五世培里奥洛克臣属于穆拉德一世之前，这一地区就因这些小邦的离心离德而衰落了。乌尔汗王骁勇的儿子苏里曼（Suleiman），曾领导土耳其军队援助约翰六世康特库仁，他接受或者可以说夺取了达达尼尔海峡的欧洲边缘的茨姆普堡垒（Tzympe，1353 年）。一场地震震垮了靠近加利波利的城墙，苏里曼迁进了这个无防卫的城市。土耳其殖民主义者越过安纳托利亚延伸到马莫拉海，几乎直抵君士坦丁堡。凭借一支扩编了的土耳其军队，苏里曼进军到色雷斯并占领了阿德里安堡（1361 年）。5 年后，穆拉德使其成为他在欧洲的首都。从这个中心，在一个世纪中，土耳其人将他们的攻击目标指向了分裂的巴尔干。

教皇乌尔班五世认识到这支土耳其异教人马进入欧洲的意图，召唤所有基督教王国组成另一支十字军。一支塞尔维亚、匈牙利和瓦拉几亚的军队开赴阿德里安堡。在马里查（Maritsa）河畔，他们举行一次庆功宴，庆祝他们的所向披靡。正在他们杯盘交错、狂欢作乐之时，他们被一支人数不多的土耳其军队夜袭。未及拿起武器就有许多人被杀，很多人试图撤退过河又被淹死，剩下的人逃跑了（1371年）。1385 年，索菲亚有条件地投降，保加利亚的一半地区沦为奥斯曼领土。1386 年土耳其攫取了尼斯，1387 年又取得萨洛尼卡。整个希腊拱手送给土耳其。

小小的波斯尼亚，居然遏止了这个浪潮。斯蒂芬·特科把他的武力和拉扎尔一世（Lazar I）领导的塞尔维亚联合，在普罗克尼克（Plochnik）打败了土耳其（1388 年）。一年之后，穆拉德一世率领一支有基督徒部队的军队西进，在科索沃遭遇塞尔维亚、波斯尼亚、马扎儿、乌拉其、保加利亚、阿尔巴尼亚和波兰等组成的联军。一位塞尔维亚骑士伪装成投降者和报信人，潜入穆拉德的帐篷，杀死了国王，他自己也被杀死。穆拉德的嗣子巴雅泽一世（Bajazet I），愤怒地重整土耳其，领导他们再次获胜。拉扎尔一世被俘并被取去首级；塞尔维亚变成土耳其的附庸，它的新王斯蒂芬·拉查耶维奇（Stephen Lazarevitch），被迫供应军队给巴雅泽。1392 年，瓦拉几亚也在约翰·希什曼（John Shishman）的统治下，列入了奥斯曼附庸诸国的名单。只有保加利亚和拜占庭还保有反抗的能力。

1393 年，巴雅泽侵入保加利亚。经过 3 个月的托诺弗（Trnovo）之围后，保加利亚首都失陷。教堂被亵渎，宫殿被焚烧，主要贵族被邀参加会议，并被屠杀。教皇再度要求基督教国家诉诸武力。虽然法兰西和英格兰之间正在进行一场生死斗争，法国仍派遣了由讷韦尔伯爵领导的一支骑士队；霍亨索伦伯爵与圣约翰骑士及他们的随从也一起来援；巴拉丁娜选帝侯带来了一队巴伐利亚骑兵；约翰·希什曼重申其臣属地位，并带来他的军队，在匈牙利王的领导下作战。

这支联军有 6 万多人，通过塞尔维亚，围攻在尼可波利的土耳其要塞。巴雅泽闻讯即从亚洲调一支军队来解围，而法国骑士在享受醇酒美人之余答应消灭它。他们夸口，即使天塌下来，他们也要用枪把它撑起来。巴雅泽发誓要马踏罗马的圣彼得高坛。他把最脆弱的军队放在最前方，这明显是诱敌之计。法兰西骑士洋洋得意地长驱直入，毫无阻拦地通过 1 万名新步兵和 5000 名土耳其骑士，轻率地登上高地。正当他们到达高地之顶时，他们遭遇了土耳其军队的主力——4 万名枪骑兵，法国这些贵族骑士高贵地战斗，有的被杀，有的被俘，有的逃逸。由于他们的溃败，他们后面的联合步兵秩序大乱。塞尔维亚的斯蒂芬·拉查耶维奇领导 5000 名基督徒抵抗基督教军队时，匈牙利和德国奋力击退了土耳其，赢得这场对苏丹王极其重要的尼可波利战役（1396 年）。

目睹战场上躺着许多死去的部下，知道囚在要塞的土耳其人被基督徒的围攻者杀戮，激怒之下巴雅泽下令处死 1 万名俘虏。尼佛伯爵被允许挑出 24 个骑士留其活命，以便换取赎金。数千基督徒从日初直到午后，在一项血腥仪式中惨被屠杀，直到苏丹的官员劝他赦免其余的人。从那天到 1878 年，保加利亚一直是奥斯曼帝国的一省。巴雅泽现在取得了大部分希腊，然后进军君士坦丁堡。

君士坦丁堡的最后几年（1373—1453）

从来没有一个政权像拜占庭这样，完全没落。已失去自我防卫的意志，又无法劝服爱幻想的希腊人相信为国牺牲是高贵可敬的；马里查、科索沃及尼可波利没有派遣部队参加基督教军队。1379年，苏丹有1.2万名士兵，强迫位于小亚细亚的拜占庭城市向土耳其投降（1390年）的，就是受约翰七世统御的拜占庭军队。

1402年，巴雅泽再次进攻君士坦丁堡时，拜占庭帝国缩减到只剩下首都：巴雅泽统御了马莫拉海两岸，控制了达达尼尔海峡；几乎所有小亚细亚和巴尔干半岛，都已沦入土耳其之手。对于这座被围攻的城市而言，最后的一刻似乎已经来临。饥饿的希腊人自破城墙，献城给土耳其人，以换取粮食。突然，从伊斯兰教的东方出现一位异教救星，"跛子"帖木儿（Timur the Lame），帖木儿大汗（Tamerlane the Great）决定牵制奥斯曼势力的壮大。鞑靼人西指时，巴雅泽放弃了围攻君士坦丁堡，在安那托利亚匆促地重集军队。土耳其和鞑靼在安卡拉（Ankara）遭遇（1402年），巴雅泽战败遭俘。这股土耳其浪潮才稍行弭止，看来上帝终于站在基督的一方。

拜占庭在曼努埃尔二世的聪明治理下，恢复了大部分希腊和一部分色雷斯邦域。但穆罕默德一世（Mohammed I）重组土耳其大军，由穆拉德二世领军，最终获胜。穆斯林由于信仰的启示，认为为伊斯兰教而死可进入乐土；甚至即或没有所谓乐土和仙女，他们有些人认为漂亮的希腊女郎也就够了。希腊天主教憎恨罗马天主教，反之亦然。威尼斯人因为在克里特岛（Crete）拒绝接受罗马礼仪和教皇的威权而捕杀希腊天主教徒时，教皇乌尔班五世坚决要保护这唯一的真正教会（约1350年）。拜占庭的百姓和下级教士，拒绝以拉丁基督教的各种规矩再事统一希腊；一位拜占庭贵族宣称他宁愿在君士坦丁看到土耳其头巾，也不愿见到罗马红衣主教的红帽子。大部分巴尔干诸国憎恨其邻国甚于土耳其。有些人更愿意向穆斯林妥协，因为穆斯林统治者收的税没有基督徒统治者多，较少甚至不迫害异教徒，并允许有4个妻子。

1422年，穆拉德二世重新攻打君士坦丁堡。一场在巴尔干的暴动，迫使他放弃了围攻。约翰八世被允许在相对和平的条件下拥有政权，条件是每年须付出一笔很重的进贡给土耳其。穆拉德再度征伐希腊、萨洛尼卡和大部分的阿尔巴尼亚。塞尔维亚在乔治的领导下英勇抵抗。在匈雅提领导下的塞尔维亚与匈牙利合组的军队，在库诺维沙打败了穆拉德（1444 年）。乔治统治塞尔维亚，一直到他 90 岁死去之时（1456 年）。在瓦尔那胜利和第二次科索沃战役之后（1448 年），穆拉德签署了一项与培里奥洛克君士坦丁十一世的和约，隐退到阿德里安堡。他死于 1451 年。

穆罕默德二世，绰号"征服者"，21 岁登上奥斯曼王位。他认可与君士坦丁十一世签订的条约，并送他的侄子乌尔汗到拜占庭寄养长大（可能做间谍）。当另一个伊斯兰教势力在西亚向他的权威挑衅时，穆罕默德把他的军队调过海峡，留下他的欧洲属地给首相维齐·哈利利·帕夏（Vizier Khalil Pasha）治理，这个人对拜占庭很友善。君士坦丁勇气胜于智谋，他通知首相，除非照顾穆罕默德的侄子的年金加倍付给，否则拜占庭将要送回乌尔汗作为奥斯曼王位的要求者。君士坦丁显然认为亚洲的变乱给了一个削弱土耳其的机会。但他忽略了争取西方盟友和南方的交通。穆罕默德和他的伊斯兰教敌人，以及威尼斯、瓦拉几亚、波斯尼亚、匈牙利等都订立了和约。回返欧洲，他在博斯普鲁斯海峡边的君士坦丁堡建立一个强力的堡垒，保证了他的军队在两个大陆之间来往的畅通无阻，也控制了黑海的商业。历时 8 个月之久，他募集粮秣人马。他雇用基督徒枪炮手，为他投射最大火炮，那座火炮能射出 600 磅的石球。1452 年 6 月，他宣战了，以 14 万人对君士坦丁堡做最后的围攻。

君士坦丁十一世用孤注一掷的办法防守，他用小火炮、长矛、弓箭、火把和能发射胡桃般大小铅弹的粗制火器等装备他的 7000 名士兵。每天他仅小睡，监视修补白天损坏了的城墙。虽然如此严阵以待，在土耳其的破城槌和优良大炮之下，古老的防御工事不堪一击。5 月 29 日，土耳其人越过填满死尸的城池，涌入这个被惊吓的城市。

临死者的哀号，被鼓号的军乐掩盖了。希腊人终于勇敢地抗战，那位年轻的皇帝参加每一次战斗，和他在一起的贵族都为他而死。被土耳其人包围时，他喊着："有没有一个基督徒来砍下我的头？"他脱下王袍，像一个普通士兵似的作战，最后，他的声音消失在那支彻底溃散的部队中。

胜利者屠杀了数千人，直到抵抗停止。然后他们开始疯狂地抢夺，这是他们长久以来一直希望的。每一个战败者之中可用的成年人，均被视为奖品。在一场强奸狂乱中，连修女也和其他妇女一样被蹂躏。基督徒中的主仆，在被夺去显示其地位的服饰后，突然发觉他们并无区别，同是奴隶。抢劫并不是完全没有控制，当穆罕默德二世发现一个穆斯林借宗教为名破坏圣索菲亚（St.Sophia）的大理石地板时，他用王室的弯剑打他，并宣布所有的建筑物为苏丹所有并作有秩序的处理。圣索菲亚教堂转变成为清真寺，所有的基督教标志都被移走，那些镶嵌细工画也被清洗。城市沦陷的当天，或那个星期五，一个伊斯兰教礼拜呼号人登上哈吉亚·索菲亚（Hagia Sophia）的最高角楼，集合穆斯林聚在一起向胜利的安拉（Allah）祈祷。穆罕默德二世在基督教最有名的神龛中，举行了伊斯兰教仪式。

君士坦丁堡的失陷，震撼了欧洲的所有王国。这个保护欧洲使它不受亚洲侵扰达 1000 年的屏障，已经倾倒。十字军曾经希望逐回亚洲内陆的伊斯兰教势力和信仰，而且已经有办法跨越拜占庭军团，通过巴尔干，到达了匈牙利的大门前。教皇曾梦想全希腊的基督徒投向罗马的统治，当他看到东南欧成万的人，迅速改信伊斯兰教时，已经没有当初的雄心壮志。曾经对西方船只开放的商业道路，现在落入敌人手中，这些道路，因平时要征通行税而阻滞，在战时又被枪炮封锁。拜占庭艺术家被赶出去，当西方骄傲的影响消失时，在俄罗斯发现了其踪迹。从 1397 年开始，希腊的学者移民到意大利和法兰西，现在迁徙的速度加快了，因这些古希腊难民的移迁而在意大利开花结果。就某些方面而言，并没有失去什么。拜占庭已经完成了它的使命，在英雄故事和血腥的历史上，在人类高贵和不名誉的经历中，也有了它的一席之地。

匈雅提（1387—1456）

匈牙利的人口在 14 世纪约 70 万人，有马扎儿人、潘诺尼亚人、斯洛伐克人、保加利亚人、哈扎尔人、帕辛纳克人、库曼人、斯拉夫尼亚人、克罗地亚人、俄罗斯人、亚美尼亚人、瓦拉几亚人、波斯尼亚人和塞尔维亚人等人种。总之，少数的马扎儿人统治了多数的斯拉夫人。在这些新生的城市中，14 世纪时经商的中产阶级和劳工的无产阶级开始形成；而这些大多是从德国、佛兰德斯和意大利来的移民，于是新的种族纷争渗入人种的混乱中。

安德鲁三世之死结束了阿帕德王朝（Àrpàd Dynasty，907—1301年）。一场王位继承战更使国家四分五裂，当较高层的贵族们举行王位选举、把圣斯蒂芬王冠授予安茹的查理·罗伯特之后，才重获平静。查理带来了封建主义和法国的骑士观念与意大利式的工商业。他积极开发匈牙利的金矿，鼓励企业，稳定金融，清明司法，给这个国家带来卓有成效的管理。在查理和其子路易的治理下，匈牙利变成西方国家，迫切希望赢得西方的协助来抵抗快速膨胀的东方。

几百年后，伏尔泰曾说，路易一世"愉快地治理匈牙利 40 年"，而且，"在波兰 12 年，他的人民奉他为大帝，那是他应得的；但是这位亲王在西欧并不被人知道，因为他的威名没有传到其他国家去。14世纪，知道在喀尔巴阡山有一位路易大帝的人是多么少啊"。他的个性中混杂着温文儒雅与好战斗勇的骑士情操。他曾沉溺于战争——那是为在那不勒斯被谋杀的兄弟报仇，为从威尼斯收复达尔马提亚海港，这个海港长久以来被认为是该国的出口港，并为了把克罗地亚、波斯尼亚、北保加利亚等纳入匈牙利的控制，以牵制塞尔维亚和土耳其的侵略性扩张。他以身作则地在贵族中间推广骑士理想，提高人民的礼仪和道德水准。在他父子二人治理期间，匈牙利的哥特人创造了他们最好的艺术成就，尼古拉·科罗兹瓦利（Nicholas Kolozsvari）和他的儿子雕刻了目前在布拉格最有名的圣乔治的石像。1367 年，路易一世创立了佩奇（Pécs）大学，但这些匈牙利中世纪的光荣，在和土耳其的长久而精疲力竭地奋斗下终渐消失。

路易的女婿西吉斯蒙德一世长期在位（1387—1437 年），这使他具有远见的政策得以有所成就。他领导过一支庞大的军队，在尼可波利抵抗巴雅泽，结果他和妻子凄惶地逃离这场灾难。他知道土耳其的进犯是当时欧洲最大的问题。他以极大的关注和不足的钱财加强南方的边界，在多瑙河和萨韦河（the Save）的河岸建起贝尔格勒堡垒。他被选为帝国官员，这使他长时间地忽略了匈牙利。他获得的波希米亚王冠只加大了他的责任，却没有增加他的能力。

他死后两年，土耳其侵袭匈牙利。在这次危机中，出现了该国最有名的英雄。匈雅提从特兰西瓦尼亚的匈雅提堡接受这个名号，这个城堡是因战功而赏给他父亲的。他少年时即被每天训练作战。在塞门提亚的一场打赢土耳其的胜利中，他赢得了荣誉，而新王拉迪斯拉斯五世使他成为抵抗土耳其军队的大元帅。击败奥斯曼成了他为之奋斗一生的宏愿。土耳其人进入特兰西瓦尼亚，他以爱国主义和大将之才，领导新训练的军队抵抗他们。那场战役中西蒙·凯梅尼将军壮烈牺牲，成为匈牙利文学津津乐道的主题。知道土耳其已下令找到并杀死匈雅提，凯梅尼请求和他互易服装。匈雅提指挥军队取胜时，凯梅尼被攻击而阵亡（1442 年）。穆拉德二世派遣 8 万新军到前线，匈雅提用诈退诱使他们进入一个狭窄的过道，那里一次只有一部分人能作战，匈雅提的战略再一次获得成功。亚洲的暴乱又起，穆拉德被迫有条件地求和，并同意付出大量的赔款。在塞格德（Szeged），拉迪斯拉斯王与他的盟友们同穆拉德的代表们签署了一项停战和约以保证双方和平。拉迪斯拉斯以《圣经》起誓，土耳其大使以《古兰经》起誓（1442年）。

　　然而，枢机主教切萨里尼（Giuliano Cesarini），派驻布达（Buda）的教皇使节，立刻判断这个时机攻击有利。穆拉德已将他的军队调到亚洲，用一支意大利舰队控制达达尼尔海峡，就能将其阻止。枢机主教本性刚直而有能力，是当时的杰出之士。他申辩说，对异教徒的保证没必要遵守。匈雅提建议和平，塞尔维亚特遣队拒绝破坏停战协定。西方国家的使者支持切萨里尼，愿为圣战输财送人。拉迪斯拉斯王让步，亲自率军攻击土耳其的阵地。西方的支援没有到，奥斯曼的军队有6万多人，避过了意大利海军，返回欧洲。在靠近黑海的瓦尔那——其旗手擎着挂有这纸不名誉条约的矛——穆拉德以极大的优势打败了拉迪斯拉斯的2万人（1444年）。匈雅提建议撤退，国王仍命令进军。匈雅提求他殿后，拉迪斯拉斯王跃入战阵前锋，被杀死。

　　4年后，匈雅提尝试补偿这个不幸。借道敌视的塞尔维亚，他在科索沃遇到土耳其军队，苦战了三天。匈牙利被打败，匈雅提混入散兵之中逃走了。有几天他躲在沼泽中；由于饥饿，他又出现，被塞尔维亚人发现，把他交给土耳其人。他被释放，条件是答应不再领军通过塞尔维亚的土地。

　　1456年，土耳其围攻贝尔格勒。穆罕默德二世把曾经震撼君士坦丁堡城墙的大炮，指向贝尔格勒城堡，欧洲从来也不知道有这样厉害的大炮。匈雅提以匈牙利史诗上从未忘记的技巧和勇气领导抵抗。终于，饥饿的煎熬和对战斗麻痹，使被围的人跑出了堡垒，用他们自己的方法和土耳其的大炮搏斗，获得决定性的胜利，使得此后的6年中，匈牙利免除了伊斯兰教国家的攻击。在这次历史性的战役之后数天，匈雅提在军营中病殁。匈牙利人尊他为最伟大的人。

最高潮（1453—1481）

现在，土耳其重新征服了巴尔干半岛。塞尔维亚终于在1459年屈服，直到1804年，仍是土耳其的一省。穆罕默德二世攻取了科林斯，不费一兵一卒取得雅典。这位征服者颇像恺撒，因尊敬其先民而给予雅典人宽大的条件，并对古典碑石的文化表现出极大的兴趣。他可能相当和蔼，但他报了十字军和马拉松战役之仇。波斯尼亚的首都和海港拉古萨（Ragusa），披着一袭文化的外衣而获有"南斯拉夫的雅典"的称号，1463年归属土耳其统治，轻易地接受了伊斯兰教信仰。这件事令西方惊讶。

15世纪下半叶，土耳其最勇敢的对手是阿尔巴尼亚的斯坎德贝格（Scanderbeg），他的真名是乔治，他可能是谦逊的斯拉夫人的后裔，传说他拥有艾庇罗特（Epirote）皇室的血液和冒险犯难的精神。他小时候被送给穆拉德二世做人质，在奥斯曼的阿德里安堡宫廷中长大。苏丹很喜欢他的勇气和耐心，待他如子，并派他做土耳其军中的一名军官。成为穆罕默德的信徒，乔治接受有力的名字伊斯肯德·贝伊（Iskender Bey），然而不久情况发生了变化。在领导土耳其人反对基督徒的许多战役后，他后悔他的变节而阴谋逃脱。他宣布放弃伊斯兰教，从土耳其总督手中攫取阿尔巴尼亚的首都克鲁亚（Kruja），而宣告叛变（1442年）。穆罕默德二世接二连三地派兵追击他，斯坎德贝格用他的迅速行动和游斗战略打败了他们。最后，穆罕默德因被另一场规模较大的战役分心，与他约定10年的休战（1461年）。但威尼斯长老和教皇庇护二世劝斯坎德贝格破坏休战，重启战端（1463年）。穆罕默德谴责基督徒是无知信仰的异教徒，重新回来围攻克鲁亚。斯坎德贝格顽固抵抗，苏丹两度围攻。城被攻陷时，斯坎德贝格也死了（1468年）。1479年，克鲁亚投降，阿尔巴尼亚变成了土耳其的一省。

这位贪得无厌的穆罕默德同时收进了摩里亚、特拉布宗（Trebizond）、莱斯博斯、内格罗潘特（Negroponte）和克里米亚（Crimea）。1477 年，他军队中的一支越过伊松佐（Isonzo），蹂躏威尼斯周围 22 英里处的意大利东北部，然后运走战利品，回转塞尔维亚。威尼斯曾为爱琴海和亚得里亚海的所有权顽强地长期抗战，现在把所有权让了克鲁亚和斯库塔里（Scutari），还付了 1 万杜卡特作为赔偿。西欧没能援助威尼斯，反而谴责它和异教徒和平妥协。现在土耳其到达了亚得里亚海，只有尤里乌斯·恺撒曾经用船渡过的水域，把他们和意大利、罗马、梵蒂冈隔开。1480 年，穆罕默德派一支军队越过水域攻打那不勒斯王国。轻易取得了奥特朗托（Otranto），屠杀了 2.2 万居民中的一半，俘虏了其他的一半，并砍杀一位大主教。那不勒斯的费兰特结束了和佛罗伦萨的战争，派最优良的部队重占奥特朗托。穆罕默德围攻罗德斯，在这场战斗中去世。罗德斯直到苏里曼时仍留在基督徒手中。土耳其人离开奥特朗托，回到阿尔巴尼亚（1481 年）。这股奥斯曼潮流暂时平息下去。

匈牙利的复兴（1456—1490）

匈雅提为匈牙利赢得半个世纪的安全，他的儿子马赛厄斯·科菲努斯领导这个国家，达到其历史的高峰。马赛厄斯继位时，只有 16 岁，外形不完全像王室的人。和他的身体比起来，他的腿太短，只有在马上才看起来高大些，但他浑身充满了力量，与以往的斗士一样。在他的加冕典礼之后不久，他向一个有名气有势力的德国骑士挑战，该骑士在比尤达的一项比赛中，已经击倒所有的竞争者，而马赛厄斯恐吓他，如他不用尽他所有的精力和技巧来和自己竞技的话，就把他处死。匈牙利的历史学家确实记叙着，这位年轻的国王打败了这个巨人。马赛厄斯长大后成为一个好的战士和将领，在任何地方遇到土耳其人，都赢得胜利，并收回摩拉维亚和西里西亚，但未能征服波希米亚。他和腓特烈三世打了 4 次仗，取得维也纳，合并了奥地利。第一位奥匈帝国的皇帝是匈牙利人。

他的胜利使王权暂时超乎贵族之上，在这里，同在西欧一样，政府的集权是时代的要求。他在布达和维舍格勒的王宫，同样是当时最富丽堂皇的。大贵族成了他的从者，他的使臣因服饰、装备和随员的繁多华丽而著名。马赛厄斯的外交是狡猾而无远见的。他友善而大方，用黄金买俯拾可取的东西。同时，他重建政府的每一部门，并亲自扮演一位细心的行政人员和公正的法官。他着便衣置身于民众和士兵中，亲自考察其官员的行为，毫无情面或顾虑地纠正不胜任和不公正的官员。他尽量锄强扶弱，保护农民免受贪婪地主的欺侮。当教会继续主张国家是教产时，马赛厄斯任命和训练高级教士。他任命一位 7 岁的意大利孩子做匈牙利主教，受到愤怒的费拉拉商人的反对，这些商人风趣地送给这位大主教一批玩具。

1476 年，马赛厄斯和阿拉贡的比阿特丽斯结婚，欢迎欢乐和宽宏大度的阿方索孙女将文雅的意大利风尚带到匈牙利来。匈牙利和那不勒斯的文化交流受了其王安茹的宗亲关系的鼓励，而比尤达宫廷中的许多人也曾在意大利受教育。就像他那马基雅维利式的霸术权谋一样，在他的文化癖性中，马赛厄斯可以比作意大利文艺复兴的暴君。韦罗基奥（Verrocchio）送他两个青铜浮雕，而洛多维科又委托达·芬奇为匈牙利王画一幅《圣母像》，并保证这位画家"是少数能作一幅有价值的伟大绘画的人当中的一个"。小利比（Filippino Lippi）为科菲努斯（Corvinus）作另一幅《圣母像》，他的学生用壁画装饰埃斯泰尔戈姆（Esztergom）的王宫。一位意大利雕刻家做了一件比阿特丽斯的半身雕像，那位有名的米兰金匠卡拉多索（Ambragio Foppa Caradosso）可能又设计了上乘的《基督受难像》（Calvary），贝内代托（Benedetto da Maiano）为比尤达的宫殿雕刻装饰，并在首都的内城（Inner City）教区教堂中，模仿了意大利建筑物文艺复兴时的有顶神龛。

贵族和高级教士加入国王的行列，支持艺术家和学者。甚至在内地的矿业城市中也有富人将财富用于艺术。漂亮建筑物，无论是凡俗的还是宗教的，不但在比尤达有，在维舍格勒、塔塔、埃斯泰尔戈姆、瑙吉瓦劳德和瓦克等地也有。成百的雕刻家和画家在装饰这些大厦。乔瓦尼·道尔马特（Giovanni Dalmata）制作了匈雅提和其他匈牙利英雄的著名石像。在卡萨（Kassa）成立了一所真正艺术家的学校。1474 年至 1477 年，在圣伊丽莎白教堂的高祭坛背后的墙上，"斯蒂芬大师"和其他人雕刻了一件极广大和繁复的装饰，其中心人物在精巧与优美上，完全是意大利式的。在贝斯特尔泽邦亚（Beszterczebánya）的教区教堂中，另一群人在石头上雕凿一幅伟大的浮雕《橄榄园中的基督》（*Christ in the Garden of Olives*），其细节上的认真和戏剧效果，令人惊讶。从这个时代留存下来的，有相同功力和艺术表现的匈牙利绘画，是现存布达佩斯博物馆的《玛丽拜访伊丽莎白》（*Mary Visiting Elizabeth*），由"M. S. 大师"所作。几乎所有这些匈牙利鼎盛时期的艺术都在 16 世纪奥斯曼侵略时被破坏或遗失了。有些雕像在伊斯坦布尔，那是被获胜的土耳其人拿去的。

马赛厄斯的兴趣在文学，不是艺术。外国或本国的人文学者，在他的宫廷中都受欢迎，并在政府中接受有薪的闲职。安东尼奥·彭费尼（Antonio Bonfini）用历史学家李维的拉丁文模式写下了这个政权的历史。雅诺斯·韦特兹，格兰的大主教，收集了一套古文的文库，并资助青年学者到意大利学希腊文。他们中间的其中一个，雅诺斯·潘诺纽斯，在费拉拉花了 7 年时间，获得允许参加佛罗伦萨的洛伦佐集团，并回到匈牙利，以拉丁式文辞和希腊式演讲震惊了宫廷。"当潘诺纽斯说希腊文时，"彭费尼写道，"你会认为他是在雅典出生的。"1475 年至 1500 年，可能只有在意大利才能发现像受到马赛厄斯宫廷扶助的这样一个艺术家和学者的群英会。多瑙河文学社于 1497 年在布达成立，也是世界上最早的文学团体。

与美第奇时期的人一样，科菲努斯收集工艺品和书籍。他的宫殿成了雕像和形象艺术（Objets-d'art）的博物馆。作为惯例，他每年要花3万弗罗林购买书籍，很多是昂贵的饰有金银五彩图案的手抄本。但他并不像费德里戈·蒙泰费尔特罗（Federigo da Montefeltro）那样反对印刷的书。1473年在布达成立了印刷所，那是印刷术传到英国的3年前。比伯里奥泽卡·科尔维纳（Bibliotheca Corvina）在马赛厄斯死时拥有1万册书，他的收藏是15世纪意大利最好的文库。其藏置在他的比尤达宫殿中的两间广阔大厅，有装着彩色玻璃的窗户，可以看到多瑙河。书架雕得五颜六色，这些书大部分用羊皮纸包着，又用天鹅绒布裹着。马赛厄斯似乎曾经读过这些书中的一些，至少他用李维的书来催眠，他写给一位人文学家说："学者们！你们多么幸福啊！你们不为血腥的荣耀，不为王位而奋斗，只为诗和至善的桂冠努力。你们甚至能强迫我们遗忘战争的喧嚣。"

马赛厄斯的集权仅维持到他死亡时（1490年）。复活的巨头们左右了拉迪斯拉斯二世，并盗用了应该付给军队的收入。军队兵变，士兵回家。逃避纳税的贵族们挥霍他们的所得和精力，过着恣意欢乐的生活。其时伊斯兰教压境，农人不堪痛苦剥削而掀起暴动。1514年，匈牙利国会宣布组织十字军以抵抗土耳其，征召自愿军。为数众多的农人聚集在十字路上，生死的选择由不得自己。当发现他们自己被武装起来后，这种观念便传开了，为什么等着去杀远方的土耳其人呢？可恨的贵族就在眼前。一位幸运的名叫格奥格·多萨（Gyögy Dózsa）的士兵，领导农民暴动；他们蔓延全匈牙利，焚烧城堡；屠杀所有的贵族——男人、女人、小孩——只要落入他们手中。贵族们从各处求援，武装起来并花钱雇人，打击乌合之众的农民，用极恐怖的方法处罚领头人。有两个星期多萨和他的随从没有食物。之后他被捆在红热的铁王座上，一顶烧红的王冠放在他头上，一根烧红的王杖放在他手中，当他还清醒时，他那些饥饿的伙伴，被允许撕下他身上烤熟的肉来吃。从野蛮到文明需要一个世纪，从文明到野蛮只要一天。

农民没有被屠杀，因为他们是不可缺少的。但是1514年颁布的法典指令道:"最近的叛乱……把不可信任的污点永远滴在农人身上,因此他们已经丧失他们的自由,而无条件地永久地去服侍其主人……每一分钱属于其地主,而农民没有权利请求公正和法律来对抗一个贵族。"

12年之后,匈牙利沦陷于土耳其。

第十章 | 葡萄牙开创商业革命
（1300—1517）

　　小小的葡萄牙除了一道海岸之外，再无天然之利可言，但凭其赤勇与锲而不舍的进取精神，在这一时期也跻身为欧洲最强最富的国家之列。1139 年，葡萄牙成为一个王国，其政府、语言与文化在最受爱戴的国君"劳动者"迪尼斯（Diniz the Laborer）的统治下，确立规模。这位国君身兼行政家、改革家、建筑家、教育家、艺术奖掖者及文学与爱情的高明实践者等众多头衔。他的儿子阿方索四世，历经几次谋杀，成为一个仁慈的国君。这个王朝与英国日增的贸易，使两国政治和睦。阿方索为巩固与新兴的卡斯蒂尔谨慎的同盟关系，催促儿子彼德罗（Pedro）迎娶唐娜·康斯坦莎·马努埃尔（Donna Costanza Manuel）。彼德罗虽然遵照父命迎娶，仍继续爱着本身也是皇家世系的勒涅斯·德卡斯特罗·科斯坦莎（Inés de Castro Costanza）。唐娜死后，勒涅斯就成了彼德罗第二度外交婚姻的一道障碍（1355 年），遂被谋杀。卡摩安兹（Camoëns）这位葡萄牙的弥尔顿（John Milton），在《卢西亚歌》（The Lusiads）这篇民族的史诗里，重述这段有名的浪漫史：

　　　　谋杀者的爪牙狰狞地向着勒涅斯……

他们污腥的剑使她雪白的酥胸染上了血迹……

在狂怒中，血染红了他们自己，

神圣的复仇仍未来临。

两年后彼德罗继承王位，为报此仇恨，他处死了谋杀者，掘出爱人的尸体，冠以王后的称号，旋以皇家礼仪重葬。他浸润在这一出悲剧中，统治变得严苛。

另一段比较平常的浪漫史扰乱了他的继承者的统治。斐尔南多一世（Fernando I）昏头昏脑地醉心于庞贝罗（Pombeiro）侯爵夫人莉奥诺拉（Leonora），他废除与卡斯蒂尔一位公主的婚约，完全不顾她健在的丈夫与愤慨的教会的反对，而与莉奥诺拉结婚。斐尔南多死后（1383 年），莉奥诺拉成为摄政，立女儿比阿特丽丝（Beatriz）为女王，并将她许给卡斯蒂尔的约翰一世。人民眼见葡萄牙即将成为卡斯蒂尔的属地而群起叛变。科英布拉（Coimbra）的议会宣布王位应由选举产生，他们选上彼德罗与勒涅斯的儿子约翰为王。卡斯蒂尔着手以武力拥立比阿特丽丝。约翰即时编组一支军队，从英格兰借来 500 名弓箭手，于 1385 年 8 月 14 日在阿尔茹巴罗塔（Aljubarrota）击败了卡斯蒂尔人。

"约翰大帝"于是开启了 48 年的统治并维系宝座达两个世纪之久的王朝——亚维兹（Aviz）王朝。政府重新组织，改革法律与司法，葡萄牙语成为官方语言，其文学也于此时展开。与西班牙一样，这里的学者也一直使用拉丁文到 18 世纪为止。然而，瓦斯科·达洛贝拉（Vasco da Lobeira）用葡语写下一篇名为"阿马蒂斯·达高拉"（Amadís da Gaula）的骑士传奇（1400 年）。这篇传奇在翻译后成为欧美最流行的世俗书刊。约翰一世在巴塔尔哈（Batalha）建造，用以纪念阿尔茹巴罗塔"战役"的维多利亚圣玛利亚的大教堂，骄傲地表现了民族艺术；在大小上，足以相比米兰的天主教堂，而在拱壁与尖塔的精细辉煌上，也堪与巴黎的圣母院媲美。1436 年，另增辟一间设计高雅、装饰富丽的小教堂，以收容他的遗物。

儿子们使他光彩起来。杜亚特（Duarte）——爱德华——继承他，将国家治理得几乎同样完美。彼德罗厘定法律，"航海家亨利"开启了行将改变整个世界地图的商业革命。约翰一世从摩尔人那里夺取休达（Ceuta）港后（1415 年），便留下这位 21 岁的亨利担当直布罗陀海峡这一战略据点的总督。穆斯林对廷巴克图、塞内加尔及西非海岸可能拥有的黄金、象牙与奴隶的描述，煽动了这位野心勃勃的年轻人，于是他决定探勘这一地带，并予并入葡萄牙版图。他手下提到的塞内加尔河，可能东通尼罗河源和基督教的阿比西尼亚。一条起自大西洋、越过非洲、到达红海，因而东通印度的水道，行将开辟。意大利对东方贸易的垄断，将告瓦解。葡萄牙因而也将成为一个强权国家。被征服的地区可能皈依基督教，非洲伊斯兰国家将会在南北两侧受到基督教国家的攻击，基督徒在地中海上的航行，也将获得保障。亨利似乎未曾想起环绕非洲的一条航路，但这成为他的一项历史性成就。

约 1420 年，他在坐落于葡萄牙与欧洲西南方尖端的萨格里什（Sagres），建立了一所非正式的野外学校，传授航海的知识。40 年来，他与包括犹太和伊斯兰教天文学家及制图家在内的助手，搜集并研究水手与旅游者的记叙，同时派遣配上帆、桨及 30 到 60 名人员的脆弱船只，驶入险恶的海洋。亨利的一位船长重新发现了（1418 年）70 年前热那亚人发现、旋又忘记的马代拉（Madeira）。葡萄牙殖民者现在发展其资源，该地的糖及其他产品不久即抵过殖民的花费，葡萄牙政府因而乐于提供亨利航海探险的基金。后者注意到了 1351 年一张意大利地图所标示的亚速尔群岛（the Azores），于是委派卡夫拉尔（Gonzalo Cabral）前往探勘，结果大功告成。1432 年至 1444 年，这些海上明珠都一一并入葡萄牙版图。

最吸引亨利的是非洲。加泰罗尼亚与葡萄牙的航海家，曾经沿着西海岸南航 900 英里，直到博哈多尔（Bojador，1341—1346 年）。然而，庞大大陆之西向突入大西洋，使水手不敢再向南航行。他们偷偷回欧洲，借口遇到种种恐怖的土著，海里的盐厚得犁都犁不开。他们同时扬言道，凡通过博哈多尔的任何基督徒，都会变为黑人。吉利亚内斯（Gilianes）船长也以相似的借口于1433年回到萨格里什。亨利再度命令他出航，嘱咐他带回有关这一险恶的岬角以南陆地与海洋的详细报告。吉利亚内斯不敢抗命，终于抵达了博哈多尔之外150英里的地方（1435年），他震惊地发现了赤道地区茂密的植物，根据亚里士多德与托勒密的说法，在那种焚炙的太阳底下，只有沙漠才能存在。6年之后，特里斯唐（Nuno Tristao）更下航到了布朗角（Cape Blanco），带回一些强壮的黑人，立刻予以受洗并使之成为奴隶，封建领主让他们在葡萄牙的农场上工作。亨利辛劳航海的第一个主要结果，便是非洲贩奴的形成。财富源源而来，亨利的船只名义上为探察并使土著皈依基督教，实际上是捞取黄金、象牙与奴隶。兰萨罗特（Lanzarote）船长于1444年带回165名"黳黑的摩尔人"，用以耕耘带有军事色彩的耶稣会的土地。一位同时代的葡萄牙人描述捕捉这些"黳黑的摩尔人"的情形时说：

> 我们的人员一面大喊"圣地亚哥！圣乔治！葡萄牙！"一面扑向他们，杀的杀，捕的捕。你在那里可能看到母亲紧抓着孩子，丈夫紧抓着妻子，人人尽速逃命。有些跳入海洋，有些想藏在棚舍的角落里；更有一些人把孩子藏在矮树丛底下，但被我们的人搜出。最后，我们的主带给大家一份应得的报酬，使我们的人员在那天获得胜利。为了补偿对主效劳的一切辛苦，他们掳走了165名男女、孩子，死者不计其数。

到1448年，有900名以上的非洲黑奴被带到葡萄牙。我们得补充一下，北非的穆斯林在发展贩奴事业上，尚比基督徒早，而非洲的黑人酋长本身也以象牙与黄金向葡萄牙人购买黑奴。

1445年，狄亚斯（Diniz Dias）抵达了名为佛得角（Cape Verde）的肥沃岬角；1446年，兰萨罗特探察了塞内加尔河河口；1456年，卡·达·莫斯托（Ca Da Mosto）发现了佛得角群岛。同年，亨利王子逝世，但这一事业由于他所带来的刺激和经济收入而继续发展。若昂·达·桑塔伦（Joao da Santarem）越过赤道（1471年），迪奥戈·考（Diogo Cao）抵达刚果河（1484年）。最后，在亨利首次探险半个世纪后，巴塞洛缪·狄亚斯（Bartholomeu Dias）一路与暴风雨和船难搏斗，终于绕过了非洲的最南端（1486年）。他高兴地发现现在可以向东航行了，印度直躺在前面，似乎伸手可得，但他疲惫的部下迫使他回航。他诅咒摧毁他部下精神的那些险恶海面，同时把最南端的这一处岬角称为折磨岬（Cabo Tormentoso）。约翰二世眼见印度就在这个转弯处，于是重予命名为好望角（Cape of Good Hope）。

狄亚斯与国王有生之年均未目睹一条通往印度的水道，这一鼓舞全葡萄牙梦境的实现。1497年，曼努埃尔国王忌妒哥伦布带给西班牙的荣耀与财富，委派达·伽马航绕非洲到印度。这位28岁的船长因受暴风雨所迫而采取了迂回路线，经过137天航行了约5000英里方才抵达好望角，然后再历经百次的危险与动乱、178天与4500英里的航行，终于抵了卡利卡特（Calicut）——亚洲东西、南北贸易的辐辏中心之一。他于1498年5月20日停泊该处，自里斯本出航算起，为时达10个月12天之久。他登陆后立刻被视为海盗而遭逮捕，几乎被处斩。但凭其惊人的勇气与演说，他打消了印度人的嫌疑与穆斯林的忌妒，为葡萄牙人赢得通商许可，装上满船的胡椒、姜、肉桂、丁香、豆蔻与珠宝，而于8月29日离开卡利卡特，经过一年艰难的航行，最后返抵里斯本。葡萄牙人终于发现了一条通往印度的航线，取代了先经埃及、阿拉伯或波斯，再经意大利这条辗转花费、需索通行税的海陆路线。长达一个世纪之久的经济成果，对于欧洲来说，较美洲的发现更为重要。

西班牙的航海家尚纠缠在加勒比海假定的印度群岛之际，葡萄牙人便因已发现了真正的印度而洋洋自得。直到 1500 年，他们罕曾想起另外尝试一条西向的航道。然而就在那年，喀布拉尔（Pedro Cabral）在由非洲通往印度的航行中，遭暴风吹离了航道，无意间发现了巴西。同年，加斯帕（Gaspar）再度发现了拉布拉多（Labrador）。1503年，韦斯普奇（Amerigo Vespucci）扬起葡萄牙的旗帜，探勘布拉他河（Rio Plata）与巴拉圭。1506 年，达库尼亚（Tristao da Cunha）发现了，并以自己名字命名一座南大西洋岛屿。然而，葡萄牙的政治家认为巴西无利益可图；另一方面，从印度载回的每一船货却大大中饱了皇室的财库及商人和航海家的钱袋。

由于商业需要不间歇的军事保护，葡萄牙政府全面控制了这门新兴的贸易。穆斯林早已在印度各据点建立商业；有些印度的君主也加入抵御葡萄牙人入侵的行列。贸易与战争，金钱与血液，在这场范围极广的商业革命中混而为一。1509 年，阿尔布开克（Albuquerque）担任葡属印度的首任总督。他对穆斯林与印度教徒接二连三地发动战争，夺取并稳固了阿拉伯海岸的亚丁与荷莫兹，印度的果阿与马来半岛的马六甲。他从马六甲载回价值 100 万杜卡特的战利品。葡萄牙经过如此武装之后，一跃成为 150 年间欧洲与印度、东印度群岛之间的贸易主人。葡萄牙商人东进到摩鹿加群岛（the Moluccas，1512年），欣见这些香料群岛（Spice Islands）的豆蔻、肉桂与丁香比印度的还要便宜而且有味道。阿尔布开克仍未餍足，他率领 20 艘船只进入红海，向阿比西尼亚的基督教国王建议，合力挖通尼罗河到红海的运河，使河水改道，使整片伊斯兰埃及变为沙漠。后因骚动，阿尔布开克被召回果阿，结果在 1515 年死于该地。翌年，科埃略（Duarte Coelho）为葡萄牙打通今越南与泰国的贸易。1517 年，费尔南·佩雷斯·德安德拉德（Fernao Peres de Andrade）与广东和北京建立了商业关系。

葡萄牙帝国——第一个现代帝国主义国家——当时在世界上幅员最广，只有西班牙在美洲各地所建立的帝国差堪比拟。里斯本成了首富之区，其水域停泊着来自远地的各类船只。北欧商人在那里，而非在威尼斯抑或热那亚，以最低价格购得货品。意大利为丧失东方贸易的垄断权哀悼不已。在一个世代里先后受到哥伦布、达·伽马与路德致命打击的意大利文艺复兴，于是逐渐凋萎，而位居公海统帅的葡萄牙与西班牙，转而领导着大西洋各国的繁荣滋长。

文学与艺术也沐浴在新的光辉灿烂中。费尔南·洛佩斯（Fernao Lopes）以 20 年的时间（1434—1454 年）写下长篇巨幅的《编年史》（Cronacas），他以生动的叙述、有力的刻画描写葡萄牙的故事，足以与弗鲁瓦萨尔匹敌。维桑特（Gil Vicente）为皇室写小剧本并为群众节宴写剧本（约 1500 年），从而开创葡萄牙的戏剧。葡萄牙画派师法佛兰德斯，但也发展出自己的气质与特性。努诺·贡萨尔维斯（Nuno Goncalves）为圣·文森特修道院所画的沉郁连版画，与曼泰尼亚（Mantegna），甚至与埃克兄弟相匹敌：6 块嵌板，在透视与轮廓上，是早期艺术家的代表作，但 55 幅画像——其中最好的是航海家亨利的画像——刻画入微，具有写实力量。"幸运者"曼努埃尔王为了纪念达·伽马的胜利航行，委任建筑家若昂·德卡斯蒂洛（Joao de Castilho）在里斯本附近，以火焰般的哥特式风格，建造了宏伟的贝伦修道院（约 1500 年）。葡萄牙进入了黄金时代。

第十一章 ｜ **西班牙**
（1300—1517）

西班牙的景观（1300—1469）

西班牙的层峦叠嶂，一则形成保护，一则造成悲剧：这些山峦虽然使西班牙免于外患，同时也阻碍了经济的发展、政治的统一及参与欧洲文艺思潮的机会。在半岛西北方的小角落里，这群巴斯克（Basque）的半游牧民族，随着季节的更替，将羊群从平原驱向山丘，然后循山而下。他们有许多是农奴，却自称贵族。他们组成的三省，在主权松弛的卡斯蒂尔或纳瓦尔王国中实行自治。天主教徒斐迪南将其南部并入卡斯蒂尔之前（1515年），纳瓦尔一直是一个独立的王国。该国其余部分，后来成为法国的国王封地。萨丁尼亚（Sardinia）于1326年为阿拉贡所并，接着是巴勒尔（Baleare）于1354年，西西里于1409年，被阿拉贡吞并。阿拉贡本身由于受到瓦伦西亚、塔拉戈纳、萨拉戈萨及巴塞罗那诸地工商业所赐，日益富足。当时，卡斯蒂尔是西班牙诸王朝中势力最强、疆域最广的，它统治着人口众多的奥威耶多、莱昂、布尔戈斯、巴利亚多利德、萨拉曼卡、科尔多瓦、塞维尔及其首都托莱多诸城；其国王在西班牙境内向最多的听众弹奏音乐，并下最大的赌注。

国王阿方索十一世改良卡斯蒂尔的法律与王廷，促使好战的贵族转而对抗摩尔人，同时奖掖文学与艺术，并以一位颇能生育的女人酬劳自己。其王后为他生下的太子，却在晦暗、疏忽及悔恨中长大，成为"残忍者"佩德罗。佩德罗15岁时继位（1350年），这使老国王的9位私生子大失所望。他们均遭放逐，他们的母亲莱奥诺拉·德古斯曼（Leonora de Guzman）则被赐死。佩德罗出身波旁皇族的新娘布兰奇（Blanche）远从法国不请自来时，他即与她结婚，度过了两夜春宵，旋即以阴谋的罪名，予以毒害（1361年），然后娶了妍妇玛丽亚。后者倾国倾城的美貌，据说曾使宫廷骑士为之痴迷而狂饮她沐浴后的水。虽然如此，佩德罗甚得下层阶级的爱戴，他们一直支持他到痛苦之终点。其同父异母的兄弟屡次企图篡位，迫使他采取一连串诡计、谋杀及亵渎行为。最后，特拉斯塔马拉（Trastamara）的亨利——莱奥诺拉（Leonora）的长子——组织了一支成功的叛军，亲手血弑佩德罗，成为卡斯蒂尔的亨利二世（1369年）。

根据马基雅维利的理论，道德不符合王位者为王则属非法，统治者尽管大玩权术甚至谋杀。但1450年，正是为数约千万的人民，创造了西班牙的文明。他们每以纯粹的血统自豪，却是凯尔特人、腓尼基人，迦太基人、罗马人、西哥特人、汪达尔人、阿拉伯人、柏柏尔人与犹太人的混血。其社会底层为少数的奴隶与直到1471年才摆脱奴属的农民；其上为工匠、制造匠及城里的商人；再上则依尊贵之次为骑士（*caballero*）、系属于国王的贵族（*hidalgo*）及独立的贵族（*procere*）；与这些俗人并列的，则为起自教区牧师、主教、院长，上达大主教、红衣主教的教阶人士。每一个城镇都有议会，并派代表加入由贵族和高级教长组织的省或全国议会。理论上，国王的敕令须经这些"法庭"的同意方成法律。工资、工作情况、价格与利率均由市议会或同业公会组织加以规定。商业则因为皇室的垄断、省或地方对进出口货设立的官卡、不统一的度量衡、贬值的货币、路途上的贼匪、地中海上的海盗、教会对牟利的谴责及主宰大部分工商业的穆斯林与管理财政的犹太人的迫害，而受到层层阻挠。一家省银行以政府信用作保而在巴塞罗那开业（1401年），汇票于是发行；海上保险则至1435年才开始出现。

西班牙人身为闪米特人后裔，却又受到反闪米特人思想的影响，因而他们在血液里保留非洲的热度，并像柏柏尔人一样，在语言与行动上趋于暴烈。他们的心灵敏锐而好奇，却失于轻信并畏于迷信。他们即使在贫困、凄惨之中，还保持着精神的傲然独立与举止的尊贵。他们贪多务得，但并不轻视穷人，也并不吮舐富者之鞋。他们轻视并规避劳动，但也坚忍刻苦。他们懒惰，却征服了半个新大陆。他们渴求探险、壮丽与浪漫，即使以代理的方式，他们也要饱尝危险的滋味。属于克里特与罗马的一种遗迹的斗牛，早已成为全国性的游戏，正式、庄严、多彩多姿、苛刻，并教人勇敢、艺术技巧及敏捷的智力。但像现代的英国人（不像伊丽莎白时代的英国人）一样，西班牙人以消极的态度对待欢乐。土壤的干旱不毛与山坡阴影，反映为心绪的枯燥忧郁。他们的举止缓慢而优雅，太过卫生；每个西班牙人都是彬彬君子，但绝少浴血骑士。骑士仪节与比武之风，盛行于下层民间。"名誉攸关"成为一种宗教。妇女在西班牙不为女神，即为囚犯。上层社会的衣着，平日显得朴素，但到了周日和宴乐场合，则盛露光彩，纷纷炫示着彩带、绫罗、襞襟、软衬和金饰。男士酷嗜香水与高跟鞋，而妇女也不以自然的娇媚为满足，纷纷以色彩、飘带及神秘的面纱蛊惑男士。性的追逐，以千奇百样的方式与伪装滔滔而下。教会的恐怖、致命的法律与"名誉攸关"，都力图阻止这种疯狂的追求，但爱神维纳斯战胜一切，妇女的丰腴胜过土壤的恩赐。

西班牙境内的教会是王室不可分的同盟。它不大理会罗马教皇，经常要求改革教皇职位——甚至向坚毅的亚历山大六世提出改革。西蒙红衣主教于1513年禁止尤里乌斯二世为重建圣彼得大教堂而在西班牙境内发卖赎罪券。事实上，国王被认为是西班牙教会的首领，斐迪南在这件事上并不须等待英国国王亨利八世的教导。西班牙境内，无须宗教改革，以使国家与教会、国家主义与宗教合而为一。西班牙教会乐得在一个自觉需要仰赖它用以维持道德秩序、社会安定及民众顺从的政府下，享受实质上的特权，以作为不成文交易的一部分。教会里的人员，即使是小小的教职，也仅附属于教会法庭。教会拥有大量的土地，由佃农耕作。它还可抽取其他供佃农自用的小土地上收成物的 1/10，但须付出什一税中的 1/3 给国库；其他方面，则都免税。西班牙的教会，可能比除意大利外其他任何国家的教会富裕。教士的道德与修道院的教规，显然超出中古的一般水准；但像其他地方一样，教士的姘居现象普遍且被宽恕。禁欲主义在比利牛斯山以北尽管堕落，在西班牙却持续不坠；甚至有情人鞭笞自己，以软化温柔、胆怯的姑娘，抑或借以达到某种虐待狂似的亢奋。

普通百姓效忠于教会与国王，因为他们必须如此，才能勇敢而有效地对抗自古以来的敌人摩尔人。格拉纳达（Granada）的征夺，被视为一场为神圣信仰而战的战争。在圣节假日，男女老少，不分贫富，纷纷以庄严的队伍跟在代表圣母或圣者的大偶像之后，或阴郁静默，或合唱着圣歌在街上游行。他们坚信精神世界才是他们真正的居所和永恒之家，尘世生活只是一种邪恶短暂的梦幻。他们痛恨异教徒，而视其为国家统一与信仰的出卖者，因此不反对予以活烧。他们认为这只是对愤怒的上帝最应该做的。下层阶级几乎没有接受过学校教育，当时的教育几乎全属宗教。顽强的全国议会，在异教徒墨西哥人中发现一种类似基督教的圣餐之后抱怨道，撒旦已把圣餐教给他们，其目的只是为了困扰那些征服者。

西班牙天主教的坚强，是与穆斯林及犹太人经济竞争的结果，后两者合计占境内 1/10 的人口。糟糕的是，摩尔人占有肥沃的格拉纳达，但更令人激怒的是那些穆德加尔人（Mudejare）——居住在西班牙基督徒之间尚未归化的摩尔人。他们在商业、工艺与农业方面的技术，为大部分受役于原始苦工的人民所羡慕。尤其不可饶恕的，是西班牙境内的犹太人。基督教的西班牙迫害他们达千年之久。犹太人被任意的征税、强迫借贷、没收财产、谋刺及强迫受洗，还被强迫聆听天主教的传道，有时在犹太人自己的会堂举行，目的在于促使他们归化。倘若基督徒接受了犹太教，法律即可判以死刑。他们常受邀请或受召与基督教神学家辩论，必须在耻辱的战败或危险的胜利之中做一选择。他们与穆德加尔人一而再地被要求佩戴醒目的标志——通常是在衣肩上佩一个红圈。犹太人不得雇用基督徒为仆人；他们的医生也不得为基督徒病人开处方；他们的男人若与基督徒妇女结婚，便被处死。

1328 年，一位圣方济各派的修道士讲道刺激纳瓦尔境内埃斯特拉（Estella）的基督徒，屠杀 5000 名犹太人，并烧毁他们的房舍。1391 年，马丁内斯（Fernàn Martinez）的传教，更引起西班牙境内每一座主要城市的人民大肆杀戮拒绝归化的犹太人。1410 年，巴利亚多利德及其他城市受到神圣而狂热的费勒（Vicente Ferrer）雄辩的蛊惑，下令将犹太人与摩尔人限定在划出的区域里，他们的门户从日落到日出必须关闭。这种隔离大概是为了保护。

即使在这些摧残之下，犹太人依然坚忍、刻苦、精明，抓住每一个发展机会，逐渐昌盛繁荣起来。卡斯蒂尔的有些国王像阿方索十一世与"残忍者"佩德罗，均予以照顾，并提拔有才能的犹太人在政府中担任高职。阿方索任命约瑟夫为财政大臣，任命另一位犹太人萨缪·利伯恩－瓦卡为御医。可惜他们滥用职权，被判谋反之罪，死在狱中。萨缪尔·阿布拉法（Samuel Abulafia）重蹈覆辙，他在佩德罗手下担任财政部长，聚敛一大笔财富，最后被国王处死。早在 1357 年，萨缪尔曾在托莱多建立一座富有古典淳朴与高雅之美的犹太会堂，到斐迪南时，改为埃尔·特兰西托（El Transito）基督教堂，现则由政府保留为西班牙境内希伯来—摩尔人的艺术纪念物。佩德罗保护犹太人，反而造成他们的不幸。因为后来亨利废黜他时，有 1200 位犹太人被战胜的士兵屠杀（托莱多，1355 年）；更惨的杀戮于佩德罗将"自由兵团"带进西班牙时相继展开。佩德罗"自由兵团"是杜盖克兰（Du Guesclin）从法国暴民中招募来的队伍。

　　成千的西班牙犹太人宁可受洗，而不愿受到虐待与集体屠杀的恐怖。身为合法的基督徒，这些皈依者可沿着经济与政治的阶梯，在各行各业，甚至在教会里爬升而上。有些成为高级教士，有些成为国王的顾问。他们在财政上的才能为他们赢得聚集和管理国税的权力，因而受人忌妒。其中有些享有贵族的安适，有些则因其成功惹眼招妒。愤怒的天主教徒将这些皈依者牢牢冠上"猪仔"的野蛮名号。然而，有些徒有门第而缺乏财富或对才能表示敬重的基督教家庭却在婚姻上接受他们。如此，西班牙人，尤其是上层阶级，终于实际地混入了犹太人的血统。天主教徒斐迪南与异端裁判官托哥马达（Torquemada）的祖先均为犹太人。教皇保罗四世与国王菲利普二世交战时，直称菲利普和西班牙人为"犹太人与摩尔人的败种"。

格拉纳达（1300—1492）

　　伊本—巴图塔（Ibn-Batuta）描述格拉纳达为"世界上任何城市均难与之相比……环绕于此的尽为果园、花圃、开花的草原与葡萄园"；城中则为"高贵的建筑"。其阿拉伯名字为卡尔纳塔（Karnattah），意义不明；西班牙的征服者命名为格拉纳达——"满布种子"——大概由于邻近盛产石榴树而得名。此名不仅包括该城，而是包括克雷斯、雅恩（Jaén）、阿尔米里亚（Almería）、马拉加（Málaga）及其他城镇在内的一个省份，总人口约400万。占有1/10人口的首都，"像一座守望塔般"矗立于山巅之上，俯瞰着一座壮观的山谷。山谷则因周密的灌溉与科学的耕作，一年有两次收成。城墙上的上千座　望塔，保卫此城免受环伺的敌人的攻击。宽敞而优雅的巨宅庇荫着贵族；公共广场的喷泉，缓解了太阳的炙热；在阿尔罕伯拉（Alhambra）王室神话似的宫殿里，正有位酋长、苏丹或哈里发在主持朝政。

　　所有农产的 1/7 须付与政府，大约同样的比例由统治阶级取得，作为经济管理与军事领导的费用。统治者与贵族另将岁收分给艺术家、诗人、学者、科学家、历史学家和哲学家，同时资助一所大学；大学里有学问的基督徒与犹太人任教职和校长。大学正门上刻着铭文："斯世靠四事支持：智者之学问，伟人之正义，善者之祈祷及勇者之胆识。"妇女可以自由分享文化生活，我们知道不少摩尔人的格拉纳达的女博士的姓名。当时有人这样说道："女人的出色，以其体态的匀称，身体的文雅，长发的飘舞，牙齿的白皙，与挪动的轻盈……交谈的迷人与呼吸的清芬。"个人清洁与公共卫生，比同时期的基督教国家进步。服装与礼俗均极堂皇，而竞赛或化装游行，更增添了宴乐节日的光彩。其时道德松弛，暴行屡见不鲜，但摩尔人的慷慨与诚实，赢得基督徒的赞美。关于格拉纳达的"市民的名声"，西班牙一位历史学家写道："名不虚传。他们口头一句话，比我们之间所作的书面契约更值得信赖。"然而奢侈的滋长，终于腐蚀了国家的元气，内部的不和，则招致外来的攻击。

　　另一方面，基督教的西班牙在慢慢巩固其王国并增加其财富。她以羡妒的目光，仰视这个繁荣之地。后者的宗教，以其邪异的多神教来痛诋基督教；其港口也是招致异端势力的危险开口；尤有甚者，那些肥沃的安达鲁西亚（Andalusia）田野，正可补偿北部许多贫瘠的土地。格拉纳达得保自由，完全在于天主教西班牙的分裂。即使如此，公国仍然同意（1457 年）岁岁入贡卡斯蒂尔。嗣后鲁莽的阿里·阿布－阿尔－哈桑（Ali Abu-al-Hasan）竟然拒绝继续这种收买和平的贿赂（1466 年），所幸当时亨利四世正放荡得无暇迫使其顺服。但后来斐迪南与伊莎贝拉登上卡斯蒂尔的王座之后，随即派遣特使要求恢复朝贡。这时，阿里不要命地大胆回答说："去告诉你的君主，说格拉纳达以前朝贡的国王都已经死了，我们的铸币厂现在只铸剑！"并没警觉到斐迪南本身的钢铁（指其意志）比摩尔人铸币厂的还多。阿里借口受到基督教的边界侵扰，突袭占领基督教的边城沙哈拉（Zahara），将城内所有居民赶入格拉纳达，并售卖为奴（1481年）。马奎斯（Marquis）以劫掠阿拉马（Alama）摩尔人的堡垒作为报复（1482年）。格拉纳达的征服已经展开。

爱情使战争趋于复杂。阿布－阿尔－哈桑竟然迷恋上一位女奴，迫使王后苏丹娜·艾莎（Sultana Ayesha）策动人民废黜夫君，同时加冕其子阿布－阿布杜拉（Abu-Abdallāh）——西方所熟知的波迪尔（Boabdil）——为王（1482年）。阿布－阿尔－哈桑逃到马拉加，一支西班牙的军队包围该城，结果几乎被仍然效忠于哈桑的军队在阿亚魁（Ajarquia）山脉中的山道上歼灭殆尽。波迪尔由于羡妒父王的军事武功，也从格拉纳达率领军队攻击卢塞纳（Lucena）附近的一支基督教军队。他奋勇战斗，但失败被俘。后因答应帮助基督徒对抗其父王，并年付1.2万杜卡特给西班牙政府后，方得释放。同时，其叔阿布－阿布杜拉希（Abu-Abdallahi）——以"勇者"闻名——自立为格拉纳达的酋长。一场三角内战，便在叔、父、子之间，为了争夺格拉纳达的王座而爆发。结果是父亲死亡，儿子占领了阿尔罕伯拉宫，叔叔则退至瓜迪克斯（Guadix），并从那儿一再攻击目之所及的西班牙人。波迪尔欲效法此技，也否认被俘时的保证与朝贡，积极备战以抵抗无法避免的袭击。

斐迪南与伊莎贝拉驱遣3万士卒蹂躏生长食物的格拉纳达的平原，磨坊、谷仓、农舍、葡萄园、橄榄林与橘林均遭摧毁。马拉加受到包围，以阻止其对格拉纳达的支援。该城一直坚守到老百姓吃光马、狗与猫，成百地死于饥荒或疾病为止。斐迪南迫其无条件投降，同时判定1.2万名幸存者为奴隶，但允许富人交出一切所有物以赎回自由之身。"勇者"阿布杜拉希只有屈服。都城外的格拉纳达整个省份，便落入基督徒手里。

天主教的君主在围城外，为其军队建立一座称为"圣塔菲"（Santa Fé）的坚固城市，以等待饥荒将"安达鲁西亚的荣耀"拱手交出，任其摆布。摩尔人的骑士纵马出城，单挑西班牙的骑士，彼此同样骁勇善战。但斐迪南发觉手下英勇的骑士一个接一个战死，便终止了这种比赛。波迪尔不得已率军做一绝望的突袭，结果被击退。他再向土耳其与埃及的苏丹分头求援，但均落空。

1491 年 11 月 25 日，波迪尔签订城下之盟，征服者仁至义尽。格拉纳达的人民，得以保留其财产、语言、服装、宗教与仪式；他们受自己的法律与法官裁判；并在 3 年后方得征税，其税目也只限于过去所征收的。此外，该城由西班牙人占领，凡是想离开者均可离开，凡愿返回伊斯兰教非洲者，均有交通供应。

格拉纳达的人民却在反抗波迪尔的投降。暴动迫使他将格拉纳达的钥匙交给斐迪南（1492 年 1 月 2 日），然后与亲属及 50 位骑兵骑马经过基督教的阵线，到达他将以卡斯蒂尔的附庸身份行使统治的一个山区小侯国。他从经过的峭壁上回头对已经丧失的富丽城市投下最后一瞥。那一座山巅，至今仍然称为"摩尔人最后的叹息"(El Ultimo Sospiro del Moro)。他的母亲谴责他的眼泪说："你哭得真像女人，因为你不能像个男子汉那样抵御。"

同时，西班牙的军队进入格拉纳达。门多萨（Mendoza）红衣主教将一支大银质十字架挂在阿尔罕伯拉王宫之上，斐迪南与伊莎贝拉也跪在城市广场上，感谢上帝在经过 781 年之后，终于将伊斯兰教逐出西班牙。

斐迪南与伊莎贝拉

在特拉斯塔马拉的亨利之死（1379 年）与斐迪南登上阿拉贡王座之间的这一个世纪，就西班牙而言，可以说是一段休耕时期。一连串懦弱无能的君主，准许贵族你争我夺而使土地凌乱不堪；政府怠惰、腐败，私仇公行不禁，内战频仍，商旅患道，而田地也时受军队掠夺，致使农民留而未耕。在爱音乐与诗歌而不理国家琐务的卡斯蒂尔君主约翰二世的漫长统治（1406—1454 年）之后，继之为亨利四世不

幸的任期。后者以其行政的无能、币值的败坏及将税收挥霍在所宠爱
的寄生虫身上，而赢得"无能者"亨利的称呼。他将王位嘱托给他称
为女儿的胡安娜（Juana）；贵族们否认亨利的出身和权势，强逼他提
名其妹伊莎贝拉为继承者。但他死时（1474 年），重新肯定胡安娜的
合法地位和统治之权。斐迪南与伊莎贝拉即从这一瘫痪的混乱中，铸
造了使西班牙在欧洲称强达一个世纪的秩序与政府。

　　一批外交家说服了 18 岁的伊莎贝拉，与其年仅 17 岁的表弟斐迪
南结婚（1469 年），为未来的功业铺路。他们都系出特拉斯塔马拉的
亨利。斐迪南当时已是西西里的国王，待他父亲一死，又可兼为阿拉
贡的国王，这门亲事因此可结联三国为一强大的王国。保罗二世拒绝
出具表兄妹婚姻合法化所需要的教皇敕书，这一必要证件，于是由斐
迪南父王及巴塞罗那的大主教共同伪造。待此完成之后，真正的敕书
才从教皇西克斯图斯四世那里得来。更为困难的是新娘的贫穷，因
新娘之兄拒绝承认这门婚姻，而新郎的父亲已深陷于战争，不能提
供一场皇家仪式。一位犹太律师贷款 2 万苏尔多（sueldo），才铺平
婚姻的道路。款项在伊莎贝拉后来成为卡斯蒂尔的女王时方才偿还
（1474 年）。

　　伊莎贝拉继承王位之权，受到娶胡安娜为后的葡萄牙王阿方索五
世的挑战。战争在托罗（Toro）打响，斐迪南在该地领导卡斯蒂尔人
走向胜利之路（1476 年）。3 年后他继承了阿拉贡的王位；除了格拉
纳达与纳瓦尔两地之外，全西班牙已都在一个政府的统治之下。伊莎
贝拉成为卡斯蒂尔的女王；斐迪南则统治阿拉贡、萨丁尼亚与西西里，
同时分治卡斯蒂尔。后者的内政管理，留归伊莎贝拉，但王室的特许
状与命令，均须由两位统治者加以签署，同时新的硬币都铸上国王与
女王的头像。

　　据其朝臣的描述，伊莎贝拉之美，举世无匹，面貌姣美，身材中
等，眼睛湛蓝，头发棕色泛红。她比斐迪南受的教育多，心智虽不敏
锐，但也不残忍。她眷顾诗人，并与谨慎的哲学家交谈，但更喜与修

士为伍。她选最严厉的道德家当她的听告解者和导师。她虽然嫁给不忠实的丈夫，但似乎一直忠于婚姻。她生活在道德放荡的时代里，却是性方面庄重的模范。处在腐败的官吏与奸险的外交家之间，她仍然保持坦白、爽朗而不堕落。她母亲在严格的正教与虔诚中教养她，她再予以发展到苦行禁欲的边缘。她压迫异端的严厉与残忍，一如她在其他任何事上的和善与仁慈。她是自己孩子温柔的守护者，也是朋友忠诚的梁柱。她大量地捐助教会、修道院与医院。她的正统信仰并未阻止她谴责文艺复兴时期某些教皇的不道德。她极具勇气，令人钦佩；她抵制、克服并驯服强大的贵族，默默地承担大伤恸，并勇敢面对战争的艰难与危险。她认为在大众面前维持女王的尊严是明智之举，因此极力炫示昂贵的锦服、珠宝；但私下她穿得朴素，吃得节省，闲暇则做些女红，送与自己所爱的教会。她对工作劳心劳力，亲自发起有益的改革，而且或许过分地管理司法；她一心只想将她的王国从没有法律的紊乱中提升到一种守法的和平状态。与她同时代的外国人，如保罗·乔维奥（Paolo Giovio）、圭恰迪尼及贝厄德（Bayard）骑士，把她列为当时最能干的统治者之一，并比之为古代的巍峨女杰。她的臣民虽不耐烦国王的统治，对她却崇拜不已。

卡斯蒂尔的人民无法宽恕斐迪南外国人（阿拉贡人）的身份，虽然他们以他为成功的政治家、外交家及骑士而自豪，仍然在他身上找出许多缺点。他们把他冷漠、孤僻的个性与女王的温煦和善，他的迂回多虑与她的直率坦诚，他的吝啬与她的慷慨，他对下属的苛刻与她对臣仆的厚酬，及他婚外的放荡与她默默的节欲，分别做对比。他们或许不怨恨他设立宗教裁判所及他利用宗教感情作为战争武器；他们赞许对抗异端的战役，格拉纳达的征服，及未归化的犹太人与摩尔人的驱逐；他们最爱戴他的，却是后代最少赞扬的。我们没有听到人民对他严刑峻法的抗议——亵渎者，割去舌头；鸡奸者，活活烧死。他们觉察出，若不妨碍个人的利益或王室的政策时，他可以公正甚至仁慈；他虽较喜在谈判时与人唇枪舌剑，而不喜在战场上与人争勇斗狠，但他能智勇俱全地统率三军；他的小气，并非供作个人奢侈之需，而是移作扩建西班牙之用。他们必已赞许他节俭的习惯，他在困境中所表现的坚定，他在腾达时所表现的节制，他对助手的精挑细选，他对政府的鞠躬尽瘁及他以弹性的坚持与谨慎的手段，追求高远的目的。他们宽恕他身为外交家所惯用的欺骗伎俩，他经常背信；其他所有的统治者，不也使用同一手法来哄骗他并欺弄西班牙吗？"法兰西国王，"他狞笑道，"抱怨我骗过他两次。这个傻瓜在说谎——我曾经骗他十次，甚至更多次。"马基雅维利仔细研究过斐迪南，他于品味其狡诈之余，赞扬道，"其行径……通通伟大而略突出"，并称他为"基督教国家中最重要的国王"。圭恰迪尼也写道："这位王子言行之间真有天壤之别，而其立下步骤，又何等深沉奥秘！"有些人认为斐迪南幸运，但事实上他是小心准备，以待大事，并立刻抓住机会。我们若对他的善与恶加以衡量，其结果为，他至少已将西班牙从停滞破碎的混杂中统一壮大起来，成为下一代欧洲的霸主。

他与伊莎贝拉合力恢复卡斯蒂尔人民生命与财产的保障，重振圣兄弟会，作为维持地方秩序的民兵团体；终止道途上的抢劫与男女的风流韵事；重组司法并制定法律；收回以前国王轻率让予宠幸者的国有土地；严格要求贵族完全服从王权；像法国与英国一样，封建自由与混乱也不得不让步给绝对王朝的中央命令；各城市自治区域，也照样放弃其特权；省议会很少召开，若行召开，主要也在投票赞成政府征收基金；根基薄弱的民主，便在刚勇的国王之下憔悴而死。即使对"天主教的君主"[1]异常珍贵的西班牙教会，也削去了一些财富与一切内政管辖权；教士的道德，受到伊莎贝拉大力的改革；教皇西克斯图斯四世也被迫将任命西班牙境内高级教士的权力让予政府。能干的教士像西蒙及门多萨，均立刻被提拔为托莱多的总主教及国家首相之职。

---

[1] 这一头衔由教皇亚历山大六世于 1494 年颁赐给斐迪南与伊莎贝拉。

　　西蒙主教的个性，与国王同样积极而强悍。他出生于高贵却贫穷的家庭，少年时即献身教会。他在萨拉曼卡（Salamanca）大学，20岁即获得民族与宗教法博士学位。他在锡古恩萨（Sigüenza）教区，为门多萨当过数年的教区牧师与行政首长。他成功但不快乐，几乎不在乎名位或财物，他后来进入西班牙最严格的修道会——圣方济各会。只有苦行才令他愉悦：他睡在地面或粗硬的地板上，经常绝食，鞭笞自己，并穿一件紧贴皮肤的苦行衫。1492年，虔诚的伊莎贝拉选这位憔悴的修道士当私人牧师和听告解者。他以能继续住在修道院，并恪守严苛的圣方济各戒律为条件，而接受该职。这一指令使他成为圣方济各会省区的领袖，该会在他要求之下，也受到严酷的改革。伊莎贝拉提名他当托莱多总主教时（1495年），他先是拒绝，但经过6个月的抵抗后，终因受到教皇的敕书而屈服。他现将60岁，似乎诚愿以一个修士之身终老。他身为西班牙的总主教和皇室议会的首领，仍继续其严苛的生活；他在因职责所需的灿烂衣袍下，再穿上粗糙的圣方济各会长服，而长服底下，仍旧穿着苦行衫。尽管受到高级教士的反对，但得到王后的支持，他将严格施行于自己修道院的改革，推行到其他所有的修道院。就像完全失去谦卑的圣方济各，突然间被赋予了圣伯纳与多米尼克的权力与才能似的。

　　这位深沉的圣者发觉两位尚未归化的犹太人高居在朝，心里总不愉悦。最得伊莎贝拉信任的朝臣之一为“大亚伯拉罕”（Abraham Senior），他与阿布拉内尔（Isaac Abrabanel）一起为斐迪南征集税收，并筹备格拉纳达战争的经费。国王与王后此时特别关心这些归化者。他们曾经希望，假以时日，这些归化者均将成为诚恳的基督徒。伊莎贝拉曾特别准备教义问答以教导他们，但他们有许多人仍然秘密维持他们旧的信仰，并传给他们的小孩。天主教徒对未受洗的犹太人的厌恶，暂时缓和，但对“新基督徒”的怨恨，却日益加深。反抗他们的暴动，在托莱多（1467年）、巴利亚多利德（1470年）、科尔多瓦（1472年）及塞哥维亚（1474年）各地相继爆发。宗教问题同时也构成种族问题。年轻的国王与王后极力设法平服种族、语言与信仰的杂异及冲突，使之归于统一并带来社会安宁的方法。他们认为，为了达到这些目的，再没有比在西班牙恢复宗教裁判所更好的办法了。

宗教裁判所的措施

今日，我们对于世界与人类之起源与命运的见解，如此不同，故在大部分国家里，人们已不再惩处宗教信仰不同者。我们目前的不容忍，只是针对那些敢于质问我们的经济与政治原则之士。我们解释这种独断主义，其所持之理由为：任何加之于这些珍贵的假定之上的怀疑，均将危害到我们国家的巩固与生存。直到 17 世纪中叶以前，基督徒、犹太人与伊斯兰教徒，比我们今日更敏锐地关怀宗教一事。他们的神学理论，乃是他们的至宝与信托品。他们将拒斥这些信条的人士，视为攻击社会秩序基础及人类生命真正意义的敌人。每一个集团均因确信而难以容忍，并将他人视为异端。

由于孩童教育与环境的影响，几乎所有的中古基督徒，都相信《圣经》字字均由上帝口授，同时相信上帝之子直接建立基督教会。基于这些前提，人们自然认为上帝希望所有的国家，均为基督教国家，而异教的流行，也必然是对上帝的全然侮辱。此外，由于任何一位异端，必然受到万劫不复的惩处，故宗教法官相信（许多人似乎如此诚挚地相信），只要能消除一个异教徒，他们便能挽救他潜藏于内心的皈依本性，或是挽救自己免于永恒的地狱。

处在真正神学家气氛中的伊莎贝拉，大概也持有这些观点。斐迪南是现世的刚硬人物，可能会怀疑其中的某些见解；但他显然了解，宗教信仰的一致将使西班牙更容易统治，并能更坚强有力地打击敌人。经他与伊莎贝拉的请求，教皇西克斯图斯四世终于颁行一道敕书（1478 年 11 月 1 日），赋权他们任命 6 位持有神学与宗教法学位的僧侣，为宗教裁判所的评议员，以调查、惩处异教徒。这一道敕书的显著特色，是西班牙君主拥有提名宗教裁判所人员的权力。较早的异端裁判组织，则由多米尼克或圣方济各会的省区领袖推举。和在下一世纪奉行新教的德国与英国一样，这里的宗教臣属于国家达三代之久。但从技术上看，这些异端裁判者只是由君主提名，再经教皇任命；他们的权威系由教皇批准而来。这一机构依然是教会的——它是教会的一个组织，而教会又是国家的一个组织。政府一方面提供宗教裁判所的经费，一方面收受其净利。国王与王后对其工作密切监视，人民若不服该所的裁判，还可向他们上诉。在斐迪南的一切统治工具中，这一组织最称他的心。他的动机主要不在财政；他虽可取利于定罪者被没收的财产，但他拒收足以操纵裁判者的富豪罪徒的贿赂。他的目的在于统一西班牙。

异端裁判者被赋予雇用教会或俗世的助理作为调查员或行政官员的权力。1483 年后，整个组织划归于一个名为异端最高总裁判庭。宗教裁判所的管辖权，延伸至西班牙境内的所有基督徒，并未触及尚未归化的犹太人或摩尔人，其恐怖的箭头指向有恢复犹太教或伊斯兰教之嫌的那些归化者，及被指控为异端的基督徒。直到 1492 年，尚未皈依基督教的犹太人，反比受洗的犹太人安全。教士、僧侣与修道士要求免受异端裁判，但均遭拒绝。耶稣会抗拒该所的管辖权达半个世纪之久，结果仍然屈服。最高裁判所权力的唯一限制为君主的权威，在后来的几个世纪里，即使君主的权威也受漠视。宗教裁判所要求，并通常接受所有俗世官吏的合作。

宗教裁判所自定法律和程序法典。在城市建立法庭之前，该所经教区讲坛颁行一道"信仰赦令"（Edict of Faith），要求凡是知道任何异教活动的，均得向异端裁判者报告。每个人均被鼓励成为密探，以告发其邻居、朋友及亲戚（在 16 世纪，不允许指控近亲）。告密者可获得完全的保密与保护；凡知情不报和掩护异端者，均将受到峻厉的咒逐——逐出教会及诅咒。倘若一位受洗的犹太人仍然指望弥赛亚的来临；倘若他还保持《摩西法典》中的饮食法规；倘若他以星期六为崇拜与安息日，或在那天改换其亚麻衣衫；倘若他以任何方式庆祝犹太的任何一个圣日；或对自己任何一个孩子施行割礼，或命以任何的希伯来名字，或没做十字记号即予祝福；倘若他进行祈祷，不加荣耀一词便重复《圣经》的福音；倘若他临死面向墙壁——凡此等及类似者，均被异端裁判者视为秘密异端的表征，须立即呈报法庭。在"恩典"一词之下，任何感到有异端之嫌的人均可前来忏悔。这样，他虽将受到罚金或苦行的惩罚，仍可获得宽恕，条件是他必须揭发他可能知道的其他异端。

异端裁判者对告密者与调查员收集的证据，似乎都仔细审查。倘若裁判所一致认为该被告有罪，便发拘票捕人。被告被单独监禁，只有裁判所的代理人才能与之交谈，任何亲戚不得探访。通常，他必须戴上镣铐。他须携带床铺衣物，且支付监禁与维持生活的所有费用。假使所付的款额不足，则其相当数目的财产将被拍卖，以应所需。其剩余的财物则由宗教裁判所的官员予以扣押，以避免被告将其藏匿或另作处置而逃避没收。大部分的情形为：卖出部分财物，以养活犯罪者家中没有劳动能力的人。

被逮捕者提审时，由于裁判所已先判定其有罪，此时被告的责任为证明自己是无辜的。审判秘密而不公开，辩护者（被告）如果获得释放，须发誓绝不揭露有关审判的任何事实。没有任何证人出面指证，他们的名字也不向他提起。异端裁判者称这一程序就保护告发者而言，是必需的。被告首先不被告以受人指控之罪；他只受邀来承认他本身的放弃正教信仰与崇拜，并说出他怀疑有异端之嫌的人。倘其招认令裁判所满意，则他可能受到死刑之外的任何惩处。倘若他拒绝招供，他得选择发言人为他辩护。这时，他被单独监禁。在许多案例中，被告因受到折磨而诱出口供。通常案件得以拖延数月，而手铐脚镣的单独监禁，常足以获得裁判者想得到的任何口供。

刑讯只在大多数的裁判者投票赞成后施行。其理由为：证据虽未使罪行确定，但已有可能。通常如此判决的刑讯均予延后，以使被告对其恐惧，而能诱出口供。异端裁判者似乎相信刑讯对于已被指为罪犯的被告而言，是一项恩典，因为招供之后，他可得到较轻的惩罚；即使在招供之后，仍须处死，他也能够享受教士的赦免，而不堕入地狱。然而单单认罪犹嫌不足，裁判所也可能施用拷刑，以逼迫愿招之被告，说出犯上异端或罪恶的连带人物。互相矛盾的证人，也可能受刑以找出谁真谁假。奴隶也可能受刑而招出不利于主人的口供。刑讯逼供没有年龄限制，13 岁的少女与 80 岁高龄的老妪，都有可能被架上拷问台。但西班牙宗教裁判所的法规通常禁止虐待哺乳期妇女，或心脏衰弱者，或被控以轻微的异端之罪者，比如普遍认为通奸不过是可宽恕的轻微之罪。拷刑不得令犯罪者永久残废，而且只要随侍的医生下令，便得停止。刑讯只在负责该案的裁判者、一名公证人、一名记录秘书及一名地方主教的代表之前施行。方法随时间、地点而不同。受难者的双手可能被反绑在背后，然后吊起；也可能被缚得不能动弹，然后慢慢用水灌入喉咙，直到几乎窒息为止；或可能被绳索绑住手臂与腿，然后拉紧，直到绳索穿肉刺骨。我们听说西班牙宗教裁判所使用的刑讯，比早期教皇的宗教裁判所或当时俗世宫廷使用的温和。主要的折磨是延长监禁。

宗教裁判所不仅是检察官、法官与陪审团，还颁布信仰与道德的律令，并建立次序或刑罚。在许多情形下，刑罚还算慈悲，因悔罪者的年龄、无知、贫穷、醉酒或一般的令誉而免除部分惩罚。最温和的惩罚是申诫，较严重的是强迫公开宣誓放弃异端邪说——此举甚至使无辜者也长留标志到死。通常被定罪的悔罪者，须身穿"悔罪服"——绘有燃烧火焰的十字架的衣服——定期参加弥撒。他可能袒露至腰，身披罪行标志而游行过街。他本人及其后代子孙可能永远不得担任公职。他也可能被逐出城，偶尔也被逐出西班牙。他可能被鞭打一两百下，到"安全限度"为止。此刑男女同等。他可能遭受囚禁，或流放到军舰上服役——斐迪南倾向于后者，认为对国家较为有用。他也可以缴付一些罚款，或没收其财产。在有些案例中，死人也被控以异端，并接受死后审判，财产没收充公。这时，其继承者即丧失遗产权。告发已死的异端者，可得 30% 至 50% 的利益。凡是害怕这种追溯既往判决的家庭，有时向裁判者付出"和解费"，以保障其继承的遗产不被没收。财富因而变成了富人的一项危险，及告发者、异端裁判者与政府的一种诱惑。随着金钱流入宗教裁判所的钱柜，里头的官员追求黄金比保存正教信仰更加热心，腐败堕落也假宗教之名盛行起来。

最大的惩罚为火刑，保留给那些被判定犯了严重的异端之罪，而未在判决宣布前承认者，及那些虽已及时招供、虽已获得"和解"或宽恕，但过后又流为异端之徒。宗教裁判所本身宣称它绝不杀人，只不过将定罪者交给俗世政府；但无论如何它明晓刑法规定，凡严重犯上或不知悔改的异端，均须火焚于柱上。教士正式出现在公开焚烧异教徒的场合，即坦然显示教会的责任。"信仰之举"不仅仅在火焚一事，而在判罪与执行时的整个仪式。其目的不仅在于恐吓潜藏的触犯者，还在于训诲子民，使之预尝到最后审判的滋味。

起初，火焚的程序很简单：那些被判死罪者被送到公众广场，然后列成一排被缚在柴堆上，异端裁判者端坐在对面的平台上，口念认罪的最后呼吁，继而宣读判文，点燃火把，这场痛苦终告圆满结束。但后来由于火焚渐多，威慑力降低，其仪式更加复杂并令人惊惧，而以一出精密安排、耗资无数的大戏搬上舞台。如果可能，火刑总定在西班牙国王、王后或王子登基、结婚或拜访之日，以资庆祝。城市与国家官吏、宗教裁判所的人员，及地方教士与僧侣，均应邀——事实上是必须——参加。行刑前夕，这些高僧显宦均加入一道肃穆的行列，经过城里的主要街道，同时将宗教裁判所的绿十字架，安置在大的或主要的教堂的祭坛上。裁判者做最后努力，以取得被定罪者的招认。许多人那时便屈服下来，其判决因此减为有期或无期监禁。第二天早晨，囚犯从密集的人群中被引到城市广场。他们是骗子、亵渎者、重婚犯、异教徒及复陷于异端的皈依者，后来再加上新教徒。有时这一行列还包括缺席罪犯的画像，或装有死后被判罪者的骨头的盒子。广场里，在一座或数座高台上坐有异端裁判者、俗世与修院的教士及城市与中央官吏，国王也偶尔亲自主持其事。先是讲一会儿道，继而凡在场者均须宣誓服从宗教裁判所的神圣职事，并保证弃绝并迫害任何形式和任何地方的异教徒。随后，囚犯一个接一个被带到裁判者前面聆听判文。我们不必想象有任何大胆的反抗发生；到这地步，每一个囚犯几乎都已精疲力竭、身心交瘁了。即使到这时候，他仍可招认而挽救性命；遇到这种情形，宗教裁判所通常均以鞭笞、没收财物或监禁该犯终身来聊以满足。倘若罪徒直到判文宣读完毕后方才招认，则他可得到在火焚前被绞死这项慈悲，像这样直到最后一分钟才认罪的罪犯很多，因此被活活烧死的情形便相对减少了。那些被判严重犯上的异端之罪而否认到底者，均不得行最后的圣餐礼（直到 1725 年），且依宗教裁判所之意，只能被弃置于万劫不复的地狱。"悔罪者"现在则被带回监狱；怙恶不悛者则"交还"给世俗军士，并嘱以虔诚小心，不得让他们滴下任何污血。这批人终于被带出城，从附近数十里前来迎睹这一圣日景观的人丛之间经过。他们最后到达一个准备好的刑场，招认者先绞后焚，而顽抗者则被活活烧死。柴火一直加添助燃，直到死者全部烧尽，只剩一堆灰，然后将之散落于田野、溪流之上。这时，僧侣与围观者才各自返回他们的祭坛及家宅，心中深信他们已呈给受到异端侮辱的上帝一种求和的供品。人类的献祭行为又恢复了。

宗教裁判所的发展（1480—1516）

第一批异端裁判者是由斐迪南与伊莎贝拉于 1480 年 9 月，为塞维尔一地任命的。许多塞维尔的皈依者，纷纷逃到乡下，寻求封建领主的庇护。后者虽有意保护他们，但异端裁判者以除籍及没收财产相威胁，那些难民只得投降。在城市，有些皈依者计划武装抵抗，但遭出卖；凡涉及之人，均遭逮捕，监狱一时人满为患。审判临近，西班牙宗教裁判所第一次公开焚烧异教徒，是在 1481 年 2 月 6 日，以牺牲 6 名男女作为庆祝。同年 11 月 4 日，已有 298 名被焚，另有 79 名被终身监禁。

1483 年，在斐迪南与伊莎贝拉的提名与请求下，教皇西克斯图斯四世任命多米尼克教派的修道士托哥马达为西班牙全境的总异端裁判。他是一个真诚而不腐败的狂热者，他轻贱奢侈，工作狂热，以追猎异端从而得到效劳耶稣的机会为乐。他谴责异端裁判者的慈悲，取消许多无罪的宣告，并以死罪要挟，要求托莱多的众法师说出所有复归犹太教的叛依者。起初赞扬他忠于职守的教皇亚历山大六世，这时也震惊于他的严厉，因而敕令他（1494 年）与其他两位异端总裁判共同把持权力。托哥马达却凌驾在他们之上，维持其坚定的领导权，使宗教裁判所成为国中之国，其权力直与君主匹敌。在他督促之下，雷阿尔城（Ciudad Real）的宗教裁判所在两年之内（1483—1484年）一共焚烧了 52 名罪犯，没收了 220 位逃亡者的财产，并惩处了 183 位悔罪者。异端裁判者继将总部迁移至托莱多，在那里，一年之内即逮捕了 750 位受洗的犹太人，没收了他们 1/5 的财产，并判决他们在 6 个礼拜五的日子，以悔罪的行列，手拿大麻索抽打自己，游街示众。同年（1486 年），在托莱多还惩罚了 1650 名悔罪者。同样的苦役也在巴利亚多利德、瓜达卢佩（Guadalupe）与卡斯蒂尔的其他城市进行。

阿拉贡王国以绝望的勇气对抗宗教裁判所。在特鲁埃尔（Teruel），执事长官当着异端裁判者之面将城门关上。这使该城受到停止教权的处分。斐迪南先停止该城薪饷，然后派遣一支军队前往迫降。这时，经常敌视该城的农民，也起而支持宗教裁判所。后者允诺他们免除由于被判有异端之罪而欠下的一切租金与债务。特鲁埃尔城屈服投降，斐迪南赋权予异端裁判者，可以驱逐曾帮助叛党的任何嫌疑犯。在萨拉戈萨，许多"老基督徒"加入"新基督徒"，以抗议异端裁判者进驻该城。但后者终于在那里建立了裁判所，这时，有些皈依者谋害了其中一位裁判官（1485 年）。这是一个致命的错误，那些震惊的市民蜂拥在街上，高喊着"烧死叛者！"该地的总主教以答允迅速制裁叛者来平息这群暴民。几乎所有的阴谋者均遭逮捕、处死；有一位从他被监禁的塔上坠地而死；另一位打破玻璃灯，吞下碎片，最后死在地牢里。在瓦伦西亚，议会不许异端裁判者执行工作；斐迪南下令属下逮捕所有的阻挠者，该城只得让步。为了支持异端裁判者，国王一而再地违犯阿拉贡传统的各项自由；教会与王朝，开除教籍与兵临城下的结合，强大得非任何城市或省区所能抵御。1488 年，单是瓦伦西亚一城，便有 983 名被判为异端，其中 100 人被烧死。

由于懊悔这种俗世的控制、基于人道主义情感，及无法无视有些人为免除宗教裁判所的判决所付出的庞大费用，教皇试图节制其过分的举措，偶尔也保护受难者。1482 年，教皇西克斯图斯四世发布一道敕书，如获实现，将结束阿拉贡的异端裁判。他抱怨道，这些裁判者贪恋黄金比热心宗教更多三分；他们每每以敌人或奴仆可疑的证明，便监禁、折磨并烧死那些忠实的基督徒。他下令道，此后除非有地方主教一些代表的在场与同意，任何异端裁判者均不得采取行动；原告的姓名与讼词，须让被告知晓；宗教裁判所的囚徒，应只关在主教管辖的监狱中；凡抱怨裁判不公者，须上诉罗马教廷；在上诉的判决未宣布前，须中止该案更进一步的一切行动；凡被宣判为异端者，只要认罪与忏悔，便该赦免，嗣后不该再因上项指控而受到检举与干扰。过去凡与这些条款违背的一切程序，均为无效，未来任何违犯这些条款者，均将遭受除籍处分。这是一道开明的敕令。但我们须知，这只限于阿拉贡，这里的皈依者曾为该敕令慷慨捐付。待斐迪南违抗这纸敕书，逮捕已经取得该令状的代理人，并命令异端裁判者照常行事时，西克斯图斯除了在 5 个月后中止该敕书的执行外，并未对此事采取任何行动。

沮丧无助的皈依者将钱注入罗马，恳求宗教裁判所使他们免受传唤或被判决。结果钱被接受，赦免也经获准，但受到斐迪南保护的西班牙异端裁判者，却漠视不顾。这些教皇由于需要斐迪南的友谊及西班牙就圣职者头一年收入的捐献，也未再坚持。宽恕由金钱买得，并加颁布，但继则宣告无效。诸教皇只是偶尔维护其权威，将异端裁判者传回罗马，以质问其所受失检的指控。教皇亚历山大六世试图缓和宗教裁判所的严厉措施。尤里乌斯二世下令审判异端裁判者卢塞罗（Lucero）的渎职行为，同时将托莱多的异端裁判者予以除籍。然而，温文饱学的利奥，却将异教徒不该受火烧死的意见，指斥为可以谴责的一种异端。

上层阶级和少数知识分子微弱地加以反对，而一般基督徒通常表示赞成。围观火刑的群众，他们对受难者甚少同情，往往敌视还更多些。在某些地方，他们唯恐招认将使罪犯逃脱柴堆之火，便企图先予杀害。拍卖受刑者被没收的财物时，基督徒群聚抢购。

据胡安·安东尼奥·略伦特（Juan Antonio Llorente）[1] 估计，1480年至1488年，共有8800人被焚，96494人受惩；1480年至1808年，则有31912人被焚，291450人受到重惩。这些数目大多只是猜测，新教史学家现在均斥之为极度夸张。一位天主教的史学家指出，1480年至1504年共有2000件火刑案件；至1758年，则另有2000件以上。伊莎贝拉的秘书埃尔南多·普尔加（Hernando de Pulgar）估计，1490年以前，火刑约有2000件。另一位宗教裁判所的秘书苏利塔（Zurita）夸称，仅塞维尔一地，便烧死了4000名异端。在西班牙大部分城市里自然不乏受难者，即使属地如巴利阿里群岛（Baleares）、萨丁尼亚、西西里、尼德兰与美洲，也不例外。火焚的比例自1500年之后开始减少，但没有统计能传达出在那些日子里西班牙人内心的恐惧。即使在家庭隐秘之地，一般男女也得注意自己所说的每一字

---

[1] 西班牙牧师，略伦特为1789年至1801年间宗教裁判所的总秘书。1809年，约瑟夫·波纳帕特（Joseph Bonaparte）授权他检查一个裁判所的文件记录，并撰写其历史。他随同撤退的法国人离开西班牙，于1817年在巴黎出版了撰写的宗教裁判所历史。

句，唯恐漫不经意的批评将导致他们入狱。这是历史上前所未有的精神压迫。

宗教裁判所究竟成功了没有？这在达到它所宣称的目标，即消除西班牙公开的异端上，可说是成功了。认为宗教信仰的迫害无效这种看法，只是谬见。宗教迫害压服了法国境内的阿尔比派教徒与胡格诺派教徒（Huguenot），伊丽莎白时代英国的天主教徒及日本的基督徒。它在16世纪铲平了西班牙境内赞成新教的小团体。但另一方面，它可能强化了德国、北欧与英国的新教，因为那里的人民深恐一旦恢复了天主教，大祸就即将临头。

很难说宗教裁判所与西班牙历史从哥伦布到委拉斯开兹（Velásquez，1492—1660年）这一灿烂时期的终结，到底有多少关系。那一纪元顶峰之际出现了塞万提斯与维加（Lope de Vega），其时在宗教裁判所盛行于西班牙百年以后。宗教裁判所使西班牙人民强烈并清一色地信奉天主教，那种宗教气息随着几个世纪与异教的摩尔人的争斗而增长。与宗教裁判所的恐怖相比，查理五世与菲利普二世招致的战争耗竭西班牙，英国海上胜利与西班牙政府商业政策削弱其经济，更加导致西班牙的没落。北欧与新英格兰处决妖巫，正显出新教人民与宗教裁判所精神的亲近——说也奇怪，后者却理智地视巫术为一种幻想，须予怜悯、治疗而非惩处。异端裁判与火焚妖巫同为患上神学理论必须杀人之病症的时代的表征，其正如我们这一世纪出自爱国的屠杀。我们必须以他们的时代来了解这些运动，但在今日看来，那些都是最不可宽恕的历史罪恶。至高而不可挑战的信仰，是人类心灵的死敌。

犹太人出征记

异端裁判意在威吓所有新旧基督徒，使其至少在表面上归于正统，并希望异端一经萌芽即遭摧毁，希望受洗的犹太人，经过两三代后，便忘记他们祖先所信奉的犹太教。其本意并非让受洗的犹太人离开西班牙。当他们企图迁移，斐迪南与宗教裁判所便予以禁止。尚未受洗的犹太人情形如何？约 23.5 万名居留在基督教的西班牙。如果允许这些人奉行并公开声称他们的信仰，西班牙的宗教统一将如何实现？托哥马达认为无此可能，因而建议强迫他们皈依或将其放逐。

斐迪南为之踌躇，因为他深知犹太人在商业和财政方面的能力。但有人告诉他说，这些犹太人在痛骂那些改教者，并设法劝诱他们复信犹太教——即使秘密地信奉也行。他的医师利巴斯·阿尔塔斯（Ribas Altas）是一位受洗的犹太人，被控在颈间的垂环上挂一个藏有自己画像的金球，以亵渎十字架。这一项指控似乎不可置信，但他也被火焚而死（1488 年）。一封伪造的信函中提及君士坦丁堡的一位犹太领袖劝告西班牙犹太社群的首脑，随时抢劫并毒害基督徒。一位皈依者因被控将圣饼放在背囊里而遭逮捕；他一再受到折磨，结果签了一道供词，承认 6 名改教徒及 6 名犹太人杀害一名基督徒的小孩，并挖出其心脏，用之于魔术仪式中，意欲致令所有基督徒死亡及基督教被完全摧毁。被折磨者的供词彼此矛盾，同时也未闻小孩失踪，却有 4 名犹太人被火烧死。这些及相似的指控可能已影响到斐迪南，但无论如何，这些已为大众想将未受洗的犹太人逐出西班牙的意见预做了准备。格拉纳达投降时（1491 年 11 月 5 日），摩尔人的商业活动，自然归入基督教的西班牙手中，这时，未归化的犹太人的经济贡献，似乎已不再重要。其时受到公开火焚异教徒及修道士传教煽起的人民狂热，使政府除非保护或驱逐犹太人，否则无法维持社会和平。

1492 年——西班牙历史上多事的一年——3 月 30 日，斐迪南与伊莎贝拉签署了一道放逐敕令。凡未受洗的犹太人，不论年龄与财产，最迟在 7 月 31 日必须离开西班牙，且不得重返，否则以死论处。在这一短时间内，他们可以出售财产。他们可携带动产、交易券，但不能携带钱币、银子、金子。长者亚伯拉罕与阿布拉内尔欲提供巨款，敦请撤销这一敕令，但遭国王与王后拒绝。一道补充的诏令要求，犹太人的一切财产均须缴税到该年年底。基督徒或摩尔人的欠债，只能于期满时通过被放逐的债主所能找到的代理人予以收集，或于离去时折价卖给基督徒买家。犹太人的财产便在这种强制的行为中大幅贬值，落入基督徒手中。一栋房屋抵一头驴子卖出，一座葡萄园则抵一块布。有些犹太人在沮丧中烧毁了家宅（以领取保险金），其他则把房子给予城区政府。犹太会堂也被基督徒占用，而改为基督教会。犹太人的墓园沦为牧地。西班牙的犹太人几个世纪以来累积的大部分财富，在短短几个月的时间里，便这样化为乌有。约 5 万名犹太人改奉基督教，并获准居留。另外超过 10 万以上的犹太人则离开西班牙，开始漫长而痛苦的迁移。

远离之前，他们让 12 岁以上的儿女通通婚配成双。年轻人扶助老年人，富人救济穷人。这一群群遭放逐者或乘马骑驴，或坐车，或徒步，慢慢往前移。每一转弯处，只见善良的基督徒——教士与俗客——劝说放逐者接受洗礼。犹太的众法老则向随从保证，上帝将像为他们祖先所做的一样，在海上开辟一条道路，领他们到达福地。聚集在加的斯的移民，怀着希望等待海水分开，以引领他们干着脚过海到非洲去。待觉醒时，他们才以高价坐船出海，但暴风雨吹散了他们25 只船所组成的舰队；其中 16 只被吹回西班牙，许多无望的犹太人只好接受洗礼。塞维尔附近遭遇船难的 50 名犹太人，先是被囚禁两年，之后被售为奴。从直布罗陀、马拉加、瓦伦西亚或巴塞罗那出航的成千放逐者最后发现，在所有的基督教国家中，只有意大利出于人道精神，愿意收容他们。

这群流浪者最方便的目标为葡萄牙。大量的犹太人早已居住在那里，在友善国王的庇护下，有些犹太人还身居财富和政治的高位。但葡王约翰二世这回惧怕为数约 8 万人群拥而来的西班牙犹太人。他只答应让他们停留 8 个月，过后便须离境。这时，他们中间发生了瘟疫，并蔓延到基督徒身上，基督徒因而要求立刻驱逐他们。约翰王以低价的船只，便利入境的犹太人驶离葡萄牙。但搭乘这些船只的犹太人，照样受到抢夺、掳掠，也有许多被抛在荒无人烟的海岸上坐以待毙，或等待摩尔人的捕捉、奴役。一艘载有 250 名犹太人的船，由于船中瘟疫仍然肆虐，被每个港口拒绝，而在海上漂泊了 4 个月。比斯开湾的海盗抓住了一艘船，掠夺了船上的旅客，然后把船赶入马拉加，那里的教士与官吏让犹太人在受洗与饿死之间做出抉择。在其中 50 人死了之后，有关当局才以面包和水供给残存者，并命令他们开往非洲。

8 个月的恩典期满之后，葡王约翰二世便将仍然停留境内的犹太移民卖为奴隶。15 岁以下的孩子，均从父母手中带离，送往圣托马斯岛，将之教育为基督徒。由于任何请求均无法感动这一命令的执行者，有些母亲宁愿负子共溺，而不愿忍受分离之苦。约翰的继承者曼努埃尔给犹太人稍得的喘息机会：他解放被约翰贩卖为奴的犹太人，禁止传道士煽动人民反对犹太人，同时命令法庭摒弃犹太人谋杀基督教的孩子这一指证，认为只是恶意的传说。但曼努埃尔同时也向斐迪南与伊莎贝拉的女儿和继承人求婚，梦想借着婚姻关系将两个王座结而为一。天主教的君主表示同意，但要求曼努埃尔把不论是本土或移居来的所有尚未受洗的犹太人赶出葡萄牙。曼努埃尔喜爱荣耀甚于道义，终于同意命令境内所有的犹太人与摩尔人接受洗礼或放逐（1496年）。他发现只有少数人甘愿受洗，因为不愿失去犹太人所擅长的贸易与手艺，他下令凡 15 岁以下的犹太孩子，必须与父母分离，并强迫受洗。天主教僧侣反对此举，但官方仍然执行。"我曾看见，"一位主教写道，"许多孩子被抓着头发拖到圣水盆边。"有些犹太人先杀死其子女，然后自杀，以示抗议。曼努埃尔愈发凶恶，他先阻止犹太人离境，然后下令强迫受洗。男的被揪着胡须，女的被抓住头发拖到教会，许多在路上自杀身亡。葡萄牙境内的改教徒急遣人到教皇亚历山大六世那里，呼请调停。教皇的回答不得而知；但大概是赞许的，因为曼努埃尔当时（1497 年 5 月）已赐予所有被迫受洗的犹太人 20 年的延期，在此期间，当局不得以依附犹太教的指控将他们提到任一法庭之前。然而，葡萄牙的基督徒怨恨受洗或未受洗的犹太人造成的经济竞争；当一名犹太人对宣称在里斯本一所教堂发生的奇迹质疑时，当地人民即将他撕成碎片（1506 年）；然后继之以三天的肆意屠杀，约 2000 名犹太人遇害，其中数百名被活活烧死。天主教的高级教士指斥这一暴行，两位煽动暴动的多米尼克教派修道士被处死刑。

西班牙犹太人的恐怖大迁徙已经完成，但宗教的统一尚未达成：境内仍留有摩尔人。格拉纳达虽已取下，但那里的穆斯林则获保障享有宗教自由。衔命统治格拉纳达的总主教塔拉韦拉（Hernando de Talavera），谨慎遵守这一协定，他欲以和善、正义使他们归化。但西蒙并不赞成这种基督教义。他说服王后，与异教徒相处时不用保持忠信，并诱使她下令，摩尔人必须皈依基督教，否则将被逐离西班牙（1499 年）。他到了格拉纳达，便压制塔拉韦拉，关闭清真寺，公开焚毁所能夺取的所有阿拉伯书籍与原稿，并监督强迫的洗礼仪式。摩尔人一走出基督教士视线之外，便即刻洗去孩子身上的圣水。各地相继爆发叛变，但均遭抚平。1502 年 2 月 12 日的一道皇家敕令，规定在卡斯蒂尔和莱昂的所有摩尔人，必须在 4 月底前就皈依基督教与被放逐作一抉择。摩尔人抗议道，他们的祖先统治大部分西班牙时，除了极少的例外，属下的基督徒均获有宗教自由，但国王与王后不为所动。凡 14 岁以下的男孩和 12 岁以下的女孩，均禁止随同父母离开西班牙，封建贵族得以保留上了脚镣的摩尔奴隶。成千的摩尔人因而迁徙，其余的则比犹太人更圆通地接受了洗礼。这些"摩尔的改教徒"（Moriscos）取代了已经受洗的犹太人的位置，而熬受恢复从前的信仰时宗教裁判所加于其身的惩罚。16 世纪，有 300 万表面改教的穆斯林离开了西班牙。黎塞留红衣主教把 1502 年的敕令称为"历史上最野蛮的敕令"，修道士布莱达（Bleda）却认为是"自使徒时代起，西班牙境内最光辉的事件"。"现在，"他说道，"宗教统一已获保障，一个繁荣的世纪，确将崭露曙光。"

犹太人与穆斯林商人、工匠、学者、医生与科学家的外迁，使西班牙损失一笔无法估计的宝藏；那些接受他们的国家，则在经济与学术上获益。西班牙从此以后只晓得一种宗教，他们把自己完全交给基督教牧师，除了在传统信仰的界限之内，一切思想自由，均予放弃。不论如何，当历经商业、活字印刷、知识与新教革命的欧洲急遽地迈入现代之时，西班牙选择停留在中古时代。

西班牙艺术

哥特式的西班牙建筑，强烈地表达了这一经久的中古风采。那时的人民并不吝惜钱币，以协助皇室、贵族或教会共同建造宽广的大教堂，并为他们喜爱的圣者和热烈崇拜的圣母，耗费巨资配上昂贵的装饰、惊人的雕刻和画像。巴塞罗那的大教堂在 1298 年至 1448 年慢慢地建造起来。它在数条小街的杂乱无章中，矗立起巍峨的圆柱，一扇无特色的大门，庄严的本堂，及多泉的回廊，成为逃避一天纷争的栖息之所。瓦伦西亚、托莱多、布尔戈斯、莱里达、塔拉戈纳、萨拉戈萨与里昂，或扩张或润饰原先存在的教堂，而新的教堂则在韦斯卡和旁普罗纳缓缓升起——那些雕刻精细的白色大理石回廊，与阿尔罕伯拉宫殿的内院一样姣美。1401 年，塞维尔的大教堂分会决定修建"如此伟大、如此优美，而令后人视我们的雄图为疯癫"的一座教堂。建筑师先拆去坐落在所选定地点上的那座清真寺，但保留其根基、地面计划及高雅的吉拉达尖塔。整个 15 世纪，石头一块叠一块地矗立起来，直到塞维尔兴建起世界上最大的哥特式建筑。[1] 因此，泰奥菲勒·古铁尔（Théophile Gautier）说："巴黎的圣母院可在本堂昂首阔步。"无论如何，巴黎圣母院是完美无瑕的，塞维尔大教堂也宽广无比。从牟里罗（Murillo）到戈雅（Goya），一共有 67 位雕刻家和 38 位画家，苦心装饰这个庞大的建筑。

---

[1] 该教堂占地面积 12.5 万平方英尺。圣彼得大教堂占地 23 万平方英尺，科尔多瓦清真寺为 16 万平方英尺。

约 1410 年，建筑家波菲（Guillermo Boffi）向赫罗纳（Gerona）的教士团体会议提议，将分隔内部为本堂与翼廊的圆柱与拱门除去，以便用单一 73 英尺宽的拱形圆顶，将四周的墙连接起来。这一建议被采纳，赫罗纳大教堂的本堂，具有基督教世界中最宽的哥特式拱形圆顶。这是工程的胜利，却是艺术的失败。体积没有如此庞大的神龛于 15 世纪分别在佩皮尼昂、曼雷萨、阿斯托加和巴利亚多利德兴建起来。塞哥维亚于 1472 年冠以一座城堡似的大教堂，锡古恩萨于 1507 年完成有名的回廊，萨拉曼卡则在 1513 年开始兴建新的神殿。除了马德里，西班牙境内几乎每一个主要城市都矗立着一座外表厚重、盛大壮观的大教堂。教堂内部暗遮天日，使灵魂由震恐转为虔诚。然而，教堂由于西班牙绘画的强烈色彩、着色的雕像及金银珠宝的闪烁而显得光辉灿烂。

另一方面，国王、贵族及各城镇也找寻基金，以兴建昂贵的宫殿。"残忍者"彼得、斐迪南与伊莎贝拉及查理五世，都曾改建一位摩尔建筑家于 1181 年在塞维尔设计的阿尔卡萨尔（Alcazar）宫；其大部分的重建均由来自格拉纳达的摩尔人完成，因此这是和阿尔罕伯拉宫同形的一个脆弱建筑。佩德罗·恩里克斯（Don Pedro Enriquez）也以同样的伊斯兰教风格，在塞维尔（1500 年以后）为亚卡拉（Alcalá）的公爵建造了一座堂皇的比拉多宫殿（Casa de Pilatos），这设想是重仿罗马总督比拉多的家宅，据说他在那门廊处将耶稣绞钉在十字架上。瓦伦西亚的演讲厅（1500 年）为地方议会提供了一个剑鱼座沙龙（Salon Dorado），其光彩足以匹敌威尼斯总督宫廷里的大厅。

雕刻仍为信仰与建筑的奴仆，大理石、金属、石头或木头雕成的圣母像，充斥于西班牙的各个大小教堂；信仰的虔诚于此硬化为宗教热情或苦行严苛的形式，它一则焕发着光彩，一则由于本堂的深奥幽暗而愈发令人敬畏。雷塔伯勒（Retable）——突起在祭坛之后，上有雕刻并绘画的屏风——这是西班牙艺术的瑰宝；通常因忧惧死亡而捐赠得来的钱，均大笔用来聚集并维持最有技巧的工作者——设计师、雕刻师、涂镀或镶嵌表面的镀镶师、绘画衣袍与装饰的绘饰家及在代表肉体的部分上着色的着色家，他们苦心孤诣地共同或轮流来完成慰藉人心的神龛。塞维尔大教堂的中央祭坛后面，有张45格雷塔伯勒（1483—1519年）以晚期哥特式风格绘成或镀成的雕像，描述为人所爱的传奇。托莱多大教堂内圣詹姆斯礼拜堂里的另一个雷塔伯勒，则以镀漆的松木及严厉的写实作风，展露出西班牙最受尊崇的圣者的生平。

王子和高级教士可能被塑成雕像，但只限于坟墓。坟墓被安置在教堂或修道院里，而将之设想为天堂的前厅。堂娜·门西亚·恩里克斯，即阿尔布开克女公爵，被葬在精细刻凿、现藏在纽约西班牙社会博物馆的坟墓里。帕伯罗·奥蒂兹（Pablo Ortiz）为托莱多大教堂刻凿阿尔瓦罗·德·鲁纳（Don Alvaro de Luna）夫妇的两具精美石棺。在布尔戈斯附近，米拉弗洛雷斯（Mliraflores）的加尔都西会修道院里，吉尔·西洛埃（Gil de Siloé）以意大利风格为女王的父母兄弟设计一座壮丽的陵寝。伊莎贝拉异常满意这些闻名的皇家陵墓，因此，她的宠侍帕迪利亚（她竟如此轻率大胆地称呼他为"我的傻瓜"）在格拉纳达围城一役被射穿头部时，她即授权给西洛埃刻凿一座具有皇家气派的坟墓，以安放他的尸体。这座墓再度媲美当时意大利最好的雕刻。

没有什么艺术比西班牙的艺术更具特色，但也没有什么艺术比西班牙的艺术更忠诚地受到外国的影响。首先是摩尔人的影响，他们长久居住在这个半岛上，但其根则在美索不达米亚和波斯。他们带来的伊比利亚半岛的风格、手艺的精巧及装饰的热诚，为任何其他基督教国家所难与之媲美。在最适合装饰的次要艺术上，西班牙人模仿却从未超越她的老师。陶器则几乎留给穆德加尔人（Mudejare），后者光泽的产品只有中国人足以抗衡；他们着色的砖瓦——尤其是蔚蓝色的——使基督教西班牙的地板、祭坛喷泉及屋顶，更加辉煌。同样的摩尔技巧使西班牙的纺织品——天鹅绒、丝绸与饰带——成为基督世界里最好的产品。此外，西班牙的皮革，金属屏风的错综图案，宗教上的圣体匣，雷塔伯勒的木刻，唱诗班的席位，拱形的圆顶，也独步一时。其后所受的影响，则先有拜占庭，继则为法国、勃艮第、尼德兰及德国。西班牙的雕刻和绘画，承袭了荷兰人与德国人的写实作风——不顾米开朗基罗认为圣女必须保持青春的箴言，而将她画得憔悴而老得足以为钉十字架的耶稣之母。16 世纪，所有这些影响都在意大利风格普及欧洲大陆的胜利之前退却。

西班牙绘画的演进也很类似，发展却更缓慢，也许因为摩尔人在这方面并无帮助，或未起到领导作用。12 世纪和 13 世纪加泰罗尼亚的壁画，在设计上不如西班牙史前期阿尔泰米拉（Altamira）的洞窟画。但 1300 年，绘画在这半岛上变得狂热起来，有 1000 位艺术家合绘一幅巨幅的壁画，即祭坛后方和上方画成的巨幅饰物；其中有些更是早在 1345 年的东西。1428 年，扬·凡·埃克访问西班牙，带进一股强劲的佛兰德斯风格。3 年后，阿拉贡的国王派遣路易·达尔莫（Luis Dalmau）到布鲁日学习，回国后，他画了一幅过于佛兰德斯化的《议员们的圣母像》（*Virgin of the Councilors*）。嗣后，西班牙的画家，仍然喜欢混以蛋黄、色彩晦暗的画法，色彩掺和油料的画法，却越来越多了。

西班牙绘画史上的原始期，在贝尔梅霍（死于 1498 年）时达于高峰。早在 1447 年，他即以挂在普拉多宫（Prado）的《圣多明戈》（*Santo Domingo*）名噪一时。此外，波士顿加德内（Gardner）博物馆收藏的《桑塔·恩格拉西亚像》及勒德洛夫人（Lady Ludlow）收藏的光彩夺目的《圣米迦勒》（*St. Michael*），几乎和一个世代之后拉斐尔的作品有同样的价值。但最好的作品还是挂在巴塞罗那大教堂的那幅《圣殇》（1490 年）：秃头、戴眼镜的哲罗姆；黑发的圣母玛利亚，手里抱着跛腿、憔悴、了无生气的独生子耶稣，其背景则为低垂的天空底下耶路撒冷的座座楼塔；右方则为捐赠者戴斯普拉（Canon

Despla）残忍的画像：头发蓬松，胡须满脸，像一位忏悔但业已定罪的土匪，代表贝尔梅霍《阴郁的人类观念》。意大利的优雅一变而为西班牙的力量，写实主义正在庆祝它在西班牙艺术上的胜利。

佛兰德斯的影响继续见之于费尔南多·加列戈斯（Fernando Gallegos），它产生了米格尔·西提姆（Miguel Sithium）——服侍伊莎贝拉的一位佛兰德斯人——一幅惊人的杰作《卡拉特拉瓦骑士团的一名骑士》（*A Knight of the Order of Calatrava*）。这是藏在华盛顿国家艺术馆最好的画像之一。但自贝鲁格特（Pedro Berruguete）久历意大利、重返西班牙之后，意大利的影响又重新抬头。他在那里与弗朗切斯加、梅洛佐一起研究，而吸收了他们静穆的安布利亚风格。乌尔比诺的费德里戈在寻找画家增饰其宫廷时，终于选了贾斯特斯和斯帕尼奥洛两位画家。公爵死后（1582 年），彼德罗便把安布利亚的艺术传入西班牙，并在托莱多与阿维拉绘饰闻名的祭坛上方和后方的饰物。卢浮宫、布雷拉宫、普拉多宫及克利夫兰博物馆里归属于他的画品，几乎承当不起他现在被称为"天主教王国的委斯拉开兹"这一赫赫声名。但在描绘与构笔方面，他似乎优于先前的任何西班牙画家。

外来的刺激渐渐掺和了本土的智慧，而为菲利普二世统治下阿隆索·科埃略（Alonso Coello）和艾尔·格雷科（El Greco）更趋成熟的作品，及 17 世纪西班牙黄金时期委斯拉开兹、苏巴郎（Zurbarán）与牟里罗等人的胜利预做铺路。天才虽是力量与意志的个别禀赋，同时也是在时代中塑成，并在成长过程中获得训练与技巧的一种社会性的遗传。天才既是天生，也属人为。

西班牙文学

西班牙与中古法国在文学上相互影响之际，意大利作品在该国的得势，仍然有待时日。普罗旺斯一地抒情诗人的诗歌形式及夸饰法，大概来自伊斯兰教与基督教的西班牙。阿拉贡王约翰一世却派一个特使到法国国王查理六世那里（1388 年），请求抒情诗人从图卢兹到巴塞罗那，并在那里组织诗人协会，名之为"欢乐智慧社"，结果获纳。巴塞罗那和托尔托萨常以普罗旺斯流行体举行诗歌竞赛。诗歌的写作与背诵在阿拉贡、卡斯蒂尔极少数知识分子中，形成了一股热潮。爱情、信仰或战争的抒情诗，常由行吟诗人用简单的弦琴吟唱。

下一代里，卡斯蒂尔王约翰二世进而支持意大利体的诗歌。意大利式的气氛与诗韵，通过西班牙人统治的那不勒斯与西西里及在博洛尼亚大学和博洛尼亚人一起学习的西班牙青年，终于横扫半岛。卡斯蒂尔人竞相仿效但丁与彼特拉克。西班牙诗人的抒情诗，定期地收录在具有骑士精神但诗体则为彼特拉克式的民谣集里。身兼政治家、学者、奖掖者及诗人的桑蒂利亚纳侯爵（Marqués de Santillana），从意大利输入十四行诗体，并异常迅速地编纂了一部西班牙文学史。胡安（Juan de Mena）在《迷宫》（*The Labyrinth*）这篇史诗里，率直地模仿但丁。该史诗将卡斯蒂尔文确立为一种文学语言，几乎如同《神曲》确立托斯坎纳语（意大利标准语）一样。此时，曼努埃尔已先于薄伽丘写下戏剧性的故事，莎士比亚即从其中的一篇摘取了令人难以置信的传说——佩特鲁齐欧的凶悍。

浪漫爱情故事仍风靡于各阶层的读者。《西班牙骑士恋史》由加西亚·奥多涅斯（García Ordóñez）译成西班牙文（约 1500 年）。译者向读者保证已大大改进葡萄牙的原文。但由于译本已失，我们也无法予以否认阿马蒂斯是一位想象的英国公主的私生子，他被母亲抛弃在海上，由一位苏格兰的骑士救起，后来成为苏格兰王后的侍从。这时，英国国王里苏特（Lisuarte）为了平定境内的一位篡夺者，也将 10 岁的女儿欧丽安娜（Oriana）留在苏格兰宫廷里。王后特别指定 12 岁的阿马蒂斯作为欧丽安娜的近侍，并对欧丽安娜说："这位是将服侍你的孩子。"——

　　她回答说她很高兴。那孩子将这话铭记在心，永不忘怀……并且在他一生的岁月中，从未因服侍她而觉厌倦。他们的爱如同生命般维系不坠；但阿马蒂斯全然不知她也爱他。他把自己对她的思念当作狂妄的幻想，他只是默默思念着她的伟大、美丽，而绝不敢轻提一字。而她，虽然心里爱他，也谨慎地认为对他的话，不该比对别人的说得多。但是，她的一双眼睛闪闪发光以能将一颗芳心展示给自己最最深爱的人，而大为安慰。

　　令人欣慰的是，他们的爱经过了小说中婚前和现实里婚后的无数艰辛之后，终于胜利地结合。在这篇长长的故事里，自有许多温柔体贴的盈眉顾盼，也有些高贵之举。发誓欲横扫这些爱情小说的塞万提斯，也予以宽恕，认为这是最好的一篇。

　　浪漫小说为戏剧提供了一个来源。戏剧从奇迹剧、道德剧、世俗的闹剧及宫廷歌舞剧慢慢演进而来。西班牙戏剧史上最早的记录为1492年，胡安之戏剧对话即于此时搬上舞台。一位名叫费尔南多·罗哈斯（Fernando de Rojas）的改教徒，在《拉·切莱斯蒂娜》（*La Celestina*，1499年）一剧中，更将戏剧向前推进了一步。故事整个由对话来讲述，共分为22幕；它因太长而无法搬上舞台，但其中生动的人物描述与活泼的对话，为西班牙的古典喜剧做了铺路工作。

　　知识既受教会的阻碍，却也受教会的抚育。在异端裁判管制思想之际，居领导地位的传教士，也为学术和教育尽力。意大利人如"殉道者"彼得罗于1487年抵达西班牙，同时带来人文主义运动的信息，在意大利受教育的西班牙人，也带着热诚回到故土。在女王的邀请下，"殉道者"彼得罗如7世纪前阿尔昆（Alcuin）为查理曼所做的一样，也在宫廷里开设古典语言与文学课程。彼得罗自己写了一本书，名为《谜样的海洋与新世界》（*De Rebus Oceanis et Novo Orbe*），这是第一本美洲发现史（1504年起）。书名的最后两字与航海家韦斯普奇较早（可能是1502年）使用的"新世界"一词相同。

信仰如钢般坚利的西蒙总主教，积极参加这一古典运动。他先于 1499 年创立桑·爱德方索（San Ildefonso）学院，继于 1508 年创立亚卡拉大学。1502 年，有 9 位语言学家在他的监督下，着手文艺复兴时期一项主要的学术成就——《多语言集成〈圣经〉》（*Biblia Polyglotta Compluti*）。[1] 这是以原来的语言编成的第一版完整的基督教《圣经》。除了希伯来的《旧约》评注版与希腊的《新约》而外，另外还并列上行或下行附有希腊文《旧约》和伪经的翻译、圣哲罗姆编纂的拉丁《圣经》及《摩西五经》的意译。利奥十世特别为西蒙的人开放梵蒂冈图书馆的手稿，另外三位受洗的犹太人也贡献出他们的希伯来知识。编纂的工作在 1517 年完成，但共 6 卷的印刷，却迟至 1522 年。西蒙预料自己将死，催促手下博学之士道："赶紧进行我们光荣的任务，因恐在生命的灾祸中，你们将丧失你们的奖掖者，不然，我得哀悼在我眼中其服务价值远大于世上的财富与禄位的那些人才的沦丧。"该书最后一卷在他临死前数月终由友辈恭维地呈送给他。他告诉他们说，在他管理的一切事务之中，再没有比这个更值得庆贺的了。此外，他计划以同样的规模编纂附有新的拉丁译文的亚里士多德集，却因其生命的短暂而告失败。

王后与国王之死

伊莎贝拉比她富有活力的阁臣经历了更多波折。一生严厉，她仍不失为温柔敏感的女性。她的丧亲失子之痛更甚于战争。1496 年，她安葬了母亲。她的 10 个孩子中有 5 个死于早产或夭折，另外两个在年轻时便死了。1497 年，她丧失了唯一的儿子，这是她用以继承正统的唯一希望。1498 年，她又失去最疼爱的女儿，那可能是和平地统一半岛的葡萄牙王后。在这些打击中，她又眼看着已是王位继承

---

[1] 亚卡拉大学早先以 Complutum（果实丰硕）为其拉丁文名。

者的女儿胡安娜日渐发疯，而熬受这个天天都要面对的悲剧。

胡安娜招赘"帅者"菲利普，即勃艮第公爵及皇帝马克西米里安一世之子。不论是否因为他那多变的性情，或因为胡安娜已不能胜任妻子的职责，菲利普不顾胡安娜，而与布鲁塞尔宫里的一位宫女有染。胡安娜令人剪去那名迷人的女郎的头发，菲利普于是发誓绝不再与太太同居。伊莎贝拉获悉全情之后，便告病倒。1504 年 10 月 12 日，她写下了遗嘱，指示举行最俭朴的葬礼，将省下的钱给穷人，并嘱咐自己的遗体必须葬在阿尔罕伯拉宫内的一座圣方济各派修道院里。"但是，"她又说道，"如果我主国王喜欢别的地方作为墓地，则我愿意将身体运转，以躺卧在他身侧，如此，我们在世所享受的团圆，经过上帝的慈悲，可能在天上又有希望获得灵魂的团圆，而有如在世上我们身体所代表的。"她死于 1504 年 11 月 24 日，按她所指示的予以安葬。待斐迪南死后，她的遗骸方移葬到格拉纳达大教堂内他的身旁。"这个世界，""殉道者"彼得罗写道，"已经失去了最高贵的装饰……依我的判断，无论古今，世上无一位女性能与这位无与伦比的王后相提并论。"

伊莎贝拉的遗嘱指名夫君斐迪南为卡斯蒂尔代摄政，以帮助沉迷尼德兰的菲利普与越发深陷于疯癫的胡安娜处理政事。53 岁的斐迪南，为了保持西班牙王座，使之不落入菲利普的孩子查理这一哈布斯堡王族的血脉手中，匆匆娶了路易十二 17 岁的侄女格美娜·弗依（Germaine de Foix，1505 年）。但这桩婚姻增加了卡斯蒂尔贵族对这位阿拉贡主人的憎恶，而后者的子嗣也告夭折。菲利普因而宣称为卡斯蒂尔王，他抵达西班牙，受到贵族的欢迎（1506 年），斐迪南则退为阿拉贡王。3 个月后，菲利普去世，斐迪南再以他疯女的名义重为卡斯蒂尔的摄政。胡安娜仍为法律上的女王，一直活到 1555 年，但1507 年以后，便从未离开在托德利西亚斯（T'ordesillas）的皇宫。她拒绝洗澡、穿衣，并日复一日地从窗户凝视着埋葬她那不忠实而自己却从未忘情的丈夫的墓地。

斐迪南当摄政比从前当国王更为专制。摆脱了伊莎贝拉的影响之后，他性格上严厉而执拗的成分，居于主宰地位。他那时已收复了鲁西永与色丹两地（1493 年），而赫尔南德斯·贡萨洛·戈尔多巴也为他在 1503 年征服了那不勒斯。这违反了菲利普与路易十二在里昂签订的由西、法两国瓜分那不勒斯王国的协定。斐迪南向世界宣告说菲利普逾越了他的指示，他搭船到那不勒斯，将该王座据为己有（1506 年）。他怀疑贡萨洛欲称王，故于返回西班牙时（1507 年），带着这位大船长同行，并嘱其退休，使大部分西班牙人认为这是一件不该受的屈辱。

斐迪南主宰一切，但主宰不了岁月。他的意志与活力之泉，逐渐低沉。他休息的时间渐增，倦怠频频。他疏忽了政府，变得烦躁不安，病态地猜疑最忠诚的仆从。浮肿和哮喘削弱了他，在城里他几乎不能呼吸。1516 年 1 月，他南逃到安达卢西亚，希望在那儿广阔的乡间过冬，但途中便告病倒，最后受劝准备后事。他指名西蒙为卡斯蒂尔的摄政，自己的私生子萨拉戈萨（Saragossa）总主教则摄理阿拉贡王国。他死于 1516 年 1 月 23 日，时年 64 岁，登基已有 42 年。

难怪马基雅维利要赞美他：他是在马基雅维利想到要写《君主论》一书以前，即将权谋之术予以实行的一位国王。斐迪南使宗教成为国家与军事政策的工具，他的文件充满着虔诚之辞，但绝不让道德的考虑阻挡权宜或利益的获取。没有人能怀疑他的能力，他的善于管理政府，他的精明选择阁臣与将军，及他在外交、迫害与战争上的屡次成功。就个人而言，他既不贪婪，也不浪费，他的欲望是为权力而非奢侈，他的贪婪则是为了国家，欲使其统一强大。他不相信民主政治，地方自由在他之下凋萎致死。他很容易相信，只要旧有自治的制度不扩张，便能成功地治理省区、信仰与语言如此杂多的国家。他与王后伊莎贝拉的成就在于以君主专制代替无政府统治，以强大代替衰弱。他为查理五世铺路，使其尽管长期缺席，也能维持皇室的主宰地位，菲利普二世也因他而得以独揽大权。为达目的，他做出我们这个时代认为野蛮而不宽容、残酷而不人道的事，但他同时代的人却视此为对基督的一种光荣胜利。

身居摄政的西蒙，热心地保持了这一王座的专制统治，这或许有效防止了封建割据的局面。他现在虽已 80 岁高龄，仍以坚定的意志统治着卡斯蒂尔，同时击败封建制度或城市自治试欲恢复从前权力的每一次努力。当有些贵族问西蒙凭什么压制他们的特权时，他指的不是本身的国王徽章，而是宫廷院子中摆着的大炮。但他的权力意志仍然臣属于他的责任感，因此他一再催促年轻的查理国王离开佛兰德斯，前往西班牙继承王权。当查理到时（1517 年 9 月 17 日），西蒙赶忙北上迎驾。但查理的一批佛兰德斯顾问支持卡斯蒂尔的贵族，而对这位总主教的政绩与品德做了非常不利的报道，使得年方 17 岁、尚未成熟的国王查理，发了一封信给西蒙，感谢他的效劳，并延缓召见，命令他在托莱多自己的教区内退休，过一种有功的退隐生活。另一封取消这位老人一切政治职位的信函，则抵达太晚，而未能加深他的屈辱。他死于 1517 年 11 月 8 日，享年 81 岁。在显然不曾贪污的情况下，当时的人民奇怪他如何积聚了在遗嘱里留给亚卡拉大学的那笔巨大的私人财富。

他终结了一个光荣、恐怖与强人的时代。其结果显示，王权凌驾城市议会地方自治区这一胜利，不啻　除了西班牙人借以表达并维持独立与多样性等特色的途径；信仰统一的取得，也给西班牙钉上了一部机器，专门压制对所有事物加以推敲的原创性思想；尚未归化的犹太人与摩尔人遭驱逐，更在新大陆开放、亟须经济扩张与改善之际，削弱了西班牙的商业与工业；西班牙越发卷入法、意的政治与战争之中（后来则为佛兰德斯、德国与英国），而未将政策与商业致力于美洲的开发，更使其在金钱与人力上蒙受无法承当的重担。然而这只是事后之辞。除了少数的穆斯林与再洗礼派教徒而外，所有宗教团体都在迫害宗教上的异己；每一个政府——天主教的法国、意大利及新教的德国、英国——也都使用武力以统一宗教信仰；所有各国都在渴求东西印度群岛的黄金；它们全都使用战争与外交欺骗，以确保生存、扩张疆界或增加财富。对于所有的基督教政府而言，基督教不是原则，而是统治方法。基督为人民所喜，而马基雅维利则为国王所喜。就某种程度而言，一国之内虽不乏文明之人，但谁将使该国文明昌盛起来？

第十二章 | 知识的发展
（1300—1517）

巫师

上述各章匆匆描绘的欧洲史所属的两个世纪，仍属于传统所称的中古世纪——我们可概略地定义为介乎君士坦丁与哥伦布，即325年至1492年之间的欧洲生活。我们现在总结14世纪和15世纪欧洲的科学、教育与哲学之际，须提醒自己：当时理性的研究，必须在迷信、不容忍与恐惧的丛林之中，为自己生长所需的土壤与空气而战。在饥馑、瘟疫与战争中，在逃亡或分裂的教皇职位的一团混乱之下，男人和女人试图在玄秘的力量里为人类无法了解的灾难寻求一些解释、一些控制事物的不可思议的力量及残酷现实的神秘超脱。理性的生活过早游动在巫术、魔法、降神术、手相术、骨相术、命理术、占卜术、灾异、预言、命定的星座、化学炼金、万灵药及动植物和矿物的玄秘力量这一环境里。这一切的神异，至今仍然未死，而其中的一项或其他项几乎都在赢得我们公开或秘密的效忠，但它们目前在欧洲的影响，已远落在中古的摇曳动荡之后。

人们研究星辰，不但用以导航、记载宗教节日，还用以预测社会的进程与个人的命运。气候与季节的广泛影响、潮汐与月球的关系、妇女的月经周期及农业之仰赖于天空的阴晴变化，似乎证实了星象学的说法，认为今日的天象，能预测明日的事物。这些预测都定期出版，送到广大而热衷的群众手里。王公们若未获得星象家的保证，断定星辰处在吉利的方位，便不敢从事活动、战斗或旅行、建筑。英国的亨利五世有自己的星盘以测绘天空，他的王后分娩时，自用天宫图为孩子算命。星象家在马赛厄斯·科菲努斯开明的宫廷里，与人文主义者一样受到欢迎。

人们相信，星辰受到天使的引导，空间则充满着来自天堂或地狱的渺不可见的精灵。恶魔到处潜伏，尤其藏在床里；有些人把"夜晚的损失"，有些妇女则把不得其时的怀孕，归因于这些恶魔的作祟。神学家也同意其说，认为这种阴间的姘妇真实不虚。轻信的个人在每一个转弯处，都会跨出感觉世界而进入魔术生命和权力的领域里。每个自然的事物都具有超自然的特质。魔术书刊成为当时"最畅销的书"之一。卡贺兹（Cahors）的主教在承认烧毁教皇约翰二十二世蜡像的举动，并希望其本人能像魔术书上所说的一样，在与肖像同样熬苦之后，最终能在木桩上受到折磨，鞭笞之后被活活烧死（1317年）。当时的人相信僧侣供奉的圣饼，若以针刺之，会流出耶稣的血。

炼丹家的名声已经衰退，但他们诚挚的寻求与诡诈的狡计，仍持续着。当皇室与教皇的敕令予以指斥之际，他们仍能说服一些国王，使其相信炼金术可以补充已经耗竭的宝藏；那些头脑简单的人民，也大口吞下保证能治疗一切病症而且绝非欺骗的"可饮黄金"（黄金为病人及医生用来治疗关节炎）。

医药科学步步与星象学、神学及巫医搏斗。几乎所有的医生都把疾病的预断，与病者出生或害病时所处的星座相提并论。大外科手术家吉·肖利亚克（Guy de Chauliac）写道（1363年）："如有人在月球坐落在金牛宫时颈部受伤，其病况将会危险。"最早的印刷文件之一是美因茨出版的一本日历（1462年），里面指明星象学上放血的最好时辰。各种传染病均广泛地归因于星辰的不幸联合。数以百万的基督徒，或许发觉医药的无效，转而趋向信仰的治疗。成千上万的人前往法国或英国国王那里，期以御手一碰而治愈淋巴腺结核病。这一习俗显然始自路易九世。后者的睿圣使人相信，他能产生奇迹。他的权力被认为已传给继承者，经过瓦卢瓦（Valois）的伊莎贝拉，即爱德华三世的母亲，传给了英国的统治者。更多的人朝拜治病的圣坛，将一些圣者转化为医者。圣维特斯小礼拜堂因而经常被霍乱患者造访，因为人们相信他是医治霍乱病的专家。卢森堡的皮埃尔——一位 18 岁时死于严苛的苦行的红衣主教——的坟墓，也成了朝拜的目标。在他死后 15 个月内，共有 1964 个痊愈案例，都归功于他的骨头具有的神效。当时庸医大行其道，但法律已开始制裁他们。1382 年，以施用符咒假装已治愈疾病的克拉克（Roger Clerk），被判以尿壶悬挂于颈，骑马走过伦敦。

大部分欧洲人都相信巫术——人们控制邪恶的精灵并获得他们的帮助。那个黑暗时代在这方面较为开明，圣博尼费斯与里昂的圣阿戈巴尔德（Saint Agobard）均将巫术的信仰指斥为愚昧的罪恶。查理曼定之为死罪，凡被控以施行巫术者均行斩首。教皇格列高利七世禁止对巫师施以异端裁判，后者常被认为是招致暴风雨或瘟疫的原因。传教士一再强调地狱的存在与撒旦的诡诈，更使一般人相信，他自己或他的同伴之一与撒旦有联系；许多害病的心灵或沮丧的灵魂，都怀藏着召集这些恶魔以为己助的念头。一大群各色各样的人，包括教皇博尼费斯八世在内，都被控以施行巫术一罪。1315 年，贵族昂盖朗·马里尼（Enguerrand de Marigny）因施行巫术被处绞；1317 年，教皇约翰二十二世勒令处斩各种不明的人物，他们曾企图以召唤恶魔的帮助来谋弑教皇。他一再指斥巫师求助于恶魔，曾下令予以起诉，并拟定惩处之道；但这些敕令适被人们解释为肯定恶魔力量的存在与可供驱使这一观念。1320 年后，施行巫术的起诉倍增，许多被告被吊死或火焚于柱。在法国，一般人认为查理六世是被魔法逼疯的。宫里另雇来两位答应恢复国王神志的巫师；当后者施法无效时，即被砍头（1397 年）。1398 年，巴黎大学神学院虽然发布了谴责巫术的 28 条条款，但也承认巫术偶尔有效。校长格尔森宣布，凡询问恶灵存在或活动者，均视为异端。

巫师崇拜撒旦为诸魔之宰，在晚间或"安息日"，他们打动撒旦以召唤属下诸魔，施行巫术。根据一般大众的信仰，那些通常为妇女的巫师，以这种恶魔崇拜为代价而获得超自然的力量。这样，他们便被认为能够凌驾自然法则，而给心目中的对象带来不幸或死亡。学者如伊拉斯谟、托马斯·莫尔均接受巫法的真实存在；科隆的一些教士则加以怀疑，但科隆大学予以肯定。大部分的教会人士宣称——外行的历史学家也有点同意——夜晚的秘密集会，是杂乱的性交与指引年轻人堕入淫荡之术的借口。姑且不论是由于疯狂的幻念，或为免于折磨，有许多巫师都声明承认所指控的这个或那个恶行。原因或许是：这些"巫师的子夜集会"是对沉重的基督教的一种延期偿付，并且也是对上帝的强敌撒旦一种半为游戏半为反叛的崇拜——只因上帝遣退如此多的乐趣，并把如此多的灵魂打入地狱；或这些秘密的仪式可能唤回并重新肯定异教的崇拜及大地、田野、森林诸神，生殖、繁衍诸神，罗马酒神巴库斯，男性生殖之神普里阿普斯，谷神刻瑞斯与花神芙罗拉的节日宴会。

俗世与教会的法庭一起压制在他们看来似乎最为亵渎的丧德败行。有好几位教皇，尤其是 1484 年的英诺森八世——于 1374 年、1409 年、1437 年、1451 年——分别授权给宗教裁判所的代理人，将巫师认定为放纵邪恶的异端，其罪恶与阴谋摧毁了田野的果物与尘世的胎儿，其假面具可能诱使整个社群崇拜鬼神。教皇逐字引用《出埃及记》的一段文字道："行邪术的女人，不可容她存活。"然而，1446 年以前，除非被宽恕了的犯者再度信邪，教会法庭大都满意于温和的惩处。1446 年，宗教裁判所在海德堡烧死了几位巫者；1460 年，在阿拉斯又火焚了 12 名男女。当时人民呼之为"窝人"（Vaudois），犹如一般人称呼法国境内的异教徒韦尔多教派与巫师。1487年，多米尼克教派的异端裁判者雅各布·施普伦格（Jacob Sprenger），诚恐巫术大为扩散，出版了《巫师之锤》（*Hammer of Witches*），以为官方侦测巫者的指引。当时的罗马国王马克西米里安一世以一封热诚的介绍信题序此为"举世所曾产生的，对迷信最不利的不朽盛事"。"这些邪恶的妇女，"施普伦格说道，"靠激起大锅里一些邪灵恶怪，或凭其他手段，而能召集成群的蝗虫、毛虫来吞噬作物的收成；她们也可致使男人性无能和女人不育；她们能吸干女人的奶汁，或导致流产；她们只要看一眼便能引起爱或恨，疾病或死亡。她们有些绑架小孩，然后烤之、吃之。她们可在远处见物，并预卜天气；她们也会变形，有的甚至变为野兽。"施普伦格奇怪女巫为何多于男觋，他的结论是：妇女比男人更为三心二意而且好淫。他又说道，她们经常是撒旦喜爱的工具。他在5年里烧死了48位女巫。这之后，教会对巫术的攻击愈加强烈，直到16世纪在天主教与新教的共同主持下达到如火如荼的地步。1554年，宗教裁判所的一位官员曾夸耀道，在以前150年里，神圣教会至少烧死3万男巫女巫，他们倘若不受惩处，整个世界便将为其摧毁。

这一时代有许多攻击迷信的书籍，但其中每一本书都含有迷信。特里翁福向教皇克莱门特五世陈词，劝其宣布玄秘的活动为非法，他认为医生若于月球坐落在某些象位时进行放血，是不可原谅之事。教皇约翰二十二世颁布反对炼金术（1317年）与魔术（1327年）的强烈禁毁令；他哀叹他所认为的向恶魔献祭之日渐流行，哀叹与撒旦的妥协，并为魔术的目的而在制造人像、指环及药剂。他宣布凡施行这些法术者，均凭该事实予以除籍；但他自己也不十分确定巫术是否有效。

这个时代星象学的有力对手，是于1382年去世的利索（Lisieux）的主教尼可勒·奥雷斯姆（Nicole Oresme）。他嘲笑星象家不能预知尚未出生的婴儿的性别，待出生后，却声称能预卜其尘世的命运。这些占星术，奥雷斯姆评论道，都是妇人经。他模仿 14 世纪以前的西塞罗，写下《占卜》（*De Divinatione*）一书，反对占卜家、圆梦者及其同类的说法。在对玄秘的怀疑中，他承认有些事件可以解释为恶怪或天使的所为。他接受"邪眼"（evileye）这一观念；他认为罪犯若窥视镜子内部，则将使其变暗，又认为山猫之眼能看穿墙壁。他承认《圣经》中的各种奇迹，但只要自然理由充分，他便会弃绝超自然的解释。许多人轻信魔术，他解释道，是他们对自然原因与程序缺乏认识。他们往往根据谣传接受了未曾亲眼看见的东西。这样，传说——像魔术师攀爬抛入空中的绳子一样——便可能成为一般民众的信仰。（这是所知道的最古老的提及爬绳的神话。）因此，奥雷斯姆辩论道，某种信仰的广泛流行，并不能证明其为真理。即使许多人声称曾经目击与我们自然的一般经验相反的事情，我们仍不该轻信他们。再者，我们的感官如此容易受骗！物体的颜色、形状、声音，随着距离、光线与感官的情况而变化；一个静止的物体可能看上去在移动，而一个移动的物体，也可能看上去静止；摆在注满水的瓶子底部的硬币，看起来会比摆在空瓶底的硬币遥远。感觉必须以判断阐释，而判断也可能错误。感官与判断的这些错误，奥雷斯姆说道，正好解释了许多归因于超自然或魔术力量的奇迹异事。

　　尽管科学精神有所进展，古老的迷信仍然存在，或仅仅改变形式而已。这些迷信也不仅限于平民大众。英国国王爱德华二世为其深信是属于圣彼得的小瓶子付了一大笔钱。法国国王查理五世声称自己在圣堂里看到了装有基督宝血的小瓶子。他问他的大学者与神学家是否属实，他们谨慎地予以肯定的回答。教育、科学、医药及哲学，便是在这种气氛里挣扎生长的。

教师

　　商业和工业的兴起刺激了教育的发展。读书识字在农业体制里一向是昂贵的奢侈品；但在都市的商业世界则为必需物。法律迟缓地承认这一改变。在英国（1391 年），封建地主向理查二世请求实施旧规，禁止农奴未经领主同意并补偿农场庄稼的损失，即送子上学，但遭理查拒绝。新国王明文规定，任何父母须遣送任一子女上学。

在这一教育解放令下，小学倍增。在乡间，修道院的学校仍然存在；在城市，分级的学校由教会、医院、附属的礼拜堂及同业公会组织兴办。上学自愿而普遍，即使乡村亦然。教师通常为僧侣，但凡俗教师的比例在 14 世纪开始增加。课程强调教义问答，使徒信条，基本祈祷、阅读、写作、算术、歌唱等。即使在中等学校，鞭笞仍是教导的支柱。一位神学家解释道："孩童的精神必须加以压服。"父母也同意这种说法。帕斯顿（Agnes Paston）敦促她那不用功的儿子的家庭教师，倘若她的儿子不改过，"即给鞭打"，"因为我宁愿他被好好埋葬，而不愿他因不负责而失落了自己"。

中等学校继续宗教训练，同时增加语法，后者不但包括语法与作文，还包括古典罗马的语言与删净异端思想的文学；不论多么不感兴趣，学生——中产阶级的男孩——都须学读、学写拉丁文，以为外贸和教会生涯的必备工具。当时最好的中等学校，是兄弟会在荷兰与德国建立的学校。代芬特尔的一所学校，收了 2000 名学生，富有而充满活力的温切斯特（威克翰的）威廉主教（William of Wykeham），在那里创建（1372 年）英国第一所"公共"学校的先例。该校是由私人或公家捐款襄助，而为少数男孩提供大学的预备训练。亨利六世遵循此例，于 1440 年建立并出巨资赞助伊顿学校，以作为学生上剑桥国王学院的准备场所。

除了少数贵族之外，初级以上的妇女教育，都限制在家里。玛格丽特·帕斯顿等许多中产阶级的妇女，都在学写优雅的英文，另外少数则对文学与哲学有所了解。贵族之子所受的教育与一般学校所受者差异很大。他们在 7 岁以前由家中妇女教导，然后送到有亲戚关系或邻近的贵族家里当随侍。他们在那里免于过分溺爱，这时才跟随淑女和地方教士学习读书、写字、宗教与风度。他们在 14 岁时成为护卫——他们领主的随从。直到这时，他们才学骑马、射箭、打猎、比武与争战。书本的学习则留给低下的人。

这些同时发展出中古时期最高贵的赠礼之一——大学。教会建筑的狂热冷却之际，创建大学的热忱却在升高。在这一段时期，牛津目睹埃克塞特、欧瑞尔（Oriel）、女王（Queen's）、新（New）、林肯、万灵、抹大拉、布拉斯诺兹与基督圣体学院以及神学院的先后设立。以现代意义而言，它们不算是学院，只是"堂院"，即精选的学生居住的场所。牛津里只有差不多 1/10 的学生住在那里。大部分的大学教导由教士在散于城市周遭的教室或演讲厅里加以传授。圣本笃派、圣方济各派、多米尼克派的僧侣及其他修道士，分别在牛津维持各自的学院。从这些修道院的学院里出现了 14 世纪一些最光辉的人物，他们之中有约翰·邓斯·斯科特斯与奥卡姆的威廉。他们两位都背离了正统的神学。学法律的学生在伦敦的四法学院接受训练。

在牛津，城镇与长袍——市民与学者——之间，关系不大。1355年，这两个彼此敌对的阵营竟然爆发公开的战争，致使许多人遇害，那年因此被称为"大屠杀年"。尽管鞭笞传入了英国各大学（约 1350年），学生仍是麻烦的一群青年。由于学校禁止校内运动，他们将精力消耗在亵渎、烈酒与性的满足上。酒楼和妓院因他们的眷顾而繁荣滋长。牛津的上学人数从 13 世纪的高峰，降落到千人之数。自威克利夫遭驱逐后，学术研究的自由受到主教的严厉控制。

剑桥从威克利夫之争和罗拉德派之惧中受益。谨慎的保守分子不让儿子进入牛津，转而送到这所较为年轻的大学。因此到 15 世纪末，这两所匹敌的年轻的大学，拥有大致相等的注册人数。新的"堂院"分别沿着剑河建立起来：麦可院、克拉尔、彭布洛克、贡维与盖阿斯、三一学院、考帕·克利士替、国王、女王、圣凯瑟琳、耶稣、基督及圣约翰学院。像牛津的住居堂院一样，这些堂院在 15 世纪，当越来越多的教师选择那些地方开讲而吸收大量听众时，才变成现代意义的学院。课程从清晨 6 点开始，一直继续到下午 5 点。在此期间，苏格兰与爱尔兰也从贫穷的桎梏中，分别创立了圣安德鲁、格拉斯哥与亚伯丁大学，及都柏林的三一学院。

在法国，教育和其他方面一样，受到百年战争的影响。然而，社会对律师与医生日渐增加的需求，加上传统向往教士生涯，鼓励了阿维尼翁、奥尔良、卡贺兹、格勒诺布尔、奥兰治、艾克斯、普罗旺斯、普瓦捷、卡昂、波尔多、瓦朗斯、南特与布尔日诸地新大学的成立。或许因为法国王朝已濒临崩溃，巴黎大学一时成了 14 世纪全国的权力中心，其势足以抗衡国会，劝导国王，而且作为法国神学的上诉法庭，大部分的欧陆教育家直呼之为大学的大学。省区与国外大学的兴起，减少了巴黎大学的注册人数；即使如此，单单该大学的艺术学院，在 1406 年据说有千名教授与万名学生。1490 年，整个大学拥有近乎两万名学生。约 50 个学院帮助容纳他们。其校规较牛津松弛，学生的道德在于赞扬他们的英雄气概而不在于他们的宗教。此外，希腊文、阿拉伯文、迦底尔文与希伯来文，也加入课程中。

西班牙于 13 世纪在帕伦西亚、萨拉曼卡和莱里达诸地，建立了主要的大学。其他大学现在也分别在佩皮尼昂、韦斯卡、巴利亚多利德、巴塞罗那、萨拉戈萨、帕尔马、锡古恩萨、瓦伦西亚、亚卡拉与塞维尔诸地兴起。在这些机构里，教士和神学居于主导控制大局。然而，在亚卡拉仍有 14 个席次让给文法、文学与修辞，另外 12 席次则属神学与宗教法规。亚卡拉一度成为西班牙最大的教育中心。1525 年，其入学人数为 7000 人，有奖学金供给需要的学生。教授的薪金视学生人数的多寡而定；教授每 4 年需解职，倘认为满意，可重新任命。国王迪尼斯于 1300 年在里斯本建立一所大学，由于学生的骚乱而搬到科英布拉，该大学于是成为今日该城的殊荣。

这一时期中欧的精神活动，比法国和西班牙更加有力。1347 年，查理四世创立布拉格大学，后者不久即成为波希米亚人民的学术源头和心声。其他大学分别在克拉科、维也纳、佩奇、日内瓦、欧福、海德堡、科隆、布达、符兹堡、莱比锡、罗斯托克、卢万、特里尔、弗赖堡、格赖夫斯瓦尔德、巴塞尔、印格士、普雷斯堡、美因兹、图宾根、哥本哈根、乌普沙拉、法兰克福（奥德河旁）与威田堡诸地出现。15 世纪下半叶，这些大学因有辩论会而热闹非凡。光是克拉科一地一次就有 18338 名学生。教会供给大部分经费，因而很自然地居于思想的主宰地位，但王子、贵族、城市与商人也参与捐助学院与奖学金。萨克森的选帝侯腓特烈捐助威田堡大学，其款额部分来自赎罪券的发售所得，他拒将后者汇往罗马。经院主义端坐在哲学的首席，而人文主义则在大学的墙外茁壮生长。因此，德国境内的大部分大学在宗教改革期间都依附罗马教会，但有两个重要例外，路德就读的欧福大学与执教的威田堡大学。

科学家

科学的气氛在博学者之间几乎不比一般民间来得流行。当时的时代精神倾向于人文主义。即使希腊研究的复活，也忽视了希腊科学。数学上，罗马数字阻碍了进展；那些数字似乎与拉丁文化不可分；印度—阿拉伯数字，似乎为异端的伊斯兰教所有，只能冷漠地被接受，这尤其以阿尔卑斯山脉以北之地为然。法国的检查局使用笨拙的罗马数字一直到 18 世纪。然而，1349 年死于瘟疫的托马斯·布拉德沃丁（Thomas Bradwardine），在担任坎特伯雷的大主教一个月之后，却将阿拉伯三角法的几个定理传进英国。他的学生，圣奥尔班的修道院院长理查德·沃林福（Richard Wallingford），是 14 世纪主要的数学家。他所著的《正弦定理的四分法》（*Quadripartitum de Sinibus Demonstratis*），是西欧几何学上的第一部重要作品。他 43 岁时死于淋病，死时则悲叹他从神学中抽出时间来研究科学。

尼可勒·奥雷斯姆过着严谨的教士生涯，但也成功地兼涉十多门科学。他以推展坐标系的应用，以引用曲线图来表示函数的变化，而为解析几何铺路。他忖度四度空间的观念，但最后予以排斥。像同时代的几位人物一样，他预言了伽利略的自由落体定律，认为下坠物的速度随着下坠的持续而成正比例地增加。评论亚里士多德的《地球与月球》（*De Caelo et Mundo*）时，他写道，"我们不能以任何实验证明诸天体每天都在运动，而地球不动"；有些"好多理由显示，是地球，而不是天空，每天在移动"。奥雷斯姆退回到托勒密体系，但已为哥白尼铺路。

我们倘若想到中古时期并没有望远镜或照相机可供观测或记载天空的现象，则那时的穆斯林、犹太人与基督徒中的天文学家，其表现的精力与才智，足以让人叹服。让·利涅斯（Jean de Liniers）经过数年的亲自观察后，描绘了 48 颗星辰的位置，其精确性在当时只有穆斯林足与匹敌。他计算黄道的斜度，和最现代的估计不相上下。让·莫伊斯（Jean de Meurs）与弗明·博瓦尔（Firmin de Beauval，1344 年）建议改革跑得比太阳还快的恺撒历，改革之法为除去以后 40 年里每 4 年来临一次的 2 月 29 日（这仍造成错误）；但这项改革须等到 1582 年，等待国际间的相互信赖和了解。牛津的威廉（William Merle）保持了一连 2556 天的纪录，而把气象学从星象术中挽救过来。不知名的观察家或航海家在 15 世纪发现磁针的偏差：磁针并非指向正北，而是以一个微小却重要的角度，偏向天文子午线。这一角度，正如哥伦布注意的，会随地而异。

这一世纪，数学与天文学的顶尖人物为密勒（Johann Müller）。他于哥尼斯德（Königsberg）附近出生（1436 年）时，即以雷乔蒙诺努斯（Regiomontanus）之名闻名于世。他 14 岁时进入维也纳大学，在那里，格奥尔格·普尔巴赫（George von Purbach）正在介绍人文主义及意大利在数学与天文学上的最新进展。两人都早熟早死：普尔巴赫享年 38，密勒则为 40。为了决心学习希腊文以便读懂托勒密的原著《星体学》（*Almagest*），密勒前往意大利，随瓜里诺研读希腊文，同时尽其可能倾读有关天文与数学的书籍（希腊文或拉丁文）。他回到维也纳时便开始教这些学科。他教得如此成功，被马赛厄斯·科菲努斯请到比尤达，继而到纽伦堡，一位富有的市民为他建造了欧洲第一座天文台。密勒以自己建造或改进的器具来装备这座天文台。在他于 1464 年写给同行数学家的一封信里，我们感受到科学的纯净气息："我不知道我的笔将写到哪里为止；如果我不停止书写，则我的所有纸张将用尽。问题一个接一个发生，其中漂亮的问题多得使我犹豫，究竟该向你提出哪一个才好。"1475 年，教皇西克斯图斯召集他到罗马改革日历。一年之后，他便在那儿去世。

他短暂的生命限制了他的成就。他曾计划写作有关数学、物理、星象与天文学的论文，并希望编纂那些科学古典著作，但这些作品只有零碎成形而保留下来。他完成普尔巴赫未竟的著作《托勒密星体学概要》（*Epitome of the Almagest*），还写下《三角形》（*De Triangulis*）这第一本单独论三角学的书。他显然是第一位提议使用正切以为天文计算的数学家，他的正弦、正切表，便利了哥白尼的计算。他所构成的天文图表，比以前任何图表都要精确。他计算纬度与经度的方法，使水手蒙益。他颁行（1474 年）了一本年鉴，书中指出嗣后 32 年各星体每日的位置。哥伦布从这本书预测月食将于 1504 年 2 月 29 日来临以填饱他那些饥饿的手下的肚皮。雷乔蒙塔努斯对哈雷彗星所做的观察，奠定了现代彗星天文学的基础。然而，他个人的影响远大于他著作的影响。他在科学上广受群众欢迎的演讲，有助于提高丢勒年轻时纽伦堡一地的蓬勃学术；此外，他使这个城市以其航海的工具和地图而闻名。他的一名学生马丁·贝海姆（Martin Behaim）在皮纸上以彩色绘制的、最古老的地球仪（1492 年），现保存在纽伦堡的德国博物馆。

现代地理，不是由地理学家，而是由水手、商人、传教士、使臣、士兵及朝拜者创建：加泰罗尼亚的船长们在制造或使用优越的地图；他们到地中海各港口的驾驶指引，在 14 世纪便几乎与现代的航海图一样精确。通往东方旧的贸易路线落入土耳其人手里之后，欧洲的进口商转而发展经蒙古的新陆路。圣方济各派的修道士欧德烈（Oderic of Pordenone）在北京度过了 3 年之后（约 1323—1326 年），写下了他经印度、苏门答腊抵达中国，然后再经由中国西藏、波斯返归的灿烂记录。克拉维霍留给我们有关他出使帖木儿的迷人描写。巴伐利亚的约翰·施尼特贝格（Johann Schnittberger），在尼可波利为土耳其人所俘（1396 年），曾有 30 年在土耳其、亚美尼亚、格鲁吉亚、俄罗斯及西伯利亚各地流浪，他在《游记》（*Reisebuch*）中写下西欧对西伯利亚的头一篇描写。1500 年，哥伦布的一名舵手胡安·德·拉·科萨（Juan de la Cosa），公布了一张扩大的世界地图，在制图学上首次指明他的主人、达·伽马及其他航海家的海上探险。地理学在 15 世纪是一部活动的戏剧。

在某一个特别方面，中古世纪地理学最有影响力的文章，是皮埃尔·戴利（Pierre d'Ailly）红衣主教写的《成形的球体》（*Imago Mundi*，1410 年）。该文描写大西洋为："如果顺风，则短短几天"便可横渡，哥伦布即受此鼓励。这篇著作只不过是这位细心的教士论述天文、地理、气象、数学、逻辑、形而上学、心理学及日历与教会改革的 6 篇作品之一。他遭受谴责，认为在俗世的研究上消磨过多的时间，但他回答说神学应该与科学并驾齐驱。即使在星象学里他也看出一些科学存在；他复以星象学的理由，预测基督教在百年内将有巨变，在 1789 年将有震撼世界的事情发生。

14 世纪最优异的科学思想是物理学。弗赖堡的迪特里赫（Dietrich，死于 1311 年），给予彩虹现代解释，认为那是由于两种折射，其一是阳光照进水滴折射而成。让·比里当（Jean Buridan）在理论物理学上表现优异；但可惜的是他只以他的驴子闻名，而这头驴子可能并不是他的。[1] 他在约 1300 年在阿拉斯附近出生，后来在巴黎

---

[1]　"比里当之驴"的故事，未见载于他现存的作品里。这个故事可能发生在他的一次演讲中。比里当曾辩论道，意志在遇到选择时，将被迫选取智力认为较为有利的一个。因此，有位机智者下结论说，一头驴子若处在距离两捆具有同样引诱力的干草的相等位置，则没有理由比较喜欢其中任一捆干草，此时若无其他饲料在旁，那头驴只有活活饿死。

大学读书、执教。他不但主张地球每天运转，并从天文学里消除天使的神灵之说。亚里士多德与阿奎那认为那些神灵指引并带动天体。天体运动的解释，比里当说道，莫过于上帝的原始推动与嗣后的推动法则——动体除非受到某一现存的力量的阻碍，否则仍继续其运动。比里当在这点上已先于伽利略、笛卡儿与牛顿诸人。各球体与星辰的运动，他再论道，受到在地球上运行的同一种机械法则的支配。这些现在看来如此平凡的命题，却深深地伤害了中古的世界观。它们几乎标志了天文物理学的开端。

比里当的观念由学生带到德国、意大利，因而影响了达·芬奇、哥白尼、布鲁诺与伽利略。萨克森的艾伯特将这些观念传到他建立的维也纳大学（1364 年），马西利乌斯则传到他首创的海德堡大学（1386 年）。艾比勒特是首先排斥亚里士多德认为"真空不可能"这一观念的人物之一。他阐扬"每一个体各有一重心"的观念，他比伽利略先提及静态平衡与下坠物同一加速度的原理。他还主张，水侵蚀山脉，与陆地逐渐或因火山爆发而升高，是地质上两股相互补偿的力量——这是吸引达·芬奇的一个观念。

应用机械学的进展此时缓慢下来。人们动用复杂的风车来抽水、吸干土地、磨谷及做其他零星工作。水力用于冶炼、切锯、鼓风、打铁及带动织布机。14 世纪的北欧已建立不少大型的鼓风炉。钻井于1373 年为人提起，金属线的制造于 15 世纪已在纽伦堡实施，由许多水桶摆在环链上的抽水机，被画在 1438 年的一本原稿上。在胡斯的信徒所画的一张图里，工程家孔拉特·凯泽（Conrad Keyser，约1405 年）设想出将往复运动转变为旋转运动：两只交互移动的手臂，其绕柄旋转，犹如活塞转动汽车的机轴一样精确。

随着工商业的成长，人们渐渐需要较好的计时器。僧侣与农夫一年四季将白天分成相等的时数，夏天的时数因而较冬天的同一时数为长。城市生活则需求更为统一的时间分法。13 世纪和 14 世纪，钟表将一年四季白天分成相等的部分。有些地方有如我们今日军队的计时法，从 1 时一直命名到 24 时。迟至 1370 年，有些时钟像米兰圣哥达德（San Gotardo）教堂的时钟一样，随时都在敲打，这未免过于嘈杂。1375 年，将一天规则地分为两半，各为 12 小时。

机械钟的主要原理是一重物慢慢转动一轮子，而轮的转动受到齿轮的节制，后者具有足够的抗力，以允许该轮在一定间隔的时间内只转动一齿。这一计时器有人曾在约 1271 年加以描述。早期的机械钟，往往放置在可从一城的广大区域里看得到的教堂的楼塔或钟塔上。最早的时钟之一，由理查德·沃林福德安置在圣奥尔班的修道院里。这座钟不但指明时、分，还指明潮水的涨落及日、月的移动。后来，时钟里头再加上一套精巧的小机械。斯特拉斯堡大教堂的时钟（1352 年）之上刻有一只啼叫的公鸡、东方三贤人及一个人的形象，在这人身体的每一部分，均载有放血的适当时辰。威尔士教堂的时钟使用会动的太阳图以指时数，一颗在内圈移动的小星星以指分数，第三圈则标明一个月的日份；针盘上的平台，每当时钟敲打，便有四骑士出现，并呈相斗状。15 世纪耶拿的一座时钟上，但见一位丑角张开大口，以接受一名旅客的一只金苹果，然当小丑的口要合上时，这只苹果即行移开。这一闹剧每一小时都在上演，期间达数百年之久，这座钟现在仍然存在。于 1506 年在纽伦堡装设，但在第二次世界大战中严重受损的一座相似时钟，在 1953 年重新恢复其戏剧性的表演。

那一时代的人在手表里装置螺旋形的弹簧（约 1450 年），以代替悬挂的重量：一条纯粹的钢条，卷成一小圈或一鼓轮，借其慢慢开展之力，可施重量于受阻的齿轮之上。15 世纪末，已有各种手表存在，有的大如手掌，有的小如杏仁，另有许多形如彼得·海勒（Peter Hele）制造的"纽伦堡之蛋"（1510 年）。重量、控制机轴与机轮后来被应用在其他用途上，机械钟因而成了无数不同机器的始祖。

在物理学预示工业革命之际，炼金术也慢慢成长为化学。这一时代终止时，炼丹家已经发现并描写过锌、铋、硫黄精、锑的渣块，碰中易变的氟及其他许多物质。他们蒸制酒精，使水银蒸发，并靠硫黄的升华来制造硫酸。他们还配制比现在使用的更为优越的醚、玉米浆及一种深红染料。他们遗赠给化学的，是中古科学带给现代心灵的最大礼物——试验的方法。

植物学大部分仍限于园艺手册或描写药草的植物志。黑斯的亨利主张说，新品种，尤其是植物之间的品种，可能从老品种自然演化出来。这一设想比达尔文早500年。皇室或教皇的动物展览、动物的繁殖、兽医学、打猎、捕鱼、养蜂或养蚕的著述，暗寓道德教训的动物寓言故事及像富瓦的伯爵加斯东三世所著的《太阳神之镜》（*Miroir de Phoebus*，1387年）这类论放鹰捕猎的书籍，都在无意中为动物科学收集了不少资料。

解剖学与生理学大部分需仰靠动物的肢解、士兵的伤口及在偶尔的情形下法律所要求的死后验尸。虔敬的基督徒振振有词地反对人体的解剖，因为不论肉体怎么死亡，但在最后审判时，都认为会从坟墓里完整如初地坐起。整个14世纪很难获取尸体以供解剖研究。阿尔卑斯山以北在1450年前，绝少医生看见过一具解剖过的人类尸体。然而，约1360年，吉·肖利亚克劝服阿维尼翁当局（当时由教皇法庭统治），将处斩过的犯人尸体，转交给医学学校，以供解剖。威尼斯的医学生于1368年开始看到（或亲手进行）各项解剖，蒙彼利埃（Montpelier）于1377年，佛罗伦萨于1388年，莱里达于1391年，维也纳于1404年分别进行；而帕多瓦大学则在1445年建立了第一所知名的解剖室。医学的成果因而无穷无尽。

医者

在医药科学与治疗上，犹如在文学与艺术上一样，北欧较意大利落后半个世纪之久。即使意大利到1300年也才仅仅恢复1000年前盖仑与梭拉诺斯（Soranus）所达到的医学水平。虽然蒙彼利埃、巴黎及牛津的医药学校大有进展，但当时最伟大的外科医生是法国人。这一行业那时已组织严密，都在为本身利益而互相设防。但对医疗的需求很大，使草药家、药剂师、产婆、江湖郎中、剃头外科匠——更不用提起一般庸医——处处与受过训练的医生竞争。由于错误的生活方式而招致疾病，继则在寻求无误的诊断与便宜速疗的大众，通常均抱怨唯钱是视抑或药到"命"除的医生。弗鲁瓦萨尔认为"所有医药人士的目的，都在于获取大笔的钱财"。

当时最有趣的医者是外科医生。他们仍未说服行业公会承认其平等地位。巴黎大学在14世纪除非学生发誓绝不进行外科手术，否则拒绝其进入医药学校。即使那时已成为万灵药的放血，也禁止医生参与，而只留给他人负责。那些剃头外科匠现在也放弃了理发业务，而专攻于外科手术。1365年，巴黎共有40位这种剃头外科匠，在英国则直到1540年还有剃头外科匠。1372年的一道法令，限制法国的剃头外科匠只治疗"不致引起死亡的伤口"。此后，主要的手术只能由忠于专长的"外科大师"合法地进行。皇家外科学院于1505年在爱丁堡特许成立。

14世纪上半叶，在外科方面的著名人物是曼德维尔（Henri de Mondeville）与吉·肖利亚克。弗鲁瓦萨尔可能已注意到，曼德维尔虽然求之者众，他到死仍然贫穷，并带着哮喘与肺病工作。他的《外科》（*Chirurgia*）是法国人论外科术的第一本著作，该书透彻而称职地论及整个领域，因而为外科医生赢得新的地位。他显著的贡献在于：他在博洛尼亚向博尔贡吉尼（Borgognoni）学习了以完全洗涤、阻止酿脓、排除空气并以酒敷来处理伤口的方法之后，再予应用、发展。他警告世人之因循盖仑或其他古代权威，而为自己的改革辩护。"现代人之于古人，"他借着大家喜爱用的中古形容词写道，"犹如踏在巨人双肩上的矮子一样，他看到巨人所看到的一切，并看得更远。"

在他之后的30年中，产生了最有名的中古外科医生。吉·肖利亚克出生在自己因之得名的法国村子里，他深深打动数位庄园领主，自愿为他支付上图卢兹、蒙彼利埃、博洛尼亚与巴黎等大学的学费。

1342 年，他成为阿维尼翁的教皇医生，担当这项艰难的任务达 28 年之久。黑死病袭击阿维尼翁之际，他留在原位，看顾那些受难者，结果也染上了瘟疫，但侥幸逃脱一死。与任何人一样，他也犯了严重的错误：他把这场瘟疫时而归咎于星体的不幸组合，时而归咎于犹太人欲毒害所有基督教世界。他排斥曼德维尔的简单清洁法，使用灰泥与药膏，因而延误了伤口的外科手术。他所著的《大外科》（*Chirurgia Magna*，1363 年）一书，是 16 世纪以前最为透彻、最有系统与最博学的外科论著。

社会与个人的卫生，很难跟上医药的进展。个人的清洁并非当时崇拜之事。即使英国国王每周才沐浴一次，有时间隔更长。德国人有公共澡堂——洗澡者裸体站着或坐在大桶里，有时候是男女共浴。单是乌尔姆在 1489 年便有 168 个这样的浴室。整个欧洲——除了贵族——同样的衣服一直连穿好几个月、好几年，甚至好几代。许多城市已有供水设备，但只通到少数家里，大部分的家庭均需从最近的喷泉、井或野泉汲水。伦敦的空气被屠宰的牲畜散发的气味污秽，直到 1371 年禁屠为止。厕所的气味减少了对乡村生活的田园幻想。伦敦的共同住宅区只有一间厕所供全部居民使用；许多家宅根本就没厕所，直接把排泄物倒入庭院或街道。成千的厕所将排泄物直灌进泰晤士河。1357 年的一道城市法指斥这一事实，但居民依然我行我素。1388 年，由于受到好几次瘟疫的冲击，国会通过全英国适用的第一部《卫生法》（*Sanitary Act*）：

> 鉴于如此多的粪便、垃圾、内脏及被杀死的野兽和其他腐败物流入、投入沟渠、河流及其他水道……复鉴于空气大受腐败、污染，许多疾病及其他无法忍受的恶疾，每天的确在居民……在其他前往或正在该地旅行的人民之间发生……本会一致同意，向英国全境宣布……凡倾倒、弃置这些厌物者……必须完全予以清除……否则将在英国国王令下丧失财物或性命。

相似的法令也约于这一时期在法国颁布。1383年，马赛依照拉古萨（Ragusa，1377年）的例子，下令隔离瘟疫患者40天——这相当于现在的检疫拘留期。流行性疾病仍继续发生——出汗症在英国（1486年、1508年），白喉、天花在德国（1492年）——只是毒性与死亡率较为降低。卫生虽然松弛，医院却相当多——1500年英国有460家，单单约克郡便有16家。

对疯者的治疗，已渐渐从迷信敬畏或野蛮残忍转到半科学的管理。1300年，自称为圣灵的一个女孩尸体，由教会下令挖出，并予火化，另两位表示相信这位女孩说法的两名妇女，则火焚于柱。1359年，托莱多的总主教授权内政当局，活活烧死自称是天使长米迦勒的兄弟及一位每天造访天堂与地狱的西班牙人。但15世纪，情形已获改善。一位名叫若弗尔（Jean Joffre）的修道士，满心同情遭受巴利亚多利德街道一群暴民叫嚣驱逐的疯子，在该地为他们建立一所精神病院（1409年）。其他城市先后遵循其例，1247年在伦敦建立的伯利恒圣玛丽医院，1402年改为一所精神病院。伯利恒这个词，演变为伯勒姆，成为疯人院的一个同义词。

确诊的麻风病人，仍遭驱逐，但麻风病在15世纪几乎已从西欧消失。取而代之的是梅毒。此症或许是法国原先所称作的"大水痘"的扩展，或许是美洲的一种输入品，但它于1493年已确定在西班牙出现，意大利则在1495年出现。该病在法国传播得如此广泛，因而被称作"法国病"。德国有些城市被蹂躏得乞求免税。早在15世纪末，我们便听说人们使用水银以治疗此症。当时医学的进展如同今日一样，与疾病的衍生勇敢地赛跑。

哲学家

体系制造者的时代虽已过去，但哲学家仍然虎虎有力。的确，哲学在14世纪摇撼了基督教世界的独断架构。一项重点的改变终止了神学家在哲学领域里的耀武扬威：居领导地位的思想家，如让·比里当其人，已对科学产生极大的兴趣，其他经济学方面如奥雷斯姆，教会组织如库萨的尼古拉，政治上如杜波依斯与帕多瓦的马西利乌斯。这些人在学术上大可与阿尔伯图斯·马格努斯、阿奎那、西格·德布拉邦、波纳文图拉及约翰·邓斯·斯科特等量齐观。

经院哲学——作为一种辩论与说明的方法，并企图揭示理性与信仰二者并存的和谐——继续主宰北方各大学。阿奎那于 1323 年受封为圣者，嗣后其多米尼克派同道，尤其以卢万、科隆两地者为甚，皆视维护其教义、以对抗众说为光荣之事。作为忠实反对者的圣方济各派信徒，却喜欢遵循奥古斯丁与约翰·邓斯·斯科特之说。一位不坚定的多米尼克派信徒，圣普山修道院的杜兰德，因皈依斯科特而震惊了原来的教团。他 38 岁时（约 1308 年）即开始浩繁的阐释工作，而于老年完成。随着他思想的进展，他抛弃了亚里士多德与阿奎那，并主张将理性放在权威之上。他在神学上仍是公开的正统派，却恢复了阿贝拉尔的概念主义，而预为奥卡斯姆不妥协的唯名论铺路。其概念主义为：只有个别的事物存在；一切抽象或普遍的观念，只是心灵上有用的速记概念。威廉的朋友称他为决定论大师，但反对者则呼之为"死硬者"杜兰德。他们希望地狱之火最后能使他软化。

奥卡姆的威廉更坚硬得多，但他并未到死才遭火焚。他整个一生都充满了热辣的争辩，他对信仰的热情只有在偶尔的入狱，与受时代的驱迫，将其热量变成经院派的形式架构时，才冷却下来。他主张哲学里除了经验与理性外，并无权威存在。他热切宣扬着自己的定理，为了辩护自己的观点而使半个欧洲议论纷纭。他的生命、信念与追求，先伏尔泰而存在，而他的影响也许同样伟大。

我们无法确切指出他在何地、何时出生；也许是在 13 世纪末，在萨里郡的奥卡姆。他年幼时即进入圣方济各教团，约 12 岁，即以一定会成为教会荣耀之光的身份被送往牛津。在牛津，也许是在巴黎，他感受到另一明敏的圣方济各派信徒斯科特的影响。他虽然反对斯科特的"实在论"（Realism），但他将前辈理性论者对哲学和神学的批评向前发展，而达到解消宗教独断与科学法则的怀疑主义这条路上。他在牛津执教6年，也可能曾在巴黎任教。显然在1324年前——还是20多岁的年轻人——他写过有关亚里士多德与彼得·隆巴德（Peter Lombard）的评论，及他最富影响的《总体逻辑概要》（*Summa Totius Logicae*）。

初稿似乎是充满逻辑碎片、专门术语及一连串没有生命的定义、区划、次区划、特征、分类和种种矛盾怪异的枯燥沙漠。奥卡姆知悉有关"语意学"的一切；他悲悼哲学名词的不确切性，因而消磨了半生，试图使它们更为精确。他懊悔中古思想建起的抽象的哥特式建筑——一个叠一个，而像是附加的阶梯式座位的拱门。我们未能在他现存的作品里确切地找到传统所称作"奥卡姆剃刀"（Ockham's razor）这一有名的公式：如无必要，勿增实体。但他一再地以其他名词表达这一原理：（存在项、原因或因素的）多数性的设定，不能没有必要性；以假定的数个存在项或原因来完成或解释能以较少的原因解释的事物，是徒然无益的。这一原理并不新颖，阿奎那曾予接受，斯科特则曾予使用。但在奥卡姆手里，这成了一种厉害的武器，它砍除了上百的玄秘幻想和浮华的抽象概念。

奥卡姆将这一原理应用在认识论上，认为作为知识的源泉与材料，我们无须假设超过感觉的任何东西。从这些感觉升起了记忆（感觉的复活）、知觉（透过记忆而解释的感觉）、想象（各种感觉的组合）、预期（记忆的投射）、思想（记忆的比较）与经验（透过思想所解释的记忆）。"不是外感官的对象者"（感觉）"就不能成为内感官的对象"（思想），这是早于洛克（John Locke）300年的洛克经验论。我们看到的一切外在物，是个别的存在项——特定的人物、地点、物品、举动、形状、色彩、口味、气息、压力、温度与声音；我们用以指示上述种种的字眼，是"第一含义的字眼"（words of the first intention）或初含义（primary intent），这些字直指我们解释为外在的实际存在项。我们若注意并抽出所观察到的相似存在项的共同特色，我们便可得到一般或抽象的观念——人、美德、高度、甜，热、音乐及流利；我们用以指示这些抽象概念的字眼，是"第二含义的字眼"（words of the second intention），意指从知觉得来的概念。这些"共相"（universal）不在感觉里，它们是作为普遍化的名词、记号、名字，而普遍化在思想或理性，在科学、哲学与神学里，均极为有用（与有害）；它们并不是存在于心灵之外的物体。"外在于心灵的一切事物，均为单数，在数目上为一。"理性壮观宏伟，但其结论只有在指导经验——指导个别存在项的知觉，或个别行动的进行时，才有意义。人们著书或谈论，错将观念认为实物，抽象概念认为实际之物，这是何其荒谬！抽象的思想只有在特定的陈词，以指特定的事物时，方才克职。

奥卡姆挟着摧毁性的鲁莽，而从这一"唯名论"闯入哲学和神学的每个领域。形而上学与科学，他宣称道，都是过早的普遍化，因为我们的经验只是属于狭窄有限的空间与时间里的个别实体；我们若将从实际存在界中的这一渺小区域里所获得的一般命题与"自然法则"，直称为普遍并永恒真实，这只是我们的高傲而已。我们的知识为我们观测事物的方法与方式所塑造、所限制，这是康德之前的康德。它被锁在我们心灵的监狱里，绝不能伪装成任何事物的客观或终极真理。

至于灵魂，也只是一个抽象概念而已。它绝未出现在我们外在或内在的感觉或知觉里，我们所知觉的一切只是意志，在每一种行为或思想中维护本身的自我。理性本身与知性的一切荣耀，是意志的工具；而知性也只是意志在思想，并凭思想寻求其目的而已。这是叔本华之前的叔本华。

上帝似乎在奥卡姆的这把剃刀之前陨落。奥卡姆（像康德一样）在用以证明神祇的存在的任何争辩中，找不出任何具有结论的力量。他指斥亚里士多德的观念，认为运动或原因之链迫使我们假定有一个原初的推动者（Prime Mover）或第一因（First Cause）存在；运动或原因"无尽的后退"，与亚里士多德神学上所讲的不动的推动者或不受因的因，同样不可想象。因为除了经过直接知觉外，我们无法认识任何事物，因此，我们绝不会清楚地知道上帝的存在。上帝是全能或无限，全知或慈悲或个人，概不能以理性显示，因此更不能用理性来证明，有三个人在一个上帝身上（三位一体），或上帝化身为人，以救赎亚当与夏娃的反叛，或上帝之子显现在圣体或圣饼之中。一神论并不比多神论合理，我们可能有多于一的世界及更多的神，来统治这些世界。

那么，基督信仰这座宏伟的大厦，到底还留下些什么？是可爱的神话、歌曲与艺术，是上帝赋予的道德，或坚强的希望？奥卡姆在被理性所摧毁的神学废墟之前，退缩不前。为了极力挽救以建于宗教信仰之上的道德典范为基础的社会秩序，他终于主张将理性牺牲在信仰的祭坛之上。我们虽然无法证明，上帝也许可能存在，并赋予我们每个人不朽的灵魂。像阿威罗伊、斯科特劝告的，我们必须区别神学真理与哲学真理，并在信仰里谦卑地接受傲岸的理性所怀疑的事物。

我们若期待教会将接受这种尊崇"实际理性"的附属物，以补偿奥卡姆的纯粹理性的批判，并不算太过。教皇约翰二十二世勒令对这位年轻修道士"可恶的异端邪说"进行调查，并召他到阿维尼翁的教皇法庭受审。奥卡姆应召前往，在1328年他与两位圣方济各派信徒，一同被关在那里的一座教皇监牢里。后来三人全都逃跑到艾格莫尔特（Aiguesmortes），他们上了一艘小船，结果被一艘大型帆船房获，而被带到身在比萨的巴伐利亚国王路易之前。教皇予以除籍的处分，但他们受到国王的保护。奥卡姆陪同路易到了慕尼黑，在那里与帕多瓦的马西利乌斯会合，同居住在一所反教皇的圣方济各派修道院里。他从那里发行为数众多的书籍、小册子，以攻击教皇的权力、邪异，并专门攻击教皇约翰二十二世。

如同他在形而上学里已胜过斯科特的怀疑论，他又在实践论上把帕多瓦的马西利乌斯的反教权主义，做一个大胆的结论。他将他那把"剃刀"应用在教会加在早期基督教的那些独断与仪式上，并且要求我们回到《新约》较为单纯的教义与崇拜上。在一篇好斗的《神学百论》（*Centiloquium Theologicum*）里，他把教会的一百种独断教条押解到理性的法庭之前，并辩称，其中有许多教条在逻辑上会导致无法忍受的荒谬。若玛利亚为上帝之母，而上帝又是我们全体之父，则玛利亚是她父亲的母亲。奥卡姆还质问罗马教皇的继承及其权威性；相反，他指出他们有许多是异端，有些还是罪犯。他主张温和地处置异端，并建议除了故意的谬说传播外，容有表达一切意见的自由。他认为，基督教所需要的，是从教会回到耶稣身边，从钱财、势力回到淳朴的生活与卑微的教规。教会不该只定义为僧团，而该认定为整个基督徒的共同体。这个包括妇女在内的整个团体，应该推选包括妇女在内的代表，参加全体议会，再由这个议会选举并督导教皇。教会与国家应在同一人的统治之下。

国家本身该受人民意志的左右，因为一切主权均归属人民。他们将立法与行政权托给国王或皇帝，这是基于后两者将为全体的利益而实施法律这一前提之上。如果共同利益要求如此，私人财产可遭废除。如果统治者犯下大罪，或太过疏忽职守，以致威胁到该国之生存时，人民便可公正地予以废除。

我们对奥卡姆的命运不甚了了。慕尼黑的啤酒无法慰藉他，他自比为传福音者约翰，但他并不敢离开皇帝的保护范围。据一位圣方济各派的编年史家之言，这位叛教者晚年公开撤销异端邪说。也许路易与教会的和解，促使了这一行为。而奥卡姆可能已感到，质问一种宗教的独断教条，是无用的。他于1349年或1350年，值盛年之际，死于黑死病。

早在逝世之前，他便被认为是当时最有力量的思想家。那时各大学为他的哲学争辩而摇撼不安。许多神学家接受他的观点，认为基督教的基本教理不能用理性加以证明；哲学真理与宗教真理的区别，在14 世纪就犹如今日科学探寻与宗教仪式之间的沉默休战一样广泛扩散。他们在牛津形成了一派奥卡姆哲学，而自称为"现代之道"（via moderna，犹如阿贝拉尔在 300 年前称呼自己的概念论），并对斯科特、阿奎那的形而上实在论，报以微笑。尊奉"现代之道"者在中欧各大学尤占上风；胡斯在布拉格，路德在欧福大学都学过唯名论，他们背叛正统可能多少受其影响。在巴黎，大学当局禁止（1339—1340年）教授奥卡姆的见解，但像我们现代一样，那些尊奉他为自由思想的掌旗者的许多学生与教授，不止一次地与反对派以舌头、拳头在餐馆或街道上搏斗。托马斯或许基于他对奥卡姆主义的反对，在《效法基督》一书中诋毁哲学。

在持国家主义的国家起而对抗世界主义的教会这一方面，奥卡姆也扮演了一个角色——即使只是一种呼声。他宣传教会守贫，影响了威克利夫；而他攻击教皇职位及经常呼吁从教会返归到《圣经》与早期的基督教，则预为路德铺路，后者奉列他为"最主要且最富天赋的经院派大师"。他的意志说和个人主义，率先表达了文艺复兴的前进精神。他的怀疑主义下传到拉米斯（Petrus Ramus）和蒙田，或许也传到伊拉斯谟；他把知识限制为观念的主观论，预示着贝克利的出现；而他通过"实践理性"挽救信仰，则先康德而存在。他在哲学上虽是一个理想主义者，但他强调感觉，视为是知识的唯一来源，使他在——罗杰·培根、弗朗西斯·培根，中经霍布斯、洛克、休谟、穆勒、斯宾塞，再传到罗素——这派英国的经验哲学的行列中，占有一席之地。他偶尔闯入物理科学——他对惯性定律的概念及他的远处作用说——也激发了从让·比里当到牛顿这群思想家。他作品的普遍影响，就如斯科特的一般，在于削弱经院哲学的基本假设，认为中古基督教的独断信条，可用理性加以证明。经院哲学直到 17 世纪还维持一种苍白的存在，但没有可能从这些打击中复原过来。

宗教改革家

伊本·克哈耳敦（Ibn-Khaldun）在伊斯兰教世界建立社会学之际，杜波依斯、奥雷斯姆、帕多瓦的马西利乌斯及库萨的尼古拉，也在基督教世界，不是很有系统地发展相似的学问。杜波依斯对教皇权位展开学术的挞伐，并对国家歌颂赞美，而为法国国王菲利普四世效劳，犹如奥卡姆与马西利乌斯为巴伐利亚的路易效劳一般。在《法国臣民上教皇博尼费斯书》（*Supplication du Peuple de France au roi Contre le Pape Boniface*，1308 年）与《论圣地的收回》（*De recuperatione terre sanete*，1305 年）中，这位热切的律师建议，教皇应卸除一切世俗的财物与权力，欧洲各君主应该否认自己王国里的教皇权威，法国教会该与罗马分离，而臣属在俗世权威与法律之下。尤有甚者，杜波依斯继续论道，整个欧洲该奉法国国王为帝而团结一致，其首都设在君士坦丁堡，以作为对抗伊斯兰教的堡垒。而且，应该创立一所国际法庭，以判决国与国之间的争端，若有任何基督教国家对另一个国家开战，该予实施经济制裁。妇女也该与男人具有同样的教育机会与政治权利。

当时似乎没人对这些建议给予多大的注意。杜波依斯之后两个世纪，从来没有听说过他的亨利八世采取和他相同的步伐，在宗教上则有威克利夫。19 世纪早期，拿破仑曾一度建立以法国为领导的统一欧洲，同时让教皇沦为俘虏。杜波依斯属于渴望取代教士以治理政府的那一正在崛起的法律行业。结果，他赢了。我们现在便生活在他理想的鼎盛时期。

激动人心的奥雷斯姆，于 1355 年也写下一切经济著作中最为清晰、直截了当的论文之一——《论金钱的起源、性质、法则与变化》（"On the Origin, Nature, Law and Alterations of Money"）。他辩论道，一国的金钱属于全体社群，而不属于国王；金钱供社会使用，而非皇室的犒赏金；统治者或政府可以调节其发行，但不得从制造中取利，且须维持其币值。凡偷减硬币成分的国王，均为小偷。劣币（葛氏定律在两世纪后所论者）将驱逐良币，使之不再流通。人民将私藏或输出良币，而不诚实的政府在税收中，将只收入贬值的钱币。奥雷斯姆的这些想法，并非只是理想而已。身为家庭教师的他，把这些观念教给了约翰二世的儿子。当其弟子成为年轻的国王查理五世时，深受其教导之赐。他在一场严重的币制贬值之后，把受到战争蹂躏的法国的破碎财政，恢复到健全而诚实的基础上。

马西利乌斯和奥雷斯姆相比，性情更为多变：作为一位得意于本身才智与勇气而不妥协的个人主义分子，他使政治哲学成为自己生活中不可少的一部分。他生为帕多瓦一位公证人之子，在大学攻读医药。他那反教士的激进主义，或许受到同一时代的彼特拉克在那里发现并加以谴责的阿威罗伊怀疑主义所造成的气氛的影响。他后来到了巴黎，当了一年的大学校长。1324年，他与江敦的约翰合作，终于写下了中古世纪最著名、最有影响力的政治论文《和平的维护者》（"Defensor pacis"）。这两位作者自知该书必会受到教会的谴责，于是先逃到纽伦堡，并置身在当时正与教皇交战的巴伐利亚路易国王的羽翼下。

他们万万想不到像约翰二十二世这样精力旺盛的一位斗士，对他们富有挑战的和平的辩护，竟会淡然处之。该书辩论说，欧洲的和平，受到国家与教会之间争执的摧毁，又称，只有把教会，随同其一切财产与教职人员，像其他团体与财物一样，划归于同一帝王或皇室权威之下，方能恢复和平，并牢牢加以维系。教会一直获取财产是一个错误，《圣经》中并没有为此辩护之处。

与奥卡姆一样，这两位作者把教会定义为信基督徒的团体。像在《罗马法》中罗马人民为真正的统治者，他们只是把权威委托给顾问、参议院或帝王，因此，基督社群也该将其权力委托，而不是让给代表——教士。这些代表应该对他们所代表的人民负责。依马西利乌斯的见解，认为教皇至上之权得自使徒彼得，是一个历史错误，彼得并不会比其他门徒更有权威。罗马的主教，在他们前3个世纪里，也不比其他几个古代的首都的主教更有权力。主持最初几次全体大会的，并非是教皇，而是帝王或其代表。由基督教世界的人民自由选出的全体议会，应该解释《圣经》、界说天主信仰、选择红衣主教，再由后者选择教皇。在一切世俗的事物上，教士，包括教皇在内，应该受到政府司法和法律的管辖。国家应指派、酬劳教士，确定教堂和僧侣的数目，倘教士不称职，当予革除，同时该控制教会的捐赠和收入，并将穷者从教会过分的岁收中解救过来。

这体现了正在涌现的民族国家的尖锐呼声。得到日渐崛起的中产阶级的支持，将贵族与自治区平服之后，这些国王现已感到强大得足以驳斥教会宣称其威权凌驾在政府之上这一说法。俗世统治者抓住教会在国际与学术上堕落的机会，梦想着主宰包括宗教与教会在内的每一层面的生活。这是将在宗教改革终极对决中的基本争端。国家胜过教会，标明了中古世纪的终止。1535年，处在对抗教会高峰的亨利八世，下令以公费翻译并出版《和平的维护者》一书。

与奥卡姆和路德一样，马西利乌斯提出以人民权力取代教会威权之后，为了社会秩序与安全起见，却不得不改变主张而以国家之权取代人民之权。但他未将国王提升为全能的食人巨妖。他再从国家的胜利展望到人民可能实际行使统治之权这一日子的来临，而这一统治权是法律理论家长久以来一直宣称应归属于人民的。在教会的改革中，他主张民主政治：每一个基督社团应自选代表参加教会会议，每一个教区也该选取本区的教士并予以约束，若情形需要，即予以解职；凡未得教区人民同意，不受除籍处分。马西利乌斯也把相似的原则引用到政府上，只是带着踌躇地修改：

依据真理与亚里士多德的意见，我们宣称，立法者——法律首要及适当有效的推动者——该为人民、全体市民，或较具分量的一部分，凭自己的选择或意志指挥或决定，并在全体市民大会中逐字逐句表达出来。我所说的较具分量的一部分，指应该顾及该法律付诸实施的社群之人数及其品质。市民整体或其较具分量的一部分，直接制定法律，或将这一责任委托一人或少数人；但后者并非，且不能构成严格意义的立法者；他们只是在原初立法者授权的范围内，在某某期间，为某某事情行动而已……我把依照其阶级，而以审议或司法权参与市政者，称为公民。以此义为准，未成年男性、奴隶、外地人与妇女，都有别于公民……只有从整体的审议与意志中方能产生最好的法律……多数者以其敏锐性，当能辨析欲付诸实施的法律的缺失，因在权力与价值上，整体比任何个别的部分都大。

这是当时一项突出的主张（1324 年）。衡量当时的各种情况，他的踌躇是对的。即使马西利乌斯也没主张欧洲的所有成人均有平等的选举权，那时十个人之中几乎才有一人识字，交通也困难，而阶级的区分更牢不可破。的确，他反对政策、立法全由"鼻子数"（贫穷的群众）决定的完全民主政治。他赞成个人依其对社群贡献价值的大小而掌握政治权力——虽然他未说明如何或由谁予以判断。他为专制王朝留下余地，补充说："民选的统治者比世袭的统治者，更大受欢迎。"国王将是公共的一位代表兼仆人，倘其行为严重错误，则群众有权予以废黜。

这些观念可在中古，甚至古代找到根源：罗马的律师与经院派的哲学家，经常赋予人民理论上的主权；教皇制度本身是一个选举的君主政体；教皇自称为"上帝的仆人的仆人"；阿奎那也同意萨里斯伯里的约翰，认为人民有权推翻漫无法纪的国王。但这些观念在基督教世界里，绝少伸张为彰明昭著的代议政府的理论系统。马西利乌斯这个人在 14 世纪同时抱有新教改革与法国大革命的观念。

马西利乌斯也为过于走在时代之前而感到不安。他急遽地与巴伐利亚的路易一同崛起，继则急遽地与他一同跌落。路易与教皇讲和时，他被迫将马西利乌斯视为异端而予遣散。我们无从获悉其结局，但马西利乌斯显然死于 1343 年。

若非正在崛起的律师行业将足以与教会对峙的权力赋予国家，则他一时的成功，将不可能实现。一群律师在封建与自治法的废墟上，在教会宗教法规之旁或其对立位置，树立起国家的"成文法"。这一皇室或俗世法律，一年一年地扩张到人们的一般事务上。蒙彼利埃、奥尔良与巴黎诸地的法律学校，产生了大胆而精明的法律学者，他们不顾教皇的声明，利用《罗马法》为其皇室主人建立了神圣权力与绝对权力的理论。这些观念在法国最为强烈，结果演进为国家即朕与朕为绝对之说。西班牙也流行此说，而为斐迪南、查理五世与菲利普二世的专制统治铺路；即使在国会制的英国，威克利夫也在阐扬神圣国王的无限权力。贵族与平民反对这一理论，福特斯古（John Fortescue）爵士坚称，英国国王未经国会同意，不得颁行法律；英国法官，不得以国王的愿望为前提，均须发誓以本国法律实行判决。但在亨利七世、亨利八世和伊丽莎白的统治下，英国也只有向绝对的统治者屈膝的份儿。在教皇与国王对峙的绝对统治之间，有些理想的人物抱着"自然法"这一观念。那是植根于人类良心、载在《福音书上》、优于任何人为法的一种神圣正义。国家与教会对这一概念只是口头敷衍；无论受到宣扬还是忽视，它总一息尚存。18 世纪，它成为美国《独立宣言》与法国《人权宣言》之父，并势将在推翻曾经统治人类的两个专制体制的革命中，扮演小小的却雄辩滔滔的角色。

库萨的尼古拉先是对抗，继则向教皇的专制体制退让。在其历经波折的生涯中，他向经常怀疑天主教会的德国，显示了有组织的基督教的最好范例。身为哲学家与行政家、神学家与法律家、神秘主义者与科学家，他把正在同其生命一道结束的中古时期那些最优秀的成分，一起融合在一个强而有力的人格之内。他于 1401 年出生在特里尔附近的库埃斯（Cues），后在代芬特尔的兄弟会学校里，获取了知识与信仰的融合。他在海德堡的一年中受到奥卡姆唯名论的影响，在帕多瓦也一时受到阿威罗伊怀疑主义的感动，在科隆则吸收了阿尔伯图斯·马格努斯与阿奎那的正教传统。这一切成分都融合在他身上，使他成为当时最完整的基督徒。

他没有完全摆脱从埃克哈特大师（Meister Eckhart）所感染的神秘气氛的影响。他写了《神的观想》（*De Visione Dei*）这篇神秘主义的古典作品。为了给这些观点做一种哲学上的辩护，他铸造了"饱学的无知"这一名言。他排斥欲凭理性证明神学的经院派的理性主义。他感到人类的一切知识，都是相对而不稳定的，其理潜藏在上帝之中。他指斥星象学，但由于屈服于那一时代的迷谬，他也耽于某些星象的计算，同时认为世界末日将于 1734 年来临。在充满宗教活动的生活中，他也随时更新科学思想。他敦促做更多的试验与更精确的测量；他提议计数各种不同的物体从不同的高度落下的时间；他教导说，地球"不能固定，而像其他星球一样运转"；每一颗星，不论看来多么固定，都在转动；没有一条轨道属于正圆；除了任何点均可视为无穷宇宙的中心这一意义而外，地球并非宇宙的中心。这些观点有时是明智的借来品，而有时则是灿烂的个人的洞见。

1433 年，尼古拉前往巴塞尔，为友人向那里的宗教会议提出拥有科隆大主教辖区权利的要求。结果请求失败，但他利用这机会向那时正与教皇争执的宗教会议，提出在哲学史上略占地位的作品。他称之为《和谐的天主教》（*De Concordantia Catholica*），其一般目的是在宗教会议与教皇之间，找出和谐一致的关联。在与活的有机体的精细类比中，他把罗马教会描绘为一个有机整体，除非体内各部分的和谐合作，否则不能顺利工作。他不像教皇可能得出的结论那样，认为各部分该由首领引导，而另作主张说，只有全体宗教会议，才能代表、表达并团结教会那些相互依赖的成分。他在一段颇具理想的章节里重复了阿奎那与马西利乌斯的见地，而且近乎是抄袭了后来的卢梭（Jean Jacques Rousseau）与杰斐逊（Thomas Jefferson）一般：

　　每一个法律均须仰赖自然律；前者若与之抵触，则不能成为有效的法律……凡人既然天生自由，因此每个政府……只有靠其臣民的协议与同意而获得存在……任何法律的约束力量，均在于这一默契或昭彰的协议与同意。

　　拥有主权的人民，将其权力委托给富有知识或经验的小团体，以制定或管理法律；但这些团体只有通过被统治者的同意，才能取得其正当权力。当基督社群将其权力委托给宗教大会时，是该大会，而不是教皇，代表宗教上的主权。在此，教皇也不能将其立法专制权建立在传说的君士坦丁的赠予上，因为赠予是伪造与神话。教皇有权召集宗教大会，但这一大会倘判决教皇不合，则可名正言顺地予以废黜。这同一原理也适用于俗世的王侯。推选的君主体制，也许是处在目前败坏的情况下可行的最好政府；但俗世的统治者，像教皇一样，该定期召开代表会议，并顺从其判决。

　　尼古拉的晚年称得上高级教士的楷模。他做红衣主教后（1448年），成为罗马旧教的改革者。从尼德兰到德国的一次艰辛旅行中，他召开了省区的宗教会议，重整教士纪律，改革修道院与修女院，攻击教士姘居，并至少一时提高了教士与一般人民的道德水准。"库萨出身的尼古拉，"饱学的特里西米斯修道院院长写道，"像在黑暗、混乱中的光明与和平之天使，降临德国。他恢复了罗马教会的统一，加强了上帝的神威，并播下了一颗新生命的珍贵种子。"

　　除了其他头衔外，尼古拉还是人文主义者。他爱好古典作品，鼓励人们研读，并计划印刷自己从君士坦丁堡带来的希腊原稿，以广为流传。他具有真正学者的宽容之德。在君士坦丁堡落入土耳其那年写成的《和平对话》（*Dialogue on Peace*）一书中，他呼求各种宗教相互了解，认为那些宗教就像一个永恒真理四射的光线一样。在现代思想的黎明中，在崛起的学术自由令人痴醉之际，他写下了这些积极而高尚的话：

　　求知与思维，并以心灵之眼来洞察真理，总是一乐。人年纪越大，这一追求所呈送给他之乐越大……犹如爱为心的生命，寻求知识、真理的努力，也为心灵的生命。在时间、日常劳动、人生诸般烦恼与矛盾之中，我们该举眼无畏地仰望清澈的苍穹，永远寻觅，欲更牢牢抓住……一切善、美的根源，我们本身心智的能力，历经世纪的人类的学术果实，及环绕我们周遭的自然的奇妙作品；且让我们经常记住，真正的伟大只在谦卑之中，而知识、智慧的有益，也只在我们的生命受它们支配、指导之时。

若有更多的尼古拉，说不定就不会有路德的出现了。

第十三章 | 海洋的征服
（1492—1517）

哥伦布

这一时代有人胆敢冒着大西洋的诸般险恶，以期发现印度或"契丹"（Cathay，中世纪欧洲国家对中国的称谓），这毋宁是"彰明昭著的天命"。两千多年来，一直传说在海的那一边有座神秘的亚特兰蒂斯岛（Atlantis）；后来神话又在大西洋外安置了一道泉流，泉流之水可使人永葆青春。十字军的失败迫使欧洲人发现美洲。土耳其人主宰东地中海，君士坦丁堡的奥斯曼人，及波斯与土耳其斯坦的反基督王朝关闭或阻挠陆上的通路，使东西贸易昂贵而危险。意大利甚至法国，可以不计关卡税与战争等障碍，而依附残余的贸易，但葡萄牙与西班牙过于偏西而无利可图。它们的问题在于寻觅另一条路线。葡萄牙发现一条沿着非洲海岸的路线；西班牙除了尝试一条西向的通路外，别无他途。

知识的发展早已建立地球为一球体之说。然而科学本身的错误，低估了大西洋的宽度，同时将亚洲描绘为横在另一端的大陆，静待征服与榨取，从而鼓励了人们大胆尝试。斯堪的纳维亚的水手，已在980年和1000年抵达拉布拉多，并已带回广漠大陆的消息。1477年，倘若我们相信哥伦布的记载的话，他曾造访过冰岛，并可能听到埃里克松（Leif Ericsson）航行到芬兰（Vinland）的传说。现在，这一伟大的探险，可说万事齐备，只欠金钱了（勇气已经足够了）。

哥伦布自己在第三度出航横渡大西洋之前所写的遗嘱里，曾提到热那亚为其出生地。在他现存的文章中，他的确经常以西班牙名克利斯托巴尔·科龙（Cristóbal Colón）自称，绝未提及意大利名克利斯托法罗·哥伦布（Cristoforo Colombo）。这或许是他以西班牙文书写，住在西班牙，或为西班牙君主航海，而不是因为他出生在西班牙。或许，他的祖先是移民到意大利接受基督教洗礼的西班牙犹太人；哥伦布具有希伯来的血统这一点，几乎可信。哥伦布的父亲是一名织布匠，哥伦布似乎在热那亚和萨沃纳学习了一段时间的父业。他儿子斐迪南所写的传记，则推尊他在帕维亚大学攻读过天文、几何和宇宙志，但该大学并未将他列入记录。他自己声称他在14岁时当了水手。因为在热那亚，每一条路都通向海洋。

1476年，他坐在开往里斯本的一艘船上，结果为海盗所袭，船身沉没。哥伦布提起那件事时说，他靠船的残骸的支持，游了6英里到岸上。几个月之后（他说），他再以船长或水手的身份，起航到英国，再到冰岛，然后到里斯本。他在那里结婚，并以制地图和航海图为业而定居下来。他岳父是曾为航海家亨利王子效劳的水手，哥伦布无疑从他那里听到几内亚海岸的一些传奇故事。1482年，他或许担任官职并加入从该海岸航行到埃尔米纳（Elmina）的葡萄牙舰队。他很有兴趣地读着教皇庇护二世所写的《运输史》（*Historia Rerum Gestarum*），并加上许多注解，该书指示非洲是可以环航的。

但他的研究越发使他向往西边。他知道公元1世纪的斯特拉博曾述及环球航行的尝试。他也熟悉塞涅卡的数行文字："一个时代将在以后的年头来临，那时，海洋将松解各事各物的纽带，一片巨幅的陆地将出现，而先知提斐斯也会揭露新的世界，杜勒也不再是地球的尽头。"他也读过盛赞中国富庶，并把日本摆在亚洲大陆以东1500英里的《马可·波罗游记》。他在读过的皮埃尔达利《世界的形象》一书中，作了上千的注解。他接受当时流行的观点，认为地球的圆周为1.8万—2万英里；这再掺和马可·波罗误置日本，使他认为距离最近的亚洲岛屿，将在里斯本以西约5000英里处。他曾听过佛罗伦萨一位医生托斯卡内利（Paolo Toscanelli）写给葡萄牙王阿方索五世的一封信，信中劝说，只要向西航行5000英里，便可寻出一条通往印度、比环绕非洲更短的航路。哥伦布写信给托斯卡内利，结果得到肯定回答。他的目标已臻成熟，并在脑海里翻滚沸腾。

约1484年，他向葡萄牙王约翰二世建议，装备三艘船，以做横渡大西洋包含回程为期一年的探险。他还建议自己该受命为"海洋总司令"及他所发现的任何土地的终身总督，并该接收葡萄牙得自那些土地的所有税额、所有珍贵金属的1/10（传播基督教这一观念显然次于物质的打算）。国王将这一建议提交给由博学之士组成的委员会。他们排斥这一建议，认为哥伦布将横渡大西洋的距离，仅仅估计为2400英里太短（从加那利群岛到西印度群岛的距离，大致正确）。1485年，两位葡萄牙的航海家也向约翰国王提出了相似的计划，但同意自己资助自己，约翰至少给了他们祝福。他们于是起航（1487年），但航路过于偏北，遭遇到呼呼的西风，结果失望而回。哥伦布再作请求（1488年），国王于是接见他，他刚好及时赶上，目睹狄亚斯成功地环绕非洲后的胜利归来。葡萄牙政府受到从非洲到印度航路诸般远景的吸引，终于放弃横渡大西洋这条航路的打算。哥伦布只好转到热亚与威尼斯，但它们并未给他鼓励，因为它们已拥有东向抵达东方这条路线的既得利益。哥伦布再委托兄弟试探一下英国国王亨利七世，后者邀他参加一项会议。当邀请抵达时，他已委身投效西班牙了。

他这时（1488年）年纪约42岁，长得高而瘦削，长脸，皮肤红润，鹰鼻，蓝眼，雀斑，红发亮亮，已转灰色，不久即将变白。他的儿子与朋友形容他谦逊、严肃、和蔼、谨慎，饮食节制，极度虔诚；其他人则宣称他虚荣，故意炫示并夸大他接受的头衔，在想象与文章中抬高自己的祖先，并贪婪地争取他享有新大陆的一份黄金。但无论如何，他比他所要求的更有价值。他偶尔逸出十诫之外，是在科尔多瓦，他的发妻去世之后，比阿特丽斯·恩里克斯（Beatriz Enríquez）为他生下了一位私生子（1488 年）。哥伦布并未娶她，但他在有生之年和遗嘱中，都好好供养过她。在那轻佻的时代里，大部分显要都拥有私生子，因此似乎没人因这类事件而遭到驱逐。

其时，他也向卡斯蒂尔的伊莎贝拉提出请求（1486 年 5 月 1 日）。女王将请求提交给神圣的塔拉韦拉大主教主持的顾问团体。经过漫长的耽搁之后，他们才报告这个计划不切实际，他们辩道，亚洲比哥伦布假设的更要偏西得多。然而，斐迪南与伊莎贝拉给他年金 1.2 万马拉。1489 年，他们还发给他一封御书，敕令所有西班牙城市供给他食物和住宿。也许他们希望对其计划留有选择余地，唯恐无意中将一块大陆赠给敌对的国王。然而在塔拉韦拉委员会二度考虑、二度排斥该计划后，哥伦布决定将之呈给法国国王查理八世。这时，拉拉比达的修道院院长佩雷斯（Fray Juan Pérez），以安排他再次觐见伊莎贝拉来劝止他投往法王。王后送给他 2 万马拉，以资助他前往军事要塞圣塔菲（Santa Fé）的总部。他到达后，王后十分和善地听取他的请求，但顾问们再度排斥这一构想。他于是再度束装，准备前往法国（1492 年 1 月）。

这时，恰巧有位受洗的犹太人使历史向前迈进。圣丹德尔（Luis de Santander），斐迪南的财政大臣，出面谴责伊莎贝拉缺乏想象与商业头脑，又以使亚洲皈依基督教这一远景来诱惑她，同时建议愿以自己和朋友之力来援助这一探险。其他数位犹太人——阿夫拉瓦内尔、卡夫雷罗（Juan Cabrero）及长者亚伯拉罕——也都支持他的请求。伊莎贝拉终为所动，并答应抵押其珠宝以募集所需的款额。圣丹德尔认为无此必要，他从自己担当司库的同业团体借来 140 万马拉，另从自己口袋中掏出 35 万马拉；哥伦布另筹了约 25 万马拉。[1] 1492 年 4 月 17 日，国王斐迪南签下了必需的文件，同时或后来交给哥伦布一封送给中国可汗的书信。哥伦布希望抵达之地是中国，而不是印度。终其一生，他总以为自己所发现的是印度。8 月 3 日，圣玛利亚号（他的旗舰）、品达号与妮娜号，带着 88 人，备了一年口粮，终于驶离了帕洛斯港（Palos）。

美洲

他们向南航行到了加那利群岛，想在航入西方之前，寻得东风。在该群岛做一漫长的停留之后，他们再沿着北纬 28 度，冒险出航（9 月 6 日）。他们并未南偏得足以完全受到信风的助益。我们现在知道，更向南方的横渡，将缩短抵达美洲的距离与苦难。天气友善，"像是安达鲁西亚的 4 月天，"哥伦布在航海日志上写道，"唯一欠缺的就是听不到夜莺的鸣转。"33 天焦虑地过去了。哥伦布向手下少报了每天的航行里数；但因他高估了船速，结果竟是歪打正着。由于静风持续，他只好改变航道。这时，船员比以前更感失落与沮丧。10 月 9 日，品达号与妮娜号的船长登上了旗舰，请求立刻回航到西班牙。哥伦布答应，除非在 3 天之内看到陆地，否则悉听尊意。10 月 10 日，他自己的船员叛变，他也以同样的保证予以安抚。10 月 11 日，他们从海洋上拖上一根开有花朵的绿树枝。他们对总司令的信任重新恢复。翌晨两点，在近乎满月的夜晚里，妮娜号的守望员罗德里戈·特里西纳（Rodrigo de Triana），终于喊出："土地！土地！"终于抵达陆地了。

黎明时，他们看到沙滩上裸体的土著人，"个个身材壮硕"。三位船长由武装人员护送上岸；他们一齐跪下，亲吻地面，并感谢上

---

[1] 这一切私人捐助，后来均由政府偿还。圣丹德尔以莫须有的指控，于 1491 年 7 月 17 日，被传到宗教裁判所前受审。他终于"悔罪"，但后来显然又再坠回异端或犹太教徒，所以财产全遭没收。然而，斐迪南将该笔财产归还其子。

帝。以基督教之名，哥伦布把这座岛称为圣萨尔瓦多岛——神圣的救主——旋以斐迪南、伊莎贝拉与基督之名，占领该岛。那些野蛮人客气地接待他们未来的奴隶主。这位舰队总司令写道：

> 为了赢取诚善的友谊——因为我懂得用爱比用武力更能将之解放，并使之皈依圣父，我便将红帽子给其中一些人，玻璃念珠给另一些人……并给了他们引以为莫大乐趣的其他许多价值不大的东西。他们一直是我们的忠实朋友，这真是奇迹。后来他们游到我们大船边的小船上，带给我们鹦鹉、棉线……最后，他们善意地跟我们交换他们拥有的一切东西。

使卢梭、夏多布里昂（Chateaubriand）与惠特曼（Walt Whitman）着迷的那群"友善的野蛮人"的称呼，可能便从那时那地开始。但哥伦布在这岛上首先获悉的事情之一是：这些土著常会受到其他土著部落的奴隶袭击，而他们或他们祖先，也曾征服较早在此定居的土著人。登陆后两天，这位总司令在日志上记下了一道不祥的备注："这些人非常不善武事……只要50个人，便可收服他们，并驱迫他们去做随你喜欢的一切事情。"

不幸的是，圣萨尔瓦多不产黄金。10月14日，这一支小舰队再度开航，试图寻找西本哥（Cipango）——日本——与黄金。10月28日，他们在古巴登陆。那里的土著人也非常友善。他们加入来客，试着合唱《万福玛利亚》（Ave Maria）圣歌，还尽力制作十字架的记号。后来哥伦布把黄金出示给他们看，他们似乎指示说，可在内部，即他们所称的古巴纳萨姆（Cubanacam）——中古巴——的某一地点上寻获一些黄金。哥伦布把Cubanacam误解为中国的大可汗（Great Khan）——于是派遣两位西班牙人，带着外交文件，去找寻那难以找寻的君主。他们没有找到可汗，返回后却愉快地诉说到处所受到的礼遇。他们也带回来欧洲人对美洲烟草的首次报道：他们看到男女土著将烟草卷成雪茄形状，插进鼻子。哥伦布失望之余，离开古巴（12月4日），同时以武力挟持了5位年轻土著当通译及另外7名妇女。他们全都死在回航西班牙的途中。

在此期间，哥伦布的年长船长平松（Martín Alonso Pinzón）驾船他逃，以自寻黄金。12月5日，哥伦布抵达海地，停留了4周之久，受到土著人的欢迎款宴。他寻获了一些黄金，觉得自己又稍稍接近了可汗国；但他的旗舰不幸触礁，船身为波浪与岩石击碎，其时正在他准备庆祝一生最快乐的圣诞前夕。所幸妮娜号在附近得以拯救船员，而善良的土著人也驾着独木舟赶在船沉之前，卸下大部分的货物。土著人的酋长以款待、黄金及保证在海地有大量这种致命的金属，来安慰哥伦布。这位舰队总司令感谢上帝赠予黄金，宽恕它带来这回船难，并在日志上写道："斐迪南与伊莎贝拉现在将有足够的基金征服圣地。"他深感于土著人的友善举止，因而留下部分船员定居下来，用以探勘全岛，自己则回到西班牙报告一路的发现。1493年1月6日，平松驾着品达号重入阵营，哥伦布接受了他的道歉，因为哥伦布不愿只开着一船回国。他们一行在1月16日开始回航。

这是漫长而凄惨的航行。整个1月，风怀敌意，2月12日，一场剧烈的暴风雨拍打着不过70英尺长的小船。待船接近亚速尔群岛时，平松再度离弃，满心希望自己是第一个抵达西班牙、告诉大家亚洲已经发现的人物。妮娜号在亚速尔群岛中的圣玛利亚岛外停泊，原是为朝拜岛上的一座圣母庙，结果遭受葡萄牙当局逮捕，下狱4天。获释之后，妮娜号再度起航；但另一场暴风雨又把船吹出了航道，风帆也告撕裂。水手极度沮丧之余，发誓在以后着陆的第一天，只以面包与水果腹，同时遵守十诫。3月3日，他们看到了葡萄牙，哥伦布虽明知自己在冒一场外交纠纷的危险，仍决定在里斯本着陆，而不再尝试以一艘船完成到达帕洛斯所剩余的225英里的航程。约翰二世很友善地对待他；妮娜号也修理完毕。3月15日，该船经过了"无数的艰辛与恐怖"之后，终于回到了睽别193天的帕洛斯港。平松早几天前在西班牙西北部登陆，并送信给斐迪南、伊莎贝拉国王夫妇，但他们拒绝接见平松或其信差。品达号晚妮娜号一天驶进帕罗斯港，平松怀着恐惧、羞辱逃回家里，每天躲在床上，抑郁而死。

苦海

　　哥伦布在巴塞罗那受到国王与女后的欢迎，在宫里住了 6 个月，并接受"洋海舰队总司令"这一头衔——所谓洋海，指亚速尔群岛以西的大西洋。他受命为新大陆总督，或如他自己所称的"亚洲与印度各岛屿、大陆的副国王与总督"。由于传闻约翰二世正装备一支舰队横渡大西洋，斐迪南请求教皇亚历山大六世划定西班牙在"洋海"里的权利。这位西班牙的教皇，在一连的敕书中（1493 年），沿着亚速尔群岛与佛得角群岛以西 270 英里处，划一条南北向的想象线，线以西所有非基督教的土地，统归西班牙，以东则尽属葡萄牙。葡萄牙人拒绝接受这一分界线，一场战争迫在眉睫。这时，双方政府终于以《托德西利亚斯条约》（*Treaty of Tordesillas*，1494 年 6 月 7 日）协定，订约前发现的土地，该以佛得角群岛以西 250 里格的一条经度为界，但嗣后发现的土地，则以 370 里格为度（巴西东方一角落在第二界线以东之处）。教皇的敕书把这些新土地称为"印度群岛"。学者如彼得罗·马蒂尔·丹格拉（Pietro Martire d'Anghiera）也接受哥伦布自认为已经抵达亚洲这一想法。这一错觉持续到麦哲伦（Magellan）环绕地球航行为止。

　　为了获取黄金，斐迪南与伊莎贝拉再供给哥伦布一支由 17 艘船构成的新舰队。船上载有 1200 名水手，将在"印度群岛"成群繁衍的动物，及 5 名听受西班牙人忏悔与改变"印第安人"的牧师。第二次航行于 1493 年 9 月 25 日从塞维尔港出发。39 天后（与首次的 70 天对比），　望者看到了一座岛屿，因时值礼拜天，哥伦布特命名为多米尼加（Dominica）。他们并未在那儿登陆，因为舰队司令想要追寻更大的猎物。他从小安地列斯群岛（the Lesser Antilles）最西方的列岛经过，深为岛屿的数目吸引，于是将之命名为维京群岛（*Once Mil Virgenes*）——"一万一千处女"之意。它们现在仍称为维京群岛。他继续前行，结果发现了波多黎各。在那里短暂浏览之后，再继续赶往 10 个月前在海地留下的西班牙定居地，看看情形如何。结果发现几乎没有一人留下。那群欧洲人浪迹岛屿，抢夺土著人的黄金与妇女。他们每人拥有 5 个女人，从而建立起一座赤道的天堂。他们彼此争吵、谋杀，几乎被愤怒的印第安人杀戮殆尽。

舰队沿着海地海岸向东航行。1494 年 1 月 2 日，这位舰队司令再卸下人员、货物，以重建一个叫作伊莎贝拉的新殖民地。在监造一座市镇与船只的修补之后，他再度航行到古巴探险。由于无法绕着古巴航行，他于是下结论说，那是亚洲大陆，或可能是马来半岛。他想要环绕该地并绕球航行，但船只装备不够。他再朝海地回航（1494 年 10 月 29 日），心中猜想着他的新殖民地情形是否有异，结果震惊地发现，情形与从前竟无两样：西班牙人奸污了土著妇女，偷盗了土著人的仓廪，同时绑架土著人的男孩充当奴隶，结果招致土著人的报复，杀害了许多西班牙人。传教士甚少尝试使印第安人皈依基督教。有一位修道士曾经加入一群不满分子，开船回到西班牙，向国王与王后气馁地报道海地富裕的资源。哥伦布现在也成了一名奴隶贩子。他派出狩猎队逮捕了 1500 名土著人，其中 400 名留给移民，另外 500 名则遣往西班牙。后者之中有 200 名死在航行途中，残存者则在塞维尔出卖。但几年后，由于无法适应较冷的气候或文明的残酷，也都相继死亡。

哥伦布留下命令给弟弟巴托洛梅（Bartolomé），要他将殖民地从伊莎贝拉迁徙到圣多明戈，然后向西班牙回航（1496 年 3 月 10 日），经过了 93 天多灾多难的航行之后，抵达加的斯。他把印第安人与金块呈给国王夫妇；其为数虽然不多，却打消了朝廷对把更多的钱投入大西洋是否明智这一疑虑。这位舰队司令不安于陆地，他血液里含有海水的盐分，他乞求至少再派 8 艘船做另一次尝试。获得国王和王后的同意，于 1498 年 5 月再度出航。

第三度航行先向西南开入第 10 经度线，然后沿此正西前进。7 月 31 日，船员看到了虔诚的司令命名的特里尼达岛（Trinidad）。8 月 31 日，再次看到了南美大陆，这也许比韦斯普奇（Vespucci）早一年或晚一年。他先探勘了巴利亚湾（the Gulf of Paria），然后朝西北航行，于 8 月 31 日抵达圣多明戈。第三回的定居者虽然留存下来，但在 1496 年所留下的 500 名西班牙人，每 4 人中就有一人患梅毒，而移民者中又分成两个互相敌对的阵营。为了平息不满，哥伦布允许每人占有一大块土地，并将住在该地的土著人掳为奴隶。这已成为西班牙移民的惯例。哥伦布历经艰难、失望之苦与关节炎、眼疾之痛，再加上这些问题的压力，身体几乎垮掉。他的心灵时不时蒙上阴影，变得易怒、暴躁、专制、贪婪，而且在惩罚上显得残酷不仁。有许多西班牙人提到过这点，他们也懊恼处于一个意大利人的统治之下。哥伦布认识到，管理殖民地的问题，与他自己的训练和脾气格格不入。1499 年 10 月，他派遣两艘轻快帆船到西班牙，请求斐迪南与伊萨贝拉任命一位皇室长官帮他治理圣多明戈岛屿。

国王和王后信以为真，授命波巴狄拉（Bobadilla）前往，但其权限超过了哥伦布原先的期待，因为国王夫妇授给了他超过哥伦布的全权。波巴狄拉在哥伦布不在时抵达圣多明戈，并听到关于哥伦布与其兄弟巴托洛梅、迭戈对现在所称的伊斯帕尼奥拉（Hispaniola）统治方式的诸多抱怨。待哥伦布回来后，波巴狄拉即将他拘禁入狱，还加上手铐脚镣。这位命官作更进一步的讯问之后，即将哥伦布三兄弟套上锁链，然后押返西班牙（1500 年 10 月 1 日）。哥伦布抵达加的斯后，写了一封可怜的信给朝中的朋友：

> 我建议探险印度诸地，为诸王效劳，现已 17 年。他们初则讨论，让我等了 8 年，终则指斥其事的荒诞不经。无论如何，我

仍坚持不舍……现在，我已在那儿把比在非洲和欧洲更多的土地，及 1700 个以上的岛屿，划归君王统治……在 7 年里，我，凭着神圣的意志，完成了这项征服工作。正当我有资格期待报酬与退休之际，我却身不由己地受到逮捕，并负以重锁押返家国……我所受的指控，出于曾经叛变，意欲占有该地的官职人员的恶意所致……

我祈求君等，以国王和王后所信赖的忠实基督徒的热诚，览读我所有的文件，并考虑远从异地前来为这些王子效劳的我……如何在我的日子即将告终之际，一身的荣誉与财产，毫无理由地遭到剥夺，此事可谓既无正义，又无怜悯。

斐迪南其时正忙着与路易十二瓜分那不勒斯王国。他在 6 周之后方才下令释放哥伦布及其兄弟，并召他们入宫。国王和王后在阿尔罕布拉宫（the Alhambra）接见他们、安慰他们，并恢复他们的财富，但他们从前在新世界的权威已不再。依据他们在 1492 年签订的协约或同意书，国王和王后须让哥伦布全权治理他所发现的土地，只是他们觉得他已不再适合行使这一权力。他们于是任命奥万多（Ovando）为印度群岛的新总督。然而，他们承认这位舰队总司令在圣多明戈所有的财产权，与迄至那时属于他的黄金挖掘和贸易。哥伦布的余生都很富有。

但他并不满足。他不断请求国王和王后再供给他一支舰队。他们虽还搞不清楚"印度群岛的探险事业"能否带来净利，但觉得尚欠他另一尝试。1502 年 5 月 9 日，哥伦布从加的斯出发，开始第四次航行。他率领着 4 条船和 140 位手下，其中包括他的兄弟巴托洛梅与儿子斐尔南多。6 月 15 日，他看到了马提尼克岛（Martinique）。6 月 29 日，感觉出暴风雨即将来临，舰队因而在圣多明戈附近海地海岸的一处庇护点上停泊。在那里，主要的港口内有一支 30 艘船的舰队，准备开往西班牙。哥伦布传话给总督，说暴风雨正在酝酿，劝他将船只多留一会儿。但奥万多无视这些警告，径自下令舰队开拔。结果飓风来临，哥伦布的船只除了些微破损外，通通幸存，而总督的舰队除一艘外，余皆遇难。连波巴狄拉的人员在内，一共丧失了500条性命，而满船的黄金，也沉没入海。

毫无疑问，哥伦布现在要在多扰的生涯中开始忍受最艰难悲惨的日子。他向西航行，抵达洪都拉斯（Honduras），继而探勘尼加拉瓜（Nicaragua）与哥斯大黎加（Costa Rica）两地的海岸，希望寻出能领他环球航行的一条海峡。1502年12月5日，起了一场暴风雨，其疯狂的威力在哥伦布的航海日志里有段生动的描写：

> 一共9天之久，我像一个失落者，全无任何生机。肉眼从未看见波涛如此汹涌、愤怒与满布泡沫。飓风不但阻止我们前进，并且不容我们躲往任何岬角之后以求庇护的机会。我们因而被迫流落在这个血腥的海洋上，犹如热火上的锅子在唑唑作响。天空从未显得如此恐怖，它整整一天一夜炽烈得如同一座火炉，闪电凶猛发作，使我每每怀疑，它是否袭走了我的樯桅与风帆；狂暴、恐怖的闪光使我们全都感到，这些船像要被炸毁似的。不停下雨；我并非说天下雨，因为那就像一场大洪水。我的手下疲惫得希求一死，以终止恐怖的受苦。

除了风、水、闪电与附近的岩礁造成的恐怖之外，还出现水柱——龙卷风掠过海洋所掀起的浪花，危险地袭近船只，把水"射上云霄"。哥伦布捧出了《圣经》，览读耶稣基督在卡柏诺（Capernaum）如何平息一场暴风雨，继则抽剑在空中画了一道十字，以驱除水柱。据说那如塔般的水柱随即退却。经过12个恐怖的日子后，这场咆哮终于过去，舰队停泊在现在巴拿马运河（Panama Canal）东端的一个港内。哥伦布及其手下在那里感伤地庆祝1502年的圣诞节与1503年的新年，而不知道太平洋就在40英里外。

更多的不幸相继而来。13 位水手划着旗舰的小船，上溯一条河流以找寻清水时，受到印第安人的攻击，除了一名西班牙人外，余均被杀，船也被夺。有两艘船被虫蚁腐蚀得不能下海而须抛弃。另外两艘漏得厉害，须用马达日夜抽水。最后，虫蚁战胜人力，这些幸存的船只，不得不搁浅在牙买加的海滩上（1503 年 6 月 25 日）。那些落魄的船员在那里停留了一年零五天，食物只能依靠当地土著人不稳固的友谊，而那些土著人也只能匀出些微的食物。在这一切困境中表现了沉着的勇气的门德斯（Diego Mendez），自愿率领 6 位基督徒与 10 位印第安人，坐在挖凿的独木舟里，航行 455 英里——其中 80 英里不见陆地——到圣多明戈求助。在这次试探中，他们的饮用水告罄，有数名印第安人死亡。门德斯终于抵达了目的地，但直到 1504 年 5 月，奥万多不愿或不能空出一条船，前往营救这位舰队总司令。到 2 月时，牙买加的印第安人把赠予搁浅的船员之食物，减到让西班牙人开始挨饿的地步。哥伦布身边带有雷乔蒙塔努斯的《历书》（*Ephemerides*），该历书算到 2 月 29 日有月食。他召见土著的酋长，警告他们说，上帝因为他们故意让他的手下挨饿，赫然发怒，将把月亮遮晦。他们全都嘲笑起来，但当月食来临时，他们慌忙将食物带到船上。哥伦布重新向他们保证，说他已向上帝祷告，恢复月亮，且向上帝许诺，印第安人嗣后将适当地供养那些基督徒。不久，月亮果真再现。

待救援抵达，时间已过去了 4 个多月。即使如此，奥万多派来的那条船，也漏得几乎无法回到圣多明戈。哥伦布与其兄弟、儿子，坐上一条较为坚固的船只，经过了一段漫长而多暴风雨的航程，于 11 月 7 日回到西班牙。国王和王后因为他没有寻获更多的黄金和一条通往印度洋的海峡而倍感失望。斐迪南与垂死的伊莎贝拉都没有时间接见这位满头白发的水手。他从海地所取得的"什一税"，仍然照付给他。他备受关节炎之苦而不是贫穷之苦。待斐迪南终于同意接见他时，这位看起来远超 58 岁的哥伦布，已经几乎无法承受赶赴设在塞哥维亚的宫廷这一漫长的旅程。他要求国王兑现于 1492 年答应他的所有头衔、权利与岁收。国王踌躇未决，而只给他坐落在卡斯蒂尔的一笔丰饶的财产。哥伦布拒绝接受，他追随朝廷到萨拉曼卡与巴利亚多利德。在那里，他身心交瘁死于 1506 年 5 月 20 日。没有一个人曾经如此重塑了世界地图。

新远景

　　既然他已指明航向，其他成百的水手也都纷纷赶向"新世界"。这个词显然是由一位佛罗伦萨的商人首先加以使用。这位人物本身的名字现已用来描写美洲。韦斯普奇由美第奇家族派往西班牙，以清理一位佛罗伦萨银行家的事务。1495 年，他为斐迪南赢得一纸应允装备 12 艘船只的契约。他染上了探险热，在 1503 年至 1504 年写给佛罗伦萨的朋友的信函里，他宣称四度航行到他所称呼的新世界（*novo mondo*），其中 1497 年 6 月 16 日的航行，曾接触到南美大陆。像约翰·卡伯特于 1497 年 6 月 24 日抵达圣劳伦斯湾（the Gulf of St.Lawrence）里的布里顿角岛（Cape Breton Island），及哥伦布于 1498 年看见委内瑞拉一样，韦斯普奇的记载也使他荣膺为自埃里克松起（约 1000 年）抵达西半球大陆的第一位欧洲人。韦斯普奇记载的混乱与失实，使人怀疑他的声明。但值得注意的是，1505 年，哥伦布应能判断韦斯普奇的可靠与否，但也托他带封信给迭戈。1508 年，韦斯普奇受命为西班牙所有领航者的首领，一直到去世。

　　他的一封拉丁译文的信函，于 1507 年 4 月在圣狄城（洛林）付印。圣狄城大学的宇宙志教授瓦尔德泽米勒（Martin Waldseemüller）在同年同地出版的《宇宙志引论》（*Cosmographiae Introductio*）一书中引述了这一封信。他接受韦斯普奇的记载，认为值得信赖，并提议应用亚美利奇（Amerige）或亚美利加（America）为名来称呼我们今日所指的南美洲。1538 年，墨卡托（Gerhardus Mercator）在他一幅有名的地图里，将所有的西半球通称为亚美利加。大家都同意，韦斯普奇于1499 年——若非 1497 年的话——与奥赫达（Alonso de Ojeda）一同探勘过委内瑞拉的海岸。1500 年，在喀夫拉尔（Cabral）无意间发现了巴西之后，曾在哥伦布首度航行时指挥妮娜号的平松，探察巴西海岸，发现了亚马逊河。1513 年，巴尔博亚（Balboa）发现了太平洋，而里奥于梦想着青春之泉时，发现了佛罗里达。

在飞机问世之前，始自航海家亨利，继之以达·伽马，至哥伦布而达高潮，再经麦哲伦环球完成的许多发现，影响到历史上最大一次的商业革命。西面和南面海洋开放航行与贸易，终止了文明史上的地中海世纪，同时开启了大西洋世纪。随着美洲的黄金越来越多地运入西班牙和地中海各国，甚至那些南德各城市，像过去在商业上系属于意大利的奥古斯堡与纽伦堡的经济，也再三衰竭。大西洋沿岸各国在新世纪找到了一个良好的出口，以输出过剩的人口、积存的能源与罪犯，同时还为欧洲货品发展热望的市场。工业在西欧受到刺激，它需要造成工业革命的机械发明和配备较好的动力。新作物从美洲传来以充实欧洲的农业——马铃薯、番茄、南瓜与玉米。金银的流入提高了物价，鼓励了制造业者，困扰了工人、债主及封建领主，引起并摧毁了西班牙统治世界的梦想。

海上探险所产生的道德和精神影响，也足与经济、政治的结果对峙。基督教传播到一个广大的半球，罗马天主教在新世界收到的信徒，比宗教改革从她在旧世界夺去的还多。西班牙语与葡萄牙语传播到拉丁美洲，并在那里产生了充满活力的独立文学。欧洲的道德并未因这些发现而有所改善，殖民者漫无法纪的残酷，随着返归的水手和居民，流回欧洲，更诱发了暴力与性放纵的行为。欧洲的知识界受到如此多的民族、习俗、教派强有力的推动；各种伟大宗教的独断信条，也受到彼此摩擦之苦；即使新教与天主教将敌对提升到摧毁性的战争之际，那些坚定信条也慢慢融化为启蒙时代怀疑与因怀疑而生的宽容。

尤其重要的是，正当哥白尼将要减低地球及其居民在宇宙间的重要地位时，一种成就所带来的自豪，在激发着人类的心灵。人们感到，物质的世界已为人类心灵的勇气所征服。中古世纪人们对于直布罗陀的一句箴言——勿逾越——已被简写为逾越两字。一切限制解除，整个世界开放，凡事都有可能。现在，随着无畏、乐观的涌现，现代历史于此开始。

第十四章 | 先驱伊拉斯谟
（1469—1517）

人文主义者的教育

最伟大的人文主义者伊拉斯谟于 1466 年（一说 1469 年）出生于鹿特丹或其附近，是格拉德（Gerard）的次子及私生子。格拉德是小教团的一名教士，与一名医生的寡居女儿玛格丽特生下他。很显然，其父经过这次不荣誉的事情后不久即做了传教士。我们不知这孩子可爱的名字德西德里厄斯·伊拉斯谟（Desiderius Erasmus）——意即"所盼望的深爱者"——是如何而来的。他的第一批教师们教他读写荷兰文，他到共同生活兄弟会（the Brethren of the Common Life）念书时，因讲本国语而被处罚金；在该会，拉丁语是遭敌视的，而虔诚如同纪律般被严格要求。尽管该会鼓励精选的异教古典课程的研究，伊拉斯谟在代芬特尔却开始取得在拉丁语言和文学上的惊人造诣。

约 1484 年，其双亲去世。父亲留给两个儿子的财产并不多，监护人又私吞了其中大部分，并诱使这两个孩子入修道院，这样就不需要继承财产了。他们抗议要念大学；终于他们被说服了——伊拉斯谟，因为被允诺接触很多书本而被说服；大儿子接受了他的命运，开始成为（伊拉斯谟所驳）"大酒徒而非低贱的通奸者"。伊拉斯谟誓愿在斯坦因的埃莫斯（Emmaus）小修道院中做一个奥古斯丁教派的教士。他尽力尝试着去喜爱修道院的生活，甚至写了一篇论文《轻视世俗》（*De Contemptu Mundi*），使自己深信修道院正是让有热切心灵和胃部易呕的青年居住的地方。但是他的胃不适合斋戒和鱼腥味，宣誓服从比誓守贞洁更令他厌烦，更何况修道院图书馆缺乏古典书籍。仁慈的院长同情他，让他去做坎特伯雷主教——卑尔根的亨利——的秘书。伊拉斯谟于1492年接受传教士的圣职。

　　无论他身在何处，总是另有他顾。他羡慕那些在本地受过教育后去念大学的青年。巴黎流露出的学术与色欲的芳香足以构成诱惑。经过几年努力表现后，他说服了这位主教送他去巴黎大学，但仅带了生活费。他讨厌听讲，但遍阅图书馆里的藏书。他看戏并参加派对，偶尔追求异性；他在他的《对话集》（*Colloquies*）中说，学习法语最愉快的方法就是和娼妓调情。虽然如此，他强烈的热情却贯注于文学，文字音乐般的魔力导向了想象和喜乐的世界。他自修希腊语，这时柏拉图、欧里庇得斯、芝诺、伊壁鸠鲁等雅典人对他来说，就像西塞罗、贺拉斯、塞涅卡等罗马人一样熟悉；而这两个城市对于他就如同塞纳河的左岸同样真实。他觉得塞涅卡是一位和圣保罗一样好的基督徒，而且是一位更好的文体批评家。他遍览数世纪的书籍，发现了洛伦佐·瓦拉这位那不勒斯的伏尔泰；他喜好瓦拉优雅的拉丁文及其大无畏的精神，因瓦拉曾不顾一切地揭露"君士坦丁献土"为伪造的文件，还指出拉丁语《圣经》中的严重错误，甚至讨论了伊壁鸠鲁主义也许不是最明智的生活方式的问题。伊拉斯谟本人后来使神学家吃惊，并设法使伊壁鸠鲁与基督和解以安慰某些红衣主教。那时，斯科特斯与奥卡姆依旧风靡巴黎，唯名论极为得势，并且威胁了变体论和三位一体等基本教理。这些胆大妄为的思想损害了这位青年教士的正统信仰，使他只是深深地佩服基督的伦理而已。

　　他沉溺于书本的花费几乎如同嗜好一种恶习一样。为了增加收入，他私下教育青年学生，并与他们其中之一共同生活，然而即使如此，生活依然不够舒适充裕。他不断请求坎特伯雷主教："我的皮肤和钱袋均需充实——前者用肉，后者用硬币充实。按照您日常的仁慈施舍吧！"该主教适当满足他的要求。有一位学生是维尔（Vere）的首长，请他到佛兰德斯图内罕姆（Tournehem）城堡。伊拉斯谟为维尔的安妮夫人（Lady Anne）的慷慨所吸引。她了解他的情况，赠钱给他，但不久就花光了。另一位富有的学生芒乔伊（Mountjoy）带他到英国（1499 年）。住在贵族的乡村大屋里，这位困苦的学者发现这是真正快乐的地方，他过去的修道院生活已转变成战栗的回忆。他向巴黎的一位友人报告他的状况，这些无数而难以模仿的信件，现在成为描述他生活起居的最佳文学作品：

> 我们正在向前迈进。如果你聪明的话，你也要飞过来……但愿你知道英国有多么幸福！……兹举其精彩点之一：这里有富有神采的美貌女郎，非常温柔良善……尤其是，这里有种风俗无论如何赞扬也不为过。无论你去何处，你都会受到拥吻；你离开时，也被吻别；若你回去，你的敬礼也受到还礼……凡举行集会场所，就有很多的敬礼；当你转过身来，也受到敬礼。啊，浮士德！如果你曾一度尝到如此温软的香唇，你会愿做一个旅行者，不像梭伦远游十年，而是终生长在英国。

伊拉斯谟在芒乔伊的家里结识了学者托马斯·莫尔，那时他才22 岁，他的杰出使莫尔把他介绍给后来的亨利八世。在牛津时他为同学和师长们的非正式友谊陶醉，正如同他受到乡间别墅如神的环抱一样。在这里，他懂得去爱约翰·科利特，他虽然是"旧神学的主张者与斗士"，但因实践基督教义，使他同时代的人感到吃惊。伊拉斯谟对英国人文主义的进步印象极深：

> 当我听科利特讲话，我感觉就像听到柏拉图本人（讲话）一

样。在格罗辛谁不惊佩这么完美丰富的学问世界？有谁比科利特的判断更敏感、更深刻、更精微呢？除了托马斯·莫尔的天才外，大自然还造过什么更文雅、更温馨、更幸福的人？

这些人对伊拉斯谟的影响很大。曾耽醉于古典文学及人物的他，由自负而轻浮的青年变为热忱而努力的学者，不仅渴望金钱与名誉，而且切望某种恒久而有益的成就。他于1500年1月离开英国时，已决定研究并编纂希腊原文的《新约》作为基督教的精义，依宗教改革者和人文主义者的判断，真基督教已被数世纪的教条及附加条例蒙蔽、隐匿。

他首度访问英国的愉快回忆因离开前的最后一小时而灰暗。在多佛过海关时，他的英国朋友赠给他的数目约20镑的金币被海关当局充公了，因为英国法律禁止金银出口。还没有成为大律师的莫尔曾经错误地建议他，这项禁止条款仅适用于英国钱币，因此伊拉斯谟把金镑换成法币。伊拉斯谟那结结巴巴的英语及流利的拉丁语均无法有效地改变法律，在登上法国领土时，他实际上身无分文。他说："在我出航前，我就遭遇船难了。"

逍遥学派

伊拉斯谟在巴黎住了数月，出版了他第一本有意义的作品《箴言选集》（*Collectanea Adagiorum*），含有818句箴言或引用文的集合，大部分取自古典文学作品。学术的复兴——古代文学的复兴——摘取某些希腊或拉丁作者的片段来美化个人意见已成为一种风尚，在蒙田的《论文集》和伯顿的《忧伤的分析》（*Anatomy of Melancholy*）中我们发现这种风气已达极点。这风气一直到18世纪，在英国法庭辩论时依然存在。伊拉斯谟为每一句箴言加上短评，通常迎合当代趣味并加些讽刺意味；例如，他观察到，"据《圣经》说，传教士是吞食人们罪恶的，而他们感觉这些罪很难消化，以至于他们必须要喝最好的酒来冲洗这些罪恶"。该书广受好评，销路极佳，约一年伊拉斯谟便能自给而不必求助于人。总主教沃勒姆喜爱该书而不在乎其含有讽刺意味，送给作者一笔钱并把在英国的一个圣俸给了他，然而伊拉斯谟不准备抛弃大陆远赴英国。在之后的 8 年中《箴言选集》曾修订数次出版，他将之扩充到 3260 句。在他一生中再版 60 次。他还将拉丁文原著译成英、法、意、德、荷等文，这些译本在当时都有很好的销路。

即使如此，这项收入仍极微薄，不够生活。伊拉斯谟因经济困难，于 1500 年 12 月 12 日写信给朋友詹姆斯·巴特（James Batt）——巴特此时是维尔的安妮夫人之子的家教——请他：

> 向她说明，以我的学识要比她资助的其他才子所能给予她的荣誉更多。他们只是作普通的宣扬，我写的将永垂不朽。他们以他们愚蠢的废话只能在一两个教堂可听到，我的作品将被世界各国懂拉丁文和希腊文的人阅读。那种不学无术的传教士到处都是，像我这类的人，从很多世纪中也难发现一个。请把我的话向她复述，如果你不太迷信的话，替朋友撒一点小谎也没什么关系。

这个方法失败了，他于 1 月又写信，指示巴特告诉安妮夫人，伊拉斯谟眼睛正在失明，并补充说："请把你自己的金币送我四五块，而这钱你可由安妮夫人处收回。"巴特并未上当，于是伊拉斯谟直接写信给安妮夫人，把她比作历史上最高贵的女英雄及所罗门王最美的妃子，并为她预示，说她将永垂千古。她终于被打动，伊拉斯谟收到不少赠予，并使眼睛得以复明。当时的风气原谅一个作者向赞助人求助，因为出版商尚无能力供养即使拥有广大读者的作者。伊拉斯谟本来能获得圣俸、主教职位，甚至红衣主教的高职，但他为了随时保持自由作家的身份，理智上不受羁绊，因此这些建议他再三拒绝了。他宁愿在自由中行乞，不愿在桎梏中衰亡。

　　1502 年，伊拉斯谟为了逃避瘟疫，迁至卢万。大学校长乌特勒支的阿德里安愿给他一个教授职位，伊拉斯谟拒绝了。他回巴黎定居，靠写作为生——这是近代不顾一切地最早从事这种行业的尝试之一。他翻译了西塞罗的《政府》、欧里庇得斯的《赫卡柏》（Hecuba）及卢奇安《对话录》。毫无疑问，这位怀疑主义者在形成伊拉斯谟的思想和文体上，有不可磨灭之功。1504 年，伊拉斯谟写信给一位朋友：

　　　　天啊！到底卢奇安以什么样的心境、什么样的速度来发动攻击，竟使一切事物都变成嬉笑的对象，任何事物都免不了嘲弄的触击。他最厉害的攻击是指向哲学家……因为他们的超自然假设，并且对准禁欲派，因为他们令人难以容忍的傲慢……他以相当的自由嘲笑神，因此被戴上无神的帽子——是一种来自不虔敬和异端的荣誉特征。

　　1505 年至 1506 年，第二度访英，随同科利特去坎特伯雷朝拜圣托马斯·贝克特的坟。在他的一本《对话录》中用假设的人名叙述他的旅行，他叙述科利特如何因指出美化该教堂的财产也许可用作减轻坎特伯雷贫穷之事而得罪了修道院的向导；该向导告诉他们牛奶是如何来自圣母的乳房，及"令人吃惊的圣骨数量"，这些都必须恭吻；科利特是如何拒绝吻圣托马斯·贝克特穿的圣鞋；向导又把他曾用过的一块擦额及擤鼻的布送给科利特当作一种极大的恩惠和神圣的纪念品，并指示其中一些证据，但科利特扮了下鬼脸并拒绝了。为人道而哀悼的这两位人文学者回到了伦敦。

　　伊拉斯谟的好运来了。亨利七世的医生送其两子到意大利，伊拉斯谟陪伴他们"充任一般导游和监督"。他与这两个孩子在博洛尼亚住了约一年，埋首图书，以致其学识、拉丁语法及机智的声誉与日俱增。到此时他已穿上奥古斯丁教派教士衣服——黑色长袍、斗篷、头帽，一块白头巾通常戴在手臂上。1506年，以一位世俗传教士的衣服有欠出众为由，他抛弃了这些，并宣称他已从教皇尤里乌斯二世处取得了许可，然后到博洛尼亚做一位军事征服者。他于1506年突然回到英国，在剑桥教希腊文。但1508年我们发现他又在意大利——将他的《箴言录》扩充版本交威尼斯马纽夏斯出版社付印。1509年，他经过罗马时，显得生活优裕、风度翩翩，而且具有红衣主们的智慧修养。他很愉快——就像路德在罗马时感到震惊一样——因为异教问题及习俗已侵入这个基督王国首都，而更触怒伊拉斯谟的是尤里乌斯二世的好战政策、热忱及寻欢作乐等，因此他赞成路德。但他也同意红衣主教们，因为他们非常赞成好战的教皇经常不在罗马。他们欢迎伊拉斯谟参加他们的社交集会，如果他愿意定居在罗马，他们将给他一些教会干俸。

正当他学着去爱这永生之城时，芒乔伊通知他亨利七世已死，而人文学者之友已成了亨利八世，如果他愿回英国，则所有的大门和高职已为他打开。与这封信齐到的有亨利八世的亲笔函，其文如下：

当我小时候，我们就已开始认识。由于在你著作中荣幸地提到我，及把你的天才应用到促进基督的真理上，使我那时对你的尊敬与认识更加深刻。到目前你一人所承担的责任，使我能荣幸地分担，并且就我权力所能及来保护你……你的幸福对我们大家都是弥足珍贵的……所以我建议你放弃定居他处的一切想法。到英国来吧！保证你受到热烈的欢迎。让你提出你自己的条件，这些条件定能达到如你心所愿的大度与高尚。我忆起你曾说过，当你厌倦漫游时，你会以敝国作你晚年之家。我以一切的圣善恳求你，实现你的这一承诺。我们不须现在领教你的学识或你的建议。我们认为有你在我们身旁将是我们最大的宝物……你需要有你自己的悠闲；除了使敝国作为你的家外……我们对你一无所求……亲爱的伊拉斯谟，来我处吧！并请赐复。

这么有礼又大方的邀请，怎会被拒绝？纵使罗马选他做红衣主教，伊拉斯谟的舌头会被系住；而在英国被有势力的朋友包围，而且受到有权力的国王保护，他也许更能自由写作，还安全。他半勉强地向罗马的人文学者告别，去伟大的王宫、图书馆曾经爱护过他的红衣主教们那里辞行。他又途经阿尔卑斯山，取道巴黎至英国。

讽刺家

伊拉斯谟在英国住了 5 年，在这段时间里他只是偶尔同国王寒暄而已。是否亨利因内政或外交太忙，伊拉斯谟等得烦躁呢？芒乔伊以赠予的方式救助他；沃勒姆以肯特教区的总收入资助他；而约翰·费希尔、罗切斯特主教和剑桥大学校长聘请他教希腊文，每年薪水 13 镑。伊拉斯谟为了增加收入以维持一个仆人和一匹马的生活，把他出版的作品题献给朋友们，但他们总是反应冷淡。

在这第三度寄居英国的第一年里，他寄居在托马斯·莫尔家。伊拉斯谟在 7 天之内写了他最著名的书《愚人颂》（*The Praise of the Folly*），其拉丁语化的希腊文标题——*Encomium Moriae*——是有关莫尔名字的双关语，但"moros"在希腊文是"蠢汉"的意思，而"moria"是"愚行"的意思。伊拉斯谟继续写稿约两年之久，然后去巴黎付印（1511 年）。他一生中曾发行了 40 个版本，有十余种的翻译作品。拉伯雷沉迷于这些作品，1632 年，弥尔顿在剑桥大学发现已人手一册了。

"Moria"在伊拉斯谟的用法中，不仅指"愚行"、"荒谬"、"无知"、"愚蠢"，而且含有"冲动"、"直觉"、"情绪"、"未受教育的诚朴"之意，以与"智慧"、"理智"、"慎思"、"领悟"对应。他提醒我们，整个人类的存续应归功于"愚行"的存在。例如，男性以多种方式追求异性，他对她肉体狂热的理想化，他为了性交而具有的如骚羊似的好色情欲。究竟为何如此愚蠢呢？何种心智健全的人愿为这种情欲的发泄而付出终生束缚于一夫一妻制的代价？何种心智健全的女人愿为它而付出母性的苦痛与忧患的代价呢？人类竟是这种相互摩擦的偶然的副产品，岂不荒谬？如果男女冷静地去思考，这一切都将化为乌有。

这书说明了"愚行"的需要和智慧的愚蠢。如理智主宰一切，勇气会存在吗？幸福可能有吗？传道书相信"凡增加知识者就增加忧患，而智慧越多，忧伤也越多"是正确的吗？如果人们能知未来，谁会快乐？幸而科学与哲学失败了，被人们忽视了，而且对维持生命必需的无知没有加诸大害。天文家"能精密地告诉你太阳、月亮及星辰的大小，而仅有毫厘之差，正如同他们告诉你大肚酒瓶与小瓦壶的差别那样容易，但大自然会嘲笑他们这种细微的推测"。哲学家们把混乱的弄得更混乱，把不清的弄得更不清；他们对逻辑和形而上的细微事物浪费时间与智力，结果毫无所得，只是绕圈子；我们应当派他们（而非我们的军人）去打土耳其人——敌人会在这种昏乱的冗赘前，惶怖地撤退；医生们不见得比哲学家们好些："他们目前所操的全套技艺是一种蒙骗与诡计的合成物。"至于神学家，他们——

> 将巨细不遗地告诉你们万能者创造宇宙的连续程序；他们将解释来自原祖的原罪的精确状况；他们将使你们满意关于救主如何使圣母受孕，而且将说明在祝圣的饼中，没有本体的属性如何存在……一副躯体如何能同时化身数处，基督在天上的肉体与他在十字架上或在圣礼中的区别。

想一想所提供的这一类无聊的事情，如奇迹以及奇怪事物的显现、能治病的圣堂、撒旦的召唤及诸如此类任何引起不必要恐怖的迷信：

这些荒谬事物是一种好的交易，这类传教士及修道士借这种诡计而获得丰厚的收入和利益……诸如对"赦罪状"及"免罪券"的欺骗行为的赞扬和维护，又叫我如何来说明？他们利用此法来计算每人灵魂在炼狱的时间，按照他们购买这些无价值的"赦罪状"和可出售的"免罪券"多少来决定他们在炼狱中的时间长短？·或者有些人利用魔术符咒的力量或用摸索念珠重复恳求的方式（这种方式是某些宗教骗子发明的，或是为了怕分心或更可能是为了图利），这种人之坏，叫我如何来解说？这样他们就可获得财富、荣誉、快乐、长寿、健壮的老年，不只于此，而且死后他们还能坐在救主的右边吗？

这种讽刺已波及僧侣、修道士、宗教审讯官、红衣主教和教皇。僧侣因行乞使人们烦扰，他们想用催眠的赞美诗的围攻夺取天堂。世俗的传教士渴望金钱，"他们最善于利用诡计获得什一税、奉献、赏钱等"，各阶层和传教士都同意处死巫婆。教皇在"财富、荣誉、辖区、职位、特免、特许、赦罪……礼仪及什一税，逐出教权及停止教权"上，与十二使徒全然不相类似，他们贪求遗产、世俗的外交和流血的战争。如此的教会除了借人类的愚行——易受骗的率真本性——之外，如何能生存？

《愚人颂》激怒了神学家们。马丁·德罗普修斯（Martin Dropsius）写信给伊拉斯谟说："你要知道，你的《愚人颂》激起了一阵很大的骚动，甚至对于那些曾经是你最忠实的仰慕者也是如此。"但这以开玩笑似的破坏讽刺效果与他后来爆发的讽刺相比还算是温和的。他在剑桥教书的第三年即最后一年，同时也是教皇尤里乌斯二世逝世的那年，巴黎出现了一种讽刺的短文或对话名叫《尤里乌斯被斥天国门外》。伊拉斯谟虽然尽力掩饰其作者身份，但原稿已在朋友间流传，而且莫尔不小心把讽刺对话列入伊拉斯谟的作品内。这也许可以代表伊拉斯谟作为讽刺家的一种最极端的范例。已故的好战者教皇发现天国的门被顽固的圣彼得守住，就是不准他进去：

尤里乌斯： 我已受够了，我是利古里亚人（Ligurian）的尤里乌斯 P. M.……

彼得： P. M.？那是什么意思？最讨厌的人？

尤里乌斯： P. M. 是教皇之意，你这浑蛋。

彼得： 纵使你是三倍的教皇……如果你不是最好的人，你也不能进入这里。

尤里乌斯： 你真无礼！你在这些年代里不过是圣人而已——而我是至圣至圣的统治者，本来就是神圣，有"金牛"可以表现。

彼得： 神圣与被称为神圣有无区别？……让我细看一下。哼！充满着罪恶……传教士的披带，底下却是血迹斑斑的盔甲；凶猛的眼、粗野无礼的嘴、无耻的面容、全身有罪恶疤痕、呼吸充满着酒味、被放荡破坏了的健康。唉！你尽管恐吓，我现在告诉你你是什么……你是刚从地狱回来的尤里乌斯皇帝……

尤里乌斯： 不要再讲了，否则我要把你逐出教会……

彼得： 你要把我逐出教会？我想知道你用什么权力？

尤里乌斯： 我有最大的权力。你只是一位传教士，也许还没有到那个程度——你不能祝圣。我命你快开门！

彼得： 你必须先把功绩给我看……

尤里乌斯： "功绩"是何意思？

彼得： 你曾教授过真理吗？

尤里乌斯： 我不必，因我太忙于作战。如果那是很重要的话，我有僧侣负责。

彼得： 你曾否以好榜样为基督救了灵魂？

尤里乌斯： 我已经送了很多灵魂到地狱去了。

彼得： 你曾行过奇迹？

尤里乌斯：呸！"奇迹"已不流行了。

彼得：你曾勤于祈祷？

尤里乌斯：我是不可战胜的尤里乌斯，我没必要对一个卑贱的渔夫回答。然而你应当知道我是谁，是干什么的。第一，我是利古里亚人，而不是和你一样的犹太人。我母是大教皇西克斯图斯四世的姐妹。他使我因教会财产致富。我做了红衣主教。我遭遇了不幸，我患了法国天花。我被放逐，由本国驱逐出境，但我已知我应做教皇……结果实现了，一方面得到法国的协助，一方面我以利息借来金钱，一方面用承诺方式。克罗伊斯（Croesus）王也弄不出这么多的钱。银行家将会告诉你这一点。但是我成功了……而且我为教会和基督做的事比以前任何教皇都要多。

彼得：那么你做了些什么？

尤里乌斯：我提高了税收。我创立了新的教职，并且出售这些教职……我改铸了货币，用这方式赚了一大笔。金钱万能。然后把博洛尼亚并入教皇所有……我叫欧洲所有的王侯都听我的。我撕毁了条约，并且养了大批野战军。我把罗马盖成宫殿，在国库尚有 500 万元。

彼得：你为何夺取博洛尼亚？

尤里乌斯：我需要税收……

彼得：费拉拉如何？

尤里乌斯：这个公爵是一位不知感恩的可怜虫。他控告我买卖圣职罪，又叫我鸡奸者……为了我的一个儿子，我需要费拉拉公爵领地，我子对教会是可信任的，而且他刚用短剑刺死帕维亚的红衣主教。

彼得：你讲什么？难道教皇有妻子儿女？

尤里乌斯：妻子？不，没有妻子，但为何不能有子女？

彼得：他们控告你犯罪，你是否感觉有罪？

尤里乌斯：这事与这无关……

彼得：难道就无法除去一位邪恶的教皇？

尤里乌斯：真可笑！谁能撤去最高权威的职？……一位教皇唯有被大公会纠正，但是不经教皇同意，大公会就不能举行……如此教皇无论犯了什么罪，谁也不能撤他的职。

彼得：如果犯了谋杀案，也不能撤职？

尤里乌斯：不行，即使犯了弑父罪，也不能撤职。

彼得：如犯了通奸罪，也不能撤职吗？

尤里乌斯：就是犯了乱伦罪，也不能撤职。

彼得：如犯了买卖圣职罪，不能撤职吗？

尤里乌斯：即使犯了 600 次买卖圣职罪，也不行。

彼得：如犯了毒杀人罪，也不能撤职？

尤里乌斯：即使犯了渎圣罪，也不行。

彼得：如果上述罪恶集于一身，也不能撤职？

尤里乌斯：如你再给这罪恶加上 600 个，也无权撤教皇之职。

彼得：我的继承人竟有一种新奇的特权——人们中最邪恶者却安全无恙，未受处罚。教会真不幸，竟不能从他肩上抖落此怪物……人民应起来用铺路的石板把这么个坏胚除掉……如果需要代理人的话，只有你最够格。你还有什么标志显示你是一位教徒？

尤里乌斯：扩大基督的教会，难道不属于教徒的事？

彼得：你如何扩大教会？

尤里乌斯：我在罗马建宫殿……大群的仆人、军队、办公室……

彼得：当教会被基督初创时，这一切都没有……

尤里乌斯：你的思想还是那么陈旧，就像你当教皇时同你周围的一小撮可怜而被放逐的主教们饿死时一样。时代已经变了，你看，我们这些堂皇的教堂……似国王的主教们……红衣主教们被人极尽奢华地服侍着，而马和骡身上饰以黄金珠宝，蹄上穿金戴银。尤其，因我是教皇，被抬在军人肩上，坐着金椅，很庄严地向崇拜的群众挥手。你听听隆隆的炮声、号角声和鼓声。你看看军队的武器、群众的欢呼、照亮街坊的火炬，而世上的国王们很少被许可吻我的圣脚……你看到了这一切，告诉我，那岂不荣耀吗？你如果与我比较，你会感觉你曾经是多么可怜的一位主教。

彼得：傲慢的可怜虫！欺诈、高利贷及奸猾等使你做了教皇……我使异教的罗马承认了基督，你又使她变成异教了。圣保罗并未谈及他曾袭取若干城市，他曾屠杀多少军团……他只谈及船难、禁锢、耻辱、鞭打；这些就是他做教徒的胜利，这些就是做一名基督将领的光荣。当他自豪时，是他从撒旦手中拯救了多少的灵魂，而不是成堆的钞票。

尤里乌斯：这一切对于我都是新闻。

彼得：也许是的。你为了订条约、扩充军队及胜利，因此你无暇看福音……你冒充基督徒，你与土耳其人差不多。你的思想像土耳其人，你与土耳其人同样的无法无天。

尤里乌斯：那么你是不开门了？

彼得：宁愿给任何其他的人开门，就是不给你开门……

尤里乌斯：如果你不让步，我就用暴风雨取你的位置。它们现正在你下面从事大破坏，我马上派 6 万个鬼来支援我。

彼得：啊，可怜虫！可怜的教会！……教会有这种执政者，难怪现在入天国之门的人这么少，不过这世界一定是太好了，否则如此沉溺于邪恶之人，竟会只因他具有教皇的名称而受到荣耀。

这当然是荒谬的一面之词。如无这种不可救药的恶棍，正如上述，则意大利就不能逃避敌人的侵袭，则旧的圣彼得教堂不会换新，也就不能发现，不能指导，不能发挥米开朗基罗及拉斐尔等人的才华，就不能在梵蒂冈的广场内呈现出基督教与古典文化的融合，就不能在乌菲兹（Uffizi）美术馆内看到尤里乌斯匹世无双的画像里所呈现的一种深思及用尽苦心的面容中展现的拉斐尔的技术。而可怜的伊拉斯谟，呼吁一切传教士效法宗徒的贫穷，他自己却一再向朋友要钱！一位传教士竟写出如此残酷的教皇控诉状，显示当时人们反叛的心情。1518年——路德二年——彼得·吉利斯由安特卫普写给伊拉斯谟说："《尤里乌斯被斥于天国门外》这本书已在此地各处均有出售。每人都在买，每人都谈及此事。"难怪宗教改革者后来谴责伊拉斯谟，因为他敲响了反叛的警钟，而他自己却逃跑了。

1514年，伊拉斯谟的另一作品惊动了西欧的知识界，他曾撰写了非正式的对话录，自称教授拉丁文体及会话，但附带地讨论令学生感到愉快的多变性话题。他的朋友比亚图斯·雷纳努斯（Beatus Rhenanus），经他的许可，出版了一套这类的专集如《日用会话范例》——"《日用会话范例》为伊拉斯谟所编，此书不但美化学生的言词，而且树立其性格。"而后的版本添加了更多的会话，所以这些书成为伊拉斯谟的最有分量的著作。

这些书是一种新奇的编造——认真地讨论婚姻和道德，劝人虔诚，暴露人类行为和信仰的荒谬及滥用，掺有刺激或淫秽的笑话——一切均用闲聊和俚俗的拉丁文写出，一定比用学术性的正式文体更难。1724年，一位英国译者评论："他以如此宜人且富于教益的方式所编的书，没有一本较适于阅读，因为其内容几乎完全推翻天主教的一切圣意与信念。"这样讲恐怕有些夸大，但伊拉斯谟的确以娱乐方式，使用他的"拉丁文体课本"再度攻击传教士的缺点。他指责贩卖圣徒遗物，滥用逐出教会权，高级教士及低级教士的贪得无厌，假奇迹蒙骗轻信者，为了世俗目的崇拜圣人，过度守斋，及把教会的基督教与基督的基督教做一惊人的对照。他的笔下，妓女赞扬僧侣是她最忠实的主顾。他警告一位希望守贞的少女，她应当逃避"那些强壮而滥酒的僧侣们。……住在修道院里守贞比在修道院外更危险"。他对鼓励守贞表示悲叹，并赞颂已婚的爱高于独身。他哀叹人们那么细心地使好马与好马相配，但在以经济为目的的婚姻中，健康的少女甚至与病弱男士结婚。他建议禁止与患梅毒者或其他严重的残疾者结婚。他在极富幽默的章节中夹杂明智的意见。他劝男孩们要向打喷嚏者致敬，但是他们放屁时，就不要敬礼，他还以奇特的祝福恭喜有孕的妇女："上帝允许你负这个重担……因为容易进，则容易出。"他建议心身的净化，"因为它减低性欲"。在"年轻人与妓女"的冗长对话中，结论含有妇女革新立意。

评论家抱怨说，这些对话是一种非常鲁莽的教授拉丁文体的方式。另有人声称，弗赖堡的所有青年都被这些书腐化了。查理五世下令这些书在学校使用应判死罪。路德同意这位皇帝的看法："即使我临死，我也要禁止我的孩子们阅读伊拉斯谟编的《对话集》。"此书在出版后风靡一时，连销 2.4 万本；直到 1550 年，唯有《圣经》的销量超过它。而伊拉斯谟几乎把《圣经》弄成自己的作品。

学者

伊拉斯谟于 1514 年 7 月离开英国。他接到在斯坦因他已遗忘的小修道院院长的一封信，提出他的请假早已过期，并望他最好归来以痛悔的虔诚度其余年。他被警告，因为按宗教法规，院长可以利用世俗力量把他拖到他的监狱。伊拉斯谟借故推托，而该院长也未坚持此事，但是为了避免这种尴尬之事再度发生，这位流浪的学者要求他有势力的英国朋友向利奥十世要求准予赦免他担任僧侣的义务。

正当谈判进行之际，伊拉斯谟启程上莱茵河到巴塞尔，而愿把他最重要的作品原稿给予福罗本印刷业者——该作品把《新约》的希腊原文做批评的修正，附有新式拉丁文翻译和评注。这对于作者与出版商来说都是一种虔诚、自负及冒险的工作：这项准备已花了数年，印刷与编辑都是费力与花钱的，擅自修改哲罗姆的拉丁文本——很早就被祝圣为"拉丁语《圣经》"——也许会被教会定罪，而且出售所得也许不能抵偿花费。伊拉斯谟把该作品奉献给利奥十世，以减轻危险。1516 年 2 月，福罗本终于印出了《新工具，由伊拉斯谟研究与修正》。而后的版本（1518 年）把"工具"改为"圣经"。在对比栏里，伊拉斯谟印出他修正的希腊原文及其拉丁文翻译。他希腊文的知识尚不够精通，其中的错误他须与排字者共同负责；以学者的身份，这部即将付印的希腊文《新约》第一版要比许多学者于 1514 年为西蒙红衣主教编排并印刷的要差，但后者直到 1522 年才发布。这两件作品显示了人文知识对早期基督教文学的应用及《圣经》评论的开始，该评论于 19 世纪又把《圣经》当作人文著作。

伊拉斯谟的评注以单行本出版。用清晰通俗的拉丁语写出，当时各大专毕业生均能看懂，因而受到普遍的欢迎。虽然是一般的正统，但是它们在而后研究的许多调查结果上领先了一步。在第一版中，他略去了有名的科马·约翰努姆（Comma Johanneum），他肯定了三位一体，但被今日的标准修正译本否定，认为这是 4 世纪加入的。他把女人容许通奸的故事（《约翰福音》7 章 53 节，8 章 11 节）及《马可福音》的最后 12 行诗印出来，但注明大概系伪造。他一再指明原始与现行的基督教义的区别。在《马太福音》23 章 27 节他评注道：

> 如果哲罗姆能看见圣母的奶被展示出售，他会说什么，以对基督圣体同样的尊敬来尊敬圣母的奶；神奇的油；真十字架的部分，如果集中一起，足以满载一大船？这里有圣方济各的头巾，那儿有圣母的小裙，或圣安妮的梳子。并非当作宗教的纯真助手，而是宗教自身的本质——这一切是出于传教士的贪财及僧侣的伪善而利用人们的轻信。

注意到《马太福音》19 章 12 节被宣称劝告修道士保持独身主义，伊拉斯谟评注如下：

在这个阶级里，我们包括了那些被欺诈或恫吓而投入那种独身生活的人们，他们被允许通奸，但不准结婚；若他们公开养妾，仍是基督的传教士，但如娶了妻子，则会被烧死。以我的意见，凡欲其子做独身传教士职务的父母们，与其让他们的儿子违反意志暴露于情欲的诱惑里，还不如在其婴儿时予以阉割来得仁慈。

进而对《提摩太前书》3章2节译注道：

现在的传教士数目众多，其庞大如兽群，内有世俗的和正规的，其中很少是贞洁的，真为害不浅，其大部分沦于情欲和乱伦，而且公开淫佚。如果这些人不能节制，最好准其合法结婚，以免违犯亵渎。

最后，在《马太福音》11章30节的评注里，伊拉斯谟发出了宗教改革的呼声——从教会回到基督：

如果卑下的人们所创立的机构，对加诸基督身上的重担毫无所增的话，那么，诚然，基督的轭将是甘甜的，而其负荷也将是轻微的。他只是命令我们彼此相爱，没有什么比感情上得不到温柔与甜蜜更痛苦的。依照本性的一切事物都易忍受，而且再没有任何事物能比基督的哲学和人类本性协调得更好。其唯一目的在于使堕落的人性复归于天真与诚正。教会增加的很多事物，其中有些可以略去，并非我们对信仰有什么偏见……例如凡是有关……上帝的本性及世上人类阶级的区别……这些哲学理论……有关祭衣的规定和宗教的仪式！……创立好多斋期……有关誓愿……教皇的权威，滥用赦罪和特免等事，我们说什么好呢？……但愿人们能满足于基督根据福音的律法来统治，而且但愿人们不再以人为的法令寻求加强其反启蒙主义的暴政。

　　大概就是这些评注使这书获得成功，这一定使作者和出版商同样感到惊奇。第一版经过3年时间，新修订本在伊拉斯谟去世前曾出版69次。这部作品受到的批评是非常猛烈的，被指出很多错误。埃克博士，英戈尔施塔特（Ingolstadt）的教授，路德的原初反对者，污之为可耻的陈述，认为希腊文的《新约》要比德摩斯梯尼（Demosthenes）的更为低劣。然而利奥十世核准了该作品，教皇阿德里安六世要求伊拉斯谟为《旧约》做一些他为《新约》所做的事情。但特伦特会议（Council of Trent）谴责伊拉斯谟的译文，并宣布哲罗姆的拉丁文《圣经》是《圣经》中唯一可信靠的拉丁语本。伊拉斯谟《新约》的学术地位马上被取代了，但作为思想史上的一个事件，它的影响极大。本国语的翻译受到欢迎与重视，很快就有人追随仿效。他在序言中说了一段热情的话：

　　　　我宁愿使最柔弱的妇女阅读《福音书》和圣保罗的《使徒书信》……我要使这些话译成各种语言，不仅苏格兰人和爱尔兰人，而且突厥人和撒拉森人均能阅读。我渴望种田的人一面耕地一面唱着它，纺织者哼之于穿梭的旋律中，旅行者以此为娱乐以排除其途中的无聊……我们也许会因从事其他的一些研究而后悔，但是当人从事这些的研究时，一旦死亡来临，他就是幸福的。这些神圣的话给予你基督的谈话、治病、死亡及复活的真实印象，使得他如此常在，以致如果他在自己的眼前，你未必会更真实地见到他。

　　伊拉斯谟对福罗本印刷所及其员工的能力感到满意，于1516年11月发行了对圣哲姆的批评版，随后又出版了类似修正的古典与教父的原文，修正了大家所公认的塞涅卡原文中的4000个错误。这些对学术均有实质的贡献。他于1517年在《意译》中重叙了《新约》的故事。这类工作需要他经常住在巴塞尔，但一份新的差事使他定居在布鲁塞尔的皇室宫廷附近。查理此时只是卡斯蒂尔的国王并兼任尼德兰的统治者，尚未任查理五世皇帝。他仅15岁，但他敏锐的心灵已漫游于各种娱乐嗜好，而且他被说动了，如果在他私人的顾问中含有当代杰出作家的话，则其朝廷将可增光。事情就如此决定，1516年，伊拉斯谟由巴塞尔归来时，在适当的薪水下接受了这个荣誉的职位。

有人愿给他在科特赖克的一个牧师职，赋予他主教的职权。他拒绝了。他原先接受了莱比锡和英戈尔施塔特两所大学任教的邀请，而弗朗索瓦一世以一种奉承的姿态想使他脱离查理，来法国宫廷。伊拉斯谟礼貌地婉拒了。

同时，利奥十世已将他所请求的赦罪令寄送伦敦。1517年3月，伊拉斯谟横渡至伦敦并收到教皇的信件，免除他对修道院的义务，并使他因私生子身份而遭受的不公获得补偿。利奥在其正式公函内附有私函如下：

> 亲爱的孩子，祝你健康幸福。你的一生及特性，你那罕有的博学和崇高的勋绩，不仅可由到处为人所颂扬的你研究上的不朽成就，而且也由最有学问的人们一致同意嘉许，最后由两位极为杰出的王公的信，即英国国王和法国天主教国王向我们的推荐而得到证实，使我们有理由予你特殊厚遇。故此准你所求，如果你将来有任圣职的机会或愿偶然为之，我们均将随时给你更多的优待，本人认为你从事神圣的努力，勤勉地为大众利益效劳，是为至当。更应以适当的报酬以鼓励你达到更高的境地。

也许这是对于善行的一种明智的贿赂，也许是一个宽容而具人文主义的宫廷所表现的一种诚实态度。无论如何，伊拉斯谟绝不会忘记教皇的这种礼遇，而且常常感到难以脱离如此容忍他的批判的教会。

哲学家

伊拉斯谟回到布鲁塞尔后，发现自己更加受到皇室宫廷热忱欢迎的诱惑。他非常认真地执行顾问的职务，竟忘记了凡名作家都很少具有政治家的才能。1516 年是他忙碌的一年，他仓促地完成了一篇《一个基督教王子的教育》（"Institutio Principis Christiani"），其中充满着前马基雅维利主义（pre-Machiavellian）的那一套有关一个国王应如何举止的陈腐言词。为献身于查理，他大胆写道："你应感激天佑，你的王国没有受到侵害；如果你能维持和平与安定，将是你智慧的最高显现。"伊拉斯谟的看法如同大多数的哲学家，认为君主政体是最无害的统治方式。他担心人民是"多变且多头的怪物"，因而反对民众讨论法律和政治，并且判定革命的混乱比国王的暴政更坏。但他建议他的基督教王子要注意财富的集中，应向奢侈品征税。寺院应减少，学校应多设。最重要的是，基督教国家之间不应发生战争，甚至对穆斯林也不应有战争。"我们最好以虔诚的生活而非以武力征服穆斯林，如此基督教王国才能依照其创始的方式受到保护。""战争乃战争之源——但礼貌招致还礼，正义招来正义。"

正当查理与弗朗索瓦接近战争边缘时，伊拉斯谟不断地呼吁和平。他称赞法国国王对目前和解的心情，而且询问谁能持有与法国作战的念头，"基督教世界中最纯洁、最兴盛的部分"。他于 1517 年在《和平的控诉》（"Querela Pacis"）一文中，表现他杰出的口才：

> 古代战争的悲剧姑且不提。我要强调的是最近的几年中所发生的这些战争。哪里的陆地或海洋，没有人们从事最残酷的战争？哪里的河川，不染上人类的鲜血……基督徒的鲜血呢？啊！

这真是最大的耻辱！他们在战场上的行为比非基督徒更残酷，比
野兽更野蛮……在君主们的善变下从事的这些战争，受大害的是
平民，而实际上他们与这些冲突毫无关联……主教们，红衣主教
们，教皇们，你们都是基督的代表——你们之中却无一人对发动
基督最憎恶的战争感到羞耻。那么军人的头盔与主教的法冠有何
区别？……主教们，你们保有使徒的地位，怎敢在教授使徒箴言
的同时，教给人们涉及战争的事务？……和平，即使是不公正
的，莫不优于任何最富正义的战争。

王公和将领们也许能获得战争的利益，民众却承受悲剧和耗费。
从事自卫的战争有时也许是必需的，但即使在这种情况下，最好用贿
赂收买敌人而避免从事战争。让国王们将他们的争执提交教皇解决。
这种事如在尤里乌斯二世治下是不能实行的，因他本人即是战士；但
利奥十世，"是一位博学、诚实而热心的教皇"，也许能以正义仲裁，
而且会有效力地主持国际法庭。伊拉斯谟称民族主义为人类的祸源，
并且要求政治家们建立一个世界性的国家。他说："我愿被称为一个
世界公民。"他原谅比代爱法国的事，但是"以我的意见，如把我们
对事物与人们的关系置于视世界为我们所有人类的共同国家的基础上
的话，则更富哲学意义"。伊拉斯谟在宗教改革民族主义上升的时代
里，是最无民族精神的。他写道："最崇高的事是使人类受益。"

我们不必去注意伊拉斯谟有关人性，或战争原因，或城邦行为
的任何现实的概念。他从未面对马基雅维利在那些年一直讨论的问
题——如果一个城邦执行其宣扬给民众的道德，这一城邦是否能存在
下去。伊拉斯谟的任务是改善现有的信仰，而非建立一种积极而一贯
的哲学。他甚至不确定他自己是基督徒。他多次声称接受圣徒的信
条，然而他一定怀疑过地狱的存在，因为他写道："否认上帝存在的
人们，正如那些形容它为无情的人们一样，都并非是不虔诚的。"他
很难相信《旧约》的神圣权威性，因为他曾说如果《旧约》废除会平

息罗伊希林（Reuchlin）激起的狂怒，"他愿意看到整个《旧约》被废除"。他对米诺斯和庞皮利乌斯以法律创之于神为理由，劝服其人民服从不合民意的立法的这种传说表示讥讽，而且大概怀疑摩西类似的政治才能。他对莫尔满意于个人不死的论证表示惊奇。他认为圣餐较诸奇迹更是一种象征。他公然怀疑三位一体、基督的化身及圣母的生育（圣婴）。他对当时基督徒的习俗逐一发难——赦罪、守斋、朝圣、告解、修道院制度、教士守贞、崇拜圣物、祈求圣人及焚烧异教徒等。他对《圣经》中很多章节给予讽喻或合理的解释。他以普罗米修斯的故事来比亚当与夏娃的事，并指称此为最不按照字义的《圣经》解释。他把地狱的苦痛解释为"伴有日常罪恶的心灵上一种永久性的极端痛苦"。他并没将他的怀疑在众人之间传开，因为他并未提供慰藉或劝谕的神话去代替旧有的。他写道："虔诚需要我们有时隐藏真理，我们应当注意不要经常把它显示出来，仿佛我们在何时、何地或对谁表示它是无关紧要似的。……也许我们必须承认柏拉图所说之言——撒谎对人们是有益的。"

伊拉斯谟虽有这种强烈的理性主义倾向，外面上仍然保持正统信仰。他从未对基督、《福音书》及教会用以促进虔诚的象征性仪式失去热情。他《对话录》中的一个人物说："如果任何事物对于那不讨厌《圣经》的基督徒是通用的话，为此理由我要注意我不可以得罪别人。"他梦想以基督的哲学代替神学，而且努力以异教徒思想使之和谐。他把"神圣的启示"这句成语应用于柏拉图、西塞罗和塞涅卡。他不承认这种人不会得救，而且他"很难能够抑制"向圣苏格拉底祈祷。他要求教会将基督教义的重要教条"尽量减少，使他人有自由的意见"。他并未提倡对各种意见的完全容忍（谁能这么做），但他赞成以一种温和的态度对待宗教的异端。他理想的宗教是效法基督，然而我们必须承认他自己实行的较少。

伊拉斯谟其人其事

　　1517 年，他大部分时间住在佛兰德斯——布鲁塞尔、安特卫普和卢万。他同一个仆人独身隐居，但时常接受显贵要人的殷勤款待，他们设法以他为伴从而显示社交上的优越且能高谈雄辩。他嗜好吹毛求疵，生活的磨砺造就了他粗犷的情感。他酒量很大，并以不醉酒自负。那也许是痛风与胆结石的部分原因，但他认为膨胀他的动脉可以减轻他的痛苦。1514 年，他 48 岁（一说 45 岁），他把自己形容为"白头残废者……除了酒之外什么都不能喝，同时必须吃好的食物"。他不同意斋戒，非常不爱吃鱼，也许是他的胆汁使他如此。他睡眠不足，正如多数脑筋忙碌的人一样忘记时间。他以朋友和书本自慰。"当我日常看书的习惯受到限制时，我似乎失去了自己……我找得到图书馆的地方就是我的家。"

　　他以一个教区传教士辛勤所求来的金钱，大部分用来买书。他从芒乔伊和沃勒姆两主教处接受定期的生活津贴，并从勃艮第的大臣让·勒·绍瓦热（Jean le Sauvage）处获得 300 个银币及从王族们那里领到超过当时任何作者所能获得的赠予。他不承认爱好金钱，他寻求金钱是因为自己居无定所，也因为他惧怕一个缺乏安全感的孤寂老年。同时他继续拒绝赚钱的职位，因为这也许会增加其收入，却牺牲了他的自由。

　　他的外表乍一看并不动人，瘦小、苍白、声弱、体羸。他使人印象深刻的是敏捷的手，长而尖的鼻子，闪耀着睿智的蓝灰色的眼睛，以及他充满智慧的言词与话语。同时代最伟大的艺术家们均渴望描绘他的肖像，而且他同意坐着让他们描绘，因他这种肖像是很受他的朋友们欢迎。

　　马赛斯于 1517 年把他绘为一个全神贯注于写作，裹着厚厚的外衣，像是要防御世纪寒冷侵袭的人。这张画送给了莫尔。丢勒于 1520 年用炭笔画了他的像，并于 1526 年为他作了一幅非凡的雕刻画。

这幅画用的是德国笔调，把这位"好好的欧洲人"画成了一种十足的荷兰人相貌。伊拉斯谟说："如果我像那个人的话，我就是一个伟大的骗子。"霍尔拜因尽一切的努力画了许多伊拉斯谟的像。一幅在杜林，另一幅在英国，第三幅在巴塞尔，最好的一幅在卢浮宫——北方最伟大画家的一切杰作均陈列在这个博物院。在这幅画中，这位学者已成为哲学家，安静、沉思，稍带忧郁。他于1517年写道："我们命运所带来的必须忍受，而且我对任何事件均已平心静气"———种他从未真正达到的禁欲的宁静。他谈及一位野心勃勃的青年说："他爱光荣，但是他不懂光荣是如何的重要。"伊拉斯谟和很多高贵的灵魂一样，日夜都劳心以便战胜那梦魇。

他的缺点很明显，他的优点只为他的密友们所知。他能无羞耻地乞讨，他也能施舍，许多后起之秀在他的鼓励下展开了前程。当罗伊希林被普费弗科恩（Pfefferkorn）攻击时，伊拉斯谟写信给他在罗马的红衣主教朋友们，为这位受困的希伯来学者求得保护。他既不懂谦逊也不知感恩，一个受到国王们及教皇们宠爱、巴结的人是很难表现这些的。他急躁而且憎恶批评，有时且以那争论时代的辱骂态度来回答。他参与反犹太主义，即使那是属于文艺复兴的学者。他的兴趣窄狭而激烈：他爱好标榜哲学的文学，及不谈逻辑只谈人生的哲学，但是他几乎忽视科学、风景、音乐和艺术。他讥笑当时睥睨一切的天文学领域，而且星辰们向他发出微笑。在他那众多的通信中，从未谈及欣赏阿尔卑斯山的风景或牛津与剑桥的建筑术，及拉斐尔的绘画或米开朗基罗的雕刻，当他于1509年在罗马时，米开朗基罗正在为尤里乌斯二世工作。他的幽默感通常微妙而洗练，偶尔带有拉伯雷的讽刺味。有一次当他听到某些异教徒被焚时，写信给他的一位朋友说："如果他们在冬天正来临时提高油价，我对他们的同情心就会减少。"他不仅有人类本性的利己心或自私，而且还有点自负或自大，作家或艺术家如没有这点，往往会被忽视。他喜爱谄媚，他告诉一位朋友说："好的裁判说，我比当代任何人都写得好。"

这是实话，虽然只是就拉丁文而言。用法文写很差，他只会说一点儿荷兰语和英语，"对希伯来文只是用舌尖轻尝过一下"。他对希腊文一知半解，但他精通拉丁文，他把拉丁文活用到社会生活的各个方面。他那生动华丽的文体，他那轻描淡写的小说魔力，以及辛辣的讽刺，使得一个世纪重新醉心于古典文学，以致他的大部分缺点均被人原谅。他的书信在文雅有礼方面足与西塞罗的信函相比，但在生动活泼与机智方面则有过之而无不及。尤其是他的拉丁文体是他自己创造的，而非模仿西塞罗式的。他的拉丁文体是活的、有力的、灵活应用的语言，而非1500年之前的回音。他的书信犹似彼特拉克的书信，为学者和王侯所艳羡，其程度仅次于他谈话的受欢迎度。他告诉我们，也许带有一些夸张，他每日收到20封信，却要写40封信。其中数卷在其生前已出版，这些作品均受到其作者的细心编辑，方便后世了解。利奥十世、阿德里安六世、纳瓦尔的玛格丽特皇后、波兰国王西吉斯蒙德一世、亨利八世、莫尔、科利特、威利巴尔德等均为其书信交往者。谦虚的莫尔写道："我无法摆脱虚荣心的渴欲……当我忆起我将因为伊拉斯谟的友谊被推荐到遥远的后世时。"

除非我们认为路德是一位作家，否则无其他同时代的作者能与他的声望相比。一位牛津出版商于1520年报告称，伊拉斯谟的作品占其销售收入的三分之一。他有很多敌人，特别是住在卢万的神学家们，但是在大学里他广有弟子，而且全欧洲的人文学者尊他为模范和领袖。在文学方面，他是文艺复兴及人文主义的综合者——他们对古典文学及文饰的拉丁文体的崇拜，他们的君子协定使其不与教会决裂、不干预民间无法消除的神话，教会应对知识阶级的理智自由睁一眼闭一眼，及允许把教会的恶习及荒谬作一次有秩序的、内部的革新。伊拉斯谟正如一切人文学者，因利奥十世荣升至教皇职感到兴奋，他们的梦想已成事实——一个人文主义者、学者、绅士，文艺复兴与基督教实质的合一，业已登上最伟大的宝座。诚然，教会的一次和平涤净就会来临，教育会普及，人民会遵守可爱的仪式和安慰的信仰，但人心会得自由。

1517 年 9 月 9 日，伊拉斯谟从安特卫普写信给约克的红衣主教托马斯，一行不祥的文字这样说，"在世界的这部分，我怕有一次大的革命就要发生"，不到两个月，这预言应验了。

第十五章 | 路德（改革）前夕的德国
（1453—1517）

富格尔家族时代

在宗教改革之前的最后半个世纪，德国除了骑士外，其他各阶级都兴旺发达。一部分奴隶，少数小地主，及大多数以产品、服务或金钱付租给封建大地主的佃农则抱怨：大地主的强取；每年习惯上需要为大地主服劳役 12 天——在某些情况下为 60 天；大地主收回过去允许他们在其中垂钓、伐木及牧放牛羊的土地；大地主的猎人及猎犬对庄稼的损害；被大地主操纵的地方法院里存有偏见的司法行政；当佃户家长去世影响照料土地时，征该佃户死亡税等。自耕农对为运输农产品而贷的款项必须付以高利贷的事情，以及对那些贷款给显然无法偿还者而迅即撤销其抵押农场之赎回权的精明放款人，均感愤怒。所有农民均怨恨教会对其农产品及孵雏征收的一年一度的什一税。

这些不满点燃了整个 15 世纪断断续续的农民暴动之火。1431 年，沃尔姆斯周围的农民发起了失败的革命。他们选择一只农鞋作为革命标志——实际上是一只用带子由脚踝系到膝的靴子；他们把它插在杆上或把它画在旗上；而"鞋之联盟"（Bundschuh）变成了路德时代农民革命队伍的统称。1476 年，一位叫汉斯·伯姆（Hans Böhm）的牧牛者宣布说，上帝之母启示他，地上的天国已经来临。不应当再有皇帝、教皇、王子或封建地主；四海之内皆兄弟；大家都同样地共享世上的成果；土地、森林、水、牧场均应共有且自由使用。数以千计的农民来听汉斯宣道，有一位传教士加入了他的行列，符兹堡的主教容忍地笑着。汉斯告诉他的同伴把他们所能集中的武器带来参加下次的集会时，主教便派人把他逮捕，主教的士兵对企图拯救他的群众开枪。这次运动失败了。

1491 年，阿尔萨斯的肯普滕修道院院长领地的农民攻击修道院，宣称他们被伪造的文书强迫成农奴。腓特烈大帝三世遂行和解。两年后，斯特拉斯堡主教的家臣宣布成立"鞋之联盟"，他们要求结束封建税和教会什一税、废除一切债务和所有犹太人的死亡税。他们计划占领施勒特斯塔特，他们希望把他们的势力扩充到整个阿尔萨斯。当局获知该计划，逮捕领导人，加以拷问并施以绞刑，这暂时吓阻了余众。1502 年，施派尔主教领地的农民组成了拥有 7000 人的"鞋之联盟"，誓言结束封建制度，"逐出并屠杀所有传教士和僧侣"。一位农民在告解时泄露了这个计划。教会和贵族人士共同阻遏了这个事件，主谋者被拷问并受绞刑。

1512 年，朱斯·弗里茨（Joss Fritz）秘密地在弗赖堡组织了一种类似的运动。上帝、教皇及皇帝均应赦免，但一切的封建所有权和税均应废除。一位被强迫加入这个"联盟"的农民将此事告知听告解的神父。当局逮捕并刑讯了这些领导人。该叛变遂告流产，但弗里茨加入 1525 年的农民叛乱。1517 年，朱斯·弗里茨和卡林西亚带领 9 万名农民从事结束封建制度的活动：约 3 个月之久他们的队伍攻击城堡并屠杀地主。最后，皇帝马克西米里安同情他们的目标，但指责他们的暴行，派军队镇压他们，这事件始告平息。

同时革命正在德国的工商业中进行。大多数工业仍是手工业，但已被那供应原料资本和买卖成品的企业家逐渐垄断。采矿工业正在迅速发展；从开采银、铜及金矿获利甚丰；金块和银块现已成为储财的首选；皇族为了采矿权付款给边塞地区的王侯——尤其是保护路德的萨克森选帝侯——使某些王侯能反抗教皇和皇帝。铸造可信赖的银币，钱币倍增了，通往货币经济的大道已大致完成。银盘已成为中上阶层的一种日常家用器物；某些家庭陈设纯银的桌椅；由银或金制成的圣体匣、圣餐杯、圣物箱甚至雕像充盈于德国的教堂，而袒护宗教改革的王侯允许他们把教会的财富充公。1458 年，埃涅阿斯·西尔维乌斯（庇护二世）看见德国旅馆主人通常用银杯盛酒感到惊奇，并问道："不仅贵族，而且平民的妇女哪个不是金光闪闪？而且我应该提到，马勒的浮雕花纹用的是十足的黄金，而盔甲均是耀眼金光吗？"

金融家现已成为主要的政治势力。德国的犹太放利者已被威尔泽（Welsers）、霍赫斯泰特（Hochstetters）及富格尔等基督教家族公司代替——整个奥格斯堡在 15 世纪末期已成为基督教王国的金融中心。约翰尼斯·富格尔（Johannes Fugger），一名纺织商之子，做了纺织商，1409 年他死时留下 3000 英镑的小财产。其子雅各扩大营业，1469 年死时，财富在奥格斯堡名列第七。雅各布之子——乌尔里希、乔治及雅各二世，用先付订金给德国、奥地利和匈牙利等王侯从而获得矿场、土地或城市税收的方法，把他们的公司提升到至高地位。富格尔从这些投机性的投资获得巨大的利润，1500 年，他们已成为欧洲的首富之家。

雅各布二世是这个家族的第一号才子，富于商业头脑，无情而勤勉。他坚忍刻苦以研究商业的各个方面，及新进的簿记、制造、交易、理财等知识。他主张除了家族商业外，一切均可牺牲，这家族的每一成员附属于家族利益之下。他建立一种原则，只有富格尔家族的人在这个公司里掌权，而且他决不容许他的政治友情影响他的贷款。他与其他公司组成同业联盟以管制各种产品的价格与销售，1498 年，他及其兄弟们与奥格斯堡商人签订合同，以便在威尼斯垄断铜的市场并维持其价格。1488 年，这个家族借给奥地利西吉斯蒙德大公 15 万英镑，以接收施瓦茨银矿为抵押品，直到该贷款偿还为止。1492 年，富格尔家族和克拉科的图尔兹家族互通婚姻，并与之成立一同业联盟以从事匈牙利的银铜矿生产，并尽可能维持产品最高价格。1501 年，富格尔家族经营德国、奥地利、匈牙利、波希米亚及西班牙的广大采矿业。此外，他们进口、制造纺织物；他们做丝、丝绒、毛皮衣、香料、柑橘水果、军火、珠宝等贸易；他们组织快速运输和私有邮政服务。1511 年，即雅各布二世成为这个公司的首脑时，其财产已达 19.6791 万基尔德；1527 年（他死后第二年），其资本被估计已达 202.1202 万基尔德——在 16 年的经营中每年有 50% 的利润。

其中部分的利润来自富格尔家族与皇帝和教皇的关系。乌尔里希·富格尔贷款给腓特烈三世，雅各布二世成为马克西米里安一世和查理五世的主要经纪人，哈布斯堡势力的扩张即得力于富格尔的贷款。虽然雅各布拒绝教会对利息的限制和教会人士对日用品定价的企图，他依然是虔敬的天主教徒，贷款给教士们以支付他们的宣传费，雅各布同乌尔里希还获权管理教皇在德国、斯堪的纳维亚、波希米亚及匈牙利的财务。

雅各布·富格尔晚年时，在德国是最有荣誉的但也是最不受欢迎的公民。有些天主教徒攻击他为高利贷者；有些贵族贿赂他以追求职位或权势；有些商人忌妒其垄断；许多工人攻击他藐视中古世纪的贸易和财务法；大多数新教徒攻击他，因为他设法把德国财富供给教皇，而皇帝与国王、王侯与高级教士均派专使到他那里，正如派专使到一位统治者那里一样；丢勒、布克迈尔及霍尔拜因把他的肖像绘为严肃而单纯的现实主义者；马克西米里安封他为欧洲伯爵的头衔。雅各布想为他的财富赎罪，修建了 106 栋贫民住宅。[1] 他为了自己死后遗骨的安置，在圣安纳教堂里建了一座华丽的小堂。他死后遗下数以百万

---

[1] 这项称为"富格尔家产"（Fuggerei）的慈善设施目前仍然存在。每一户住家每年需付 42 蒲芬尼（pfenning），约合 0.86 美元。

计的基尔德，而无子女——这万物之中最伟大的礼物，上帝没有赐给他。

因为他，我们可以确定在德国资本家时代，随着金钱越来越集中于私人之手，控制金钱的企业家统治了占有土地的封建地主。德国采矿和纺织业已被资本供应者控制——15世纪末，他们步百年前佛兰德斯和意大利创始纺织业的后尘。中世纪在某种程度上曾把私有财产视为一种公众的信托：所有者的权利要受到集团需要的限制，而这个集团的组织是给他机会、便利与保护的。也许在《罗马法》影响之下——该法笼罩了当时德国的法理学——财产所有者开始认为他的所有权是绝对的，他感到他有权利做他自己喜欢的任何事。因此富格尔家族、霍赫施泰特家族及其他"商业巨子"认为，垄断一种产品，而后又抬高其价格，或组成同业联盟以限制产量或管制贸易或操纵投资，以便欺压小股东等事，并没有什么不对。在很多实例中，商人让代理人在城门处采购所有指定的货物，然后他可以在城内以自己的价格予以转售。安布诺斯·霍赫施泰特采购了所有的水银，然后把零售价提高75%。一家德国公司以较高的价格向葡萄牙国王收购了价值60万基尔德的胡椒，其条件为，如有其他由葡国购买胡椒入德国的进口商，该国王要索取更高的价格。部分是由于这类协定和垄断，部分是因致富而增加对货物的需求，部分是由中欧及美洲运来的贵重金属逐渐增多，1480年至1520年，各种产品价格迅速升高，只有20世纪堪与之相比。路德抱怨说："由于暴利和贪财，以前只需100个基尔德即可生活，现在200个基尔德尚不能生活。"这是当时生活的写照。

中世纪政权呈现极度的不平等。新的富格尔家族，造成自罗马帝国时期以来欧洲前所未有的贫富悬殊。奥格斯堡或纽伦堡的某些商业资本家各有500万法郎的财富。很多人以贿赂变成有土地的贵族阶级，炫示其盾形纹章，并以引人注目的奢侈豪华来回报贵族的轻视。乔基姆·霍赫施泰特和弗朗兹·鲍姆格特讷（Franz Baumgartner）在一次筵席上就花去5000英镑，或在一次赌博中就输掉1万英镑。富商家中的豪华设备与艺术装饰激起了贵族、教士及平民们的怨恨。传教士、作家、革新者及立法人士都抨击经济垄断者。泽勒·凯塞伯格（Geiler von Kaiserberg）要求"把他们如狼一样地逐出去，因为他们既不怕上帝，也不怕人，尤其造成饥渴与贫穷"。胡滕（Ulrich von Hutten）区分四种强盗：商人、律师、传教士及骑士，而他认为商人是这四类中最大的匪盗。1512年，科隆的帝国议会召集了所有的市政当局，要"以勤勉与严厉来对抗放高利、垄断及有资本的团体"。其他议会也不断地制定这种法令，但无效果。某些立法委员在大商号里有投资，律师们因入股而心平气和，很多城市因贸易无限制的发展而繁荣起来。

　　斯特拉斯堡、科尔马、麦茨、奥格斯堡、纽伦堡、乌尔姆、维也纳、雷根斯堡、美因茨、施派尔、沃尔姆斯、科隆、特里尔、不来梅、多特蒙德、汉堡、马德堡、卢贝克、布雷斯劳都是工商文学和艺术的中心。这些及其他77个都是"自由城市"——有自己的法律，在省议会和皇家议会派有代表，它们只承认对皇帝的政治服从，而皇帝因欠它们太多财政或军事支援的情以致不能抨击其自由。虽然这些城市都是由企业家控制的公会统治，但几乎每一个都是家长制度的"幸福城邦"，它管理生产和分配、工资和价格及货物品质，目的在于维护弱小防止强敌，并保证大众日用所需。我们应称之为镇而非城市，因为其中没有一个超过5.2万人。虽然如此，这些市镇仍然人口稠密，较歌德以前任何时代更繁荣。一位自负的意大利人，名埃涅阿斯·西尔维乌斯的，于1458年很热忱地描绘这些城市：

　　　　德国从未比今日更富裕、更灿烂……并非夸张，欧洲没有一个国家有比德国更好或更美的城市。这些城市之新犹如昨日所建。欧洲所有的城市，没有任何一个城市比科隆城享受更多的自由……更壮丽堂皇……因为科隆有奇妙的教堂、市政厅、高塔、宫殿、高贵的公民、高尚的河流、肥沃的田地……以财富而言，世界任何城市都比不上奥格斯堡。维也纳的皇宫及教堂，甚至使意大利无比羡慕。

　　奥格斯堡不仅是德国的财政中心，也是与当时兴隆的意大利的商业贸易的主要中转站。在威尼斯的德国货栈主要是奥格斯堡商人建筑、经营的，这座建筑物墙上的壁画由乔尔乔内和提香所画。与意大利关系如此密切，奥格斯堡附和了意大利的文艺复兴；奥格斯堡的商人支持学者和艺术家，其中一些资本家要么是道德方面的楷模，要么是风尚与文化的模范。例如，康拉德·波伊廷格（Konrad Peutinger），1493 年的市长，便是一位外交家、学者、法学家、拉丁语法家、希腊语法家，而且也是古董家、商人。

　　纽伦堡是工艺中心，而非大规模的工业或财政中心。它的街道仍然是中世纪式的曲折形，并为突出的上层楼房或阳台所遮蔽；其红瓦屋顶，高而尖的山形墙，及悬突壁外的窗户，配上乡村的背景与佩格尼茨波涛汹涌的水流，混合如画。此地的居民没有奥格斯堡人那么富裕，但他们愉快、舒适，而且喜好在庆典时尽情享乐，例如一年一度的狂欢节，他们戴假面具、化装和跳舞。在此地，德国的演员和第一流的歌唱家高声而唱。在这里，丢勒将德国绘画和雕刻提升到极盛之点；这里有阿尔卑斯山以北最好的金匠和银匠制造高贵的花瓶、教堂用的圣器及小雕像；这里的金属工人用青铜制造出无数的植物、动物和人形，或用铁铸成精美的栏杆或帘屏；这里的木刻工人太多，我们真不知道他们如何谋生。各城市的教堂变成了艺术仓库和博物馆，因为每一个公会、公司及富有的家庭，为了一位守护神的神龛会委托做一些美化的工作。雷乔蒙塔努斯（Regiomontanus）选择了纽伦堡为他的家，“因为我在此处很容易找到天文使用的一切必需的特别工具；而且对于我来说，那里最容易与各国的学者联系，因为纽伦堡——感谢商人们永无休止的旅行——可以算是欧洲的中心”。商人中最有名的威利巴尔德也是一位热忱的人文主义者、艺术的赞助者和丢勒的知己，这是纽伦堡的特点。伊拉斯谟称威利巴尔德为"德国的最高荣耀"。

达·伽马和哥伦布的航行，土耳其控制爱琴海，及马克西米里安与威尼斯的战争，破坏了德国与意大利之间的贸易。逐渐增多的德国进出口贸易沿着大的河川移向北海、波罗的海和大西洋；财富与权力经奥格斯堡和纽伦堡转移到科隆、汉堡、不来梅，尤其是安特卫普。富格尔家族和威尔泽家族强化了这一趋势，把安特卫普作为他们营业的首要中心。德国贸易的向北转移使其北部与意大利脱离了商业关系，而使它足以保护路德不受皇帝与教皇的侵袭。德国南部也许出于相反的理由，仍信奉天主教。

城邦

昔日统治乡间的有封建领主家臣之称的骑士或低等贵族，正在失去其军事、经济和政治地位。王侯或城市雇用的雇佣兵部队，装备着轻武器和大炮，逐渐铲除无法挥舞刀剑的骑兵。商业财富逐渐抬高物价和费用，渐渐成为一种权力资源，取代了土地。各个城市正在谋求独立自治，而王侯们正在集中权力与法律。骑士们伏袭路过的商人以作报复；商人和市政当局抗议时，骑士却断言他们有权从事私人的战争。科米纳描写这时的德国为多刺的城堡，"强盗贵族"及其武装的侍从随时从其城堡中冲出来拦劫商人、旅客及农民。有些骑士习惯把他们抢劫过的商人的右手砍下。葛茨·伯利辛根（Götz von Berlichingen）在他服役王侯期间曾失去右手，却以铁制的假手代替，率领骑士队伍不仅攻击商人，而且攻击城市——如纽伦堡、达姆施塔特、麦茨及美因茨（1512年）。他的朋友弗兰兹·济金根（Franz von Sickingen）抗议沃尔姆斯城，掠夺其城郊，扣押其议员，刑讯其市长，抵抗皇家部队捕捉他的一切企图，而且唯有在收到为皇帝效劳的每年补助金后，才暂时安静下来。士瓦本的22个城市——主要是奥格斯堡、乌尔姆、弗赖堡及康斯坦茨联合一些高级贵族重组士瓦本联盟——及其他联盟抑制了抢劫的骑士，而且成功地宣布私人战争为非法；但是在路德前夕的德国政治与社会异常紊乱，处于"一种普遍的武力统治时代"。

造成这种混乱的原因，是由于世俗与教会王侯们的贪污，铸造各种性质不同的钱币及关税、乱争财富、夺地盘、曲解《罗马法》，把人民、骑士及皇帝当作牺牲品，而使自己变成绝对的权威。勃兰登堡的霍亨索伦（Hohenzollern），萨克森的韦廷（Wettin），巴拉丁挪的维特尔斯巴赫（Wittelsbacher）等大家族，符登堡的公爵们，还有奥地利的哈布斯堡，均各自为政，其举止似不负责任的君主。如果天主教皇帝的权力大过德国王侯的话，则宗教革命也许会失败或延迟。

此时期皇帝的特性加重了中央政府的弱点。腓特烈三世是一位占星家和炼丹家，他非常爱好格拉斯花园中书斋的宁静，以致他允许石勒苏益格—霍尔斯坦、波希米亚、奥地利及匈牙利脱离帝国。快到53岁时，他使用手腕，使他的儿子马克西米里安与勃艮第勇士查理继承人玛丽订婚。查理于1477年死去时，哈布斯堡家族继承了尼德兰。

马克西米里安一世成为皇帝，但未被加冕，开始统治时一切顺利。整个帝国对他的英俊、善良、谦虚、愉快、宽大和骑士精神，在马上的长枪比武及打猎的英勇与技巧都表示好感。他俨如一位具有高度文艺复兴精神的意大利人登上了德国帝位。甚至马基雅维利也对他印象深刻，称他为"一位明智、谨慎、敬畏上帝的君王，一位公正的统治者，一位大将，不怕危险，吃苦耐劳犹如最坚强的军人，多种君王道德的楷模"。但马克西米里安并不是一位大将，因为他缺乏马基雅维利所要求的一种模范君王的冷嘲热讽的智力。他梦想以夺回之前在意大利的占领地及影响来恢复神圣罗马帝国的辉煌伟大。他再三地侵入这个半岛，但重实利的议会拒绝支援其财政。他想革除坚强的尤里乌斯二世，而使自己成为教皇和皇帝。（如他同时代的法国国王查理八世）他辩解他在领土上的野心，是对土耳其人压倒性的攻击的必要回应。但在体制和财政上，他颇为窘迫，甚至有时穷到极点，以致无经费支付膳食费。他竭力革新帝国的行政，但他搞砸了自己的革新，使一切改革随他而亡。他过于思及哈布斯堡的权力。经过多次失望的战争后，他恢复他父亲的外交婚姻政策。他采纳斐迪南的意见，使其子菲利普与胡安娜结婚。胡安娜的精神有点不正常，但她有西班牙作为嫁妆。1515 年，他让孙女玛丽和孙子斐迪南分别与波希米亚和匈牙利国王拉迪斯拉斯的子女路易及安订婚，路易在木哈赤（Mohacs，1526 年）阵亡，斐迪南成为波希米亚及匈牙利的国王，而哈布斯堡权力已达到其最广的范围。

马克西米里安最悦人的一面是他爱好并鼓励音乐、文学和艺术。他热忱地研究历史、数学和语言，我们确信他会讲德语、拉丁语、意大利语、法语、西班牙语、瓦隆语、佛兰德斯语及英语，而且在某一场战役中他以 7 种不同的语言分别与 7 位外国司令官谈话。由于他的言传身教和努力，日耳曼南北的方言合并成一种共同德语，而成为德国政府、路德的《圣经》及德国文学使用的语言。在战争期间，他想当一个作家，留下了有关纹章学、大炮、建筑术、打猎及他个人事业方面的著作。他计划作广泛的纪念碑搜集——遗物及铭刻文字，但经费又告用罄。他曾向教皇建议他们在 80 年后实施的日历改革。他改革了维也纳大学，建立了法律、数学、诗学及修辞等新的教授职位，而使维也纳一时在欧洲学术界最为活跃。他聘请意大利的人文学者来到维也纳，并且授权给凯尔特（Conradus Celtes）开设诗学和数学院。他偏爱波伊廷格（Peutinger）和威利巴尔德之类的人文学者，并选了深陷困苦之境的罗伊希林为帝国的巴拉丁挪伯爵。他向在他统治时代极享盛名的艺术家们如彼得·维策（Peter Vischer）、维特·斯托斯（Veit Stoss）、布克迈尔、丢勒等颁发委任状。他下令在因斯布鲁克（Innsbruck）建一座装饰华丽的坟墓，以收埋他的遗体。在他死时坟墓尚未完成，但这事给予彼得·维策一个制作狄奥多里克

（Theodoric）和亚瑟雕像的机会。如果马克西米里安真能实现他的各个计划，那么他可以与亚历山大和查理曼媲美了。

在这位皇帝的最后一年，丢勒绘了他的一幅忠实的肖像，面容憔悴，幻想消失，被时光打败了。这位曾经一度欢乐过的人物悲叹说："这世界对于我没有欢乐，唉！可怜的日耳曼土地！"但是他对他的失败言过其实。他遗留下的日耳曼帝国（如仅从经济发展而言）比他所感觉到的要强得多。人口增加了，教育普及了。维也纳已逐渐成为另一个佛罗伦萨。他那继承半个西欧的孙子马上会成为基督王国最有力的统治者。

日耳曼人（1300—1517）

日耳曼人此时在欧洲大概是最健康、最强壮、最有活力、最富裕的。出现在伏尔格姆（Michael Wolgemut）与丢勒，及克拉纳赫（Cranach）与霍尔拜因画中的他们，个个都是结实、粗颈、大头、勇敢的形象，准备吞食世界并享用啤酒。他们粗野而欢乐，以声色调剂其虔诚。他们可能是残暴的，这可由他们对犯人使用的可怕的刑具证明，但他们也可能是仁爱而慷慨的，很少在肉体方面表现他们神学上的残酷。在德国，宗教裁判曾遭受无畏的反抗，却常被压制。他们强健的精神宁愿嗜酒的幽默而非枯燥的机智，融化了他们的逻辑感和美感，而使他们失去了法国人或意大利人心灵上的那种文雅与明敏。他们贫乏的文艺复兴沉没于书籍的崇拜，但具有坚强的耐性、纪律的勤勉、凶猛的勇气。这种思想使他们得以打败罗马，而且已经给予他们产生历史上最伟大学者的希望。

如与其他民族比较，日耳曼人是爱清洁的。洗澡是他们的一种喜好。每一个整洁的家庭，甚至在乡村，都有浴室。犹如古罗马一样，他们有无数的公共浴室，男人可以在此处修面，妇女可以梳理头发。公共浴室提供各种不同形式的按摩，准许饮酒赌博，男女可以在一起洗澡；但法律并不禁止调情。有一位意大利学者于 1417 年访问巴登（Baden）时评道："在世界上没有较沐浴更适于妇女多产的了。"

那个时代的日耳曼人不应被谴责为清教徒。他们的谈话、信函、文学及幽默，依我们的标准看来，有时很粗野，但与他们身心的精力是吻合的。终其一生他们都在大量饮酒，而且在他们的青年时代就放任于性。1501 年，虔诚的路德认为欧福城对他来说"再没有比妓院与啤酒馆更合胃口的了"。德国的统治者——教会的及世俗的统治者，都同意圣奥古斯丁和阿奎那的说法，即若想使妇女不受诱奸或免遭袭击，公娼必须被许可。妓院都有执照并被征税。我们通过阅读可知斯特拉斯堡和美因茨的主教们接受妓院的税收，而符兹堡的主教把市立妓院给予格拉夫·亨内贝格（Graf von Hennenberg）作为产生税收的领地。对受尊重的客人的款待包括将其带到妓院里玩乐。西吉斯蒙德国王于 1414 年在柏恩、1434 年在乌尔姆均享受此殊荣，这使他满意到极点，以致他公开向招待的主人致谢。无执照的妓女也存在。1492 年，纽伦堡市有执照的妓女对于这种不公平的竞争向市长抗议。1508 年，她们获得许可攻击这种无执照的妓女，她们也这样做了。在中世纪末，依照欧洲实际的风化法规，常去玩妓女一事是可原谅的，并不是罪恶。1492 年后梅毒的泛滥，致使嫖妓变成了极危险的事情。

婚姻和别的地方一样是一种财产的结合。爱情被认为是婚姻的正常的结果，而非婚姻合理的原因。订婚被当作婚配的约束。婚礼仪式在各个阶层都是奢侈的事；结婚庆典也许延长一周或两周之久；购买一位丈夫如同供养一位妻子一样花费巨大。男性的权威在理论上是绝对的，但是实际表现要比言语更真实。我们知道丢勒太太过于啰嗦。纽伦堡的妇女们是如此大胆，以致把半裸的皇帝马克西米里安从床上拖起来，匆促地给他围上一件罩衫，并把他带到街上跳了一通宵的舞。依照古代的传说，德国在 14 世纪时，如上等阶级的某些男人离家很久，会把一个铁制的"贞节带"锁在太太的大腿或腰间，并把钥匙带走。在中世纪的威尼斯及 16 世纪的法国仍可发现这种风俗，但在一些案例里，太太或小姐自动地穿上"贞节带"，并把钥匙交给丈夫或情人作为婚姻的忠诚保证。

家庭生活兴旺。据欧福城年鉴估计，每对夫妇生育8—10个子女是很正常的。有15个子女的家庭并不少见。这些数字包括私生子，因为不合法的子女太多，通常在父亲婚后，这些子女即被带进他的家。在15世纪已开始使用姓名，常以祖先的职业或其出生地来命名。家庭与学校教育都很严厉，甚至准皇帝马克西米里安也常挨打。除了父母或老师的处罚外，很少有造成伤害的。约1500年，日耳曼人的住所在欧洲是最舒适的，设有宽敞的楼梯、强固的栏杆、宽大的家具、有垫的座位、雕刻的衣橱、彩色玻璃窗、有罩盖的床、有绣帷的墙壁、铺毯的地面、突出的火炉，堆满着书或花或乐器或银盘的木架。在举行宴会时，厨房里闪耀着各种器皿所发出的光芒。

房子外部大都是木制的，因此常易发生火灾。突出的屋檐和有窗的阳台遮阴了街道。唯有较大的市镇的街道是砖石铺砌的。除了节日的夜晚外，街灯是不亮的。夜晚在户外是不安全的，罪犯之多犹如游荡在街道上的猪牛。那时没有编制的警察，欲吓阻犯罪惟赖严惩。对抢劫犯的处罚是死刑，对小偷是割去其耳。口出恶言者则拔出其舌，未经许可回到纽伦堡的充军者则挖出其眼。凡谋杀亲夫者则被活埋，或用烧红的钳子刑讯，然后予以绞刑。在纽伦堡城堡里展示以前的刑讯机械中有充满尖石的木箱，犯人即被这些尖石压碎；扯人四肢的拷问台；烙人脚掌的火盆；使人不能坐、不能卧、不能睡的尖锐铁架；另有一种专门针对少女的铁刑具，它用铁臂接收犯人后，以一种尖钉拥抱环绕着她，然后放松，让那被刺穿、鲜血淋漓及断残的肢体落到一有转动的刀子及尖棒的坑中，让犯人慢慢地痛苦而死。

政治道德与一般道德同样松懈，贿赂极为普遍，地位越高的人越坏。掺假很普通，尽管在纽伦堡因酒中掺假有两人被活埋，仍然无法遏止（1456年）。商业主义牺牲道德而重视金钱——在任何时代都同样的激烈，以金钱来衡量一切事物，而非道德。然而这些同样忙碌的市民为了慈善事业，都能捐出大量的金钱。路德曾写道："在教皇时代，人们高兴且热忱地用双手赠予。这种救济金、基金及遗赠犹如雪花似的降下。我们的祖先、地主、国王、王侯及其他的人慷慨地、同情地赠予——是的，泛滥地——流向教堂、教区、金库及医院。"很多慈善的遗赠没有给教会团体，却交给市议会，以便分配给贫民，这是世俗化时代的一个象征。

举止比较粗野——在德国与在法国和英国相同——财阀阶级的金钱取代了贵族阶级的血统，从而控制了经济。醉酒是民族性的恶习，路德与胡滕均斥其不当，后者却认为较"意大利人的欺诈、西班牙人的偷窃及法国人的傲慢"为好。某些人之所以饮酒，也许是由于强烈的香料被用在烹调食物上的缘故。饮食粗鲁而迅速。14世纪，叉子已传到德国，但男女仍爱用手抓取食物。16世纪，某一位传道士指责叉子违反了上帝的意旨，"如果上帝要我们使用叉子，那他就不会赐给我们手指了"。

服装很华丽。工人们喜欢便帽或毡帽、短上衣，裤子是叠起来的——或塞进靴子或长筒靴里。中产阶级加上背心，开口的衬里和毛皮滚边外套。贵族和富商在衣着华丽方面激烈竞争。这两种阶层的男士戴的帽子是用昂贵的布料制成的，宽边向内卷，有时饰有羽毛、丝带、珍珠或金子。衬衣多半是丝制的。外衣色彩鲜艳，衬以毛皮，也许是用银线编织的。富有的妇女头戴金冠，或金绣头巾，并把用金线编成的穗带戴入发里；但是端庄的少女是用棉布手巾盖着头并系在下额。盖勒·凯塞斯贝格（Geiler von Kaisersberg）称，时髦的妇女所用的衣柜价值4000金币。男士们刮胡须，但留长发；男人的卷发保养极为细心；我们看到丢勒的华丽小发卷和马克西米里安的奇异锁发。戒指如现在一样，是一种阶级标志或装饰。凯尔特说，服装的式样在德国比其他地方改变得更快，而且男女时装都是如此。在节日的场合，男人服饰的华丽也许远胜过妇女。

节日甚多，维持中世纪迷信及热闹狂欢的精神，对于劳工和圣诚具有延期偿付的意义。圣诞节虽有异端的迹象但仍是基督教的，圣诞树是一种17世纪的革新。每一座市镇都祝贺其守护神节日，男女会在街上群集舞蹈。欢乐是必然的，任何圣人或传教士都不能减退这种狂欢的粗野的喧闹。跳舞有时成为一种流行性的狂热，像1374年的麦茨、科隆及艾克斯或1412年的斯特拉斯堡等地一样。在这种情况下，某些沉迷于圣维杜斯舞的人们跳得精疲力竭，以使情绪获得释放。人们借打猎或在马上用长枪比武的危险运动，来为他们本性的冲动寻求发泄。数以千计的男女往往以朝拜遥远的圣地为借口，做长途旅行。他们骑着马或骡，坐着马车或轿子忍受着崎岖不平道路上的艰苦，在不洁的旅馆住宿。聪明的人尽可能沿着莱茵河、多瑙河或中欧其他壮观的河流乘船旅行。1500年，一种对公众开放的邮政系统，将各主要市镇联系起来。

总之，这种情形是一个民族太具有活力而且兴旺，以致无法再容忍封建的束缚或罗马的榨取的表征。日耳曼民族性的一种高傲意识保存了一切政治的残片，并约束了超自然的教皇和超国家的皇帝。宗教改革打败了教皇职权和神圣罗马帝国。在1500年的条顿族与罗马之战中，正如在5世纪之战一样，胜利再度属于德国。

德国艺术的成熟

艺术是这个时代的先声。我们也许很难相信，正当意大利文艺复兴极盛时——从达·芬奇的诞生（1452年）到拉斐尔（1520年）——德国的艺术家因其各种技术的高超而受到全欧洲的欢迎与需要——木工、铁工、铜匠、青铜匠、银匠、金匠、木刻、石刻、油画、建筑。乌尔姆的弗里格·法伯利（Felig Fabri）也许由于民族自尊心强而存有偏私的心理，于1484年评论道："当有人想要有铜器、石器或木器等第一流技术作品，他就雇用德国技工。我曾见到德国的珠宝匠、金匠、石刻匠及制车者为阿拉伯人制作精美的物品，他们在艺术方面甚至超过希腊人和意大利人。"约 50 年后，一位意大利人肯定了这一点，保罗·焦维奥写道："日耳曼人在艺术方面有巨大的成就，而我们动作缓慢的意大利人，必须派人到德国请优良的技工。"德国的建筑师被佛罗伦萨、阿西西、奥维托、锡耶那、巴塞罗那、布尔戈斯等城市雇用，而且米兰城的大教堂也是请他们完成的。维特·施托斯征服了克拉科，丢勒在威尼斯受到尊敬，小霍尔拜因惊动了英国。

有关教会的建筑术的巅峰已随 13 世纪和 14 世纪的逝去而消失。然而，在一个世代之间，慕尼黑市民用近代哥特式建造了圣母堂（1468—1488 年）和古镇厅（1470—1488 年）。16 世纪的前 20 年，萨克森的弗赖堡完成了它的唱诗台，奥格斯堡建了富格尔教堂，斯特拉斯堡大教堂完成了它的劳伦斯教堂，纽伦堡的泽巴尔杜斯凯策教堂的牧师公馆添置了一扇可爱的突出壁外的窗户。这一时期国内的建筑术是建造雅致的平房，有红瓦顶，上层是木板造的，有花架的阳台，宽敞的屋檐有护窗，用以遮挡阳光和雨雪，所以在米腾瓦尔德（Mittenwald）严酷的气候中，大无畏的日耳曼人以他们俭朴而珍爱的家庭审美来抵抗巴伐利亚的阿尔卑斯的崇山峻岭。雕刻是这个时代的灵魂。木刻家很多，诸如尼古拉·格哈特（Nicolaus Gerhart）、西蒙·莱因贝格（Simon Leinberger）、蒂尔曼·里门施耐德（Tilman Riemenschneider）、汉斯·巴科芬（Hans Backoffen）……单单纽伦堡在一个世代之内就产生了 3 位名雕刻家，同一时代的意大利任何城市都无法与之相比。维特·施托斯的一生和两个城市密切相关。他在纽伦堡长大，获得工程师、造桥师、建筑师、木刻家、石刻家、油画家等名誉，30 岁时去克拉科建造了一件灿烂的近代哥特式杰作，它充分表现了波兰人的虔诚及易激动性。他于 1496 年回到纽伦堡，买了一幢新屋，娶了第二个太太，这个太太与前任丈夫有 8 个孩子，现在又为他生了 5 个子女。在他最富裕时，因为参与（也许不知情）伪造而被捕，他的两颊被加上烙印，再度被禁止离开纽伦堡。马克西米里安皇帝宽赦了他，并恢复了他的公民权（1506 年），但施托斯一直到死仍然为众所弃。1517 年，他制作了很多"天使报喜"的木刻。他画了两个人物——在所有的木刻中最近于完善者——在玫瑰的花圈内，环绕着一串玫瑰经念珠，系有七片大而扁平的圆形装饰用图案，描绘出圣母的喜乐，顶上是——全部用菩提树木料——一位令人生厌的天父的画像。这种脆弱的组合木板画悬挂在罗伦兹凯策教堂唱诗台的圆顶上，此画现仍悬挂在那里，作为这个大城市太平日子的珍贵遗物。施托斯于 1520 年曾为泽巴尔杜斯凯策教堂木刻了"耶稣被钉十字架"的像，他在这画中表现的技术，可以说前无古人，后无来者。在那年，安德烈亚斯任纽伦堡圣衣派修道院院长，介绍给施托斯一件为本博的某一座教堂设计祭台的工作。正当他着手工作时，宗教改革者占据了纽伦堡。安德烈亚斯因仍信奉天主教，其院长职务被取代了。维特本人固执于赋予其艺术灵感的那种多彩多姿的信仰，薪水停付，刻画祭台的工作未能完成。施托斯在目盲、孤寂和悲惨中度过最后的十年。他的太太比他先死，他又被子女遗弃，见弃于那过分沉醉于神学，而竟不知它要失去历史上最伟大的木刻家的时代。1533年，时年 93 岁，施托斯与世长辞了。

　　青铜匠生活在同一座城市和同一个时代，在行业上同样高尚，但过着一种安闲与愉快的生活。彼得·费舍尔在作品中把自己描刻成一位真挚、朴实的工人，矮小，健壮，长满胡须，腰间围着皮裙，手中拿着铁锥与凿子。他和他的 5 个儿子花了 11 年的时间（1508—1519年）完成了他们的杰作——纽伦堡的守护神泽巴尔德之坟。这项工程花费很大，经费用罄时工作尚未完成。塔克（Anton Tucher）呼吁市民捐助 800 基尔德后，工作才告完成。这一杰作初看并不令人印象深刻，似乎不能与佛罗伦萨的奥卡那（Orcagna）的神龛相比（1348年）。这坟背上的蜗牛与海豚并不像是支撑这庞然大物最适当的动物，但各部分有一种令人惊奇的完美。中部的银棺刻有四个浮雕，表示这位圣人所行的奇迹。在银棺的周围有一种哥特式罩篷的铜柱，精美的表现文艺复兴的图饰，顶上系有优美的金属带。在柱上、柱脚的周围，低平台的内面，突起的罩篷壁龛里，艺术家们存放有异教、希伯来或基督教的真实人物肖像——小特里同，肯陶洛斯人，内雷兹，塞壬，缪斯，孚恩，海格力斯，忒修斯，参孙，先知们，耶稣、圣徒及天使奏着音乐，或玩弄狮或狗。其中一些肖像仍系粗制，大部分均以多纳泰罗或吉贝尔蒂的那种精确方式完成。一切人物雕画得非常写实而显得极为逼真。彼得、保罗、马太及约翰的像，足与丢勒 7 年后在纽伦堡画的四位使徒媲美。

据说，任何王侯或君主在 16 世纪头 10 年来到纽伦堡，都会参观彼得·费舍尔的铸造厂，而且很多人求他的技艺。有 20 个教堂展示他的产品，从劳伦斯教堂的铜质枝状大烛台到因斯布鲁克的马克西米里安一世的坟墓。他的 5 个儿子继承他的雕刻事业，但其中两个比他先死。小赫尔曼·费舍尔于 1517 年死时才 31 岁，他曾在克拉科大教堂里为红衣主教加西米尔的坟墓铸了一个优美的铜制浮雕。

费舍尔父子在铸铜器方面技术高超，维特·施托斯在木刻方面手艺超群，而克拉夫特（Adam Kraft）在石刻方面举世无双。德国历史学家描述他和彼得·费舍尔与塞巴斯蒂安·林登纳斯特（Sebastian Lindenast，他在圣母堂时钟上刻画了那些谄媚逢迎的选帝侯）为热忱的艺术家和朋友。"他们俨如兄弟，甚至在其老年，每周五他们犹如学徒般地聚会、切磋，就像在他们聚会时完成的设计所证实的。然后各自分开，因太忙以致忘记饮食。"大约与彼得在同年出生（1460年），克拉夫特在俭朴、诚实、虔诚及嗜好自绘方面也酷似彼得。1492 年，他为泽巴尔杜斯凯策教堂的泽巴尔杜斯·施赖尔（Sebaldus Schreyer）的坟用浮雕刻了耶稣受难与复活的情景。汉斯·伊姆霍夫（Hans Imhoff）是一个商业巨子，对他们的卓越技艺甚为感佩，于是委派克拉夫特在劳伦斯教堂刻画一个盛放圣餐面包与酒的容器。克拉夫特以近代哥特式技法做了这个又高又细的神龛，石头图案花纹令人惊奇，高达 64 英尺，而其越往上越尖细的变化形成一种优美的主教权杖头式的曲线。柱子上刻有栩栩如生的圣人像，房门上刻有天使守卫，方形的表面绘有描述基督一生的浮雕图像。整个高耸的大厦不规则地倚靠在三个蹲伏的人像上——克拉夫特及其两位助手。他在自我描绘上没有夸张，衣服因辛劳工作而破旧，双手粗糙，胡须杂乱，宽阔而意气昂扬的面孔专心于工作的构想和执行。这种撩人心弦的杰作完成后，克拉夫特又回到他所喜爱的主题，即在7个沙石柱上刻上耶稣受难的景象，其中6个现存放在纽伦堡的日耳曼国家博物馆：这6个中之一是"埋葬耶稣"，这是一种典型的条顿艺术——一种不需要理想化来表达其真挚的虔诚与信仰的大胆写实主义。

小型的艺术继承中世纪的方式与主题。小型画家仍然需要充分地维持兴旺的行会。大型的艺术家像丢勒和霍尔拜因设计彩色玻璃的图案，这种艺术在英法两国已式微，在德国却正达高峰；劳伦斯教堂、乌尔姆教堂及科隆教堂采用了这一时期闻名世界的窗户。不仅教堂，公会厅、城堡，甚至私人宅邸都有彩色玻璃的窗户。纽伦堡、奥格斯堡、雷根斯堡、科隆及美因茨均以其技工艺术家而自豪：金属工人以制火炬、枝形吊灯架、盆、罐、锁、盘等而自负；金匠的产品从调羹到祭坛受到全欧的珍视；纺织工人织出品质优良的地毯、绣帷、教会法衣及贵族阶级的饰服；虔诚的妇女们磨尽手指，耗尽眼力以刺绣和丝绸去遮盖神坛和教士；木刻家技术的优异无与伦比。伏尔格姆除了为劳伦斯教堂绘了两扇堂皇的窗子之外，还制作了一打的祭坛的木刻杰作，即使丢勒也难以超越。

木头或铜上的图案雕刻在15世纪已发展成为成熟的艺术，被视为与绘画有同等的价值。最伟大的画家们都曾修习它。马丁·施恩高尔（Martin Schongauer）使之趋于完美，他的一些木刻作品——《基督遭受鞭笞》（*The Scourging of Christ*）、《耶稣背十字架》（*Carrying the Cross*）、《在帕特摩斯岛上的圣约翰》（*St.John on Patmos*）、《圣安东尼受引诱》（*The Temptation of St.Anthony*）——均为流誉千古的绝佳作品。插图书籍开始普及，而且很快地代替金银彩色的装饰。这一时期的名画均以雕版大量复制，在书摊上、书展上及节日里极易销售。莱登的卢卡斯（Lucas van Leyden）在这方面表现了惊人的早熟，16 岁时刻了《请看斯人吧》（*Ecce Homo*），而且在他刻的马克西米里安铜像上显示了近于完美的技术。用针雕刻铜版的雕刻术，曾经被豪塞·布克（House Book）的无名氏主人所使用，直到 1480 年。蚀刻术，即用蜡布满金属表面，在蜡上刻成图案，使酸液蚀入暴露的轮廓里，制成金属版。丹尼尔·霍普费尔（Daniel Hopfer）是一个兵器和甲胄制作者，于 1504 年可能制成第一部有记录的蚀刻版。布克迈尔和丢勒曾使用过这种新艺术，但不够完善。卢卡斯大概向丢勒学过这种艺术，但不久就比丢勒精熟。

　　绘画方面取得了日耳曼史上最伟大的成就。德国的画家因受到荷兰、意大利学派及被他们驱逐出境的汉斯的影响，在 15 世纪下半期由哥特式的激烈与朴拙逐渐变成更优美的线条，而且以在自然景色中安逸地活动着的人物画像，反映出成功的中产阶级家庭的生活。题材仍以宗教为主，但世俗的主题增加了。祭台后方和上方雕刻饰物已由版画代替，而富有的赠予者不愿再跪在一个宗教团体的角落里，他们要求全部列入肖像里。画家们本人也不再像中世纪那样默默无闻，而成为明显的个体存在，在他们的作品上签了自己的名字，企图流芳百世。《圣母生活》（*Life of the Virgin*）完成于约 1470 年的科隆，作者佚名，还遗下了一幅《圣母与圣伯纳德》（Virgin and St.Bernard），画中一个日耳曼圣母正为圣婴挤出她胸部中的奶。米歇尔·帕赫（Michael Pacher）是第一批留传自己名字及其作品的画家之一。在萨尔茨卡默古特（Salzkammergut）城的圣沃尔夫冈的教区本堂（the Parish Church），庞大的祭坛上后方的装饰画至今保存，有 36 英尺长，帕赫于 1479 年至 1481 年刻画了它。德国的艺术机构一直对这些嵌板做透视法的研究。马丁·施恩高尔将一个熟练雕刻家的技巧和罗希尔·范德魏登（Rogier van der Weyden）的细腻感情带进他的画里。施恩高尔于 1445 年出生于奥格斯堡，定居于科尔马，并在该处创办了一所雕刻与绘画学校，该校在推广丢勒和霍尔拜因的艺术技巧上担任了一重要角色。

南方新兴的城市逐年篡窃科隆及北德国艺术的领导权。布克迈尔把意大利装潢风格吸收入他的画中，而且老汉斯·霍尔拜因把意大利的装潢与高度严肃的哥特式融合为一。老汉斯把他的艺术传给他的儿子安布罗斯与小汉斯，老汉斯很喜爱用他的画法描绘小汉斯。安布罗斯自历史中消失，小汉斯却成为德国、瑞士及英国的荣耀之一。

丢勒的先辈中最伟大的是马蒂亚斯·戈特哈德·奈哈特（Matthias Gothardt Neihardt），由于某位学者的错误竟使他以格吕内瓦尔德（Matthias Grünewald）之名而流传后世。在艺术源远流长的社会传承中，他学会了施恩高尔魔术般的画技，加上他个人求名、求完美心切，在根特、施派尔及法兰克福等地勤加练习，而于1479年选择斯特拉斯堡作为其定居之所。大概就在这个地方他绘出了他的首个杰作，这画是哈瑙—利希滕堡（Hanau-Lichtenberg）的菲利普二世及其夫人的双人像。丢勒本人在渗透的深度上及手法技巧的优美上无法超过这张画。重新漫游的格吕内瓦尔德在巴塞尔和丢勒合作了一段时间——在此处他画了《人像》（*Portrait of a Man*），现存于纽约——然后又和丢勒在纽伦堡做木刻。1503年，他定居于塞利根施塔特（Seligenstadt），最后在该处他发展了个人的成熟及特殊的格调——以热情和悲剧的力道生动地描绘《圣经》中的故事。阿尔布雷希特（Albrecht）总主教于1509年在美因茨选他做宫廷画家，当格吕内瓦尔德于1526年坚持赞扬路德时，被主教革职。他婚姻不幸福，陷入郁闷孤寂之中，这可能在他的明暗对照法艺术中添加了几许阴影。

他的杰作——大概是德国最伟大的画——是复式多联版画，于1513年为伊森（Isen）的一所修道院所画的。版画的中央有圣母和圣婴，在一个遥远海洋的背景下，衬托出一种近乎特纳（Turner）风格的金色光芒。这是一幅精彩且令人印象深刻的《耶稣被钉十字架》：基督在他的最后痛苦中，身体为伤痕及血汗所掩盖，四肢因疼痛而扭曲；玛利亚晕厥在圣约翰的怀中；抹大拉因愤怒和无比的悲痛而歇斯底里。尚有其他的版画，以鲜艳的红、褐色哥特式建筑为背景的天使们的演奏会。另有一幅《圣安东尼受引诱》，该圣人和一个隐士在一个树木凋零的奇异林中，而且有一个博斯式的梦魇象征安东尼的梦。在色彩、光线及线条结构和表现力上，这种近乎戏剧性的绘画能力的爆发，在植根于中世纪德国神秘主义的丢勒手里，达到线条和逻辑胜利前夕的德国哥特式画术的顶峰。格吕内瓦尔德张开了渴望意大利文艺复兴的人文主义和艺术的双手。

丢勒（1471—1528）

没有其他的国家像德国这样如此一致地挑选一个人作为艺术的代表——新教徒与天主教徒、北方与南方一致挑选了丢勒。1928年4月6日是丢勒逝世400周年纪念日，柏林的帝国议会和纽伦堡的市议会均休假，以纪念这位德国最卓越的艺术家。

他的父亲是匈牙利人，定居于纽伦堡的金匠。丢勒在18个孩子中排行第三，其中大多数均已夭折。丢勒在父亲书房里用铅笔、炭笔、鹅毛笔及雕刻刀学习绘画。他仔细观察，不眠不休地描绘各种物体和各种主题，因此在他的一些肖像画中几乎每一根头发都有其独特的笔触。他父亲曾希望他做金匠，但最后任由他发展艺术，并于1486年送他到伏尔格姆去做学徒。丢勒慢慢地成长，他的天才在于雄心、毅力和耐心中。他说："上帝赐我勤勉，故我善于学习，但我必须忍受他的助理们给予的许多烦恼。"他因没有机会研究裸体画，便常去公共浴室，依据在那里所能发现的阿波罗这一类的美男子的人体而描绘。在这些年代里他本人也是个美男子。有位朋友很有趣地描述他：

> 他有特殊的体格与身材，有一颗非常高贵的心灵……面现聪明、眼睛有神……长长的颈、宽宽的胸、窄窄的腰、强健的大

腿、有力的小腿。其两手的文雅，世所未见。其言词温甜，使人但愿其永无休止。

　　他因欣赏施恩高尔的木刻，于 1492 年前往科尔马，他到达那里时，那位名雕刻家早已逝世。于是他尽可能向施恩高尔的兄弟们学习，然后到巴塞尔，吸收了格吕内瓦尔德具有强烈感染力的宗教艺术的秘密。这时他已是一个熟练的版画家。1492 年，巴塞尔出版的圣哲罗姆书信，其封面的圣人画像就是丢勒所绘的。这画极受欢迎，数位出版商争先与丢勒订立合同。然而，他的父亲催他回家完婚——在他离家后他的父亲替他物色了一位太太。1494 年，他回到纽伦堡，与他的夫人阿格尼斯（Agnes Frey）安度婚姻生活。

　　一年前，他把自己描绘为一个装束与发式几乎像一个妇人的青年，自负却不自信，带有不信任及向这世界作挑战的表情。1498 年，对自己的姿态仍感得意，把自己描绘为有胡须且衣着华丽的年轻贵族，戴着饰有缨子的帽子，长长的褐色卷发——这是永垂不朽的伟大的自画像之一。1500 年，他又把自己描绘为身穿俭朴的古装，修长的脸夹在垂肩的浓发中，敏锐的眼含示神秘的意向。丢勒在这幅画里似乎故意把自己描绘成一个想象中的基督，并非不虔敬的虚张勇武，很符合他经常挂在嘴边的意见：一个伟大的艺术家就是一个有灵感的上帝代言人。虚荣足以支持他勤奋。他不仅画了大量自画像，而且在他的许多画中为自己留有位置。有时他会谦虚，并悲伤地意识到自己能力上的缺陷。他告诉威利巴尔德说："当我们被赞美时，我们翘起鼻子信以为真；但或许一位嘲弄大师正在我们的背后讥笑着我们。"至于其他的方面，他个性善良，热心，忠实，慷慨，随遇而安。

　　他没有被他的妻子迷昏了头，因为结婚不久他就去意大利了，把她留在故乡。他曾在意大利听到所谓的艺术"再生"，"在它们隐藏约 1000 年之后的继续发展"；虽然他从未亲密地参与那种古典文学、哲学及那伴同文艺复兴的艺术复活，却切望能直接看到意大利人在绘画、雕刻、散文及诗诸方面卓越的原因所在。他主要停留在威尼斯，这里的文艺复兴尚未达到盛开的境地。1495年回到纽伦堡时，他已开始找到灵感。1507年，他向威利巴尔德借了100英镑再去意大利，这次他在那里住了一年半。他研究在帕多瓦的曼泰尼亚和斯夸尔乔内（Squarcione）的作品，谦虚地临摹，不久就被贝利尼（Gentile Bellini）和其他威尼斯人称许为一个精湛的画家。他在威尼斯为一个德国教堂画了一幅《玫瑰花环节》，甚至受到意大利人的赞扬，因为这时，意大利人仍然以为大多数的日耳曼人是野蛮人。威尼斯的君主愿给他一个终身职位，只要他愿意住在此处，但是他的妻子和朋友再三要求他回到纽伦堡。他注意到艺术家在意大利要比在德国更容易赢得较高的社会地位，便决心在他归国时要求能有类似的地位。他写道："我在意大利是一位上等绅士，在国内我只是一个寄生虫。"

　　他因意大利艺术的刺激及艺术理论的学术性和热烈的讨论而感到愉快。雅各布·德巴尔巴利（Jacopo de'Barbari）详细地向他解释弗朗西斯卡（Piero della Francesca）的透视原理及其他意大利人有关一个完美人体的数学比例时，丢勒说："我宁愿听取这种解释，而不愿接受一个新王国。"他在意大利已习惯于裸体艺术，只想研究古典雕像。他的作品仍完全属于条顿式和基督教风格时，他很热忱地采纳意大利对异教艺术的赞赏，而且他以一系列的长篇著作，努力把意大利人有关透视法、比例和色调的诀窍教给他的同胞。由于丢勒两度赴意大利，德国绘画中的哥特风格便趋消失，而同时代的德国人一面反对罗马宗教，一面接受意大利的艺术。

　　丢勒在中世纪与文艺复兴之间，在德国的神秘主义与意大利的世俗之间，维持着创新与混乱并存的紧张关系，而且他在意大利所看到的人生的享乐从没完全压倒他灵魂中有关死亡问题的沉思。除了他的肖像画之外，他的主题几乎都是宗教性的，而且有许多属于神秘性的。然而，他真正的宗教是艺术。他崇拜完美的线条胜过"效法基督"。甚至在他的宗教作品中，他表现出艺术家对任何物体，即使是最平常的日常经验，都有兴趣。他与达·芬奇一样，几乎画了他所看到的一切——岩石、溪流、树木、马、狗、猪、丑陋的面容及身材，还有幻想出来的神妙或可怕的形体。他依不同位置的观察来描绘他的左腿。他用拳头把一个枕头打成七种不同的形态，仔细端详研究并描绘出来。他让自己的某幅作品充斥着群兽，就像一个名副其实的动物园，有时他绘了一整座城作为一幅画的背景。他以趣味与幽默描绘了乡间人们的生活和工作。他爱日耳曼人，描绘了他们的大头和红润的面容，而未遭受反对。他还把他们引入最不相称的环境，衣着华丽的市民把身体包裹着，看起来像是要抵御德国的酷寒，甚至在以罗马或巴勒斯坦为背景时也是如此。他的画是纽伦堡的人种志。他的主要顾主是商业巨子，因为他所画的肖像可以在他们死后流传后世，但是他也接受公爵和帝国的选帝侯们的委托，最后则是马克西米里安本人。因为蒂希安最爱描绘高贵和庄严，丢勒最熟悉中产阶级，他给皇帝的木刻画使这位主人公看似路易十二对其的称谓："奥格斯堡的市长"。丢勒只有一次成就了肖像画的高贵——用想象来表现查理曼。

36 张人物画是他最宜人的作品，因为它们表现了淳朴、粗俗与个性。《纽伦堡的参议员》（*Hieronymus Holzschuher*）——强有力的头，严酷的面孔，宽大的前额上有稀疏的发，修整的胡须显示纯洁的对称，敏锐的目光似在注视政客们——此画显示的是一个善心、幽默、好胃口的人。丢勒的密友威利巴尔德：牛头里藏有学者的灵魂，而显示了惊人的食量。而谁会猜得出在那满布皱纹而扁平、巨大的腓特烈——萨克森的智者，会是个为保护路德而公然反抗教皇的选帝侯呢？他所有的画像几乎都是精彩引人的：奥斯沃尔特·克雷尔（Oswolt Krell）极度虔诚的专心甚至显示在他双手的静脉里；伯恩哈德·勒斯顿（Bernhard von Resten），浅蓝的上衣，庄严伸开的帽子，一双专心的艺术家所具有的沉思的眼睛；雅克·穆费尔，纽伦堡的市长，带有一种真诚专心的冥想，他对该城市的伟大与繁荣颇有贡献；两幅丢勒父亲的肖像，1490 年带有劳苦的倦容，1497 年已相当精疲力竭；普拉多教堂的一位《绅士的画像》——男性的化身，因残暴与贪婪而晦暗，伊丽莎白·图赫尔（Elizabeth Tucher）握着结婚戒指，缺乏信心地凝神于婚姻；《一位威尼斯贵妇的画像》——丢勒必须去意大利寻求美与力的表现。在他的男性人像中很少有高尚文雅的，唯有表现性格的力量。他曾说："无助于一个男人的任何特性，就不是美。"他对于逼真和忠实描绘的兴趣，更甚于容貌与形状美的讲究。他指出，一个艺术家能把一个丑物或不令人愉快的主题描绘得很美。他是一个条顿人，非常勤勉，尽职忠实。他把美与优雅留给女士们，而专心于力的表现。

绘画并不是他的专长，也不十分合他的口味，但他的意大利之访激起了他寻求线条与色调的兴趣。他为萨克森的腓特烈及其在威田堡的城堡教堂画了一幅三联画——后以德累斯顿祭坛后上方图画著称。此画中有意大利式的比例方式和透视法，但设计的人物断然是日耳曼式的：一位视如圣母的女士，一位视如圣安东尼的教授，一位视如圣塞巴斯蒂安的德国侍僧。慕尼黑的鲍姆加特内教堂的祭坛后上方图画更好：完美的圣约瑟夫和玛利亚，后有罗马废墟作背景，但其前景混杂着可笑的矮人。沃夫兹教堂里的一幅《三王来朝》中，圣母的蓝色衣袍和东方三王的华丽礼服色调配合得很成功。《基督与学者们的辩论》（*Christ among the Doctors*）显示漂亮的耶稣披着女孩似的卷发，其周围有满脸胡须和皱纹的学者们……这是一幅可怕的讽刺画。《玫瑰花环节》中熟练的井然的构图，圣母及圣婴的可爱，色彩的全面华丽，皆足与当时最伟大的意大利画媲美。这是丢勒最伟大的画，要想看这幅画，必须长途跋涉到布拉格才能看到。维也纳和柏林均有丢勒动人的圣母像，而纽约的《圣母与圣婴及圣安妮》以一个温柔的日耳曼少女代表圣母，一个黑肤的闪米特人代表她的母亲。普拉多教堂的一幅《亚当与夏娃》的版画非常优美。在这画中，这位德国艺术家暂时地把健康女性的裸体美呈现出来了。

丢勒因绘画的酬劳不足而灰心，也许又因被迫重述古代宗教主题，因此逐渐转向较有利且更具创造力的木刻。因为一个刻版可以复制 1000 份，很容易带到欧洲市场，而且能为 1000 册印刷书本提供同样的插图。线条是丢勒的特长，书籍插图是他的天下，在当时没有人超过他，甚至傲慢的意大利人对他的技巧也大为惊奇。伊拉斯谟视其为版画家，拿他与古代的大师做比较：

> 阿佩莱斯（Apelles）得色彩之助……但是丢勒，虽然在其他方面也相当令人称道——在单色画法……比例与调和方面，他无所不能。不仅如此，他甚至描绘那些不能描绘的事物——火、光线、雷……闪电……一切感觉和情感，总之，人的整个心灵反映其自身在肉体上的行为，几乎连声音他都能在画中表现。他把这些事物以最恰当的线条表现……黑色线条，置于眼前，然而你若因此而将颜料涂在它们上面的话，你就会破坏这作品。那么不用阿佩莱斯得以完成其作品的色彩来完成一件作品，岂不是更妙吗？

1526 年，丢勒为答谢伊拉斯谟给予他的恭维，为他制作肖像，这个像不是伊拉斯谟本人坐着由他刻画，而是根据马赛斯所绘的画像。他的版画与原画无法相比，更远逊于霍尔拜因的画。尽管如此，此画在外衣的折缝和阴影，脸和手的皱纹，及展开书页的起皱上诚为杰作。

丢勒遗下 1000 幅以上的画，大部分是写实的杰作，其余或者是宗教的，或者是幻想的。有些很显然是讽刺画，有一幅是留着长发的老人与智者。其主题偶尔是无生命的，如《金属抽线工场》（The Wire-drawing Mill）；或只是普通的植物，如《一根干草》（A Piece of Turf）；或一只动物，如《海象的头》（Head of a Walrus）。通常动植物群集活人的周围，如《圣母与很多动物》（Madonna with a Multitude of Animals）。至于宗教性的主题方面少有成就，但我们必须将不寻常的《一位祈祷中的圣徒的双手》(*Hands of a Praying Apostle*) 这幅画除外，并给予荣誉。最后，他对古典神话也有精微的研究，如《阿波罗》或《俄耳甫斯》。

丢勒把他的 250 幅画转为木刻版画、100 幅画变为铜版雕刻，这两组是他遗产中最具特色的部分。在 15 世纪结束之前，他都是自己来雕刻的，之后他把木刻委托于他人——唯有通过这种合作，他才能描绘如此广大的人生。他开始从事画籍中的插图工作，如德尔·利特·图恩 (Der Ritter von Turn) 和布兰特的纳雷舍夫 (Narrenschiff)。20 年后，他为马克西米里安的祈祷书制作了迷人的书边图案。他曾试作裸体画，《男人浴》这一幅成功了，但《女人浴》却不理想；这两幅画对认为裸体是可耻的行为或幻想的破灭因而规避的德国艺术产生了一种革命性的影响。他所作的圣母生活和基督苦难的木刻画很有名。虔诚的妇女们现在能把一幅《约瑟夫与圣母的订婚礼》复印的画放在炉边，借以沉思默想。重实利的德国人都喜欢从《圣家庭在埃及的寄居》中，发现条顿人家庭生活及其勤勉的一切舒适的细节，画中有圣母缝衣，约瑟在板凳上做工，小天使们自动地把木柴拿进屋内。37 幅小型木刻——《小受难》，及 11 幅较大的木刻——《大受难》，把基督的受苦和死亡的故事带入数以千计的家庭，从而刺激了人们嗜好路德翻译的《新约》。另一部分是为《启示录》所作的插画，这些木刻，如《启示录的四骑士》(*The Four Horsemen of the Apocalypse*) 和《圣米迦勒战恶龙》(*St. Michael Fighting the Dragon*)，画得如此生动，以至数世纪来德国人的心中都依丢勒的印画来想象《启示录》。

他由木刻版画而演变到更劳苦的铜版画。通常他使用雕刻刀工作。《人类的堕落》(*The Fall of Man*) 是雕刻在铜上的，形式上足以媲美希腊人，比例与对称上足与意大利人并称，上面有丢勒那个时代的动物和植物，样样都是他及他那一时代的象征。《海中怪物》(*The Sea Monster*) 及以美丽风景为背景的《贞操与淫乐的战斗》(*The*

Combat of Virtue and Pleasure）这两幅由金属刻成的裸体女性，在德国艺术上的优越性，是史无前例的。包含16件的《铜板受难图》不及其木刻的《受难》那么令人有深刻的印象。但《圣尤斯蒂斯》（*St. Eustace*）是一幅很丰饶的生动的图案：五条狗、一匹马、一片森林、一群鸟、小山上的一堆城堡，一只牡鹿在其两角间背一个十字架，含有英俊的猎者放生成圣之意。

1513年至1514年，丢勒以3件版画杰作而达到画家的巅峰，即《骑士、死亡与魔鬼》，以幽暗的中世纪为主题：一个骑在韦罗基奥骏马上、全身盔甲而面孔严肃的骑士，被魔鬼和死神的丑相包围，但他决心迈向道德的胜利。这种细节的精微与复杂竟能雕刻在金属上，令人难以置信。《书斋里的圣哲罗姆》（*St. Jerome in His Study*）这件作品显示基督徒胜利的宁静，这位秃头老圣人专心于他的手稿，显然是借着他光环之光而写作，有一只狮子和一只狗安然地躺在地板上，一个骷髅静默无言地坐在窗台上，看来像是他太太的那顶帽子则挂在墙上。整个房间是用最精细的远景透视法画出的，各种阴影和阳光配合适宜。最后是被丢勒题名为《忧郁I》（*Melancholia I*）的铜版画，有一位天使坐在一座未完成的混乱建筑物中，在她的脚前混杂着机械工具和科学的仪器；她的腰带上挂有一个钱包和钥匙，象征着财富和权力；她的头沉思地依靠在一只手上，她的双眼半带惊奇、半带恐惧地凝视其周围。她是否在问这一切的劳苦，建筑，拆除了又建筑，财富和权力的追求和所谓真理的幻想，科学的荣誉，及徒然地与无法避免的死亡作战的智慧的巴别塔究竟是为何目的？在这近世时期来临时，丢勒是否已经了解胜利的科学——被永久不变的目标妄用的一种进步的手段——所面临的问题？

丢勒勤练绘画，其努力与耐心跟达·芬奇的精雕细琢和拉斐尔的一蹴而就完全不同，他就如此进入了路德的时代。约1508年，他买下了那栋使纽伦堡出名的房子，第二次世界大战时这房子被摧毁，观光业者依照原式把它重建。其最下两层是石砌的，第三和第四层是由粉红色的灰泥和半木材做的，而且在突出的屋檐上尚有两层跨在山形墙屋顶之下。在此地丢勒同他不孕的妻子过了 19 年不幸的生活。阿格尼斯是一位诚朴的家庭主妇，她奇怪丢勒为什么花那么多时间在无酬的研究或那些嗜酒的朋友上。他活动的交游圈非她的心智所能及，他在社交上忽略了她，旅行也难得带她一起。他带她去荷兰，自己与名人或与主人宴饮时，却让她在上面的厨房里与他们的侍女用餐。1504 年，他那寡居的老母与丢勒住在一起，她继续活了十多年。他为妻子所画的像显示她本人不太娇媚。他的朋友们认为阿格尼斯是一位泼妇，不能共享丢勒的那种精神生活。

这位纽伦堡的大师，在他的晚年以德国艺术的领袖与荣耀享誉欧洲：1515 年，皇帝每年给他 100 英镑的津贴，但并没有逐期支付，因为马克西米里安的收入从来赶不上他的计划。他去世后，津贴就停止了，丢勒决定到荷兰向查理五世要求恢复津贴。他带了一大批图画在荷兰和佛兰德斯出售或交换，并借以设法支付几乎所有的旅费。有关他旅行所记的日记（1520 年 7 月至 1521 年 7 月）——并不十分——像博斯韦尔（James Boswell）两个世纪后所写的那样详细。这些日记载有他的用费、销售、采购、访问及款待等事务。丢勒在途经 12 个城市见到查理后，得以恢复津贴，然后他去赏玩风景、拜访低地的英雄们。他对根特、布鲁塞尔和布鲁日的财富与华美感到惊奇，同时对圣巴沃的埃克的伟大多联画和安特卫普的大教堂也特别欣赏。他说："在德国的领土内我从未见过这类事物。"他拜见了伊拉斯谟、卢卡斯、奥利及其他的杰出人物，在这些城市里受到艺术公会的款待。在西兰市多蚊的池沼地区，他染上了疟疾，这摧毁了他晚年的健康。

他的日记中有一则记载说："我曾花 5 便士银币买了路德的宗教小书，也花 1 便士买了这个大人物的《谴责书》（Condemnation）。"1521 年5 月，他在安特卫普听到了一则谣言，即路德在离开沃尔姆斯议会（the Diet of Worms）时"因叛教罪而被捕"。丢勒并不知道这种绑架是为了保护这位宗教改革者而有意安排的，他担心路德被杀，在他的日记里为这位反叛者写了一段热情的辩护词，并呼吁伊拉斯谟援助他的同党：

　　　被圣神所启示而为真正信仰继承者的这个人现已失踪……如果他遭受苦难，那是为基督的真理而反对非基督的教皇职权，因教皇的做法是违反基督的自由，榨取我们的血汗，不劳而获地喂饱自己，同时使人民饥饿。啊！上帝！在人道法制下的人们从没有像在罗马教皇下的人们如此地受虐待……路德书中讲的道理，每人都看得很清楚，而且与《福音书》相合。我们必须保存这些书，使其免遭焚烬，情愿把反对他的书投入火里……我们所有热心的基督徒，请你们与我共同悲悼这个人的失去，并祈求上帝派来另一位领导者。啊！鹿特丹的伊拉斯谟，你现在何处？你愿意眼看着不正义及盲目的暴政当权统治？基督的骑士，你听我吧！请你护驾于我主的身旁，你虽年事已高……但仍可赢得烈士之冠……让你的声音被人们听到吧！啊！伊拉斯谟，愿主——你良心的裁判官——以你而尊荣。

　　丢勒回到纽伦堡后，几乎一心从事宗教的艺术，重点放在《福音书》上。1526 年，他完成最伟大的一组画——《四使徒》（The Four Apostles）——却命名不当，因为《马可福音》传播者并非十二门徒之一，但或许那项错误正好指出基督教由罗马教会回到《福音书》的思想。这两幅版画存放在艺术之家（Haus der Kunst）最得意的收藏品中，被战火蹂躏的慕尼黑重新收集其闻名的珍藏。其中一幅描绘约翰与彼得，另一幅是马可与保罗——这四人均着华丽的彩色长袍，不是渔夫平民圣人应有的穿着。丢勒用这种服饰是因为屈服于意大利式的理想化，同时他把这 4 人画成宽大的头是因为坚持他的德国风格。这些堂皇庄严的人物或许是作为为天主教教堂三联画的两翼而作的。1525 年，纽伦堡市议会宣布宗教改革。丢勒放弃作祭坛上后方壁画的计划，把这两幅版画送给该市，并在这两幅画上加上刻字，热烈地强调《福音书》的重要。彼得手中虽持有钥匙——通常被认为代表罗马教会的神圣和权威——这些油画可能被解释为丢勒作为新教徒的誓言。

他现在离去世尚有两年。定期性疟疾的发作破坏了他的健康与精神，以至于 1522 年，他最后一次绘制自画像《忧伤的人》，呈现的是裸体、头发蓬乱、憔悴、病弱、痛苦，手持基督受难的鞭子。虽然如此，他仍工作到最后一刻。他死于 1528 年 4 月 6 日，享年 57 岁。他遗下足够的绘画、木刻版画与铜版画——此外尚有 6000 弗罗林——以维持其未亡人的余年生活。威利巴尔德悲悼他为"我一生的知己"，并为他的坟墓撰写一篇简单的墓志铭：

> 死是无法避免的，丢勒终归斯土。

作为一位艺术家，他没有获得至高的尊荣，因为他放弃去创作那些鸿篇巨构，而是致力于更平凡的题材：他如此沉醉于将眼前转瞬即逝的人形、地貌、事物的模样长久留驻笔下，他全神贯注于呈现真实的样子——可爱的或丑陋的，有意义或无意义的——只是偶然把散乱的感觉要素融合成有创造力的想象，然后用线条或色彩把理想的美融合在具体可感的画幅中，把虚无缥缈的幻想展现在眼前，以使我们寻获理解与平和。但是他起而响应他的时代。他把他所期望而有创造力的这一代人的传记刻在木板或铜板上。他的铜笔、铅笔、雕刀或毛刷唤起了踏上这个时代舞台有能力的人们潜在的灵魂。他以那个时代的热心、专一、恐惧、迷信、抗议、梦想和惊异，越过 4 个世纪，使我们如临其境。他曾经就是德国。

德国的人文学者

德国在生活、艺术和文学方面都是很兴旺的。阅读和写作的能力很普及。书籍方面的供应源源不绝，出版商来自巴塞尔的有 16 家，奥格斯堡 20 家，科隆 21 家，纽伦堡 24 家。纽伦堡的安东·科贝格独家经营 24 个印刷所，雇用员工 100 人。书籍的交易在法兰克福、萨尔茨堡、讷德林根（Nördlingen）和乌尔姆等繁荣的市场上是一个很大的行业。有一位当时的德国人说："现在人人都想阅读写作。"而另一个人说："新写出来的书是无止境的。"城市中的学校成倍地设立；每一城市为穷苦而有能力的学生设立奖学金；在这半个世纪中创设了 9 所新的大学；而维也纳、海德堡及欧福等处的大学设了新的学科。文科学院兴起于斯特拉斯堡、奥格斯堡、巴塞尔、维也纳、纽伦堡及美因茨。富有的市民像康拉德·波伊廷格、威利巴尔德以及马克西米里安本人，都开放他们的图书馆、艺术搜集和捐赠奖金给热心的学者们。伟大的教士们，如沃尔姆斯的主教约翰·达尔贝格和美因茨的总主教勃兰登堡的阿尔布雷希特，都是奖学金、诗学及艺术开明的资助人。德国的教会步教皇之后尘，欢迎文艺复兴，但加强了对《圣经》及教父的原文之语言学的研究。1453 年至 1500 年，拉丁语《圣经》在德国发行了 26 版。在路德的《圣经》之前，有 20 种德文的翻译。《新约》在民间的普及是替路德在《福音书》与罗马教会间的挑战性的对照做准备，而阅读《旧约》使新教徒分享基督教义的再度犹太化。

德国的人文主义运动最初与最后都是迎合路德的——在神学方面要比罗马教会所倡者更为正统。德国没有像意大利那样的古典文学和艺术传统，她根本没有被罗马帝国征服和教育的特权，她与非基督的古代更无直接关联。她的记忆几乎不超越其基督徒的世纪，她的学术在这个时代几乎不敢超过基督徒的教父们，她的文艺复兴毋宁是早期基督教义的复活而非古典文学与哲学。在德国，文艺复兴被吞没在宗教革命中。

然而，德国的人文主义仍接受意大利的引导。布拉乔利尼、埃涅阿斯·西尔维乌斯及其他人文学者在访问德国时，带来了人文主义的种子。德国学生、朝圣客、教士、商人及外交官员们访问意大利后，也无意中带回了文艺复兴的花粉。阿格里科拉是一位荷兰教区传教士的儿子，他在欧福、科隆及卢万接受充足的教育，在意大利花了 7 年时间进一步研究拉丁语和希腊语，回国后在格罗宁根（Groningen）、海德堡及沃尔姆斯教书。这个时代对他那不寻常的道德——谦虚、淳朴、诚实、热心及贞洁等——感到惊奇。他的拉丁文写作几与西塞罗写的有同等的价值，他预言德国会很快"出现与意大利的拉丁语区同样的拉丁语人才"。诚然，在下一代，阿格里科拉的荷兰就产生了一位名叫伊拉斯谟的拉丁语学家，他非常熟悉塔西佗和昆体良的罗马。阿格里科拉因赴罗马而染上热病，于海德堡病逝，享年 42 岁（1485 年）。

他在影响力方面——不是在温柔亲切方面——堪与雅各·温菲林格（Jakob Wimpheling）媲美，后者脾气躁烈的程度如同他拉丁语法流畅的程度一样。这位"德国校长"决定在教育和文学方面把德国提高到意大利的水准，便草拟了公立学校制度的计划，建立了学术性的学会，而且预知知识的进步若无道德的发展相伴是非常危险的。他说："如果我们的品德不是同样高贵，或我们勤勉至上而不虔诚，或我们知识至上而不爱邻居，或我们智慧至上而不谦虚，请问对我们所有的学问有何益处？"

这些正统人文学者中最后的一位，特里西米斯，是斯波赫姆（Sponheim）修道院院长，他于 1496 年写道："建立修道院的时代已经过去，其毁灭即将来临。"有一位人文学者名凯尔特，把特里西米斯描写为"饮酒节制，不屑肉食，以蔬菜、蛋及牛奶为生"。在他的俭朴生活中，他成为一位学术泰斗：他精通拉丁、希腊、希伯来等语言及其文学，而且与伊拉斯谟、马克西米里安、罗马选帝侯及其他名人有书信来往。他于 1516 年逝世，享年 54 岁。

凯尔特是德国人文学者中最热忱、最有影响的一位。他奔走于各地，好似某些传信的外交官，从一个城到另一个城，曾在意大利、波兰及匈牙利念过书，在科隆、海德堡、克拉科、布拉格、维也纳、因戈尔施塔特、帕多瓦、纽伦堡等地教过书。他发掘了宝贵而被遗忘的原稿，如赫罗兹维塔（Hrotswitha）的戏剧及古代地图，如他曾送给波伊廷格的那种。无论他去何处，总有学生围在他的四周，他热情地以诗、古典文学及德国古代的习俗来灌输他们灵感。1447 年，在纽伦堡，皇帝腓特烈三世封他为德国的桂冠诗人。1491 年，凯尔特在美因茨创立了有势力的莱茵文学社，此社包含科学家、神学家、哲学家、医学家、历史学家、诗人、律师，如有名的法学家乌尔里希·察修斯（Ulrich Zasius）、威利巴尔德、罗伊希林及温菲林格。在维也纳因受马克西米里安、特里西米斯经费的供应，他于 1501 年组织了一所诗学院，该院成为大学的荣誉组成部分，在该院里师生在一起生活，并怀有同样的抱负。凯尔特在求学期间显然失去了对宗教的信仰，他曾提出类似"人死后灵魂尚活着吗？""真有上帝吗？"等问题。在旅行途中，他和许多妇女发生关系，但对祭台上奉献的圣物毫无兴趣。他轻松地得出结论说："在太阳之下，为了忘却烦恼，没有比倒在男人怀中的美女更甜蜜的了。"

这种怀疑派的非道德论在路德前的最后 10 年里流行于德国的人文学者之间。赫斯（Eoban Hesse）于 1514 年用好的拉丁语法写了《赫罗埃德·克里斯蒂娜》（*Heroides Christianae*），此书模仿奥维德，在丑闻方面要比在文体方面模仿得更多——含有抹大拉致耶稣的书信及圣母玛利亚致天父的情书。为使言行一致，他的生活如切利尼（Cellini）那样轻松，其酒量在当时无双，一口气能干掉一桶麦酒。穆善纳斯（Conradus Mutianus Rufus）完成了怀疑派与宗教之间友善的和解。他在代芬特尔、欧福及意大利念书后，因适当的牧师圣俸而感到满意，在他的门上有一句座右铭"幸福的宁静"，把一些仰慕他的学生集合起来，教他们"要重视哲学家的法令更甚于传教士的"。但他警告他们，在群众面前必须隐瞒对基督教教条的怀疑，要以绅士风度服从教会的礼节和仪式。他说："我们所谓的信仰，非指我们所谓的与事实一致，而是一种关于建立于轻信上及寻求利益的说服上的神圣事物的意见。"他认为替死者献弥撒毫无用处，守斋是一件不愉快的事，做告解是令人难为情的事。他以为《圣经》中有很多寓言，如约拿和约伯的寓言；基督或许并没有真的死于十字架上；希腊人和罗马人，只要他们正正当当地生活，都是不知《圣经》的基督徒，他们无疑都进了天堂。信条与礼仪不应按照文字的要求判断，应按其道德效果评判。如果它们促进社会秩序和私人品德，则不必公开质询就应予以接受。穆善纳斯要求他的学生们过着清洁的生活，在他的晚年，他誓言："我要转而研究虔诚，除了能提升基督徒生活的事物之外，再不向诗人、哲学家或历史学家学习什么。"他生前过着愉快的哲学生活，死后又蒙教会的一切祝福（1526 年）。

罗伊希林注意到中世纪传统的 12 个集中教育中心，以拉丁文的普及为西欧的教育语言。他在故乡的普福尔茨海姆（Pforzheim）小学里，在弗赖堡、巴黎、巴塞尔、奥尔良、普瓦捷、林兹（Linz）、米兰、佛罗伦萨及罗马等大学里，几乎以盲目的狂热研究拉丁文、希腊文、希伯来文及法律。依照德国人文学者的风俗，他改了名字——由劳森（Rauchen）改为卡普诺斯（Kapnos），此名按希腊语是"吸烟"之意。他在 20 岁时编了一本拉丁语字典，曾再版多次。他在罗马时，约翰内斯·阿格伊罗普洛斯（Johannes Argyropoulos）给了他一段很难的修昔底德的作品要他翻译。罗伊希林应答如流，以致这位老希腊学者惊叫说："希腊现已飞过阿尔卑斯山。"这位嗜学的学生决不放过学习希伯来文的机会，穆善纳斯坚称曾听说罗伊希林给一位犹太学者 10 块金币请他解释一个希伯来文的片语，但这也许是一位人文学者的想象。皮科（Pico della Mirandola）劝说罗伊希林要寻求犹太神秘哲学的智慧。他在把哲罗姆翻译的《旧约》与希伯来原文对照后，指出神学家们习惯引用作为经典的文件中有很多的错误。他 38 岁时（1493 年）被聘为海德堡大学的希伯来文教授。他编的希伯来文字典与文法使研究希伯来文和《旧约》有一种科学依据，而且提供了希伯来文《圣经》对新教思想的强烈影响。逐渐地，他对希伯来文的赞赏超越了对古典文学的挚爱。他说："希伯来语是纯正的、简洁的语言。那是上帝对人类讲话的语言，也是人类与天使面对面会谈的语言。"经过努力研究，他保留了正统的信仰。他的信仰中混有些微的神秘主义，但他把所有的写作和所教之物虔诚地呈报给罗马教会的权威。

奇怪而复杂的环境使他成为德国文艺复兴的英雄。1508年，约翰尼斯·普费弗科恩，由一位犹太教教士转而为基督教教士，出版了《犹太人的借镜》（*Judenspiegel*），谴责迫害犹太人，而且要把一般指控于他们的罪恶洗清，但是促请他们放弃贷款及《塔木德》，而接受基督教义。他因受到科隆的多米尼克教派的支持，向皇帝建议，除了《旧约》外，其他一切希伯来书籍均应查禁。马克西米里安命令所有的犹太文学有关对基督教义的批评均应交给普费弗科恩处理，而且应由科隆、欧福、美因茨及海德堡等大学，科隆宗教裁判所长——雅各·霍赫斯特拉滕（Jakob van Hoogstraeten）及研究希伯来文权威的罗伊希林等审核。除了罗伊希林外，其他人均认为那些书应当没收并焚毁。罗伊希林少数的意见在宗教容忍的历史上成为划时代的重要事件。他把犹太书籍分类：第一类是显然含有嘲笑基督教义的作品应予焚毁；其余的，包括《塔木德》，只要是对基督教学术研究有价值的应予保存。此外，他辩称，犹太人有良心自由的权利，即一面做皇帝的公民，一面对基督教不负有任何义务。罗伊希林在私人函件中指普费弗科恩为一"蠢货"，因他并没有真正了解他建议要毁掉的书籍。

普费弗科恩写了一本小书《小镜子》（*Handspiegel*）来作为对这些礼遇的回报，攻击罗伊希林是被犹太人买通了的工具。罗伊希林也写了一本小册子《眼镜》（*Augenspiegel*），以同样的辱骂来反击。这激起了正统派之间的一场风暴。科隆的神学院向罗伊希林抱怨说，他的书使犹太人得意忘形，并催促他把他的书收回以免流传。马克西米里安禁止出售他的书。罗伊希林向教皇利奥十世上诉。教皇将此事交各参议员办理，他们向教皇报告，这书是无害的。利奥十世暂停采取行动，但保证他周围的人文学者不会加害罗伊希林。同时普费弗科恩及其多米尼克会的支持者在科隆的宗教审判庭前控告罗伊希林是一个不信基督教的人，而且是基督教的叛徒。总主教过问了此事，并将此事送呈罗马，然后又转到施派尔的主教法庭，经该法庭判决罗伊希林无罪。多米尼克教派又上诉罗马，科隆、欧福、美因茨、卢万及巴黎等大学的教授团下令将罗依希林的书焚毁。

在这一时代德国的文化活力是不寻常、善辩的——很多贵人都来替罗伊希林辩护：伊拉斯谟、威利巴尔德、波伊廷格、巴塞尔的俄科兰巴留士（Oecolampadius）、罗切斯特的菲希尔主教、胡滕、穆善纳斯、黑斯、路德、梅兰克松（Melanchthon），甚至还有些高级教士，这些人如同在意大利一样，都偏袒人文学者。帝国的选帝侯、王子及 53 个城市都宣布他们支持罗伊希林。1514 年，支持他的人们所来的信函被汇集，并以《要人们致约翰·罗伊希林的信函》（*Clarorum Virorum Epistolae ad Johannem Reuchlin*）之名出版。1515 年，人文学者发表一本更具破坏性的书，名为《无名小卒们致科隆大学文学教授尊严的教师奥图努斯·格劳秀斯的信函》（*Epistolae obscurorum virorum ad venerabilem virum magistrum Ortuinum Gratium*）。这是文学史上较大的讽刺事件之一。1516 年发行的增订版十分成功，一年后又发行了续集。这本书的作家们，其中有的冒充热心的僧侣，或格劳秀斯的赞助者和罗伊希林的敌人，他们用可笑的匿名隐藏自己的身份——尼古拉·卡普里默吉斯（Nicolaus Caprimulgius，挤山羊奶者）、约翰尼斯·佩利费克斯（Johannes Pellifex，制造皮革者）、西蒙·沃斯特（Simon Wurst，腊肠）及康拉杜斯·尤克布恩克（Conradus Unckebunck）。这些作者故意用写得很坏的拉丁文模仿修道院的文体，他们抱怨"诗人"堆积在他们身上的讽刺；他们殷切地询问有关罗伊希林的上诉；同时暴露了他们荒谬的无知，及他们道德和心灵的粗鄙；他们以庄严的经院学派的形式，争论可笑的问题，为了减轻猥亵而引证《圣经》，而且无意中以秘密告解、出售赎罪券、崇拜圣物及以教皇的权威取乐——这些就是宗教改革的主题。整个德国的文学界对作者的身份感到迷惑，后来大家知道，那是穆善纳斯的一位门徒，欧福的克罗图斯·鲁比亚努斯（Crotus Rubianus）写了第一版的大部分，续集的大部分是胡滕写的。利奥十世对此极为愤怒，禁止阅读或持有这种书籍，并将罗伊希林判罪，但于1520年经过施派尔的审讯罚款后把他释放了。罗伊希林当时已65岁，精疲力竭，退回到默默无闻中，静静地消失在宗教改革的刺目强光中。

德国的人文主义运动也在那次爆发后消失了。一方面受到大多数大学的攻击，另一方面从事于生存竞争的宗教改革者加强了他们的目标，专心于来世的个人救赎的宗教信仰，只留下少许的时间去研究古典文化或有关今后人类的改善。德国的人文学者因未能从希腊文学发展到希腊哲学，又徘徊于粗野的神学上的争论或比埃克哈特大师更欠成熟的"神秘主义"，从而自取败亡。他们并未留下较重要的作品，罗伊希林希望成为他的一种比黄铜更能持久的纪念碑——他编的文法与字典很快被取代和遗忘了。然而，如果路德曾经胆敢把他攻击的目标投向约翰·泰塞尔（Johann Tetzel）和教皇，如果德国的心灵没有受到人文学者从教皇绝对威权的恐怖中某种程度的解放的话，其结果如何，谁能知道？罗伊希林和穆善纳斯的信徒们在欧福是强有力的少数，路德曾在那里念过4年书。当时在人文主义中成长的最伟大的德国诗人，成为宗教改革的热情前锋。

伍利黑·胡滕

在路德之前的时代，德国文学上没有出现巨人，仅有大量的、令人振奋的产品而已。诗是为高声朗诵而作，所以受到朝野的欢迎。神迹和受难的戏剧继续演出，以对戏剧艺术的强烈兴趣来掩饰其粗鲁的虔诚。1450年，德国民间戏剧大都已世俗化。甚至在宗教性戏剧进行中，也有粗鲁及有时带有猥亵性的闹剧。在文学里插有风趣的幽默。那个流浪的骗子"Till Eulenspiegel"（直译为"猫头鹰镜"）一生的荣枯和诙谐在德国各处掀起了各种高潮，他那愉快的戏谑既不宽饶俗人，也不放过教士。1515 年，他的冒险故事已印刷成书。文学和艺术，都一再表示僧侣与教士将被拖下地狱。每一种文体都充满讽刺。

当时最有效果的讽刺作品是布兰特的《愚人船》，没有一个人曾经预料到巴塞尔的法律及古典文学教授能有这么生动的演出。布兰特想象了一只为愚人们部署的船队（作者后来忘了，说是一条船），试想渡过海洋。一个又一个愚人昂首阔步地在场景中行走。一阶级接一阶级地忍受这位法学家作者愤怒打油诗的鞭打——农民、技工、乞丐、赌徒、守财奴、高利贷者、占星家、律师、迂腐玄学者、花花公子、哲学家、教士。具有虚荣野心的人们，懒惰的学生，贪污的商人，不诚实的职工——都受到了他们应得的打击，而布兰特仅将他的敬意保留给了那些虔诚和正统的天主教徒，他们的天命就是进入天国。这本书印刷精美，饰有显示故事中每一句带刺的话的木刻，有 12 种翻译本，畅销西欧各处。在当时此书拥有的读者之多，仅次于《圣经》。

布兰特对教士的攻击非常温和而轻微，但方济各会教士托马斯·墨诺（Thomas Murner）对僧侣、教士、主教及修女的攻击与讽刺比布兰特的更刻薄、更粗鲁，也更富机智。墨诺说，传教士对金钱比宗教更有兴趣；他用各种方式哄骗教友的每一分钱，然后把他搜罗的一部分钱财给予他的主教以获准蓄妾。修女秘密地做爱，子女最多的修女被选为女修道院院长。墨诺与布兰特同样忠于教会。他指责路德是一位更糊涂的人，并以动人的诗——《基督信仰的崩溃》（Von dem Untergang des Christlichen Glaubens）——悲叹基督徒信仰的低落和宗教世界逐渐加深的混乱。

如果这些深得人心的讽刺显示了即使是忠诚的天主教徒也轻蔑他们的教士的话，那么，胡滕的那种更激烈的讽刺则表示他已完全放弃对教会内部改革的希望，而且呼吁公开的反叛。胡滕出生于法兰哥尼亚（Franconia）一个骑士家庭，11 岁时被送入富尔达修道院，家人希望他成为一名修道士。经过 6 年查看期之后，他于 1505 年逃跑了，过着流浪学生的生活，作诗、诵诗、乞讨，居无定所。他那矮小的身体因患热病几已精疲力竭。他的左腿因浮肿溃疡而时成残废。他的脾气由于病弱而动辄发怒，但黑斯觉得他"完全可爱"。有一位慈善的主教把他带到维也纳，那里的人文学者们欢迎他，但他与他们相处不来，于是前往意大利。他曾在帕维亚和博洛尼亚念书，曾向教皇尤里乌斯二世射出了恶毒的隽语，为了生活加入入侵的德国军队。其后，在痛苦之中，他返回了德国。

在美因茨，命运给了他一个微笑：他为年轻的总主教阿尔布雷希特写了一首颂词，获得 200 个基尔德的酬谢金。阿尔布雷希特的宫廷全是人文学者，其中很多是不虔敬的自由思想者。胡藤开始向《无名小卒的信函》投稿。他遇见了伊拉斯谟，而且被这位大学者的学问、机智和魔力所迷。他因阿尔布雷希特的基尔德与他动了恻隐之心的父亲的帮助，又寻获了意大利的太阳，每到一处，便谩骂"那些伪善而腐化的神学家和僧侣们"。他从教皇的首都给克罗图斯发出一通警告：

> 好朋友，放弃你来访问罗马的欲望吧。你在那里所要寻求的不再找得到……你可借抢夺谋生，你可做谋杀及亵圣的事情……你可沉迷于贪欲，而否认在天的上帝。但你如只带钱来罗马，你是一位最可敬的人。美德与上帝的祝福这里是有得卖的，你甚至买得到未来犯罪的特权。然后你将会求好若狂。明达的人将变成邪恶。

他于 1517 年以幽默的讽刺，把洛伦佐·瓦拉讨论伪造的"君士坦丁献土"的破坏性论文新版献给利奥十世，并使这位教皇确信，其前辈教皇大多数都是暴君、强盗、勒索犯，因为他们都把来世的惩罚变成为自己的税收。这件作品到了路德的手中后，激发了他对教皇的怒气。

　　胡滕的很多诗里虽含有凶猛的责骂，但这些诗仍使他在德国赢得了名声。1517 年，他回到纽伦堡后，受到康拉德·波伊廷格的款待。马克西米里安因这位富有的学者的建议，封胡滕为桂冠诗人。阿尔布雷希特提拔他担任外交事务，并派他远至巴黎担负重任。胡滕于 1518 年回到美因茨时，他发现路德所著的有关赦免的论文在德国引发了骚动，而且他一定乐于看到自己悠闲的大主教陷于不安。路德被传唤到奥格斯堡面对红衣主教卡耶坦（Cajetan）和一项异端邪说的指控。这时胡滕犹豫了，他在情感上与财政上均深爱大主教，但是在他的血液中已感到战争的呼叫。于是他跃上马背，驰向奥格斯堡。

德国教会

　　有一种迹象显示高级教士易于接受教会的批评与评论。有些分散的无神论者，其名字已随时间的流逝而消失；伊拉斯谟曾提及"我们中间有人思想如伊壁鸠鲁那样，以为灵魂是与肉体俱逝的"。人文学者中有些怀疑论者。有些神秘论者否认教会或教士为人与神之中间人的需要，并强调内在的宗教经验，反对仪式与圣事。到处都有韦尔多派教徒的小组织，他们否认教士与俗人的区别。在德国东部有些胡斯派信徒，他们称教皇是伪基督。在埃格尔（Eger）有两兄弟，奥格斯堡的约翰和卢英（Lewin），于 1466 年指责赎罪券为欺骗。威泽尔（Johan von Wesel）是欧福的教授，宣扬宿命与天选系靠神的恩典，否定赦免、圣事及向圣人祈祷，而且声明："我轻视教皇、教会和议会，我只崇拜基督。"他被宗教审讯所判罪，于 1481 年死于狱中。韦塞尔（Wessel Gansfort）被误称为约翰·韦塞尔（Johan Wessel），他怀疑告解、赎罪、赦免和炼狱，认为《圣经》是信仰的唯一权威，而信仰是救赎的唯一来源。这近乎路德的话。路德于 1522 年说："如果我以前看过他的著作，我的敌人们也许会认为，路德完全是抄袭韦塞尔的，我们两人精神上是如此的契合。"

虽然如此，一般说来，宗教却在德国各方面都堪称兴旺，而压倒性的大多数人都持有正统信仰，而且——在他们的犯罪和醉酒之间——是虔诚的。德国家庭本身几乎就是一个教堂，母亲是这家的教义问答讲解师，而父亲则为这家的传教士。经常有祈祷，每一个家庭都有家庭祈祷书籍。不识字者，特备有图画，称之为"穷人用书"（Biblia pauperum），用图说明基督、圣母及圣人的故事。圣母的画像如耶稣一样多。经常吟诵《玫瑰经》。宗教裁判官施普伦格曾创办一个背诵《玫瑰经》的兄弟会。有一篇德文祈祷文是专为唯一真正受爱慕的"三位一体"而写的：《光荣归于圣母、圣父及圣子》。

有些教士同一般人一样虔诚。一定曾经有过——在恶意的喧嚷声中，他们的名字鲜为人知——有宗教信仰的忠实牧师去制造或维持如此普及民间的虔诚。教区的传教士多半有妾或法定之妻，但德国人似乎原谅这种不洁的行为，认为是滥交的一种改良。教皇们自身，在这精力充沛的时期，难道就不曾反叛过独身主义吗？至于"正规"的教士——服从修道院规则的——很多他们的教团现在都从事于认真的自我改革。圣本笃会已决定过半修道会半世俗的生活。条顿骑士们依然品行放荡，残酷而贪婪。多米尼克会、方济各会及奥古斯丁会等修道士仍遵守其会规，并担任很多慈善的实际工作。在这次改革中最热心的是奥古斯丁会的隐士，他们原是隐居的修道士，但以后集合成会。他们以明显的忠贞遵守他们修道院誓愿的守贫、守贞及服从，而且学识渊博，足以充任德国诸大学的教席。路德决定做修道士时，即选择了该会。

对德国教士的抱怨主要是反对高级教士，反对他们的财富与利欲熏心。有些主教和修道院院长必须筹组经济和行政，以管理教会所有的广大地区。他们都是有主教法冠或削发受戒的封建领主。这些教士举止更像世俗人而非上帝的人。据说，其中数人带妾乘车参加省或联邦议会。一位饱学的天主教高级教士和历史学家约翰尼斯·詹森（Johannes Janssen），在宗教改革的前夕综合了当时德国教会的恶习：

> 虔敬的挚爱与世俗的贪婪，及虔诚的弃绝与无神的自助的对比，很显然地表现在社会其他阶层与教士阶层之间。在教士的上帝和宗教布道及灵魂照顾之中，太多的事务完全被忽略了。贪婪，这时代易犯的罪恶，出现在教士的各会及各级中，他们渴望增加所有的租金和收入，税收与额外津贴至最大限度。德国教会在基督教世界里是最富有的。据估计，差不多德国 1/3 的地产是在教会的手中——它使教会当局经常想法增加他们财产的事变得更不可恕。在许多城市里，教会建筑物和慈善机构占去了土地的更大部分。在僧侣团自身之内，在收入方面也有最显著的对照。各教区的低级教士，其仅有的微薄薪水来自许多不稳定的什一税，他们时常为穷困所迫——如果不为贪婪所诱——去做一些与他们身份甚不相称的交易，这使他们暴露于教区内居民的轻视之下。另一方面，高级教士却享受多到用不完的财富，其中很多人毫无顾忌地以如此令人不快的态度炫示，以致激起人民的愤恨、上层阶级的忌妒及一切严肃人士的藐视……很多地方发出抱怨，反对圣事的图利的滥用……反对经常把巨额的金钱送到罗马，这是教士任职的第一年薪俸和封嘴的贿赂。一种对意大利人充满仇恨的情绪逐步开始得势，即使像总主教贝特霍尔德·冯·亨内贝格（Berthold von Henneberg）这种神圣教会真正子孙的人。他于 1496 年 9 月 9 日写道："意大利人应用其服务酬劳德国人，而不应当以经常勒索金钱而耗尽僧侣团体。"

如果教皇不自负、勒索的话，德国也许会原谅其主教的世俗欲望。由于德国民族主义精神逐渐增强，他们愤恨教皇的擅权——即如无教皇的认可，连皇帝职位也是不合法的，且任意迫使皇帝和国王下台。世俗与教会当局之间，在有圣俸的委派、民事与主教法庭司法权的重叠及教士几乎享有一切民法的豁免等方面持续冲突。德国的贵族们以烦闷的心情对教会的财产虎视眈眈，而商人认为各修道院的免税要求，是和他们在制造和贸易上竞争。这一阶段的斗争更多是物质利害关系，而非神学歧见。另一个教会历史学家报告如下：

> 德国人一般的意见是：罗马教廷对征税所施加的压力已到无法忍受的程度……他们一再抱怨大法官的法庭税，领受圣职的第一年薪俸费……及圣职授任费等的过分提高或非法扩张。极多的新赦罪未经当地主教的同意而宣布，而且为了十字军名义屡征的什一税改为其他用途。甚至对献身于教会及罗马教廷人士也时常声称，德国对罗马的不满，从财政角度来看，很大程度上是有充分理由的。

1457 年，马丁·梅耶（Martin Meyer）——美因茨总主教迪特里赫的财务秘书，向红衣主教皮科洛米尼（Piccolomini）怒气冲冲地反复陈述德国遭受罗马教廷不公正的对待：

> 高级教士的选举经常无故拖延，而且各种圣俸与高位均为红衣主教和教皇的秘书而保留。红衣主教皮科洛米尼本人在德国的三省内以一种非常和未曾听说的方式，被核准保有一般预留地。有无数继承权[1]的事情要商讨，任圣职第一年薪俸及其他税被征得很急，而且不许拖延，据知所勒索的税超过应征的总数。主教职权的赐予不是给最有才能者而是给最高的出价者。为了搜刮金钱，每日发布新的赦罪和征收战争什一税，均未获得德国高

---

[1] 圣职圣俸的"继承权"（expectancy），是预期原任者将死或将有调动，而先行许诺新的任命。在主教死后与继任人选出之前，教区的收入全归罗马教廷所有，这项规矩常是新任命延迟的原因。

级教士的同意。应由国内处理的诉讼很仓促地就被转移到宗教法庭。德国人一直被视为富裕而愚蠢的野人，而以各种狡诈的手段逐渐消耗其金钱……多年来德国一直睡在尘埃中，悲叹其贫困和苦命。但现在她的贵人们已从梦中醒来，他们决定要摆脱这种束缚，并要恢复其固有的自由。

1458 年，皮科洛米尼红衣主教成为庇护二世时，公然反抗这个挑战。他要求迪尔（Diether von Isenburg）付出 2.05 万基尔德之后，才确立他为 1459 年的美因茨下届总主教。迪尔拒付这笔款项，指控这数目超过以往所有的先例。庇护把他逐出教会。迪尔置此禁令于不顾，而且有数位德国王侯支持他。迪尔聘用纽伦堡的法学家格雷戈尔·亨堡（Gregor Heimburg）唤起公众情绪以赋予议会高于教皇的职权。亨堡到法国游说对教皇采取一致行动。有一段时间北方国家似已不再效忠罗马。但教皇代理人陆续脱离迪尔联盟的运动，而庇护指派拿骚的阿道夫接替他。于是两位大主教的军队打了个伤亡惨重的战役。迪尔败了，他向德国各领袖提出警告，除非他们团结，否则他们会不断地受压迫。这个宣言是古登堡印刷的第一批文件之一。

德国的不满并没有因教皇的胜利而平息。1500 年大赦年狂欢节，大量的金钱由德国运入罗马后，奥格斯堡的议会要求那部分金钱应退还给德国。马克西米里安皇帝埋怨说，教皇在德国所征的税收比他本人向德国征收的多 100 倍。1510 年，他同尤里乌斯二世作战时，指示人文学者温菲林格草拟一份德国的苦况和教皇政治的对照。有一段时间他曾想提议德国教会与罗马分离，但温菲林格劝阻了他，因为他无法预期各王侯的坚定支持。然而这时代的一切经济发展都为路德准备好了。一种物质利益的分歧终于使德国的宗教改革对抗以阿尔卑斯山的黄金来支持诗与艺术的意大利文艺复兴。

民间反教士运动热诚地团结起来进行。一位诚实的牧师说："仇恨教会与教士的革命精神已掌握德国各部分的群众……'传教士，你们去死吧！'这很早就已秘密流传的呼声现在已成为口号。"民众的仇恨非常激烈，以至宗教审判所在德国不敢判定任何人的罪状。随后在西班牙也发生了类似的情形。暴烈的宣传小册攻击德国教会，并不如攻击罗马教廷那般厉害。有些僧侣和传教士加入攻击的行列，而且鼓动其会众反对高级教士的奢侈。参加1500年的大赦年归来的朝圣客给德国带回了一种耸人听闻的——时常是言过其实的——有关教皇的不道德、教皇的恶毒、红衣主教的作威作福及有关他们的异教精神和贪污的故事。很多德国人应誓说，因为他们的祖先曾于476年摧毁了罗马的权力，他们或他们的后代总有一天会再次粉碎那种暴政。其他的人回忆皇帝亨利四世在卡诺沙受到教皇格列高利七世的侮辱，认为报仇的时间已经成熟。1521年，教廷大使阿林德（Aleander）警告利奥十世，反对教会的暴动叛乱即将来临，他说，5年前他从很多德国人口中听到，他们只是等待"某位傻瓜"发出攻击罗马的命令。

在数世纪的封锁与镇压后，数以千计的因素与影响——教会的、理智的、感情的、经济的、政治的、道德的——汇成了一股自野蛮人征服罗马以来把欧洲投入最大变动之中的旋风。教皇职权因阿维尼翁的放逐和教会的分裂而衰微；修道院纪律和教士独身的崩溃；高级教士的奢侈，罗马教廷的腐化，教皇的世俗活动；亚历山大六世的风流，尤里乌斯二世的好战，利奥十世的不负责任及逸乐；兜售圣物及贩卖赎罪券；在十字军和土耳其战役中穆斯林战胜基督王国的事实；普遍非基督信仰的认识；阿拉伯科学与哲学的流入；斯科特的非理性论和奥卡姆的怀疑论，经院哲学的崩溃；教会会议至上主义运动实施改革的失败；异教古物及美洲的发现；印刷术的发明；文学与教育的推广；《圣经》的翻译与阅读；圣徒们的俭朴和贫穷与教会隆重的仪式及财富成为新的现世对照；德国与英国的经济独立和逐渐增长的财富；中产阶级对教会的束缚和要求而引起的愤恨的加深；反抗金钱流入罗马；法律与政府的脱离宗教；民族主义的激烈和君主权力的强化；本国语言和文学国家化的影响；韦尔多、威克利夫及胡斯三教派的遗产的发酵；神秘主义者要求较少仪式，更多个人、内在及直接的宗教：这一切因素汇合成一股强力激流，将会击破中世纪的风俗，松动一切标准及束缚，把欧洲粉碎成多种国家和教派，扫除更多的传统信仰的约束，结束基督教统治欧洲人精神生活的端倪似已显现。

第二部

宗教改革

老克拉纳赫创作的《路德肖像》。路德写下了攻击各种天主教谬论的《九十五条论纲》，呼唤了宗教改革的到来。

第一章 | 马丁·路德：宗教改革

（1517—1524）

台彻尔

1517 年 3 月 15 日，教皇利奥十世颁行历史上最有名的赦罪状。这位教皇虽然把文艺复兴的许多成果与精神带进罗马，但宗教改革仍在他任内爆发了。利奥原为"慷慨者"洛伦佐之子，现为美第奇家族的族长。美第奇家族曾经孕育了佛罗伦萨的文艺复兴。利奥本人则为学者、诗人，也是十足的绅士；他仁慈而宽厚，喜爱古典文学和精致的艺术品；在道德沦落的环境里，他操行端正，他的本性倾向活泼愉快却不逾规矩。他为一个世纪以来荒凉贫瘠的城市，带来了欢乐的榜样。除了他的肤浅外，他所有的过错都是肤浅的。他太不区分其家族和教堂的财产，而浪费大量的钱在一些有问题的诗篇和战争上。他像一般人一样宽容，欣赏伊拉斯谟讽刺教会的《愚行颂》，有时候也例外地拒绝批准一些措施，如允许文艺复兴的教会给予那些通常用拉丁语向少数受教育者发表演说的哲学家、诗人和学者们以相当的自由，却不顾及具有坚定信仰的群众。

身为银行家的儿子，利奥习惯于挥霍金钱，尤其是为别人。他继承了尤里乌斯二世的大笔教皇基金，却在去世前挥霍净尽。也许他并不太关心尤里乌斯已动工的大教堂，而只关心旧圣彼得教堂的失修，大笔资金已倾注于新教堂，而让那宏大的事业失败，对教会将是一个耻辱。也许带着几分勉强，1517年，他对所有愿意捐款以完成大神龛的人提供赦罪状。英格兰、德国、法兰西和西班牙等国的统治者，抗议他们国家资财的逐渐被消耗，他们国家的经济由于再三供给罗马而陷于困扰。不过，对较有威势的国王，利奥考虑得周到些，他同意将在英格兰募款所得的1/4，给亨利八世；贷款17.5万杜卡特给查理一世，即后来的帝国皇帝查理五世，以抵消他可能在西班牙的募集款额；他也允许弗朗索瓦一世保留一部分在法兰西的募款所得。德国受到的优惠待遇较少，因为没有强大的君主政府来和教皇讨价还价，马克西米里安一世分配到为数不多的3000杜卡特进款。勃兰登堡的阿尔布雷希特为付钱给教皇，使之授其美因茨大主教的职位，而向富格尔贷款；现在富格尔从募款中取回2万金币，以抵贷款额。很不幸，美因茨从1504年至1514年的十年间，大主教的位置三次更迭，有两次为了使罗马教皇批准授予大主教之职而付庞大的款项，阿尔布雷希特为避免第三次的付款而向富格尔贷款。现在，利奥同意让这位年轻的大主教全权支配马格德堡、哈尔伯施塔特和美因茨的赦罪状。富格尔的一位代理人，陪伴着阿尔布雷希特的每一位教士，核对收支的情形，并保管基金保险箱的钥匙。

　　阿尔布雷希特的主要代理人为台彻尔（Johann Tetzel），是多米尼克教派的教士，一位很有技巧而具美名的募款者。从1500年起，他的主要工作是处理赦罪状。在执行这项任务时，他通常接受地方教士的帮忙：当他进入城镇时，教士、地方官员和虔诚的信徒们，以旗帜、蜡烛和颂歌迎接他。他将教皇的赦罪训谕放在金黄色绒布垫上，此时教堂的钟声响起，风琴声也四处洋溢。在令人印象深刻的仪式里，台彻尔把"完全赦罪状"颁给那些肯虔诚地忏悔，并会按他们自己财富的多寡，酌情捐献修建新圣彼得教堂的人。台彻尔的赦罪辞如下：

　　愿主耶稣降福于你，并以其在十字架上受苦难的神圣事迹，来赦免你的罪。我以主耶稣的名，借着使徒彼得和保罗及最神圣的教皇，赐予我在此地区为各位赦罪。首先赦免受教士责难的人，无论他是什么原因引起的。其次赦免犯罪、犯规或过分无节制的人，不论他的过错多大。甚至赦免已提交罗马教廷的人，只要是罗马教会之匙所达之处，我都可以赦免你该在炼狱接受的惩罚；同时，我可以恢复你在教会的圣餐……恢复你在受洗时所拥有的清白纯洁。所以，当你死时，惩罚之门将会关闭，而快乐的天堂之门，将为你敞开。而若你不至于在目前去世，这些恩宠仍会完全地保留，直至你撒手人寰。奉圣父、圣子、圣灵之名。

这种对教徒冠冕堂皇的交易，即在教徒未去世前可以受赦免的观念，和罗马教会赦罪状的观念是相同的。当捐款者为一个在炼狱中的灵魂请求赦罪状时，台彻尔便引申大主教的训谕。一位天主教历史学家称：

　　毫无疑问，台彻尔按照他认为是他的绝对权威的训谕而做的宣称是——基督教教条只要捐钱，就可以为死者赦罪，而不需要考虑到悔过和忏悔的问题。按照前面台彻尔所作的赦罪辞的说法，他还认为赦罪状可用于任何人，决不失效。从他这些论调看来，他的教条实际上只是一种冷酷的格言，"当保险箱中的金钱响时，炼狱之火中的灵魂就会跃出"。教皇赦罪状的训谕，毫不认可这种主张。那只是含糊的经院哲学的说法……并非罗马教会的任何教旨。

一位天主教圣方济各修会的教士迈康尼乌斯（Myconius），也许对多米尼克教派怀有敌意，他听到台彻尔的所作所为后，评论道：

"简直是不可思议的事情，这位无知的教士居然这样传道。他莫名其妙地说，一个人故意去犯的罪过，也可以获得赦免。他说，教皇比所有的使徒、天使、先知，甚至圣母玛利亚都有权威；因为这些人全都从属于基督，而教皇则与基督处于平等的地位。"也许这是夸大其词，但目击者会有这样的描述，也可以间接表明台彻尔引起的反感。有一类似对台彻尔怀有敌意的谣言，被怀疑是马丁·路德所讲的，谣言称台彻尔在哈雷（Halle）说：任何不可能的事情，甚至一个男人侵犯到圣母，赦罪状也可以赦免其罪过。哈雷市的市民和教会，可以证明台彻尔并没有说过这种话。他是热心的推销员，但还不至于太昧良心。

台彻尔若不是因为太靠近"智者"腓特烈这位萨克森选帝侯的土地的话，他就不会在历史上留名了。腓特烈是一位虔诚而谨慎的统治者。理论上他不反对赦罪状。他曾经收集 1.9 万件圣物古董，放在维滕堡的城堡教堂里。他也曾计划买赦罪状，以增加这些古董的崇高性。他曾经得到捐助建造托尔高（Torgau）一座桥梁的赦罪款，也曾安排台彻尔广为宣传教皇赦罪状的益处。无论如何，他于 1501 年扣留过教皇亚历山大六世的一笔赦罪捐款，那是萨克森选帝侯为十字军东征土耳其人而募集的。腓特烈声称，若十字军真要东征的话，他会发放这笔款项。事实上，并未如此，"智者"腓特烈将这笔款项用于维滕堡大学。现在，由于不愿意让萨克森钱币再流出，同时也可能是不满台彻尔过分的传道，他禁止在其领土内进行 1517 年赦罪状的传道。但台彻尔太靠近边境了，致使维滕堡的人们仍然越过国境去买赦罪状。有些买主把教皇的赦罪训谕拿去给大学神学教授马丁·路德，要求他证明赦罪状的效力。马丁·路德拒绝了。这件事传到台彻尔的耳中，他公开指责马丁·路德。于是，台彻尔之名便永留青史了。

台彻尔低估了这位教授的刚强个性。马丁·路德很快地把他的 95 条拉丁文论纲编撰成书，题名为《为澄清赦罪状权威的争辩》（*Disputatio Pro Declaratione Virtutis Indulgentiarum*）。他并未考虑到他的见解含有异端，也未曾想到他人会认定如此。无论如何，马丁·路德仍是热衷的天主教徒，他从没有推翻罗马教会的想法。他的目的只是在驳斥赦罪状的过分传道，及为纠正那些滥用。他认为赦罪状的滥发和买卖行为，削弱了犯罪后的忏悔心理，使罪恶变成可以在拍卖台上出售解决的芝麻小事。他并不否认教皇"权力之匙"可以宽恕人的过错。他承认教皇有权授权给教士们，由他们来宽恕忏悔者当世的过错。但是，按马丁·路德的看法，教皇没有权力赦免炼狱中的灵魂，也没有权力减少炼狱中受刑的期限，因为那是超越坟墓以外之事，并不能靠教皇的"权力之匙"，而是靠教皇代祷的影响，而这代祷可能会或可能不会蒙上帝的垂听。还有一点，马丁·路德争论的，即所有基督徒都能自然地享有基督和圣者们的功绩，甚至没有教皇授予的赦罪状也能享有。对过分的传道，教皇所应负的责任，马丁·路德予以宽恕了，但他狡猾地补充道："这些过分的传道，甚至有学问的人，也很难挽回教皇应受的尊敬，因为回答一般世俗人刻薄的一句问话，并不是一件容易的事，世俗人会问道：'假使教皇为了建造教堂，而拯救一部分的人，为什么教皇不因为神圣的爱心和炼狱中灵魂的极度需要，而拯救所有炼狱中的灵魂？'"

1517 年 10 月 31 日中午，马丁·路德把他的辩论提纲张贴到维滕堡城堡教堂的大门上。每年 11 月 1 日万圣节时，萨克森选帝侯把他收集的古董陈列在此，总会有一大群的观众。公开宣读论文，由赞助人员帮忙抵御挑战者，这是中古世纪大学的旧风俗。被马丁·路德用以张贴文告的大门，平时是学术公告栏。在论纲正文之前，马丁·路德还附上一段谦虚的邀请文：

由于对真理的热爱及希望将真理明朗化，下列诸问题，将在维滕堡讨论，由可敬的神父马丁·路德担任主席。他是艺术与神学硕士，奥尔迪纳利（Ordinary）的讲师。因此，他要求无法参加口头辩论的人，可由通信的方法，提出问题辩论。

为使这些论文广泛地为人了解，马丁·路德将之译成德文，流传于民间。以一股特有的勇气，他把一份论纲的抄本送给美因茨大主教阿尔布雷希特。于是，宗教革命以谦和、虔诚、不知不觉的方式开始了。

马丁·路德的诞生

在一个 3000 人口的小市镇里，有什么遗传和环境因素，可以将一个浑浑噩噩的教士塑造成宗教改革的巨人呢？

马丁·路德的父亲汉斯（Hans）是一位严格、粗壮、脾气大的反圣职者，母亲是一位胆小、柔顺、笃信祈祷的妇女，他们都节俭而勤奋。汉斯原为默拉（Möhra）的农夫，后为曼斯菲尔德（Mansfeld）的矿工。马丁·路德于 1483 年 11 月 10 日诞生于艾斯莱本（Eisleben）。他有 6 位弟妹。他的父母亲都认为教鞭具有魔力，可以教出好孩子。马丁·路德说，曾有一次因为他父亲打得他太厉害了，父子有段时间像敌人一样；另外有一次，因为偷了一个果子，马丁·路德被他的母亲鞭打至出血。后来，马丁·路德自己认为："如此严酷的生活，是我后来当教士、避入修道院的原因。"父母传给他的"神之形象"，反映着他父母的脾气：一位严厉的父亲，严格地判断事情，苛刻地要求毫无趣味的道德，要求立即抵罪，结果几乎所有人类，都被他诅咒下地狱。他的双亲都相信女巫、小妖精、天使和恶魔，马丁·路德也终生带着这些迷信。在家庭的严格管教下，恐怖性的信仰形成了马丁·路德信条的一部分。

在曼斯菲尔德就学期间，更多的教鞭和教义问答等着他。曾经因为一个名词的误用，他在一天之中被鞭打 15 次。13 岁时，马格德堡的一位教会弟兄，带他上一所中级学校。14 岁时，转学至爱森纳赫的圣乔治学校，在科达太太舒适的房子里，过了 3 年比较愉快的寄宿生活。以后，马丁·路德从没有忘记她说的：对于男人而言，世上再没有任何事情比一个善良女子的爱更为珍贵的。这对他是一项很大的恩赐，使他 42 年的岁月能够过得很成功。在这个较健全的环境里，他培养了年轻人自然可爱的气质——健康、愉快、随和、坦率。他歌唱得很好，还会弹维忽拉。

1501 年，他的父亲送他到爱尔福特（Erfurt）就读大学。课程主要是神学与哲学，属于经院哲学派的理论。因为奥卡姆的《唯名论》是在此地成名的，所以，马丁·路德很可能曾经看到过奥卡姆提到的教皇和议会可能犯错的理论。他发现各种经院哲学的理论彼此常互相矛盾，曾经向他的一位朋友，说到他自己的哲学"不必一定学习旧有的一些滥调"。在爱尔福特，还有一些较不知名的人文主义学者，马丁·路德也稍微受到这些人的影响，当这些学者发现马丁·路德正热心研究另一门学问时，都不予以注意。他曾经学过一点希腊文，也稍微懂一点点希伯来文，但主修的还是拉丁古典文学。1505 年，他获得文学硕士。他那位引他为荣的父亲，送他一本豪华版的《实体法》（*Corpus Iuris*），作为毕业礼物。马丁·路德又进修研究法律时，这位父亲非常高兴。但两个月以后，这位 22 岁的青年突然决定当修士，使他父亲大为沮丧。

这项决定反映出他个性上的矛盾。他开始有了性的冲动，他也看到人生充满了很多正常的冲动，但学校和家庭灌输给他的观念，是"人生而有罪"，触犯了全能而且有权惩罚人类的上帝。他的正常冲动和他的信仰，似乎在言行上从不一致。可以猜想，当他经历一般人常有的自淫和青春期的幻想时，他没办法接受这是人类生长发展中的一个阶段，而视之为撒旦欲陷人于万劫不复之地。对上帝的概念，他接受到的，似乎没有一点慈爱的成分。在他看来，圣母玛利亚慈祥和蔼的影像，在上述恐怖性的神学里，是无足轻重的，而耶稣也并非对圣母唯命是从的儿子。常画于教堂的《最后的审判》中的耶稣，就是以炼狱的火焰来威胁犯罪者的基督。对地狱的反复想象，使他的心里充满了宗教的忧郁色彩，忘记了生活的乐趣。有一天，他离开父亲家、回爱尔福特时（1505 年 7 月），遇到一阵可怕的暴风雨。闪电在他四周闪亮，并击倒了附近的一棵树。这些景象在马丁·路德看来，好像是上帝在警告他：除非他的思想能得到上帝的拯救，否则死亡会使他来不及忏悔就堕入地狱。何处可以让他过被拯救的奉献生活呢？除了可以隔开外界、肉欲和魔鬼的围墙及苦行生活的地方外，并无他处了，换句话说，也只有修道院一处了。他对圣安妮发誓：若能幸免于这次的暴风雨，他即将献身为修士。

爱尔福特有 20 所修道院。他选择一所以奉行修士规则闻名的属于奥古斯丁派隐修士的修道院。他召集朋友们一起吃喝、唱歌。他告诉他们，这是最后一次了，明天起，他就要在修道院当见习修士。他谦卑地去做最卑微的工作。他像是在自我催眠一样地重复背诵祈祷文，他把自己关在没有热气的小寝室里受冻，他也绝食并鞭打自己，希望能借此将体内的魔鬼驱出。他说："我是一个虔诚的修士，严格地力行我的规条……若曾经有修士因为过修道院的生活，而获升天堂的话，那么我也一定可以升天堂……如果这种修行生活，需要久一点的话，我也要以反省、祈祷、阅读或做其他工作来使自己受苦，直至死亡。"有一次，好几天大家都未见到他，朋友们闯进屋子里，才发现他已经昏倒在地上。他们带来了一把维忽拉，一个朋友弹奏，他才醒来，向大家道谢。1506 年 9 月，他立下重誓：要坚守贫穷、贞节和服从。1507 年 5 月，他被任命为修士。

他的同修教士们，都友善地忠告他。有一位教士还向他保证：基督的慈爱已经为人类的原罪忏悔了，并为被赦罪的人们打开了天堂之门。马丁·路德阅读了一些德国的神秘论著，尤其是陶勒所作的，使他对沟通带有原罪的人类与正义、万能的上帝之间，有了希望。接着，约翰·胡斯写的一篇论文落到他手中，对教条的怀疑增加了他精神上的困惑，他怀疑道："一个能写如此具有基督教精神并大有能力的人，为什么会被处火刑……我将书合上，带着满腔的疑问走开。"奥古斯丁教团的地区主教约翰·司塔匹兹（Johann von Staupitz），慈父般地关心这位烦恼的教士，命令他放弃苦修主义，改以精读《圣经》和圣奥古斯丁的书。从送给马丁·路德一本拉丁文《圣经》这件事上，可以看出主教们对他的关怀。因为拉丁文《圣经》对个人而言，是稀有的财产。

1508 年或 1509 年某日，马丁·路德被圣保罗给罗马教会书信中的一句话所震惊："义人必因信得生。"这些话逐渐使他相信人是可以"称义"的——行义便可免入地狱——而非靠善行，善行决不足以赎罪，而是要完全地相信基督，以相信基督为世人所受的苦难。在奥古斯丁教团的修道院，马丁·路德发现了另一个观念——预定论——这或许恢复了他的恐惧，即甚至在创世以前，神就已经命定某些人得救，某些人要堕入地狱，按照神的意愿而拣选出来的选民，因为基督的神圣牺牲而得以救赎。由于那种荒谬的理论，使他又逃回到他原来的信念——因信得救。

1508 年，经司塔匹兹的介绍，马丁·路德转入维滕堡的奥古斯丁修道院，先当逻辑学和物理学的讲师，后任神学教授。维滕堡为"智者"腓特烈王的北部都会，住宅很少。当时的人称此地为"贫穷、不重要的城市，只有一些小而古老、丑陋的木屋"。马丁·路德形容此地的居民为"极度酗酒、粗野，狂闹"。他们以当萨克森的豪饮者为荣，萨克森是全德国酒徒最多的省份。马丁·路德曾说：向东一英里之处，文明即告终止，开始为野蛮之地。而马丁·路德大部分时间都停留在此地，一直到他临终之日。

1510 年 10 月，马丁·路德已经是一位模范教士了。他和另一位教士，为了奥古斯丁教派的某些秘密任务，被遣送到罗马。看到罗马城市时，他的第一个反应是一种虔诚的肃然起敬，他俯下身来，举起双手，叫道："向您致敬！噢！神圣的罗马！"马丁·路德游遍了所有圣迹，在每处圣物遗迹前，他都毕恭毕敬地行礼。他跪着爬越斯卡拉·桑塔山（Scala Santa），又访问了 20 所教堂，这些使他赚到很多张赦罪状，令他几乎希望自己的父母已死，好让他利用这些赦罪状，将他们从炼狱中拯救出来。他也到罗马议坛（Roman Forum）参观，但很显然，拉斐尔、米开朗基罗及其他上百位艺术家，正开始创作并装点罗马的文艺复兴艺术，并未使他感动。在他游历罗马以后的数年之间，他对罗马教士的俗气及对当时流行于圣城罗马的不道德行为的批评，并未保留下来。但是，10 年以后，他时常在茶余饭后缅怀过往，将 1510 年的罗马描写为"令人憎厌的地方"，将教皇描述为比异教教主还差劲的人，将教皇宫殿描写为"以 12 位裸女陪伴进晚餐"的地方。他之所以有这些批评，很可能是因为他并无门路闯入较高阶级的教士圈内，对这个圈内已确定的并不苛刻的道德观念，他没有直接的认识。

1511 年 2 月，马丁·路德回到维滕堡，在教育界他很快地被提升了，并被晋升为省区总教士。他开《圣经》课，又经常在教堂传教，非常勤勉而虔敬地从事他的工作。一位著名的天主教学者说：

> 他所写的公函，对彷徨无主的人有深刻的感召力量，对堕落的人有温厚的同情心。这些信件表现的是深刻的宗教情操，很少有实用意义。1516 年，鼠疫殃及维滕堡，他仍然很勇敢地忠于职守，不顾朋友们的关切，决不放弃其职务。

1512 年至 1517 年，他对宗教的观念，渐与罗马教会的正规教条背离。他开始用"我们的神学"，以示区别于他在爱尔福特所学的。1515 年，他把世间的伤风败俗归之于教士，教士告诉人们太多人自己所发明的格言、寓言，而非上帝的《圣经》所有。1516 年，他发现一本佚名的德文手抄本《圣经》，作者那种不可思议的虔诚，更支持了他对"靠信仰获救"的看法。他把这本手抄本《圣经》刊印发行，书名为《德国神学》（Deutsche Theologie）。他指责赦罪状的传教士，剥夺无知的可怜人的利益。在他的私函里，他开始认为圣约翰的伪基督说法，与教皇的行径是一致的。1517 年 7 月，他应阿尔伯丁萨克森的乔治公爵之邀，在德累斯顿传教，他因为"只要接受基督的事迹，即能使相信之人获救"的说法而争论。乔治公爵抱怨如此强调信心重于美德，"只会使人们狂妄，不守正规"。3 个月后，这位胆大无顾忌的教士马丁·路德，开始向世界挑战，开始为那贴在维滕堡教堂的《九十五条论纲》辩论。

宗教改革的形成

克拉那赫 1520 年的木刻画，可以说是 1517 年的马丁·路德的写照：一位中等身材受过戒的教士，稍微瘦长，有一双流露出坚忍意志的大眼睛、大鼻子和果决的下颌，脸部并无喜争好斗的样子，而是很平静地表现着他的勇气和个性。马丁·路德撰写那些论辩，是一种诚实的愤怒，而非内容空洞的无耻妄为。地方主教看那些论辩并没有什么异端邪说，所以只是劝他一段时间内不要再写。马丁·路德最初也被自己引起的风波吓着了。1518 年 5 月，他告诉司塔匹兹，他真正的用意只是希望过一种安静的退隐生活。他欺骗了自己，他是喜欢与人相争的。

马丁·路德的论纲变成了德国知识界的谈资。成千的人正等待着这种抗议，在发现了这种抗议之声时，几代以来郁积胸中反抗教会的心情，全都振奋了。赦罪状的售卖稍敛形迹。然而很多拥护售卖赦罪状的人，纷纷起而应付这场挑战。台彻尔本人和几个专业的襄助人员，于 1517 年 12 月，写了《一百零六条驳论》（*One Hundred and Six Anti-Theses*）作为答辩。没有让步和歉意的表示，只是"偶尔对稍有不一致的神学意见表示不妥协，甚至予以教条式的制裁"。这些论辩传到维滕堡时，被沿街叫卖的小贩拿去兜售，一些大学生把小贩包围了，把他 800 份的论辩刊物在街头付之一炬——这是马丁·路德既高兴又不赞成的行为。在他回答台彻尔的《论赦罪状与上帝的恩典》（*A Sermon on Indulgences and Grace*）一文中，有句富于挑战意味的话："假使因为我说的道理使某些人的钱包受到影响，而称我为异教分子的话，我不在乎这些人的咆哮，因为只是那些不懂《圣经》的人这么说而已。"科隆的胡格斯特拉腾猛烈抨击马丁·路德，建议将马丁·路德在火刑柱上烧死。因戈尔施塔特大学的副校长琼汉·埃克于1518年3月出版了一本小册子——《奥贝利西》(Obelisci)，他在书中指责马丁·路德散布"波希米亚人的毒素"，并指责马丁·路德破坏教会规则。在罗马，教皇的文学作品检查员西尔维斯特·普列尔阿斯(Sylvester Prierias)，发表谈话称："要维持教皇的至高权力，在处理赦罪状时，不只是要完全避免夸大其词，尤其要伸张他的学说到不接受赦罪状的角落。"

1518年4月，马丁·路德以拉丁文小册子《解答》(Resolutiones)还击。他将抄本送给地区主教和罗马教皇——向他们强调他承认罗马教会的正统性及愿意归顺之意。在正文中，马丁·路德很漂亮地数说了利奥十世：

> 虽然在罗马教会有很多博学和高贵之士，但我们的时代有许多不适切之处，所以即使他们……也无法挽救罗马教会……现在，我们有了最好的教皇——利奥十世——他的廉正与学识，使所有善良的人都觉得欣喜。但是，处于如此纷乱的事务中，这位最好的人，能单独做什么呢？他应该是统治一个较好的时代才对。在目前这个时代，我们只应该有像尤里乌斯二世和亚历山大六世这样的教皇。是的，罗马本身现在正嘲笑着这些好人。在基督教的世界里，有哪个地方比罗马——道道地地的巴比伦——更能自由地嘲笑这最好的主教呢？

对利奥，马丁·路德坦诚表示出一种罕有的谦逊：

> 最受祝福的神父，我愿以我及我所有的一切，俯卧在陛下的

脚边。在陛下看来，我的意见，也许是鼓舞，也许是伤害，或是呼唤、召回、赞成、谴责。不过，我还是承认您的话就是基督的话，依您而存，并以您的话为依归。假使我罪应受死，我将绝不拒绝。

虽然马丁·路德有以上这些表示，但是利奥的顾问们，还是注意到《解答》这本小册子肯定全体基督教会会议比教皇重要，书中只是轻描淡写地说到圣迹和朝圣者的旅程，否认基督教圣者的各种事迹，并排斥3个世纪以来教皇为赦罪状增加的理论和作为。而以上这些是教皇的主要收入来源，利奥对慈善事业、娱乐、战争，及罗马教会的行政和建筑计划的经费，已经穷于应付。这位遭到非难的教皇，起先还把马丁·路德引起的争论当作教士之间的短暂的争吵而置之不理，现在开始要着手处理这件事。他于1518年7月7日，召马丁·路德入罗马。

马丁·路德面临一项重要的抉择。这位和蔼可亲的教皇是否会善待他？他发现自己很可能会被以礼貌的方式封住嘴，然后让他在罗马修道院里埋没，现在赞许他的人，很快就会将他遗忘。于是，他写信给腓特烈选帝侯的教士乔治·斯帕拉丁（Georg Spalatin），提出：德国的王侯应该要保护他的市民，避免被强迫引渡到意大利。腓特烈同意了。他对马丁·路德存有高度敬意，因为马丁·路德曾经使维滕堡大学兴盛起来。除此之外，马克斯国王（Emperor Max）视马丁·路德为对抗罗马的外交上的王牌，因此，他嘱咐腓特烈"小心照顾那位教士"。

正在此时，马克斯国王在奥格斯堡市（Augsburg）召开帝国会议，讨论应教皇的请求，向德国人民征税，以支援另一个抵抗土耳其人的新十字军。按利奥教皇的提议，教士征所得的1/10，一般百姓征所得的1/12，同时每50户供给一位壮丁。帝国会议拒绝了。相反，它很坚定地重述苦况，正提供了马丁·路德成功的背景。帝国会议向教皇的使节指出：德国已经经常纳税资助各种社会救援运动，可是只见到这些钱被用到教皇的其他用途上；因此，人民必会强烈地反对再汇款给意大利；教士第一年的收入（以前须献于教皇）、坚信礼费及诉讼规费等，这些送到罗马的金额，已经是一项难以忍受的负担；而且那些德国教士的薪俸，像分红利一样被送给意大利教士。一位帝国会议的代表称：如此勇敢地拒绝教皇的要求，是日耳曼历史上从未有过的。马克西米里安注意到了王侯们的背叛心理，他写信给罗马教皇，忠告他小心对待马丁·路德，要以妥协合作的方式镇压异端分子。

利奥不得不采用仁慈宽大的方式。的确，新教的历史学家把宗教改革的成功归之于教皇的温和。利奥将召马丁·路德入罗马的命令搁置一旁，代之以命令他到奥格斯堡市见卡耶斯坦大主教，回答别人对他不守纪律和异端的控告。他还告诫他的使节，只要马丁·路德有让步、归顺之意，就完全原谅他，否则就要由地方当局将他遣送罗马。大约同时，利奥宣布要送给虔诚的腓特烈一项他所渴望已久的荣誉——金玫瑰（Golden Rose）——那是教皇赠予地区统治者的最高恩宠。很可能利奥现在支持腓特烈为帝国王位的继承者。

1518 年 10 月 12 日至 14 日，马丁·路德在帝国卫队的保护下，在奥格斯堡见到卡耶斯坦大主教，这位大主教是伟大的神学家，他的生活足以为人典范，但他误解了他此行的任务是判决而非外交。当他了解事情的原委，那主要是教会的纪律和规则的一个问题：一位教士应该被允许公然批评他曾经立誓服从的上级教士，并提倡被教会谴责的见解吗？卡耶斯坦大主教拒绝讨论马丁·路德提出见解的是非，他要求马丁·路德撤回见解，并发誓不再干扰教会的宁静。对方都失去耐心。马丁·路德毫无悔过之意地返回维滕堡。卡耶斯坦要求腓特烈将马丁·路德遣送罗马，为腓特烈所拒。马丁·路德回到维滕堡后，将这次的会谈栩栩如生地写成一篇报告，传遍整个德国。他写信给朋友文泽尔·林克（Wenzel Link）时，又附加："我把我的小作品送给你，你可以看看是否我的假设不对。我的假设是，按照保罗所说的，真正的伪基督教控制了罗马教廷。我认为他比任何土耳其人还糟糕。"马丁·路德写给乔治公爵的一封口气较缓和的信中，写道："宗教的和世俗的阶级都必须进行改革。"这是他第一次用"改革"一词，为他的反叛行为加上了历史性的名称。

利奥继续努力于双方的和解。1518 年 11 月 9 日，他颁布训谕，否认有关赦罪状的一些极端的声明；承认赦罪状既不能赦免罪恶，也不能赦免过错，只是用以赦免教会给的世俗惩罚；至于解救炼狱中受苦的人们，教皇的权力，也只限于祈祷，祈求上帝将基督和圣人们的功绩，恩赐给已死的灵魂。11 月 28 日，马丁·路德提出改革教皇和基督教大会的审判的要求。同月，利奥即委派罗马一位社会阶级稍低的年轻高贵的撒克逊人，卡尔·米尔蒂兹（Karl von Miltitz），携带金玫瑰给腓特烈，要他对那"撒旦的儿子"马丁·路德，做私下的努力，希望能使他回心转意。

卡尔·米尔蒂兹抵达德国之后，大吃一惊，因为他发现德国几乎半个国家都公开地仇视罗马教廷。他在奥格斯堡和纽伦堡的五位朋友之中，有三位赞同马丁·路德。萨克森这种反教皇的情绪如此高昂，他作为教皇使者没有机会影响众人。1519 年 1 月 3 日，他和马丁·路德在阿尔登堡（Altenburg）会面，他发现马丁·路德更坦然地据理力争，而非惧怕罗马教会。或许此时的马丁·路德，正急于维护西方基督教世界的统一。他宽大地做了几项让步：若对方保持沉默的话，他也将保持沉默；写一封表示归顺之意的信给教皇；公开承认向圣者祈祷的功用和炼狱的真实性，并承认赦罪状能赦免依照教规所给的惩罚；劝告一般人安心地归顺罗马教会；同时，愿将争论的内容提交德国一些立场中立、不偏袒的主教们审讯。卡尔·米尔蒂兹高兴之余，又跑到莱比锡，召见台彻尔，谴责台彻尔的过分、虚假及随便引用教皇的训谕，并将台彻尔免职。台彻尔退隐到他的修道院后不久，即于 1519 年 8 月 11 日逝世。台彻尔临死之时，他接到马丁·路德给他的一封友善的信，信中向他保证——售卖赦罪状仅仅是这场纷争的偶然巧合，而不是一个原因，"这一场争端，并未因此而开始，只是这个小孩，另有一个完全不同的父亲而已"。3月3日，马丁·路德即写信给教皇，表示完全归顺之意。3月29日，教皇很友善地回了信，邀请他到罗马忏悔，并愿意付给他旅费。但是，马丁·路德固有的矛盾心理，使他在3月13日写信给乔治·斯巴拉丁时称："我迷失了，我不知道教皇究竟是伪基督还是基督的使徒。"在这种情况下，他想还是留在维滕堡比较安全。

很显然，维滕堡的教职员、学生和民众们都赞同他的主张。他尤其高兴能得到一位聪明的年轻人的支持。菲利普·施瓦茨尔特（Philipp Schwarzert，意为"黑色大地"）是一位人文学者和神学家。1518年，他21岁时，即被腓特烈选帝侯指派在大学教授希腊文。他有一个希腊化的名字梅兰希顿，是由其伟大的叔父劳伊克林取的。他身材矮小、脆弱、步履蹒跚、容貌平凡、眉毛高耸、目光羞怯。这位宗教改革的英才，在维滕堡很受爱戴，课室里挤有五六百位学生。马丁·路德描写他似乎拥有"人类所有的美德"。伊拉斯谟称："梅兰希顿是个很温和的人，甚至他的敌人都会赞扬他。"马丁·路德喜欢和人争斗，梅兰希顿则渴望宁静与和谐。有时，马丁·路德嘲笑他温和得不当。不过，马丁·路德本人最高尚、最温和的一面，是他对与他脾气、意见相反的人，仍有不间断的感情存在：

> 我为争斗而生，要与歧见和魔鬼奋战；因此，我的书激烈而具挑战性。我必须根除荆棘和障碍，填满沟渠。我是粗犷的林务官，要辟出一条道路，让诸事就绪。然而，菲利普老师温和、沉默地走着，愉快地耕耘、栽培、播种和浇水，像是上帝特别厚赐予他。

维滕堡另一位教授比梅兰希顿更为锋芒毕露，名为安得列亚斯·博登施坦（Andreas Bodenstein），以他的出生地卡尔斯塔特享名于世。1504 年，他 24 岁时，入大学执教；30 岁时，接受托马斯·阿奎那的哲学与神学讲座之职。1517 年 4 月 13 日，他发表 152 条反赦罪状的论纲，加入马丁·路德历史性的抗议。原先他是反对马丁·路德的，但很快变为热诚的支持者。马丁·路德曾说："对这件事情，他比我还热烈。"埃克发表《奥贝利西》向马丁·路德的论纲挑战时，卡尔斯塔特以 406 项意见辩护。其中一项是德国宗教改革史上第一次肯定地宣称《圣经》是至高的权威，高于教皇教令和罗马教会的传统。埃克再以公开辩论挑战，卡尔斯塔特立刻答应，并由马丁·路德安排辩论事宜。接着，埃克公布将在辩论会上辩论的 13 条论文大纲。其中之一叙述道："我们否认在西尔维乌特时代以前，罗马教会的权力，并不比其他教会高的说法。我们一直承认为据有圣彼得的坐椅者，即是圣彼得的继承者，是基督的代理人。"但是，在《解答》一书中，提出"基督教在公元 1 世纪时，罗马教会并没有高于其他教会的权力"的，是马丁·路德，而非卡尔斯塔特。马丁·路德觉得自己被挑战了，于是宣布埃克的论文解除了他沉默的誓言。他决定加入卡尔斯塔特的神学辩论。

1519 年 6 月，这两位战士来到莱比锡。由梅兰希顿及其他 6 位教士陪同，200 位武装的维滕堡学生坐马车护送。实际上，他们已经进入仇视马丁·路德的国境。布莱森堡的大厅里挤满了兴奋的观众，由阿尔伯丁萨克森的乔治公爵担任主席，6 月 27 日，埃克和卡尔斯塔特开始辩论新旧的问题。莱比锡人几乎都没有注意到第二天将在法兰克福选举国王之事。几天以来卡尔斯塔特一直苦于埃克高明的辩论技巧，这时马丁·路德加入维护维滕堡。他的辩论卓越有力，但过于坦率。他强调否认基督教早期罗马教会主教的首要性，而且提醒几乎全部持有恶意的听众们，流传甚广的希腊正教至今仍旧否认罗马教会的至高权威性之事。当埃克提出马丁·路德的看法反映被康斯坦茨会议斥责的胡斯的看法时，马丁·路德答辩道，即使全基督教会会议也可能发生错误，然而胡斯的教条，有很多是正确的。辩论会于7月8日结束。埃克达到了他的真正目的——迫使马丁·路德承认自己的确是异端邪说。至此，宗教改革的进展，从有关赦罪状的较小的争论，进入罗马教皇权力遍及基督教世界的较大挑战。

　　埃克回到罗马后，写了一份关于这次辩论的报告呈给教廷，建议将马丁·路德开除教籍，利奥并未如此鲁莽，他仍然希望能和平解决，但距离德国太远，无法真正了解这些背叛的情形。颇有威望并受人尊敬的市民，如约翰·贺尔兹肖尔、拉扎勒斯·施本格勒及威利巴尔德等人，都替马丁·路德说话，丢勒还为马丁·路德的成功祈祷；一些人文学家也送来一大堆讽刺教皇的小册子。胡滕在1518年抵达奥格斯堡市时，即改变论调，反对利奥征取十字军东征的基金，并明白地表示，希望前来收款的人空着口袋回去。莱比锡辩论的消息传来时，他高赞马丁·路德为德国解放者，从此，他的笔成为宗教改革的一把利剑。他将马丁·路德名字列于济金根（Franz von Sickingen）的骑士群中——这些骑士是渴望革命的——并毛遂自荐地向马丁·路德称，只要能力所及，他愿给予马丁·路德一切武力的支持与保护。马丁·路德答以温和的赞许，但并不需要马上用武力来保护自己。

　　1520年3月，胡滕发行一本写于亨利四世（约1056—1106年）时的旧的德文手抄本，该书支持亨利国王与罗马教皇格列高利七世的抗争。他将这本书呈献给年轻的国王查理五世，暗示他德国人民希望他为亨利的屈辱和挫败复仇。胡滕称，将德国从罗马教会拯救出来，比驱逐土耳其人更为急迫。"我们的祖先认为不值得臣服于罗马人，因为他们是世上最好战的民族；而现在，我们不只是臣服于这些好色和奢侈的颓废奴隶，还处于被攫掠以遂其欲望的痛苦中。"1520年4月，胡滕发行《会说》（Gespräche）第一册。这本书以诗句对答的方式写成，对德国人独立于罗马教会的欲望，有代言和刺激的作用，其重要性仅次于马丁·路德的作品。他形容罗马像是一只"巨大的吸血虫"，又称"教皇为强盗头子，他的那一帮人，顶着罗马教会之名……罗马是一片淫猥之海、污物泥沼、无底的罪恶深渊。难道我们不该从各地聚集起来，完成摧毁这个人性的共同祸源吗？"伊拉斯谟请胡滕缓和其作风，并友善地警告他处于被拘捕的危险之中。胡滕依靠济金根的各个城堡避难，但继续其活动。他向腓特烈选帝侯建议，把地区教会所有的修道院财产挪作其他用途，并叙述每年送到罗马教会去的款额可以用作更好的用途。

这一场争斗的中心仍旧停留在小小的维滕堡市。1520 年春，马丁·路德发行《摘要》（Epitome）一书，书中注释言词激烈，并引用了最近与他不妥协的有关教皇的首要和权力的正统神学家的申言。马丁·路德正面地还以颜色，写道：

假使罗马是以教皇和大主教的知识，作为信仰和传教的道理（我但愿不是如此），那么在这些著作里，我要直率地宣布，真正的反基督者正坐在神殿中，正统治着罗马——像邪恶充斥的巴比伦——罗马教廷是撒旦的会堂……若罗马天主教徒的愤怒如此继续下去，那么将无可挽救余地，只有让国王、君主、诸侯们以武力和兵器来攻击这世界的灾祸。处理这件事情，不再是诉诸笔战，而要对以兵刃了……倘若我们以绞刑处罚小偷，以刀剑对付强盗，以火刑处置异端，为什么我们不能以武力攻打这些地狱之主、这些红衣主教、教皇和所有已无休无止地败坏了神的教会的罗马索多玛城（Sodom）的这个罪恶之窟，为什么我们不以他们的血来洗涤我们的手？

同年底，卡尔斯塔特发表一本小书，擢升《圣经》高于教皇、教会会议传统及福音高于使徒。若马丁·路德曾经推崇上述的说法，新教徒集团就会少一些圣保罗教义论者、奥古斯丁教义论者和宿命论者。该书在当代怀疑摩西为《旧约》开首五卷书的作者，并怀疑福音的完全真实性。但其中心立论很脆弱：该书以初世纪的传统来肯定

《圣经》的真实性，但同时否认传统。

在梅兰希顿、卡尔斯塔特、胡滕和济金根的鼓励下，马丁·路德在写给斯巴拉丁的信上称（1520 年 6 月 11 日）：

> 我已经将生死置之度外。现在，我已不顾罗马人的愤怒和对我的恩宠。我将永不与他们妥协……让他们斥责和烧掉所有属于我的东西。我也将同样地还以颜色……现在我不再害怕，我正刊行一本德文的有关基督教改革的书籍，直接反对教皇，文辞的激烈，就好像我正在发表反基督的演说似的。

教皇敕书与宗教改革的爆发

1520 年 6 月 15 日，教皇利奥十世颁布敕书，斥责马丁·路德写的 41 本著作，命令全体人民将这些作品烧毁，并劝告马丁·路德放弃他的错误，重回教会的怀抱。马丁·路德经过 60 天更进一步地拒绝去罗马及公开撤回其言论之后，他被开除教籍而为基督教世界所隔离。所有罗马教会的忠实信徒将之视为异端，避他如洪水猛兽。他所到之处，一切宗教的服务都将停止，而且各俗世当局会将他驱逐出境，或将他遣送罗马。

马丁·路德发行宗教革命计划的 3 册书中的第一册，作为他和平时期的结束标志。至此，马丁·路德曾为知识阶级写拉丁文作品。现在，他开始用德文写作——并像是德国爱国者般——写了一封"致德国基督教高级人士关于基督教社会阶级改革的公开信"。在他的呼吁信里，他提到"高贵的青年"——一年以前，刚被选为国王的查理五世——"上帝将他赐给我们，作为我们的领袖。因此唤醒了许多人善良的大希望。"马丁·路德攻击教皇筑于身边的"三面墙"，即教士与俗人的区别、教皇解释《圣经》的权利及教皇召开全体教会会议的特权。马丁·路德称，所有这些教皇用以防卫自己的说法，必须被推翻。

第一点，教士和俗人之间并没有真正的不同，每位基督徒，经过洗礼后就是教士。因此，地区统治者应执行其权力，"不受任何阻碍，不管权力影响所及为教皇、主教或教士……相反，所说的一切教条，纯粹都是罗马人的假设之作"。第二点，因为每位基督徒都是教士，因此都有权利按个人的看法解释《圣经》。第三点，圣徒是教义和修行的最终权威，并未保证教皇有召开会议的特权。"我们必须轻视教皇狂人似的行为，而信奉上帝，反击他的禁令，并尽我们所能地压制他。"会议即将召开。基督教世界的领袖，居然比任何国王还享世俗之乐，这种可怕的不正常情形，一定要给予审查。德国人圣俸被意大利教士没收的情形，一定要予以杜绝。主要靠德国金钱过活的罗马闲教士，像群害虫一样，必须减少至1%——

> 据估计，每年有超过30万基尔德金币，从德国流入意大利……我们讨论问题的中心是……我们德国人必须忍耐教皇这种攫掠和勒索财产的事情究竟是如何发生的？……假使我们将小偷上吊，强盗砍头，为什么我们却让罗马教会贪婪得如此逍遥自在？因为他是世界上最大的小偷和强盗，而竟然享以基督和圣彼得的神圣之名！谁能再加以忍受，或继续保持沉默？

为什么德国教会须永远纳贡于外国？让德国教士脱离对罗马的臣服，在美因茨大主教的领导下，重建本国的教会。教士托钵行乞的命令应予减除，教士应准予结婚；30岁以前，不应立下具有束缚力量的修道院誓言；开除教籍、参拜圣地、为死者望弥撒及星期日以外的圣日，均应废止。德国教会必须与波希米亚的约翰·胡斯的信徒一致。胡斯被处以火刑，因为他冒犯了国王给他的安全通行证。不管任何情况，"我们必须以书籍来征服持异端邪说者，而非以火刑"。所有的教条，都应该被丢弃，对教士和俗人，应该只有相同的一种教条：

总之，我们必须将带着教皇权力的教皇使节，驱逐出德国土地——他们将权力以高价卖给我们——把不正当的所得合法化、消除誓言和契约等，而说教皇有权如此——但是这纯属欺诈……设若没有其他邪恶的奸计可以证明教皇是真正的反基督时，这件事便足以证明了。啊！教皇！且听此言吧！您不是最神圣的人，而是最罪恶的人啊！喔！上帝将要摧毁您您的教皇宝座，并将它沉入地狱的深渊！……噢，我主基督，请俯视子民，让您的判决破坏并摧毁在罗马的这个恶魔的巢穴！

一个人鲁莽地强烈攻击遍及整个西欧的强权，这件事情变成了德国的大事件。较谨慎的人士，认为这件事太过分、太鲁莽了。有很多人还评之为德国历史上最大胆、最冒险的行为。"公开信"的第一版出版后，旋即售罄，维滕堡的印刷所不停地忙着再版。此时的德国就像英格兰一样，已经到了唤起民族主义的成熟时候。此时，还没有德国，可是却有日耳曼人，他们开始意识到他们也是一个民族。就像胡斯曾经加强了波希米亚人的爱国心，就像亨利八世排斥教皇对英格兰的权力，而非排斥天主教教条，现在，马丁·路德也种下他革命的目标，不是种在神学的沙漠上，而是种在德国民族精神的沃土上。无论新教徒是怎么获胜的，主要是民族主义揭起了义竿。

1520 年 9 月，由埃克和哲罗姆·阿莱安德共同颁布教皇训谕，将德国开除教籍。马丁·路德于 10 月 6 日，以第二次的宣言《教会的巴比伦之囚禁》（"The Babylonian Captivity of the Church"）作为反击。该文以拉丁文写成，向神学家和学者们演讲，但很快就被翻译成德文。该文对基督教教条的影响，就像"公开信"对教会和政治史的影响一样。由于犹太人曾经长期受拘于巴比伦，由基督创立的教会，也如同《新约》里的描述，在罗马教皇治理的制度下遭受了千年以上的拘禁。经过这段时期，基督教在其信心、道德和仪式上，都已腐败。基督曾在最后的晚餐上，将饼和酒赐予其使徒，因此，胡斯的信徒们是对的——圣餐应按人们的希望，以酒和饼两者兼备的方式来处理。教士们并没有将饼和酒变成基督的身体和血，没有任何一位教士有这种神奇的能力。但是对于虔诚的领受圣餐的教友而言，基督在精神和实质两方面的显现，并不需要经过教士做任何神奇的转换，而是靠基督的意愿和力量。基督是跟着圣餐的饼和酒一齐显现的，是圣体合质论（consubstantiation），而非变体论（transubstantiation）。马丁·路德带着恐惧拒绝这个念头——在弥撒中，教士把基督作为祭品献给圣父，以为人类赎罪——虽然他知道这个念头没有什么好害怕的，因为上帝曾应允人类，将基督钉死在十字架上，作为对上帝的祭品，以为人类赎罪，但他还是害怕。

在这些神学的精微之处，马丁·路德加上一些道德的新观念。他认为结婚不是一项圣礼，因为基督并未答应在婚礼中加入神圣的简短祈祷文。"古代人的婚姻并非不比我们神圣，也并非无信仰的人就较少真诚。"因此，对基督徒与非基督徒的婚姻，应该不予禁止。"恰像我和无宗教信仰的人、犹太人、土耳其人或异教徒，可以一起吃、喝、睡、走路……一起做事一样，我也可以和这些人中的任何一种人结婚。不必在乎那些愚人的禁令……上帝创造无信仰的男人和女人，就和圣彼得、圣保罗或圣露西一样多。"女人和没有性能力的男人结婚，是应该被允许的，假使男方同意的话，女方可以和其他的男人性交生子，所生的孩子应该准予使用原配丈夫的名义。若丈夫拒绝的话，太太可以正正当当地和他离婚。但是，离婚是一个无止境的悲剧，也许重婚比较好些。接着，马丁·路德又对他被指为异端之事挑战，他的结论称："我听说教皇公布一项新训谕，以诅咒我，强迫我取消自己的主张……假使这个传说是正确的，我希望这本书是我将取消的主张之中的一部分。"

这样的嘲骂，应该使米尔蒂兹希望马丁·路德能再归顺罗马的梦想转了向。然而，他于 1520 年 10 月 11 日，再访马丁·路德，怂恿他写信给教皇利奥，表明他并无意于对教皇做人身攻击，并态度温和地把宗教改革的真相报告给教皇。米尔蒂兹也试着要教皇撤回训谕。马丁·路德这个 37 岁的"农夫，农夫的儿子"（他骄傲地以此称自居），写了一封信给 45 岁的圣彼得与美第奇家族的继承人教皇，并非表示歉意，却像父亲似的忠告。马丁·路德表示他尊敬教皇个人，但对过去的教皇和目前教廷的腐败，毫不妥协地责骂：

> 您的声望和您无可疵议的私生活……是众所周知，而高尚得无懈可击……但是，您的教会，即所谓的罗马教廷，任何人都不能否认的，比过去的巴比伦或索多玛城还要腐败。到目前为止，我所能看到的，是完全的堕落、没有希望和声名狼藉的不道德——这种教廷是我真正藐视的……罗马教会变成了最放纵的盗贼巢窟、最无耻的妓院、罪恶、死亡和地狱的王国……我一直感到悲哀，最杰出的利奥，您竟会在这种时代当教皇，您应该在更好的时代……
>
> 所以，我亲爱的利奥，不要听信那些海妖，他们使您已不再是个人，而是个神人（demigod），以使您能随心所欲发号施令……您是公仆的公仆，处在最令人同情和最危险的地位。不要被那些伪称您是世界之主的人欺骗……那些人大言不惭地空谈您有凌驾天堂、地狱和炼狱的权力……他们所犯的过错，就是过分提高您的地位，称您高于基督教会议及罗马教会。他们还错误地把解释《圣经》的权利，归之于您，在您的名义保护下，他们在教会里做一些不道德的事情。啊！天！借着这些人，撒旦在您的前导下，又向前跨进了一大步。简而言之，请不要相信一味奉承您的人，请您相信那些贬抑您的人。

伴着这封信，马丁·路德给利奥寄去了他的第三次的宣言。马丁·路德称此信为"论基督徒自由"（"A Treatise on Christian

Liberty"，1520 年 11 月），认为："除非我被欺骗了，否则那就是所有基督徒简单的生活方式。"信中，他以非他本性的谦逊态度说明他的基本教条——唯有信仰而非善行才能造就真正的基督徒，并救他免入地狱。因为只有信仰基督的人，才会变成一个善良的人；因为他的信仰，然后才有善良的行为。"是树长果实，而非果实长树。"一个人若能坚定他对上帝的信仰，并实践基督的舍身精神，就不但能享受意志的自由，并能享受一切更深层的自由：免于自身世俗欲念的束缚、免于所有邪恶力量的诱惑、免于埋怨外界，甚至免于法律的约束；因为他的美德自然而然地从他的信仰流露出来，无须再给予任何要求。但是，这种自由人必须成为所有人的仆人，因为他若不去解救别人，像解救自己一样尽力的话，他就会感到不快乐。他借着信仰，和上帝联合；借着爱心，和他的邻人相连。每一位深具信心的基督徒便是教士。

马丁·路德正撰写这些历史性的论文时，埃克与阿莱安德正直接迎战宗教革命。在迈森、梅泽堡和勃兰登堡等地，他们成功地公布开除教籍的训谕。在纽伦堡，他们获致威利巴尔德和施本格勒的道歉。美因茨的阿尔布雷希特大主教对宗教改革的立场摇摆不定，经过一段时期以后，终将胡滕逐出教会，并将印刷胡滕书籍的人逮捕入狱。在因戈尔施塔特，马丁·路德的书籍被充公。在美因茨、卢万和科伦等地，马丁·路德的书籍被付之一炬。但是，在莱比锡、托尔高和德伯尔恩等地张贴的训谕，被丢弃和撕毁。在爱尔福特，有很多教授和教士联合起来，拒绝承认教皇的训谕；学生们把训谕的一些抄本丢入河里。最后，埃克在他获得成功之前一年，逃开了。

马丁·路德以一连串讽刺的小册子，公然抨击教皇的教令，其中之一还盛赞胡斯的教条（约 1520 年 8 月 31 日），他就像"一只小跳蚤居然敢对万王之王说话一样"，向国王恩请予以庇护。并于 11 月 17 日，向上自教皇下至教会的一个自由会议公布了一项正式的请求。他知道教皇的特使正烧毁他的著作后，决定以牙还牙。他邀请维滕堡"虔诚而热心的青年"，于 12 月 10 日上午在维滕堡的埃尔斯特

(Elster)门外集合。在那里他亲手将教皇训谕掷入火中，同时也把一些教会规条和经院神学的书册，掷入火里。他以此举象征对教规、对阿奎那哲学及对罗马教会任何强制性权威力量的抗拒。这些学生很高兴地又收集了一些同类性质的书籍，一直让火焰继续燃烧到黄昏。

12月11日，马丁·路德宣布，除非放弃教皇的规令，否则没有一个人能够得救。这位教士甚至也将教皇开除教籍。

沃尔姆斯会议（1521）

现在，第三个演员又步上了舞台，此后30年，他在神学与国家的冲突上，扮演了一个非常重要的角色。

未来的国王查理五世，出生于没落的皇族。他的祖父为国王马克西米里安，祖母为勃艮第的玛丽，即"勇士"查理的女儿。外祖父母为斐迪南与伊莎贝拉。父亲为"英俊者"菲利普，26岁当卡斯蒂利亚国王，28岁逝世。他的母亲为胡安娜，查理6岁时，她开始精神错乱，活到查理55岁时才去世。1500年2月24日，查理诞生于根特（比利时西北部的城市），在布鲁塞尔长大。他一直保留着佛兰德斯的语言和习性，直到最后退隐西班牙。西班牙人和德国人都不会宽恕他。他会说德语、西班牙语、意大利语和法语，他也会在5种语言中保持缄默。乌特勒支的阿德里安曾尝试教他哲学，略有成就。从这位善良的主教，他接受了正统宗教信仰的强烈灌输，但是很可能是在他中年时，又从他佛兰德斯的顾问和朝臣处，吸收了对宗教教义的怀疑论。在这些人中间，伊拉斯谟式的忽视教条是最为普遍的。有些教士抱怨，查理的身边允许那么多宗教意见的并存。他证明虔诚非常重要，但他还是仔细地研究战争的技巧。他阅读科米尼（Comines），而且几乎在孩提时代，就学会了外交权谋的应用，及国与国之间的无道义性。

1506年，他父亲逝世时，他继承了佛兰德斯、荷兰、弗朗什—孔泰（Fra-ncheComté）及勃艮第的统治权。15 岁时，登基为查理一世，是西班牙、西西里岛、萨迪尼亚、那不勒斯和西班牙美洲之王。19 岁时，他渴望成为帝国皇帝。法兰西的弗朗索瓦一世此时也抱着同样的欲望。有皇帝选举权的诸侯们都热衷于贿金；查理在这一场竞争中，花了 85 万弗罗林金币而获胜（1519 年）。为了聚敛这一笔贿金，他向富格尔借了 54.3 万金币。从这时起，查理和富格尔互相支持。他延迟还款时，雅各·富格尔二世很严厉地提醒他：

> 众所周知，陛下若没有我，不可能得到皇帝的荣誉，我可以提出所有使节的明文贷借对照表……我重视的，并非只是我个人的利益……我尊重地要您仁慈地汇下款额，并连同利息一并汇下，勿再延误。

查理将安特卫普的关税征收权给富格尔，作为债务偿还的一部分。当富格尔几乎被征服匈牙利的土耳其人摧毁时，查理将西班牙矿产的控制权转给富格尔，借以拯救富格尔。从此以后，许多政治史的关键将是寻求银行家。

这位 19 岁的青年，是除英格兰、法兰西、葡萄牙和教皇国外，整个中、西欧的名义领袖。他已经有显见的健康衰弱情形，这是加速他改变的原因。他脸色苍白、身材短小、相貌平凡，有个鹰钩鼻和尖而突出的下颌，声音细弱，态度严肃，本性善良，和蔼可亲。但是，他很快就学到，一个统治者必须保持距离和矜持，沉默是一半的外交手腕，公开的幽默感有损于皇家庄严的气息。阿莱安德于 1520 年与查理会面。他向利奥十世报告："依我看来，该王似乎有超乎他年龄的谨慎，他脑海里想的东西，比他脸上表现的还要多。"查理不是个很精明的人，只有在他"判断人"时显得精明——因为"判断人"是整个生存竞争的一半。他很少去面对他面临的危机——但实际上有很多危机。由于身体和心理的怠惰，他变得很迟钝，除非需要他立即做决定，他才会采取非常迅速的解决方式，而且对他的策略非常固执。他运用智慧不是出于本性，而是出于尝试。

1520年10月23日，查理五世还不满20岁，便到查理曼的亚琛接受加冕。腓特烈王已经出发去参加这项加冕典礼，但在科伦，因痛风症而止住行程。在那里，阿莱安德又会见腓特烈王，再次要求给他逮捕马丁·路德的令状。腓特烈王请教伊拉斯谟的意见。伊拉斯谟护卫马丁·路德，他指出罗马教会充塞着令人伤心的罪恶，并争论说，马丁·路德这种拯救罗马教会的努力不应该被制止。腓特烈王问他"马丁·路德主要的过错何在"时，他回答道："有两点——他攻击戴着皇冠的教皇和鼓着肚子的教士。"他又问教皇训谕的真实性，对于他而言，这道训谕似乎与他所了解的温和的利奥十世不符。于是，腓特烈王告诉教皇使节：马丁·路德已提出请求，在结果未为众人知道以前，马丁·路德应该保持其自由之身。

皇帝查理五世也做了同样的答复，他曾经答应选帝侯们——任何日耳曼人都不能随便被定罪，除非经过公平的审判——以此作为他当选的条件之一。无论如何，他的地位使正统信仰具有强制性。他比较像是西班牙国王，而不是讨厌集权政府的日耳曼帝王。西班牙的教士们一定无法长期忍受他们的元首宽容异教徒。除此之外，战争在法国已经隐约可见，将要攻取米兰作为战利品，而教皇一定会出兵支援。神圣罗马帝国由教皇成百的职权维系，其中一项职权失去时，便会深深地影响到其他职权。查理皇帝没有罗马教会给予道德和政治行政方面的帮助时，他要如何统治他那广阔而分歧的帝国？他主要的大臣都是教士，何况他还需要教会基金和教会力量，以保护匈牙利、抵御土耳其。

查理有这些各种各样的问题存在脑海里，而不只是一个倔强的教士的问题而已，因此，他在沃尔姆斯召开帝国会议。1521年1月27日，重要的贵族和教士及各自由城市的代表们，在沃尔姆斯聚集时，马丁·路德成为他们最主要的话题。酝酿了几个世纪的宗教改革的力量，以欧洲历史上最富戏剧性的方式，出现端倪。一位天主教历史学家称："德国贵族们，鼓掌赞成马丁·路德的攻击。"阿莱安德曾说道：

> 所有德国人都武装起来抵抗罗马教会。整个世界为了即将在德国举行的会议而哗然。教皇颁发的开除教籍的训谕成为取笑的对象。很多人已经不再接受忏悔圣礼……马丁·路德的肖像画头顶上被加画了光环。人们吻着这些画。肖像画大为畅销，使我无法购得一张……我不能上街，因为德国人把手按在剑柄上，对我咬牙切齿。我希望教皇能赐我一张完全的赦罪状，假使我有什么三长两短，希望教皇能照顾我的兄弟姐妹。

这阵激动是由反教皇的一些小册子旋风般煽动起来的。一辆马车为了哀怜阿莱安德，而不载这些无礼的小册子。从离沃尔姆斯数英里之处埃伯斯堡的济金根城堡，胡滕对这位德国教士发出猛烈的攻击：

> 走开！肮脏的下流胚！离开礼拜堂吧！罪大恶极的商人！不要用你们污秽的手触摸祭坛！……你们怎敢把宗教用的钱，花费在奢侈、放荡和虚饰上，而让诚实的人，为饥饿痛苦？你们恶贯满盈。你们没看到自由的气息正在激荡着吗？

支持马丁·路德的情绪如此高昂，以致皇帝御用的圣方济各会的让·格拉匹恩（Jean Glapion）神父，不得不私下与腓特烈王的牧师乔治·斯帕拉丁会晤，企图使双方和解。他宣称对马丁·路德的早期著作非常赞同，但对《巴比伦的囚禁》感到"好像从头到脚，被鞭打着"。他指出，任何宗教信仰系统都无法安稳地奠基于《圣经》，因为"《圣经》就像软蜡一样，可以让每一个人随兴所至地扭或拉"。他承认教会改革的迫切需要，实际上，他已经警告其皇帝告解人："假如他和所有的王侯不能使罗马教会免于这种过分傲慢的辱骂的话，上帝将会惩罚他们。"同时，他保证查理在五年之内，一定完成最大的改革。即使现在，可怕的马丁·路德教派已经爆发了，他仍然认为，只要马丁·路德愿撤回自己的看法，和平相处是有可能的。马丁·路德在维滕堡对此做了一番评价后，拒绝了。

3月3日，阿莱安德向帝国会议提议立即惩处马丁·路德。议会袒护马丁·路德，声称不应未经审判，就予以定罪，这不符常理。于是，查理邀请马丁·路德前来沃尔姆斯，为他的教义和书籍作证。他写道："你有我们的安全通行证，无须害怕暴力或干扰。"马丁·路德的朋友请他不要前往，并提醒他——以前西吉斯蒙德皇帝也给过胡斯安全通行证。乌特勒支的阿德里安，现为托尔托萨（Tortosa）的大主教，不久即成教皇，向他从前的学生——目前的皇帝——要求，勿重视安全通行证，逮捕马丁·路德，遣送罗马。4月2日，马丁·路德离开维滕堡。在爱尔福特，一大群人，包括40位大学教授，欢呼接他。他到达沃尔姆斯时，斯帕拉丁冲过来警告他"不要进去，尽速回维滕堡"。马丁·路德回答道："纵然沃尔姆斯的恶魔像屋上的瓦片一样多，我也要去。"一群骑士于4月16日跑来和他会合，护送他入市。街头巷尾都有他到达的消息，2000名群众围绕着他的坐车。阿莱安德称："全世界的人都跑来看马丁·路德，即使是查理皇帝，也要黯然失色了。"

4月17日，马丁·路德穿着教士服，出现于议会。议会出席者有：皇帝查理，6位选帝侯，由诸侯、贵族、高级教士、市民等组成的令人敬畏的法庭，及带着教皇威信、正式公文和雄辩口才的杰罗姆·阿莱安德。在马丁·路德旁边的桌上，赫然收集着马丁·路德的书籍。约翰·埃克——不是莱比锡辩论会的那位埃克，而是特里尔大主教的一位官员——问马丁·路德：这些是否是他的著作，是否愿意撤回他书内的异端思想？这时，站在帝王的威仪和罗马教会委派的权力和威势面前，马丁·路德失去了勇气。他以低沉而缺乏信心的声音回答：书籍是他的著作，但是对于第二个问题，需要时间考虑。查理给他一天的时间考虑。回到寓所，他接到胡滕给他的信，要求他坚定立场。几位议会会员也私下跑来鼓励他。很多人都觉得他最后的回答将是历史的转折点。

4月18日，马丁·路德较有信心地面对议会。议会的空位，都挤满了人，连选帝侯都很难进入他们的座位，而且大部分的人都是站着旁听。埃克又问马丁·路德：是否愿意撤回全部或部分著作？他回答道："有关教会腐败的著作，那是出于大家共同承认的。"皇帝大喊一声"不！"，打断他的话。但马丁·路德继续说下去，并攻击查理："假使我撤回这一点的话，就等于打开了更专制、更不虔诚之门；假使我应神圣罗马帝国的请求，撤回我的意见的话，那一切将会变得更糟糕。"至于书籍中的教条部分，马丁·路德同意撤销任何与《圣经》不符的看法。关于这点，埃克以拉丁语表示异议，充分表明罗马教会的观点：

> 马丁·路德，你的辩词，从《圣经》的观点听来，总是异端的说法。你只是重蹈威克利夫与胡斯的覆辙……你怎能认定自己是唯一了解《圣经》经义的人？你把你的判断，自认为高于这么多有名望的人，还声称你懂得比他们多，这是应该的吗？你没有权利怀疑有关最神圣的正统信仰，那是由基督创下、由使徒传遍世界各地、由殉道者的血液作证、由神圣的会议通过，而由罗马教会阐明的……这些是教皇和帝王都禁止我们讨论的，否则辩论便永无休止了。马丁·路德，我问你，要直截了当地回答，不要转弯抹角，你要不要撤销你的书籍和书中的错误？

马丁·路德以德语给出带有历史意义的回答：

> 由于阁下和陛下希望得到一个简单的回答，所以我不做太

详细的答复……除非我被《圣经》中的十诫判为有罪或有其他显著的理由（教皇和教会的权威，我并不接受，因为他们彼此互相矛盾），我的良心，是出于上帝的命令。我不能也不愿撤回任何意见，因为违背我的良心，是错误又不安全的事情。求上帝帮助我！阿门。[1]

埃克还击道：教会会议在教条的制定上，可以证明没有任何错误。马丁·路德回答，他就是要来指证错误的人。查理皇帝不由分说地插话："够了，他已经不接受教会会议了，我们无须多听。"马丁·路德回到寓所，非常厌倦这场争论。但是，他相信他已经证明了卡莱尔（Carlyle）以后所称的："人类现代史上最伟大的一刻。"

查理皇帝像教士一样震惊。他生为皇族，已经习惯于权威。他认为每个人可以解释《圣经》，及按照个人的判断和良心决定接受或拒绝法令或教令的权利，会很快败坏社会秩序的基础。因为在他看来，这些权利是基于道德基础的，而道德准则又源于宗教信仰的超自然制裁的力量。4月19日，他召集一些重要的诸侯在他的房间开会。他向他们提出一项忠诚而热心的宣言。宣言以法文写成，很明显是出于他的手笔：

我出生于高贵的日耳曼民族及西班牙天主教国王、奥地利大公爵和勃艮第公爵的悠久基督教王国的传统。祖先们一向都至死忠于罗马教会，保护天主教的信心和上帝的恩宠。我决定要步先祖的后尘。一个教士，要和千年的基督教教义相对抗，一定是错误的。因此我决心将我的领土、朋友、身体、血液、生命和灵魂

---

[1] 刻在沃尔姆斯的马丁·路德纪念像上的名言："我站在这儿，我别无选择。"（Hier stehe Ich, Ich kann nicht anders）这句话的真实性，我们无法完全证实。议会手抄的记录里马丁·路德的回答记载，并没有这句话。第一次出现这句话，是在马丁·路德语录最早的译文里。

作为赌注……昨天，我听了马丁·路德顽固的抗辩后，很后悔这么久对他和其错误的言论未加抵制。我不会再为他做什么事了。他可以凭借安全通行证回去，但是，不能够传道或鼓动任何骚乱。我要把他当成一个声名狼藉的异教徒来反对。而且，我要求你们宣布反对马丁·路德，因为这是你们答应过的。

4 位选帝侯同意了，萨克森的腓特烈王和巴拉丁挪领地的路德维希不同意。4 月 19 日晚，匿名人士在市政厅的门上及其他地方招贴日耳曼人象征社会革命的农人的鞋子。有些教会震惊了，私下恳求马丁·路德和罗马教会修好，但马丁·路德仍坚持他在议会的态度。4 月 26 日，马丁·路德起程回维滕堡。利奥十世下令，必须尊重安全通行证。除此之外，腓特烈王害怕帝国警察在 5 月 6 日安全通行证期满后逮捕马丁·路德。得到马丁·路德勉强同意后，腓特烈王安排伏兵在他回家的路上，将他劫走，藏于瓦特堡（Wartburg）的城堡里。

由于很多人离开议会，议会显得势单力薄。在这种情况下，查理皇帝于 5 月 6 日在议会发表一项草案，该草案是阿莱安德准备作为《沃尔姆斯公告》（Edict of Worms）的。该草案控告马丁·路德：

侮辱婚礼、诽谤忏悔及否定主耶稣基督的身体和血。他认为，圣餐的饼与酒完全依靠接受者的信心。在他的自由意志的否定中，他是一个异教徒。一位教士的恶习性，与古代的错误臭味相聚，又造成另一个恶臭的教士。他否认教皇的权力，又鼓励俗人以教士的血液洗手。他教导的言论，会导致叛乱、分裂、战争、谋杀、强盗、纵火，及基督教国家的崩溃。他过着莽汉的生活，他焚毁了教皇的教规。他对禁令的轻视，就像对刀剑的轻视一样。他对一般民众的损害，比对教会的损害更大。我们曾经尽力劝导他，但他只认定《圣经》的权威，并仅按他个人的想法解释《圣经》。我们从 4 月 15 日开始，给他 21 天的时间……届时，不会再有人庇护他。附和他的人，也同样要受谴责。他的著作，将从人们的记忆中被根除。

该公告宣布两天后，利奥十世将他的政治支持，由弗朗索瓦一世转至查理五世。余留下来的次要的议会会员同意这项公告草案。于是，5 月 26 日，查理将其正式颁布。阿莱安德赞美上帝，他命令：马丁·路德的著作无论在何处一经发现，均应被焚毁。

激进分子

住在瓦特堡本身就是一种阴郁的惩罚。这座古老的城堡，坐落在离爱森纳赫一英里之处的山上，远离帝王，也远离人世。几乎有 10 个月之久（1521 年 5 月 4 日—1522 年 2 月 29 日），马丁·路德就住在那里，在一间有床、桌、暖炉和马桶的小而阴暗的房间里。有几个士兵守卫着城堡，有一个看门人照料住处，还有两个童仆服侍他。为了方便，也许同时为了伪装，马丁·路德脱下他的教士服装，换上骑士装束，还蓄了胡须。现在他是年轻的贵族乔治（Junker George）。他也外出打猎，但有这么多假基督仍未被屠杀，所以他并不沉溺于猎杀兔子。闲散、失眠，再加上暴饮暴食，使他变得不健康和肥胖了。他焦躁、诅咒，像是一个高傲褊狭的年轻贵族一样。他写道："我宁愿被燃烧的木炭烧死，也不愿在这里腐烂……我希望置身在这一场争斗中。"但腓特烈的臣下劝他躲避一年，等查理的怒火冷下来。然而，查理根本就没有认真找他或逮捕他。

马丁·路德沉浸在怀疑和幻想中，受尽折磨。他怀疑：只有他对，而其他那么多学者都是错误的，可能吗？毁掉既有的教条的权威，是明智之举吗？每个人都可以作个人判断的原则，是否暗示着革命的发生和法规的灭亡呢？我们若相信他在其趣闻里所说的故事——住在城堡里，他被只能解释为恶魔的跳跃的一些怪异的声音困扰。在很多场合，他公开声称，他见过撒旦。有一次，他还肯定地说，撒旦向他投掷胡桃。还有一个有名的传说——有一次，马丁·路德向撒旦丢墨水瓶，但是目标消失了。他写一些很生动的信给他的朋友和敌人，也写神学论文，并将《新约》翻译为德文。他做这些事情来安慰自己。他飞快地回到维滕堡，推动一项革命运动。

他在沃尔姆斯的辩词和死里逃生，使跟随他的人得意忘形了。在爱尔福特，学生、工匠和农人攻击、破坏 40 幢教区房子，并破坏图书馆和出租马车，杀了一位人文主义学者（1521 年 6 月）。在那年动乱的秋天，爱尔福特的修士们放弃他们的修道院，开始传授马丁·路德派的教条，并公然抨击罗马教会为"独断、骄傲、贪婪、奢侈、没有信心和伪善之母。"1521 年，在维滕堡，梅兰希顿完成第一篇有系统的新教徒神学之说明——《教义要点》（*Loci Communes Rerum Theologicarum*）时，他的同事卡尔斯塔特教授，现为城堡教堂的副主教，要求望弥撒应说当地方言；圣餐的饼与酒，在忏悔或斋戒之前，就可以给予；宗教的偶像应该搬离教堂；教士们可以结婚，生育子女。1522 年 1 月 19 日，卡尔斯塔特首先结婚，当时他 40 岁，女方15 岁。

马丁·路德赞许这个婚姻。但是，他写道："上天啊！是否维滕堡的居民要将女儿嫁给教士们？"虽然如此，他仍旧发现这个观念有些诱人之处。他在 1521 年 11 月 21 日，寄一篇论文《论修士誓言》（*On Monastic Vows*）给斯巴拉丁，以答辩他们的抗议。斯帕拉丁延迟公布这篇论文，因为该论文超乎寻常的坦率。它接受性冲动，认为那是自然而无法抑制的，并宣称《论修士誓言》是撒旦的诱饵，徒使罪恶增加。4 年过去了，马丁·路德才结婚。他对妇女的欣赏态度迟迟才发生，很明显，这对宗教改革的开始并无影响。

革命继续进行着。1521 年 9 月 22 日，梅兰希顿以两种方式执行圣餐，波希米亚的饼酒同领派（Utraguists）赢得了迟来的胜利。10 月 23 日，马丁·路德的修道院停止了望弥撒时的说话。11 月 12 日，

13 位修士走出修道院，开始婚姻生活。因结婚而离开修道院，很快使德国大半的修道院变空了。12 月 3 日，一些学生和市民带着刀子进入维滕堡教区的教堂，把教士们从圣坛上赶走，并向正对着圣母玛利亚雕像祈祷的人丢石头。12 月 4 日，40 位学生破坏维滕堡方济各修会的修道院圣坛。当天，马丁·路德仍假扮年轻贵族的模样，秘密回到维滕堡。他称赞修士们结婚，但警告教士和俗人要抵抗暴力。他说："约束并非完全排除，但是必须在有组织的权威操纵下进行。"第二天，他又回到瓦特堡。

此后不久，马丁·路德寄了一份作品《真诚地劝诫所有基督徒》（*Earnest Exhortation for All Christians*）给斯帕拉丁发行，预先通知他们，要预防暴动和叛乱。他害怕宗教革命进展得太快或变为社会革命，丧失了革命的崇高性，而反而败坏革命。但他作品第一页的批评，像在鼓励暴乱一样：

> 暴动的危险似乎可能存在。教士、修士、主教及所有的宗教精神领域，可能会遭谋害或被放逐，除非他们严肃而彻底地改革自身。因为一般人的财产、身体和心灵受到伤害时，总是非常地担心，而变成被煽动的人。教会人士给一般人的折磨太多了，不讲理地让他们负担过重。他们不能也不愿再忍受。事实上，他们有很好的理由，把连枷和木棒放在身边，就像农人威胁着要这么做一样。现在，我听到教士们处于害怕和焦虑之中，一点也不会不高兴。也许教士们会有所感觉，而缓和一下他们疯狂的专制……我一定要继续努力下去。假使我有十个身体，能够得到上帝很多的恩宠，使一般百姓能够用较缓和的叛乱方法惩罚教士们，那么，我一定会非常高兴地为穷苦的农人，献出我的十个身体。

除了以上这段话外，他继续写了以下一段话。因为单独一个人使用武力，实为不智之举，复仇是上帝的事情：

> 暴动叛乱是无理性的举动，因为通常所伤害到的，总是无辜
> 的人多于罪恶的人。因此，没有一件叛乱是对的，不管有多好的
> 理由都一样。叛乱引起的伤害，总是超过革命的成就……当民众
> 挣脱缰绳、逃出樊笼时，他没办法分辨哪些是邪恶的人、哪些是
> 虔诚的善男信女。任意破坏的结果是，可怕的不义之举就无法避
> 免了……我同情，而且永远同情那些反抗叛乱的人。

宗教改革多多少少仍在以和平的方式进行着。1521 年的圣诞节，卡尔斯塔特穿着平民服装，在德国庆祝弥撒。他邀请所有参加的人，用手拿圣餐的饼，并用圣餐杯喝酒。约在这时，奥古斯丁教团的一位领袖加百列·朱伊尔林（Gabriel Zwilling）要求他的听众，发现宗教图画就烧毁，发现祭坛就破坏。12 月 27 日，"先知们"从茨维考（Zwickau）来到维滕堡，无异于火上浇油。那个市镇是德国最工业化的都市之一，市民多为编织工人，受雇于商人组成的市政府。这些工人忆起邻近波希米亚的塔波尔实验（Taborite experiment）曾受到压制，而对社会运动非常热衷。圣凯瑟琳教堂的教士托马斯·闵采尔（Thomas Münzer）是一位热心的宗教改革支持者，他成为众望所归的代言人。马丁·路德赞扬《圣经》是信仰的唯一准则，他于是产生了疑问——到底谁能解释《圣经》？闵采尔和他的两位伙伴，编织工人尼古拉斯·斯多奇（Nicholas Storch）和学者马库斯·斯都布诺（Marcus Stübner）宣称，他们是解释《圣经》的杰出人选，因为他们自觉而直接地感受到圣灵。他们宣布，圣灵命令他们将人的受洗延后到成人。因为圣餐只有发自信仰才有效，而信仰是无法期望于婴儿的。他们预测，这个世界不久将遭到全面的毁灭，那时，所有不虔诚的人——特别包括所有罗马教会的教士——都将死亡；之后，在地球上将出现上帝的共产王国（communistic Kingdom of God）。

1521 年，编织工人的叛乱被制止了，3 个"茨维考的使徒"（Zwickau Apostles）被放逐。闵采尔被流放至布拉格，他在萨克森的奥尔斯提德（Allstedt）找到牧师的工作。斯多奇和斯都布诺跑到维滕堡。在马丁·路德不在维滕堡期间，他们给梅兰希顿和卡尔斯塔特留下了很好的印象。

　　1522 年 1 月 6 日，维滕堡的奥古斯丁教团完全解散。1 月 22 日，卡尔斯塔特的信徒在市议会里非常强大，他们推动一项法令，将维滕堡各教堂内所有的偶像拆除，并且禁止弥撒，除非采用卡尔斯塔特的简单形式。连耶稣被钉于十字架的受难像，都在禁止之列。与早期的基督徒一样，他们也禁止宗教仪式时的音乐。卡尔斯塔特称："风琴的淫乱之音，唤起人们的世俗欲念。当我们应该沉思基督的苦痛时，却让我们想起皮拉摩斯（Pyramus）和提斯柏（Thisbe）[1]……让风琴、喇叭和笛，回到剧院里。"市议会迟迟不拆除偶像，卡尔斯塔特率领其随员径入各教堂。耶稣被钉于十字架的受难像，都被从墙壁上拆下来，抗议的教士，都被丢掷石头。卡尔斯塔特接受茨维考预言者的看法，认为上帝可以和《圣经》一样，直接对人说话。上帝对人说话，是简单地直接对人的心、灵，而不需要从语言和书本上学得。卡尔斯塔特本人非常博学，却宣称学校和读书有碍于虔诚，真正的基督徒要避开所有的学问和学习，要变成目不识丁的农夫或匠工。他的一位信徒，乔治·莫尔（George Mohr）将他任教的学校解散，劝学生家长保持孩子们无知。有些学生离开大学回家学手艺，声言没有必要再求学。

　　马丁·路德听到这些消息，害怕他的保守评论会很快由行动证明为正当，他否认教会权威会导致社会秩序解体。他不顾查理皇帝的禁令，同时又放弃腓特烈选帝侯对他的所有庇护，离开瓦特堡，重着教士服并剃发，匆忙地回到维滕堡。1522 年 3 月 9 日，他开始一连串

---

[1] 古典神话，巴比伦的两位年轻情人不顾他们双亲的反对，通过墙上的裂缝偷偷地谈话。在相信提斯柏已死之后，皮拉摩斯结束了自己的生命。提斯柏发现他的尸体时，她也自杀了。

的 8 次演说，坚决地呼吁大学、教堂和市民们遵守秩序。现在，他拒绝任何诉诸武力的行为。难道他不是只用一支笔，来解除百万人免受教会的压迫吗？他说道："跟从我，我是第一个上帝所信托这件事情的人。上帝将把他的意旨第一个透露给我。所以，你们做这些事情，都错了……没有先来找我磋商……容我有时间……不要以为破坏那些被滥用的东西，就可以除掉污秽的弊端。人可以被酒与女色所迷，那么我们就要禁止酒和废除女人吗？太阳、月亮、星星，一直都受人尊崇，那么，我们是否要从天上把它们摘下来？"那些想要保持图画、雕像、耶稣被钉于十字架上的受难像、音乐和弥撒的人，不应该受到干扰。马丁·路德本人是赞成宗教偶像的。他在维滕堡一所教堂里安排弥撒，按照传统的仪式进行。在高高的祭坛上，他只给饼作为圣餐礼，但在旁边的祭坛上，他供给饼和酒。马丁·路德称，这个方式并没有什么不同之处，他重视的是从圣餐礼中接受到的精神意义。

在 8 天的 8 次演说里，马丁·路德尽量表现为虔诚的基督徒。他冒险试验所有可能使维滕堡缓和下来的方法。结果，他成功了。茨维考的先知们企图改变马丁·路德，使他接受他们的看法，他们研究他的思想，想借以作为他们圣灵的证明。马丁·路德接受这项挑战。他们认为他对他们的看法，有一种神秘的共鸣。对他们这种敏锐的洞察力，马丁·路德将其归于撒旦，而命令他们离开维滕堡。卡尔斯塔特被重新建立的市议会辞退了，他在奥拉明德（Orlamünde）另外找到一份教士工作。在他的讲坛上，他批评马丁·路德是一位"贪婪的教士……维滕堡的新教皇"。卡尔斯塔特比教友派（Quaker）还早一步地放弃所有教士装束，穿朴素的灰色外衣，摒弃头衔，要求称他为"安德利亚斯兄弟"。他拒绝接受教士薪俸，要以农作物来赚取生活。他否认药物所有的功效，喜欢祈祷更甚于医药。他提倡一夫多妻或一妻多夫制，认为这是合乎《圣经》的。对圣餐，他仅仅采纳其象征意义。应腓特烈选帝侯之邀，马丁·路德到奥拉明德传道，以反驳卡尔斯塔特，但被丢掷石头和污泥而赶出该市。农人暴动崩溃时，卡尔斯塔特害怕被认为是煽动者而加以逮捕，他找马丁·路德并接受他的庇护。经过这一番折腾，这位倦怠的激进分子，在巴塞尔找到一份教授之职。1541 年，在巴塞尔他平静地走完了他的人生旅程。

信心的根据

　　马丁·路德再度开始他崎岖的生命之旅。在他的会众面前，他是教士；在大学里，他是教授。腓特烈选帝侯每年付给他 200 基尔德，来上他课的学生，也会给他一点酬金。马丁·路德和另一位教士现在都穿着俗人的装束，和一位学生仆人住在奥古斯丁修道院里。"我的床铺，整整一年都未整理过，因汗湿发臭。但是，我整天工作，到晚上便疲倦异常，待躺到床上时，什么不对劲都不知道了。"辛勤的工作，也使他忘食。"我像波希米亚人一样地吃，像德国人一样地喝，感谢上帝，阿门。"他时常讲道，但都以仁慈、简洁以及简单有力的语言抓住他粗俗的听众。他仅有的消遣就是下棋和吹笛子，但他似乎更陶醉于攻击"罗马教徒"（papist）的时光。他是历史上最有权力、最不受禁止的争论家。他几乎所有的作品，都是加幽默当盐，加毁谤当胡椒。他让他的敌人辛苦地撰写拉丁文，给少数的学者阅读，他想对所有基督教国家发表意见时，他也写拉丁文。但是，他大部分严酷的评论，都是以德文撰写，或很快地翻译成德文，因为他的革命是一次民族主义的革命。在文体的清晰有力、片语的坦率与尖刻、譬喻的痛快直接、用语的通俗，及适当地迎合民族心理方面，没有哪一位德国作家可以与他比拟。

　　像是上帝有意安排的新用途一样，印刷品正好适合他的目的，他以无尽的技巧运用印刷品。马丁·路德是第一个利用印刷品作为宣传和争论工具的人。当时并无报纸，也没有杂志，争论全靠书本、小册子和有意公开的私人信件。由于马丁·路德的刺激，德国印刷的书本数量从 1518 年的 150 本，提高到 1524 年的 990 本，其中 4/5 是有关宗教革命的书籍。支持罗马教会的书籍很难出售，马丁·路德的书籍却是当时最抢手的书籍，不仅书店经销，连小贩和学生都在出售。仅爱尔福特市集一处，就卖掉 1400 本。在巴黎，1520 年，其销售量甚至超过其他任何东西。早在 1519 年，他的书籍就已经外销至法兰西、意大利、西班牙和尼德兰（荷兰）、英格兰等地。伊拉斯谟于 1521 年写道："马丁·路德的书籍流传到各处，而且有各种语言的版本。没有人敢相信他对人们的影响有多广泛。"改革家的文学创作力，把占优势的作品从南欧传到北欧，印刷品就是宗教改革。左腾贝格（德国活字印刷发明人）促使马丁·路德成功。

马丁·路德作为一个作家的最大成就，是将《圣经》翻译成德文。在此之前，已有 18 种翻译本，但都是以哲罗姆的拉丁语《圣经》为根据，错误百出，措辞别扭。若要从原文直接翻译，又有着令人沮丧的困难：当时还没有希伯来文或希腊文译为德文的字典，每一页都有成百的解释上的问题。而且，德文本身仍不成熟。马丁·路德所用的《新约》是希腊文本，伊拉斯谟曾经于 1516 年将它和拉丁文本对照过。这部分翻译工作于 1521 年完成，1522 年发行。经过 10 余年的辛苦工作，不断地在神学里奋斗，再加上梅兰希顿和一些犹太学者的帮忙，马丁·路德终于把《新约》译成德文并发行。除了他们的学识未臻完美外，这件翻译工作不失为划时代的事情。他们开拓了德国文坛，定下努霍彻德特赫（Neuhochdeutsch）——萨克森上流社会的新高级德文——作为德国文学上的用语。该译文因为使用通俗用语，所以严格来讲，是非文学的。马丁·路德以他惯用的生动笔法解释他的翻译方法："我们不需要像蠢驴一样，问拉丁字母——我们该怎么说德文？应该要问屋里的母亲们，街上的孩子们，及市集里的一般民众……由他们来引导我们翻译。然后，他们才能了解我们，知道我们是在对他们说德文。"他的译文和公元 1 世纪后詹姆士王在英格兰做的翻译，有同样的效果和威望——对于民族语言有无尽的影响，对民族文学而言，也是一项最伟大的散文作品。马丁·路德在世之时，维滕堡印了 10 万份《新约》。其他地方也出现 12 种未经许可的版本。除了在勃兰登堡、巴伐利亚、奥地利明令禁止该书的流通外，在德国，它仍旧为最畅销的书籍。《圣经》的翻译用该国的语言和文学代替拉丁文，这和民族主义运动有相辅相成的关系，也与罗马教会在未接受及未转换拉丁语的国家的失败有关。

马丁·路德在《圣经》翻译的工作上，花了很长的时间，他仍留有中世纪视《圣经》作者为神圣的看法，所以他很高兴地将《圣经》作为他宗教信仰的充分来源和规范。虽然他也接受《圣经》上没有提到的一些传统事情，如婴儿受洗和星期日为安息日等，他不承认罗马教会不根据《圣经》只按其习俗和权威，擅自附加基督教教义，如炼狱、赦罪状及对玛利亚和圣人的尊崇。"君士坦丁的捐赠"中法拉的启示（Valla's revelation），是古老的历史骗局，已经动摇了成千的基督徒对罗马教会传统与教条真实性的信心。1537 年，马丁·路德把法拉的论文译为德文。传统是富于人情味而易错的，但几乎整个欧洲都相信《圣经》是上帝的正言。

在神圣的启示里，推理与信心比起来，似乎也是一项脆弱的方法。"我们这些不幸的可怜人……妄想了解上帝不可思议的光明的威仪……我们像鼹鼠一样，以失明的眼睛，瞻仰上帝的光轮。"马丁·路德曾说，你不能同时接受《圣经》和推理，其中之一必须放弃：

> 我们基督徒信仰的文章，是上帝将他的话语透露给我们的具体体现。在这些文章中出现推理，是完全不可能、荒谬和错误的（想一下这个狡猾的小骗局）。基督在最后的晚餐将他的身体和血，给我们吃喝，还有什么事比这件事情更荒谬、更不可能？……或者说，死者会在这最后一天又复活吗？——或者，上帝的儿子基督，就应该由圣母玛利亚怀孕、生产，变成人类，遭遇痛苦，而后抱憾地死于十字架上吗？……推理是信心的最大敌人……她是撒旦的最大娼妓……应由疥癣和麻风吞噬的妓女，她

和她的智慧应该任人践踏、摧毁……把脏东西丢到她脸上……在
她洗礼时，将她淹死。

马丁·路德诅咒经院哲学家，因为他们制造了这么多推理的特
权，因为他们试着要合理地证明基督教教条，因为他们试着要使基督
教教义和那"该死的、自命不凡的、诡计多端的野蛮人"亚里士多德
的哲学一致。

虽然如此，马丁·路德还是采用了推理方面的两点：第一，他认
为讲道是宗教仪式的中心，而非典礼本身；第二，在他刚开始叛教之
初，他宣称，每一个人都有为自己解释《圣经》的权利。他草拟判别
《圣经》真实性的规条，以决定他们对基督的教言该同意到什么程度。
"任何不传基督之道的人，就不是使徒，即使是圣彼得或圣保罗所写
的道，也一样视之……任何传基督之道的人，就是使徒，即使出自于
犹大、比拉多或希律王。"他否认詹姆士使徒书，称之为"没有价值
的使徒书"，因为他无法使之与保罗的释罪教条一致。他以该使徒书
向希伯来人质疑，因为该书似乎对洗礼后的忏悔之有效性加以否认
（因此支持了再洗礼派教徒）。最初，他斥责《启示录》是一些预兆和
恶兆混杂在一起的费解的混合物，"既非使徒的，也非预言的"。"厄
斯垂斯的第三本书，我将它丢到易北河。"他对《圣经》教条的批判，
大部分被以后的《圣经》评论家评为智慧的、正确的。他说："在当
时，并没任何人将先知们的言论记载下来。他们的学生和听众，以后
才收集他们的言论……所罗门的格言并非所罗门的作品。"但是，与
马丁·路德敌对的天主教人士，认为他对真实性和启示的判断是主观
而专断的。他们预言，以后的评论家一定会否认其他的《圣经》
书，直到任何从《圣经》而来的其他书籍，都不能作为宗教信仰的基础
为止。

一些例外显示马丁·路德维护《圣经》，以《圣经》作为完全真
实的真理。他承认，约拿与鲸鱼的故事，若不是记载在《圣经》里，

他一定会当作捏造的故事加以取笑。还有很多故事，也是因为记载在《圣经》里，所以他才承认，如伊甸园与蛇的故事、约书亚与太阳的故事。但是，他争论道，一旦我们接受《圣经》的神圣作者，我们就必须将这些故事和其他的故事，在任何方面都认为是事实。伊拉斯谟和其他人想借寓言来调和《圣经》与理性的企图，被马丁·路德斥之为无神论的形式。就如同福音所说的一样，他不是从哲学求取精神的安宁，而是从对基督的信仰中得到。他以《圣经》为依归，以《圣经》作为他心灵最后的寄托。他认为《圣经》不只是人类智慧的产品，同时也是神圣的礼物与慰藉。他以这种看法来对抗人文学者及这些学者对古典文学的崇拜。《圣经》教我们如何去看、感觉、了解和领悟信仰、欲望、爱等一些远非人类理性所能胜任者。当灾难压迫我们时，《圣经》教导我们，这些美德如何把光明照射进黑暗，当我们结束在世上穷困潦倒的一生时，还有另外一个永恒的生命。若问《圣经》神圣的灵感根源于什么？马丁·路德回答得很简单："根源于《圣经》本身的教言——只有上帝赋予灵感的人，才能写就如此深奥、如此慰藉人心的信仰。"

马丁·路德的神学

虽然马丁·路德的神学给人的感觉是忠于《圣经》的，但他的解释潜意识里仍留有中世纪后期的传统。他的民族主义使他成为近代人，他的神学却属于信仰时代。他背叛天主教组织和仪式，远甚于背叛天主教教条。他抗议的事情大部分都至死不渝。他背叛时，步威克利夫和胡斯的后尘，而非任何其他新组织。他像他们两位一样，否认罗马教皇的权位、天主教会议、教阶组织及不是用《圣经》导致信心的任何其他方法。他像他们一样，称罗马教皇为伪基督。同时，也像他们一样，在国内找到庇护。从威克利夫到胡斯到马丁·路德，是14世纪到16世纪宗教发展主线。神学上，该线终止于奥古斯丁对宿命论和简短祷文的奇想，按顺序而言，该线应该建基于保罗的使徒书，而保罗对基督从未有认识。新教形成时，几乎所有的非基督教分子都销声匿迹了。犹太人的贡献胜过希腊人；预言家胜过经院哲学家的亚里士多德和人文学者的柏拉图；保罗将耶稣转换成替亚当赎罪的人，他较属于预言家，而较不属于使徒；《旧约》使《新约》黯然失色；上帝也使基督面无光彩了。

马丁·路德对上帝的看法是犹太人式的。他能够畅谈上帝神圣的慈悲与恩典，但是在他的思想里上帝仍显现为复仇者的旧姿态，是最后的审判者。他相信（历史上并无"他不相信"的记载）上帝曾经将几乎所有的人类沉溺于洪水，曾经降火尽焚索多玛城，也曾经怒号和挥动手破坏土地、人民和帝国。马丁·路德认为："只有少数人被解救，无限多的人都被惩罚了。"具有缓冲作用的玛利亚，作为这个故事的调停者，使最后审判为带有原罪的人类留下真正的恐惧。同时，上帝也用野兽、害虫和邪恶的女人，来惩罚人类的罪恶。马丁·路德常以此提醒他自己——除了知道上帝是存于天地之间的神外，我们对上帝一无所知——当一个爱找麻烦的年轻神学家问他"世界被创造以前，上帝在哪里"时，马丁·路德直率而夸张地回答："上帝正在为像你这种狂妄自大、心绪不宁、好管闲事的人建造地狱。"

马丁·路德视天堂和地狱为当然之事，而且相信创世之初就有了。他描述一个充满喜乐的天堂有可爱的狗，"金黄色的毛，闪闪发光，像名贵的宝石一样"。因为他的子民们，曾对他们死去的狗表示关心，马丁·路德对他们说了这一段亲切的话。他像阿奎那一样，满怀自信地谈论天使，他认为天使是无形而仁慈的灵魂。有时，他把人类描绘成善、恶天使永无止境的竞争对象，人类命运所有的一切遭遇，都是由于天使们的喜怒哀乐和所作所为来决定——这是祆教的说法闯进了他的神学。他完全接受中古世纪对魔鬼的看法，认为魔鬼徘徊人间，带给人类脾气、罪恶和不幸，使人类更容易通往地狱。"许多魔鬼藏于林间、水中、荒野和黑暗的池塘，随时都准备伤害人；有些魔鬼，也藏在厚厚的乌云中。"这些说法，部分是为了教育而有意创作的神秘的恐怖故事。但是，马丁·路德说得非常真切，仿佛连他自己也深信不疑。他说："我熟识撒旦。"他还把和撒旦的对话详细地记下来。有时候，他吹弄笛子来愉悦撒旦。有时，他叫撒旦的臭名，把可怜的撒旦吓走。夜里，被墙壁遇冷收缩的声音惊醒时，他习惯地把这个声音归诸于撒旦，充满自信地下结论——那是撒旦在漫步，他能够再度安稳地入眠。他几乎无法接受我们所谓的"大自然的法则"，他把大自然的各种不愉快现象，如冰雹、闪电和鼠疫等，统统归之于魔法；而所有一切善举，统统归之于神力。所有条顿民族的民间传奇故事，如吵闹的鬼、制造声音的精灵，显然都被马丁·路德赋予表面上的价值。蛇和猴子是撒旦喜欢的化身。魔鬼可以和妇女一起睡、生孩子。这种古老的说法，在马丁·路德看来，似乎是很有道理的。有一次，他还建议应该将这种魔鬼与妇女所生的孩子溺毙。他把魔术和巫术当真，认为将这些巫婆处以火刑，是基督徒的责任。当时的人，无论基督徒或新教徒，大部分也都有这类观念。对魔鬼的力量和魔鬼无处不在的信念，在 16 世纪达到顶点，这是任何其他时代所不及的。这种对撒旦的全神贯注，蛊惑了许多新教神学。

　　马丁·路德坚信人类生来邪恶，易于犯罪，[1] 这使他的哲学晦暗不少。作为对亚当和夏娃不服从的惩罚，人类心中神圣的影像被撕毁，只留下人性自然的倾向而已。"没有人是生而为基督徒，或生来就虔诚的……世界与群众永远是无慈悲心的……恶人总是多于善人。"甚至于善人的恶行，也要多于其善行，因为他无法超越自然的本性，就像保罗所说的："没有义人，没有，一个也没有。"马丁·路德觉得："我们是愤怒之子，我们所有的成就、意义及思想和我们的罪恶，相互抵消之下，变得一无所有。"计算到目前为止所做的善行，我们每个人都该挨骂。所谓善行，马丁·路德主要意指教会所要求的

---

[1] 或者，像现在我们所说的，人类生来就有很多本能，适合于狩猎时代，但要持久地限制在文明里。

虔诚仪式，如禁食、朝圣、向圣人祈祷、为死者望弥撒、赦罪状、报佳音、送礼物给教会……但是，他认为善行还包括了所有的"行为，不论其性质的行为"。他对需要慈善与喜欢健康的社会生活并不置疑，但是他感觉到，即使有这些美德祝福的人生，仍不能得到永恒的祝福。"福音所传之道，并没有提到善行；若说福音要求人要有善行才能获救，说这话的人，我明白地断言，他是个说谎者。"并非由善人行善行就能赎罪，因为每件罪恶，都侮辱到无限大的神性。只有上帝的儿子基督，承受痛苦和死亡的这种赎罪牺牲，才能为人类的罪恶赎罪；而且，也只有相信基督的神圣赎罪，才能将我们从地狱中解救出来，如同保罗对罗马人说的一样：你若口里认耶稣为主，心里信神叫他从死里复活，就必得救。这种信仰，就是说"释罪"（justifies）造就一个人，使人得到解救，而不管他所犯的罪恶。基督本人也说：相信、接受洗礼的人，将会得到解救；只有相信的人，将不会受到判罪。马丁·路德由此推论："因此，每一位基督徒最应关心的，是把所有对善行的信念抛置一旁，只要不断地加强信心。"他又更进一步地写下一段话，使一些神学家产生困扰，却使许多犯罪的人得到安慰：

> 耶稣基督俯首弯腰，让罪犯跳到他的背上，以此将他们从死亡中解救出来……把基督伪装成这种样子，让他隐藏在我的罪恶、你的罪恶、全宇宙的罪恶里，并以为他为我们承担了所有的罪恶，这对虔诚的人说来，是多么地安慰啊！……当你知道自己的罪恶附在他身上，那么你就会很安全，不至于有罪恶、死亡或堕入地狱之虞。基督教的教义并没有什么，就是要不断地训练一种无罪的感觉，只要将你的罪恶丢给基督，即使你有罪，也会感觉无罪。了解替罪羔羊承担了整个世界的罪恶，那就够了。罪恶并不能使我们和基督分开。假使一个人浑身罪恶，福音还告诉他：要有信心和信仰，从今以后你的罪恶就可以得到赦免。这对于他来讲，岂不是一个好消息吗？一旦这个塞子被拉出，罪恶就

被宽恕了，那么也就没有什么事情值得去做了。

这段话，可能是有意要安慰、鼓励一些敏感的人，他们介意他们自己犯了太多的过错。马丁·路德也还记得，有一次，他把自己过错的不可原谅惊人地夸大了。但是，对于某些人来讲，很像台彻尔所主张的："把钱币投入捐献箱里，那么你所有的过错，都会不翼而飞。"现在，信心取代了从前忏悔、赦免、捐献及赦罪状等所能做的一切神奇事情。更引人注意的是下列一段话。在这段话中，热诚的马丁·路德对罪恶本身下了一个很妙的说法。他说，当撒旦不断地诱惑我们时，聪明的办法，就是去犯一两次罪过：

> 尝试一下你亲近的朋友们所处的社会，去喝、玩，谈淫秽事，使你自己愉快。一个人有时候应该因恨撒旦或藐视撒旦，而去犯点小过错，以便不给撒旦有机会使你无事自扰。假使一个人对于罪过，过分震惊，他就是迷失了……啊！假如我能找到一些真正妙的过错时，就可以给撒旦来个打击！

这种贪婪而富于幽默的闲话，很容易引起曲解。马丁·路德的一些追随者把他解释为：好像是在原谅通奸、不贞、谋杀。一位路德教派的教授告诫路德教派的传教士们，尽可能地少用只靠信仰即可释罪的说法。马丁·路德对信心下的定义，不仅仅是对某一个命题作知识上的认可，更主要的是鼓励个人自我献身于实际的信仰。他对完全信仰上帝的恩赐，深具信心。因为基督赎罪的死亡，使人具有根本的善良，所以偶尔肉体上的取乐，并不会造成长久的伤害；只要有信心，就可以很快将犯罪者带回精神上的健康。他激赏善行，所反对的是善行对获救的有效性。他说："善行并不能造就善人，而是善人会行善。"那么，是什么造就善人呢？就是信仰上帝和基督。

一个人要怎样才能有这种能获救的信心？并不是由于他的功过，

而是一种神圣的恩赐，用以赐予上帝的选民。就像圣保罗在提及法老王时所说的："神要怜悯谁就怜悯谁，要叫谁刚硬就叫谁刚硬。"根据这神圣的宿命论，上帝的选民是被选来享受永恒的幸福，其他的人，被失宠地留下，被诅咒下永恒的地狱：

> 信心的极致，即在相信上帝拯救了这么少的人，责罚了这么多的人，他仍旧是仁慈的；他就是使我们命定毁灭的人。所以……上帝似乎以使人受苦为乐，他得到的恨应该多于爱才对。假使以任何推理的方法，在上帝表现了这么多的怒气和不公平时，仍能想象他是仁爱而公义的话，那就不需要信了。

因此，马丁·路德在反对异教文艺复兴的教会反动中，不只是回到奥古斯丁，他还回到德尔图良。相信宿命论，对他而言似乎是一种功德，因为就理性而言，宿命论是不可信的。虽然如此，他认为正是严密的逻辑推理，使他走到怀疑的地步。这位写过很多有关"基督徒自由"的神学家，1525 年在一篇论文《论奴隶意志》（"De Servo Arbitrio"）中争论：假使上帝是全能的，他应该是一切行为的唯一原因，包括人类的一切行为。假使上帝是全能的，他应该能预知任何事情，而且一切事情都该按照他所预测的发生。因此，任何时刻、任何事件，都在他心里有所预定，永远按着这预定进行。马丁·路德像斯宾诺莎一样下结论："人类像一块木头、一个石块、一把泥土或一撮盐一样地不自由。"更不可思议的是，上帝神圣的远见不但剥夺了天使的自由，连上帝本身的自由也剥夺了，因为他也必须按他所预见的去行事，他的远见就是他的命运。一位疯狂的极端分子，解释这一教条为："一位年轻人，砍掉他兄弟的头，把这个行为归之于上帝，他只是上帝的代理人。另有一位逻辑学家，以脚踏死他的妻子后，哭道：'这是天父所要做的事。'"

大部分说法在中世纪的神学里隐约杂陈，马丁·路德将这些说法，从保罗和奥古斯丁开始，以不可辩驳的坚毅态度加以演绎。他可能否认文艺复兴的教会，而似乎愿意接受中世纪神学。他较容易容忍受苦大众的宿命论，而不易容忍无耻的敛聚税收的教皇权威。他不承认将罗马教会定义为大主教、主教等的总称，认为那是相信基督神性和赎罪的信众的社区。但是，他还是响应教皇的教条，他写道："不借着基督来亲近上帝，而借任何其他的人（如犹太人、土耳其人、天主教徒、伪圣人、异教徒等）来亲近上帝的所有这些人，行走在恐怖的黑暗和错误之中，终必死亡或迷失在他们的罪恶中。"在维滕堡重新复活的是博尼费斯八世和1302年罗马会议的教言："罗马教会之外无获救者。"

在马丁·路德的神学中，最具改革性的内容是教士的废立。他不允许把教士当作不可或缺的圣礼执行人，也不允许把教士当作上帝的特权媒介人；教士仅仅是会众选出来的奴仆，是服侍会众的精神需要的。结婚、建立家庭的教士们，会发出神圣的光辉，使教士之职更具令人敬畏的力量，他们是"同辈中的佼佼者"。但是任何人，在必要时，皆可以执行教士的职权，甚至为忏悔者赦罪。修士们应该放弃他们的自私和惯有的无价值的独身主义，应该和其他人一样，结婚、工作。男耕女织，比修士们喃喃地重复无法了解的祈祷文更能侍奉上帝，祈祷者应该使灵魂直接与上帝交流，而不是求助于半传奇的圣人。朝拜圣人，按马丁·路德的判断，并不是寂寞的生灵和圣洁的死者之间的友善而慰藉的交往，而是原始多神论偶像崇拜的恢复。

至于圣餐礼，一向被认为是教士授予神圣恩典的仪式，马丁·路德很严格地把教士们的职分减少。圣餐礼不具有神奇的威力，而其功效，并非靠其仪式和宗教套语，而是靠接受者的信心。坚信礼、婚礼、教士任职礼及死者临终涂油礼，这些仪式，在《圣经》里并没有记载具有特殊神圣的恩宠，新教可以把这些仪式废除。受洗礼是有"施洗者"约翰之例为证的。秘密忏悔可以保留为圣礼之一，不管

《圣经》里有无根据。[1] 至高无上的圣礼，是耶稣最后的晚餐，即圣餐。圣餐的饼由教士念过祷文以后，可以变为基督的身体，马丁·路德认为这个观念是荒诞而亵渎神灵的。不过他主张，基督本身会自天而降，具体地出现于圣餐的酒和饼中。圣餐并非教士的神奇力量，而是一种神圣而永久的奇迹。

马丁·路德有关圣礼方面的教条，是以圣餐礼来代替弥撒。他获上帝解救的理论，是靠信心而不是靠善行。他的这些教条暗中伤害了德国北部教士们的权威，进一步排斥主教法庭和宗教法规。在路德教派广为分布的欧洲，民众法庭是唯一的法庭，俗世的力量是唯一合法的力量。地区统治者，可以指定教会人事、支配教会财产、管理教会学校和修道院的慈善基金。理论上，教会和国家行政是各自独立的；实际上，教会附属于国家。路德领导的宗教改革运动，是想将全部生活委诸神学，却无心地、不情愿地促进了成为现代生活基本要件的深入与世俗化。

革命家

主教们想尽办法使马丁·路德及其信徒沉默时，马丁·路德发出了怒吼，这几乎是革命的警报。1522 年 7 月发行的《反对教皇和主教们的神职》（*Against the Falsely Called Spiritual Order of the Pope and the Bishops*）的小册子中，他称高级教士为所有狼中"最大的狼"，他呼吁所有善良的德国人，以武力驱逐之：

> 主教全被谋杀，教堂和修道院皆被铲除，这尚比一个灵魂被毁灭好些。让那些为了毫无价值、虚有其表的东西，及为了偶像崇拜的人去迷失吧。生活在色欲里，以别人的血汗和工作来滋养

---

[1] 已被马丁·路德集体忏悔而后集体赦罪的方式替代。

自己的人，有什么用呢？……如果他们接受上帝的诏示，寻求灵性的生活，上帝还会与他们同在……但是，假使他们不听从上帝的话，只是愤怒、咆哮地下禁令、火刑、屠杀和各种恶行，那么除了以强烈的暴动将他们扫除外，他们还应该得到什么比这更好的？暴动发生时，我们都将会心地微笑。所有献出身体、货物和荣誉，使主教的教条被摧毁的人，都是上帝亲爱的子民和真正的基督徒。

此时，他对国家的批评，也像他对罗马教会的批评一样。在正统罗马教会教徒统治的区域里，禁止售卖或拥有马丁·路德的《新约》，马丁·路德受此刺激，于1522年秋，写了一篇论文《论世俗权力：该服从至何种程度》（"On Secular Authority：To What Extent It Should Be Obeyed"）。他开始很友善地称赞圣保罗的民众服从教条，称赞神圣的国家起源。这很明显与他基督徒完全自由的教言相悖。马丁·路德解释道，虽然真正的基督徒不需要律法，基督徒之间也无须使用律法或强制力，但他们必须服从律法，作为大部分非真正基督徒的好榜样。因为没有律法，人类罪恶的本性定会使社会变得支离破碎。虽然如此，国家的权力仍应止于精神领域之外。傲慢地命令人民该读何书，或该信何物的这些王侯是谁呢？——

你必须明白，自有世界以来，聪明睿智的王者，就是一只珍奇的鸟儿；而虔诚的王侯更是难得。他们往往是地球上的大笨蛋，或是最糟糕的地痞流氓。他们是上帝的狱吏和绞刑吏，而上帝神圣的愤怒，需要他们来惩罚邪恶的人，以保存表面上的安宁……无论如何，我要忠告那些盲目的民众，要他们注意《诗篇》第107篇的简短格言："他使君王蒙羞被辱。"我以上帝之名向你们起誓：虽然你们每个人都像土耳其人般孔武有力，但假使因你们的错误，而使这本小册子有效地对抗你们，你们就会迷失。你们的愤怒和咆哮，于你们毫无帮助。大部分的事情，都木已成舟了。因为……一般人正在学习怎样思考，他们正聚集力量以轻视诸侯……人们不必、不能也将不再忍受专制和傲慢的痛苦。亲爱的王侯与贵族们，适当而明智地指引自己吧！上帝将不再容忍你们了。这个世界，不再和过去一样，像狩猎似的追赶人民了。

一位巴伐利亚的贵族，指责马丁·路德上述的文字是在为导致革命的叛乱呼吁。乔治公爵公然抨击其为诽谤的言论，怂恿腓特烈选帝侯压制该册子的发行。腓特烈选帝侯却以他一向处之泰然的作风，同意小册子发行。如果王侯们看到马丁·路德于 1522 年 3 月 19 日写给文泽尔·林克的信，不知他们将作何感想："我们征服了教皇的暴政，他先前曾压迫国王和王侯；那么，我们去征服王侯不是更轻而易举吗？"如果王侯们看到马丁·路德对教会所下的定义，不知他们将作何感想："我相信在地球上，不管世人再怎么聪明，也只有一个神圣而共有的基督教会，这无别于圣者集团……我相信在这个集团或基督教国家里，所有的用品都是共有的，每个人的财物都是别人的，没有任何物件是纯属私人所有。"

这些言论是偶然的激发，不必过分当真。马丁·路德虽然是反动分子，实际上，他仍是保守主义者。在政治和宗教方面，他希望回复到中世纪早期的信仰和方法。他认为自己是一位复兴者，而不是一位改革者。他很愿意让他孩提时代的农业社会，加以改善后保存下去，垂于永久。他同意中世纪教会对附加于教义的传说的贬斥，只是依他个人天生快活的习性，补充了一句：那附加物是撒旦虚构的故事而已。他叹息对外贸易的发展，称商业为"肮脏的行业"，轻视那些靠投机为生的人。他抨击那些垄断市场，阴谋提高价钱的人为"公然的强盗"。他说："政府当局如果将这些人的东西统统没收，把他们驱逐出境，一点也不过分。"他认为当时是"拿些东西塞住富格尔的嘴巴"的最好时机。1524 年，在《论贸易与高利贷》（"On Trade and

Usury"）一文中，他忧心忡忡地下结论：

> 国王和王侯们应当注意到这些事情，并应以严格的法律禁止它们；但是，我听说国王和王侯们对它们很有兴趣，以赛亚的预言实现了："王侯成为盗贼的同伴。"他们将偷一个或半个基尔德的小偷，处以吊刑，却和偷窃整个世界的强盗进行贸易……就像罗马上议院议员加图说的："小偷被关在监狱里，脚镣手铐；公然的大强盗，却身穿金丝、逍遥法外。"但是上帝对这些将怎么说呢？就像以西结（Ezekiel）所说，王侯、商人和盗贼，上帝将把他们像铅和铜般的一起熔化。城市被焚毁时，就再也没有王侯和商人了。我担心，这个时候已经来临。

事实上确已来临。

第二章 | 社会革命
（1522—1536）

崛起中的革命（1522—1524）

挨饿的骑士们不耐烦地等待着机会，以反抗王侯、高级教士和资本家。1522 年，查理五世远在西班牙之时，济金根的军队是一群无用的笨蛋，富饶的教会土地，显出很容易就可以夺取的模样。胡滕受指示要采取行动。马丁·路德也已经呼吁德国人民扫荡压迫者。

8 月 13 日，一群骑士在兰多（Landau）签署一项采取联合行动的誓约。济金根围攻特里尔城，并散发信件给城内的人民，呼吁联合起来，一起推翻统治的大主教。城内人民却一直保持缄默。大主教召集军队，自己充当将领，击退敌方 5 次袭击。济金根停止围攻，把军队撤回到兰德斯都尔（Landstuhl）的城堡。大主教在邻邦王侯的协助下，猛击济金根的城堡。济金根在防御战中受了重伤，1523 年 5 月 6 日向大主教投降，于次日逝世。骑士们又归顺王侯，遣散他们的私人军队，非常失望地仅仅依靠封地税收，作为主要的经济来源。

预知到这次败亡，路德于 1522 年 12 月 19 日脱离了这次叛乱。另一方面，他的运道不断上升。斐迪南大公于 1522 年，在写给他哥哥神圣罗马皇帝的信中说道："路德的思想深植于整个帝国之中，一千人之中，几乎没有一位能免于他的影响。"修士和教士们群集到新的婚姻祭坛，在纽伦堡、洛伦兹教堂和塞巴尔都斯教堂高唱"圣道"（God's Word）。这个宗教改革的口语，表明他们信仰的唯一基础是《圣经》。新教派的传教士自由地在德国北部各地传道，占领旧讲坛，改为新教的讲坛。他们公然抨击道——不只教皇和大主教是"魔鬼的仆役"，连世俗的君主也是"邪恶的压迫者"。无论如何，有些世俗君王自发改变了宗教信仰，如胡斯的菲利普、勃兰登堡的卡西米尔、符登保的乌尔里希、吕讷堡的恩斯特及萨克森的约翰。甚至皇帝的姐妹伊莎贝拉也变成为路德教派教徒。

查理皇帝从前的老师现为教皇阿德里安六世。1522 年，纽伦堡的一次帝国会议时，他曾致函要求逮捕马丁·路德，他还主动说起了一些教会的错事：

> 我们很清楚这些年来很多令人讨厌的事情，聚集在罗马教廷的周围。圣事被误用了，宗教仪式也走了样，以致每一件事情都有着朝向错误的改变。因此，弊病从领导者蔓延到教阶组织，此事已不足为奇。我们所有的人，包括高级教士和传教士，都已经从正路上走岔了，而且长久以来，没有一个迷途知返……所以……当务之急，我们要倾尽全力来改革罗马教廷。也许所有这些罪恶，都有其来源……整个世界都期望着这种改革。

议会要求腓特烈选帝侯调查马丁·路德。但有人质问，为什么马丁·路德指出教会的腐败，就要受责难？教会的腐败现在连如此有权威的教皇都觉察到了。由于教皇的陈述很不充分，议会把德国反对罗马教会的一百件事情一并列举出来，寄给教皇，建议教皇应考虑这些委屈，将此事交由皇帝在德国召开全境会议，寻求补救之道。

这次会议由贵族操纵，他们同情地听取控诉，指陈垄断市场的商人牺牲大多数人的利益来赚取自己的财富。于是，委员会致函德国各大城市，询问这些商人是否有害社会及是否需要将这些商人调整或驱逐。乌尔姆答称，这些商人的确是罪恶，商业公司限制在父亲、儿子及女婿的手中。奥格斯堡是富格尔的老家，建议采取保卫大商业、孤儿、寡妇的古老方法，即放任政策：

> 基督教国家（或者我们应该说整个世界）由于商业的发展而富裕了。商业越发达的国家，其国民也就越繁荣……商人聚集之处，即工作很多之处……限制公司的大小是不可能之事……公司越大越多，对每个人就越好。假使商人不能在德国自由经商，他们就会转移到别处，只会导致德国的损失……假使商人不能扩大规模，那么他们过多的钱将如何运用……较妥善的办法，还是让商人自由，不要限制他们的能力或资本。有些人提到限制商人投资后的净利润。投资剥夺了孤儿、寡妇和穷人们的谋生之道。他们靠着投资给公司赚取收入，是非常不公平而有害的。

议会立法规定，公司资本额不得超过 5 万基尔德；红利必须每两年分配一次，同时账目必须公开；金钱不许作高利贷出借；每季买入商品，不得超出规定的最大限量；商品须固定在法律规定的价格。商人们向查理五世求情，查理以上述的条件支持他们。德国很多城市渐渐分享到这些商人的利益，纽伦堡布告很快变成一纸空文。

帝国议会于 1524 年 1 月召开，在一次会议中，新教皇克莱门特七世，又致函红衣主教洛伦佐·坎佩基奥，颁布逮捕马丁·路德的新命令。在奥格斯堡，罗马教皇的使节受到群众的嘲弄，不得不秘密地潜入纽伦堡，以免群众对他做仇恨的示威行动。他还受辱似的接见了 3000 人，其中包括皇帝的姐妹，领受路德教派的教士以酒和饼的方式行圣餐礼。于是，他向议会警告，这一项宗教革命，假使不尽快予以制止，很快就会伤及当局政权及其秩序。但是，议会如此回答这位罗马教皇的使节：任何想用武力扑灭路德主义的企图，其结果将导致

"骚乱、不服从命令、屠杀……最后是全面性的破坏"。议会深思熟虑时，社会革命却开始了。

农民战争（1524—1526）

宗教的背叛使农民开始想入非非，他们要求分享德国更多的繁荣。生活的艰苦已经使 12 个乡村发生骚动。马丁·路德公然反抗罗马教会、责骂王侯、破坏宗教戒律和令人敬畏的各种限制，使每个人都可以当教士及宣告基督徒的自由。在那个时代的德国，教会和邦国严密地契合着，教士们在社会秩序和国内行政上，都扮演着很重要的角色。所以，教会威望和权力的崩溃，使防止革命的一个栅栏被移开了。韦尔多派教徒、贝格哈德教派（Beghards）教徒和共同生活会的弟兄们仍继续着古老的传统，以《圣经》的内容作为根本的意见。印刷本《新约》的流布不仅对政治是一项打击，对宗教的正统性也是一项打击。因为它暴露出教士是由人的本性和世俗的方法造成的；揭发基督徒的共有主义；揭发基督对穷人和被压迫者的同情。在这些方面，《新约》成了这个时代激进分子的真正"共产宣言"。农民和无产阶级在此找到一个做乌托邦梦的神圣保证，他们梦想着私人财产被禁止，穷人将拥有土地。

1521 年，一本小册子在德国广为流行，书名为《卡尔斯坦斯》（Karsthans），意即用长柄叉的约翰（Pitchfork John）。书中这位"带着锄头的人"、表示农民护卫马丁·路德的文章及同年又陆续出版的书，都主张乡村叛变，以反抗天主教教士。1521 年，约翰内斯·埃伯林（Johannes Eberlin）出版的另一本小册子要求普遍的男性选举权，每一位统治者和官员对全民选出的议会的服从义务，资本家机构的废除，恢复面包与酒的价格，所有的孩子应受教育，学习拉丁文、希腊文、希伯来文、天文学和医学。1522 年，另一本小册子，名为《德国民族的需要》（Teutscher Nation Notturft），被误认为是已逝的皇帝腓特烈三世所写，书中要求废除"所有通行税、关税、护照和罚金"的，废止罗马法和宗教法规，限定商业机构资本额不能超过 1 万基尔德，逐出政府中的教士，没收修道院财产，以及主张穷人的收入分配。1524 年，奥托·布隆费尔斯（Otto Brunfels）声称，税款 1/10 付给教士是违背《新约》的。有一个人宣称，天堂之门是为农民开的，对贵族和教士是关闭的。另外有人建议，农民不要再付款给教士或修士。闵采尔、卡尔斯塔特和胡布迈尔（Hubmaier）向听众忠告："农夫、矿工和打谷者，比整个村庄的修道院院长、教士或神圣的博士，更为了解福音，更能够传说福音。"卡尔斯塔特还加上："比马丁·路德好。"年鉴和占星家好像是给予行动的暗示一样，预测 1524 年会有一场暴动。一位天主教人文学家约翰内斯·科克拉乌斯（Johannes Cochlaeus），于 1523 年警告马丁·路德："镇里的民众和省里的农夫，将会叛变……反对教皇和地方权势的印刷小册子和激昂的言论，使他们中了毒。"马丁·路德、传教士和出版小册子的人，都不是叛乱的原因。主要的原因是农民正当的抱怨。但有一点是真的，即马丁·路德的福音和他的更激进的跟随者"火上加油"，使这些被压迫者的愤怒，转向乌托邦的幻想、难以数计的暴行和易动感情的复仇心理。

托马斯·闵采尔正好赶上这个时期的骚乱。1522 年，他被指派在奥尔斯提德（Allstedt）传教。他要求以武力消灭"不信上帝的人"——罗马天主教和保守派教会。他声称："这些不信上帝的人，没有权利生存，除非上帝的选民，允许他们生存。"他建议王侯应该领导人民革命，以反抗教士和资本家。王侯并没有响应。于是，他呼吁百姓连王侯也一并推翻，然后建立一个纯良的社会，正如柏拉图……和阿普列乌斯所设想的社会。他写道："所有的东西都是公用的，在必要情况下，东西应该是分配的。任何王侯、伯爵或男爵，在经过很诚恳地提醒这个真理后，假使仍然不愿意接受的话，将会被砍头或吊刑。"腓特烈选帝侯能够很幽默地容忍这个福音，但他的兄弟约翰公爵和他的堂兄弟乔治公爵，联合马丁·路德，1524年把闵采尔逐出教区。这位愠怒的使徒，从一个市镇流浪到另一个市镇，宣称犹太人的获救和天堂王国的将临。

他在图林根地区（Thuringia）发现一个自由市米尔豪森（Mühlhausen），纺织工业使很多无产阶级聚集在那里。对于他而言，这是适合他的政治舞台。亨利希普·菲弗（Heinrich Pfeiffer）曾经当过修士，借着中下阶级的支持，开始在这个地方酝酿革命，要从贵族的寡头政治中夺取市议会。闵采尔向这个市镇的工人和附近的农夫传播他的激进计划。1525年3月17日，菲弗和闵采尔的武装人员，把贵族们除名，建立了一个所谓"永恒的议会"（Eternal Council）来统治米尔豪森市。按梅兰希顿的记载，这一群胜利的激进分子把修士们驱逐掉，同时把教会的财产统统搜刮了。无论如何，我们不能相信这个时代的神学家会公平地记载他们的敌人所做的活动和概念。公有财富并未建立。事实证明，菲弗在实务方面比闵采尔能干，他把叛乱消弭于中产阶级的需要中。闵采尔预测会遭受帝国军队的攻击，于是把工人和农夫组织成军，在赤足修士（Barefoot Friars）的修道院里，他得到重炮。他呼吁他的军队："前进吧！乘火正热的时候前进吧！使你的刀剑沾满血液而温暖！"

约在这个时候，农民的叛变使德国南部大为震惊。也许，1524年的一次毁灭性的降雹使施图林根丰收的希望整个破灭，变成了叛乱的导火线。这个地方靠近沙夫豪森，距离瑞士并不太远，此处刚强的农夫实为楷模，除了封建权力的形式外，他们已经解放了他们自己。1524年8月24日，汉斯·穆勒（Hans Müller）接受闵采尔的建议采取行动，他召集了施图林根的一些农民，把他们组成"福音兄弟"（Evangelical Brotherhood），宣誓解放整个德国的农民。很快，不满的来克瑙（Reichenau）修道院院长、康斯坦茨主教、韦尔登堡的伯爵蒙福尔、卢普芬和苏而兹的佃农们，都加入了他们的组织。1524年底，约3万名武装的农民，在德国南部拒绝付给国家税、教会什一税、封建税，并发誓不自由毋宁死。在梅明根（Memmingen），他们的代表们受到苏黎世来的茨温利教派新教徒（Zwinglian Protestants）的影响，于 1525 年 3 月，订下"十二条款"（*Twelve Articles*），使半个德国剑拔弩张：

愿基督徒读者得到平安，并借基督蒙神的恩惠。

有很多反对基督教的人，后来借农民集会的机会诟骂福音。他们说：这就是新福音的结果吗？没有人服从，所有的人都在反叛……推翻或杀死宗教及非宗教的君主吗？对这些不信上帝的邪恶批评，以下列条文作为回答，一来是为了除去对《圣经》的这些谴责；二来是为了用基督徒的方法，来证明农民的不服从与背叛，是正当的——

第一条：将来，我们应该有权利使整个的社区能够选举和指派一位牧师，同时有权利罢免该牧师……这是我们谦虚的请愿和要求，也是我们的目的和每一个人的意愿。

第二条：因为什一税是《旧约》所订、应验于《新约》的。所以，我们将会缴纳谷物的什一税，但是，必须以适当的方式……将来这什一税款，是由社区指派的教会首长收集和接受。再将税款分予牧师，适当而足够地维持牧师的一切……剩余税款，应该分给同一乡镇里的贫困者……这微少的什一税，我们将毫不奉献，因为上帝创造了牲口供人们自由利用……

第三条：人们把我们农民当作他们的私人财产，到目前为止，仍有这种习俗。而这是很可怜的。看，基督曾用他的血为我们赎罪，不管是卑微的人或是伟大的人……因此，我们是自由的，而且我们要自由，这是符合《圣经》的……对我们所选、所指派的统治者（可以说是上帝为我们所指派的），我们愿意服从所有适当的及基督教的事务。同时，作为一个真正的基督徒，我们不怀疑他们乐意解放我们农奴的处境，或在福音里，告知我们，我们是农奴……

　　第六条：我们有一项沉重的苦境，因为礼拜仪式一天比一天增加……

　　第八条：我们遭受很大的压迫，因为我们之中，有很多人都有不够维持租款的租地，农民们遭到损失和破灭的痛苦。希望地主们以诚实的人调查租地，订立公平的租款……因为每一位劳动者，都应该得到他们的工资……

　　第十条：我们的权利受到侵害，因为有些人把共有的地方划归为他们的私地。这些共有的地方，曾经属于社区……

　　第十一条：我们应该把那该死的税捐完全废除掉。我们无法忍受这些税捐，也无法忍受让孤儿寡妇如此被侮辱地剥削着……

　　第十二条：假使这十二条款中，有一条或一条以上……能够按照《圣经》指出它的不当，而我们从《圣经》的角度来看确实值得争论时，我们一定将该条文撤回。

　　为路德半革命的宣言所鼓励的农民领袖们，寄了一份"十二条款"给他，要求路德支持他们。路德把 1525 年 4 月所印的一本小册子《和平的谏言》（*Ermahung Zum Frieden*），寄回作为回答。他称赞农民们服从《圣经》。他注意到现在对他的一些控诉，控诉他的言论和作品激发了革命。他否认他对革命事件的责任，但是，他不撤销对上层阶级的评论：

　　地球上除了你们王侯、地主，尤其是盲目的主教和疯狂的教士以及修士外，任何人都不应感谢这种错误的叛乱，因为你们的心灵坚决地反对神圣的福音，尽管你们知道福音是事实，而且是你们不能加以辩驳的。除此之外，在你们的政府里，你们什么事也不做，只是苛责和剥削民众，使自己过富丽堂皇的日子，直到那些可怜的百姓，忍无可忍……那么，由于你们自己是使上帝愤怒的原因，假使你们不及时改善态度的话，上帝的愤怒无疑就会发生在你们身上……农民们已经群集而起，将以残酷的杀害和流血，使德国毁灭、破坏，变成废墟。除非上帝被我们的忏悔感动，才能预防这些不幸。

路德请教王侯和地主们，以了解"十二条款"的正确性。同时，他极力主张用仁慈关怀的政策。他向农民演讲，坦然容纳他们的错误，但是要求农民要抑制暴力和报仇行为。他预测，诉诸武力的行为，将会使农民们比以前更糟糕。他预见到暴力革命会玷辱宗教改革运动，而他也会被任意指责。每一次演讲，他都反对教会什一税被挪作他用。他认为，政府当局应被服从，而且有权向百姓征税以供政府费用。"基督徒的自由"是指精神上的自由，农奴甚至奴隶，都可以有精神上的自由：

难道亚伯拉罕、其他民族的族长和先知们，都没有奴隶吗？阅读圣保罗有关仆人的教言，就知道这些仆人在当时都是奴隶。因此，你们的第三条款，严重违反福音……该条款要使所有的人都一律平等……而这是不可能的。因为一个世俗王国，除非有不平等的人，否则这个世俗王国无法存在。因此，有些人是自由的，有些人是被监禁的，有些是君主，有些是臣民。

他的最后忠告，倘使被农民听从了，会使德国减少不少流血事件和破坏事件。他的忠告如下：

在贵族中，选出某些伯爵和君主；从城市里，选出某些议员。然后，把这些问题以友善的方法好好地讨论、处理。你们这些君主的顽强态度……放弃一些你们的专制和压迫，让可怜的百姓们得到一点生存的空气和空间。至于农民，就他们的本分，应该让他们自己接受命令，放弃一些远不可及、高不可攀的条款。

　　然而，农民领袖们认为现在回头已经太晚了，因为一旦和解，他们迟早都要被处罚。他们埋怨路德为叛徒，继续叛变。他们之中，有些人还煞有介事地做着平等的美梦：贵族放弃了城堡，像农民或市民一样地过日子，不再骑马，不再高高在上。会众将要告知牧师们：从此以后，他们是仆人，不是主人，假使不绝对地且不只忠于《圣经》的话，就要被开除。城里的工人也提出相似的要求。他们公然抨击：城里的商店被富人垄断，贪官污吏挪用公款，物价不断上涨，工资却滞留不动。一位激进分子称："假使上帝的高级教士们不是如此富裕、奢侈的话，假使他们的财产统统分给穷人的话，对灵魂的拯救就会更好。"温德尔·希普勒（Wendel Hipler）和弗雷德里希·韦甘特（Friedrich Weigant）建议：教会所有的财产应予没收，挪作地方需要之用；所有通行税和关税，应予免除；整个王国，应该通用一种币制和度量衡制。

　　这次革命涌现了一些出色的领导人物：银行管理员乔治·梅斯乐（George Metzler）和梅特恩·费尔巴哈（Metern Feuerbacher），快乐的饮者杰克林·罗尔巴赫（Jäcklein Rohrbach），一些退役军人和曾经当过教士者，及两个在济金根被打败的骑士——弗洛里安·盖耶（Florian Geyer）和"铁手"葛兹·伯利欣根（Götz von Berlichingen）。霍普特曼（Hauptmann）和歌德后来以这两位骑士为主角，创作过戏剧。每一位领导人物都是所在团体的领袖，行动很少和其他领袖商议。虽然如此，1525 年春，几乎有 12 处地方同时突然爆发叛乱。在海尔布隆（Heilbronn）、罗藤堡和维尔兹堡，劳工代表集团夺取了都市行政权。胜利的集团以法兰克福为主要都市，在此发表宣言：把议会、市长、教皇和帝王，统统划归为一。在罗藤堡，教士被逐出教堂，宗教偶像被捣毁。1525 年 3 月 27 日，一座小礼拜堂被夷为平地，教士的酒窖也被饮空。属于封建君主的城镇，抛弃了它们对君主的效忠；主教的城镇，也终止了教士的特权，同时倡言要将教会财产世俗化。很多公爵管辖领地都加入了革命，很多君主和主教们，在毫无准备之下，宣誓接受革命对他们的要求。施派尔和班堡的主教、肯普滕和赫兹费尔德的修道院院长，都在这种情况下宣誓了。亨讷堡的威廉伯爵解放了他的农奴。乔治伯爵和霍恩洛厄的阿尔布雷希特伯爵，皆降于农民领袖，并加入这个新组织："乔治兄弟和阿尔布雷希特兄弟，从现在起，发誓农民是你们的兄弟，因为你们现在不再是君主，而是农民。"大部分城镇都由衷地欢迎这次乡村变革，很多敌视高级教士的低级教士也支持这次革命。

1525 年 4 月 4 日，在莱普海姆（Leipheim）靠近乌尔姆的多瑙河上，发生了第一次重要会战。在一位精力充沛的教士雅各·威希（Jakob Wehe）的领导下，3000 个农民占领了这个城镇。他们把所有能找到的酒一饮而尽，抢劫教堂，捣毁风琴，把祭服拿来当绑腿布。他们中间的一个坐在圣坛上，穿着教士的衣服，假装接受封建时代的臣礼。受雇于士瓦本联盟的一支外国雇佣兵军队，由能干的将军乔治·特鲁克西斯（Georg von Truchsess）统率，围攻莱普海姆，迫使未受过训练的农民投降。威希和其他四个首领被斩首，其他人被宽恕了，但联盟军烧毁了很多农庄。

1525 年 4 月 15 日，星期五，梅斯乐、盖耶及罗尔巴赫麾下的三支叛军分队围攻靠近博洛涅（Boulogne）的魏恩斯堡，统治该堡者为严酷得特别令人痛恨的路德维希·赫尔封斯滕伯爵。农民代表靠近城墙，要求谈判；伯爵及其骑士们，突然发动突击，杀掉这些农民代表。在复活节的星期日，这些围攻者借城内一些市民的帮助里应外合，突破了城墙，杀掉40位武装顽抗者。伯爵、伯爵夫人（已故的马克西米里安皇帝的一个女儿）和16位骑士被下狱囚禁。罗尔巴赫没有与梅斯乐和盖耶商谈，私自下命令让这些囚犯在配有枪矛的农民行列中穿过并受夹击之刑。伯爵呈献他所有的财富以为赎金，但被认为是见风转舵的权宜之计而遭拒绝。伯爵夫人匍匐在地上，狂言呓语地乞求保住伯爵的生命。罗尔巴赫命令两个人将她扶起来，让她目睹这一场复仇的狂欢会。伯爵在短剑和枪矛之间赴死时，农民提醒他过去曾做过的一些残暴行为。一位农民叫道："你把我的兄弟推入地牢里，只因为你经过时他没有脱帽致敬。"另一位叫道："你把我们像驾了轭的牛一样用。你把我父亲的双手砍掉，只因为他在农场上杀了一只野兔……你的马、狗和猎人，踏坏了我们的农作物……你把我们最后一个便士也搜刮了。"过了半个钟头，16 位骑士都同样躺下休息了。他们允许伯爵夫人在一所修道院中归隐。

几乎每一个地区的农民集团都流于放纵。修道院的修士被绑架了，强迫他们付出相当高的赎金。1525 年 4 月 7 日的一封信写道："叛徒们的企图无处隐藏，他们杀死不愿和罗马教会断绝关系的教士，破坏所有修道院和主教们的住处，把天主教的根完全从这个领土中刨掉。"这也许夸张了，但我们可以看到，在巴伐利亚、奥地利和蒂罗尔的新教徒，很明显地受到压制。农民军夺取很多城镇，并强迫斐迪南大公同意，每次传道皆需按照《圣经》——这是新教徒特殊的要求。在美因茨，阿尔布雷希特大主教在这一场暴风雨之前就逃开了，他的代理人，签署了"十二条款"、偿付了赎金 1.5 万基尔德，才拯救了罗马教廷。4 月 11 日，农民叛军否认主教的封建权力，抢劫并火焚主教的城堡，掠夺罗马教会的房子。在阿尔萨斯，革命进行得非常快，4 月底以前，省内每一位天主教徒和富有的地主都生活在恐怖之中。4 月 28 日，2 万农民军攻击札本（Zabern），占了斯特拉斯堡的主教位置，抢夺了主教的修道院。5 月 13 日，农民军夺下了该市镇，强迫 1/4 的人加入他们的组织，拒付什一税，并要求从那个时候开始，所有官员，除帝王以外，通通需要经过全民选举，而且可以被罢免。在蒂罗尔的布里森（Brixen），曾任主教秘书的迈克尔·加斯梅尔（Michael Gasmaier）组织了一支叛军，攻击所有罗马教会教士，于 5 月 12 日，抢劫当地修道院，猖狂了一整年。当时一位冷淡的史学家称，在整个因河和埃兹兑河流域，"有叫嚣和暴乱的群众，使善良的人几乎无法在街上走动。抢劫、偷窃……变得很平常，致使虔诚的人也被激怒了"。5月24日，在布赖司高的弗赖堡，农民抢劫城堡和修道院，并强迫该市加入"福音兄弟"会。在同一个月中，一群农民把维尔兹堡的主教赶走，在主教的储藏室里，欢宴一场。6月，威武好战的大主教马赛亚斯·兰恩（Archbishop Matthias Lang），从萨尔茨堡的住处赶到他的城堡要塞，监视城市的动静。在巴拉丁挪领地的努伊施塔特，路德维希选帝侯被8000个武装农民围困。他邀请农民领袖共餐，并很乐意地允诺了他们的要求。一名当时的人说："可以看到农奴和他们的主人坐在一起吃喝。看来，似乎他对他们很有诚意，他们对他也一样。"

在这些事件的急流中，约1525年5月中旬，路德于维滕堡出版一本小册子，名为《反对农民的集体抢劫与谋杀》（*Against the Robbing and Murdering Hordes of Peasants*）。该书的激烈，使王侯与农民、高级教士与人文学者都同样震惊。他因农民过分的愤怒叛变而震惊，害怕推翻德国所有法律和政府的可能性，也因为被指控其教言引起这场灾祸，他现在坦率地站在危险的地主这边：

　　在过去所出版的书籍中，我不曾贸然地批评农民，因为他们曾经试着就正于人、就教于人……但是在我仔细思考之前，他们忘了他们的尝试，而致力于暴力，像疯狗似的抢劫放肆……他们从事的，是恶魔的勾当。尤其，统治米尔豪森的闵采尔，更是大恶魔……我必须开始把他们的罪状，在他们面前公布……然后，我必须教导这些统治者，如何在这种环境下，把握自己……

　　任何煽动叛乱的人，是凌驾于上帝和帝王法律之外的，因此先杀他的，就是行善事……因为叛乱带来遍地的谋杀与流血，造成孤儿、寡妇，而且所有的事情，都被颠倒是非……因此，要让每一位能秘密或公开地破坏、毁伤和刺伤的人记住：没有其他任何事情会比叛乱更恶毒、更有伤害性、更富于罪恶的了。那就是说，有时候人必须杀掉一只疯狗。假使你不伤它，它便会伤你。而整个领土是与你息息相关的……

他否认《圣经》里有共有思想的说法：

> 《福音书》并没有货物共有的意思，除非是出于个人意愿，就像基督使徒在第四章中所做的一样。他们并不像疯狂的农民一样，愤怒地要求共有别人的财物，不管是比拉多还是希律王的财物，而只有自己的财物不共有。无论如何，我们的农民们是要共有别人的财物，而将自己的财物拥为私有。所谓好基督徒，竟是这些人啊！我想不会有魔鬼还留在地狱了，它们通通跑去附在农民身上了。

对未经审判即打击叛乱的天主教统治者，路德仍给予谅解。对新教徒统治者，他要求祈祷、忏悔及商谈，但是假如农民顽抗不屈时，

> 那么就赶快拿起刀剑。因为王侯或君主必须记住，在这种情况下，他是上帝的使者和上帝愤怒的仆人，对于他而言，刀剑是用以对付这些家伙的……假使他可以惩罚，而不惩罚——甚而是夺取生命或流血的惩罚——的话，那么这些人所犯的谋杀和罪恶，全部是他的罪恶……那么，统治者在他有生之年，应该继续不关心，把良心放在一边……假使任何人觉得这太困难，就让他记住叛乱是不能容忍的，这个世界的破坏，可以想象每个小时都在发生。

那是路德的不幸，他爆炸性的言论传到读者耳朵之时，正是有产阶级以武力压制叛乱之时，而这位宗教改革者因镇压恐怖主义而

受到不恰当的赞扬。危急中的这些大人物不大可能被小册子影响。他们以一种令人毕生难忘的严厉手段处置叛乱者，是出于他们自己的脾性。有一段时期，他们以商谈和允诺迷惑头脑简单的农民，得以成功解散很多叛乱集团。与此同时，大人物们却组织和武装他们召集的人。

　　1525 年 5 月 5 日，叛乱到达顶点之时，腓特烈选帝侯逝世。他本人沉静而安详，承认自己和其他王侯曾经错待农民，拒绝施加极端的报复手段，留遗命给他的继承人约翰公爵，召开缓和局面的会议。但是，这位新的选帝侯觉得他哥哥的政策不够聪明。他把他的军队加入不伦瑞克的亨利公爵和胡斯的菲利普·兰得格拉夫（Philip Landgrave）的军队中，一起移兵攻打闵采尔宿于米尔豪森外的营地。双方军队在人数上旗鼓相当，各有 8000 多，但公爵的军队大部分都是受过训练的士兵。农民方面，除了闵采尔的房子设有炮兵防卫外，大部分都没有防护设施。农民缺乏训练，并由于出乎自然的恐惧心理，显得毫无纪律。闵采尔靠着他的口才恢复士气，他还领导农民祈祷和唱圣诗。公爵方面，第一阵炮火，就屠杀对方数百人。惊恐的叛军于 1525 年 5 月 15 日逃到弗兰肯豪森（Frankenhausen）的城镇里，公爵的军队乘胜追击，又屠杀了 5000 人。300 名战俘被宣判死刑。他们的妻女请求公爵方面大发慈悲，这项请求被有条件地获准了，条件是要这些妇女把鼓动叛乱的两名教士的脑袋击碎。获胜的公爵们看着妇女们执行了这个要求。闵采尔躲藏起来，还是被捕获了，酷刑之下认罪，并在王侯的指挥部被斩首。菲弗率领 1200 名士兵驻守米尔豪森。他们也被攻克了。菲弗和其他领导人都被处死。市民们以赎金 4 万基尔德而获赦。

　　此时，特鲁克西斯以和谈的方式，取得博布林根（Böblingen）的城镇。进入城镇后，他却把枪支指向在外扎营的叛军营地（5 月 12 日）。那些炮火下幸存的农民，却被他的骑兵队铲除了。至此，符登堡的革命告一段落。下面轮到魏恩斯堡。特鲁克西斯把魏恩斯堡付之一炬，把曾经策动"魏恩斯堡大屠杀"的杰克林·罗尔巴赫施以文火烤刑。特鲁克西斯继续进攻，在哥尼修芬（Königshofen）和因戈尔施塔特（Ingolstadt）分别击溃农民军，再度占领维尔兹堡，将81位选出来的叛徒斩首示众（6月5日）。弗洛里安·盖耶潜逃，不知所终。葛兹·伯利欣根投降，一直生存至替查理五世攻打土耳其人，1562年，他82岁时始寿终正寝。6月20日，罗藤堡失陷，随后是梅明根。阿尔萨斯的革命受到打击，因为5月17日至5月18日，在利普斯坦（Lipstein）和札本的死亡人数，从2000人增至6000人。5月27日，2万农民在阿尔萨斯被杀，很多是投降后被杀的。整个市镇的空气里飘散着腐尸的臭味。马克格拉夫·卡西米尔把投降的农民或砍头或吊死，较轻的是砍断手或挖掉眼珠。最后有些王侯于心不忍，出面干预这种野蛮的报复行为。8月底，奥格斯堡议会发布命令，从轻处罚叛民。一位贵族很有哲理地问道："假使叛徒通通被杀了，到哪里找农民来供给食物？"

在奥地利，革命持续了一年。1526年，迈克尔·加斯梅尔向整个蒂罗尔发布最激进的革命计划。所有不信上帝的人（指非新教徒），若怀疑《圣经》的真实性或压迫人民时，都将被处死。所有教堂里的图书和神龛都被移走，弥撒也取消了。城墙、塔台和堡垒统统被大肆破坏，现在只要农庄存在，所有的人一律平等。官员和审判官要由成年男子全面选举。封地租金和税款，有一天将要废除。教会什一税，要给予革新后的教堂及穷人。修道院要改成医院或学校，矿产属于国有，价格由政府制定。有一段时期，加斯梅尔以聪明的策略击败前来攻打他的军队，但城池终被攻破，他本人逃往意大利。斐迪南大公悬赏割他的头，两位西班牙刺客于1528年在帕多瓦加斯梅尔的房间里将他暗杀，领取了这笔赏金。

日耳曼人的生命财产在农民革命中的损失仅逊于"三十年战争"，约13万人死于战争，约1万人经士瓦本联盟的裁判被判处死刑。特鲁克西斯这位刽子手，曾吹牛他亲手杀了1200位罪犯。农民破坏了数百座城堡和修道院，数百个农村或城镇人口锐减，或被人为摧毁，或因为巨额的赔偿费变得荒瘠了。5 万以上无家可归的农民流浪在街头或躲在森林里，孤儿寡妇成群，救济机构并不热心，也可能是本身匮乏。叛军曾烧掉很多记载封建税的文件，现在新的文件又草拟完毕，重新订下义务，有些比从前宽容，有些却比从前严厉。在奥地利、巴登和胡斯，对农民做了让步；其他地方，农奴制度被强化，而且持续下去，直至 19 世纪，如易北河东区，民主刚开始就宣告流产了。知识分子的发展也受到阻碍，罗马教会对出版物的检查制度加强了，新教派的检查制度也一样。人文主义在这一片大火中凋零了。文艺复兴时代对生命、文学和爱的喜好，转变成神学、虔诚和对死亡的深思。

宗教改革几乎在农民战争中毁灭。尽管有路德的否认和公然抨击，反叛已经炫耀了新教派的色彩和观念：经济上的期望是以路德认可的文句来表明，共有的说法是仅仅要返回《福音书》。查理五世解释这场骚乱为"路德运动"，较保守的学者把新教派剥夺教会财产权和农民抢劫修道院相提并论。在南部地区，受惊的王侯和贵族重新表明他们对罗马教会的虔诚。在很多地方，如班贝格和维尔兹堡，甚至是有产阶级，也因为接受路德教的思想而被处刑。农民本身又转而攻击宗教改革是陷害他们的饵，有些农民称路德为"Dr. Lügner"——"说谎博士"或"王侯的谄媚者"。农民革命以后的数年，路德非常不受欢迎，致使他很少敢离开维滕堡，甚至 1530 年他父亲逝世，他也不敢去参加葬礼。1525 年 6 月 15 日，他写道："大家都忘了，上帝是借助我来拯救世人的。""现在君主、教士和农民统统反对我，威胁着我的生命。"

屈服或道歉不是他的个性。1525 年 5 月 30 日，他在给尼古拉·阿姆斯多尔夫（Nicholas Amsdorf）的信中写道："按我的看法，把农民通通杀掉，还比让王侯或大官死去好些，因为乡下人拿起刀剑，并没有神圣的权威。"1525 年 7 月，他发表《有关反对农民书籍的一

封 公 开 信 》（"An Open Letter Concerning the Hard Book against the Peasants"）。他说他的批评，不望得到答复；他们的批评，只显得他们像农民一样，是出自内心的叛逆，不再得到同情。"统治者应该抓住这些人的头，使他们抑制住他们的舌头。"——

> 假使他们认为这个回答太强硬了，只是以武力来闭住人们的嘴巴，我会说这样是对的。叛逆不值得与之讲理，因为他是不会接受的。对付这种嘴巴的答案是，以拳头让血从鼻子流出。农民不会听……直到他们的头跳离他们的肩膀为止，他们的耳朵必须用子弹打开。这种门徒，就需要这种教鞭。不听上帝仁慈的话语的人，就必须听从拿着斧头前来的刽子手。

> 我不愿听，也不知道什么叫作仁爱，只是特别注意到上帝话中的意思而已……假使他是生气，而不是仁慈的话，那你们还要仁慈做什么？当上帝命令扫罗（Saul）执行他的愤怒时，他还对阿玛雷克（Amalek）表示仁慈，难道扫罗不是犯罪了吗？……因为农民受到鞭打，你们就高赞仁慈，你们为什么不在农民愤怒、破坏、抢劫、纵火、偷窃，让人惨不忍睹、不忍听闻时，赞扬仁慈呢？为什么他们要把王侯和贵族赶尽杀绝，而不对这些人仁慈？

路德认为，仁慈是基督徒私人的责任，就像国家的官员一样，无论如何，必须以正义为大前提，而不只是仁慈。因为自从亚当、夏娃的罪恶以来，人们就一直是不道德的，因此需要政府、法律和刑罚来控制。我们应该对受了危害的社区，付出更大的关心，而不是对危害社区的罪犯：

> 假使农民的企图得逞的话，任何忠厚的人，也都无法幸免，有谁多了一个芬尼（pfennig），就要为这一芬尼痛苦。他们已经开

始采取行动，而且很难停止；妇女和孩子，将要蒙羞；他们也将彼此残杀，任何地方，都不会有和平或安全了。还有什么比一群农民饱食又掌权之后，更加肆无忌惮的？……驴子将要挨打，人民将要被暴力统治了。

路德有关农民战争的一些偏激的言词，使今日的我们大为震惊。路德面对的，是农民集团的残暴现实，他们把原先的诉苦抱怨，转为不分青红皂白的抢劫，威胁到德国法律、政府、生产和分配。事实证明了他的预感：他冒生命危险所从事的宗教改革，将会因为被局限于跟随这不成功的革命的保守反应而陷入严重的危险中。他很可能对在维滕堡、沃尔姆斯和瓦特堡保护他的那些王侯贵族，私下感到歉疚。而且，假使王侯不再臣服于宗教改革，谁来保护他对抗查理五世和克莱门特七世？他显然很彷徨。对于他而言，礼拜上帝和按照自己的良心寻求获救的自由，似乎是一项值得争取的自由。在永生之前的这短暂的序曲里，不管他是贵族还是奴隶，那又有什么不同呢？我们应该毫无怨言地接受我们目前的情况，受着肉体和责任的约束，但在精神上和蒙神的恩惠上，我们是自由的。

同时，农民也有理由反抗他。因为他曾经不只是预期社会革命的发生，他还说要以微笑迎接，即使人们以主教的血洗手。他也制造了革命，危及社会秩序。他对国家的嘲弄，并不少于他对罗马教会的嘲弄。他没有抗议社会将教会的财产充公。当农民被禁止投票，而压迫者又日复一日地使用武力时，农民要怎么办呢？农民觉得新教认可了他们叛变的理由，激起了他们的希望和行动，而在最后生死关头时，新教却把他们抛弃了。一些农民在愤怒的绝望之下，变成怀疑人生价值的无神论者。很多农民，或他们的子女，在耶稣会会员（Jesuits）的引导下，又回到天主教的怀抱。有些农民跟随着路德咒骂的激进分子，从《新约》中听到共产主义的召唤。

再洗礼派教徒试行共产主义（1534—1536）

最激进的新教派，为再洗礼派（Anabaptist）。他们坚持，即使小时候已受过洗，成年后仍须再受洗；而且，最好像"施洗者"约翰一样，等到成年受洗人有意而自动地表明接受基督教信仰时，才举行受洗礼。再洗礼派内又有支派。拥护汉斯·登克（Hans Denck）和路德维希·哈茨尔（Ludwig Hätzer）的人否认基督的神圣性，认为基督不过是最敬神、最正直的人罢了。基督并不是以他在十字架上的生死挣扎，而是以其生活典范解救了我们。登克颂扬个人良心，远甚于颂扬罗马教会、国家和《圣经》。大部分再洗礼教徒效法清教徒，严守道德和礼节，服饰简单。他们把路德关于基督教自由的观念，草率地予以逻辑推演，斥责所有依武力存在的政府及所有依武力对政府的反抗。他们拒绝服兵役，其理由为杀害人命必定有罪。与早期的基督徒一样，他们拒绝宣誓，即使效忠王侯、帝王的誓言也不例外。他们通常用的问候语是："主的平安与你同在。"——这是模仿犹太教和伊斯兰教的问候语，也是教友派问候语的前身。路德、茨温利、加尔文和诺克斯都同意教皇的意见，认为宗教宽容是荒谬的；再洗礼派教徒则宣讲并实行之。其中一位教徒巴尔达沙·胡布迈尔，于1524年写了第一篇护卫宽容的文章。他们规避公共事务和所有的官司。他们是比托尔斯泰早3世纪，比彼得·切尔茨斯基（Peter Chelcicky）晚1个世纪的托尔斯泰派无政府主义者。他们的信条也许得自于切尔茨斯基。一些再洗礼派教徒有意或无意地继承了波希米亚塔波尔或基督教联合兄弟派的教义，他们宣称货物共有。如果我们相信对他们有敌意的历史学家，就知道该教派有些教徒更建议妻子共有。不过，一般说来，再洗礼派反对任何强迫性的共有财产，他们鼓吹自动地互相帮助，认为在天国里，共产主义是自动而普遍的。所有再洗礼派集团，都受到《启示录》的感悟，坚定地期待着基督早日回到地上；许多信徒还确信基督再临的日期和时间。因此，所有不信神的人——非再洗礼教派信徒——都将被上帝的剑铲除，选民将光荣地生活在天堂乐园里，没有法律或婚姻制度，所有的好东西应有尽有。他们充满希望，坚决反对劳苦工作和一夫一妻制。

再洗礼派教徒最先出现于瑞士，也许根源于法国南部的韦尔多教派和荷兰的贝格哈德派，再渗入和平主义的基督教精神。在巴塞尔，到处都有知识分子支持共产社会的思想。莫尔的《乌托邦》（*Utopia*）一书中关于共产主义的文章，可能影响过围绕在伊拉斯谟周围的学者们。3 位那个圈子里的人变成了再洗礼教派的领袖，他们是：苏黎世的葛雷贝耳和曼斯，及瓦尔茨胡特的胡布迈尔。1524 年，闵采尔访问瓦尔茨胡特，卡尔斯塔特来到苏黎世，一个再洗礼教派便以"圣灵"（Spirituals）或"兄弟会"之名，在苏黎世成立。他们宣讲成年受洗和基督的再世，反对罗马教会和国家，建议停止征收附加税、税捐、服兵役、什一税及宣誓。

此时，茨温利的新教见解正在苏黎世大会（the Great Council of Zurich）获得胜利，新教的观点包括以世俗权威控制宗教。他要求兄弟会教徒减缓对国家的漠不关心并实行婴儿受洗制度，却遭兄弟会教徒的反对。大会召集他们参加 1525 年 1 月 17 日的公开辩论，大会无法说服他们，于是便训令凡未受洗的孩子的父母亲必须离开市镇。再洗礼派教徒驳斥大会，并称茨温利为老妖龙，在街上游行，高喊："苏黎世城该有灾难！"他们的领袖被逮捕，驱逐出境。如此一来，他们开始传播其教义。圣高尔城（Saint Gall）和阿彭策尔城（Appenzell）进行着这项运动，伯恩和巴塞尔为之震动，胡布迈尔几乎赢得了整个瓦尔茨胡特城的认可。在阿彭策尔城，1200 位男女从字面上接受基督的话："不要为你吃的东西操心"，坐等上帝来养他们。

1525 年春，农民战争表面上的成功，助长了这些宗教信仰的改变，但其失败，则鼓励瑞士城内的有产阶级采用压制的措施。苏黎世大会逮捕了曼斯（7 月），然后又逮捕葛雷贝耳和胡布迈尔，并命令所有顽固的再洗礼派教徒"应该被监禁在埃里"，以面包和水度日，"听其自行死亡、腐烂"。葛雷贝耳被监禁；曼斯被投水；胡布迈尔因公开撤回他的言论被释放，他公开放弃本来的信仰，并负责改变奥格斯堡和莫拉维亚的信仰；哈茨尔因再洗礼教义和通奸罪，被斩首于康斯坦茨。清教徒和天主教徒区域，在扑灭再洗礼教派的工作上，花了同样的精力。1530 年以前，瑞士除了一些秘密而不足重视的组织外，已经基本肃清。

同时，再洗礼运动像谣言般传遍了德国南部。改变信仰的教徒，被传教热忱激励，变成传播新教教义的热心传教士。登克和胡布迈尔在奥格斯堡的纺织工人和低中层阶级之间的影响提高。在蒂罗尔，许多矿工以他们自己的贫苦情形，跟拥有矿场的富格尔和霍赫施泰特家族的财富比较，在农民叛变瓦解时，转信了再洗礼教。在斯特拉斯堡，天主教徒和新教徒之间的斗争，使再洗礼教派在某一段时间，在毫不受人注意下竟增加了好几倍。但 1528 年的一本小册子警告政府当局："宣扬共产思想的人，心里只有一件事，即鼓励穷人反抗富人，臣仆反抗上帝所任命的统治者。"同年，查理五世颁布一项训令，把再洗礼列为主要的罪。施派尔议会（The Diet of Speyer）于 1529 年批准查理五世大帝的敕令，下令任何地方的再洗礼派教徒，一旦被捕，便立即予以杀死，不必经过法官或司法审判。一位再洗礼派教徒，带着早期基督教神圣作家的口吻，略带夸张地说：

> 有些人被拷打和剖肚取肠，有些被烧成灰烬，有些被架在火刑柱上烤，或用烧红的钳子撕肉……另外有些人被吊在树上或丢入水里……有些在黑暗的牢狱里，挨饿、腐烂……有些被认为处死刑太轻了，就改用鞭打，有些经年被关在地牢里……很多人脸颊上有烧灼的小洞……其余的人，到处被追捕，从一个国家逃到另一个国家，从一个地方逃到另一个地方。像猫头鹰，像大乌鸦，白天不敢飞，他们经常被迫隐藏和住在岩石或石缝里、原野

森林里或洞穴里。

当时的塞巴斯蒂安·弗兰克（Sebastian Franck）称：至 1530 年，有 2000 名再洗礼派教徒被处死。仅在阿尔萨斯地区的一个城市昂西塞姆（Ensisheim），就有 600 人被处死。在萨尔茨堡，凡退出再洗礼派的人，就允许他们在上柴堆之前，先砍头；无悔意的教徒，则被放在文火上慢慢烤（1528 年）。再洗礼派教徒编了一些诗歌，纪念这些殉道者；而后，这些诗歌的作者又沦为殉道者。

无视于这类杀害，该教派还是不断地滋长着，而且迁徙至德国北部。在普鲁士和符登堡，有一些贵族很欢迎该教派的信徒，认为他们是和平而勤奋的农民。一位早期路德教派的历史学家称："在萨克森，在韦拉（Werra）山谷里，全是再洗礼派教徒。他们于爱尔福特市宣称要送出 300 位传教士，来改变这个垂死的世界。"于尔根·伍仑威弗（Jürgen Wullenwever）曾被指为再洗礼派教徒，他于 1533 年至 1534 年，很快控制了吕贝克市（Lübeck）。胡布迈尔在莫拉维亚以他较缓和的教条，也获得了相当的进展。他解释共产主义并不是"财产共有"，而是"一个人需要以食食饥者，以饮饮渴者，以衣衣裸者。因为个人并非其财产的主人，而是财产的管理者或支配者而已"。汉斯·赫特（Hans Hut）热衷于闵采尔的教言，脱离胡布迈尔，以宣讲财物完全共有，而赢得莫拉维亚的再洗礼派教徒的支持。1528 年，胡布迈尔归隐于维也纳，就在维也纳被处以火刑，他的妻子也被沉多瑙河。

赫特与跟随他的人在奥斯特利兹（Austerlitz）成立了一个共产主义中心。在那里，似乎已经预先看到了拿破仑一样，他们拒绝所有的兵役，并抨击任何战争。他们只从事耕作和小型工业。这些再洗礼派教徒维持这种生活几达一个世纪之久。拥有这些土地的贵族庇护着他们，借他们的吃苦耐劳，来富庶其田地。耕种在教友之间是公共的事情，农耕和手艺的材料皆由公共官员购买并分配。部分收入当作田租交给地主，其余则按需分配。其社会单位不是家庭，而是称家社，约 400 至 2000 人共同居住，有共同的厨房、洗衣间、学校、医院和酒厂。婴儿断奶后，就由大家共同教养，不过，他们仍维持一夫一妻制。在"三十年战争"中，1622 年的帝王敕令，使这个共产社会受到压制。教友不是接受天主教教义，便是被放逐了。被放逐的人，一部分流落到俄罗斯，一部分流落到匈牙利。以后，我们还会听到他们的消息。

在尼德兰，一位士瓦本制革者梅尔凯尔·霍夫曼（Melchior Hofmann）宣讲再洗礼派的福音，非常成功。在莱登，他的学生简·马提亚斯（Jan Matthys）下了一个结论——新耶路撒冷的耶稣降临，已经不能够再耐心地等待了，要赶快得到新耶路撒冷，假使必要的话，就动用武力。他把 12 位使徒送到荷兰各地传播这个可喜的消息。其中最能干的一位是一个年轻的裁缝师简·贝克尔斯综（Jan Beuckelszoon），历史上称之为莱登的约翰，在梅耶贝尔（Meyerbeer）的歌剧里，称之为"勒·普罗菲特"（Le Prophète）。虽没有受过正式教育，但他有绝顶的智力、生动的想象力、英俊的外表、流利的口才和坚韧的意志。他写戏剧，表演戏剧，也写诗歌。看了托马斯·闵采尔的作品后，他觉得所有其他派别的基督教，比起曾经得而复失的米尔豪森这一派，都是不热心、缺乏诚意的。1533 年，他听了简·马提亚斯的布道之后，加入再洗礼教派。此时，他才 24 岁。那年，他接受一项重大的使命，到明斯特传道，那是威斯特伐利亚（Westphalia）一个富庶而人口稠密的城市。

明斯特是以附近的修道院命名的，在封建制度下，属于主教和大教堂教士会。虽然如此，工商业的发展已经造成了某种程度的民主。聚集的市民们，代表 17 个同业公会，每年选举 10 位审选员，由他们荐选人员来组成市议会。但是因为少数富人供应了大部分政治才俊，自然也就左右了这个议会。1525 年，下层阶级的人热心叛变，向议会提出 36 项要求，部分要求受到重视，其余被付诸一笑地搁置了。一位路德教派的传教士贝尔纳·罗特曼（Bernard Rottman）为此抱不平，请求简·马提亚斯派遣荷兰再洗礼派教徒来助阵。1534年1月13日，莱登的约翰来到此地，紧接着简·马提亚斯本人也来了。由于怕引起叛乱，那些注重纪律的人安排主教弗朗兹·沃尔德克（Bishop Franz von Waldeck）带领2000人的军队入城。1534年2月10日，马提亚斯、罗特曼和莱登的约翰领导民众与主教的军队发生街战，把主教军队赶出城市，得到明斯特的军事控制权。选举重新举行，再洗礼派教徒赢得了市议会，其中两位克尼佩尔多林克（Knipperdollingk）和吉朋布罗依克（Kippenbroick），被选为镇长。一项令人兴奋的实验展开了。

明斯特很快就发现已处在四面楚歌的情况下，一方面被主教获得增援的军队围困着，另一方面又担心德国纪律和风俗的力量，会很快联合起来对付它。新议会为了保障自身，避免被内部的反对者攻击，公布一项法令，要求所有非再洗礼派教徒，一律需接受再洗礼，否则就得离开该市。那是很残酷的策略，因为这项法令意味着老人、带着稚子的妇女、赤着脚的小孩，都需冒着德国的严冬，外出跋涉。在围攻的这段期间，双方都毫不仁慈地杀害为敌方卖命的人。在战争的威胁下，议会由民众会议和公共安全执行委员会替代，这两个团体中的宗教领袖都是顶尖人物。马提亚斯在1534年4月5日的一次不成功的突击中阵亡。接着，莱登的约翰俨然国王般统治着明斯特市。

他们所行的"共产主义"，是一种战时的经济制度。人类由于生而不平等，只有因生命和共同的危险，才能被说服去分享他们的货物与财富。内心的自由随外在的安全而改变，共产主义也就在人类企求和平的紧张压力下破碎。假如他们缺乏协调，他们的生命将处于危险之中。受了宗教信仰和无法逃避的辩论的影响，这些被围困的人，在绝望中不失希望。他们正在实现着梦幻地显现在《启示录》上的新耶路撒冷，接受了"集体主义的神权政治"（socialist theocracy），公共安全委员会的会员，被称为"以色列12个部落的长者"（the elders of the twelve tribes of Israel)，莱登的约翰成为"以色列王"（King of Israel）。在人们单纯的脑海里，以为莱登的约翰只是为了使他那不安定的政权增加点神圣的意味，才随着他的助手，穿上华丽的外衣，让一些富有的流亡者跟随在他身后。敌人更进一步地指责这些激进领袖，当被围困的人民近乎饥荒时，还吃美食珍馐。这一项指责证据不足，而且这些领袖也一直感受到一种迫切的义务，要使一切走上轨道。大部分充公的奢侈品都被分给人民。有人写道："最穷的人，现在也华丽地盛装着。"他们是在富丽堂皇之中挨着饿。

此外，明斯特的共产主义也受到限制与考验。按照一位怀有敌意的目击者的说法，统治者颁令"一切财产皆应共有"，但实际上，私人财产仍为私人财产，除了珠宝、贵重金属和战利品。餐点是共有的，但也只限于参加城镇防卫战的那些人。进餐时，要先阅读一章《圣经》，还要唱圣歌。3 位执事被指派来供给穷人的需要，为了获得救济穷人的物品，其余富有的人，都被怂恿或强迫放弃他们剩余的东西。市内可耕地，都按"家社"的大小而分配。从一项敕令里，证实了夫权凌驾于妇权之上的传统。

公共道德由严格的法律规定。跳舞、竞赛和宗教游戏，都被鼓励，酗酒、赌博会被重罚，卖淫被禁止，通奸和不贞是死罪。很多男人逃走，致使妇女过剩，这些领袖不得不基于《圣经》的先例下令：所有未婚妇女，可以当作"妻子的同伴"——实际上，就是妾。新婚的妇女不得不接受这种情况，这至少比孤独不孕好些。该市一些保守派提出抗议，组织叛变，把这位国王（莱登的约翰）下狱，但是叛军很快就沉溺于酒色，而被重新掌权的再洗礼派军队屠杀。这次新耶路撒冷的胜利，使妇女扮演了男性的角色。一位怀有敌意的历史学家称：约翰被释放，然后又登基为王，他娶了很多妻妾，并且以暴力和专制统治。他一定是有着某种令人亲近的特质，因为几千人很愉快地接受他的统治，为了替他效劳，不惜牺牲性命。当他召集自愿跟随他突袭主教营的人时，名单上妇女的数目超过了他的预期理想人数。当他要求"使徒"冒险前往向其他再洗礼教派集团求救时，有 12 个人试着去冲破敌人的阵线，他们通通被捕杀了。一位热心的妇女，受到朱蒂丝故事的启示，冲出城外行刺主教，被敌人中途截获，之后，予以处死。

虽然德国和荷兰有很多再洗礼派教徒，斥责他们明斯特的弟兄诉诸武力，但有更多的教徒对这次革命大加喝彩。科伦市、特里尔市和莱登市的再洗礼派教徒低声祈祷革命的成功。1535 年 3 月 22 日和 25 日，阿姆斯特丹有 50 艘船起航，带着支援物品，驶向被围困的城市，但是全部被荷兰当局赶走。3 月 28 日，再洗礼派教徒的一个集团，响应明斯特的叛变，夺取了西弗里斯兰（West Friesland）的一座修道院，并建筑防御工事。这是损失了 800 人的生命才换取来的。

面临此次正在扩展的革命，帝王、清教徒及天主教徒的保守派武力，到处都动员起来压制再洗礼教派。1528 年，路德曾经提出对这新异端予以宽容，但 1530 年却建议"用刀剑"来抵制他们，"他们不只是对神不敬，而是很严重的暴乱"。接着，梅兰希顿也同意这种看法。一座座城市都以金钱或人员支援主教。1535 年 4 月 4 日的沃尔姆斯议会，命令全德国征税以支援主教的围攻。现在，主教可以围堵住这个城市，并很有效地断绝城内的补给。

面对着饥饿与日渐败坏的纪律，约翰国王宣布：所有希望离城的人，都可以离开。很多妇女、儿童及一些男人，抓住了这个机会。可是，这些男人都被主教的士兵逮捕下狱或杀掉，妇女被宽恕了，但要做各种服务。有一位离城外徙的人保全了他自己的生命，因为他透露给敌方城墙上一处没有设防的地方。在他的向导下，兰斯克内克（Landsknechts）的军队攀上城墙，打开了一个城门（6 月 24 日），几千士兵蜂拥而入。到目前为止，被围困的人由于饥饿，只剩 800 个人能够作战。他们在市场筑栅防范。不久，在得到可以安全离开明斯特的允诺之后，他们都投降了。当他们放下武器时，却被集体屠杀了。房屋全都被搜查，400 位躲起来的幸存者也被杀害了。莱登的约翰和他的两位助手，都被绑在火刑柱上，用烧红的钳子，撕他们身上的每一块肉，直到"几乎所有围观的人，都被臭气熏得作呕为止"。他们的舌头都被拖出来。一直到最后，才用匕首刺入他们的心脏。

主教又夺回他的城市，重新扩大他的权力。从此，政权当局的行动都要服从主教的否决权。天主教成功地恢复了。整个帝国里的再洗礼派教徒人人自危，指责所有使用武力者的罪过。虽然如此，很多这派异端的和平主义者也被处以死刑。梅兰希顿与路德忠告胡斯的菲利普，把所有与该教派有关的人士全部处以死刑。保守派领导人物认为，对既定的经济、政治秩序，造成如此重大的威胁，应该予以严厉处罚。

再洗礼派教徒受了这次教训，把自己委诸下列原则——节制、淳朴、虔敬和平静的生活——好像对国家毫无怨言。1531年，一位天主教教士门诺·西门（Menno Simons），改信再洗礼教派，对他荷兰和德国的信众，予以技巧地指导，使"门诺派教徒"幸存于各种艰难困苦中，并很成功地在荷兰、俄罗斯和美国，建立成功的农业社区。欧洲大陆的再洗礼派教徒、英国教友派教徒与美国的浸信教会会友三者之间，并无明显的沿承关系。英国的教友派摒弃战争与誓言；而美国的浸信会会友却坚持成人洗礼，这也许是沿袭瑞士、德国和荷兰的再洗礼教派的传统信条与修持的形式。这三种派系有一项共同的特质——他们愿意和平地容忍其他教派。那些在艰难、贫穷和困苦中支持他们的神学，几乎和我们人生苦短的哲学不相符。他们以真诚、奉献和友爱充实我们的文化，为我们丑陋的人性赎罪。[1]

---

[1] 再洗礼教派之一支，于1719年从德国移入宾夕法尼亚州，在费城的德人街（Germantown）或德人街附近，安定下来。这些教派现为数约20万。1874年，很多莫拉维亚血统的再洗礼派教徒，离开俄罗斯，定居于南达科塔州和阿伯尔塔省。宾夕法尼亚州东部的"阿米什"（"Amish"）门诺派教徒——取名于17世纪一位领袖雅各布·阿门（Jakob Amen）——直到现在仍旧排斥剃刀、纽扣、火车、汽车、电影、报纸，甚至拖拉机。但是，他们的农夫是美国最富裕的。全世界门诺派教徒，1949年为数40万。

第三章 | 茨温利：宗教改革在瑞士
（1477—1531）

麻雀虽小，五脏俱全

瑞士各州逐退"勇士"查理（1477 年），巩固了他们的邦联政府，点燃了他们的民族自尊心，并坚定了他们合力抗拒马克西米里安试图在事实与理论上，将他们并入神圣罗马帝国的决心。打败勃艮第之后，由于瓜分战利品而引起的争端，几乎使各州陷于内战，幸亏由施坦斯议会（the Diet of Stans，1481 年）的隐士哲学家尼古拉·弗鲁埃（Nikolaus von der Flüe）——瑞士人一向称他为克劳士（Brader Klaus）——劝解而归于和平。

这个稳固的联邦，一州州地壮大起来。弗里堡与索洛图恩于1481 年获准加入，巴塞尔与沙夫豪森于 1501 年，亚本策尔于 1513 年加入。现在一共 13 州，全都讲德语，只有弗里堡与伯恩兼讲法语。这些州组成一个联邦，每一州各定规章管理州内事务，对外关系则由一共同立法加以统辖。这一联邦议会的单一议院，由选自各州等数的代表组成。民主政治并不完整，好几州将小乡镇划为没有投票权的附庸。瑞士迄至那时为止尚不属典型的和平爱好者。1500 年至 1512 年，联邦各州趁意大利瓦解之际夺取了贝林佐那、洛迦诺、卢加诺及阿尔卑斯山以南的其他区域。它们同意继续将瑞士兵团租给外国。但自瑞士矛兵在马里尼亚诺遭逢败绩（1515 年）以后，联邦政府即放弃领土扩张，改采中立政策，指导其刚健的农民、娴熟的工匠、富有的商人，共同发展历史上最值得称道的文明。

教会在瑞士跟在意大利一样，和蔼而腐败。它资助聚集在弗罗本与伊拉斯谟周围的人文主义者，同时给予相当的自由。瑞士僧侣享有妾侍之乐，这是当时道德容忍的一部分。有位瑞士主教规定，他手下僧侣每生一个孩子需要交给他 4 基尔德，结果在一年内一共收集到 1522 基尔德。他抱怨许多牧师赌博，涉足酒馆，酩酊大醉——显然未付教金。少数州郡——尤其是苏黎世——树立监督教会人士的机构，并对教会财产课税。康斯坦茨主教声明全苏黎世为其封建采邑，要求服从与交纳什一税；但教皇由于过分纠缠在意大利的政治之中，以致无法有效地支持其声明。1510 年，教皇尤里乌斯二世为了回报某些日内瓦兵团，同意日内瓦市议会管理其辖区内各修道院、修女院及公共道德。如此，宗教改革的实质，早在路德发表论文的前 7 年，便已在苏黎世与日内瓦实现——俗世当局凌驾教会当局。为茨温利与加尔文建立不同方式的政教合并这一路径，业已清除出来。

茨温利

拜访乌特勒支或是茨温利的出生地，可以提示伟人来自贫贱之家这一不变的法则。这位最理性而未成功的改革家生在（1484 年 1 月 1 日）怀尔德豪斯（Wildhaus）山谷村庄的一间小茅舍里，地点在苏黎世东南方 50 英里，即今圣高尔州。一幢低矮的山形屋顶，四道厚板墙，几扇直棂的小窗户，铺上厚木的地板，低矮的天花板，黑暗的房间，吱吱的楼阶，橡树制的坚实床铺，一桌、一椅、一书架。茨温利的父亲充任那个隐蔽村子的村长，母亲则为一位牧师的妹妹。他在 8 位兄弟中排行第三，8 兄弟竞相争取两姐妹的赞赏。他从孩童时代即注定要当牧师。

他叔叔在附近魏森（Wesen）的教堂担任司祭长之职，跟他父母共同教导他，启发并增长他人文学的素养，使他与路德和加尔文大异其趣。他 10 岁时便被送往巴塞尔的拉丁学校就读；14 岁时进入当地一位知名的古典学者主持的一所学院；16 岁到 18 岁就读维也纳大学，该校当时由凯尔特接任校长，正是人文主义鼎盛之际。他以弹奏维忽拉、竖琴、小提琴、笛子、扬琴减轻劳累。18 岁时，他返归巴塞尔，跟从威登巴赫（Thomas Wyttenbach）修习神学，后者早在 1508年便已攻击赦罪状、教士独身与弥撒。22 岁时（1506 年），他获得硕士学位，并得到教士职位。他在怀尔德豪斯欢乐的亲友中庆祝自己首回的弥撒，这次聚会为他募集了 100 基尔德，在 20 英里外格拉鲁斯（Glarus）的本堂区买得司牧一职。

在那里，他一面热心执行教职，一面继续深造。他自学希腊文以览读《新约》。他热心拜读荷马、品达、德谟克利特、普鲁塔克、西塞罗、恺撒、李维、塞涅卡、小普林尼、塔西佗诸人的作品，同时著文评论怀疑派幽默家卢奇安。他跟米兰多拉（Pico della Mirandola）和伊拉斯谟通信联系，称呼伊拉斯谟为"最伟大的哲学家兼神学家"。他造访伊拉斯谟，严厉指责教会腐败，婉斥教条偏见，对古典哲学家与诗人火焚于地狱之说，期期不以为然。他发誓"宁愿分尝苏格拉底或塞涅卡而非教皇的永恒命运"。他并未让自己僧侣的誓言排除肉体之诸般享受，他与多位名门妇女有染，直到 1514 年结婚一直沉迷其中。他的会众似乎不以为意，1520 年以前的教皇，也以其支持他们抗拒格拉鲁斯的亲法集团，而予以 50 金币的年薪。1513 年和 1515 年，他两度以瑞士雇佣兵中的格拉鲁斯分队军中牧师的身份，一同前往意大利，他竭尽所能使他们忠于教皇宗旨。但他在纳瓦罗与马里尼亚诺两地接触战争，转而强烈反对瑞士将壮士提供给外国政府。

1516 年，格拉鲁斯的法国支派占了上风，茨温利转移到施威兹（Schwyz）州的艾恩锡德尔（Einsiedeln）教区。他在那里传教，甚至早于路德的反叛而染上新教的色彩。1517 年，他要求一种完全基于《圣经》的宗教，他告诉大主教申内尔（Matthäus Schinner），《圣经》里没有保证教皇职位。1518 年 8 月，他攻击赎罪券的滥行发售，说服圣圣本笃派修士从他们油水丰厚的圣母神殿中，移出一尊承诺将朝圣者"完全赦免一切罪恶与惩罚"的碑文。有些来自苏黎世的朝圣者，将他传教的情形热心报告给教区牧师。1518 年 12 月 10 日，他受召担任当时瑞士最繁荣的城市苏黎世大教堂大主教或称"人民的祭司"一职。

现在，他在道德与心智方面，均渐趋成熟。他根据希腊原文布道阐扬除了他不喜欢的《启示录》以外的全部《新约》。我们没有他生前的画像，但他同时代的人们描写他是英俊潇洒、脸色红润、饶富活力、声音悦耳的人。他在雄辩与学问上不敌路德，但他的传道诚挚、清晰感人，全苏黎世不久即受其影响。他的教阶上司在他重新攻击赎罪券的发售时，予以支持。来自米兰的一位圣方济各派修道士萨姆森（Bernhardin Samson），于 1518 年 8 月越过圣哥特哈尔德隧道（Saint Gotthard Pass），在瑞士向富者兜售利奥教皇的羊皮纸赎罪券，一张 1 克朗，向穷者兜售纸制赎罪券，一张数便士。他只手一挥，便赦免了凡死在伯恩者的灵魂，不致熬受炼狱诸般痛苦。茨温利起而抗议，但康斯坦茨主教予以支持，从德国事务中闻悉一二的利奥十世，终于召回这位滥施慷慨的使徒。

1519 年，瘟疫袭击苏黎世，半年内攫走了全城 1/3 的人口。茨温利固守岗位，日夜照顾病患者，结果自己也受感染，几濒于死。待他病愈后，顿时成了苏黎世最受欢迎的人物。遥远的高阶教士像威利巴尔德与丢勒均向其致贺。1521 年，他受召为苏黎世大教堂的总住持。他现在强大得足以公开宣称瑞士境内的宗教改革。

茨温利的宗教改革

几乎不自觉地，但也是由于他特殊教育的自然结果，茨温利改变了他教会内牧师团的性质。在他之前，讲道备受轻视；弥撒与圣餐礼几乎成为全部的仪式；茨温利使讲道成为仪式的主干。他身兼教师与布道者，随着他信心的增加，他更加坚持基督教应该回归到早期淳朴的组织与崇拜。他深受路德的反叛和文章及胡斯《论教会》（"On the Church"）一文的感染。1520 年，他公然攻击修道院制、炼狱、圣僧招魂之说；此外，他声称什一税该像《圣经》中所载，纯属自愿性质。他的主教乞求他收回这些陈词，但他坚持到底。州议会予以支持，下令辖区内的所有僧侣，单只传播见载于《圣经》的训诫。1521 年，茨温利说服议会，禁止法国人招募瑞士雇佣兵。一年后，这一禁令扩张及于所有外国政府。这时，枢机主教申内尔仍继续为教皇招募士兵，茨温利于是向会众指称，这位枢机主教头戴红帽，不无道理，因为"倘若扭转红帽，你们便可看见你们近亲骨肉之血，从折痕处淌下"。因未在《圣经》中发现四旬斋期间不食肉的记载，他允许教民漠视教会四旬斋期禁食的教规。康斯坦茨地方主教提出抗议，茨温利在《始末》（Archeteles）一书中予以答辩。该书预卜人们对教会之普遍背叛，同时劝导高级教士效法恺撒，将法衣折在身旁，然后死于恩宠与尊严之中。他跟其他 10 位牧师联合上书主教，请求允许僧侣结婚，以终止教士不道德的行为（1522 年）。他这时正蓄养安娜（Anna Reinhard）为情妇。1524 年，他公开与她结婚，比路德娶布拉还早一年。

有两件争辩先于他与教廷的断然决裂，其一令人忆起路德与埃克（Eck）在莱比锡的辩论，其二则遥遥反映出中古各大学经院派的争辩。由于瑞士是半民主的共和政体，它对茨温利的提议——他与保守对手的不同观点，该予公开兼听的机会——并不为之震惊。苏黎世大议会欣然负起神学裁判之权，开始邀请各主教派遣代表。他们来势汹汹，总共约 600 位，磨砺以待市议厅这场令人兴奋的竞赛（1523 年 1 月 25 日）。

茨温利提出 67 个主题辩护：

1. 凡认为未得教会认许,《福音书》便不算数者,错……

15.《福音书》中,全部真理显然赅备……

17. 基督是一永恒的高等僧侣。凡自称高等僧侣者,必抵御和摒弃基督的荣耀与尊严。

18. 曾经委身在十字架上的基督,为所有信仰者的罪孽,做了充分而永恒的牺牲。因此,弥撒绝非牺牲,而是牺牲在十字架上的一种纪念……

24. 基督徒不受基督所未训诫的任何工作之束缚。他们可以随时吃用任何食物……

28. 凡属上帝所允许而又未遭禁者,均属正当。因此,婚姻适合于全人类……

34. (教会)的所谓的精神权力,在《圣经》与基督的垂训中,并无基础。

35. 但俗世权力却由基督的垂训与典范(《路加》2:5、《马太》22:21)予以肯定……

49. 我知道再没有比一则禁止教士合法婚姻,而一则却以罚金方式允许他们蓄妾这一更大的丑闻。耻辱!……

57.《圣经》根本没有炼狱之说……

66. 所有高级教士均应立即忏悔,并树立起基督之唯一十字架,不然他们将行毁灭。斧钺已直指本根。

康斯坦茨教区的总主教费伯(Johann Faber)拒绝详细讨论这些命题,声称该让各著名大学或是教廷全体会议来讨论。茨温利认为并不需要。既然《新约》已印成各种方言,大家都可知"上帝之道"以决定这些论点,这便足够了。结果议会同意,宣布茨温利免于异端之罪,同时嘱令所有苏黎世教士只传播见载于《圣经》和垂训。这里,像在路德派的德国一样,国家取代了教会。

大部分僧侣——其薪金现由政府发给——都接受议会的这一

命令。其中许多教士结婚，以方言施洗，不做弥撒，不拜圣像。有一队热心分子开始不分皂白地捣毁苏黎世各教堂的图画与塑像。茨温利为这场暴力的蔓延所扰，便安排第二次辩论（1523 年 10 月 26 日），由 550 位俗世人士和 350 位教士参与。结果由议会发令组织包括茨温利在内的委员会，为人民撰写教义小册，在此同时，一切暴力均须中止。茨温利于是急速写就《基督简义》（*Eine Kurze Christliche Einleitung*）一书，送给州内各教士。天主教抗议，在卢塞恩（Lucerne）开会的邦联议院（1524 年 1 月 26 日）支持这一抗议，同时保证改革教会。苏黎世市议会不理这些抗议。

茨温利在两篇拉丁论文里更充分地阐扬了他的教义：《宗教真伪》（"De Vera et Falsa Religione"，1525 年）和《理性信仰》（"Ratio Fidei"，1530 年）。他接受教会的基本神学——三位一体的上帝，亚当与夏娃的堕落，耶稣的神人合一，处女生子说，及耶稣的受难与死；但他认为"原罪"并非承自我们"原始父母"之罪，而是承袭了一种人性的反社会倾向。他与路德都认为，人类绝不能凭其善举获救，但须相信基督受难而死这一救赎的功效。他与路德、加尔文都相信宿命说：每一事件、每一个人的永恒命运，均为上帝所预见，并且必如预见时一样发生。但上帝只将拒斥《福音书》者沦入地狱，凡基督教父母之子女夭折者，即使未予施洗，也已获救，因为他们太年幼无罪恶可言。地狱事属真实，炼狱则属"无稽之谈……为杜撰者图利的事业"。《圣经》对此毫无所知。圣礼并非是神恩的奇妙工具，而是有用的象征。秘密忏悔并不需要；没有一位僧侣——只有上帝——能宽赦罪孽；但将我们精神上的纷扰托给僧侣，是有益之举。上帝的晚餐，并非真是吃基督的身体，而是上帝灵魂与个人及基督社团结合的象征。

茨温利保留圣餐当作改革仪式的一部分，仪式中佐以饼与酒，但一年只举行四次。大部分的弥撒仍保留在庆典中，只是由会众与牧师共同背诵。其余一年当中，弥撒改由布道取代。诉诸感觉与想象的礼拜仪式，转而附属于诉诸心智的讲道——对普遍心智与思想稳定性的一场轻率赌博。由于绝对无误的《圣经》现在取代了绝对无误的教会而为教规与行为的准则，路德的德译本《新约》，转而采用瑞士方言。由圣徒利奥·祖德（Leo Jud）领导的一群学者与神职人员，受命从事整本《圣经》的德文翻译，于1534年在苏黎世由基督徒弗罗绍尔（Froschauer）予以出版，比路德版本早面世4年。

为了忠实顺从第二戒律及表示新教返归到早期犹太的传统，苏黎世议会下令搬除市内各教堂所有的宗教图像、圣徒遗物与装饰，甚至连风琴也被搬掉，苏黎世大教堂的宽阔内部，因而显得凄清空荡。有些图像荒谬得很，有些则尽属迷信，凡此都值得摧毁，然而有些美得让茨温利的后继者布林格（Heinrich Bullinger）哀悼其沦丧。茨温利本人对不当做具有神力的偶像而加以崇拜的图像，态度尚还容忍，但他宽恕这一废除之举，用以谴责偶像崇拜。州内各乡村教堂，倘其中大多数教民意愿如此，可准予保留图像。天主教教徒保有某些公民权利，但不得出任公职。参加弥撒，处以罚金；法律禁止礼拜五吃鱼而非吃肉。修道院与修女院（有一例外）均行关闭或转为医院或学校，修士与修女出修院后即结婚。取消圣者的节日，朝圣、圣水及为死者举行的弥撒，也都废除。这些改变到1524年为止虽未全部完成，但宗教改革就茨温利与苏黎世而言，远比路德与维滕堡进步。路德那时仍是一个单身修士，仍在做弥撒。

1524年11月，苏黎世成立一个6人的枢密院（Heimliche Rath），准备解决迫切或须重点处理的政府问题。结果茨温利与枢密院达成可行的妥协：茨温利将教会与俗世事务交与枢密院管辖，但后者得由前者领导。教会与政府在苏黎世合二为一，茨温利为非官方首领，《圣经》被认为是法律的首要来源与最后考验。《旧约》中由先知引导国家这一理想，在茨温利，就像日后在加尔文身上一样，获得实现。

在苏黎世如此迅速而完整地大获成功之后，茨温利贪婪的眼睛旋又转向天主教各州郡，心里盘算着能否赢取全瑞士，改奉新形式的旧信仰。

前进吧！基督骑士

宗教改革造成了邦联的分裂，同时似乎注定要摧毁这个邦联。伯恩、巴塞尔、沙夫豪森、亚本塞与格里森各郡支持苏黎世，其他各州郡则抱着敌对态度。其中 5 州——卢塞恩、乌里、施威兹、翁特瓦尔与楚格——成立天主教联盟，以敉平所有胡斯派、路德派与茨温利派的运动（1524 年）。奥地利的斐迪南大公怂恿所有天主教州郡联合行动，允予援助，显然是希望恢复哈布斯堡王朝在瑞士的权力。7 月 16 日，除沙夫豪森与亚本塞两州外，其余各州全都同意排除苏黎世，拒绝其参加未来的邦联议会。苏黎世及茨温利派遣传教士进入塞高（Thorgau）倡导宗教改革，以为反击。其中一人遭受逮捕，朋友予以拯救，同时率领一群疯狂之徒劫掠并烧毁一座修道院，捣毁好几座教堂里的圣像（1524 年 7 月）。结果 3 位领导者遭到处斩，双方的战斗精神因而激昂起来。畏缩在巴塞尔一隅的伊拉斯谟，惊见受到传教士煽动起来的虔诚教徒，"像神魂附体，脸露激愤……像受到将军鼓舞，勇赴大战场的骑士"一样地走出教堂。六州扬言，如果苏黎世不受惩处，它们便将退出邦联组织。

以担当战争领袖这一新角色为荣的茨温利，敦劝苏黎世扩充军队与军械厂，寻求与法国结盟，在蒂罗尔煽动革命，以在斐迪南背后生起一把火，同时答应保留塞高与圣高尔修道院的财产，以回报他们的支持。他以 3 项条件同天主教联盟谈和：交出圣高尔大修道院，放弃与奥地利结盟，同时将为文尖刻批评宗教改革家的卢塞恩讽刺家托马斯·穆诺交给苏黎世。天主教同盟予以拒绝。苏黎世于是下令在圣高尔的代表攫取这一修道院，他们照办（1529 年 1 月 28 日）。2 月，巴塞尔事件使情势益加紧张。

这个"瑞士的雅典"的新教领袖为约翰·霍斯沁（Johannes Hausschein），他把意思为"家灯"的名字希腊化为奥科兰帕迪乌斯（Oecolampadius）。他 12 岁时便开始写拉丁诗文，不久又精通希腊文，他对希伯来语的造诣，仅次于罗伊希林。他在圣马丁教堂的教坛和在大学神学的教席上，早以改革家和道德家闻名。除了对宗教外，一切都很人道。1521 年，他一直攻击忏悔室的弊端、变体论及对圣母偶像的崇拜。1523 年，路德为他喝彩。1525 年，他接受茨温利的计划，包括对再洗礼派教徒的迫害。但他排斥宿命论。他认为："我们的拯救来自上帝，而获谴则来自我们本身。"主要为新教徒盘踞的巴塞尔会议宣称信仰自由时（1528 年），奥科兰帕迪乌斯便加以反对，同时要求禁止弥撒。

1529 年 2 月 8 日，800 人聚集在圣方济各派教堂里，向巴塞尔会议送出一份要求，禁止弥撒，所有天主教徒都得解除公职，同时实行较为民主的宪法。会议答应考虑。翌日，诉愿者武装前往市场，到了中午该会议仍未达成结论，群众于是携带着斧锤进入教堂，摧毁映入眼帘的一切圣像。伊拉斯谟在写给威利巴尔德的信里描述这一事件道：

> 铁匠与工人除去教堂里的所有图像，对圣像与十字架横加侮辱。平日只要这些圣者稍受触犯，经常便有许多奇迹显现，而今一个奇迹也没有，倒真奇了。教堂里、小室里、走廊里、修道院里的雕像，悉数捣毁。教堂里的壁画被涂上一层石灰。凡可焚之物，悉投之于火，其余的也都捣为碎片。没有一样东西因为看在爱戴或金钱的分上而幸免于难。

巴塞尔议会见风转舵，投票赞成废除弥撒。伊拉斯谟、伯图斯·勒纳努斯（Beatus Rhenanus）及大学里几乎所有的教授都离开了巴塞尔。胜利在握的奥科兰帕迪乌斯，在这场暴乱后又活了两年，茨温利死后不久，他也逝世了。

1529 年 5 月，一位来自苏黎世的新教徒传教士，企图在施威兹城传教，结果遭受火焚于柱。茨温利因而说动苏黎世议会宣战。他拟定作战计划，亲自率领州内军队。他们在苏黎世以南十英里的卡佩尔（Kappel）为一人所阻，此人是格拉鲁斯的兰德曼·阿伯利（Landemann Aebli），他乞求一小时的停战，以便与天主教联盟谈判。茨温利怀疑其中有诈，主张立即挥军前进，但受到柏恩各同盟及不管州界、宗教界线而与敌国士兵亲善交往的部下士兵所阻。谈判继续了 16 天之久，最后瑞士人的明智获胜，双方签订了《第一次卡佩尔和约》（*The First Peace of Kappel*，1529 年 6 月 24 日）。条约条款对于茨温利而言，是一次胜利：天主教各州同意赔款给苏黎世，终止与奥地利联盟，双方均不得因宗教歧异而攻击对方；附属于两州或两州以上的"公地"人民，须以多数票决定各自的宗教生活规章。然而，茨温利并不满意。他虽曾要求，但未取得新教徒在天主教各州传教的自由。他预测这纸和约不久即将遭到破坏。

和约维持了 28 个月。中间，曾经努力结合瑞士与德国境内的新教徒。查理五世已与克莱门特七世和解，双方现在可联合出兵对抗新教徒，但新教徒早已形成一股强大的政治势力。德国半数为路德派；许多德国城市——乌尔姆、奥古斯堡、符登堡、美因茨、法兰克福、斯特拉斯堡，都强烈地同情茨温利；而在瑞士，乡村各区域虽为天主教的天下，但大部分城镇则为新教所有。自卫抵抗神圣罗马帝国皇帝与教皇，显然需要新教的团结。只有神学阻挡其中。

胡斯的伯爵菲利普，首先邀请路德、梅兰希顿及其他德国新教徒在法兰克福以北马尔勃罗的城堡，与茨温利、奥科兰帕迪乌斯及其他瑞士新教徒相聚。1529 年 9 月 29 日，这两个对峙的支派相遇，茨温利慨予退让：他使路德不再怀疑他怀疑基督的神性，他接受尼西亚信经及原罪的独断教条。但他并没撤销他所坚持的圣餐为一种象征与纪念而非神迹这一观点。路德在会议桌上用粉笔写下认为是基督所说的话——"这是我的身体"——同时只准人照字面解释。双方签署了载有14条条款的协定。他们在圣餐这一点上产生分歧（10月3日），态度并不和蔼。路德拒握茨温利伸出来的手，他说："你的精神并不是我们的精神。"他拟定了包括"圣体合质"在内一共17条的信仰表白书，同时劝说路德派的王侯，勿与不完全签订这17条条款的任何团体结盟。梅兰希顿同意其师的说法。"我们正告茨温利派信徒，"他写道，"他们一则说我们教义错误，一则犹直呼我们为兄弟，我们奇怪他们的良心怎么能允许这种行为。"这一时代的精神便浓缩在这一句子里。1532年，路德规劝普鲁士的阿尔布雷希特公爵，勿让任何一位茨温利教徒留在他领土内，不然便会受到永劫之罪。要求路德从中古世纪一步跨入现代，有点勉为其难。他习染于中古宗教，没有耐心忍受别人对其基本教条的任何指斥；同一位标准的天主教徒一样，他感到如果丧失了自己赖以塑成信仰的任何基本要件，则他整个思想世界便将崩溃，同时人生的整个意义也将凋萎干枯。路德是最中古的近代人。

茨温利遭遇到这次失败的打击，再度回到在他独裁统治下变得动荡不安的苏黎世。人民不满严峻的禁奢令；商业由于各州间不同之宗教信仰而受到阻碍；工匠们也不满意他们在政府里仍然微弱的呼声；而茨温利的布道，因夹杂政治在内，也丧失了原有的鼓舞与吸引力。他敏锐地感到这种变化，而向议会告假，以在别地寻求另一个教职，但为众人挽留。

现在他埋首写作。1530年，他把《理性的信仰》一书送给查理五世，后者并无接受的征象。1531年，他向弗朗索瓦一世发表《基督教简明释义》一书。他在书中表达了伊拉斯谟式的信念，认为基督徒在抵达天国时，将会发现那里有许多高贵的犹太人和异教徒：不只有亚当、亚伯拉罕、伊萨克、摩西、以赛亚……并且还有海格力斯、西塞斯、苏格拉底、阿里斯提德斯、努马、卡米勒斯、卡托兄弟与西比奥兄弟，"简言之，从世界开端以至世界末日，不会有任何好人、任何神圣的心灵抑或任何一位虔诚的灵魂不与上帝同在者。我们还能想象出比这一情景更为喜悦、愉快而高贵的东西？"这段文字使路德非常震惊，以致判定茨温利是"异端"。布绥主教（Bishop Bossuet）这回同意路德的看法，予以引述证明茨温利是位无望的邪教徒。

1531 年 5 月 15 日，苏黎世的一群民众及其同盟以投票的方式，迫使天主教各州允许他们在境内传教。待各州拒绝时，茨温利便建议一战，但其同盟宁可采取经济封锁。天主教各州拒绝一切进口货，转而宣战。敌对的两军再度前进，茨温利再度带路并维持其标准，两军再度在卡佩尔遭遇（1531 年 10 月 11 日）——天主教徒 8000，新教徒 1500。结果天主教徒胜利，47 岁的茨温利也在苏黎世 500 名战死者的尸堆中。他先遭分尸，然后在一堆干粪上被焚化。路德听到了茨温利的死讯之后，宣称这是对异端的天罚及"我们的胜利"。"我衷心希望，"据说他这样讲过，"茨温利能够获救，但我又害怕相反的结果，因为基督曾说，凡不认他者，均将遭受天谴。"

茨温利在苏黎世的后继者为布林格，在巴塞尔，迈康尼乌斯（Myconius）在奥科兰帕迪乌斯死后继志述事。布林格避开政治，只监督城里各学校，庇护逃难的新教徒，同时施舍给任何教派的贫穷者。他赞同处斩塞尔维特（Servetus），但除此而外，他都采取信仰普遍自由这一途径。他跟迈康尼乌斯和利奥·祖德拟就的《赫尔维希亚声明》（*The First Helvetic Confession*，1536 年），成为一代以来茨温利观点的权威表白，又与加尔文起草《众议书》（*Consensus Tigurinus*，1549 年），使苏黎世与日内瓦的新教徒同在一"改革教会"之下。

尽管有这一保护性的协调，天主教在后来，部分由于在卡佩尔地方的胜仗，还是收复了在瑞士丧失的许多根据地。神学以竞争性的屠杀或生殖在历史上获得证明或遭到否定。7 州附属于天主教——卢塞恩、乌里、施威兹、祖格、翁特瓦尔、弗里堡与索洛图恩；4 州则确切为新教所有——苏黎世、巴塞尔、伯恩与沙夫豪森；其余各州则在新旧信仰之间保持平衡，无法确定它们偏向哪一方。茨温利在格拉鲁斯的后继者瓦伦丁·丘迪（Valentin Tschudi）折中在晨间为天主教做弥撒，而晚间则为新教传播福音。他倡导彼此容忍，结果也受到容忍。他写了一本《编年史》（*Chronicle*），不偏不倚得使人无法分辨他赞同哪一个信仰。

第四章 | 路德与伊拉斯谟

（1517—1536）

路德其人

简要叙述孕育宗教改革之经济、政治、宗教、道德及知识等条件后，我们尚需指出历史上的一大奇迹：即在德国，有个人于不知不觉中，汇集了这些影响，而形成足以转变此一大陆的反叛。在此，我们无须对这位英雄所扮演的角色过分夸大；假如路德继续顺从教会的权威，改革的力量也将找到另一个系统。然而我们所见的这位粗鲁的修士，于危殆震撼之中，竟敢坚决地站出而与全欧根深蒂固的制度和最神圣的习俗相对抗，令人热血沸腾，同时也再度指出人类从泥土所塑成或从猿猴演变而来的距离。

路德，作为那个时代的高昂之声、德国历史上的奇峰，是一个什么样的人物呢？1526 年，路德 43 岁，在克拉纳赫笔下，他是一个刚刚发福，严肃中略带少许幽默感，有黑而卷曲的头发、狮鼻、深色而明亮的眸子——与他为敌的人说，里面闪耀着魔鬼之光——的中年人。坦率的性格使他不适于从事外交工作。1532 年的画像也是出自克拉纳赫之手，显示路德有宽阔、丰满的面庞，肥胖，快乐。事实上，自 1524 年起，路德已脱下僧衣穿上便服，有时是教师的外袍，有时是普通的夹克和裤子。路德在穿着上很不讲究，他太太抱怨说，一次他的裤子破了，他竟从孩子的裤子上剪下一块布去打补丁！

他是糊里糊涂结婚的。他同意圣保罗的看法，结婚只比跳火坑强一点，性的欲望和饮食一样，是自然的需求。对于性关系，他的观念是中世纪的：性交，即使夫妻之间，也是一种罪过，不过，"上帝遮掩这个罪恶"。女性抱独身主义，他斥为违反神意，因为神要人类繁衍绵延。假如"一位教士……不能坚贞地过独身生活的话，让他讨房媳妇。这是上帝为人类所制的万灵膏药"。他觉得人类的繁殖方式有点可笑，至少回忆起来时是如此，而且建议："假定上帝在这方面征询我的意见，我将劝他以泥土塑造人类，就像亚当那样，来延续种族的繁衍。"对于女性，他持的是传统德国人的看法：妇女除了生孩子、下厨房及祷告外，最好不要过问别的。"妇女离开家，就会一文不值。""妇女为生儿育女疲惫而死，那并没什么，只要她们生育，让她们死，她们就为此而生存。"妻子对丈夫应敬爱、应服从，因为他是她的恩主。家是妇女的天地，在这里她可发挥其特长：教育子女。母亲的一根手指头胜于父亲的两个拳头。夫妻之间"应该不分彼此"，家庭财产应该共管共用。

对知识妇女，路德和一般男性一样反感。"我希望，"在提到太太时他说，"她在开口之前，先念一遍祝祷文。"尽管如此，他对公开嘲笑妇女者，却不表赞同。"对妇女的缺点，最好是私底下告诉她。告诉时，语气应十分温和……因为女人是弱者。"路德对性和婚姻的意见，尽管坦白得近于粗俗，他并非毫无审美观念。"头发是女性的装饰品。过去的女孩子，除居丧外，大都松散着头发。在我看来，女孩子让头发向后披拂最好看。"（这也许就是他对教皇亚历山大六世较为温和的缘故，因为这位教皇曾表示，他极倾倒于朱利阿·法尔内塞松软的秀发。）

显然，路德结婚并非基于生理上的需要。一次他幽默地说，他之所以结婚，是为了让他父亲高兴并气气魔鬼和教皇。他结婚也不是出于一时的冲动。由于他的建议，不少修女离开修道院。他为她们征求对象。最后，只有一个剩下，即出身名门、性情淑婉的凯瑟琳。凯瑟琳不易动情，她一度对维滕堡的年轻贵族学生有意，但落花有意流水无情，所以仍是独处。凯瑟琳进入家庭服务中心时，路德曾介绍一位叫格拉茨的医生给她。但她说，对这位医生她不考虑，但赫尔·亚姆斯多尔夫（Herr Amsdorf）或路德向她求婚，她也许不会拒绝。当时，路德42岁，凯瑟琳26岁，年龄差距如此大，曾使他犹豫不决。最后，由于其父抱孙心切，他才下定决心。1525年6月27日，一个还俗修士，一个还俗修女缔结良缘。

选帝侯把奥古斯丁修道院赐给路德居住，并把其年薪提高到300基尔德；其后，更提高到400，然后是500。路德买了一个农庄，交给凯瑟琳经营。凯瑟琳非常喜爱那个农庄。她替他生了6个孩子，悉心照顾他们，照顾所有马丁家的必需品，还有一个家庭酿造所，一个鱼池，一个菜圃，一群鸡和猪。路德戏称凯瑟琳为"我的丈夫凯蒂"，这意味着当路德在生理上有愧夫职时，她有办法使他就范。路德并不好伺候，他有时会大发脾气，有时会胡乱花钱。路德生性慷慨，对钱满不在乎。他的著述，出版家视为金矿，他却不太关心。从路德写给凯瑟琳的信件或写给别人信件提及凯瑟琳之处观之，他们夫妇感情极笃。他从小就喜欢这样说："一个虔诚、敬神、亲切、顾家的妻子，是上帝给人最大的恩赐。"

路德是一位好爸爸，基于本能，他将严厉与慈祥配合得很恰当。"假定必须责打，别忘了让蜜饯陪伴着教鞭。"他为孩子们作曲，弹着维忽拉和他们一起唱。路德写给其子的书信，是德国文学的瑰宝。路德十分刚强，凭着这份刚强，使他在战场上能面对皇帝，但当其14岁的爱女马格达莱娜（Magdalena）去世时，他这份刚强的精神几乎完全粉碎。"上帝，"他说，"在千年以来，对任何主教都没有给过这么大的恩赐，然而他竟给了我——让她做我的女儿。"女儿病危时，他日夜祈祷。"这是我深爱的，可是，亲爱的上帝，如果你要带她走，我只有听你的安排。"他对女儿说:"亲爱的莱娜,我的小女儿,你愿意留在爸爸的身边,还是愿意追随天上之父?""爸爸,"女儿说,"关于这一点我能说什么?让我们静候天父的安排吧。"她死后,路德悲痛异常。安葬时,他像她活着一样和她说话:"亲爱的女儿,你将如星辰一般升到天上照耀四方。"他对别人说:"说来奇怪,我亲身体会到,她现在虽然安详、宁静,但异常忧郁!"

有了6个孩子,他还不满足,又将11个无依无靠的侄儿侄女带进他那拥有众多房间的修道院家里,和他们一起用餐,毫不厌倦地和他们交谈。凯瑟琳因为他们独占了他而感到悲伤。路德的桌边言谈,某些小孩曾经做了未经证实的笔记。现在流传下来的6596条教训,其分量、睿智和学识足可与鲍斯威尔(Boswell)所辑的《约翰逊》(*Johnson*)和拿破仑语录媲美。评论路德时,我们应记得这类《桌边细语》(*Tischreden*)不是他编的,是有人偷偷记录下来发表的。在这里,较之神学战场上论战的路德更通情达理的,是在家中的路德,是他自己。

首先我们可以看出,路德是一个男人,而不是一个墨水池。他一面著述,一面生活。没有一个正常的人会愤恨路德享受凯瑟琳所能供应的佳肴、啤酒及所有的舒适。路德在这些细节上可能会更谨慎地保持缄默,不过,缄默,就清教徒而言说得通,就文艺复兴时代的意大利人和宗教改革的德国人而言则说不通;即使审慎如伊拉斯谟,其关于生理方面的言论,也坦率得令我们吃惊。路德暴食,却能以长期的绝食来惩罚自己;他暴饮,却深悔喝酒为一种国家罪恶。但啤酒之于德国人是生活中的水,正如同葡萄酒之于意大利和法兰西人一样。在那个疏忽的时代,确实可能是有害的。路德虽嗜酒,我们却没有听说他曾酩酊大醉。"上帝既能宽恕我连续20年以弥撒来虐待他,想必也能容忍我偶尔好好地喝一顿来荣耀他。"

路德的缺点显而易见。他经常谦卑地表现着骄傲;反对独断,自己却独断;过度的热诚,却对其敌手毫不留情;讥嘲迷信,却固执迷信；公开指责不宽容，自己却极不宽容——这不是一致的典范，而不过是一个和生活一样充满矛盾且为战争的火药烧焦的男人。"对我的对手，我从不迟疑去咬他，"他坦承，"假如不咬，讥讽有何好处呢？"他把教皇的敕令当粪便。他把教皇视为"撒旦的母猪"或助手和伪基督。提到主教，他说他们是"虫豸的幼虫"、没信心的伪君子、无知的猿猴。对祭司的命令，他说那无异把人当作"《启示录》中野兽的符号"。他说，修士是比绞刑吏、谋杀犯还坏的坏蛋；他们中最好的，也不过是"上帝所穿皮毛外衣上的一群跳蚤"。我们可以猜测出他的听众是多么欣赏这个热闹："人体结构中，未受教皇管制的唯一部分那就是后部的末梢。""可惜莱茵河不够大，"针对天主教的教士，他写道，"不足以溺死所有这一帮可恶的罗马横征暴敛者……红衣主教、大主教、主教、修道院院长。"假如这些坏蛋不给水淹死，那么，"请求上帝在他们身上降下烧毁索多玛和蛾摩拉（Gomorrha）的火雨和硫黄"。这不禁令人想起罗马皇帝朱里安的批评："没有比一个怒火填膺的神学家更野蛮的野兽了。"但路德就像克莱夫（Clive）一样，惊异于自己的温和：

> 不少人认为，我对教皇制度未免攻击得太凶。相反，我埋怨自己太和善了。我但愿我能嘘出闪电打击教皇和教皇制度，并且每股风都是霹雳。我将诅咒和责骂这些无赖，直到我进入坟墓之时。他们休想从我这里得到一个好字眼儿……因为离开诅咒，我便不能祈祷。每当我说"神圣主的名"，我必须加上"让罗马天主教徒的名字受到诅咒、谴责和蔑视"。每当我说"愿主的国降临"，我一定不得不加上"教皇制度必受诅咒、谴责和摧毁"。真的，我从不间断地每天在嘴上和心里这样祈祷……没有比愤怒所得的灵感更能提高我的工作效率。我愤怒时，我的写作、祷告和布道会更精彩，因为那时，我的整个精气神复苏，我的悟性变得敏锐。

这种夸张的激愤也许是当时的时代风格。"在这方面，"博学的加斯奎特（Gasquet）红衣主教承认，"某些天主教传教士和小册子作家，并不亚于路德。"咒骂为聪明的雄辩家所期望、为他们的听众所喜爱。文雅有时反而会被人视为怯懦。路德的太太责备他——"亲爱的丈夫，你太粗鲁了。"——他的答复是："砍小树枝，用切面包的小刀就可以了，但砍一棵橡树，不用斧头怎么行？"一个温和的回答能够化解暴怒，却无法瓦解教皇的制度。一个尽量使用高尚的言语的柔和的人，将会从如此拼命的战斗中退缩。它使教皇开除他的教籍并让皇帝禁令脱了一层厚厚的皮——较之伊拉斯谟为厚。

路德的成就植根于他坚强的意志，由此产生他的自信、武断、勇气和不宽容。不过，路德也有某些和善的美德。进入中年后，他极度好交际，令人愉快，对于所有需要慰藉或帮助的人，他是力量的支柱。他不摆架子，不修边幅，从没有忘记他是一位农家子弟。他不赞成将他的作品印成专集，恳求他的读者代之以《圣经》。他的门徒在新组成的教会上建议冠上他的名字时，他立即表示坚决反对。他讲道时，他将言词变换为听众的用语，使其在理解力的范围内。他的幽默极富田园风味——粗俗、欢噪，大有拉伯雷的情调。"我的敌人调查我的一举一动，"他抱怨说，"我在维滕堡放个屁，他们在罗马立刻就会闻到。""妇女之所以要戴面纱，是为了天使；我之所以穿裤子，是为了小姐。"说出这些话的同一个人喜好音乐，他所作的圣歌，有的如清流曲涧，有的如雷霆风雨，又把它们谱成罗马教会使用过的多音旋律，而神学上的偏见也得以暂时平息。"我决不为任何事情放弃我那卑微的音乐天赋，无论多么伟大的事……我坚决认为……音乐仅次于神学，在一切其他的艺术中，是无可比拟的。除神学外，唯有它能够使我们内心感到宁静愉悦。"

路德的神学使他趋向于温和的伦理，因为他以为：一个人不能因善行获救，获救之道，在于信仰基督的赎罪；信仰如能维持于不坠，即使有罪也可以获救。偶然的小过失，在路德看来，对走在直而窄道上的我们，反而有振奋的作用。由于看厌了梅兰希顿为了非神圣的小过失竟终日惶惶，把自己折磨得消瘦憔悴的样子，路德以其活泼的幽默告诉他："人难免犯罪，上帝能赦免的只是一个诚实的犯罪者。"但他蔑视那些无精打采的曲解者。不过，假定我们就此偶然的玩笑而指责路德，那是荒谬的。有一件事是清楚的：他不是清教徒。"我们挚爱的上帝意欲我们吃、喝和快乐。""我处处寻找和接受快乐。感谢上帝，现在我们了解只要问心无愧我们便能快乐。"他容许他的信徒礼拜日宴会跳舞。他赞成娱乐，下得一手好棋，视玩牌为一种对未成熟的心智的无害消遣。关于跳舞，他发表了高见："舞蹈是一种集体礼节训练。少年男女由舞蹈可以建立友谊；在这里，可以监视他们的交往，而且也能给予体面的会晤机会。他们的舞会，有时我也很想参加，不过我怕这些年轻人会因我的加入而少转了几圈。"某些新教传道者主张禁演戏剧，路德更宽容："我们不能因戏剧里偶有粗俗和私通的情节，便叫基督徒完全不看戏；假如为了这样的理由，那么《圣经》也必须丢弃了。"一般说来，路德所持的生活观念，对一个认为"所有自然的意欲，要就是无神，要就是悖神"及和十人中有九人的灵魂为上帝命中注定、要进永恒的地狱的人来说，有其不寻常的健康和快乐。路德本人和他的神学比起来是和善的。

路德智力颇高，但太为少年时代的瘴气影响和为战争的流血所染，因而不能产生一套理性的哲学来。与他同时代的人一样，他相信小妖精、巫婆、恶魔，相信活蟾蜍可以治病，也相信"睡魔"专找出浴或熟睡中的少女，在惊吓中使她们成为母亲。他视星象学为荒诞不经，有时却使用星象学术语。他颂扬数学，认为是"依赖证明和确然无疑的证明"。他赞佩天文学对星群的大胆探究，但几乎和所有当时的人一样，不接受哥白尼的学说，因其和《圣经》抵触。他坚决主张，道理应该停留在宗教信仰规定的范围之内。

有一点他无疑是对的，他以为操纵历史的杠杆是情感而非思想。创造宗教的人是世界的推动者。哲学家代代以新的语法表达部分的极端无知，倨傲地谈整体。因此，伊拉斯谟推理时，路德则祈祷；伊拉斯谟向王侯乞惠时，路德则对着上帝说话——迫切地如同一个曾经在主的战役中艰辛奋斗而有权被应允的人，卑微地如同迷失在无限空间中的小孩。由于深信上帝站在他的一边，他直面不能克服的障碍，并获得胜利。"我承载全世界对我的恶意，皇帝、教皇及其扈从的怨恨。但是，在主的名义下，前进吧！"他有勇气公然反抗他的敌人，因为他没智力怀疑他的真理。他当他该当的角色，做他该做的事情。

不宽容的异教徒

在利奥十世 1520 年 6 月颁布的敕谕中，路德公开指责的错误是"烧死异端违反神意"。在《致基督徒贵族的公开信》（"Open Letter to the Christian Nobility"，1520 年）中，路德规定"每人皆为教士"，有权依照他私人的判断及个人的理解解释《圣经》；并加上"征服异端，不当用火而当用书"。在《论世俗权威》（"On Secular Authority"，1522 年）一文中，他说：

> 统治万民是上帝之事，不容许别人代庖……我们希望将这点说得清楚一点，以便每一个人均可了解，而且我们的贵族、王侯及主教将会明白当他们企图强迫人民……信这信那时，他们是多么的愚不可及……由于信与不信全是个人良知之事……世俗权威应满足于料理其自身之事，而准许人们，依照他们的能力和志愿，信这或信那，而不用外力强迫任何人……当人们全凭力量而不凭神的话语反抗它们时，信仰和异端决不如此强烈。

在致选帝侯腓特烈的信（1524 年 4 月 21 日）中，路德请求对闵采尔及与他为敌者作宽大处理。"你不应禁止他们发言。教派是必须有的，神道必须面对战争……让我们将战争和心灵的自由会战交由上帝处理。"1528 年，其他人主张处再洗礼教徒以极刑时，他发出忠告，除非他们犯了叛乱罪，否则他们只应该被处以流放。同样，1530年，他劝告人们，亵渎神祇罪应自死刑减轻为流放。诚然，即使在这些宽宏大度的岁月中，他好像希望他的信徒和上帝淹死，或剔除所有教皇信奉者。然而，这仅仅是"运动的演说术"而已，并非他的真实想法。1521 年 1 月，他写道："我并不想采用暴力或谋求手段来维护福音真理。"同年 6 月，他曾谴责攻击牧师爱尔福特的学生，他并不反对稍微"吓吓他们"以改善他们的神学。1529 年 5 月，他指责以武力使天主教教区改变为新教教区的计划。迟到 1531 年，他还教导："我们既不能也不该强迫任何人信教。"

像路德这种坚强而独断个性的人，在他地位相对稳固之后，要他依然主张容忍，便很难办到了。一个肯定其自身通晓《圣经》的人，是不能容忍他的反对者的。从宽容变为不宽容，在犹太人这个问题上是最易实现的。直到 1537 年，路德还主张他们保有自己的教条是应该被宽恕的："由于这群傻瓜，这些教皇、主教、辩士和修士，这些粗鲁的笨驴，像他们那样对待犹太人，每个基督徒恐怕都宁可当犹太人了。真的，如果我是犹太人，看到这些笨瓜白痴那样解释基督教教义，我宁可变成猪而不当基督徒……我呼吁每一个人应善待犹太人，同时教他们研读《圣经》。这样做，我想我们可以争取他们到我们这边来。"路德也许领悟到，新教教义自某些观点来看，是犹太教义的一种回归。例如，反对修道院制度、教士独身主义，重视《旧约》、《旧约》中先知写的预言书、《旧约》中的赞美诗，及采取较天主教更为严格的性伦理（路德本人例外）。他发现犹太人并不相应地转向新教时，他失望了。对利息索取的敌意帮助他转向反对放高利贷的犹太人，后来发展到反对普通犹太人。选帝侯约翰自萨克森（1537 年）逐出犹太人时，一个犹太人曾请路德出面调停，他竟一口拒绝。他在其《桌边细谈》中，把"犹太人与教皇信奉者斥为不敬神的坏蛋"合为"一丘之貉"。路德晚年，反犹太主义非常炽烈，他公开指责犹太

人是"一个僵颈、不信神、骄傲、邪恶、可厌的民族",并认为他们的学校和会堂应被付之一炬:

> 让任何人把硫黄和松脂尽量掷向他们。假如有人能在他们身上投掷地狱之火,那就更妙了……这样做,是为了光耀我们的主和基督教,如此一来,上帝将会发现我们是真正的基督徒。把他们的房舍也给粉碎和摧毁……把他们的书籍和《塔木德》,还有他们的《圣经》夺下。禁止他们的教师传教。封锁所有街道和大路以阻其通行。禁止他们放高利贷,把他们所有的金银财宝夺下并贮进保险箱。如果这还不够,就将他们像疯狗一样驱逐出境。

路德应该从没妥协。1522 年,他已经比那时的历任教皇更像教皇。他写道:"我不允许任何人批判我的主张,即便是天使。凡不接受我的主张者就不能得救。"1529 年,他稍作让步:

> 没人能被强迫加入信仰,但也没人能被允许伤害它。让我们的敌对者提出他们反对的理由,并听取我们的答辩。如果他们因此而改变信仰,照准,如果不的话,就让他们保持缄默,并信仰他们所愿意的……为了避免麻烦,假如可能的话,在同一国度中,我们不应该忍受相反的教旨。即令你不信教,也应该遵守十诫、上教堂听道并做到表面上的一致。

路德此时同意了天主教教会的"基督徒需要的,是确信明确的教条及可生死与俱的确然《圣经》"。早期基督教的教会,由于教派林立以至分裂、削弱而感觉到非阐释其教条和驱逐所有叛教分子不可,现在路德因为由个人判断的种子发了芽的多样教派的纷争而惊慌,一步步地从宽容变向独断。"现在谁都敢批评福音了,"路德愤愤地说,"的确,几乎每位老迈昏聩者或喋喋不休的诡辩家必然是神学博士。"

由于被天主教痛骂——指他使教条和道德的规范松弛瓦解——所刺激，他下结论说，社会秩序的维持需要彻底的辩论公决，需要大家认可的权威教会充作"信仰之锚"。那个权威该是什么呢？天主教的答案是教会，理由是唯有一个活的机构才能使它自身和它的《圣经》适合于不可避免的变化。但路德说，不，唯一而且最终的权威应该是《圣经》，因为所有的人都承认它是"圣道"。

在这本绝对正确的书中，《申命记》第13章，路德发现一条明确的诫命，出自上帝的主张，将异端者置于死地："你不可顾惜他，你不可庇护他"；即便他是"你的同胞弟兄，或你的儿女，或是你怀中的妻子……你必定要杀他，你要首先下手，将其置于死地"。根据这个可怕的正当理由，13世纪，教会从事了消灭阿尔比教派的举动。这个神圣的咒语为宗教裁判所的火刑做了一个权威的凭照。路德言语暴烈，但在处置异议者上，却从不及教会的酷厉。在权力所及地区和界限，他总是尽量循和平途径来压制。1525年，路德恳求萨克森和勃兰登堡的检查规制之助，毁掉再洗礼派教徒和茨温利派教徒的"邪恶教条"。1530年，在评《诗篇》第82首时，他建议政府应将煽动暴乱或反对私有财产的所有异教徒，"那些教导反对明晰的信仰条目……如以基督不是神而是人的观念灌输儿童之人"处以极刑。塞巴斯蒂安·弗兰克认为，就言论和信仰自由而言，路德教派国家的人民还不如土耳其人。利奥·祖德、茨温利派教徒也加入卡尔斯塔特一边，称路德为另一位"教皇"。不过，有一点我们当指出的是，在其生命的后期，路德又回归于早期的宽容。在他最后传道时，又呼吁放弃一切以武力摧毁异端的企图。他说，对天主教徒和再洗礼派教徒，我们必须予以优容直到最后审判之日，基督会照料他们。

其他宗教改革者在追捕异端上，堪与路德相比，甚或过之。斯特拉斯堡的布塞尔，主张新教国家政府，对声称信仰"邪"教者，应斩草除根。这种人，他说，较之谋杀者更邪恶，其妻儿子女牲畜也应一并摧毁。较为温和的梅兰希顿接受了以下狱和死刑的方式来镇压德国再洗礼教徒的世俗宗教裁判所所长的职位。他问："为什么我们要比上帝更怜悯这种人呢？"因为他相信，上帝已经注定所有的再洗礼派教徒入地狱。他倡议，凡属拒绝接受婴儿洗礼或原罪或圣餐中基督真实存在等观念的人，都应判处死刑。他坚持，任何认为异教徒也可获救或怀疑信仰基督为一个赎罪者能将原罪化为正直的人，都是该杀的人。我们将会看到，塞尔维特被处死刑，他大声喝彩。他请求政府强制人民定期参加新教礼拜。他要求禁止一切反对、妨碍路德派教义的书籍，因此茨温利及其信徒的著述，在维滕堡被正式置于禁书目录之列。虽然路德满足于路德教派王侯统治地区天主教徒的被驱逐出境，梅兰希顿却偏爱肉体的刑罚。二者均同意政府的职责应该是传播和拥护"上帝的律令"——路德派教义。不过路德建议，在同一国内如有两个教派，少数应屈服多数。如在天主教占优势的公国里，新教徒就应让步和移居，反之亦然。如果他们反抗，他们就应该被有效地惩罚。

新教当局仿效天主教先例，承受维持宗教一致的职责。1537 年 1 月 18 日，奥格斯堡市议会颁布了一项命令，禁止天主教徒的礼拜，并放逐 8 天之后不改信新教的人。恩赐的限期满时，议会派军接收所有教堂和修道院财产；祭坛和塑像被迁移，修士、修女被驱逐出境。法兰克福颁布过类似的法令。天主教财产的没收和天主教仪式的禁止蔓延了整个新教徒控制的国家。天主教地区所行的新闻检查，新教也照行不误。萨克森选帝侯约翰，在路德和梅兰希顿的请求下，于 1528 年颁布一项敕令，禁止出版、售卖与阅读茨温利教徒和再洗礼教徒的文学作品，或宣扬教导他们的教义。"任何人对违反禁令者，无论识与不识，必须向当地长官检举，以使犯者能被及时逮捕和惩罚。知情不报者，视情节轻重，或处死或没收财产。"

开除教籍的惩罚方式，像检查制度一样，也来自天主教。1530 年的奥格斯堡正式宣布路德教派教会有将反对路德派教条者开除教籍之权。路德解释道："虽然开除教籍在教皇制度中已经存在并被可耻

地滥用，所招致的只是痛苦，不过，我们一定不容许它堕落，而应该
照基督命令的，用之于正途。"

人文主义者与宗教改革

宗教改革者由于他们的不宽容及独断，言论的激烈，宗派的林
立和仇恨，宗教艺术的摧毁，宿命神学，对俗世学术的漠视，魔鬼和
地狱的重新强调，集中精神于个人来生的得救——所有这些行为，促
使人文主义者远离宗教改革。人文主义是一种非基督教的古典文化的
复归，新教则是忧郁的奥古斯丁的初期基督教，甚至《旧约》犹太教
的虔诚回返。希腊主义与希伯来主义的长期争斗又恢复了。在天主教
教会中，人文主义者曾有过不寻常的进展；在教皇尼古拉五世和利奥
十世时期他们曾掌握了教皇制度；教皇们不仅容忍保护他们，而且帮
助他们恢复失去的古典文学和艺术的宝藏——所有这些全都基于教皇
的默契谅解，即便他们的著述用拉丁语对那些有教养的阶层演讲，也
不会扰乱一般人的正统信仰。现在，人文主义者在这个安逸的协议
中有了困扰，因为发现条顿的欧洲更关心的，不是他们及其贵族文
化，而是新的本国语传教士在上帝、地狱及个人救赎方面的慰藉灵魂
的谈话。他们嘲笑路德与埃克，路德与卡尔斯塔特，路德与茨温利的
论辩，那些论战的问题，他们早就缺乏兴趣或礼貌地遗忘了。他们对
神学毫无胃口，在他们看来，天堂和地狱都不过是神话，较之希腊罗
马神话更为荒诞。在他们看来，新教是文艺复兴的叛逆，是晦昧中世
纪心灵的超自然主义和非理性主义，是魔鬼崇拜的重建。他们认为这
不是进步，充其量只是反动，是解放了的心灵对原始的民众神话的再
度臣服。他们愤恨路德对理性的谩骂以及他对信仰的推崇——这种信
仰已被新教徒或统治者武断地下了定义。而假如发生在地球上的每一
件事——人类正义和价值中的每一个英勇事迹，每一次牺牲，每一点
进步——仅仅是由无助和无意义的人们完成上帝的预知和无可避免的

律令的机械行动，那么，为米兰多拉所描绘的人类尊严还残存些什么呢？曾经批判过教会，却始终未脱离教会的人文主义者——威姆菲林格、贝图斯·勒纳鲁斯、托马斯·穆诺和布兰特——现在急于证实他们的忠诚了。不少曾经赞赏过路德的最初反叛，认为有助改进羞耻滥权的人文主义者，当新教神学和争辩术定型时，都远离了他。威利巴尔德，希腊语言专家和政治家，他曾公开地支持路德，以致在艾克苏奇·多米内（Exsurge Domine）教皇谕令的第一回草稿中就已被开除教籍，为路德激烈的言论所震惊，而和他断绝关系。1529 年，虽然依旧批判教会：

> 我不否认，刚开始时，所有路德的行动似乎并非无益，因为任何一个善良的人，对基督教多年来的积弊都会不满。因此，和许多人一样，我希望某种方法可能补救如此的罪恶，但是我被残酷地欺骗了。因为旧弊尚未根除，令人更加难以容忍的新弊却潜行而入，与之相较，其他就有如小孩玩意……事情已经发展到一种情况：新教徒似乎善良地做着天主教的罪恶……路德，用他那无耻和难控制的口舌，一定已经陷入疯狂，或被魔鬼教唆。

穆提安努斯也颇有同感。过去他曾歌颂路德为"维滕堡的晨星"，但不久，他抱怨路德如神经错乱者的一般暴躁。克罗图斯·罗比安鲁斯曾以《默默无闻者之信》为路德打开一条路，但在 1521 年，又逃回天主教会。罗伊希林虽写信问候过路德，并劝阻埃克焚毁流行于因戈尔施塔特路德书籍，却叱责其侄子梅兰希顿采纳路德神学，而他也死在天主教的怀中。约翰尼斯·科克雷，最初赞成路德，在 1522 年却转而反对他，并写了一封信谴责他：

> 你以为我们希望为天主教教士的罪恶和邪恶行为辩白或辩护？愿上帝救救我们！——我们很想帮助你从根铲除它们，只要

是采取正当手段……可是基督并没教导你去用"反基督团"、"娼寮"、"魔窟"、"粪坑"及其他闻所未闻的辱骂字眼的方法，且不提你刀剑流血和谋杀的威胁。啊！路德，你的这种工作方法绝非基督所授。

这些德国的人文主义者也许忘记了意大利先驱——菲勒佛、波格奥（Poggio）和更多人的粗俚言语，已经为路德侮慢的文笔立下榜样。不过，路德的战斗方式仅仅是他们控告的表面。他们注意的——就像路德注意的——是德国的道德和习俗的败坏，而将之归罪于教会当局的分裂及路德否认"善行是获救的真相"。此外，新教徒轻视学问，路德对学识和博学的轻视，也是他们感到伤心的所在。伊拉斯谟道出了人文主义者的一般心声，这一点即使梅兰希顿也无可反驳——路德教派胜利之处，人文主义即行衰微。新教徒反驳说，这仅仅是因为对于人文主义者来说，学问主要意味着异教徒古典文学和历史的研究。在这一时期，宗教争辩术的书籍和小册子占满了德国与瑞士的思想和印刷事业，注意力，包括一切报章杂志在内，除了讽刺文学，其他任何一种文学都失去了读者。出版公司，如巴塞尔的弗罗本和维也纳的阿特兰瑟（Atlansee），曾不惜巨资出版的学术著作，乏人问津，以致濒临破产。敌对的宗教狂热葬送了德国文艺复兴的幼苗，而文艺复兴的基督教异教的和解趋势，也就终止了。

有些人文主义者依然效忠于宗教改革，如胡斯、胡滕等。胡斯在工作上漂泊了一段时候，回到爱尔福特时，大学已成废墟（1533年），而后以教授诗学终于马尔堡（Marburg，1540年）。胡滕在济金根陷落后即逃往瑞士，以沿途抢劫食物为生，又穷又病，只好到巴塞尔找伊拉斯谟（1522年），虽然因其没加入宗教改革者的行列，他曾公开污辱这个人文主义者是一个懦夫。伊拉斯谟拒不见他，宣称他的火炉无力温暖他的骨头。于是，这位诗人写了一篇讽刺诗，名为《忠告》（*Expostulation*），公开指责伊拉斯谟是胆小的叛徒；还提议说，如果伊拉斯谟给他钱，还来得及阻止出版。伊拉斯谟阻止并力劝胡滕息事宁人方为上策。但胡滕已经把他的讽刺诗的原稿私下传播开来，伊拉斯谟得知之后，加入巴塞尔天主教界，敦请市议会把这位暴躁的讽刺诗作者驱逐出境。胡滕索性将《忠告》付梓，并动身前往穆尔豪斯（Mulhouse）。一群民众要去攻击他的避难所，他又被迫逃亡，在苏黎世为茨温利接纳（1523 年 6 月）。"看哪！"这个宗教改革者说这里较之人文主义者更人文，"看看这位破坏者、恐怖的胡滕，我们发现他是如此地喜爱人们和小孩！这张嘴，曾对教皇吹出狂风暴雨，却呼吸着高雅和良善。"同时，伊拉斯谟为了报复《忠告》对他的诋毁，曾仓促地写了一篇《伊拉斯谟毁谤书》（*Erasmus' Sponge on Hutten's Aspersions*），又写信给苏黎世议会，请该会反对以"谎言"攻讦他的胡滕，并对胡滕处以流刑。但是现在胡滕就要死了，观念斗争及梅毒已经耗尽了他。胡滕在苏黎世湖中的一个小岛上咽下了他的最后一口气（1523 年 8 月 29 日），享年 35 岁。死时除了他的衣服和一支笔之外，别无他物。

伊拉斯谟附录（1517—1536）

伊拉斯谟对宗教改革的反应，留给历史学家与哲学家一个长时间的争论。哪种方法对人类较好呢？是路德的直接攻击教会，还是伊拉斯谟的和平妥协与逐步改革？答案差不多说明了两种人格的典型。路德是行动与意志"硬心肠的"战士，伊拉斯谟是投身于思想与感情"软心肠的"妥协者。路德基本上是一个行动之人，他的思想就是决心，他的书籍就是行动。路德的思想，在内容上是属早期中世的，在成果上却是早期近世的。与其说是他的神学，不如说是他的勇气和果断与浓厚的民族主义相协力，从而建立了近代阳刚有力的德语。他对德国人的演说，激起了德国人的民族情感，推翻了国际强权。伊拉斯谟则以阴柔高雅的拉丁文撰写文章，是为国际读者，为大学毕业散布世界各地的高级知识分子而撰述。他太重情感，不能做一个行动之人。路德从事并喜爱战争时，他赞美并渴望和平。他是一位谦谦君子，反对放纵和无节制的行动。他由行动逃入思想，由轻率的确信逃入谨慎的怀疑。他知道得太多，以致不能完全偏向一边。他肯定双方，尝试使他们言归于好，却夹在中间两边不讨好。

伊拉斯谟很欣赏路德宣布的 95 条论文。1518 年 3 月，他曾将论文抄寄科莱和莫尔，在给科莱的信中，他说："罗马教廷已经弃却所有的羞耻心。还有什么比卖赎罪券更可耻的事吗？"同年 10 月，他在写给另一位朋友的信中说：

> 我听说每一个善良的人都同意路德，但也听说他的著述并不完全公允。路德的论文，我想除少数靠炼狱生活的人而外，没有一个人不赞成……虽然罗马高级教士的君主政体（如同现在那个主教的职权），我感觉它是基督教世界的瘟疫。然而我几乎不知道去碰触这个公开的痛处是否有利，因为那是王侯们的任务。但我恐怕他们为了部分的战利品而与教皇共谋。

伊拉斯谟在这一段时期里大多住在卢万。在这里，他参与在卢万大学内创立"三国语言学院"（Collegium Trilingue）。在学校中，他是拉丁、希腊及希伯来文教授。1519 年，查理五世赐予他一份恩俸。他接受这份恩俸的条件是保持身心的自由。但是，这份恩俸，加上他收受大主教渥兰（Warham）和贵族蒙乔依（Mountjoy）的津贴，使他对宗教改革的态度无法不受影响。

路德的反叛、自批评赎罪券发展到拒斥教皇制度和宗教会议时，伊拉斯谟踌躇了。他曾经希望，宗教改革以诉诸支持人文主义的教皇的善意来进行。即便现在，他仍尊教会为社会秩序和个人道德的不可替代的基础。虽然他以为正统派的神学已为荒谬所射穿，他仍不相信靠个人或民众智慧的判断，可以发展出一种更有益的仪式和教条来。

理性的进展，唯有从受教育的少数发展到多数人经过启蒙的过滤，才能成功。他承认他参与了为路德开路的工作。他自己的《愚行颂》就在那时被数以千计的人传播于全欧洲。书中，他针对修道士和神学家的讽刺，并赋予路德钝而不利的长篇攻击性演说以凌厉尖刻的力量。修道士和神学家指控他，路德现在孵出的正是他所下的蛋时，他讥讽地回答说："不错，但是我下的这个蛋是一只母鸡，然而路德却孵出了一只斗鸡。"路德读过《愚人颂》和几乎其他每部伊拉斯谟所发表的著作，却告诉他的朋友，他不过是将这位鼎鼎大名的人文学者过去多年来所讲的、所暗示的给予更直接的表达而已。1519 年 3 月 18 日，路德写了一封非常谦恭的信给伊拉斯谟，含蓄地恳求他的友谊和支持。

伊拉斯谟现在必须做出他一生中一个关键性的决定，在进退维谷之际，似乎选择任何一方都是致命的。如果他抛弃路德，他将被视为懦夫。如果他和路德联合拒斥罗马教会，那不仅会丧失 3 份津贴和利奥十世给他反蒙昧主义神学家的保护，而且还得放弃他想要通过有影响力者的思想和道德的改善，以行教会改革的计划。在他想来，他和教皇、大主教渥兰、主教费希尔、高级教士科莱、托马斯·莫尔、弗朗索瓦一世及查理五世在这方面的关系已有了真正的进展。这些人当然决不同意放弃教会，他们不会赞同瓦解一个在维持社会安定上有重要作用的机构。他们可能赞同减少宗教仪式中的迷信和恐怖，净化及教育教士，管束修士使之服从，及为思想的进步而保障知识自由等。几经考虑，伊拉斯谟认为，宗教改革，不用温和手段而用暴力手段；神学理念，不重善行而重信心，不但别人不赞成，就是他自己也不赞成。

既不支持路德，又不反对路德，于是他希望路德与教廷和解。和解的第一步是双方降低声调。1519 年 2 月，他建议弗罗本不再发表路德的著作，因为火药味太浓了。同年 4 月，他写信要选帝侯腓特烈保护路德，因为路德受的污蔑比他干犯别人的多。同年 5 月 30 日，他才给路德正式回信：

　　亲爱的主内弟兄：诵读来信，深感欣慰。从来信可以看出你那盖世的才华及与对基督的衷心信仰。首先，我真不知如何告诉你，你的言论在此引起的轩然大波。这里的人，一口咬定你写这些东西，是由我指使的，他们硬说我是你的死党……我曾经告诉他们，我们两人根本互不相识，事实上，你的大作我全未读过，因此，谈不上赞成或反对。不过我告诉他们，在批评你之前，最好先平心静气读一读你的作品。另外，我还说，一方面，你写的东西既不代表圣职发言，一方面，你在人格上也无可疵议，因此，叫嚣攻讦大可不必。可是他们不听我的。他们现在仍然怒火冲天……我现在竟变成了他们攻击的对象。不过，稍值安慰的，主教中有许多人大致还同情我。

　　在你而言，英国有许多好朋友，其中不乏大人物。至于这里，你的朋友也不少——我也是一个。容我这样说，我平生致力的是文学，除文学外，我不想做别的。我不愿招惹是非。如果有人攻击我，我的反应是论理比谩骂更易使人心服……如容借箸代筹，我认为你攻击的对象，应自罗马教皇本身，转移至误用他权力的属下。对其他国王和诸侯，也应如此。旧制度有如大树，不可能一朝一夕就连根拔除。谩骂并不能解决问题，平心静气坐下来谈，才能得到结果。谩骂要不得，暴乱更应避免。冷静，别发脾气，别恨这个恨那个，别像以往那么激动叫嚷。我拜读过你的《评圣歌》，我觉得写得很好……基督赐你灵性，愿善用之光耀基督、造福世界。

　　尽管伊拉斯谟非常小心谨慎，卢万的神学家仍不放过他。他们指称他为路德洪水的源头。1520 年 10 月 8 日，阿莱安德带来了教皇的谕令，该谕令一方面宣布将路德逐出教会，一方面认定伊拉斯谟是路德暴乱之源。当地教会领袖，在阿莱安德的领导下，解除伊拉斯谟教授职位，并将之驱逐出境（1520 年 10 月 9 日）。伊拉斯谟只好移居科伦。该地于同年 11 月在萨克森腓特烈的支持下，决议支持路德。同年 11 月 5 日，伊拉斯谟给选帝侯寄了一份叫《伊拉斯谟的陈理》（*Axiomata Erasmi*）的声明，表示路德要求由公正无私的法官秉公审判自己是对的；一切善良的人及《福音书》爱好者，对路德均甚维护；《福音书》真理是举世所渴望的。这种趋势，不是以武力所能压服的。伊拉斯谟联合黑袍教教团的费伯，给查理五世致送一份备忘录。备忘录中请求查理、亨利八世和匈牙利之路易二世，应指定一个公正无私的法庭，审理路德案件。在致红衣主教洛伦佐·坎佩基奥（12 月 6 日）的信中，他为公正处理路德呼吁：

> 我认为一个善良的人，是不会与路德为敌的……有些人之所以对他叫嚷，完全是为一己私利……直到现在，路德提出的意见，还没有获得答复，也没有人能指出其错误……我不知道那些号称主教而人格卑污的人，对一个生活谨严、才华卓著、受人景仰的人，如何能施行正直的审判？他们的目标仅在于要从思想和记忆上抹掉一个人和他的著作，但这也得要能证明这个人及其思想的谬误……
>
> 假定我们信奉真理，我们应让每一个人都能毫无恐惧地说出他心里所想说的话。如果敌对的双方一方发言者受到奖赏，一方发言者受到虐待，那我们听到的，绝对不是真理……世界上再没有比最近教皇所下的这篇谕令更令人反感及更不明智的了。这完全不像是利奥十世的作为。公布这道谕令只有使事态更加恶化。这道谕令显然有引起诸侯反对教皇的危险。至于我，我不会反对，因为我既不像那些诸侯有勇气，同时也无所作为。罗马教廷的腐败，已到需要大刀阔斧改革的前夕。不过，我和那些与我抱有同感的人并不赞成他们那样做。改革不成，我宁可等待

一段时间，革命我是不愿见的，因为革命不能带来什么……从这一点，你可相信，我伊拉斯谟对罗马是忠心耿耿的。不过，不仅我相信，而且许多人也相信，如事情处理得当，也就是一则不凭暴力，而把事情交给有分量有头脑的人去处理，再则教皇秉其睿智，不受小人包围，则必可化干戈为玉帛。

伊拉斯谟为路德处处求情，路德却不理会。他的言论越来越激烈。1520 年 7 月，他竟公然请求支持他的人用暴力攻击主教和红衣主教。伊拉斯谟承认，当他获悉路德当众烧毁利奥十世把他逐出教会的谕令时，他简直吓昏了。1521 年 1 月 15 日，教皇给伊拉斯谟一封信，表示他对伊拉斯谟的忠诚感到欣慰。随着这封信，他更令谕哲罗姆·阿莱安德应尽可能礼遇这位人文主义学者。沃尔姆斯会议即将举行时，德国一位诸侯请求伊拉斯谟支持路德，但伊拉斯谟说："晚了。"他曾劝路德服从教廷，他认为这对改革有利。但路德一口拒绝了。路德的倔强使他深感遗憾。现在，他有战争就要爆发之感。1521 年 2 月，在写给一位朋友的信中，他说：

每一个人都认为，由于某些人的专横，天主教会将受到损害，于是，大家都在设法如何矫正这种缺点。但现在，大家发现了这个刚刚崛起的人处理事务的方式，即使他说得再动听，也没有人敢为他辩护了。半年以前，我劝他不可憎恨他人。他不但不听，他的《巴比伦之囚》一书反而迫使许多人离开他，情形愈演愈烈。

现在路德也不再指望伊拉斯谟支持他了。他说，"他认为改革可用礼貌与恩信来达成"，是一种怯懦的和平主义者的想法。在此期间，尽管教皇利奥十世指示要善待伊拉斯谟，但卢万的神学家，甚至连哲罗姆·阿莱安德在内，仍继续对他攻讦不已。他们一口咬定，他是秘密的路德派教徒。为了避免烦心，他迁居巴塞尔（1521 年 11 月 15 日），躲进逐渐失去影响力的文艺复兴，希望可以忘记崛起中的宗教改革。巴塞尔是瑞士人文主义者的根据地。贝图斯·勒纳普斯在这里主编过塔西佗和小普林尼的著作，伊拉斯谟的《新约圣经》就是他亲自监印的。还有不少学者和出版家，著名的如汉斯·亚梅尔巴赫（Hans Amerbach）、弗罗本等。对弗罗本，伊拉斯谟曾说他鞠躬尽瘁于印版与书册，"给他的家族不但留下了许多财富，而且留下了许多荣誉"。丢勒在这里住过许多年。霍尔拜因在此为弗罗本和波尼法修斯·亚梅尔巴赫作过不少幅肖像画——这些画目前陈列于巴塞尔博物馆内，看起来仍栩栩如生。几年前，伊拉斯谟曾到过这里，留给他的印象是：

> 生活在这里，令人有置身于缪斯圣地之感。这里几乎走到哪儿都可碰到学者……这里的人，懂希伯来文的人不少，说拉丁语和希腊语，简直就是家常便饭。这里有历史学家、数学家、法学家、博古学家。可惜，我还没有福分住在这里……这里的人是那么友善，那么愉快，那么和谐！

和弗罗本住在一块，伊拉斯谟变成了文学顾问，他除编纂教父事略外，还经常替别人写序。在巴塞尔，霍尔拜因为伊拉斯谟画过几幅肖像（1523—1524 年），幅幅都很有名。一幅留在巴塞尔；一幅送给了大主教渥兰（此幅目前为拉德里奥尔·埃亚尔收藏）；一幅，公认为霍尔拜因杰作之一，现藏于卢浮宫。今天到卢浮宫的人，可以看见这位最伟大的人文主义者，头戴罩着一半耳朵的毛线帽，身披镶着毛边的黑大衣，正就一张书桌从事著述。看上去，他大约五十开外（实际 57 岁），由于健康欠佳、生活不定，特别是希望新旧两教和解的努力成为泡影，他显得孤独而忧郁。肖像上最突出的几点：毛线帽边的几根白发，紧闭着的嘴唇，文弱而坚毅的身躯，直挺而突出的鼻子，沉重而疲惫的眼睛，这几点都显示出宗教改革对文艺复兴的迫害。

1522 年 12 月 1 日，新任教皇阿德里安写信给伊拉斯谟，信中暗示他对新旧两教双方都具有无可比拟的影响力：

> 有上帝的援助，你必能使被路德诱离正道之人回心转意，使正在骚动的人安静下来……假定他们能悔悟前非，我答应绝不会将他们绳之以法。只要他们能及时回头，我将满心欢喜地接待他们。但你知道，我对暴力的容忍是有限度的。我现在虽然身为教皇，但我还是从前的我。希望你看在老同学份上，赶快到罗马来。这里有你喜欢的书籍。我和这里的许多学者，都希望有机会和你一起研究。关于我的邀请，只要你肯，我相信你是一定能够来的。

数度秘密信件往来后，伊氏对教皇披肝沥胆地说：

> 陛下一再垂询，极欲召见，使我非常感激。能晋见陛下是我的荣幸，一俟健康许可即行动身……令我写文章驳斥路德，实难遵命，因我对写这类文章很不在行。陛下之意，以为我的言词具有权威性，但我颇有自知之明，权威离了人缘即无权威，我现在已成众矢之的。不错，我一度被人捧为"文豪"、"德意志之星"……"学术泰斗"、"纯粹神学之王"，但现在情势变了。有的人指我为路德派，理由是我不写文章驳斥他。路德派却处处找我的毛病，说我反对他们……在罗马和布拉班特等地，人们叫我"异端"、"叛教首领"、"分裂论者"。事实上，我并不赞成路德，但攻击我的人将我的作品，寻章摘句地证明我和他相像。如果照这样做，事实上我可从保罗的话语里，找出几百条，说路德的言论是从他而来的……

陛下宜多垂询那些建议采用温和手段解决问题的人，因为他们对天主教会有裨益。陛下宜远离那些以阿特拉斯（Atlase）自命的僧侣，因为他们对教会有害……对于目前的冲突，很多人认为，除使用武力外，别无解决之道。但我深深不以为然……因为武力解决必流血盈野。现在的问题，不在如何惩处异端，而在如何明智地应付……就我的看法，目前应以正本清源，扫除积弊为第一要义。不惩处谁，让我们把这场骚乱，当作上帝示警。宣布大赦天下，请承上帝之命，赦免天下之罪。令各诸侯防止暴动。如有必要，实行新闻检查，让天下知道陛下扫除积弊的决心，使动乱者无所借口。陛下欲问何谓积弊，请派亲信赴各拉丁教区，找几个明白人问问，即可得知究竟。

可惜阿德里安心有余而力不足，1523 年赍志以没。继任者克莱门特七世，不断敦促伊拉斯谟加入声讨路德战线。最后，伊拉斯谟虽然出马，但他第一，既不对路德做人身攻击；第二，亦不指责其宗教改革不对。他所做的，只是以温和的言词对自由意志做客观的探讨（1524 年）。他说，他对道德自由的神秘性既无法了解，因此不能凭无所不知无所不能的上帝对之加以体认。作为一个人文主义者，他说，根据预定论和宿命论发展出来的理论，都是不能接受的，因为那有损人性（或人生）的价值与尊严——从这里我们可看出宗教改革与文艺复兴的基本差异。在伊拉斯谟看来，如果上帝要定所创造之人犯下的无可避免之罪，那就是一个不值得人崇拜不值得人赞美的上帝。换言之，他是一个恶魔，因为他这种做法是最不道德的。因此他说，基督所称的"天上之父"绝不如此，说天上之父如此，那等于亵渎神圣。可是，在路德看来，很多人犯罪，往往不是存心作恶，这是命运，这是上帝的安排。但不管怎么样，犯罪就要受罚就要治罪。一个相信预定论的人，怎能努力创造并改善环境？伊拉斯谟承认，人在道德选择上可能受到外在的千百种羁绊，对这些羁绊他可能无法摆脱，但在其内心上，他是有相当选择自由的。这点自由虽然少得可怜，可是极其宝贵，因为没有它，人便将变成毫无意义的机器。不管怎样，伊拉斯谟的结论是，让我们自认无知，自认无能，不足以调和道德上的自由与无所不知的神力和无所不在的因果关系。他的建议是，把这项争端保留到最后审判之时去解决，至于现在，让我们抛弃一切把人类当作傀儡，把上帝当作暴君的说法和假定。

克莱门特七世收到这篇文章，即致送伊拉斯谟 200 弗罗林的稿费。这篇充满调和意味的哲学讨论，使许多天主教徒大失所望，因为他们期望的是对路德的大张挞伐。梅兰希顿写过一篇文章，解释预定论者的观点，深受伊拉斯谟的影响。该文原载新教教义，后被删去。就梅兰希顿之文看来，也颇有放弃预定论之意，路德则不然。1525 年，路德发表过一篇《论奴隶的意志》的小册子，即表示对预定论非坚持到底不可：

> 人的意志，有如驮兽，由上帝驾驭，便走上帝的路，由魔鬼驾驭，便走魔鬼的路。意志不由自主，正如驮兽不能选择其主人……上帝与魔鬼，竞相控制人的意志……上帝完成的一切，一方面是出于先见和安排，一方面是出于其永恒不变的意志。了解这一点，即知所谓自由意志说，根本无立足的余地。

有一点值得注意的是，16 世纪思想形态下的路德，否认自由意志的理由，不像 18 世纪的思想家，认为是违反一种普遍的自然律和因果关系；也不像 19 世纪思想家，认为是遗传、天赋及环境这另一式三位一体决定了欲望，而欲望似乎又决定人的意志。他否认自由意志的理由是由于上帝无所不能，因他是万事万物发生的原因；基于这种缘故，他又是我们获救或定罪的决定者；总之，我们的获救或定罪，与我们行为的善恶无关。路德的逻辑饱含着艰辛，但他刚毅地担当起来：

　　常识和理论往往诱使我们这样想：上帝是凭其意志决定赏罚。照说，上帝当是仁慈、善良的，但他有时似乎喜欢惩罚人或陷人于罪。这种观念的上帝，当然是邪恶的、残酷的、褊狭的。基于这种观念，历来便有不少人背叛上帝。我一度也曾为这种观念所苦，我有时甚至这样想，人活着有什么意思？但事实上，凭你再聪明，也逃不过上帝的掌控。因为，任你理论多么精辟，你总不能不承认上帝是无所不在、无所不能的……如果我们看到有些不应受罚的人受罚而怀疑上帝的仁慈和善良，那你最好提醒自己，上帝的公义如果这么容易被人领会，那他也就不会被称为神了。

　　当时，《论奴隶之意志》一书一年内出七版拉丁文、两版德文，大为畅销。结果证明这本书是新教神学的源泉。加尔文也靠这本书奠定了他集预定论、选拔论及遗弃论大成的教义，并进而向法国、荷兰、苏格兰、英格兰及美洲传播。伊拉斯谟针对这些理论，虽曾写过《辩护者》（Hyperaspistes）I 和 II（1526—1527 年），可是大势所趋根本引不起世人注意。

　　即使到现在，伊拉斯谟对和平解决的希望犹未放弃。他两边写信，尽力呼吁容忍和礼貌。他主张教会应认可教士结婚及两种拜受圣餐式；教会应拿出一部分财产作为公用；引起纷争的问题，如预定论、自由意志论及圣体实在说等，双方应容许有各种不同的解释。他建议萨克森乔治公爵应给再洗礼教徒以人道待遇。他说："除非他们参加叛乱或触犯法律，否则不应任意处死。"1533 年，由于同情心的驱使，他曾为遭托马斯·莫尔逮捕的异端者辩护。在西班牙，由于一些人文主义者自称为伊拉斯谟信徒，宗教法庭的僧侣有系统地收罗伊拉斯谟的著述，希望从中寻定他为异端的罪证（1527 年）。在这种情形下，伊拉斯谟并未停止他对修院的不道德和神学教条主义的批评，认为那是引起宗教改革的原因。1528 年，他一再指斥"很多修道院，不管男的女的，简直形同妓院"，"很多修道院，最不重视的，就是贞操"。1532 年，他说，僧侣都是乞丐、淫鬼、异教徒迫害者、遗产谋夺者和证据伪造者。他赞成改革宗教，但反对宗教改革。他既不能离开天主教，更不愿见它被撕成两半。"在一个新的天主教出现前，我们唯有忍耐。"

在神圣罗马皇帝查理五世麾下供职的新旧教部队打劫罗马消息传来时（1527 年），他感到非常沮丧。他曾经希望，查理会把教皇和路德拉拢在一块，但现在查理与教皇反而火并了起来。一桩惊人的事情就在附近发生：在一次宗教暴动中，改革者捣毁了巴塞尔各教堂中的偶像（1529 年）。尽管一年前他写过一篇反对偶像崇拜的文章："传教不应用偶像，做祷告只要面对基督即可。不过万事以和为贵。"这种说法可说是不折不扣的路德观点。但对捣毁教堂偶像的举动，他认为是偏激和野蛮的表现。伊拉斯谟离开巴塞尔，迁居弗赖堡，这里是天主教的奥地利领土。这里的市政当局对他非常欢迎。他们将马克西米里安一世尚未完工的宫殿拨给他居住。这时，尽管皇家送的年金时有时无，但有富格尔家族的照顾，凡他所要用的东西也算应有尽有。只是当地的僧侣和神学家都攻击他，说他是隐匿的怀疑论者，是引发德国暴乱的罪魁祸首。1535 年，他又回到巴塞尔。这里的大学教授，派代表团欢迎他。弗罗本，约翰之子，还分了一部分房子给他住。

伊拉斯谟当时已经 69 岁，时光折磨使他又老又瘦。他患了一身病，溃疡、痢疾、胰腺炎、痛风、结石，至于经常所患的伤风感冒还不在其内。从丢勒的一幅画上看来，他双手显然已经发肿。他临终那年，因病整天躺在床上。一方面，由于病魔不断折磨着他；一方面，使他痛心的消息，新旧教冲突不断传来，于是他那为人素所称道的良好修养丧失了。他变得烦躁不安，动不动就发脾气。不过，这时稍值安慰的，国王、修院院长、大政治家、大学问家、大财政家，请安问候的信每日不断。他的住地一时变成当时文人学者朝圣的目标。1536 年 6 月 6 日，他痢疾非常严重。他虽知道已不久于世，但既不叫人去找神父，也不叫人去找忏悔牧师。6 月 12 日，伊拉斯谟寿终正寝。

弥留之际，除频呼圣母玛利亚和基督外，并未举行任何圣礼。巴塞尔把他葬得很风光，其墓地在该市大教堂内。全市的人文主义者、出版家、主教，联合给他立了碑。这块碑至今还在，上面刻着"博学多能罕有其匹"。他留有遗嘱处理遗产。他指定把钱分作数份，有的捐赠老者病者，有的捐作贫穷人家女孩嫁妆，有的捐作年轻有为之士的奖学金，教会则分文不给。

对伊拉斯谟的评价，随人们对文艺复兴的看法而有升降。就具有宗教狂热的人士而言，他无论在哪方面都是不讨好的。有人骂他是机会主义者，有人骂他是懦夫。宗教改革者说，他把他们领上一块悬崖，鼓励他们往下跳，自己却回头撒腿就跑。在特伦特会议中，他被指为不忠于信仰的异端者，他的著作对天主教徒是禁书。迟至1758年，华尔波尔（Horace Walpole）尚称他为"寄生虫，一个有能力发现真理，而无勇气实践的人"。19世纪末，战场上的火药味消失后，新教徒中一位头脑清明的历史学家才不胜感慨地说，伊拉斯谟的改革观念是一种标准的"学者观念……可惜这种观念，被当时许多鲁莽灭裂的观念取代了。也许我们可以这样说，慢慢来的办法，最后也许不一定最可靠。人类进步的因素，除这一种外，还有别的一种可以代替。16世纪的宗教改革，非路德领导不为功，但如果现在还需要新的改革的话，则伊拉斯谟的观念，就是唯一的办法。"另外一位天主教的历史学家也很理智地说："伊拉斯谟的头脑属于未来科学理性的一代。宗教改革由他发动，但可惜被路德弄得乱七八糟。从后来17世纪一般学者所接受的方法来看，伊拉斯谟的主张是对的。"路德当年所认为不得不然者，时过境迁大家便都忘得一干二净。这时，人们追思不已的，倒是伊拉斯谟及其所代表的文艺复兴精神，因为文明赖以推进的，确实是耐性、宽容及长期努力。

英格兰国王理查二世。

《贝里公爵祈祷书大全》之《九月》，表现葡萄收获的装饰画（1416年）。装饰画手抄本是当时私人祷告书的流行形式。

| 《贝里公爵祈祷书大全》之《十月》，表现农民耕作和播种的装饰画（1416年）。

历史上对圣女贞德的最早描绘（1412—1431年）。圣女贞德在百年战争期间引领法国军队在奥尔良打退企图征服法国的英格兰人。

路易十二正在给布列塔尼的安娜写信。为了加强他的公国和他的王国之间的私人关系，路易十二与查理八世的遗孀、布列塔尼的安娜结婚。

表现路易十二时期田园诗般的乡村生活。路易十二极力保护最卑贱的子民免受压迫，因而在法国国内，他很得人心，被称为"人民之父"。

丨丢勒木刻《启示录图卷》之一。《圣经》中说的四个骑马者，死亡、饥荒、瘟疫和战争在大肆杀戮。

版画《从罗马来的鸟嘴大夫》。据说，医生穿戴这种装置可以在看望病人时避免感染瘟疫。

上 ｜ 《根特祭坛画》（埃克，1432年），包含12幅祭坛画。
下 ｜ 《根特祭坛画》之《羔羊受崇敬》。

《圣母和圣子》（埃克，1436年）。

《阿诺尔菲尼夫妇肖像》（埃克，1434年）。

| 《阿诺尔菲尼夫妇肖像》（局部）。

《耶稣下十字架》（魏登，1435年）。

| 《葡萄牙的伊莎贝拉》（魏登，1435年）。

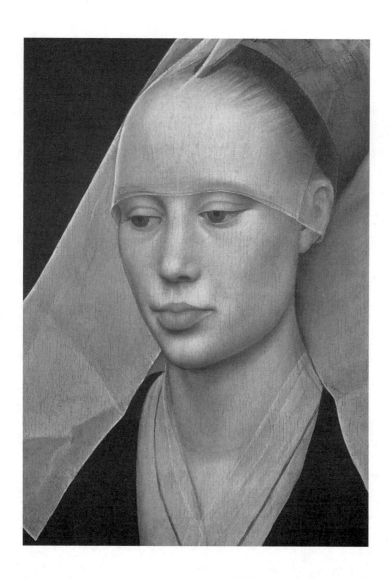

| 《女子肖像》（魏登，1460年）。

发明活字印刷术的德国工匠和发明家古登堡。

古登堡向美因茨的选帝侯展示活字印刷的效果。

| 大航海时代的葡萄牙船只。

葡萄牙的印度殖民地总督、马六甲的征服者阿尔布开克。

上 | 哥伦布登陆西印度群岛，成为发现美洲新大陆的第一位欧洲人。
下 | 1459年的意大利修士和地图绘制人弗拉·毛罗（Fra Mauro）绘制的世界地图，而地图只绘制了亚洲、非洲和欧洲部分，美洲正等着哥伦布的发现。

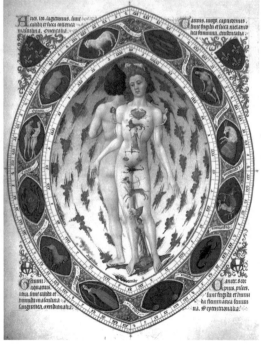

上 | 《钱庄老板与他的妻子》（马赛斯，1514年）。

下 | 这幅15世纪的人体解剖图认为人体的各个部分和星相有关系。

| 《梅伦科利亚一世》（丢勒，1514年）。

荷兰人文主义者、北方文艺复兴运动中最伟大的学者伊拉斯谟。

|《四圣徒》（丢勒，1526年）。

FRIDERICH · DER · DRIT · CHVRFVR
VND · HERTZOG · ZV · SACHSSE

|《腓特烈三世》（老克拉纳赫，1532年）。腓特烈三世是路德的保护人。

《约翰·腓特烈肖像画》（老克拉纳赫，1531年）。约翰·腓特烈是保卫宗教改革的施马尔卡尔登同盟的领袖人物。

约阿希姆二世在查理五世反对基督教新教君主的历次战争中，站在查理五世一方。但在1555年签约前的一系列谈判中发挥了重大作用，使德意志重建和平。

1526
VIVENTIS·POTVIT·DVRERIVS·ORA·PHILIPPI
MENTEM·NON·POTVIT·PINGERE·DOCTA
MANVS

| 德国路德教派宗教改革家、人文学者、路德之友——梅兰希顿。

上 | 1511年起，路德开始在维滕堡的修道院里布道。

下 | 1521年，路德在前往沃尔姆斯召开的帝国议会的路上。在会场之外拥护和反对路德的双方都进行了大量活动。

上 | 罗马教皇宣布对路德的逮捕令后，路德在瓦特堡被腓特烈三世保护起来。路德在该地将《圣经》译成德文。

下 | 明显的社会和政治动荡，特别是农民革命，使路德惊惶不安。他开始强调公民服从的义务及反对合法当局的罪恶性。

上　《十字架》（老克拉纳赫，1552年）。克拉纳赫推崇路德的宗教改革运动，他在路德派的教堂画祭坛画，并形成了一种新的宗教艺术。

下　宗教改革家法雷尔、加尔文、贝札和诺克斯。

上 《打捞灵魂》（1614年），这幅画表现了天主教和新教之间的信仰之争。

下 法国雕刻家古戎的六仙女浮雕像《无罪喷泉》。

上 | 尚博尔城堡是法国文艺复兴时期的别墅，共有440个房间。
下 | 枫丹白露别墅里弗朗西斯一世的画廊。

法国国王弗朗西斯一世。查理五世企图建立一个大帝国，其主要的障碍便是弗朗西斯一世。

《神圣罗马帝国皇帝查理五世》（1530年），他竭力争夺西欧的霸权，并血腥镇压路德等新教运动。

上 | 贵族在日耳曼的乡下围猎。贵族的马蹄践踏了农人的庄稼，农人们还得帮着围猎。

下 | 《雪中猎人》（老勃鲁盖尔，1565年）。

上 | 《蓝色斗篷》（老勃鲁盖尔，1559年）。
下 | 《收割者》（老勃鲁盖尔，1565年）。

| 《收割者》（局部）。

| 《亨利八世》（小霍尔拜因，1540年）。

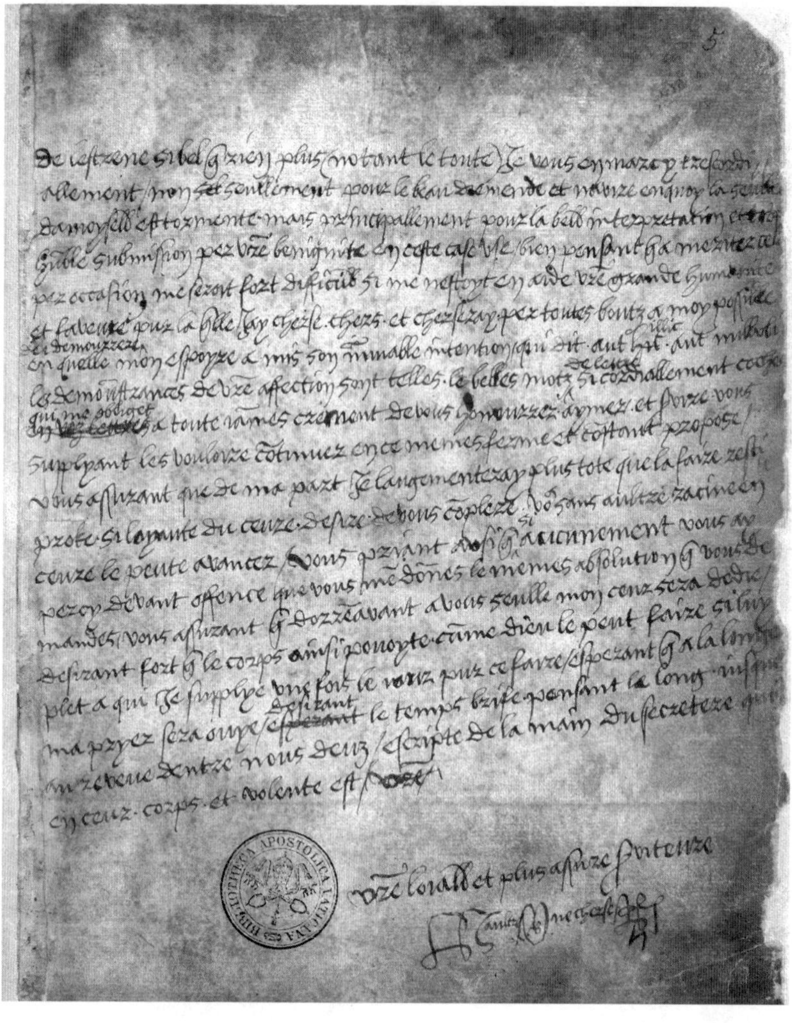

亨利八世给安妮的情书。亨利八世闹离婚，另与安妮结婚。但安妮后来遭到亨利八世的厌弃，并被以通奸的罪名处死。

| 英格兰国王亨利八世的主要谋臣克伦威尔。

| 英国人文主义者、政治家莫尔。

上 莫尔和他的家人。莫尔因拒绝接受英王亨利八世为英国国教之首而被斩首，官方将他塑造为卖国贼，
而天主教将他视为圣徒。

下 《亨利八世一家》，从左到右分别是爱德华六世、亨利八世和亨利的第三任妻子简。事实上，简在爱德
华出生后12天就去世了。

上　亨利八世去世后，爱德华继承了王位。爱德华秉持对新教的虔诚信仰，巩固了英国的宗教改革运动。

下　爱德华六世虽年幼但有治国之才，可惜的是他只在位六年便去世了。

想象另一种可能

理
想
国
imaginist

文明的故事

THE STORY OF CIVILIZATION

宗教改革（下）

The Reformation

〔美〕威尔·杜兰特 著
by Will Durant

台湾幼狮文化 译

6

上海三联书店

第五章 ｜ **宗教战争**
（1525—1560）

新教的发展（1525—1530）

　　什么因素使新教幼苗得以在教皇与神圣罗马皇帝冲突的夹缝中成长？神秘的信仰，《圣经》的研究，宗教的改组，知识的进展，路德的勇气，都不足以解释，因为这些因素有的可以转移，有的可以控制。论者相信，具有决定性的应数经济因素。这些经济因素有：希望把德国财富留在德国；使德国免受教皇和意大利的剥削，转变教会财产以供社会之用；使德国诸侯、市镇、国家在领土、法律及财政上不受帝国的侵犯。新教能从幼苗而成长壮大，政治因素自然也不容忽视。奥斯曼帝国在攻占君士坦丁堡和埃及后，迅速向巴尔干和非洲扩张。帝国像一条毒龙，一口咬掉匈牙利一半，此刻正对维也纳张牙舞爪。假定它再前进一步，即可切断基督教国家和地中海所有的商业联系。查理五世和斐迪南大公要求德奥合并——集中新教和天主教的人力财力——以对抗穆斯林的入侵。查理虽为神圣罗马皇帝，实际上他能处理的仅限于西班牙、佛兰德斯及意大利的事务。另外，由于他与法国的弗朗索瓦一世有不共戴天之仇，他既没有时间也没有金钱来压平德境的暴乱。查理听任新教徒的为所欲为，另外还有两大原因：第一，他素来就赞同受他资助年金的伊拉斯谟的意见，即教会需要大加改革；第二，克莱门特七世和保罗三世常常和他意见相左。因此，他甚至一度纵容他的士兵洗劫罗马。

约1527年，路德派"异端"在半个德国已取得正统地位。德境各城市都认为新教崛起可让他们获利。"他们对宗教，"梅兰希顿不胜感慨地说，"其实并无兴趣，他们关心的，仅是夺取支配权及摆脱主教的控制。"任何人，只要披上新教徒外衣，便可享受许多好处：不向教廷纳税，不受教廷管辖，可以分享教士财产。尽管有上述现象发生，但一种基于虔诚的简易宗教感动的人还是不少。在圣乌尔里希教区，一批新教徒选出8人，并授权给他们挑选牧师及处理宗教事务（1524年），于是新教便具雏形。转眼间，各城市路德教派的教会如雨后春笋般兴起。奥格斯堡是一个充满新教狂热的城市，洛伦佐·坎佩基奥以教皇特使的名义进入该市时，立刻便被市民扣上"反基督"的帽子（1524年）。在斯特拉斯堡，大部分市民皆自卡皮托（1523年）那里接受新教之义。继而到这里传教的是马丁·布塞尔，他也是使乌尔姆改教的功臣。在纽伦堡，工商巨子如拉扎勒斯·施本格勒、赫罗尼姆斯·鲍姆加纳（Hieronymus Baumgärtner），以新教徒的身份掌握市议会，为路德的事业奠定基础（1526年）。塞巴尔都斯教堂和洛伦兹教堂在保留原有天主教艺术下，也改用新教的仪式和规定。在不伦瑞克，人人读路德的书籍，处处唱路德的圣歌，路德所订的《新约圣经》成了当地讲道的标准。大家对这本圣经都研究得很透彻，因此，做牧师的如果错引了一句话，便会惹来纷纷议论。由于大势所趋，最后，市议会决定：今后传道只能照《圣经》来讲；施洗改用德语；圣餐行两种拜领式（1528年）。约1530年，新教已在汉堡、不来梅、罗斯托克、吕贝克、施特拉尔松德、但泽、多尔帕特、里加、勒瓦尔及士瓦本等大部分城市获胜。在获胜过程中，奥格斯堡、汉堡、不伦瑞克及施特拉尔松德偶尔发生过暴乱。大部分暴乱是因天主教神父以偶像和荒诞图画传教引起。

各地诸侯当然乐于采用新教主张的罗马法。因为根据该法，他们便成为集大权于一身的"主权人民"的合理代表。各地诸侯对新教均表欢迎，因为他们发现，新教不但高举国家，而且服从国家。他们自己就是国家象征，因此，他们接受新教即无异于使他们在其领域内变成精神和尘世的双重领袖。还有一个更值得欢迎新教的理由，他们一倒向新教，原属天主教的大笔财富，即可无条件地归他们接收、享受。1525 年，"顽强者"约翰继"智者"腓特烈为萨克森选帝侯时，即决定改信路德新教。1532 年，约翰逝世，其子约翰·腓特烈继任，对新教的支持较其父有过之无不及。胡斯领主，豪爽的菲利普与约翰，缔结联合保障新教的戈查和托尔高联盟，新教势力愈发强大。从此，改信新教诸侯即接踵而来。这些诸侯有：吕讷堡的恩斯特，不伦瑞克－吕讷堡的奥托和弗朗索瓦（Francis），梅克伦堡的亨利，符登堡的乌尔里希。普鲁士的阿伯特，这位条顿骑士之主在路德敦促下还俗结婚，并自称普鲁士公爵（1525 年）。路德仅凭其个性刚勇，辩才无碍，竟然赢得半个德国。

在新教流行地区，无论男女修道院，一方面得不到人民支持，一方面又常遭受诸侯的困扰，于是除少数宣称改信新教者外，大都烟消云散。众诸侯本来答应从旧教没收得来的财物与贵族、市民及大专学校分享，可是这种承诺往往变成空话。依路德的主张，这类没收得来的财物，除供宗教和教育之用外，不应移作他用，因此，他对这种分赃式的做法，尤其是贵族滥占教堂建筑和土地，非常痛恨。尽管诸侯和贵族拿走了没收所得财物的大部分，学校和贫苦市民还是得到了不少好处。"在福音名义的掩护下，"1530 年梅兰希顿有过这么一句话，"诸侯对教会的财物大肆劫掠。"

不管是好是坏，也不管为的是精神或物质的目的，总之，改教的人越来越多。整个省，如东弗里斯兰、西里西亚、石勒苏益格、霍尔斯顿，都一致改信新教。天主教显得奄奄一息。最有趣的是，有些天主教神父在他们能站住脚的地方，不但继续玩女人，还喋喋不休地争取结婚的权利——这项权利是新教牧师都享有的。斐迪南大公写给教皇的一份报告中说：凡属天主教的教区僧侣，莫不渴望结婚；神父中，百人中难有一人不公开或秘密地养着女人；天主教诸侯一致认为，由教皇宣布结束独身规定在维护道德上似乎已是大势所趋。一位忠心耿耿的天主教徒这么说（1524年），革命已到了大门口，很多主教还像罗马富豪卢西乌斯一般大开盛筵。一位天主教史学家提及美因茨大主教阿尔布雷希特时，指出"这位教会的支柱，用以和女人秘密幽会的地方，陈设华丽举世罕见。""每一个人，"这位史学家又说，"对所有神父似皆充满敌意，他们走到哪里，笑骂随之而至。""每个角落的人，"伊拉斯谟1530年1月31日这样写道，"竞相接受新的教义。"情势确乎如此，不过，这仅限于德国北部。即使在北部，萨克森的乔治公爵和勃兰登堡的选帝侯约阿西姆，仍坚决宣称效忠天主教。德国的南部和西部，一则由于原属古罗马帝国版图，二则深受拉丁文化熏染，仍为天主教的天下。在德国，南方人与北方人似乎所好不同，南方人对预定论的斯多葛派教义似乎并不崇拜；对多彩多姿，甚至包括性的满足方式在内的天主教，反觉很合胃口。几个最有权势的大主教一直将他们的教区，如美因茨、特里尔及科伦，牢牢保留在天主教阵营。另外，教皇阿德里安六世以每年1/5的教会收入赐予巴伐利亚公爵，而保全了巴伐利亚。在同样的条件下，奥地利的斐迪南也答应将奥地利留在天主教中。

　　匈牙利在这方面扮演的是最富戏剧性的角色。路易二世刚刚10岁（1516年）便登上王座，他死得也早，这可以说是匈牙利注定成为悲剧角色的原因。路易不但做皇帝时不成熟，就是他的出生也不成熟。还未足月他便出生，为了使这个脆弱的婴儿能够继续活下去，当时医生想到一个法子：将他养在刚刚屠宰的动物腹腔中。路易长大，变成一个美少年。他柔和、慷慨，但由于受到腐败宫廷习俗的熏染，崇尚奢华，挥霍无度。花花公子路易，当然不知何谓政事，因此，朝廷大权都操纵在一班贵族手中。土耳其的苏里曼（Suleiman）一次派了一位使节到京城布达，这位使节不知怎么得罪了匈牙利贵族，这些贵族不但不接待他，反而割了他的鼻子耳朵叫他回去。苏里曼这一气非同小可，于是率兵进入匈牙利。1521 年，苏丹大军围攻匈牙利的两座主要城池查巴斯（Szabacs）和贝尔格莱德。眼看大军压境，贵族吓昏了。一方面由于无知，一方面受到贵族的愚弄，路易竟御驾亲征。他率领了 2.5 万人，去对付土耳其的 10 万大军。1526 年 8 月 30 日，两军相遇于莫哈奇（Mohács）近郊。路易虽然勇气可嘉，但哪是穆斯林的对手？一仗下来，匈牙利兵士被杀得片甲不留。路易战败惊逃，坠河而死。苏里曼趁胜进入布达，其部队烧杀掳掠，对此美丽的都城大肆蹂躏。除皇宫外，几乎所有建筑尽夷为平地。这次浩劫，最令人感到惋惜的是马赛亚斯·柯文纳斯（Matthias Corvinus）珍藏的图画，大半皆被付之一炬。胜利者的铁蹄踏遍了匈牙利东部各省。他们除烧杀掳掠，在苏里曼回君士坦丁堡前，还带走了 10 万基督徒俘虏。

劫后余生的匈牙利是一个大破烂的局面——有钱有势的贵族，分做几个敌对集团互相倾轧。一个集团抱着不抵抗主义，拥立约翰·查波利亚（John Zápolya）为王，要他向敌屈膝求和。苏里曼虽然同意他以陪臣身份治理布达，但规定他对直接置于土耳其管辖之下的东部各省不得过问——土耳其占领匈牙利东部各省，直至 1686 年。一个集团聚集在波希米亚贵族之下，拥立斐迪南为匈牙利和波希米亚之王。他们的政策路线是求助于神圣罗马帝国和哈布斯堡家族以对抗敌军。1529 年，苏里曼又卷土重来，大军越布达 135 英里，沿多瑙河直抵维也纳大门。斐迪南拼死抵抗，京城算是守住了。在这紧要关头，查理五世不能不采取决定：听任新教发展，以免整个欧洲沦入伊斯兰教之手。穆斯林向西发展，显然对新教起了助长作用。这就无怪胡斯的菲利普听说土耳其人胜利而感到非常高兴了。苏里曼攻维也纳不下，只得收兵回君士坦丁堡。他一走，新旧教即可为争取德国人的信仰斗个你死我活。

多次争执的会议（1526—1541）

内心的意念随外界环境而变化，因此环境千差万别，意念也千差万别。新教一发端便宗派林立。1525年，路德即发现："就目前形势观察，似乎有一个领导者便有一个宗派。"为了稳定路德的地位及调和各种各样的想法，梅兰希顿煞费苦心地创造了许多模棱两可的理论。新教的宗派林立，天主教徒看起来最称心，他们常常幸灾乐祸地说："解释自由，信仰自由，自由来自由去，现在走到道德沉沦和宗教无政府主义的地步了。这种现象是一种大灾祸，不但对他们不利，对我们也不利，因为由这引起的怀疑主义，会使新旧两教同归于尽。"1525年，有3位艺术家自纽伦堡新教中被驱逐出教，因为他们怀疑《圣经》的权威性、圣餐圣肉实存论及基督的神性。

苏里曼正磨刀霍霍准备将匈牙利一切两半时，德国的诸侯、各僧院院长和市民代表在施派尔集会（1526年6月）。集会议题有：第一，考虑天主教徒所提，实施《沃尔姆斯敕令》的请求；第二，考虑新教徒所提，建议宗教争端未经德国召集协商会议裁定前，应听其自由发展。会议结果，新教徒大获全胜。会议最后的决定是，在协商会议未召开之前，德国各国在宗教上，"应以能对得起上帝和神圣罗马皇帝的政策施行统治"，换句话说，另一方面，对以往触犯《沃尔姆斯敕令》之人，一律不加惩罚；一方面，所有传教士均应遵照"圣道"传教，不得彼此攻讦。对"施派尔会议的决定"，新教徒的解释是：认可路德教会的创立；承认各诸侯领土范围内的宗教自治；禁止天主教徒在路德教会势力范围内做弥撒。天主教徒当然不满这项决定。神圣罗马皇帝因和教皇斗气，故意接受这项决定。斐迪南因忙着对抗穆斯林的入侵，虽不赞成却也无可奈何。

查理与教皇克莱门特和解后，又恢复其君主的保守本性，1529年2月1日，下令续开施派尔会议。会议在作为主席的大公及虽未出席而对会议密切注意的皇帝影响下进行。会中对1526年的决定旧事重提，结果，虽通过一项条款，确认路德教派的存在，但要它在其地区不排斥天主教。可是，在同一条款中，除认茨温利教派和再洗礼教为非法教派外，又规定在天主教地区实行《沃尔姆斯敕令》，即绝对禁止路德教派在其中传教。1529 年 4 月 25 日，路德派中一小部分人发表了一个"抗议"（Protest），声称他们出于良心，决不接受这项条款。他们请求皇帝召开一次协商会议来讨论这件事情。他们还说，在会议未举行前，他们不惜以任何代价维持施派尔会议的原议。此后，天主教徒即以"抗议者"（Protestant）一词来指新教徒。慢慢地，凡属德国与罗马闹分裂的教徒，大家都以此命名。

由于需要一个统一的德国来对在抗土耳其，查理召开了另一次会议。这次会议于 1530 年 6 月 20 日在奥格斯堡召开，由查理亲自主持。在这次会议上，他一直与富格尔在一起。富格尔是大财主，查理登上皇帝宝座大半得力于他。据说，这位大财主为了讨好查理，曾将他所欠债券当面付之一炬。由于富格尔和教皇也有金钱上来往，通过他的牵线，查理和教皇的关系自然也较亲近。路德没有出席这次会议，因为直到现在他还是钦犯，一露面随时都有被拘捕的危险。尽管如此，他还是来到了撒克逊边界上的科堡。在那里，关于会议经过，他以信件和他的代表保持联系。他把参加这次会议的人比作在他窗前叫叫跳跳的穴鸟。他说："每一个出席会议的主教，都是无比邪恶的人。"对会议的投票者，他说："他们全像圣约翰日那天，在狗身上乱舞的跳蚤。"他那首脍炙人口的圣歌"强有力的堡垒就是我们的上帝"（*Ein feste Burg ist unser Gott*），据说就是这一时期的作品。

6 月 24 日，洛伦佐·坎佩基奥红衣主教建议会议大力压制新教。25 日，克里斯蒂安·巴耶尔（Christian Bayer）把梅兰希顿写的"奥格斯堡的告白"——这一著名的自白，后经润饰，曾正式列为路德教会文献——读给皇帝和部分代表听。梅兰希顿一方面慑于皇帝教皇联合对付四分五裂新教的盛势；一方面由于他本性趋向中庸与和平。因此，他的自白（如一位天主教学者所云），非常的"庄严、谦逊与和平"。在自白中，梅兰希顿显然在努力缩短新旧两教观点的差距。提到所谓"异端"，他不厌其详地说，他们只不过是《福音书》爱好者（路德派教徒的自称，意即他们的信仰，基于《四福音书》或《新约》）。他宣称，他们和茨温利教派毫无关联。他把预定说避重就轻地解释为一种基于不同看法的"圣体合质"。谈到对天主教缺点的攻击，他说目前已减少到最低度。他为下列事项，如两种拜领圣餐式、修道誓愿的取消、圣职婚姻制等做辩护时，态度极为谦恭。最后，他请求洛伦佐·坎佩基奥红衣主教以虚怀若谷的胸襟接纳他的自白。对这篇自白，路德虽在少数几点上不表同意，却毫无保留地给予支持。茨温利呈了一份意见书给皇帝，他干脆了当地说，他不相信圣肉实存论。另外，斯特拉斯堡、康斯坦茨、林道（Lindau）及梅明根等人，也分别递有自白。卡皮托和布塞尔联合发表了一项文件，呼吁路德和天主教徒捐弃成见言归于好。

　　天主教徒的极端派，在埃克领导下，显得非常强硬。他们发表的《辩驳书》由于主张非常过火，会议逼迫他们修改了两次，才同意呈给皇帝。他们意见书中的要点是，坚持各宗派必须遵行圣体共在论、七圣礼、圣徒祈祷、圣徒独身、一种（只以面包）拜领圣餐式及以拉丁语做弥撒。查理接受了他们的意见，于是宣称：新教徒除非接受天主教的意见，否则就要受到武力制裁。天主教中一个较为温和的团体觉得事态严重，于是出面调停。他们向梅兰希顿说，他们愿在圣餐仪式中让步，即采行两种（面包与酒）拜领圣餐式，以换取新教徒遵行其他仪式。在回答这项调停时，梅兰希顿的意见是，可以认可秘密忏悔、斋戒、主教裁判权，甚至某些来自教皇的附带要求。可是，其他新教领袖不同意，他们认为这种让步太大。路德也不同意这样做。他指出，主教裁判权决不能承认，因为这项权利的承认，使新教传教士有全被清除的危险。对这一项，他认为是宗教改革成败的关键所在。议论纷纷莫衷一是，新教诸侯眼见和解无望，很多人都回去了。

　　11月19日，这个零落不堪的会议发表了一份既可算作条令，也可算作临时条款的文件。文件宣称：所有新教举措都该受到谴责；《沃尔姆斯敕令》应严予遵行；法务大臣对侵占教产之人应予法办；1531 年 4 月 15 日后，不遵本会规定者应受惩罚。上述文件由查理批准正式变为敕令，这就是历史上有名的《奥格斯堡敕令》(Recess of Augsburg)。对于皇帝而言，给新教徒半年时间决定是否遵行此会的决议，已经十分宽大。在这半年中，他容许他们不受《沃尔姆斯敕令》的制裁；但半年之后，谁敢违犯，他便要把他们逮交军事法庭审判。

　　会议进行期中，不少侯国已出现天主教徒联盟。这个同盟的目的，一方面是防止新教徒的攻击，另一方面是企图恢复其传统信仰。新教徒认为这是一种战争的征兆，于是诸侯城镇于 1531 年 3 月组成"斯马尔卡蒂克同盟"(Schmalkaldic)。这个名字用以纪念位于爱尔福特附近该同盟的诞生地。6 个月后，斐迪南，现为名义上的"罗马人的皇帝"，遂叫查理动用武力。但查理说现在不是时机。因为，苏里曼这时为再攻维也纳做准备，已令其同盟巴巴罗萨打击基督教国家在地中海的商业；法国的弗朗索瓦一世是苏里曼的盟友、查理的死敌，查理知道，他一旦在德国压制新教徒，必然会引发内战；内战爆发，弗朗索瓦就会进兵米兰。为了避免出现上述不利情势，查理现在的决定是，不但把《奥格斯堡敕令》搁在一边，并于 1531 年 4 月，呼吁新教徒协助他对抗土耳其。路德和各新教诸侯，均热烈响应这一呼吁。1532 年 7 月 23 日，新旧教代表聚集于纽伦堡，签订《纽伦堡和约》(Peace of Nuremberg)。协议内容主要有两点：第一，宣布效忠斐迪南；第二，协商会议未召开前，彼此对对方采取宽容政策。在此协议下，一支由德新旧教徒及西班牙、意大利天主教徒组成的大军，打着勤王的旗号，火速向维也纳进发。苏里曼一看苗头不对，便把攻击维也纳的军队全部撤回君士坦丁堡。这支基督教大军，沉醉于兵不血刃的胜利之余，向基督教各城镇大肆劫掠。"这是当地老百姓做梦也没想到的大灾难，"一位英国目击者克拉默（Thomas Cranmer）说，"这场灾难比土耳其人加诸他们的有过之而无不及。"

新教由于这次勤王激发起了教徒的爱国心，爱国心增加了新的声势。阿莱安德再度代表教皇、召集新教领袖集会、传达教皇要他们遵行会议决议时，他们干脆拒绝了。一年之后的1534年，胡斯的菲利普不管路德任何攻击政策的责备，接受法国的援助，为新教徒的乌尔里希在符登堡恢复了公爵地位。这一来结束了斐迪南的统治。他们关闭了所有天主教教会和修道院，并把一切属于教会和修道院的财产完全充公。情势对新教徒显然再度有利：斐迪南有事于东；查理有事于西；再洗礼派教徒在明斯特因共产主义者的革命正忙得喘不过气来；于尔根斯·伍仑威弗的激进派，现在夺取了吕贝克（1535年）；天主教诸侯和上次对抗土耳其一样，需要新教徒帮助他们敉平内乱。更有利者，斯堪的纳维亚诸国和英国正于这时宣布脱离罗马；天主教的法国为了对付查理，反而愿与路德教派的德国结盟。

基于上述各种有利形势，斯马尔卡蒂克同盟决议组成一支为数1.2万人的军队。新教皇保罗三世登基，准备召开新旧教协商会议。但新教同盟说，这一会议必须独立于教皇之外，有德国教会与非教会领袖参加，不视新教为异端，而将其看成与天主教同等地位一份子的会议，否则他们决不接受。在此同时，新教同盟不但拒绝教廷派驻各地的宗教法庭，而且明白通知神圣罗马皇帝大臣，他们决不承认天主教有恢复教产及在新教地区传教之权。天主教国家这时一方面恢复过去同盟关系，另一方面要求查理对教廷派驻各地的宗教法庭给予全力支持。查理对于这项要求答复得很有礼貌，却一点也不施行，因为他知道，只要他一动，弗朗索瓦一世准会从后面扯他的腿。

因此，新教徒的气焰一再高涨。一位天主教历史学家说：

　　1538年9月9日，哲罗姆·阿莱安德自林兹写给教皇的报告说，德国的宗教情况，已到不可收拾的地步。天主教的礼拜、圣礼已普遍停止。除斐迪南一世外，所有诸侯几乎都已变为新教徒。他们对神父及其他担任圣职者充满愤恨，同时，经常都在算计教会财产。高级教士的生活仍然非常豪奢……教廷命令常被视如废纸。非圣职教士——人数也多不到哪儿去，既不道德而又无知，以至人少势弱的天主教徒逢之退避三舍。

信仰天主教的萨克森公爵乔治逝世后，继位者为其弟亨利，亨利是一名路德信徒。继任亨利的为莫里斯（Maurice），在德国他更是新教的军事救主。1539 年，勃兰登堡选帝侯约阿西姆二世（Joachim II），在其都城组成一个新教教会。对这个教会，他深以其独立于罗马和维滕堡之外而自豪。1542 年，在克利夫公国内，瑙堡的主教教区，甚至海牙哈雷阿尔布雷希特的主教教区，也相继因战争或政治的影响，变成新教天下。最使罗马感到吃惊的是，1543 年科伦的选帝侯大主教，赫尔曼·韦尔德（Hermann von Wied）伯爵，公然宣称放弃天主教而改信新教。新教领袖个个充满信心，1540 年 1 月，路德、梅兰希顿及其他新教领袖发表了一个宣言。大意是，和平唯有经神圣罗马皇帝和天主教教皇宣布放弃其自我之"偶像"，及承认自己的"错误"并诚心接受奥格斯堡能获的"郑重"决议始致。宣言中称："即使教皇对我们主张的教义和仪式让步，我们也不会轻易放过他。为了不使他在别的国家倒行逆施，我们有责任将这个压迫者永远放逐。"路德得意地说："今天我们必须使教皇及其所信的邪神、魔鬼，同时完蛋。"

查理对路德等的要求几乎已完全同意。为了不使局面恶化，他抢先教皇一步，于 1540 年 4 月，邀请德国的新旧两教领袖，做一次协调彼此歧见的"恳谈"（Christian colloguy），以便发现和平解决之道。"照目前情势看来，"一位教皇的使节也说，"除非教皇痛下决心施出回天手段，否则整个德国会落入新教徒之手。"在沃尔姆斯举行的初期会谈，埃克和梅兰希顿一场唇枪舌剑的争论，结果使最初以顽固著称的天主教代表勉强同意采取一种奥格斯堡会议中比较温和的立场。这项结果鼓励了查理，于是建议双方在雷根斯堡再谈。1541 年 4 月 5

日至 5 月 22 日，在查理的领导下，新旧两教领袖又谈了多次，最后算是找到了双方都觉得可以接受的解决办法。保罗三世企望和平。作为他的首席代表的加斯帕罗·孔塔里尼（Gasparo Contarini）红衣主教，是一位德高望重的好好先生。神圣罗马皇帝查理一方面深感法国对他的威胁，另一方面必须答应斐迪南请求协助对抗土耳其的入侵，所以非常热衷于新旧两教的和平解决。他对此太热衷了，有些天主教徒怀疑他偏袒新教。会中彼此同意，准许传教士结婚及实行两种拜领圣餐式。至于教皇在宗教上的权威及圣餐中的变体论，由于一时找不到足以肯定和推翻的依据，只好存而不论。在谈论中，最使孔塔里尼感到不愉快的，是一位新教徒问：假定一只老鼠啜食一些供神祭品的面包屑，我们应认为它吃的是面包还是耶稣的身体？会议并没有真正解决问题，查理忙于出征，因此给新教徒一道临时赦令，即暂不反对他们根据奥格斯堡会议决议所持教义，并暂不收回他们曾经没收的教会财产。

基于成年累月的辩论和行动，一种新信仰逐渐发展成一个新教会。这个教会，路德称之为"福音教会"。最初，他曾主张实行教会民主制，即每一个会众都可自行推选牧师、决定聚会仪式。但由于路德长期仰赖诸侯支持，使他不能不屈从诸侯之意，让教会附属于国家。1525 年，萨克森的选帝侯约翰命令所有在其公国之内的教会一律采行由梅兰希顿拟定、经路德核准之福音礼拜仪式。他规定凡不服从这项命令的牧师，一律剥夺其圣俸。会众有不遵行者，经过一段宽限期间，一律驱逐出境。此例一开，其他路德教派诸侯纷纷跟进。他们发布的命令可说大同小异。为使这些新教会有所遵行，路德编订了一本 5 页的《简明教义问答》（*Kleiner Katechismus*，1529 年），其中包括十诫、使徒行传及对这两项所做的简单解释。这些教条，若在基督教诞生的最初 400 年，可说是很正统的东西。

一般而言，新教牧师大都品德高尚，熟谙《圣经》，其他学识虽不精深，但对牧师工作颇为称职。礼拜天定为安息日——这点，路德接受的倒不是《圣经》而是传统。"礼拜仪式"很多地方和天主教相似，也是圣坛、十字架、蜡烛、祭坛布及一部分依德国习惯所做的弥撒。新教礼拜着重点是讲道。另一个与旧教不同之处即在礼拜中，不再对圣母和圣徒祈祷。宗教绘画和塑像废止不用，教堂建筑的风格以平易近人为标准——因此，顶楼建筑几乎变成新教教堂的固定格式。最大的创新是音乐介入聚会仪式。现在，即使不会唱歌的人也开口了，大家都唱，唱得不好也易藏拙。也许是福至心灵，路德居然于一夜之间变成了诗人。他写了许多雄壮的圣诗，不论是说教的、理论的或启示性的，听来都很动人。新教徒唱的圣歌很多，有些是路德写的，有些是别人写的。新教徒的歌不但在聚会时唱，在非聚会时也唱。歌声不但洋溢在教堂，也在家庭。一位耶稣会会员说："路德的圣歌比他的说教更能夺人心志。"如果说，文艺复兴产生了天主教绘画，那我们也可以说，宗教改革带来了新教音乐。

维滕堡之狮（1536—1546）

路德晚年甚少直接参加和平会议。这时新教徒的领导者，与其说是神学家不如说是诸侯。因为，大家对财产与权力远比对教义与仪式关切。不妥协是路德的天性，但他现在老了，笔杆之外的武器都不能胜任。一位教皇特使1535年笔下的路德，仍然幽默而精力充沛。（他一见面就问我："你在意大利最近有没有听到这个报告，说我是个德国酒鬼？"）路德中年后发胖，胖给他带来很多疾病：消化不良、失眠、头晕眼花、疝气、膀胱结石、耳溃疡、烂疮、痛风、风湿、坐骨神经痛、心悸亢进。为了止痛和容易入睡，他经常喝酒。医生开的药他每种都留有样品。他经常祷告，可是缺乏耐心。他的疾病与日俱增。1537年，他认为膀胱结石会要他的命。在痛苦煎熬中，他说："如痛苦再这样延长下去，我会发疯，会对你的仁慈失去信仰。"他的脾气坏透了，左右的人都不敢见他。一位信徒哭丧着脸说："凡见他的人，没有不挨骂的。他脾气发起来，不管有没有人在，当面就是一顿。"脾气温驯如梅兰希顿，在这种经常辱骂之下，也很感到受不了。奥科兰帕迪乌斯、加尔文及其他"异端"，在路德口中更是"魔鬼化身的、魔鬼浸透的、魔鬼支使的、坏心肝的、专门撒谎的坏蛋"。

撰写《论会议与教会》（"On the Councils and the Churches"）一文时，路德已经尽量抑制自己（1539年）。他把教皇每次答应而又延期召开的协商会议，比之为以诱饵来和饿得发慌的动物开玩笑。在检讨历届会议后，他指出，这些希望解决宗教争端的会议，大半都是皇帝——特指查理——召开并主持的。他说，他不相信教皇有召开这类会议的诚意。但他又说，假定要新教徒参加教皇召开的这类会议，"我们首先得要求严惩罗马暴君（意指教皇），同时把他的教令烧个一干二净。"

路德晚年发表的政见令人联想起一句谚语：人过六十，沉默是金。路德在政治方面一向非常保守，即使在鼓吹社会革命时亦然。在宗教改革方面，他反对的与其说是理论，毋宁说是措施。开始，他反对赎罪卷代价高昂，慢慢才表示反对教廷统治。但终其一生，他始终接受正统基督教义最难令人接受的三位一体、处女怀孕、赎罪、圣肉实在、地狱等理论。事实上，他对这些不但接受，而且还将某些理论搞得比以前更难令人理解。他轻视一般人。群众需要有力的统治，"这样才不至于使世界流于野蛮，和平流于空想，商业受到破坏……不流血可以实行统治，傻瓜才那样想……世界不是可以用念珠来统治的。"而施行念珠统治的政府失势时，以剑来统治的政府就会继之而起。基于上述观念，路德把历来宗教权威通通移转到国家身上。他为君权神授说辩护："掌握世界之剑的手，不属于人而属于神。是神而不是人，负责转动或停止世界之轮。鞭打、杀头、战争，也是神在主宰。"路德在维持秩序方面高举国家，无异为霍布斯和黑格尔理论的先驱。

路德晚年，其保守远较一般诸侯为甚。他赞成强迫劳动；诸侯向农民抽重税，也认为理所当然。一位男爵因抽税过重而感到良心不安时，他却说，对于一般人而言，不加重他们的负担，他们便会因富有而感到骄傲。他曾引述《旧约》以支持奴隶制度。"牛、羊、奴隶，均为主人财产，他高兴便可以出卖。这是一种好制度，自古以来莫不视为当然。要不然，就没有人可以驱策和驯服这群奴性很深的人。"人人应固守上帝指派给他的工作和行业。"敬奉上帝，就是本本分分地站在岗位上，听候召唤。应该永远这样平凡、这样单纯。"在新教徒地区，上述观念一般都被视为金科玉律。

　　1539 年，一位对新教素表忠心的诸侯，给路德带来很大的烦恼。这位诸侯就是尚武、多情、诚实的胡斯的菲利普。菲利普的妻子，萨伏依的克丽丝汀，是一位忠心、多产，却其貌不扬的女人。菲利普在治疗梅毒期间，遇见了一位萨勒的小姐玛格丽特，他们一见倾心，以至难分难舍。他想和克丽丝汀离婚，可是找不出适当的理由，但不离婚，他又丢不下玛格丽特。两人热情如火，最后竟做出了不可告人之事。一段时间之后，菲利普觉得这样下去不是办法，他想依正当途径解决此事。他向路德建议，新教教义既然不少来自《旧约》，为什么不采纳《旧约》允许的一种风俗，人们可以重婚？重婚，按当时的法律，应予处死。毕竟，比起法国国王弗朗索瓦一世的一再更换女人，他不是庄重些吗？比起处死发妻的英国国王亨利八世，他不是更有人性吗？菲利普非常渴望他与玛格丽特的结合，能获宗教上的认可，因此曾作下列暗示：如果维滕堡的神学家不能在《圣经》上给他找出根据，他可能投向神圣罗马皇帝，甚至罗马教皇及其他阵营。路德的答复已胸有成竹，事实上，在《巴比伦之囚》书中，他是赞成以重婚代替离婚的；过去他曾建议，重婚是亨利八世解决难题的最好方法；再说，在这方面，这也是一般 16 世纪神学家的意见。对这桩事梅兰希顿却持异议。最后，梅兰希顿虽勉强同意路德之意，答应让菲利普与玛格丽特结合，但他的条件是不公开。克丽丝汀也同意这么做，不过她的条件是，菲利普"应较以前对她更尽其做丈夫的义务"。1540 年3 月 4 日，菲利普与玛格丽特在梅兰希顿与布塞尔的主持下，"正式"

而"秘密"地举行婚礼。菲利普为了感激路德，曾送了一车酒给他。但结婚消息传开后，路德却否认他曾予以同意。"秘密，可，"他说，"但秘密而在教堂公开，则不可。"这一来，梅兰希顿伤透了脑筋，又羞又怒，于是开始绝食。好说歹说，最后，路德以把他驱逐出教威胁，他才开始吃东西。路德曾说，梅兰希顿对这桩丑闻"非常伤心，我倒无所谓，因为，我是著名的撒克逊的老脸皮和粗野的农夫，我们对这种事已司空见惯"，大部分新教徒都丑闻缠身，这一来天主教徒又有的说了。不过，为这桩事指责新教的人，却忘记了一桩事，即教皇克莱门特七世曾认可亨利八世的重婚。为了这桩事，奥地利的斐迪南说他本来对新教有些好感，现在却深恶痛绝了。查理五世，这次未将菲利普置之于法的代价是，菲利普在以后一切政治措施中，应无条件支持他。

路德一天比一天接近坟墓时，其脾气也一天比一天来得火暴。1545 年，他以无比丑恶的言词，攻击茨温利教派中的"圣餐形式论者"。这使梅兰希顿感到非常遗憾，因为这无异加深了南北地区新教的裂痕。选帝侯约翰一次问他为什么不参加教皇召开的协商会议，他立即写了一篇题名《反魔鬼创建的罗马教廷》（"Against the Papacy at Rome Founded by the Devil"）的文章（1545 年），把罗马教皇骂得狗血喷头。这篇文章用语之恶毒，除克拉纳赫外，几乎把他所有的朋友都惊坏了。为什么说克拉纳赫没有被惊坏？因为他曾应邀为这篇文章作插画。插画以木刻成，也极尽讽刺之能事。一幅画的是教皇骑着一头猪，正向一堆粪便做食前祷告。一幅画的是教皇和三位红衣主教戴着脚镣手铐，正走向断头台。最滑稽的是首页插画，画上的教皇头顶一只垃圾桶，装模作样地被一群魔鬼拥上宝座。"魔鬼"一词，充满全文。教皇有时被称为"老魔头"，有时被称为"罗马阴阳人"，有时被称为"老屁精"。提到红衣主教时，路德说，他们全是"魔鬼的遗孽……无知的笨驴……世人应该咒骂他们，让他们被雷打，被火烧，患瘟病，患梅毒，患癫痫，患坏血病，患麻风病，患痈疗，患种种无法医治的恶疮毒症"。他将神圣罗马帝国的成立是出于教皇的善意一点点加以否定，他认为，今天已到帝国兼并教皇领土的时候：

> 动手吧，皇帝、君主、诸侯、领主及一切有权采取行动的人。动手吧，上帝会为你的行动赐福于你。首先当从罗马教皇的手里，将罗马纳、乌尔比诺、博洛尼亚及所有的一切抢过来。因为，他能拥有这些，全是出于谎言及运用一切卑劣手段。这些本来是属于皇帝的东西。由于他运用偶像及其他不正当的方法偷了来，所以大家不知道。自从这些东西落在他的手里，他便据以自大，用以作恶……现在，由于他占有了这些东西，已有数不清的人受他引诱坠入地狱之火……因此，先夺去他——教皇、红衣主教，及所有跟从他们的一群狗男女——的一切，然后，从颈后拔出他们的舌头，把他们一起牵上绞刑台。这样做，可说是千该万该的。

路德在写这类东西时，也许他的神志已经开始昏聩了。岁月、食物、酒精，不但侵蚀着他的内脏，而且侵蚀着他的头脑。最后几年中，路德简直胖得不得了，脸上、颈上的肥肉，成堆成堆往下挂。早年的路德犹如生龙活虎，他常常说："如果停下来，我就会生病。"但是现在，他成天在叫疲倦。1546 年 1 月 17 日，他描写自己："老了，朽了，笨手笨脚，腰酸背痛，手脚冰凉，唯一幸运的是，眼睛还看得见。""我见世界生厌，"他说，"世界见我也生厌。"萨克森选帝侯妃多瓦格尔（Dowager）对他说："希望你再活 40 年。"他的答复是："啊，夫人，我宁可放弃上天堂的机会，也不想多活 40 年。""我一直向主祷告，请他立刻召我。我说，主啊，请你立刻降下你的旨意，请对我即作最后审判。我已经伸直脖颈，就等待你最后一声雷响，我实在需要安息。"一直到临死之前，他还是常常看见魔鬼。有时，他甚至对他的教会失去信心。"对我过去的胡言乱语，魔鬼常来惩罚我。

他们常给我罪受，使我痛苦。""诚心侍奉上帝的人已越来越少。"教派林立摩擦不已，"梅兰希顿死后，新教将面临末日。"不过，最后他的勇气又来了，他说："我曾利用基督攻击教皇，这对于我来说，等于自找麻烦。以后不再做这类傻事了。我何必站在门柱与门之间饱受双方排挤？好在现在一切都过去了。功过一任基督评断。"

然而路德毕竟是路德，基于坚强的个性，他说："我现已名满天堂、人间和地狱。"他对以"待罪之身"，接受上帝恩宠和弘扬基督福音，自认为是一种异教。他对他那"傲视教皇、皇帝、君王、诸侯及其他权势"的作风，及赢得"真理博士"（doctor of truth）的荣衔，感到非常自豪。"关于我的一点小小成就，公正的目击者一定会说：'不可小看它，那是出自上帝和福音见证者马丁·路德博士之手。'"显然，他自信在上帝面前他是受欢迎的。

1546年1月，他冒着严寒到艾斯勒奔——他的降生地，调停一项争端。到达那里时，他写了一封很亲切的信给他的太太。信末所写时间为2月1日：

> 愿基督赐你平安快乐，并送上一片微薄但老而弥笃的爱心。亲爱的凯蒂，在赴艾斯勒奔途中，我感到非常衰弱，但这不能怨谁……冷风从后面吹来，经过我的帽子，经过我的头顶，我感到我的脑子已给它冻成冰块——这样对眼花也许有好处。但现在，谢天谢地，我已没有任何一点感到不适。若非自惭形秽，见到漂亮小姐我还会动心哩。……愿上帝祝福你。

2月17日，吃东西时他胃口还很好，但第二天一早便大喊胃痛。一病体力便急剧衰颓，在床边看视他的亲友，都感到情形不妙。其中一位问他："你现在还坚决相信基督和你所讲的一切道理吗？"他答："当然！"这句话一说完，即中风不语。再几分钟，便咽下最后一口气。时为1546年2月18日。尸体运回维滕堡，葬于城堡大教堂。29

年前他那轰动一世的《论题》(*Theses*),就是贴在这座教堂门上的。

在历史上,这 20 多年是一个波涛汹涌的时代,路德就是这个时代的发言人。他有许多缺点。他对天主教文化广被北欧史实方面欠缺认识;他对人类心灵在象征性神话方面有着安慰的需要欠缺了解;他对处理新旧教与新教各宗派争端方面欠缺技巧。他把他的信徒自教皇的无谬论中解放出来,却又将他们引入《圣经》的无谬论。教皇是人,《圣经》是书,人书相较,书更较少适应性。对中世纪宗教,他接受了冷酷无情的教条,却抛弃了优美的艺术和神话。他为德国人创立的基督教,并不比他们原来所信的为佳。因为这个教,除使人虔诚一点外,并不能使人获得快乐与安慰。他比宗教法庭更不宽容,说的比做的更刻薄。他骂人完全不留余地,写谩骂文章更是无人能敌。他在德国神学上撒下了仇恨的种子,这些种子甚至在他死后百年仍无法完全除尽。

然而路德的成功,正因为他有这些缺点。他是一位天生的战士。时代欢迎战士。他攻击的目标,不用武力似乎无法达成。路德一生都在战斗——和罪恶感战斗,和魔鬼战斗,和教皇战斗,和皇帝战斗,和茨温利战斗,甚至和那些希望他将剧烈改革变为温和抗议的朋友战斗。面对根深蒂固的权势和堆积如山的困艰,另外换一个人,势将一筹莫展。事实上,任何一个哲学修养稍深、较富科学头脑及对敌崇尚宽厚的人,决不敢冒这种天下之大不韪。路德挑战举世震惊。若非他那种近于盲目的果决,最后成功的希望显然不大。假定他的神学不是基于预定论而是基于理性与人性,如中世纪神话和奇迹所具有的,则绝不会如此动人。叫人祷告的不是证据,不是看得见的东西,而是希望,是恐怖。

事情很明白,路德的霹雳手段把阻碍欧洲心灵发展的东西——老一代的权威和传统粉碎了。如果我们用影响作为伟大的尺度——这种尺度较少主观成见,则路德实可跻身于哥白尼、伏尔泰、达尔文及其他对现代有卓越贡献者之林而无愧。近代史中常被人提及的人物,除莎士比亚和拿破仑外，就得数他。在哲学领域中，他的影响虽然是缓慢的、间接的，却是确定的，主张忠诚的康德，主张国家主义的费希特，主张意志说的叔本华，主张个人服从国家的黑格尔，都曾深受其影响。在德国语言方面，他言论著作的影响极普遍而深入。在德国人中，其言论著作被人引述之多，路德可称空前绝后。和卡尔斯塔特一样，路德对西方道德生活和规章制度的影响是很大的，他打破了圣职人员的独身制度，他给被修道院的禁欲主义、懒散作风或虔诚恭顺扭曲的生活注入了活力。路德的影响，以其本土为中心，越向外势力越弱。受他影响最大的是斯堪的纳维亚诸国。其次为法国。至于苏格兰、英格兰和美国，便不能与加尔文相提并论。可是在德国，便是唯他独尊。历来德国出过不少思想家和作家，但谈到对德国人心灵个性的影响，便没有任何一个人比得上他。在德国历史上，路德可谓独步千古。德国人全心全意喜欢他，因为他比所有德国人都更像德国人。

新教的胜利（1542—1555）

路德逝世后一年，新教在德国碰到了一场大灾难。1545年，查理五世在新教部队的协助下，逼迫法国国王弗朗索瓦一世签订克里皮（Crépy）城下之盟。苏里曼与波斯作战，5年中暂时无法西顾。教皇保罗三世于是对查理说，如"你以全副兵力，转而消灭'异端'——新教，则我给你110万金币、1.2万步兵及500匹马"。查理本来就有"粉碎新教，利用统一的天主教以巩固其统治"的想法，于是就动心了。事实上，在德国，由于新教诸侯的妄自尊大，他们和他事事都要讲条件的情况下，他哪里像个真正的皇帝？在他的心目中，新教根本不成什么教。路德与其他天主教神学家的争辩，在他看来是毫无意义的。新教使他感到讨厌的有下列几点：第一，为诸侯结盟提供了反抗他的理论；第二，形成决定下届选举神圣罗马皇帝的政治势力；第三，有些新教徒对他极不恭敬——有用小册子或漫画讽刺他的，有用言语侮骂他的，很多传教士甚至说他是"撒旦之子"。以上各点，过去由于形势所迫，只好忍气吞声。但现在是他翻本的时候了。为了巩固统治，为了集中意志和力量，他决定不惜一战。

1546 年 5 月，查理一面对西班牙、意大利、德国及苏格兰中受他统率的部队下动员令，一面把他的心腹干将阿尔瓦公爵召到身边。他在雷根斯堡召开诸侯大会。会中新教诸侯的代表问他动员部队目的何在时，他的答复是，他想使德国恢复帝国声威。在这次会议中，他赢得了阿尔伯丁萨克林摩勒科斯公爵的支持，他是德国军事领袖中最年轻、最能干、最富野心者。富格尔家族答应财政上支援。教皇颁下敕令，在这次圣战中，凡协助皇帝者有赏，凡反抗皇帝者逐出教会。查理首先拿来开刀的是恩斯特丁萨克森的约翰公爵及胡斯的菲利普。他下令削去他们的爵位。他宣称要没收他们的土地和财产。为了分散反对者的阵营，他伪称，凡属其他新教徒地区，他都一概不加干涉。他令其弟斐迪南对波希米亚地区做出同样保证。为了使摩勒科斯不动，他答应将来让他取代约翰做萨克森选帝侯。其余，如科伦和勃兰登堡的选帝侯、巴拉丁挪领地伯爵及新教的纽伦堡领袖，一面心存观望，一面心怀恐惧，纷纷表示中立。至于萨克森的约翰、胡斯的菲利普、安哈尔特的诸侯及奥格斯堡、斯特拉斯堡与各城市，由于充分了解查理不但要消灭他们的宗教，而且要吞并其土地与人民，于是决定拼死一战。他们全力动员，最后集了 5.7 万兵马。为了先发制人，约翰与菲利普率兵南下求战。但他们一离开国境，斐迪南和摩勒科斯即率兵直捣约翰后方。约翰回兵自救，战事于是爆发。战事开始之际，约翰颇为得手。但不幸中途发生了两件事：第一，菲利普部队因饷项缺乏而自溃；第二，同盟各城市受查理收买而引策自去。两件事相继发生，使他几乎一蹶不振。在危急中，想不到传来一个好消息，教皇把他的人马从查理身边撤走了。原来保罗三世现在忽然想到，如果让查理获胜，如果消灭了所有足以和查理制衡的新教诸侯，查理便会变得非常强大。一个雄视南北的大帝国，对教廷是不利的。因为这个大帝国的进一步发展，第一，必然蚕食教廷所属各国；第二，必不服从教廷管制。1547年1月，教廷部队的忽然撤走，导致了约翰在萨克森的胜利。据说，保罗三世听到约翰胜利非常得意。

查理当然不肯就此罢休，于是亲自督师向北。1547年4月24日，两军相遇于梅森的米尔堡。一仗下来，约翰全军覆没，自己成为俘虏。斐迪南主张将约翰处死，但查理对维滕堡的守军说，如果他们开城投降，则他可留约翰一命。结果维滕堡降了，约翰被判监禁终身。维滕堡，德国新教的发源地，自此落入天主教徒之手。市镇易手之日，路德已在堡垒大教堂里安息。此时，菲利普拥有少数残兵做困兽挣扎。萨克森的摩勒科斯和勃兰登堡的约阿西姆对他保证安全，劝他投降。菲利普降了，查理并未立即释放他，而是判处菲利普徒刑15年。查理大获全胜，此时和他争雄的人没有了。亨利八世死于同年1月28日，弗朗索瓦一世死于同年3月31日。神圣罗马帝国自查理曼以来，自此国势发展到最高峰。

可惜好景不长。1547年9月，德国诸侯集会于奥格斯堡向查理挑战。他们不承认他的独裁政府。保罗三世这时火上加油，指控查理为谋杀法尔内塞（Pierluigi Farnese）——教皇私生子——的凶手。巴伐利亚由于从来站在教皇一边，因此也树起反抗帝国的大旗，1548年，很多新教诸侯联合强迫查理承认教职婚姻、两种拜领圣餐式及发还所夺新教教产。由于形势所迫，查理一一承认了。这种承认，在他本属权宜之计，但这样一来，惹恼了教皇和天主教徒。教皇指责他越权，天主教徒则指责他恢复天主教信仰是假、扩张帝国领土是真。现在在维滕堡身为萨克森选帝侯的摩勒科斯发现，如果他再跟着查理走，他便非常危险，因为他统治的人民大多数是新教徒。他对查理还有一点不满，就是查理忽视了他对菲利普招降时所做的保证。善于见风转舵的摩勒科斯，于是秘密签署了一项新教徒诸侯于1552年1月所订的《尚博尔条约》（Treaty of Chambord）。依据该约，法国亨利二世答应，如果他们起兵，他愿协助他们把查理逐出德国。查理在因斯布鲁克宣布解散部队、准备大做其太平皇帝梦时，亨利南下了。亨利侵入洛林，连下梅斯、图尔及凡尔登。查理向摩勒科斯求救。摩勒科斯会合其他新教诸侯，率兵 3 万北上。这 3 万兵快到罗马帝国城下时，查理才发现他们不是来救他，而是来为他送终的。查理一生以狡诈起家，这时看到无兵可用、无险可守，于是准备先用缓兵之计挡一阵，然后再图解围。他令斐迪南要求停战，目的是使摩勒科斯的部队暂勿北上。但摩勒科斯早已洞悉他的用意，于是一面善待斐迪南来使，一面挥兵进逼因斯布鲁克。1522 年 5 月 9 日，查理发觉情势不妙，于是趁敌兵未入城前，带着少数随从连夜冒雨坐轿子出城，越布伦纳山隘（Brenner pass），直奔卡林西亚州（Carinthia）的菲拉赫（Villach）。称雄一时的欧洲霸主那天在阿尔卑斯山窝里差一点被冻死。

5 月 26 日，摩勒科斯及其他新教诸侯以胜利者姿态，与斐迪南和少数天主教领袖相会于巴苏。几经折中，最后斐迪南代表查理签订了一项条约（1552 年 8 月 2 日）。条约内载明：一、立即释放菲利普；二、新教军队解散；三、新协商会议未召开之前，新旧两教同时享有信仰自由；四、协商会议召开后，但若双方无法达成协议，新旧两教的信仰自由，即无限期延长。摩勒科斯虽以叛乱起家，后来表现却很不错。他处世颇有政治家风度，不久即因平阿尔布雷希特之乱——此乱曾使半个德国陷于无政府状态——悲壮殉国（1553 年）。摩勒科斯殉国时，年仅 30 岁。

从此，查理放弃了他统治德国的念头，转而向西和法国算老账。为了解决新旧两教的争端，斐迪南又在奥格斯堡召开了一次协商会议。会议由 1555 年 2 月 5 日开到 9 月 25 日，由于斐迪南的耐心，该会给德国带来了半个世纪的和平。斐迪南发现，德国由于诸侯并立根深蒂固，因此想建立一个像法国以中央政府统治一切的国家，一时很难办到。在会中，天主教代表虽占多数，新教代表却有军事力量做后盾，奥古斯都继摩勒科斯为萨克森选帝侯，成为新教徒的有力支持。新教徒一直坚持 1530 年奥格斯堡会议通过的各项条款，天主教徒发现，如果他们不让步，便会重启战端。查理因为年迈，要求选帝侯推选他的儿子菲利普继承其为神圣罗马帝国皇帝。这项要求，不但新教徒反感，就是天主教徒也反感。因为菲利普有西班牙血统，大家都不愿接受他的统治。查理的要求还有一个障碍，就是斐迪南对神圣罗马帝国皇帝的宝座也很感兴趣。不过，斐迪南清楚，假如他得不到新教徒的支持，要在选举中赢得这个宝座是没有希望的。

一方面有武力做后盾，一方面情势正向有利方向发展，于是新教徒漫天要价：第一，要求开放德国全境给他们传教；第二，要求新教地区禁止天主教传教；第三，要求永远持有现在及将来所没收的天主教财产。斐迪南与奥古斯都斟酌双方要求，于是制定了下列原则。这个原则，可精简为四个字，即"人随地信"（cuius regio eius religio）。为了便于维持和平秩序，每一个诸侯必须在天主教和路德教之间抉择其一。臣民必须接受其"所在地的宗教"，如认为所在地的宗教不合适，则可径往合适地方迁徙。新旧教双方都不佯称自己是宽容的。新教萌芽之际，曾提出一项原则：信仰的基础，在于个人的判断。这项原则，过去曾引起旧教的反对，现在即便新教领袖也已视如敝屣。另外，由于这项原则容易引起派系之争，派系对诸侯统治不便，新教诸侯多主张代之以教条权威。至于新教徒，现在也已完全接受查理和教皇"社会秩序的维持，与宗教信仰的统一密不可分"的观点。信仰基于判断的原则，对德国显然有害，因为它带来仇恨纷争。宗教改革到此阶段，其结果是好坏参半，就人们的心胸而言，显然比以前更褊狭，但诸侯对所谓"异端"的处置，则又已较前宽大——从前对异端是活活烧死，现在则仅给予驱逐出境的处分。各式各样的无谬论的分立，导致彼此的日渐衰微。

这次会议强调的是信仰自由，但事实上，自由的不是信仰而是诸侯。现在每一位诸侯，与英国的亨利八世一样，在其领域内已变为教会的最高领袖。他们有权指派绝对效忠于他们的人领导宗教。这就是"国家全能论"（Erastian principle）——主张国家可以支配宗教的一种学说的最好例证。[1] 领导新教走向胜利的人，现在仍和过去一样，是诸侯而不是神学家。诸侯所获胜利的成果是丰硕的：在领土主权上，他们超越了皇帝；在宗教主权上，他们超越了教会。新教自始便是国家第一、宗教其次，不过这里所谓的国家，不是指整个德国而是指诸侯国。对于整个德国的统一而言，宗教改革对它不是助力而是障碍。斐迪南于1558年登上神圣罗马帝国皇帝宝座，但他拥有的权力，甚至连查理最倒霉的时候都赶不上。从这个观点而言，我们可以这样说，神圣罗马帝国的寿终正寝，不是始于1806年，而是始于1555年。

德国各城市，像神圣罗马帝国一样，也因诸侯的胜利而日趋式微。从前，各城市形成的自治区，直辖于皇帝，诸侯不许干预。但现在，诸侯的权势已高过皇帝，因此他们要干预皇帝也没有办法。促使各城市的衰落，还有两个原因：第一，荷兰贸易的勃兴，使德国货物竞沿莱茵河而出北海；第二，威尼斯和地中海商业凋零，德国货物已不再由南方各城市转运。宗教改革在德国之所以能够成功，各城市在思想经济上贡献不小。但现在，各城市由于政治和经济地位相继低落，思想文化的活力也随之渐告微弱。

《奥格斯堡和约》奠定后5年，梅兰希顿才逝世。他对这种和平并未存多大奢望。梅兰希顿新教领导地位的奠定，一方面，固在代表新教和天主教协商；另一方面，则为其对于教义的贡献。他对路德的神学理论有许多重要的改进。他完全扬弃了预定论和圣肉实存论。在获救方面，他一方面同意路德的善行不足恃，但他不完全忽视善行。梅兰希顿的这些见解，其后在新教中曾引起"菲利普派"——梅兰希顿及其信徒——与"路德正统派"——以耶拿为首的一群新教徒——之争。后者指梅兰希顿为"叛逆"、为"撒旦的奴隶"，前者则指后者为"偶像崇拜者"、为"笨蛋"。这种争执愈演愈烈，双方有时还运用影响力，令政府以对待异端方式对待对方。卷入这项争端的教授，不

---

[1] 国家全能论，也称埃拉斯都论（Erastian principle）。埃拉斯都（Thomas Erastus，1524—1583年）是瑞士神学家。此论虽以其为名，但从其著作中，找不到明确的依据。

少受到排挤或监禁。梅兰希顿虽同意路德维持农奴制度及标榜王权神圣主张，但他认为新教运动与其和诸侯携手，不如和自由城市如苏黎世、斯特拉斯堡、纽伦堡、日内瓦等地的贵族结盟。在最足以显示梅兰希顿个性的谈话中，他的态度极似伊拉斯谟一派，他说："我希望我们把论点限于谈《福音书》，谈人类弱点，谈神的恩赐，谈宗教组织，谈真实信仰。给人们保证，并定下正当行为的规矩，这不就是基督教义的本质吗？其余的只是烦琐的学究争论和派系的争执。"死亡来临时，他把它当作一种从"神学家的愤激"和"这个诡辩时代的残忍"中的解放而表欢迎。像梅兰希顿这样一个天生适合做学问、友善而又爱好和平的人，历史错派了他去当革命战争的将军。

第六章 | 加尔文其人
（1509—1564）

艰困少年行

加尔文生于 1509 年 7 月 10 日。其故乡为法国的努瓦永。努瓦永是一个极富宗教色彩的城市。一所大教堂的主教，就是该城的统治者。这可以说就是加尔文神权政治——教士以神的名义实行统治——思想的根源。加尔文之父，热拉尔·沙文（Gérard Chauvin），是主教的秘书，一所小教堂的监督和一郡的财务官员。加尔文幼年丧母，父续弦，加尔文忧郁的个性，也许与其严厉的继母有关。加尔文和他的两个兄弟均遵父命进修教士职位。结果，两个成功了，一个则变成"异端"。变成异端的那个，临死时拒作圣礼。加尔文的父亲因与小教堂有财务纠纷，后来被逐出教会，直到去世，还带着一身的麻烦。

加尔文曾就读于巴黎大学的德拉马策学院。他原名让，报名时始改用约翰尼斯·加尔文（Johannes Calvinus）。他能写一手流利的拉丁文，就是在那里学的。数年后，他转入蒙塔古学院（Montaigu），在那里他一定听大家谈论过该院卓越的毕业生伊拉斯谟。加尔文在此读到 1528 年才离开。他离开该院之时，正是他的天主教对手伊格内修斯·罗耀拉（Ignatius Loyola）进入之时。"一度传闻的，"一位

天主教权威人士说，"加尔文幼年生活失常之说不确。"就各种迹象
显示，幼年时期的加尔文是一个羞涩、沉默、虔诚甚至规矩得够做
"他同学风纪股长"程度的学生。在同学中，加尔文有不少朋友，他
们的友谊，在当时及以后均维系不坠。加尔文热衷于追求秘教知识
（esoteric knowledge）及种种有趣的理论。他常常攻读至深夜，由于
太过用功，养成很多毛病。这些毛病影响到他一生，也形成了他一
种特殊的风格。

1528 年底，加尔文忽奉父命赴奥尔良攻读法律。据加尔文推测：
"他也许认为学法律足以致富。"事实上，加尔文觉得这门新学问也颇
合胃口。法律与哲学和文学大异其趣，它是人类知性的结晶，它使人
类从无政府状态进而组成和平安宁社会。他把查士丁尼法律原理具有
的精确、绵密与严格等特性，尽量融入他的神学与伦理学中。他甚至
把他的大作也冠以类似的名称。他成了最高的立法者，是日内瓦的努
马与莱喀古斯。

获得法学学位（1531 年）后，他即回到巴黎进修古典文学。也
许是由发表欲的驱使，1532 年他出版一本书，是以拉丁文写成的论
集，讨论塞涅卡的《论仁慈》（De Dementia）一书。想不到一位以严
酷著称的宗教立法者，初次送给世人的见面礼竟是对仁慈的礼赞。这
本书出版后，他寄赠伊拉斯谟一本，他推崇伊拉斯谟为西塞罗以来第
一人及抒情文学的创造者。他听到路德的某些布道辞及被路德攻击天
主教的猛烈言论鼓舞时，他似乎正致力于人文主义。事实上，巴黎在
这一段时期，街头巷尾已处处有人谈及宗教改革。他们对路德，一个
僧侣，竟敢当众焚毁教皇敕令和神圣罗马皇帝诏书一事，莫不大感
惊奇。在法国，这时事实上已有新教的革命者出现。在敦促教会改
革的人物中，有不少是加尔文的朋友。其中之一为杰拉德·鲁塞尔
（Gérard Roussel），此人为法国国王的姐姐玛格丽特所宠信。还有一
位是尼古拉·科普（Nicholas Cop），他是某大学的名誉校长。科普于
1533 年 11 月 1 日发表一篇影响重大的就职演说，听说即出于加尔文

手笔。这篇演说首先提出伊拉斯谟净化教会的呼吁，接着便引论路德救赎是基于信心与恩典的理论，最后大声疾呼：大家应容忍并听取新的宗教见解。这篇演说激起了普遍要求改革的狂热。学校当局怒不可遏，议会更酝酿以异端对待科普。科普见势不妙，潜逃他乡。有关方面决定"不论死活，抓住者赏 300 克朗"，但他终于逃到巴塞尔。这里比较安全，因为这里已属新教势力范围。

这时友人警告加尔文，他和卢塞尔已被列入黑名单，不走迟早会被抓。听说玛格丽特为他求情无效，1534 年 1 月他便离开巴黎。他到昂古莱姆请求庇护。昂古莱姆有一个路易蒂利特图书馆，该馆藏书非常丰富。利用那些藏书，他开始撰述其巨著《基督教原理》（*Institutes*）。是年 5 月，他冒险回到努瓦永故乡。他向那里的圣俸人员自首——他过去曾领过他们的津贴——他们一会儿抓他，一会儿放他。抓放两次之后，他即潜返巴黎。在巴黎，他接触过许多新教领袖，甚至见到后来被他活活烧死的塞尔维特。巴黎处处出现新教激进分子散发的传单时，弗朗索瓦一世大发雷霆。1534 年 12 月，加尔文见情势危险，逃到巴塞尔去找科普。在那里，他完成了那部奇书，立论之大胆、思想之缜密、热情之洋溢、文笔之流畅，堪称宗教革命以来最具影响力的一本著作。他写这部书时，年仅 26 岁。

神学大师

1536 年，加尔文以拉丁文发表其巨著《基督教原理》。此书出版不到一年即售罄。再版也很畅销。1539 年，加尔文增订该书。1541 年，他亲自将书译成法文。在法文散文中，此书也是最吸引人的作品之一。巴黎议会将此书的两种版本——拉丁文和法文，同时查禁。该院把查禁的书在巴黎公开焚毁。加尔文对此的反应是再增订、再印。其最后一版，竟增加到 1118 页。

第一版一开始就以充满感情的语调，堂而皇之地写道："致法兰西信基督的君主。"两个由他提请法国国王弗朗索瓦注意的事件是：
其一，1535 年 1 月颁布对法国新教徒的禁令；其二，邀请德国新教领
袖梅兰希顿赴法，磋商法国与路德派德国诸侯结盟，对抗查理五世。
加尔文把这两个几乎同时发生而又性质相反的事件相连在一起，目的
在于争取法国国王对新教徒的同情。他当然明白，这两个事件，前者
属于神学纠纷，后者是政治上的权宜之计，不过显然他想特别强调后
者，以减轻前者神学上的争执。在文中，加尔文极力指出一点，法
国的新教改革与再洗礼运动——这一运动在明斯特曾变质为共有主
义——毫无关联。他说，法国新教徒都是爱国分子。他们一方面忠于
法国国王，另一方面反对一切政治和经济暴乱。这篇致法国国王书，
从头至尾足可反映加尔文的整个思想和风格：

> 我在献身这一事业之初，即一心这样想念，等有机会我要写
> 一本书呈给陛下。我写本书的目的，是为虔诚研讨宗教者立下若
> 干原则……可是，我看到国内一些人对别人所说的一切，均不分
> 青红皂白加以反对时，对能否说出这些原则，不禁深感怀疑……
> 我现在之所以要这样说，目的是请陛下了解，目前国内正动刀动
> 枪疯狂反对的东西的本质是什么。我确信，本书列举的原则是显
> 示神的话语，因此，不管反对的人如何叫嚣、如何咒骂，乃至说
> 要打我、要关我、要把我充军、要把我烧死、要没收我的财产、
> 要把我这个人自地球上抹去，我均无畏惧。我虽深知，陛下久受
> 小人包围，浸淫日久，对新教理论，莫不视为洪水猛兽，但我确
> 信，以陛下的英明，终究必能发现这一点，若所指控的这些人均
> 属罪该万死，世界上将无正直的人了……
>
> 陛下是否曾经想到，这些小人成天诋毁新教的目的何在？用
> 心很明显，他们想篡夺王权，他们想毁坏法制……他们想颠覆
> 政府，他们想残害百姓，他们想破坏秩序，他们想劫夺财产，
> 总而言之，他们的目的，在使整个国家陷于混乱……

因此，我恳求陛下，我相信我有理由恳求，亲自过问这件事。现在这件事，由于处理的人糊涂颟顸，不重法规，只凭好恶，已做到天怒人怨的地步。请不要误会我是为了想安返乡里而为自己找借口；因为尽管我会有所感受，就像任何人应有的感受那样，但在现存的处境之下，我并不因为远离乡土而喟叹。但是我们实在无法了解，为什么诚心信奉耶稣基督的人会遭受别人迫害……

也许有人说我们阴谋叛国及推翻陛下。但我仔细观察，我们之中，没有一个人说过一句叛逆的话。这些人过去生活在国内，都是著名的谦谦君子，即使现在流亡在外，大家终日祈祷的，也是陛下的身体康泰及法国的国运昌隆……我敢保证，今天漂泊异乡的这一群，不但对《福音书》素有研究，而且在人格上，无论是忠贞、豪气、宽厚、涵养、毅力、谦和等方面，均非那些毁谤者所能企及……

陛下对我等，也许尚不了解，也许尚心存厌恶，但我等对陛下仍保有充分信心。我们相信，陛下如果平心静气读完我们这项申辩，也许即会对我们产生不同观感。可是，假定陛下甘受小人蒙蔽，不听我们申辩，仍对我们任意迫害——监禁、拷打、用刑、抄查、火烧，那我们这群待宰的羔羊，也许会铤而走险。不过，我们并不希望变成那样。我们将以无比的耐心祈求主的指引……我们相信，主会使这批穷而无告的人脱离灾难、脱离迫害。最后，愿我们的主，那万王之王，把公理和正义赐予陛下和我们的国家。

生活于现代的人对加尔文写这本书，为什么不以神学而以政治作为理论中心，也许会感到相当费解。事实上，加尔文对上帝的重视，远较斯宾诺莎为甚。在他的感觉上，人是无限小，上帝是无限大。他说，人想了解上帝，等于蚂蚁想了解星星。人在推理方面的可怜，上帝在《圣经》上就已经显示过了。说《圣经》是上帝的话语（加尔文常常如此说），这一点从人类精神感受上，足可充分证明：

> 我们读狄摩西尼、西塞罗、柏拉图、亚里士多德，或其他
> 伟大学者的作品时，我们会深受吸引或感动。这些作品能使我们
> 哭，能使我们笑，能使我们神魂颠倒。但若把读《圣经》和它相
> 比，你便觉得那些大文学家、大哲学家，根本不算什么了。读
> 《圣经》，不管你是自动的或被动的，一边读一边会使你感到有股
> 强大无比的力量，贯注到你心里。这股力量在你心田上刻下的痕
> 迹，将永远不会磨灭。

《圣经》既是"圣道"，因此其权威性不容置疑。这是一种最高的
权威，这种权威不但及于道德、宗教，而且及于政治、历史以及一切
的一切。人类非接受亚当、夏娃的故事不可，因为不接受这个故事，
人类的邪恶本性及自由意志的丧失，便得不到解释：

> 因人心和上帝之道常相背而驰，妄念、肉欲及种种邪恶、卑
> 污、无耻、残酷的举动应运而兴。人心既然充满罪恶毒素，它除
> 日趋腐败外，即将无所作为。人偶然也有善念，但因恶念太多，
> 以致善念旋起旋灭。总而言之，人心常常是天生罪恶的奴隶。

人既然是一种邪恶的东西，当然不能在天堂永享幸福。人不能
因其善行而获救，人获救唯一的可能，就是耶稣的牺牲。但获救的不
是全人类，因为上帝要谴责大多数人。少数人获救，是基于上帝的
仁慈，但获救有个条件，就是相信基督的赎罪。圣保罗说："愿颂赞
归予我主耶稣基督的父，他在基督身上，曾赐给我们天上各属灵的福
气，就如神从创立世界以前，在基督身上拣选了我们，使我们在他面
前成为圣洁，没有瑕疵。又因爱我们，就按着自己意旨喜悦地预定我
们，借着耶稣基督儿子的名分，使他荣耀的恩典得着称赞。这个恩典

是他在爱子里赐予我们的。我们借这爱子的血，得蒙救赎，过犯得以赦免，是照他仁慈的恩典。"加尔文一如路德，对保罗这段话的解释是，上帝，以其超乎于我们善恶功罪之外的自由意志，在我们未呱呱坠地前，就已决定谁该沉沦、谁该获救。至于问为什么上帝不管人的善恶功罪而定人的沉沦与获救，加尔文借保罗的话来回答："因他对摩西说，'我要怜悯谁，就怜悯谁，要恩待谁，就恩待谁'。"加尔文的结论是：

> 因此，参照《圣经》经义，我们可以这样说，上帝经过深沉的考虑，才决定谁该获救谁该毁灭，而且这种决定早在我们出生以前就做好了。对上帝的选择和考虑，我们相信除基于他的恩惠外，完全是无理由的。那获救的，其获救完全与其善行无关。至于那定罪的，其永生之门，在似可理解与似不可理解之间，即已关闭。

不但如此，甚至亚当、夏娃的堕落及由其堕落对人类产生的一切后果，在保罗看来，可以说也是"上帝事先决定好的"。

加尔文也承认预定论似乎不近情理，但他说："若说那不近情理，则人们妄自揣度上帝在冥冥之中做的决定，则更不近情理。"不过，他有时又自以为知道，上帝之所以要随意安排众生的命运，就是"为了使人敬畏上帝"，为了显示他之所以为上帝的权柄。他也认为，这样的上帝是很"可怕"的，"但谁敢否认上帝在创造人类之前，就已预知人类最后的命运？不能承认这一点，上帝的预知，显然是出于自己的安排。"有的人，如路德，也许会说未来之所以预定，是因为上帝有先见之明，而这种先见之明是无法假冒的。加尔文的想法则刚刚相反。他认为，上帝之所以对未来有先见，原因在未来是由他规划、决定的。在加尔文神学中，沉沦是绝对的，因此没有所谓"炼狱"——一个人可以在这个中途站，经过几百年的熬炼，可洗净其罪恶而上天堂。既然没有炼狱，为死者祷告当然是没有意义的。

我们可以这样说，根据加尔文的说法，一切祷告都没有意义。因为，一切早已由神决定，千祷告万祷告，也不能使已决定的命运有丝毫改变。不过，加尔文本人，远较其神学近乎人情。"让我们谦卑而虔诚地祈祷，"他说，"上帝是会垂听的。"祈祷与垂听也是预定的一部分。让我们以谦卑的宗教仪节敬拜上帝。至于弥撒，说是僧侣可将尘世之物变为基督的血和肉，则全是胡说。在圣礼中，基督的体现是精神的而非物质的。把祭神用的圣饼说成是基督，简直就是偶像崇拜。礼拜中使用雕像，显然是违背了十诫之中的第二诫，即不可崇拜偶像。加尔文主张，所有宗教绘画、塑像甚至十字架，均应自教堂中清除。

教会有两种，一种是有形的，一种是无形的。无形的教会才是真正的教会。这种教会由已死的、已生的及将生的选民会众组成。有形的教会组成分子包括经过忏悔，苦行，接受洗礼圣餐（加尔文不接受其他圣礼）宣称信奉我们崇拜的同一上帝与基督之人。不参加教会的人，一律不能获救。教会与国家，两者同属神圣。上帝创造教会与国家，目的是使之协调合作，成为基督社会的灵魂与身体。在分工合作上，教会掌管的是信仰、崇拜和道德；国家，除为教会的支撑，将教会策划的信仰、崇拜及道德规章，完全付诸实施外，尚应做到下列各点：第一，严禁"偶像崇拜"（就新教而言，从广义方面解释，与天主教所用的并无不同）；第二，严禁"有损宗教的邪说在大众中公开传播"；第三，保证人民接受的全属神的话语。最理想的政治是神权政治。革新后的教会，应视之为神的代言者。教会有领导国家之权，历届教皇争取不遗余力，加尔文对此也特别加以强调。

在加尔文神学中，所含罗马天主教的传统和理论之多，实在令人惊异。另外，对加尔文产生影响的有斯多葛派的禁欲理论——于此他最倾倒的是塞涅卡和一般法学理论。然而，影响其最大的，当数圣奥古斯丁。奥古斯丁不知基督为何人，却从圣保罗的理论中，建立了他的"宿命论"（Predestinarianism）。加尔文对基督"慈爱天父"的观念，似故意忽视，对《圣经》主张的人的命运可由人自由创造的理论，也充耳不闻。加尔文在孕育新观念上似乎并不在意，他全力以赴的，似乎在把前人的思想，以其上追奥古斯丁的辩才，做出无情的结论，同时，将之熔铸在一种饱含宗教性质的法律制度里。从路德，他采取了因信称义、因信获选的理论；从茨温利，他采取了圣礼侧重精神的解释；从布塞尔，他采取了神意为万有根源，虔诚是获选证据的矛盾观念。这些新教教义皆曾以温和的方式出自天主教的传统，到加尔文手里，已变得更为成熟、更为精到。从奥古斯丁到但丁的历来思想家，中世纪思想最浓者当数加尔文。他对现世，完全摒弃人文主义尘世乐园的思想；至于来世，更采取较为阴暗的看法。总而言之，加尔文思想也是与文艺复兴思想格格不入的。

这样不太讨人喜欢的神学理论，会在瑞士、法国、苏格兰、英格兰及北美赢得千千万万人的崇拜，乍看起来，实在令人大惑不解。为什么加尔文教徒、法国新教徒和英国清教徒，在孤军奋斗时会这么英勇？在加尔文理论的熏陶下，为什么在历史上会产生无比坚强的人物？是不是由于加尔文教徒，不理会他们所作所为无法改变其最后命运，只着重他们是上帝的选民这一点而获得的力量？就加尔文本人而言，他就相信自己是由上帝挑选出来的。就因为相信这一点，也许就是他虽发现预定论的"可怕"，而仍心安理得，乃至"产生感恩图报"心理的原因。自以为是上帝选民的人，当其想到获救的是极少数、沉沦的是大多数，而自己是属于获救的一群时，其所产生的快乐和安慰是可想而知的。基于"我是上帝选民"一念，勇气油然而生。犹太民族历经艰险，仍能绵延于世，即是基于此念。事实上，加尔文教派的上帝选民说，与犹太民族的上帝选民说是一脉相承的。加尔文教义沿袭犹太，有如新教教义沿袭《旧约》。上帝选民说，是法国新教徒忍受集体摧残集体屠杀、英国清教徒甘愿离乡背井冒险前往新大陆的精神上的支撑。一个皈依新教的罪犯，当其确信自己是上帝之选民时，其从新向善之念，无疑会终生不渝。上帝选民说经加尔文赋予一种"遗传性"。于是其迷人效果更提高到最大限度。他说，无论贫与富，只要他被上帝拣选，其子孙也必被上帝拣选。个人一旦相信被拣选，不但自己，而其子子孙孙都可同升天国。而所谓相信，代价既很低廉，手续又很简单，就是把自己完全交给上帝。

加尔文信徒实在需要这种安慰。因为照加尔文沿袭的中世纪观点，现世是不幸的。对有些人主张"最好是不生，其次是速死；生，不足为之喜，死，不足为之悲"的观念，加尔文的指责仅有一点，就是他们忽略了基督的存在。他认为，对不幸的现世，唯有想到一件事情才可忍耐，那就是，充满幸福的来世希望。"当你有了天国便是故乡的想法，那尘世便不足留恋了，因为尘世变成了异乡。当你有了离开尘世便是进入永生之门的想法，那尘世不足留恋了，因为尘世便变成了墓地。"加尔文的生花之笔，对悲惨的地狱，只是轻轻带过，他注意刻画的，是那可爱的天国。他认为，虔诚的信徒，上帝的选民，应忍受尘世间的一切痛苦，"因为他们应这样想，未来必有一天，主会把他忠实的仆人接到天上。在那充满和平的国度里，主会为他们拭去眼中的泪珠，披上轻快的衣裳，戴上荣耀的冠冕，高高兴兴接待他们，并把他们高举起来……和主永享幸福"。对世界上所有贫苦无依的人而言，加尔文描绘的天国的确充满了诱惑。

日内瓦与斯特拉斯堡（1536—1541）

1536 年 3 月，《基督教原理》付印后，加尔文匆促地横越阿尔卑斯山抵达费拉拉。据传统推断但非一般人承认的说法是，他去那里的目的是向新教徒的雷内（Renée）女公爵、埃尔克里公爵二世（Ercole II）之妻、已故路易十二之女，为被迫害的法国新教徒求救。加尔文的宗教热忱使女公爵深受感动，因此她即聘他为终身函授宗教教师。加尔文 5 月回到巴塞尔，不久，冒险回故乡努瓦永。他去故乡的目的在于出售一笔财产。事情处理完毕，加尔文携其一弟一妹赴斯特拉斯堡。行至途中阻于战火，他们到日内瓦便停了下来（1536年7月）。

日内瓦是瑞士法语区的首府，历史非常悠久。在史前时代，沿湖即有人在此生活。居民建有不少伟大房舍，这些房舍目前尚有存者。在恺撒时代，日内瓦是繁盛的商业中心。罗讷河自雷曼湖（Leman）出口，经法国入地中海，河湖交界处有一道桥梁，即昔日各商业通路交会之点。在中世纪，日内瓦受该城主教的统治。这里的主教不但是宗教领袖，也是政治领袖。在一般情形下，主教由天主教地区教会选出。地区教会事实上即该地的权力中心。日内瓦的政治结构，即未来加尔文教派结构的依据。15世纪，位于阿尔卑斯南麓的萨伏依公国，控制着日内瓦地区教会，并使地区的教会领袖沦为其附庸。自此以后，本来清正严明的政府腐化了，本来道德高尚的教士堕落了。一位神父居然这样说，只要他所属的传教士们不讨小老婆，他也不讨小老婆。诸如此类的风流韵事，充满日内瓦。

在宗教与公爵双重统治下，日内瓦豪门组成了一个60人议会。议会除负责制定法令外，另选出4人为执政。通常议会在主教大教堂，即圣彼得教堂举行。会中讨论的，宗教和民政各半。宗教民政，无一定之界，有时主教掌管铸币、率领兵马，议会整饬道德、管理娼妓。与特里尔、美因茨及科伦的主教一样，日内瓦主教也算是神圣罗马帝国的一路诸侯。不过，由于天高皇帝远，日内瓦主教的行动是很自由的。现在，当地几位民政领袖，在弗朗索瓦·邦尼瓦尔德（Francois de Bonnivard）的领导下，想使日内瓦脱离宗教和公爵的羁绊而独立。为了推进这一运动，这些"爱国者"曾与属于天主教的弗里堡及属于新教的伯恩结盟。参加这一结盟的人弗里堡，德文叫作艾德格诺森（Eidgenossen），意即盟友；法文则讹转为胡格诺派，意即法国新教徒。约1520年，日内瓦领袖大半为工商巨子。因为日内瓦不像维滕堡，而是一个商业都市，其商业北达瑞士，南达意大利，西及法国。日内瓦公民于 1526 年曾组成一个 200 人的大议会。大议会选出一个 25 人的小议会，小议会即为日内瓦的真正统治机构。这个机构经常和主教及公爵唱对台戏。一次主教宣称议会叛变，并召公爵部队前来。部队擒获主教，把他囚于奇尔隆。基于同盟关系，伯恩发兵包围日内瓦。公爵部队败绩，主教逃往阿讷西。"拜伦式"的英雄出狱了，大议会取得胜利。大议会因为恨萨伏依支持主教，因此改信新教，并独揽宗教民政大权（1536 年）。这场好戏的演出，恰为加尔文抵达日内瓦之前的两个月。

这场革命理论上的英雄是威廉·法雷尔（William Farel）。与路德一样，他从小便是一个热情如火的虔诚青年。在巴黎，他深受雅各·勒菲孚·德埃塔普（Jacques Lefèvre d'Etaples）的影响。从他翻译的《圣经》和所写的注释里，法雷尔找不到教皇、主教、免罪、炼狱、七圣礼、弥撒、教士独身、玛利亚及圣徒崇拜等存在的理由，于是，他的正教思想动摇了。由于鄙弃圣职授任，他的传教均发自自己的良知。他在法国和瑞士各地，一面云游一面传教。这个身材不高、体力不壮、脸色苍白、胡须火红，但两目炯炯有神、发言具金石声的青年，逢人便说，教皇是基督的叛徒，弥撒亵渎神圣，崇拜教会雕像就是崇拜偶像，而这些都是该打倒的。1532 年，他到日内瓦宣扬他的这一套。主教方面的特务人员把他抓起来，并准备将这个"路德狗"投诸罗讷河。幸而民政人员从中作梗，他仅挨了一顿揍。死里逃生后，他去拜访 25 人小议会。小议会中的每一个人居然都被他说动了，在彼得·维雷（Peter Viret）和安东尼·福门特（Antoine Froment）等人的协助下，竟开始大张旗鼓地宣传。他的宣传精简有力，因此大获一般人、甚至许多天主教教士的支持。1536 年 5 月 21 日，小议会下令取缔弥撒，并将一切圣像圣物清除出教堂。教会财产一律判属新教，指定充作宗教、慈善的教育基金。教育实行强迫制，但一律不收学费。最厉害的是制定了一种法规：凡属公民均应宣誓信奉《福音书》；凡不参加新教礼拜者，一律应驱逐出境。以上，便是加尔文到日内瓦时的宗教背景。

　　法雷尔当时 47 岁。按实际年龄，他比加尔文仅大 1 岁，但就其性急冲动与能言善辩而言，他似乎比加尔文年轻 20 岁还不止。像法雷尔这种人，可以说是奠定并推进宗教改革的理想人物。加尔文则不一样，他不好活动，他的理想是一生从事研究和写作。他自己感觉，他适于与神相处而不是人。但是，法雷尔以《圣经》先知惯用的语言和态度影响他。他说，如果加尔文选择研究写作，而不是冒险宣扬神的话语，则他可能遭受天谴。听到这些话，加尔文改变了心意。由议会和地方宗教领袖同意，未经圣职授任，1536 年 9 月 5 日，加尔文即在圣彼得大教堂开始传道。他讲的是《圣保罗书》的前几章。现在的日内瓦，除少数死硬教派外，处处充满着新教的色彩。在此，保罗的影响大大超过罗马教廷奠基者彼得的影响。

　　同年 10 月，加尔文由法雷尔和维雷陪同，前往洛桑解决一项宗教纠纷。在那里，他们说服了这个城市，使之参加新教阵营。他们回到日内瓦，正逢一桩盛事，即圣彼得大教堂的所有传教士重行宣誓献身上帝。所有传教士认为，既然接受《圣经》为"圣道"，他们便有责任实践《圣经》的道德戒律。日内瓦改奉新教之后，大家发现，人们除了耽于唱歌、跳舞及饮酒作乐外，还不断发生赌博、奸淫之事。最令人难以忍受的，是日内瓦市区处处是娼妓。在娼妓中，居然有组织有首领。就法雷尔与加尔文来说，容许这种现象存在，无异于背叛上帝。

　　为了重整宗教道德，法雷尔发表了一篇《论信仰与秩序》（"Confession of Faith and Discipline"）的文章，加尔文发表了他的另一篇名著《教义问答》（"Catechism"）。这两份文献，于 1536 年由大议会核准为重整道德的依据。根据这两份文献，市民中如一再违反道德规律而劝阻无效者，于逐出教会后再驱逐出境。1537 年 7 月，大议会规定，所有市民均应赴圣彼得大教堂，宣誓接受法雷尔的理论。任何人，凡有信奉天主教的表现，如持有念珠、保有圣物或于某圣徒纪念日行纪念等，均应议处。妇女乱戴帽子者，应予禁锢。赌博者，应给他戴脚镣。通奸者，流放前应先游街示众。日内瓦革命英雄波尼瓦尔德由于行为放荡，也曾遭受警示。

日内瓦人虽惯于接受宗教统治，但过于严苛的宗教统治，便感到难以接受。过去在天主教的统治下，道德要求很宽，他们尚感不便，现在新教的规定使他们动辄得咎，他们便准备反抗了。日内瓦的爱国志士，过去曾把日内瓦从主教和公爵的统治下解救出来，现在他们发现，日内瓦又不自由了。不自由的桎梏，是由新教狂热的教士加上去的。爱国志士，秘密的天主教徒，加上一个主张宗教信仰自由的团体——这个团体，称为自由党（Libertins）[1]——于 1538 年 2 月 3 日，在大议会中形成多数，于是他们以新议会的名义，令教士勿过问政治。法雷尔和加尔文一方面宣称议会为非法，同时坚持若议会不收回成命，他们即不举行圣餐晚礼。4 月 23 日，议会决议解除法雷尔和加尔文教士职务，同时命他们 3 天内离境。市民对议会的措施表示支持，曾公开大举庆祝。法雷尔应纳沙泰尔市之聘，前往布道。在那里，他消磨了自己的余生。他死于 1565 年，现在那里还留有他的一块纪念碑。

加尔文所去之处为斯特拉斯堡。该城当时是属神圣罗马皇帝统治的自由城市，统治权操于名为"外乡人教会"（L'glise des Ètrangers）的新教会众——教徒大半来自法国——之手。在那里，教会每年给他的圣俸是 52 基尔德。为弥补开销的不足，他卖了他的藏书，同时把房间提供学生寄宿。由于感到单身不便，他请法雷尔和布塞尔为他找对象。他说："我不是一个登徒子，给女人手指一碰，便迷糊得忘记她一切缺点的人。因此我的理想对象，必须具备下列各点：贞洁、亲切、不啰嗦、节俭、有耐性、关心我的健康。"先介绍的两位不成功，第三位是伊黛乐·戴·毕儿（Idelette de Bure），一位穷寡妇，带着几

---

[1] 加尔文为控告这一团体成员道德上之放荡不检，特给"自由"一字赋予新义。

个孩子，他却中意了。1540年，他和伊黛乐结婚。她为他生了一个孩子，可惜还没有长大便夭折了。1549年加尔文的妻子死了，加尔文每提到她，便感到无限怀念。这和他公开严肃的一面恰成一种鲜明的对比。15年的残余岁月，加尔文在家过的全属孤寂的日子。

加尔文在斯特拉斯堡度日维艰时，日内瓦有许多事情发生。法雷尔和加尔文的被逐，对流亡的日内瓦主教是一大鼓励。他成天在想，如何胜利回到日内瓦，恢复他从前的地位。他的第一着棋，是请亚科波·萨多雷托写一封《给日内瓦的信》，敦促日内瓦恢复天主教信仰（1539年）。萨多雷托是一位道德高尚的人文主义学者和红衣主教，他曾建议教皇以温和手段处理新教争端。其后，被指为异端的韦尔多在卡彭特拉斯即因受到他的庇护，而逃过集体屠杀的厄运（1545年）。萨多雷托以极漂亮的拉丁文，极客气的字眼，向"兄弟般的日内瓦长官、议员及公民"致意。在长达20页的信中，他表达了他的礼貌及其神学观点。他特别指出，新教派系林立与互相倾轧，是领导者追求权力的结果。他要人们以此与几世纪来都保持统一的天主教相比。他要人们细想，真理究竟是在四分五裂的新教一边，还是在累积数世纪经验的天主教的一边。他最后的结论是，让谁替你们服务，聪明的日内瓦人一定有所抉择。

日内瓦议会对他的恭维表示感谢，并答应照他的指示去做。这时，日内瓦没有任何一个人的文章学识足以对这封信提出异议。部分市民准备解除他们对法雷尔的宗教与秩序的誓约时，日内瓦真有恢复信仰天主教的样子。加尔文得知这种情况，殚精竭虑地写了一封《复红衣主教书》，信中提出了他的答辩。以风度对风度，以文章对文章，将新教神学说得头头是道。他指出，他之所以背弃天主教并非基于个人野心，他说，他相信如果他留在天主教，地位一定比目前要好。他说，他不否认天主教的存在基于神意，但他认为，赞成文艺复兴的教皇已把天主教带向反基督的罪恶深渊。他反对萨多雷托只重视教廷会议的智慧，而忽略了《圣经》的智慧。他认为教廷的腐败今天已到不可救药的地步，因此除革命外已无任何其他途径可循。最后他指出，新旧两教如能携手合作，就宗教教义、仪式、人事来一次全面革新，然后来谈宗教统一，天上的基督一定会大加赞赏。这封信强而有力，其中除论述赞成文艺复兴的教皇已把天主教带向反基督的罪恶深渊外，一般措辞均极高雅——这在以谩骂为能事的那个时代是罕见的。路德在维滕堡读到这封信，一面不住地赞美，一面大骂该死的红衣主教。"我十分赞成，"路德说，"上帝会叫人出来……收拾我发动的这场反基督者的战争。"日内瓦议会认为这两封信都很宝贵，决定由公家出钱把它们同时印出供人欣赏（1540 年）。读过加尔文的信后，日内瓦人开始后悔：不该将加尔文驱逐出境。他们说，这一来使他们损失了一位对瑞士宗教改革最有力的推动者。

下列因素的出现更使人对加尔文追念不已。接替法雷尔和加尔文的传教士，在布道和维系道德方面，都显得非常无能。人们轻视他们，又回复了改革前的放逸生活。赌博、酗酒、斗殴、奸淫事件常常发生。到处充满靡靡之音，人们赤身露体招摇过市。领导驱逐法雷尔和加尔文的四个官员，一个因谋杀罪判处死刑；一个因伪造文书受罚；一个犯了叛国罪；一个因拒捕被杀。控制议会的工商人士发现议会一团糟。由于领导乏人，秩序混乱；由于秩序混乱，工商业无从发展。让被逐的主教复辟？议员怕被更换，或被逐出教会。怎么办？慢慢大家想到一个办法：请加尔文回来。1541 年 5 月 1 日，议会取消过去对法雷尔和加尔文的驱逐令，并宣告恢复他们的荣誉地位。议会为劝加尔文回日内瓦主持宗教事务，接连派出两个代表团。法雷尔并不介意议会对他未像对加尔文那般盛情的邀请，议会代表团对劝加尔文回驾感到无能为力时，他却挺身而出，力劝加尔文。当时的加尔文在斯特拉斯堡已经住惯了，那里的人希望他留下，他本人对回日内瓦也无多大兴趣。但盛情难却，最后仅同意到日内瓦做一次礼貌上的拜访。1541 年 9 月 13 日，加尔文返回日内瓦，日内瓦的盛大欢迎使他深受感动。致敬了又致敬，道歉了又道歉，保证了又保证——保证在加尔文领导下信奉福音建立秩序——这一来加尔文想走也走不成了。9月16日，加尔文写信给法雷尔："你的盛情我领了。我已决定不离开日内瓦。愿上帝赐福大家。"

神权的日内瓦

加尔文留在日内瓦后，几年来由于他作风稳健和态度谦恭，赢得了全城一致的支持和信赖。为了管理圣彼得及城内其他几所教堂，他任用 8 位助理牧师。他一天工作 12 至 18 小时。他的工作有布道、行政、讲授神学、主持教会和学校会议、向议会提供意见、维系公共道德、指导会众祈祷。除以上工作外，他还增订《基督教原理》、注释《圣经》及回复各地会友来信——其通信就数量而言，虽不及伊拉斯谟，影响力却远远超出伊氏。他睡得少，吃得少，并常斋戒。他的继任人，即其传记作者，西奥多·贝兹（Théodore de Bèze）说："说来真奇怪，这么文弱的人，却能挑这么沉重的担子！"

回日内瓦后第一桩大事，就是建立新的教会。他建议小议会，指定 5 位教士和 6 位议员组成一个委员会，由他领导草拟一本《宗教法典》（Ordonnances Ecclésiastiques）。法典拟定后，1542 年 1 月 2 日，由大议会核准施行。这本法典的主要内容，至今仍为欧美新教长老教会所接受。根据该法典，牧师职务分牧师、教师、长老和执事。日内瓦牧师组成"牧师团"（The Venerable Company），负责管理教会和训练预备牧师。若无牧师团许可，任何人不得在日内瓦传道。任何人想在日内瓦传道，除获牧师团许可外，尚需经由市议会和会众的同意。主教团和主教在日内瓦传道则列为禁例。日内瓦新教士阶级在加尔文的领导下，尽管他们不像过去天主教教士那么渴求权势，尽管他们放弃出任官职，但很快便变得非常强大——其强大甚至超过古代以色列的教士阶级。基督教国家的根本大法，加尔文这样规定，就是《圣经》，《圣经》的诠释者就是教士，政府应切实遵照《圣经》办事，遇有滞

碍之处，应听取教士的解释。对于这点，议会中的非教职人士虽未尽
表赞同，但权衡其对社会秩序与经济利益的影响，也暂不加反对。25
年中，日内瓦的商人寡头政治，似乎完全受到以神权政治为标榜的教
士阶级的支配。

在日内瓦，教士的权力由长老法庭（Consistory）或长老会
（Presbytery）行使。长老会是由议会推举的牧师 5 人、长老 12 人组
成。因为牧师是终身制，长老一年改选一次，长老法庭的大权，实际
还是掌握在牧师手中。长老会可做之事甚多，如聚众礼拜、调查言
行、家庭访问、询问罪犯、赦免或将罪犯驱逐出教、对驱逐出教者
借议会之力将之驱逐出境等。在日内瓦，加尔文是长老会主席。自
1541 年至他去世（1564 年），他的话在当地简直是金科玉律。加尔文
能具有这样的权势，可以说与法律和力量无关，全是其个人意志和
人格的结果。坚定的信仰与对工作的献身，是其众望所归的两大条
件。教会对国家的胜利，若希尔德布兰特有知，相信也会感到高兴。

大权在握，教士阶级便拟定人民应遵守的宗教规则。"全家，除
留一两个人照顾孩子和牲畜外，均应参加主日礼拜。非礼拜日遇有
布道，凡能参加者均应参加。"（加尔文一礼拜布道三四次。）"礼拜
迟到者，应予警告。警告不听，应罚 3 个苏。"任谁也不得以信仰其
他宗教为理由，拒不参加新教礼拜。这点，剥夺个人信仰自由，加尔
文比任何教皇都做得彻底。这位伟大的新教立法者，对新教萌芽时主
张的，信仰应基于个人判断的原则，已视如敝屣。他亲见新教宗派林
立，这也许就是他抛弃这一原则的原因。日内瓦只容许一个宗派存
在，日内瓦人除信仰这一宗派外不许有别的信仰。任何人，如经常不
做礼拜或拒绝接受圣礼，便属大逆不道、异端，不但亵渎上帝，而且
背叛国家，这种人应予处死。惩治异端的观念是天主教发明的；现在，
天主教徒在这里变成了应受惩治的对象。1542 年至 1564 年，因触犯
新教规定而被处死者 58 人、放逐者 76 人。在日内瓦和在其他地区一
样，巫蛊必处死刑。某一年中，由长老法庭动议，处 14 人以火刑。

他们的罪是行巫蛊使撒旦降瘟疫于日内瓦。

在长老法庭看来，宗教与道德是一体两面。宗教的目的，是使人养成善良的行为。善良的行为，必循宗教的轨道前进。加尔文自己俭朴而严肃，其理想就是按其神学理论，建立一个模范社会。这个社会，秩序井然道德高尚，足令崇尚骄奢淫逸的罗马天主教徒望之深感惶愧。纪律训练是培养高尚人格的主要途径。因为一个人的私欲唯有借纪律训练才可克制。教士除言教之外，尚应着重身教。他们可以结婚生子，但须戒绝打猎、赌博、宴会、交际及其他世俗上的享乐。每一个传教士，每年应由其上级传教士，就各方面，特别是在道德方面，至少严加考核一次。

对信徒行为的考察，订有家庭访问制度：长老对其所属地区，每年对每一个家庭至少应做一次访问。借此访问，长老即可充分了解每个家庭各方面的状况。长老会与议会对下列事项，如赌博、牌戏、不敬神明、酗酒、上酒家、跳舞（特别是在跳舞时接吻拥抱）、唱淫荡或非宗教歌曲、豪华宴会、生活奢侈、穿着华丽等，均严加禁止。按当时的法律，对衣服的颜色长短，对酒席的菜肴多寡，均有详细规定。戴珠宝首饰是奢侈行为。一位女性因梳高髻曾受监禁。演戏最初规定以宣扬宗教者为限，但其后，甚至连宗教戏也不准演。儿童名字禁取天主教圣徒之名，至于取《旧约》人物之名，则受到鼓励。一位顽固的爸爸，因为给孩子取名克劳德，而不肯取名亚伯拉罕，被抓去关了 4 天。新闻检查比天主教的做法变本加厉。1560 年更进一步规定，查禁邪教和不道德书刊。稍后，就连蒙田的《论文集》、卢梭的《爱弥儿》（Émile），也在查禁之列。言谈中对加尔文或其他教士表示不敬，也算犯罪。对以上法规，初犯，申戒；再犯，罚金；累戒不悛，就要被监禁或充军。私通有夫之妇者，或充军，或溺毙。通奸、亵渎神明、偶像崇拜，均予处死。一个极端的例子，一个孩子因殴打父母，曾受杀头处分。1558 年至 1559 年，因犯不道德之罪而被起诉者为414 人。1542 年至 1546 年，充军者 76 人，处死者 58 人——当时日内瓦的总人口为 2 万人。16 世纪的日内瓦，和其他地区一样，严刑逼供是求取罪证的常用手段。

　　加尔文所订的法规，除宗教外还涉及教育、社会及经济生活等方面。他办了一所学院和若干所学校。重金礼聘西欧各地学者前来任教。校中所教，有拉丁文、希腊文、希伯来文及神学。学生毕业，授以牧师资格，派到法国、荷兰、苏格兰、英格兰甚至亚洲去传《福音书》。1555 年至 1566 年的 11 年间，由日内瓦派到法国去传《福音书》的牧师，人数达 161 人。不少人在殉道时，曾高唱胡格诺赞美歌。在加尔文看来，阶级的划分是自然的。因此他的立法，除规定各阶级的活动界线外，还以不同的服饰来表示官阶和尊严。在社会上，他希望人人谨守岗位，各尽其职而不怨天尤人。禁止乞讨，对穷人不重施舍，而重计划周详的社区救济。

　　加尔文教派视勤劳节约为神圣，可说正适合当时新兴的新教工商业者的胃口。不过，如说加尔文教派的兴起，对工商业发展有决定性影响，则不切实际。因为日内瓦未受加尔文的影响前，资本主义已在天主教的佛罗伦萨和佛兰德斯广泛发展。加尔文反对任何个人主义，无论其为经济上的、宗教上的或道德上的。在加尔文看来，社会单位不是具有自由的个人（路德的改革以此为起点），而是城市国家的自治村镇。个人必须服从法令规章。"基督社会的成员，"他说，"不应将其天赋作为私用，应以之造福人群。凡行百事，应以团体利益为先。"他不赞成囤积居奇，对贪得无厌和无情榨取，更深表厌恶。与某些中世纪末的天主教学者一样，他虽承认贷款可以取息，但认为利息不能超过 5%。他极力提倡富人自动以无息贷款借给国家或个人。经过他的批准，长老法庭对垄断、独占及放高利贷者曾予以打击。他令食物商、布商和医生按公定价格营业。对欺骗顾客的商人，大秤小斗，长尺短尺，或予申斥，或予罚款。有一段时间，日内瓦颇具集体色彩；牧师团曾经营银行和工商业。

　　从这些限制，我们便知加尔文教派与工商业者之间是有冲突暗流的。显然，加尔文的做法如阻碍日内瓦工商业发展，则加尔文便不能长期保有领导地位。为了适应新情势，加尔文曾不断做自我修正。他准许利息升至10%，他建议国家贷款发展私营企业。日内瓦的织造业和缫丝业，就是因国家贷款发展起来的。加尔文教派因能适应现代经济之发展，在作为世界商业中心的安特卫普、阿姆斯特丹和伦敦大受欢迎。加尔文教派掌握着中产阶级，因此中产阶级发展，它也跟着发展。

加尔文统治的结果如何？实行这种统治，可说相当困难。因为，有史以来对一个城市在道德上要求这么严格是罕见的。最初不少人起来反对。反对者的声势，几乎达到公开叛乱的程度。但赞成者的人数，并不亚于反对者。尤其是赞成者中多为具有影响力的市民，而他们所喊的口号，维护道德秩序，又极动听，因此，终于把反对者压了下去。加尔文统治的巩固，还有几个因素：第一，法国及其他地区新教徒的移入；第二，实验地区不大——仅限于日内瓦及其腹地；第三，日内瓦人有外敌如萨伏依、意大利、法国及神圣罗马皇帝等入侵的恐惧。大体上说，加尔文的统治是成功的。以下是一位目击者，由意大利逃往日内瓦寻求庇护的新教徒伯纳迪诺·奥基诺（Bernardino Ochino）的报告：

咒骂、亵渎神明、不贞、私通及种种生活上的缺点，在其他地方视为家常便饭的怪事，这里通通没有。这里，一无男宠，二无妓女。人们衣着朴素，甚至不知胭脂为何物。赌博非常罕见。慈善事业办得很好，街上看不见一个乞丐。人人互相劝勉，有如弟兄手足。法庭已忘了何谓诉讼，因为这里处处祥和，根本没有渎职、谋杀及党派纷争等事件。不过，在这你想找风琴、找钟、听流行歌曲、看燃烛礼拜，你便会感到失望。因为这里不但没有这些东西，而且也没有所谓圣物、圣画、圣像、华盖、圣袍。这里的教堂只见一片庄严肃穆，根本没有偶像崇拜。

不过，查日内瓦这一时期的议会档案，其画面与伯纳迪诺·奥基诺报告的文字略有出入。档案显示，这里的私生子、弃婴、强迫婚姻及死刑案件的数目，比例也相当高。加尔文的女婿和女儿，居然有丢人的通奸记录。但迟至1610年，瓦伦廷·安德烈（Valentin Andreae），一位路德派牧师，自符登堡写来的信，对日内瓦仍赞美得无以复加：

> 回忆我在日内瓦观察到的许多伟大事物，我想我会内心艳羡毕生难忘。日内瓦不但制度极佳，而且法规完善。日内瓦市民行为的高尚，得力于每周一次的调查与检讨。他们调查检讨，认真到芝麻绿豆的过失都不放过……由于连咒骂、赌博、奢侈、吵架、忌恨、欺诈等过错都不准犯，大罪当然更不会发生了。基督教文化还有什么比高尚的道德更动人？我们（德国人）当为道德沦丧而悲泣。如果不是在信仰上稍有差异，我想我会永远留在日内瓦。

反加尔文浪潮

加尔文性格与其神学相和谐。日内瓦大学图书馆油画肖像中的加尔文，是一位严肃而忧郁的神秘主义者。面容苍白，皮肤黧黑，胡子少，额头高，除目光锐利而残忍外，并无任何惊人之处。加尔文矮小瘦弱，看起来不像一个掌权的人物。但撇开文弱的外貌，而考察其心灵和意志，我们将发现他不同凡响。他的心灵，精巧专一；他的意志，百折不挠。加尔文之所以掌权，也许与其坚强的意志有关。智力得天独厚，因而有新教神学的"阿奎那"之称。加尔文博闻强记，所记精确无比。他不信占星学，对哥白尼的太阳中心说也听不进去。他对发生在地球上的许多现象，和路德一样，其解释是魔鬼作怪。他有点腼腆，但腼腆之后，却藏着过人的勇气；他有点怕羞，但怕羞之后，却藏着一分骄矜。他对神极其谦卑，对人有时却极自大。他对批评非常敏感，对任何敌对意见，立即做出回击。一则由于疾病缠身，再则由于工作太累，他常常大发脾气骂人。一次，他对布塞尔说，"脾气如野马"，驾驭真难。他有很多优点，但没有幽默感和审美观念。如果他具有幽默感，也许他便不会这么自信；如果他有审美观念，也许便会产生一些宗教艺术。不过，他对生活并非毫无兴致。他勉励他的信徒常保心情愉快。他说，凡属无害的游戏，如保龄球、掷铁圈都可玩，有时逢场作戏，也可喝一两杯酒。他对朋友亲切和善，对敌人则毫不留情。伺候他的人都怕他，但了解他的人都爱他。在性生活方面毫无缺陷。加尔文生活俭朴，饮食不多，并常斋戒。他一天睡眠约 6 小时，除睡眠之外就是工作。他从不休假，他的说法是，为了侍奉神任何时间都应工作。为了救济穷人，他不惜到处募捐，但谈到提高其个人的薪俸，他却坚决反对。"好个异端！"教皇庇护四世提到加尔文时曾这样说，"只爱工作不爱金钱。如果他能为我所用，我相信天主教定可囊括四海。"像这样的人，当然会招人忌妒。加尔文对仇敌也从不放松。对骂人他也有一手。他把反对他的人比作猪、狗、笨驴，他骂他们是贱种、白痴、臭畜生，在这方面，这位对拉丁文修养有素的学者，并不比粗犷辛辣的路德为弱。一天，加尔文正在圣彼得大教堂讲道，一位来自法国的还俗修道士进来打岔。他公然宣称预定论亵渎上帝。加尔文除引经据典和他辩论外，最后还令警察把他抓了起来。这个还俗修道士，叫杰罗姆·波列塞克（Jerome Bolsec）。长老法庭指控波列塞克为异端，议会也同意把他处死。正在这个关头，苏黎世、巴塞尔及伯恩的神学家发言了。他们为波列塞克求情。伯恩的人说，处理人类了解范围之外的问题，应力求慎重——此为当时文学界的一种新观点。布林格提醒加尔文："你在《基督教原理》一书中所倡的预定论，很多人都不以为然。在这里的人一大半观点均与波列塞克差不多。"在舆论指责下，加尔文让步了。波列塞克由死刑改为驱逐出境。1551 年，波列塞克回到法国后重信天主教。

加尔文与人冲突中，最重要的，是他和约阿希姆·威斯特伐 (Joachim Westphal) 的争辩。威斯特伐是汉堡路德派一个牧师。他宣称，茨温利及加尔文基督精神圣餐说，是"魔鬼的理论"，并主张对瑞士宗教改革者，不但应予口诛笔伐，而且应予明正典刑（1552年）。加尔文针锋相对地予以臭骂，因为骂得太过火，以致他阵营里的苏黎世、巴塞尔及伯恩神学家都不肯在抗议书上签字。虽然他们不签字，他还是把抗议书发了。威斯特伐及路德派的其他神学家又予以回骂。加尔文再度抗议，称这批人为"路德之猴"（apes of Luther）。加尔文抗辩非常有力，赢得了许多原属路德教派地区，如勃兰登堡、巴拉丁奈特领地及胡斯、不来梅、安哈尔特及巴登等部分的赞许。这次争辩，假定不是梅兰希顿装聋作哑（他内心是同意加尔文的）和路德所遗的威望，德国北部的路德派地区可能也会倒向加尔文一边。

加尔文又面临反左派斗争的烦恼。左派分子最近始在瑞士抬头，其根源为意大利反改革者。凯里乌斯·斯肯杜斯·库里奥（Caelius Secundus Curio）曾执教于洛桑和巴塞尔。他宣称，被上帝拣选者——包括许许多多异教徒在内——为数远较受谴者为多。使加尔文大感惊异。莱利乌斯·索齐尼（Laelius Socinus）是意大利某法学权威之子，定居于苏黎世，懂希腊文、阿拉伯文及希伯来文，对《圣经》有独到研究。据他看来，所谓三位一体、预定论、原罪及赎罪之说均不可信。他直接向加尔文提出他的看法。加尔文尽管对他详加解说，他仍不心服。不过，他答应不公开发表意见。可是后来，由于反对加尔文将塞尔维特处死，他便打破缄默了。在那个宗教狂热的时代，他是毅然决然站在少数主张宗教宽容者一边的一个。在政教合一的国度，与加尔文冲突得最厉害，当属爱国志士与自由分子。这两种人过去主张放逐加尔文，现在也不欢迎他回来。爱国者讨厌加尔文，因为他是法国人。他们因为讨厌他，也讨厌他的法籍支持者。对加尔文，他们称之为"该隐"，把他们所养的狗命名为加尔文。他们曾在大庭广众中侮辱加尔文，据说，一天晚上加尔文住宅周围响起震耳欲聋的 50 多次枪声，就是他们放的。自由分子相信一种泛神教，在其教义里，没有魔鬼，没有天使，没有伊甸园，没有赎罪，没有《圣经》，没有教皇。那瓦拉之后，玛格丽特是自由分子的支持者。她常自其涅拉克的宫中，对加尔文迫害自由分子加以指责。

1547 年 6 月 27 日，加尔文在其讲坛上发现一张传单：

> 伪君子！你和你的同党别再白费心机了。如果你不快滚，你将后悔莫及。因为你将发现没有人会支持你，而有人要打倒你……人们受够了你的压迫，他们要报复……当心吧，人们将像对付维勒般对付你（维勒已给宰了）……我们再不愿要这么多主子……

自由分子领导者之一，雅各·格吕埃（Jacques Gruet），因涉嫌撰写这张传单被捕。找不到罪证，由于过去他有过反加尔文的言论，及在他房中发现有骂加尔文为"骄傲野心的伪君子"、"荒谬的《圣经》宣传者"、"缺德的家伙"等字句，由此推断是他。一天拷打两次，连续拷打了 30 天，最后他才招供——所招之供的真实性非常值得怀疑。他招供传单是他贴的；他和法国特务准备推翻加尔文，夺取日内瓦政权。7 月 26 日，他被绑上火刑架，人已半死不活，脚上钉了钉子，头被砍了下来。

情势越来越紧张。1547 年 12 月 16 日，爱国志士与自由分子武装向大议会请愿，要求终止长老法庭对日内瓦人的迫害。暴乱眼看不可收拾，加尔文毅然亲自去见暴乱领袖。他拍拍胸脯对他们说："如果你们需要流血，来吧！这儿有血可流。"暴乱领袖一律拔剑在手，但没有一个人敢于发难。加尔文于是向暴众致辞，他的言词无比谦和，最后，大家心平气和地散去。这次，虽然化干戈为玉帛，但他的信心似乎动摇了。12 月 17 日，他在致维雷的信中说："使我们教会永久存在的希望，我看已经不大。至少，在我领导下的这部分是如此。因为，除非上帝伸出其万能之手，否则我的权威已经动摇。"可是，就在这时，爱国志士和自由分子，因内讧而告分裂。这项分裂——持续到塞尔维特的受审——使加尔文得以安渡难关。

加尔文的死敌（1511—1553）

米居尔·塞尔维特生于维拉诺瓦（Villanova）一个声望显赫的家庭。他生长的时代，西班牙已不再歧视伊拉斯谟的作品。犹太人和伊斯兰教的文学对他有着相当深刻的影响。他读过《古兰经》，也读过犹太人的经典。他看过闪米特人对基督教（包括对三位一体的圣父、圣子、圣灵，及对玛利亚与诸圣徒祈祷）的种种批评，而且深具印象。路德说他是"莫尔人"。在图卢兹研读法学时，他初次接触到一部完整的《圣经》。他发誓，他要读"1000遍"。他对《启示录》深感兴趣。胡安·昆塔那（Juan de Quintana），查理五世的忏悔教师，很器重他，把他带到博洛尼亚和奥格斯堡（1530年）。在这些地方，他接触到新教并对之产生好感。他在巴塞尔见到奥科兰帕迪乌斯，在斯特拉斯堡见到卡皮托及布塞尔。可是，他们认为他的思想太近乎异端，并不欢迎他。

1531年至1532年，他以拉丁文发表了他的主要著作《论三位一体说的谬误》的第一、二册。这本书，就文字而言，足以使加尔文发笑，但就内容而言，其所包罗《圣经》知识之丰富，使加尔文对这个20岁的年轻小伙子不敢轻视。在塞尔维特看来，耶稣是三位一体的第二位，一个具有天父智慧的人。从这个观点出发，说耶稣是圣子是对的，但他并不等于圣父。"圣父以先知的名义派出圣子"。塞尔维特继而采取闪米特人三位一体论的观点，"所有视三位一体为上帝本质的人都是三位异体论者"。这些人，他说，也就是"不折不扣的无神论者"，因为他们否认了上帝的唯一性。为了缓和这一极端理论，塞尔维特指基督为"世界之光"（Light of the World）。不过，他给大家的印象是，这世界之光被他给熄灭了。火上加油的一点，他说，再洗礼教徒是对的，洗礼只应适应于成人。奥科兰帕迪乌斯和布塞尔公开谴责他，他害怕了，便从瑞士逃向法国（1532 年）。

7 月 17 日，图卢兹宗教裁判所下令抓他，他先考虑去美洲，后又决定住在巴黎。在巴黎，他化名为米修·维隆那伏（Michel de Villeneuve），潜心研究数学、地理、天文、医学。兴之所至，有时还研究占星学。维塞里在学解剖学时，和他同班。他俩均曾获老师嘉许。塞尔维特曾和医学院院长发生争执，学校对他的考评是浮躁、冲动、骄傲。1534 年，他向加尔文提出辩论挑战，可是临到约定之日，在指定地点却找不到他的踪影。科普演讲及异端传单事件发生，使他和加尔文一样，离开了巴黎。在里昂，他编了一本托勒密的《地理学》（Geography）。1540 年，他移居维埃纳（Vienne）（里昂南 16 英里）。他在这儿行医研究，一直住到晚年。里昂的出版家从许多学者中看中了他，请他编辑桑蒂·帕格尼尼（Santes Pagnini）的拉丁文《圣经》译本。他对这本《圣经》费时 3 年编成 6 卷。在《以赛亚》7：14 注中，哲隆的说明是"童女怀孕"。塞尔维特解释说，按希伯来文的原意，并非指"童女"而指"少妇"。他还说，这项预言指的不是玛利亚，而是希西家（Hezekiah）的妻子。从同样的观点，他指出，《旧约》中一些似含预言的章节，所指的都只是那时的人与事。这样一说，使新旧两教均感狼狈。

塞尔维特何时发现肺的血液循环——血液从右心腔，沿肺动脉至肺，由空气加以净化，然后经由肺静脉，而回左心腔——已不可考。目前我们仅知，这项发现，他于 1553 年列于他的最后著述《再论基督教原理》（The Restitution of Christianity）一书中。他把这项发现和神学论拉上关系，原因是：作为人体主要因素的血液，应较心或脑更适于成为灵魂的圣殿。塞尔维特的这项发现，论者以为较 1553 年为早，因他的《再论基督教原理》于 1546 年即完成。因为这一年，他曾将本书手稿寄给加尔文。

《再论基督教原理》这个书名，对已写过一本《基督教原理》一书的人来说，显然是一项挑战。加之书中对预定论，即上帝不管人的功过，一律送入地狱这一点，特指为不近情理亵渎上帝。这对于加尔文而言，显然就是故意和他过不去。依塞尔维特的说法，凡不自作孽者，上帝必不加罚。信固可贵，爱更可贵，上帝就是爱的化身。加尔文的想法是，寄给他一本《基督教原理》，就可使他哑口无言。但想不到，他把原书做了许多不客气的批注退回来了。这还不算，紧接着又寄来一连串充满轻蔑语调的信件。1546 年 2 月 13 日，加尔文写给法雷尔的信中说："塞尔维特寄给我一大堆胡说八道的信。他说，如果我同意，他要到这儿来和我辩论。我当然不让他来，因为他来对我非常不利。他如果真来，我决不让他活着离开。"塞尔维特对加尔文拒不作回复感到非常愤怒。1547 年，他写了一封信给日内瓦的一位牧师艾伯尔·波品（Abel Poupin）：

> 你们所信的教义，根本没有上帝、没有真理、没有善行。你们把上帝换成了个三头狗（"Cerberus"），你们把真理说成了充满宿命意味的梦……你们把人当成了不会思想的机械，你们把上帝变成了专门奴役人类的妖怪……你们忍心给世人关闭了天国之门……可悲呀！可悲呀！可悲呀！这是我给你们写的第三封信。如果你们再执迷不悟，我也不再多言了。对这场斗争，我米迦勒早把生死置之度外……我绝不是贪生怕死之辈……基督就要来了，他的来临也许就在明天。

塞尔维特那个时代的人，大都有点不正常。比较起来，他更显得神经兮兮。他宣称世界末日快到了。他，就是天使长。他的米迦勒之名，就是根据大天使之名取的。作为大天使的他，要从事一场反教皇、反日内瓦基督徒的圣战。他还预言他将为此圣战而牺牲。《再论基督教原理》就是开启此一圣战的战书。这部书在出版上相当困难。

巴塞尔的出版商看到这部书便怕得躲开了。1553 年 1 月 3 日，这部书算是印出来了，印刷地点是维埃纳，出版商是巴尔萨泽克·阿诺伊雷特（Balthasar Arnouillet）和纪尧姆·格埃罗特（Guillaume Guéroult），付印采取秘密方式。书印成后，出版者姓名、出版地点均告阙如。作者姓名，所署仅"MSV"三个字母。塞尔维特印这本书，自己出钱，自己校对，自己毁掉原底稿。全书计达 734 页，书中附有《论三位一体说的谬误》的修正本，及他写给加尔文的 30 封信。

所印的 1000 本书中，部分运到了日内瓦的一家书店。一本流入纪尧姆·特里（Guillaume Trie）之手。特里是加尔文的朋友。从那 30 封信中，加尔文一眼就看出 MSV 就是塞尔维特——维拉诺瓦的米迦勒·塞尔维特。1553 年 2 月 26 日，特里写了一封信给他里昂的信天主教的表兄，安托万·阿尔内（Antoine Arneys）。他说，他奇怪为什么红衣主教弗朗索瓦·图尔农（François de Tournon）竟让这么一本书在他的教区之内出版。特里怎么知道出版地点的？显然是加尔文告诉他的。因加尔文知道塞尔维特不住在里昂，就住在维埃纳。

阿尔内把这件事，报告给里昂宗教法庭法官马蒂亚斯·奥里（Matthias Ory），并通知红衣主教。红衣主教令维埃纳的副总督莫吉隆（Maugiron）调查。3 月 16 日，莫吉隆把塞尔维特叫到了他的官邸。既然事前湮灭了一切罪证，塞尔维特于是对著书一事矢口否认。阿尔内向特里搜集塞尔维特的进一步罪证。特里向加尔文要了几封塞尔维特写给他的信寄到里昂。这些信，和书中所发表的正相吻合。4 月 4 日，塞尔维特被捕。3 天后，他从被囚之处越墙逃出。6 月 17 日，里昂地方法院对他做缺席宣判。判决说，等抓到之后，就要把他活活烧死。

塞尔维特在法国躲躲藏藏混了 3 个月。最后，决定到那不勒斯寻求庇护。从法国到那不勒斯，取道日内瓦。不知道为何，他竟在日内瓦待了一个多月。在日内瓦，他用的是化名。在此期间，他经常在打听赴苏黎世的交通工具。8 月 13 日，一个礼拜天，也许是为掩人耳目，他居然去教堂做礼拜。有人认出了他，同时密报加尔文。加尔文一声令下，便把他逮捕。1553 年 9 月 9 日，加尔文曾发表一项文件解释他这次行动："教皇歌颂的，只知道在保卫其迷信时流无辜者的血，可是一旦要维护真理，他们便畏缩不前了。"对处理塞尔维特一事，加尔文表现得很毒辣，但小议会更毒辣。依法，塞尔维特非日内瓦公民，他们最多只能把他驱逐出境。可是，他们觉得那样做不甘心。

塞尔维特被囚在从前主教所住之处——这里现已改为监狱。在囚室里，除跳蚤外，没有受到其他的虐待。也准许他持有纸笔，可以买想买的书。加尔文还特别借了几本前期基督教教父的书给他看。案件审理进行了两月之久。起诉书由加尔文亲自起草。一共起诉 38 条，条条都引有可以视为罪证的话。其中一条为，他相信斯特拉博而不相信《圣经》的话，说犹地亚是不毛之地，而非处处流着牛奶与蜜之地。起诉的重点为，塞尔维特不信三位一体及婴儿洗礼。自然"诋毁加尔文及其所创的日内瓦教会福音经义"，也变成了他的罪状之一。8月 17 日和 21 日开庭审理，加尔文亲自做原告，塞尔维特自行辩护。他辩护得很大胆，甚至提到"泛神论"。为了对付塞尔维特，此前冰炭不相容的新旧教竟与加尔文携手合作。日内瓦新教议会破例致函维埃纳天主教法官，请其提供他们对塞尔维特的指控。在指控中，连性方面也提到了，说他在性方面不道德。塞尔维特的答辩是，我患阳痿，这是长期患脱肠的结果。由于阳痿，他因此连结婚的念头都没有。他被指控在维埃纳曾参与弥撒。对这项指控的答辩是，若不参与弥撒，当地教会便会将他置于死地。他抗议法庭在审理方面，超越了审理异端的权限。他坚称，他没有煽惑暴动的意图和事实，因此也没有触犯日内瓦的法律。他请求法庭，准他找一位精通日内瓦法律的律师为他辩护。但以上的抗议和请求都给驳回了。法国宗教法庭派代表到日内瓦，要求将他引渡回法，执行其已判之罪，但塞尔维特一把鼻涕一把眼泪地请求不要将他引渡。这项请求获得了许可，但跟着许可的是，他们对他处刑之重，并不亚于法国宗教法庭。

9月1日，加尔文的两位政敌，艾米·培林（Ami Perrin）和菲利伯特·贝尔特利埃（Philibert Berthelier），获准参与法庭的审判。他们与加尔文争辩虽无结果，但请求对塞尔维特的处理应征询瑞士其他各地新教教会意见，这一建议获得议会的采纳。9月2日，加尔文对日内瓦的领导权，再度受到爱国志士和自由分子的挑战。反对者有意营救塞尔维特的举动，反而促成加尔文置其于死地的决心。不过，他必须应付首席检察官克劳德·里各特（Claude Rigot），因为他是一个自由分子。

9月3日，塞尔维特呈了一份答辩书给议会，针对加尔文告他的38条罪名提出答辩。对每一条，他都引经据典地加以辩驳。他指责加尔文左右这项审判，他骂他是西蒙·麦格斯（Simon Magus）——一位罪犯和杀人者——的门徒。加尔文针对答辩书又写了一份长达23页的答辩书，并把它送给塞尔维特看。看后，他转给议会时，答辩书边上竟注满了"说谎者"、"骗子"、"伪君子"、"卑鄙的家伙"等字样。一个多月囚禁，长期精神紧张，显然塞尔维特已失去其自我控制的能力。加尔文这时的心情也不好，在做审理报告时，提到塞尔维特，他总是用"臭猪"、"强盗"来代替，提到塞尔维特的话，他总是批上"胡说"等字。塞尔维特向议会请求严办加尔文，他指控加尔文为"基督真理的压迫者"，应予以"彻底消灭"。他请求，在没收加尔文财产时，应提出一部分作为对其所施迫害的赔偿。显然，对这项请求，议会只能付之一笑。

10月18日，瑞士各教会对处理塞尔维特的意见书提出来了。大家都说该办，但没一个人说该杀。10月25日，培林为营救塞尔维特想做最后努力——动议将本案提交由两百人组成的大议会重审。但是，他的动议被打消了。小议会26人一致决议，基于两项异端，把塞尔维特处死。这两项异端是：唯一神论和反对婴儿洗礼。据加尔文说，塞尔维特听到这项宣判，"他疯狂地号叫，同时……一面捶胸，一面以西班牙语大喊'给我把短剑！'"他请求和加尔文面谈。他要求加尔文免他一死。加尔文答应他的仅是，如果他宣布放弃异端，他可给他做最后忏悔。塞尔维特知道求生无望，于是要求以杀头代火刑。加尔文对此有意答应，但法雷尔说不可，因为那未免太宽大了。最后，议会票决，塞尔维特应活活烧死。1553 年 10 月 27 日清晨，火刑在日内瓦南的尚贝尔（Champel）山上执行。押赴刑场途中，法雷尔一再要求塞尔维特认罪，但据法雷尔记载，"这个该死的家伙"回答："我无罪可认，你们不该杀我。"最后，他还祈祷上帝赦免置他于死之人的罪。他被铁链拴在火柱上，他最后写的书放在他旁边。火焰烧着他的脸时，他痛苦呼号。他被烧了足足半小时，方告气绝。[1]

对容忍的呼吁

新教旧教联合批准了这个判决。维埃纳的宗教法庭为了杀一儆百，曾焚烧塞尔维特肖像。梅兰希顿在致加尔文和布林格的书信中说，对此"亵渎神明者的处罚"，让"我们共同感谢上帝"。并说，这次火刑，足为"后世垂诚"。布塞尔在斯特拉斯堡传道时称，塞尔维特之罪，火刑太轻了，应开膛剖肚五马分尸。布林格算是厚道者，也主张对这类亵渎神明者处以死刑。

不过，即使在加尔文时代，也有为塞尔维特叫屈的。一位西西里作家写了一首长诗，名为《塞尔维特之火刑的不平》（De Iniusto Serveti Incendio）。巴塞尔的大卫·约里斯（David Joris），一位再洗礼教徒，利用假名对这次死刑的执行发表了一篇抗议书——在他死后，才认出是他写的；本来已埋了，现在又掘出他的尸体当众焚毁（1566年）。加尔文的政敌对塞尔维特的处理，自然感到不满。有些加尔文的朋友说，法国天主教大量处死新教徒，即受到这次判决的鼓励。诸如此类的批评，可能所在多有，也许这就是加尔文于 1554 年 2 月，

---

[1] 1903 年，有人在尚贝尔山顶，为塞尔维特立了块纪念碑者，名列于首的，即日内瓦的新教长老会。

发表《驳米迦勒·塞尔维特的乖谬的正统三位一体信仰》（"Defensio Orthodoxae Fidei de Sacra Trinitate Contra Prodigiosos Errores Michaelis Serveti"）一文的原因。他说，假定我们相信《圣经》是神的话语，那《圣经》就是真理。《圣经》既是真理，反对它就等于反对上帝。反对上帝的人，当然就是我们的敌人。须知反对《圣经》，其罪比谋杀还大。因为谋杀伤害的，仅仅是人的身体，而反对《圣经》，伤害的是人的灵魂。为了防止人类灵魂永坠地狱，政府即非严惩异端不可（这种理论纯是天主教观点）。更有甚者，他又说，上帝对处死异端，有着极明确的训示。任何城市，假定背弃真理，你们都可用剑将它击灭，就是上帝说的。加尔文在上文中，引了《申命记》（13：5—15，17：2—5）、《出埃及记》（22：20）、《利未记》（24：16）。他雄辩滔滔地说：

> 凡属认为我们对异端和亵渎神明者处置不当的人，显然，已使自己成为异端及亵渎神明者的共犯……我们有权严惩异端，可以说是无可置疑的。上帝诫命，清楚明白，他交付教会的律法，必当垂诸久远。上帝要求我们严惩异端，如果我们对此有所迟疑，那就表示我们对上帝不敬。对上帝不敬，谈侍奉上帝也就变成了空话。因此，任何人一旦犯了异端之罪，为了荣耀上帝，即使至亲，也应绳之以法。

加尔文在结论时，对情节轻微、基于愚昧或心神丧失之异端虽主张宽大处理，但一般而言，他对老师圣保罗的话谨守不渝。事实上，他比保罗厉害，因为他拒绝保罗的在必要时能以新法代旧法的原则。说真的，加尔文建立起来的神权政治，如果容许大家自由发言，相信很快就有崩溃之虞。

不过，不管怎么样，伊拉斯谟的容忍精神一天天在潜滋暗长。容忍精神的发生在于不固执。伊拉斯谟之所以容忍，原因就是他从不自以为是。路德与梅兰希顿本来主张容忍，但因后来自以为是，由容忍而变成残酷。加尔文由于特别早熟，20多岁即以真理创造者自居，真理既属他所有，自然就谈不上容忍了。容忍精神的鼓吹来自一群人文主义学者。他们研究古典思想，发现历代均存在着残酷的思想斗争。他们仔细检讨这类思想斗争，发现一切思想除自以为是者外均无所谓绝对真理。他们于是说，在神学和哲学上，所谓绝对真理是没有的。既无所谓绝对真理，哲学与神学家何苦自相残杀？

人文学者中，在加尔文统治下，敢于明目张胆强调容忍的，就是一度为加尔文之友的塞巴斯提安·卡斯蒂略（Sebastian Castellio）。卡斯蒂略1515年生于法国的侏罗，精于拉丁、希腊及希伯来三种语言。他在里昂教过一阵子希腊文，徙居斯特拉斯堡，与加尔文相识。及加尔文掌权，便聘他为日内瓦拉丁文学校的校长（1541年）。在任内，他开始以西塞罗式拉丁文翻译《圣经》。卡斯蒂略虽对加尔文的人格很欣赏，却讨厌他的理论和作风——预定论及对人类心灵肉体之控制。1544年，他检举日内瓦牧师的偏执、淫荡及酗酒等行为。加尔文送请议会调查，调查结果，说检举纯属乌有。检举不实反坐诬告，1544年被驱逐出境。被逐出境后9年中，他的生活极为穷困。他有一大家人要养，只好日夜不停地工作。1551年，他把拉丁文《圣经》译完了。译书工作译出了趣味，于是，接着又将《圣经》从《创世记》第1章第1节起译成法文。1553年，巴塞尔大学聘他为希腊语教职，至此，其生活始渐改善。卡斯蒂略同情唯一神教徒，希望塞尔维特能获自由。他听到加尔文要杀塞尔维特时，他感到非常震惊。1554年3月，他和凯里乌斯·库里奥以化名发表了一篇文章《异端可杀乎？》，在论宽容上，这是现代数得着的一篇文章。

这篇文章中引文占了大部分。库里奥将所有基督徒名流，拉克坦提乌斯（Lactantius）、哲罗姆、伊拉斯谟、早期的路德，甚至加尔文，对宽容的言论，通通收集排列在一起。卡斯蒂略则在文头文尾发表他的议论。几百年来，他指出，人们对自由意志、预定论、天堂地狱、基督和三位一体，及诸如此类的题目争辩不已，但争来争去迄无定论。也许，所谓定论，永远都无法得出。这些争论对人类是否有益？否，人类最需要的，是把基督精神灌输到日常生活中。照顾穷人，照顾病患，爱我们的邻居，甚至爱我们的敌人。在他看来，无论新教，无论旧教，乃至无论任何宗派，一旦掌握实权，便将其所信视为绝对真理，并强迫大家跟着他信，这是十分荒谬的。因为，这会导致一种结果，一个人在此一市镇是一个信仰纯正的教徒，在彼一市镇就会变成十恶不赦的异端。人们从此一市镇移居彼一市镇，便非改教不可。这样一来，所谓信仰和持有的钱币何异？大家想一想，基督可曾规定提倡成人洗礼者应活活被烧死？摩西异端处死的律法，基督已予以废止。这种废止是对的，因为这是以仁易暴。我们（卡斯蒂略）认为，假定有人否认来世，同时不接受宗教所订之法，执政者最多禁止他说话。但绝不应将他置于死地。再说，以杀来压制信仰是徒劳的。烈士成仁，其思想的扩散更快。这实在是人类的一大悲剧，他在结论中说，昔日反对宗教法庭恐怖之人，一朝得势，竟袭宗教法庭的旧制，以之残害其他人。许人以黎明者，带来的竟是黑暗，人的观念变换得为什么这样快？

加尔文判断这篇文章出于卡斯蒂略之手。这是一篇需要答复的文章，不过他不愿用自己的名义答复，他把答复的责任托付给他最杰出的门徒西奥多·贝兹。西奥多出生于韦兹莱（Vézelay）贵族家庭，在奥尔良和布尔日学法律。毕业后，在巴黎做律师。由于有钱并能以拉丁文作诗，他颇获女性青睐。经过一段时间的放荡生活之后，他终于结婚。一场重病使他倾向罗耀拉所创的新教。在法国存身不住，他只好逃到日内瓦。他向加尔文投诚，借加尔文之力，得以栖身于洛桑大学教希腊语。说来真是一大讽刺，一个以异端险遭屠杀的人，现在居然执笔为屠杀异端者找理论根据。作为一位法学家，他很善于写这类文章。受加尔文之托，1554 年 9 月，文章写成了。发表时，小书名为《论政府制裁异端之责任》（*De Haereticis a Civili Magistratu*

Puniendis Libellus）。文中，他重新指出，对于一个服膺福音真理的人而言，所谓宗教上的容忍，简直是不可思议的。因为，福音就是《圣经》，《圣经》就是"圣道"。他说，离开上帝的话语，宗教便失去了依据。而上帝的话语，与自制、秩序、文化本不可分。须知，人性是邪恶的，如果我们强调容忍，则邪恶必会任意发展。邪恶得以发展，社会秩序便会混乱，基督教文化便会解体。因此，对于一个虔信福音的人而言，宗教应该只有一个。换句话说，只有我们的教才能代表真理，其他尽是胡说八道。胡说八道，就是异端，就是邪说。不错，《新约》曾强调爱，但爱并不等于说不处分强盗及谋杀者。强盗和谋杀者都该处分，对重于强盗和谋杀者的异端该怎么办，岂非自明之理？

卡斯蒂略针对上文又写了一篇题名《驳斥加尔文的小书》（"Contra Libellum Calvini"）的文章，这篇文章却延至半个世纪后才发表。在卡斯蒂略著作中，《怀疑的艺术》（*De Arte Dubitandi*）是值得重视的一篇。以怀疑为追求真理的第一步，他可说是笛卡儿的先驱。在发表于 1578 年的一篇名为《四种问答》（"Four Dialogues"）的文章中，他曾为自由意志及《普救说》做辩护。为呼吁新旧教停止倾轧，他写过一篇题名《忠告百事荒废的法国》（"Conseilà la France Désolée"）的文章。文中说，这种倾轧足以毁灭法国，他说，"为什么不能让每个相信基督的人，照他自己所信，而非照别人所信，来侍奉上帝？"以上的言论，在当时可说均是难得听到的声音，1563 年，卡斯蒂略以贫病交迫而死，死时年仅 48 岁。对于他的死，加尔文幸灾乐祸地说，由他的短命，即可见上帝有灵。

日落黄昏（1554—1564）

加尔文对卡斯蒂略之死，感到特别欣慰。因为他知道，卡斯蒂略信的是唯一神教。唯一神教，仅信上帝为唯一真神，因此，排除了三位一体说，同时也排除了基督为神的观念。相信唯一神教者，对加尔文教义便不会接受，因为他们一开始便会对基督教的最终目标表示怀疑。加尔文最怕这种异端，因为他发现，持有这种观念的人在日内瓦为数不少。这种人，尤以从意大利前来寻求庇护的新教徒为多。在这些人看来，以预定论代变体论，简直毫无意义。至于基督乃上帝之子——这点是基督教的基本信念——也是无稽之谈。帕多瓦法学教授，马泰奥·格里波弟（Matteo Gribaldi）在日内瓦附近有幢别墅。审讯塞尔维特时，格里波弟即公然批评政府介入宗教纷争的不当，并极力鼓吹信仰自由。日内瓦议会找他来训了一顿，然后把他驱逐出境。驱逐他的理由为，涉嫌信仰唯一神教（1559 年）。蒂宾根大学聘格里波弟为法学教授，加尔文写信给学校当局，说格里波弟思想有问题。学校要他写张相信三位一体论保证书，他不写，愤而远走伯恩。1564 年，伯恩正为瘟疫所笼罩，他到达不久，即染疫症而死。一位意大利医生，名叫乔吉奥·布兰德罗塔（Giorgio Blandrata），到日内瓦住不了几天，即被议会传讯。指控罪名为怀疑基督的神性。他怕，逃向波兰。在波兰，他发现他的想法并没有犯罪。瓦伦蒂诺·金泰尔（Valentino Gentile）从科拉布里亚（Calabria）来到日内瓦。由于公开传播唯一神教被抓起来判死刑（1557 年）。在执行前，因宣称放弃其信仰而获释。他去里昂，天主教抓他，他说，他的目的是反加尔文，因此不久也被释放。他到波兰去找布兰德罗塔，住了不久又回瑞士，到伯恩被抓。伯恩政府以伪誓异端两罪，将他斩首示众（1566 年）。

在为主而战的口号下，加尔文生活得简单而严肃。他靠他的声望及其徒众的拥护，君临日内瓦。他的地位越来越巩固。加尔文这时权势是有了，却失去了健康。他一身的病，头痛、哮喘、消化不良、结石、痛风、热症。病，使他瘦骨嶙峋，使他龇牙咧嘴。1558 年至1559 年，由于百病夹攻，加上几次严重的肺出血，他衰弱得站都站不起来。尽管大部分时间都必须躺在床上，一旦精神稍稍恢复，他仍继续研究、下命令、讲道。这个时期，上下讲坛都须用椅子来抬。1564 年 4 月 25 日，加尔文自立遗嘱。在遗嘱中，对他自己受上帝检选能享永恒光荣一点充满自信。4 月 26 日，议员和行政首长亲赴病榻探病，他请求他们原谅他的脾气坏，并谆嘱他们坚持他订的一切教义。八十开外的法雷尔，这时特别从纳沙泰尔赶来与他诀别。经过很多天的痛苦，经过无数次的祷告，加尔文才获得了安息。他咽最后一口气的日子，是 1564 年 5 月 27 日。

加尔文的影响远较路德为大。不过，如果不是路德在前做好清宫除道工作，他的进展不会这么顺利。路德在维护其新建教会上，曾充分利用德国国家主义。这样做虽属必要，无形中却使他的教会只能在条顿族范围内打转。可是，加尔文就不然了。加尔文虽爱法国，对法国新教徒的培植无微不至，他并不是一个国家主义者。我们可以这样说，加尔文的祖国不是法国而是宗教。宗教以人类为范围，因此，加尔文教义也具有世界性。这就是加尔文教派，能在瑞士、法国、苏格兰、美洲立足，并能与匈牙利、波兰、德国、荷兰、英国各地的新教分庭抗礼的缘故。加尔文对新教极有贡献，组织是一项、信心是一项、自尊是一项，这三项合起来，就是加尔文教派经得起考验的原因。

加尔文逝世前一年，其门徒奥勒维努士与梅兰希顿的门徒乌希努士合作，撰写海德堡教义问答。这份问答，其后即为日耳曼的荷兰新教崇奉的经典。贝兹和布林格曾就加尔文与茨温利的理论，修订了《赫尔维希亚忏悔书第二集》（*The Second Helvetic Confession*）（1566 年）。这部集子，而后即成瑞士和法国新教的理论权威。在日内瓦，加尔文虽然逝世，但因继任者贝兹非常能干，故其教会仍能维系于不坠。不过，控制议会的工商巨子，对长老会及牧师团，基于道德立场加于他们经济发展的限制，已逐渐不予理会。贝兹在世时，工商巨子虽已不把宗教放在眼里，但提到宗教还有几分畏惧。及至 1608 年，贝兹一死，非宗教性事务教会即插不上手。至此，加尔文建立以宗教领导政治的局面，完全告终。18世纪，在福尔特尔哲学的影响下，加尔文传统不断蜕变，清教伦理在社会上已行不通。天主教一直没有忘记日内瓦，经过耐心和奋斗，它们终于在市内占有一席之地。由于天主教教义不是那么阴暗，伦理不是那么古板，信奉的人逐渐多起来。1954年，日内瓦人信旧教者42%，信新教者47%。新旧教虽分庭抗礼，但日内瓦最惹人注目的建筑，则为庄严华贵的"宗教改革纪念坊"。纪念坊沿公园墙壁建造，象征新教胜利，其中央矗立着许多一度最有权势的人物，如法雷尔、加尔文、贝兹、诺克斯的塑像。

加尔文神权政治奠基之时，即民主政治萌芽之日。加尔文教派领袖走到哪里，平民教育就推广到哪里。在加尔文教徒的协助下，荷兰挣脱了西班牙的独裁统治。苏格兰贵族和教士之所以敢于和专横的女王对抗，主要也是因为加尔文教徒撑腰。自苏格兰同盟中，自英格兰和荷兰清教徒中，自纽西兰朝圣者中，我们都可看出加尔文斯多葛学派的色彩。这种色彩，我们甚至可从克伦威尔之心、盲诗人弥尔顿之笔及斯图亚特王室破碎的统治上得到印证。在加尔文教义的启迪下，勇敢与冷静受到鼓励。在这类人物的领导下，人们征服了新大陆。他们建立自治政府，尽力扩张教育。他们宣称，要把自由带给全人类。人们由选举牧师到选举官吏，似乎是顺理成章的事。会众可以自治，市镇自然也可自治。上帝拣选的神话，在美国的建国过程中，扮演了一个非常重要的角色。

在上述历史任务完成后，加尔文教义，特别是其预定论，慢慢被人遗忘了。欧洲，自30年战争结束，英国自1642年至1689年革命告终，美国自1793年后，社会秩序趋于安定。在安定的社会里，人们感到骄傲的，已不是神的拣选，而是有一份正当工作及对此工作的优良表现。这时，人们观念中，安全感增加了，恐惧感减少了。为了适应这种观念，加尔文那吹胡子瞪眼睛的上帝，势必被和蔼可亲的上帝所取代。年复一年，教会对加尔文理论不断修正，最后，所有苛刻而不近情理的部分被通通丢掉了。有些神学家甚至大胆主张，一切夭折的婴儿，均可蒙救恩。一位极得人心的牧师，公然宣称："不能上天堂的人，只是少数中的少数。"这样的修改是值得大家称道的。我们虽认可一切错误的思想均有其存在的价值，但一个人，如果一方面歪曲上帝的形象，一方面导人类灵魂于阴森可怖之境，这个人显然不会受人喜爱。

第七章 | 弗朗索瓦一世与法国宗教改革
（1515—1559）

大鼻子国王：弗朗索瓦一世

弗朗索瓦一世于 1494 年 9 月 12 日在科尼亚克（Cognac）一株树下诞生。他的祖父是奥尔良诗人查理。在弗朗索瓦血液中，也许就有爱美爱音乐的成分。他的父亲，人称瓦尔瓦和奥尔良查理，头衔是昂古莱姆伯爵。他在弗朗索瓦 3 岁时死了，死前留下许多与人通奸的记录。弗朗索瓦的母亲是萨伏依的露易丝，美丽、能干，对财富和权势有野心。17 岁做寡妇，英国国王亨利七世向她求婚，她拒绝了。她的目的，在于设法使她的儿子成为法国国王。她获知法国国王路易十二的妻子布列塔尼的安妮所生之子为死胎时，她虽感欣慰，却一点也不动声色。她知道，弗朗索瓦将来有机会继承法国王位了。路易十二封弗朗索瓦为瓦尔瓦公爵，同时指派家庭教师教他一切皇家规矩。在弗朗索瓦眼里，母亲和姐姐便是爱的偶像。她们也极力培养他，使他将来成为一位温文尔雅的国王。露易丝经常叫他"我王、我主、我的恺撒"（Mon roi，mon seigneur，mon César），讲骑士故事给他听，鼓励他当英雄豪杰。他样子帅，个性豪爽，勇敢，但不乱来。他临危不乱，有罗兰和阿玛第斯之风。[1]一次，一只野猪破笼而出闯进宫里，其他人都吓逃了，他却拔出剑来，勇敢地将它就地解决。

1506年，弗朗索瓦12岁，奉命与路易十二之女、7岁的克劳德订婚。路易十二一度曾将克劳德许配给后来神圣罗马皇帝查理五世，但为避免法国与西班牙发生婚姻关系，因此自食其言。这次悔婚，可说就是查理五世与弗朗索瓦一世从小到老成为生死冤家的导因。14岁时，弗朗索瓦奉命离别其母，随侍路易十二于希农（Chinon）。20岁时，与克劳德完婚。克劳德又粗又肥、又跛又笨。她最大的长处是生孩子。她给弗朗索瓦生了一大堆孩子。孩子的出生年代是1515年、1516年、1518年、1520年、1522年、1523年。最后一个孩子出生后，第二年她便死了。

1515年1月1日，弗朗索瓦即位。全法国人都很高兴，特别是他的母亲。一登基，他便封母亲为昂古莱姆及安茹的女公爵、缅因（Maine）和博福特两郡的领主、昂布瓦斯的女伯爵。他对母亲固好，对其他人，贵族、艺术家、诗人、侍童及妃子也不错。他动人的语调，友善的态度，温和的脾气，高雅的风度，充满骑士及文艺复兴气息的生活，不但使宫廷中人倾倒，也使法国民众倾倒。这时的世界，神圣罗马皇帝是查理五世，英国国王是亨利八世，可以说是年轻人的世界。在这些年轻的统治者中，最足以顾盼群雄的，当数弗朗索瓦。他的雄心壮志甚至超过利奥十世。

传说中，集阿瑟与兰斯洛特（Lancelot）两人优点于一身的年轻统治者到底是什么样子呢？就体格上来说，他的确长得不坏。除掉鼻子部分不算——当时人对他侮慢的称呼，就是"大鼻子国王"（le roi grand nez）——他可称得上英俊。他高6英尺，肩宽，背厚，矫健如龙。跑、跳、角力不算，刀、枪、剑，样样俱精。21岁称王，为了

---

[1] 罗兰传说是查理曼大帝手下的一员猛将。阿玛第斯是中世纪欧洲骑士传奇故事中的典型人物。

怕人轻视，在嘴边故意留撮小胡子。生就一双凤眼，目光炯炯充满机智与幽默。他一点也不阴险狡诈，从他那条鼻子，便可看出他是正人君子。布朗托姆（Brantôme）所著《风流的国王》（*Dames Galantes*），虽非正史，但有些描述确凿可信。他说："法国国王弗朗索瓦是个多情种子，不过爱情不专。由于英年而居高位，故可为所欲为，佳丽三千朝拥夕抱……因此染上了梅毒，其寿自然不长。"据说，弗朗索瓦的母亲曾经说过他罪有应得。也许史家对于他的桃色案件渲染得过分了点，不管他爱过的女性有多少，至少就表面上说，他爱的第一个女人是法兰索斯·富瓦沙托布连的女伯爵，其后是安妮·毕塞列乌，对安妮，自 1526 年宠爱起，直至他御驾升天之日止。他对她极为宠爱，他曾封她做埃唐普的女公爵。传说中，他的风流史多得不胜枚举。说他围攻米兰不是为了要米兰，而是为了那里一双迷人的眼睛。说他冒险进兵帕维亚以致造成悲剧，原因是那里有位绝色美女引诱着他。传说不免夸张，但这位少年君主心肠软、情感丰富却是事实。由于妻子凯瑟琳历久不妊，他原有意把她赶走，可妻子一哭他就算了。伊拉斯谟说过这么句话："弗朗索瓦最通情理。"如果说伊拉斯谟这么说是由于他没有接近弗朗索瓦，那我们且举比德的话为证。比德是法国的人文主义者，他对这位君主的评价也是"温柔敦厚，平易近人"。

　　和一般人一样，他很爱慕虚荣，他曾和英国国王亨利八世竞夸衣帽的华丽。他以火蛇为他命运的象征，因为据神话传说，火蛇能历经烈火的熬炼。他重称谓，爱荣誉，因而也喜欢戴高帽子。他忍受不了一点点批评，一个伶人对宫廷出语讥讽，立刻就被鞭笞——但同样的事件，在路易十二仅仅付之一笑。他有时也翻脸无情，像对安妮·蒙莫朗西；他有时也很不公正，像对波旁的查理；但对大多数人，他是极仁慈慷慨的。他的宽大使意大利人深感惊异。有史以来的君主没有哪位像他这么器重艺术家。他对美，既喜欢又富欣赏力。他对战争舍得花钱，对艺术也不例外。法国文艺复兴一大半是由他培植起来的。

弗朗索瓦的学识不如他的风度那么迷人。他不懂拉丁文，也不懂希腊文，他在农业、地理、军事、打猎、文学、艺术方面的知识，却广博到无以复加。只要不与爱情或战争抵触，他还喜欢研究哲学。可是，由于鲁莽冲动，他不能成为一位优良的统帅；由于心软好玩，他不能成为一位出色的政治家；由于诚恳坦白，他不能成为一位圆滑的外交家；由于太注重外表，他把握不住要点；由于好听小话，他找不到可用之才。没有好的将相，他的政府自然无能。对这一点，他姐姐玛格丽特曾不禁喟叹。她说，弗朗索瓦将来绝非机诈多变的罗马皇帝的对手。路易十二很欣赏这个年轻漂亮的小伙子，但他看到他的继位者这么会享乐时，他不禁慨叹："我们的努力都白费了，因为这个大孩子将会把一切败个精光。"

1515 年的法国

法国现在非常繁荣富庶。主要原因有：第一，土壤肥沃；第二，人民勤俭；第三，政治修明。法国人口当时是 1600 万。以之与英国的 300 万、西班牙的 700 万相比超出甚多。巴黎现有 30 万人口，继君士坦丁堡之后，成为欧洲第一大都市。法国现行社会结构属于半封建形态。农人向领主领地耕作，每年为领主上租服役。领主为贵族或骑士，一方面靠采邑生活，一方面率领兵马捍卫乡土和国家。钱币一再贬值及贵重金属的进口，而形成的通货膨胀，减轻了农人上租的负担——照传统，农人上租不以实物而以金钱。通货膨胀的另一种影响，是拥有土地的贵族穷了。在贵族需钱、农人需地的情况下，贵族便把土地贱卖给农人。论者以为，当德国既闹经济革命又闹宗教革命之时，法国仍能为天主教所有，即因农村安定富足的缘故。由于所有权得到保障，法国人的工作兴趣提高了。借着肥沃的土地，法国拥有全欧洲最好的农产品和酒。有了充足的饲料，牲畜又多又肥，差不多每家院子里都鸡鸭成群。因此，每天桌上除牛奶、乳酪、奶油外，肉类也经常不断。法国农人极喜养猪，因此猪肉供应也很充足。

城市工人现在仍维持自己开店自己做工的形态，经济情况较农人稍差。通货膨胀导致物价上涨的速率，远快过工资的调整。保护关税与公卖制度，如食盐，使生活费直线上升。工人生活困苦，有时罢工，但每次罢工都被压了下去，因为依法工人是不许组织工会的。商业，沿河比较发达，但在陆地上便差了，因为货物在陆上运输沿路对领主有着付不清的关税。里昂北接罗讷河、南通地中海，是德国、瑞士货物的集散地。这个都市，在法境，工业的发达仅次于巴黎；在欧洲，论证券交易和投资，仅次于安特卫普。由于弗朗索瓦大胆与苏里曼土耳其维持友好关系，法国货品经马赛到地中海源源不绝。

在上述经济情况下，弗朗索瓦通过政府征税。除贵族与教士外，任何人均须纳税。税分人头税和财产税两种。教士名义上虽不纳税，但除就其收入向国王缴纳 1/10 外，尚需缴纳一笔大小不等的赐助金。贵族虽不纳税，但要对构成法国军力的骑兵负供应装备之责。像教皇一样，弗朗索瓦定价出售官位和贵族头衔。这些用钱捐到官位及头衔的人，与在英国一样，慢慢形成了一个新贵族阶层。律师和新贵族结合起来，变成了一个强有力的官僚集团。这个集团的权势有时且凌驾于国王之上。

弗朗索瓦太好玩，自然没有多少时间处理政事。他把政务的处理，乃至政策的决定，交给海军上将邦尼维特、安妮·蒙莫朗西，红衣主教迪普拉、法兰及维康德·劳德雷等人。备法国国王及这些人咨询的，有三个机构：职掌枢密的贵族院（Privy Council of Nobles），职掌事务的参议院（Council of Affair），及职掌诉愿的元老院（Grand Council）。除以上三院外，另有巴黎议会（Parlement of Paris）。巴黎议会由法国国王指派的宗教和非宗教人士共 200 人组成。这些职位均是终身制。议会可说是法国的最高法院。该院对国王所下敕令，如认为有违宪情事，即有权加以谏止。事实上，国王所下的敕令，非经议会认可，即无法律效力。议会由于受到律师及资望俱深人士的操纵，实际上已变成中产阶级的专用机构。在宗教思想上，这是一个很保守的机构，其保守性在全法国仅次于巴黎的索邦神学院。法国各省省长及法官也由国王指派。法官组成地方法院（Local Parlement），与省长协同处理省务。国会目前有职无权。由于税收取代了进贡，贵族现已无足轻重。

贵族在法国现在只有两种作用：第一，构成军队的骨干；第二，在宫中听国王使唤。朝廷，例由行政官吏首长、主要贵族（首长及贵族夫人也包括在内）、皇族及国王的宠臣组成。它是法国的巅峰，它是法国的前线，它是反映时髦的镜子，它是一切庆典的发动机。在朝中，内务府大臣总管一切、监督一切，宫中事务则由侍卫长掌管。国王身边，经常有 4 位高级侍从。高级侍从由贵族轮流充当，每 3 个月一轮值——这样设计，目的在于使各贵族均有亲近国王的机会。4 位高级侍从之下，设有 20 至 50 名侍从。此外，负责整理国王寝宫者，还有 12 个侍童和 4 个传令者。御厨由 20 人构成，在此 20 人之下，还有 45 个帮厨和 25 个端茶送酒者。经常跟随国王的，除一大群扈从（他们是国王的手和脑）外，尚有 30 多个侍童。这些侍童皆来自高贵门第，一个个都穿着灿烂夺目的制服。负责皇家礼拜堂的是一位红衣主教。红衣主教之下，有一位负责祷告礼拜的主教和 50 位教区主教。地位崇高的是名誉侍从。国王常把这种头衔赐给在学问事功上有成就的人，如比德、马罗等。名誉侍从不是一个空衔，每人每年可获 240 利维尔的年金。除以上种种名目外，在国王四周的人中，还有御医 14 人——7 个内科，7 个外科；理发师 4 人；乐师 7 人；工艺师 8 人；传达 8 人。王子侍从另有编制，按编制每人均有自己的厨师、侍臣、教师、侍童及奴仆。两宫皇后，克劳德和玛格丽特，每人均有 10 至 15 名女侍，8 至 16 名宫女。在弗朗索瓦朝廷中，女性地位相当高。他曾说："一个朝廷要是没有女性，那就像一个花园没有花朵。"也许，正因有女性美的点缀，弗朗索瓦的宫廷比神圣罗马皇帝的宫廷文雅而富有生气。为了向巴黎学步，全欧洲君主均不惜对人民大肆搜刮。

为了供应国王及宫廷所有贵族仕女的口腹之欲，4位大御厨、6位副御厨，带着数不清的助手，不断挖空心思设计食谱、烹调菜肴。除口腹享受外，耳朵也不容怠慢。法国宫廷乐队由一流的作曲家、声乐家、器乐家组成。这个乐队在欧洲也是数得着的。御厩由一位大总管、25位总管及一大群夫役组成。为伺候国王打猎，特设了一位猎官。猎官在其属员协助下，养有100头猎犬、300只猎鹰。这些鹰犬平常即由专家训练待命。国王仪队由400位弓箭手组成。这些弓箭手个个武艺精深、盔甲鲜明，使整个朝廷也因之生色不少。

宫廷宴会、外交应酬及皇族婚丧喜庆，场面宏大，以至巴黎没有任何一幢建筑可以容得下。卢浮宫当年还只是一座阴森的城堡，弗朗索瓦举行庆典，从来对它不加考虑。比较中意的，是都尔诺著名的夏宫及宽敞的议会大厦。也许由于天性好动，弗朗索瓦经常把宴会带至枫丹白露、布卢瓦、尚博尔、昂布瓦斯、杜尔等地。弗朗索瓦这一举动，使整个朝廷和法国财富都随着他打转。切利尼的描写不知是否夸张，他说，弗朗索瓦一动，便有1.8万个人、1.2万匹马要跟着动。各国使臣对这一点都感到吃不消。他们说，为了跟随法国国王行动，花钱不说，人都给累死了。每到一个地方，刚一停下来，不是打猎就是比武；紧接着打猎比武，还有通宵舞会。这样跑来跑去，自然花费很大。国库经常闹穷，租税已高到顶点。里昂银行家常被借给皇室的大笔款项拖得喘不过气来。1523年，弗朗索瓦发现他的税收远远跟不上他的用度。于是，他吩咐今后要省，不过他说："日用必需和偶然娱乐，当然不在所省之列。"在他，一切花费均属必需。他说，巴黎人，无论贵族和平民，都很喜爱堂皇，作为他们的王，他不能现出穷酸相。

在法国政府中，现在男女平分秋色。从外表观察，弗朗索瓦大权独揽，几可为所欲为。但深一层看，他对妈妈、姐姐乃至嫔妃的恭敬和宠爱，使他完全变成了她们的奴隶。他对克劳德皇后虽说不上有多么爱，却也宠厚有嘉，由她不停怀孕一事便可想而知。不过，由于他们的结合，只是基于政治上的需要，因此他发现中意的女性时，便大动脑筋。上行下效，在弗朗索瓦朝廷里，风流韵事特别多。对这类风流韵事，教士阶级的做法是，对当事人，要求改过；对社会，尽量找理由加以解释。法国老百姓对这类事情大多数没有意见，少数不但不加反对，反而暗表赞成，因为如果有人批评他们浪费，他们便可援用皇家规矩。在弗朗索瓦欣赏的众多女性中，受人公开指责的只有一个。据说，那个女人存心以美色诱惑国王、控制国王（1524 年）。

弗朗索瓦朝中最具影响力的女性是他母亲。"有什么话，尽管对我讲好了，"一次她对教皇使节说，"我认为可行就行。国王如果不同意，尽管让他不同意。"事实上，她的建议多半都很中肯。甚至还可这样说，无论任何事，有她从旁指导，远比由国王单独决断稳妥得多。不过，她的贪婪把波旁公爵逼反了。法国断送一支大军在意大利，也是她的过错。不过，不管她有什么缺点什么过错，弗朗索瓦总会原谅她，幸亏她把他教养得像神一般仁慈。

那瓦尔之后

弗朗索瓦所最敬爱的人，除他母亲外，也许就是他姐姐玛格丽特了。他对她甚至可以说不只是敬爱，简直是崇拜。玛格丽特心中充满了爱，爱母亲、爱弟弟、爱丈夫。她的爱不但富有哲人的理想，而且具有宗教的虔诚。关于她，流传着一个故事："她一生下来，便会笑，会对每一个接近她的人挥手。"她常说，她母亲、她弟弟和她自己，是"三位一体"。她又说，如果把他们三个人连起来，就是一个完整的"三角形"。在这个三角形中，两个角大，一个角小，她就是那个最小的。她似乎也满足于做那个"最小的"。她比弗朗索瓦大两岁，因此对弗朗索瓦的教养，她有着相当的贡献。在童年时代，她扮演过他的"妈妈、情人和新娘"。从小她便感到她弟弟的不凡，即使对好色这一点，她的解释也是，这是希腊诸神常有的现象。尽管她有这样的解释，她自己对这方面，倒颇能出污泥而不染。论学养，除艺术欣赏一项外，弗朗索瓦样样都远落其后。她学过西班牙、意大利、拉丁、希腊、希伯来等语言。环绕在她四周的，尽是当时的学者、诗人、神学家和哲学家。她不算美——与弗朗索瓦一样，也有一个较长较大的鼻子——但风度至为动人。凡是和她接近的人，对其智力高超、品性优美所倾倒。她有许多优点，如随和、仁慈、慷慨、富于幽默感及同情心等。谈文艺，她本人就是当时的一流诗人。她的宫廷所在地，涅拉克（Nérac）和坡城（Pau），在当时就是全欧的文学活动中心。当地人都喜欢她，都视能和她接近为最大荣幸。在那个充满浪漫和讽刺色彩的时代，人们曾给她加上了这么个封号——"瓦尔瓦的明珠（la Perle des Valois）"。这个封号曾孕育了一段传说，她母亲在怀她前，曾吞下一颗明珠。

她写过不少信给弗朗索瓦。她的信封封情文并茂，在法国文学上，可以说都是上乘之作。这些情词恳切的信，对弗朗索瓦自然会产生很大的影响。她对别人的关切，虽及不上对弗朗索瓦，但她一旦与人为友，往往能历 50 余年而不变。在那个尔虞我诈的时代，她的这种友情可以说是非常难得的。

她的初恋情人是路易十二的侄子加斯东·福伊克斯。他不幸于 1512 年出征意大利时，死于拉韦那。纪尧姆·邦尼维特（Guillaume de Bonnivet）对她患上单相思，但他发现她对加斯东仍属旧情难忘时，他只有先和她的一位近亲结婚，以便伺机进取。玛格丽特在 17 岁那年，在弗朗索瓦的要求下，和阿朗松（Alençon）公爵查理成婚。查理具有皇家血统，这也是一项政治婚姻，但她发现她和查理毫无缘分。趁其芳心寂寞，邦尼维特乘虚而入，向她表白他对她多年来的一片痴心。在听取表白后，玛格丽特为绝邦尼维特之念，曾以石片自行毁容。不久，查理和邦尼维特均奉命出征。法意战争中，邦尼维特在帕维亚牺牲，查理则临阵脱逃。查理潜返法国，到里昂即发现为人所不齿。露易丝骂他是个"懦夫"。更倒霉的是，肋膜发炎了。他感到走投无路时，玛格丽特却原谅他、照料他。但不久他便死了（1525年）。

守了两年寡，玛格丽特现已35岁。一位24岁的青年，名义上拥有那瓦拉之王称号的亨利·阿尔伯雷，向她求婚，在弗朗索瓦的撮合下，她答应了。为免斐迪南二世和查理五世对那瓦拉提出要求，弗朗索瓦令亨利于法国西南的涅拉克（有时在坡城）组建宫廷，其名义是吉耶讷（Guienne）总督。亨利对玛格丽特以母视之，他不像她那么尊重婚姻关系，因此，风流韵事层出不穷。玛格丽特对这点也不计较。她终日无事，便给文学家、哲学家做东道主。新教徒因在本地站不住脚而投奔她来的，她一律收容庇护。1528年，她给亨利生下一女，即珍妮·阿尔伯雷，后来成为法国国王亨利四世之母。两年后，玛格丽特生了一个男孩，但不幸这孩子没有多久便死了。孩子死后，玛格丽特从此即一生只穿黑色衣服。孩子的死，弗朗索瓦曾写了一封信安慰她，此信也写得十分动人。孩子死后不久，弗朗索瓦即令她把女儿送至宫中教养。理由是，一则，怕亨利会将她许配给西班牙的菲利普二世；再则，怕她将来变成一个新教徒。骨肉分离使玛格丽特感到非常伤心，但因是弗朗索瓦的要求她也无话可说。弗朗索瓦后来决定要珍妮嫁给克利夫公爵，但这个小女孩死也不肯同意。玛格丽特了解这项联姻的重要性，因此支持弗朗索瓦的决定。她为此曾命令管家："你给我狠狠地揍，直到她说同意为止。"挨了不少揍，但这个年仅12岁的小姑娘，却坚决得不得了。她写了一张纸条，说这种强迫婚姻，她至死也不承认。弗朗索瓦在一切为国家的口号下，命令举行婚礼，珍妮被拖上教堂。但婚礼一告完毕，她趁人不注意便开溜了。她一口气跑到坡市，玛格丽特只得答应她留下来。她好穿着，好排场，慷慨也不异其母，没有多久，家里的钱几乎给她花个精光。

乐善好施是玛格丽特的一大特点。她常常一个随从不带跑到街上和老百姓谈天，听老百姓诉苦。"王公贵族出门把老百姓赶开最是不该。"她说，"帝王是穷苦大众的公仆……因为穷苦大众和上帝是一家。"她自称是"穷苦民众的大管家"。她挨家挨户拜访，遇到有病的，便叫宫廷里的医生给他们治病。亨利在做丈夫方面虽不称职，对安抚百姓却有一套，他和玛格丽特在这方面配合得非常好。在他们夫妇策划下，坡市的公共设施足为全国典范。他们为穷人办了很多学校，从这些学校出身的学者不少。阿米欧尼（Amyot）——普鲁塔克作品翻译能手——就是其中最著名的。玛格丽特对来投奔她的人，如马罗、拉伯雷、德斯伯里埃、勒菲孚·塔皮埃斯及加尔文等均礼遇有加。这些人中，有一位曾作过下列譬喻："我们像一群小鸡，她则像一只母鸡，遇到刮风下雨，她便张开双翅叫我们到下面躲着。"

除了乐善好施，玛格丽特在涅拉克和坡市的那段时期中，最感兴趣的还有三件事：文学、恋爱——柏拉图式的恋爱——及神学。在她的神学观念中，天主教、新教乃至一切宗教，都可同时存在。她有一种习惯，一面刺绣，一面听诗人朗诵诗篇。她自己就会作诗。她的诗常以人神恋爱为主题，读来奇趣横生。一生中，她出版过几种诗集和戏剧，不过她的诗和戏剧不及她的书信精彩。她的书信，至1841年始刊行。她最脍炙人口的著作是《七日谈》（Heptameron），描写的多属儿女私情，有人批评这本书淫邪，不过，你如想从中获取性刺激，那准会失望的。这本书系由当时的若干故事编织而成，叙述各种错综复杂的爱情故事，甚至修道士的越轨行为，以逗人发笑。这些故事虽也牵涉到性关系，对性的描写却很含蓄。据考证，本书所述均是真人真事，男女主人公，有的属于玛格丽特宫廷，有的属于弗朗索瓦宫廷，叙述时期为1544年至1548年。部分是玛格丽特写的，部分则为别人代笔。出版这本书，绝非玛格丽特的原意。事实上，这本书公于世之时，她已辞世达10年之久。据说，她原本准备出一本像《十日谈》（Decameron）的书，但故事谈到第7日便停止了，所以后来的编者，只好把它改作《七日谈》。说这本书所述故事皆是真人真事，似非夸大之词。当然，故事是真的，人名是假的。据布朗托姆称，他母亲就是说故事者的一员，她亲与其事，握有一份真假人名对照表。他说，以第五日的第四个故事为例，其中的男主角即邦尼维特，女主角即玛格丽特自己。

就现代假道学家看来，法国的淑女、绅士，应该不会大讲这些令人脸红的故事。故事中，有些令人叫绝的句子："你是说，只要不为人知，那么凡是相爱的人所做的一切都是对的？""不错，事实上，这种事只有'傻瓜才会露马脚'。"这本书的主旨，从第五个故事中一句颇为含蓄的话内可以看出："很不幸的是，小姐们均不知当于何时确保其贞操。贞操关乎个人名节，但过分坚持贞操，名节往往更会受损。"像这类模棱两可的话，故事中俯拾皆是。一位坡市的药剂师说："除了复活节的前一周，而且是在诚心忏悔，谁和他的太太没有发生关系？"这类幽默，与修道士有关的，差不多占一半。如在第五个故事中，与薄伽丘书中的一样："这些神父一面在叫我们做正人君子，一面在对我们的太太打主意。"一位怒不可遏的丈夫说："他们说不要钱，却要女人的大腿。那不是更危险吗！"另外还得加上一点，说这类故事的人，无论淑女、绅士，早晨听弥撒时都是一本正经的。

玛格丽特有兴趣听这类故事、写这类故事，一方面是时代使然，一方面也说明她本人，至少在晚年，不是一位板着脸孔说教的伪君子。她尽管非常洁身自爱，对别人绝不苛求。对弗朗索瓦，无论是国家大事，无论是风流韵事，都从不多嘴。法国人无论男女，对两性关系，都可无拘束地讨论。在那个无忧无虑的时代，据说法国还流行一种迷人的风俗：小姐们对富于想象力的男性，常以她们的袜带作礼品送给他。玛格丽特虽不苛责普通男女的肉欲，但她自己追求的，却是柏拉图式的或宗教式的爱。柏拉图式的爱在中世纪宫廷中即已盛行。后经意大利人如班贝格（Bembo）提倡，崇尚者更多。玛格丽特认为，女性在一般性爱之外，无妨再行一种柏拉图式的精神恋爱。对向你表示爱慕的男性，她说，报以一种友谊的关切，无害的亲近，相信对彼此都是有益无害的。精神恋爱就男性而言，可以增进其美的感受，培养其优良风度，养成其自律美德。换句话说，女性能实行精神恋爱，即可使男性由粗野进于文明。在玛格丽特的观念中，尚有一种更高级的爱存在。这种爱远超乎肉体之爱和精神之爱。那就是，爱真、爱善、爱美。换句话说，这种爱就是上帝之爱。但她又认为，"实现上帝之爱，须从爱人开始"。

玛格丽特的宗教观，和她的恋爱观一样不单纯。尽管弗朗索瓦非常自私，她始终对他忠心耿耿。同样，尽管现实悲惨残酷，也并未动摇她对神的信心。她在信仰方面，谈得上虔诚坚定，不过讲"正统"却有一段距离。在某一段时间内，她可以说是一个怀疑派。她写过一篇题名为《罪魂之镜》（"Le Miroir de L'ome Pécheress"）的文章，文中承认，有一个阶段，她对《圣经》和上帝都表怀疑。她指控上帝冷酷，怀疑《圣经》是他写的。1533 年，巴黎索邦神学院给她一个通知，要她去为自己受指控为异端一事加以辩护。她对这项指控一点也不加理会。某僧侣曾当众宣称，玛格丽特应被装进麻袋投入塞纳河。这件事传到弗朗索瓦耳里，他即刻传谕："谁也不许动我姐姐。"国王振振有词地说："姐姐对我这么忠诚，我敢保证，我的信仰就是她的信仰。"弗朗索瓦安享尊荣，做梦也没有想到有人会去做新教徒。玛格丽特则不然，她深入民间，了解老百姓的疾苦。她一方面自己有着沉重的罪恶感，一方面看不惯现行宗教的腐化，她早就觉得，宗教已到非改革不可的地步。她看到路德写的一些文章，她对攻击教士淫佚贪婪部分深有同感。一次，弗朗索瓦愣住了，因为他发现与他姐姐一块祷告的人竟是法雷尔——加尔文的"施洗者"约翰。在涅拉克和坡市，她一方面对圣母玛利亚祷告，一方面庇护新教徒。在这些新教徒中，加尔文便是一个。加尔文发现，玛格丽特的宫中竟有自由分子如埃提恩尼·多雷（Etienne Dolet）和伯那温突雷·德斯伯里埃（Bonaventure Desperiers）等人在时，他曾向她表示，"这种宽大太过分了"。尽管加尔文这样说，她仍我行我素。她事实上已为其后裔打好《南特诏书》[1]（*Edict of Nantes*）的草稿。在她观念中，文艺复兴与宗教改革，两者根本是一回事。

　　玛格丽特的影响，事实上遍及整个法国。她变成了自由的象征、理念的灯塔。拉伯雷为她献上一部《巨人传》（*Gargantua*）。龙萨（Ronsard）和约阿希姆·贝莱，在学说上紧守着她那柏拉图式的及蒲鲁太纳斯式的神秘主义。马罗对圣诗的翻译，处处洋溢着她的加尔文新教的精神。18世纪，拜尔（Bayle）在其所编的一本字典里，特别为她写了一首赞美诗。19世纪，新教徒米歇尔特（Michelet），在其所著典雅长篇史诗《法国春秋》（*Histoire de France*）中，曾带着无限敬意的语气说："永远令人怀念的那瓦拉之后，你以无比的慈惠庇护着苦难的子民。从监狱里逃出的归向你，从刑场里逃出的归向你。你给他们保障，你给他们安慰，你给他们荣誉。万人敬爱的文艺复兴之母，你的家是圣人的住宅，你的心是自由的天堂。"

法国新教徒

　　宗教改革的必要性，今天已无人表示怀疑。在法国和在其他各地一样，宗教予人的观感好坏杂陈。有诚挚的神父，有虔敬的僧侣、圣洁的修女、全心敬神不谈政治的主教，可也有愚蠢贪婪的神父、懒惰好色的僧侣、装穷卖苦的修士、不甘寂寞的修女、争权夺利的主教。教育的发展导致信仰的低落。教士阶级的知识越高，对修来世便越不感兴趣。主教对教区的选择，多以利益肥瘦为标准。因为在肥硕的教区，可以过上奢侈的生活。洛林的让为什么紧紧抓着梅斯、图尔及凡尔登主教区，兰斯、里昂、纳博讷、阿尔比、麦肯、阿让及南特大主教区，戈尔泽、费康、克吕尼、马尔穆提、圣乌恩、圣德拉昂、圣杰尔默、圣梅达德及萨·恩特·曼苏（属图尔）大修道院不放？因为

---

[1]《南特诏书》，法国国王亨利四世颁布于1598年，主旨在于使新教信徒享有公民权，并准予在指定的城市自由礼拜。

这些所在，大有油水可沾。人真贪得无厌，还天天哭穷。因为分赃不均，僧侣骂主教，神父骂僧侣。布朗托姆引了一句话"神父必贪，僧侣必淫"，这句话立刻不胫而走。《七日谈》一开头讲的，就是塞（Sées）地的主教如何存心勾引有夫之妇。在这本书中，关于僧侣的风流故事，细数起来竟有十几个之多。在一个故事中，有一个人这样说："一看到僧侣我便给吓坏了。有错我也不向他们认，因为他们比谁都坏。"瓦西耶（Oisille）——玛格丽特于《七日谈》中用作其母的代名——虽然说过，"僧侣之中也有好人"，但在她的一本日记中，我们发现有下列这么一段："1522 年……谢天谢地，我和我儿算是认清了这批伪君子的真面目。这批伪君子，有时是白脸，有时是黑脸，有时是灰脸，有时是花脸……对这些脸，要不是上天庇佑我母子，我们真是无法分辨。若耶稣基督所言不爽，那么这必是最危险的一代了。"

然而，由于露易丝妮、弗朗索瓦淫、法国宫廷乱，教士阶级也找不到好榜样。法国国王是法国教士的首脑，上梁不正下梁歪，实为理所当然。1516 年，弗朗索瓦自教皇利奥十世那里，取得任命法国地区主教和修道院院长之权。弗朗索瓦既使宗教为政治服务，则对宗教领袖的生活行动自不便干预。事实上，利奥十世与弗朗索瓦所订的条款，已使法国天主教脱离罗马教皇而归法国统治。基督教国家化，德英两国不知道流了多少血才争取到，弗朗索瓦不费吹灰之力便得到了。弗朗索瓦获致此项成果，比路德发动改革还早一年。法国教会尽管名义上不叫新教，实质上已与新教差不了很多。站在国王的立场而言，法国新教徒对法国还能有何贡献？

谈到法国新教教义，事实上远比路德教义还早。1512 年，雅各·勒菲孚生在皮卡第（Picardy）的埃唐普（Etaples），后来任巴黎大学教授。他以拉丁文译《保罗书信》并加注释。勒菲孚可说是路德的先驱，他说，灵魂的获救，靠的不是善行而是信心。信上帝的恩典，信耶稣基督为人类所做的牺牲。圣餐中，他说，基督的体现，并非神父以面包和酒所化，而是其事迹精神的感召。他呼吁回到《圣经》，这点和路德一模一样。他主张，以《新约》来刷新基督教，让基督教从中世纪的传说神话中解放出来。这点又与伊拉斯谟相同。1523 年，他将《新约》译成法文。一年后，圣诗也因他而出了法文版。他对教士曾大肆批评："世间最可耻之事，只有主教们才做得出来。他们领导人们酗酒、赌博、打猎、嫖妓！"巴黎索邦神学院指他为异端，他逃往斯特拉斯堡（1525 年）。玛格丽特替他游说，法国国王将他召回，令他管理布卢瓦图书馆，并做皇家子弟的家教。1531 年，新教徒闹事，法国国王大怒，由于害怕他跑到玛格丽特那里寻求庇护。此后一直跟着玛格丽特。他死于 1537 年，死时 87 岁。

纪尧姆·布里松内（Guillaume Briçonnet）是勒菲孚的关门弟子。于 1516 年出任摩莫（Meaux）的主教。他的一切行事完全从其老师所教。经过 4 年的准备，他认为改革时机已趋成熟，于是任命一班著名的宗教改革者如勒菲孚、法雷尔、路易·贝尔奎恩、杰拉德·鲁塞尔、弗朗索瓦·凡塔布等担任有俸圣职，同时，鼓励他们以回到《福音书》为布道目标。对这件事，玛格丽特曾为他喝彩，聘他为她的属灵指导。但巴黎大学神学院，巴黎大学的实际统治者，宣布路德有罪时（1521 年），布里松内却叫他的党羽站在教廷的一边。因为就他看来，教会的统一远比改革重要，他的看法，可以说也就是伊拉斯谟和玛格丽特的看法。事实上，巴黎索邦神学院无法禁止路德思想横越莱茵河。学生、商人，把来自德国的路德著作，当作每天的新闻。自巴塞尔运来的路德著作，在法国到处都可买到。不满现状的工人，拿着《新约》当革命经典。他们最听得入耳的，就是社会上人人平等的乌托邦福音。1523 年，布里松内主教在其教堂门口贴出一通教皇赎罪令时，一个摩莫地方的梳羊毛工人让·勒格雷（Jean Leclerc），前来一手把它撕掉，同时换上一张"教皇是基督叛徒"的标语。勒格雷当场被捕。巴黎议院在他额头上烙了几个字后，把他放了。他迁移至梅斯，在那里，当颂圣队伍准备敬香时，他把所有圣像都捣毁了。他得到的惩罚是砍掉右手，割去鼻子，两个奶头用钳子钳起来，头上戴个炽热的铁箍，最后，被活活烧死（1526 年）。1526 年至 1527 年，有不少人以"亵渎神明"或拒向玛利亚及圣徒祷告等罪，在巴黎受火刑。

对这类处罚，法国老百姓似乎并不反对。他们认为，异端专在剥夺穷人的希望，受罚是罪有应得。在法国中产阶级观念的支配下，没有路德思想产生的背景。至于反对教皇专制勒索，经过弗朗索瓦与利奥所订的条款，目标已经达到了。这时，加尔文在日内瓦尚未得势，对法国还谈不到有何影响。反对正统的人虽曾获部分贵族支持，但尚无所作为。因为这些贵族面薄心软，要他们动手变更宫廷和人民的信仰则办不到。弗朗索瓦对路德思想的容忍是有限度的，那就是绝对不容许它对法国社会与政治有所威胁。其实，他也是个怀疑派。他怀疑教皇的威信，怀疑赎罪券的买卖，怀疑炼狱的存在。他对新教徒容忍，也许还有一个理由，即以此为武器打击教皇对查理五世的示惠。他极器重伊拉斯谟，请他出任新设立的皇家学院院长，同意他说的发展教育与宗教改革并重，但这两者均宜按部就班实施，以免造成人民分裂，及削弱教会在维护社会秩序和提高个人道德上的影响。"国王和母后（露易丝），"玛格丽特 1521 年写信给布里松内说，"对宗教改革颇具好感。"路易·贝尔奎恩因翻译路德作品的罪名于 1523 年遭巴黎大学神学院逮捕时，玛格丽特曾通过国王将其释放。不过，德国农民暴动——新教宣传的结果——发生时，弗朗索瓦怔住了。在他出征意大利前——此次出征在帕维亚遭受溃败，他即命令主教在法国杜绝路德一切活动。在法国国王被囚于马德里期间，贝尔奎恩再度被抓，但又因玛格丽特之助获得自由。从马德里回来的弗朗索瓦，一度对自由非常重视。这次他能回来，得力于他姐姐的营救，因此，凡是他姐姐重视的人，他也不吝加以青睐。他下令废止对勒菲孚和卢塞尔的放逐令，把他们召了回来。这项举动使玛格丽特相信，宗教改革运动将在法国得胜。

但不久，弗朗索瓦变卦了。他走回旧教，有两大原因。第一，他需要一笔钱赎回他的两个孩子，他们因为换取他的自由，目前被查理扣为人质。教士阶级答应给他 130 万利维尔，但附有一个条件，要他坚决反对异端。1527 年 12 月 16 日，他接受了这笔钱答应了这个条件。第二，1528 年 5 月 31 日，一件事使他感到震惊。圣热尔曼教区一座教堂门口圣母圣子两尊雕像的头，一夜之间不见了，老百姓怒吼着要复仇。弗朗索瓦一方面悬赏 1000 克朗捉拿罪犯；一方面亲率教士、官员、贵族、百姓用银为圣母圣子雕像修复所缺之头。巴黎索邦神学院趁机又把贝尔奎恩抓起来，同时，弗朗索瓦有事他往时，该院就在布卢瓦把这个顽固的路德派活活烧死（1529 年 4 月 17 日）。该院这样做，纯系取悦暴众。

弗朗索瓦对新教徒的态度，常随外交关系而变。1532 年，他因讨厌教皇克莱门特七世与查理五世的合作，一方面与德国路德派诸侯谈和，一方面容许玛格丽特的门客卢塞尔在卢浮宫前传道。巴黎索邦神学院对此提出抗议，他反而把该院负责人逐出巴黎。1532 年 10 月，由于克莱门特对他很不错，于是他又答应以严厉手段镇压法国新教徒。11 月 1 日，尼古拉·科普在大学里发表亲路德演说，巴黎索邦神学院对此提出抗议，这次他的做法可不是放逐该院负责人，而是下令把演说者处死。接着，他与查理发生严重争执时，他却派纪尧姆·杜·贝莱——赞成宗教改革者，到维滕堡和梅兰希顿接头，希望梅兰希顿搞出一套新旧两教都可接受的观念，为旧教的法国与新教的德国联盟铺路（1534 年）。梅兰希顿同意照办。与此同时，法国改革者中一个极端派，在巴黎、奥尔良及其他城市大肆活动。他们甚至在国王寝宫的门上大贴废止弥撒、打倒偶像、打倒教皇及所有天主教教士阶级的标语。标语称教皇及教士为："吸血虫……叛徒、狼……撒谎者、亵渎神明者及灵魂的谋杀犯。"（1534 年 10 月 18 日）弗朗索瓦火了，一个命令，把所有嫌疑分子抓起来。在这个命令之下，法国监狱处处人满为患。出版商也遭了殃，在一段时间内，老板被关起来，什么东西都不许印。玛格丽特、马罗及许多温和派新教徒，联合起来谴责这次标语的张贴者。1535 年 1 月 21 日，从国王起，王子、外国使节、贵族、教士，燃着烛，排着队，默默地、庄严地，齐赴巴黎圣母玛利亚教堂，举行赎罪弥撒。弗朗索瓦宣称，如果他发现任何人，甚至他的孩子有窝藏异端的事情，他保管叫其人头落地。当晚，6 位新教徒在巴黎被执行火刑。行刑方式很恐怖："他们把这些新教徒先吊起来，然后在底下烧火；当火正旺时，才把他们一一放下来；但当烧着以后，又把他们拖上去，这样让他们不生不死地受罪。"1534 年 11 月 10 日至 1535 年 5 月 5 日，巴黎烧死的新教徒为数多达 24 个。太残酷了，残酷得连教皇保罗三世都看不过去。他派人劝止弗朗索瓦，不必要的酷刑应予停止。

1535 年还未告终，弗朗索瓦的态度又变了。他再度向德国新教徒示好。7 月 23 日，他写信给梅兰希顿，说他欢迎梅兰希顿来法国，"和我国博学之士共聚一堂，以商重建教会的百年大计"。梅兰希顿没有来，也许他怀疑弗朗索瓦把他当作与查理斗法的工具，也许他被路德和萨克森选帝侯劝止。他们说："法国人所走的，不是福音教派的路，而是伊拉斯谟的路。"这种话，对于玛格丽特、勒菲孚、卢塞尔等人而言是对的；但对于法国南部的激烈分子及加尔文派的法国新教徒而言则不然。1538 年，弗朗索瓦与查理讲和后，他再不姑息任何新教徒了。

在弗朗索瓦统治时期，法国发生了一桩最不名誉的事件。这桩事件的酿成，大部分应由弗朗索瓦负责。12 世纪，彼得·韦尔多（Peter Waldo）创立了一个类似清教徒的教派，这个教派称韦尔多教派。目前这个教派在皇家的庇护下，尚在普罗旺斯沿迪朗斯河（Durance）的三十几个村内存在。1530 年，这个教派的教徒开始与德国和瑞士的宗教改革者往来。两年后，他们根据布塞尔和奥科兰帕迪乌斯的理论，起草了一个修道誓约。教廷派代表组织宗教法庭调查他们，他们请国王主持公道。弗朗索瓦令宗教法庭不要判他们死罪（1533 年）。但土尔农红衣主教认为，这些人有阴谋推翻政府之嫌，于是建议弗朗索瓦下令，在所有韦尔多派教徒中，确定犯异端之罪者即当处死。弗朗索瓦是优柔寡断的人，经这一说，他便听了。1545年1月1日，敕令颁了下去。普罗旺斯的艾克斯法院法官对此令的解释是，凡属韦尔多派教徒均须一律处死。法院下令士兵行动，士兵最初拒绝执行。后经法官尽力劝诱，于是他们同意杀一部分。但一开刀便止不住了，最后终于变成了大屠杀。4月12日至18日，不过一个礼拜工夫，好些村落便杀得鸡犬不留。在一个村落里，男女老幼800人，完全杀得干干净净。两个月内，杀了3000人，夷平了22个村落。700个壮汉，被罚去做苦工。25名妇女，吓得躲在一个山洞里。被发现后，士兵在洞口堆上干柴，一放火便通通闷死在洞里。关于这桩事，新教的瑞士和德国均大提抗议，但弗朗索瓦自西班牙收到贺电。一年后又有一小群路德教徒，在摩莫聚会被发现。领导者为曾受烙印的让的兄弟皮埃尔·勒格雷（Pierre Leclerc）。对这小群人，又是8个受拔舌处分、14个受尽折磨后活活烧死（1546年10月7日）。

用这种残酷手段压制，显然是失败的。新教教义被烈士鲜血染红后，信仰的人反而越来越多。尽管恐怖花样日日翻新，新教徒仍处处秘密集会。1530年，里昂、波尔多、奥尔良、兰斯、亚眠、普瓦提埃、布尔日、尼姆、罗谢尔、索恩、第戎、图卢兹，遍地都是新教徒。弗朗索瓦死时，他可能已感觉到，他留给他的孩子的，不但是与英、德、瑞士的冲突，而且是一片滋长在法国老百姓心中的敌意。

龙争虎斗（1515—1526）

以弗朗索瓦好大喜功的天性，在法国的皇冠上，除缀上米兰这颗宝石外，最好还加上那不勒斯。路易十二曾满足于法国的自然边界，换句话说，让法国的主权只到阿尔卑斯。但弗朗索瓦对这一说法不同意，他即位后，即向马克西米连·斯福尔扎（Maximilian Sforza）公爵说：我要米兰。公爵当然不答应，经过几个月的准备，弗朗索瓦组成了一支大军。1515年8月，他率领大军，取道一条新而危险的小径——

许多地方要用炸药炸开才能通行，越过阿尔卑斯进入意大利。在距米兰9英里处的马里尼亚诺，弗朗索瓦碰到了斯福尔扎的瑞士雇佣兵。经过两天（9月13日至14日）的厮杀，由于法国大军几乎从天而降，一下就叫瑞士雇佣兵躺下了1万多。弗朗索瓦身先士卒，使法国人个个奋勇争先。结果，法国人胜利了。胜利的君主，照例在战场上对特殊勇敢的人，要封之为骑士。但弗朗索瓦在封别人前，却来了一个史无前例的举动。他一下跪倒在巴亚尔领主皮埃尔之前说："请借你那赫赫有名的骑士之手封我，别害怕，别拒斥。"巴亚尔领主说："依照职级，我王是爵士之上的最高爵士，哪有降其尊荣而求封之理。"这位21岁的统治者，却坚持如果不封便不起来。于是领主只得遵照传统仪节，将他封为骑士。领主把他自己的剑解下来说："剑呀剑，你现在已成万代不朽之宝，你获得了举世无双的荣誉，我应好好把你保存起来。因为今天，一位英俊威武的王，因你而变成骑士，此后，除非奉命征讨土耳其、莫尔及萨拉逊，否则我不敢再用你了！"弗朗索瓦以征服者姿态进入米兰。他把战败的公爵送回法国，为了表示宽大，他赐予他一份丰厚的年金。征服米兰后，弗朗索瓦又连下帕尔马和皮亚琴察。最后，在博洛尼亚与教皇利奥十世签订条约，签约仪式无比隆重。这项条约在教皇和他看来，都是一项了不起的外交胜利。

弗朗索瓦奏凯归国。这次胜利使他不但成为法国人崇拜的偶像，也成为全欧洲的英雄。勇冠三军，统帅而能与士卒同甘共苦，士兵对他佩服得五体投地。这次胜利，他本可大吹大擂，但他尽量约束自己。他自己毫不居功，对别人则不吝赞美。弗朗索瓦虽有着许多优点，却有着一大缺点：过分爱名。由于过分爱名，他冒昧问鼎皇帝宝座，梦想做查理一世——西班牙及那不勒斯君主、法兰西和荷兰伯爵兼神圣罗马皇帝——因为这样，便可要求伦巴底和米兰的统治权——他终日神魂颠倒。为了实践皇帝美梦，他便不能不与查理五世角逐，角逐需要贿赂，在贿赂上，查理花的钱比他多，因此，抢去了皇帝头衔（1519年）。皇帝头衔给查理抢去，使法国四面受敌。弗朗索瓦与查理的这项角逐，使西欧长期陷于动荡不安。这项角逐直到他逝世前3年才结束。

查理与弗朗索瓦之争，说来也非毫无缘由。在查理未当选神圣罗马皇帝前，他就向法国要求勃艮第的统治权。他据以要求的理由是，这项统治权是属于他祖母——号称"勇士"查理之女——玛丽的。米兰，谁也不许动，因为那是皇帝的采邑。查理据有的西班牙领土那瓦拉，弗朗索瓦则认为应归还他的属侯亨利·德·阿尔伯特。除了这些枝枝节节的问题外，最大的争端在于：谁是欧洲的主人？查理说是他，弗朗索瓦说是他。另外，土耳其人说，是苏里曼。

弗朗索瓦先动手。鉴于查理在西班牙有政治革命，在德国有宗教革命，于是他派兵越过比利牛斯进占那瓦拉。这支部队失败了，失败的原因，是统兵之将罗耀拉身受重伤（1521年）。另外一支部队，南下守米兰，由于粮饷不继，以致全军叛变。拉·比科卡（La Bicocca）一役，法军全被解决。自此，米兰落入查理之手（1522年）。更不幸的是，米兰法军守将也投降查理。

波旁公爵查理，是那个在1589年至1792年统治法国的权贵家族之长。其拥有的财富，仅比国王次一等，他手下有500位贵族。他是法国最大最强同时也是硕果仅存的一位公爵，因此在很多方面国王也得尊重他的意见。他屡从弗朗索瓦出征，由于英勇过人，特别在马里尼亚诺一役中，有着非常的表现，因此甚获弗朗索瓦器重。不过，波旁查理对统治很外行。他的粗暴统治使米兰人感到难以忍受。在米兰，他垫出了10万利维尔。这笔钱希望从国库取偿，结果希望落空。弗朗索瓦怕他造反，把他召回法国。不知是有意还是无意，弗朗索瓦竟公然给他难堪。波旁查理所娶为波旁的苏珊娜（Suzanne）。苏珊娜从母亲那里继承了一大笔财产，但其母在遗嘱中说，苏珊娜若死无嗣，这笔财产即归于王。1521年，苏珊娜果死无嗣；却留了一份遗嘱，言明她的遗产，全部归由其夫继承。弗朗索瓦及其母出面抢夺这笔财产，他们主张，遗产应照苏珊娜之母的遗嘱处分，但波旁查理则据其妻的遗嘱为对抗。事情闹到巴黎法务院，法务院判决对波旁查理不利。弗朗索瓦愿意折中处理：遗产归我所有，但一切收入当波旁查理在世时，完全任其享受。弗朗索瓦之母更说，如波旁查理将这份遗产赠她，她愿意再做他的新娘——这时她 51 岁，波旁查理 31 岁。波旁查理对这两种办法都不接受。神圣罗马皇帝，查理五世，这时对这项争论插手了。他的建议是：波旁查理如同意与他妹妹埃莉诺拉（Eleonora）结婚，他愿以帝国全部兵力为后盾，帮他争夺这项继承权。波旁查理同意了。他趁夜越过边界，到达查理五世那边。查理五世以帝国将军的名义，派他驻守意大利（1523 年）。

弗朗索瓦派邦尼维特——玛格丽特的情人——去攻击他。这位情场健将在战场却不堪重用。他统率之兵在罗马纳诺（Romagnano）一战而溃。溃退时，担任后卫的拜亚德·巴亚尔骑士身受致命重伤（1524 年 4 月 30 日）。波旁查理清点战场，发现了这位骑士。他可怜他，安慰他。但他说："我的公爵，我固然可怜，因为我快死了，但我看你比我更可怜。因为，我死是为国而死，你生则虽生犹死，因为你背叛国家，背叛王，背叛自己的誓言。"波旁查理听此，急急掉头而去。他走时，还把通往法国桥梁全行焚毁。波旁查理与查理五世及亨利八世订约：相机三路进兵攻打法国；胜利后，土地由三人均分。进兵时，波旁查理打的是普罗旺斯。先占艾克斯，后进围马赛。由于前有坚城，后乏粮秣，最后溃败了。既败之后，只好收拾残兵迫守意大利（1524 年 9 月）。

弗朗索瓦此时认为可趁机追袭波旁查理，夺取米兰。但他不该听邦尼维特的建议：先攻帕维亚，再从南方取米兰。1524 年 8 月 26 日，弗朗索瓦进围帕维亚。帕维亚坚固无比，法军于是屯兵坚城之下，费时 4 个月毫无进展。既不能进，又不能退，敌人——波旁查理、洛尼的查理（那不勒斯总督）、佩斯卡拉的马基——集结了 2.7 万余众。2.7 万敌军出现于法军之后。1525 年 2 月 24 日，弗朗索瓦发现前后受敌，想退已经来不及了。敌人前后夹攻时，弗朗索瓦英勇一如往昔。激战中，经他手刃的敌人不知有多少。可是，由于前禁后攻，部队施展不开，单凭其一己之勇显然无济于事。他的步兵炮兵挤在一堆，使法军赖以制胜的大炮一点也不能发挥威力。法军动摇。带头逃命的，是担当后卫的阿隆松公爵。弗朗索瓦亲自督导残兵作战，随侍他的只有少数勇敢的贵族。一阵激战下来，法军伤亡惨重，弗朗索瓦的脸上手上、腿上都挂了彩。战争持续下去，人虽不困，马却乏了。弗朗索瓦在马累倒后，犹独自持剑步战。御前侍卫一个继一个倒下，最后他真成了个孤家寡人。敌兵像蚂蚁般把他围着，他们正要致他于死时，一位敌军军官认出了他。这位军官把他护送到洛尼查理处。洛尼查理给他深鞠一躬，便解除了他的武装。

弗朗索瓦被囚于克雷莫纳（Cremona）附近的皮齐盖托内（Pizzighettone）的森林中。这时，他获准写信给他母亲——在他出征期间的法国代理统治者。那是一封脍炙人口的信：

（致法国摄政）

母后，接到此信，你应知对儿之苦难如何自持。儿今留存于世者，除荣誉及生命外，已无一物。为于苦难中，得慰慈怀于万一，儿故请求草措此信。……母后明智，祈勿愤激，盖儿深信，上帝仁慈，绝不我弃……

这封信，曾被后人广泛引用——善意的、恶意的。玛格丽特也收到一封与此大同小异之信。信发出后不久，回信来了：

我们的主：昨天接读你的来信，我们感到无上快慰。信中最使我们感到快慰的一点，就是知道你很健康。你知道，你的健康是我们生命所系。现在，我们任何思虑都没有，除衷心赞美上帝外，就希望继续听到你的好消息。上帝既以我们三人为一体，则此一体即不容分开。现在，我们是以2/3，写信给我们的1/3。

在此，容我们谨附上对你的爱。我们是你的妈妈和姐姐，同时也是你忠顺的仆人。

露易丝，玛格丽特

对此刻在马德里的皇帝，弗朗索瓦也写了封信。这封信异常谦卑："一个身为臣虏的法兰西王，特请陛下开恩赐还……陛下留臣于此，不过为一个无用之囚徒。设若仍使臣王法兰西，则臣必率法兰西永为陛下忠诚的奴仆。实则如何，幸陛下图之。"由这封信，可见弗朗索瓦身处逆境并无任何气节。

查理五世接到胜利消息时，他颇为沉得住气，左右都说值得大大庆祝，他并不许可。据说，他摒弃从人进入寝宫，唯一之事就是跪下来祷告。他立刻拟定议和条件及释放法国国王的条款：（1）法国应割让勃艮第，并放弃对佛兰德斯、阿图瓦及意大利的请求权；（2）法国应承认波旁公爵要求的一切土地及权利；（3）法国应同意让普罗旺斯和多菲内（Dauphiné）为独立国；（4）法国应归还所有原属英国之土地，如诺曼底、安茹、加斯科涅及吉耶讷等；（5）弗朗索瓦应答应与皇帝结盟对抗土耳其。他把写好的条款分送弗朗索瓦与露易丝。露易丝的回答是，法国绝不轻易放弃寸土；如启战端，愿牺牲至最后一人。想不到这位老人，对此事的处理，如此明智果决，以致法国人因此原谅了她过去所犯的一切过错。她立即动员全国兵马，对可能遭受攻击的据点严加戒备。为转移查理五世对法国的注意力，她劝土耳其的苏里曼，暂勿进攻波斯，而把军事矛头指向西部。我们不明白为什么苏里曼会听她的，但 1526 年，他果然进兵匈牙利，同时于莫哈奇大败基督教联军。这一来，如果查理五世要打法国，那就会惹起基督世界的公愤。露易丝这时更向亨利八世和克莱门特七世说，如果让查理五世的领土要求实现，英国和教廷必将大受其制。亨利觉得有理，再加上露易丝答应给他 200 万克朗作"赔款"的条件下，他与法缔结攻守同盟（1525 年 8 月 30 日）。露易丝外交手段之厉害，确使世人为之侧目。查理五世对此也只有甘拜下风。

在查理五世、洛尼及露易丝三方面同意下，弗朗索瓦的囚禁地点转移到西班牙。1525 年 7 月 2 日，弗朗索瓦到达巴伦西亚时，查理五世曾有一封很客气的信给他。尽管信上很客气，待遇却很不客气。弗朗索瓦被囚在马德里的一座古堡内，囚室非常狭隘。在武装看守监视下，每天只有一段时间放风。放风时他可以骑骑骡子。弗朗索瓦请求查理接见一次，查理满口答应，接见却遥遥无期。为了便于索取高价，他有时下令将弗朗索瓦关上两个礼拜不放风。露易丝建议由她出面商谈，查理认为她不好对付而不接受。在查理看来，从囚犯身上打主意比较便利。露易丝曾向查理说，玛格丽特现正孀居，"如能使小女侍奉箕帚，实为所愿"，但他中意的是葡萄牙的伊萨贝拉小姐，因为伊萨贝拉不但有 90 万克朗的嫁妆，而且要结婚立刻便可结婚。被囚禁了两月之后，弗朗索瓦病倒了。病得很严重。西班牙人都说查理手段太毒辣，因此反而同情弗朗索瓦。弗朗索瓦一病，西班牙有不少人为他祈祷。查理自然也为弗朗索瓦祈祷，因为万一他死了，这笔政治竹杠便敲不成了。他为此去探视弗朗索瓦。他答应他，不久就会开释，同时准许他姐姐来看他。

1525 年 8 月 27 日，玛格丽特自艾格莫尔特湾（Aiguesmortes）起航，抵巴塞罗那后，坐轿沿崎岖小径，走遍了半个西班牙才到马德里。在这段艰苦行程中，她以吟诗和给弗朗索瓦写信来安慰自己。在给弗朗索瓦的信中，她有下列句子："为了你，我愿付出一切，即使粉身碎骨，我也绝不畏缩。想到能为你效劳，我便感到安慰和荣耀，因此一切艰难困苦，我都可以克服。"最后，她终于在牢中看到了她的弟弟。玛格丽特初见弗朗索瓦时，病已大有起色，但至 9 月 25 日，病情忽然加剧，弗朗索瓦陷于弥留状态，眼看就要去世。玛格丽特跪下来祈祷，左右甚至已请来行临终圣礼的神父，但病况又奇迹般地转好起来。玛格丽特陪了弗朗索瓦一个月，最后到托莱多去见皇帝。查理这时获知英法联盟，他对露易丝的大胆作风极表愤怒，因此，对玛格丽特的求见非常冷淡。在这种情形之下，一切口舌当然均属白费。

现在，弗朗索瓦手上只剩一张王牌。这张王牌一打，他显然有被终身监禁的可能，但一切方法都已不灵，只有打出碰碰运气。在叫玛格丽特尽速离开西班牙后，他于 1525 年 11 月签署了一封信：法国王位传给太子弗朗索瓦二世；由于太子年仅 8 岁，指定露易丝为摄政；露易丝设有不幸，摄政一职交给玛格丽特。查理看到这张王牌慌了，弗朗索瓦一旦放弃王牌，囚他还有什么价值？为了保全弗朗索瓦的利用价值，查理以弗朗索瓦和他签订《马德里条约》(*The Treaty of Madrid*) 为条件而放还弗朗索瓦。1526 年 1 月 14 日签订的《马德里条约》，内容除前所照会露易丝者外，尚加上一条以弗朗索瓦两个最大的儿子为人质。弗朗索瓦为坚查理之心，还同意与查理之妹，葡萄牙孀后埃莉诺拉结婚。最后，弗朗索瓦还赌咒，如果他不忠实履行条约，愿上帝罚他再到西班牙坐牢。事实上，1525 年 8 月 22 日，他就预先写了一份诏书交给他的侍卫保管，诏书说："举凡我签署的条约、协约、否认状、赦令、废除令、法规部分适用令及各种盟誓，如与我本人的荣誉及法国的利益相违背者，均属无效。"签订《马德里条约》前夕，他除特别把这份诏书念给代表他去从事协商的人听外，并宣称，这个条约的"是在武力强制、与终身监禁威胁下签订，因此，其中所载的一切，自然是无效的"。

1526 年 3 月 17 日，洛尼在西班牙伊伦（Irún）与法国昂代（Hendaye）交界的比达索阿（Bidassoa）河上，将弗朗索瓦交给法国宫廷官员罗德雷，并换取弗朗索瓦的两个儿子，弗朗索瓦二世和亨利。交接手续是在一艘船上举行，弗朗索瓦与二子挥泪道别时，船即径驶法国对岸。脚踏法国土地，弗朗索瓦一跃上马，即纵声欢呼："我又是王了！"马直奔贝约讷，那里露易丝和玛格丽特正期待着他。一切不过问，先到波尔多及科尼亚克休养 3 个月。他一方面，需要补一补，也得尽情玩一下。露易丝因与沙托布连的女伯爵（Comtesse de

Chateaubriand）不睦，这次特选了一个 18 岁的金发绝色宫女陪她来照料弗朗索瓦。这个宫女叫安妮·德海莉·德皮塞连（Anne de Heilly de Pisselieu），一来便取得了弗朗索瓦的欢心。一经宠幸，立刻便爬到沙托布连女伯爵埃莉诺拉的上面。从此，她在弗朗索瓦心目中所占的地位，即仅次于他母亲和姐姐。她在弗朗索瓦与埃莉诺拉婚姻关系之间极力周旋，她颇满足于弗朗索瓦和她的偶然幽会。为了掩人耳目，弗朗索瓦叫让·德布罗塞（Jean de Brosse）做她的丈夫，并封她丈夫为公爵，她为女公爵。公爵留下妻子，告退到一个遥远的地方去享受一笔财富时，弗朗索瓦再赐给他一个会心的微笑。

战争与和平（1526—1547）

《马德里条约》渐次公开时，查理五世简直成了众矢之的。德国新教诸侯，面对他势力的扩展感到恐惧。意大利反对他攘夺伦巴底的宗主权。克莱门特七世公开宣布，弗朗索瓦在马德里所赌的咒无效，同时参加法国、米兰、热那亚、佛罗伦萨及威尼斯筹组的《科尼亚克共同防卫联盟》（1526 年 5 月 22 日）。查理大骂弗朗索瓦不是人，一面下令虐待他留做人质的儿子，一面准备要弗朗索瓦再到马德里来坐牢。为了报复克莱门特，查理令他手下的将军准备采取行动。

一支由德国人和西班牙人组成的军队向南涌入意大利。这支军队用云梯攻入罗马（攻城时波旁公爵阵亡），把城内劫掠一空。此次劫掠之惨，远甚于以野蛮人著称的哥特人和汪达尔人所为。这支军队，除了杀死 4000 名罗马人外，还把教皇克莱门特囚在圣安杰洛。欧洲群情激奋，这时，留在西班牙的查理五世发言辩护，他说，这不是他的本意，他们之所以这样做，主要是由于待遇太差。但事实上，他在罗马的代理人不但把教皇从 1527 年 5 月 6 日囚禁到 12 月 7 日，而且释放时，还狠狠敲了行将破产的教皇一大笔竹杠——36.8 万克朗。教皇向弗朗索瓦和亨利诉苦，弗朗索瓦派罗德雷为将，率兵进入意大利，把帕维亚烧杀一空。弗朗索瓦报了两年前在此兵败被擒之仇，但把意大利人搞迷糊了：为什么法国盟友的行为，竟比德国敌人还糟？法军越过罗马，进围那不勒斯。城中缺粮，饿殍载道。弗朗索瓦的这种做法，惹恼了热那亚海军将领安德烈亚。他把他的海军投向查理五世，同时设法供应城中粮秣。那不勒斯稳住了。由于旷日持久，现在轮到法军缺粮。1528年，罗德雷苦战而死，攻意法军全行瓦解。这个阶段的欧洲，在老百姓串演的悲剧中，有时穿插着不少统治者的闹剧。弗朗索瓦恢复自由后不久，尽管他两个儿子尚在西班牙的布尔戈斯，但他向查理五世宣战。查理召来法国使臣恨恨地说："你们的王居然敢对我宣战！试问他是什么东西？他是我的囚犯……他是懦夫、无赖、小人！他和我订过《马德里条约》，却说话不算话。如果他还有一点点丈夫气，叫他单独和我挑战，我答应和他决斗。"这番话传到弗朗索瓦耳里，他派了一个使臣去和查理说："决斗就决斗。"查理指定了地点，要使臣告诉弗朗索瓦定日期。一场好戏似乎就要开锣的样子，但由于法国贵族不赞成，他们用种种巧妙的方法，阻挠信使的来往，以致这项决斗只有延到"太阳从西边出来的那一天"了。时代已不是从前的那个时代，国与国之间经济政治的利害千差万别，别说私人决斗，就是雇用佣兵，也已难解决问题。以大规模毁灭性战争，解决国与国之间的争端，是近世国家解决问题的方式。从这个观点来看，查理与弗朗索瓦的决斗不成，可以说是必然的。

保持和平需要技巧和智慧，这一点，世界上的男性统治者，该虚心向两位伟大的女性讨教。露易丝写信给荷兰摄政玛格丽特，拜托她传话给她的侄子——罗马皇帝查理，说弗朗索瓦情愿放弃对佛兰德斯、阿图瓦及意大利的请求权，并赔款200万克朗，以赎回他的两个儿子。玛格丽特对查理说了，但查理说，他要法国割让勃艮第，同时答应波旁公爵的要求。"何必呢？"玛格丽特劝她侄子，"你明知现在叫法国割让勃艮第办不到，提这个要求又有何用？至于波旁公爵的要求，目前公爵已死，何不做个顺水人情？"查理一想有理，于是就产生了《坎特伯雷协定》——赫赫有名的《夫人和平协定》(*La Paix des Damps*)。法国以工商业和老百姓的血汗钱，赎回了两位囚禁了 4 年的王子。他们随着自由带回的，是许多备受虐待的故事。这些故事曾使弗朗索瓦及整个法国大感愤怒。

弗朗索瓦四处结盟。对亨利八世，他致送了一笔抚慰金，以示没有邀他参加坎特伯雷协定的歉意。亨利八世这时正恨查理干预他的"离婚"，因此答应支持弗朗索瓦。不到一年，弗朗索瓦除英国外，又结了许多盟友：德国新教诸侯、土耳其及教皇。不过，教皇有点靠不住，因为在答应与弗朗索瓦结盟后不久，他又和查理做起朋友来。1530 年，他特别为查理加冕，在历史上，这是教皇为神圣罗马皇帝所做的最后一次加冕。加冕之后不久，鉴于皇帝威权太大，事实上查理已把意大利视为他的一省，于是，克莱门特又转而寻求与法国的结盟。为了表示他的诚意，他特别将他的侄女凯瑟琳许配给弗朗索瓦的次子奥尔良公爵亨利。1533 年 10 月 28 日，法国国王和教皇相会于马赛，教皇顺便给亨利及其侄女主持婚礼。一年后，克莱门特即蒙主召，弥留时，他尚依违于弗朗索瓦与查理之间。

身为神圣罗马皇帝的查理，目前 35 岁。1529 年，他获知土耳其人进围维也纳，是弗朗索瓦、露易丝及克莱门特七世策划围攻神圣罗马帝国的一部分时，用苏丹使臣对斐迪南的话来说，他简直给吓昏了。现在，弗朗索瓦更与突尼斯首领巴巴罗萨有联络。巴巴罗萨常出没于地中海西部，劫掠沿海城镇，攻击海上商船，不但抢东西，而且抢人去做奴隶。为了铲除这一基督世界的大害，查理毅然负起责任。他集结了他的海陆军，跨海攻击突尼斯。(1535 年)打下突尼斯，释放了沦为奴隶的基督徒 1 万余人。为了酬劳他的士兵，他纵容他们大肆劫掠。这次被屠杀的穆斯林，简直不计其数。在博纳和拉·戈莱塔留了部分守军，1536 年 4 月 5 日，查理即以对抗法国与伊斯兰教国家、基督教世界保卫者姿态凯旋罗马。弗朗索瓦这时一面重新提出他对米兰的请求权，同时派兵征服萨伏依公国(1536 年 3 月)，开辟进攻意大利的通路。这一来，查理气得火冒三丈，他在新任教皇保罗三世及所有红衣主教之前，一面剖析他缔造和平的苦心，一面历数弗朗索瓦的罪恶。他说，弗朗索瓦破坏《马德里条约》，破坏《坎特伯雷协定》，和教会叛徒（指德国新教诸侯）结盟，和基督教世界敌人（指土耳其和突尼斯）结盟。最后，他又要求弗朗索瓦和他决斗："让我们不要再流无辜百姓的血。让我们面对面解决争端。用什么武器由你挑选。……决斗之后，让德、法、西班牙组成联军，一方面对付土耳其，一方面根除基督教世界的异端。"

查理的这番话说得很微妙，因为他可迫使教皇不得不和他站在同一条阵线。不过谈到他和弗朗索瓦决斗，大家都感到不合时宜。1536年7月25日，查理以5万大军入侵普罗旺斯。他的战略是沿罗讷河而上，对萨伏依地区法军行侧翼攻击。法军守将昂·德·蒙莫朗西自量兵力不如查理，于是采坚壁清野政策。查理一来，他便撤退，退时将所有物资全行带走。部队经常吃不饱，进无所获，查理只好知难而退。保罗三世欲使查理全力对付土耳其和新教徒，促使弗朗索瓦与查理讲和。他将这两位巨头请到尼斯，让他们各住一间防范严密的房子，由他来往传话，而产生了一个10年休战公约（1538年6月17日）。休战公约签订后一个月，在埃莉诺拉——对这方面来说是夫妻，对那方面来说是兄妹——的安排下，两巨头以私人身份在艾格莫尔特见面了。这次，他们不谈权势只叙亲情，气氛显得非常轻松愉快。查理蹲着去抱弗朗索瓦的幼子。弗朗索瓦以一颗价值连城的大钻戒送给查理。戒指上刻有几个字"爱的凭证与表征"。查理收了戒指，立刻从他颈上把一条金羊毛项圈取下，替弗朗索瓦戴上。他们一道上教堂望弥撒时，全城人为和平而欢呼："皇帝万岁！国王万岁！"

1539年，根特背叛查理，与布鲁日及伊普尔（Ypres）联合，向法国投诚，但弗朗索瓦拒绝接受。一次，查理欲从西班牙返回内地，但海道为叛兵所阻。弗朗索瓦获知，即向他建议，请他由法国通行。有人建议弗朗索瓦，查理通过时，半途将他劫持起来，逼他把米兰割让给奥尔良公爵。可是，弗朗索瓦说："人情做到头，打鸡抹断喉。"弗朗索瓦有个弄臣叫特贝利特（Tribouillet），这时在其《呆瓜日记》（*Fool's Diary*）上这样写："他（指查理五世）如果假道法国，便是一个比我更呆的呆瓜。"弗朗索瓦笑问："假如我让他顺利通过？""那就需要修改了。""怎么改？""我就把查理的名字抹去，而补上陛下的名字。"弗朗索瓦终不为所动。他不但让查理顺利通过，而且令沿途城镇设宴款待。

　　然而，这段交情在帕维亚附近西班牙守军捕到一名法国密使时便告结束了。因为这位密使，持有法国国王同意与苏里曼联盟的函件（1541 年 7 月）。这段时期，巴巴罗萨又开始攻击意大利沿海城镇。查理率领一支舰队自西班牙出马洛卡岛（Mallorca），想一举击灭巴巴罗萨。但天不从人愿，中途遇风只好空手而回。从这时起，查理的运气即走下坡。1539 年，他最宠爱的皇后死了，他自己的健康也江河日下。1542 年，弗朗索瓦欲取米兰而对查理宣战。站在法国一边的有瑞典、丹麦、戈尔德兰、克勒夫、苏格兰、土耳其及教皇。站在神圣罗马帝国一边的，只有亨利八世，亨利八世答应和他并肩作战还是附有条件的。令查理伤脑筋的还有一点，西班牙议会拒绝为他筹措战费。1543 年，土法联合舰队进围尼斯——尼斯现为皇帝领土。尼斯之围虽解了，但巴巴罗萨及其穆斯林军队攻陷了土伦。他们不但在土伦过冬，而且就在那里拿基督徒当奴隶拍卖。为了挽回颓势，查理大动脑筋。他首先将教皇争取过来。其次，答应不问重婚之罪而获得菲利普的支持。在打垮克勒夫公爵后，他便集中全力来对付弗朗索瓦。1543 年 10 月，弗朗索瓦发现同盟离心，敌势益强，于是掉头就走。查理本可进摄其后，但现在又面临部队补给的难题，于是趁势提出和平条款。1544 年 9 月 18 日，查理与弗朗索瓦签订《克里皮条约》（*The Treaty of Crépy*）。条约中言明，法国国王放弃对佛兰德斯、阿图瓦及那不勒斯的请求权；皇帝放弃对勃艮第的请求权；皇帝的公主下嫁法国之子，并以米兰为嫁妆——以上安排是可于 1525 年达成的，如那时做成，必可少流许多血。现在，查理便有工夫到缪赫尔堡（Mühlberg）去对付新教徒了。意大利画家提香，在这里描绘的皇帝是：虽已饱经忧患，体力衰颓，但仍志得意满，豪气万丈。从神情上观察，查理这时显然还没有患上要命的关节炎。

至于弗朗索瓦，显已奄奄一息。整个法国也是如此。就某个角度观察，弗朗索瓦样样都有，只是没有一样：荣誉，因为法国在他领导下，骑士精神已荡然无存。土耳其人西来之事不怪他，纵无他的邀请，他们也会来的。土耳其人西来，帮了弗朗索瓦一个大忙——替他牵制住了皇帝。假若皇帝不受牵制，西班牙宗教裁判所必已遍布于佛兰德斯、荷兰、瑞士、德国及意大利。在弗朗索瓦的领导下，法国步入了前所未有的富强康乐之境，但也正是他，把法国推向了破产和战争边缘。他临终前一个月，一面和查理握手言欢，一面却派人送 20 万克朗给德国新教徒，暗嘱他们反抗查理。他和查理是一对天生的马基雅维利信徒。他们相信，政治家为了保国卫民，可以不受一切道德规范的限制——尽管这些道德规范是他们期望他们国民信守的。弗朗索瓦几度使法国陷于战火，法国人并不埋怨。法国人不赞成他的，是他及他宫中的奢靡作风和排场。自 1535 年起，法国人提到他便摇头。

然而，弗朗索瓦还在醉生梦死。在他临死前几年，尚拼命在枫丹白露大兴土木。那里的宫殿精雕细镂，使意大利人见了都会眼红。弗朗索瓦找来一大群年轻漂亮的女人，成天置酒取乐。1538 年，他染上了梅毒，悬雍垂（uvula）溃烂，说话结结巴巴。他想尽方法医治，甚至采用巴巴罗萨建议的水银丸，但终归无效。毒疮溃烂，臭气熏天，由于精神受到影响，他原来明亮的眸子变得暗淡无光。他本来不信神，现在却信起来了。每吃东西他都提心吊胆，因为，他疑心宫人会为讨他继承者的欢心而对他下毒。朝臣趋向太子，大大使他伤心。他怀疑大家希望他速死。拉姆伯雷特（Rambouillet）是他最后养病的所在，当他知道他不久于世时，他召来了太子，他叮嘱他不可受女人控制，因为他知道，太子对狄安娜·布瓦迪耶（Diane de Poitiers）正爱得入迷。说完，做了一个简短的忏悔，接着便咽气了。吉斯公爵弗朗索瓦，站在门口对隔壁房间里的人低声说："老骑士过去了。"弗朗索瓦得寿53岁，统治法国足足32年。弗朗索瓦在世时，法国人感到32年实在太多了，但自他逝世后，大家又对那段日子怀念不已。弗朗索瓦一生爱美，他即使有错，也错得可爱。在法国人的观念中，弗朗索瓦和法国已混而为一。

同年，英国国王亨利八世逝世。两年后，轮到弗朗索瓦的姐姐。弗朗索瓦病危时，玛格丽特住在昂古莱姆。她听到弟弟病危消息时，她几乎吓得失去了理智。"谁能去把我弟弟法国国王健康的消息给我带来？他来时，无论他身上多脏多臭，我都会抱他吻他。我要把他当作全法国最大最好的人来款待。……为了带来这个消息，他可能累了乏了。他需要休息，我要把我的床借给他。我宁可躺在地板上，听他讲述这个好消息。"派到巴黎去打听消息的人回来了。他们商量好骗她。他们说，王的龙体非常健康。好消息没有说完，其中一个修女掉下了一滴眼泪。这滴眼泪，揭穿了所有美丽的谎言。玛格丽特在一所修道院整整待了40天。在这些日子中，她整天和修女诵经礼忏。

回到坡市和涅拉克，她眼看丈夫花天酒地，女儿放荡不羁，除祈祷忏悔外，别无他法。在过去，她的思想行动虽不能算是一个十足的新教徒，但和一般新教徒已差不了多少。可是现在，她觉得足以安慰她的，还是充满神秘色彩的天主教仪式。在香烟缭绕中，聆听迷人的圣乐，可以把人带入一个静谧的境界。加尔文教派正向法国南部蔓延。对这个教派她感到吃惊。为了追求内心的宁静，她拾取了儿时的信仰。1549年12月的一天，她眼看一颗彗星划过天际，接着即发高烧。死，对于这个享尽荣华富贵、历尽世事沧桑的人来说，已不算是什么了。下面这首诗，是她临死前几年写的，从诗中我们可以看出她对死已无所恐惧：

主啊，这一天什么时候到来？

我切盼着，

因为我可以更接近你。

……

不错，我要道别，

不过，我不哭泣；

因为，世上最好的礼物，

就是静静地死去。

忘年之爱

弗朗索瓦共有 7 子，7 子均为克劳德皇后所生。长子弗朗索瓦，英俊、多情、豪爽，极似乃父。次子亨利生于 1519 年，沉静、羞涩、粗疏，和他哥哥相比，有着更多的不幸。这对难兄难弟，在西班牙共同度过 4 年艰苦屈辱的生活。哥哥回国后，不到 6 年便死了。亨利长大后，变得更为沉静。为了躲避宫廷生活的喧嚣，他常常把自己锁在屋里。跟随他的人，从来不见他笑。人们都说，他自去西班牙回来，完全变成西班牙人了。

与凯瑟琳结婚，非他所愿。在凯瑟琳方面，也是如此。说到身世，她比他更为不幸。1519 年，她生下来不到 22 天，父母即双双亡故。据医师诊断，夫妇俩均死于梅毒。从那时到结婚，她一直便被人带来带去。1527 年，佛罗伦萨人逐走其美第奇统治者时，她即被扣作人质。当被逐者卷土重来，她即被城里人拖到城上。他们说："你们攻城，她便没命！"克莱门特七世把她送给法国作抵押品，她便乖乖地来到马赛。一个 14 岁的女孩，嫁给一个 14 岁的男孩。这个男孩在整个婚礼中，几乎没有和她说过一句话。他们到达了巴黎，由于跟她而来的有太多的意大利人，以致接待的人很不高兴。巴黎人背地都叫她为"那个佛罗伦萨人"。尽管她极力想争取他们的欢心，但他们，包括她丈夫在内，从来不给她一个笑脸。结婚 10 年一直不孕，医生一口咬定，她的不孕和她爸妈的梅毒有关。她求见公公弗朗索瓦，希望他叫亨利给她一纸休书，她便隐到修道院去。一肚子辛酸使她变成了个泪人儿。法国国王见着不忍，劝她别提休书二字。亨利也许是可怜她，终于使她做了妈妈。不鸣则已，一鸣惊人，一年一个，10 年中她竟给亨利生了 10 个孩子。在她的孩子中，弗朗索瓦二世，后来娶了玛丽·斯图亚特（Mary Stuart）；伊丽莎白，后来嫁了菲利普二世；查理九世，后来成为圣巴托罗缪（St. Bartholomew）大屠杀案的主凶；爱德华，后来变成悲剧主角亨利三世；瓦尔瓦的玛格丽特，后来嫁给那瓦拉的亨利，同时变成他的克星。在凯瑟琳的一生中，除了很短暂的几年外，亨利尽管借她的肚子生孩子，却没有把爱赐给她。夺去她爱的女人，就是大名鼎鼎的狄安娜·布瓦迪耶。

狄安娜在法国宫廷中是一位不同凡响的女人。天赋才华使她在法国史上，占了一个颇显著的地位。女人的资本往往是年轻漂亮，然而她既不年轻也不漂亮。她与亨利恋爱时，亨利 17 岁，她则已 37 岁（1536 年）。这时，她的头发已开始变成灰白，她的额头上也已开始出现皱纹。她虽既不年轻又不漂亮，长得却不难看。她风度优美，肤色很好——她的肤色之美，据说得力于一年四季的冷水浴。她不是一个水性杨花的女子，对丈夫，布雷泽（Brézé）的路易，相当忠实——至少在他未死前是如此。然而，她是一个很会追求快乐的人，据说，她每次和亨利幽会，都玩得很尽兴。不过，爱只是她整个生命乐章的小插曲，因为她不是一个浪漫的女人。法国责备她的，不是认为她在道德方面有问题。事实上，她是一位实事求是的女子，她不像弗朗索瓦爱的那些女子，除面目姣好之外其他即一无所有。她受过高深教育，果断、机智、有判断力。自风度与头脑方面而言，当时的女性没有哪一个及得上她。

就出身而言，她可算是名门闺秀。她自幼在莫林斯（Moulins）波旁朝廷中长大，因此有着很深的艺术修养。她的父亲，因波旁公爵叛逆案而受到牵连，1523 年被捕，旋即判处死刑。由于她的丈夫是弗朗索瓦的宠臣，因而获得赦免。她的丈夫，布雷泽路易，是查理七世之孙。他是格兰特的管家兼诺曼底总督，因此颇具权势。1515 年，他和狄安娜结婚。他 56 岁，狄安娜仅 16 岁。1531 年，路易死了，她在鲁昂给他造了一座非常壮观的陵墓。在墓碑上，她说，她要为他永守忠贞。她以后便没有再嫁，但忠贞则只是一句空话。

狄安娜与亨利相遇，是在亨利代替其父作为交换人质的途中。相遇地点为贝约讷，那时，亨利只是 7 岁的孩子，而狄安娜已 27 岁了。7 岁的孩子，母亲于两年前死了，现在又离乡背井远适异邦，心情可想而知。狄安娜看见亨利啼哭，走过去像妈妈安慰孩子一样安慰他。亨利对她于 11 年后发生的爱，其种子也许就是这时种下的。10 年后，17 岁的亨利，虽已结婚 4 年，但在心理上仍未成熟。由于天生忧郁怕羞，他所需要的，不是一个太太，而是一位妈妈。狄安娜的再度出现，恰逢其时。她的沉静、温柔、体贴，正是亨利需要的。亨利和她接近，最初所发生的，也是母与子间的感情。在很长的一段时间内，他们之间的爱的确是很纯洁的。亨利在她的启迪和熏陶下，居然脱胎换骨：由一个厌世悲观的少年，变成了一个勇敢自信的大丈夫。这一变，是他即将继位为王的主要条件。狄安娜和亨利的爱情结晶，就是狄安娜·弗朗茨。狄安娜不但把她和所遗的两个女儿一道抚养，还收养了另一个孩子——亨利 1538 年和一位皮德蒙特（Piedmontese）少女一度风流所生的女儿。那个少女为偿这笔风流债，终生待在修道院。亨利和玛丽·斯图亚特的保姆玛丽·弗莱明（Mary Fleming），不但有一手，也曾留下纪念品。亨利一生中虽然接触过不少女人，最使他倾倒的只有狄安娜。他为她写过不少诗，这些诗篇篇可诵。他送给她的金银珠宝，更无可数计。对凯瑟琳，他也并没有完全置诸脑后。有时，也和她吃喝玩乐，不过，他的心总在狄安娜身上。凯瑟琳虽了解，她只不过是名义上的太子妃，真正的太子妃另有人在，然而，她也颇满足于丈夫赐给她的这份残缺的爱。至于狄安娜，也不是完全昧于大义的女人。尽管她极爱亨利，也经常劝他回到妻子的身边。

亨利继位为王，狄安娜也水涨船高。他给她写了许多情书，书中一再表白，他愿终身做她忠诚的奴隶。狄安娜获得亨利的宠信，使她富甲一方。亨利答应过她，捐官所获收入，有她固定的一份，事实上，谁想做官，更是非走她这条路子不可。一次，亨利把埃坦普女公爵所戴的一串珍珠赐给了她，女公爵看着大不愿意。狄安娜以控告她为新教徒相威胁，女公爵吓慌了，不但不敢索还珍珠，而且为求无事，还白送了不少钱。亨利指定一笔多达 40 万泰勒的款项由狄安娜使用，这笔钱是弗朗索瓦遗嘱秘密协助德国新教诸侯用的。事实上，狄安娜的丈夫就留下了不少钱。她拿这些钱聘请当时一流设计师德洛尔姆（Philibert Delorme），将阿内特（Anet）的布雷泽府邸翻造成一所宏大精美的别墅。这所别墅，事实上不但成为法国国王的别宫，而且以其艺术珍宝窖藏之富，成为艺术家、诗人、王公、贵族、主教、外交家、哲学家及一切学者名媛聚会之所。这里，可以说就是法国的枢密院，主宰这里的，就是冷静明智的狄安娜。事实上，只要是王在的地方，阿内特不算，其余如切诺瑟（Chenonceaux）、昂布瓦斯及卢浮宫，处处都有狄安娜的踪影。在上述各处，举凡杯盘碗盏，陈设用具之上，均印有代表她和王的符号——以代表她的"D"字两个背靠背叠起来，中间插入一条短线，于是，就变成代表亨利的"H"了。这真是一段美丽动人的友谊。这段友谊，以爱情为基础，以金银为点缀，居然生死不渝。

在宗教方面，狄安娜曾运用她的影响力，代表罗马天主教会制裁异端。她这样做是有很多理由的：她的女儿，嫁给弗朗索瓦之子吉斯公爵；公爵及其弟，洛林红衣主教查理，双双被她奉为上宾；这哥俩，都是法国天主教教会的领导人物。至于亨利，从小便信仰天主教，这种信仰，因赴西班牙为人质而日益坚定。另外，还受到爱情的影响，在亨利写给狄安娜的情书中，上帝与狄安娜常混淆不清。教会自然也有影响，教会为解除弗朗索瓦对宗教法廷所做的限制，曾答应给亨利300万金克朗。

尽管如此，新教徒在法国的势力还是有增无减。加尔文及其他教派不断派遣传教士进入法国。约1559年，法国新教徒在各城市，如康城、普瓦提埃、罗谢尔及许多地方已占优势。一位传教士估计，这时，新教徒在法国人口中，差不多已占1/4。一位天主教史学家说："和约（特指教皇利奥十世与弗朗索瓦一世所订之约）消除了教徒对罗马离心的根源了吗？答案是否定的。由于教会继续腐败，这种离心力也越来越大。"在中下层社会中，新教教派代表的是抗议天主教政府妨碍市镇自治、苛捐杂税及浪费人民生命财产的战争。被国王把政治权力剥得精光的贵族，看到路德教派诸侯战胜查理五世后那得意洋洋的样子，一个个眼红得不得了。他们想，利用人民对教会和政府的不满，也许可恢复他们向往的封建制度。著名的贵族，如科利格尼，及其弟弗朗索瓦·达德洛特，路易·孔德亲王及其弟安东尼·波彭，在上述观念支配下，积极参加新教组织及活动。

法国新教徒教派，神学采自加尔文的《基督教原理》。由于加尔文是法国人，其语言文字和思想逻辑，处处都能感动法国人。1550年以后，法国人几乎把路德二字忘记了。现在，大行其道的是胡格诺。这个名字是自苏黎世经日内瓦传抵法国的。1559年5月，新教徒感到羽翼已丰，由各地派遣代表赴巴黎集会。这就是法国新教徒的第一次代表大会，开会方式是秘密的。约1561年，据估计，法国加尔文教派成立的教堂已达2000余座。

亨利二世决心扫除异端，命令巴黎议会组成特别委员会（1549年）专司其事。由于这个组织，抓到人就判火刑，因此有"火王殿"（burning room）之称。根据1551年的夏多布里昂敕令，凡印刷、出售或持有异端图书者，均应从重判刑；坚持异端者杀无赦。检举异端者，可获异端所有财物的1/3。任何法官如对异端宽大，均会遭受检举。任何人，除非思想"纯正"，即绝无异端嫌疑者，始得出任地方首长。仅仅3年内，火王殿烧死的新教徒，即达60余人之多。亨利拟建议教皇，依罗马新规定，在法国遍设宗教裁判所，但因巴黎议会反对作罢。布尔格（Anne du Bourg），议院的一员，大胆建议，异端应待特伦特会议确定何种思想算是正统后，才予追究。亨利说他偏袒异端，把他抓了起来，并说非烧死他不可。不过，偏偏他命不该绝，局势演变，法国国王不能烧他。

　　亨利由于其父其兄及自己长期被囚，对皇帝恨之入骨。因此，凡属对查理不利之事，只要有机可乘，他均乐于进行。当路德派诸侯，为基督、为封建制度，决心拆皇帝的台时，他便和他们共组联合阵线。根据1552年他和他们签订的《尚博尔条约》，他可出兵占有洛林。战端一开，他很顺利，轻而易举便夺取了图尔、南锡、梅斯及凡尔登。查理的应对是，对德国新教徒让步，以卑辞厚币使帕索诸侯保持中立，然后以迅雷不及掩耳的方式进袭梅斯法军。守梅斯的是吉斯公爵弗朗索瓦。由于他防守严密，查理无隙可乘。1552年10月19日至12月26日，尽管查理气得吹胡子，梅斯始终无法攻下。再僵持下去不利，查理只好撤走他的残兵。他苦笑着说："运气活像女人，爱少年不爱老年。"接着他又加一句："如果是在3年前，我还甘心做托钵僧？"

　　1555年至1556年，查理把荷兰和西班牙的权力，交付给他的儿子。他和法国签订瓦塞勒斯（Vaucelles）停战协定后，便回西班牙去了（1556年9月17日）。查理的想法是，他的儿子菲利普自此可以安坐龙廷了，但亨利并不这样想。他想，这正是攻击意大利的好机会。菲利普对军事不在行，他无缘无故又和教皇保罗六世动干戈。于是，亨利一面派吉斯公爵率兵攻取米兰和那不勒斯，一面集结重兵，准备在法国东北古战场邀击菲利普。菲利普自量无力应付亨利，于是从富格尔（Anton Fugger）处借了100万杜卡特，赠给英国女王，请其出兵助战。1557年8月10日，萨伏依的伊曼纽耳·菲利贝托公爵，率领菲利普及其客军，大胜法军；在圣奎恩亭擒获科利格尼及蒙莫朗西后，挥兵直取巴黎。巴黎人心惶惶。由于无险可守，亨利现在唯一的办法，就是令吉斯公爵从意大利率兵回救。公爵果然不负所望，由于用兵神速，不但解了巴黎之围，而且进占了英军大本营卡勒科斯（1558 年）——此城于 1348 年曾被英攻占。菲利普心灰意冷，不想再战了，在回西班牙前，与法国订立《卡图－坎伯雷斯条约》（1559 年 4 月 2 日）。条约载明，亨利同意法国留在阿尔卑斯以北；菲利普同意让他保有洛林和卡利斯。卡利斯之失，使英国玛丽女王哭得一把鼻涕一把眼泪。真是不打不相识，亨利与菲利普忽然变成了好朋友。亨利答应以其女伊丽莎白嫁菲利普，其妹贝里的玛格丽特嫁伊曼纽耳·菲利贝托。一场干戈改以一连串喜宴、花束、笑声而告终局，的确大大出人意料。

婚礼举行前，留在佛兰德斯的菲利普尚不免心怀疑忌，但在巴黎的法兰西人、佛兰德斯人及西班牙人，则对亨利的诚意一点不表怀疑。为了准备公主婚事，都尔诺宫张灯结彩，圣安东尼街处处堆满花束。婚礼进行得非常圆满，婚礼钟声大鸣时，菲利普才感到他的疑忌是多余的。6 月 22 日，阿尔瓦公爵代表菲利普宣布伊丽莎白公主正位为西班牙皇后。亨利年已四旬，但对马上比武仍深感兴趣。这种比武，以连比三场而不下马者为胜。亨利已通过了两场，因为两场对手，及萨伏依公爵，都知道应当怎么玩才不伤害国王，而使国王高兴。但在第三场，对手蒙哥马利是个冒失鬼，在闪过国王的枪后，他的枪尖不巧却从国王脸盔隙缝，透过国王眼睛，直捣国王脑部。9 天中，亨利虽未断气，但已知觉全失。7 月 9 日，其妹玛格丽特与菲利贝托的婚礼，在沉闷气氛中举行。7 月 10 日，国王即告驾崩。亨利死后，狄安娜退居阿内特。7 年后也追随亨利于地下。最可怜的是凯瑟琳，亨利虽不爱她，她却爱着亨利。为了纪念亨利生前赐予她那份残缺的爱，她竟终生为他穿着丧服。

第八章

亨利八世与红衣主教沃尔西
（1509—1529）

一大有可为之君（1509—1511）

凡是见过 1509 年登上英国国王宝座的人，可能谁都没想到，他既是一个大英雄又是一个大恶棍。他复杂的性格使英国在他统治之下天翻地覆。一位 18 岁的少年，眉目清秀，皮肤雪白，看上去充满了女性动人之美，不过，你如果仔细观察，从娇艳中还可看出一股逼人的英气。他那微赪的秀发，他那金色的髭须，他那双"又洁白又光滑的小腿"，不但本国臣僚，就是外国使节，见了都会赞不绝口。在朱斯蒂尼阿尼（Giustiniani）写给威尼斯议员的信中，有下列句子："他最喜欢打网球。看他打网球，是天下第一等乐事。他的皮肤和雪白的衬衫相映，相信谁见了都会喜欢。"他的箭术和角力技巧，和国内一流高手不相上下。凡打猎，从开始到结束，他都毫无倦意。每周两次比武，足以和他颉颃者，只有萨福克（Suffolk）公爵一人。他对音乐"不但能演能唱，还能作曲"。据罗马教皇使节报告，他为弥撒写了两首圣乐，一直流传至今。他喜欢跳舞，尤喜欢跳面具舞。他穿着精美，他爱披貂皮紫袍，因此紫与黄，在英国成为他的专用服色。在饮食方面他也很讲究。一场国宴，往往吃上六七个小时。由于他仪容俊美、风度安详、易接近、幽默、大度、宽厚，因此获得万民拥戴。他的登基引发欢声雷动，大家都说，黄金时代来了。

知识分子也欢欣鼓舞，因为在那段太平日子里，亨利除了使自己适于做王外，还努力使自己成为一个音乐家、运动家和学者。也许是命中注定他将对宗教事务要插上一脚，他居然对神学大有研究。据说他有这份能耐：可在任何场合，恰当地引述一段《圣经》。他对艺术有着很深的造诣，经他收藏的东西，件件精品。挑选霍尔拜因为他塑像，由此即可知他独具慧眼。另外，他对工程学、造船学、筑城学及炮学，也有很深的造诣。莫尔爵士提到他曾说"所有英国国王，数他最为博学"，的确不曾夸张。莫尔还说："对一位国王，既精于哲学，又通文艺，你说还有什么苛求的？"蒙乔依写给当时身在罗马的伊拉斯谟：

> 说一位王子其天分如何之高，秉性如何之善，你也许难以相信。可是，你如果亲自看到他的英雄气概，他的圣贤举措，他对正义的爱好，他对学者的尊重，相信你会为之心折。来吧，如果你身有双翼，你当赶快飞来一看这颗正在升起的新星。啊，伊拉斯谟，假定你在这里看见他即位时万众欢腾的情景，假定你在这里看见他理想的生活表现，相信你会感动得涕泗纵横。真的，他的即位，天在狂喜，地在欢笑。

伊拉斯谟果然来了，有一段时间，他也感染到这份狂热。"从前，"他这样写道，"宗教是学术的中心。可是现在，大部分学者，为了贪图口腹之欲与金钱享受，已把学问抛到九霄云外。谈到学术爱好者，反而要在王公贵族中去找……"英国国王对学者，如莫尔等人，不但延揽，甚至可以说"强迫"他们进入宫廷。他要他们分享他的责任，分享他的工作，分享他的快乐。他喜欢莫尔等人做伴，其喜欢程度，甚至凌驾于美丽的少年男女之上。莫尔是亨利的枢机大臣，利纳克尔（Linacre）是亨利的医生，科莱是圣保罗教堂的传道士。[1]

亨利即位那年，科莱利用自己父亲留下的遗产，创办了一所圣保罗学校。这所学校可容纳学生150余人。课程以古文、基督教神学及伦理学为主。科莱破除传统习惯，聘请非基督教学者担任教职。欧洲学校不含宗教色彩当以此为始。牛津的老古董们，对教古文一事大肆攻讦，他们说，科莱的做法会把学生引入怀疑宗教的歧路，但亨利一方面堵住他们的嘴，一方面鼓励科莱大胆去做。尽管科莱本人思想纯正，信仰虔诚，但攻击他的人硬指他为异端。大主教渥兰出面制止这类攻讦，颇得亨利赞许。亨利与法国作战的倾向非常明显时，科莱即公然抨击这项政策。与伊拉斯谟一样，他说，不公正的和平也远比公正的战争为好。即使亨利在座，科莱对战争政策也照样攻击不误。亨利曾私下要求他，不可公然攻击战争政策，因为那会挫伤军中士气，他仍然不听。但有人建议将科莱免职时，亨利却说："不可，有毛病的人需要医生……此人正是我的医生。"科莱对基督的信仰一直是很虔诚的。1517年，他有一封信给伊拉斯谟，信中即充满托马斯·肯皮斯的精神：

> 啊，伊拉斯谟，谈到书本知识，实在无边无际。就我们短促的一生而言，我认为一切都不及过一种圣洁的生活来得重要。所谓圣洁的生活，就是时时刻刻清明神志涤荡污染……要达到这种境界，最简单的办法就是热爱耶稣、效法耶稣。热爱耶稣、效法耶稣，是一条通向真理的捷径，除了这条路，其余都是歧路，这是我一贯的看法。再谈。

科莱于1518年，自己预备了一块墓碑，碑上仅刻着他的拉丁文名字约翰内斯·科勒图斯（Johannes Coletus）。一年后，他即与世长

---

[1] 不过，伊拉斯谟这几位宗教方面的朋友，如科莱院长、罗切斯特主教费希尔及坎特伯雷大主教渥兰，对学问倒是很认真的。

辞。他的死使许多人感到，又一位圣徒已升天。

权臣托马斯·沃尔西

　　尽管亨利后来变成了马基雅维利学说的化身，但在即位之初，对国际事务他还是个新手。对这方面，他知道他需要学习。向谁学？向环绕在他身边的人学。莫尔最有人望，但年仅 31 岁，而且志在圣贤。托马斯·沃尔西于是成为适当的人选。在年龄上他也仅大 3 岁，也是一个传教士，可他对政治有兴趣。宗教，在他只是一种攀登政治舞台的阶梯。托马斯出生于伊普斯威奇（Ipswich）"一个贫贱的家庭"，15 岁获得牛津学士学位，23 岁以津贴生资格考入抹大拉学院。在这里他露了一手，学院要建造一个富丽堂皇的钟楼，他为此花了很大的力气——募到一大笔非他身份能募到的钱。他知道如何往上爬。在处理事务及外交方面，他有极优异的表现。半凭能力，半凭机变，他由亨利七世的小教堂牧师步步高升。亨利八世即位，派他为慈善事业的主持人。不久，他被选入枢密院。一进枢密院，第一件事就使渥兰大吃一惊，因为他建议：成立英西军事联盟，以对抗法国。路易十二当时正进兵意大利，一旦得手，教皇便会被他牵着鼻子走。法国过强，非英之福。亨利之所以接受沃尔西的建议，一方面也是受到他的岳父，西班牙的斐迪南的影响。亨利在这个时期，似乎是一个和平主义者。"对此现况，"他向朱斯蒂尼阿尼说，"我已心满意足，我不想统治他国，但也不接受他国统治。"亨利这几句话，可以说是他一生政治事业的指针。他秉承英国此前诸王要求统治法国的野心，不过他了解，这种要求不切实际。经过 1513 年的斯珀斯（Spurs）之役，战事即行进入尾声。沃尔西奉命作和平安排。于是，他建议把亨利的妹妹玛丽嫁给路易十二。利奥十世为谢解围之恩，将沃尔西封为约克大主教（1514 年），再封为红衣主教（1515 年）。获胜之余，亨利立封沃尔西为御前大臣。这次战争对保护教廷有功，亨利以此自豪，这就是后来有位教皇不受其和亲建议，他便大骂教廷忘恩负义的原因。

在沃尔西就任御前大臣最初 5 年中，英国外交可谓得心应手。他的构想是，以英国为砝码，平衡于神圣罗马帝国与法国之间。换句话说，即借均势政策以保持欧洲和平。他也许早已想到这一点，均势政策如果同行，就他而言，他可成为欧洲的仲裁者；就英国而言，欧洲和平无异为英国与荷兰的商业提供了一项保证。第一步，沃尔西筹组英法联盟（1518 年）。为了加强这项联盟，又使亨利之女玛丽（后成为女王，时仅 2 岁）与弗朗索瓦一世之子（时仅 7 个月）缔婚。沃尔西喜好排场，从他招待到伦敦签约的法使一事即可看出。他在威斯敏斯特所设之宴，"其丰盛，"朱斯蒂尼阿尼报告，"连克娄帕特拉和卡里古拉（Caligula），均会自叹弗如。一座大厅，处处陈列着巨型花瓶，这些花瓶，全由纯金纯银所铸。"托马斯这样铺张，当然也是有理由的。这是一场豪赌，这场豪赌事后证明他是赢家。他建议，这项联盟应对神圣罗马皇帝马克西米里安一世、西班牙王查理一世及教皇利奥十世公开。他对他们发出邀请，他们通通都接受了，伊拉斯谟、莫尔及科莱也希望，从此西方基督教世界可安享太平了。对这项联盟，甚至沃尔西的政敌，也一致为他庆贺。他趁机贿赂英国驻罗马官员，希望取得教廷的英国合法代理职位。他收到"在这边"这句密语时，他就知道他已获得教廷在英最高职位了。沃尔西现在既是英国教会的最高领袖，又是除亨利外英国的最高统治者。一年之后，英法联盟维持下的和平，忽然笼罩上一层阴影。原因是弗朗索瓦一世与查理五世都想问鼎神圣罗马皇帝的宝座。对此宝座，甚至亨利也很动心，不过，他知道他没有机会。皇帝宝座后来落于查理五世之手。查理成为皇帝，1520 年 5 月即赴英国做旋风式访问。名义上是向他的姑母凯瑟琳，亨利的正宫王后致敬，实际上是向玛丽公主（已许配给法国皇太子）求婚，以换取将来他和法国冲突时的英国支持。沃尔西当然不同意这个请求，不过因他手法高明，不但获得查理支持其未来成为教皇的保证，还获得一份每年 7000 杜卡特的年金。

沃尔西一生中最为冠冕的事，当数 1520 年 6 月于戈尔登的克洛茨（Cloth of Gold）平原，安排并参加英法二王的高峰会议。那天，卡拉斯附近，介于圭纳斯和阿德勒斯的一片广场上，展布着一个精彩的镜头。4000 位英国贵族，穿着中世纪骑士所着的服装——以绸缎制成，再加上精心刺绣——在落日余晖中，簇拥着英国国王与弗朗索瓦一世相见。英国国王少年英俊，骑着白马。站在他旁边，着深红缎袍的人就是沃尔西。为了使这次会议开得圆满，沃尔西在这里建起了一座美轮美奂的行宫。宴会的凉亭，挂的是金碧辉煌的绣幔，铺的是轻软艳丽的地毯。一个喷泉，由于喷出来的全是美酒，处处洋溢着酒香。英法两王及其嫔妃侍从，酒醉饭饱之余，还有马上比武可看。英法两国的政治婚姻双重联盟，由此一会更见强化。英法二王太高兴了，不但亲自骑马比枪，还彼此摔跤量力。弗朗索瓦冒着欧洲和平破裂的危险，竟把亨利摔倒在地，但以法国人特有的风度，他于第二天清晨，即轻装简从，亲赴英国国王帐前赔不是。亨利对此大受感动，于是，两人不但互赠礼品，而且彼此发誓永不相背。

事实上，他们谁也不相信谁。君王善撒谎，似已为历史的通例。亨利在与弗朗索瓦欢宴后 17 天，便即到卡勒科斯与查理相会。1520 年 7 月，在沃尔西的陪同下，亨利与查理畅叙了 3 天。他们誓言，第一永不相背，第二不再追求与法国王室联姻。对于欧洲和平而言，这种双边联盟，又比从前的单边联盟好多了。在双边联盟下，英国的地位更是举足轻重。亨利对此非常满意，为酬劳沃尔西，他命令圣阿尔班僧侣选沃尔西为修道院院长，同时将院中的纯收入给他。“为了安排种种会谈，”亨利说，“他已掏了不少腰包。”这一下，沃尔西算够本了。

沃尔西的确是个非常人物，他无论在好的方面或坏的方面，都较人高出一筹。“他长得够英俊，”朱斯蒂尼阿尼这样描述，“其能言善辩、处事明决、精力充沛更非常人能及。”可是其品德不堪一提。他与人有过两次私生子的记录——在那个淫靡的时代，这只能算是小过

失。假如某位主教不是造谣，他还是个"梅毒患者"。他很会搞钱，
说是贿赂也罢，说是酬金也罢，总之他从弗朗索瓦和查理那里，曾获
得大笔金钱。对年金和赏赐，他使他们互相抬价——对本国或外国臣
民，给予年金及赏赐，是当时君主和贵族的一种风尚。获得年金和赏
赐者，对所赏的人，一般都有感激之意，沃尔西则不然。他自以为，
他的政策大有益于欧洲，因此他应获欧洲的孝敬。无疑，沃尔西爱金
钱、爱享受、爱排场、爱权势。他将大量金钱用于排场，目的在于对
外国使节夸耀英国的财富。沃尔西从亨利那里领不到薪金，因此他的
支出，只能靠宗教方面的收入和外国君主给的年金。不过，他不穷，
现在让我们来替他算算，他除拥有两幢住宅、六份圣俸、一份院长津
贴外，下列职位也是有进账的：圣阿尔班修道院院长，巴斯及威尔士
主教，约克大主教，温切斯特教区主管，并分享意大利伍斯特及萨里
斯伯里遥领主教的利益。另外，还有许多看不见的钱。英国所有宗教
政治的职位都由他推荐并委派，因此，获得这项职位的人，饮水思源
自然会孝敬他。关于沃尔西的财富，一位天主教史家作过估计，当其
极盛时期，约占全英宗教收入的 1/3。在英国他可算是最有钱、最有
权的人。据朱斯蒂尼阿尼估计："他在英国的权力，比教皇大 7 倍。"
伊拉斯谟说："他是英国的第二国王。"差一点他就爬上教皇宝座了。
他一共有两次机会，但两次均因查理背信，而没有抓住。

　　沃尔西确信仪式是权力的支撑，权力可以力获致，维持则须靠
仪式。仪式是维持权力最廉价但最有效的工具。对一个当权者，老百
姓只看得见他的外表，而看不见他的内心，老百姓对于他的好坏，就
是从外表来判断的。基于这种观念，沃尔西在公众面前出现，总是
穿着得非常漂亮。在他，不这样似乎就不足以作为教皇和英国国王的
代表。一顶红衣主教的红帽，一袭猩红或大红的波纹绸袍，一双红手
套，一双鞋子，除以金银丝线绣花外，还镶嵌珍贵的珠宝，在穿着
上，他可谓集英诺森三世、迪斯雷利及博·布鲁梅尔之大成。在英
国，传教士穿着绸缎，由他开风气之先。他主持弥撒时（机会很少），

所有主教院长都要到场伺候他。有时候，为他倾倒洗手水的，不是公爵就是伯爵，他进餐时，伺候他的人都要下跪。在他官邸听差的贵族子弟，经常达四五百人。汉普敦宫（Hampton Court）本来是他建的私人住宅，但因太富丽堂皇了，怕别人说闲话，所以才献（1525年）给英国国王使用。

有时，沃尔西简直忘记了他上面还有亨利。朱斯蒂尼阿尼在写给威尼斯参议院的一份报告上说："我最初来到英国时，我常常听到这位红衣主教说，'英国国王陛下想怎么做怎么做'。可是，渐渐地，他的口头语竟变成，'我们想怎么做怎么做'。现在，他的说法又进一步了。我经常听到他说的是，'我想怎么做怎么做'。"朱斯蒂尼阿尼在一篇后续报告上更这样写："如果有些事既可以找英国国王又可以找红衣主教的话，最好是找红衣主教。因为忽略英国国王不要紧，忽略红衣主教可不行。须知，红衣主教决不愿甘居王后。"贵族和外交官，除非再三再四请求，否则极难邀他一见。一年一年过去，他越来越独裁。若非于他绝对有利，他绝不召开国会——事实上他仅仅召开过一次国会。什么是宪法，他根本不理会。对反对者，他以谩骂还击谩骂，以批评还击批评。史学家维吉尔（Polydore Vergil）在一篇文章中指出，像他这种作风定会趋于败亡。维吉尔即被关进监狱。沃尔西本要严办他，后经利奥十世说情才告无事。反对沃尔西的人此后越来越多。

也许因为沃尔西得罪了史学家，他在他们的笔下成了十恶不赦的人物。但平心而论，沃尔西的才干及其热心尽职的精神，是有目共睹的。"他经管的事情，"朱斯蒂尼阿尼向威尼斯参议院报告，"比威尼斯所有官吏、官厅、议会、经管的加起来还要多。无论民刑国政，他都管得井井有条。"有钱有势的人恨他，贫穷困苦的人爱他。他的公正明决，可以说有口皆碑。在英国历史上，自阿尔弗雷德以来，不畏权势，以除暴安良为本务的人要数他为典范。对学者艺术家，均奖掖不遗余力。他创办学院以代替修道院，由此开英国宗教改革之端。他对发展英国教育有一套，但可惜刚开始实施，他便被政敌推翻了。

沃尔西与教会

　　沃尔西很了解英国宗教生活的积弊：遥领主教（absentee bishops）职的酒色传教士、懒惰的僧侣、身为私生子爸爸的神父，如此等等。不过，他并不想矫正这些积弊。不但不想矫正，甚至，他本人就集所有积弊于一身。国家在一般情形下，常作为宗教改革的推动者。但现在的英国，已绝口不提宗教改革，因为主教归国王任命，若说宗教不好，国家即无异自认为罪恶的渊薮。当然，并不是说所有由国王任命的主教都坏，默顿、渥兰及费希尔，德行能力都很高超，可是其他就不行了。其他主教，由于过分注重私人享受，因此他们领导下的教士，也轻精神而重物质。英国教士的性道德似较德国教士为强。不过，在英国 8000 个教区中，教士僧侣纳妾、通奸、酗酒等案件层出不穷，以致大主教默顿说（1486 年）："教士僧侣的丑闻已危及教会的信誉。"约 1519 年，福克斯曾告诉沃尔西，温切斯特教区的教士"太堕落腐化了"，他对任何改革都已灰心。教区神父认为，他们的升迁以征募财物的多寡为标准，因此要求捐献并不以什一为限。有些教区，于什一之外，每年又对教区民众征收鸡、鸡蛋、牛奶、乳酪及水果。有些神父还对教区民众索取服务津贴。对这类勒索，谁也不敢违抗。因为一违抗，便有被教会拒绝依教会仪式举行葬礼的危险。不依教会仪式举行葬礼，灵魂便不能升天，这太严重了。总之，教士阶级对老百姓募捐征税，和现代政府毫无二致。约 1500 年，据一位天主教徒所做的一项最保守的估计，教会拥有的财富占全国财富 1/5。和德国贵族一样，英国贵族对教会所有的财富，也眼红得不得了。他们对祖先因恐惧和虔诚奉献给上帝的土地及财物，常想怎么才能将之再收回来。

　　关于英国教士阶级的状况，科莱于 1512 年圣职大会演讲中，有几段略为夸张的报告：

　　我最后希望，诸位能爱惜名声、爱惜职位，迅即从事种种革新。宗教革新实为今日当前急务……因为今天的教会——基督的"新娘"——照基督期望应该毫无瑕疵，已经堕落到不能想象的田地。如以赛亚所说的："这座城池原如纯洁的少女，此刻已沦为娼妓。"又如耶利米所说："她和许多所爱的男子行淫。"实际上，今天的教会，不但已怀有不少孽胎，而且每天都有人在其腹中播下罪恶的种子……使教会蒙污之事，最严重者莫如教士竞相追逐尘世生活的满足……在这个时代，担当圣职的人，谁把名誉尊严放在眼里？今天我们所见的，只是追逐金银财富，追逐声色犬马……

　　教会之中，物欲横流，漫无止境……大家追逐声色犬马去了，还有心思干什么？今天我们所看到的圣职人员，他们成天在做什么？在置酒享宴，在放鹰斗狗，在追逐其他一切尘世的快乐……

　　贪婪占据了所有圣职人员的心灵，由于利欲熏心，所以我们现在什么都看不见了……现在，处处在闹异端。人见异端，俱皆闻风疾走。异端诚属可厌，但其为害于人，尚远不如生活糜烂的圣职人员……宗教改革，应即自各位本身开始。

科莱更愤激地说：

　　啊，神父！啊，传教士！……让我们同声呼吁，所有迷失本性的圣职人员——在今天这个时代，这种人为数是很多的——赶快从邪恶的妓女怀抱，奔向教堂，奔向基督，奔向上帝！

　　不少传教士和修道院僧侣受到检举。1489年，大主教默顿指控奥尔班修道院院长威廉"买卖圣职、放高利贷、挪用公款及在修道院内外公然与妓女厮混。"默顿对一般僧侣的指控是："淫荡……而且亵渎圣地，男女僧侣竟在教堂发生性关系。"更糟的是，把附近的小修道院变成了"娼寮"。不过，按主教视察报告，画面并不这么暗淡。1517 年至 1530 年，42 所修道院主教视察报告仅说，违规是有，淫荡则无。他们说有些修道院仍有中古时代遗风：虔诚祷告、注重学术、殷勤好客、乐善好施及举办儿童教育等。但无可讳言，少数修道院有愚弄百姓、诈取财物之事。这类修道院假造圣徒遗骨作为药物出售，说以之治病具有奇效。最使主教不满的，是这些修道院将许多"臭马靴、臭梳子……烂皮带……臭头发及脏衣服等，向愚民夸耀，说这些就是历史上男女圣徒所遗之宝"。总而言之，据近代天主教史家估计，16 世纪的最初 25 年内，英国约有 600 余所修道院，都显得十分荒唐、懒散、不重视宗教财物。

1520 年，英国共有女修道院 130 所。其中，修女在 30 人以上者仅 4 所，8 所被封闭了。其中一所封闭的理由是："和剑桥大学太接近，院中女性容易分心。"对林肯教区 21 所女修道院所做的 33 次视察显示，16 次认为尚可；14 次认为管教及虔敬不足；2 次报告女修道院副院长与人姘居；1 次说一个神父使一个修女怀孕。以上情形，按当时的道德风气来说，并没有什么太过不去。之所以看得这么严重，第一是院中规矩标准订得太高，第二是评估报告者是基于慈善和教育机关的立场。

传教士极不负人望，查理五世的驻英大使埃斯塔斯·尚普斯（Eustace Chapuys），其本人为天主教徒，于 1529 年呈给查理的报告说："神父几为众矢之的。"许多思想纯正的天主教徒对教会抽税之重、圣职人员生活之豪奢及僧侣之懒散，均颇有微词。伦敦天主教的秘书被控涉嫌谋杀一位异教徒（1514 年）时，主教请求沃尔西不要将这位秘书付诸民间陪审团审理。他说："我敢断言，从伦敦挑选任何 12 个人来陪审，秘书即使无辜如亚伯，他们也必偏袒异教徒而陷他于罪。"

异端再度兴起。1506 年，林肯教区主教指控 45 人为异端。其中，

2 人被判火刑；43 人被勒令悔改。1510 年，一个伦敦教区主教指控 40 人为异端，结果 2 人被判火刑。1521 年，同一个主教指控 45 人为异端，结果 5 人被判火刑。15 年间，英国审理的异端案件，多达 342 起。所谓异端，指的不外下列各点：献神面包不会变成圣礼；神父没有超人的权柄以使面包变圣体或赦罪；圣礼与获救无关；朝圣及为死者祈祷均是无益之举；只有上帝才是唯一祈祷的对象；善行与获救无关，获救全靠信心；虔诚的基督徒除基督的立法外，不受任何法条的拘束；信心的唯一指导是《圣经》而非教会；人人均应结婚，修士修女应撤销守贞的誓言。以上这些所谓异端的见解，有的是威克利夫派信徒的遗绪，有的是路德言论的反响。远自 1521 年，牛津年青一代的叛徒，即已热衷传播德国宗教革命的消息。1521 年至 1525 年，剑桥即已孕育成打的异端分子。举几个最有名的：廷德尔、米莱·科韦达勒、拉蒂默、托马斯·比尔尼、福克斯、里德利、克拉默……这些人中，有些由于怕受迫害，相继移居欧洲大陆。他们在欧洲印了许多反天主教的小册子，偷偷地送往英国。

为了阻止异端思想传播和卖弄其神学理论，亨利于 1521 年发表了他那轰动一时的《述七圣礼斥马丁路德》(*Assertion of the Seven Sacraments against Martin Luther*)。有人说，此文系沃尔西捉刀，盖其欲以此自见于罗马，但据伊拉斯谟所说，此文彻头彻尾是亨利手笔——现在大家均倾向伊氏之说。这篇作品并不成熟，除引述一大堆《圣经》经文及教会传统，就是恶毒的谩骂，理论根本谈不到。"骂教皇为暴君的人，"这位未来的教廷叛逆这样写，"其心岂不比蛇蝎还毒……想把所有基督徒的领袖打垮，这个人岂不是魔鬼的爪牙？""凡不服从世界上基督徒的最高领袖者"，必须接受惩罚。因为"一切教会，不但应服从基督，而且……应服从基督的代理人罗马教皇"。亨利对教廷赐予法国国王以"最佳基督徒"(Most Christian) 及赐予斐迪南和伊莎贝拉以"天主教统治者"(the Catholic Sovereigns) 等称号颇感兴趣。现在通过他派驻罗马的代理人，拿着这篇文章献给利奥十世，同时请利奥赐给他及他的后裔"基督教卫士"（Defender of the Faith）的称号。利奥当然同意，于是，这位英国宗教改革的创始者，居然把这个称号刻在他铸的钱币上。

路德对这篇文章迟至1525年才答复。他一开头就这样写："致笨驴、疯汉……说谎大王亨利阁下，你这个该死的、虫吃了心肝的家伙，竟以无根无据的谎言污辱你天上的祖宗……凭着你祖宗——最为上帝丢人的英格兰王——的名义，我就有权向你这个英国的专制魔鬼脸上吐口水，并把你祖宗的屎尿涂遍你全身。"亨利哪曾受过这种洗礼，气不过只有写信埋怨萨克森选帝侯。萨克森选帝侯却毫不客气地告诉他，以后千万别再在太岁头上动土。亨利对路德印象坏透了，尽管以后路德曾向他道歉，但他始终不肯原谅他。亨利和教皇翻脸翻得最厉害的阶段，德国新教徒曾请求和他结盟，他仍毫不理会。

路德对亨利的一顿臭骂增加了他对英国的影响。就在那一年，伦敦出现了一个叫"基督兄弟会"（Association of Christian Brothers）的团体。这个团体雇人四处散发路德和其他反天主教派的小册子，及英文译本的部分或全部《圣经》。1408年，大主教阿伦德尔对威克利夫所译《圣经》的流行极感苦恼，因之下令，如无教会许可，任何英译本《圣经》都不准发行。他持的理由是，这类《圣经》极易曲解原文使人倾向异端。传教士也劝人勿读任何英译版本《圣经》，理由是《圣经》知识不是专家不能解释，一旦误解会遭匪徒利用。过去的英译《圣经》全是手抄本，数量不多，因此教会方面并无明令加以禁止的必要，但是现在（1526年），威克利夫的译本是印刷的，因此不禁不行了。

查禁《圣经》中，最值得大书特书的是廷德尔的英译《新约》。此版本印行于1525年至1526年，为一种划时代的产品，因为它不像威克利夫版本译自拉丁文，而是直接译自希伯来文与希腊文。廷德尔早在学生时代，就想这样翻译《圣经》了。这个计划被一位当权的死硬派天主教徒知道后，曾把他叫去严加告诫："我们所要的是教皇的旨谕，而非上帝的律法《圣经》。"言下之意明显地讽刺他懂得不多。但廷德尔说："假定上帝让我活下去，若干年后，对《圣经》，我懂的必超过你许多倍。"后来他遇到一位伦敦贵人，愿提供他食宿使他实现其志，于是他开始工作。这样工作了6个月，他又转到维藤贝格。到维藤贝格后，这项工作即在路德指导下进行。在科伦，廷德尔根据伊拉斯谟编定的希腊文《新约》翻成英文本，并加以印行。一个英国特务怂恿当地政府抓他。他感到恐惧，便离开天主教的科伦，跑到新教徒的沃尔姆斯。在沃尔姆斯，他将这个版本根据伊拉斯谟与路德的思想做成注解，同时加上一篇充满火药味的序言，然后印了6000本。这6000本《圣经》，一起偷偷运入英国。就新教徒看来，这些书无疑是新教运动的生力军。伦敦区主教，库茨伯特·图斯塔尔（Cuthbert Tunstall）从其中发现有几处严重的误解。最使他伤脑筋的，要算那篇序言了。他于是下令，花钱把这一版本的《圣经》通通买下来。所有买到的《圣经》，一律堆在圣保罗十字路口公开焚毁。但根本烧不尽，因为同一版本从欧洲源源而来。莫尔批评图斯塔尔，说他无疑是廷德尔《圣经》印刷资助者。1528年，莫尔写了一篇名为《对话》（"Dialogue"）的长文，批判此版《圣经》。廷德尔对此文有所答辩。莫尔就其答辩，竟写了一本厚达578页的书，书名就叫《驳辩书》（Confutation）。亨利于是想，禁止印行及阅读英译《圣经》最好的办法，莫如由国家制定一种权威性的译本（1530年）。不过，这种版本未制定前，一切英译《圣经》无论印刷、发行、进口、持有，均应视同异端严加取缔。

沃尔西下令逮捕廷德尔，但赫斯领主菲利普伯爵庇护他。廷德尔在马尔堡住下来，便于从事《旧约五书》的翻译（1530年）。慢慢地，《旧约》英译本大致也都有了，有些是他自译的，有些是他监译的。一天，神圣罗马帝国的官员忽然找上了他。他们将他关在维尔福德（Vilvorde，布鲁塞尔附近）的监狱，6个月后即将他活活烧死

（1536年）。死前，亨利御前大臣克伦威尔（Thomas Cromwell）曾替他说情。据说他临死曾说："主啊，求你打开英国国王的眼睛。"廷德尔，一个乡下孩子，居然完成了一个大愿：在死前亲耳听到福音传播者，以明白晓畅的英语讲述基督故事。1611年，划时代的权威英译《圣经》出版了。这本《圣经》被公认为影响英国最大的文学作品。然考其内容，90%都是廷德尔所译的。

沃尔西对英国萌芽中的宗教改革，就其为一个国家政教双方实质上的首脑而言，可算是宽大的。不错，他蓄有特务侦察异端，检查书刊及逮捕涉嫌分子，可他对异端感化重于惩罚。终其一生，他没有下令烧过一个异端。1528年，3个牛津学生因异端案件被捕。伦敦主教在牢里整死一个，一个愿意悔过获释，另一个交沃尔西处理。对这一个，他却放他跑了。拉蒂默是英国宗教改革初期最为雄辩的宗教改革者。他指称教士阶级腐化堕落时，伊利主教建议沃尔西将他抓起来。沃尔西反发给拉蒂默一个传教证，许他在全国各教堂传教。

对宗教改革沃尔西另有一套。"他看不起教士阶级，"伯内特主教说，"特别是对僧侣不以为然。僧侣不但对教会和国家毫无贡献，由于其生活放荡，形成教会和国家的沉重包袱。沃尔西曾大量裁减僧侣名额，同时把许多僧侣从修道院移转至其他地方。"使一个管理不缮的修道院关门，并不算什么大事。由教会下令关闭修道院之举，在沃尔西以前已屡见不鲜。1519年，沃尔西下令修改圣奥古斯丁修道院院规，如果大家按照修正后的院规去做，院中僧侣即可作为全国模范。沃尔西曾派其秘书克伦威尔监督修道院，他要克伦威尔把他亲身或派人视察所获情况随时告知他。克伦威尔由于这项差事，使他于将来整饬修道院时，成为亨利的实际助手。对视察人员的埋怨时有所闻，人们说他们苛刻，说他们收受或榨取"礼品"，并说这些讹诈得来的财物，由克伦威尔与沃尔西平分。1524年，沃尔西获得教皇克莱门特七世的许可，关闭修道人数不足7人的修道院，并将这些修道院的财物拿来建立学院。这类财物，用以建成两所学院——一所在他的故乡伊普斯威奇，一所在牛津，沃尔西为此高兴得手舞足蹈。他说，他愿看到有更多的修道院陆续关闭，有更多的学院陆续建立。不过，他这种愿望因政治纠纷而落空了。对于修道院，亨利并不将之改为学院，而是借其大发横财。

沃尔西的外交政策忽然出了毛病。究其原因，也许是他想获得查理的支持从而攀登教皇宝座（1521 年、1523 年），而同意参加查理的对法作战（1522 年）。作战不利，英国既丢钱又丢人，为了解决财政困难，1523 年，他忽然想到召开 7 年来的首次国会。他向国会提出了一笔 80 万镑军费的请求，这笔数目等于向每一个英国人要 1/5 的财产。国会为之哗然，众院最初不同意，后来通过将军费减至 1/7。教士先也反对，但最后同意以一年福利收入的一半作为缴纳军费的最大限额。正在讨价还价之际，前方情报传来，查理打了胜仗，法国国王变成俘虏（1525 年，帕维亚之役）。亨利和沃尔西都认为，此时可以瓜分法国了。为了推进攻法计划，需要的钱当然更多。沃尔西索性来个狮子大开口。要求每年收入超 50 镑的英国人，每人捐出 1/6 的财产充作军费，以便把战争进行到底。他的说法是，这项捐献可以阻止查理独吞法国。这项要求受到普遍反对，沃尔西只有见风转舵趋向和平。英法共同防御协定签署后，沃尔西的外交恢复到均势政策的老路。但 1527 年，查理军队占罗马、掳教皇、形成查理独霸欧洲局面时，所谓均势政策便变成了一句空话。为恢复均势，1528 年 1 月，英国参与法国对查理的作战。

我们知道，查理是亨利的王后凯瑟琳的侄子。亨利现正极欲废后并与之离婚。能为他做这项安排并找理由说服全国的，只有教皇克莱门特七世，但克莱门特现为查理的俘虏。

国王闹“离婚”

凯瑟琳是西班牙的斐迪南与伊莎贝拉之女。1501 年 11 月 14 日，凯瑟琳来英与亨利七世长子阿瑟结婚。那时，她 16 岁，阿瑟 15 岁。
1502 年 4 月 2 日，阿瑟死。一般认为，阿瑟虽死，婚姻已成。因西
班牙大使已把各项"证件"送给斐迪南，同时，阿瑟的"威尔士亲
王"头衔尚未正式转给他的弟弟亨利——这项转给，是阿瑟死后两月
之后的事。但凯瑟琳认为这项婚事尚未告成。她来英时，带有一份多
达 20 万杜卡特的嫁妆，若婚事未成，她当然可把这笔钱带回去。为
了把这笔钱留下，同时也不愿中止与位高权重的斐迪南联姻，亨利
七世建议，凯瑟琳可嫁给他的次子亨利，尽管凯瑟琳比亨利大 6 岁。
《圣经》上有段话禁止这类婚姻。《利未记》第 20 章第 21 节："人若娶
弟兄之妻，这本是污秽的事……二人必无子女。"另外一段话则认为
可行。《申命记》第 25 章第 5 节："弟兄同居，若死了一个，没有儿
子……她丈夫的兄弟当尽弟兄的本分娶她为妻。"对这项婚姻，大主
教渥兰反对，温切斯特主教福克斯赞成。但赞成者说，这项婚姻应得
到教皇的同意。亨利七世请教皇尤里乌斯帮忙，尤里乌斯二世同意了
这桩婚姻（1503 年）。对这项决定，圣典学者意见纷纷。教皇有无权
力做此决定，甚至连尤里乌斯二世最初也拿不定主意。订婚典礼——
事实上就是完成一种合法的婚姻关系，于 1503 年举行。既然新郎只
有 12 岁，因此暂时还不同房。1505 年，这时亨利还是太子，即主张
这项婚姻无效，理由是出于父王强迫。由于大家劝他应以国家为重，
于是他才勉强答应。1509 年，亨利即位。即位后 6 个星期，才公开
庆祝这项婚姻。

　　7 个月后（1510 年 1 月 31 日），凯瑟琳生了第一个孩子，但孩子
刚生下来就死了。一年后，她生了个男孩。亨利正为都铎王族后继有
人感到庆幸，但数周后，孩子即告夭折。其后，1513 年和 1514 年所
生的两个男孩，和第一个一样，也是刚出生就死。亨利失望之余，考
虑离婚——说得确切一点，即想使这项婚姻归于无效。可怜的凯瑟
琳希望再生生看。1516 年，她生了个女孩——这女孩就是后来的玛
丽女王。"这次虽然生的是女孩，"亨利这样安慰自己，"下次，托天

之福，男孩也许就会跟着来了。"1518 年，凯瑟琳又生了个死胎。这一来，不但亨利，就是全英国老百姓都感到紧张了。因为年仅两岁的玛丽，当时已许配给法国太子，假定亨利无子，玛丽将来变为英国女皇，她的丈夫变为法国国王，英国事实上即很可能沦为法国的一省。英国公爵中，如诺福克、萨福克、白金汉等，均主张为确保英国独立，最好废掉玛丽。白金汉公爵对此主张最为强烈，因而被处死（1521 年）。亨利对无子，认为是受到天谴——这项婚姻是以教皇敕令推翻《圣经》诫命。于是他发誓，如果皇后能生一子，他愿亲率一支十字军攻打土耳其。可是，凯瑟琳不但不生子，根本再没有怀孕。约 1525 年，亨利完全放弃凯瑟琳生子的希望。

凯瑟琳，作为一个女性而言，亨利对她早失胃口。亨利目前 34 岁，正精力充沛；凯瑟琳 40 岁，已是半老徐娘。她本来就不漂亮，由于厄运与疾病交相折磨，看起来又黄又瘦又老。谈教养，不错，可是做丈夫的有多少注意妻子的教养？她是一个善良的妻子，对丈夫的忠心仅次于对其祖国西班牙。在一段时间，她以西班牙特使自命。她经常主张，英国应永远站在她爸爸斐迪南、她侄子查理的一边。约 1518 年，亨利与伊丽莎白——伊拉斯谟好友蒙乔侬之妹，行第一次人所共知的婚外交易。1519 年，她给他生了个男孩。亨利封此子为里士满和萨默塞特公爵，有将来传位给他之意。1524 年，亨利又爱上另一个女性玛丽·布林恩。据说，思罗克莫顿爵士曾当面指斥亨利不要脸，因为他与玛丽之母也通奸。不过，当时的不成文法是，如果国王的婚姻是基于国家利益，而非其自愿，则他可在婚姻之外求补偿。

约 1527 年，亨利又恋上玛丽的妹妹安妮。玛丽和安妮的爸爸是托马斯·布林恩，妈妈是诺福克公爵之女。布林恩爵士是一位商人和外交家，在亨利面前是红人。安妮曾在巴黎读书，历任法后克劳德及那瓦拉之后玛格丽特的宫女。从玛格丽特那里，她沾染到不少新教徒气息。亨利于戈尔登的克洛茨平原与法国国王聚会时，可能见过她，那时她仅是一个 13 岁活泼天真的女孩。1522 年，安妮正 15 岁，回国后，在凯瑟琳宫中做宫女。她说不上多么漂亮，矮，黑皮肤，大嘴巴，长颈子，可是，那黑亮的眼睛，飘逸的褐发，宜人的风度，过人的机智，及愉快的性格，使人着迷。她的爱人，除亨利外，尚有怀亚特（Thomas Wyatt），这是一位著名诗人，及珀西，这是未来的诺森伯兰伯爵。她的敌人后来攻讦她说，她在投入亨利怀抱前，曾与珀西私订终身。但这种攻讦没有什么凭据。亨利何时向她求爱不可考，我们仅知，他于 1527 年 7 月曾有很热情的信写给她。

亨利这些罗曼史，对他希望与凯瑟琳的婚姻无效有何关系？无疑，亨利早在 1514 年就有这个念头了，那时，安妮才 7 岁。1524 年以前，他似乎打消过这种念头，但到了这一年，这种念头又一次兴起。照亨利的说法，他于这年起停止与凯瑟琳发生夫妻关系。据最早的一项记载，婚姻无效的安排始于 1527 年 3 月。在此之前，亨利对安妮虽已熟识，但尚未动情，可是，自此之后，她取代姐姐在亨利心目中的地位。沃尔西对亨利想娶安妮的念头，这一点显然不知情，因为，他于 1527 年 7 月使法时，他曾表露想为亨利聘娶路易十二之女蕾内。关于显露亨利意图最原始的资料，当数 1527 年 8 月西班牙大使写给查理的一封信。信上说，伦敦人都认为，亨利一旦与凯瑟琳离婚，很快就会立布林恩爵士之女为后。这指的当然不是玛丽，因为 1527 年底，亨利和安妮已在格林尼治附近住于同一个屋檐之下。我们可以这样说，亨利由于对安妮的迷恋，对与凯瑟琳婚姻无效的努力才加紧进行。最根本的原因在于他希望赶快生子，以使王位后继有人。事实上，所有英国人都这样希望。因为他们一想到 1454 年至 1485 年那些年，约克和兰凯斯特皇室为争夺王位而闹得天翻地覆的情景，便感到战栗不已。1527 年，都铎王朝距其建立为时不过 42 年。它的根基尚未巩固，在这种情形下，唯有每代都有一个直接的男性王位继承人，才不致发生波折。因此假定亨利不是恋着安妮，他也会要求和凯瑟琳离异，因为，他要另找一个会生孩子的女人。

沃尔西在这点上，和亨利意见非常一致。他向亨利保证，他可为亨利向教皇获得前婚无效的敕令，为了解除一个国家的危机，教皇有权做这类决定，同时，这类决定也有许多前例可援引。不过，沃尔西没有想到两点：第一，亨利喜欢的对象是安妮而不是蕾内；第二，教皇现在是查理的俘虏，而查理对亨利充满敌意。站在查理方面而言，凯瑟琳是他的姑母，他当然与他姑母一个鼻孔出气。另外，假定新婚姻对象是沃尔西安排的蕾内，那就会演变成再度的英法联姻，而英法联姻是他所不愿见的。引发英国宗教改革的导火线，不是安妮的美色，而是凯瑟琳和查理的顽固——他们没有体会到亨利求子之心是如何急切。我们可以这样说，英国脱离天主教家庭，全是天主教英国皇后，天主教神圣罗马皇帝，及一位在皇帝掌握中的天主教教皇逼出来的。英国宗教改革造成的结果，非亨利始料所及的是国王权力的提高，甚至可以根除教皇对英国的影响。

亨利对废止前婚的追求，因加百列（Gabriel de Grammont）之来而感到紧张。加百列 1527 年 2 月赴英，目的是讨论玛丽公主与法国王室联姻之事。据亨利说，加百列曾问道，假若一旦教皇宣布他与凯瑟琳的婚姻，因与《圣经》抵触而无效，则玛丽公主的地位有无变动。有人说，这番话是亨利捏造的，但据沃尔西 1528 年对法照会，事实上确有其事。就现在资料判断，加百列曾向教皇克莱门特进言，说亨利的请求有理。但问题出在查理。1527 年 7 月 29 日，查理告知其驻伦敦大使，说他已"建议"克莱门特否决亨利的请求。

沃尔西至法时，他曾确定地告诉法国，英国国王中意的是安妮而非蕾内。他曾不断为亨利寻求废止前婚而努力，但他对亨利选择安妮，并不掩饰他的不满。1527 年秋，亨利撇开沃尔西，径自派遣威廉爵士向在囚中的克莱门特提出两个请求。第一个请求，如果认为原婚不能撤销，但因缺乏子嗣，而凯瑟琳又不愿离婚时，请准他同时有两位王后。但这个请求，亨利于最后一分钟下令暂勿提出。但 3 年后，一件事情使他感到惊异不已。乔万尼·卡塞勒，他派驻罗马的一位代办，于1530年9月18日写了封信给他说："几天前教皇秘密告知，他可能允准陛下同时有两位王后。"第二个请求可说非常之怪，就是希望教皇允许他，和一位他曾与其姐发生过性关系的女子结婚。教皇说，这没问题，但大前提要等与凯瑟琳婚姻关系宣布无效后才行。这项婚姻是否可归无效，他尚不能确定。克莱门特不敢做这项决定，并不完全是惧怕查理，他的考虑是，他这项决定会让人认为前任教皇同意这项婚姻是一大错误。1527年底，他又接到亨利的第三个请求：请指定沃尔西及其他一位教皇代表，在英组织法庭，审理这项婚姻。克莱门特答应了，1528年4月13日，派红衣主教洛伦佐·坎佩基奥去伦敦与沃尔西共组法庭审理此案。他并答应——参见仅对沃尔西和亨利显示的一项敕令——无论审理结果如何，他都同意。也许是受到亨利与弗朗索瓦联合对查理宣战（1528年1月），并宣称解救教皇的影响，结果变了。

对上项审理，查理提出抗议，同时，从西班牙公文档案中，找出尤里乌斯二世批准这项婚姻有效的公文，送给克莱门特。身为查理阶下囚的克莱门特，张皇失措之余，赶紧训令洛伦佐·坎佩基奥："若无别令，审判结果不可宣布……因若惹恼了神圣罗马皇帝，大家都得不到安宁，天主教更难逃灭亡的命运。须知，一切均在皇帝手中……对审理，能拖则拖。"

洛伦佐·坎佩基奥到达英国之初（1528年10月），他的构想是说服凯瑟琳，使其自愿隐退为修女。凯瑟琳说，要我做修女可以，但有一个条件，要亨利发誓遵守修士誓言——誓愿安贫、守贞及服从。这三样亨利当然办不到，不过他说，宣誓可以，但要教皇答应，必要时这些誓言均可撤销。洛伦佐·坎佩基奥并没有将他的原话转报，他于1529年2月写的报告中仅说，亨利决心立安妮为后。"亨利对安妮的迷恋，"他说，"已至白热化程度。现在，除了安妮，他已视而不见，听而不闻，食而不知其味。他已一刻不能无安妮。亨利的一生与英国的安危，皆系于此一问题，此种情况至为可悲。"

　　军事情况的变化使教皇越来越不能顺应亨利的请求。英法联军在意大利的失利，使教皇事事都得仰承查理的鼻息。佛罗伦萨人驱逐了他们的统治家族美第奇。谈关系，克莱门特之于美第奇，正如查理之于哈布斯堡。威尼斯人乘教皇之危把他的采邑拉韦那抢走。在目前的情势下，唯一能帮克莱门特忙的，就是查理。1529 年 6 月 7 日，克莱门特说："我现在已决定死心塌地跟着皇帝走。"6 月 29 日，他即与查理签订《巴塞罗那条约》（*Treaty of Barcelona*）。根据该约，查理答应：第一，为美第奇家族抢回佛罗伦萨；第二，为克莱门特抢回拉韦那；第三，释放克莱门特。查理要求克莱门特者则是，除非凯瑟琳同意，他不得宣布其婚姻无效。同年 8 月 5 日，弗朗索瓦一世与查理签订《坎特伯雷条约》。该约无异承认意大利和教皇均归查理控制。

　　对审理亨利离婚案，洛伦佐·坎佩基奥已拖到无可再拖的程度，于是于 5 月 31 日，与沃尔西同开教皇代表庭，听取亨利的诉讼。凯瑟琳向罗马申诉，拒绝该庭对此事的管辖权。不过，不管怎么样，6 月 21 日，英国国王、王后都到庭了。凯瑟琳见了亨利即倒身下拜，她苦苦哀求亨利不要遗弃她。她请亨利念她多年和他同甘共苦之情不要如此决绝。她说她对亨利绝对忠贞，她指天发誓，她和亨利结婚时，还是完全的处女。最后她问亨利，她到底有什么得罪他。亨利把她扶起来对她说，他承认，这是一项美满婚姻，他这样做的理由，完全是为了皇统，为了国家。最后，他说，她不该向罗马控诉，因为教皇全在查理控制之下。凯瑟琳听了这番话，立即收泪离庭。费希尔主教出面为凯瑟琳辩护，因此亨利对其恨之入骨。亨利请求宣判，但洛伦佐·坎佩基奥巧妙地予以拖延。1529 年 7 月 23 日，他宣布延期再审，便度假去了。本来犹豫不决的克莱门特，这时却下了决心，将本案"撤回"罗马审理。

　　亨利怒不可遏。想到凯瑟琳的无理坚持，他索性和她完全断绝关系。他现在和安妮的关系完全公开了。脍炙人口的 17 封恋爱信，大约就是在这段期间写的。这些信被洛伦佐·坎佩基奥拐出了英国，现藏于梵蒂冈图书馆。安妮是绝顶聪明的女性，基于一个女性的欲望，她当然希望赶快确定她与亨利的婚姻关系。现在，她常叹息她已逝的青春，她认为亨利的要求之所以不能满足，全怪沃尔西。亨利和她一样，对沃尔西也颇感不满。

其实，真是天大冤枉。沃尔西心中尽管不同意安妮与亨利的结合，但对实现亨利的要求，他已尽其最大努力。他曾派人拿钱到罗马活动，但对罗马，查理也拿钱，不但拿钱，而且还拿军队。沃尔西曾经考虑，以默许重婚来解决问题——几年后，路德采行的，即是此种方案——但因有所顾虑，所以未曾提出。现在，沃尔西感到，安妮对他越来越反感。她和她有影响力的亲友，竟联合起来拆他的台。他想讨好安妮，他把许多好吃的好玩的都送给她。可是没有用，她对他的反感因婚事拖延而与日俱增。谈到安妮，沃尔西说，她是"他的死敌，他的克星，她无论睡着醒着都在咒他"。他看得很清楚，一旦婚姻无效的请求获得批准，安妮便会成为英国王后，那时，她会整垮他；可是，假若婚姻无效的请求迁延不决，不但安妮会更恨他，亨利也会以办事不力而叫他下台。不干没有关系，查办可受不了，因为有很多账他实在交不出。

亨利对沃尔西的不满，其实不止一桩。他拟定的外交政策，此刻已完全粉碎。背查理而与法联盟，给英国带来的尽是灾难。全英国对这位一度红得发紫的红衣主教说一声好的人，几乎一个也没有。教士恨他专制，僧侣恨他封闭修道院，老百姓恨他把他们的子弟送去当炮灰，商人恨他因与查理为敌使他们不能和佛兰德斯人做生意，贵族恨他，说他苛刻、傲慢及大刮地皮。有些贵族，法国大使报告（1529年10月17日）："希望沃尔西快死或垮台，希望脱离或解散天主教，他们好分沃尔西和教会搜刮下来的财产。"肯特州呢绒商主张，沃尔西当被放进一艘会渗水的小艇，使之在海上漂流。

亨利想得更绝。1529年10月9日，他叫一位检察官发出传票，传沃尔西问讯。面对国王的法官，他发现，他被指控的罪状是触犯《王权侵害法》。此法制定于 1392 年，根据此法，任何人如带教皇敕令进入英国，其地位、名誉、财产即全部丧失。有没触犯？有。原因是基于亨利的请求，而且是为亨利使用，但他这些话都不能说。他知道法官不肯饶他，他向亨利上了一个报告，在报告中，说了许多可怜话并认罪求饶。诚惶诚恐中，他接到国王一个恩旨。读完那个恩旨，他感激得跪在泥地上大叫感谢上帝。亨利所要的是怀特霍尔的红衣主教官邸——这是最肥的一份，但是准许他保有约克大主教职位及足够的私人财物——这些财物，足够 160 匹马和 72 辆车子搬运。沃尔西下台后，其首相职位由诺福克公爵继任，其御前大臣职位由莫尔继任（1529 年 11 月）。

有一年多时间，这位落魄的红衣主教，在其大主教职位上一切都做得很好：定期作教区访问，经常从事教堂修补，不断为人排难解纷。"在他没有来这里时，"一位约克郡的人说，"谁都讨厌他。但自他来后，便没有不喜欢他的了。"可是，一旦死的恐惧消失后，他的野心又开始作怪。他写了不少信给神圣罗马皇帝的驻英大使查皮伊斯，这些信竟遗失了。但据查皮伊斯给查理的一份报告说："我自红衣主教（沃尔西）的医生那儿获到一封信，信中说，沃尔西认为……教皇应采取有力措施，必要时得动用军队。"——解释起来，当然是意图把英国国王驱逐出教，发动内战及招引外力入侵。诺福克听到这种风声，便逮捕了沃尔西的医生。经过一番拷问，医生招供，沃尔西曾建议教皇，把英国国王驱逐出教。今天很难判断，究竟是大使或公爵想陷害医生，还是医生想陷害红衣主教，或是真有其事，总之，亨利或公爵已下令逮捕沃尔西。

1530 年 11 月 4 日，沃尔西被捕时毫无反抗。他与家人道别后，即径往伦敦。到达谢菲尔德公园（Sheffield Park）后，就一病不起，国王的兵丁奉命将他送往监狱。扶病上马，两天后实在衰弱得不成样子，监差让他到莱斯特修道院的床上稍歇。他对差官金斯顿爵士（Sir William Kingston）说了下面这句话："只要我对得住上帝，相信王决不会亏待我这个白发苍苍的人。"这句话，曾经卡文狄什（Cavendish）记载，后为莎士比亚采用。躺在这所修道院床上，他就一直没有起来。沃尔西死于 1530 年 11 月 29 日，死时 55 岁。

第九章 | 亨利八世与莫尔
（1529—1535）

英国国会与宗教改革

1529 年 11 月 3 日于威斯敏斯特集会的国会，上院最具势力的集团为贵族，下院最具势力的集团为商人，同意支持下列三大政策：第一，减少宗教财富和权力；第二，维持与佛兰德斯的商业关系；第三，支持国王为获男性继位者的努力。第三项政策的通过，并不意味大家赞成安妮，因为一般人都认为她太冒险，也不意味大家不赞成凯瑟琳，因事实上同情凯瑟琳者大有人在。下层阶级在政治上这时毫无力量，一般都不赞成离婚。北方各省由于虔信天主教，惟教皇马首是瞻。亨利为防止北方各省的反对，除不许教皇管理教会外，一切都维持天主教传统。不许教皇管理教会，是基于民族意识。这种意识，英国较德国尤甚，王权就是靠这种意识提高的。教士尽管很恐惧亨利变为他们的顶头上司，但谁也不敢说自己拥戴教皇，因为教皇代表的显然是外国势力。

约 1528 年，一个叫西蒙·费施（Simon Fish）的人发表了 6 页的一本小册子。亨利看后，没有意见，其他人看后，衷心赞许。小册子以《穷人的恳求》（*Supplication of the Beggars*）为名，请英国国王全部或一部分没收英国教会财产：

> 远在陛下高贵祖先之世，这些人就巧妙地混进来了……一批顶着上帝名义的懒虫、乞丐、流浪汉……美其名曰主教、院长、执事、副主教、辅佐司教、神父、修道士、教士、修道僧、赦罪者、聚会召集人。在数不清的名义下，这批四体不勤五谷不分的懒虫善募强讨的结果是，陛下的国土 1/3 以上，已入他们的掌心。现在国内最肥美的土地最宽广的庄园，大半都是他们的。这还不算，他们更名正言顺地对稻麦、牧场、牧草、羊毛、小马、小牛、小羊、猪、鹅、鸡等征收 1/10 的税……还有，他们还放款取息。他们对利看得很重，穷家妇女，如不能于复活节算还利息，以鸡蛋或以其他物品抵偿，则她们便休想安度复活节……为了赚两三个杜卡特，妇女要为他们辛苦工作一整天。不过要赚便宜钱也有办法，那就是妇女陪神父、修士、修道僧睡一个小时，便至少可获 20 个杜卡特。

贵族与商人可能也承认这份指控是有点过火了，但一想到那将带来的美好结果——教产还俗，也就不再顾虑其他了。法国驻英大使贝利写道："权贵们有意检举教会并尽散其财；他们是公然这样要求的，所以我也无须用暗语来报告……我想僧侣们是不能再掌有国玺了。"就是说，不再能统领政府了——"再者，他们也可能在国会里受到严厉的警告。"沃尔西曾挡驾这种对教产的攻击，但他栽倒了，留下来的是无计可施的僧团，他们唯一能借以自重的是衰落中的民间信仰；更糟的是那本可用其特权、禁令、联盟来保护他们的教廷，如今却是王室愤怒的主要对象，而且教宗本身还是大帝王们争权夺利下被踢来踢去的政治皮球。民意要求，约束英格兰教会的立法应予通过，再不然，也须由坎特伯雷和约克两个大主教召集教士会议而予以接受。可是，这样的集会就能缓和国王的怒火吗？就能扼制国会里反教会的风潮吗？

战斗是由下院开启的，拟了一份上国王书，宣布对正教教义的信仰，但强烈批判僧团。这就是有名的《控诉法案》（*Act of Accusation*），指控教士会议没有得到国王或国会的同意就私行立法，严重限制了百姓的自由，动不动就责难百姓或苛罚重款；榨取钱财以行圣礼；主教们把圣职给某些年轻人，称他们为侄子，却又瞧不起这些青年或对被任以圣职的人全无了解；他们征税和处以罚款的权利都被贪婪的主教剥夺了；主教们滥捕无辜，囚禁百姓，又不让人家知道犯了什么罪；恶责和重罚百姓，只是为了轻微的异端嫌疑；这项文件的结尾是请求国王改革上述各种弊端。亨利国王很可能也亲自参与这项请愿书的撰作，当他收到下院的这份请愿书后，只列明各项要点、要求回复。主教们承认某些罪愆，但认为那只是少数人的意外事件；他们辩称主教廷府廉正无私，并祈求虔敬天主的国王，像贬斥路德那样来帮他们压制异端。然后，很惆怅地误解了国王的脾气，居然说出了这般火药味十足的话来：

> 由于我等认为我们立法的威权是基于天主启示的《圣经》与圣教会的决意……我等无须提示我们执行的指控与义务，因为那是天主的赋予与我王的许可……因而我等谦卑地恳祈王上……继续维护我等依据天主的威权，以他为名，为匡正德行与维护基督的信仰所立的种种法律与禁令。

亨利此时想动手，可他现在还不愿去管他们。他现在第一要做的，是要国会同意他的一项特殊请求：免他归还向老百姓所举的公债。对此，众院先反对后同意。接着，众院又通过了三项法案。这三项法案，目的均在贬低教士权威，不让他们查验遗嘱，不让他们抽死亡税，不让他们领双重圣俸。对这三项法案，上院反对得非常激烈，因为上院中有着不少主教和僧院长。不过，反对了一阵之后，终于修正通过了。通过这类法案后，国会即于 12 月 17 日宣告休会。

1530 年夏，英国国王接受了一个颇为花钱的建议。剑桥一位神学博士报告亨利，关于教皇是否有权力批准弟娶其嫂之事，将由欧洲若干具有名望的大学投票决定。亨利所望的是无权批准，查理所望的是有权批准，于是，双方派驻各国特务，展开一场贿赂战。亨利处处送钱，查理除送钱之外，甚至把恐吓也加上。这场战争，亨利与查理，在意大利平分秋色；路德派大学，对"基督教卫士"不利；巴黎大学，在弗朗索瓦压力下，投的是亨利的票；牛津与剑桥，处于亨利的威势下，自然非投亨利的票不可。

为了加强对教士的控制，亨利于 1530 年 12 月，通过其首席检察官发布了一项通报。通报大意说，政府对凡支持沃尔西运用教皇权力的教士，通通要按《王权侵害法》处断。1531 年 1 月 16 日，国会和教士会议（Convocation）集会，英国国王特务机构宣称，教士中凡愿认罪悔过且缴纳 11.8 万镑罚款的，即可免按《王权侵害法》处断。教士纷纷叫屈。他们说，沃尔西接受教皇敕令，全与他们无关；据他们所知，沃尔西通过洛伦佐·坎佩基奥接受教皇敕令，全是为了受理英国国王案件，因此，他们所知的英国国王也知。他们说得非常对，可他们不知道，亨利目前正需钱用。时机已经成熟，英国国王于是要求全体教士承认他为"英国教会和教士的最高保护者"，换句话说，他们不得再效忠教皇。教士含糊其辞地提出种种折中案，可亨利硬要他们摊牌。最后，1531 年 2 月 10 日，大主教渥兰才勉强代表大家发表意见。这位 81 岁的大主教说"听凭基督的旨意"时，全体教士继皆默然。默然解释为同意，于是英国国王的要求变成法律。亨利为了安抚各大主教，特许他们有审理异端之权。

国会及教士会议，于 1531 年 3 月 30 日休会。这年 7 月，亨利移凯瑟琳于温莎，并誓永不相见。不久，他令玛丽公主住在里士满时，他又将她自温莎移至安特希尔。凯瑟琳的所有珍宝首饰，亨利索性一起交给安妮。查理要教皇克莱门替他抗议。1532 年 1 月 25 日，克莱门特致书亨利，一面指斥他的通奸行为不当，同时劝他在婚姻是否无效未确定前，接回凯瑟琳而离开安妮。亨利仍沉醉于温柔乡，根本不理这一套。就在这段时期，他写给安妮一封充满爱意的甜蜜的信：

> 我的心肝，你走后，我感到一片空虚寂寞。别后，两周以来，日子长得难以打发。为什么会这样？因为你太好，以致我的爱情之火在燃烧……但我想到我很快就可到你身边时，我所受的爱情煎熬的痛苦无形中便减轻了一半……想到我（特别在一个静静的黄昏）能躺在你的怀里，嗅到你的乳香，尝着你的香吻，我便快乐无穷。这封信，是写自一个过去、现在及将来都深爱你的人之手。
>
> 亨利

国会和教士会议于 1532 年 1 月 15 日集会时，亨利又想到几种抑制教士权利的方法：任副执事以下职务的教士，犯重罪应归普通法庭处断；宗教法庭的讼费罚金，应降低金额；宗教方面所课的遗产税及所收的遗嘱查验费，应降低或取消；新任高级教士第一年收入应解送教廷的款项，今后应予豁免；罗马由英国负担行政、免罪及教廷事务的经费，一概取消。以上想法，一一都经国会和教士会议通过。不过关于新任高级教士第一年收入一点，亨利曾暗示罗马，如教皇宣布他与凯瑟琳的婚姻无效，这笔钱随时都可恢复。

在这段时期，亨利已做到使大部分主教相信，英国教会脱离罗马而独立，对他们的权威和收入无损。1532 年 3 月，英国教士会议即宣称与教廷脱离关系："请停止一切苛捐杂税……如果教皇还想继续获取新任教士第一年的薪俸，而采取任何反对我国措施的话……那我们只有不接受命令而与教廷分道扬镳。"5 月 15 日，教士会议宣誓效忠英国国王，并愿将其剩余的立法权力，交付一个委员会。这个委员会由一半教士、一半非教士组成，有权否决任何对国家不利的宗教仪式。国会与教士会议既经改革，于是英国国教宣布诞生。这一行为具有划时代的意义，从此，英国国王又多了一件工具或武器。

5月16日，身为御前大臣的莫尔，因反对反教士浪潮无效，愤而辞职。8月，大主教渥兰逝世，临死前否认曾使教士会议隶属亨利。亨利令奥得利继莫尔，克拉默继渥兰，以使宗教改革继续迈进。1533年2月，国会制定《诉愿法》(*Statute of Appeals*)。根据此法，从前须呈教廷裁决的一切事项，如外国禁忌、逐出教会及停止职权等，今后皆可由"国内临时宗教法庭裁决"。

1533年1月15日，亨利计划立安妮为后。安妮当时已怀有四个月的身孕，所以亨利对解决他与凯瑟琳婚姻之事更加迫切。他一再请求教皇均无结果，于是，他令其教士会议批准他的离婚（1533年4月）。5月23日，克拉默以坎特伯雷大主教的身份宣称，亨利与凯瑟琳的婚姻无效，同时于5月28日，公认安妮为亨利的王后。3天后举行王后加冕典礼。安妮珠光宝气地参加传统大游行。在兴奋中，她看出国人对她的冷淡。也许她曾这样想——王后这个宝座她到底能坐多久？克莱门特教皇于1533年7月1日宣布，新的婚姻无效；新生子女均为私生子；亨利被逐出教会。9月7日，安妮生伊丽莎白。查理驻英大使报告查理，亨利和安妮生了个私生子。

1534年1月15日，国会复会通过如下议案：前为教皇所有的新任教士第一年所获的薪俸，及其他原归教皇的所有收入，从现在起一律转交英国国王；主教任命权，依法视为英国国王的特权——事实上早就这样做了；惩治异端案件管辖权由教会移给政府。

1533年，肯特郡一个修女宣称她奉上帝之命谴责英国国王重婚，同时，她曾亲眼看见准备囚禁亨利的地狱。亨利派人把她抓来，经严刑逼供，结果她说是受人利用，利用的人想借此推翻英国国王。她与6个"共谋者"，经上院审理，判处极刑（1534年5月5日）。主教费希尔被控知情不报，并指他与凯瑟琳均知由查皮伊斯草拟但未获查理照准的武装袭英及策动凯瑟琳支持者叛变的阴谋。费希尔虽矢口否认，仍被戴上叛逆的帽子。

为亨利办理这类案件的得力助手，是特务头子克伦威尔。克伦威尔生于 1485 年，是帕特尼（Putney）一个铁匠之子，幼年生活贫困，长期流浪四方。经法国、意大利而回英国，从事纺织生意，颇赚了点钱，后放高利贷而巨富。他先跟沃尔西工作了 5 年之久。亨利取其勤勉忠诚，命他做高等法院法官，资料保管推事及亨利的私人秘书（1534 年 5 月）。1531 年至 1540 年，他成为亨利的心腹和政府的首脑。贵族看不起他，说他是暴发户，指责他玩弄权术，收受贿赂，卖官鬻爵，视财如命，作威作福。他的目的，一方面拼命提高英国国王的地位，一方面以没收教会财富来作王位的支撑。在追求上述目的时，他显得非常大胆精干。他积了很多钱，而且，除了最后一仗外，几乎战无不胜。

借克伦威尔的建议和操纵，亨利使国会通过了《王位继承法》（*Act of Succession*，1534 年 3 月 30 日）。根据此法，凯瑟琳与亨利的婚姻无效，玛丽公主变成了私生子；如安妮不再生男孩，伊丽莎白即成王位继承人。克伦威尔为压服民间日增的敌意，特劝亨利将任何对安妮的王后地位及其所生子女的合法性加以怀疑的人，处以极刑。在英国，无论男女，根据王位继承法，均应对亨利宣誓效忠。钦差加上御林军，驰骋全国各地，挨家挨户，从城堡到学校，从男修道院到女修道院，处处逼取效忠誓言。只有少数人反抗，反抗者中有费希尔和莫尔。他们赞成王位继承，但不赞成该法的其他条款。他们被关了起来。最后，国会尚通过一个法案，这就是赫赫有名的《王权至上法案》（*Statute of Supremacy*，1534 年 11 月 11 日）。此法案重申王权至上，即王对国家及教会均拥有绝对的主权；更名英国教会为"英国国教会"（Ecclesia Anglicana）；授英国国王以原属罗马教廷处理道德、宗教组织、异端、教条及改组教会等一切大权。根据该法案，凡以口头或文字骂英国国王为篡夺者、暴君、宗教分裂论者、异端、异教徒之人，皆判处叛国罪。所有主教均须毫无保留地宣誓，愿意在宗教及非宗教方面接受英国国王领导。"遵奉基督的旨意"，此后绝不容许教皇的权力在英国存在。

为了镇压任何对这一史无前例法案的反对，政府动员了一切力量。一般教区僧侣阳奉阴违。部分僧侣和托钵僧，认为他们曾直接宣誓效忠教皇，因此逃避改誓。许多修道院关闭就是逃避改誓的结果。亨利与克伦威尔对"伦敦加尔都西会修道院"内托钵僧侣的顽固，感到非常愤怒。三个副院长联合来向克伦威尔说，他们实难承认任何人为英国教会领袖时，便一律关进监牢。1535年4月26日，国王的法官想释放那三个副院长及一个教区僧一个托钵僧，但克伦威尔说不行。他说，放了他们，其他的人便会学样，他要求对他们做有罪判决。5月3日，这5个人还是不肯承认《王权至上法案》，于是被以囚车载至刑场。5个人，一个个吊起来，活活开膛剖肚，然后，再五马分尸。把一只手臂挂在修道院大门口，目的在唬吓其余托钵僧，其余托钵僧仍反抗如故。抓来三个为首的，给他们戴上脚镣手铐，颈上再以铁链锁着，站立七天七夜，准吃不准拉。尽管这样，其他托钵僧仍顽抗如故。克伦威尔除选10个送入纽盖特（Newgate）监狱外，其余分散至其他修道院。被关10个人中，9个人由于得病很快就死了。

亨利现在成了政教合一的领袖，对他的话，英国人必须奉为金科玉律。由于他除了教皇权力外，其他一切仍与其他天主教国家毫无二致，因此他定了一个原则，即天主教教条及他在宗教方面的地位都是绝不容许批评的。事实上，对异端的迫害，过去、现在甚至终其统治，一直存在。1531年，莫尔即将托马斯·比尔尼（Thomas Bilney）烧死，因为比尔尼反对偶像崇拜、朝圣及为死者祷告。詹姆斯·贝尼亚姆（James Bainham）因说圣餐中基督仅是精神显现，而被抓了起来。他被严刑逼供，要他招出同党。他不肯说，因此，1532年4月，被烧死于史密斯菲尔德。同年，被烧死的还有两人。由于有些模范基

督徒提供了烧人的柴火，因此，林肯区主教还特别给他们每一个人
40 天的免罪期。

莫尔与费希尔的处刑使恐怖统治达到巅峰，费希尔曾被伊拉斯
谟推崇为"全德之人"，但因他与西班牙大使共谋促使查理入侵英国
推翻亨利，也算罪有应得。他对教会有功，可是叛国仍不免一死。新
任教皇保罗三世将身陷囹圄的费希尔升为红衣主教，可说是一大错
招。尽管费氏说，他根本连做梦都没有想到会获此荣耀，但在亨利来
说，这对他无疑是一种挑衅。1535 年 6 月 17 日，80 岁高龄的费希尔，
在最后审问时，仍不接受亨利为英国教会领袖。6 月 22 日，即被送
往刑场。一位目击者说："此老瘦得只剩皮包骨了，显然就是不杀他，
他也活不了多久。"站在断头台上，刑官对他说，如他这时改变主意，
他还可以获赦，但他仍然说不。他的头被挂在伦敦桥上示众。亨利
说，现在他可到罗马去戴红衣主教的帽子了。

费希尔算是硬汉了，但还有一个更硬的。

莫尔的乌托邦

莫尔的父亲是著名的律师和法官。他送他的孩子到伦敦圣安东尼
学校受教育。在少年时期，莫尔曾给大主教默顿做侍童。他的思想、
信仰及为人处世，处处都受到大主教的影响。据说，默顿曾告诉人：
"别看轻那个送酒端菜的孩子……他将来必大有出息。"15 岁时，莫
尔考上牛津，很快即沉醉于古典文学的研究。他父亲怕他将来变成书
呆子，令他退学到伦敦学法。当时的牛津剑桥，以培植宗教领袖为
宗旨。一般教士则是新法学会（New Inn）和林肯法学会（Lincoln's
Inn）出身。1529 年至 1537 年，改革后的国会，下院中仅 8 个议员受
过大学教育。这时，大学生不吃香，有前途的是工商巨子和律师。

1499 年，莫尔 21 岁。他遇见了伊拉斯谟，立即被伊氏的人文主
义迷住了。他们两人的友谊，在当时是一段佳话。他们都很有修养，

文笔都很犀利，都讨厌经院哲学。莫尔说，研究经院哲学，"无异就筛子给公羊挤奶"。他们都主张宗教改革，而改革之道，都不主张使用暴力和分裂。他们都一贯这样主张，宗教改革应自内部做起，改革应顾及教会的统一性和连续性。莫尔在治学和涵养上，不及伊拉斯谟深沉。事实上，他的儒雅和恢弘，常受他情绪和执拗的影响。与人争论时，他常忍不住趋向流俗，向对方展开谩骂。不过，他也有胜过伊拉斯谟之处，如勇敢、荣誉心及对理想的执着等。莫尔与伊拉斯谟往来的书信，其所表现的风范，在那个时代即为不可多得之作。"再谈，"莫尔在写给伊拉斯谟一封信的最后说，"我敬爱的伊拉斯谟，对于我而言，我爱你胜过爱我自己！"

莫尔对宗教是当时最虔诚的人，他以许多教士，如沃尔西之流的耽于享乐为耻。23 岁时，当他读了一阵法律后，他决心做传教士。1501 年，他演讲奥古斯丁的《上帝之城》公开传道，座中饱学之士，如格罗辛（Grocyn）等，对他都颇表欣赏。尽管他对一般不守清规的僧侣大加抨击，对所有虔敬的修士修女则颇表尊重。他甚至说，他非常羡慕修士的宁静生活，他后悔从前没有做修士。他相信神迹、圣意、遗物与朝圣。他写过不少属灵的书籍，他以中世纪的风格表达他的人生观。他说，生命是灵魂的监狱，要解脱唯有死，宗教和哲学就是教人如何解脱。他曾两度结婚，生了好多孩子，他的家是经常有祷告声并充满爱心信赖和欢乐的基督教家庭。1523 年，他由普罗维登斯迁往伦敦文化区。他的家充满文化艺术气息，他家的花园距泰晤士河不过 100 码。

1504 年，他 26 岁，即以市民代表身份充当国会议员。一次，亨利七世有个提案遭到他的反对。他发言时雄辩滔滔，给亨利七世留下深刻的印象。不过这是一个坏印象，亨利七世曾转弯抹角找到他父亲，让他把这位青年议员狠狠地教训了一顿。国会议员任期届满，莫尔即经营律师事务所。1509 年，出任古伦敦——泰晤士河北岸——代理执行官（under sheriff），这份工作颇合他的胃口，因为当代理执行官，通情达理重于冒险犯难。一段时间下来，明决公正有口皆碑。他不受红包，尤其打破了英国官场的恶例——收受红包之风，直至培根时代犹颇盛行。不久，他又回到国会。1515 年，他被选为众院议长。

在伊拉斯谟 1517 年 7 月 23 日致胡滕的一封信中，我们又发现莫尔具有下列特征：中等身材，面容苍白，赭色头发，穿着随便，饮食适度，面带笑容，幽默机智，喜开玩笑，爱小动物。他家里有善于说笑的清客，有猫、有狗、有猴子。附近的鸟飞到他家来，都一一获得招待。在太太眼里，他是一个标准丈夫。在孩子眼里，他是一个标准父亲。在国会议员眼里，他是一个标准议员。他秉性善良，能言善辩，对人和蔼，"总之"，综合大家对莫尔的印象，"他是大自然在温良、可亲、快乐方面，最理想的标本"。

忙里偷闲他还著书。他先写的是《理查三世传》（*History of Richard III*）。这本书的基调，在于反对独裁政体，他正处于这种政体之下，因此他没有考虑出版——这本书与世人相见，是在他逝世之后。莎士比亚根据这篇传记写成一部剧本。1516 年，由于一时兴起，莫尔用拉丁文写了一本书。这是他最著名的一本，现代人耳熟能详的"乌托邦"（utopias）一词，就是由他所创的。这本书一方面对英国的经济、社会、政治有所批评，一方面对社会主义作了一个具体的描画。由于有所顾虑，他把书送到国外出版。一共出了 6 版，都是拉丁版本。最后，获准在英国付印，仍为拉丁文。他说，这是写来消遣的，本来不想出版。在卢万印的那一版，曾获伊拉斯谟之助，他对伊氏表示非常感激。本书于 1551 年出现英文版，未译成英文前即已译成德语、意大利语及法语。英文版与世人相见时，莫尔逝世已 16 年。此书在 1520 年在欧陆即已家喻户晓。

莫尔之书，原名 *Nusguama*，意即"虚无之乡"（Nowhere）。后来，不知谁把它更换了个希腊名字，于是就变成《乌托邦》了。故事写得异常逼真，不少人相信实有其事。据说，一批传教士曾大发宏愿，计划去乌托邦传教。《乌托邦》开头说，1515 年，莫尔衔亨利八世之命出使布鲁日。他行经安特卫普时，他曾拿着伊拉斯谟的一封介绍信，去见该市的一位市政官员彼得·希莱斯（Peter Giles）。故事的展开，在他会见希莱斯后。希莱斯介绍他去见一位须发苍苍的葡萄牙水手，这位水手名叫拉法埃尔·希泽罗代伊（Raphael Hythlodaye，希腊语意为"妙于胡诌"）。1504 年，水手曾随维斯普奇（Amerigo Vespucci）环游世界（早于麦哲伦 6 年），因此到过一个人所未知的世界：一个幸福的岛，岛上居民对当时困扰欧洲的若干社会经济问题，均有解决之道。《乌托邦》的卢万版本，把这个神话渲染得更为离奇逼真，其首页还附有乌托邦木刻地图及该地居民文字。只有一个漏洞：希泽罗代伊在一次谈话中，竟赞美起默顿大主教来。这种赞美，在莫尔来说是很自然的，但出自一个水手之口，便令人感到怀疑了。

这位想象中的麦哲伦，对乌托邦的社会是这样描述的：

> 在乌托邦人中……一切财物均属共有，每人所需均极丰富……我曾将乌托邦与其他国度相比……其他国家之人，对于其所获之物，一开口便是我的……但在乌托邦则不然，我对此也与柏拉图有同感……财富应平均由人人共享……在很多国家中，由于少数人，借种种名位口实，霸占或瓜分了社会的大部分财富……因此使绝大多数人俱陷于贫穷。

在乌托邦，人人各尽所能，各取所需。生产之物，一律送入公库，一旦需要，即可自行到公库去取。没有人说我比别人应多得一点。人人都有，因此便不用贪心。原则上大家应在公共地方吃饭，但如你觉得不便，也可在家自炊。乌托邦人不用钱，因此也不知买贱卖贵。其他地方常见的罪恶，如欺骗、偷盗、抢夺，在乌托邦根本听不见。由于公库中积有应急粮食，人民不知有所谓荒年饥馑。每一家庭，无分男女，均须参加农工生产。为求生产充分，大人每日工作 6 小时。工作基于社会需要，个人兴趣只有在社会需要时才能发展。乌托邦人也享有自由，不过他们的自由着重在免于饥饿，免于恐惧。至于剥削他人劳力的自由，则绝对不许。乌托邦也有法律，不过条文极少也极简单。因此，如有纠纷，概由自己辩护，根本用不着请律师。犯法者罚劳役。依罪的轻重，确定劳役时间的长短及所做工作的难易。所罚时间届满，即可恢复自由。屡犯和重犯也判死刑。死刑犯表现良好，也可改罚劳役。

家是乌托邦社会的构成单位，家有家长。"妻子必须顺从丈夫，子女必须顺从父母。"婚姻实行严格的一夫一妻制。结婚前当订婚。未婚夫妻，例须彼此脱得一丝不挂，以便相互检查。男女中的一方，身体上如有严重缺陷，对方可据以解除婚约。婚后妻赴夫家与其父母共同生活。如有通奸情事，男女双方申请社区会议许可，即可自由离婚。30 家为一邻，邻有邻长（phylarch），邻长共选，年选一次。每 10 邻为一里，里有里长（chief phylarch），里长由邻长共选。乌托邦共 200 里，里长会议就是国会。国会有权选举国王，国王为终身职位。

邻长的职责，是确保其所辖社区人民的健康。为达此目的，他须提供清洁饮水，注意环境卫生，设立医院及诊所。在乌托邦，健康重于一切。乌托邦统治者对教育也极重视，处处设有儿童学校和成人学校。他们最注重职业教育与科学教育，至于占星、算命则视为迷信。如果认为对乌托邦有利，他们也会发动侵略战争。"他们发动侵略战争，基于下列理由：任何民族如占有一大片土地，自己既不利用，也不许别人利用，则乌托邦人为了不使货弃于地，他们便有权把这片土地抢过来。"（显然这就是英国殖民美洲的理论。）不过，乌托邦人并不好战，"他们最恨无理的屠杀……与其他民族相反，师出无名他们认为那是最可耻的"。

乌托邦相当崇尚宗教自由。除无神论及否认灵魂不朽者外，任何宗教都可自由活动。乌托邦人如愿意，甚至可以崇拜太阳或月亮。

但任何人，如对其他既存宗教，以言语或行动横加破坏，一定会遭逮捕，处以应得之罪，因为法律不允许宗教斗争。否认灵魂不朽者不罚，但不得担任公职。他们有意见，除向神父或"德高望重者"（men of gravity）讲述外，不得当众发表。此外，"任何人皆可随意信仰他喜欢的宗教，并把他所信的宗教向别人传播。不过传播时，必须采取和平方式……以说服代强制，以理论代谩骂，任意攻讦其他宗教，那是法律不许的"。乌托邦既有宗教自由，因此便有许多宗教。不过，"大多数乌托邦人，包括最有智慧的人在内……大都相信，神是一种贯通宇宙的永恒力量，这种力量远远超乎人类智力之上，它是不可知、不可说、不可解的"。出家修道法所不禁，不过任何出家人均应不断做好事及为社区工作。所谓好事及工作，如修桥铺路、清理沟渠、准备柴火等。出家人原则上过独身生活，但他们如想结婚也可结婚。那里也有神父，但神父结婚并不遭禁止。国家规定，一切宗教节日和宴会，均应排在年头年尾和月头月尾。但任何节日及宴会，"教堂寺庙中均不许出现偶像"，"祷告也不许，因为怕少数冒失鬼发言冲撞到其他宗教，以致惹起纠纷"。在每一个节日里，妻子要跪在丈夫面前，子女要跪在父母面前，请求赦免其过失。任何人如未与其仇敌弃嫌修好，即不得进入教堂或寺庙。以上这些画面，带有很浓厚的基督教色彩，莫尔年轻时醉心的人文主义，也偶有显露。例如，自杀观即源于希腊思想：病入膏肓之人，为解脱其痛苦可以自行结束其生命。除此之外，莫尔认为，自杀是怯懦的表现。自杀者的尸体，"不许埋葬，应抛于臭水坑中"。

《乌托邦》一书究竟有多少是莫尔的思想？有多少是伊拉斯谟的思想？另外，写这本书的态度是轻松的还是严肃的？均已不得而知。不过，这位年轻的政治家，却郑重否认乌托邦的共产主义思想就是他自己的思想。"我相信，"莫尔代表自己对希泽罗代伊说，"一切都共有的地方，人民即不可能过着很富足的生活。因为，当大家感到工作不是为自己，而自己又可分享别人的工作成果时，谁还愿意卖力工作？……大家都不肯卖力工作，物资当然就不会富裕……在那里不可能样样理想，因为人天生良莠不齐——要使人人都变好，绝非短时间所能办到。"尽管如此，乌托邦曾获得不少人的同情与思慕——《乌托邦》的画面，就是共产主义的模本。在《乌托邦》一书中，对富人剥削穷人一事，也有很严正的批评。对英国领主强行圈占公地一点，莫尔曾借外人之口予以谴责。其谴责极深入而激烈，因此有点不像外国人的口吻。希泽罗代伊对莫尔说：

> 就贵国土地而言，由于少数人的无理贪婪，已使土地大部趋于荒芜……对于富人而言，这并无大害，因为他们有钱，不但自己要用的东西可以买到，还可囤积居奇，垄断市场以图厚利……我到过不少共和国，经我详加考察比较，我发现这种目前盛极一时的制度，只对富人有利。我，本着上帝的名义，不禁这样想，这种制度是少数富人想出来的鬼名堂：假借共和之名以保全、增进其财富，想尽办法以雇用的名义，用少量的金钱，大量榨取穷人劳力。种种榨取办法，竟可美其名曰法律。

听，这像不像马克思的声音？马克思凭大英博物馆一席之地，弄得世界团团转。然而转动马克思主义思想的杠杆，也许就是莫尔的这本书。无疑，《乌托邦》一书对现代思潮有着最强烈的影响，我们甚至还可以这样说，它是 20 世纪经济制度的指标。现代所谓的计划经济与福利国家，追本溯源也非论及此书不可。

殉道者

《乌托邦》发表后不久，亨利即命莫尔进入枢密院。具有这种思想的人，居然能进入枢密院，说来真是不可思议。也许，号称博学的亨利，根本读不懂拉丁书籍——等《乌托邦》出英文版，亨利已经去世。尽管莫尔思想相当激进，亨利赏识他的，却是品格与能力。亨利以他为沟通下院的桥梁，授之以爵位，让他管金库（1521 年）。最后，亨利还把最重要的外交政策设计委托于他。莫尔不赞成沃尔西所定的外交政策，因为这种政策会导致英国与查理冲突。在莫尔看来，查理——这位现任的神圣罗马皇帝——实在不该惹，因他实力强大，而且他是为基督教国家向土耳其打头阵的英雄。沃尔西执政时，莫尔是反对党领袖，现在沃尔西垮了，他便成了名正言顺的继任者。莫尔就任御前大臣，总计达 31 个月。

但实权操纵在亨利手中。亨利对教廷的不友好感到不满，同时，要把他意中人立为王后，非脱离教廷羁绊不可。莫尔很快便发现，他对外交政策无权过问，亨利要他做的，只不过是一种跑龙套的角色。于是，他即专心对付新教：写文章反驳新教理论；将新教领袖抓来修理。在《异端丛谈》（*A Dialogue Concerning Heresies*，1528 年）一书及其他文章中，莫尔对斐迪南二世、加尔文及路德派诸侯主张的宗教由国家统一领导——利于集中力量与维持秩序——之说颇表赞同，但他担心新教抬头会使英国演变成教派林立的局面。在《圣经》方面，他赞成伊拉斯谟的拉丁《新约》译本。他指斥廷德尔英译《圣经》的不当，他说，廷德尔为了支持路德的论点，有许多地方把《圣经》的内容歪曲了。翻译《圣经》，他指出，不该用作一种武器，以维护或驳斥某种学说的论点。至于天主教，他说，不管怎么样都不该因为意见不同而把它拆散。他认为天主教有三大优点：人们行为上的准则，精神上的安慰，灵性上的激励。

基于上述观点，莫尔曾下令烧死不少新教徒。有一项指控，说莫尔把一个异端分子拖到家中猛力鞭打，这项指控可能靠不住。因为照莫尔的资料观察，那个人似与神学无关。莫尔在一份有关资料中，有下列话语："他是否偷窥女人，"这个女人在祈祷，"是否低头沉思，他是否偷偷走到女人后面……突然把女人衣服揭起来，一下抱住她的头……"莫尔在其主教区中，曾经判过 3 个人的死刑。显然在他当政期间，他是赞同国家是宗教法庭的一种世俗武器这一原则的。由此原则推演，异端分子应烧死，岂非必然？即使在《乌托邦》中，他主张的宗教容忍也极有限。他不容忍无神论者，他不容忍否定灵魂不朽者，他不认可不同教派的人彼此动武谩骂。不过有趣的是，他在和英国新教徒展开笔战时，口齿却很不干净。[1]

问题发生了，莫尔发现亨利就是当时最危险的异端。他发现亨利与安妮那种不正常的结合。他看到一连串反教士立法的出现（1529—1532 年）。在他心目中，教会是社会秩序的基础，反教士立法的出现无异于在摧毁这个基础。1532 年，他罢官归里——回到切尔西（Chelsea）的家时，虽仅 54 岁，但他似有预感，他的寿命快结束了。他为他的家人预作安排，下面是他女婿威廉·罗佩（William Roper）的记载：

> 论及殉道者的生命，论及……殉道者的坚忍，论及殉道者的痛苦和牺牲，在殉道者看来，除了顺从上帝，一切都无足轻重。顺从上帝就是幸福。为了上帝的爱，财物、自由、土地乃至生命的损失都可忍受。他曾一再强调，如果他的子女能勉励他为正义真理而牺牲，他必视为莫大的安慰。有此安慰，便可使他含笑对死神。

终于如他所料。1534 年初，莫尔被指控与肯特州修女阴谋案有牵连。他承认见过这个修女，但否认知道修女的阴谋。克伦威尔建议释放他，亨利也批准了。但 4 月 17 日，又将他关进监狱，原因是他

---

[1] "可是，有些猪，不学无术而信口开河。有些狗，却将古人经典咬得稀烂……对这些畜生，不必和他们讲道理，只可用皮鞭棍棒狠狠地揍。揍到他们不乱咬经典……揍到他们服帖听话。用这种办法，让猪不捣蛋，让狗懂道理……让他们随主子的笛声起舞。对猪狗，单讲是不行的，讲之外必须用罚。今天的异端分子就是这样的一群狗，他们拼命对圣礼狂吠……今天的异端分子就是这样的一群猪，这群猪无比的脏，他们不知守贞的神圣……妄主张修道士应与修女结婚。"

拒绝誓遵《王位继承法案》及遵此法案根绝教皇对英国教会的一切威权。他最宠爱的女儿玛格丽特，写信劝他接受这一法案。他的回信是，劝告给他的打击，和失去自由所遭受的打击相比，更使他觉得痛苦。他的（续弦）夫人，到监狱请求接见，（据罗佩记载）她曾责备他个性太拗：

> 在这种太平盛世，莫尔，我真想不透你这么聪明绝顶的人会坚持要做傻瓜，躺在又脏又臭的监狱里与老鼠为伍。你知道，如果你像所有主教及国内其他有学问的人一样接受政府的要求，国王陛下和枢密院一定会开恩还你自由。我知道，你之所以留在这儿，是为了上帝之名，但是，你不想想我们在切尔西的家。那里有你心爱的住宅，心爱的图书，心爱的花园，心爱的田庄，及一切心爱的事物。别这么硬吧，莫尔，你知道你的妻儿子女是多么期望你和他们回家团聚。

想软化他的一切方法都用尽了，他仍笑着摇头。

1535 年 7 月 1 日，莫尔面临最后审判。在辩护中，他说得条条有理，可是最后他还是被判叛国罪。在他由威斯敏斯特解往监狱途中，他的女儿玛格丽特，曾两度冲破警戒线去拥抱他，并接受他的最后祝福。执行死刑前夕，他将他的"马毛衬衣"（hairshirt）送给玛格丽特，衣中附有一张字条："明天我就要去见上帝了……再见，我亲爱的孩子。给我祈祷，我也为你及你的朋友祈祷。让我们在天上再见。"他步上断头台时（7 月 7 日），他发现台子已朽到好像要垮的样子。他向行刑的人说："刑官，让我们慢慢地来，以免把台子弄垮了。"刑官求他原谅，他便上去拥抱他。亨利有令，不许他多说话。临刑时，他对旁观的人说："请为我祈祷，请为我作证，我是为天主教而牺牲的。"接着，他请观众参加他为王的祈祷，愿上帝赐王以贤良辅弼。最后，他说，他虽死但仍是王的忠仆，不过，他愿把上帝放在第一位。当他把头放在俎上时，他曾仔细整理他那飘拂的银须。刀子快下来时，他说："此头掉得无辜，因为它不曾叛国。"他的头被斩下后，曾挂在伦敦桥上示众。

一阵恐怖的浪潮袭击着英国各地，亨利的残酷震惊了整个欧洲。莫尔的死，伊拉斯谟说，使他也不久于世，"因为，我们俩虽有两个躯壳，却共着一个灵魂"。果然，一年多一点，他也死了。查理听到莫尔死讯，即对英国使臣说："像莫尔这样才识兼备的相才，如果能为我所有，我宁可失掉一座大城，也绝不愿意失掉他。"教皇保罗三世立刻草拟一道敕令：将亨利逐出天主教；在英国停止一切宗教活动；禁止天主教国家和英国贸易；解除英国臣民对亨利的效忠宣誓；令所有英国臣民及天主教各诸侯群起而推翻亨利。敕令拟好了，但因查理和弗朗索瓦都不肯一致采取这种行动，迟到 1538 年才行颁布。敕令虽然颁布，查理和弗朗索瓦，仍不许这道敕令通行于其控制地区。理由很简单，他们不愿证明教权优于王权。这道敕令的行不通，足可证明一点：教皇权威的没落与国家主权的勃兴。

斯威夫特（Dean Swift）认为，莫尔"是自有英国以来，德行最为完满的人物"——显然，德行一词取自勇的古义。莫尔与费希尔殉道 400 年后，罗马天主教将他二人一并列为圣徒。

三后小史

莫尔死后不到 3 年，亨利之后即六去其三。凯瑟琳虽废置于英国北部，仍号称为正宫王后。她的宫女就是这样叫她的。1535 年，她被移置亨廷顿（Huntingdon）附近的金博尔顿（Kimbalton）。在这里，她除参加弥撒外，仍被囚在一间小屋内。对来访的宾客，"她极为有礼"。玛丽公主现在已 19 岁。她住于哈特非（Hatfield）。这里离她妈妈的住处虽仅 20 英里，但亨利规定母女不许相见，也不许通信。她们见面虽办不到，通信却是有的。凯瑟琳写给玛丽的信，成为颇为感人的文学作品。亨利说，只要她们承认新王后，她们便可有好的吃好的住，可是她们不肯。安妮派她的姑妈做玛丽的总管，告诉她，狠狠整这"私生子"，并特别吩咐她，做两个"盒子随时挂在她的耳朵上"。1535 年 12 月，凯瑟琳病危，立遗嘱托查理保护玛丽，并写了封短简给她"最亲爱的丈夫"亨利：

> 贱妾性命，只在旦夕。妾所系念，惟王而已，愿王身心康泰。尘世欢乐，酒肉征逐，最耗精神，祈王慎之。王赐妾以苦难，王亦不免烦恼。妾无所怨于王，并祈上帝佑汝。唯一期望，善视玛丽，玛丽虽妾之女，然亦王之骨血，望王重视父女之情……最后，让妾披肝沥胆，谨以一话相告：妾之爱王，重于一切。来生再见。

亨利接读这封信，哭了。凯瑟琳既死（1536 年 1 月 7 日），亨利欲命朝廷举哀，但安妮坚决不同意。凯瑟琳死时，刚刚 50 岁。

安妮做梦也没想到，5 个月后她的下场更惨。不过，有一点她是想到了：亨利已不再喜欢她了。她脾气火暴，说话尖刻，贪婪忌妒。这些常使亨利对凯瑟琳的温柔敦厚思念不已。凯瑟琳下葬日，值安妮生产之时。安妮第一次就生了个死胎，使渴望儿子的亨利大失所望。在此情形下，亨利又动脑筋了。和安妮离婚，或老调重弹，让这项婚姻无效。对这次婚姻，用他自己的话来说，是鬼迷心窍，因此没有存在价值。自 1535 年 10 月起，他又看上了安妮的宫女简·西摩（Jane Seymour）。安妮对亨利表示不满时，他叫她最好管管自己。他采取了历来攻击女性的办法，指责她贞操有问题。这太难以置信了，任何轻浮的女性，一旦身为王后，哪敢冒招蜂引蝶的危险？然而亨利对此言之凿凿。他指定枢密院对此事加以调查。调查结果，说安妮曾和 5 位大臣通奸。那 5 位大臣是威廉·布里尔顿爵士、亨利·诺里斯爵士、弗朗西斯·韦斯顿爵士、马克·斯梅顿及她的哥哥罗克福德。5 位大臣同时被关进天牢，接着，安妮也进去了（1536年5月2日）。

亨利给安妮一个手诏说，如坦白招认即可无罪。她的答复是，她根本没有什么可坦白的。据牢里侍候她的人报告，她承认诺里斯和韦斯顿曾一度向她示爱，但均遭她拒绝。5月11日，米德尔塞克斯（Middlesex）大陪审委员团，受命审问王后通奸案。审问报告说，果有这回事，她和这5位大臣通奸，均有确定的日期和地点。5月12日，于威斯敏斯特提讯5人之中的4人，此次陪审团中，安妮的父亲威尔特西尔（Wiltshire）也列名其内。斯梅顿承认曾与安妮通奸，其余3人则矢口否认。但不管认不认罪，一律均受有罪宣判。5月15日，由诺福克公爵——安妮的叔父，安妮的政敌——领导下的26位贵族组成陪审团，审理安妮与其哥哥的奸情。兄妹均大呼冤枉，但每位陪审人员都说他们狡辩。最后的判决是："可烧可杀，但烧杀任王施行。"5月17日，斯梅顿奉命被绞死，其余4人，因有爵位被判斩首。行刑之日大主教克拉默受命宣布，安妮与亨利婚姻无效及伊丽莎白公主为私生子。据以作此项宣布的理由不得而知，但据推测，安妮在婚前与诺森伯兰公爵确有一腿。

安妮在临刑前夕，曾跪请狱吏之妻金斯顿太太替她做一件事：请她以自己名义，跪在玛丽公主面前，求她赦免她过去对她所做的种种虐待。5月19日，她希望在行刑时，刽子手的动作能够快一点。据说，她知道分派给她的刽子手技术相当高明时，她颇感安慰。"我的颈子既小，刽子手的技术又好"，这样说时她笑了。是日中午，她被送上断头台时，她请求观众为王祈祷。"王的仁慈宽厚，是历史上少有的，我相信，他永远是我仁慈宽厚的主。"谁都知道安妮死得冤枉，但对安妮的垮台，谁也不表同情。

就在安妮死的那天，克拉默宣布，为了王储缘故，亨利又可结婚。第二天，亨利即与简·西摩海誓山盟。1536年5月30日，他们即正式成婚。6月4日，亨利封简为后。简是皇室后裔，其先世即爱德华三世。她与亨利有三至四等的血亲关系。血亲是否可以结婚，又要麻烦克拉默了，不过，大家知道克拉默是绝对听话而且不怕麻烦的。简并不算十分漂亮，却聪明、和蔼、谦虚。大主教雷金纳德·波尔（Reginard Pole），亨利的死敌，对她的评语是"诸德兼备"。安妮在世之时，亨利对她示爱，她曾加以婉拒。她收到他所写之信，不加拆启即行退回。送给她东西也不要。她请求亨利，没有第三者在场不要和她谈话。

简做王后第一件事，就是以亨利和玛丽的协调人自任。不过，亨利对玛丽另有一套做法。他令克伦威尔送给玛丽一份《玛丽自白书》（*The Confession of the Lady Mary*）：确认英国国王为英国教会至高无上之主，"否认罗马的假宗教权威"；确认英国国王与凯瑟琳的婚姻"乱伦而不合法"。对这份自白书，玛丽被要求逐句签字。玛丽虽然照做，但一辈子感到痛心。3星期后，亨利和王后去看玛丽。他们赐给她1000克朗及许多礼品，同时恢复了她公主的称号。1536年圣诞节，玛丽被接回宫。这对恐怖的亨利及"血腥的玛丽"（Bloody Mary）而言均有好处：亨利学到了如何做父亲，玛丽学到了如何做子女。

1536年6月8日，亨利为通过新《王位继承法案》而召集国会。法案内容：确定伊丽莎白和玛丽为非婚生子；王位由简将来所生王子继承。7月，亨利前私生子，里士满公爵逝世，这时亨利所靠的就只有简的肚子了。1537年10月12日，全英国老百姓都为亨利有子感到庆幸：简生下了未来的英国国王爱德华六世。惜简福薄，亨利对她最为疼爱之际，她却撒手而去。简之死，距她生子仅12天。亨利为之心碎，于是下令，将来他死后，应与牺牲性命替他生子之人合葬。

对亨利这一番惊天动地的统治，英国老百姓究竟作何感想？要回答这个问题很难，一则，文献不足，再则，就仅有文献观察，其中又充满偏见和误解。查伊皮斯于1533年下的结论是，据他征询许多英国老百姓的意见，"人民对亨利的痛恨，远甚于历史上的最后一位理查德"。大体上说，人民对亨利，就其希望获得王储这一点而言是同情的，却不赞成他对凯瑟琳和玛丽的虐待。他冤枉安妮，人民并不掉泪，但将费希尔和莫尔置于死地，却使人民愤愤不平。当时的天主教势力在英国仍然很大。教士初任第一年薪俸虽已不解交教皇，却要解交政府，因此对罗马仍有强烈的向心力。总之，大家都不满亨利，可是没有一个人敢站起来批评他。最后批评终于来了，来自一个他一手栽培出来的英国青年。

雷金纳德·波尔是玛格丽特索尔斯堡女伯爵之子。玛格丽特是爱德华四世和理查德三世的侄女，因此波尔也算是皇族后裔。亨利期望波尔将来成为英国教会的领导阶层人物，因此着意培植他。他每年拨一笔500克朗的皇家年金给波尔做教育费。他送波尔到巴黎和帕多瓦留学。波尔学成归国，他给他派很好的职位。亨利蓄意废后时，问他有何意见。波尔答复很坦白，他不同意——但获教皇许可另当别论。一段时间后，波尔带着亨利赐给他的年金又踏上欧洲大陆。一待两年，深获教皇宠信，1536年，这位年仅36岁的学者和神学家，就荣任了红衣主教。就在这一年，他以拉丁文写了一篇题为《教会一统辩》（"In Defense of Church Unity"）的文章，大肆攻击亨利。他说，亨利在英夺取宗教大权，使天主教统一遭到破坏。这种行为将使整个欧洲的政治社会秩序受到恶劣影响。他指责亨利的做法是自大狂及独裁政治。他骂英国主教坐视英国教会惨遭蹂躏是助纣为虐。他说，亨利与安妮的结合是一种通奸行为，并预言（此预言颇为不智），英国贵族对"娼妇的私生子"伊丽莎白必永不接受。他呼吁，查理应把对抗土耳其人的矛头指向亨利。这篇文章写得极辛辣犀利。红衣主教孔塔里尼劝他不要发表，但波尔不听。他不但发表，还特别寄了一份给亨利。亨利读了这篇文章，同时又知道保罗三世已任命波尔为红衣主教，简直气炸了。他原来还有意和教廷妥协，现在妥协念头完全打消。为了对付教廷，亨利批准了克伦威尔的建议：解散英国修道院，同时把它们的财产通通没收。

第十章 | 亨利八世与修道院
（1535—1547）

克伦威尔黑皮书

1535 年，亨利情场战场均不得空，因此任命克伦威尔为其"宗教法权副手"，以与教皇周旋。贪得无厌的克伦威尔，现在已成为英国炙手可热的人物。他管外交，管内政，管司法，管枢密院，管"星室法院"（the Star Chamber），管情报，管教会。他的老上司沃尔西，在其全盛时期也没有他管得这么多。但他还认为管得不够多，他对印刷品和出版物显得非常关心。他建议亨利，一切书籍非经他的特务机构认可，绝对不许印刷、进口及出售。为了反对教皇，他利用政府经费，出版了许多书籍。由他派出的数不清的特务，遍布全国各地，专门搜集一切反对亨利和克伦威尔的情报。任何人，胆敢对费希尔和莫尔说声可怜；任何人，胆敢说他和亨利一句不是，便会受到秘密审讯和终身监禁。有人预测英国国王死期，英国国王还没有死，预测的人却必先死。在这段时期，克伦威尔既是检察官，又是陪审员，还是审判官。提到克伦威尔，全国上下没有一个人不恨，没有一个人不发抖。

克伦威尔最棘手的问题，是他有一个无所不能却濒于破产的主子——亨利。亨利想扩充海军,改良并增加海港;亨利个人和宫廷的豪华花费;克伦威尔自己统治下的政府组织,都是不但要花钱,而且要花大钱的事。钱从哪里来?税已经高到不能再高,再高就会遭到抗拒,抗拒可以克服,但克服所花的钱,可能比所增的税还要多。主教自各教区搜刮也已到达饱和点。派人到新大陆淘金,所淘来的金,自英国与查理交恶,即无法送达国内。算来算去,要钱只有一个办法好想:劫收英国修道院。劫收修道院,油水多,借口好,既可大快人心,又毫无阻力。为什么说借口好?因为修道院素来效忠的对象是教皇,现在虽宣称服从《王权至上法案》,然而大都阳奉阴违。说可大快人心,因为一般修道院,已丧失其初期服务社会的功能。他们已不办学校,不设医院,不行施舍。至于谈到毫无阻力一点,理由更不胜枚举。主教,恨修道院脱离其管制;贵族,被战争拖穷后,垂涎其财富;工商业者,视好吃懒做的僧侣为自然资源的浪费者;绝大多数老百姓,包括若干虔诚的天主教徒在内,对各僧侣展示的圣徒遗物,乃至为死者在弥撒中所做的法事,都已丧失信心及兴趣。再说,封闭修道院已有不少先例可援——苏黎世,有茨温利;德国,有路德派诸侯;英国,有沃尔西。另外,还有法律根据:国会于1533年,即授权政府查看各修道院,并勒令其加以改善。

1535年夏,克伦威尔派出了3个视察团——每一视察团均带有大批人马——视察全国的修道院、大学及主教区。视察团的任务,是对各单位组织、精神和财务状况提出视察报告。"视察大员"均是"冲劲十足的小伙子,对视察既彻底又精细"。除"红包"照收不误外,为了达成"没收修道院财产的借口,他们还用尽方法,诱使院中僧侣彼此攻讦"。英国有600多所修道院,在这么多所修道院中,要找毛病当然不难。于是,淫荡——包括同性恋在内,纪律废弛,伪造遗物图利,盗卖圣物及珠宝,忽视仪节,怠慢宾客,不救济穷困,一律记在账上。这笔账既查不出好院与坏院、好人与坏人的比例,又分不清哪些是事实、哪些是谣传。

对 1536 年 2 月 4 日集会的国会，克伦威尔送有一份《黑皮书》（*Black Book*），这份文件今已不传。书中除罗列修道院种种毛病外，并建议年入 200 镑以下的男女修道院应行封闭。国会，其中议员大部分均由克伦威尔部下操纵选出，对此建议立表接受。国王于是下令，组织一个"扩大委员会"（Court of Augmentations），专门清理 376 所应行封闭修道院的财产——财产一律解交国库。遣散僧侣达 2000 余人，这些人有的送往其他修道院，有的还俗。还俗僧侣在未找到职业前，可领到一小笔年金或遣散费。在 130 所女修道院中，仅有 18 所年入在 200 镑以上。不过，不知道什么缘故，遭封闭者仅占 1/2。

解散修道院的工作进行得并不顺利，因为北方发生了几次动乱。和基督教的兴起相似，宗教改革也起于城市而终于乡村。这种情形，瑞士如此，德国如此，英国也如此。英格兰与苏格兰受新教的影响，与距伦敦与爱丁堡的远近成正比。新教对威尔士和英格兰北部影响甚微，对爱尔兰可说尚无影响。在北方，点燃革命之火的是一些修道院被封闭的僧侣。这把火，由长期积愤——苛捐杂税、专制独裁及特务控制——酿成的。被遣散的僧侣一方面领不到允予发放的年金，一方面找不到可以糊口的工作——事实上，当时社会失业人数很多。被遣散修女的情形更惨，抛头露面、流离失所，甚至有沦落到出卖肉体度日的。最激起公愤的还有一点，克伦威尔的鹰犬公然将获自修道院的东西拿出来使用——将圣袍改为紧身衣，将神父祭服改为鞍褥，将圣徒遗物匣子改为刀鞘。

1536 年 10 月 2 日，一位视察大员封闭莱格本（Legbourne）的一所女修道院后，行至洛什附近即被群众围攻。他的证件与财物清册全被夺下焚毁。群众用剑尖指着他的胸膛，逼他向老百姓低头。当时聚集的群众中，有人提议对英国国王和罗马天主教效忠，群众立即接受。第二天，一支叛军即出现于凯斯特。神父和无家可归的僧侣纷纷投向这支军队。在他们的大肆鼓吹下，当地士绅多被裹胁入内——自愿参加者也不乏其人。同一天，林肯州另一个城镇霍恩卡塞尔也有乡民聚众起事。林肯区主教一位办事员被指为克伦威尔走狗，被从床上拖起来当场打死。群众设计了一面旗帜，上面是一个犁，一个杯，一支角及"Christ"（基督）的最后5个字母。他们提出的要求有：封闭的修道院应重开；税捐应减轻或豁免；教士应免缴什一税及新任教士第一年薪俸；"吸血鬼"（指克伦威尔）应撤职查办；异端主教（指克拉默及拉蒂默等）应予解职处分。这些要求，曾派人送给亨利。北方和东方老百姓纷纷投效叛军。不久即组成一支6万人的部队。这支部队驻扎在林肯州，静待亨利的反应。

亨利的反应是大发雷霆，他认为老百姓反对像他这样贤明的君主简直是忘恩负义。谈到封闭修道院，那是代表全国人民国会制定的政策。他说，叫叛徒把为首者交出，解散回家听候发落。他令沙霍克伯爵为主将、士鲁兹巴利领主为副将，率兵解决叛军。士鲁兹巴利于未奉令前即已整装完毕，奉令后，即以私人名义写信劝告参加霍恩卡塞尔叛军的贵族赶快离开。这里的叛军本属乌合之众，参加的贵族即纷纷离去，政府大军又源源而来，于是转眼便告瓦解。至于洛什方面的叛军，政府军到达后，群众交出了15名领袖，政府军逮捕了100余人，其余均令散去不问。政府军将叛军领袖和所捕人犯解送伦敦，这些人，除33名包括7位神父、14个僧侣判处绞刑外，其余均陆续被释放。

在此期间，较严重的是约克郡的民变。理查德·阿斯克，一位年轻的律师，带着另一位律师，威廉·斯特普尔敦，一位热诚的天主教徒，坦普尔豪斯特的领主，叫珀西的两兄弟，及北方的许多贵族，统领9000名叛军于1536年进围约克。约克老百姓逼着市长开城投降。理查德率军入城，秋毫无犯。他宣称重开修道院，僧侣纷纷来归。理查德率军再进，攻占庞弗里特（Pomfret）。威廉分兵取赫尔，兵不血刃城池即下。理查德这时提出要求，他的要求除林肯州叛军提的外，另加了下列几项：镇压异端及其书籍；恢复与罗马教廷的关系；恢复玛丽公主的名分；解散并严惩克伦威尔的视察团；宣布1489年所圈的地无效。

这次叛变对亨利的统治是一大威胁。全国有一半人武装反对他，爱尔兰也站在叛变者的行列。保罗三世和红衣主教波尔，正敦促弗朗索瓦和查理派兵来英国推翻他。亨利这时非使出吃奶的气力来应付不可。他一方面下令集结一切可用的军队，一方面叫诺福克公爵以协商稳住叛军。诺福克与理查德及其他叛军首领会晤，他保证他们的安全，他保证奏请亨利批准他们的请求。亨利破格接见理查德，同时赐给他一纸"安全证"。理查德伦敦来去安全无恙，他回到约克，正当逢人称颂英国国王圣明，却被捕了（1537 年 1 月）。群龙无首，叛军分成数股自相残杀，政府军剿抚兼施，一场风暴乃告烟消云散（1537 年 2 月）。

亨利看准内乱外患俱已平息，于是推翻他给叛军的一切保证。他下令逮捕所有叛军领袖。这些人抓起来后，连同他赐予安全证的理查德一并处死。他给诺福克一道手诏：

> 朕望卿对前响应叛军之各大村小乡居民严予查询，心存叛逆，行为不轨者，斩除务尽，以儆效尤……由于所有叛乱，均系散处该地之僧侣教士煽惑而起，故对彼等住宅应派军严予监视……如发现行踪诡秘，当即逮捕究办，切勿迟疑。

尽管反对声势如此吓人，克伦威尔对修道院照封不误。所有与叛乱有牵连的男女修道院一律封闭，被封闭修道院的财产一律充公。检查更加频繁，这时的检查报告，除以前的，还列上有否阴谋叛乱一项。院中僧侣眼看修道院行将关门，争着将院中圣徒遗物和一些值钱的东西偷出变卖。圣安德鲁的一根手指头，据说就卖了 40 镑。坎特伯雷历史上赫赫有名的圣托马斯墓遭受盗掘。曾获伊拉斯谟激赏的圣徒遗物，被人纵火焚毁。250 年间朝圣者所献珍宝，奉命一车车送进王宫（1538 年）。从前嵌在神龛上的一颗大红宝石，现在变成亨利一枚戒指上的装饰品。很多修道院希图幸存，把很珍贵的东西大批大批地送给克伦威尔。克伦威尔东西照收，院仍照封不误。约1540年，除有主教坐镇的修道院大教堂外，一切男女修道院，人通通赶走，财物一律归公。

总计，受封闭的男修道院578所、女修道院130所。遣散僧侣，计修道士与托钵僧6521人，遣散女修道士1560人。在这些人中，除50几个僧侣及两个修女申请还俗外，其余均请指定地方继续修道。从前靠修道院生活的方外人士，有的靠其周济，有的靠其工作，现在都告失业。这批人为数多达1.2万。充公的土地和建筑物，过去一年收入高达20万镑，但经盗卖之后，归公者一年收入便降到3.7万镑。这笔钱，加上价值约达8.5万镑的金银珠宝，亨利至少凭空收入142.35万镑。

亨利对此"抢"来之物，表现颇为慷慨。对支持和执行封闭修道院的人，有些是贵族，有些是平民，都给予丰厚的赏赐。居首功的克伦威尔，整整分到6所大修道院，6所修道院的每年出息约达2293镑。克伦威尔的侄子理查德（Sir Richard Cromwell），比他还会经营，7所修道院的收入使他年获2552镑。值得注意的一点是，理查德之孙奥利弗，在下一世纪之所以飞黄腾达，靠的就是这笔老本。亨利把收到的这笔财富，除一部分用以赏赐外，有的用来造船、筑港、建城堡；有的用来作战费；有的用作威斯敏斯特、切尔西及汉普敦的宫廷享受；有的用来作掷骰子的赌本。6所修道院还给英国国教会（Anglican Church），充为主教辖区。所有收入中，只有极小的一部分用以继续从前修道院所做的慈善事业。由赏赐或买卖所造成的新贵族，成了都铎王朝的有力支持者。他们基于经济上的利害关系，使天主教的复辟成为不可能。旧的封建贵族渐渐解体，新的工商贵族渐渐抬头。新贵族的冒险，取代了旧贵族的保守。当新贵族在英国统治阶层中逐渐得势，英国便换了一副新面貌。这一点，加上修道院充公财产，便是多彩多姿伊丽莎白时代出现的主要根源。

　　修道院解体对英国的影响既复杂又深远。还俗后的修道士对人口的增加颇有贡献，1485年，英国人口只有250万，但到1547年，已增至400万。僧侣离开修道院，直接增加了失业人口；间接降低了下层社会的收入。过去，大家都说修道院贪婪，现在土地换主后，新地主的贪婪更甚于修道院。在政治上，教会失去了最后一块根据地，对君主已不能制衡；君主缺少了制衡力量，权力日益扩张。在道德上，一方面制造贫穷，一方面减少救济，因此乞丐充斥，罪恶滋生。修道院附属医院，被封闭者达100所以上，这些医院由市政机关接办者，为数不过几所。过去，人们因畏惧死后遭受地狱或炼狱之火而捐给神父的免罪钱，一律都已充公。另外，由私人为祈祷冥福捐赠的2374座歌祷堂（chantry），也全转入亨利之手，这样一来，改变了人们对死亡的观念。最受影响的是教育，过去，女修道院办了不少女校，男修道院办了不少男校——中小学校不算，学院即达90余所，现在，这些学校通通被解散。

　　亨利的贪婪，与克伦威尔的恶毒，所促成的不过是使英国修道院的没落提前了30年而已。修道院创办的教育、慈善及医药事业，曾一度为各方所艳羡，但慢慢这些事业即已与宗教分离而独立发展。这种倾向不但出现于西欧各国，甚至在天主教色彩十分浓厚的地区也不例外。人们对宗教和彼世观念的日趋淡漠，使入修道院的人越来越少。这种倾向的继续，使许多修道院空余躯壳——在世人眼中，修道院除壮观的建筑和丰厚的收入外，已一无所有。说来这是很可惜的，沃尔西想把修道院逐渐改成学院，但才开始他便垮了，接替的却是冒失鬼克伦威尔，在他眼里，修道院只是一大笔钱。亨利对付修道院，和他追求皇储一样，做法比目的还恶劣三分，为达目的不择手段，诓哄吓诈无所不用其极。最值得寄予同情的是被遣散的修女，她们，不说全体，至少绝大多数都是极虔诚的：为神，为受苦受难的人，献出了她们的一生。

顽强的爱尔兰人（1300—1558）

英国历来用以统治爱尔兰的理论，是怕欧陆敌对国家利用此岛从侧面进攻英国。这种顾虑事实上还有对权力的爱好，当新教的英国在和罗马斗争中得不到爱尔兰的拥护时，对此岛谈论得更为积极。不过，英国想统治这个岛却不容易。因为岛上那些天生英勇、好自由、活力强、不怕死、长于诗歌、拙于政治的爱尔兰人，不喜欢受不同血统、不同语言的人统治。

英国自占领爱尔兰后，很多事情使爱尔兰人感到头痛。在爱德华三世时代，很多居于爱尔兰的英国地主，一方面回英国过安逸日子，一方面仍每年继续在爱尔兰收取地租。尽管英国国会一再指斥"遥领地主"不当，可几百年来没有一种矫正措施——每次爱尔兰暴动，差不多皆以此为导火线。留在爱尔兰的英国人，大都喜欢娶爱尔兰小姐，娶爱尔兰小姐的英国人及其后裔，久而久之爱尔兰化。为了阻止这种倾向，受英国居民控制的爱尔兰国会，于1366年通过一个赫赫有名的《基尔肯尼法案》（*Statute of Kilkenny*）。该法案利用种种手段，禁止英爱两族人民在爱尔兰境内发生婚姻、收养及其他亲密关系。最可恶的一点，英国人如果说爱尔兰话、穿爱尔兰服装、遵爱尔兰礼俗，便会遭监禁及没收财产的处分。另外还有许多规定，如爱尔兰人不许入英国教会；爱尔兰歌手及算命看相者，不许进英国人家庭等。这些禁令并不管用，因为爱尔兰小姐的美艳使法律尊严相形见绌。英爱两族的男女，逾越法定疆界而结合，可以说是家常便饭。[1]

玫瑰战争期间，爱尔兰各部落酋长本可联合起来把英国人赶走，但因他们喜欢兄弟阋墙——自然，有时是英国人的黄金作祟，因此，英国人失势但仍能住在爱尔兰。亨利七世时代，英国人在爱尔兰又重树声威。由于亨利七世派驻爱尔兰大臣波伊宁斯（Poynings）爵士

---

[1] 1500年，英国人在爱尔兰境内的法定居住区，仅限都柏林、米思、洛什及基尔代尔中的一部分。

的努力，通过爱尔兰国会，于 1494 年通过一条"波伊宁斯法律"。根据这条法律，以后的爱尔兰国会非经英国国王及其枢密院批准不许集会。爱尔兰国会被削弱后，英国在爱尔兰的官吏便可为所欲为了。据史家记载，此后英国在爱尔兰的官吏，是所有基督教国家中最腐败、残暴及无能的。波伊宁斯最妙的一招，是规定以后政府可于爱尔兰 60 个酋长中委派一个为副总督，副总督的职责，专门对其他酋长施行收买及镇压。杰拉尔德，基尔代尔的第八位伯爵，做副总督最为称职。有了他的帮助，爱尔兰便乖乖地听任英国人压榨。杰拉尔德（Gerald）死后，他的儿子，基尔代尔的第九位伯爵，受命继任父职（1513 年）。这位伯爵和其父大不一样，他和其他爱尔兰酋长一样，采取的是反英路线。不久，他和德斯蒙德伯爵被控私通法军，被召到伦敦关了起来。由于他答应效忠英国，亨利八世放了他，使他仍做副总督。不久，又抓了他。这次抓捕用的罪名是扰乱行政系统。他被送到英国，1534 年死在天牢里。他的儿子，以"柔和的托马斯"（Silken Thomas）著称的菲茨杰拉德（Fitzgerald），闻父噩耗起而抗英，英勇斗争了 14 个月后，终因敌众我寡，兵败受擒，被判绞刑（1537 年）。

这时，亨利与罗马已完全断绝关系，基于好大喜功的性格，令爱尔兰国会承认其为英爱两地教会之主。爱尔兰国会照办了。接着是爱尔兰政府官吏无分大小，宣誓效忠。最后所有教会捐款一律上缴伦敦。宗教改革分子进入爱尔兰英国住民区教堂，带走圣徒遗物和偶像。所有修道院，除边远地区的少数几所外全予封闭，财产充公，僧侣遣散。亨利把获自修道院的财产，提一部分分给爱尔兰酋长。他们得到这笔意外之财，欣慰之余，决心奉英国国王为宗教领袖，接受英国国王所赐贵族封号，并与教廷断绝往来（1539 年）。酋长变为贵族后，部落制度遂行崩溃。现在爱尔兰宣布为一个王国，与英国共奉亨利为王（1541 年）。

亨利胜利了，可惜天不让他享受胜利的果实，胜利之后 5 年便死了。他死后，天主教势力在爱尔兰境内又告复活。爱尔兰新贵族把脱教视为一种政治手续，现在又走回天主教老路。不过，与亨利一样，在他们所奉的天主教中，教皇是不存在的。神父所做的一切，仍然和过去一样。至于老百姓，在信仰方面则原封不动。民族意识使爱尔兰人不但反对分立论的亨利于前，新教的伊丽莎白于后，而且坚决不接受任何新观念。争取自由是爱尔兰一贯的呼声，这种呼声越来越高，越来越强。

暴君亨利

1540 年的亨利，是英国历史上已知的最专制独裁的国君。老一辈的诺曼贵族，其祖先曾制伏过"征服者"威廉，现在不但失去了祖宗的遗威，而且连大宪章所赐的特权也不敢提起。新兴的贵族，出于亨利所封的当然不谈，就是以商业起家的，也一律唯王马首是瞻。亨利现在不怕老贵族和教士造他的反，主要就靠新贵族为其鹰犬。下院，一度被称为英国的自由卫士，由特务控制，现在也已对王低首输诚。亨利的权力史无前例，他有权没收任何人的财产；他有权通过徒具形式的审判，送任何人上断头台；他有权利用国会的名义制成任何法令。"亨利统治下的英国，独立精神消磨殆尽，自由热爱降到冰点。"英国人为什么会接受这种独裁统治？恐惧是一层；再一层是怕引起另一次玫瑰战争。秩序与自由相较，秩序似较可贵。

基于同样的理由，英国人也只好承认亨利为宗教领袖。新旧教之争，已到你死我活的地步；天主教徒，无论贵族、平民及使臣，经常阴谋促外兵推翻亨利；因此，他确信，要安定非由他来做英国教会的教主不可。他认为，宗教的权威在教会，教会的权威在《圣经》。由谁读经，亨利曾做过一番实验。主教为廷德尔英译《圣经》感到头痛而拼命禁止时，他吩咐他们，"译一本更好的"。他们搞半天搞不出什么名堂来时，他采用了克伦威尔推荐的迈尔斯·科弗代尔（Miles

Coverdale）英译本。这个英译本，1535 年首先出现于苏黎世。1539 年经过改订，克伦威尔称之为"伟大的《圣经》"，令英国教会一致采用。亨利，基于"宽仁厚德"，赐所有老百姓均有在家读经的特权。自此，家庭查经变为常课。这样做，大家固增进了灵感，却也显得意见纷纷。几乎每一个村庄都出现了业余的《圣经》注释家，他们把《圣经》做这样解释，做那样解释，有时，很多解释刚好针锋相对。教堂中常有人争执辩论。茶楼酒馆，因争执辩论还大打出手。有些胆大的人，常一言不合便给妻子一份休书要她走路；同时讨两个老婆的人也出现了。他们的借口是：《圣经》中就有人这样做。是否应让每个人都读经？亨利至此也很怀疑了。经过一番思考，1543 年，他建议国会制定法案：只有贵族和拥有财产者才可合法持有《圣经》；至于公然讲解或讨论《圣经》，只有神父才有资格。

　　亨利的思想到底是什么？不但一般人，就是他自己也觉得难于理解。天主教徒，为了反对他成为宗教领袖而被烧死或上断头台；新教徒，常因反对天主教神学而被处死。格林尼治圣方济各修会修士普赖尔·弗里斯特（Prior Forest）因为不愿和教皇断绝关系，被铁链锁着悬在火上活活烤死（1537 年 5 月 31 日）。一位叫约翰·兰伯特的新教徒，因为否认圣餐基督实在说被亨利逮捕亲自拷问。由于兰伯特（Lambert）坚持不服，亨利于 1538 年 11 月 16 日将他在史密斯菲尔德烧死。在温切斯特主教加德纳的逐渐影响下，亨利的思想越来越趋向于旧教。1539 年，亨利、国会及教士会议据"六条款"（Act of the Six Articles），以纯粹的罗马天主教观点，对圣肉实在、教士独身、修道誓愿、死者弥撒、对神父秘密忏悔及与上帝交感的资格等，做了分门别类的规定。对上述规定，谁以文字或语言否认圣肉实在，谁将被处火刑，绝无宽免；至于违反其他条款，初犯没收财产，再犯即处死刑。此前由神父缔结的婚姻，一律宣布无效。神父今后不许结婚，神父结婚者一律判以重刑。这些条款，英国人很容易接受，因为事实上他们现有的还是罗马天主教思想。倒是克伦威尔，在执行这些条款时并不很认真。1540年，亨利又变了，他下令把从前废止的法案又拿出来执行。不过，对这些条款他也并不完全不算，如拉蒂默和沙克斯顿（Shaxton）就因不赞成这些条款而被撤职禁锢。1540年7月30日，在史密斯菲尔德同时处死了3个新教徒和3个旧教徒。新教徒的罪名是怀疑天主教教款，旧教徒的罪名是不服从国王的领导。

　　亨利的行动在政务上和宗教上一样积极。尽管他讲究吃喝玩乐，但在处理政务上绝不偷懒。他用人的标准是一方面精明能干，一方面穷凶极恶——在这一点上，他就是一个活标本。他整编陆军，换上最新的武器装备。他编练海军，肃清沿海港湾海盗——在这方面，他为伊丽莎白时代的海军奠下了坚实的基础。他具备的战略战术知识不但是最新的，而且是一流的。不过，他收税之重，已达人民负担的最大限度。他使货币一再贬值。他毫无道理地没收私人财产。他再三再四要人"乐捐"。他经常向别人借钱，如富格尔家族，就是他的债主，借到后总设法赖债。财政上，他一天到晚动脑筋的，就是如何增加税收。

　　农业一直处于不景气的状态之下。农奴制度仍极普遍。贵族为饲养羊群，继续大圈土地。在封建制度的支持下，新兴地主以物价上升为口实，拼命向佃农增收地租——少者两倍，多者四倍，同时，又拒绝更新到期租约。"成千上万无地可耕的佃农，集体走向伦敦。他们在法院门口悲惨呼号，请求救济"。天主教徒莫尔为这些鸠形鹄面的农夫，留下一幅惨淡的图画。新教徒拉蒂默曾公开抨击"新地主"的贪婪，同时像路德一样，缅怀过去"人们充满同情与怜悯的时代"。国会对流浪者与乞丐，曾定有很严厉的惩治办法。根据1530年至1531年的法案，任何身体健全的人，无论男女，只要向人乞讨，"均应将其剥光衣服，绑在车上，一面鞭打，一面游街，直到全身流血为止"。这种人假定再犯，应割掉一只耳朵。如又再犯，另一只耳朵也一并割掉。1536年，更进一步规定，凡三度向人乞讨者处死。虽然法规甚严，乞讨者仍照旧乞讨。这种情形直到无地可耕的佃农逐渐在都市找到职业及救贫计划展开后，才慢慢好转。最后，农业生产因大规模耕种而提高。不过，生产虽然增加，但因政府无能，运输问题始终不能解决。

一方面，政府推行关税壁垒政策；另一方面，农人向城市集中降低了劳力成本，工商业得以渐渐发达。纺织业以资本主义的方式经营，使很多人发了大财，这些发了财的纺织业者，形成一个新阶级，至此，亨利除商人阶级外，又多了一条臂膀。棉织品现在取代毛织品，成为英国的大宗出口货。出口货多半是必需品，流的都是劳苦大众的血汗。进口货多半是奢侈品，只有有权有势的人才用得起。英国工商业的发达，第一，受1536年通过的一种法律之赐——据此，利率被定死在10%；第二，物价的直线上升使工商业十分发达。在这种情形下，工农及地主当然很吃亏。1500年至1576年，租金所涨的倍数为1000%。同一时期，粮食价格的上涨是250%—300%；工资的上涨是150%。"贫穷这么普遍，"1537年托马斯·斯塔基（Thomas Starkey）说，"哪里谈得上富足兴旺。"同业公会制度的存在，使这一制度的成员在彼此互助之下，遇到天灾人祸，可以获得相当保障。但1545年，亨利忽然下令，没收所有同业公会的财产。

龙归大海

亨利，这个食人魔似的国王，看上去什么样子？名画家霍尔拜因1536年游英，曾为亨利及其王后简画过像。像中亨利袍服华丽，貂裘上满缀珠宝。其一手所抚之剑，剑柄珠玉灿然。这副派头，一眼看去即有一种威严之感。一张圆润的脸充分说明一点，他是一个乐天派。一个挺直的鼻子，显示着他的强劲有力。紧闭的嘴唇，冷峻的目光，正是喜怒无常与残忍无情的象征。亨利现在46岁，政治上刚爬到最高峰，但体力上显然已在走下坡路。因为想要孩子，他一度、两度、三度结婚。总共6个王后，虽然生了不少孩子，养大的却只有3

个。3个中只有爱德华六世是男孩。但这孩子体弱多病，15岁即一命呜呼。玛丽婚而不育。伊丽莎白也许由于生理上先天有缺陷，所以根本不敢谈结婚。英国史上最足自豪的王朝，伤心之事就是子孙不旺。

亨利心思灵敏，对人观察入微，在勇气和毅力方面更是超人一等。不过，他行动粗鄙，做事也大而化之。就做朋友而言，他颇为热情慷慨，由于豪爽果决，也颇能获致属下的忠诚爱戴。亨利自幼生长深宫，环侍者皆是善于吹拍谄媚之徒，因此忠言甚难进于其耳。亨利左右非无正直之士，但因直言足以取祸，皆龟缩不言。莫尔狱中与友人书曾说："说来可叹，目前的基督教国君，臣僚尽皆先希意旨之人……教士也都是卑躬屈节寡廉鲜耻之辈。"莫尔死后，亨利格外倒行逆施，原因是一个敢谏的人都没有了。论风流韵事之多，他赶不上弗朗索瓦一世——自安妮后，大有从一而终之势。但以逐次接触之女人而言，为数却远在查理五世之上。他的主要缺点不在性的放纵，而在贪得无厌：贪钱、贪权。其次，翻脸无情，果于杀戮——杀他宠爱过的女人，杀一生忠心耿耿为他工作的大臣，如莫尔和克伦威尔。不过，在这方面，他又远赶不上查理九世、查理五世及德国新教诸侯。查理九世的杰作，是圣巴托罗缪的大屠杀；查理五世的杰作，是血洗罗马；德国新教诸侯手执屠刀长达30余年。

亨利倒行逆施的内在理由是家庭的失败，既失败于为夫，又失败于为父。由于心心念念想生个儿子，用尽一切手段去使第一次婚姻无效。他拼着丧失王位的危险，把爱情交给他所爱的女人，但当她成为他的第二任妻子后，却发现她是骗他的——至少，他是这么想。第三任妻子给他生了个儿子，儿子是有了，但死神立即把孩子的妈妈抢走。再度结婚又受骗，得来的妻子，不但言语不通而且个性怪异。最后一位妻子，结婚之初，他认为她可给他以家庭温暖，但想不到她却给他戴了一大堆绿帽子（在他是这么想）。亨利，拥有全英国，却没有一个家，没有一般人享受的丈夫妻子之爱。在他统治期间，内忧外患使他每分钟都提心吊胆。间歇性的暴乱和他腿上的溃疡，常使他精神不安。最使他伤脑筋的，还要随时提防遭人暗算。这样的处境，怎叫他不猜忌、狡猾、残酷？不过，就这点私人苦难，我们也未必能充分了解亨利。因为英国宗教改革无疑是一场可怕的风暴。他以严厉手段切断英国人民与罗马根深蒂固的联系时，他内心一定充满着这种矛盾——是解救了英国，还是粉碎了基督教世界？

他一生生活在权力与危险之中。他不知道他的敌人什么时候会给他以致命的一击。他不知道什么时候会垮台。1538年，他下令逮捕杰弗里·波尔爵士（红衣主教波尔的兄弟）。波尔怕受刑，承认他自己、他弟弟罗尔德·蒙塔古、内维尔、埃克塞特的侯爵及女侯爵，都和红衣主教雷金纳德·波尔在叛国方面有联系。结果，波尔获得赦免，埃克塞特侯爵、蒙塔古及其他牵连人犯，有的受绞刑，有的被五马分尸（1538—1539年）。埃克塞特夫人被判徒刑。波尔之母，索尔斯堡女伯爵，列入被监视者名单。波尔溜到托莱多，替保罗三世游说查理，联合弗朗索瓦与英国断绝商业关系时，亨利即下令把波尔的母亲关押起来。这位老太太时已70多岁，亨利关押她，一方面是报复泄愤，也是想借此牵制波尔的进一步活动。这种情形既属生死斗争，因此当然不能说是过分。

亨利做了两年鳏夫，接着便命克伦威尔给他安排一门亲事。他希望来次政治联姻，以便对抗查理。克伦威尔建议两个对象，一个是萨克森选帝侯的姨妹安妮；一个是克利夫斯公爵之妹——公爵目前正和查理闹别扭。克伦威尔意在选帝侯姨妹，因为便于实现参加新教国家联合阵线的构想。但此意不便言明，于是从两个方面下工夫：第一，半逼半劝地使亨利废止反路德教派的"六条款"；第二，亨利派画师霍尔拜因去画提亲对象时，他对画师又做了特别交代。选帝侯姨妹的画像来了，亨利一看不坏。这幅像现存卢浮宫博物馆，画中人虽愁容满面，但眉眼比真人还胜几分。但1540年1月1日安妮被迎娶回来时，亨利一看即大倒胃口。怎么办？生米已成熟饭，他只有闭着眼和她成婚。他所求的是好坏给他生个儿子，因为爱德华王子现在显得弱不禁风。不过，因为这次婚事，他对克伦威尔即很不谅解。

4 个月后，亨利下令逮捕克伦威尔，罪名是贪赃枉法。没有一个人说情，因为克伦威尔现在在英国已成人缘最坏先生。大家讨厌他的出身，讨厌他的做法，讨厌他的贪婪，眼红他的财富。在天牢，亨利要他对促成这项不美满的婚事负责。亨利宣称，他在"内心上不同意"这项婚姻，因此新婚之夜他即未与新娘同房。安妮也承认，她至今仍为完璧，如果亨利愿出一笔丰厚的年金，她愿即回娘家。后来，由于她哥哥不欢迎她回去，只好在英国孤孤单单过一辈子。安妮死后（1557 年），获葬于威斯敏斯特大教堂，这点算是她一生最大的安慰。克伦威尔为亨利做了一辈子爪牙，这次弄巧成拙，1540 年 7 月 28 日，落得枭首示众。

杀克伦威尔那天，亨利宣布与凯瑟琳·霍华德（Catherine Howard）结婚。这个凯瑟琳，年仅 20 来岁。她出生于天主教家庭，婚礼全遵天主教仪式。亨利这时不再和新教诸侯勾搭了，他规规矩矩和查理讲和。为求一劳永逸，他想进占苏格兰，有了苏格兰，就天然疆界而言，不列颠才算安全。但刚想动手，英格兰北部忽发生动乱。动身平乱前，他下令把囚在天牢里的所有政治犯，包括波尔的妈妈在内，通通杀掉（1541 年）。动乱敉平，亨利心烦意乱，于是回汉普敦宫，他希望在那里从新婚王后身上求点安慰。

这位凯瑟琳，是亨利历届王后中长得最漂亮的。亨利非常钟爱她，同时希望她能"给他以家庭幸福"。可当他一回宫，便收到大主教克拉默一份报告（1541 年 11 月 2 日）：凯瑟琳婚前，曾与 3 个男性发生过关系。一查，两个直认不讳，凯瑟琳也不加否认。据法国大使报告，亨利这时"气得几乎发疯"。所有婚姻都不好，亨利自认是受上帝的惩罚。他本来有意原谅凯瑟琳，因为这是婚前的过错，但查询中，偏偏又牵出另一桩案子：凯瑟琳为王后之后，又与她表兄通奸。尽管她说，她虽深夜与她表兄同在寝宫，但当时有罗克福德夫人在场，尽管罗克福德夫人也证明她所说的话不错，可是法官一律不加采信。结果她被判有罪。1542年2月13日，凯瑟琳被送上断头台。她死的地点，和从前的王后安妮的地点一样，不过在时间上晚了6年。亨利对她的几个情夫处分倒颇宽大，只判他们无期徒刑。

亨利至此，悲愤欲绝。溃疡缠着他，现在又加上梅毒。梅毒串顶，使他面目全非。由于丧失生的乐趣，他自认已成行尸走肉。肥硕的两颊颓然下垂，原来就嫌小的眼睛，现在陷下去差不多看不见了。他现在略一行动，不要人扶便要拐杖。他知道已没几年好活，于是下令（1543年）排定王位继承顺序：第一，爱德华；第二，玛丽；第三，伊丽莎白。伊丽莎白之后，当为苏格兰的斯图亚特·玛丽（Stuart Mary），不过，这个玛丽他没有提到。一方面，想最后努力生个健康儿子，一方面，应枢密院一再敦促，于是1543年7月12日，他又另立第六任王后。这位皇后叫凯瑟琳。她是一个连做两次寡妇的女人，这时的亨利，已不讲究处女不处女，他所要的：能生孩子，有教养。这位凯瑟琳，贤淑、机敏、有耐心。她不断照料百病丛生的亨利。她使亨利尽量照看久经冷落的伊丽莎白。她劝亨利不可再因宗教问题杀人。

因宗教问题被亨利所杀的人真不少，过去的不说，在其最后统治8年中，因异端而被烧死的人即达26个。1543年，伽德纳主教接获特务报告，一个叫亨利·费尔默（Henry Filmer）的人说："如果'供神圣饼'就是上帝，那么，我有生以来已吃了20多个上帝。"一个叫罗伯特·特斯沃德（Robert Testwood）的人，当神父高举圣饼献神时，即开玩笑道："当心别摔坏了上帝。"一个叫安东尼·皮尔松（Anthony Pierson）的人，把神父通通叫作贼，并说他们什么都宣扬，只是不宣扬"圣道"，意即《圣经》。以上被告的人，由英国主教的命令，一律送温莎宫前广场烧死。等人烧死后，亨利才发现其中有被诬告的。诬告者接着也被关在大牢。1546年，因否认圣肉实在，伽德纳又判处4人火刑。这4人中，有一个是年轻女性安妮·艾斯丘（Anne Askew）。连续5小时的疲劳审讯，她始终不肯服输。她对审问的人说："你们把那片饼当上帝，真是笑话。不服吗？你把它放在盒子里，不出 3 个礼拜准发霉。"她受严刑拷打，审问的人要她把和她同样想法的人通通招出来。因无可招认，以至被打个半死，她受刑时，她说她"无比快乐，因为就要上天了"。诸如此类迫害，不全由亨利授意，但蒙冤受屈者向他上诉时，他却置之不理。

1543 年，亨利向苏格兰及他称为"最好的弟兄"的弗朗索瓦一世宣战。宣战不久，他即与他平生的死敌查理结盟。为了筹措战费，他一方面赖债——赖 1542 年所举的公债，一方面要求另举公债，并没收各大学所设的基金。他亲赴前线督师。他率兵围攻博洛涅并克之。英军侵入苏格兰，劫掠梅尔罗斯（Melrose）和德赖堡（Dryburg）大教堂及其他 5 所修道院，到达安克茹姆·莫尔（Ancrum Moor）时，却被击败（1545 年）。亨利为图死后平安，1546 年与法国签订和平协定。

亨利此时已奄奄一息，英国贵族看他快死，均公开活动，希望于年幼的爱德华即位时能当摄政。萨里的伯爵相信他父亲约克公爵不久就会当摄政，因此在兵器上采用一种只有太子才配使用的纹章。亨利把两父子捕来。父子均直认不讳。儿子于 1547 年 1 月 9 日枭首示众，父亲预定于同月 27 日送上断头台。亨利在公爵死后第二天即告驾崩。他活了 55 岁，这 55 年，可算多彩多姿。他一生劣迹昭彰，欲求灵魂平安，必须花大笔金钱才能超度。

亨利秉政 37 年，37 年中英国有了很大的改变。这种改变太大了，大得出乎他的想象。他原来的构想是，一方面夺取教皇在英国的权力和地位，一方面维持作为人民道德秩序基石的旧信仰。可是，他反抗教皇节节胜利，解散僧侣很快成功，压制教士阶级一再收效，洗劫教会大有收获，树立政府世俗权威彻底达成，造成了爱德华和伊丽莎白时代神学观念改变的环境。将英国宗教改革与德国宗教改革相比，前者理论变动小，后者理论变动大。不过，略过理论不提便显出两者的一致：国权压倒了教权。人民则脱离了永无错误的教皇掌握，投进了绝对专制君主的怀抱。

从物质观点而言，在这项转移中，人民并无好处。对教会，从前要纳什一税，现在也要纳什一税，不过，从前的什一税净余部分归教皇，现在净余部分归政府。就农人而言，过去耕的是修道院的土地，现在耕的是"新地主"的土地。事实上，新地主远比修道院的主持人刮得凶——卡莱尔在其《过去与现在》(*Past and Present*) 一书中，即有很鲜明的对照。威廉·科贝特曾慨然地说："仅就社会观点而言，英国宗教改革事实上是提高富人，压低穷人。"就物价工资来观察，工农的生活情况，亨利即位时，也比亨利死时佳。

就道德方面观察，亨利时代也是败坏不堪。亨利给国人所立的，就是一个坏榜样。夫妇伦常败坏：把前一个妻子刚送上断头台，不出几天，就同下一个妻子入洞房。亨利的冷酷无情，轻诺寡信，贪财好利，也使社会风气受到恶劣的影响。上层阶级的贪污腐败使朝廷政府一团糟。亨利吞没教会财产，士绅因而见利忘义。亨利剥削工商业者，工商业者即转而剥削工人。慈善事业的败坏没有引起太大的波澜，因为上面是一个自私自利的专制君主，下面是一群战战兢兢的百姓，不满只有放在心里。这一时代中，最壮观的是新旧教徒在殉道时表现出的勇气。费希尔与莫尔宁死不屈的高贵情操，千古之后犹足令人景仰。

就大处着眼，这段艰难的岁月，恶劣尽管恶劣，也不能说毫无好处。宗教改革固属历史演进的必然，然其诞生也自有其时代背景。其与过去的断离方式未免太猛烈而痛苦，然而不猛烈也许就不能振荡久固的人心，完不成这一时代的使命。旧的桎梏解除了，新的民族主义才自君主专制政体中破壳而出，立刻就化成一股狂热的创造力量。显然，英国老百姓自除去教皇羁绊，短期内曾受制于专制君主，然而10 年、20 年过去，他们的力量无形中便壮大起来。自由的追求，阅历的增进，再加上政府的变迁，于是便出现一个大有为的时代。政府在"恐怖的亨利"时代，固属强而有力，但当这个时代过去，一轮到体弱多病的爱德华，再轮到满怀怨气的玛丽，三轮到游移不定的伊丽莎白，政府的大权即自然转移至人民之手。英国人民有了自由，有了权力，于是便爆发成一股强大的力量，这股力量使英国跑到欧洲各国的最前面。后世史学家也许会这样说，英国如果没有像亨利这样一位强暴的君主做前驱，可能就永不会有光辉灿烂的伊丽莎白和莎士比亚时代。

第十一章 | 爱德华六世与玛丽·都铎
（1547—1558）

萨默塞特公爵（1547—1549）

继亨利为王的是他的 10 岁男孩，爱德华六世。霍尔拜因于 4 年前曾给他画过许多像，最传神的一幅有着下列特点：头戴饰有羽毛的贝雷帽，身穿貂皮翻领大罩袍，棕褐色的头发，配上一张温柔机智的脸。他的脸令人想到简·西摩。从这张脸中，一点也找不到亨利八世的影子。显然，他在遗传方面完全来自母系，最显著的一点就是体弱多病；谈统治，他可以说一点能力也没有。尽管如此，因他命定是王，不得不担当王的责任。为此，他拼命学习语言、地理、政治、兵法。除了做学问，还得随时了解一般政务。他即位后的一般表现，其和善使所有英国人都感到，今天的王座上天使已代替了食人魔。爱德华的老师是克拉默，因此，他也是一个彻头彻尾的新教徒。他不主张以严刑峻法处治异端，但他不许天主教徒的姐姐玛丽去望弥撒，他认为弥撒充满偶像崇拜。枢密院替他挑选他舅父爱德华·西摩为摄政，他同意了，因为舅父也具有新教思想并立即封之为萨默塞特公爵。

萨默塞特公爵机智、英勇、正直。此人虽非十全十美，但举目斯世，确属不可多得之才。英俊、文雅、慷慨，对穷人富于同情心，身为贵族，人皆视怯懦、自私为当然，在他却深以为耻。大权在握，但他绝不滥用，不但不滥用，还扫除了亨利七世和亨利八世所行的许多专制。他开放言路，废止许多从前视为叛逆及该判重罪的条款。他规定，判刑必求证据确凿及发还死刑犯妻子的嫁妆。他取消了宗教迫害法规。这时，他仍以英国国王为英国教会领袖，批评圣餐者仍须受罚。他将两种领受圣餐式制定为法令，明令以英语为礼拜语言，革除为死者所行的弥撒及否定炼狱观念。此时，逃亡国外的新教徒纷纷返国。随他们而来的有路德教义、茨温利教义和加尔文教义。外国宗教改革者，因渴慕这种自由，也纷纷携带他们的福音来到英国。彼得·威弥利和布塞尔来自斯特拉斯堡，奥基诺来自奥格斯堡，简·拉斯基来自埃姆登。再洗礼教徒和唯一神教徒横跨海峡到达英国。他们的说法，使新教徒和旧教徒同样吃惊。伦敦出现了大批打倒偶像论者，他们冲进教堂，见十字架、绘画、圣像便一律拆毁。剑桥大学彭布罗克学院院长尼古拉·里德利公开抨击偶像和圣水。克拉默大主教更"于四旬斋中，公开吃肉。诸如此类的情形，自英国成为基督教国家以来，可说均前所未闻"。枢密院认为，这种做法未免过分。但萨默塞特公爵认为，这是枢密院的思想有了问题。为了矫正枢密院思想，他特派一位改革者领导枢密院。在公爵领导下，国会于 1547 年下令，所有教堂墙壁窗户上所绘的先知、使徒、圣徒画像，均应抹去，"同时，以后永远不许再绘"。教堂中，彩绘玻璃和各种雕像一律捣碎；皇家标志取代了所有十字架。全英国教堂的墙壁一律粉刷成白色，彩绘玻璃窗一扇也看不见了。1551 年，教会剩余财产全给政府收个精光。一度美轮美奂的中世纪天主教教堂，现在被剥削得只剩一个躯壳。

在这项转变中，克拉默大主教是精神上的领导者。和他唱对台戏的是伦敦主教埃德蒙多·邦纳（Edmund Bonner）和温切斯特主教斯蒂芬·加德纳。不过，这两位主教都被大主教送进了佛里特（Fleet）

监狱。[1] 在这些年中，大主教所致力的，是写一本书来代替天主教弥撒书和每日祷告书。助他完成这项工作的人，有彼德·威弥利及其他学者。他们完成的这部书，现在称之为《祈祷书》（*Common Prayer*）。这部书虽由他人帮助，但 1548 年问世的第一部，主要部分出自克拉默之手。这本书文情并茂，充满克拉默对新信仰的热诚。书中不少译自拉丁，而且译文中处处洋溢着克拉默的才情。事实上，这本书表现的思想，没有什么了不起的革命性。它虽弃绝弥撒的供祭，但对变体论既不否定也不肯定。大体上说，它采取了部分路德思想，保存了大部分天主教仪式。因此，对于这本书，读者若不是一个完全的罗马教徒，大致都可以接受。克拉默不把这部书提交教士会议，而把它提交国会去讨论。对宗教，国会根本是外行，因此对信仰和仪式，不会发生太多的争论。最后，国会把这部书视作法典，通令全国教堂一律遵行。邦纳和加德纳因获 1549 年大赦，本已恢复自由；现在，他们反对国会的宗教立法权，再度入狱。玛丽公主望弥撒有了限制。这项限制是望弥撒只可在她自己宫内，其他任何地方都不行。

　　一项具有危险性的国际局势使英国新旧教之争，暂时停了下来。法国国王亨利二世要求英国自博洛涅撤退，否则他即派兵进围博洛涅。苏格兰女王玛丽·斯图亚特，年仅 15 岁的法国女孩，她所具的背景随时都可使苏格兰燃起战火。萨默塞特公爵在获知苏格兰人正从事煽动及以武器提供爱尔兰叛徒后，为了先发制人，便率军越境，于平克·克莱格（Pinkie Cleugh）将苏格兰守军一举击溃（1547 年 9 月 10 日）。作为战胜者，他对苏格兰人所提的条件，其宽大颇使人吃惊。后世历史学家的评论是：充满远见。要点有：在苏格兰人不损失丝毫自由和财产的情况下，英苏应联合组成大不列颠帝国；在帝国统治下，英苏各有其法律和政府；此帝国的统治权现在虽属英国，但目前在位的英国国王一旦结束其统治，帝国统治权即自然移转至苏格兰

---

[1] 伦敦监狱之一，之所以叫佛里特，因其旁有佛里特溪（Fleet Stream）之故。此溪出海口现与泰晤士河河口混而为一。

女王的后裔之手。英苏联合，实际上开始于 1603 年。这项联合对天主教是有利的，它延长了天主教在苏格兰的寿命；它使天主教在英国重振声威。不过，当时的苏格兰天主教徒反对英苏联合。他们认为基于这项联合，英国新教势力会夺去其所控制的土地。苏格兰贵族对这项联合也不热心。因为他们现领着法国政府的年金，联合远景再好，一鸟在擒，总胜于二鸟在林。

萨默塞特公爵自当政以来，可说历尽千辛万苦。英国情形风雨飘摇，英法两国随时会以兵戎相见，国内新旧教之争势同水火，农民暴动时有所闻，最使他感到痛心的是，他发现他自己的亲弟弟在阴谋推翻他。托马斯·西摩野心极大，单做海军上将，单在枢密院坐个位子已感到不满足。他认为，以他的聪明睿智应当做王。他先后向玛丽公主和伊丽莎白公主示爱，但均遭拒绝。他收受从造币厂盗来的金钱，他和横行英伦海峡的海盗分赃，他用这样得来的钱私置军火。他的阴谋暴露了，被窝立克（Warwick）和南安普敦的伯爵告发。国会上下两院一致对他加以谴责。1549 年 3 月 20 日判决将其处死。萨默塞特想庇护他，可是没有成功。弟弟的头落地后，哥哥的威风也跟着一落千丈。

萨默塞特公爵的垮台是由凯特之乱促成的。这次叛乱说明了历史上一大法则：农民暴动，在德国以新教徒为首，在英国以天主教徒为首，但无论在德国或英国，人民对经济的不满，首先做出反应的就是宗教。英国由于政权操纵于新教徒之手，带头反应的就是天主教。农业的贫乏、人民的痛苦，新教徒史学家弗劳德（Froude）说："完全都是宗教改革的结果。"在本朝代中，新教徒领袖，如克拉默、拉蒂默、利弗、克劳利等，均以谴责剥削农民著名。萨默塞特公爵就新地主无情剥削农民，尤深表愤慨。他骂新地主为"从粪堆里爬出来的暴发户"。对贫苦民众，国会无法可想之余，只有第一严令禁止乞丐，第二指示各教堂每周发起救贫捐助活动。为了充分了解圈地和地租情况，萨默塞特曾派专人组团调查。可是这个团曾遭地主公开和秘密地反对。佃农因怕地主报复，对地主劣迹也多隐忍不言。调查团于调查后，对国会曾提出若干改革建议。所提建议尽管非常温和，但因国会受地主左右，竟然遭到拒绝。萨默塞特曾于私邸接见贫民，问其疾苦，他这种做法，却大遭贵族所忌。不少贵族在窝立克伯爵约翰·达德利的领导下，积极活动推翻他。

这时，农民暴动全面爆发。首燃战火者为萨默塞特郡，接着维尔特、格洛斯特郡、多西特、汉普郡、牛津、白金汉西部的康沃尔、德文郡、东部的诺福克、肯特等郡也纷纷响应。在诺维奇，一位小地主罗伯·凯特领导叛乱。他们夺取市政府，组织农民公社。这个叛乱集团统治诺维奇及其附近地区长达1月之久。凯特率其徒众1.6万人，扎营于诺维奇以北的毛斯霍尔德（Mousehold）山。在山上一株橡树下，每天从事对所谓反动地主的审判。凯特并不嗜杀，经他判决有罪之人，一般仅为监禁。但对财产他另有一套办法。他令其徒众扫荡四乡，攻入领主庄园，夺取其武器，没收其粮食牲口。羊——就土地使用上而言，是农民的敌对者——没收达两万余只。配上牛、鸭、鹿、猪，凯特及其徒众，天天开羊肉大宴。在大吃大喝之际，凯特仍能使其徒众井然有序。凯特胸怀宽大，有些牧师公然劝其徒众放下武器，他也不闻不问。萨默塞特对这些叛乱分子，心里颇表同情，不过，他也不反对窝立克的主张：叛乱集团必须解散，否则整个英国经济结构就会宣告破产。窝立克受命率军平乱。他对叛乱者宣称：各人解散回家均可无罪。凯特想接受，其部下却不从。不解散唯有一战，1549年8月17日，窝立克以优异战术击溃叛军。是役，叛军死者3500余人。余众投降，窝立克处死9个激进分子，凯特及其弟则解送伦敦监狱。窝立克战败凯特，其余叛乱集团都闻风丧胆。在降则无罪号召下，人人放下武器。叛乱领袖被捕后，萨默塞特心怀宽大，因此获释者为数不少，即使凯特兄弟，在他庇护下也能暂免一死。

攻击者的矛头纷纷指向萨默塞特。他们指责他，因为他同情穷人，使叛乱者获得鼓励；他们指责他，法军进围博洛涅，是他外交失败的结果。他们指责他包庇政府中的贪污分子，他们指责他促使通货贬值；他们指责他存心贪婪聚敛财物，他们指责他浪费公款大修官邸。窝立克和南安普敦处心积虑要他下台。大多数贵族对他的财富虽不眼红，但谈到他对农人的宽大，皆深表不满。萨默塞特公爵成了众矢之的。1549 年 10 月 12 日，萨默塞特被打入天牢，坐牢前，还被人牵着在伦敦市区游街示众。

窝立克摄政（1549—1553）

就当时的标准而言，萨默塞特的政敌算是宽大的。他们仅没收了他在摄政时期所获的财产。1550 年 2 月 6 日，他们将他由天牢放出。同年 5 月，他又被召入枢密院。不过这时他已没有什么权势，大权全已落于窝立克之手。

窝立克是一个彻头彻尾的马基雅维利信徒。他本人倾向旧教，但为了对付他的政敌南安普敦，可以不惜对新教派系加以培植——南安普敦是公认的旧教领袖。当然，培植新教派系，另有他的用意，就是借此拉拢一般贵族，因为一般贵族在经济上和新教密不可分。窝立克虽精于用兵，但他知道，以英国朝野俱穷的现况，和法国争博洛涅简直是做梦。就英法资源——法国资源较英国多两倍——详作比较后，他决定把博洛涅拱手送给法国国王亨利二世，以换取一份屈辱的和平（1550 年）。

在地主贵族的支配下，国会于 1549 年通过了一项极严厉的制裁农民暴动法案。贵族所圈土地也使之合法化。为了抑制圈地，萨默塞特曾规定羊及羊毛均须课税，但现在这项规定撤销了。工人要求提高工资要受严厉的惩罚。法律规定，不得聚众讨论降低租金和物价。有人胆敢提出上项讨论，即将没收其财产。为了杀鸡儆猴，凯特兄弟双双被送上断头台。这时贫人日增，与宗教革命同时革掉的救济院却无恢复迹象。疾病流行，医院却形如废墟。物价高涨，通货贬值，饿殍载道，一度为英国安定主力的自耕农变成了穷人，原来的穷人现在挣扎在饥饿线上。

宗教纷争和经济紊乱并起。此时，信天主教的人虽占大多数，但自窝立克斗倒南安普敦后，即群龙无首。教士精神道德权威的崩溃，加上腐败不稳的政府，引起道德沦丧，异端纷起。有些异端不但使旧教徒，甚至使新教徒亦大感惊异。约翰·克莱门特（John Clement）于 1556 年这样写道："此时英国宗派林立，有教皇政治歌颂者，有阿里乌斯派（Arians），有再洗礼教派及形形色色的异端……有些否认圣灵是上帝，有些否认原罪，有些否认预定论……奇奇怪怪的言论，简直不胜枚举。"罗杰·哈特钦森（Roger Hutchinson，约 1550 年）论及"撒都该教徒（Saducees）及自由思想家"时，曾这样说："魔鬼……不是别的，而是……一种猥亵的肉欲……人死之后，也没有什么地方给你安息或受罪。所谓地狱，不是别的，只是一种意识上的痛苦和绝望。相反，如果你在意识上感到快乐、宁静、愉悦，那就是天堂了。"格洛斯特新教的主教约翰·胡伯（John Hooper）曾获得这样的报告："有些人这样说，人的灵魂并不比野兽的灵魂为高，它也是会死亡、消散的。有些人在集会时，不但否认基督是救主，而且说圣婴是祸害、骗子。"

在萨默塞特认可的自由下，新教徒中的轻率分子对旧教极尽讽刺之能事。牛津大学学生模仿弥撒仪式上演滑稽戏，把每日祈祷书切成片片，从神龛上拿下供神面包践踏。伦敦传道者，戏呼神父为"巴比伦邪神（意指教皇）之妖"。圣保罗大教堂从前是庄严神圣之地，现在商人在里面谈生意，不良少年在里面斗殴。窝立克现在已确定站在新教徒的一边，他提名许多主张改革者任主教。在提名时，他通常要求的条件是：被提名者负责将主教采邑的一部分，转让给其所就任之州。1550 年，国会规定，英国无论任何教堂，除"历代帝王及不被人视为圣徒的贵族纪念像外"，一切塑像，不管绘的、刻的、塑的，一律清除。至于祈祷书，除克拉默编著的外，也一概焚毁。弥撒祭服、礼袍、祭坛桌布，或予没收，或予变卖，或予送人——这些东西，不久都变成贵族的家庭饰品。1550年之后，枢密院曾下令，教堂中的金属器皿，一律缴归国库。稍后，国会更下令，教堂金柜所存之钱，一律缴给政府。不久，政府或者应说官吏，又找到了新的财源：扣发清贫学生的奖学金，及亨利八世所设的钦定教授研究费。1552年，国会建议恢复教士独身制，不过有个规定：实在想结婚的，经获准也可结婚。

宗教迫害，由于今天的英国、瑞士、德国都是新教徒的天下，天主教便成为异端。克拉默拟了一张异端分子的名单，列名其上者如"执迷不悟"，便被处死。所谓异端，如相信圣餐中的圣肉实在论、教皇至上论、不信《旧约》中之神的启示、基督的两种本质、因信获救等。1550年，肯特郡的琼·博谢（Joan Bocher），之所以被烧死，原因是她怀疑耶稣基督之神性。伦敦新教主教里德利叫她放弃这种想法，她说："不久以前，你烧死安尼·艾斯库，为的是一片面包（指不信变体论）。可是，现在你信变体论了。你今天为一片肉烧我（四福音书：'世界为肉做成'），我相信，不久的将来你会跟着我走的。"在爱德华时代，处火刑者仅有两人，但天主教徒因望弥撒及公开批评新教理论而坐牢的，则多至不可胜数。顽固的天主教神父除革职外，尚需坐牢。加德纳此时尚在牢中，政府告诉他，若他改信新教即可恢复自由。他不答应，于是被移押"最坏犯人处置之监"，并规定不给他纸、不给他笔、不给他书。1552年，克拉默发表其《祈祷书》第二册。书中否认圣肉实在论，废止临终涂油礼。至于第一册，也照新教理论加以重新改订。国会现在通过一个《再度统一法案》（*Second Act of Uniformity*）。法案规定，人人须按时做礼拜；礼拜仪式，应严格遵照祈祷书规定；三次违反上述规定，即将处以死刑。1553年，枢密院颁布42条宗教法规，此法规为克拉默所拟，要求全英国人一致遵行。

这是一个充满腐败堕落的时代，其象征一方面为道德和教义的法制化，一方面为邪恶者如窝立克受到表扬。1551年10月4日，爱德华封窝立克为诺森伯兰公爵。窝立克刚封公爵数日，即指控萨默塞特有欲阴谋夺取政权之罪。逮捕后数日，即将之审理判罪。判罪证据全由托马斯·帕默爵士一人提供。判罪毕，即假王命将之处死。1552年1月22日，萨默塞特含冤负屈、悲壮地走上断头台。萨默塞特之死为屈死，是后来轮到窝立克上断头台时，良心发现亲口供认的。他说，萨默塞特之罪全由他诬陷栽赃。证人帕默临死前也说，他出庭作证也是奉窝立克之命。

英国历史上，像这样大失人心的政府是少见的。新教教士一度认窝立克为恩人，因为如果不是他大力支持，他们很难抬头。可是，窝立克事事倒行逆施时，他们也对他非常反感。爱德华日渐衰弱，爱德华一死，玛丽即将继承大统——根据国会通过的法案，爱德华死而无子，王位即由玛丽继承。显然，玛丽如即位，第一件事定会找那些领导英国脱离天主教的人算账。窝立克此时感到生命大受威胁。稍微使他感到安心的是，通过他所布置的人，爱德华对他已百依百顺。他促请奄奄一息的爱德华，把王位传给亨利八世妹妹的孙女简·格雷。简是沙霍克公爵之女，最近刚变成他的儿媳妇。爱德华与他父亲一样，也不愿让国会替他决定王位承继人，于是便接受了窝立克的建议。但此事，一方面，几乎全国都公认，王位应由玛丽公主继承；另一方面，简坚持不受。简是受过良好教育的女性，懂希腊文、希伯来文和拉丁文。她并非圣贤，但她对天主教，尤其是对变体论，曾有极尖刻的批评。她不想犯罪，但环境迫着她犯罪。最初，她把窝立克的建议当成笑谈。最后，她丈夫要她接受王位，她便也接受了。她后来辩称："他逼着我这样做，我有什么办法？"窝立克现在计划去抓玛丽和对玛丽的支持者。他想，只要将玛丽打入天牢，便不怕她争夺王位。

7月初，爱德华的生命已近尾声。先是痰中带血，继则两腿发肿，后来全身出疹子。随着这些毛病而来的是，头发指甲相继脱落。这是一种从未见过的怪病，不少人怀疑，这不是病而是窝立克下毒的结果。受不住长期痛苦的煎熬，爱德华终于在1553年7月6日去世，死时 15 岁。这么年轻，如说他的治绩有何污点，当然不能由他负责。

第二天一早，窝立克便直奔亨斯顿，逮捕玛丽公主。但玛丽事先得到警告，避入沙霍克天主教朋友家，窝立克扑了个空。窝立克使用一切威胁利诱手段，迫使枢密院宣布简为女王。简听此任命晕了过去，救醒转来她仍极力拒绝，她说，请不要逼她做女王，她不是做女王的材料，做女王虽然荣耀但是非常危险。不过，禁不住家人的逼迫，他们说，如果她不接受这顶王冠，他们的性命便难保，她才勉强应允。7 月 9 日，迈着极不情愿的步伐，简走上英国女王的宝座。

7 月 10 日，伦敦得到这样的消息：玛丽公主已宣布就任英国女王；北方诸侯纷纷归向于她；勤王大军正拥着玛丽向伦敦前进。窝立克这时慌了手脚，只有集结兵力迎战。窝立克率军行抵贝里，士兵忽然停下不动了。他们说，玛丽公主为王是顺天应人的，他们不愿逆天行事。罪恶滔天的窝立克，眼看自己的军队靠不住，于是派他弟弟携带金银珠宝及割让卡勒科斯和奎内斯的条件，去法国向亨利二世借兵。枢密院得到这个消息，一方面出而阻止，同时宣布效忠玛丽。沙霍克公爵进宫通知简，她的十日王位已告结束。简听到这个消息，甚为高兴，天真地问：是否可以回家了？但是，枢密院原宣誓为她服务的，现在把她禁闭于天牢。不久，窝立克也成为这里的囚犯，祈求幸免一死。枢密院遣使迎接玛丽，并奉上"玛丽都铎女王"尊号。全英国老百姓听到这个消息，无不欢声雷动。整个夏天，钟声，焰火，终日不绝。老百姓在街上大摆筵席，以吃喝歌舞，表示他们对玛丽的拥戴。

全英国对宗教改革好像全都深表不满。他们怀念着旧时的日子，现在旧时的日子快回来了。事实上，宗教改革在英国的表现也够恶劣了：对教条主义、宗教裁判、暴君专制，不是打倒而是加强；对教育不是发扬而是摧残——大学财产掠夺尽净，关闭学校达好几百所；对慈善事业，不是支持赞助而是趁机剥削；对贫穷大众，不是减轻其痛苦而是加强其压榨——在这个阶段，穷人所受压迫之重，可说史无前例。今天，似乎任何改变都受欢迎，只要这种改变可以打倒窝立克及其爪牙。可怜的玛丽公主，22 年的含羞忍辱使老百姓内心对她深表同情。他们以为，饱经折磨的玛丽，将来当政自然慈祥圣明。

宽厚的女王（1553—1554）

要了解玛丽，得自其幼年可悲的身世谈起。玛丽从幼年起，可以说即毫无幸福可言。2 岁不到（1518 年），她可怜的妈妈就被爸爸遗弃。8 岁，爸爸和妈妈闹离婚。15 岁，爸妈仳离，母女分别打入冷宫。狠心的爸爸，在她妈妈临死的时候，都不许她们母女见最后一面。1533 年，伊丽莎白出世，她不但给削去了公主头衔，还被视为"私生子"。神圣罗马帝国驻英大使当时即有这种担心：安妮为除掉她女儿的政敌，也许会对玛丽下毒手。伊丽莎白在哈特非时，玛丽被派去伺候她。在那里，她住的是很"恶劣的房子"。她的贴身侍女被遣走了，新来的侍女全由哈特非的谢尔顿（Shelton）小姐指挥。这位小姐一再提醒她："你是私生子，你这样倔强，如果我是王，我会一脚把你踢开。"有一次还特别告诉她，国王已经示意，不久就要送她上断头台。到哈特非的第一个冬天（1534 年），由于受不了精神肉体的折磨，她病了。病得很重，差一点就没命了。忽然，做国王的爸爸对她宽厚起来。不过这种宽厚不是无条件的。他要她立下三张字据：第一，承认国王为英国宗教最高领袖；第二，承认她妈妈与国王的这项婚姻不成立，理由为"血族相婚"；第三，承认自己为非婚生子。

这类惨痛经验使玛丽大受刺激。她的心中充满着恨，她的身体弱不禁风。在萨默塞特的领导下，国会正式承认她为王位继承人，这时她才稍稍恢复自信。玛丽对天主教的信仰自幼培养而成。她一开始就很虔诚。其后，妈妈的生死挣扎使她对信仰更加坚定。由于处境悲惨，天主教已变成她唯一的安慰。1549 年，枢密院令她停止望弥撒，否则必将对她不利，但她坚定不移。她的固执，幸获萨默塞特的宽容。但自萨默塞特失势后，爱德华对她即不再客气。他下令贯彻枢密院命令，玛丽仍不服从，致使3名伺候她的宫女以违反王命而被打入天牢（1551年）。最后，直到把专为她举行弥撒的礼拜堂加以封闭，她才暂时死掉去望弥撒之心。宗教仪式被剥夺，使她精神濒于崩溃。这时，她曾请求神圣罗马帝国的大使助她逃往欧洲，但因查理有所顾忌，没有答应这项请求。

现在时来运转，一方面，与她作对的窝立克众叛亲离；一方面，万众归心于她，拥护她的人纷纷前来，他们自带粮食武器，有钱人也慷慨解囊。1553年8月3日，玛丽进入伦敦，全伦敦老百姓，包括占人口约一半的新教徒在内，无不大表欢迎。伊丽莎白公主诚惶诚恐地到城门口接她。伊丽莎白心想，玛丽可能会狠狠地报复她，但出乎她的意料，玛丽不但热烈地拥抱她，而且对她的侍女也恩遇有加。全英国这时又欣喜若狂，这份欣喜，这份狂欢，可比亨利八世即位时的庆祝。

玛丽即位之时，年仅37岁，年岁不大，但已历尽沧桑，面容显得非常憔悴。从小到大，一切已知的疾病差不多都和她结上了不解之缘。她经常患的病有：水肿、消化不良、头痛。治病需要放血，放血使她面容苍白、心情烦躁，一再月经不调，使她伤透脑筋，因为这种病，可能变成生男育女的障碍。现在，她的身体脆弱得像杨柳。头发花白了，额上出现条条皱纹。视力差透了，写的东西不靠近鼻子便看不见。她长得不难看，但谈不上美。乍看起来，颇近于男性，声调低沉。生活的折磨使她完全失去了女性应有的魅力。不过作为一个女性，有几点还是值得称道的。她会编织、会绣花、会弹鲁特琴。谈学问，她通晓好几种语言：西班牙文、拉丁文、意大利文、法文。如果她不具有皇家血统，又不牵扯到宗教纷争，她不失为一位好妻子。她生性俭朴，不会玩弄权术。她渴望爱人和被爱。她好发脾气，也会骂人。她相当倔强，但不骄傲。她知道她智力有限，因此颇能虚心接纳别人的意见。除对宗教信仰一事外，她是很少固执己见的。对不幸者，她极宽仁慈爱。凡法规有不便于民者，只要她知道便会设法废止。她常微服查访民间疾苦、进出贫民区，与婆婆妈妈闲话家常。知道她们有了难处，她一时不能解决的会记下来，能解决的便立即施以援手。她对教育相当注重，前代没收的大学财产，她勒令一律发还。

玛丽最值得令人称道的一点，是其秉性非常宽大。在她即位前，因不接受新教而遭禁锢的人，如加德纳、邦纳等，无条件获得自由，即使所有反对她继承王位的人，她也不严加追问。不错，在反对她的人中，如萨福克公爵之流，她曾令他们缴一大笔钱给国库，但她的目的是降低赋税以减轻老百姓负担。来自外国的新教徒，如彼德·威弥利等，皆毫不刁难任其离去。玛丽的枢密院对窝立克及其他6个阴谋逮捕玛丽并拥简为王的人，立加审讯判处死刑。但玛丽主张连窝立克在内一律赦免。持异议的为雷奈（Simon Renard），现任神圣罗马帝国的驻英大使。因其说得有理，最后玛丽才放弃一律赦免的主张。这些判处死刑的人中，3人在执行死刑时，最后一分钟改信天主教。简受审判时，表现得可怜兮兮。玛丽主张放了她，后经枢密院各大臣力争，改判交天牢从宽看管。

8月13日，女王下令宗教信仰"不加强制"。这是近代政府承认宗教自由的先声。她天真地想，新教思想以辩论即可说服，于是举行一次公开辩论，让在神学上持不同观点的人一律参加。辩论的过程很糟，新旧教徒彼此挖苦谩骂，是是非非争辩不休，于是辩论会草草结束。会后不久，波那大主教在其所属教堂为天主教辩护时，一把匕首忽从听众中向他飞来！正中要害，因获两新教徒的及时抢救幸得不死。消息传到玛丽耳中，她开始怀疑宽大政策的采用是否得当。1553年8月，玛丽即下令：关于信仰问题，国会未予裁决前，除大学外各教堂不许公开讨论。克拉默仍为大主教，被软禁在其兰贝斯（Lambeth）故居。他照旧大骂做弥撒是"亵渎神圣"之举。1553年9月，他和拉蒂默再度被关进天牢。两个月之前，关进天牢的还有伦敦区主教里德利。他之所以被关，原因是他公然宣称玛丽与伊丽莎白都是私生子。尽管如此，玛丽在初上台的这个阶段，她的宽大实为当时任何统治者所不及。

玛丽面对的问题，远远超过她能负荷的，因为她既无才能也缺乏机智。首先使她感到吃惊的，是政府的贪污腐败。她一再下令整饬，可是言之谆谆听之藐藐。她先以身作则，下令减削皇帝经费，继则整顿币制，使浮动的金融稳定下来。有一项措施值得喝彩，即她使国会议员选举摆脱了皇室羁绊。这样选举产生的国会，为"历年所见的最理想的国会"。一个失策的事是，税减得太多了。税收不足，以致政府入不敷出。为了弥补赤字，她只有提高布匹的出口税和法国酒的进口税。但这样做，虽对穷苦民众有利，却导致了商业的不景气。她不希望资本主义向前发展，规定个人最多不得拥有织机两台。她对"纺织富商"以低工资剥削工人的现象感到非常不满，为了保障工人，她规定厂主不得以实物折抵工资。玛丽心中有一大堆善政，但可惜左右无人而完全落空。当然还有一层，经济有经济本身的发展规律，其发展非一二人的意志所能左右。

在宗教政策方面，玛丽也得在经济之前却步。当时，在英国具有影响力的家族中，几乎所有家族都从宗教改革中分到天主教的会产。这些家族，听说要恢复天主教信仰，当然反对。新教徒人数虽少，但有"钱"有势。稍有不慎，他们随时可以拥立赞成新教的伊丽莎白。玛丽对使天主教恢复旧日威势一点颇为热心，但具有与新教徒32年斗争经验的神圣罗马皇帝，却告诉她鲁莽不得。他建议她慢慢来，并说弥撒的举行，目前仍应维持在不公开及限于其左右少数人参与的状态下。但玛丽认为宗教不是政治，她没有这么大耐心。玛丽对赴天主教教堂祷告的频繁和热心，使伦敦受过新教洗礼的一代深感诧异。祷告时，玛丽叫西班牙大使跪在她旁边一道求神的指引，这位大使做是照做了，却显得很勉强。玛丽觉得恢复天主教信仰——这种信仰她曾视之若命，为了这种信仰，她曾饱受迫害——是她神圣的使命。她遣使专赴罗马，请求教皇撤销停止英国举行天主教仪式的禁令。但教皇

派红衣主教波尔为其特使准备赴英时，她却接受查理的劝告，以时机
尚未成熟让波尔暂且勿来。

　　1553年10月5日召集的国会，不像以前只是个仰承御旨的机构。
这个国会一方面固然同意废止爱德华时代关于宗教的立法，减轻前
代——亨利八世和爱德华六世——所定的苛刑，及撤销过去国会视玛
丽为"非婚生子"的议案——至此，玛丽才算正式抹掉了私生子的臭
名；可是另一方面，却拒绝考虑发还天主教财产及认可恢复教皇在英
国的权威。国会告诉玛丽，他们认为，只有"她才是英国教会之主"。
做英国教会之主，玛丽并无兴致。不过，既然国会要她做，她借这一
权力起用前遭罢斥的天主教主教以代目前的新教主教。邦纳又复出掌
管伦敦教区，加德纳又复出掌管温切斯特教区。玛丽又以加德纳为其
御前顾问。这一来，凡结过婚的传教士即不容许在各教区内立足。弥
撒的举行最初须先获允许，渐渐允许已不必要。最后，不但不必请
求允许，反而暗中得到鼓励。一位新教徒历史学家这样说："使天主
教在英国重振声威的想法，除伦敦和少数城市外，全国上下似与玛
丽具有同感。"1554年3月4日，赦令全国恢复天主教信仰。根据这
项赦令的解释，新教及其他教派均属非法。非法教派不但不许传教，
而且禁止散发一切出版物。

　　新旧教势力的消长给英国带来的动荡，似不比玛丽的婚姻问题
为大。由于体质的影响，玛丽对结婚一直深感恐惧，但考虑到皇储问
题——如果她不能生男育女，在她之后，王位就会落于新教赞助者伊
丽莎白之手——她便不得不找个对象。玛丽宣称，她现在还是处女。
这话也许不假，因为假定她稍微浪漫一点，她的作风也许不会这么严
肃、紧张、死板了。枢密院建议她以爱德华四世的曾孙，爱德华·科
特尼（Edward Courtenay）为对象。但这位王孙骄奢淫逸，不合玛丽
胃口。爱德华·科特尼因为遭到玛丽的嫌弃，转而追求伊丽莎白。他
所打的如意算盘是：以伊丽莎白取代玛丽，再通过伊丽莎白统治英
国——他根本没有想到刚强的伊丽莎白是绝不受人摆布的。查理五世

愿意把他的儿子菲利普奉献给玛丽，查理对菲利普，除神圣罗马皇帝头衔外，准备将来把他所有的一切全交给他。查理更这样保证，如果这项婚姻成功，他愿把荷兰作为这项婚姻所生子嗣的贺礼。玛丽一方面想到菲利普不久就可成为西班牙、佛兰德斯、荷兰、那不勒斯及美洲的统治者，一方面想到她自己有一半西班牙血统，再加上这项婚姻关系，必可使英西两国结成政治宗教同盟。基于这种考虑，玛丽对查理的奉献自然乐于接受。不过为了表示谦逊，她对查理说，怕她年龄过大——她比菲利普年长 10 岁——配不上菲利普。这点玛丽确实很焦虑。她怕她的容貌不能使年轻力壮、充满想象的菲利普得到满足。她甚至不相信她自己会谈情说爱。菲利普当然是不愿意的，他的英国密探告诉他，女王是"天生的圣人"，她"在衣着方面极不讲究"，谈到欧洲皇族女性应有的迷人风韵，她一点儿也没有。但他老子终于说服了他。查理指出，与玛丽结合，一方面可使西班牙在对抗法国方面有一个强大的盟邦，一方面可使荷兰更趋稳定——荷英商业交往异常频繁。再者，假定这项婚姻告成，西班牙与英法结成天主教同盟，德国的新教势力即不难加以抑制。最后，查理对菲利普说，接受这项婚姻，可使哈布斯堡家族与都铎家族结成一体，这两大家族联合，足以缔造下一代西欧的和平。

　　谈到英西联盟可结合成一大势力一点，英国枢密院及全国上下也持此看法。但他们担心，一方面英国会随这项婚姻沦为西班牙的附庸，一方面英国会陷入与法作战的泥沼，查理为消除以上恐惧，宣称基于这项婚姻，菲利普拥有英国国王尊号仅以玛丽生前为限；同时承认，一，玛丽在处理英国政务上，有着至高无上之权；二，玛丽也可拥有属于菲利普的一切尊号；此外，假定卡洛斯（Don Carlos，菲利普早先婚姻所生之子）死而无子，玛丽或其所生之子即可承袭西班牙王位。这位狡诈的皇帝还加上，玛丽可从他的税收里每年享有一笔为数 6 万镑的年金。由于种种优厚条款的引诱，英国枢密院略加考虑即批准这项婚事。玛丽自己尽管生性颇为羞怯，但对这项婚事的满意也溢于言表。爱人和被爱是她久已向往的。

可是，英国老百姓对这项决定不表赞同。作为少数派的新教徒，由于身受迫害，天天希望伊丽莎白取代玛丽，同时，他们害怕一旦玛丽受西班牙左右，天主教势力就会日渐增大。由瓜分得到教会财产的贵族，想到可能因此会失去其财产，不禁发抖。即使英国天主教徒对这项婚姻也心存疑忌：外国人掌握了英国王位，无疑英国将成外国人的工具。全英国反对之声不绝于耳。普利茅斯市惊惶失措地请求法国国王给予保护。4 位贵族商议，决定于 1554 年 3 月 18 日兴兵反抗。沙霍克公爵（简·格雷之父，曾蒙特赦恩典），起于窝立克郡；詹姆斯·克罗福特爵士，率领其佃户起于威尔士；卡鲁爵士答应自德文郡响应；小托马斯·怀亚特，答应在肯特响应。少年爵士这样做，因为其父，诗人老怀亚特，曾占有教会大片土地，他怕英西联姻后要他们白白交出来。这些密谋反抗者，千错万错不该把他们的计划告诉科特尼，同时赋予他说服伊丽莎白支持这项计划的任务。加德纳主教一直对科特尼特别注意，因为玛丽拒绝他的婚事，怕他图谋报复。科特尼被捕，一经拷打，他便将整个计划和盘托出了。

事机不密，阴谋败露，4 位贵族宁愿战死，不愿入狱，于是匆促起兵。1554 年 2 月，叛军燃起战火。怀亚特率领一支由 7000 人组成的部队直逼伦敦。他用以号召老百姓的口号是：不让英国沦为西班牙的附庸。伦敦市民中，部分新教徒准备开城迎接怀亚特。这时，枢密院惊惶失措，甚至忘了派兵保护女王。玛丽得此噩耗，感到非常迷惘：为什么热烈拥她登上王座的国人，会反对她得到幸福与满足；这种幸福与满足，是她在一生苦难中梦寐以求的。她现在如不能当机立断有所作为，显然她不但会丧失王座，而且会丧失生命。于是她命驾直往伦敦市政厅，她要亲自说服集合在那里正在争辩左袒或是右袒的人们。她对他们说，如果大家不赞成她和西班牙人联姻，她便决定放弃这门亲事。同时，"我一辈子也不想结婚了"。可是，她当时并不愿使这次政治骚动披上"西班牙外衣"，她说："母亲如何爱护孩子，我不知道，因为我还没有做过母亲。可是如果说，为君者当爱民如子，那我可以保证，对你们我愿意成为一个慈祥恺悌的母亲。"她的言词和勇气赢得了热烈的赞颂。与会人员一致决定效忠于她。暂时代理政务的市政厅颇有办法，在其决定支持玛丽后不到一天工夫，便组成一支为数 1.5 万人的军队。大军出动，沙霍克即告瓦解，克罗福特和卡鲁便逃逸无踪。怀亚特孤掌难鸣，带着他的一小群人在伦敦街上苦斗。他们的目标是夺取怀特霍尔的王宫。叛军接近王宫时，王宫卫队请求玛丽出奔，但她拒绝了。最后叛军受到控制，怀亚特势穷力竭终于被擒。将怀亚特送进天牢后，玛丽才舒了一口气。她安全了，但是她变了。她从此已不再是一位宽仁厚德的女王。

"血腥"玛丽（1554—1558）

许多向玛丽进言的人，经常这样批评：赦免权用得过于频繁了。神圣罗马皇帝及其驻英使节曾经这样责难她，说她对叛徒不但不置之于死，反而赐给他们自由，而这些人得到自由后，又集结起来反抗她。查理曾这样问她："在一个政敌可以为所欲为，随时都充满着暗杀危险的环境下，叫菲利普如何能够安心？"加德纳主教极力主张为了保护国家，叛国者必须处死。玛丽惊惧之余，接受了这些观点。她下令将简·格雷及其丈夫处死——简的丈夫之死，可谓罪有应得，因为他一心想夺取王位，但简本人非常冤枉，因为她根本不想做什么女王。简这时仅 17 岁，面对死亡却很泰然。1554 年 2 月 12 日，临刑时，她既不求饶也不掉泪。简之父沙霍克枭首示众，从犯百余人被绞死。玛丽对所俘叛徒，凡情节轻微者，均令其认罪免死。怀亚特受审时，先一口咬定伊丽莎白曾经参与叛变计划，但在登上断头台之日（1554 年 4 月 11 日），却说他以前的话都是乱讲的。科特尼监禁一年后，被放逐出境。查理建议玛丽将科特尼和伊丽莎白除掉以绝后患。此时玛丽先将伊丽莎白送到圣詹姆斯宫看管，一月后才将她移往天牢。伊丽莎白在天牢中关了两个月，这期间雷奈再促玛丽将之处死，但玛丽说，伊丽莎白参加叛变一事尚未找到证据。伊丽莎白的生命，此时真是危若悬丝。对死的恐惧形成了她以后多疑及事事感到缺乏安全感的性格。这种性格在她当政的后期，曾有显著的反映。她变得非常冷酷，尤其是当她怀疑玛丽·斯图亚特，正如今天玛丽·都铎怀疑她的时候。5月18日，这位未来的女王奉命移居伍德斯托克（Woodstock），在此接受严密监视的软禁。因怕再有其他拥立伊丽莎白阴谋的出现，玛丽决定结婚生子。

玛丽对结婚颇为积极，菲利普却不热衷。1554年3月6日是菲利普和玛丽举行结婚大典的日子。可在这个日子，做新郎的不是他本人，而是他指派的代表。菲利普迟至7月20日才到英国。他的仪表和风度颇令英国人感到惊喜。大额头尖下巴结合成一张近于倒立三角形的脸。金色的头发，金色的胡须，配上这张脸，看上去颇有威仪。最难得的是，举止优雅，谈吐机智。其一举一动，处处表露着他有过人的才华。当时欧洲大陆的来客，多把英国视为蛮荒之地，但菲利普及其随员，似乎没有这种观念。他对伊丽莎白，也极谦恭有礼——也许他此时已经料到，玛丽不可能给他生孩子，伊丽莎白终有一天会登上英国国王的宝座。对于菲利普而言，将来英国国王的宝座由伊丽莎白来坐，远比由苏格兰的玛丽女王来坐要好得多，因为后者一直和他的世仇法国有关联。玛丽在年龄上虽比菲利普大很多，但她对菲利普表现得异常柔顺。多年来对爱的饥渴，加上王子的英俊，她简直乐得忘乎所以。玛丽对菲利普献出了全部忠诚，以致朝中臣僚都怀疑英国已成为西班牙的属地。玛丽致书查理五世，极尽谦卑，说她现在"快乐之情难以言喻。由于我的丈夫至善至美的德行日益显露，我经常祈祷，愿上帝赐我以诸德，以博得我丈夫的欢心"。

玛丽希望给菲利普生个儿子及给英国王位生个继承人的心如此急切，不久她便自认为她已怀孕。她把月经不调视为怀孕的一种征兆。由于希望过切，她完全忘记了过去这种现象也是有的。对怀孕的征兆，她甚至把消化不良也算进去了。玛丽的幻想变成了新闻，威尼斯驻英大使居然在其报告中说，女王的"双峰"不但日益丰隆，而且真有奶汁溢出！在颇长的一段时间中，玛丽像她所统治下的一般可怜女性一样，天天为可以做妈妈而高兴。但我们可以想象得到，御医将检查结果告诉她，这不是怀孕而是浮肿时，她的悲哀与失望，会怎样令她发狂。玛丽怀孕的谣传曾经遍及全国。一度处处都有人为她祈祷，有些地方庆祝王子降生的游行队伍也已组成。一度甚至传说，王子已经诞生，于是商店放假，教堂鸣钟，男男女女拥到街上狂欢庆祝。一位传教士更公然宣称，新生的王子"既白又胖"！然而，事实是残酷的。玛丽为了此事又羞又恼，自确定并未怀孕之时起，她有好几个月都未在公开场合露面。

红衣主教波尔的返国使她颇感安慰。波尔反对英西联姻，曾被查理扣留于布鲁塞尔。现在波尔的回国，显然查理与波尔之间已取得谅解。1554 年 11 月 20 日，红衣主教以罗马教皇使节身份，横渡英法海峡。他踏上他离去 22 年的祖国时所受到的热诚的欢迎，使他深受感动。欢迎者中，有官吏，有教士，有老百姓，这表示英国人极愿恢复他们与教廷的关系。波尔见到玛丽，除了有极动人的言词大加赞颂外，更加上这么一句："祝你早生贵子。"英国国会打听到波尔从教皇得到谕令，说过去分到教产的人现在不必退还时，议员无不欢声雷动。他们一致跪下来忏悔，说他们不该反对天主教。主教加德纳踌躇了一下，决定给这些忏悔者免罪。教皇的威权又获得承认。第一年的薪俸，"第一次的收成"又归他所有。各处又开设宗教法庭。教士又可在各教区征收什一税。一度为威克利夫主义排斥的神像，又处处出现。书刊检查权又从政府移归天主教。历尽沧桑 20 年，天主教势力在英国复又抬头。

菲利普与玛丽共处达 13 个月之久。他很希望她能替他生个孩子。当他确知这种希望幻灭后，他即告诉她，他要返回布鲁塞尔，因为他父亲已决定在那里禅位给他。玛丽依依不舍地送他上船。船沿泰晤士河顺流而下，玛丽凭窗目送，直到船影消失，才凄然回宫（1555 年 8 月 28 日）。菲利普当时的感觉是，一年来为了国家，他不得不和一个病人做爱，现在他的责任已了，他又可回到布鲁塞尔那些如花似玉的嫔妃身边。

波尔现在成为英国炙手可热的人物。他为重建英国天主教而终日奔忙。在玛丽的协助下，他恢复了不少男女修道院。玛丽看着天主教的复兴大感欣慰。她喜欢看那些古老的宗教仪式。教堂里，有耶稣受难像，有种种神圣挂图，有教士、儿童及教友所组成的行列。为生者或死者祈福，均须坐下或跪下来做弥撒，虔诚的祷告一做就是半天。1556 年，耶稣受难日前夕，即洗足木曜日那天，玛丽曾为 41 位老太婆洗脚。她把那些脚放在膝上一一地洗，一一地吻。除洗脚外，她对这些老太婆每人都有赏赐，玛丽生子既已无望，精神上唯一可以寄托的，自然就是宗教了。

但是，她很难把过去的一切恢复过来。新的观念已在市民的脑海里生根发芽，这时秘密活动的就有十几个教派。他们不断以宣传品和书籍传播其教义。玛丽最感痛心的是，有些教派居然否认基督的神性、圣灵的存在及原罪的遗传。在她单纯的信仰里，这些异端在道德上已犯了滔天大罪，其罪远甚于谋叛。在拯救人类的灵魂方面，难道异端比她信奉的红衣主教还懂得多？她接到一个报告说，一位传教士竟在聚会时高声祷告，愿上帝或使她改信基督教，或将她自地球上抹去。一天，有人把一只死狗从窗户抛进玛丽御用的教堂。这只狗剃了个修道士的头，颈上套了根绳子。肯特郡一位传教士被人割了鼻子。玛丽想，这太不讲理了。她让这些新教徒安全离境，他们却写了许多小册子攻击她，说她反动，说她愚蠢，说她崇尚"偶像弥撒"的"拉丁礼拜"。有些小册子甚至鼓动老百姓起来推翻她。1554 年 3 月 14 日，在阿尔德盖特（Aldgate）一个 1.7 万人的集会上，有人高呼伊丽莎白万岁。她获得不少消息，在外国的英国新教徒正策划在国内叛变。

玛丽直到 1555 年还是十分仁慈的。她的仁慈，一方面出于天性，一方面出于习惯。是什么使她由仁慈变成残忍？在历代女王中她的残忍是首屈一指的。她的残忍，一是由其本人及其信仰遭受无情攻击激起；二是恐政敌利用异端作为掩护，以推翻其统治；三是由于折磨与失望侵蚀了她的心灵，使她丧失了理智的判断；四是受到其亲信菲利普、加德纳及波尔等人的影响。这些人坚称，宗教的一统与国家的存在密不可分。菲利普在荷兰即按照其信念行事。1554 年春，加德纳主教即决定将 3 位新教主教胡伯、里德利及拉蒂默处火刑，假定他们不肯改变信仰的话。波尔红衣主教，与玛丽一样，其天性也是仁慈的，但对天主教教条的执着则毫无商量余地。他深爱天主教，以致对任何反对天主教教条和权威的言论都不接受。玛丽对新教徒的迫害，波尔没有直接参加。有时，他主张对新教徒从宽处置。他一次即释放了 20 位新教徒，这些新教徒依邦纳主教的判决，一律须活活烧死。可是他给教士指示，所有异端，凡属不能以和平方式加以说明者，"一律铲除以免滋蔓"。玛丽对此则较和缓："谈到惩治异端，我们不可操之过急。别让有些案件，眼前看处治似颇公道，事后却后悔过于轻率。"她对惩治异端虽不积极，却很坚定。尤其在 1558 年英法之战使她及英国大吃苦头之后，她认定那是神的震怒，震怒她对异端的宽纵。基于这种想法，她对异教徒的迫害，由消极变为积极。

恐怖时期由加德纳命其主教法庭逮捕 6 位教士开端（1555 年 1 月 22 日）。6 位教士，1 位答应改变信仰，4 位（包括胡伯），一度出任格洛斯特和伍斯特的主教，被判处火刑（1555 年 2 月 4 日至 8 日）。仅此一案，加德纳似乎就倒了胃口。以后便不再参与迫害事件。由于健康急剧衰退，下令烧人那年的 11 月他就逝世了。主教邦纳继之为刽子手。这时菲利普尚在英国，他倒主张从宽行事。邦纳判处六七个人的火刑时，神圣罗马皇帝驻英大使雷奈认为，"这太轻率野蛮了"。[1] 菲利普的忏悔师，一位西班牙托钵僧，更当庭指斥，这项判决与基督温和宽厚精神相违。邦纳于判决后迟疑了 5 个礼拜，最后终于下令"烧"！他觉得他这样做是够宽大的，枢密院曾一度谴责他，说他对惩治异端不够积极。邦纳对逮捕到的每个异端，都叫他们"悔过自新"，有时还附有钱财的鼓励，可是当劝诱无效时，他唯一的决定就是处死。烧人时，通常放一袋火药在受刑者的胯下，因为这样他可以死得快些。可是在烧胡伯时，由于柴火不旺，一时引不发火药，以致这位主教受了一个多钟头的苦才告断气。

　　到目前为止，大多数殉道者都是工人。他们读《圣经》，并采用新教解释，而这些解释都是前一朝代容许的。也许当政者现在发觉，正本清源应自惩治那些提倡新教思想的教士着手，因此，在 1555 年 9 月于天牢中提出克拉默（时年 66 岁）、里德利（时年 65 岁）及拉蒂默（时年 80 岁），于牛津加以审讯。在亨利八世时代，拉蒂默曾以其无碍的辩才，指证再洗礼教徒和圣方济各会教徒有罪而判处他们火刑。里德利一则曾参与拥立简·格雷；再则曾宣称玛丽是私生子；三则曾共谋解除邦纳和加德纳的主教职位。克拉默一度为英国从事宗教改革的领袖，他为亨利解除其与凯瑟琳的婚姻关系；替亨利与安妮撮合；用他所著的《祈祷书》代替弥撒；他迫害过弗里茨、兰伯特及无数天主教徒；他同意爱德华把王位传给简·格雷；他指斥弥撒是亵渎神圣。这几位曾经显赫一时的人物，到现在为止，打入天牢已两年有余，在牢中他们每天期待的，就是死。

　　克拉默于 9 月 7 日提到牛津审讯。审讯者千方百计劝他抛弃其信

[1] 玛丽迫害异教徒资料的主要来源为约翰·福克斯所著的 "*Rerum in Ecclesia Gestarum Commentarii*"（1559 年）。此书 1563 年曾有英译本，译名为《事业与不朽》(*Acts and Monuments*)，即世所熟知的《殉道者实录》(*The Book of Martyrs*)。此书描述新教徒受审及受刑经过非常生动。清教徒对此书的重视仅次于《圣经》。尽管帕尔松（Jesuit Father Parsons）在 1603 年出版的 5 本书中，认为其精确性颇有问题，但其对克伦威尔时的英国心理状态的形成，有极大影响。有些新教教会对此书的批评为，夸张、误引、偏见、疏漏；但某天主教史学家以之与中世纪圣徒奇传相较，认为在某些细节上也许不无疑问，但"在大纲大目上，这些事件的发生，绝对不容置疑"。

仰，他坚持不肯，因此被判有罪。他当过大主教，大主教判刑应由教皇批准，因此在判决后又返回天牢。9月30日提讯里德利，他也不肯放弃其所信。同一天，也提讯拉蒂默。登上法庭之时，拉蒂默已把生死置之度外。他衣衫褴褛，白发苍苍，头上顶着帽子、睡帽和包巾，颈上挂着老花眼镜，腰间系着《圣经》。在法庭上，他仍否认变体论，因此10月1日即和里德利一道判罪。10月6日执行火刑。到柴堆前，他们跪下祈祷。行刑人员以铁链将他们系在一根铁柱上，每人颈上挂着一袋火药。火点燃时，拉蒂默对里德利说："别忧伤，里德利，我们要做男子汉大丈夫。今天蒙上帝的恩赐，以我们为照亮英国的蜡烛，我们应感谢。此烛一燃，我相信它是永远不会熄灭的。"

12月4日，教皇保罗四世批准对克拉默所判之刑。有一段时间，克拉默，坎特伯雷的第一位新教大主教，颇有屈服求饶的样子。尽管他有生花妙笔，足以撰写《祈祷书》之类的文章，然而在精神与肉体的双重折磨下，即使金刚也难忍受。精神和肉体的折磨加上波尔的甘言劝诱，迫使克拉默写了许多"指斥异端及路德与茨温利谬误"的文章。他一再宣称他虔诚相信七圣礼、变体论、炼狱及所有天主教的一切教义。照说，他这样的表示，根据"自新"的惯例应该可以由死刑改为监禁了。但（据福克斯记载）玛丽认为，他的种种表示全是做作，因此仍维持死刑原判。

在牛津圣玛丽大教堂中，克拉默在临刑的早上（1556年3月21日），他读完他第七次同时也是最后一次的悔过书时，在众人之前突然这样说：

现在让我郑重宣布，最近我所写的、我所说的，都是假的。由于它们完全违背了我的意志，因此使我良心备受责备。现在，让我宣称，我刚才写的一切都是假的……我之所以这么写，主要是因为我怕死……我要说，现在我写的，我签署的一切条件，都是基于我的劣根性……我的手造下这种罪孽，写下了违背良心的东西，我要首先惩罚它。因此，要烧……就先烧它。谈到教皇，我十分鄙弃他，因为他是基督的敌人，基督的叛徒。

在柴堆上，火焰接近克拉默时，他即伸出他的手放在火焰中。福克斯说："继续放在其中，一点也不移动……围观者可以清晰看到，他的身体尚未着火，他的右手已开始燃烧。他自口中发出一阵圣斯蒂芬的话语：'主啊，请接纳我的灵魂吧！'，便随即消逝在熊熊火焰中。"

克拉默之死可算已达迫害时期的高潮。总计因受迫害而死者达300余人，其中273人即死于玛丽统治的最后4年。这种不顾一切的屠杀显然是一大失策。因为大屠杀产生了殉道者，和在基督教初期一样，教徒们会因殉道者而获得力量。现在新教徒越来越多也越来越顽强。至于天主教徒，以玛丽的残暴与新教殉道者的坚韧两相对照，反而纷纷对其信仰发生动摇。邦纳主教虽然对屠杀不十分感兴趣，由于这类屠杀多半在其教区，大家都叫他做"血腥的邦纳"。一位妇人指称他为"刽子手，屠夫，英国众主教的奴隶"。数以百计的英国新教徒逃往天主教法国请求政治庇护。在法国，他们向一个目标前进：敲响玛丽暴政的丧钟。亨利二世一面不断迫害法国新教徒，一面却鼓励英国新教徒推翻天主教的玛丽——玛丽与西班牙王联姻，使法国四面受敌。1556年4月，英国特务探知一项阴谋：有人在亨利·达德利爵士的领导下，想以伊丽莎白取代玛丽。已有不少人被捕，被捕者中，有两人为伊丽莎白的管家。其中一人招认，伊丽莎白和法王共谋。这件事虽然很快便告一段落，从此玛丽却寝食不安。她整天提心吊胆，恐遭人暗算。

在逃亡者中，有一群人遭遇到一种意想不到的苦难。从他们的遭遇，我们可以看出这个时代教条主义多么盛行。詹拉斯基是波兰籍的加尔文信徒，1548年行抵伦敦，不久即在英国创立第一个长老会。玛丽即位后一个月，詹拉斯基和他的一部分教友即分乘两艘丹麦船离开伦敦。在哥本哈根，那里的人说，除非他们正式宣称皈依路德教派，否则不准入境。他们是坚定的加尔文教徒，认为这种皈依办不到。不愿皈依不准上岸，他们只有另求出路。他们到过维斯马（Wismar）、吕贝克和汉堡，然而每处碰到的情形都一样。德国的路德教徒对受玛丽迫害的新教徒并不同情。英国新教徒否认"圣肉实在论"，因此路德教徒斥之为异端，说他们的殉道，殉的是"魔鬼的道"。同样，加尔文也斥责路德教徒为宗派主义，他说他们残酷无情，就在那年（1553年），他下令判处塞尔维特火刑。詹拉斯基这一群漂泊者在北海处处碰壁。他们费了差不多一整个冬天的时间，最后才在埃姆登找到一个立足之地。

玛丽当其末日降临时，其遭遇是可悲的。她敬爱的丈夫，在与教皇和法国国王打了几个回合后，现在（1557年3月20日）跑到英国来了。他要求玛丽带领英国和他进行联合作战。为了争取老百姓的同情，以便达到他此来的目的，他劝玛丽对新教徒的迫害稍稍放松一点。不过，英国人的同情并不是那么容易争取的。在他到达英国后一个月，红衣主教波尔的侄子托马斯·斯塔福德（Thomas Stafford），即发动了一次叛变。叛变的目的，就是推翻玛丽和菲利普的统治。托马斯的叛变没有成功，他本人被处绞刑（1557年5月28日）。使玛丽更加难过的是，就在5月，教皇不但褫夺了波尔教廷特使的职位，还指控他为异端。6月7日，玛丽为了讨好菲利普，以亨利二世支持托马斯叛变为由，对法国宣战。菲利普达到目的后，7月即离开英国。玛丽对此一别似有预感，她说："在我以后的岁月里，再不会有人给我温暖陪伴了。"对法之战出于勉强，此役英国丢掉了加来（1558年1月6日）。英国领有该地曾达211年之久。加来住有好几千个英国人，现在田园沦陷，无家可归。这些人流落英国各地，衣食无着，怨气冲天。他们说玛丽不能保有英国大陆据点，简直罪该万死。从前有句老话，说加来这一可贵的港口，是"英国皇冠上的一颗宝石"。现在玛丽又加上这么一句："我死之后，你们破开我的胸膛，你们可以发现，这颗宝石存在我的心里。"

1558 年初，玛丽又觉得她怀孕了。她预料会有难产可能，一方面预立遗嘱，一方面送快信给菲利普，要求他在生产时赶来看她。他回信向她祝贺，但说分不开身。事实上，玛丽错了。她发现怀孕又属幻想时，她简直疯了。她坐在地板上，用脸靠着膝，一坐就是几小时。她有时在宫中踱来踱去，飘忽无定像一个游魂。她经常一面哭泣一面写信，写给她西班牙王的丈夫。然而菲利普接获这些泪痕斑斑的信时，他认为这是玛丽快死的征兆，于是下令派驻英国的亲信去争取伊丽莎白。他希望伊丽莎白最好嫁给他，不然，嫁给任何一位西班牙贵族也可以。

1558 年，是玛丽活在人世的最后一年。是年夏季，疟疾流行。9 月，玛丽染上疟疾，她早就患有水肿及"黑胆汁过多"症，一染上疟疾，其体力便急遽衰退。她深知她已不久人世，于 11 月 6 日将王位传给伊丽莎白。她的这一措施显得颇为明智。她对天主教的偏爱，没有偏爱到牺牲正统性的王位继承，可以说是英国之福。玛丽曾长期陷于弥留状态，她清醒时说，她曾梦见好些孩子又唱又跳地围绕在她膝前。11 月 11 日早上她曾去望弥撒，同时说了不少话，但第二天天不亮她就死了。

波尔与玛丽死在同一天。波尔于临死前一个月，还判了 5 个人火刑，3 个男的，2 个女的。在这个疯狂的时代里，除再洗礼教外，一切教派无不认为只有他们自己是正统，凡与他们相左的都是异端，异端即应置之于死。不错，这种观念很普遍。但举目斯世，所有基督教国家，甚至连西班牙也包括在内，都没有像波尔当权时代的英国烧死过这么多的人。

就玛丽而言，其残暴也许情有可原。因为她的心智曾为过多的悲哀、疾病、虐待所摧残。她之所以由仁慈转变为残暴，是由于若干次阴谋叛变使她深感若不以死镇压，她的王位，甚至她的头，恐怕都保不住。她太轻信教士了。教士要她迫害异教徒，她便迫害异教徒。其实，教士迫害异教徒，大多不是为了宗教信仰，而是为了倾轧报复。直到死神降临之时，她始终认为，她杀人真正在维护她信仰的宗教。世人把她称之为"血腥玛丽"似乎并不恰当——自然，如果我们以此为她统治时期的表征自又另当别论——因为，事实上她也有许多可爱的地方。使英国脱离罗马的羁绊，是她父亲一生致力的工作。对此她也颇有贡献，不过，她做贡献的方式相当奇特：她让英国人充分认识天主教邪恶的一面。正因她有此贡献，自她死后，英国人才比以往更坚定、更乐于接受她一心要摧毁的新教了。

第十二章 | 从罗伯特·布鲁斯到约翰·诺克斯
（1300—1561）

不屈不挠的苏格兰人

温和舒适的南方产生文化；寒冷艰苦的北方反复征服散漫懒惰的南方，并吸收和转变文化。地道的北方——苏格兰、挪威、瑞典、芬兰——竭尽所能与北极的自然环境奋斗，在困难重重当中，他们创造了一些乐于接受的文化，并对文化发展做出了贡献。

在苏格兰，贫瘠而人烟稀少的高地，鼓励着封建制度的滋长，阻挠文化的发展，而其青翠肥沃的低地，自英国人入侵后，便不断招致外来的侵略，而英国人不明白，为什么苏格兰不接受他们过剩的人口和他们的国王。苏格兰人是古代的凯尔特人在中古世纪与爱尔兰人混合，到1500年已与挪威人、盎格鲁人、撒克逊人和诺曼底人合并为一个民族。与他们居住的半岛一样，他们的情感和观念狭窄，其迷信之深与重视神话，仿佛浓雾，性情高傲如矗立的海岬，粗野如苏格兰的地势，冲动如急流，有时凶猛，有时温柔，残忍而勇敢，是一个永不为异族征服的民族。其贫穷似乎根源于地理环境，而又因贫穷决定了他们的习俗行为；土地贫瘠造成天性吝啬。农民负担太重，辛辛苦苦为地主耕种，而这些奴役他们的贵族，以他们的无知而骄傲，因为他们发现农民识字对他们的食邑和战争毫无益处，山岳和民族将稀疏的人口分散了，使他们易于冲动而妒忌，形成不宽恕敌人和不安于和平的性格。贵族均有私人军队，几乎掌握了所有的武力，所以控制了国会和国王。仅道格拉斯家族（the Douglases）就蓄有 5000 名侍从，其岁收比国王还多。

1500 年以前，工业还在原始阶段，全属家庭手工艺，商业也是不安定的，城市少而小。全苏格兰的居民只有 60 万人。格拉斯哥为一个小渔镇；珀斯（Perth）为首都；直到 1452 年，爱丁堡有 1.6 万人。在封建制度和君主政治的体系内，苏格兰人个人的、地方性的乃至全民的独立精神，可以由他们村镇郡区的自治政府制度，充分表现出来。市镇公民（burgher）——有投票权的城镇公民——被允许选举代表参加国会或三级会议（Assembly of Estates），不过他们只是坐在那里而已，不像英国下议院的代表真正有权，他们在封建的地主当中和在贵族占优势的会议中，失去了发言和选举的权利。他们也不能和法国中产阶级一样，与富商和人口稠密的城市结盟而对抗贵族，国王们则寻求有钱有势的教会来支持他。贵族常与国王不睦，他们对教会怀恨在心，想办法夺取教会的财产，因此加入普世的呼吁，责备教会，说国家的财富都让罗马教廷吸走了。在苏格兰从事改教运动的是贵族，不像英国是由国王和商人发起的，他们将一般平民从教会势力下解放出来。

苏格兰教会紧抓住人民对神的虔敬，在死气沉沉的贫穷和超世的盼望中，聚敛了财富。15 世纪末，有一位教皇特使向教皇提出报告说，苏格兰教会的收入等于其他一切收入的总和。受教育几乎成为传教士和市镇公民的特权。苏格兰的牧师们，在 16 世纪，已经以学术著称于世，而圣安德鲁斯和阿伯丁的大学，也是由教会创办和经营的。1487 年以后，主教和修道院院长的职位实际上是由国王任命的，国王常将这些职位作为对他个人政治服务的奖赏，或把它当作闲职赐给他们的私生子。詹姆士五世曾将凯尔索、梅尔罗斯、霍利鲁德和圣安德鲁斯各地的岁收赐给他的三个私生子。这些国王任命的人的昏庸，对 16 世纪牧师道德的败坏，多少要负一些责任。

一般道德和纪律的松弛固然是中世纪后期教会的显著现象，但在苏格兰，远在国王任命高级教职以前，这种腐败的现象已经很明显了。"教会的腐败，在 15 世纪的欧洲，是一样的坏，"身为天主教徒的希莱尔·贝洛克（Hilaire Belloc）刻薄地写道："在苏格兰败坏的程度，简直在别的地方找不出来。"一部分原因是一般人民对教会之事漠不关心，虽然他们信奉正统的信条，但并无以新教的牧师来代替天主教僧侣的意思。1425 年，国王詹姆士一世就批评过修道院的放荡和怠惰。1455 年，林利斯哥（Linlithgow）的一位牧师，在他接受任命之前，保证在接受教职后，不典卖教会的财产，并不再蓄妾。红衣主教比顿有 8 个私生子，他第二天要去敬拜上帝时，前一天晚上还同玛丽昂·奥格尔维同房；大主教约翰·汉密尔顿从苏格兰国会的各种会议取得文件，证明他那些增添的子女，都是合法的嫡出。宗教改革前的苏格兰诗人们曾毫不客气地讽刺牧师们；在 1549 年举行的大教区会议中，牧师们自己则将苏格兰教会腐败的责任，归之于"差不多所有各级圣职人员的生活亵渎淫荡，道德败坏"。然而，我们也应该补充地说，牧师们的道德情况仅仅反映那些俗人的生活状况——特别是贵族和国王们。

王室历代志（1314—1554）

苏格兰国史中的基本事实是畏惧英格兰。英格兰的国王们为了国家的安全不受到来自背后的攻击，时时想并吞苏格兰，使它成为英国皇冠下的领土。苏格兰为了保卫自己，与英国的宿敌法兰西结盟，引为外援。这就是编年史中的主要线索。

苏格兰人使用弓箭和战斧，在班诺克本（Bannockburn）打败了英国人（1314 年），赢得了国家的自由。罗伯特·布鲁斯（Robert

Bruce）在那次战役中领导人们打赢了这场战争，成为苏格兰的国王。他统治苏格兰，直到他死于麻风病（1329 年）。其子戴维二世（David II）在斯昆（Scone）修道院的神圣"命运之石"上加冕，然后也像苏格兰诸王一样，在历史上湮没无闻。英格兰的爱德华三世与法兰西开始百年战争时，他认为首先获得北疆的安全才是明智之举，于是在黑利登山（Halidon Hill）击败苏格兰人，将爱德华·巴利奥尔（Edward Balliol）立为苏格兰王，作为他的傀儡（1333 年）。戴维二世仅对英国人付出 10 万马克的赎金，就收回了王位。他死时（1371 年）没有留下直系继承人，于是传位给侄儿罗伯特·斯图亚特（Robert Stuart），不幸的斯图亚特王朝就是由他开始的。

英国对苏格兰和法国的战争马上再起。法国派遣了一支陆军到苏格兰；苏法联军蹂躏英国边疆区域，占领达勒姆，屠杀所有的居民——男、女、儿童、修女、修道士、祭司等。于是英国就走了下一步棋——大举入侵苏格兰，焚毁珀斯和邓迪，毁灭梅尔罗斯大修道院（1385 年）。罗伯特三世继续这种报复性的战争；等到英国人俘虏他的儿子詹姆士（1406 年）以后，他就悲伤而死。英国人一直宽待这位被俘的幼王，直到苏格兰与英国签订了"永久和平"条约（1423 年），宣布放弃将来与法国的一切合作，方才获释。

詹姆士一世在被俘期间，曾在英国接受相当好的教育，同时娶了一位英国新娘。为了尊敬这位有"乳白鸽"（milk-white dove）之称的王后，他用苏格兰的方言写了一本诗集《国王的白鸽》（*The King's Quair*），就一位国王来说，能写出这种寓意诗实在是一件了不起的事。事实上，就各方面来看，詹姆士确是一位英明之君。他多才多艺，他是苏格兰最杰出的摔跤家、赛跑能手、骑师、射手、枪兵、工匠和音乐家，同时也是一位有才能而仁慈的统治者。他对不诚实的商人和不事耕作的人征收罚金，建造医院，命令酒店在每晚 9 时关门，将年轻人的精力由足球转移到军事操练上，并要求改革教会纪律和修道院的生活。他开始执政时（1424 年），他曾发誓制止苏格兰的混乱和犯罪，并结束贵族私人之间的战争和他们的封建专制政治："纵使上帝赐给我的只是劳苦的生命，我也要造一把钥匙，来看守堡垒，种蕨来喂牛。"以这种决心竭力使全苏格兰不准再有打家劫舍和掠夺牲口的事情发生。一个高地的贼抢劫了一个女人的两头牛；这个女人发誓，她将不再穿鞋，除非她走到国王面前，控告法律的弱点。"你说谎，"这个强盗说，"我要给你一双鞋子。"于是强盗将马蹄铁钉在女人的赤脚上。这位妇人果然到国王那里告状。国王就下令追捕这个强盗，抓到这个强盗后，便将他的罪行绘在一张油画上，叫这恶汉背着这幅画在珀斯游街，然后把他吊死示众。其时适逢他与阻挠其国政推行的男爵们发生争吵，就把他们少数几个人送上绞台，没收过多的财产，对贵族和市民一样，征收他们赋税，来加强政府的财政，好让一个有能力的中央政府来代替那些专制政治。于是他召集地主——那些财产不太多的所有者参加国会，使他们成为中间阶级，以抵制贵族和牧师的势力。1437 年，他不幸被一群贵族谋杀。

那些被詹姆士一世处死或是没收财产的贵族，他们的子孙们继续起来反抗詹姆士二世，与中央集权的君主斗争。新王年方 7 岁时，他的大臣们曾邀请年轻的道格拉斯伯爵和他的弟弟，一同到王宫做客；这两兄弟来了以后，他们与年幼的国王同做假装审案的游戏，在游戏中被判砍头（1440 年）。12 年后，詹姆士二世邀请道格拉斯伯爵威廉到斯特灵（Stirling）的王宫做客，赐以安全通行证，并以王室盛宴款待他，继之则以背叛国家和私通英国的罪名，把他杀了。詹姆士二世攻占了英国在苏格兰的所有堡垒，只有一处英国据点，因火炮的意外爆炸而自动炸毁。詹姆士三世为他父王无法无天的罪行付出了代价：经多次猛烈的交战之后，他终于被贵族所俘，旋即被杀（1488 年）。詹姆士四世与亨利八世之妹玛格利特·都铎结婚，因此苏格兰的玛丽女王以后要求继承英国王位。可是，英国国王亨利参加西班牙、奥地利、威尼斯和教廷联军，一同攻击法国时（1511 年），詹姆士感到责无旁贷，必须援助苏格兰的老盟友，迫于时局危急，他发兵进攻英国。在弗洛登（Flodden）战场，这位国王虽奋不顾身，勇猛作战，其部下却临阵退却，以致国王不幸阵亡（1513 年）。

詹姆士五世那时只有 1 岁，于是引起了群臣夺权之争，互为摄政职位而角逐，结果戴维·比顿赢了。比顿是教会中杰出之士，有能力，有魄力，惟好女色，他先为圣安德鲁斯大主教，继为红衣主教，出任摄政之后，即教导幼王，使其忠于教会。1538 年，詹姆士五世与吉斯公爵弗朗西斯之妹，洛林的玛丽结婚，吉斯公爵在因信条而分裂的法国中，属于忠于天主教派的领袖。苏格兰贵族反对僧侣的情绪逐渐高涨，他们对英国与教廷目前的分裂甚感兴趣，尤其羡慕英国贵族占用和接收教会财产，因此反对他们国王与法国结盟，希望从亨利八世方面取得报酬。詹姆士五世与英国交战时，贵族拒绝支持他。他在埃仑索维莫斯（Solway Moss，1542 年）战败，羞见国人，于是逃往福克兰（Falkland），于同年 12 月 14 日死于该地。12 月 8 日，他的王后产下了玛丽公主，公主出生的第六天，成为苏格兰女王。

比顿提出先王的遗嘱，在这遗嘱中先王指定他为年幼女王的摄政大臣。贵族们怀疑这份文件是伪造的，于是将这位红衣主教囚禁起来，另选埃兰（Arran）伯爵詹姆士为摄政；但埃兰将比顿释放，并任他为财务大臣。比顿与法国重修旧盟激怒了亨利八世，亨利决心以无情的战争来报复苏格兰。他对北进的大军下达命令，凡部队经过苏格兰之地，可以烧杀；"所经之地如有抵抗，不论男女老幼一律砍杀，房屋焚毁"，特别是在比顿的根据地圣安德鲁斯更是"没有留下一个活口"，英军奉行命令非常彻底；"不论修道院、农场、堡垒或小村，一律都夷为平地"。爱丁堡被焚烧和洗劫达两日之久，在该城周围 7 英里以内的农村全被劫掠和摧毁；1 万头牛、1.2 万只羊、1300 匹马被掳往英国（1544 年）。詹姆士·柯卡迪（James Kirkcaldy）、诺曼·勒斯赖（Norman Leslie）和苏格兰其他的贵族们曾对英国国王献策，主张"焚烧那些属于极端派教会的地盘，并将与英国盟友为敌的主要人物拘捕下狱，'逮捕'红衣主教，将之'杀死'"。亨利对他们的献策颇为嘉许，并允诺资助千镑，作为活动费用。这项阴谋计划终于在 1546 年 5 月 29 日实现了。柯卡迪和勒斯赖家各派两名族人，一大队贵族，再加上刺客，强行闯入红衣主教的府邸，几乎毫不费力地将他杀死，正如诺克斯所说："因为那晚他正在与奥格尔维夫人忙于结算他的账目。""当时因为天气热，"诺克斯补充说，"为了防止他的尸体发出臭味，他们想出最好的办法，给他洒上大量的盐，放在铅制的棺材中……等待他的弟兄们，那些主教，来为他举行葬仪。我们乐于记下这些事。"这些刺客隐退到海岸边的圣安德鲁斯堡垒内，等待来自海上的英国援助。

埃兰重新执政。他为了获得法国确实的援助，允诺将年幼的女王玛丽·斯图亚特送往法国，与法国太子一同抚养；为了防备英人劫走女王，乃秘密地将女王送到法国（1548 年 8 月 13 日）。玛丽·都铎在英国继承王位后，有一段时间结束了英国侵略苏格兰的危机；罗马天主教派分别在边界的两方统治着这两个国家。法国的势力强迫埃兰辞去摄政，将大权移交给女王的母亲，洛林的玛丽。她是一位深具智慧、耐心和勇气的妇女，可是碰到这种势不可挡的时代精神，她也只好屈服了。她幼年深受法国文艺复兴的教化，使她具有卓越的政治才能，即使环绕在她周围的是一些愤怒的、宗教信仰不同的敌对者，她也能以容忍的微笑去应付他们。她下令释放那些被囚的新教徒，并准许人民自由宣扬和崇拜英国新教的"异端"。许多英国新教徒，在玛丽·都铎的迫害下，逃往苏格兰寻求庇护，在洛林的玛丽统治下，竟准许人民组织教会。她可算得上是苏格兰有史以来最人道、最文明的统治者。

约翰·诺克斯（1505—1559）

在苏格兰，改教运动的宣传已经有 100 年的历史了。1433 年，保罗·克劳瓦（Paul Crawar）被控告输入威克利夫和胡斯的教义，他被天主教会判为有罪，由国家下令焚毙。1494 年，有 30 名凯尔的罗拉德派教徒被格拉斯哥主教传讯，控告他们弃绝宗教的圣物和圣像，拒绝向祭司认罪，否认祭司圣职的任命和权力及变体论、炼狱、赎罪券、为死人做弥撒、教士的独身和教皇的权力等罪名。显然，对这些被告者的罪名不能成立。

1523 年以后，路德的著作传入苏格兰。威克利夫的《新约》苏格兰译文手抄本也在苏格兰各地流传，同时才传出基督教唯一的根据是《圣经》。帕特里克·汉密尔顿（Patrick Hamilton）到巴黎和卢万学习伊拉斯谟和希腊哲学，再去维藤贝格，然后兴高采烈地带着新的信条回到苏格兰，宣扬因信称义的道理，詹姆士·比顿（戴维·比顿之叔）其时任圣安德鲁斯大主教，邀请他前去解释，汉密尔顿奉召到达，受审后即被烧死（1528 年）。另两位自称为苏格兰早期改教运动者的"教授"也在 1534 年被烧死。四人被吊死，一位妇女在 1544 年因为她不常相信诺克斯的道理而被判溺死，她赴义时，怀里还抱着吃奶的婴儿。

这些谋杀在时间和地点上都很分散，所以很难唤起群众强烈的反应，但吊死乔治·威斯塔特（George Wishart）的事件感动了许多人，这也是苏格兰改教运动中第一件具有影响力的事件。约 1543 年，威斯塔特翻译了《赫尔维提亚的忏悔录》。不幸的很，这一篇新教的宣言，竟命令俗世的权力来惩罚异端者。从那时起，苏格兰的改教运动中瑞士式的新教最初是温和的茨温利派，然后是严酷的加尔文派逐渐地代替了路德派的地位。威斯塔特在蒙特罗斯（Montrose）和邓迪两地传教，在瘟疫区勇敢地看护病人，戴维·比顿在爱丁堡主持苏格兰教士会议时，他竟至该地宣扬新的信心。红衣主教下令拘捕他，将他作为异端审判，判他有罪，绞死后加以焚烧（1546 年）。

在他影响下转变为新教徒的人中，有一个人以后成为历史上最具影响力的人物之一。约翰·诺克斯出生于哈丁顿（Haddington）附近。他务农的双亲指定他去当教士；他负笈格拉斯哥，被任圣职

（1532 年），成为当时研究民法和经典律法的名士。他写的自传式的
《苏格兰改教运动史》（*History of Reformation of Religion within the Realm
of Scotland*），对他少年时代的事只字未提，却突然介绍他自己（1546
年）是乔治·威斯塔特热心的门徒和大无畏的保镖，带着一把双手才
能挥动的沉重大刀。在威斯塔特被捕以后，诺克斯却到处隐藏，从一
个地方逃到另外一个地方；然后于 1547 年的复活节，在圣安德鲁斯
堡垒加入曾经刺杀红衣主教比顿的那支队伍。

　　这一群被政府追捕的人感觉到宗教的需要，于是他们请求诺克斯
做他们的传教士。最初他力言不适担任此职，后来他又同意接受。不
久，他们一致同意，以前从来没有听过这样激昂的讲道。他称罗马教
会为"撒旦的会堂"，认定那就是《启示录》中描写的可怕的"兽"。
他采用路德的教义，人的得救"完全靠信，相信耶稣基督的宝血将我
们从一切的罪中洗净"。7 月，一支法国的舰队来到圣安德鲁斯，炮
轰堡垒，他们坚守了 4 个星期，终被法军攻破。诺克斯和其他被俘
者，被囚在法国船上划船达 19 个月之久。我们有一些关于他们所受
待遇的详情资料，法军强制他们去望弥撒，但（诺克斯告诉我们）他
们坚决拒绝了。也许这些苦难的日子及监工者加在他们身上的痛彻
心扉的鞭挞，加深了诺克斯心里的痛恨，使他的言词和文笔变得非
常激烈。

　　这群被俘者获得释放后（1549 年 2 月），诺克斯在英国担任新教
的牧师，由萨默塞特政府支给他薪金。"倘若邪恶的尸体同意"，他一
个星期 7 天都传福音。今天我们都不喜欢常常听道，只能由模糊的想
象来体会 16 世纪人们的心情。教区的牧师把传福音事推给主教，主
教推给修道士，修道士偶尔传传福音。新教传教士变成了新闻和沟通
意见的日报；他们在聚会中报告一周或每天发生的事；于是宗教和一
般人民的生活融合在一起，差不多发生的每一件事情，都与信仰和牧
师有关。他们公开宣布教区人民不道德和错误的行为，指导政府尽忠
职守、改正错误。1551 年，诺克斯在爱德华六世和诺森伯兰公爵面

前讲道，曾经发问：最虔敬的公爵们为什么会成为最邪恶的议员。公爵打算用主教的职位来收买他，叫他不要讲话，但他拒绝了。

玛丽·都铎构成更大的威胁，诺克斯在遭受多次警告性的戏弄后，逃往迪耶普（Dieppe）和日内瓦（1554 年）。加尔文推荐他到法兰克福一座讲英语的教堂当牧师，他的规矩和严肃的表情，使他的听众们觉得他过于刻板，于是请他另寻高就。他回到日内瓦（1555 年），我们可以判断加尔文的性格对他的影响相当大，在那时他尽力使他的品格和加尔文一样的坚定有力。诺克斯曾经描写日内瓦在加尔文治理下的情形，"那是自使徒时代以来，基督在世界上最完美的学校"。加尔文主义非常符合他的脾气，因为这套信仰很有自信，自信秉承神的启示，自信背负着神圣的使命去迫使每个人行善和遵守信条，自信有指导国家的权利。加尔文的这些思想深深地灌输到诺克斯的心中，然后借着他进入苏格兰的历史。由于预见信奉天主教的玛丽·斯图亚特要在苏格兰实行恐怖统治，诺克斯求教于加尔文和布林格，老百姓是否可站在公义的立场，拒绝服从"一个强迫人民敬拜偶像和视纯正宗教为有罪的行政长官"。他们不愿意将自己卷入这场是非，但约翰·诺克斯自有主张。

1555 年秋，推测当时诺克斯为 50 岁，他回到了玛丽·都铎统治下的英格兰，表现出他粗鲁性格外温柔的一面，他前往伯维克（Berwick）与玛格丽特·鲍斯结婚，因为他爱新娘的母亲。伊丽莎白·鲍斯夫人有 5 子 10 女，还有一位信天主教的丈夫。听了诺克斯传道，她归信新教。她向他吐露家庭的烦恼，而他则感觉到同她商量事情是一种乐趣，并基于与她的友谊而安慰她。他们之间的关系显然始终保持在属灵的交往范围内。玛格丽特与诺克斯结婚后，鲍斯夫人就离开她的丈夫，与她女儿和她的牧师女婿同住。诺克斯妻子在婚后 5 年去世。诺克斯又重新结婚，但鲍斯夫人始终跟着女婿。在历史上很少看到岳母如此疼爱女婿，而女婿同样地敬爱岳母。

这奇异的三人组在苏格兰的政坛上行进，在那里可以发现洛林的玛丽的忍耐非常有效，她的容忍赢得贵族中新教小党派的支持。诺克斯赞美摄政王为"尊荣的女王，天赋非凡的睿智与仁慈"。他在爱丁堡和其他的地方组织新教教会，形成很大的影响力，使勒辛顿（Lethington）的领主威廉·梅特兰（William Maitland）和玛丽·斯图亚特的私生兄弟詹姆斯·斯图亚特——封莫里伯爵，而且指为未来的摄政王，都改信新教。天主教不喜欢他势力的发展，于是由教会法庭下令，传唤他出庭解释他的作为。他选择了顾虑周到的途径，带着妻子和岳母悄悄离开了苏格兰（1556 年 7 月）。他逃跑后，教会法庭烧他的人像泄愤。这种无痛苦的殉道反而抬高了他在苏格兰新教中的身份，不管他人在哪里，自那时起，他已被人公认为苏格兰新教运动的领袖。

他在日内瓦担任英语教堂的牧师，在这一时期他充分发挥了加尔文的教会管理法规，使用法规来管理监督他教区内教民的道德和行为。同时他邀请安妮·洛克夫人离开她的丈夫，带着她的女儿到日内瓦来，住在他附近。洛克夫人是他在伦敦引领归入新教的。他写给她一封令对方难以拒绝的信：

> 亲爱的姐妹，倘若我能表达盼望你前来此地的渴慕与烦恼，我将尽其所能而为之。诚然，我思念你的时候，又流泪又喜悦；但想到见到你时的安慰，烦恼则一扫而光，我对你郑重地宣告，你非常值得我珍视，我在这里奉基督的名，管理聚集在此的一小群羊，若不是职责所在，我真要随着我的信，来到你的面前……你不能来的一部分原因，是否是受尊夫的阻挠……在我心底，我是多么希望你来，是的，我不能停止我的希望，这样取悦于神，求他引领你来到此地。

不顾丈夫的反对，洛克夫人偕一子一女和一使女，离开伦敦，来到日内瓦（1557 年）。她的女儿在到达后不久去世，洛克夫人仍然留下了，住在诺克斯附近，协助上了年纪而又得不到安慰的鲍斯夫人照料这位传道人。我们找不出他们之间有不清白关系的证据，我们也从未听见鲍斯夫人有任何怨言；我们始终很少听到有关她的批评。这位年老的家庭破碎者，应该需要一位像母亲一样的人照顾他，同时他也奉基督的名行他的道。

几乎在一切事情上，他都有自己的一套。他像某些大人物一样，身材矮小，但双肩甚宽，显出他是一位有气力的人，严肃的面貌显出他自信力甚强，同时权力欲也高。黑发、狭额、浓眉，目光锐利，隆鼻，两颊丰满，阔嘴厚唇，长发，长手指——这些都是一个人热心信仰和行使意志能力的具体表现。他是一个精力异于常人的人，他喜欢每礼拜传道两三次，每次两三个小时，此外，还要管理公共事务和私事——这不足为奇，因为"在 24 小时内，我没有 4 小时的时间，好让我自由休息"。他的勇气有时反因胆小而得以调和；他有良好的判断力，使他能及时逃脱迫在眉睫的威胁；他留在日内瓦和迪耶普时，有人控告他在英格兰和苏格兰鼓动新教徒从事可怕的革命；他曾遭遇到上百次的危险，他当着诺森伯兰公爵的面，指责他的腐化，以后他又在女王的面前宣布他的民主政治。金钱不能收买他。他认为（或许可以说是他的主张）他的声音就是神的声音。很多人拥护他的主张，对他欢呼致敬，把他奉若神明。一位英国大使说，他演说时，"把更多的生命放在我们里面，其力量之强，超过 500 支号筒在我们耳边狂吹的力量"。

加尔文的教条是他力量的源泉。上帝已将所有的人分为受选的和受刑罚的两大类。诺克斯和他的拥护者都是选民，因此命定是该得胜的；他们的敌对者是被神遗弃的，迟早要回到他们的老家地狱去。"我们相信，"他写道，"我们的反对者所行尽都是穷凶极恶的。"像这类神所惩罚的敌对者，不该把基督徒的爱赐给他们，因为他们是撒旦的儿子，不是上帝的儿子；在他们身上找不出一点好处，最好将他们完全从地上除灭。他高兴，因为"圣灵在上帝选民心中所做的工，使他们产生完全的憎恨，来对抗那蔑视神圣律例的人"。与那些被神遗弃的人过招时，使用一切的手段都是正当的——说假话，背信，变通适当的反驳政策。目的正当使手段合法。

虽然表面观之，诺克斯的道德哲学反对马基雅维利的权谋主义。他不承认一个政治家可以不遵守一般公民应有的道德标准，他要一切治理的和被治的都同样遵守《圣经》的训词。可是所谓《圣经》，对于他来说，主要是指《旧约》而言；惊醒世人的犹太先知，比那位钉死在十字架上的人，更符合他的目的。他要国家屈从他的旨意，用预言的火焰来点燃国家。他主张预言的力量，并正确地预言玛丽·都铎的早死和玛丽·斯图亚特的垮台——他的这些愿望不是果真幸运地实现了吗？他对别人性格的批判，倒是毫不虚假，有时对他自己的批判也是如此。"我的本性也是卑贱的"，他豪爽地承认。同时，他认为他逃离苏格兰是由人性的弱点和"邪恶"所致。在他的怒吼后面也有粗野的幽默，他有时很粗暴，有时也很文雅。他献身于他的事业是绝对真诚的，他在人类中建立起由洁净过的和有学问的教士来统治的国家（先由苏格兰开始）。他力争说，一个有德行的教士应该得到神的启示，在社会中应该由上帝和基督为王。他相信神人合一说，尤其是他对民主政治的贡献，比他同时代的任何人都大。

他的著作并非文学作品，而是一种政治上的惊世之文。其著作中对罗马天主教活泼生动的谩骂，足可与路德的著作媲美。在他和路德眼中，罗马教会是一个"娼妓……完全被一切属灵的淫乱败坏"。天主教徒是"撒布瘟疫的教皇歌颂者"和"弥撒的贩卖者"，而他们的祭司们都是一些血腥的狼。在那个雄辩的时代，不会有比他口才更好的人。玛丽·都铎和菲利普二世结婚时，诺克斯突然发表他的大作《致英格兰上帝真理的教授们的忠告》（"A Faithful Admonition to the Professors of God's Truth in England"，1554 年）：

> 她已明目张胆地成为英格兰帝国王位的女叛徒……带来一个

外国人，制造一个骄傲的西班牙人国王，羞辱、玷污和败坏了贵族，抢劫了他们，掠夺了他们的名誉、土地、财产及主要的官职和升迁的机会；全然削弱了国家的财富、货物、海军和要塞；贬抑我们的骑兵护卫队，奴役我们平民，推翻基督教和上帝真正的宗教；最后岂不是摧毁了英格兰全民公有的财产和民主政治吗？……上帝啊，为了你最大的怜悯，求你兴起一些菲尼哈斯，以利亚，耶户，让可憎的偶像崇拜者的血平息上帝的愤怒，不致毁灭了全体人民！

虽然不多，有时他也会写文雅优美的文章，足可与圣保罗的大作媲美，在一篇名为《致苏格兰弟兄们的信》（"A Letter to His Brethren in Scotland"）中，他鼓励他们：

我用不着恐吓你们，因为我美好的指望，是盼望你们在这个邪恶的时代中，行事为人像光明之子，像夜晚的明星；虽在黑暗之中，却不改变它的光芒；你们该像稗子中的麦子……你们该像那些聪明的童女，每日添满你灯里的油，忍耐等待至耶稣再来时荣耀的显现，他全能的灵，会在你们遭受一切攻击的时候，现在和永远，统治、指导、点亮和安慰你们的心思和意念。

《反对怪异妇女团的第一号音》（*First Blast of the Trumpet against the Monstrous Regiment of Women*）一书更能表现他的性格，此书于1558年写于迪耶普，对于诺克斯而言，他反对这些像瘟疫一般恶毒的欧洲女性统治者——玛丽·都铎、洛林的玛丽、玛丽·斯图亚特和凯瑟琳·美第奇。我们能够了解，他之所以害怕，是因为玛丽·都铎运用他的原则。即使玛丽不迫害他，诺克斯也会把她看成可怕的怪物，女人统治国家是政治上异想天开的事，违反男人治国的正常规律。他开始发表意见：

　　我觉得很奇怪，在大不列颠岛上有如此多的才智之士，在英格兰培养出很多虔诚和热心的宣教士和许多慎独明辨的人，难道在今天都被雅泽贝（指玛丽·都铎）放逐了？没有发现一个人是坚决勇敢的，没有发现一个人对神是忠信的……他们敢于劝告那岛上的居民，在神的面前，帝国由一个邪恶的女人来治理是如何的可憎，真是叛逆的和卑下的；为什么不将人民和国家交给合法的元首治理，借着神道的权威拣选和任命一般治理人员和各级行政长官……我们听到，由一个残忍妇女统治的恐怖帝国，用最残忍的手段，流我们弟兄，耶稣基督的子民们的血……我们知道这是一切悲惨境遇中最不幸的事……

　　鼓励一个妇女负起治国的任务，超乎万民之上，统治高于任何领域，国家，或城市以上的帝国，对于大自然而言是一件厌恶的事，对于上帝而言是一种侮辱，是对神启示的旨意和他批准的敕令最大的反抗；最后，破坏了美好的秩序，一切公平和正义……谁能否认，这不是与自然为敌，任命盲者领导能看见的人去做事吗？叫弱者、病者和无能的人供养和维持全体强壮的人吗？最后，岂不是叫愚笨的、失常的、癫狂的来管理顾虑周到的，劝告脑筋清醒的？就是这些女人，要与男人们分庭抗礼，肩负起治国大任……女人最大的美德就是服侍男人、服从男人，而不是管理他、指挥他。

　　为此诺克斯引用了《圣经》上许多令人无可置辩的权威说明；但他阅读历史，要从历史中找出女执政者败坏国家的实例时，不免感到困惑了，因为历史上有关女执政者的记载，其政绩都比国王好得多。他仍用自负的咒骂来结束他的文告：

　　　　该诅咒的英格兰的雅泽贝，同她那些拥护教皇的歌颂者，危险的和令人可恨的一代，厚颜无耻地夸张说，她们不仅战胜了怀亚特，而且战胜了一切反对他们的人……我不怕说，那报仇的日子，就是捉拿那可恶的英格兰怪物耶洗别的日子……已经由上帝的会议决定了……通知所有的人，因为号音已经响了。

诺克斯把他这份爆炸性文告的草稿带到日内瓦，秘密地把它印出来，但未印上他的大名，然后把这些印刷品送到英格兰。玛丽禁止这本书的流行，并下令凡持有本书者一律处以极刑。

诺克斯马上写了一篇文告反击，该文题为《对苏格兰贵族和议员阶级的呼吁》（"An Appellation to the Nobility and Estates of Scotland"，1558 年 7 月）：

> 凡不煽动老百姓敬拜偶像的 [1] 应该免除死亡的惩罚……不论谁接受耶稣基督和福音的，也该同样被赦免……因此地方行政长官和人民应该庄严地声明和承诺去保卫这事；如同国王爱德华晚期在英格兰所行的。像这种地方，我说，若是谁推翻真正的宗教，处以死刑不仅是合法的，而且地方官和老百姓有义务去做，除非他们愿意惹神的愤怒，和自己过不去……我敢断言，那是英格兰贵族、法官、统治者和人民应有的天职，不仅该抵制和反抗玛丽那个耶洗别……而且应该处她以死刑。

诺克斯劝说苏格兰人民运用这种教义合法地反抗洛林的玛丽。他控诉摄政王已经让法国的朝臣和军人包围她自己，而这些外来的法国人浪费了苏格兰的粮食：

---

[1] "所谓敬拜偶像，"诺克斯于 1560 年写道，"就我们所知，如弥撒，祈求圣徒，崇拜雕刻的像，或遵守和维持这类行为者，及一切不包括'圣道'内的荣耀神的方法，都属敬拜偶像。"

当带进来的外国人压迫我们，压迫我们的共和国和我们的子孙；当保守者敬拜偶像和蔑视基督耶稣及他纯正的宗教；当懒惰的贪婪者和血腥的暴君、主教们仍然存在，基督真正的使者被迫害，最后，以致道德沦丧，邪恶横行……敬神的人能够做什么，我们不该追求改革这些滔天大罪吗（是的，甚至于不惜使用武力，看，否则我们必被消灭）？……敬拜偶像，亵渎上帝，及其他触犯至高尊荣的神，都是该受惩罚的罪行，不仅施之于国王和君主，就是犯此恶行的全体人民，乃至每一分子，都不能免此刑罚，依照可能性和时机，上帝会对那些损害他的荣耀者施以惩罚，让其得到报应。

诺克斯的呼吁具有革命和反动两者混合的奇异特性。许多思想家，包括法国胡格诺派教徒如哈特曼，耶稣会教徒的玛丽安娜，在某一时机为了诛戮暴君，也与他抱同样的见解。他还确信，那些深信他们神学的必会镇压——假如需要时，会杀戮——他们的反对者重施故伎，使用最黑暗的宗教裁判所来制裁他们的敌人。诺克斯将《申命记》第13章引用时，逐字翻译出来。每一个异教徒都该处死，凡由异教徒统治的城市，必须用刀杀尽那城里的居民，甚至连牲畜都要用刀杀尽，用火将所有房子烧尽。诺克斯也承认他读了这一章后，在那时这些残酷的诫命实在令他惊骇胆寒：

对于血肉之躯而言，这种审判也许显得苛刻和严厉。是的，看来宣布这个诫命时，似乎是在愤怒的时候，而不是理智的时候。因为所有城市都是一样……难道不会发现许多无辜的人，例如婴儿和童稚，及一些淳朴无知的人，他们既没有不信神，也没有同意不信神。可是，我们发现，他们也不能幸免，都命定要受残忍的惩罚。在这种情况下，上帝希望一切受造之物，要服从他的旨意，掩面不看，停止讲理，因为他下令执行他的审判。

我们不能用我们自己脆弱的容忍标准去判断诺克斯，因为他是用一种罕见的言行一致的态度，以全球性的时代精神来说话。他流亡日内瓦时，塞尔维特刚被烧死，他确定自己偏向于严格的直解主义；假如他能一读卡斯底里欧内的请求容忍，很可能他会借着贝兹对这方面的解答，重新考虑他的信仰。虽然在同一时期，有一位不具名的再洗礼派信徒，在一篇名为《必需的轻率》（"Careless by Necessity"）的文章中，批评加尔文主义。苏格兰的新教徒把这篇文章送给诺克斯，他被这篇文章驳倒了，在信心的片刻交战中，信徒们互相耳语，讨论理智问题。那位作者感觉奇怪，为什么加尔文主义者在了解基督的观念是我们有一位仁爱的天父之后，还能相信上帝会创造永远命定受罚的人类，他已经预见这事，而且愿意让它如此下去。这位再洗礼派的教徒说，上帝赐给人类一种自然倾向，爱他们的子孙；假如人是按照上帝样式造的，上帝为何比人更残忍呢？诺克斯回答，这是超越人类理智外的一些奥秘："那些骄傲的人将要受到惩罚，他们不满意上帝启示给他们的旨意，喜欢飞到高天之上去查问上帝旨意的秘密。""本性和理智，"他在别的地方写道，"引诱着人离开了真实的上帝。什么是无耻，不就是喜爱堕落的本性和对上帝《圣经》盲目的理智吗？"

诺克斯不承认理智，只相信他自己是忠于基督的灵。1559年，在一位信奉新教的女王治理下，他写了一篇名为《简短的劝告》（"A Brief Exhortation"）的文章，送给英国人，劝他们采用加尔文派的教条和道德纪律，强迫全国实行，以赎玛丽的迫害之罪。英格兰拒绝了他的劝告。在那年，诺克斯回到苏格兰，指挥苏格兰意识形态的革命。

耶稣基督的大议会（1557—1560）

诺克斯对苏格兰人呼吁，要他们挣脱罗马教廷的轭制，并与其他改教家传福音的工作联合起来。英格兰的新教徒拥入苏格兰，《圣经》和小册子纷纷由欧洲大陆和英格兰渗入苏格兰，加上苏格兰的贵族们渴望获得土地，利用打击宫廷中的法国人来激起群众的愤怒改变局面，所有因素结合在一起，使苏格兰的叛乱酝酿到爆发点。1543年，天主教的地位稳固，在洛林的玛丽摄政时期，骄横的法国人蜂拥而入，使爱丁堡的老百姓受到压迫，他们愤恨地忍受着。这群闯入者进入苏格兰，使人民的生活处处不幸。双方敌对的情绪逐渐高涨，教士们支持法国人时，民族主义的精神变为反天主教的弦外之音。宗教游行——在游行中抬着圣母和圣徒的雕像，叫人敬拜，并热心地展览圣物，叫人吻它——惹起老百姓的讥笑和怀疑，这种情绪逐渐高涨。1557年9月，一群热心的怀疑论者夺取圣吉莱斯的雕像——圣吉莱斯在爱丁堡被称为"教会之母"（Mother Kirk）——投之于塘，以后更将它烧成灰烬。根据诺克斯的宣告，苏格兰到处发生类似的破坏偶像行动。

1557年12月3日，一小群称为"普通的一群"（Common Band）反教士贵族——阿盖尔、格伦卡伦、默顿、罗尔尼、厄斯金等——在爱丁堡集会（该地于1542年成为首都），签订《第一苏格兰条约》（*First Scottish Covenant*）。他们自称"耶稣基督的大议会之主"（Lords of the Congregation of Jesus Christ），以示与"撒旦的议会"（Congregation of Satan）相区分——那就是教会。他们宣誓保证拥护"最神圣的圣道"（the most blessed Word of God），并请求"改革宗教和政府"，要求摄政王归还自由，"以便将我们自己用在宗教和良心的事上，因为我们必须回答上帝"。他们决议在苏格兰全境采取行动改革教会，并宣布他们所有的教会采用《公祷书》，该书为爱德华六世时规定英格兰全国采用的。天主教的主教们抗议这种大胆的分裂教会，劝大主教汉密尔顿加以压制。他勉强下令烧死沃特·米尔恩（Walter Milne，1558年4月28日）。他原为一个年老的僧侣，还俗后结婚，在穷人中传播改革信心的福音。老百姓非常尊敬这位老人，对最后一次以异端罪名烧死苏格兰新教徒的事，他们发出恐怖的呼声，在他殉道的地方，用石头建立起一座圆锥形的石堆。另外的传道人被召受审时，他的保护者带着武器，用武力打开一条路，来到女摄政王面前，警告她不得再许可迫害宗教信仰。大议会之主也正式通知摄政王（1558 年 11 月），除非允许人民自由崇拜，"否则若因滥用权力，触发人民用暴力改革时"，他们概不负责。在那个月，他们送信给诺克斯，假如他回国，他们愿意负责保护他的安全。

他慢慢赶来，直到 1559 年 5 月 2 日才到达爱丁堡。5 月 3 日，他在珀斯讲道，才缓和了革命的气氛。在这次讲道中，他告诉他们，"要激烈地反对敬拜偶像"；解释"何为敬拜偶像及在弥撒中哪些是令神憎恶的"，"为了破坏敬拜纪念物，神颁布了什么诫命"。如他描写的"流氓群众"应当由教会中逐出去。一位天主教的祭司试图在附近的教堂举行弥撒，一位青年起来大声呼叫："这简直令人难以忍受，神讲出来的话，他明明白白地要惩罚敬拜偶像的，我们会看到他们遭到报应。"据诺克斯所描述，这位祭司竟"重重地打了这孩子一拳，这孩子愤怒地拿起一块石头，掷向祭司，未打中祭司，却打中了圣龛，将一尊雕像打碎了；全体群众马上纷纷抛石头，并用手打碎圣龛和一切其他敬拜偶像的纪念物"。这些群众蜂拥冲入 3 所修道院，砸碎雕像，抢劫他们财物，但允许这些修道士尽其所能扛着他们所需的东西离开。"在两天中，这 3 座大修道院……被破坏得荡然无存，只剩下残垣断壁。"

女摄政王大为恼怒，她的兄长洛林红衣主教劝她仿效玛丽·都铎的办法，砍下为首作乱的新教徒的脑袋；当时在珀斯和其附近地区得胜的叛乱者威胁天主教的祭司们，只要他们敢举行弥撒，就杀害他们。5 月 22 日，大议会之主在武装扈从们的支持之下，送给女摄政王一封不祥的最后通牒：

　　　　书致仁慈的女王摄政阁下，以下是草民们履行义务和服从政府的先决条件：以迄于今，吾人不顾生命危险，以温顺之心效

忠于苏格兰及阁下之权威……可是，目前由于不公正的苛政计划
加害于吾人，吾人被迫不得不以最忧伤的心灵，向摄政阁下郑重
宣布，对加之于吾人的一切宗教迫害，吾人将执正义之剑起而抵
抗……由于此种残忍的、不公正的、最暴虐的谋害，意欲加之于
城镇和群众，过去如此，如今亦然，此为吾人一反历来顺服的唯
一原因，今在上帝明鉴之下，倘能使吾人生活于和平与自由之
下，此为耶稣基督宝血所买来的，则吾人当保证忠于统治吾人的
女王（苏格兰的玛丽女王）及其夫婿及摄政阁下……阁下的顺服
的臣民，在一切事上，均不致悖逆上帝——苏格兰耶稣基督忠实
的大议会。

大议会又向贵族们发出呼吁，请求他们支持这次起义，并在另
外的公开信中警告："伪基督撒布瘟疫的高级教士和他们属下的僧侣
们……倘若你们继续进行恶毒残忍的暴行，你将会受到处治，不论在
何处，人民将把你们当作凶手和上帝公开的敌人，加以逮捕……和平
条约将永不会达成，除非你们停止公开敬拜偶像和残忍地迫害上帝的
子民。"

女摄政王玛丽带着她能调集的军队进入珀斯，教会的朋友们也武
装列队欢迎她来。玛丽目睹此情，自忖无法克服他们，于是签署了停
战协定（1559 年 5 月 29 日）。诺克斯退到圣安德鲁斯，超乎大主教
禁令之上，他在教区教堂里传反对敬拜偶像的福音（6 月 11 日至 14
日）。听众被他热情的讲道感动，纷纷从城里的各教堂中将敬拜偶像
的纪念物移走，并当着天主教教士们的面焚烧那些雕塑偶像。大主教
逃往珀斯；大议会的部队却声言玛丽违背停战协定，使用法国的资金
发放苏格兰军队的粮饷，于是攻占了那处大本营（6 月 25 日）。28 日，
他们劫掠并焚烧斯昆的修道院。倘若我们相信这位富于想象力的诺克
斯（有时好像是一位"贫穷的上了年纪的保姆"），我们就可以了解大
致的情形。他曾注视着这场大火说："现在我看到，同时了解神的审

判是公正的。自从我有记忆以来这个地方除了是淫棍们的巢穴以外，什么也没有。简直令人难以相信……很多人的妻子与人通奸，处女贞操被破坏，都是这些伤风败俗的禽兽做下来的孽，而这批禽兽就是在这巢穴中养育出来的，特别是由那恶人……主教一手培养的。"

洛林的玛丽那时病势沉重，随时都有死亡的可能，只好逃往勒科斯，打算利用与胜利的再洗礼教徒举行和谈的机会拖延时间，等待法国的援军到来。大议会获得来自英格兰伊丽莎白女王的支援，挫败了她的诡计。诺克斯写了一封信给英女王，对她郑重宣告，在他写的《反对女性君主的号声响了》一文中，并不包括她在内，伊丽莎白的首相威廉·塞梭（William Cecil）劝告她帮助苏格兰的革命，如此可使苏格兰在英格兰的势力下，成为一个政治独立的国家。他感觉这样做是抵抗玛丽·斯图亚特的合法防护办法，其时玛丽·斯图亚特刚成为法兰西王后（1559 年），她也曾提出继承英格兰王位的要求，因为她认为伊丽莎白是私生女，是不合法的篡位者。英国舰队马上开到福斯湾，封锁该地港口，阻止法国援军登陆支援女摄政，英国的陆军也参加大议会的军队攻击莱斯。洛林的玛丽退避到爱丁堡的堡垒，在接受侍从们逐一的接吻礼后死去（1560 年 6 月 10 日）。她原为一个善良的妇女，只因扮演了错误角色，以致铸成不可避免的悲剧。

她最后的防卫者终因被封锁包围，困于饥馑而不得不投降。1560年 7 月 6 日，大议会、玛丽·斯图亚特、法兰西、英格兰四方代表签订《爱丁堡条约》（*The Treaty of Edinburgh*），这一条约所订的条款，深深导致了以后玛丽与伊丽莎白之间的冲突。除去法军留置 120 人外，所有外国军队都撤离苏格兰；玛丽·斯图亚特和弗朗索瓦二世放弃对英国王位的要求；承认玛丽为苏格兰的女王，但若没有三级会议的同意，她不能宣战或媾和；她可以在 12 名三级会议议员中，选任 5 名参加她的私人会议；外国人和教士不能居高位官职；宣布大赦，但由三级会议特别提名者不在大赦之列。对于未出席的女王来说，这是一个屈辱的和平，但对于大议会来说，这是一项异常的不流血的胜利。

国会在 1560 年 8 月 1 日集会，仅仅只有 8 票反对，一致通过《信仰的宣告》（*Confession of Faith*）。该书由诺克斯及其助手起草，其中若干条款曾由勒辛顿的梅特兰修订，使其趋于温和。苏格兰长老会至今采用它为正式信条，其中若干主要条款值得我们纪念：

一、我们承认只有一位三位一体的神。

二、我们承认我们这位神曾按照他自己形象造男人（就是我们的第一位祖先亚当），也为男人造女人……因此在全部人性中可以说，没有不完善的，离开了那种荣耀和纯全，男人和女人彼此堕落，女人被蛇欺骗，男人则听信女人的话……

三、始祖所犯的罪，一般称之为原罪，使神的形象在人类中被玷污；他和他的后裔与神为敌，做了撒旦的奴隶、罪恶的奴仆；在一律被治死的情况下，永久的死亡在以往和将来，都有权统治古往今来无法从上苍获得重生的人；重生是圣灵的工作，圣灵在上帝选民的心里做工，这是在神应许里确实的信心……借着这种信心他们认识耶稣基督……

八、这位永恒的上帝和父……因着他的怜悯……在基督耶稣里拣选了我们……在创世以前……

十六、我们最热诚地相信，从太初就有，现在有，将来有，以至世界末了，都有一个教会，也就是说，有一个由上帝拣选的人组成的一个团体或一群人，他们借着在基督耶稣里真正的信心，正确地崇拜和信奉他……他们是从一个没有生命和没有永恒幸福的教会中出来的。因此我们绝对厌恶那些亵渎神明的人，他们断言，人只要按照公平和正义行事就可得救，他们所信奉的是何种宗教……

二十一、……我们承认……只有两种主要的圣礼……洗礼和圣餐……我们不能幻想饼有任何变体说，变成神的自然体……但是，借着圣灵的工作……我们相信，只要正确地使用圣餐桌上的酒饼，那信仰坚定的人如此做，就是吃了主耶稣的身体和饮了他的血……

二十四、我们承认帝国，王国，自治领土和城市……都是出于神命……保守和净化基督教是国王、王子和各级行政长官最主要的职责；因此，他们不仅要制订内政政策，也该维护真正的宗教，压制敬拜偶像和迷信……

按照这些条款声明的，苏格兰宗教改革的国会，否定了教皇的审判权，制订改良的信条和强迫遵守的仪礼，禁止举行弥撒，初犯者施以体罚并没收财产，再犯者处以流刑，第三次犯者处以死刑。可是，控制国会的贵族们需要的是土地而不是流血，因此并未采用加尔文派神学字义的解释，对那些仍然信奉天主教的苏格兰人施加的迫害相当温和，从未施用体罚。现在，贵族们许可人民反对炼狱之说，认为那是神话，他们力言那是骗局，因为他们祖先遗留下来的财产，有一部分土地和金钱，被他们祖先捐赠给祭司，请祭司为死去的亡魂做弥撒。但是依照新的神学理论，这些死去的人在创世以前已经决定，不能更改以得救或受刑。因此，教会财产的分配能够愉快地说，那是归还被偷的东西。大多数苏格兰的修道院都被封了，他们的财产都被贵族拿走。最初，政府对加尔文派的牧师没有规定，在革命时期视他们为意识形态的帮助者，现今贵族们对神学已经失去兴趣。诺克斯和支持他的传教士们曾经为了新的秩序冒着生命危险付出很多的代价，原盼望将教会的财产用以支持新教会和他们的牧师。他们向国会请愿，要求予以处理，却得不到答复，但是最后获准，将劫掠的全部财产的1/6分配给他们。发现这种不合理的情势后，他们转过来反对专权的贵族政治，于是展开了历史上苏格兰长老会正义与民主政治的联盟运动。

就所有的改教运动而言，苏格兰人流血最少，而且是最持久的。天主教徒们默默无言地忍受着新的现实；他们的主教逃走；大部分教区的祭司们都接受新的改变。乡间路旁的十字架再也看不到了，受人朝拜的古代神龛也因被遗弃而荒芜，再也没有人为圣徒们举行欢乐的节日。许多人的心灵不得不为此而忧伤和缅怀以往，许多人等待着，寄望于他们年轻的女王，由法国返回故土。有许多人已经失去了过去的欢笑和美丽，有许多人变得残忍、无情和不诚实，有许多人变得更加刚硬和冷酷。但是改变毕竟成为事实了。当互相控告成为过去，人们逐渐调整自己，使自己适应新的秩序，这也许是一种恩赐。信仰上的一致，再加上共同遵奉王道的缘故，结束了苏格兰人和英格兰人之间辛酸的战争。不久，弱国就要对强国的君主献上她的王地，大英帝国就是那个强者。

第十三章 | 宗教改革的推展
（1517—1560）

斯堪的纳维亚（1470—1523）

1500 年，由于一般人民虔诚信神，教会成为斯堪的纳维亚经济的主人。在丹麦，有一半的土地属教会所有，由佃户耕种，而这些佃户差不多跟农奴一样。哥本哈根本身就是教会的采邑。教士和贵族有免除地税的特权；贵族们需要支付他们战争的费用，教士们则需要经费来发展敬神、道德、教育和慈善事业。哥本哈根和乌普萨拉（Uppsala）的大学，自然掌握在教会手中。教会要求每年将全国在教会组织以外的生产总额或岁入的 1/10，拨交教会；人民建造房屋、生育婴儿、结婚或殡葬，教会都要强取勒索；还要求全国农民，每年拿出一天时间为教会尽义务劳动；一般老百姓要继承先人遗产时，如不对教会捐献，就无法从遗嘱法庭取得认证。教会为这些强加于人的苛捐杂税辩护说，这些费用是支持教会推行工作必需的；老百姓却怨声载道，为何要将过多的收入用来维持主教过王侯一般的富丽生活。汉萨同盟操纵北欧和波罗的海的商业，再加上丹麦贵族和教会的竞争，他们用自己的船将他们土地上生产的过剩货物，直接出口运往国外销售，使丹麦商人深感苦恼。斯堪的纳维亚和别处一样，贵族们渴望取得教会的土地。同样地，各地的民族主义也和超越国家之上的教会不断发生冲突。

在 3 个国家中，教会支持卡尔马的斯堪的纳维亚联盟（the Scandinavian Union of Calmar），这一联盟由丹麦的克里斯蒂安一世（Christian I，1457 年）重新缔结。但在瑞典，有一个由镇民和农民组成的国家人民党（National Party）反对这一联盟，他们认为这一联盟实际上是丹麦人无上霸权的表现，并要求年轻的摄政王斯丹·司徒（Sten Sture）宣布瑞典为一个独立国（1512 年）。乌普萨拉的大主教古斯塔夫·特洛勒（Gustav Trolle）——当时乌普萨拉是瑞典的首都——因为拥护这个联盟，被斯丹·司徒免去大主教的职位；教皇利奥十世命令他恢复古斯塔夫的职位，为司徒所拒绝，于是利奥下令停止瑞典的宗教服务，并命令丹麦的克里斯蒂安二世侵入瑞典，惩罚摄政王。克里斯蒂安初次的入侵未能成功，他签订了停战协定；带回了几名保证瑞典履行协定的人质回到哥本哈根（1520 年 1 月 18 日），其中有一名人质是古斯塔夫·瓦萨（Gustavus Vasa）。在第二次出征中，克里斯蒂安赢得了决定性的胜利，司徒在战斗中因重伤而阵亡。他的未亡人临时组成一支军队，防守斯德哥尔摩，该城在丹麦人的围攻下，防守达 5 个月之久；最后由于克里斯蒂安的大将承诺一概赦免，既往不咎，才开城投降。11 月 4 日由复职的、得胜的大主教特洛勒，为克里斯蒂安加上瑞典国王的冠冕。

11 月 7 日，支持司徒的瑞典领导人，被召唤到斯德哥尔摩的城堡，在国王面前应讯。特洛勒的代表在王前控告他们，主要罪名是免除大主教的职位和破坏他的城堡，代表要求国王惩办他们，为大主教复仇。国王不顾以前承诺的特赦，竟将这 70 名领袖判处死刑。11 月 8 日，他们在大广场被斩首；11 月 9 日，拘捕另外一些人，并执行死刑；有些旁观者，因为表示同情，也成了惨遭杀害的无辜牺牲者；死者的财产也被国王没收。全瑞典为此发出愤怒的呼声。有人说卡尔马的联盟是"血洗斯德哥尔摩"，人民对教会的尊敬也受到严重的打击，因为人民认为这次集体屠杀是由教会发动的。克里斯蒂安认为只要摧毁国家人民党的智囊团，就可以巩固他的统治。实际上，他已为他的一名年轻的人质清出了一条到达王位的道路，这位青年将是未来瑞典的解放者。

　　他的名字叫古斯塔夫·艾利克逊（Gustavus Eriksson），后世又称他为瓦萨，就是"一捆木棒"的意思，这一徽章可以在他们民族的军服上看到。13岁时，他被送到乌普萨拉求学，20岁时被年轻的摄政司徒召到宫廷任职，因为司徒的夫人是古斯塔夫同父异母的妹妹；他在那里跟从主教和首相海明·加得（Hemming Gad）接受应对未来的训练。1519年，他从丹麦人的监视之下逃出，取道至吕贝克，说服吕贝克议院（他们经常与丹麦为敌）借给他金钱和船只，使他重新回到祖国的海岸（1520年5月31日）。好几个月的时间，他改装漂泊各地，隐身于荒僻的村庄。11月，他得到一个消息，据说约有百名瑞典爱国志士，包括他父亲在内，在斯德哥尔摩惨遭杀害。他尽其所能找到一匹跑得最快的马，乘着它北奔达莱卡利亚（Dalecarlia）省，决心组织勇敢的骑兵保卫队，以后就靠这支军队，将瑞典从丹麦的暴政下解放出来。

　　他一生的事迹是一首英雄诗，足与《荷马史诗》媲美。他奔驰于冰天雪地，投宿于昔日同窗好友家中。他的朋友极其殷勤地款待他，然后偷偷跑去报告亲向丹麦的警察，要他们捕捉这名逃亡的人质；但朋友的妻子深明大义，要古斯塔夫赶快逃走。他乘马又向前跑了20英里，找到一处庇护所，一名祭司将他隐藏了一个礼拜。然后他打算唤起30英里外的拉特维克（Rättvik）镇的人民起来反抗丹麦的统治，当地的老百姓还没有听到丹麦人血洗斯德哥尔摩的传说，所以不相信他的话。他只得又骑马在冻结的草原上跑了25英里，来到莫拉（Mora）之北，重新恳求人民发动一次革命起义，但农民们都抱着怀疑和冷漠的态度听他的话，非常不友好。眼看没有指望，古斯塔夫扭转他的坐骑，策马西奔，退回挪威寻求庇护。他快到边境时，从莫拉来的信使赶上了他，要求他回去，并向他保证，他们愿意以同样的热情，听从他的指挥。农民们最后终于听说了在斯德哥尔摩发生的恐怖事件。也听到谣传，国王正计划巡行全瑞典，并已下令每一座重要市镇建立绞刑架。国王又下令颁布征收新税，迫使人民为生存而斗争，起来反对贪婪的主子们和各项暴政。古斯塔夫重新对莫拉的公民演说时，他们给他 16 名高地人做他的侍卫，并发誓把他们自己武装起来，遵守纪律，服从他的领导，抵抗丹麦人。

除了弓箭和斧头，那时他们不晓得还有别的武器。瓦萨教他们制造有铁头的标枪和长矛。他以一个爱国青年的热忱来鼓励他们、训练他们。在这种鼓励之下，士气如虹，他们先后攻占了威斯特瑞斯（Vesteres）和乌普萨拉，大主教特洛勒再度逃亡。这支逐渐壮大的军队，以坚韧和果敢的精神作战，一省接一省地，从丹麦人的守备中夺回他们的国土。克里斯蒂安二世当时地位不稳，无法指挥他的军队，因为在他本土发生了内讧，但他的海军能反复地袭击瑞典的海岸。古斯塔夫派遣密使前往吕贝克，求借战船，为了得到一大笔已承诺的款子，这个商业城装备了千艘船只，增强了丹麦舰队的战斗力。1523年 6 月 7 日，在新的国会（Riksraad）中，胜利的革命家选举他们的领袖为古斯塔夫一世。6 月 20 日，斯德哥尔摩向他投降，瓦萨即以该城做瑞典的都城。其时克里斯蒂安二世已在丹麦退位，由腓特烈一世继位，腓特烈放弃丹麦人统治瑞典的要求。卡尔马联盟（1397—1523 年）于此结束，瓦萨王朝则自此开始。

瑞典的宗教改革

古斯塔夫是一位 27 岁的年轻人，他的身材并不如我们想象中的一般北欧人那么高大，不过他具有维京人（Viking）应有的体魄和活力。他圆圆的面孔红润而健康，黄色的长须使他很威严，适合他为王的地位，却不适合他的年龄。他个人的德行极为优良，够得上为王的资格，甚至他行将反对的教会，也无法抨击他个人对神的虔敬。他用急躁蛮干的态度致力于政府的改革大业，因此有时不免犯了暴烈的毛病，使人以为他是暴君。瑞典在他接位之时，其情况差不多正好解释他的脾气和独裁政治。在战争的混乱中，成千上万的农民离开他们的农村、不事耕种，矿工离开他们的矿场，城市因双方的争夺战而毁坏，货币贬值，国家财政破产，重要的领导人物都在"血洗"中被害。幸存的封建男爵们把古斯塔夫看成一名暴发户，竟胆敢僭越权力瞧不起他们。于是，他们阴谋勾结，企图推翻他的王位，但被古斯塔夫用铁腕打倒。芬兰当时还是瑞典的一部分，仍然操纵在丹麦人手中，丹麦舰队司令瑟伦·诺比（Sören Norby）占领具有战略意义的戈德兰岛（Gotland）。吕贝克也大声要求偿还他们的借款。

当时瑞典政府最需要的是钱，用来付给保护国家的武装部队和为政府服务的官员。但在瓦萨的瑞典，征税的费用差不多和收进来的税款一样多，因为那些付得起税金的人，就是那些拒不缴税的人。古斯塔夫只有冒险采取权宜之计，重新贬低货币的价值，结果导致恶性循环，国家的财政状况比以前更坏。在瑞典，只有一个阶层仍然富有——教士阶级。古斯塔夫向他们求助，因为他认为，只有教会的财富才能减轻人民和政府的贫穷。1523 年，他写信给林古平的主教汉斯·布拉斯克，要求他捐赠 5000 基尔德给国家。这位主教最先抗议，然后屈服了。瓦萨对瑞典所有的教会和修道院发出紧急要求，所有的金钱和贵重金属，如非维持教会和修道院服务必不可缺的，一律作为借款交给政府；他还发布一张名单，列出每一单位应缴的数目。反应并不如他想象得那么好，他开始怀疑他的做法是否像德国路德派的王侯所做的一样聪明——没收教会的财富，以供国家之需。他并没有忘记，大多数的高级教士都反对革命，曾经支持克里斯蒂安二世在瑞典的统治。

1519 年，瑞典制铁业者的儿子奥拉斯·佩特利（Olaus Petri）由维藤贝格回到瑞典，他曾在该地游学数年。他担任斯汤纳斯

(Strängnärs）天主教学校的执事时，接受了某些异端邪说——认为炼狱是一种神话，祷告应该说出来，认罪是必需的，但只限于向神认罪，同时认为宣扬福音比弥撒的仪式好。路德的著作开始在瑞典流行。布拉斯克不断要求瓦萨下令禁止他们出售。但这位国王回答得好："公平的法官还没有发现路德的教训是虚伪的。"或许他认为，在政治上保护一个异端邪说者，可以用来作为与教会谈判的本钱。

事情的发展又出现了转机，教皇阿德里安六世拒绝批准瓦萨派遣的特使约翰·马格努斯为乌普萨拉的大主教，而提议恢复革命之敌古斯塔夫·特洛勒的大主教职位。瓦萨送给法庭一封信，这信当时使亨利八世很震惊，而后又使他感到喜悦：

> 倘若吾人至圣的父，尚关心吾人国家的太平，吾人将乐于承认教皇选派的特使，同时吾人也将顺从他的愿望，改革教会和宗教。但若教皇陛下不顾吾人的荣誉和臣民的平安，竟与沾满罪行的党徒大主教特洛勒站在一边，则吾人将允许其特使回归罗马，吾人既已有国王，在此国家之内的教会，也将由国家的权力来管理。

阿德里安死后，克莱门特七世专心对付路德，查理五世和弗朗索瓦一世于是让瓦萨自由推行瑞典改教运动。他任命奥拉斯·佩特利为斯德哥尔摩圣尼古拉教堂的牧师，奥拉斯的兄弟劳伦蒂乌斯（Laurentius）为乌普萨拉的神学教授，并擢升了第三名改教者劳伦蒂乌斯·安德烈为主教驻堂教堂执事长。在主教驻堂教堂的牧师聚会所中，国王任议长，奥拉斯·佩特利当众为路德教辩护，与彼得·加勒（Peter Galle）展开舌战（1524 年 12 月 27 日）。瓦萨裁判奥拉斯获胜，在路德结婚前 4 个月，奥拉斯先他娶妻，却没有受到任何干扰（1525 年）。主教布拉斯克却为这种违反教士独身生活的行为大感震惊，要求国王禁止这种行为。古斯塔夫回答得很妙，假如佩特利做错了事，自当处罚，但"若因举行婚礼（上帝并不禁止这种礼仪）而加禁止，不免令人感到惊异，除了犯淫乱罪或其他罪该禁止外，这种事是不该禁止的"。他不但没有放逐佩特利，反而任命他和他的兄弟负责将《圣经》译为瑞典文。将《圣经》译成本国语言，可以有助于一国形成其国语，并改变国家宗教。

古斯塔夫与大多数的统治者一样，认为只要能强化他的国家或王位，任何手段都是道德的。他看出主教最适合推行他的计划，因此应该多提拔人来当瑞典的主教职务。他找出令人难以反驳的理由逐渐占据修道院的土地。他和贵族们分赃时，他解释说，他仅仅归还俗家人的财产，因为这些土地原来是他们祖先的，后来被教会用甜言蜜语骗走的。教皇克莱门特七世不满地说，瑞典教士不该结婚，圣餐中不该给饼和酒，指责他们忽略圣礼中绝对重要的涂油礼，随便改变弥撒仪式。同时他向国王呼吁，要他对教会保持忠诚。但古斯塔夫已经走得很远了，要他回头是不可能的，因为信奉罗马正教会破坏他的财源。在威斯特瑞斯的国会会议（Diet of Vesteres）中，他公开宣布改革宗教（1527 年）。这次会议是一次历史性的集会，无论在组织和结果方面，都有相当大的成就。参加会议的人员计有：4 名主教，4 名牧师会会员，15 名国会议员，129 名贵族，32 名市议会议员，14 名矿工代表，104 名农民代表——这是一个包含各个阶层、范围最广的 16 世纪的国家议会。国王的首相在大会中提出一项革命性的建议。他说，这个国家已经贫穷到无力为其人民谋福利，瑞典教会却那么富足，因此可以将教会财富转移给政府，使政府有充足的力量来执行它的任务。主教布拉斯克为其个人主张和不动产奋斗到底，他宣称教皇已经下令教士们，要他们保护教会的财产。议会投票的结果是赞成服从教皇的命令。至此古斯塔夫只有孤注一掷，他毅然宣布，假若这是议会和国家的意见，他就只有退位不干，离开瑞典。大会经过 3 天辩论，市议会的议员和农民代表站在国王的一边；而贵族们也有充分的理由，归向国王这边。最后，议会深信瓦萨对瑞典的价值超过任何教皇，于是同意国王的意见。在威斯特瑞斯议会休会和闭会时，僧侣们仍被许可使用他们的财产，但实际上修道院已成为国王的领地；原来由贵族赠给教会的一切产业，自 1454 年开始退还给捐赠者的后裔；主教们也将他们的城堡献给国王；主教的任用也无须教皇的批准；教会一切的收入，如非教会工作必需的，一律由教士解缴国库；私下忏悔从此结束，以后教士们讲道完全以《圣经》为根据。瑞典改教运动比欧洲其他地方更为果断，做到宗教国家化，国家完全战胜了教会。

瓦萨就在这种危机中度过了 33 年的岁月，并保持他有力而仁慈的专制政治。他深信只有一个中央集权的政府才能复兴瑞典，使她走上有序和繁荣的道路。这是一项非常复杂而艰苦的任务，因此在建国过程中的每一步他都不能不向深谋远虑的会议求救。在他的鼓励和管理下，北部的矿场产出大量的铁，增强了瑞典的国力，工业突飞猛进，与英、法、丹麦和俄国缔结商业条约，为瑞典的货物开辟了国外市场，并输入 12 个国家的产品。在他统治以前，瑞典有的只是农村的文化，大多数老百姓目不识丁，单纯质朴，可现在人民有了新的历练和自信。瑞典达到空前的繁荣。

古斯塔夫进行了几次战争，抚平了 4 次叛乱，先后娶了 3 位王后。第一位王后为他生了未来的埃里克十四世（Eric XIV）；第二位王后为他生下了 5 男 5 女；第三位王后与他结婚时，只有 16 岁，而他已经 56 岁了，因此她比他多活了 60 岁。他说服国会接受他的意见，使他的子孙们成为王位的继承者，建立瑞典王室以男性子嗣承位统治国家的制度。瑞典人原谅他的独裁，因为他们了解秩序是自由之母，而非自由之子。古斯塔夫在位 37 年而死（1560 年 9 月 29 日），深受人民爱戴。死时人民举行了盛大的丧礼，他被葬于乌普萨拉的大教堂。他生前没有给人民个人自由，因为当时瑞典人认为他的独裁似乎特别适合他们的需要，不过他给人民集体自由，将他们从外国宗教和政府的统治下解放出来。他为瑞典未来的经济、文学和艺术的发展，建立了有利的条件和基础。他是现代瑞典之父。

丹麦的宗教改革

丹麦的克里斯蒂安二世和古斯塔夫·瓦萨一样，也是历史上多彩多姿的人物。瓦萨在瑞典打败了他。他被男爵们逼迫，签订了屈辱的"投降条约"，作为他当选的条件，他被中产阶级的顾问包围，冷淡了由出身高贵的达官贵人组成的国会，任命他那位美丽的荷兰籍夫人的母亲，充任他的主要顾问。这个国王私有的议会中，必须拥有若干有能力有才气的人才行，因为克里斯蒂安的国内政策，虽是建设性的，但和他的国外冒险事业一样，徒劳无功。他辛辛苦苦致力于行政改革，重建各城市政府，修改法律，制止海上劫掠，改良道路，开创公共邮政制度，废除最坏的农奴制，停止判处行巫术者的死刑，组织救济机关，开放学校给穷人子弟，实施必须教育，使哥本哈根大学成为学习者的灯塔和港湾。他限制商会的权力，导致吕贝克与他为敌；他鼓励、保护丹麦的贸易；他结束丹麦人抢劫遇难船只的恶习，因为丹麦沿海的村民，一向认为抢劫在他们海岸遇难的船只是他们的一项特权。

1517 年，利奥十世派遣乔万尼·阿钦博尔多（Giovanni Arcimboldo）到丹麦出售赎罪券。苦修教派的托钵僧保罗·赫尔格森（Paul Helgesen）公开指责教廷出售赎罪券的不当，他在这一方面的立论比路德来得早。教皇的特使和国王为了瓜分卖赎罪券的钱发生争吵，阿钦博尔多将一部分钱秘密运往吕贝克，克里斯蒂安则没收其余的部分。滥用教会有用的财富，给了改革派攻击的好借口，克里斯蒂安利用这机会，给赫尔格森在哥本哈根大学一个职位。这位口若悬河的丹麦伊拉斯谟，利用在哥本哈根大学的这段时间，领导丹麦的改教运动。赫尔格森转变为小心谨慎时，克里斯蒂安却要求腓特烈选帝侯——人称"萨克森的智者"——派遣路德到他那里来，或派遣路德学院的若干名神学家来。结果路德没有来，却派了卡尔斯塔特来，他到丹麦后，停留不久。克里斯蒂安颁布了一些改教的法律：任何人如

对丹麦文福音的解说没有精湛的研究，不能任以圣职；牧师不得拥有
不合法的财产或接受馈赠，除非结婚；命令主教们改正他们奢侈的生
活；牵涉产权问题时，教会法庭没有审判权；最高法院由国王任命，
它有超越教会和内政事务之上的最高权威。然而，在沃姆斯国会会议
中路德受到皇帝的压制时，克里斯蒂安马上延缓他的改革，赫尔格森
则从旁劝他与教会和解。

　　克里斯蒂安的这些内政政策激发了民心，但他在国外事务上的
失败，使他失去了统御力。他在瑞典残忍的暴行，使许多丹麦人反对
他，又因他攻击汉萨同盟的航运，使吕贝克对他宣战。贵族和教士
们，由于他的重视和含有敌意的法律，也与他疏远，不理会他召集
的国民大会，并宣布他的叔父，石勒苏益格和石勒苏益格－荷尔斯泰
因（Schleswig-Holstein）的公爵腓特烈为丹麦的新王。克里斯蒂安和
他的王后一同逃往佛兰德斯，他的王后是查理五世之妹。他与教会讲
和，希望借助教会之力复国。他因妄图夺回王位的努力失败被俘，被囚
于桑纳堡的地牢中。他在那里活了 27 年，除了一名神志半清醒的挪威
侏儒与他做伴外，没人在他身边。天国之路引领着他，从容地带着他的
丑行进入坟墓（1559 年）。

　　腓特烈一世在他赢得的王位上并不感到幸福。贵族和教士们是有
条件地拥护他为王的，其中之一就是他不得许可异端在丹麦传道。赫
尔格森原来不断地批评教会的缺点，现在把他大部分热情的辩论，转
过来攻击新派，他极力主张渐进的改革要比动乱的革命好，但他不能
阻遏时代的潮流。腓特烈的儿子克里斯蒂安大公，已成为路德派教
徒。国王的女儿，在国王的同意下下嫁勃兰登堡的阿尔布雷希特，这
位公主的夫婿就是条顿族骑士中前路德派的首脑。1526 年，腓特烈见
风转舵，任命汉斯·陶森（Hans Tausen）做他的牧师，陶森曾在路
德门下读书。陶森离开修道院结婚，公开为路德的主张辩护。腓特烈
发现这件事对他有利，他可以下令将主教们行坚信礼的费用缴给他，
不必给教皇。路德派的传教士奋勇传教，人数大增。主教们要求国王

驱逐他们。腓特烈回答他们说，他没有管辖人民灵魂的权力，解决的办法就是让人民自由信仰——这是一项非凡的举动。1524 年，丹麦译文的《新约》开始流行；1529 年，克里斯蒂安·佩德森（Christian Pedersen）发行更好的版本——改良版的丹麦文《新约圣经》，这对新教在丹麦的发展，具有极大的推进作用。老百姓因为急于废止向教士们呈缴什一奉献，于是乐意接受新的神学。1530 年，路德派的信徒已经控制了哥本哈根和维堡（Viborg）。在那年召开的哥本哈根国会会议中，举行了天主教和新教领袖们的公开辩论。国王与人民双方都判新教获胜。汉斯·陶森在国会中呈出的《信仰宣告书》在丹麦流通了 10 年时间，成为丹麦路德派的正式信条。

腓特烈之死（1533 年）导致丹麦改教运动的最后一幕。丹麦经商的贵族勾结他们在吕贝克的旧敌，企图拥护克里斯蒂安二世复辟。奥尔登堡的克里斯托夫公爵率领着吕贝克军队进攻丹麦，并把这次战争命名为"公爵之战"（Count's War）。哥本哈根被他攻占，吕贝克梦想统治全丹麦。但市民和农民重振腓特烈儿子克里斯蒂安的声势，他们的军队打败了奥尔登堡，围攻一年终于收复了哥本哈根（1536 年 7 月）。所有的主教被捕，只有允诺忠于新教政权的主教才获得释放。在 1536 年 10 月召开的国民大会中，正式建立路德国家教会（Lutheran State Church），以克里斯蒂安三世为国家最高元首。所有主教和修道院的财产一律没收归国王，主教丧失在政府中的一切发言权。挪威和冰岛也接受克里斯蒂安三世为他们的元首及其制定的法律，路德教义在斯堪的纳维亚至此完全成功（1554 年）。

新教在东欧

西吉斯蒙德一世和他儿子西吉斯蒙德二世执政期间是波兰的黄金时代。这两位君主都是有文化教养和坚强意志的人，也是文学与艺术的奖励者，他们赋予人民以宗教思想和敬拜神祇的自由，虽然还不够完全，但若与东欧其他国家相比，那些国家似乎仍在中古时代。西吉斯蒙德一世与米兰公爵吉安·加里亚佐（Gian Galeazzo）的女儿波娜·斯福尔扎（Bona Sforza）结婚（1518年）。她是一个性格开朗、有才气的女人，她下嫁波兰国王时，曾将意大利的一批朝臣和学者作为随员，带到克拉科，国王不但不讨厌他们，反而待之以礼，把他们视为文艺复兴的桥梁。波兰贵族初次享受到华丽的服饰和富丽的陈设，他们倾心于奢侈的生活，语言和礼仪更为精致，文学与艺术也随之兴盛，伊拉斯谟写道（1523年）："我祝贺这个国家……现在在科学、法理学、道德和宗教及使我们脱离野蛮的一切成就，都达到鼎盛，足以与那些第一流的和最荣耀的国家媲美。"波娜以其美丽、文雅和多智，使其夫婿言听计从，她不但是王后，也是革新人物。她的儿子西吉斯蒙德二世是人文主义者、语言学家和演说家，也是一个从考究服饰上寻求乐趣的人。战争和这些显赫的王朝结了不解之缘，波兰为了争取波罗的海及沿海各港口的霸权，与瑞典、丹麦、俄国发生战争。波兰虽然失去了普鲁士，却获得了马佐维亚，包括华沙、利沃尼亚和里加。这一时期波兰成为欧洲重要国家。

此时，宗教改革的浪潮已由德国和瑞典渗入波兰。由于波兰国王对其信奉希腊正教的臣民保证敬拜的自由，人民对宗教一向采取宽容的态度。在他邻近的波希米亚，却发生长达一个世纪之久的胡斯信徒和称为饼酒同领派的叛乱，使波兰不甚关心远处的教皇权力。由国王任命的主教都是受过爱国教育的，怀有伊拉斯谟的警戒，偏向于改革教会，而且大度地支持人文主义运动。然而，这不能减少贵族和市民们对他们财产和收入的忌妒。群众怨声四起，控诉国家的财富流到罗马去了、赎罪券的昂贵与荒谬、教会买卖圣职、在主教法庭诉讼要花钱。波兰的小贵族（szlachta）尤其攻击教士的免税特权，和教士们装入私囊的贵族缴来的什一奉献。大概出于经济原因，一些有势力的男爵们用同情的心来倾听路德派教徒们对教会的批评；那些具有半统治权的诸侯们也保护所在地的新教运动，很像德国独立的王侯，发动叛乱、庇护路德。但泽（Danzig）有一名僧侣拥护路德的条文，要求教会改革，并与一个女继承人结婚（1518年）。另外的传道士有效地奉行路德的主张，以至在几次大会以后，就将宗教的偶像从教堂里搬走了（1522年）。市议会也准许修士和修女们还俗，封闭修道院（1525年），1540年，但泽所有教堂的讲坛都把持在新教的手中了。在波兰与普鲁士交界的布朗斯堡（Braunsberg），有一些传教士采用路德的仪式时，主教驻堂教堂的牧师们向主教控诉，主教回答说，路德的见解是根据《圣经》来的，谁觉得能反驳他们，就承担这个任务好了（1520年）。西吉斯蒙德一世被劝实行检查书籍，并禁止路德著作传入；但他自己的大臣和波娜的方济各修道会的信徒们，却被那些遭到禁止的信条说服了。1539年，加尔文将他所著的《对弥撒的评语》（*Commentary on the Mass*）一书呈献给王储。

王储成为西吉斯蒙德二世时，在波兰的路德派和加尔文派，教徒发展得很快。《圣经》被译为波兰文，于是本国语言开始在宗教服务中代替了拉丁文。著名的教士扬·拉斯基宣布改信新教。1548年，波希米亚兄弟会（Bohemian Brethren）被他们国家放逐出境，于是移民到波兰，不久就在波兰境内成立了30处秘密聚会所。天主教的教士们企图指控一些小贵族为异端，想趁机没收他们的财产，却引起许多小贵族背叛教会（1552年）。1555年，波兰国会会议通过，一切信仰凡是根据"圣道"，均有宗教自由，并立法许可教士结婚和在圣餐中用酒饼。波兰的宗教改革至此达到全盛时期。

16世纪的欧洲，最强的一神论的发展，使波兰的情势变得很复杂。早于1546年，在这拉丁基督教的偏远东方，就讨论过塞尔维特的反三位一体假说。1551年，莱利乌斯·索齐尼（Laelius Socinus）访问波兰时，留下激进观念发酵的种子。乔吉奥·布兰德拉塔（Giorgio Blandrata）继续这个运动；1561年，有新的团体发表它的信仰宣告。他们继续迷失于塞尔维特的神学之中，限制神父的全部神性，但承认相信基督的降生是超自然的，他神性的启示、神迹、复活和升天都是超自然的。他们否认原罪说和基督救赎论；他们承认洗礼和圣餐仅仅是一种象征；他们教训人说，拯救最重要的是依靠个人自觉地遵行基督的教训。加尔文派的克拉科会议（1563 年）判定这些教义不适当时，唯一神教的信徒们另外组织了独立的教会。这一个教派仅仅在莱利乌斯的侄儿福斯图斯·索齐尼（Faustus Socinus）时兴盛过，他曾于 1579 年到过波兰。

天主教教会曾使用迫害、文学和外交手段，以阻止这些发展。1539 年，克拉科的主教将一名 80 岁的老太太送去火刑，控告她的罪名是她拒绝向奉献的圣饼敬拜。普鲁士库尔姆（Kulm）的主教斯坦尼斯拉斯·霍休斯，其后成为红衣主教，以他的能力和热心抨击此事。他努力改革教会，但对新教的神学和仪式却不同情。由于他的建议，维罗纳的主教洛多维科·利波马诺奉派赴波兰，作为教皇的特使，桑特的主教乔万尼·康曼多尼（Giovanni Commendone）则成为教皇驻克拉科的使节。他们说服西吉斯蒙德二世主动支持教会，压制新教中的分裂，并在这种信奉相反的和动摇不定的信条环境下，尽力把建立人民道德的困难予以扩大。1564 年，霍休斯和康曼多尼两人将耶稣会带进波兰，这些受过训练的和虔诚侍奉神的人，在教育组织上获得了重要地位，使重要人物听他们的话，使波兰人民恢复了传统的信仰。

波希米亚人早在路德之前已经成为新教徒，并发现路德的观念没有什么可怕的地方。德国在边界上有很大的影响力，使他们很容易改教。波希米亚兄弟会的人数约占全部 40 万人口的 10%，比路德的新教人数还要多。其中 60% 为饼酒统领派，他们是主张两种圣餐礼的天主教徒，即奉行酒与饼的人，无视教皇提出的抗议。1560 年，波希米亚 2/3 的人口为新教徒；但 1561 年斐迪南将耶稣会传入后，潮流又将老百姓推回正统的天主教信仰轨道。

日耳曼的移民带着路德的观念进入匈牙利，宗教改革便经移民之手进入匈牙利，那就是一个人不服从教会和皇帝，依然能够生存。匈牙利的农民深受教会支持的封建制度的压迫，所以用一种友好的眼光来看新教教会，盼望能得他们之助，终止向教会的奉献和义务。封建的男爵们则垂涎于教会的庞大财产，因为教会的出产足以与他们的收益匹敌。市镇的劳工们则深受乌托邦思想的影响，视教会为他们梦想的主要障碍，因此放纵于打破偶像的狂喜。教会说服政府与其合作，定新教徒死刑。在匈牙利西部，斐迪南努力使双方和解，希望允许教士结婚，并用两种形式的圣礼。东匈牙利在土耳其人的治理下，新教可以自由发展，因为土耳其人对各色各样的基督教信仰轻蔑又漠不关心。1550 年，似乎全匈牙利都要信仰新教了，由于加尔文派开始在匈牙利与路德派竞争（马扎儿人本质上是反日耳曼人的），他们支持瑞士式的宗教改革。1558 年，加尔文派的教徒，人数之多足以在捷恩格尔（Czenger）召开一次动人的宗教会议。在改革中发生了两个敌对的中心点，因此将这次运动撕裂为二。许多公务人员和改变信仰者，由于寻求社会安定和心灵的宁静，又转回天主教。17 世纪，耶稣会在一名加尔文派信徒之子的领导下，使匈牙利回到天主教的怀抱。

查理五世与尼德兰（荷兰）

在查理统治稳固的佛兰德斯，因兴盛的商业弥补了工业一时的衰退。布鲁日和根特经济萧条，布鲁塞尔因成为佛兰德斯的首府而维持其繁荣。卢万正在酿造神学和啤酒，安特卫普正在变成 1550 年欧洲最富裕、最忙碌的城市。这个位于广阔的、处处可供航行的须耳德河上兴旺的港口，由于进口少出口多、与西班牙政治结盟及致力于证券交易所等各项原因，而招来国际贸易和财源，该地的碑铭说：要将每一寸土地，每一个人的口才，用在商业上。在这城市从事一切商业活动，可以不受同业公会的限制和城市保护贸易政策的阻挠，因为这两种制度曾幸运地阻止中古世纪工业的进步。意大利的银行家在这里开设分行，英国的"商业投机者"建立仓库，富格尔家族的商业活动也集中于这个城市，商人工会（*Hanse*）也在这里修建了一座气派的伊斯特林斯会馆（1564 年）。每天有 500 艘船只进出这个港口，5000 名商人在交易所从事买卖。安特卫普的汇票成为当时最流行的国际通货。在这个时期，安特卫普逐渐取代里斯本的地位，成为欧洲香料贸易的主要港口。进入里斯本的货船，货物就在船上被佛兰德斯的代理商买去，然后直航安特卫普，以便把货物分配到北欧。"我一见到安特卫普就感到忧愁，"一位威尼斯的大使写道，"因为我看见威尼斯落后了。"他正在目睹商业的领导权做历史性的转移，从地中海移到北大西洋。这种商业的刺激使佛兰德斯的工业复兴，甚至根特也是如此；低地每年给查理五世带来 150 万利维尔，他个人全部岁入的半数。

他回报他们的，就是给予佛兰德斯和荷兰以合理的良好政治，不过宗教自由除外。这样的恩惠，无论对他的朋友还是敌人来说，都是始料未及的。他的权威因他的誓言而受到宪法的限制，因为他对人民保证遵守宪章和各城市各省份的地方法；市公民坚决维护他们个人和住宅的权利；建立国务、财务会议和控诉院，作为中央行政的一部分。一般来说，查理使用间接手段治理尼德兰，运用那些为人民接纳的摄政来执政；最先是他的伯母兼保姆和教师的奥地利的玛格丽特，然后是他的妹妹玛丽，匈牙利以前的王后。这两位女人都是了不起的人物，有才干，仁慈而机智。但是查理的帝权越大，人也越专横。他将西班牙的卫戍部队派驻在各个城市，严厉镇压违反他外交政策的人。他要求各地征收军费时，别的城市都接受了，唯独根特拒绝投票通过，于是他使用毫无置辩的武力来镇压该地的背叛，以儆效尤，勒索酬金和赔款，废除自治市的传统自由，并由皇帝任命的官吏替代当地民选的政府（1540 年）。但这是少有的典型。虽然查理有这些偶然鲁莽的措施，低地的臣民仍然爱戴他。政治上的稳定和社会秩序的良好，使他获得了经济的繁荣，所以当他宣布让位时，几乎所有的公民都感到悲哀。

查理接受当时流行的学说，若要国家太平和有力量，必须全国宗教信仰统一；他和法国及路德派的德国处于敌对状态时，查理深深畏惧在尼德兰的新教会威胁他侧翼的安全，因此他支持天主教教会在佛兰德斯迫害异端。在路德之前，当地改教运动还相当的温和；1517 年以后，德国的路德派和再洗礼派，瑞士、阿尔萨斯及法兰西的加尔文派和茨温利派，纷纷由各地区进入尼德兰。路德的著作马上被译为荷兰文，由热心的传教士在安特卫普、根特、多德雷赫特、乌特勒支、兹沃勒和海牙等地予以解说。多米尼克派的修道士倡导下列的回应：一个人说，他愿意用牙齿咬紧路德的喉咙，并毫不迟疑地口中带着血去参加领圣礼。仍旧年轻的皇帝，想要阻止由这些出版物引起的骚动（1521 年），于是应教皇的要求"张贴布告"，禁止出版或阅读路德的著作。同年，他命令非宗教法庭在尼德兰全境强制实施沃尔姆斯的诏书，反对一切拥护路德主张的人。1523 年 7 月 1 日，两名奥古斯丁派修道士亨利·沃斯和约翰·埃克，被送往布鲁塞尔火刑，这是低地新教第一批殉道者。祖特芬（Zutphen）的亨利是路德的朋友，也是路德的学生，他是安特卫普奥古斯丁修道院副院长，因拥护路德主张而下狱，逃脱后又在石勒苏益格—荷尔斯泰因被捕，终于在该地被烧死（1524 年）。这些死刑的执行正好为那些宗教改革者的主张做了宣传。

虽然颁布检查命令，路德的《新约》译本仍然广泛地流传，在荷兰的新教徒比富庶的佛兰德斯人更来得热心。渴望恢复最初单纯的基督教而产生千禧年的希望，盼望基督早日复临，并在地上建立新耶路撒冷。在这千禧年的国度中，没有政府，没有婚姻，没有财产，与这些观念混为一谈的，就是共产主义平等的理论，互助甚至"自由恋爱"（free love）。再洗礼派的团体是在安特卫普、马斯特里克特（Maastricht）和阿姆斯特丹组成的。1531 年，梅尔基奥·霍夫曼由埃姆登来到阿姆斯特丹，莱顿的约翰于访问后带着再洗礼派信条，由哈勒姆回到蒙斯特。在许多荷兰市镇中，据估计约有 2/3 的人属于再洗礼派信徒；甚至于代芬特尔的市长也改信再洗礼派的教义。由饥饿煽动宗教运动变成一种社会叛乱。"在这些省内,"伊拉斯谟的一位友人于 1534 年写道,"我们被再洗礼派的爆发弄得极端不安,因为它正像火焰一样地蔓延着。几乎没有一地或一镇不在暴动的火炬照耀之下。"匈牙利的玛丽,以后任摄政,警告皇帝称,叛乱者计划掠夺贵族、教士和商业阶级一切形式的财产,然后依照需要,给每个人分发战利品。1535 年,莱顿的约翰差遣密使到荷兰的若干中心点,安排再洗礼派信徒在各地同时发动叛乱。这些造反者确实表现了不少英勇的事迹:有一群人在西弗里斯兰(West Friesland)攻占了一座修道院,并加以设防,使总督不得不用重炮围攻它,800 人死在绝望的防御战中(1535 年)。5 月 11 日,若干武装的再洗礼派信徒猛攻并占据了阿姆斯特丹的市镇厅;市民们将他们逐出,受惊的人们使用恐怖的报复手段杀戮那些倡乱者,将他们的舌头和心脏从活着的身体上剜出来,投在那些将死的和已死的人脸上。

查理想到整个社会结构受到共产主义者的挑战,于是将宗教裁判所输入尼德兰,并授权给地方官扑灭这项运动及其他一切异端,甚至不惜牺牲当地人民的自由。1521 年至 1555 年,他接二连三地下令公布阻止社会和宗教的分歧。在这些命令中最严厉的一道(1550 年 9 月 25 日)显示了皇帝的堕落,为尼德兰人反对其子的叛乱种下了祸根:

> 禁止任何人私自在教会、街上或其他地方出版、录写、抄写、保存、隐藏、买卖或赠送路德、奥科兰帕迪乌斯、茨温利、布塞尔、加尔文等人的书籍和著作,及由圣教会摈斥的其他异端的著作……禁止打碎或损坏圣母玛利亚或封为圣徒的雕像……禁止皈依上述异端的信徒举行的非法聚会或集会,并在会中教训异端的道理和施洗,及任何反对圣教会和公众利益的任何方式的阴谋,人民不得涉足上列场所……吾人禁止一切俗家人公开或秘密地谈论或讨论有关《圣经》上的事……阅读、教授或解释《圣

经》，除非受过正式神学教育的，或由著名之大学核准……或接纳任何上述异端的意见……违者则处以下列刑罚……倘犯者承认其错，男子斩首，女子活埋，若坚不认错，则处以火刑；处于上述两种情形的，其财产均没收归皇帝……

禁止所有人留宿、款待、供给衣食和火或同情异端教徒及显然具有异端嫌疑者，有人违反规定，而别人不加告发者，则应受前述之同等处罚……如有人知悉某人接受异端训练，应向官方检举并将其人交出……检举者在定案后，可获得被告财产的半数……为达此目的，法官与主管官吏没有理由——不能借口惩罚太大或太重，或托词说，此项命令只是用以阻吓违规者——减轻对犯者的惩罚，应按规定处以应得之罪，（兹规定）被控犯罪之人必须按照前述宣布的刑罚切实严办；禁止一切法官改变以任何方式减轻刑罚；无论在什么情况下，禁止任何人向吾人或任何有权之人为罪犯请求赦免，或做有利于异端者、被放逐者或亡命者的请愿，宣布的刑罚，文武官员不得更改，也不能凭私意惩处。

又规定，凡进入低地各国者，须签署保证书，声明忠于全部的正统信条。

因为颁布了这些极端苛刻的赦令，尼德兰变成新旧两教之间的主要战场。据威尼斯派驻查理宫廷的大使于 1546 年的估计，约有 3 万人是再洗礼派教徒，在皇帝的长期屠杀计划下被杀害；但另据一项不太耸人听闻的估计，受难者的人数减至 1000 人。就荷兰的再洗礼派而言，加罗林（Caroline）异教徒裁判所的工作是成功的；在荷兰残存的都采取不抵抗主义，有些逃往英国的，他们在爱德华六世和伊丽莎白的统治下，变为新教活跃的支持者。由于迫害的阻吓作用和经济的繁荣，尼德兰的共产主义运动完全瓦解了。

再洗礼派浪潮甫趋平息，追求胡格诺派的另一股洪流又从法国倾入低地，将加尔文的福音带进荷兰。新异端的严格和神权政治的热诚，唤起那些继承神秘主义传统和共同生活兄弟派的人，而加尔文主义采纳的，在工作方面是尊严而不是诅咒，在财富方面是祝福而不是犯罪，在共和政治制度上，对于富有政治野心的商人阶级而言，它比君主政体更适合他们的需要，它能容纳社会各种不同的阶层，欢迎一切身份不同的老百姓。1555 年，在伊普尔、图尔奈、瓦朗谢讷、布鲁日、根特和安特卫普各地，均有加尔文派的聚会，于是改教运动又蔓延到荷兰。不是路德教义，也不是再洗礼派教义，而是加尔文教义，将查理的儿子拒之于门外，在冲突中，经过了艰苦的一代，把尼德兰分裂为二，将荷兰从西班牙的统治下解放出来，使之成为近代人的天堂。

1555 年，查理五世除了死于其神圣义务外，他所有的梦想都无力兼顾了。他放弃了一切希望，不论是镇压德国和尼德兰的新教，或是在特伦特会议中调解新教与天主教的冲突。他放弃雄心，再也不打算率领新教和天主教，德国和法国堂皇地进军抵抗苏里曼、君士坦丁堡和威胁基督教世界的土耳其。由于他放纵宴饮和纵欲过度，加以频频用兵，消耗精力，又因各地革命之火燃烧不已，国务繁重，以致斫伤健康，政治才能日渐衰退，壮志全消。33 岁时，得了溃疡症。35 岁已现衰老，45 岁饱受痛风、气喘、消化不良、口吃等种种疾病的折磨。他在醒着的时候，有一半时间是在痛苦挣扎之中，他难以入睡，又因经常呼吸困难，彻夜直坐，关节炎使他手指扭曲，签署《克里皮和平条约》时，执笔都感困难。科利格尼将亨利二世的来信呈递给查理时，他的手指费了很大的气力才把信打开。"你对我有何种想法？"他问，"费了这么多气力，才能打开一封信，我不是一名能突击和折断长矛的优秀骑士吗？"或许因饱受疾病的折磨，他丧失耐性，以致对尼德兰新教徒的攻击，有时显得特别残忍和野蛮。他曾下令将那些被俘的德国雇佣兵双脚砍断，因为他们受雇为法国作战，虽然他的儿子，未来的残酷的菲利普二世，为这些人求情，他也无动于衷。他的爱妻伊莎贝拉去世时（1539 年），他却为爱妻之丧悲哀逾恒，又允许将那些可怜的少女送到他的寝宫。

1555 年 10 月 25 日，他召开尼德兰国会，并将菲利普由英国召回，参加会议。会议在布鲁塞尔布拉班特公爵大厦，一间用挂毡装饰的宏大厅堂内举行，习惯上那里是金羊毛骑士们（Knights of Golden Fleece）集会的地点，尼德兰的议员、贵族和 17 省的首长，在武装部队戒护森严之下，在此集会。查理倚在他儿子未来的敌人奥伦治的威廉的肩上进入会场。菲利普、女摄政匈牙利的玛丽、萨伏依的伊曼纽耳·菲利贝托、皇帝的顾问官、金羊毛骑士们，及当时许多左右世界的风云人物，跟随在皇帝之后，鱼贯进入会堂。所有与会之人坐定之后，菲利贝托起立发言，解释皇帝因为健康、精神和政治上的原因，愿意将尼德兰的统治权让给他儿子，皇帝对他这篇冗长而生动的演说，感到非常不耐烦。然后，查理起立，重新倚在那位顾长俊美的奥伦治王子肩上，简单而切题地说了几句话。他扼要地说明他的政绩，如何致力于开拓疆域、扩张权力，并奉献其一生岁月于国事，他回忆往事，曾 9 次出巡德国，6 次出巡西班牙，7 次出巡意大利，4 次出巡法兰西，2 次出巡英格兰和非洲，海上航行达 11 次之多，他继续讲：

> 这是我第四次由此地动身往西班牙……我毕生从未经历过如此的痛苦……诚如我感觉的，今天与诸君分别，没有什么相赠，但我非常切望和平与安宁……我因体力不支，不能再担当国家大任，以免贻误国事……责任如此重大，令人担心，但我健康斫伤已甚，不免使人气馁——这一切使我不再有治理国事的精力……我目前的处境，不得不放弃权位，我应将重要原因诉之于上帝与人民。……我子，菲利普国王，正当有为之年，其能力足以管辖诸君，我愿他成为我钟爱臣民的贤君……

查理痛苦地坐回他的宝座时，听众们宽恕了他的罪过和迫害，同

情他的挫折，因为他在最艰危的时期，凭其个人才智为国辛勤了 40
年。很多人听了他的话而流泪，菲利普于是正式被立为尼德兰的统治
者，他庄严地宣誓（如以后他被人提醒的）遵守各省一切的法律和传
统的权力。早在 1556 年，查理即将西班牙的王位和西班牙在新旧大
陆的一切属地统治权传给他。查理保留了皇帝的头衔，准备也传给他
儿子，但因斐迪南的反对，不得已于 1558 年让位给他兄弟。1556 年
9 月 17 日，他由弗拉兴（Flushing）乘船至西班牙。

西班牙（1516—1558）

·公社分子的叛乱（1520—1522）

对于西班牙来说，他们的国王查理一世成为神圣罗马帝国的皇帝
查理五世，这件事不知是祸是福。他出生于佛兰德斯，并在该地教养
成人，习惯于佛兰德斯的生活方式和嗜好，直到晚年才让西班牙的精
神征服。查理身为皇帝，忙于处理宗教改革，和教皇、苏里曼、巴巴
罗萨和弗朗索瓦一世打交道，但国王的工作只是他全部工作的一小部
分，因此西班牙人抱怨说，他们国王把大部分时间和西班牙很多人力
和物力都用到国外作战，而西班牙本身得到的利益太少了。一位皇帝
如能同情自治制度，在信奉天主教的斐迪南没有到达以前，把西班牙
变成半民主政治——这正是人民所祈求恢复的。

查理初次访问他的王国（1517 年），没有得到人民的爱戴。虽然
已经做了 20 个月的国王，仍然不懂西班牙文。他轻率地免了忠诚的
西曼尼斯（Ximenes）的职务，破坏了西班牙的传统礼仪。他来到以
后，即被佛兰德斯人包围，佛兰德斯人认为西班牙是一个未开化的国
家，正等待着榨取；而这位 17 岁的君主竟将国家高位赐给这些榨取
民脂民膏者。由下级和中级贵族操纵的各省议会，毫不隐瞒地表示他
们反对接受这样一位外国人做他们的国王。卡斯蒂利亚议会拒绝承认
他西班牙国王的地位，稍后他们勉强地承认他与他精神错乱的母亲胡

安娜为共同的统治者。他明白他必须学习西班牙文，而且要住在西班牙，不能再任命外国人做西班牙的官，其他的省议会也声明同样的要求。在这些屈辱中，查理接获消息说，他已当选为皇帝，德国请他去露一面，好为他加冕。他要求巴利阿多利德议会出钱资助他这次旅行时，竟遭拒绝，还惹起群众暴动，威胁他的生命。他最后从科伦纳议会得到钱，赶去佛兰德斯。他派遣行政长官保护他在各城市的利益，并把他以前的老师乌特勒支的红衣主教阿德里安留下，担任西班牙的摄政。这样一来，事态变得更糟了。

西班牙的自治团体，如今在"公社分子叛乱"（Revolt of the Comuneros）中接二连三地产生了。他们驱逐行政长官，谋杀少数投票赞成为查理募款的代表，结盟为神圣公社（Santa Comunidad），誓言要控制国王。贵族、教士和市镇公民一致参加这个运动，在阿维拉组织神圣联盟（Santa Junta，1520 年 8 月），作为中央政府。他们要求省议会与王室会议共同负责拣选执政，若无省议会的同意不得宣战，城镇不得由行政长官治理，须由公民选出的市长治理。萨莫拉（Zamora）的主教安东尼·阿库纳（Antonio de Acuña）公开拥护共和国，将他的教士变为革命战士，并把教区财源用于起义。托莱多贵族朱恩·帕迪利亚（Juan de Padilla）被举为义军指挥官。他率领民兵攻占托德西利亚斯（Tordesillas），将胡安娜·罗卡劫持为人质，说服她签署一项文件，废除查理，立她为女王。这位疯狂的太后忽然聪明起来，竟拒绝他们的要求。

阿德里安没有足够的军队镇压叛乱，只有呼吁查理回来，并坦白地责备说，由于国王的独断专行和缺席在外不理政事，才惹起这场祸事。查理没有回来，他和他的顾问官分别发现了一条策略，可以分化和征服这次叛乱。贵族受到警告，说这种叛乱固然威胁到国王，但同样对有产阶级构成威胁。实际上，因为劳工阶级长期以来深受固定工资和强迫劳动的压榨及被禁止组织工会，现在在若干城镇他们已攫取到权力。在巴伦西亚和邻近地区，已由同业工会会员组成的兄弟协会

（Germania）接管政权，由工人委员会治理。这种无产阶级的专政出自一种不平常的宗教热诚。他们强迫遗留在该省的莫尔人选择受洗或死亡，成百不屈服的人因此惨遭杀害。马约卡岛（Majorca）的平民，由于他们的主人把他们当奴隶一般看待，因此武装暴动，废除国王派遣的总督，凡未逃避的贵族，通通被他们杀光。许多城镇宣布解除他们的封建束缚和加诸他们的义务。在马德里、锡古恩萨和爪达拉哈拉等地，新的市政行政机构排除所有的贵族和绅士出身的官吏，到处杀戮贵族；会议规定贵族应将以前免缴的财产税补缴出来。劫掠者变成了将军，公社分子放火烧毁贵族的府邸，而贵族们也集体屠杀公社分子，阶级战争蔓延了整个西班牙。

叛乱者扩张他们的武装超过了他们的实力，反而摧毁了他们的革命。贵族转过来与国王合作，组织军队对抗平民，经过互相残杀后，贵族军队攻占巴伦西亚，推翻了无产阶级的政府（1521 年）。在危机达到最高峰时，叛乱者的内部发生内讧，叛军在帕迪利亚和佩德罗·吉伦（Don Pedro Girón）的领导下，分裂为两个敌对的集团；会议也同样分裂为敌对的派别；各省的革命各自为政，不相团结和协调。吉伦倒戈，投向保皇党，夺回托德西亚利斯和胡安娜。巴狄吉拉在率领残军逃向维拉拉（Villalar）时被杀。查理率领 4000 名德国士兵回到西班牙时（1522 年 7 月），贵族虽已赢得胜利，但贵族与公社分子两败俱伤，互相削弱，为查理制造了机会，使他轻而易举地压制了自治派团体和同业公会组织，驯服了议会，建立了几乎绝对的君主政体。民主主义运动至此完全被扑灭，逐渐销声匿迹，西班牙的平民也因余悸犹在，变成驯良的老百姓，直到 19 世纪。查理一改以往的作风，以谦和的态度推行他的政令，一群贵妇围绕在他左右，同他一起学习说高贵的西班牙语。他评论说，意大利语是专门用来对妇女说的，德国话是对敌人说的，法国话是对朋友说的，而西班牙语是对上帝说的，由此赢得了西班牙人对他的喜爱。

·西班牙新教

目前只有一种势力能够与查理在西班牙颉颃——教会。查理是亲天主教的，不过他反对教皇。与斐迪南一样，他寻求将西班牙的天主教教会完全脱离教皇管辖的方法。直到目前来说，他的这项措施是成功的，在他治理西班牙期间，教会圣职的任命和税收完全在他控制之下，并运用教会的势力和经济来推进政府的政策。在西班牙，与在法国一样，宗教改革无须将教会隶属国家之下。但在他统治的时代，他有一半时间消耗在自己统领的王国内，这一期间他非常热心于信奉西班牙的正教，以致在晚年（除哈布斯堡王朝的权力外），似乎没有比压制异端更重要的事了。教皇打算让宗教裁判所的工作采取温和政策时，查理一直支持这项工作，直到他去世。他深信异端是导致尼德兰混乱和内战的原因，所以下决心用计谋阻止其在西班牙发展。

在查理的治理下，西班牙的宗教裁判所疯狂的迫害转趋和缓，但它的司法权扩大了。它担任文字检查，有权搜查每家书店，下令焚毁有异端嫌疑的书籍。它有权调查和惩罚性变态的行为。它还制定一种称为纯粹血统的法规（rules of limpieza），凡改变正统宗教信仰及受裁判所惩罚过的人，他们的后代都没有升入高贵阶级和出人头地的机会。他们用严厉的眼光来看神秘主义者，因为其中有些人称他们直接与神交感，所以无须参加教会。异教徒裁判所对所谓开明派（Alumbrados）的人采取宽大的态度，倒是对西班牙的新教徒始终采取严厉的措施。

和在北欧一样，一位伊拉斯谟派的信徒在新教的战斗中，率先发力。少数公正的教会人士，对人道主义者谴责教士们的罪过，大为赞扬。其实，在查理来到西班牙以前，辛曼尼斯和其他一些人已经把教会中可以看得到的弊端加以改革了。路德主义之所以能渗入西班牙，或许是由王室侍从人员之中的德国人和佛兰德斯人带进来的。有一名德国人于1524年在巴伦西亚，被宗教裁判所以供认同情路德而判罪。另外一位佛兰德斯的画家于1528年因为对炼狱和赎罪券持有异议而被判无期徒刑。弗朗西斯科·圣罗曼（Francisco de San Roman）是我们知道的第一位西班牙路德派的信徒，他在 1542 年被判火刑而死，当时一群狂热的旁观者竟有用刀刺他的。

昆卡的胡安·蒂亚兹（Juan díaz）曾在日内瓦吸收了加尔文的思想。他的兄弟阿方索从意大利匆忙赶回西班牙，劝服他重新皈依正统宗教，可是失败了，阿方索赶回时他的兄弟已经被杀（1546 年）。在塞维尔，有一位在大教堂研究经典的教士，名叫胡安·吉尔（Juan Gil）或埃吉迪奥（Egidio），被判一年监禁，理由是他传扬反对敬拜雕像和向圣徒祷告，并反对因善行功劳可获拯救的道理。在他死后，还有人将他的骸骨从土中掘出来加以焚烧。他的同伙教士康斯坦丁·彭斯（Constantino Ponce de la Fuente）继承他的宣传工作，因而死在宗教裁判所的地牢之内，康斯坦丁的 14 名同伙被烧死，其中包括 4 名修道士和 3 名妇女；还有大部分人被判处不同的刑罚；他们聚会的房子也被夷为平地。

在巴利阿多利德，还有半新教（semi-Proatestant）团体的发展，其中包括具有影响力的贵族和高级教士。他们背叛宗教裁判所，差不多所有人都被拘捕和判罪，其中有些人打算离开西班牙，结果被抓到送回来。查理五世那时退休在尤斯特（Yuste），他建议对这些人不必施以怜悯，悔改的人砍头，不悔改的人就用火烧死。在 1559 年 5 月 21 日的"三位一体节"（Trinity Sunday）中，有 14 名新教徒在欢呼的群众面前，被判执行死刑，除其中一人声明撤回他以前的信仰，其余的人统统宽减为斩首；不悔悟的安东尼奥被活活烧死，他 23 岁的妻子莱昂诺尔·西内洛丝承认悔改，减刑为无期徒刑。经过十年的监禁生活后，她撤回以前的悔改声明，宣布她的异端信仰，并要求像她丈夫一样地活活烧死，她的要求被批准。1559 年 10 月 8 日，由菲利普二世亲自主持异教徒裁判所的宣判，将 26 名以上的被告，在 20 万人面前示众。两人被判活活烧死，10 人被绞死。

在此时期，宗教裁判所逮捕的受害者中，最著名的是托莱多的大主教巴托罗梅·卡兰萨（Bartolomé de Carranza），他也是西班牙的首席大主教。他为多米尼克派修士时，是一个活跃的人物，多年来从事搜捕异端的工作。查理曾任命他为出席特伦特会议的特使，并派遣他代表查理出使英国，参加菲利普与玛丽女王的结婚大典。他被选任大主教时（1557年），除他自己外，一致选举他。但有些"新教徒"在巴利阿多利德被捕时，就供出卡兰萨曾秘密地对他们表示，同情他们的意见。同时，他被发现曾与西班牙籍的意大利宗教改革家胡安·巴尔德斯（Juan de Valdés）有书信往来。当时有影响力的神学家梅尔策·卡诺（Melchior Cano）也控告他赞成路德的因信称义的教义。他被逮捕，距离他被升为西班牙最高教会职位只有两年时间：由这件事我们可以判断当时西班牙宗教裁判所的权力是何等之大。他被关在一座监狱中达17年之久，其时在托莱多和罗马，当局正对他的生活和著作加以详审。教皇格列高利十三世宣布他对异端邪说有"热心的嫌疑"，下令他发誓16项主张，并予停职5年的处分。卡兰萨谦卑地接受这项判决，尽力实行指定给他的惩罚；但是在5周之内，他竟因受监禁和屈辱，损耗健康过度后去世了（1576年）。

新教教义在西班牙的一切危机，也随着他一起结束。1551年至1600年，因新教异端邪说的罪名被执行死刑者约200人——平均每年4人。老百姓很多世纪以来怀恨莫尔人和犹太人的心理，造成他们固定于信奉那不可动摇的正统宗教的气质；天主教教义和爱国主义结为一体；宗教裁判所发现，要扑灭具有独立思想的西班牙事变是一件简单的事，只须经历一代或两代的时间。

·皇帝驾崩（1556—1558）

1556年9月28日，查理最后一次进入西班牙，在布尔戈斯以奖赏的方式遣散那些追随他的人员，并向他姐妹匈牙利的玛丽和弗朗西斯一世遗孀安丽诺哈告别。她们希望能分享他在修道院的退隐生活，但恪于规定禁止她们这样做，她们就在距离她们兄弟不远的地方定居下来，他们之间的手足情谊似乎颇深。查理在沿途备受各方礼遇之后，到达普拉森西亚（Plasencia）山谷的胡安迪拉（Juandilla）村庄，该地在马德里西约 120 英里之处。他在那里停留数月，等待工人们为他修建栖身之所，那是他下令在尤斯特修道院内建造的房屋，距村庄只有 6 英里远。他完成旅途最后一站时（1557 年 2 月 3 日），他进驻的地点不是修道院的斗室，而是一栋大厦，宽敞得不仅容得下他带的 50 名贴身侍从，而且能住更多人。僧侣们非常高兴能有这么一位不寻常的贵宾住在他们中间，但随即感到懊恼，因为他们发现这位贵宾无意分享他们的养生之道。他大吃大喝的情形依然如故——过分的纵食和豪饮。沙丁鱼煎蛋卷、埃斯特雷杜拉（Estremadura）腊肠、鳗鱼馅饼、腌松鸡、肥阉鸡及流水般的烈酒和啤酒，通通消失在查理肥大的肚皮之内。他的医生被迫开出大量的旃那叶和大黄根，以排除他腹中的积食。

查理不背诵玫瑰经，也不读连祷文和诗篇，却以阅读他儿子的来信和去信指示其子处理国政，来度他修道院的生活，在战争、神学和政府各方面，查理都为他提供意见。在他生命的最后一年，他变成一个残酷的顽固老头，他建议采用残忍的刑罚来"铲除异端的根"，他懊悔不该在沃姆斯放走路德。他下令，不论任何妇女，若是进到距离修道院围墙二箭远的范围以内，就要笞以 100 鞭。他修改遗嘱，交代在他死后，要举行 3 万次弥撒来安慰他的灵魂。我们无法评论他在暮年的行为，许多因精神错乱造成的污点，可能是得自他母亲血统的遗传。

1558 年 8 月，他的痛风症发展到火热的程度，先转为间歇热，继之又猛烈上升，在他寿终之前（1558 年 9 月 21 日）的一个月，他身心饱受疾病的折磨。1574 年，菲利普将他的遗体移葬于埃斯科里亚尔（Escorial），他们还为他建立一座庄严堂皇的纪念碑。

查理五世在那个时代的失败，最难令人忘怀，更由于他的德行，时常给人类带来不幸。意大利在饱受 10 年蹂躏之后，他才允许给以和平，他降服意大利的同时将教皇政治带到西班牙；意大利文艺复兴的花朵，也在他黑暗的统治下枯萎了。他打败了弗朗索瓦，俘虏了他，却在马德里失去了与他缔结条约的机会，若能如此，不但可保全一切颜面，也可挽救无数的生灵。由于他曾经协助奥地利在维也纳击败苏里曼，在地中海阻止了巴巴罗萨。他加强了哈布斯堡王朝，却削弱了皇帝的权力；他失去了洛林，却降服了勃艮第。德国的诸王子挫败了他建立中央集权的企图，从他的时代开始，神圣罗马帝国成了正在腐朽中的组织，等待拿破仑来宣布她的死亡。他失败于未能压服德国的新教教义，却在尼德兰获得成功，镇压了新教的兴起，不过也为他的儿子埋下了失败的种子。他发现德国诸城市的繁荣和自由，便把它们放置在保守的封建制度统治下，使他们不愉快。他到德国时，德国无论在思想和精力方面，都生气勃勃，超过欧洲任何国家；他退位时，无论精神和智力，都困顿不堪，以致德国在两个世纪中处于停滞状态。他的政策是造成意大利和德国式微的次要原因，在西班牙却是主要的原因，他的措施压制了地方自治的自由和人民的活力。为了亨利，他说服了凯瑟琳向亨利让步；为了天主教会，他拯救了英格兰；他迫使教皇克莱门陷于招致毁灭的犹豫不决之境。

这是我们看到他的错误和他凶恶的罪行之后的观感，但我们的历史观能够宽恕他，因为他深深地受到他智力环境的限制，及当时严厉而错误的见解的影响。他在同时代的人物中，算是一位有才气的政治家，仅就胆识而言，他有勇气和当时的执政人物在广大的范围内，讨论最深奥的问题。他是一位大人物，但被他那个时代许多困难的问题贬低和困扰。

两次运动在他长期统治的时代中，蓬勃地发展着。最基本的运动是民族主义，在统一的君主政体下滋长；但在他的王国内，他没有分享到这份成果。最戏剧性的运动是宗教革命，它产生于国家领土的分裂和利益之中。德国北部和斯堪的纳维亚接受路德主义；德国南部、瑞士和低地，分裂为新教派和天主教派两大部分；苏格兰变成加尔文派的长老会；英格兰变成英国国教的天主教或加尔文的清教徒派；爱尔兰、法兰西、意大利、西班牙和葡萄牙，仍然忠于疏远的和精练的教皇制度。各国虽然在这种双重运动的分裂之下，它们之间仍然产生一种微妙的统合：各自尊大的独立国家，发现它们需要相互依赖，这是以前从未想到的；必须加强团结在一个经济网内，并且要在一个广大的区域内，形成相互关联的政治、战争、法律、文学和艺术。我们现在看到的欧洲，就是如此形成的。

第三部

宗教改革的余响

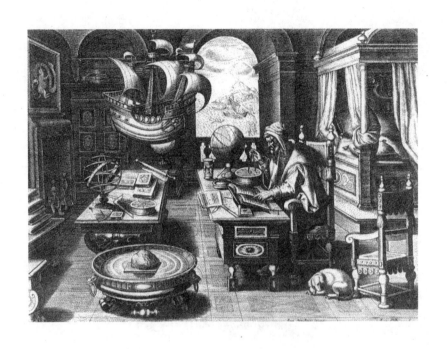

工作中的文艺复兴时期人文主义历史学家比翁多。书房中的各种仪器表明了文艺复兴时期科学的进步。

第一章 | 俄罗斯的统一
（1300—1584）

俄罗斯民族

1300 年以前俄罗斯是不存在的。其北部大部分属于 3 个自治城邦：诺夫哥罗德（Novgorod）、菲亚特卡（Viatka）、普斯科夫（Pskov）。西部及南部的省份则是立陶宛的属地。而东部的莫斯科、梁赞（Ryazan）、苏兹达尔、奈尼、诺夫哥罗德、特韦尔等公国也各自为政，只是在名义上共同受金帐汗国（Golden Horde）的管辖而已。

"Horde"一字的名词来自土耳其文奥尔迪营地（ordu），其含义是从"圆顶的帐篷"衍生出来的，这种帐篷被成吉思汗（Ghengis Khan）之孙"辉煌者"拔都（Batu the Splendid）用来当大本营，其上覆以金布。征服了南俄罗斯及西亚的这些亚洲人后，建都于窝瓦河（the Volga）上游一支流上的萨赖（Sarai），每年接受俄罗斯各诸侯的进贡。这个部落半农半牧。统治阶级是蒙古人，其余的大部分是土耳其人。这个部落被称为鞑靼人，因为他们都是属于来自戈壁的鞑靼族，早在 9 世纪就开始了所谓的蒙古人大西迁。俄罗斯受这个部落的统治，在社会方面的影响主要有：莫斯科各亲王的专制，老百姓对其诸侯们的卑屈效忠，妇女地位的低微，俄国政府的军事、财政及司法等机构一切依照鞑靼族的习俗。鞑靼人的统治使俄罗斯形成西欧政体的努力往后延缓了两个世纪。

俄罗斯民族应付这些严酷环境的方法是沉默、坚忍，在苦难中他们仍鼓起勇气欢唱。他们的敌人形容他们性格粗鲁、残忍、不诚实、狡诈、凶暴。毫无疑问，这也是艰辛和难熬的气候使然。然而，他们的忍耐力、幽默感、友善及好客给予他们一些补偿——正因为如此，他们才自认为是世间的中坚分子。野蛮的法律和可怕的刑罚鞭策他们进入文明：据说，一位杀死丈夫的太太要被活埋在地下，土要一直堆到她的脖子；巫师要被关在铁笼里活活烧死；骗子要被人灌以液体金属。与其他须与寒冷气候搏斗的民族一样，俄罗斯人酒喝得很多，有时喝得烂醉如泥；甚至在他们的食物中还要调以酒味，以温暖他们的身体。他们喜欢热水浴，洗澡的次数比大部分欧洲人更频繁。宗教要求妇女们把她们诱人的躯体和头发隐藏起来，因为这些东西都被认为是撒旦的工具。虽然如此，在法律面前，妇女与男人平等，她们也常参加娱乐活动或舞会——这原本是被当成罪恶而受禁止的活动。俄罗斯教会的道德律极为严厉，在四旬斋期间绝对禁止性行为。显然，道德的严厉是用来抵制人民过分沉溺于他们仅有的欢乐。婚姻都是受父母之命，而且早婚；女孩子一到12岁，男孩子14岁便被认为已达结婚年龄。婚礼相当复杂繁冗，充满着许多古老的象征与祝福。在婚宴过程中，新娘必须保持适当的沉静，她报复的机会必须延后。洞房花烛夜次日，她得向婆婆展示她的儿子确实娶了一位处女。通常，家中的妇女们都住在房子的楼阁上，和男人分开；父亲在一家之中有绝对权威，其地位仿佛一国的沙皇。

他们的虔诚心使贫穷升华为进入天堂的准备。家家户户，不论房子大小，都要腾出一间来供奉圣像，作为不时祈祷的地方。一位知礼的访客，在向房主人打招呼之前，须先对圣像膜拜一番。善良的妇女不论走到哪里，身上随时都佩着念珠。他们把祈祷词当作咒语朗诵。据一本16世纪很有名的祈祷书《治家格言》（*Domostroi*）记载，凡是把某一首祈祷词每天朗诵 600 次，连续 3 年，那么，这个人就会体验到圣父、圣子及圣灵合而为一的感觉，不过，这个迷信的宗教却有许多很美的特性。复活节那天早晨，大家一见面就互相恭贺道："基督复活了。"在这种希望中，大家多少觉得死亡易于接受了；面对死亡时，一位正当的人便能偿还债务、减轻债主的痛苦、给几位农奴自由、施舍贫民和教会，抱着对永生的信心安然长眠。

俄罗斯教会激发人们虔诚之心靠的是建筑、壁画、圣像、有力的布道词、催眠会及一些仿佛来自灵魂深处的圣歌。俄罗斯教会是国家的重要机构，它负有教育人民识字和道德律、训导品格、维持社会秩序之责，得到的报酬也非常丰厚。修道院很多，而且大。1335 年，圣塞尔吉乌斯（St. Sergius）设立的三位一体修道院到 1600 年便扩充至需要 10 万农民耕种的广大土地。为了答谢人民，修道院实施一种俄国式的慈善。有些修道院每天供养 400 人，有一年发生了大饥荒，位于沃洛克拉斯克（Volokloamsk）的修道院一天之内便供养了 7000 人。僧侣们宣誓过贞洁的生活，祭司们则非结婚不可。这些"教父们"大部分是文盲，可民众并不因此看轻他们。莫斯科大主教们在很多方面都是当时最能干、最有学问的人，为了保护国家，往往不惜他们的金钱，他们甚至还帮助亲王们统一国家。圣阿列克谢（St. Alexis）主持莫斯科维特（Muscovite）教区时（1354—1370 年），便是俄国的真正统治者。虽说俄罗斯教会为了履行某些工作有时不免有错，但在这段塑造时期，对于一个被艰苦生活和贪婪人性野蛮化的民族而言，教会是使其走向文明最强大的力量。

1448 年，俄罗斯教会因拒绝佛罗伦萨宗教会议将希腊与罗马基督教合并，宣布脱离拜占庭主教独立。5 年后，君士坦丁堡落入土耳其人手中时，莫斯科便成为希腊正教信仰的中心所在。约 1505 年，有一位虔诚的僧侣写了这样一句话给当时的莫斯科大亲王（Grand Prince）："殿下当知，如今整个基督教世界的主权都集中到殿下手中。因为东西罗马帝国灭亡后，第三个罗马帝国还在。将来不可能有第四个罗马帝国出现，因为殿下的基督教帝国将永垂千秋。"

俄罗斯教会几乎是文学与艺术的唯一保护者，因此也成为其独裁者。最好的文学不是写的，是众口相传。民歌一代一代地传唱下来，歌颂他们的爱情、婚礼、悲伤、四季变化、宗教节日及死亡。此外，有歌颂圣徒、古代英雄及如诺夫哥罗德商人萨得可（Sadko）冒险传说故事的短歌。失明者和跛子便沿村到处唱这些诗歌和圣歌，所有的文学几乎都是宗教的僧侣式文学。

这时将圣像绘画带到一种完美境界的是僧侣。在一块画板上，有时（多加上一块布）漆上一层黏液后他们就在上面作起画来，他们着色的方法是利用水和蛋黄调和在一起，在画上加上一层釉之后就装入一个金属柜里。作画题材由教会决定。人物画和面貌多取材自拜占庭的模式，包括君士坦丁堡的镶嵌细工到希腊化的亚历山大时代的绘画发展过程。这一时期最好的圣像画包括：一幅置于莫斯科的圣母升天大教堂内，名为《登基的基督》（*Christ Enthroned*）的无名氏画；一幅藏在诺夫哥罗德学校的《基督进入耶路撒冷》（*Entry of Christ into Jerusalem*）；一幅置于三位一体修道院内，由僧侣安德烈·鲁布廖夫（Andrei Rubliov）画的《神圣的三位一体》（*The Holy Trinity*）。鲁布廖夫及其师傅狄奥凡（Theophanes）画的壁画，其风格为半拜占庭式、拜占庭希腊混合式，他们的壁画分布在弗拉基米尔（Vladimir）、莫斯科及诺夫哥罗德等地，不过这些画都已因时代久远而不存在了。

每位统治者都以赐建一幢教堂或一所修道院来表示他的辉煌功绩，同时借此宽慰他的良心。以亚美尼亚、波斯、印度、蒙古、意大利等地的结构和精神为辅，以拜占庭的传统为主，形成了俄国教会建筑的风格，其特色是华丽的多样性构成单位、饰金的中央殿宇、精心设计用以防雨防雪的球形圆顶。东罗马帝国灭亡、鞑靼人被驱逐后，俄国依赖拜占庭和东方艺术的程度才开始减下来，从西方来的影响则改变了斯拉夫式风格。1472年，伊凡三世（Ivan III）为了继承拜占庭皇帝的权力及王号，娶了东罗马帝国最后一任国王的甥女卓娅·帕拉奥罗古斯为妻。卓娅从小在罗马长大，感染了早期文艺复兴的思想。她带来了多位希腊学者，并把意大利艺术传授给伊凡。伊凡于 1474 年派遣第一批俄国特使到西方，也许便是她的建议，希望能为莫斯科带回来几位意大利艺术家。具有非凡才干而被称为"亚里士多德"的波隆那的里多尔福·菲耶拉瓦特（Ridolfo Fieravante）接受了聘请。此外，彼得罗·索拉里奥（Pietro Solario）、阿列韦西奥·诺维（Alevisio Novi）及其他多位艺术家也来到俄国。就凭这几位意大利人，再加上俄国的助手和苦工，才把克里姆林宫（Kremlin）重新建立起来。

尤里·多尔戈鲁基（Yuri Dolgoruki）于 1156 年在他的别墅四周加了一道围墙，由此建立了莫斯科，这栋建筑正好位于具有战略地位的两条河流的汇流处，这个城堡便是克里姆林的最初形式。随着岁月的消长，这道围墙慢慢扩大，教堂和宫院也一栋一栋竖了起来，四周再围以厚厚的橡树墙。伊凡三世亲自费工夫把整个地方改头换面。显然，位于克里姆林的古老圣母升天大教堂一定是菲耶拉瓦特（Fieravante）1475 年至 1479 年之间改建的，而这个教堂也成为后来沙皇们加冕的地方。这个教堂的设计仍是拜占庭式，其装饰却是意大利式。从普斯科夫聘来的建筑师于 1484 年至 1489 年在围墙内又加盖了一个报喜大教堂。此外，1505 年至 1509 年，阿列韦西奥又在克里姆林造了大天使教堂。索拉里奥及其他的人于 1485 年至 1508 年再以粉红色的砖头在城外砌一道围墙，其风格仿造米兰的卡斯特罗·斯弗泽斯科（Castello Sforzesco）教堂。莫斯科的亲王和大主教们就以这个俄罗斯的教堂中心——世俗与宗教权威的大联盟——驾驭贵族、商人、农民，并以恩威并施的手段，奠定了历史上最强大帝国之一的基础。

莫斯科的亲王

莫斯科是一个名不见经传的小乡村，直到 13 世纪末丹尼尔·亚历山大诺维奇（Daniel Alexandrovitch）才扩展其腹地，使其成为一个小公国。历史上的记载把莫斯科的繁荣归之于其便于航行的莫斯科河。莫斯科河东邻窝瓦河，西南邻俄喀河、顿河与第聂伯河。莫斯科亲王尤里·丹尼尔诺维奇（Yuri Danielovitch，丹尼尔之子）垂涎邻近有富庶首都弗拉基米尔的苏兹达尔公国，特韦尔的亲王米歇尔也有相同的野心。莫斯科与特韦尔为此而交战，结果莫斯科公国获胜，米歇尔亲王被杀而受追封为信徒。尤里之弟，即继承者伊凡一世，后来同时拥有莫斯科大亲王与弗拉基米尔大公爵的双重头衔。

伊凡一世是俄国献给鞑靼可汗贡品的征收者。他向人民搜刮的远比他进贡的为多，以此自肥。他的强取豪夺使他赢得"钱袋"的绰号，却使他的公国有 13 年免于鞑靼的袭击。他死时（1341 年）犹如一个出家的僧侣，被人们以圣徒供奉。他的儿子西梅翁·普努德（Simeon the Proud）继承了他收税的本事。虽然他声称对每个省份拥有控制权而自封为全俄罗斯的大亲王，却仍免不了死于瘟疫（1353 年）。伊凡二世是一位温顺而爱好和平的君王，在他的统治下，俄国却陷入了内战。他的儿子德米特里（Dmitri）具有军人必备的气质，他击败了每一位敌手，而且公然反抗鞑靼可汗。1380 年，马迈可汗（Khan Mamai）纠集了一群鞑靼人、热那亚的雇佣兵及一批浪人，向莫斯科进军。德米特里及其俄国联军在靠近顿河附近的库利科沃（Kulikovo）与鞑靼军相遇，击溃了他们（1380 年）。两年后，鞑靼人挟 10 万大军再度向俄国进击。因胜利得意忘形但民穷财尽的俄国人，无法招募与敌军相当的兵力；鞑靼人夺取了莫斯科，屠杀了 2.4 万人，把莫斯科城夷为平地。德米特里之子瓦西里一世（Vasili I）与鞑靼人谋和，割让诺夫哥罗德公国，并强迫诺夫哥罗德和菲亚特卡两城邦奉他为君主。

莫斯科大亲王沿用鞑靼人的专制政治制度，也许对于乌合之众的文盲人民而言，这是一个很好的选择。在暴力与权术的专制政体下，一个仿照拜占庭式的政府管理机构须受制于一个向亲王咨询、为亲王服务、由权贵组成的议会。这些权贵也是军队的统帅，地方的统治者，半自由农民的组织者、保护者与剥削者。富于冒险的殖民者移居至无人烟地区，他们清理沼泽，放火烧山以提高土地的肥力，这种无计划的耕种方式将土地资源榨取完之后，他们又搬到别的地方，就这样，他们抵达了白海（White Sea）和乌拉尔山脉（Urals），甚至深入到西伯利亚。在这些一望无际的大平原上散布了无数的小乡镇；所有的房子都是以泥土和木头建筑而成的，目的是至多 20 年后就烧毁它们。道路崎岖不平，唯有在冬天，冰雪覆盖道路，到处挤满了坐着雪橇、穿着保暖长靴的人时，这些路算是最畅通无阻的了。商人们喜欢河流，不喜欢陆路，靠着水或冰的力量，他们在南北之间辛劳地做着生意。此外，他们也跟拜占庭、穆斯林及北欧的汉萨同盟交易。也许在贸易扩大的过程中，这些亲王们的个人主义消失了，而俄国也被迫趋向于统一的局面。瓦西里二世之所以被称为"盲者"德米（Tёmny the Blind），是因为他被敌人挖出了眼珠（1446 年），他曾以折磨、致残及鞭笞的方式使反抗他的人服膺于他的领导。因此，后来他留给其子的强大俄国，才足以洗清受鞑靼人统治的耻辱。

伊凡三世被称为"大帝"，因为他完成这项大业，而且统一了俄国。处境的需要，形成了他特殊的作风：不讲理、狡猾、精打细算、顽固、残忍，能坐镇克里姆林指挥军队在远方打胜仗；残暴地惩罚抗命者与无能者，甚至鞭笞、折磨、残害权贵，杀害医不好其子之病的医生。他过于严厉地对待其侍从，以致妇女们一见到他就昏倒。俄国人称他为"恐怖者"，直到他的孙子登基。

在他南征北讨中，征服诺夫哥罗德最不费力。对诺夫哥罗德城邦内的那个既蓬勃发展又可抽税的商业中心，他垂涎三尺，极欲夺取，而莫斯科的商人们更逼他进军把北方的这批竞争者消灭掉。这位大亲王控制了莫斯科与诺夫哥罗德之间的平原地带；而以经商为主的诺夫哥罗德共和国买卖货物的地方便在这个地区，伊凡只要下令将其谷仓和市场关闭、拒绝诺夫哥罗德的商人来此经商，这个城邦就得破产，就得向伊凡称臣纳贡。经过 8 年的停停打打，这个小共和国终于放弃了自治的权力（1478 年）。其国内的主要居民 7000 人被迫迁到苏兹达尔，北欧汉萨同盟的商人被赶走，于是莫斯科的商人们继承了他们留下来的市场，而莫斯科亲王则分享了诺夫哥罗德的利润。

吞并这个共和国的殖民地后，伊凡将统治势力延伸到芬兰、北极圈及乌拉尔山脉等地区。普斯科夫幸好投降得早，方能保全其共和国，只是将其国家置于这位大亲王统辖之下而已。特韦尔则以寻求与立陶宛联盟而想保存下来，但伊凡亲自挂帅出击，不费吹灰之力就攻占了该城。罗斯托夫和拉罗斯拉韦尔也相继落入其手。伊凡的兄弟去世时，伊凡不准把他们的封地分给其继承者，而是并入自己的领土内。其中的一个弟弟安德烈因为和立陶宛私通，被伊凡拘捕下狱，死在狱中，伊凡虽然流下伤心的眼泪，仍然将安德烈的土地充公，因为政治是不讲感情的。

脱离鞑靼人的支配表面看来似乎不可能，实际上是轻而易举之事。由蒙古人和鞑靼人联合起来的残余侵略者已经分成相互敌对的 3 批，分别定居在萨里、喀山、克里米亚 3 个地方。伊凡实行各个击破的办法、直到他有把握他们不可能联合对付他为止。1480 年，他开始拒绝向他们纳贡。阿赫梅特可汗（Khan Akhmet）率领大军向窝瓦河上游进发，沿俄喀河和乌拉河河岸，直到莫斯科南部，伊凡率领 15 万大军进驻河的对岸。就这样在没交战的对峙之下，两军在此驻扎了数月之久。伊凡不太敢以其皇位及生命孤注一掷，鞑靼人则对他的优良大炮惧怕三分。河水结冻，两军再也无法继续维持不交战的局面时，伊凡即下令撤退。鞑靼人不但不乘机追击，而且也下令撤兵，直退到萨里（1480 年）。这确实是一次大而荒谬的胜利。从那时起，莫斯科即未曾再纳贡给这个部落。伊凡大亲王自称为独裁君主（Samoderzhets），因为他无须向任何人纳贡。那些相互敌对的可汗们却互相打起仗来，阿赫梅特战败被杀，萨里金帐汗国从此消失了。

立陶宛仍然存在。即使是大亲王或莫斯科主教区也无法像乌克兰和基辅两国享有这么久的和平，而西俄罗斯则常常有个强敌威胁着莫斯科，引诱信仰希腊正教者改信罗马公教。据称，波兰人想要谋杀伊凡的计划，给了伊凡一个开战的理由，结果真的带来一场为收回被占领省份的圣战（1492 年）。许多立陶宛的亲王，由于夹在波兰、罗马、天主教联盟之间感到惶惶不安，因此都打开大门，迎接伊凡的军队。立陶宛的大亲王亚历山大在韦德罗萨（Vedrosha）裹足不前，结果输了这一仗（1500 年）。教皇亚历山大六世出面调停，停战 6 年。莫斯科却保有它占有的土地——西至索日河，包括车尼哥夫，几乎抵达斯摩林斯克。伊凡三世年已 63 岁，只好把未收复的重任留给其继任者。

伊凡在位 43 年，对 20 世纪以前的俄国历史，其重要性当然不在话下。也许是受到财势的鼓舞，或是因为相信俄罗斯人的安全和繁荣需要一个统一的俄国，伊凡三世对其国家的功业几乎可以媲美法国的路易十一、英国的亨利七世、西班牙的斐迪南和伊莎贝拉、教廷的亚历山大六世。上述这些事件同时发生，证明了国家主义和君主政体的抬头，也为教皇政治的超国家强权敲响了丧钟。权贵失去了其独立性，公国们纷纷向莫斯科进贡，于是伊凡拥有了"全俄罗斯的统治者"的称号。也许听了他那位希腊籍太太的建议，他也采用了有希腊罗马之风的沙皇称号，以那代表帝国的双鹰作为该国的标志，宣称对所有拜占庭的政治和宗教权威有继承权。于是，拜占庭的政治理论与仪典，视教会为国家的机关，也随着拜占庭的基督教信仰、拜占庭的希腊字母及拜占庭的艺术形式传入了俄国。而拜占庭地近亚洲，一切都东方化了，俄国早因鞑靼人的统治，在很多方面成为一个更东方式的君主政体，这种政体当然使西方人感到格格不入，难以了解。

"恐怖者"伊凡（1533—1584）

瓦西里三世继续统一俄国的工作。他把斯摩林斯克并入他的疆土，又强迫梁赞和诺夫哥罗德－谢韦尔斯克等公国向他称臣。一位俄国的编年史作者说过，曾经不可一世的普斯科夫共和国向瓦西里称臣时（1510年），"只有怀中的婴儿不流泪"。俄国现已成为欧洲的主要强国之一，瓦西里王已可和马克西米里安一世、查理五世、苏里曼大帝、教皇利奥十世等人并驾齐驱了。有几位权贵想要限制他的独裁政治时，他骂了他们一句轻蔑的话——"村夫"，并将其中的一位贵族杀头示众。他的妻子不能为他生子，他就和她离婚，另娶一位能干的海伦娜·格林斯基（Helena Glinski）。他去世后，她便代其3岁大的儿子伊凡四世摄政。她死后，权贵们恢复了他们的强横，政府重新被其钩心斗角的党团轮番控制。他们的暴力使城市大乱，他们把那些手无寸铁的农夫杀死，使国家陷入内战。

在这些争斗中，这位全俄罗斯的小君王几乎没有人理睬，有时甚至穿不暖、吃不饱。他看到处处血腥时，反而视之为一种理所当然的行为，也开始施行各种残暴娱乐，渐渐变得喜怒无常、猜忌心重。他13岁时（1544年），突然罢黜权贵的首领安德烈·舒伊斯基（Andrei Shuiski），自己掌握国家的统治权。3年后，他请莫斯科大主教加冕他为沙皇。之后，他又下一道命令，在其领土内为他挑选一批高贵的处女送给他，从这批处女中他选中了阿娜斯塔霞·罗曼诺夫娜（Anastasia Romanovna）为妻，这个女人的娘家姓氏很快便成为一个朝代的名称。

1550年，他召开了全俄罗斯的第一次全国代表大会（Zemski Sobor）。会中，他忏悔少年时代的错误，并保证将以公平仁慈的政策统治国家。也许是受了德国和斯堪的纳维亚等国宗教改革的影响，大会也讨论捐出教会财产给国家的动议。该动议未获通过，却通过了一项与此相关的提案，规定所有让与教会的独立地产——那些不含抵押权的地产——都要被收回，所有在伊凡未届法定年龄时捐给教会的礼物须注销，而且所有的修道院无沙皇的同意不得再置任何财产。僧侣们的怒气直等到伊凡选定希尔维斯特（Sylvester）牧师为其宗教导师，而且请他和阿列克谢·阿达舍夫（Alexis Adashef）为其主要牧师时，方才消退。在这些能干助手的支持下，伊凡21岁时其领土便已十分辽阔，西起斯摩林斯克，东至乌拉尔山脉，北达北极海，南方濒临里海。

他的第一个目标就是整顿陆军，为此，他成立了两个直接向他负责的机构，以便与不甚友善的贵族军力抗衡：哥萨克（Cossack）骑兵队及配有火绳枪——这种枪炮于15世纪中发明——的斯特里尔茨（Strieltsi）[1] 步兵队。哥萨克人在15世纪的南俄罗斯，其地位介于穆斯林与莫斯科的农民之间，他们必须一接到通知就马上应战，因此他们常常有机会抢劫来往于南北之间的骆驼商队。主要的哥萨克"老大"——包括俄国东南部的顿河哥萨克人（Don Cossaks）和西南部的扎波洛什哥萨克人（Zaporogue Cossacks）——是一批半独立的共和国，施行很奇怪的民主政治：男户长们选出一位酋长作为由全民选出的代表大会的执行官；所有的土地是公有的，只是暂时租给每家使用；在法律面前任何阶级都平等。以勇猛著称的哥萨克骑士成为伊凡四世国内外稳定力量。

他的外交政策非常简单：他想把俄国与波罗的海和里海连在一起。鞑靼人仍然占有喀山、阿斯特拉罕及克里米亚等地，仍要求莫斯科向他们纳贡，虽然这种要求不为莫斯科理睬。伊凡深信，俄国的安全与统一需要他取得上述这些汗国，并控制窝瓦河的出口。1552年，这位年轻的沙皇率领15万大军进攻喀山的城门，围攻50天之久。城内3万穆斯林秉其宗教信仰的不屈不挠精神坚决抵抗。他们屡次突击，突击队员有些被捕、被吊在城墙前的绞架上时，守城者反而以箭射之，因为他们说："与其让被捕者死在不纯净的基督徒手中，不如让他们死在国人的干净手中。"攻城者因围攻一月不下而丧失信心时，伊凡派人从莫斯科取来一个神奇的十字架。他把这个十字架拿给士兵们看后，士兵们个个又恢复了活力。攻围双方都有上帝被召来服役。有位德国的工程师在城墙四周布以地雷，结果城墙应声倒地，俄国人

---

[1] Strieltsi 源自 Streilati，意为开火；"哥萨克"一字也许是土耳其文的 quzzag，意为"冒险者"。

边入城边叫道："上帝与我们同在！"——于是把所有不能当奴隶卖的人通通杀光。据说，伊凡曾经为打败仗者淌下了同情的眼泪，他说："他们虽非基督徒，却也是人。"他重新以基督徒去驻守废墟。俄国人礼赞他是第一位攻取鞑靼要塞的斯拉夫君王，而庆祝这次胜利的方式就像法兰西欢呼在图尔阻挡穆斯林（732年）的前进一样热烈。1554年，伊凡攻取阿斯特拉罕，窝瓦河也完全为俄国所有。克里米亚一直被穆斯林控制到1774年，但顿河的哥萨克人此时已臣属莫斯科了。

清除了东方的疆土后，伊凡开始觊觎西方。他梦想俄罗斯的商业能向西部和北部发展，沿着大河直达波罗的海。他极羡慕西欧的工商业扩张，因此他寻求任何机会使俄国和这种发展产生关联。1553年，休·威洛比（Hugh Willoughby）和理查·钱塞勒（Richard Chancellor）两人奉伦敦商人的委托，想在斯堪的纳维亚附近找寻一个通往中国的北极航线。他们从哈维奇（Harwich）乘3条船出发，两个船员在冬天死于拉普兰，钱塞勒仍旧抵达了阿尔汉格尔斯克（Arkhangelsk）——该地是英国人以米迦勒大天使命名的。钱塞勒历尽千辛万苦方抵达莫斯科。伊凡起初便是和他，后来又和安东尼·杰克逊（Anthony Jenkinson）签订了许多条约，批准伦敦与莫斯科公司在俄国境内做贸易的特权。

可是就伊凡而言，这些条约并不能当成通往西方的窗口或门户。他尝试引进德国的技术员，已经有123位技工聚集在吕贝克准备出发，但查理五世不放行。有一条大河南德维纳河（Southern Dvina）从俄国的心脏一直到里加（Riga）附近，流入波罗的海，中间流经敌对的利沃尼亚（Livonia）。德维纳河和窝瓦河的河源相距并不很远，只要挖几条运河就可以把这两条河接通。也许是上天的意思，故意把这条水路赐给俄国，以补偿其大片土地与海岸和港口数目不成比例的缺陷。因此，只要波罗的海能够和里海、黑海连在一起，东西方就可以有所接触，而且在货物及思想的交流中，西方也可偿还它负于东方的古老文化。

因此，1557 年，伊凡便造出一个开战的理由——其实，这通常都是一种贪心的借口而已——向利沃尼亚挑战。他派遣一支由喀山留下的鞑靼可汗沙阿–阿里（Shah-Ali）率领的陆军向利沃尼亚攻击。这支军队在该国大肆劫掠，杀人放火，逼其人民为奴，到处强奸妇女。1558 年，另一支俄国大军攻占了距波罗的海只有 8 英里的纳尔瓦城。利沃尼亚请求波兰、丹麦、瑞典和德国的协助，整个中欧都为这种斯拉夫人西犯的洪水感到不寒而栗，其情况与 6 世纪时他们西犯到易北河一样恐怖。斯蒂芬·巴托里（Stephen Bathory）后来唤醒了波兰人，他率领军队在波罗兹克（Polotsk，1582 年）打败了俄国人。被击败的伊凡只好将利沃尼亚让给波兰。

早在这次决定性的挫败之前，伊凡在国内政策的失败已引起了反叛。那些想要伊凡多开几条贸易路线使其致富的商人们，已经对极度浪费而具有分裂性的战争失去了兴趣。反对这场战争的贵族们于是想联合拥有较精良武器的波罗的海诸强国、反抗在政治和组织上仍属于封建制度的俄国。早在开战之前及战事进行中，伊凡就怀疑许多权贵们有夺取其皇位的阴谋了。在一次几乎夺掉其性命的疾病中（1553 年），他得知，一群强有力的贵族曾经计划等他一去世，就废弃其子德米特里，另拥立弗拉基米尔为亲王，因为弗拉基米尔的母亲已把大批礼物一一分发给军队。他最信任的顾问——希尔维斯特和阿达舍夫——与那些阴谋叛变的权贵们串通了。虽然对他们怀有疑心，伊凡仍让这些权贵们继续握权达 7 年之久，直到 1560 年才以非暴力手段驱除了他们，希尔维斯特死在一所修道院内，阿达舍夫则死在利沃尼亚战役中。权贵们中有几位逃到了波兰，拿起武器反抗俄国。1564 年，伊凡的心腹、统率将领安德烈·库尔伯斯基（Andrei Kurbski）亲王也加入这种逃亡的行列，声称俄国的沙皇想要谋害他。库尔伯斯基从波兰送了一封是向他宣战的信，指骂伊凡为一位患有麻风病的犯人。据说，伊凡听完了这封宣战书后，马上拿了一根拐杖打那位带信者，并把他的脚用钉子钉在地板上。这位沙皇还是亲自向库尔伯斯基回了一封长达62页的答辩书，这封信以滔滔不绝、杂乱无章、慷慨激昂、引经据典的口气，说明权贵们如何罢黜他的阴谋。因为深信是权贵们设计毒死阿娜斯塔霞的，他在信中质问他说："你为何要离间我们夫妻之间的关系？难道你不是已经夺走了我年轻的太太，而我却从未去杀死任何议员吗……我得不到任何人的同情。"库尔伯斯基在他行将就木之际，写了一篇充满敌意、冷酷无情的《伊凡的罪史》，从这份陈述中，我们方得到叙述伊凡的恐怖的来源。

　　这些阴谋计划和逃亡成为这一朝代最有名、最特殊的事件。1564年12月13日，伊凡举家离开莫斯科，带了一些圣像、宝物以及一小支军队，隐居到他在亚历山德罗维奇（Alexandrovsk）的夏日别墅去，同时写了两道声明送回莫斯科。其中之一宣称，权贵们、所有的政府官吏及教会都联合起来对付他和国家；因此，在"万分悲伤的心情下"，他现在让出了他的皇位，今后将过着隐退的生活。另外一封则告诉莫斯科人，他实际上是爱护他们的，而且向他们保证，他将永远爱他们。事实上，他自始至终都站在老百姓和商人这边而反对贵族，这一点在当时的中下阶级人民中就可得到证明。这些中下阶级的怒气爆发了，他们叫骂那些贵族和僧侣，要求他们派遣一个由主教和议员们组成的代表团去见沙皇，亲自请求他重回皇位。结果一切按此进行，伊凡也"再次负起治理国家的责任"，不过附有许多他以后才想说明的条件。

　　他回到莫斯科后（1565年2月），马上召开僧侣和权贵的全国代表大会。他宣称要处决反对党的领袖，并把他们的财产充公；以后他要握有一切权力，无须向贵族们或大会咨询，而且把凡是不服从其诏书者通通放逐。代表们为了防止群众的反抗，结果屈服解散。伊凡同时宣布，此后俄国将分为两部：其一为泽姆斯特奇纳（Zemstchina）或称省代表大会，这个大会仍由权贵及其国会组成的政府控制；沙皇可以随意抽税，在军事和外交事务方面该会完全受他管辖，除此

之外，他们可以自治自由；其二为奥普里茨尼纳（Oprichnina）或称
"另外的财产"，由伊凡自己控制，这种财产是他授给普鲁里茨尼基
（Oprichniki，"骑士"之意）或另外阶级的土地，这些阶级由沙皇选
出，一方面为统治管辖这一半领土之责，另一方面为保护这块土地，
以免发生骚动，借此沙皇可以得到保护，同时也成为一种特殊的服
役。这一阶级的新军官——最初总数只有 1000 人，后来增加到 6000
人之多——大部分是从贵族的青少年子弟中选出。这批人原是无田阶
级，为了报答伊凡授予的地产，个个都愿意为他效命。这些土地部分
来自皇帝的财产，而大部分是从那些反叛的权贵那里没收来的，到了
这个朝代的末期，奥普里茨尼纳阶级几乎占有全俄罗斯的一半、莫斯
科的大半部及许多重要的贸易航线。这次革命和 150 年后彼得大帝施
行的很相似——一种新阶级在政坛上崭露头角，而俄国的工商业也开
始向前迈进了一大步。在一个军事力量几乎全落在贵族手中的时代，
经济的发展需要一位虽然只有一小支私人军队及不可靠的商人和老百
姓的支持却不乏蛮勇的沙皇。从某些例子中，我们不难相信，在这时
代的紧要关头，当时年仅 35 岁的伊凡，一下子老了 20 岁。

　　伊凡现在把亚历山德罗维奇当作他的公馆，并将之改建成一幢设
防的城堡。这一连串和贵族阶级的作对，再加上连年征讨利沃尼亚不
利，若是一位不够镇定的人一定会乱了脚步。他命令他的卫士像僧侣
一样穿黑长袍、戴铁盔，自称是这些卫士的修道院院长，他唱他们的
圣歌，每天参加他们的弥撒，他强烈的虔诚心使他匍匐在神坛前又站
起时，额上都擦伤。这一点更使人望之俨然可敬，俄罗斯开始对他
又惊又敬，甚至全副武装的骑士在他面前都自感卑微，因此，他们
被称为他的朝臣。

　　伊凡的革命，就像其他人的革命，有其恐怖的一面。凡是阻挠革命
而被捕者，皆格杀勿论。在一部修道院的编年史里——编者可能是他的
敌对者——说明，在这几年中（1560—1570 年）成为其暴怒的牺牲品
的有 3470 人。从这部编年史的记载看来，这些牺牲者大部分不是连

累"其妻"，就是连累其"妻、子"一起而被杀害，其中有一次甚至连同"来营救的十个人"都一起被处决。弗拉基米尔亲王及其母亲被杀，不过其子不但幸免，而且生活还被照顾。据说，这位沙皇还要求僧侣们为那些牺牲在他手里的灵魂祈求安息。他辩白说，这些处决完全是给叛国者的一种普通惩罚，在战时更需要。一位波兰的官员承认他的说法有道理，一位英国人看了这种杀戮之后祈祷说："但愿上帝能够把这种效忠方法教给我们国内的那些反叛者，要他们履行对其亲王的职责吧！"

恐怖的高潮降临在诺夫哥罗德。伊凡曾拨了一大笔经费，要当地的大主教修理其境内的教堂，因为他自以为在当地的牧师心中享有相当大的名气。但他居然得到一个消息说，在诺夫哥罗德修道院内的圣母玛利亚画像背后，有人发现一张文件——该文件是否可靠不得而知，上面说明，诺夫哥罗德和普斯科夫两城将联合波兰，阴谋推翻沙皇。因此，1570年的1月2日，一支由骑士为前导的强大军队突然向诺夫哥罗德猛攻，掠夺所有当地的修道院，逮捕了500名僧侣和牧师。1月6日，伊凡亲自抵达该城之际，即下令，凡是拿不出50卢布作为赎罪金的牧师一律要用鞭打死。结果，大主教被解除了教职，然后送入牢狱监禁。根据诺夫哥罗德的第三部编年史的记载，对居民的大屠杀持续5个星期之久，有时1天之中杀掉500人。据官方的记录，一共死了2770人。伊凡却辩说，只有1502人。据称有许多商人因极欲重新打开与西方的贸易之门，也参加了这次阴谋，沙皇的士兵也把城内的商店全部烧光，甚至商人们在郊区的家也未能幸免；住在其四周的农舍也被破坏殆尽。除非不友善的修道院编年史者把这次大屠杀作了过度的渲染描写，否则像伊凡的这种野蛮式复仇行动也许只有"勇士"查理（1468年）惩罚其叛变者列日，或查理五世（1527年）的军队洗劫罗马城堪可比拟。从此，诺夫哥罗德未能恢复俄国商业生活的昔日光辉。伊凡顺便到普斯科夫，但他不许其士兵再去夺该城。然后，伊凡班师回莫斯科，马上举行一场皇家化装舞会，以庆祝他从谋叛中逃生。

这样动荡的王朝当然非常不利于经济的发展和文化的建设。商业在和平中方能蓬勃，在战时会受到打击。在那些授给骑士的田及其他田地上，农人依法附属于土地，是一个不断生产的工具；在 1500 年数目仍然很少的农奴，1600 年已经在土地法里成为定则了。课税都是掠夺性的，通货膨胀非常迅速。1500 年，卢布的价值比 1410 年高出 94 倍，1600 年则只有 24 倍。我们无须继续追溯其下降的细节，不过，我们可以把它当作一种历史的教训，即人不应视金钱如命。

家庭成员无节制的浪费和土地贫瘠，引起到新鲜肥沃土地的无休止的迁徙。这批人越过乌拉尔山区时，他们发现一个包括巴什基尔（Bashkirs）人和奥斯蒂亚克（Ostyaks）人的鞑靼汗国，汗国的首都，哥萨克人称为西伯尔（Sibir）。1581 年，赛门（Semën Stroganov）召集了 600 名哥萨克人组成的军队，在耶尔马可（Ermak Timofeevitch）的率领下征服了这些部落，结果大功告成，使西西伯利亚成为扩张中的俄国领土的一部分；而土匪头目出身的赛门居然被希腊正教教会封为圣徒。

教会仍是俄国的真正统治者，因为大家都非常敬畏上帝，伊凡的能力范围仍然有限。严格的典礼仪式——如非属于道德方面的话——处处束缚了沙皇。牧师们特别注意，要沙皇每次接见来自正教教区外的大使后，一定要洗手。在俄国，不许崇信罗马天主教，信奉新教却得到宽容，因为新教教徒是罗马教皇的敌人。与亨利八世一样，伊凡四世对自己在神学方面的知识引以为傲。他曾在克里姆林宫里和一位波希米亚的路德教牧师举行了一次公开辩论，不过，我们得承认，这位最凶暴的沙皇在辩论进行中的风度，和当时德国境内的宗教争论比较起来，还算是好的。在圣母升天大教堂内进行礼拜仪式时（1568 年），莫斯科大主教菲利普当面拒绝为伊凡祝祷。这位沙皇哀求他三次，仍徒劳无功。一起参加礼拜仪式的人在仪式完毕后向菲利普询问他为何拒绝伊凡时，菲利普马上把伊凡的罪状和淫乱行为开列出来。

沙皇听后说："不要再说下去，请赶快为我赐福！"这位高级教士回答说："我的沉默等于加罪给你的灵魂，加速你的死亡。"伊凡在未受赐福的心情下愤然离去，而菲利普也有一个月之久平安无事。然后有一天，一位伊凡的仆人进入这家大教堂，逮捕了这位大主教，把他带到特韦尔，关在监狱里。后人对他的命运如何有着诸多争论，据俄国教会的说法是，他被活活烧死。1652 年，他被追封为圣徒，他的圣骨直到 1917 年仍然放在乌斯宾斯基索伯尔（Uspenskiy Sobor），受人膜拜。

教会还是俄国文学与艺术的主要创造者。印刷术于 1491 年方才传入，而在这个王朝内唯一被印成书的只限于祈祷手册。当时居于领导地位的学者住在大主教区内。1529 年，在秘书的协助下，他开始着手编纂其国家仅存的文艺作品，分为 12 大卷，这些作品当然以宗教性的为多，其中最多的是僧侣性质的和编年史。专听伊凡忏悔的教士希尔维斯特写了一部极有名的手册《治家格言》，这是一本俄国国内经济、礼节及永恒得救的指南。在这部书中，我们可看到有关劝告为人丈夫者应对其妻子严而不厉，及其他有关如何吐痰及擤鼻涕法的正确说明。伊凡本人，由其书信也可知是当时一位小有名气的作家。

在伊凡的治理下，俄国艺术的最辉煌产品便是受祝福者巴西尔大教堂（Church of Basil the Blessed），这所教堂今天仍然屹立在克里姆林宫的红场的一端。自征服喀山和阿斯特拉罕（1554 年）凯旋后，伊凡便开始兴建他所谓的圣母玛利亚代祷大教堂的工作，因为他将他的胜利归之于圣母。在这座用石头砌成的大圣殿四周，后来陆续添建了 7 座以木头为材料的小教堂。每座教堂都饰以一个五彩缤纷的圆屋顶，每座都是球根状的，装饰各不相同。最后一座献给圣巴西尔，完成于 1588 年，与整个教堂的设计相得益彰。据说，这些建筑出自一位意大利建筑师的精心设计，伊凡恐怕他可能还会创造出比这些教堂更美的杰作，便挖出他的双眼。实际上，这些都是两位俄国人巴尔马（Barma）和波斯尼科夫（Postnikov）设计的，在装饰上采用了某些文艺复兴时代的主题风格而已。每年的圣枝主日，政府规定，所有莫斯科城内的诸侯和僧侣须列队走到这所大教堂。大主教骑在马背上，马头上佩戴着一副人造耳朵，装成相传耶稣进入耶路撒冷城所骑的那匹骡子的样子；而沙皇则谦卑地走在马前，拉着缰绳，引导队伍；此时整条路上旗海一片，到处都是十字架和圣像；小孩子们则高声唱着赞美上帝、感激上帝的歌声，歌声震天，俄国人的生活也因而得到祝福。

1580 年，伊凡似乎已克服了他所有的敌人。他在此以前娶过五个太太，五个太太都相继去世，现在娶了第六位，而且还想以友善的重婚多添一个。他一共有 4 个孩子。第一个夭折。第三个名叫费奥多尔（Feodor），是一位白痴。第四位德米特里被认为感染了麻风病。1580 年 11 月的一天，他的第二个儿子伊凡的太太穿了一件他认为不顺眼的衣服，被他看到了，于是责骂她，打她；结果，她的胎儿流产了，这位小沙皇就责备他的父亲。暴跳如雷的沙皇以手中的权杖击其头，结果儿子就这样死于非命。沙皇在懊悔的心情笼罩下发疯了，他悲伤得日日夜夜号啕痛哭。每天早晨他都说要辞去皇位；可是权贵们现在已经对他比对他另两个儿子更有好感了。他又活了 3 年多。然后，一种很奇怪的病袭击了他，他全身发肿，发散出令人难以忍受的臭味。1584 年 3 月 18 日，伊凡在和鲍里斯·戈杜诺夫（Boris Godunov）下棋时忽然死去，爱说闲话的人指责是戈杜诺夫毒死他的，这个故事日后还被搬上舞台。

我们不应该把伊凡只当作一位野蛮的食人魔。他身材高大魁梧，他的外表还算潇洒，他的鼻梁宽而平，鼻下长了一丛赤鸢色的浓须。格鲁兹尼（Groznyi）一字被当作恐怖，可以说是翻译的错误，它的本义应是威严，就像人们以奥古斯都称呼罗马的皇帝们一样。在我们看来，甚至于在当世者的眼中看来，他当然非常残暴，也是一位冷酷无情的判官。他生在一个有西班牙宗教法庭、塞尔维特被烧死、亨利八世的斩首风俗、玛丽女王的迫害方法、圣巴托罗缪的杀戮的时代里。伊凡听到这种大屠杀之消息时（这种消息教皇却额手称庆），他斥之为西方式的野蛮。他很容易被人激怒，这一点因遗传和环境影响而变得更为剧烈。据目击者称，即使一件很小的烦恼事也会使他"暴跳如雷，七孔生烟"。对他的罪或错误他不只承认，有时甚至于过分夸张，这使他的敌人指责他时更有充分的借口。他好学不倦，凡是有关他的国家及时代的事他无所不通、无所不晓。他富于幽默感，有时也会哄然大笑，不过他的大笑看起来笑里藏刀。他做了想做的工作：他常保护贫弱者不受富强者的欺侮；他也会拿商人和中产阶级作为抵御封建及好争吵的贵族阶级的武器；他要打开和西方的通商之门，让西方的观念传入；他要为俄国扶植一批不受古板、死气沉沉的习惯限制，不像权贵的行政管理阶级；他要使俄国摆脱鞑靼人的支配，把她从混乱的深渊中拯救出来而达成全国统一的局面。他是一位以野蛮方法实现文明化的野蛮人。

他的失败是因为他无法征服自己以达到成熟的地步。所有的改革计划都因陷入革命的兴奋而一败涂地。他使农民比以前更受地主的压迫；他的战争使贸易一筹莫展；他把所有的壮丁赶到敌人的包围中；他使整个俄国陷入分崩离析，成为一个无政府国家。他给百姓一个以宗教为名而行残暴、不节制和无道德的榜样。他把他最能干的儿子杀死，却把皇位传给一位昏庸无能的懦夫，使俄国陷入内战。他是他那个时代中的这类人中的一个：要是他们不出生于世，也许对他们的国家和人类是一种幸运！

第二章 | **穆斯林的天赋**
（1258—1520）

1095 年至 1291 年，伊斯兰教世界遭受了一连串极剧烈的宗教性攻击，其情况就像是后来他们攻占巴尔干各国，将成千教堂改成清真寺时一样猛烈。在 12 位教皇的鼓舞下，8 次十字军行动吸引了欧洲的王室、骑士和暴民去对抗穆罕默德在小亚细亚、叙利亚、巴勒斯坦、埃及、突尼西亚等地的城堡。虽然这些攻击失败了，但大大削弱了伊斯兰教国家的气势。在西班牙，十字军获得了胜利，攻入西班牙的穆斯林被打退了，但残留者后来聚集在一起成立了一个格拉纳达王国，得以苟延残喘。强悍的诺曼底人又把西西里从穆斯林手中夺去。可是这些创伤与蒙古人（1219—1258 年）破坏性地侵入特兰索西亚纳（Transoxiana）、波斯及伊拉克等地比起来又算什么呢？曾经是伊斯兰教文明的城市，一个接一个地遭受洗劫、屠杀、焚烧——布哈拉（Bokhara）、撒马尔罕（Samarkand）、巴尔干、墨夫（Merv）、内沙布尔（Nishapur）、赖伊（Rayy）、赫拉特（Herat）、巴格达皆是。所有的省市政府都被摧毁；无人管理的运河任由流沙侵袭；商业消失得无影无踪；学校和图书馆都被破坏；学者和科学家们逃的逃，散的散，被杀的被杀，有的甚至被抓去当奴隶。伊斯兰教的精神被切断几乎达一世纪之久，然后才慢慢恢复过来。之后，帖木儿率领的鞑靼人扫荡了西亚，使西亚再次沦为荒地；奥斯曼率领的土耳其人则横扫小亚细亚，直抵博斯普鲁斯海峡。历史上从未见过其他任何文明经历过这样多次、广远、彻底的浩劫。

蒙古人、鞑靼人及土耳其人带来了新的血液。穆斯林已经变得极为放纵，因循苟且。与君士坦丁堡一样，巴格达已经放弃抵抗；住在巴格达的人民由于贪图舒适的生活，对死亡已经看得极为淡泊。那曾经开过灿烂花朵的文明和拜占庭城如今已熟透到凋谢的阶段。由于其文化上的富庶——如古希腊和文艺复兴的意大利一样——因此，它还能凭其被洗劫后的残留记忆，教化那些征服者。在蒙古伊尔汗国（IL-Khans）统治下的波斯得以创造一个开明的政府，产生了高水准的文学作品和辉煌的艺术，使历史因一位高贵学者的出现而增色不少。在特兰索西亚纳，帖木儿的建设成果几乎与他破坏的等量齐观。以蹂躏为能事的他，居然驻足赞颂波斯诗人哈菲兹（Hafiz）。安那托里亚（Anatolia）的土耳其人也被文明化了，诗人数目之多可比他们的妻妾。在埃及，马穆鲁克（Mamluk）人像巨人一样继续繁殖；而在西非，穆斯林尊崇的一位哲学家和历史学家，如果让当时的基督教国家最伟大的博学之士和他比较，将会有小巫见大巫之感。同时，伊斯兰教此时正向印度传播，一直抵达最遥远的东方。

波斯的伊尔汗国（1265—1337）

马可·波罗起程横越波斯（1271 年）去朝见中国的忽必烈可汗（Kublai Khan）时，他发觉所经之地几乎都在蒙古帝国境内。历史上从未记载蒙古帝国的疆域有这么辽阔。蒙古帝国西至俄国境内的第聂伯河；南部包括克里米亚、伊拉克、波斯、今中国西藏及印度境内的恒河流域；东边则包括印度、中国及高丽；北部则是其老家蒙古。在这么辽阔的疆域内，蒙古的统治者维护道路、促进商业、保护旅客，并容许境内的人民信仰不同的宗教。

成吉思汗之孙胡拉古（Hulagu）在征服巴格达之后（1258 年），在波斯的西北部迈拉盖（Maragha）建立了一个新都。他逝世后，他的儿子阿巴恰（Abaqa）继承为波斯的可汗（亲王），臣属于远方的忽必烈国；这个统治波斯和伊拉克的伊尔汗国朝代于焉开始，一直到 1337 年。这个族系中最伟大的是合赞（Ghazan）可汗。他几乎是军队中个子最矮的，他的意志力却比他们的武器更坚强。他拒绝效忠于中国的大汗国，使自己成为一个独立国王，建都于大不里士（Tabriz）。朝见他的公使来自中国、印度、埃及、英格兰、西班牙等国。他改革行政、巩固货币，保护农民不受地主和强盗们的迫害，恢复巴格达昔日的繁荣。他在大不里士建了一所清真寺、两所学院、一个哲学研究院、一个天文观测台、一所图书馆及一家医院。他把从某些土地上得到的利润拨为支持上述机构的经费基金，并为这些机构延聘当时的名流学者、医师和科学家。他本人修养很高，精通数种外国语言，可能包括拉丁文。他为自己造了一个华丽的大坟墓，因此他的死亡（1304 年）仿佛是凯旋，回到了光荣的家。

马可·波罗把大不里士描写为"一个伟大而光荣的城市"。弗拉·奥德里克（Fra Oderic，1320 年）则称之为"世界上最好的做买卖的城市"。在这里，应有尽有。基督徒说，这个城市缴给其统治者的税收总额比全法兰西人民缴给其国王的还多。克拉维霍（Clavijo，1404 年）称之为"物阜民丰的大城""漂亮的建筑林立"，清真寺极为辉煌，"该地更拥有世界上最堂皇的浴室"。他估计该城的人口约有100 万。

乌利加图（Uljaitu）继续执行其兄合赞可汗的开明政策。他在位期间出现了波斯历史上最华贵的建筑和灯饰。他的大臣拉什迪·丁（Rashidiu'd-Din Fadlu'llah）的事业说明了这个时代在教育、学术和文学上的盛况。拉什迪 1247 年诞生于哈马丹（Hamadan），他的双亲可能是犹太人，因为他的敌人常拿他对《摩西律法》的精通作为证明。他曾经担任阿巴恰的医生、合赞的首相和乌利加图的财政大臣。在大不里士东郊，他设立了一个拉什迪基金会，是宽阔的大学中心。剑桥大学图书馆保存了一封他的信，这样描写这个中心：

> 在中心内我们建有24幢高耸入云的大旅馆，比金字塔还坚固的1500家商店和3万幢美轮美奂的住宅。到处建有对健康有益的浴场、美丽的花园、商店、磨坊、织布及造纸厂。其他城市的人民成群结队地迁居于这里。其中有200位朗诵《古兰经》者……在一条"学人街"上，我们为400名学者、神学家、法理学家及传统主义者提供住宅；每日的薪金、养老金，每年的衣服津贴、肥皂、糖等金钱都供给他们。我们召来了1000名学生……并下令免费供给他们每天的膳宿……好让他们安心、平静地研求学问，以备将来为人服务。我们同时也安排好了计划，规定哪位学生、多少学生应该跟哪位教授或老师学习；我们对每一位学问追求者的志向和学习能力了如指掌后，我们就下令他专心去攻读适合他的学科……
>
> 对50位来自印度、中国、埃及和叙利亚的名医，我们都给予无微不至的照顾；我们要求他们每天莅临"医疗室"（医院），而且请他们每人收10位能够学习医学的学生，把这一行高贵的技艺传授给他们。对所有在我们医院内工作的光学仪器制造者、外科医生和接骨师，我们要求，我们侍者的5个儿子拜师于这些人门下，以学会眼科医术、外科手术和接骨术。我们特别为这些人在医院的后面造了一个住宅区，这条街称为"医生街"。其他我们从各国延揽来的技术人员和实业家也都各有安排，分别设有属于他们行业的街道。

一个积极参与王国行政事务者居然还有时间和知识写出5部关于神学，4本关于医学、政府及一部世界史的巨著，我们除了钦佩，还能说什么？此外，一位有地位的穆斯林说，拉什迪每天只有早祷和日出之间的时间可以利用，不过，即使在阿塞拜疆也应有阴天的时候吧。他花了 7 年的苦功才写成《历史摘要》（*Compendium of Histories*）一书，他把该书印成两大卷，翻成英文却有 7 册之多，主要叙述蒙古人的历史，从成吉思汗到合赞可汗；东西伊斯兰教的各个国家和朝代；穆罕默德生前死后的波斯和犹地亚；中国和印度，其中包括对佛陀和佛教的深入研究；欧洲各个国王、教皇及哲学家们的成就及思想。虽然迄今仍未译成欧洲的语言，然而凡是读过这些书的人，一致称之为波斯散文文学中最有价值的学术作品。拉什迪不但运用政府的档案资料，还聘请中国的学者为他提供中国的各种条约及文件，从书的内容判断，显然他都翻阅过这些文件——此外，他参阅阿拉伯、希伯来、土耳其及蒙古权威性文件的原文。

为了让他的《历史摘要》一书名垂千秋万世，拉什迪特别送了很多部到很多地方的图书馆，派人将它翻译成阿拉伯文，还拨出一笔经费，每年请人把该书抄两部——一部阿拉伯文，一部波斯文——送给伊斯兰教世界的某些城市。虽然如此，很多部还是遗失了，或许由于他的政治灾难，连同他的其他许多著作也不见了。1312 年，乌利加图任命他和阿里–沙赫（Ali-Shah）共同担任财政大臣。在乌利加图的继任者阿布·赛德（Abu Said）的控制下，阿里–沙赫散布许多谣言指责他的同伴，并对可汗说，拉什迪与其儿子埃伯拉罕（Ibrahim）毒死了乌利加图。结果这位历史学家被贬了，很快被处死（1318 年），时年 70 岁，他的儿子也一并处死。他的财产被充公，基金会的一切赠予也全被剥夺，在城外的大学中心也被摧毁无余。

事后阿布·赛德可能感到懊悔，任命拉什迪另一个儿子吉亚迪·丁（Ghiyathu'd-Din）为大臣，虽为时已晚，也不失为补偿之道。此子为政堪称公正精明。阿布·赛德死后，政局混乱犹如无政府状态，最终造成了伊尔汗国的颓亡，其领土分裂为许多小国家，饱受战乱的蹂躏。尚可称道者，唯有诗歌还出现过一些光华。

哈菲兹（1320—1389）

在波斯，诗人到处可见，而国王尊崇诗人，仅次于嫔妃、书法家和将军。在哈菲兹的时代，有将近20多位波斯大诗人，声名远播至西边的地中海、东边的恒河、南边的也门、北边的撒马尔罕。这些诗人都衷心佩服哈菲兹一人，因为他们都说，他的才华远超过赛德。他对此荣誉当之无愧，并自我吹嘘说：

> 我从未见过比你更美的诗篇，哦！哈菲兹，凭着《古兰经》
> 我发誓，那是出自你心中的真言。

哈菲兹之名的本意即为善诵者，这是赐给凡是能像这位诗人一样，把整部《古兰经》背诵下来的人的尊称。他诞生于夏伊拉兹，由于他的诞生日期和祖先皆不详，他很快成为诗中的神话。他的第一位赞助人阿布·伊沙克（Abu Ishaq），曾经被合赞可汗任命为法斯（Fars）之王。阿布·伊沙克由于酷爱诗，疏于政事。有一次左右的人警告他说，大批的敌军正准备进攻其首都夏伊拉兹，他却若无其事地说，把这么美好的春天浪费在打仗上岂不是太愚笨了。毫无诗兴的将军伊本·穆扎法尔（Ibn Muzaffar）攻下了夏伊拉兹，捕杀了阿布·伊沙克（1352年），下令任何人不准饮酒作乐，并关闭城内的所有酒店。哈菲兹为此写了一首悲伤的追悼诗：

> 虽然酒可取乐，而风可使玫瑰花香泌出，
> 千万不可边饮酒边弹琴，因为警伯就在附近。
> 把你的高脚杯藏在缝补过的大衣长袖里吧，
> 因为时间就像玻璃酒瓶的眼睛，会倒出血液。
> 用你的泪水洗去你苦修僧衣上的酒污吧，
> 因为这是虔诚的季节，也是戒酒的时令。

穆扎法尔的继任者发觉禁酒并不实际，而且统治饮酒者到底比统治生活严肃者容易得多，因此，准许酒店重新开业。哈菲兹闻此，便写诗夸赞他，使他大名不朽。

哈菲兹模仿波斯人的作风，写了许多关于酒的诗句，有时他甚至将一杯酒视为"比一位少女的吻更可贵"。吟诗千篇后，他便对这类题材感到厌倦。不久他又发现爱情，不论是纯洁之爱，还是青楼之爱，仍然不能没有诗：

> 你可知道何谓幸运？那不外是获得美人青睐。
> 在路上向她求怜，此种幸福非荣华富贵可比。

此时，再也没有任何自由会像做爱情的俘虏那般甜蜜：

> 我们相见虽然短暂，可是想到
> 日后我们将获得爱情的成果，因此请勿厌于
> 聆听内心的要求。
> 生命的秘密并非我们可想象的。
>
> 因此，请你暂且放下你的工作，给你的爱人一吻。
> 我把这一含义甚丰的建议赐给世人；
> 春天的花苞向人招手时，风也离开了风车
> 轻轻地飘来，吻上了疏落的枝叶……
>
> 夏伊拉兹的美人儿，只要你答应我的请求，
> 为了得到你的那颗痣——那颗去不掉的沙粒
> 长在珍珠的面颊上——哈菲兹愿意
> 以全部的布哈拉、全部的撒马尔罕交换……

假使让我和命运之神打赌，
我一定下个赌注，不论我要付出多大代价，
我要与我的爱同呼吸。
为了乐园，我该付出什么呢？

那位用黄金和丝绸织成你的头发，
那位把红玫瑰与白玫瑰集于一身，
而且将之赐给你以蜜月之礼的人——
难道他无法给我这位作为其子的人一点耐性吗？

最后他似乎冷静下来结婚了；倘若我们的了解没错，他那些玄妙的诗句等于告诉我们说，他找到了太太，而且生了几个孩子，这是他在女人与酒之间做的抉择。从别的诗句看来，我们似乎可看到他为太太的去世悲伤：

我的夫人确曾改变了我的家
她住在里面时，我家成了天堂，
从头到脚，她像美若天仙的天使
本性纯洁，不沾污点，
双颊美若皎月，聪明又贤惠。
像是绝代佳人，她有慈祥的双眸，
眼睛闪耀着可爱的光辉。

我心里想：这是我安息的地方！
四周散布她慈爱的气息。
可如今她已被运往远方去，
天啊，她不知那是何处，天啊！可怜的人！
有一颗冷酷无情的星，使我

松开她的手；她在远方
孤独地前进，而我的心极沉重。

总之，他变得喜欢过家庭的生活，还养成了静闭的习惯，很少外出。据他自己称，他愿意让他的诗带他到处旅行。他屡受邀请到许多皇家宫廷，有一个时期几乎被说动接受苏丹·艾哈迈德（Sultan Ahmad）的请求，住在巴格达皇宫的住宅里。可他对夏伊拉兹的喜爱使他离不开，他怀疑乐园里的小溪是否会像夏伊拉兹的那么可爱，那里的玫瑰会一样的红。他时常写赞美诗送给当时的波斯小国王们，希望借此能从他们手中获得一点恩赐，以济其贫穷。因为，在当时的波斯，根本没有出版商愿意冒险为作家出书，艺术家往往要摘下帽子，在贵族国王的前厅等候他们的赏赐。哈菲兹有一次差点出国：一位印度王不只寄给他一封邀请信，而且还把旅行的盘缠寄给他。他果然出发了，还抵达了波斯湾的荷莫兹（Hormuz）。正当他登船起程时，一阵暴风雨打消了他的一切幻想，使他又迷恋于他安定的生活。他又回到了夏伊拉兹，然后寄给那位国王一首诗，表示物到人未到。

哈菲兹的诗集共有 693 首诗。大部分是抒情诗，有些是四行诗，有些是令人费解的断简残篇。这些诗比但丁的诗更难翻译，因为这些诗在字句上有许多重复，韵脚也极繁复，如果翻译成英文，就成了打油诗，而且这些诗堆满了典故，这些典故也许在当时读来觉得充满机智，今天读起来却很费力了。有时，他写起散文反而更好些：

黑夜即将告别之际，我被一股玫瑰的香气吸引，独自走到花园，就像夜莺一样，想要找出可除去令我发热的香气。就在树荫的那边有一朵玫瑰，红得像一盏笼罩着白纱的灯火，我一直望着那朵玫瑰出神……

这朵玫瑰之所以可爱，是因为我所爱的人的脸颊就像它一样可爱……倘若青草散发的香味和花园里吹着的微风，不是为我的爱人而发而吹的话，那还有什么意思呢？我的爱人的双颊就像一朵郁金香……

在夜的黑幕下，我把被你卷发束缚下的心解了开来，可是我感到你的双颊贴着我，于是我吻你的双唇。我紧紧地把你抱在怀里，让你的秀发像火焰一般把我团团围住。我紧紧地压住你的双唇，我把我的内心、我的灵魂尽情地奉献给你。

哈菲兹也是一位受天惩罚、受痛苦折磨的人，通过艺术、诗篇、模仿，及在有意无意中，他对一切美好的事物极为敏感，因此，利用他的双目、言语和指尖，他崇拜一切美好的事物，诸如石头或绘画、肉体或花朵。而且，美好的事物出现在他眼前时，他以一种令人窒息的沉默去领受。他同时又发觉，虽然他每天对美好的事物都有新的感受，美的事物总是那么短暂，死亡却具有无比的威力。因此，哈菲兹一方面诅咒，另一方面却有崇拜之心，有时他也会怨天尤人，有时也会歌颂众美之源的永恒上帝。

很多人把他的酒视为使他心醉神迷之物，他的酒馆是修道院，他的热火是神火。当然他后来确实当了教主，穿起了苦行僧袍，而且写了许多模糊的空论诗，但他的真正神祇仍然是酒、女人和诗歌。当时曾经兴起一个运动，要判他不信真神，可是都因他辩称"我的诗是叙述一位基督徒的观念，不是自己的表白"，而逃过了被杀的命运。让我们再谈谈他所写的：

哦，宗教狂者，别以为你的傲气不会受到惩罚，
因为清真寺与异教教堂的差别不过是虚荣心而已。

他所谓的异教徒当然指基督徒。有时，哈菲兹似乎认为，上帝不过是人类虚构出来的希望而已：

在那些颠簸不定的日子里他带领我们，
我们崇敬他，虽说我们深知他杀了谁。
他也许会感到悲伤，因为我们离开之后
他也将化成同一火焰消失而去。

他逝世后，由于他的信仰令人怀疑，他的享乐论调又是汗牛充栋，有些人拒绝为他举行宗教仪式的葬礼。后来，还是他的朋友把他的诗寓言化，才使他免除下地狱的厄运。后来年轻的一代把他的灵骨安置在哈菲奇亚（Hafiziyya）的花园里，四周盛开着许多从夏伊拉兹移植来的玫瑰，而这位诗人的心愿终于如愿以偿了——他的坟墓"成为世界上爱好自由者的朝圣之地"。在雪花石砌成的墓碑上刻了一首这位诗人写的充满深刻宗教意味的诗：

互融在何方？我要起身——
我要从尘土里起来迎接你的降临！
我的灵魂就像一只归鸟，渴望乐园，
起身往高处飞去，摆脱世俗的羁绊自由自在。
你唤我去当你的奴仆时，
我将起身奔向远方
超越生命、人生、时间及肉体的界限。
哦，上帝，请赐我无边的幸福，
倾注你的慈悲如骤雨，在我的坟上，
就像随风漂泊的沙石。

当你赐福的双脚君临我的坟前，
请你带给我酒与琴。
你的呼声将萦系我寿衣的周围，
我会起身而舞，和着你的诗歌吟游。

我虽年迈，请你紧紧搂我一晚，

而我，在黎明惊醒我之前，

会从你怀里起身，满面春风。

起身吧！让我的双眼欢悦于你崇高的恩典！

你是全人类奋力以求的目标，

你是哈菲兹崇拜的偶像；你的脸

将使他离开世俗人生，起身飞腾！

帖木儿（1336—1405）

我们首次听到的鞑靼人是中亚的游牧民族，与蒙古人有亲邻关系，后来加入蒙古人的行列劫掠欧洲。据一位13世纪的中国作家的描述，他们和尤丹内斯（Jordanes）在1000年前描述的匈奴人外表并无两样：身材短小，不了解他们的人也许会觉得他们的脸孔非常凶恶，缺乏文学涵养，能征善战，能用箭射杀急奔中的马匹，百发百中，以一夫多妻制拼命繁衍他们的种族。在迁居或战役的行程中，他们随身携带床铺与膳食用具——骆驼、马匹、羊群和狗；不打仗的时候，他们便喂他们的牲畜，喝它们的奶，吃它们的肉，穿它们的皮。如果补给品非常丰富，他们就吃得很多，但他们比世界上任何的民族更能吃苦，更忍耐饥渴与冷热。经常佩戴弓箭——有时箭尖还带了燃烧着的油精——大炮及各种中古式的攻城武器。

成吉思汗临死时（1227年），把他的领土分给他的四个儿子。察合台汗国（Jagatai）得到了撒马尔罕附近的地区，包括一些蒙古或鞑靼部落。诞生于特兰索西亚纳的凯什（Kesh）的帖木儿便是属于这些部落之一的酋长的儿子。根据克拉维霍的说法，这位"上帝的新鞭子"很早便开始纠集年轻的小偷成群结队去偷邻族的牛羊。他的右手中指和无名指便是他干这些勾当时被人砍掉的。有一次他的脚后跟受伤了，此后一生就成了跛子。他的敌人称他是"跛子"帖木儿，这个称号后来被像马洛那样不小心的西方人写成坦布拉内（Tamburlane）或塔梅拉内（Tamerlane）。他受过一点学校教育，会读诗，晓得区别艺术与堕落。16 岁时，他的父亲就把酋长的领导权交给他，自己则隐退到寺院。因为这位老人家说，这个世界"比一个装满蛇蝎的瓶子还不如"。[1] 据说这位父亲曾经劝他的儿子全力支持宗教。

1361 年，蒙古的可汗指派霍贾（Khoja）为特兰索西亚纳的省长，并任命帖木儿为这位省长的顾问之一。可是这位精力过盛的年轻小伙子政治能力还不够成熟，他常跟霍贾的幕僚争吵，最后被迫逃离撒马尔罕到沙漠里。他纠集了许多年轻的战士，把他的党羽和遭受同等厄运的哥哥阿米尔·侯赛因（Amir Husein）的党羽合并为一。由于过着东逃西窜的生活，他们的身心每天都受到危险、无家可归和贫穷的折磨，一直等到有一天他被人雇佣并镇压在锡斯坦（Sistan）的叛变后，才开始过较好的日子。既然羽毛已经丰满，他们向霍贾宣战，不但放逐了他，还把他杀死，就这样，兄弟两人在撒马尔罕成为察合台汗国的联合统治者（1365 年）。5 年后，帖木儿暗中设计杀害其兄阿米尔·侯赛因，自己成为唯一的苏丹。

他那本可靠性不大的自传记载："769 年（1367 年），我正好 33 岁。由于生性浮躁，我时时想去侵略我的某些邻国。"他冬天都在撒马尔罕避寒，可是每年春天，他都有新的战役计划。他叫特兰索西亚纳省内各乡镇人民和部落乖乖地听他治理。他攻下了库拉桑（Khurasan）和锡斯坦，征服了赫拉特和喀布尔（Kabul）两个富庶的城市，他以残暴的惩罚使反抗和反叛者失去勇气。经过一场代价极大的围攻之后，沙伯扎瓦（Sabzawar）投降了，他带走 2000 名俘虏，"将他们活活地堆在一起，再以砖块和泥巴堆积在上面，然后把他们抬放到清真寺的塔尖上，好让人们知道其盛怒之可怕，而不敢再受到傲慢的魔鬼的驱使与引诱"，这是当时一位歌颂作家记载的。济里赫（Zirih）城

---

[1] 根据帖木儿的《回忆录》（第 1 卷）所记，这句话据大家的看法是，他的父亲去世前几年口授给他的，不过可靠性不大。

不知他的厉害，起兵反抗他，结果更多市民的头被悬挂在清真寺的塔尖。帖木儿蹂躏了阿塞拜疆，占领了洛雷斯坦（Luristan）和大不里士，把当地的艺术家遣送到撒马尔罕。1387年，伊斯巴罕向他屈服称臣，愿意接受一位鞑靼人的卫戍将军为其王，可是帖木儿走了之后，全城的人都动员起来，把那位卫戍将军杀掉。结果帖木儿又带领一批大军猛攻该城，命令他的每位士兵都要缴给他一名波斯人的首级。据说，总共有7万颗头颅不是被挂在城墙上，就是用来堆垒成塔。怒气消了的帖木儿同意该城缴纳给其省长的税可以减低。其他的波斯城镇从此便乖乖地缴纳他们的税金。

有个令人不敢置信的传说记载，1387年，在夏伊拉兹，帖木儿把该城最出名的公民哈菲兹叫到他面前，当面斥责他，居然敢说要以布哈拉和撒马尔罕两城换取一个女人颊上的痣。听说，帖木儿对他说："凭我这把金光闪闪的利剑，我已攻下了世界上任何有人居住的地方……以增加我政府的大本营布哈拉和撒马尔罕两城的光彩；而你，你这位大浑蛋，居然要把这两个城市拿去换取夏伊拉兹土耳其人的黑痣！"我们可想而知，哈菲兹低下了头说："天啊！亲王啊！原来你是为了这种小事浪费时间来接见我。"帖木儿听了他的这句答话后非常开心，于是赦免了这位诗人，并赐给他一份很丰盛的礼物。很可惜，以前为帖木儿写传记的作家居然没人提到这件趣闻。

帖木儿还在南波斯时，有人传话给他，金帐汗国的可汗图恰特米施（Tuqatmish）已趁他不在时，带兵攻打特兰索西亚纳，甚至还洗劫了那被哈菲兹估价半颗痣的布哈拉。帖木儿行军1000英里（试想如此的行军，军需品的问题怎么解决），把图恰特米施赶回窝瓦河。在南征西讨的过程中，他又乘机掠夺了伊拉克、乔治亚、亚美尼亚等地，沿途还杀戮了那些信仰异端邪说的萨耶德人（Sayyid）。他应巴格达居民的要求，占领了该城（1393年），因为当地的居民们已经无法容忍他们艾哈迈德·伊本·乌瓦伊斯（Ahmed ibn Uways）君主的暴政。他觉得该城已经渐渐衰败，因此他下令重建；同时他又为自己物色几名貌美的姨太太，为他的宫廷多聘了一位名音乐家。艾哈迈德到布鲁沙（Brusa）寻求奥斯曼苏丹巴耶塞特一世的庇护，帖木儿要求引渡艾哈迈德，巴耶塞特回答说，这么做会违反土耳其人的好客原则。

帖木儿本想马上领兵攻打布鲁沙，但图恰特米施此时又进犯特兰索西亚纳。这位怒气冲冲的鞑靼人带军横越南俄罗斯，趁图恰特米施隐藏在荒野中时，洗劫了属于金帐汗国的萨赖和阿斯特拉罕两个城市。在未受丝毫抵抗的情形下，帖木儿继续率军西进，从窝瓦河抵达顿河，甚至计划拿下全部俄罗斯，以并入其版图。俄国人疯狂地祈祷，弗拉基米尔的圣母玛利亚像被抬到莫斯科，沿途居民跪在地上求祷："圣母啊！请你救俄国一命吧！"俄国东南欧部分的贫瘠土地救了俄国。因为帖木儿看到没什么可掠夺的东西时，转回顿河，带着饥累的士兵回到撒马尔罕（1395—1396 年）。

传说印度拥有可买下 100 个俄国的财富。由于认为穆斯林统治者在北印度对印度教的崇信者过分宽容，而且所有的印度人必须改信穆罕默德，帖木儿虽然年纪高达 63 岁，仍然亲自率领一支 9.2 万人的部队（1398 年）向印度迈进。他在德里（Delhi）遭遇到印度的马哈茂德王（Mahmud），打败了印度军，杀死 10 万名俘虏，蹂躏了那个首都，同时带他的士兵和牲畜所能负担的印度财富回到撒马尔罕。

1399 年，他仍然念念不忘艾哈迈德和巴耶塞特两位君王，于是又率领大军出发。他横越了波斯，抵达阿塞拜疆，把那位挥霍无度的儿子流放到那里当省长，将所有引诱年轻人寻欢作乐的诗人和牧师都吊死，又蹂躏了乔治亚。他进入小亚细亚后，开始围攻西瓦斯（Sivas），对该城长久的顽强抵抗极为愤怒，因此他攻下该城时，下令活埋了 4000 名基督徒士兵——到底这是不是一种战事宣传，则不得而知了。为了保护他的侧翼，以便安心攻打奥斯曼人，他派遣一位特使到埃及寻求订立互不侵犯条约。这位阿尔-马利克（Al-Malik）君王反而把这位特使下狱，并雇了一位刺客去杀死帖木儿。埃及君王的这个阴谋失败了。相继攻下阿勒颇（Aleppo）、希姆斯（Hims）、巴勒贝克（Baalbek）、大马士革等城之后，这位鞑靼人继续向巴格达迈进，因为巴格达市民赶走了他任命的使者。他付出了极大的代价才攻下该城，最后命令他的两万士兵每人缴给他一颗头颅。据说，大家果然遵命而行：不论贫贱富贵、男女老少都缴了人头税，这些头颅就在城门前堆成一个恐怖的金字塔形（1401 年）。所有的清真寺、修道院及修女院终能幸免于难，除此之外的一切东西都被洗劫、破坏一空。

既然时下已无左右之忧，帖木儿又下一封最后的邀请书给巴耶塞特，要他屈服。这位在尼可波利打了一次胜仗（1396 年）而自负的土耳其人却说，他一定可以消灭鞑靼军队，把帖木儿的原配抓来当他的女仆。帖木儿订了一个战略，诱使长途跋涉、疲惫至极的土耳其军和他的军队开战。结果土耳其军大败而逃。巴耶塞特被俘，君士坦丁堡欣喜万分，所有的基督教国家因鞑靼人而有半个世纪之久免受土耳其人的骚扰。帖木儿继续往欧洲挺进，进攻布鲁沙，不但烧毁了该城，而且掠走该城拥有的拜占庭图书和银制的城门。他继续向地中海推进，从罗得斯骑士（Knights of Rhodes）手中获得了士麦那城，将该城的居民全部屠杀，然后在艾菲索斯休息。这下所有的基督教国家又慌张起来了。仍旧控制希俄斯、福西亚及米蒂纳莱（Mitylene）三城的热那亚人马上派人向他求和、进贡。埃及的君王也马上把那位鞑靼特使释放，立即加入帖木儿属国的光荣行列。这位征服者于是以一位当时最威武的国王身份凯旋荣归撒马尔罕，他的领土北起中亚，南迄尼罗河，西至博斯普鲁斯，东到印度。英格兰的亨利四世寄信恭贺他，法兰西也派遣一位主教携带赠礼给他，卡斯提王国的亨利三世也派一名特使克拉维霍（Ruy Gonzalez de Clavijo）庆贺他。

我们对帖木儿宫廷所知的一切资料都是从克拉维霍写的详细回忆录中得到的。克拉维霍于 1402 年 5 月 22 日从加的斯出发，途经君士坦丁堡、特拉布宗、埃尔斯伦、大不里士、德黑兰、尼沙布尔及马什哈德，于 1404 年 8 月 31 日抵达撒马尔罕。帖木儿的首都居然如此庞大、繁荣，清真寺和宫殿如此富丽堂皇，上层阶级的风度如此高雅，其宫廷的财富如此丰富、如此奢华，其艺术家和诗人庆贺帖木儿居然如此热衷，使他甚为讶异。存在已有 2000 年之久的撒马尔罕当时共有 15 万余名居民，而且城内尽是美轮美奂的建筑和许多四周被树木围绕的宫殿。根据克拉维霍的估计，除掉其广大的郊区外，"撒马尔罕城的面积比塞维尔还大"。居民用水是把一条流经该城的河流，利用水管引进每户人家，灌溉用的运河使该城的腹地绿油油的、一片青翠。那里有果园和充满香味的空气；羊群静静地吃草，牛在原野上奔驰，到处是青葱的作物。城里有制造枪炮、弓箭、玻璃、陶器、瓷砖、纺织品等各色各样的工厂，包括染红布料的工厂。当时，城里的居民是各种民族的融合，他们在商店或工厂里工作，住在砖砌或土造木造的房子里，在河边悠游地散步。鞑靼人、土耳其人、阿拉伯人、波斯人、伊拉克人、阿富汗人、乔治亚人、希腊人、亚美尼亚人、天主教徒、景教徒和印度人，他们各自遵行他们的礼仪，宣扬他们互相冲突的教义信条。城内的主要街道两旁种有树木，树木的后面是商店、清真寺、学校、图书馆和天文观测台；城内有一条大道笔直地贯穿全市，这条大道的主要地段都铺有琉璃瓦。

9 月 8 日，鞑靼君王接见克拉维霍。他那天走过一个宽敞的公园，里面搭满了以丝绸织成的帐篷，许多以丝绸刺绣饰成的天盖。帐篷是鞑靼人通常的居所。在公园里，帖木儿自己住的帐篷宽 300 英尺。不过，在里面当然有许多宫殿，宫殿里的地板都铺以大理石或花砖，家具不是镶有宝石就是全部用金银制成的。克拉维霍在一幢极华丽的宫殿门口看见国王交腿高坐在一个丝绸椅垫上，面对着一个水池，水面上苹果不停地漂动，一根水柱往高空喷水。帖木儿身穿一袭绸缎外衣，头戴一顶饰有红宝石和珍珠的宽高帽。年轻时他的身材高大魁梧，两眼炯炯有神。如今年已 68 岁，显出一副老态龙钟的样子，而且几乎失明了，他微微启开他的眼睑看到这位特使。

他有很高的涵养，是一位言出必行的人。他阅读历史，搜集艺术品，善待艺术家，对诗人和学者更是礼遇有加，有时他也风度翩翩。他的虚荣心和他的才干不相上下，即使他的才干举世无双。和恺撒正好完全相反，他视残暴为其策略中不可缺少的一部分。甚至对政府文官他也常滥用死刑——处死一位压迫百姓的市长或一位把肉价抬得太高的屠宰商。他认为，严刑峻法对统治一批仍然无法遵守法律的人民是必要的；另外，为了逼迫一群乌合之众遵守一个统一而有力的王国的秩序及维持其安全，大屠杀也是一个正当的方法。然而，与所有的征服者一样，他不过是一位以权力和战利品满足自身欲望的人而已。

1405 年，他率军出发，去征服蒙古和中国，梦想得到一个包括半个世界的国家，梦想把地中海结为一体。他的大军有 20 万人之多，当大军走到他领土内的北部疆界地奥特拉（Otrar）时，他一命呜呼了！临死时，他还下一道最后命令说，即使他死了，大军也必须继续前进；他的那匹白马，仍然挂着马鞍，没人骑，在队伍的前面领首前进了一段路。他的士兵们，深知他的精神和他的意志抵得他们的一半战力，因此个个马上调头，在满怀悲伤与如释重负的心情下，回到了他们的家。他的孩子为他在撒马尔罕造了一座极庄严的大陵墓，这是一座上面冠着巨大圆顶，表面铺有许多涂有土耳其玉色瓷釉的砖块的高塔。

他的帝国随他的死亡而崩溃。其帝国的西部行省部分几乎马上就陷入敌人之手，而他的后裔们只要能拥有中东就满足了。帖木儿族系中最聪明的是沙赫·鲁赫（Shah Rukh），他让他的儿子统治包括撒马尔罕的特兰索西亚纳地区，他自己则统治从赫拉特到库拉桑（Khurasan）的地区。在帖木儿的这几位后裔的治理下，这两个代表鞑靼之繁荣与文化的中心，可与当时（1405—1449 年）欧洲的任何地方颉颃。沙赫·鲁赫是一位能干的将军，爱好和平，提倡文学与艺术，并在赫拉特设立了一幢有名的图书馆。一位帖木儿的亲王曾经写道："赫拉特是世界的花园。"乌卢格·贝格（Ulug Beg）则独爱科学家，他在撒马尔罕造了一座当时最伟大的天文观测台。一位文采华丽的穆斯林传记作家写道：

> 他学识丰富，处事公平，极为干练，精力充沛，在天文学方面有很高的造诣，而在修辞方面，他更具有明察秋毫的功夫。他在位期间，学者的地位达到了最高峰……在几何学方面，他能阐释极细微的问题，而在宇宙志方面，他有办法解说托勒密的《天体论》……直到目前为止，没有一位国王能像他一样高高坐在国王的宝座上，与一流的科学家们合作，共同把他们观察星象的结果记录下来……他在撒马尔罕创设的那所学院，论其美观、地位和价值，在世界上再也找不到可与之匹敌者。

这位模范的庇护者于 1449 年被其私生子谋杀。然而，帖木儿王朝的高度文化在阿布·赛义德（Abu Said）和侯赛因·伊本·拜恰拉（Husein ibn-Baiqaia）两位君主的主持下，在赫拉特继续发展至 15 世纪末。1501 年，乌兹别克地方的蒙古人攻下了撒马尔罕和布哈拉。1510 年，新的萨非（Safavid）朝代的阿伊斯梅尔（Ismail）王占据赫拉特。帖木儿的最后一位统治者巴布尔（Babur）逃到印度，在那里建立了一个莫卧儿王朝，这个王朝使得伊斯兰教的德里成为一个像美第奇的罗马城一样辉煌的首都。

马穆鲁克人（1340—1517）

伊斯兰国家在亚洲遭受不断的侵略和革命时，埃及却在马穆鲁克君王们（1250—1517 年）的统治下过着相当安定的日子。黑死病使埃及的繁荣在相当长的时间内遭到破坏，可是经过一段沧桑后，马穆鲁克人继续以侵吞和凶暴的手段使行政和艺术并行发展。1381 年，在马利克·阿尔·纳西尔·巴尔丘奇（Malik al-Nasir Barquq）的领导下，布尔吉（Burji）的马穆鲁克人又创造出一个充满奢侈、诡计、暴力及社会腐败的朝代。他们贬低了政府的钱币价值，抽取民生必需品的税，破坏了国家糖和辣椒的专卖制度，对欧洲人与印度人在亚历山大城进行的贸易抽取重税，因此迫使许多西方商人另寻从非洲绕道到印度的路线。在达·伽马航行（1498 年）后的 30 年内，埃及丧失了东西方的商业带来的丰厚利润。经济上的大灾难使埃及陷入穷困，塞利姆一世（Selim Ⅰ）结束马穆鲁克人的统治、把埃及变成奥斯曼帝国的一省时，埃及几乎没有抵抗能力。

1258 年至 1453 年，开罗一直是伊斯兰国家中最富庶、最美观、人口最稠密的城市。1326 年，伊本·巴图塔（Ibn Batuta）把开罗描绘得最生动，而于 1383 年访问该城的伊本·哈耳敦（Ibn Khaldun）称之为"宇宙的首府，世界的花园，人类的蚁穴，皇位的宝座；一个充满宫殿和城堡、修道院、修女院、大学，闪烁着学者泰斗的城市；一座由于尼罗河的灌溉，好像是地球特别以礼物向该地人致敬的乐园"——其他地方终岁劳苦的农民，看到这个地方都会抱怨上天的不公平。

这一时期的埃及清真寺反映的是政府的严苛，而非天空的色彩。这里看不见我们在亚洲的伊斯兰国家看到的那种"伊凡"（帽状屋顶）或金碧辉煌的宫殿门及浓淡相宜的瓷砖，我们看到的尽是巨大的石墙，这些东西使清真寺像一个城堡，不像一个祈祷所。苏丹哈桑所建的清真寺是这个时代的奇迹，至今仍然是马穆鲁克艺术中最庄严的纪念碑。历史学家阿尔·马格里齐（Al-Maqrizi）认为，这所清真寺"非其他清真寺可比"，而实际上他是一位爱国的开罗人。有个不太可靠的传统说法，哈森从各地找来许多有名的建筑师，要他们说出世界上最高的建筑，并命令他们造一幢比最高的还高一点的建筑。他们告诉他，霍斯鲁一世在泰西封所造的宫殿最高大，因为它的大门离地面有 105 英尺之高。他要工人们去偷摇摇欲坠的金字塔的石头，为一所新清真寺建了一道高 100 英尺的墙，然后在其上加建一个高 13 英尺的飞檐，在墙的一角又造了一个尖塔，计高 280 英尺。这个高耸入云的塔虽使西方人叹为观止，却未曾令他们起敬仰之心。感到极为骄傲的开罗人还有这样一个传说，国王在造好这座清真寺后，即把建筑师的右手砍掉，以防他可能设计另一个相同的杰作——这样做好像是说，建筑师是用手做设计工作的。此外，他们在开罗城墙外建了一些埋骨的寺院。小时候曾经当过锡卡西亚（Circassia）奴隶的马尔丘奇·阿尔·扎赫尔王（Barquq al-Zahir）死后的坟墓，便是这些国王中最华丽的一个。

布尔吉的马穆鲁克人中最伟大的建筑师名叫卡伊特·贝。虽然常受土耳其人的骚扰而感到痛苦，他仍然致力于在麦加、麦地那、耶路撒冷等地修建大建筑。在开罗，他重新修复萨拉丁城堡（Citadel of Saladin）和艾尔－阿扎尔（El-Azhar）清真寺式的大学；他建造了一幢以错综图饰的石头闻名的旅馆；他在开罗城内另建了一所极华丽的清真寺；临死之前，他又以花岗石和大理石完成了一所纪念性的清真寺，其超然的装饰、崇高的阳台式的尖塔及依几何学原理雕刻成的圆顶等，使其成为伊斯兰艺术重要的代表之一。

在马穆鲁克人的统治下，所有的大小艺术都蓬勃地发展。利用象牙、兽骨和木头雕刻而成的产品漂亮而丰富，小至笔筒，大至讲坛，花样繁多，匠心独具。讲坛如放在维多利亚和艾伯特博物馆内的，是卡伊特·贝设计的清真寺外的用品。在这一时期，金和银镶嵌物的使用达到登峰造极的地步。上千种花样的埃及陶器如今已把彩釉的玻璃贡献给世人：寺院台灯、烧杯、花瓶等东西上面都绘有生动人物图案或彩色瓷釉的正式装饰图，有时还镀了金片。就凭这些及其他不计其数的方法，伊斯兰教艺术家们为美留下了永恒的形象。

奥斯曼人（1288—1517）

没有人确知土耳其人起源于何处。有人猜想，他们是属于匈奴人的芬诺－乌格利克（Finno-Ugric）族，而"杜尔克"（Turk）一字的意思即为"甲胄"，因为在土耳其方言中，甲胄便叫"杜尔科"

（durko）。他们的语言是融合蒙古语和汉语，后来又加上波斯语和阿拉伯语而成的。这些土耳其式的方言，便是唯一可分辨他们来自何处的凭借。其中的一族就取其领导者的名字塞尔柱（Seljuq）为其族称，这一族因和敌人屡战屡胜越来越壮大。13世纪，这一族的后裔居然控制了波斯、伊拉克、叙利亚及小亚细亚等地。其同宗的一族于13世纪内为了逃避蒙古人的侵犯，在奥图（Ortoghrul）的领导下，逃离了古拉山（Khurasan）。他们被住在小亚细亚的塞尔柱科尼亚部落雇为军队，并接受了一块可饲养其牲畜的土地。

奥图逝世后（1288年），其子奥斯曼（Othman），或奥司曼（Osman）当时年仅13岁，被选为继承人，奥斯曼人或奥司曼人的名字就是从他那里来的。在19世纪之前，他们从未自称为土耳其人，土耳其人是他们称那些住在土耳其斯坦和古拉山等地的半野蛮民族的名字。1290年，他们发觉塞尔柱人衰弱不振、不足以阻碍他们的发展时，奥斯曼便自封为小亚细亚西北部一个小国的独立酋长。1299年，他又把他的大本营往西挪到耶尼-塞尔（Yeni-Sheir）。他不是一位伟大的将军，但他极有恒心。他的军力虽小，但他的士兵个个都是上乘的骑士，绝非步兵之流，为了争取土地、金子、女人和权力，他们都愿意冒杀头断脚的危险。在他们和马莫拉海（Marmora）之间正好有许多政风腐败、毫无设防的拜占庭城市在那里醉生梦死。奥斯曼率军先围攻其中的布鲁沙城，虽然第一次打了败仗，但之后又卷土重来。最后，布鲁沙城终于向他的儿子奥尔坎（Orkhan）投降，此时的奥斯曼本人却在耶尼-塞尔（1326年）奄奄一息。

奥尔坎利用他父亲的灵骨圣化布鲁沙，并将其建为奥斯曼人的新都。"天意"——意愿加上权力——诱使奥尔坎奔向地中海，奔向那个商业、财富与文明的古老地区。在布鲁沙落入其手的同一年，他攻取了尼科美底亚（Nicomedia），该地后来改名为伊兹米德（Izmid）。1330年，他攻下后来改名为伊兹尼克（Iznik）的尼西亚，1336年攻占后来改名为贝尔加马（Bergama）的佩加蒙（Pergamum）。这些弥漫着历史味道的城市都是工艺与贸易的中心，食物和市场完全依赖早已为奥斯曼人所拥有的四周农业区，他们必须依靠其周围的腹地，否则只有死路一条。他们没有作太久的抵抗，因为他们曾受过拜占庭诸省长的压迫，而且听说，奥尔坎抽税很轻，容许宗教的自由。此外，这些近东的基督徒中有很多都是属于受过侵扰的异教徒——景教徒或基督人神合一论者（Monophysites），因此这些被征服的地区很快接受伊斯兰教的信条。在这种情形之下，战争反而可以解决那些理智上无能为力的神学问题。领土扩张后，奥尔坎便自称为奥斯曼人的君王。拜占庭的皇帝们争相与之谋和，雇用他的士兵，容许他的儿子苏里曼在欧洲领土内建立奥斯曼人的要塞。奥尔坎死于 1359 年，时年71 岁，留给他的人民很深刻的印象。

他的继承者们建立了一个在综合战术、行政能力、野蛮残暴方面无人可与之匹敌，却醉心于文学、科学和艺术的朝代。穆拉德一世（Murad Ⅰ）算是这一家系中最不出色的君王。因为他是一位文盲，他签名时，每次都以沾有印泥的手指头压在公文上，这是一位比较不高明的杀人者。他的儿子萨翁德基（Saondji）带领一支叛军企图向他进攻而失败时，穆拉德便将他这位小儿子的双目挖出，砍掉他的头，强迫那些叛军的父亲们也砍掉他们儿子的头。他训练了一支极为勇猛的军队，把大部分巴尔干人都征服了，还赐给他们一个比在基督徒统治下更有效的政府，以安抚被征服者。

巴耶塞特一世在科索沃（Kosovo）的战场上继承了他父亲的皇冠（1389 年）。他率领的军队打胜仗后，他立即下令处决他那位曾经出生入死的兄弟雅各布（Yakub）。这种杀害亲兄弟的行为后来变成奥斯曼人继位的正规手段，其根据的原则是，叛变可能导致国家分裂，所有有资格问鼎王位者都应该及早处决掉为佳。巴耶塞特因此赢取了"雷公"（Yilderim）的称号——因为他的军事战略非常迅速，可是他缺乏其父的政治才能，而且把大部分精力都浪费在性欲上。属国塞尔维亚的统治者斯蒂芬·拉扎列维奇（Stephen Lazarevitch）把妹妹送给巴耶塞特当姨太太，这位德斯波伊娜夫人（Lady Despoina）后来便成为他最喜欢的太太，教他如何喝酒及如何享受堂皇豪华的酒宴，并以不智的方法使他变得非常衰弱。他的傲气一直到去世前仍然不衰。摧毁尼可波利的骑士团后，据弗鲁瓦萨尔的报告（或他修改过的）说，他便以一种特殊的挑战方式释放了内维斯伯爵（Count of Nevers）：

> 约翰，本人深知阁下为贵国的大公爵，而且是一位大公爵之子。阁下年纪轻，倘若在阁下首次侠义的出师中，重任就落到阁下双肩上的话，阁下也许就成为众人指责或引以为耻的对象。为使阁下免于此种指责及恢复阁下的荣誉起见，料阁下愿意纠集一批壮丁，来向本人挑战。倘若本人无法确知阁下的决定的话，在阁下出发前，我将设法麻烦阁下依法宣誓，阁下或阁下的任何朋友决不会提起武器对抗我。可是本人决不会令阁下或阁下的任何朋友去做此种誓言或保证，不过，本人希望，阁下回来，而且心情极为愉快时，请阁下以您拥有的毫不掩饰的武力，全部用来对抗本人，本人将随时奉陪阁下或阁下的朋友……本人这席话敬请阁下转知所有的部下，因为本人是说话算话的人，正准备征服其他基督教国家。

帖木儿在安卡拉捕获了巴耶塞特时，仍对他礼遇有加。他命令左右的人为这位伊斯兰教君王卸掉枷锁，请他坐在身旁，告诉他一定会赦免他，还特别吩咐搭三个漂亮的帐篷作为他的套房。巴耶塞特企图逃走不成时，便被监禁在一间四周都封闭得紧紧的房间里，可后来的传说居然夸大事实说，他被关在铁笼里。巴耶塞特病倒时，帖木儿请来最好的医生为他治病，还派德丝波伊娜夫人照顾、安慰他。这些未能恢复那位心里破碎的伊斯兰教国王的生命活力，巴耶塞特于一年后卒于狱中。

他的儿子穆罕默德一世把奥斯曼政府和权力加以改组。虽然他曾把一位王位觊觎者的眼睛弄瞎，把另一位杀死了，他仍以优雅的风度、公平的原则以及十年与基督教国家无战事而赢得了"绅士"的绰号。穆拉德二世也有同样的风采，喜欢诗，不喜欢战争。可是，当君士坦丁堡鼓动一位敌人要革除他，以及匈牙利违反和平誓言时，他在瓦尔那（Varna，1444 年）证明他也是一位和别人一样能干的将军。之后，他退居到小亚细亚的马格尼西亚，在那里，他每两个星期举行一次诗人和学者的联欢大会，大家读诗，谈科学和哲学。后来，由于亚得里亚堡发生叛变才被召回欧洲，他抚平了这次叛变，在科索沃的第二场战役把匈雅提（Hunyadi Janos）打败。他在位 30 年，被基督教国家的历史学家列为当时最伟大的君王之一。他逝于 1451 年，他的遗嘱说明，死后希望葬在布鲁沙一个无屋顶的小教堂，"好让上帝的仁慈和祝福能与日月之光一同降临到他身上，让雨水和露水直接落在他的坟上"。

在涵养、征服力、政治敏锐性及在位期间的长久方面，穆罕默德二世和他父亲不分上下，可是在正直和高贵方面就不如了。为了提高基督徒的教育，他不惜破坏严肃的条约，并以过分的屠杀行为玷污了他赢取的胜利。他在谈判和战略上具有东方人的细致特性。有人问他计划为何时，他回答说："假使我胡子中的任何一根毛知道的话，我一定会把它拔掉。"他能说五种语言，精读好几种文学作品，在数学和工程方面的知识极为丰富，他培养艺术的发展，以养老金供养 30 位奥斯曼诗人，把丰盛的礼物送给远在波斯和印度的诗人。他的内阁总理马哈茂德（Mahmud Pasha）也是一位文学和艺术的支持者。两人资助许多学院和慈善机构，因此这位伊斯兰教国王赢得了"伟大作品之父"的美誉。穆罕默德也有"胜利之君"的称号。在他和他的大炮轰击下，君士坦丁堡落入了他手中；在他的海军的枪炮下，黑海成为土耳其人的一个池子；在他的兵团及外交的包围下，巴尔干人也向他俯首称臣。可是这位让人无法抗拒的征服者征服不了自己。到 50

岁的年纪，他就因纵欲过度显得老态龙钟了，即使春药也激不起他的性欲。最后，他的妻妾干脆称他为太监。他死时（1481年），年仅51岁，此时正是他的大军即将为穆斯林攻下意大利的前夕。

他的儿子们争抢王位的结果反而让巴耶塞特二世当上了国王。这位新王不好战，可是威尼斯打下了塞浦路斯岛，向土耳其控制的地中海东部挑战时，他奋然而起，向欺骗他的敌人伪装和平，建立了一支拥有270艘船只的无敌舰队，在希腊外海打垮了威尼斯舰队。一支土耳其军队蹂躏北意大利远至西部的维琴察（1502年），结果威尼斯求和。巴耶塞特同情地答应其请求，然后隐退到诗与哲学的国度。他的儿子塞利姆后来又革除他的王位，自己登上宝座（1512年）。不久——据说死于毒药——巴耶塞特呜呼哀哉！

历史有时不过是对立主题的交替：一个时代的作风与制度常不为下一代所接受，因为后者都会喜新厌旧；古典主义带来浪漫主义，浪漫主义生出了写实主义，写实主义又带来了印象主义；一段争战之后就需要10年的和平，漫长的和平又会引发侵略战争。塞利姆一世厌倦其父的和平政策。他天生一副刚健的体格和坚强的意志，不喜耽于宴乐和安逸，性喜追逐露宿野外，因此他绞杀9位亲戚来抚平叛变，以时常带军出征赢得了"冷酷者"的绰号。他听到波斯的沙赫·伊斯梅尔劫掠土耳其边界时并不感到愤怒。他曾经立过一个誓言说，假使安拉助他打败波斯人，他愿意分别在耶路撒冷、布达和罗马造三所巨大的清真寺。在点燃人民的战斗意志后，他马上率兵攻打伊斯梅尔，占领了大不里士，把北米索不达米亚平原改为奥斯曼的行省。1515年，他带领炮兵及其禁卫兵进攻马穆鲁克人，把叙利亚、阿拉伯与埃及列入其领土范围内（1517年）。他把正统穆罕默德教的开罗哈里发——职高位尊的僧侣——当作光荣的战俘，带回君士坦丁堡。此后，与亨利八世一样，奥斯曼的伊斯兰教国王们便成为教会与国家的主人了。

他的权力正达巅峰时，便准备攻打罗得斯岛和基督教国家。一切准备齐全，他却得了瘟疫病死（1520 年）。惧怕塞利姆的大军甚于路德反叛的教皇利奥十世听到消息后，马上下令所有的基督教堂唱一首连祷诗以感谢上帝的恩典。

伊斯兰教的文学（1400—1520）

即使"冷酷者"塞利姆也会写韵文诗，不但传给"恢宏者"苏里曼一部极美的诗集，还交给他一个包括幼发拉底河、多瑙河及尼罗河等在内的广大地区的帝国。在过去 600 年内，2200 位奥斯曼著名诗人中有 12 位苏丹和许多位亲王——其中包括被其哥哥巴耶塞特二世托付监管基督教国王及教皇责任的贾姆（Djem）亲王。这些诗人们作诗的结构和观念，有时甚至语言，都是采用波斯人的，他们不断运用不同的押韵法，称颂安拉的伟大、苏丹的智慧及瞥见爱人修长的玉腿表现出的像柏树的抖颤一样的爱慕之情。

西韦斯的艾哈迈迪（Ahmedi of Sives）（死于 1413 年）在一位波斯老师尼扎米（Nizami）的鼓励下，写了一部《亚历山大之书》（*Iskander-Nama*），这部气势磅礴、文体简陋的长篇史诗，不只叙述亚历山大被波斯征服的故事，也记载从远古至巴耶塞特一世近东的历史、宗教、科学和哲学的发展。我们无法把他的诗句引给读者参考，因为英文的翻译看起来像是一堆梦话。艾哈迈德·帕沙（Ahmad Pasha，死于 1496 年）的诗曾得到穆罕默德二世极大的赞赏，因此这位伊斯兰教国王封他为臣。这位诗人后来爱上了这位征服者的侍从中的一位漂亮童仆，穆罕默德也喜欢这位童仆，便对诗人颁令赐死。艾哈迈德马上寄一首极为感人的抒情诗给穆罕默德，国王感动之余居然答应把这名童仆让给他，不过，把他们双双贬到布鲁沙。在布鲁沙，艾哈迈德随身带去了一位年纪比他小，其才华可能马上要超越他的诗人。内扎蒂（Nejati，死于 1508 年）的真名为伊萨（Isa），写了一首颂赞穆罕默德二世的诗，把它系在这位国王最欣赏的棋伴的包头巾上。穆罕默德的好奇心被这张纸吸引，他打开一看后，立即派人去请这首诗的作者，任命他为宫廷官员。巴耶塞特二世仍然宠爱他，给他过优裕的生活，而内扎蒂在无忧无虑的情况下，为这个朝代写了许多奥斯曼文学中最值得称颂的抒情诗。

即使如此，伊斯兰教诗中的巨匠还是非波斯人莫属。侯赛因·拜恰拉（Husein Baiqara）在赫拉特的宫廷内到处都是吟诗人，国王的首相大臣米尔·阿里·舍尔·纳瓦（Mir Ali Shir Nawa'i）抱怨说："只要伸出你的脚，你一定会踢到一位诗人的后背。"一位诗人听了之后回答他说："而你只要缩回脚，也照样会踢到另一位。"至于米尔·阿里·舍尔（死于 1501 年）本人，除帮助国王治理库拉桑、保护文学与艺术及当一名肖像画家与作曲家之外，也是一位大诗人——可以说是当时的梅塞纳斯兼贺拉斯。由于他开明的庇护与支持，比扎德（Bihzad）与沙赫·穆札法尔（Shah Muzaffar）两位画家、库尔·穆罕默德（Qul-Muhammad）、沙伊基（Shayki Na'i）和侯赛因·马迪（Husein Udi）3 位音乐家及 15 世纪地位最高的诗人——拉赫曼·贾米（Mulla Nuru Rahman Jami）等人，方能在补助金下过着舒适的生活。

在长期无忧无虑的生活中，贾米成为一位学者、神秘主义者和诗人。站在神秘主义信徒的立场上，他以优美的散文解说古老的神秘题目。他说，灵魂与人所崇拜者——神——的欢悦的合一，唯有灵魂发现自我不过是一个妄念，而世上的万事万物不过是一种短暂幻影融化于一层死亡薄雾中时才能达到。贾米的诗大部分充满了以韵文写成的神秘主义，又加上一些迷人的肉欲以增添趣味，《萨拉曼》（Salaman）和《阿布萨尔》（Absal）是说明神性超越俗爱的美丽故事。萨拉曼是尤恩（Yun，指伊奥尼亚）的国王之子，没母亲而诞生下来的他（这比所谓的单性生殖还令人难以想象），是由一位漂亮的公主阿布萨尔抚养大的，他 14 岁时，这位公主就迷上了他。她利用化妆征服了他：

她眼圈的黑色眍眍

是用来使他在白天陷入黑暗的沙麻，

在眼圈上又饰以弓形的画线

以使他迷失自己；她那有麝香味的秀发

卷成蛇形状的卷发，

而诱惑的女神蜷伏在她的双颊上，

因为她的双颊泛起满面的粉红，

不停地发散出阵阵的麝香味，

像是一只要诱人入其陷阱的小鸟。

有时，她嫣然一笑，从他面前走过，

露出两片镶有珍珠的双唇……

有时，她蓦然站起，

使她的踝饰叮当作响，这些响声

像是召他成为其脚下俘虏的呼唤之声。

　　这位显然是王位继承者的亲王毫不费力地接受了她的诱惑，而且这两位少男少女确实享受了一段抒情式的爱情。国王责备他荒唐，要他自己锻炼出强健的体魄，以培养应付战争和治理国家的能力。萨拉曼不但没听他的话，反而和阿布萨尔私奔，"像是一个贝壳里的双生珠核"。逃到海边后，他们造了一条小船，搭着这条船向"月亮出发"，不期却来到了一个鸟语花香、果实累累的青葱岛屿上。到了这个伊甸园后，亲王即因逃避自己应履行的职责而感到内疚。他劝服阿布萨尔跟他一起回到尤恩去。他开始训练自己，准备当国王，然而面对责任感与美人的两难选择而不知所措的他，终于陷入了半疯狂状态，居然和阿布萨尔双双自杀：他们堆了一堆干柴，然后手牵手一起跳入火堆。阿布萨尔被火烧死，萨拉曼却逃得快，没被烧死。如今，他的心灵已经无所牵挂，终于继承了王位，并成为一名很出色的君王——这一切都是寓言，贾米解释道：国王就是上帝，萨拉曼则代表人的灵魂，阿布萨尔则是肉欲快乐的象征；那个极乐仙岛是一个灵魂脱离神圣任务被引诱去的撒旦伊甸园；那堆木柴则是人生经验之火，肉欲被火烧毁；净化的灵魂获得的王位便是上帝本人的宝座。我们实在不能相信，一位能够把美人描绘得栩栩如生的诗人，居然还劝读者不可接近她。

有了这种成就，贾米便大胆地把之前十几位诗人的作品拿来再加上韵脚，《尤素夫与祖莱卡》（*Yusuf u Zulailkha*）和《莱拉·瓦马努》（*Laila wa Majnun*）两首即是。在一篇文情并茂的序言里，他把那位具有天人之美的苏菲（Sufi）的故事再讲一遍：

> 在太古洪荒，仍未有任何生命存在的迹象，宇宙仍然蕴藏在虚无状态时，就有了某种东西……一种绝对的美，自己展露自己，而且只凭她自己的光。就像是一位绝代佳人一般，穿上一袭纤尘不染的外衣之后的她，便拥有一份闺房的神秘感。她的脸从未照过镜子，她的秀发从未梳过，从未被阵阵的香风吹过，夜莺也从未飞来依靠在她的玫瑰上……可是美人是不甘寂寞的。看那山巅上的郁金香吧！当春天露出第一缕微笑时。它便从石缝中发出第一枝新绿……因此永恒的美从神秘的神圣宫殿走了出来，向整个世界和全人类微笑；而一道阳光，从她身上射出，照耀着大地及天庭。就这样，她暴露在被创造的万物镜子里。而宇宙的一切都变成反映永恒荣耀者的镜子。她的光辉一部分射在玫瑰身上，夜莺便欢悦得开始引吭高歌。火开始穿上她的热情，一千只蛾虫来飞在火焰里……她便是那位赐给卡拉昂的穆恩美丽光辉的人，祖莱卡因之而发疯了。

从天堂的高处，贾米一下子又飞降到人间开始以充满激情的重复法，仔细地描写祖莱卡的美丽可爱，描绘"她那纯洁的城堡与禁地"——

她的胸部是最纯洁的光之眼球，

是从卡弗喷泉中刚刚喷出的两颗泡沫，

两颗生长在一滴浪花上的小番石榴，

即使再怎么胆大包天的人都不敢去碰。

她在梦中看见尤素夫，第一眼就爱上了他，但她的爸爸把她许配给他的大臣波提乏（Potiphar）。然后，她看到了尤素夫本人，以奴隶的身份暴露在市场上。她买下了他，引诱他，他拒绝她的求爱，于是她逐渐消瘦。大臣死了，尤素夫便代替这位大臣的位置，和祖莱卡结婚。可是不久，两人都开始消瘦下去，最后一起去世了。只有上帝的爱才是真理与生命——这是老生常谈；可是谁能对这些说教不感动呢？

亚洲伊斯兰国家的艺术

在整个伊斯兰国家，从格拉纳达到德里和撒马尔罕，所有国王与王公贵族都利用人才和奴隶建造清真寺和大陵墓、绘画和烧瓷砖、织染丝绸及地毯、打造并雕刻木头和象牙，都用红笔加注古籍。伊儿汗人、帖木儿人、奥斯曼人、马穆鲁克人，及那些较脆弱地区的伊斯兰教王朝，多多少少都保存了东方的传统，他们以诗来调剂掠夺，以艺术来缓和屠杀。在乡村和城市的宫殿里，财富渐渐化为美丽，而一小部分的幸运者，由于享受了近水楼台之便，兴起了声色之娱的动机。

清真寺仍旧是聚集伊斯兰教艺术的殿堂。在那里，砖块与瓷砖构成了尖顶的抒情诗；彩陶制的大门把阳光的热感带入了闪烁的彩色世界中；讲坛表现出雕刻的轮廓或木头错综镶嵌的图案；壁龛的辉煌显示出信徒对麦加的向往；铁格子窗和枝形吊灯架是他们对安

拉崇拜的金属象征物；地毯使铺有瓷砖的地板变得软而舒适，同时
拿来作为祈祷时的垫子；名贵的丝绸套住有各种装饰的《古兰经》。
在大不里士，克拉维霍看到"饰有蓝色与金黄色瓷砖的清真寺"时
啧啧称奇；在伊斯巴罕，乌利加图的大臣在"星期五寺院"（Friday
Mosque）里装了一个涂有粗糙之灰泥图案的壁龛，结果这个壁龛居
然成为吸引人的错综图饰和文字雕刻。乌利加图则在苏丹尼亚造了
一座极为华丽的陵墓（1313 年），他的目的是要用它作为什叶教派
的创立者——阿里和侯赛因——骨灰的收容所。这个计划进行得并
不顺利，因为葬在这座气派雄伟的衣冠冢里的，是这位可汗自己的
骨头。在瓦拉明（Varamin，1326 年）有一座寺院的废墟占地极广，
外表极为壮观。

帖木儿本人喜好建筑，他不但从被征服者那里偷窃他们的建筑观
念，也偷了他们的金银财宝。像一位征服者一样，他喜爱象征其帝国
与意志的大规模的东西；像一位暴发户一样，他喜好鲜艳之色，常常
做过分的装饰。因迷醉于赫拉特的蓝釉瓷砖，他把波斯的陶工请到撒
马尔罕来，把他首都的寺院和宫殿都铺以光彩夺目的石板。不久，该
城到处都有闪闪发光的美丽的瓷砖。在大马士革，他看到一个其底呈
球状的圆顶，其塔尖逐渐尖细成一尖点。他马上命令他的工程师趁其
还未被焚毁，先把它的图案和尺寸量好；回来后，他就把撒马尔罕城
内的圆顶建成这个形状，并将这种建筑风格传播到印度和俄国境内，
因此这种风格如今散布的范围从泰姬陵（Taj Mahal）一直到红场。他
从印度回来，同时带回一大批艺术家和技工，这批人以 3 个月的时间
为他造好一座巨大无比的清真寺——这所寺院的大门高 100 英尺，它
的天花板由 480 根石柱支撑。他为其妹楚楚克·比卡（Tchouchouk
Bika）所造的葬礼寺院，变成了他在位期间的一件建筑杰作。他下令
建一所寺院以纪念他的原配夫人比比·卡努（Bibi Khanun）时，他
不但亲自监工，还鼓舞或逼迫所有的工人不停地工作。

他的后裔达到了更成熟的艺术境界。位于德黑兰到撒马尔罕途中

的马沙德，鲁赫王的太太乔哈尔·沙德（Gawhar Shad）请来建筑师加瓦·阿德·丁（Qavam ad-Din）造一所冠上她名字的清真寺（1418年）。吊有精致"宫灯"的尖塔保护着这所圣殿。四座壮观的拱门通向一块中央宫院，每座拱门都铺以"古往今来都无法与之匹敌"的彩陶砖——那是以一种永不褪色的色调，绘上成百种错综几何图形和花纹雕饰的砖块，这一切的光辉看起来显然胜过波斯的太阳。坐落于西南方的"圣堂回廊"，其圆顶上的蓝色瓷砖几可与蓝天颉颃；而在大殿的前面，在一块蓝色的地板上，以白色的大字写了一段骄傲而虔诚的给王后的献辞：

> 高贵伟大、其忠贞不贰之心可与日月争辉的王后……乔哈尔·沙德——祝福她的伟大，她的忠贞得长照永存！……为了整个国家的前途，同时也为了最后的审判，秉着安拉的启示，充满着感恩之情，在伟大的国王——胜利之王——沙赫·鲁赫统治期间内，她捐出私产建立此一神圣的殿堂……但愿安拉能赐予他的王国和王位得以永垂千秋万世！同时但愿安拉能助他将善、公平及慷慨广布给全世界的人民！

乔哈尔·沙德的寺院不过是使马沙德成为什叶教派的罗马城的许多建筑之一。在这里，伊曼·里扎（Imam Riza）的崇拜者已继传了30代，在这里聚集了辉煌的建筑：这里有优雅的尖塔、气势磅礴的圆顶、铺有光亮洁白或金银板的瓷砖的拱道、镶有蓝白细嵌工或彩陶以与太阳辉映的宽敞宫院。在这里，凭着数不胜数、五光十色和奇形怪状的作品，波斯的艺术发挥了它的神奇效果，这一切都是为了纪念圣徒，使大批的虔诚进香客也看得目瞪口呆。

从阿塞拜疆到阿富汗，在这个时代的伊斯兰世界，兴起了1000所清真寺，因为对于人而言，信仰与大地的果实一样珍贵。乔哈尔·沙德的忠贞灵骨在赫拉特有个别致的陵墓；夏伊拉兹在14世纪重建马斯基德·伊·贾米（Masjid-i-Jami）；亚兹德（Yazd）和伊斯巴罕又为他们的"星期五寺院"添上两个五彩缤纷的壁龛。在空间、时间及思想上，我们与他们已经隔得太遥远了，因此，我们无法去领略这些皇皇巨构，而那些能领略其美妙处的信徒对我们日后的哥特式大胆作风，对我们的文艺复兴的肉欲意象，当然也产生不了一点点感应或喜欢。然而，即使当我们站在坐落于大不里士的蓝色寺院的废墟前，我们一定也会受到感动的，我们会回忆起，当年那些名满天下的蓝色彩陶、金黄色的错综图饰；看到穆罕默德二世和巴耶塞特二世在君士坦丁堡（1463 年、1497 年）建造了可媲美圣索菲亚大教堂的雄浑的清真寺后，我们一定不会无动于衷的。奥斯曼人综合了拜占庭的设计、波斯人的大门、亚美尼亚人的圆顶及中国人的装饰题材，分别在布鲁沙、尼西亚、尼科美第亚、科尼亚等地建立了许多属于他们的寺院。在建筑方面，阿拉伯人至少已达登峰造极之境。

　　只有一种艺术——一位敢向巨人歌利亚挑战的大卫——敢在伊斯兰世界站起来与建筑相颉颃。也许比寺院建造者更受人尊敬的算是书法大师和那些以极细腻笔触装饰书籍的有耐性的肖像画家。在此之前有人作壁画，自此之后，壁画即销声匿迹。人像还有人画，倒是流传了一些。奥斯曼人公然服从《圣经》和《古兰经》的要求禁止雕刻人像，可是穆罕默德二世从威尼斯把非基督徒真蒂莱·贝利尼的一幅画输入君士坦丁堡（1480 年），然后特别仿制该画，这幅画如今挂在伦敦国家画廊里。帖木儿的画像有很多复制品。一般说来，改信伊斯兰教的蒙古人比较喜欢中国艺术的传统，而不喜爱穆罕默德式信仰的禁忌。他们从中国取来龙、凤、云彩、圣光圈和花容月色的面容，与波斯的明晰色彩和明朗线条融在一起，创造出另一种画风。经融合在一起的两种风格具有近亲的关系。因为中国与波斯的肖像画家都是为那些有极高欣赏力的贵族们作画，他们所追求的目的主要在于诉诸想象和感官的快乐，而形似便不重要了。

　　这一时期伊斯兰教绘画的主要中心集中于大不里士、夏伊拉兹及赫拉特三个地方。也许由 14 世纪中许多艺术家完成的 50 页画集——菲尔德斯（Firdausi）的《国王画册》（*Book of Kings*）——便是伊尔汗国时代在大不里士完成的。不过，波斯的肖像绘画是在帖木儿王朝的国王在位期间，在赫拉特达到登峰造极的境界。鲁赫王请来一大批艺术家，他的儿子科松库尔·米尔扎（Baisunkur Mirza）则设立一所专教画法和绘画的学院。《国王画册》（1429 年）——集色彩与美之大观的画册——便是从赫拉特这所学校出来的，如今这一画册已被人虔敬地深藏在德黑兰的奎利斯坦宫（Gulistan）图画馆内。第一次看这部画册时的享受就像首次读济慈的颂诗。

插画的真正济慈——"东方的拉斐尔"（Raphael of the East）——是卡马尔·阿尔·狄姆·比扎德（Kamal al-Dim Bihzad）。他把战争的真正恐怖及变化完全反映在艺术中。他于 1440 年诞生在赫拉特，小时在大不里士受教育，长大后回到赫拉特为国王侯赛因·伊本·拜恰拉（Husein ibn-Baiqara）和多才多艺的大臣米尔（Mir Ali Shir Nawa'i）画像。赫拉特成为乌兹别克和萨非的军事中心后，比扎德即回到大不里士。他是第一位在画上署名的波斯画家，他留下的艺术作品却少得可怜。存在开罗的埃及皇家图书馆（Royal Egyptian Library）有两幅肖像画，上面画了几位神学家在寺院里辩论难题。这两幅画记载完成的时间是 1489 年，而其题记写着："由奴仆、犯罪者比扎德所画。"在华盛顿的弗雷尔（Freer）画廊里有一部《一位年轻画家的肖像画》画册，这部画册是根据真蒂莱·贝利尼复制而来的，上面也签了"比扎德"的名字。这部画册上的画充分表现出两位艺术家——画者与被画者——的才华。此外，在一家英国博物馆内有一张尼扎米的卡姆扎复制画和帖木儿《胜利画册》（*Zafar-Nama*）的草稿画，是否为比扎德的作品，则无法得知。

这些遗物根本无法说明比扎德的名气。它们只不过显示出一种对于人与物的敏锐透视力，一种对于色彩多样性的喜爱，一种在动作敏捷中仍然一笔一画皆毫不含糊的特征。它们不能和作于同一世纪的贝里公爵肖像相比。比扎德的同代人却以为，他已凭其富于创造的功夫、生动的风景画及其栩栩如生的人物，使肖像画发生了一次革命。比扎德逝世时（约 1523 年），快 50 岁的波斯历史学家华恩达米（Khwandamir）曾经以带有友情偏见的话评论说："他的画已使世界上所有的画家黯然失色；他那双奇异的手已使有史以来的其他画家消失得无影无踪。"这不禁使我们想起，他的话写在达·芬奇画《最后的晚餐》、米开朗基罗画西斯廷教堂的天花板、拉斐尔画梵蒂冈的房间之后，因此我们可以有把握地说，华恩达米从未听过这些人的名字。

制陶艺术这一时期已从塞尔柱的拉伊（Seljuq Rayy）和卡尚（Kashan）的精良高峰开始走下坡了。拉伊已因地震和蒙古人的劫掠被夷为废墟，卡尚已将其大部分的窑改烧瓷砖。然而，新的陶器中心已分别在苏丹尼亚、亚兹德、大不里士、赫拉特、伊斯巴罕、夏伊拉兹和撒马尔罕兴起了。镶嵌的彩陶如今已成为大家喜爱的产品：在陶土制成的小板上涂以某种金属的颜色，便能使之变得光彩夺目，只要小心照顾它就不易损坏。赞助者经济情况较好时，波斯的建筑师们不但以彩陶作装饰壁龛之用，而且用它作为覆盖寺院大门和墙的表面。纽约的大都会艺术博物馆内便有一件从巴巴·卡森（Baba Kasin）寺院（约 1354 年）取来的壁龛的最佳范例。

穆斯林的金属作品有其特殊的技艺。他们为其清真寺（从布哈拉到马拉奎斯等地）做青铜门和枝形吊灯架，虽然他们所有的作品不能与在佛罗伦萨的、由吉贝尔蒂（Ghiberti）所做的《天堂之门》浸礼所（1401—1452 年）媲美，可是他们铸出了当时最好的甲胄——铜盔铸成使攻击偏向的圆锥形，盾则在闪闪发光的铁外层加上一层银或金，剑则刻有金黄色字体或花案。他们铸造极精美的钱币和诸如上面刻有穆罕默德征服者的矮胖半身像奖牌等，他们更以黄铜铸出许多上面刻有庄严的库菲克（Kufic）文字或细腻的图案的大烛台；他们铸出烧香器、写字台、镜子、珠宝箱、火盆、烧瓶、水罐、浴盆、果盘；甚至于剪刀和罗盘也设计得惟妙惟肖。穆斯林艺术家兼技工在切珠宝或其他贵金属，或镶有象牙或木刻等方面的技巧也可算是独步古今的。虽然纺织品方面留下来的东西非常零碎，可是从该时代的肖像画里，我们可以看出他们纺织制造业种类繁多，包括开罗的精致亚麻布和撒马尔罕的丝绸帐篷。事实上，为蒙古和帖木儿的织锦、天鹅绒、丝绸，甚至于即将成为欧洲人羡慕的波斯和土耳其地毯等，设计那么复杂、却富于逻辑性的图案者便是那些插画家。

伊本·哈尔敦

科学与哲学的光荣已经不复存在。宗教在成长的西方世界中撤退时，便等于已打赢了对它们的战争。最崇高的荣誉如今已集于神学家、苦行僧、圣徒等人身上；而科学家们潜心于研究前人的发现，从未想过以新的眼光观察自然。在撒马尔罕，乌勒格·贝格天文观测台因绘出天文图表（1437 年）而在欧洲享誉至 18 世纪时，伊斯兰国家的天文学算是放射出其最后一道光芒了。凭着几张天文图表和一张阿拉伯人画的地图，一位阿拉伯的航海家把达·伽马从非洲引导到印度，完成了一项结束穆斯林在经济上蒸蒸日上的历史性航行。

在地理学方面，这一时期的穆斯林产生了一位大人物。于 1304 年诞生于坦吉尔（Tangier）的伊本·巴图塔，花了 24 年，自己一个人走过代鲁尔·伊斯兰（Daru'l Islam）——穆罕默德世界，然后回到摩洛哥，死于费兹（Fez）。他的行程说明穆罕默德的信条传播范围极广：他自称曾经走了 7.5 万英里；看过格拉纳达、北非、廷巴克图（Timbuktu）、埃及、近东和中东、俄罗斯、印度、今斯里兰卡和中国，而且拜访了当时每一位苏丹。他每到一个城市首先拜会当地的学者和神职人员，然后再去拜访当地有权势者。他不但描写每个地方的人民，而且他还叙述各地的飞禽走兽、花草树木、矿产、食物、饮料、物价、气候、自然地理、道德风俗、宗教礼仪及信仰。他钦佩耶稣和玛利亚，显然他以满意的口吻写道："每位到耶路撒冷的复活教堂的进香客，都付给穆斯林们一点点香火钱。"他回到费兹向人叙说他的旅行经验时，大部分听众都把他当成一位说故事者，当地的大臣却派了一位秘书把巴图塔口头所说的回忆录记载下来。这部回忆录后来遗失了，而且几乎被人遗忘了，一直等到有人在今阿尔及利亚发现后才又为人记起。

1250 年至 1350 年，"自然历史"方面最杰出的要算穆斯林。开罗的阿德·达米日（Mohammed ad-Damiri）写了一部 1500 页的动物学方面的书。医学仍然是闪米特人的特长。在伊斯兰国家，医院林立。一位大马士革的医生阿尔·纳菲斯（Ala'al-din ibn-al-Nafis）解说肺的血液循环，比塞尔维特早了 270 年（约 1260 年）；一位格拉纳达的大夫伊本·阿尔·卡蒂伯（Ibn al-Khatib）首先提出黑死病是传染病的理论——他提议实行对感染者加以隔离的方法——而当时他是面对着一种将黑死病发生的原因归之于上帝对人类罪恶的惩罚的神学。他的论文《论瘟疫》中有一句值得注意的话："我们必须遵行一个原则——任何一个穆罕默德伴侣的传统和感官发生冲突时，我们就应该修正该传统。"

学者和历史学家多如诗人。他们都用阿拉伯语写作，很多时候，他们常会将学问研究和写作与政治活动和行政事务融合为一体。大马士革的阿布·伊·菲达（Abu-l-Fida）曾参加过十几次军事战役，当过开罗阿尔·纳西尔（al-Nasir）手下的部长，再回到叙利亚的哈马当省长，集有广博的图书，而且写了好几部在当时可算是第一流的书。他的《地理学论文》（*Taqwin al-Buldan*），就其范围而言远超过当时欧洲此类的作品。该文推测说，地球的 2/3 都覆盖着水，又说任何一位向东或向西作环球旅行者都会快或慢一天。他那本名著《人类历史节略》（*Abridgement of the History of the Human Race*）可以说是西方所知的一部穆斯林历史的主要作品。

14 世纪的历史编纂学家名气最大的该算伊本·哈尔敦（Abder-Rahman ibn-Khaldun）。他是一位有学识的人：他有丰富的经验、广泛的见闻、实际的政治经历，又通晓艺术和文学、科学和哲学，而且对于伊斯兰教的一切他都像他那部《宇宙史》（*Universal History*）一样无所不包。像这样的一个人居然出生于突尼斯，而且在那里长大、受教育，显然说明北非的文化并非只是亚洲伊斯兰国家的模仿者，而是具有其本身的特性和活力。在他的自传里，伊本·哈尔敦自述道："从小我就显出对学问的渴望，对学校和功课我总是兢兢业业。"黑死病夺去了其双亲和多位师长的生命，他仍继续求学直至"我最后自觉得有所懂为止"。这纯粹是一种年轻人的特殊幻想。他 20 岁时就当了突尼斯君主的秘书；24 岁则当费兹君王的秘书；25 岁时却被捕入狱。后来，他迁居格拉纳达，被任命为该城驻塞维尔的"残忍者"彼得的大使。回到非洲后，他成为布日的阿布·阿卜杜拉（Abu Abdallah）亲王的首相。他的主人被黜被杀时，为了求生他只好逃亡。1370 年，他被特莱姆森（Tlemcen）城派到格拉纳达为特使。在赴任途中，他被一位摩尔亲王逮捕，便在这位摩尔人的手下效劳了四年，然后退休到靠近奥伦的一个城堡。他就在那里（1377 年）完成了其《绪论》（*Muqaddama al-Alamat*）一书。由于奥伦能够提供给他的参考书太少，他只好又回到突尼斯，他与当地的许多政要为敌，只好再迁居开罗（1384 年）。此时他的学者声望已经达到国际性的水准。他在埃尔·阿查尔清真寺讲学时，教室往往挤得水泄不通，而巴尔丘奇苏丹秉着其"一向爱护学者的雅意"，赠给他一笔恩俸。他被任命为皇家法官。他执法甚严，关闭掉所有的酒馆，因此旋即被轰下台，再次隐退下去过他的私人生活。他再度被任命为大法官后，陪同纳西尔·阿德·丁·法拉基（Nasir ad-Din Faraj）出征攻打帖木儿，结果埃及军队打败，伊本·哈尔敦便逃往大马士革避难。帖木儿的军队包围大马士革，这位已届高龄的历史学家，便带领一个代表团求那位无敌鞑靼王大发慈悲赦免他。与作家一样，他随身总是携带一部历史书。他当场就把他论及帖木儿的一段念给帖木儿听，并请求他指正。也许他念的时候重新把那段修改过了。结果他成功了，帖木儿释放了他。不久，他又被任命为驻开罗的大法官。他殉职时已 75 岁（1406 年）。

在这些年里，他写了一部有关阿威罗伊的哲学概要、许多篇关于逻辑和数学的论文、《柏柏尔人的历史》（*History of the Berbers*）、《穆恰达马》（*Muqaddama*）和《东方民族》（*The Peoples of the East*）。只有最后 3 本流传至今，这 3 部书在一起共称为《宇宙史》。《穆恰达马》或称《绪论》（*Prolegomena*），是了解伊斯兰教文学的必读作品之一，而且就"历史是哲学的分支"观点而言，对中古时代的人，它也是一部极"现代"的作品。伊本·哈尔敦把历史视为是"哲学上重要的一支"，而且对于历史学家的工作有很开阔的看法：

> 历史的真正目的是使我们了解人类的社会情况（指其文明），可以揭示原始生活的自然现象及人类因各种文化的进化而促使帝国和朝代的诞生，紧跟着更有分门别类的行业、职业、科学和艺术的出现，最后告诉我们万物本性的变化可能影响社会本性的变化。

因自认为是第一位采取这种方法撰写历史的，因此，他请求读者原谅他许多难免的错误：

> 我祈望海内外贤达之士能不吝指正我的作品。以学者的眼光看，也许我所能奉献给大家的价值甚为渺小……可是我仍然希望读者多多给予本人照顾。

他希望，他的作品在可见的未来的黑暗日子里，对人类将有所裨益：

> 当世界经历一次完全的瓦解后，其本质将会产生变化，以允许新的创造与另一新的组织出现。因此，我们今日的确需要一位

能描绘世界状况，世界上所有国家、民族，并指出各地风俗习惯与信仰变化的历史学家。

他特别辟出专栏，指出某些历史学家犯的错误。他觉得，这些历史学家只顾把所有的事件按年代先后次序编成历史，鲜少解释事件的前因后果关系。不论是神话、传说或事实，他们都不分青红皂白地加以罗列，对统计数字则常过分夸张，而且常将太多的事情的发生归之于超自然。至于他本人则完全依据自然因素去解说事件的发生。他以人类今日的经验去判断历史学家说的话是否正确，一旦在今人看来被认为不可能发生之事，他一定拒绝相信。他认为应以经验批判传统。他在自己的著作《绪论》一书内采用的手法，首先便讨论到历史的哲学；然后谈及各种职业、行业和技艺；最后讨论科学和艺术史。在随后的几卷中，他分别叙述各国的政治史，为此，他不惜牺牲时间的统一性以迁就地方的顺序。伊本·哈尔敦说，历史的真正目的是要讨论文明如何兴起、如何兴盛、如何产生文学和艺术及如何衰败的问题。就像每个人一样，帝国具有生命及其独有的轨道。帝国成长、成熟及衰亡，其顺序的前因后果到底是怎样的？

影响这一顺序的基本条件是地理因素。气候因素的影响是最普遍、也是最基本的。住在寒冷的北方，甚至即使是南方来的民族都有白色的皮肤、细微的毛发、蓝眼睛及严肃的个性；而住在赤道地方的人多半有黑色的皮肤、黑色的头发、"动物性膨胀"、心情轻松愉快、迅速传达其欢悦之情、喜好歌舞。食物也会影响人的性格：多食肉类、调味品及谷类者体积重、心情沉重、较经不起挨饿或传染病；相反，食物较淡者，如沙漠地区的民族，身体则较矫健、性情也较开朗，而且不易患病。就先天的本质而言，世界各地的民族并没有先天性的不平等，不同的民族之所以有迟早的发育，完全是地理条件决定的，只要地理条件发生改变，或是迁居于不同的栖息所，他们的发育也将发生改变。

经济因素是仅次于地理因素的影响力。伊本·哈尔敦依照每个民族摄取食物的不同方法，把所有的社会划分成游牧民族与定居民族两种，而且把战争的发生归因于寻觅更充分的食物供应的愿望。游牧部落迟早要征服那些固定的社会，因为游牧民族为了生活条件的逼迫，必须维持其勇敢、忍耐与坚强的尚武特性。游牧民族只可能破坏文明，从未创造文明；他们在血统与文化上，会由被征服者同化，即使游牧的阿拉伯人也不例外。由于一个民族永远不满足于其食物的供应，战争自然不可避免。战争可促使政治权威的产生与再生。因此，君主政体成为政府体制中最常见的一种。政府的财政政策可能带来兴或衰。过重的税收或是政府干涉生产及分配等事项，可能阻碍企业的发展和竞争，而且会阻塞一切的财源。相反地，财富过分集中的社会，将会因革命的侵袭而分崩离析。

历史中也存有道德力量。帝国需要人民的团结方能维持，而人民的团结则可由谆谆的教诲和同一宗教的礼仪来达成。伊本·哈尔敦在信仰的一致的价值上完全同意教皇、宗教法庭及新教改革者的看法：

> 想要征服他国者首先必得拥有一批群策群力、合作效忠于你的人民。这种合作无间的精神与意志，则仰赖于神的力量和宗教的支持……当人们为获得某种东西而献出心神与热忱时，他们往往会互相忌妒，而且开始意见不合……可是倘若他们放弃世俗的虚荣心，愿去求取上帝之爱的话……忌妒便会马上消失，不合之气会马上停止，大家开始很热心地互相帮忙。他们的团结使他们更坚强起来。正确的目标带来迅速的进步，到后来甚至于促使一个强有力的帝国的出现。

宗教不只是战争的助力，也是社会秩序与个人平静心理的恩物。而这些理想唯有当宗教信仰无须强迫力量即可推行时，方能达成。尽管哲学家们发明了上百种思想体系，却没有一种可代替宗教来引导人生、启示人生。"既然人不能了解这个世界，那么人最好还是接受一位受启示的立法者能告诉我们的信仰，因为他比我们更清楚什么东西对我们最好，而且他已为我们定出我们该信的及该做的。"紧随这段序言之后，这位哲学家和历史学家即开始谈论自然主义的历史解说法。

每个帝国都会经历如下的发展程序：(1)一支游牧部落定居下来安享被其征服的领土或国家。"文明最落后者征服的领土最广"。(2)社会关系越趋复杂，越需要一位维持秩序的集权者，于是部落酋长就成为国王。(3)在秩序安定的情况下，财富自然增多，城市兴起，教育与文学发达，艺术获得庇护，科学与哲学抬头。高度都市化和舒适的物质享受便是衰败的开端。(4)富足的社会倾向欢乐、奢侈，不喜创业、冒险或战争；宗教丧失其对人类想象力或信仰的影响；道德开始没落、奸佞横行；尚武精神与军事冒险衰退；雇佣兵被雇来防御社会；雇佣兵们一般而言都缺乏爱国的热忱或宗教的虔诚心；设防极弱的财富自然引诱饥饿的侵袭，国界边往往有几百万的敌兵在那儿虎视眈眈。(5)外来的攻击或内部的阴谋（或者两者一起），推翻了国家。这便是罗马、西班牙的阿尔莫拉维茨（Almoravids）和阿尔莫哈茨（Almohads）两个朝代、埃及、叙利亚、伊拉克、波斯等国盛衰的循环：这是千古不变之理。

上面所述不过是从几千个观念中挑选出来的几个例子而已，而这些观念使《绪论》一书成为14世纪最有名的哲学作品。除了神学之外，伊本·哈尔敦几乎对一切都有自己的一套看法，因为他认为，在宗教方面有所创见是不智之举。他明明是在写一部哲学的大部头作品，却偏偏宣称哲学是一种危险之物，并奉劝读者别去碰它。也许此处他指的哲学是形而上学和神学，而不是企图以较大的眼界去透视人类一切的哲学。有时，他像一位单纯的老妇人一样，在市场上谈些琐事。他相信所谓的奇迹、幻术、"魔眼"、字母本身所具有的神秘属性，用梦、内脏或鸟的飞行等占卜法。可是，他也崇拜科学，承认在科学成就上，希腊人确实胜穆斯林一筹。此外，对伊斯兰国家科学研

究已开始衰退一事，他感到极为悲哀。他不相信炼丹术，不过还颇信
服占星术的道理。

对伊本·哈尔敦的成就，我们必须对他打个折扣。虽然他的知识
范围像伊斯兰国家一样广阔，但他也拥有伊斯兰国家许多的缺陷。在
为数 3 卷的《绪论》一书里，他只腾出 7 页来讨论基督教。他只约略
提及希腊、罗马和中古欧洲。他谈论北非、伊斯兰的埃及、近东和中
东的历史时，他自认已经把"全人类的历史"都包括在内了。有时他
犯了不可原谅的无知：他认为亚里士多德在门廊教授他的弟子，而苏
格拉底在浴盆里。他的真正历史著作远不及他的序言里所说的理论；
他把柏柏儿的穆斯林和东方写成王族家谱史、宫廷阴谋和小型战争等
沉闷的历史记载。显然，他只想把这几卷书写成政治史而已。

为了恢复对于伊本·哈尔敦的敬意，我们只要提出一个问题：在
14 世纪中有哪部基督徒的哲学著作可与《绪论》一书媲美呢？也许
在他以前的作家已经有人部分地谈到他划定的范围；他自己的民族中
就有阿尔·马苏迪（Al-Masudi，死于 956 年）在一部如今已经失传
的著作里谈论到宗教、经济、道德及环境对于一个民族的性格和法律
的影响，而且论及政治衰败的原因。可是，伊本·哈尔敦本人自以为
创立了社会科学，虽然也不无道理。在 18 世纪以前的文学中，我们
找不到一种在影响力、深度及分析方面可和他的历史哲学体系或社
会学体系比拟的。我们当代历史哲学家已把《绪论》一书评为"人
类有史以来一部最伟大的历史哲学著作"。斯宾塞的《社会学原理》
（*Principles of Sociology*）一书和他相比，也许略胜他一筹，可是斯宾
塞的这部著作是经由许多助手才完成的。无论如何，我们也许可以
赞同一位名科学史家说的话："中古时代最重要的一部历史著作该算
是伊本·哈尔敦的《绪论》。"

第三章 │ **苏里曼大帝**

（1520—1566）

非洲的伊斯兰教（1200—1566）

作为基督教国家的人可许很难接受，8 到 13 世纪之间，伊斯兰教在文化、政治以及军事方面优于欧洲的事实。甚至在伊斯兰教式微的 16 世纪，它的势力范围都还包括从德里到卡萨布兰卡、从亚得里亚堡到亚丁、从突尼斯到廷巴克图的地区。伊本·巴图塔在 1353 年访问苏丹时，发现该地在穆斯林领导下有令人难以置信的文明存在着；同时一个名叫拉赫曼·萨迪（Abd-er-Rahman Sadi）的黑人穆斯林后来竟能写出一部名叫《达利克·艾斯·苏丹》（*Tarik-es-Sudan*）（约成于 1650 年）的极富启发性的优秀历史书，在书中描述廷巴克图城里藏书 1600 部以上的各私人图书馆以及那些其遗迹足以证实那个与今世隔离的光荣之存在的巨大清真寺。

马林尼（Marini）王朝促成了摩洛哥的独立，并使费兹与马拉丘斯（Marraqesh）两城发展成为大都市，各有令人见而敬畏的大门，盖起清真寺、藏书丰富的图书馆、坐落林荫间的大学，及能够以半价购物的喧哗市场。13 世纪，费兹城居民有 12.5 万人，人口之多在欧洲各城市中可能仅次于君士坦丁堡、罗马和巴黎。摩洛哥最古老的大学所在地卡罗瓦内（Karouine）寺院中宗教和科学并行不悖，吸引了非洲各伊斯兰国家热心向学的青年，严格地训练 3 年至 12 年不等，产生了无数教师、律师、神学家和政治家。坐镇费兹城或马拉丘斯城统治摩洛哥的埃米尔·雅克布二世（Emir Yaqub，1269—1286 年）是本世纪中一名最开明的君王。他是一个公正的统治者、聪明的慈善家，以哲学调剂神学、避开偏颇、鼓励和欧洲人建立友善关系。这两个城市容纳许多来自西班牙的避难者，因而在科学、艺术与工业方面增加了新血液。几乎游遍各伊斯兰国家的伊本·巴图塔称摩洛哥是人间的天堂。

现代的游客从费兹城到奥伦城途中，在特勒姆森（Tlemcen）城看到在 13 世纪时曾经住过 12.5 万人的朴素无华的遗迹时，一定会感到惊讶。该城 64 个清真寺中，贾马·埃尔·克比尔（Jama-el-Kebir，1136 年）、阿布尔·哈桑（Abul Hassan，1298 年）和埃尔·哈拉维（El-Halawi，1353 年）是伊斯兰国家中极优异的三个。大理石廊柱，复杂的镶嵌细工，灿烂的壁龛（mihrab），有拱廊的庭院、木雕，还有寺院中高耸的尖塔，这些东西都留下来，告诉我们一个逝去的、而且几乎被遗忘了的辉煌时代的存在。阿布德·埃尔·瓦赫德王朝（Abd-el-Wahid）在此维持了近 3 个世纪较开明的政治，提倡信仰自由，保护基督徒和犹太人，厚待文学与艺术。土耳其人占领该城（1553 年）后，该城丧失了商业中心的重要地位，逐渐式微，隐入历史的阴影中。

更向东行，阿尔及尔因商业与海盗行为的混合而极为兴盛。这个风景如画的港口半隐藏于岩石包围的半圆形海湾中，从地中海到卡斯巴，鳞次栉比地建起一排排的白色住宅与王宫，为私掠船的船员提供极佳的巢穴。远在庞培之时，这个地区的海盗早已劫掠毫无防备的船只。1492 年以后，阿尔及尔成为逃离西班牙的摩尔人的避难所，其中有许多人加入海盗行列，带着复仇性的愤怒转而劫掠过路的基督教船只。这些海盗人多势众，胆子越来越大，其船队的浩大有如国家的海军，袭击地中海北部海岸各地。西班牙也以防卫性的远征军回敬，占领奥伦、阿尔及尔及的黎波里等地（1509—1510 年）。

　　1516 年，出现了一个富有传奇色彩的海盗。因为他蓄了一脸红胡子，意大利人称他巴巴罗萨。他的本名叫海尔·埃德－丁（Khair ed-Din Khizr），莱斯博斯城的希腊人，和其兄霍鲁斯（Horush）一起加入海盗阵营。海尔·埃德－丁自封为舰队司令时，霍鲁斯率军与阿尔及尔为敌，驱逐西班牙防军，自立为该市市长，后死于战事中（1518 年）。海尔·埃德－丁继承乃兄势力，以精力和技巧来统治。为巩固其地位，他到君士坦丁堡，把的黎波里、突尼斯和阿尔及尔的统治权交给塞利姆一世，以求交换一支足以巩固自己在这些地区的臣属省长地位的土耳其兵力。塞利姆答应了，苏里曼大帝也首肯这一安排。1533 年，海尔·埃德－丁因为从西班牙这个不友善的国家，把 8 万名摩尔人运至非洲，成为西部穆斯林心目中的偶像。巴巴罗萨被任命为整个土耳其舰队的总指挥官，统率 84 艘船只，在西西里岛和意大利海岸袭击各个城市，逮捕数千名基督徒，准备将这些人贩卖为奴。在拿坡里附近登陆时，他逮住据传当时全意大利最可爱的妇女——朱莉亚·贡萨加·科隆纳（Giulia Gonzaga Colonna）。她半裸逃脱，带着一名骑士做护卫，到达目的地之后，又下令处死那名骑士，其中原因人言各殊。

　　不过，巴巴罗萨热衷的是较不易腐坏的战利品，而不是美女。他的土耳其士兵在比泽特登陆后，他进兵突尼斯（1534 年）。内弗西德（Nefsid）王朝自 1336 年以来把该城治理得很好，艺术和文学在他们的爱好之下极为兴盛，但当今的君王穆莱·哈桑（Muley Hassan）以其残酷与人民为敌。巴巴罗萨逼近时他只能逃命离去，突尼斯城就这么不流血地夺下。突尼西亚划入奥斯曼版图，而巴巴罗萨也成为地中海地区的主宰。

　　基督教再度面临危机，因为常胜的土耳其舰队随时可能在意大利这个马靴形的岛上建立伊斯兰教的根据地。说来奇怪，弗朗索瓦一世这时和土耳其人为友，教皇克莱门特七世却和法国缔盟。幸亏克莱门特死了（1534 年 9 月 25 日），教皇保罗三世向查理五世求取攻击巴巴罗萨所需的经费，安德烈·多利亚也提供热那亚舰队的全力支援。1535 年春，查理在萨丁尼亚的卡利亚里召集 400 艘船只与 3 万大军，越过地中海，包围扼守突尼斯湾的堡垒拉戈勒塔（La Goletta）。经过激战，拉戈勒塔陷落，他继续进兵突尼斯。巴巴罗萨虽曾企图阻止，却战败落荒而逃。突尼斯城里的那些基督徒奴隶击碎锁链，打开城门，查理就这样未遭抵抗地进入该城。他让他的士兵在该城劫掠两天，否则士兵很可能会起而叛变；数以千计的穆斯林被屠杀；几百年来的艺术品尽数毁于一旦。基督徒兴奋地重获自由，而残余的穆斯林被役为奴。查理复立穆莱·哈桑为向他朝贡的属国，留置卫成部队在波纳（Bona）和拉戈勒塔两城后重返欧洲。

巴巴罗萨逃向君士坦丁堡，得到苏里曼大帝的经费援助，重建一支 200 条船的新舰队。1537 年 7 月，这支新军登陆塔兰托（Taranto），基督教国家再度被围。威尼斯、教皇和"帝国"成立一项新的神圣联盟，并在科孚城外集合 200 条船。9 月 27 日，这两支敌对的舰队在亚姆伯拉西亚（Ambracian）湾入口处发生海战，几乎跟当年安东尼和克娄巴特拉在亚克兴角（Actium）与屋大维遭遇的水域同在一处。巴巴罗萨战胜，再度控制海权。一路东航，他一一占领威尼斯在爱琴海和希腊的土地，同时迫使威尼斯城与他单独签订和约。

查理想以礼物和立他为北非属国国王的方式来拉拢巴巴罗萨为他效劳，可惜海尔·埃德—丁喜欢伊斯兰教。1541 年 10 月，查理和多利亚率领一支远征军攻打阿尔及尔，这支军队在陆上被巴巴罗萨的军队击垮，在海上又被暴风雨袭击。巴巴罗萨还以颜色，蹂躏卡拉伯里亚城，势如破竹地直达罗马城的港口奥斯蒂亚。这个大都会的圣地不保，幸亏保罗三世当时和弗朗索瓦极为友好，巴巴罗萨据说由于想对其友邦表示礼让，在奥斯蒂亚取得大笔现钞后平和地离去。他北航土伦港，他的船队在该地受到法国人的欢迎。他要求安拉的船只停泊港内期间教堂的钟不得敲响，因为钟声干扰他的睡眠。他和一支法国舰队携手从"皇帝"手中夺取尼斯和维尔弗兰彻（Villefranche）两地。77 岁时，这个常胜海盗载誉退休，80 岁时寿终正寝（1546 年）。

波纳、拉戈勒塔和的黎波里三地再度落入穆斯林手中。奥斯曼帝国的版图从阿尔及尔拓展至巴格达。

萨非王朝的波斯（1502—1576）

历经多次文化洗礼的波斯，又将进入另一个充满朝气和艺术创作的新时代。沙赫·伊斯梅尔一世创建萨非王朝时（1502—1736 年），波斯境内是许多小王并立的混乱局面：伊拉克、亚兹德、塞姆南、菲鲁兹库赫、迪亚巴克尔、卡尚、库拉桑、坎大哈、巴尔干、克尔曼和阿塞拜疆等都是独立的小国。阿塞拜疆的伊斯梅尔经过一连串残酷的战役后，征服了这些公国的大部分，占领赫拉特和巴格达，再度设大不里士城为一个强盛王国的首都。人们拥戴这个本国的王朝，以这个王国带给他们的联合和势力为荣，并以一种新兴的波斯艺术来表达他们的精神。

伊斯梅尔的父亲死时，他只有 3 岁（1490 年），立志争得王座时年方 13 岁，而自己加冕为波斯的沙赫时就是 13 岁。同时代的人说他"英勇有如斗鸡""如农牧神一般有活力"，健硕的体格、宽肩、蓄着发怒的胡须、炽热的红发；左手挥舞一把万能的刀，只要佩挂弓，他就活像奥德修斯再世，10 个横排着的苹果他可以射中 7 个。据说他"温柔如少女"，却杀死自己的母亲（或继母），下令处死大不里士城300 名娼妓，屠杀的敌人更是数以千计。由于他名气甚大，在波斯境内"上帝早已被遗忘"，有个意大利游客说："人们只记得伊斯梅尔的名字。"

伊斯梅尔成功的秘诀是宗教和他的胆识。波斯的宗教叫什叶——穆罕默德的女婿阿里的"党"。什叶只承认阿里和他的 12 个嫡系后裔是他们正统的苏丹——圣王（imams）。由于伊斯兰教的政教合一，根据教义，每个阿里的嫡系后裔都有治理教会和政府的神圣权力。就像基督徒相信基督会再度降临世上建立他的王国一样，信奉什叶的人也相信第 12 代圣王——穆罕默德·伊本·哈桑——并未逝世，有一天必会再度出现，并把他恩赐的政权建立在世上。同样地，正如同新教徒指责天主教徒其宣称接受传统和《圣经》是建立正确信仰的指引是错误的一般，信奉什叶的人也指责信奉正统伊斯兰教的人——就是那些认为正义的"路"（Sunna）存于《古兰经》中，也存在于穆罕默德的朋友和门徒传下来的言行之中的人。新教徒拒绝向圣徒祷告，封闭修道院，信奉什叶的人也不赞成苏菲的神秘，并且封闭了伊斯兰教苦修僧的寺院。这些寺院就跟修道院在欧洲全盛时期的情形一样，一度是待客和慈善中心。新教徒称自己的信仰为"真教"，信奉什叶的人也自称为"真信徒"（al-Ma-minum）。什叶的虔诚信徒不跟逊尼（Sunnite）派同桌共食，要是信奉什叶的人的食物上有基督徒的影子掠过，整桌食物都会被认为不干净而弃置。

伊斯梅尔自称是第七代圣王的后裔，因此就用第 7 代圣王作为他这个新王朝的名字。伊斯梅尔宣布什叶是伊朗的国教，也是他奋斗的神圣楷模，同时联合忠贞的人民起来抵御包围着波斯的逊尼派穆斯林，这些人东有乌兹别克人和阿富汗人，西有阿拉伯人、土耳其人和埃及人。他的战略成功了。虽然他很残酷，却被尊奉为圣徒，他的子民深信他的神力足以保护他们，有些上战场时竟拒穿甲胄。

赢得热烈的拥戴后，伊斯梅尔自信其战力足以向邻国挑战。一度统治过特兰索西亚纳的乌兹别克人已把势力延伸到库拉桑，伊斯梅尔从他们手中夺得赫拉特城，并将他们逐出波斯。在东部安定之后，他又挥兵向西攻打奥斯曼人。两种宗教相互以神圣的情绪迫害对方。据一个不可靠的说法，苏丹塞利姆在开战之前把境内 4 万名什叶教徒杀害或拘禁（1514 年），伊斯梅尔也把大不里士城内逊尼教徒吊死一部分，同时强迫其余的人每天祈祷时咒骂头三个苏丹是篡夺阿里的权力的人。然而，查尔地兰（Chaldiran）一役之中波斯人发现什叶挡不住"狰狞的"塞利姆（Selim the Grim）的炮火，苏丹占领大不里士城，并征服美索不达米亚北部（1516 年）。伊斯梅尔在手下叛变之后撤退，回到首都。文学在他狂热的王朝之下衰微，艺术却因其爱好极为兴盛。他保护画家比扎德，并宣称他值波斯的半壁江山。伊斯梅尔统治 24 年之后以 38 岁的英年去世，王位传给他 10 岁的儿子（1524 年）。

沙赫·塔马斯普一世（Shah Tamasp Ⅰ）是个无信的懦夫、忧郁的享乐者、无能的君主、严厉的法官、艺术的爱好者、虔诚的什叶教徒、子民的偶像。也许他也有一些史书上未曾记载的美德。不断地强调宗教固然增强了政府的力量，却也干扰了政事，因为政府批准了十几次战争，使近东和中东的伊斯兰教从 1508 年分裂到 1638 年。结果使基督教占了便宜，因为苏里曼大帝为了与波斯交战而中止了向西方的进击，斐迪南驻君士坦丁堡的大使说："只有波斯人妨碍我们，破坏我们两国。"1533 年，格兰德·韦策尔·艾伯拉罕·帕沙（Grand Vizier Ibrahim Pasha）率领一支土耳其军队攻入阿塞拜疆城，以巴结波斯将领的方式把各个城堡逐一占领，最后不费一兵一卒攻下大不里士和巴格达两城（1534 年）。14 年后，苏里曼在和斐迪南休战期间率军攻打"红头流氓"（the rascally red heads，土耳其人对波斯人的称呼），占领 31 个城镇，然后举兵攻打基督教国家。1525 年至 1545 年，查理一再与波斯会谈，据推测可能是想联合基督徒和波斯人共同抵御苏里曼。波斯攻占埃尔泽荣城时西方喜出望外。然而 1554 年苏里曼回来蹂躏大片波斯领土，强迫塔马斯普签订和约，规定巴格达和下美索不达米亚两个地方永远由土耳其人治理。

比这些黯淡的争战更有趣的，是安东尼·杰克逊为找寻通往印度和"华夏（中国）"的陆上商道而向特兰索西亚纳和波斯行进的那次冒险旅程。"恐怖的伊凡"对这件事却表现得极为热情，他在莫斯科欢迎杰克逊，并派他驻波哈拉（Bokhara）当乌兹别克统治者的大使，同意让英国货物免税运进俄国，沿窝瓦河而下，渡过里海。在海上遭遇一场暴风雨后，杰克逊继续前行至波斯，抵达夸斯温城（Qasvin，1561年）。他在该城把波斯人认为是一个僻远的野蛮小国王后致塔马斯普的致敬信呈递宫廷。夸斯温人拒绝签订商约，而在杰克逊承认自己是基督徒时，他们命令他出境；"我们不需要不虔诚的人的友谊"，他们这么告诉他；而在他离去时，一个仆人在这位基督徒脚印上洒上细沙，以免什叶派的王宫被脚印玷污。

塔马斯普的逝世（1576年）结束了穆罕默德各王朝中第二长、也是最悲惨的一个朝代。这个朝代除了被放逐的巴布尔（Babur）写的那些迷人的回忆录外，没有值得称道的杰出文学作品。萨非艺术仍未达全盛时期，在这两个朝代里已经开始产生灿烂精致的作品，这些作品在前后22个世纪中可作为波斯的代表。伊斯巴罕城哈荣·艾·维拉亚（Harun-i-Vilaya）的陵寝表现出波斯式设计的全部技巧及镶嵌细工彩陶的最佳色彩与切割技术：一个复合的半圆顶覆盖于穆罕默德受难纪念大寺院的正门。还有一座马斯基德·艾·贾米建于施拉兹（Shiraz）城，可惜已为岁月湮没。

有些为书稿做彩饰的人和撰写书法的人的细腻作品远比建筑的碑石流传得更为久远，再加上细心的照料，使书本在伊斯兰国家几乎成为崇敬的偶像。骄傲的阿拉伯人迷上他们使用的那种富线条美的文字字母，这也是无可厚非的。波斯人更把这种书法当作艺术，拿它来装饰清真寺的正门和壁龛、兵器、陶器、地毯等东西，同时把他们的经典和诗人的手稿抄录保存，使其留传后世。正如同清真寺集合了10余种艺术于一体一样，书籍也动员了诗人、撰书人、做彩饰的人和装订工，他们携手合作，其敬业和虔诚的程度并不亚于修建清真寺的人。

以彩饰使书籍增色的艺术繁荣于波哈拉、赫拉特、夏伊拉兹和大不里士等地。波士顿城艺术博物馆收藏有夏伊拉兹城的阿尔·夸瓦姆（Arraji Muhammad al-Qawam）签过名的菲尔多西所著的《沙赫－纳马》（1552年）；克里夫兰城博物馆也有一本穆施德·阿尔·加蒂布

（Mushid-al-Kiatib）做彩饰的墨宝（1538 年）；而纽约大都会艺术博物馆更珍藏了尼扎米的《哈姆苏》（*Khamsu*）抄本的首页，真可说是大不里士城彩饰和书法的最佳范本（1525 年）。当比扎德选定大不里士城作为其定居之地时（约 1510 年），穆施德·阿尔·加蒂布彩饰的中心也跟着移到该城。查尔地兰战役期间，沙赫·伊斯梅尔把比扎德和专事书法的马哈茂德·尼沙普里（Mahmud Nishapuri）当作至宝，把他们藏在山洞里。比扎德的弟子阿恰·米拉克（Aqa Mirak）在大不里士城画了一幅这个时期小画像的杰作之一——《库斯鲁与希林登基》（*Khosru and Shirin Enthroned*，1539 年），该画现存大英博物馆。米拉克又将技艺传授苏尔丹王子穆罕默德·努尔（Muhammad Nur），王子生在富豪之家，他在沙赫·塔马斯普宫廷里成为"无价之宝"，因为他在书法与为书籍做彩饰方面在当时是首屈一指的，而且他擅长设计书本封面和地毯的图案。1539 年至 1543 年他抄录，同时还为尼扎米的那本《哈姆苏》画插图。大英博物馆珍藏的一巨页上画着库斯鲁国王骑在粉红色的马背上的情景，画中的他凝视着绿色、棕色、金黄色的树叶丛中，半裸着在银色的水池中沐浴的希林。色彩更夺目的是另一幅画，画中有一先知骑着长了翅膀的飞马布拉奇凌空而去造访天堂与地狱。图中的形象都极柔和，然而有意地、也为了宗教上的理由而使这些人和动物都缺乏独特之处。艺术家追寻的是装饰而非表现，从主观上说，他衡量美重于真，可能办得到，而客观地说，则又不可能。这些小画像使波斯的书籍彩饰达到其华丽的最高峰。

纺织品和地毯得到同样的钟爱，有着同样细致的图案。虽然这几个王朝的纺织品没有流传至今，但是象牙上的小画像有这种图画。在地毯方面，萨非王朝的设计师与工匠都是极优异的。地毯似乎是伊斯兰文明的基础之一。穆斯林并非坐在椅子上进餐，而是在铺有地毯的地板或地上进食。特制的"祈祷用地毯"，上面通常织有宗教符号和《古兰经》文，以用于穆斯林虔诚的伏拜。送礼给朋友、国王或清真寺时，有很多人喜欢用地毯。塞利姆二世登基为奥斯曼苏丹（1566

年）时，沙赫·塔马斯普就送给他 20 块大地毯，还有许多小地毯。有些设计专家把地毯的图案大致分为花园式、花卉式、狩猎式、花瓶式、菱形纹式、奖牌式等。除了这些基本形式之外，尚有蜿蜒的阿拉伯式、中国式的云状轮廓、只有被正式介绍之后才了解其秘密含义的符号、增添图案活力的动物、使线条更加优美愉快的花草树木；在这错综的整体之间奔驰着美学逻辑、线条上对位的和谐，比帕莱斯特里纳（Palestrina）的情歌更繁复，比戈第瓦（Godiva）的秀发更柔美。

16 世纪上半期有些驰名的地毯流传至今，其中有一块是奖牌式的地毯，在丝质的经络上有 3000 万个羊毛打成的结（每平方英寸上有 380 个结）；这块地毯在阿尔达比尔（Ardabil）城的清真寺里存放了好几个世纪，目前被分割后分别珍藏于伦敦的维多利亚和艾伯特博物院与洛杉矶的州立博物馆中。其卷轴装饰的一端织有哈菲兹的诗句，而在这个诗句之下又有这句豪语："伊斯兰教 946 年（1539 年）奴隶……卡尚的马奇苏德之作品。"同样存放于洛杉矶博物馆的还有另一块庞大的"加冕典礼地毯"，是 1901 年英国国王爱德华七世加冕典礼上使用过的。米兰城的波尔迪—佩佐利（Poldi-Pezzoli）博物馆在第二次世界大战该馆未炸毁之前，也把亚兹德的丁·贾米所织、比扎德设计的狩猎地毯视为该馆最珍贵的宝物之一。杜温（Duveen）珍藏的"安哈尔特（Anhalt）公爵地毯"更以其金黄色的底配上深红、玫瑰红与绿蓝色的阿拉伯式彩饰而享誉国际。地毯和书本成为萨非王朝的波斯留给人类的无与伦比的杰作，在人类历史上占有重要地位。

苏里曼大帝与西方

1520 年，苏里曼大帝以 26 岁的年龄继承其父塞利姆一世为王。他因为作战英勇、慷慨待人，管理土耳其各省的行政效率极高，因而为自己赢得美名。他高贵的容貌和文雅的风度使看腻了冷面君主塞利姆的君士坦丁堡居民极为欢迎。有一个在苏里曼登基后不久见过他的意大利人说，苏里曼长得高瘦有力，强壮，脖子太长，鼻子弧度太大，胡须太少，脸形细长优美、表情严肃而安详，样子像个学者而不太像是个君王。其后 8 年，另一个意大利人说他"脸色惨白……忧郁、过度沉溺女色、大方、自负、易怒，有时却极为温和"。哈布斯堡驻波尔特大使吉斯莱因·布斯贝奇（Ghislain de Busbeq）对哈布斯堡不共戴天的死敌颇具好感地做了以下描写：

> 他永远具有成为谨慎、中庸之人的个性。就算在他早年，按照土耳其的规定，任何罪行都可宽恕的时期，他的生活也没有可以责难的地方，因为他在年轻时，既不耽溺醇酒，又不犯上那些土耳其人常犯的不合天性的罪孽；连那些被革职后的人想办法要挑最不利于他的毛病时，除了他过分忠于自己的妻子这一点之外，也找不出更大的罪名了……尽人皆知，自从他把她当作自己合法的妻子之后，他一直完全忠于她，虽然法律上并无禁止他蓄妾的任何规定。

这种描写虽值得注意，却失之过分奉承。无疑，苏里曼是所有奥斯曼诸君主中最伟大、最高贵的一个，而且在能力、智慧与性格方面均足以与同时代的任何君主抗衡。然而，我们也会发现，他时常犯残忍、忌妒、报复等过错。不过，我们不妨当作一次实验，公平地来观察他和基督教之间的冲突。

基督教和伊斯兰教在军事方面的冲突已有 900 年的历史，早在信奉伊斯兰教的阿拉伯人从拜占庭帝国手中夺去叙利亚时（634 年）就已开始。随着萨拉森斯（Saracens）人逐年征服拜占庭帝国，加上摩尔人征服西班牙，战事愈演愈烈。十字军东征时，双方都以宗教的词句和热忱来掩护自己在经济方面的企图和政治方面的罪行，在这几次东征中基督教还以颜色。穆斯林也立即施以报复，占取君士坦丁堡和巴尔干半岛。西班牙人逐出摩尔人。历任教皇都呼吁新的东征来抵挡土耳其人；塞利姆一世发誓在罗马城里建起清真寺；弗朗索瓦一世向西方诸势力（1516年）建议合力完全歼灭土耳其政府，并将该国财富当作异教的战利品拿来均分。可惜这项计划又被粉碎，因为德国在宗教战争中分裂，西班牙的各公社反对查理五世，再加上弗朗索瓦自己改变心意——求苏里曼助他对付查理。由于路德教派的人欠苏里曼的人情债太多，路德差点救了苏里曼一命。

每个政府都尽力拓展自己的版图，一者以增大资源与财源，一者以增大边界与首都之间的防卫地区。苏里曼认为最佳的防御是攻击。因此，他于1521年攻占扎巴斯（Szabacs）和贝尔格莱德两地的匈牙利要塞。在西方安定下来之后，他又把大军挥向罗得斯岛。岛上的基督徒在圣约翰的骑士们领导下筑起了坚固的防御工事，直接挡住君士坦丁堡通往亚历山大港和叙利亚的通路。苏里曼认为罗得斯岛是土耳其人势力下的海域中唯一危险的外国基地；而事实上，骑士们的海盗船时常扑向穆斯林的商船，其情形有如在地中海的另一端阿尔及利亚的穆斯林海盗袭击基督徒的商船一般。穆斯林在被骑士们攻击抓去之后，通常被杀死。载运朝圣团开往麦加城的船只多被怀疑有不轨企图而被拦截。一位基督徒历史学家说："总而言之，苏里曼要想攻打罗得斯岛并不需要正当理由。"一个著名英国历史学家又补充说明："该岛应划归土耳其的领土，是为公共秩序着想。"

苏里曼率领300艘船和20万人攻击。防卫者在老迈的"大主人"菲利普·德韦利埃斯·德利勒-亚当的领导下与来袭者奋战145天，最后光荣地投降：骑士们和他们的军队得以安全离开该岛，限时10日；留下来的百姓享有完全的宗教自由，并免贡税5年。圣诞节那天，苏里曼求见"大主人"，慰问他，称赞他英勇的防御，并送他珍贵的礼品。他还向维策尔·易卜拉欣（Vizier Ibrahim）说："迫使这位基督徒在他老迈之年放弃家园与财物，深感哀伤。"1523年1月，骑士们驶向克里特岛，其后8年，他们又从该岛移居至更远的定居之地——

马耳他岛。苏里曼因为把乔姆王子的子孙杀死而玷污了自己胜利的英名，因为这些人已改信基督教，苏里曼怕他们会像过去的乔姆一样，想登奥斯曼帝国的王座。

1525 年初，苏里曼接获当时身为查理五世的俘虏的弗朗索瓦来信，请他攻打匈牙利，营救法国国王。苏里曼复以："马已加鞍，刀已系腰。"因为他早已下定决心侵略匈牙利。1526 年 4 月，他率领 10 万大军、300 门大炮起程。教皇克莱门特七世鼓舞诸基督教君主前往救援这个受到威胁的国家；路德劝诸新教君王按兵不动，因为土耳其人显然是奉天之命而来，抵挡土耳其人就等于反抗上帝。查理五世仍留在西班牙。其后匈牙利在木哈赤的溃败对于基督教来说，除了武力上的失败之外，还有道义上的失败。只要天主教和新教、皇帝和教皇携手合作，匈牙利是有收复的希望的；路德派的首领却为土耳其人的胜利而高兴，也为皇帝的军队劫掠罗马城而高兴。

1529 年，苏里曼回头，以 20 万大军围攻维也纳。受斐迪南委托来护城的尼古拉（Nicholas von Salm）伯爵从圣斯蒂芬教堂的塔尖可以看见周围的平原和山丘上黑黝黝地摆满了帐篷、士兵及奥斯曼人的武器。这一次，路德召集了他的党徒参加防守，因为事实摆在眼前，要是维也纳陷落的话，德国马上就是土耳其下一个攻击的目标。全欧洲传播着一个谣言，说苏里曼已发誓使全欧只有一种信仰——伊斯兰教。土耳其工兵地道挖个不停，希望能炸毁城墙或在城里引爆，不过守城者在危险地区摆下船只，密切注意可能产生的地下攻势行动。冬天到来之后，苏里曼漫长的补给路线接济不上。10 月 14 日，他呼吁展开最后决定性的攻击，并应允给予丰富的酬劳，可惜士兵精神和肉体两面不支，这次攻击被逐退，损失惨重，苏里曼黯然下令撤兵。他首次尝到败绩；不过他仍保有半个匈牙利，并把圣斯蒂芬的王冠携回君士坦丁堡。他向人民解释，说他之所以无功返国是因为斐迪南（战争期间安稳地留在布拉格）拒绝出战；他还承诺马上亲自逮住查理这个胆敢妄自称帝的人，并从他手中夺取西方盟主的地位。

西方也对他极为认真。罗马城陷入一片惊慌之中；克莱门特七世总算认真起来，连红衣主教也得纳税，为的是要募集基金来巩固奥斯曼人入侵意大利时可能登陆的安科那等港口的戍防。1532 年 4 月，苏里曼再度向西进军。他离开首都时的景象极为壮观：120 门大炮开道，其后是全国的精兵——禁卫军 8000 人，1000 头骆驼载运粮秣，2000名骑兵精英护卫神圣的军旗——先知之鹰，被俘虏的数千名基督徒少年穿着饰金的衣服，戴着饰上羽毛的红帽，以无邪的英勇炫耀着长矛；他的侍从个个极为魁梧，风度翩翩；苏里曼自己则在这些侍从簇拥下骑着一匹栗色马，身穿花边镶金的深红色天鹅绒丝绸衣服，头戴镶嵌宝石的头巾；随后行进的大军最后点阅时计有 20 万人之众。谁能遮蔽这种光彩，谁能抵挡这股势力？只有天气，只有空间。

为了迎战这支庞大的队伍，查理几经哀求，总算得到议会同意拨兵 4 万、马匹 8000；他和斐迪南两人又自费筹集了 3 万名士兵；他们就在维也纳集合这 7.8 万人马，等待苏里曼来袭。苏里曼在金斯（Güns）受到迟延。金斯是一个小镇，防御虽佳，却只有 700 名士兵戍卫。前后 3 周他们击退土耳其兵想突破城墙的攻势；城墙前后共有11 次被渗透，而守军也前后 11 次以铁器、身体和绝望来堵死缺口。最后，苏里曼派遣一支由护卫和人质组成的代表团求见统帅尼古拉（Nicholas Jurischitz），邀请他一同开会。他应约前来，备受这位土耳其首脑的礼遇。他的勇气与大将之风得到对方的暗暗称赞，苏里曼送他一件荣誉袍，保证不再攻击他，并以英俊的土耳其军官组成的侍卫队护送他回到要塞。这支常胜的大军在被 700 名士兵击退后，开向维也纳。

然而，苏里曼在维也纳也错失了他的猎物。查理不愿出战，他要真是为了赌赌运气而坐失防守的优势，那可真就成了傻瓜。苏里曼认为，要是他无法把既无皇帝又无国王在场、只有两万人驻守的维也纳城取下，那么他更无法攻下由年轻君主领导的 7.8 万名士兵驻守的城市，尤其是，这个君主还公开宣布过，说他自己要像基督徒那样战斗到死。于是他调头他去，转而蹂躏叙利亚和奥地利，沿路逮捕漂泊的俘虏来安慰自己的撤退。要是他知道他漫无目的地在匈牙利来回奔忙时，安德烈·多利亚早已把土耳其舰队追得四散奔逃、把伯罗奔尼撒沿岸的帕特拉斯和科隆两个港口占领时，他可能会很不好受。

斐迪南派遣密使到君士坦丁堡求和，受到苏里曼的欢迎。他愿意给予和平的年限"不只 7 年、25 年，也不是 100 年，而是 2 个世纪、3 个世纪，甚至连永远和平都可以——只要斐迪南自己不去'破坏和平'"，他还要待斐迪南如亲生子。然而他索价奇高：斐迪南必须送他格劳城之钥，当作臣服与进贡的信物。斐迪南和查理两人都急于结束与基督徒之间的战事，两人都愿意向土耳其人让步。斐迪南真把金钥送给苏里曼，自称为苏里曼之子，并承认苏里曼对匈牙利大部分地区的宗主权（1533 年 6 月 22 日），只是未和查理签订和约。苏里曼再度占领帕特拉斯与科隆两个港口，并且开始梦想着跨立于维也纳与大不里士之间。

他占领大不里士城之后再度西行（1536 年）。他把神学摆在一边，在另一次与查理之战中同意与弗朗索瓦一世合作。他向这个国王许下条件：只有在他降服热那亚、米兰与佛兰德斯给法国之后才与查理和谈；法国商人得在奥斯曼帝国境内与土耳其人享受同等待遇地航行、买卖货物；境内的法国领事得享该地区法国人的刑事裁判权，而且法国人得享受完全的宗教自由权。这样的协定成为后来基督教势力与东方各国之间签约的蓝本。

查理组成帝国、威尼斯与教宗三者间的联盟来表示反对。斐迪南也附议了：原来所谓"永远"竟是如此短暂。土耳其率先进攻威尼斯，威尼斯丧失了它在爱琴海与达尔马提亚海岸的财产，另外单独签约（1540 年）。其后一年，苏里曼在布达城的傀儡去世，他就把匈牙利变成奥斯曼帝国的一省。斐迪南一方面派遣特使到土耳其求和，同时派另一名特使赴波斯唆使沙赫攻打土耳其人。苏里曼西进（1543 年），攻占格劳与斯图尔维森堡（Stuhlweissenburg）两城，把更多的匈牙利版图划归布达的帕沙的管辖区域。由于忙着对付波斯，1547年，他答应和西方休战5年。结果双方都违反了协定。教皇保罗四世求土耳其人攻打菲利普二世，当时菲利普比各主教的宗教权都大。弗朗索瓦和查理的双双去世使斐迪南更容易谈和。在《布拉格和约》（*Peace of Prague*，1562年）中，他承认苏里曼对匈牙利与摩达维亚（Moldavia）的统治权，请求每年进贡3万杜卡特，并同意支付9万杜卡特作为延迟支付的罚金。

其后两年他也随乃兄去世。苏里曼比他的死对头都长命，至于主教，又有几个活得过他的？他成为埃及、北非、小亚细亚、巴勒斯坦、叙利亚、巴尔干半岛和匈牙利等地的主宰。土耳其的海军统治着地中海，土耳其的陆军向东向西都是所向无敌，土耳其的政府在政治作风和外交方面更表现得和其敌国一样强。基督徒丧失罗得斯岛、爱琴海、匈牙利，也签订过辱国的和约。如今的奥斯曼帝国要是不算全世界最强大的一国，也该是欧、非两洲最大的强国了。

奥斯曼帝国的文明

·政府

所谓土耳其人要是跟基督徒相比就显得是野蛮人的论调，其实只是自我陶醉的错觉罢了。他们的农业技术和科学至少与西方各国一样优异。农田由封建首领的佃农耕作，这些封建首领世代相传，每一代都须在行政与军事方面把苏丹侍候好之后，才能拥有这些土地。除了纺织、制陶、兵器、甲胄等方面之外，其他工业都未能有佛罗伦萨和佛兰德斯等地的工厂制度的发展，然而土耳其的工匠因其优越的产品而闻名于世，而且不论贫富都不会为了没有资本主义而感到遗憾。16世纪的伊斯兰境内商人并没有西欧各国商人具有的那种政治影响力与社会地位。土耳其人之间的商业往来在诚实方面极为有名，至于土耳其人与基督徒之间的商业往来，敲竹杠并不犯法。国外的商业几乎全由外国人来做。穆斯林的商队很有耐心地走着古代与中古时期的陆路到亚、非各地，甚至还走过撒哈拉沙漠。容纳沙漠商队投宿的各个客栈，其中许多是由苏里曼建的，使商人与旅客在路上有歇脚之处。穆斯林的船只到 1500 年，一直掌握着从君士坦丁堡和亚历山大港经红海到印度与东印度群岛之间的海路，土耳其人就在印度和中国大帆船上进行货物交换。在达·伽马东航使印度向葡萄牙商人开放及阿尔布开克海上胜利之后，穆斯林丧失了印度洋的掌握权，埃及、叙利亚、波斯和威尼斯也都随之在商业方面走下坡路。

土耳其人在海上或陆上都很活跃，不像其他的穆斯林那么虔诚。然而他们也尊奉神秘学、苦修僧与圣贤，依据《古兰经》立法，到清真寺接受教育。跟犹太人一样，他们也规避偶像崇拜，认为基督徒是多神论的偶像崇拜者。实行政教合一：《古兰经》与传统即根本法律；负责解释"圣书"的那些"乌勒马"（ulema，伊斯兰教的学者群），同时担当境内教师、律师、法官或法学权威。在穆罕默德二世与苏里曼一世时期编纂奥斯曼法典的，也正是这些学者。

这些乌勒马之中为首的叫姆弗蒂（mufti）或什克-乌尔斯拉姆（sheik ul-Islam），也就是国内除苏丹与内阁总理之外最高的法官。苏丹总有去世的一天，乌勒马却永享权威，因此这些神学家和律师成为伊斯兰国家日常生活的统治者。因为他们以过去的法令来解释当前的事物，他们留下极为保守的影响，也造成苏里曼死后伊斯兰教文明的停滞。宿命论——土耳其语叫"奇斯梅特"（qismet）——强化了这种保守主义：每个人的命运早已由安拉预先安排，产生反叛自己的命运就是不忠贞和肤浅的说法；一切事物，尤其是死亡，皆操于安拉手中，必须毫无怨言地接受。偶尔也有自由思想者言论过于没遮拦，也有一两个因而被处死。然而，一般说来，乌勒马允许思想自由，而伊斯兰土耳其未曾有过审讯之事发生。

奥斯曼人统治下的基督徒和犹太人享受充分的宗教自由，并获许处理不涉及穆斯林的事务时自治。穆罕默德二世故意袒护希腊正教，因为希腊正教与罗马公教之间彼此的不信任对土耳其有利。基督徒虽然在苏丹统治下极为发达、繁荣，他们自己却严重地感到吃不消。虽然他们在名义上说来是奴隶，只要他们信奉伊斯兰教，马上可以脱离奴隶的地位，也有好几百万人就这么做了。排斥伊斯兰的不得服兵役，因为表面上说来，伊斯兰教的战争是把不虔诚的人感化，使其皈依伊斯兰教的圣战。这种基督徒必须缴付重税来代替服兵役，通常这种人多是佃农，把农产品的 1/10 缴付地主。此外，他们每 10 个婴孩中必须拿出 1 个来教养为穆斯林，以为苏丹效命。

苏丹、军队和宗教权威人士就是整个政府。苏丹一旦有命，每个封建首领就带领他征召之人前来组成"西帕赫斯"（sipahis），也就是骑兵，苏里曼在位时骑兵队人数高达 13 万人之众。斐迪南的特使称羡这些骑兵的光彩：猩红色、鲜黄色或藏青色的织锦或缎制服饰；布斯贝奇（Busbeq）前所未见的骏马身上的马具发出金、银、珠宝闪烁的光芒。步兵精英则由俘虏来的基督徒或纳贡后养大来苏丹王宫中专为行政尤其是为军事需要而服侍苏丹的幼童组成。这些士兵在宫中被称为"耶尼·策里"（Yeni Cheri，新军），西方的新军则堕落为近卫军。穆拉德一世时即曾创建这种奇特的团队（约 1360 年），其目的可能是在从信奉基督的百姓中抽取极有危险性的青年。这些青年为数不多——苏里曼在位时约有 2 万人。他们在各种战技上接受高度训练，不许结婚，亦不许参与经济活动，被灌输军事荣誉与热忱的思想及对穆罕默德的信仰，他们打仗时极为英勇，和平时也一样焦躁不安。作为这些精兵的后盾的是为数 10 万人的人民自卫队，由骑兵和侍卫队来负责训练秩序与鼓舞士气。最受欢迎的兵器仍为弓箭与长矛，火器刚开始使用，士兵在近战时挥舞锤矛与短兵器。在当时，苏里曼的军事学在全世界可算最优。其他军队在掌握炮兵、挖地道及兵工方面，纪律与士气方面，对士兵身体的注意，长距离补给大部队等方面都无法与之抗衡。然而，这些优点仅只为了一个目的：军队本身成为该目的；为了维持现状与约束，军队必须应战；而在苏里曼死后，军队——尤其是近卫军——成为诸苏丹的主宰。基督徒的子女被征召与被迫皈依的子弟形成土耳其中央政府行政官员的大半。我们早该料到伊斯兰教的苏丹必然恐惧被那些像斯堪德贝格（Scanderbeg）一样渴望父辈信仰的人包围；相反，苏里曼较喜欢这些皈依者，因为这些人从小被训练来充任特种行政业务。奥斯曼政府的官僚政治很可能就是16世纪前半期最有绩效的政治，虽说收受贿赂的风气极为盛行。迪万（Diwan）有如西方政府的内阁，在内阁总理的召集下集合行政首长。内阁的权力与其说是为立法，不如说是顾问性质的，但通常内阁的推荐都由苏丹的律法（kanun）来立法。司法部则由法学权威中选出的恰迪斯（qadis，法官）与姆拉斯（mullas，大法官）充任。一名法国观察家记载各法院勤奋的情况及审讯与判决的迅速，一名著名英国历史学家更深信"在早期奥斯曼领袖的治理下，司法行政方面土耳其优于欧陆任何其他地区；诸苏丹的伊斯兰教子民比大多数基督教社区中的人民更守秩序，犯罪情形也较少"。君士坦丁堡的街道由近卫军巡行，"谋杀案件较欧洲任何其他首府为少"。落入穆斯林统治的地区——罗得斯岛、希腊、巴尔干半岛——也喜欢穆斯林的统治，而不喜欢先前骑士们或拜占庭人或威尼斯人统治，甚至连匈牙利也认为苏里曼在位时的政治比哈布斯堡统治时好得多。

中央政府的行政单位多坐落于塞赖（Serai），也就是皇宫区中——不是王宫，而是一大堆的建筑物、花园和宫廷，其中住着苏丹及其后宫、臣仆、副官及8万名官僚。而在这层层包围之中，方圆3英里的范围，只有一个入口，装饰得极为堂皇，法国人称之为"高门"（Sublime Porte）——这个称呼因为说法离奇的变异，竟是指奥斯曼政府本身。在这种中央集权化的组织中，地位仅次于苏丹的就是内阁总理。"维策尔"（Vizier）是一个阿拉伯字——"瓦策尔"（Wazir），意思是"挑重担的人"。他的负荷颇重，因为他既是迪万之首，又是官僚政治、司法部、全军及外交使团的头号人物。他主管国际关系、订定重要约会，而且在欧洲各政府最繁文缛节的仪式中，要扮演最繁文缛节的角色。最吃力的职责则是在上述事项各方面都讨得苏丹欢心，因为通常内阁总理多是以前的基督徒，说来是个奴隶，只要君主一句话，就可以不经审讯加以处死。苏里曼挑选的内阁总理对他的成功贡献极大，足以证明他判断正确。易卜拉欣·帕沙本是希腊人，被穆斯林海盗掳获，带来给苏里曼当作有前途的奴隶。苏丹发现他在各方面都极为能干，因此委任他的权力越来越大，支他年薪6万杜卡特，并将亲妹许配给他，定期与他共餐，欣赏他的健谈、音乐方面的成就、语言方面的知识及文学、世界方面知识的渊博。苏里曼以东方花团锦簇的方式宣布"易卜拉欣·帕沙所说的话，应一律认为即出自朕字字珠玑的口中一般"。这是历史上最伟大的友谊，几乎可以说继承了古希腊的传统。

易卜拉欣少了一样智慧，那就是以外表的谦虚来隐藏他内心的骄傲。他有许多理由可以自负：他使土耳其政府的行政效率提到最高，他制定外交政策，以与法国联盟的方式来分裂西方，他在苏里曼进军匈牙利时以改革弊端、公正可亲地对待百姓的方式来安抚小亚细亚、叙利亚与埃及等地。然而，他也有必须缜密细心的理由，因为他仍是奴隶，他的头抬得越高，在他头顶悬挂着的那把刀的线也就越来越细。他下令禁止劫掠——大不里士与巴格达两城，并企图阻止军队劫掠布达城，因而激怒了军队。在那次劫掠中他挽救了马蒂亚斯·科尔文努斯图书馆的局部，及赫耳默斯、阿波罗、阿尔特弥斯等三座铜像。他把这些铜像竖立在他君士坦丁堡的王宫门口，结果连他那最无所谓的君主也被他这种对民族的反对偶像崇拜戒律的蔑辱而颇为不悦。谣言中伤他蔑视《古兰经》。有时他宴请宾客的娱乐在费用与场面上都远超过苏里曼。迪万的委员控告他，说他讲话的口气，支使苏丹有如用皮鞭来指挥一头驯服的狮子。宫中女眷的最受宠者——罗克斯拉纳（Roxelana）——因为不满易卜拉欣的影响，每天以女性特有的耐心，将怀疑与怨言奏向皇上的耳边。最后苏丹终于相信了。1536年3月31日，有人发现易卜拉欣被勒死在床上，可能是出于皇上的命令。这件事表现的野蛮性足以与烧死塞尔维特或波奎因相比。

更野蛮的是杀死兄弟姐妹时法律上的定罪。穆罕默德二世在《法典》（*Book of Laws*）一书中坦率地说："立法者中大多数已宣称：那些应登基的最杰出的子孙有权处死其弟兄，以确保世界和平，他们必须依规定行事。"也就是说，"征服者"平静地把他嫡传长子之外的儿子都判了死刑。奥斯曼制度的另一个污点就是：被判处死刑的人的财产由苏丹没收，苏丹为了充实自己的财源，就横下心来不受理人们的申诉；在此必须补充说明一点，苏里曼抗拒过这种诱惑。不过值得称道的是奥斯曼政府中有着间接民权的政治：除了苏丹的职位外，通往高位的道路开放给所有穆斯林，甚至包括所有皈依的基督徒。只是早期苏丹的成功可能会为能力方面的贵族遗传来辩护，因为当时别处的政府都没有土耳其王座上的诸君一样整齐、一样优异的办事能力。

·道德

奥斯曼王国与基督教方式的相异其趣很明显地说明道德规范在地域与现世方面的不同。拜占庭基督教正式要求一夫一妻制的地区仍偷偷地风行着多妻或多夫制。妇女一度登上恺撒大帝放置王座的地方，如今妇女们却隐藏在后宫中或布幔后边。苏里曼尽义务似的满足他后宫中女性的需求，使弗朗索瓦一世、查理五世、亨利八世及亚历山大六世等人心烦又难以摆脱的情事并没使他感到一丝良心上的不安。土耳其文明，跟古代希腊的文明一样，也把妇女藏在屋里，同时对性方面的不轨容许相当的自由。

《古兰经》容许土耳其人娶四妻及少许妾室，然而只有极少数人负担得了这个费用。征战的奥斯曼人因为经常和所爱的妇女相离很远，时常把他们征服得来的基督徒的寡妇或女儿纳为妻妾。其间并无种族要求：希腊、塞尔维亚、保加利亚、阿尔巴尼亚、匈牙利、德国、意大利、俄国、蒙古、波斯、阿拉伯等国的妇女一概竭诚欢迎，而且她们所生的子女也一律被认为合法而且是奥斯曼人。在这种情形下通奸几乎已成不必，一旦发生，处罚极重：淫妇必须购得一驴，并骑之游行市区；奸夫则以百刀戳之；并亲吻执刑者，同时得犒赏他们。为夫者只要口头表示意愿即可离婚，而为妻者只有在经过一番既复杂又艰难的诉讼后方可恢复自由身。

苏里曼守独身直到40岁。巴耶塞特一世之妻曾被帖木儿与其鞑靼人俘虏，而且据传曾被蹂躏，因此奥斯曼诸苏丹为了报复这一丢人之事，曾规定不许结婚，除奴隶外谁都不准到他们床上。苏里曼的后宫有妾300名，不是购自市场就是俘自战场，而且几乎全是基督徒的后代。她们期望苏里曼，到时就穿着最美的衣袍，列队恭迎；他在时间许可范围内也尽可能多向她们礼貌地答礼，并将手帕置于最讨他喜欢的一个人的肩上。当天晚上临幸后，他要求得手帕者将手帕归还。次晨这个妾室就可得到一件金丝织成的衣服，而零用钱以后也增多。苏丹可能在后宫逗留两三夜，施恩泽，然后返回自己的王宫，日夜与男士相聚。妇女极少在宫中出现，而且从不参加国宴或庆典。被选入宫中仍是极大的光荣。后宫中年满25岁仍未得手帕的宫女可以获得自由，而且往往找到做高官的丈夫。以苏里曼来说，后宫并没有引起他身体的虚弱，因为在大多数事情上，他都是一个极有节制的人。

奥斯曼人的社交生活只限男性参加，缺乏女性魅力与笑谈欢愉的刺激。然而，风度之佳足以与基督教国度相抗衡，也许比中国、意大利和法国以外的任何国家都优雅。家奴为数极众，但都极人道地对待，许多律法来保障他们，而且也容易获得自由。公共卫生极差，个人的清洁却极为普遍。公共澡堂的机构——似乎是由波斯人从希腊时代的叙利亚引进的——已传给土耳其人。君士坦丁堡及奥斯曼帝国其他大城市中的公共浴池由大理石砌成，而且装饰得极为考究。有些信奉基督教的圣人以避水自豪，穆斯林在进入清真寺或念祈祷文之前必须沐浴净身——伊斯兰教注重清洁的程度仅次于神性。餐桌礼貌并不比基督教国家好，食物以手指自盘中取食，并无叉子。室内不准饮酒，虽然旅店中饮酒之风甚盛，酗酒的情形却比西方诸国为少。咖啡于 14 世纪开始为穆斯林饮用，我们首先在阿比西尼亚听说其事，然后似乎再由该地传入阿拉伯。据说，原先穆斯林饮用咖啡的目的是为了在宗教仪式中保持清醒。欧洲的作家在 1592 年以前都未尝提及咖啡在伊斯兰国家之事。

土耳其人的体格极为强壮，而耐力也极著名。布斯贝奇（Busbeq）发现有些土耳其人脚掌或足踝被杖打 100 次以上，"结果往往许多山茱萸的树枝因而折断，却一声痛苦的叫喊也听不见"时极为震惊。甚至连平常的土耳其人也满脸尊严，当然长袍也隐藏了一部分营养过盛引起的痴肥。百姓衣着朴实，只戴一顶毡帽，考究的人则把毡帽裹在包头巾里边。男女都爱花。土耳其花园的色彩很有名，从土耳其传入欧洲的花木有紫丁香、郁金香、含羞草、桂冠樱和毛茛科植物等。土耳其人美学方面的爱好不是他们征战表现得出的。我们听到信奉基督的游客以下的叙述时不禁大吃一惊，他们说除了战场之外，土耳其人"本性并不残忍"，而是"驯良、温顺、和善……可亲的"，而且"一般说来极为仁慈"。弗朗西斯·培根抱怨说，他们对动物似乎比对人和蔼。残忍只有在信仰的安全受到威胁时才会产生，到那个时候，最野蛮的情感就是为所欲为。

土耳其的律法在战争方面的规定尤为严苛。敌人一概不饶命，妇孺得以幸免，但健壮的敌人，即或未武装、不抵抗，也得无罪屠杀。但许多被土耳其人占领的城市的运气仍较被基督徒占领的土耳其城市好得多。易卜拉欣·帕沙占领大不里士和巴格达两城（1534年）时，他下令禁止士兵劫掠两城或伤害居民。苏里曼再度占领大不里士城（1548 年）时，他也使该城不被劫掠，不受集体屠杀。然而，查理五世攻占突尼斯城（1535 年）时，他只能以任由手下劫掠的方式来支付士兵薪水。只是，土耳其法律在野蛮的处罚方面与基督徒可相抗衡。偷窃他人财物者砍去一手，以求减少其抓取他人财物的机会。

官场的道德与基督教国家无异。土耳其人以遵守诺言自豪，而且大致说来，他们总是遵守与敌人所签和约条款的规定。不过，土耳其的诡辩家，就跟基督教的圣约翰这个对手一样，也主张诺言无法约束忠厚的人一定不违背他们所信宗教的利益或义务，连苏丹都可能毁弃自己签过的条约，如先于他们的苏丹一般。信奉基督教的游客说：一般的土耳其人"诚实，有正义感……慈悲为怀，正直，有慈善心"，然而，实际上所有的土耳其官员都收受贿赂。有位信奉基督的历史学家进一步说"土耳其的官员，以前大多数都是基督徒"，只是我们还得再补充一点，就是这些官员都是以穆斯林的方式抚养成人的。在各省中，土耳其的省长，就跟古罗马的地方长官一样，在统治者一时兴起革去他的职位之前早已匆匆搜刮一笔财富，他从子民手中把当初为了获得任命时付出去的费用悉数刮回。卖官位的情形就和君士坦丁堡、开罗、巴黎或罗马城一样普遍。

·文学与艺术

奥斯曼文明最弱的一环，莫过于获得知识与传播工具的贫乏。一般教育多被忽略。授课的对象仅限于热衷于教学法、法律或行政学的学生，而这些课程既冗长又繁重。穆罕默德二世和苏里曼花时间重组、改良这些错综复杂的课程，而权威人士对清真寺学院的贡献不亚于诸苏丹。这些机构中的教师社会与金钱上的地位较拉丁正教区的同行高了许多。他们正式讲述的是《古兰经》，却设法将文学、数学和哲学包括其中。毕业生虽在神学方面比科学方面研究得透彻，工程与政府方面却和西方保持并驾齐驱的地位。

百姓之中只有极少数识字的，但是识字者几乎人人会写诗，连苏里曼也一样。土耳其人也举办诗人朗诵的公开比赛，苏里曼也极乐意主持这种诗人赛会。这个时期受到尊荣的诗人共有100人，只是因为我们只热衷自己的伟大与辞藻，使我们连他们最伟大的抒情诗人马哈穆德·阿布杜尔·巴奇（Mahmud Abdu'l-Baqi）也忽略掉了。他可以说是四代元老，虽然苏里曼去世时他已40岁，其后又活了34年。他放弃早年修理马鞍的生意不做，改以作诗过日子，要不是苏里曼给他一份领干薪的差事，很可能会难以度日。苏里曼除了给他福利之外，为了赞美他，还特地写了一首诗来夸奖巴奇诗歌的优美。巴奇则以一首哀悼苏里曼去世的挽歌来投桃报李。下面这份译稿，为了保存原诗多重押韵而丧失了其肃穆的气氛，原诗中表现的情感和才华依旧跃然纸上：

> 命运之神的豪侠王子！奋勇抵御来袭者，
> 战马旋转或后足立地腾跃时，赛马场就显得太小！
> 马札儿人见他宝刀的光辉马上鞠躬！
> 法兰克人一眼辨出其标志恐怖的闪烁之人！
> 有如轻柔的玫瑰花瓣，他轻轻埋首尘土中，
> 财神——大地，把他如珠宝般地摆入盒里。
> 事实上他是高官显贵光芒的照耀，
> 达拉（Dara）武装国度里由伊斯坎德尔（Iskander）加冕的
> 沙皇，
> 斯菲勒（Sphere）俯首于他脚下的尘土中，
> 大地崇拜的祠堂就是他高贵的厅堂之大门。
> 把最卑贱的乞丐立为王子只是他最小的礼物：
> 远比君主的慷慨、君主的慈悲超出许多！……
> 莫要拿被忧伤多变的斯菲勒折磨的方式来衡量他，
> 他放弃荣华富贵，为的是接近上帝。
> 要是我们看不见生命与世界，该有多神奇！
> 如日月般，地球放射出他优雅的俊容……
> 让云血滴滴哭泣，弯曲其形象！
> 让洋苏木在淤血色的花丛中发新叶！

让众星的双眼带着忧凄淌下辛酸的泪水，

让昏黑的天体含怒的心中冒出的烟幕显现……

他的灵魂——鸟儿——休马（Huma）似的，飞入天际，

除了几根骨头之外，什么也不留在地上……

愿天般高的库斯鲁的荣耀永存！

降福于君上的灵魂——尚飨！

土耳其人忙着征服大国，以致无暇专注于使伊斯兰国家闻名于世的细腻艺术。产生的只有少数优美的小画，带着式样淳朴、风格多样的特性。具有代表性的绘画则留给可耻的基督徒去画，这些人在当时继续以壁画来装饰他们的教堂与寺院。因此，曼纽尔（Manuel Panselinos）可能从意大利文艺复兴时期的壁画得到部分灵感，画在亚陀斯（Athos）山上的普罗塔顿（Protaton）教堂壁画（1535—1536年）比拜占庭时期的壁画更自由、更大胆，也更柔和。诸苏丹从东方与西方请来艺术大师——从威尼斯请来金泰尔·贝利尼，从异教世界的波斯请来专作小画的沙赫·卡利（Shah Kali）和瓦利·让（Wali Jan）。至于画瓷砖，奥斯曼人则不须外人协助，他们自己对瓷砖上的画，运用到令人目眩的程度。伊兹尼克（Iznik）因当地彩陶的优异而闻名于世。小亚细亚的斯库塔利（Scutari）、布鲁沙和赫勒克诸城则专营纺织品，这些城镇所产的织锦和丝绒都绣着深色与金色的花饰，感动了也影响了威尼斯与佛兰德斯的设计师。土耳其的地毯虽然缺乏波斯地毯那种诗一般的光彩，然而它们庄重的图案与暖色博得欧洲人的称美。科尔贝特（Colbert）唆使路易十四命令法国织业者抄袭某些土耳其的宫中地毯，却未成功。伊斯兰式的匠心仍然是西洋人技术所弗及的。

土耳其的艺术在君士坦丁堡的清真寺达到最高峰。[1] 就连马沙德

---

[1] 直至 1930 年该城才正式改名为伊斯坦布尔（Istanbul）。

（Mashhad）城鳞次栉比的辉煌建筑，沙赫·阿巴斯（Shah Abbas）在位时的伊斯巴罕城都赶不上它，也许只有薛西斯一世在位时的波斯波利斯（Persepolis）城才能在波斯或伊斯兰教史上比得上苏里曼治下的首府。城中奥斯曼人的战利品和安拉同在纪念建筑物中表现出忠心与自负，众苏丹想以艺术和兵器来震慑其子民的用心也昭然若揭。苏里曼大帝在建筑物方面和他祖父"征服者"穆罕默德足相抗衡。他下令建造七座清真寺，其中有一座（建于1556年）以他的名字为寺院命名，虽然模仿了圣索菲亚大教堂拿小圆顶来环绕中央的大圆顶建造的形式，却优于后者。这座寺院的尖塔把他们最高音的祈祷升高到骇人的高度，正好拿来和庞大的底部成一尖锐的对比。寺院内部是数不尽的装饰物的集合：大理石或彩陶上金色的镂刻、斑驳的廊柱、黑色或白色的大理石拱门、染色玻璃镶入有网眼的石头所制成的窗、讲坛刻得仿佛费了毕生之力来完成似的。这一切的一切，若为了表示虔诚，则未免太豪华，为了祷告，也太夺目。据说设计这个寺院的人，是一个名叫西兰（Sinan）的阿尔巴尼亚人，他还设计了其他70座寺院，活了110岁。

苏里曼其人

称苏里曼为"大帝"的是西方人，他的子民则称他"卡努尼"（Kanuni）——制定法律的人——因为他也参与编纂奥斯曼律法的工作。他之"大"，非在他的面貌，而是他手下军队和配备的大、战争范围的大、城市的美化装饰的大和建造清真寺、宫廷及著名的"四十拱门"水渠等工程的大；他周围的人和侍从的光彩之大；当然，也指他的权力和统治范围的大。他的帝国从巴格达到距维也纳90英里、距威尼斯120英里的地方。波斯和意大利以外有庆祝《圣经》和古典仪式的城市都在他统治下：迦太基、孟菲斯、泰尔、尼尼微、巴比伦、巴尔米拉、亚历山大港、耶路撒冷、士麦那、大马士革、艾菲索斯、尼西亚、雅典和两个底比斯城。伊斯兰国家的半月弯从未在月弯的空隙中有过这么多的陆地与海洋。

他指挥的才能是否与其范围同大？也许不然，不过我们除了安东尼统治下的阿沙梅尼德（Achaemenid）、波斯和罗马之外，任何领土广阔的国家都如此。在没有现代化交通、传输、道路之前，以一个中心来治理的话，统治的范围太广，国家就无法治理得完善。放纵和贪污之风弥漫整个政府，路德却依旧说："据传没有比土耳其人治理得更好的俗世政权。"在宗教容忍这一方面，苏里曼要比基督教与他同地位的人来得大胆、来得慷慨：基督教人士认为宗教的一致是国力强盛的必需，苏里曼却允许基督徒与犹太人自由举行宗教仪式。雷吉纳德·波尔（Reginald Pole）主教记载说："土耳其人并不强迫他人接受他们的信仰。只要不攻击他们的宗教，谁都可以随便信教，极为安全。"1561 年 11 月，苏格兰、英格兰和路德统治下的德国正宣布天主教为罪、而意大利和西班牙则认为新教是罪恶时，苏里曼却下令释放一名信奉基督的囚犯，因为他"不想强制某人改信他教"。他在自己帝国境内为那些从西班牙和葡萄牙宗教裁判所逃出的犹太人准备了一处极为安全的栖身之处。

他的缺点在他的家庭关系方面比在政府中表现得更清楚。大家公认，除了战争方面不论之外——他说借进攻来防御——他是个极优雅、温文的人，又大方，又人道，又公正。人民不但崇拜他，更喜爱他。每个礼拜五，他到清真寺去时，人民在他经过身前时鸦雀无声。他向他们鞠躬——包括基督徒、犹太人、穆斯林——然后在庙中祈祷达两个小时之久。我们没听说他也有沉溺于后宫妻妾，耗用继位的苏丹所必备的健康和财富的情事。然而，我们却发现他的确非常怀疑爱的感情，结果他忘却了细心、公正，甚至连父母对子女的爱都遗忘了。

他在位的早年最喜爱的女眷是一个西尔卡西亚的女奴"春之玫瑰"，她黝黑的美是几个世纪来黑海东岸该地区妇女的代表。她为他生了一个儿子穆斯塔法（Mustafa），穆斯塔法后来成为一个英俊多才、极受欢迎的青年。苏里曼把重要的职位和使命委任于他，除了让他继承王位之外，还训练他如何成功。但是在爱情这一方面，胡任姆（Khurrem）——"笑美人"——西方人称之为罗克斯拉纳的俄国女奴，从西尔卡西亚的怀抱中夺走了苏里曼。她的美貌、欢欣和诡计迷惑了他，直到悲剧产生。苏里曼立胡任姆为后（1534年），而且极喜爱她为他生下的子女。他已年老，穆斯塔法继位的时机已经到来，因此胡任姆担心她儿子的命运，因为新登基的苏丹可以合法地杀死他们。她总算把自己的女儿嫁给了1544年成为内阁总理的吕斯泰姆·帕沙（Rustem Pasha），而因为这桩婚事，吕斯泰姆也被拖进来和胡任姆一道担心即将登基的穆斯塔法。

这时，穆斯塔法被派去治理第雅巴刻（Diyarbekir），以自己的勇猛、战略和慷慨获得美名。胡任姆利用他的美德毁灭他，她向苏里曼进谗言，说穆斯塔法正在争取人望以夺取王位。吕斯泰姆则指责这个青年，说他偷偷地把近卫军拉向他那边，为他效命。迷惘的苏丹年已59岁，先是怀疑，再是觉得奇怪，最后终于相信。他亲自到埃雷利，把穆斯塔法召至帐篷中，他一进来，马上叫人杀死他（1553年）。接着胡任姆和吕斯泰姆更觉得要苏丹把穆斯塔法的儿子杀死才好，以免日后来寻仇。胡任姆的儿子塞利姆被立为太子和继位人后，她满足地死去（1558年）。塞利姆的弟弟巴耶塞特眼看自己难逃被杀，举兵向塞利姆挑衅。内战因之而起。巴耶塞特战败，逃向波斯（1559年）。沙赫·塔马斯普为了苏里曼给他的30万杜卡特和塞利姆给他的10万杜卡特，终于交出挑战者巴耶塞特。巴耶塞特被扼死（1561年），他的5个儿子也被处以死刑。听说病重的老苏丹还感激安拉，因为这些作孽的后代总算死尽，而今后他可以安享晚年了。

不过他却又觉得和平太烦人。他得知他从罗得斯岛放逐的骑士们在马耳他岛上极为强盛，并以自己抢劫的部队来和阿尔及利亚的海盗一争短长的消息。这个71岁高龄的老苏丹认为，要是马耳他岛能归

顺伊斯兰教，那么地中海地区就可以天下太平。因此，他在 1564 年
4 月，派遣 150 只船、2 万士兵前去夺取这个具有战略意义的岛屿。
骑士们在让英明的领导下勇猛应战。土耳其人牺牲 6000 人，只占领
了圣埃尔莫（St. Elmo）堡，其余一无所获，而且他们之所以占领该
堡，又出于西班牙军队到来的迫不得已。

老迈的"大帝"不甘历史记下他辛酸的这一面就了此残生。继斐
迪南登基的马克西米里安二世拒绝付出当初他父亲答应过的朝贡，并
攻击土耳其在匈牙利的驻军。苏里曼决心再战一回，而且要亲自挂帅
（1566 年）。他率领 20 万大军骑马奔过索菲亚、尼萨和贝尔格莱德等
城。1566 年 9 月 5 日至 6 日晚上，围攻锡盖特堡（Szigetvar）时，他
战死了，直立在帐篷里——就跟维斯帕西安一样，他很自负，去世时
仍不愿躺下。9 月 8 日，锡盖特堡陷落，但这次夺城牺牲了土耳其人
3 万条人命，而夏季已近尾声。条约签订后，部队哀伤地折返君士坦
丁堡，带回来的不是胜利，而是去世的帝王。

我们是否应当批判他的地位？若是和西方同等地位的人相较，他
有时更文明，有时更野蛮。16 世纪前半期最伟大的 4 个领导者之一
弗朗索瓦虽然也有过度夸张的虚荣和犹疑不定的宗教迫害，却是我们
认为最文明的一个。他却认为苏里曼是他的保护者和友人，没了他，
自己可能早毁了。苏里曼毕生与西方争战从未失败，事实上，马克西
米里安二世在 1568 年重新支付朝贡给波尔特。查理五世虽然在维也
纳挡住过老苏丹，但是，有哪一支基督教军队胆敢接近君士坦丁堡
呢？苏里曼是地中海的主宰，有一阵子罗马城似乎是因他和巴巴罗萨
的宽容才能依旧信奉基督教。他把整个帝国治理得很好，但是又比可
怜的查理抵挡诸王分裂的德国强到哪里？他是一个暴君，却有不被质
疑的习惯和子民同意，英国亨利八世和西班牙的查理的专制主义有没
有得到这么多的支持和信心？查理几乎无法仅凭不忠的嫌疑就下令处
死自己的儿子，查理年迈时却又能为异教徒流血而呼号，而亨利在把
妻妾和天主教徒、清教徒送往断头台或烧人的柴堆时，饭还是照吃不

误。苏里曼对于宗教的容忍这一方面，虽然也有限度，又使这些把异教徒处死的行为相形之下显得野蛮。

苏里曼征战太多，杀死了自己一半的后裔，未经警告或审讯，就把一名博学的权威人士处死。他也具有一般无人管制的权力造成的那些过失与缺点。不过，他在同一时期的众多领袖中，还要算是最伟大、最能干的一个。

第四章 | 犹太人
（1300—1564）

流浪者

　　罗杰·温多维尔（Roger Wendover）在《编年史》（*Flores Historiarum*，1228 年）一书中叙述某亚美尼亚大主教，在 13 世纪初访问圣奥尔本斯（St. Albans）修道院时，被询问到最近流传的某位曾与基督谈过话的犹太人仍在近东活着的事，大主教向众僧侣保证该故事属实。他的助手更补充说明，说主教在离开亚美尼亚前不久还曾与该不朽之人共过餐，那个人的拉丁文名字是卡尔托菲吕斯（Cartophilus），耶稣离开比拉特裁判所时，这个名叫卡尔托菲吕斯的人敲着主的背，一面吆喝着："走快一点。"耶稣对他说："我走，不过你必须等到我回来。"别的亚美尼亚人 1252 年访问圣奥尔本斯时也重复同一故事。流行小说根据这个故事加以渲染，换了一下流浪者的名字，叙述每隔约 100 年，这个人如何患了重病，昏厥之后，醒来时又是个青年，而对基督审判、死亡和复活的记忆却犹新。这个故事有一段时期从文字记载中消失，却在 16 世纪再度出现。兴奋的欧洲人都号称见过这位阿哈素鲁斯（Ahasuerus）——现在有人称为埃维格·犹德（Ewige Jude）或勒尤夫·埃尔兰特（Le Juif Errant）——有的说是在汉堡（1547 年、

1564 年），有的说是在维也纳（1599 年）、吕贝克（1601 年）、巴黎（1644 年）、纽卡斯特（1790 年），最后还有说是在犹他州（1868 年）见过他。"流浪的犹太人"的传说在逐渐失去信仰的欧洲当然极受欢迎，因为这等于是基督神圣与复活的明证，及他再度降临的新誓约。对于我们来说，这个谜可以说是一个忧郁的象征，代表着公元 71 年失去祖国的人民，在四大洲间流浪了 18 个世纪，忍受着迫害，直到我们现代这个不稳定的潮流中重拾其古代故居的故事。

散居异邦的犹太人在土耳其的苏丹和法国、意大利的教皇统治下，受迫害的程度最小。身为少数民族的犹太人得以安居在君士坦丁堡、萨洛尼卡、小亚细亚、叙利亚、巴勒斯坦、阿拉伯、埃及、北非与摩尔人统治下的西班牙等地区。虽然柏柏儿人对他们勉强容忍，西蒙·杜兰却率领一批日益繁荣的殖民到阿尔及利亚。据拉比奥巴底亚赫·贝尔蒂诺罗（Rabbi Obadiah Bertinoro）于 1488 年描述的，在亚历山大港的犹太社区，人们生活安定，饮酒太多，盘腿坐在地毯上，走进聚会堂或棚之前必须脱鞋。逃难到土耳其的德国犹太人写信回家给亲戚时，兴致勃勃地叙述犹太人在当地享受的快乐优厚的生活环境。奥斯曼的国务大臣允许犹太人在巴勒斯坦的锡安山坡建造聚会堂。有些住在西方的犹太人到巴勒斯坦朝圣，认为能死在"圣地"，尤其是死在耶路撒冷乃是幸运。

然而，这个时期犹太思想的中心与热心在不宽容的西方。在西方诸国中，犹太人在开明的意大利最幸运。他们在那不勒斯有幸与安茹的国王罗伯特结交。他们在安科那、费拉拉、帕多瓦、威尼斯、维罗纳、曼图亚、佛罗伦萨、比萨及文艺复兴的其他酝酿地都极为繁盛。伊拉斯谟在 1518 年说："意大利有许多犹太人，西班牙却几乎连一个基督徒也没有。"商业与财政在意大利颇受景仰，而从事这些行业的犹太人也被评价为对该行业极有贡献的从业者。这个半岛上已不再斤斤计较犹太人必须佩戴醒目的徽章，穿显著的衣服的老规矩，有钱的犹太人的衣着跟同一阶层的意大利人一样。犹太子弟也上大学，而且研究希伯来文的基督徒也越来越多。

偶尔也有像卡皮斯特拉诺（Capistrano）的圣约翰等神圣的仇恨者，会鼓动听道者要求全面施行对犹太人不利的"清教徒严法"（blue law）的规定，虽然卡皮斯特拉诺得到教皇尤金四世与尼古拉五世的支持，他的雄辩之才在意大利极为短暂。另一个圣方济各修会的修道士伯纳迪诺攻击犹太人最力，米兰、费拉拉和威尼斯等地的地方首长都命令他不得再乱叫，否则强迫他移居，特伦特城某犹太人家附近发现一名3岁幼儿尸体时（1475年），伯纳迪诺一口咬定是犹太人谋杀的。当地主教把特拉特城所有犹太人囚禁，其中有几个在刑罚之下供认他们杀死那个婴儿，并喝其血，当作逾越节（Passover）仪式中的一个项目。因此，特拉特城所有犹太人都被烧死。"小西蒙"（Little Simon）的尸体则在涂敷香料后拿来当作神圣的遗物展示，数以千计忠实的信徒到这个新祠堂朝圣。这个谣传的暴行的故事，向北经过阿尔卑斯山传到德国，强化了当地反犹太的情绪。威尼斯的上议会认为这一传说是宗教上的骗局，命令威尼斯辖区内有关当局保护犹太人。有两名律师由帕多瓦城赶到特拉特城调查证据，他们差点没被当地人民撕成肉丝。有人唆使教皇西克斯图斯四世褒扬西蒙，但他拒绝了，同时下令禁止尊之为圣。然而，西蒙在1582年被行了赐福礼。

罗马城里的犹太人几个世纪以来一直比任何其他基督教世界里的犹太人享受到更公平的生活条件与自由，一是由于教皇通常是受过教育的文明之士，二是罗马城被奥西尼和科隆纳两派人士分别统治，而他们彼此忙着相互攻击，无暇仇恨其他的人。也许是因为罗马人只顾及基督教做生意这一方面，对宗教并无狂热。当时罗马尚无犹太人居住区，城内大多数犹太人都住在台伯河左岸的塞普图斯·希伯来库斯（Septus Hebraicus），但他们并非必须住在那里不可。罗马城贵族的王宫也建造在犹太人的住宅区中，及靠近基督教教堂的犹太教会堂附近。这时仍存留着某些迫害方式：犹太人被课税以提供运动会的费用，而且被迫派遣代表参加。参加时半裸体，这违反犹太人的传统。种族的对立依旧存在。犹太人在罗马城的舞台上和嘉年华会的闹剧中被拿来当作讽刺的对象，不过通常犹太女人还是在舞台上以温柔、美丽的面貌出现。请注意马洛所著《马耳他的犹太人》(*Jew of Malta*) 一书中巴拉巴斯（Barabas）和阿比盖勒（Abigail）两个角色，及《威尼斯商人》(*The Merchant of Venice*) 一剧中夏洛克（Shylock）和杰西卡（Jessica）两个角色强烈的对比。

大体说来，教皇对犹太人的宽大已无可厚非，因为他们尊基督为弥赛亚，而仇视犹太人认为弥赛亚尚未来临的信仰。宗教裁判所成立之时，教皇并未把未皈依基督教的犹太人列入问罪的对象，他只传讯那些攻击基督教的犹太人，及企图使基督徒皈依犹太教的人。"大体说来，不肯宣称停止信仰犹太教的犹太人"，教会"并不干预"，虽然政府和百姓不宽容他们。有些教皇为了缓和普遍的仇视，颁布了敕书。教皇克莱门特六世致力于此，把属于教会的亚威农城作为逃离专事劫掠的法国政府的犹太人慈悲的庇护所。1419 年，马丁五世正式向天主教世界宣布：

> 有鉴于犹太人是依主的形象所做，而部分在他日终必获拯救，而且祈求吾人庇护：为遵循前人的做法，兹下令不得在其会堂干扰彼等；彼等的律法、权利与风俗等也不得侵犯之；更不得强迫彼等接受洗礼，纪念基督教庆典，也不得迫其佩戴新徽章或阻止其与基督徒的商业往来。

尤金四世与尼古拉五世颁布迫害性的法律，容后详述；不过，据格雷茨（Graetz）说，其余的教皇在意大利各级首长中算来，对犹太人要数最友善的。其中有几个——亚历山大六世、尤里乌斯二世、利奥十世——撇开老律法不顾，有病时向犹太医师求助。当时的犹太作家感恩地额手庆贺同胞在美第奇诸教皇治理下获得的安全，其中更有一个称克莱门特七世为"以色列的义友"。一个博学的犹太历史学家说：

> 这是文艺复兴时代的全盛时期，一连串文明、有涵养、丰美、通达世故的罗马教皇认为文明的进步是彼等负责推展天主教堂的宗教利益中极重要的一环……因此，自15世纪中叶以降，他们似乎不再重视宗教法规中不合宜的细节，转而表现出……对非天主教徒极度的宽容。犹太经营钱庄的人在所住地区的经济机构中占有举足轻重的地位。为表现其宽宏大量，他们也赞成他们所接触的那些犹太籍医师等人的皈依。因此，教会神父一度苦心计较，并经第三、第四两届拉尔兰大会正式制定的那些迫害性的规定，他们几乎已不屑一顾……由于他们眼见这个例子，意大利的其他王侯——佛罗伦萨的美第奇，费拉拉的艾斯泰西（Estensi），曼图亚的贡萨加——也都起而仿效。虽然这些人偶尔也被偶发性的暴力或狂热主义干扰——如1497年萨沃纳罗拉重新掌握佛罗伦萨时——犹太人和邻居的民族融合，共同生活的程度几乎可说是史无前例的。他们在文艺复兴的某些方面有极为杰出的表现……他们以自己的生活和用希伯来文从事的文艺活动来反映这一事实；他们对哲学、音乐和戏剧都有极伟大的贡献，他们经常在许多意大利王宫中露面。

有些一度极为有名的人物可以说明基督徒和犹太人之间关系的黄金时代。埃马努埃尔·本·所罗门·哈洛米（Immanuel ben Solomon Haromi，意即罗马城生的）与但丁生于同年（1265年），而且与其为友。他已成为犹太人在文艺复兴时期的代表人物：以行医为业，又是宣道师、《圣经》学者、文法学家、科学家、富有而多情的人、诗人，而"所作之曲时常极为轻浮，超越端庄许可的范围"。他精通希伯来文，把十四行诗的形式引入希伯来文。他在流畅与神韵方面几乎胜过意大利人，而在海涅之前似乎没有一个犹太诗人能跟他表现出同样讽刺文章的天才、同样的聪明与机智。或许埃马努埃尔已感受当时阿威罗伊的怀疑主义思想，[1] 他的一首诗表现出他对满是好人的天堂极为憎恨（他认为只有丑女人才是好人），却更喜欢地狱，他认为在地狱里可以找到历代艳姬。老年时，他仿效但丁作了一首软弱无力的作品《天堂与乐园》（*Topheth we-Eden*）。犹太教跟新教一样，没有炼狱。埃马努埃尔比但丁更大方，按照后期犹太教义（Rabbinical）的传统，允许"世界各国正直之士"全部进入天堂，却判亚里士多德入地狱，因为他提倡宇宙的永恒性。

同样轻松幽默的精神给卡罗尼莫斯·本·卡罗尼莫斯（Kalonymos ben Kalonymos）的作品带来韵味与活力。那不勒斯的国王罗伯特某次巡游普罗旺斯时，发现了这位有"美名"的年轻学者，并把他带到意大利。起初卡罗尼莫斯致全力于科学与哲学，他把亚里士多德、阿基米德、托勒密、盖仑、法拉比和阿威罗伊等人的作品译为希伯来文，同时带着高度的伦理气质写作。但是他发现那不勒斯欢欣的情调极易吸收。搬到罗马之后他就成为犹太人中的贺拉斯，俏皮地讽刺基督徒、犹太人及自己的缺点和过失。他哀伤自己生为男儿身，他认为要是自己生为女儿身，就不必去熟读《圣经》和《塔木德》，或去研习那 613 条箴言。他那本《普林节短文》（*Purim Tractate*）嘲笑《塔木德》，而住在罗马的犹太人如此流行讽刺，表现出他们并没有像住在其他国度的苦难同胞那么虔诚。

文艺复兴不但重新开始了对希腊文的研究，也开始了对希伯来文的研究。埃吉迪奥·维特尔波（Egidio de Viterbo）大主教邀请艾利亚·列维塔（Elijah Levita）从德国前来罗马（1509 年）。前后 13 年，这位犹太学者以贵宾的身份住在大主教宫中，教埃吉迪奥希伯来文，也接受希腊文的教导。由于埃吉迪奥、罗施林及其他犹太教师的基督

---

[1] 指住在西班牙的阿拉伯哲学家阿威罗伊（1126—1198 年），学理上大致渊源于亚里士多德，主张人类普具共通的积极智慧，但否定个人的不朽。——译者注

徒学生的努力，几所意大利大学和学院中都开了希伯来文的课。在帕多瓦教希伯来文的艾利亚·德尔·梅第戈（Elijah del Medigo）在当地极受尊敬，虽然他拒绝皈依基督教，奉基督的学生之间对某学识问题产生纷争时，学校当局和威尼斯议会都公推梅第戈来裁决。他凭其饱学和机智来处理，结果各方面都很满意。皮科（Pico della Mirandola）邀请他前往佛罗伦萨教希伯来文。艾利亚在那里加入美第奇的人道主义圈子，今日我们仍能看见他跻身于美第奇王宫中贝诺佐·戈佐里（Benozzo Gozzoli）所画的人像之列。这位学者并没有助长皮科的发现，认为犹太教神秘哲学中有基督教的教条；相反，他耻笑那篇启示录是一大堆令人惊讶的荒谬之事。

阿尔卑斯山以北的犹太人就没有意大利境内的犹太人那么幸运。他们分别于1290年自英国被逐出、1306年自法国被驱出、1370年自佛兰德斯被赶走。法国于1315年请他们回来，条件是把未被驱逐出境前他们应收借款的2/3缴给国王。王室从这些行业中所得的利益取完之后，犹太人再度被逐出（1321年）。他们再度回来时又因黑死病的连累而被放逐（1349年）。为了获得犹太人金钱上的资助及技术以便筹款从英国赎回被俘的法国国王，他们再度被召回（1360年）。然而1394年有一名皈依基督教的以色列人突然神秘失踪，犹太人被冠以杀死那个人的罪名，有些被凌迟的犹太人供认说他们劝过那个叛教者重信犹太教。公议沸腾，查理六世勉强下令把这个被欺侮的民族再度驱逐出境。

布拉格城里犹太移民人数极众。其中有些前往听约翰·胡斯的先驱米利兹（Milicz）的布道，因为他对《旧约》极有研究，极为欣赏。胡斯研究希伯来文，研读希伯来文写成的经典注解，并引用拉什（Rashi）和迈蒙尼德（Maimonides）的见解。把胡斯的改革带进塔波尔派（Taborites）——自称为"上帝的选民"，并把他们作战的对象——德国诸省——命名为埃顿、莫亚德和阿马勒克等。然而胡斯派的人不反对杀死犹太人。占领布拉格城时（1421年），他们给犹太人的选择并不是伊斯兰教的那种皈依或课税择一的方式，而是不皈依就杀死。

在基督教国家中，波兰善待犹太人仅次于意大利。1098 年、1146 年和 1196 年，前后三次，犹太人自德国移居波兰，为的是避免被十字军杀死。他们被款待得很好，也在当地极为安定、繁荣，到 1207 年，他们之中已经有人拥有大块土地。1264 年，国王"虔诚的"波勒斯拉韦（Boleslav）给他们民权特许状。黑死病流行之后，逃往波兰的德国人更多，而在仍然缺少中产阶级的这个国家被视为促进经济发达的因素，而受到统治的贵族的欢迎。加西米尔大帝三世（1333—1370 年）批准增加住在波兰境内犹太人的权利，维托维斯特（Vitovst）大公更向立陶宛的犹太人保证这些权利。不幸，1407 年，某传教士向他在克拉科的手下报告说，犹太人杀死了一个基督徒男孩，并吸他的血。这项指控造成了一次大屠杀。加西米尔四世重新规定并再度放宽犹太人的自由（1447 年），他说："我们希望为了我们的利益而加以保护的犹太人，在我们宽大的统治下能够觉得满意。"教会人士则指责国王，奥勒斯尼斯基（Olesnicki）大主教以地狱的烈火威胁他，而以教皇特使的身份前来波兰的约翰则在克拉科城发表煽动性的演说（1453 年）。国王在战场失利时，有人力主他因偏爱不忠的人而被上帝惩罚。由于他在其后战争中需要教会的支持，他撤销保障犹太人自由的宪章。1463 年和 1494 年波兰发生两次对少数民族的迫害。也许是为了防止这类的攻击，克拉科城里的犹太人最后被迫迁居郊区卡兹米兹（Kazimierz）。

犹太人在那里以及在立陶宛，克服一切困难，人数增多，也更繁荣。西吉斯蒙德一世时，他们除了居住自由之外，其他自由完全恢复，而他们仍然忠于西吉斯蒙德二世。1556 年，住在索哈奇韦（Sokhachev）城的 3 名犹太人被控以刀戳圣化了的圣体，并使之流血。他们力辩无辜，却在凯尔姆（Khelm）的主教令下被烧死在柴堆上。西吉斯蒙德二世不赞成这种指控，说这次"宗教上的骗局"的安排，无非是用来向犹太人和新教徒证明说神圣化了的面包已真正变成基督的血和肉罢了。国王说："我对这次秘密进行的恶行甚感震惊，朕也非无常识之人，断不至于相信'圣体'中果真有血。"然而，在这个怀疑心重的统治者死后（1572 年），波兰政府与犹太人之间的友善关系也告一段落。

犹太人一度安详地住在中世纪的德国境内。他们在贸易通道和大河上，在自由城市与港口，都表现得极为活跃，连各地的红衣主教都要求皇上允许犹太人停泊。到了颁布《戈尔登·布尔》法典（Golden Bull，1355 年）时，查理四世皇帝与"帝国"选举人共享把犹太人拿来当"塞尔维卡梅拉埃"——家童——的特权。换句话说，就是选举人有权收容犹太人，保护他们、任用他们，并罚他们的钱。德国的情形跟意大利一样，急于了解《旧约》的原始资料的学者都研习希伯来文。罗伊希林与普费尔科恩（Pfefferkorn）的争执引起了这方面学习的兴趣，而《塔木德》第一次完整印出（1520 年）更是一大刺激。

犹太教的影响在宗教改革时达到最高潮。从神学意义上来说，宗教改革就是重返犹太式基督教那种教律简单、伦理要求更苛刻的时代。清教徒对宗教画像与刻像的仇视，当然是返回闪米特人反对"雕刻的形象"的主张。某些新教派尊星期六为安息日。反对对"圣母玛利亚的崇拜"及崇拜圣贤，都已接近犹太人严格的一神主张，而新的宣道师，接受性与婚姻之后，已更像犹太教的牧师，而不是天主教的神父了。批评主张宗教改革的人指控这些人"犹太化"，称他们为"半犹太"（Semi-Judaei）。卡尔斯塔特自己也说过梅兰希顿（Melanchthon）想回到摩西，约翰·加尔文把犹太化列入塞尔维特的死罪之一，而这位西班牙人也承认他研究希伯来文之后也影响到他怀疑三位一体的学说。

加尔文统治日内瓦后，重新恢复古代以色列教士的管辖权。茨温利因向犹太人学希伯来文，又根据希伯来文本的《旧约》来决定经文和注解，而被指为"犹太化的人"。他承认迷恋希伯来语：

我发现，令人难以置信的，"圣语"竟是如此文明、优雅、庄重。虽然从数字上来说少得可怜，我们却不觉得，因为它用得极妙。其实，我敢说，体会得出其庄重与优雅的人一定觉得其他语言无法用如此少的字来表达这么多的意思，而且这么有力；没有一种语言在……意象方面有这么多变化，这么有意义。其他语言无法这么振奋人心。

路德可没这么热心，他抱怨道："我多么讨厌像茨温利一样硬扯上这么多种语言的人。他在马堡城讲道坛上说希腊文，也说希伯来文。"在他老迈情绪不稳定时，攻击犹太人，好像他从未跟他们学到什么东西似的：对于债主来说，谁也逞不了英雄。他在一本名叫《关于犹太人及其谎言》（*Concerning the Jews and Their Lies*，1542 年）的小册子里大事攻讦犹太人：说他们拒绝接受基督为真神，他们长期受折磨证明上帝恨他们，说他们侵犯了基督教的地盘，说他们以高利贷发财极为可耻，而《塔木德》也许可欺骗基督徒、抢劫基督徒、杀死基督徒，他们在泉、井下毒药，把基督徒的子女谋杀之后，在犹太宗教仪式中使用他们的血。我们在探讨过他年迈的个性之后可以发现，他劝德国人烧犹太人的家，封闭他们聚会的场所与学校，没收其财产，征召男女为义务劳力，让所有犹太人在基督教和剪断舌头两者之中挑一种。在他死前不久一次祈祷文中他又补充说明，犹太医师故意毒害基督徒。这些主张助长了新教——亏欠犹太教太多——比正式的天主教更排斥犹太人，虽然其程度没有信天主教的人那么严重。他们迫使撒克逊和勃兰登堡两地的选帝侯驱逐当地的犹太人出境。他们的此种论调在德国维持了数百年，为德国人灭绝犹太人种族并集体焚毁其尸体的残酷行为铺路。

受拷刑

为什么基督徒和犹太人彼此仇恨？毫无疑问，最偏颇也最长久的原因是宗教教义上严重的冲突。犹太人一直是基督教基本教义永恒的考验。

这种宗教上的仇恨引起的种族隔离先是自愿的，后来是强制执行。1516 年发布第一个设立犹太人居住区的命令。这种隔离强调了服饰、风度、容貌、崇敬对象及语言的不同，这些不同又促成了彼此的不信任与恐惧，而这种恐惧造成了仇恨。犹太人转而视不与基督徒通婚为荣耀，他们夸言自己是早于基督之前 1000 年即统治以色列的诸王之后。他们鄙视基督徒，说他们是怀疑心重的多神主义者，反应迟钝，口口声声所说的尽是包藏祸心的温文伪善，一面崇拜"和平的王子"，却一再引起阋墙的战争。基督徒则耻笑犹太人是外邦人，惹人厌的不忠之人。托马斯·莫尔叙述过一个故事，说有一个虔诚的淑女知道"圣母"竟是个犹太女人时颇为震惊，她还坦白地说，从那次以后她无法再像从前一样炽热地爱着"上帝的母亲"了。

圣餐的理论造成了犹太人的悲剧。基督徒被迫相信，教士祝福过的无酵面包做成的圣饼化为基督的肉和血。有些基督徒，如洛拉兹等人就怀疑这种说法。神圣化的圣饼在碰到刀尖或针尖时会流血的传说坚定了信仰。除了犹太人之外，还有谁会做出这么残忍的事？在中古时代后期极流行"圣饼"的传说，如在瑙堡（帕萨德附近）1338 年就有过，布鲁塞尔在 1369 年也有过。这种断言造成了谋杀犹太人，烧毁其家园的事情。布鲁塞尔圣古杜尔（St. Gudule）大教堂里就曾建造一座礼拜堂来纪念 1369 年"圣饼"流血，而这种奇迹每年都以节日庆祝，这个庆典后来成为一个专门的活动佛兰芒庙会（Flemish Kermess）。瑙堡城的某职员就承认，他先把未神圣化的"圣饼"浸在血液里，然后把它藏在教堂中，再指控犹太人用刀戳它。附带说明一下，像库沙城的尼古拉等开明的教会人士，也指责这种犹太人触犯

"圣饼"的传说为可耻的事。

宗教的仇视背后隐藏着经济方面的对立。基督徒尊重教皇禁止放息的规定，使犹太人在基督教世界里几乎垄断了贷款行业。基督徒的银行家不顾禁令，如佛罗伦萨的巴迪·皮蒂（Bardi Pitti）和斯特罗齐（Strozzi）等商号，奥格斯堡城的维尔塞斯、赫斯特特和富格尔等行号起来向这种垄断挑战时，新的冲突已告形成。基督徒和犹太人的银行家都索高利，反映出在不安定的经济中贷款的风险。抬高物价使货币贬值，造成更不稳定的经济。犹太放款人所冒的风险比与他们竞争的基督徒为大：因为基督徒欠犹太人的钱很可能收不回来；十字军东征期间教会当局就宣布过延期偿付；国王可能，事实上的确也曾经向犹太人课征没收税，或强行向他们"贷款"，或放逐犹太人、赦免欠债人，或在许可的款项中强分一份。在阿尔卑斯山以北的地区，除了商人以外的各阶层人士认为利息即高利贷，尤其在向犹太银行家贷款时更是如此责骂他们。一般说来犹太人理财最富经验，因此有许多国家的国王雇用他们来管理国家财政。眼看犹太富翁霸占厚利的职位来向人民课税，人民普遍地感到不满。

虽然如此，某些基督教社区仍欢迎犹太银行家。法兰克福给他们某些特权，条件是利息不得超过33%，他们对别人则是43%。这个数字看来吓人，但是我们也听说过基督徒贷款予人的，索取266%；纽伦堡城的霍茨库赫尔（Holzschuhers）在1304年就要过220%；布林底希（Brindisi）城的基督徒贷款时索要240%。我们也听说某些城镇呼唤犹太银行家回去，因为他们比基督徒同行更宽大。拉文纳（Ravenna）在与威尼斯签订的条约中规定，为了发展农业与工业，必须把犹太籍的财政专家送返该城开办贷款银行。

民族主义是这种仇恨的另一个因素。每个国家都认为自己需要在种族和宗教方面统一，因而要求犹太人皈依。有许多教会委员会，还有许多教皇，仇恨的态度达到侵略性的程度。维也纳公会（1311年）曾禁止基督徒和犹太人的一切往来。札摩拉公会（Zamora，1313年）

规定犹太人必须臣服、受奴役。巴塞尔公会（1431—1433年）重新规定禁止基督徒和犹太人交往的教规，同时禁止为他们服务或用犹太人为医师，指示世俗的有关当局把犹太人约束在特定范围内，强迫他们佩戴醒目的徽章，并且确保他们参加宗教聚会，以使他们皈依。教皇尤金四世在与巴塞尔公会发生纷争时也没有放松对犹太人的限制：他确认该公会规定的无资格的项目上，更加上一点，即犹太人不得任任何公职，不得继承基督徒的遗产，不得增建犹太教聚会所，必须留在家中，关起门窗来度过复活前的第二周（对于基督教的暴行来说，这一条款规定得妙极）；更有甚者，犹太人不利于基督徒的任何见证在法律上一概无效。尤金埋怨说有些犹太人在谈到耶稣和玛利亚时极不恭敬，这也许是事实：恨上加恨。其后的教皇敕令中尤金下令，意大利境内的犹太人若被发现阅读犹太法典的文献，其财产将被没收。教皇尼古拉五世也委托凯皮斯特拉诺城的圣约翰（1447年）负责确实监督他这严苛的立法的执行，授权给他，把任何为基督徒治病的犹太医师的财产充公。

虽然许多这样的规定，一般基督徒民众对犹太人还是极为友好的，这是人类以及动物在彼此利益不相冲突时发自内心的本性。在大多数社会中，总有少数不反对施酷刑的人，虽然这种行为大部分人不屑为之。以向"圣地"出发为目的而组成的牧人帕斯托瑞克斯（Pastoureaux）在途经法境而惹流氓注意（1320年），他们决定格杀不愿被施洗的犹太人。图卢兹城有500名犹太人到一个塔中避难，一群狂怒的民众包围他们，要他们挑选施洗或死亡。该市市长设法营救，却归无效。在发现自己无力抵挡时，这些逃难的人要求他们中力气最大的把其余同行杀死。据说，就这么死到只剩一名，而这名生还者虽答应受施洗，也被群众撕成肉块。法国南部和西班牙北部120个犹太人社区就以同一方式被毁，只剩下极少数的幸存者。1321年，在一项井中下毒的指控下，有120名犹太人被烧死在希农城附近。1336年，一名德国狂热分子宣称他得到上帝的启示，命他杀死犹太人为基督之死报仇。他集合了 5000 名农夫，这些人手臂上佩戴皮环，自称"阿姆勒德"（Armleder）。他们从阿尔萨斯到莱茵河区，把看得见的犹太人悉数杀光。谋杀狂蔓延至巴伐利亚、波希米亚、莫拉维亚和奥地利等国（1337 年）。教皇贝尼狄克特十二世阻止无效，只有在拉蒂斯邦（Ratisbon）和维也纳两地的犹太人才有效地被保护，其他各地数以千计的犹太人被凌迟、屠杀。

对于基督教世界里的犹太人来说，黑死病是他们最大的悲剧。同一场瘟疫在亚洲也使蒙古人、穆斯林和犹太人死去，却没有人责怪犹太人。然而，在西欧，有一大堆因瘟疫的蹂躏而疯狂的百姓指控犹太人为了想赶跑所有基督徒，所以在井里下毒。狂热的想象力更是把事情说得活灵活现：说托利多城里的犹太人派遣大批人马，携带一盒盒用蜥蜴、基督徒的心脏研制成的毒药，到欧洲各处，把这些粉末投入井中或泉水里。查理四世认为这种指控太过荒谬，教皇克莱门特六世也持同样看法，许多市镇长和城市议会也持相同见解。基督徒之间流传着一种骗人的说法，说犹太人只有极少数感染瘟疫。某些城市中——或许是由于保健法规和医疗服务的不同——他们受到疫病侵袭的程度没有基督徒严重；但在许多地方——维也纳、累根斯堡、亚威农、罗马城等——犹太人得病的机会也跟基督徒一样大。然而，有些犹太人在被施刑之后招认他们散发毒药。基督徒封闭井、泉，饮用雨水或融化的雪。法国、西班牙和德国都发生过惨绝人寰的悲剧。法国南部某镇整个犹太社区全部化为灰烬。萨伏依城里所有的犹太人、利曼湖畔所有犹太人及伯恩、弗里堡、巴塞尔、纽伦堡、布鲁塞尔等城的犹太人也全被烧死。克莱门特六世再度公开指责这种恐怖和指控，宣布犹太人无辜，同时指出，没有犹太人居住的地区瘟疫也跟其他地区同样严重。他要求各教会约束该教区的居民，并将杀死犹太人或诬告犹太人的人驱出教会。不幸，斯特拉斯堡城的主教加入指控犹太人的行列，并劝那些不情愿的市议会驱逐所有犹太人。老百姓认为这个手段太过温和，便把议会解散改组，新议会下令逮捕市内所有犹太人。有些逃到乡下，其中有好多被农人打死。留在市内的 2000 名犹太人被捕入狱，被迫接受施洗；有一半答应，其余一半因不答应而被烧死（1439 年 2 月 14 日）。共有 510 个犹太社区在基督教统治下的欧洲被毁灭，更多的社区被大肆破坏——在萨罗戈萨城里，黑死病的瘟疫后每 5 个犹太人之中只有一名得以幸免于死。据估计，欧福城有 3000 名犹太人被杀，巴伐利亚则更高达 1.2 万名。在拉比乔纳的劝告下，维也纳城里全部的犹太人聚集在聚会所里自杀；沃姆斯、奥本海姆、克雷姆斯和法兰克福等地也发生过类似的集体自杀事件。一股逃亡的恐惧把数以千计的犹太人从西欧带到波兰或土耳其。在我们这个时代之前，实在很难在所有屠杀的记录中，找到一个比黑死病期间犹太人被集体屠杀这件事更野蛮的了。

德国在黑死病中幸存的犹太人缓慢地爬回遗弃过他们的城市，重建他们的聚会所。不幸的是，他们在被亏待之后被恨得更深。1385年，斯华比亚联盟的 36 个城镇都狱禁镇上的犹太人，只有在取消他们欠犹太人的债这个条件下才答应释放他们。这对于纽伦堡来说是个好消息，因为他们向犹太人借过 7000 镑。1389 年，有一大批犹太人因被控亵渎神圣化了的圣饼而被集体屠杀，波森（Posen）城内的14 名犹太人也以同一种理由被烧死（1399 年）。借着各种理由，犹太人被迫离开科伦（1424 年）、施派尔（1435 年）、奥格斯堡（1439年）、符兹堡（1453 年）、欧福（1458 年）、美因茨（1470 年）、纽伦堡（1498 年）、乌尔姆（1499 年）诸城。马克西米里安一世正式下令把他们逐出纽伦堡，理由是"他们人数极众，而且他们的高利贷，他们已把许多值得尊敬的百姓的全部财产占去，使他既小气又不名誉"。1446 年，所有勃兰登堡的犹太人都被囚禁，他们的财产被充公，其理由据该城大主教史蒂芬所说的是用来掩饰贪婪："由于无限度的贪婪心的驱使，那些王子的行为极不正当，无正当理由就抓了某些犹太人，把他们扔入牢里，并且拒绝补偿他们从犹太人手中抢来的财物。"1451 年，库沙城的红衣主教尼古拉——15 世纪最开明的人士之一——强迫经他审判过的犹太人佩戴徽章。两年后，约翰接管卡皮斯特拉诺城，身兼教皇尼古拉五世驻德国、波希米亚、莫拉维亚、西里西亚和波兰诸国的特使。他在那极具影响力的布道中控告犹太人杀婴，并亵渎"圣饼"——这些指控先前诸教皇都认定是谋杀性的迷信。巴伐利亚诸公爵在这场"清除犹太人"运动的驱使下，把所有希伯来人赶出他们的公国。在法兰哥尼亚（Franconia），曾经给过他们完全的特权的符兹堡主教如今也驱逐他们，一镇接一镇地，犹太人被逮捕，欠他们的钱也都被赖掉。布勒斯劳（Breslau）城里有许多犹太人在卡皮斯特拉诺令下入狱。他亲自监督行刑，迫使有些犹太人招认罪名。根据这些供词，共有 40 名犹太人在柴堆上被活活烧死（1453 年 6 月 2 日）。其余的犹太人也遭放逐，子女被强行抢去施洗。

累根斯堡城里犹太人的困境可作为这个时期的代表。一个名叫汉斯·沃格尔（Hans Vogel）皈依基督教的犹太人谣传说一个名叫伊斯雷尔·布拉纳（Israel Bruna）75 岁高龄的犹太教牧师曾向他买过一个信基督教的小孩，然后杀死他，取其血在某次犹太人的庆典中使用。百姓都相信这一指控，并大喊处他死刑。该市议会为了从群众当中挽救该老者，便把他拘入狱中。腓特烈三世皇帝下令释放。市议会不敢从命，却逮捕沃格尔，对他说他非死不可，并要求他认罪。他承认布拉纳确系无辜，因此该牧师即被释放。不幸消息传到累根斯堡城，说被拷刑的某些犹太人承认他们在特拉特城杀过一个小孩。相信沃格尔的指控的人又起来说话。于是市议会下令逮捕了累根斯堡城内所有犹太人，并没收全部财产。腓特烈过问此事，对该城处罚金 8000 基尔德。市议会同意释放犹太人，条件是由他们来付这笔罚金，加上 1 万基尔德的保证金。犹太人答称他们财产的总和也不足 1.8 万基尔德，他们根本筹不出这笔钱。因此他们又被关了两年，然后才获释放，释放时还得发誓不离开累根斯堡城，也不寻仇。教会人士又不满于犹太人被放逐，并威胁道，任何售物给犹太商人者即将之逐出教会。1500 年，只剩 24 家犹太人，这 24 家人到 1519 年又被驱逐出境。

犹太人被驱出西班牙的情形已如上述，对该国的影响至关紧要。在葡萄牙境内，克莱门特七世在查理五世驱使之下允许葡萄牙教会的高级人士设立宗教裁判所（1531年）来强制这些"新基督徒"——大多数是非自愿地被施洗的犹太人——信奉基督教时，行刑之风再度吹起。他们采用严苛的托尔克马达（Torquemada）律法，派奸细监视这些皈依者是否举行犹太教的宗教仪式，使数以千计的犹太人被关入牢里。犹太人不得移民，因为葡萄牙依旧需要他们在经济方面的贡献。为了防止逃亡，基督徒不得向犹太人购置恒产，而数以百计的犹太人因企图逃离国境而被烧死在柴堆上。这些措施使克莱门特极感惊讶，也许因他收受犹太人的礼物而动摇了心志，废止了葡萄牙宗教裁判所的权力，下令释放其中的囚犯，归还充公的财物。在他1532年10月17日所公布的敕书中，对皈依的人订了以下比较人道的原则：

> 由于他们是以武力强行施洗者，因此不得认为他们是教会的一员。仅凭道听途说之言就处罚他们，违背了公正、和平的原则。至于最初的马拉诺斯（Marranos）的子女，情况又不同，他们是自愿加入而属于教会的成员。然而，由于这些人由其亲戚在犹太教世界中养大，而不断目睹这种例子，仅因他们保留犹太人的风俗与信仰就以教会的法令来处分他们，未免太残忍。这些人应该好好对待才是，应该把他们纳入教会的怀中。

从他于1534年7月26日发布的那份简短的文告中，我们可以看出克莱门特的态度极为诚恳，那份文告指示教廷驻葡萄牙特使尽速释放那些被拘禁的皈教者。

教皇保罗三世继续努力协助葡萄牙境内的犹太人，前后释放了1800名囚犯。不幸，查理五世远征突尼斯获胜归来时，他下令重设葡萄牙的宗教裁判所，以为酬劳。保罗勉强同意（1536年），但是附带的条件使约翰三世国王认为是抵消了他的同意：条件是被告与原告对质，被判罪者有权向教皇申诉。某个狂热的皈依者在里斯本大教堂钉上一块布告来帮助宗教裁判官，布告上有一段挑衅性的文字："弥赛亚仍未出现；耶稣并非弥赛亚；基督教是谎言。"因为这种文字显然是为了害犹太人而写的，我们可以很合理地怀疑某煽动者。保罗派大主教组成的委员会去调查葡萄牙宗教裁判所的情形，该委员会报告说：

> 假基督徒被谴责时——通常都因作假见证——宗教裁判官就把他拉到一处幽暗、不见天日的地方，不许和朋友交谈，以免他们援救他。他们以模糊的证据控告他，也不告诉他被控告犯法的地点与时间。然后，他获许请个辩护人，而这个辩护人往往不但不为他争辩，反而促使他走向行刑的柴堆。就这么让这个不幸的人承认他是坚信基督的人，而坚决否认他被控告所犯的罪，再判决应烧死，再没收他的财物。让他承认他犯了如此这般的罪，虽然并非出于故意，他们也用同样的方法来对待他，所借的托词是他故意否认他的恶意。让他自由地完全承认他被控告的罪名，他可免除死刑，却被关入永无翻身之日的水牢里过凄惨的日子。而他们竟称之为慈悲、同情与基督教的仁慈对待被告！就算他果真能证明自己的清白，也被判缴纳罚金，以免人家说无缘无故地逮捕了他。被关进牢里的被告都因吃不消各种刑具而承认被指控的罪名。好多人都死于囚中，而被释放的人，连同他们的亲戚，一辈子都得背着不名誉的罪名。

保罗虽然在政治发展上受到阻挠，冒着如利奥丧失德国、克莱门特丧失英国一样丧失西班牙与葡萄牙的危险，也尽力缓和宗教裁判所。然而恐惧与日俱增，在葡萄牙境内的犹太人总算发现，不管所用的方式成功的机会多么渺茫，他们仍可以逃离他们的主人，和西班牙的犹太人一道去寻觅基督教世界或伊斯兰世界里容许他们保存他们的

"律法"，也容许他们活下去的角落。

第二次流徙

他们能走向何处？犹太人住了 1000 年的萨丁尼亚和西西里岛，连同西班牙一起并入斐迪南排斥犹太人的范围内。1493 年，最后一名犹太人已离开巴勒莫。在那不勒斯城数以千计的逃难者受到费兰特一世、多米尼克教派的首领及当地犹太社区人士的欢迎。但是，1540 年，查理五世又下令驱逐那不勒斯城里所有的犹太人。

热那亚早已制定法律，限制更多的犹太人入境。1492 年，孔维索斯（Conversos）从西班牙抵达该地时，只许在当地停留数日。一位热那亚历史学家形容这些人为"面色如死灰，双眼深陷，如憔悴的僵尸，和死人唯一不同之处就是能够走动"。有好多饿死的，妇女产下死婴，有些父母贩卖子女来筹措离开热那亚的路费。有一小部分被费拉拉城收容，但必须佩戴黄色徽章，也许是为了防止疾病的传染。

威尼斯早已成为犹太人的避难所。虽然也有人想把他们赶走（1395 年、1487 年），但上议院因他们对商业与财政颇具贡献而保护他们。威尼斯大部分外贸生意都由犹太人经营，而他们也主动地从西班牙进口羊毛与丝、从印度进口珍珠。有很长一段时期，他们曾经出于自愿地拥有以他们的名命名的区域格德克（the Giudecca）。1516 年，上议院和犹太人的首领磋商之后宣布，除了少数特别获许的之外，全部都必须住在该城名叫"格托"（the Ghetto）的区域，这个名称，显然是因为当时那里有一家名为盖托的铸造厂。上议院同时命令所有马拉诺斯（也就是皈依基督教的犹太人）迁离威尼斯。这是许多同行竞争的基督徒出的点子，有些经商的基督徒反对，因为如此一来有失去某些市场的危险。然而，查理五世一施压力，排斥犹太人的法令立即付诸实施。不过，犹太商人不久又偷偷回到威尼斯。来自葡萄牙的亡命之徒取代了被排斥的马拉诺斯，有一段时期，葡萄牙语竟成为住在威尼斯的犹太人使用的语言。

　　许多从伊比利亚半岛逃来的亡命之徒在罗马受到教皇亚历山大六世友善的招待，并在尤里乌斯二世、利奥十世、克莱门特七世和保罗三世等教皇治下繁衍生息。克莱门特七世允许马拉诺斯无拘束地信犹太教，主张他们没有被迫施洗的义务。在教廷位于亚得里亚海的港口安科那，犹太人在国际贸易方面仍然举足轻重，克莱门特七世为那些号称犹太人的人设立庇护所，并向他们保证无人骚扰。说到保罗三世，萨多雷托（Sadoleto）红衣主教评论说："从来没有过一个教皇给予基督徒的荣耀、特权与让步有保罗给犹太人的那么多。他们非但受到协助，简直是被积极地武装了，既享利益，又获特权。"一位主教抱怨说，进入意大利的马拉诺斯立即重拾犹太教的信仰，他们"当着教皇和老百姓的面"为他们施洗过的小孩割包皮。在这种是非的压力之下，保罗在罗马重设宗教裁判所（1542年），却"毕生袒护马拉诺斯"。

　　继承他职位的人对文艺复兴那种悠闲的生活方式起了反感，因此采取使犹太人的生活不得安宁的政策。原有教规再度施行。保罗四世规定教皇国中每个犹太教聚会所捐赠10杜卡特以修护用来教诲犹太人信仰基督教的场所凯特楚孟斯之屋（House of Catechumens）。他禁止犹太人雇用基督徒为佣人或护士，也不得医治基督徒病人，除了旧衣服之外不得将任何东西卖给基督徒，在可避免的情况下禁止与基督徒来往。他们不得用基督教以外的历法。罗马城里所有犹太人的聚会所全加摧毁，仅留一处。犹太人不得拥有不动产，已有者限6个月内售出。用这个计谋，基督徒得以用1/5的价格，买下了价值50万克朗犹太人拥有的财产。罗马城里残余的犹太人如今（1555年）被局限于每平方公里必须住1万人的犹太人居住区里，数户人家仅得房屋一间，而在这个低洼地区台伯河河水的定期泛滥，又使这个地区成为瘟疫流行的沼泽地。该区四周砌起阴森的高墙，城门子夜关闭，天亮开启，而星期日与基督教节日则为例外，终日关闭。奉教皇的诏书规定，在佛罗伦萨、锡耶那、安科那、博洛那等地也辟出类似的犹太人居住区——当地称之为"炼狱"。保罗四世下一道密令，要求安科那城里所有马拉诺斯悉数抓进宗教裁判所监狱，并没收其财产。有 24名男士与妇女在狱中被当作堕落的异教徒而被活活烧死（1556 年），另有 27 名犹太人被送上船去终身为奴。这段时期对于意大利境内的犹太人来说，可真是黄金时代来临前最惨的一段时期。

虽然法国和英国各有排斥犹太人的法律规定，仍然有一大批犹太人往那边跑。整个德国几乎已完全不让他们进去。虽然也有许多去了安特卫普，但有少数获许停留一个月以上。葡萄牙的一名马拉诺斯——迭戈·孟德斯（Diogo Mendes）——在安特卫普开了一家设在里斯本的银行的分行。他的事业极为顺利，约 1532 年安特卫普议会逮捕他以及其他 15 人，罪名是信犹太教。雇用孟德斯为其财政代理人的亨利八世干预其事，使 13 人在缴纳巨额罚金之后获释——罚金是许多这类逮捕案件的"终极目的"。其余的犹太人继续走向阿姆斯特丹，他们在荷兰脱离西班牙获得自由（1589 年）之后，在当地颇为繁荣。

那些逃到非土耳其人直接管辖的伊斯兰国家的避难者，情况并不比在基督教世界好到哪里去。企图在奥伦、阿尔及尔、布希亚（Bugia）等地落籍的犹太人被摩尔人射杀，其中有些被杀死。由于他们被禁止入城，他们利用木材的碎片凑起来搭起小茅屋，形成临时性的居住区。有一间小屋着了火，整个居住区，包括好多犹太人都被烧了。走到费兹城的人也发现城门紧闭，不让他们进城。于是他们散布在田间，以药草与树根果腹。母亲们宁可把婴孩杀死，也不愿他们饿死。父母为了少许面包而贩卖亲生骨肉。传染病带走了好几百条小孩与成人的生命。海盗肆虐营区，把小孩偷去贩卖为奴。谋杀者把犹太人的尸体剖开，为的是寻找那些听说是被犹太人吞进肚里去的珠宝。在经过这许多灾难之后，幸存的犹太人带着令人难以置信的勇气，经过无数的艰辛，总算在摩尔人统治下的北非形成了新的犹太人社区。阿尔及尔的西蒙·杜兰二世一再冒生命危险来保护这些被放逐的人，同时将他们组成某种安全组织。费兹城的雅各·贝拉伯（Jakob Berab）成为当时信奉《塔木德》最有名的人。

在马穆鲁克（Mameluk）和奥斯曼苏丹治理下的西班牙逃难者在开罗受到人道的对待，不久就爬升为犹太社区的领导者。塞利姆一世废止原有王子（Nagid）的职位，借着该职位，犹太教的一个牧师可以任命埃及境内所有的牧师，并掌理一切犹太人的事务。其后每个犹太社区得以自选牧师，治理内部事务。开罗的新牧师大卫是来自西班牙的移民，他废止亚、非两洲犹太人使用的塞琉西纪年法，劝他们采用新的纪年法（就像欧洲的犹太人早于 11 世纪采用的那种）。这种历书计算年代的方式是以创造世界的那一年，也就是暂定为公元前 3761 年为基准的一种纪年方式。

不管赛菲蒂克（Sephardic）或伊比利亚半岛的犹太人走到何处，他们在文化方面——通常是政治方面——处于领导当地犹太人的地位。他们在萨洛尼卡一直保持该城人口多数的情况直到 1918 年，致使移居该地的非西班牙犹太人得以学习西班牙文。在这种犹太人领导的情况下，萨洛尼卡有一段时期成为地中海东部最繁华的商业中心。

苏丹巴耶塞特二世欢迎犹太的流浪者前往土耳其，因为他们身怀手工艺、贸易与医学方面的技巧，正是本国最不在行的方面。巴耶塞特说："你们把那个使自己的国家变穷，而使我们富有的斐迪南称为聪明的国王吗？"犹太人就跟所有伊斯兰境内的非穆斯林一般，也得缴付人头税，不过这个税使他们可以不服兵役。大多数土耳其境内的犹太人依旧很穷，但是也有许多腰缠万贯、深具影响力的。不久，君士坦丁堡城里的医生几乎清一色是犹太人。苏里曼极宠爱他御用的犹太医生，免他和他家人一切税捐。犹太人在苏里曼统治下爬升到外交官的职位，结果，信奉基督的大使得求这些犹太人才能接近苏丹苏里曼。苏里曼对保罗四世统治下安科那城的犹太人被迫害一事极感震惊，并为该事向教皇提出抗议（1556 年 3 月 9 日）。他要求释放安科那城的犹太人当中曾为土耳其子民者，而这些人即被释放。孟德斯银行业世家的格拉西亚·孟德西亚（Gracia Mendesia）在安特卫普、费拉拉和威尼斯诸城行善却招来侮辱与伤害之后，总算在伊斯坦布尔找到和平。

土耳其人治理下的"圣地"再度收容那些当初使该地成为圣地的人民。耶路撒冷对基督徒、穆斯林和犹太人同样神圣，因此只许少数希伯来人居住城内。在尤佩·加雷里（Upper Galilee）的塞弗德（Safed）城里，犹太人在人数与文化优势方面增加的速度很快，使雅各·贝拉伯想在当地设立犹太公会（Sanhedrin），作为全部犹太人的管理会。这个构想极为大胆，但是犹太人在居所、语言和风俗习惯等方面都大有差异，无法容许这种统治上的一致。然而，在伊斯兰与基督教世界里，犹太人的祈祷文中都吁请"耶和华""从世界各角落……集合散居的人"，而在赎罪日和逾越节这两天，各地的犹太人都一致怀着他们历尽辛酸却依旧抱着的希望——"明年我们要回耶路撒冷去"。

幸存的技巧

犹太人从不幸中爬起来的能力是历史上最感人的奇迹之一，也是人类在生命的悲剧过后表现的英雄式精神恢复力的一部分。

种族隔离并不是最失自尊的事，他们彼此相处时远比和外界仇视的群众在一起时要幸福得多，也安全得多。他们能忍受贫穷，因为他们已穷了好几个世纪了，而贫穷也不是他们的特权。事实上，他们可能宁可偶尔为自己的财富感到自负，也不愿意想及自身难忘的羞辱。最狠的一记创伤，不管其动机何在，就是使他们成为被瞧不起、被排斥的人们的标记——徽章或显眼的服装。犹太伟大的历史学家辛酸地写道：

犹太徽章等于是招来街头流浪儿来侮辱佩戴着它的人，并以泥土溅污他们身体的工具；它等于是用来向愚蠢的群众提示，要他们扑向犹太人、虐待他们，甚至于杀死他们；也让较高阶层的人有机会来排斥犹太人、抢夺他们，甚至放逐他们。比这种表面上的不荣誉更严重的是徽章对犹太人产生的影响，他们越来越习惯于本身屈辱的地位，失去了一切的自尊心。他们忽略了他们的外表……越来越口不择言，因为他们打不进文化圈，彼此都以黑话来表达心里的思想。他们也丧失了一切美的格调与眼光，而在某些方面变得卑鄙，这正中敌人的下怀。

这段文字渲染得太厉害，也有失体统。好多犹太人仍保持自尊，有些以其衣着的豪华来炫耀。我们也一再听说犹太少女的美貌极为驰名。而意第绪语，也就是在 16 世纪时加入斯拉夫与希伯来语的外来语成为德语行话，已逐渐演变成有力、多变化的文学，甚至连格雷兹在写那本《犹太史》(*History of the Jews*) 时也曾使用。然而，那几个世纪中最大的罪恶就是故意把整个民族加以羞辱，降低其地位，这是对灵魂无情的谋杀。

这个罪行的基础就是把犹太人排出商业与财政之外的各种行业。由于前已述及的种种理由，也由于教会强索农产品的什一税，犹太人不从事耕耘农田这一行业的人越来越多，最后，还禁止他们拥有土地。由于不许他们加入工会（原是基督教的宗教组织），他们无法参加制造业，而他们的商业经营又因基督教垄断的影响而受到阻碍。大体说来，他们与基督徒交易时，仅限于小型工商业与贷款。在某些地区，他们只能把二手货售给基督徒。13 世纪以后，他们在财政方面也失去了令人忌妒的领导地位。他们的流动资金、他们的国际语言、他们和国外散居的亲戚之间的联系，使他们在基督教国家的国际贸易方面有极高的地位。由于犹太人扮演的角色极为重要，那些排斥他们的国家的国际贸易转移到接待他们的国家。这虽不是主因，却是西班牙和葡萄牙式微，荷兰强大起来，安特卫普把自己在商业方面的领导地位让给阿姆斯特丹的原因之一。

值得安慰的是，犹太人在内政事务方面可以依自己的法律和风俗来处理，也可以有自己的牧师和教会聚会所委员会。和伊斯兰教的情形一样，在犹太世界里宗教、法律和道德三者合而为一，牢不可分，宗教与生命共生共长。雅各·本·亚赫（Jakob ben Aher）牧师于1310年在那本《四行》（*Arabaah Turim*）书中规定犹太法律、仪式和道德。这本书取代迈蒙尼德（Maimonides）所著的那本《密西拿书》（*Mishna Torah*，1170年），其中有一项律法规定：《塔木德》所立之法及乔尼姆（Geonim）的规定，各地犹太人必须一体遵行。《四行》在1565年之前，一直成为牧师接受的法令与判决的指引。

14世纪和15世纪的不幸，瓦解了犹太人的社会组织。犹太教的牧师和基督教的传道士一样，得黑死病死亡的人数颇众。被迫害、被放逐，加上流亡的生活，几乎使犹太法律毁灭。塞菲蒂克犹太人觉得难以接受收容他们的犹太社区的语言和风俗。他们设立自己的聚会所，讲他们自己的西班牙语或葡萄牙语。在许多城市中，西班牙、葡萄牙、意大利或德国的犹太人各自成立集团，维持自己的牧师、风俗，各自的慈善和忌妒。在此危机中犹太人的家庭挽救了犹太民族，彼此一致的忠心于双亲、子女、兄弟、姐妹，造就了稳定、安全的庇护所。几个世纪来犹太纪律的混乱在牧师约瑟夫·卡罗（Joseph Karo）于塞弗德颁布《萨尔占条律》（*Shulchan Aruch*，1564—1565年）时告一段落。在这份"秩序表"（Table in Order）里，重新制定犹太人的宗教、法律和风俗。但卡罗制定这项律法的根据，主要是西班牙的犹太教，使德国和波兰境内的希伯来人认为他过分不重视他们的传统和对"律法"的解释。克拉科城的拉比莫瑟斯·伊赛勒斯牧师在"秩序表"上加上他的"秩序表的封面"，把卡罗那份几乎全是塞菲蒂克式的律法作了适于阿斯克内兹（Askenazi）的修正。在加上这种补正之后，这份条律时至今日仍被犹太人遵奉为圭臬，有如《查士丁尼法典》（*Justinian Code*）与《黑石律法》（*Blackstone*）一般。说一个犹太人完全遵行《萨尔占条律》的条文，是对其最高的赞美。

由于所有犹太法令立法的依据都是《塔木德》，因此我们可以想见犹太人遵循他们第二部圣书的变化时战战兢兢之情。圣书中文学气氛较浓，也较少权威性的部分——《赫格达》（*Haggada*）——有几段文字讥嘲某些基督教的信仰。从犹太教皈依基督教的教徒首先一项工作就是指责这几段文字的错误，继而呼吁禁止整部《塔木德》。虽然有这种运动出现——其中的最高潮是普费福科恩攻击罗伊希林——利奥十世依旧鼓励《塔木德》第一次印行（1520 年，威尼斯），但是尤里乌斯三世以命令宗教裁判所焚毁意大利境内发现的《塔木德》（1553 年）来表示文艺复兴的结束而闻名于世。犹太家庭被骚扰，被抢走好几千册经书。罗马、博洛那、拉文那、费拉拉、帕多瓦、威尼斯和曼图亚各地都看得见犹太书籍的烽火，然而米兰拒绝遵守这种纵火的训令。各犹太社区向教皇请求废止他的敕书，尤里乌斯一面拖延，一面让书一册册被烧掉。庇护四世认为只要经过检查，《塔木德》是可以印行的。其后，犹太人开始审查他们自己的出版物。

犹太教神秘学说的经文——《佐哈》（*Zohar*）——未受到焚毁，原因是有些天主教学者发现其中有证实基督的神性的说法。《佐哈》写于 1295 年以前，用来当作逃避贫穷和迫害的犹太人的秘法（Cabala），也就是"秘传"变形的一系列神秘学作品，及陷入默思数字、字母等的神圣、深奥象征主义字的倒读，耶和华不容亵渎的圣名，如此等等。忧伤的犹太人聚集在密室里，借着绝食、饮泣、各种禁欲的严峻，及（玄秘的）卡巴利斯蒂克（Cabalistic）理解等方式，来寻求某种新的解救方式，尤其是他日会从以色列的忧患中，拯救他们的弥赛亚的降临。

凡是设法体会犹太人在 14 世纪至 16 世纪体验过的那种全种族的忧患的人，一定能够了解这种逃入安慰自己的神秘主义的想法，及一再欺骗绝望的犹太人，使他们相信弥赛亚确实已降临世间的说法值得原谅。1524 年，一个年轻、英俊的阿拉伯犹太人，自称大卫·雷贝尼（David Reubeni），骑着白马走过罗马来到梵蒂冈，向克莱门特七世自我介绍，说他是目前在阿拉伯统治古希伯来族的雷贝尼犹太国王派来的兄弟兼特使。他说他的王有兵 30 万、武器不足，如果教皇和欧洲诸王侯肯供应武器，该部落有本事把穆斯林逐出巴勒斯坦。克莱门特颇感兴趣，并以大使之礼来款待大卫。罗马城里的犹太人乐于看见自己的同胞有此殊荣，他们花钱为雷贝尼置办高级外交官的行头。葡萄牙的约翰三世邀他前往时，他就带了一大批随从，打着犹太的旗号坐船前去。

由于约翰三世被他的提议迷惑，结果竟延缓了对马拉诺斯的迫害。葡萄牙的那些犹太人多半都是被迫施洗的，因此他们高兴得有点歇斯底里，其中有许多宣称他们深信雷贝尼就是弥赛亚。身为国王的秘书的迭戈·皮瑞斯（Diego Pires）是一个皈依者，行割礼以证明自己信奉犹太教。他化名为所罗门·莫可（Solomon Molcho）向土耳其进发，宣布雷贝尼是弥赛亚的先驱，弥赛亚将于 1540 年降临。雷贝尼本人则既不自称是弥赛亚，也不说自己是其先驱，他只是个需要金钱、船只和武器、爱好幻想的骗子而已。化名为莫可的皮瑞斯的逃亡引起国王约翰的疑心，他对雷贝尼下了逐客令。大卫离城，在西班牙海岸搁浅，被宗教裁判所逮捕。查理五世显然是为了讨好克莱门特，下令释放雷贝尼。雷贝尼转向威尼斯（1530 年），并向上议院建议，为了攻打土耳其人，该会应武装欧洲的犹太人。

其时莫可抵达安科那，从教皇那里得到护照，横跨意大利，热烈地在罗马鼓吹犹太教。宗教裁判所想以恢复的改宗者的名义逮捕他时，克莱门特为他解危，送他安全离城。虽然莫可已对雷贝尼失去信心，依旧和他携手组织草率成军的布道团到累根斯堡城，他们在该城恳请查理武装马拉诺斯，以便与伊斯兰教一战。查理将两人逮捕，并亲自押他们到曼图亚城。莫可被判以火烧死。在最后一刹那，他得到皇帝的恩赐赦免，条件是再度信仰基督教。他婉拒此番好意，并从容就义

（1532 年）。雷贝尼被送至西班牙，被宗教裁判所拘禁，死于约 1536 年，显然是中毒而死。其后，欧洲那些心碎的犹太人再度爬回他们的居住区，重温其神秘主义与绝望。

犹太人的思想

我们不能期望第二次流徙时期的犹太人会有任何高度文明，他们的精力在努力求生时已消耗殆尽。他们一度极为优越的教育，也因搬家和生命的不安全而中断。基督教在欧洲兴高采烈地迈向文艺复兴时，基督教世界里的犹太人却走进他们的居住区与神秘学说。第二戒律禁止他们参与艺术复兴的工作。犹太学者虽多，大多数却埋首研究《塔木德》。也有像普罗菲亚特·杜兰（Profiat Duran）和亚伯拉罕·巴尔梅斯（Abraham de Balmes）等文法学家，如伊萨克·普尔卡（Isaac ibn-Pulkar）等翻译大师把阿尔—盖查里（Al-Ghazzali）作品译成希伯来文，如雅各·马丁把阿维森纳、阿威罗伊、迈蒙尼德、列维·本·热尔松作品译成拉丁文。艾利亚·列维塔向正统的犹太人提出警告，他确定地认为（1538 年）《旧约》里马索留蒂克的经文——经文本身加上注解，附加子音上下以表示母音之符号，以及标点符号等——不会早于 5 世纪。

亚伯拉贝内尔一家人的流浪记可以表现出 15 世纪和 16 世纪犹太知识分子的命运。伊萨克·亚伯拉贝内尔（Don Issac Abrabanel）1437 年生于里斯本，曾任葡萄牙阿方索五世的财政部长，但是他在公余之暇致力《圣经》与历史方面的研究，并把他宽敞的家作为学者、科学家与政要聚会的沙龙。阿方索死后，亚伯拉贝内尔失宠，逃到西班牙（1484 年）。他埋首写作《圣经》里历史部分的评注时，"天主教徒斐迪南"征召他入宫，前后 8 年他参与卡斯提的理财工作。他设法挽救 1492 年降临犹太人头上的大灾难，失败之后，与他们悲戚地到处流浪。他在那不勒斯城获得政府聘用，然而法国来的入侵者

（1495年）劫掠他家，破坏他心爱的图书馆，他被迫逃往科孚。他在那里尽一个犹太人的本分努力著述："我的妻子、儿子，还有我的书都离我很远，我孤零零的，流落为异邦的陌生人。"他又到威尼斯，得到一份外交官的差事（1503年）。在他运气起伏不定之间，他抽空撰写一些哲学或神学作品，这些作品如今看来并无生趣。不过，他立下了一个原则，那就是经书上的事件和观念，须视当时的政治生活与社会生活情况来作了解。他一生最后6年的时光或许在不常见的安全与和平中度过。

他的儿子就是他的光彩。萨缪尔·亚伯拉贝内尔（Samuel Abrabanel）在萨罗尼加城极为得意，在那不勒斯被任命为财政部长，并因他的许多慈善事业而赢得人民的爱戴。莱昂·亚伯拉贝内尔（Judah Leon Abrabanel）——利奥·赫伯努斯（Leo Hebraeus）——在几内亚和那不勒斯两地行医极为有名，使人们只称呼他莱昂·梅第戈（Leon Medigo）。他学过好几门学科，写诗，也从事玄学的研究。1505年被任命为贡萨洛·科多巴的私人医生，不幸两年后，这位"大船长"随斐迪南垮台，莱昂去威尼斯与乃父相聚。他的那本《爱之语》（*Dialoghi d'Amore*，成于1502年，1535年印行）颇受文艺复兴时期的意大利人喜爱，这些人认为对爱情作哲学上的分析，是赢来爱情战场上胜利的前奏，也是不可少的一个步骤。知识美——秩序、计划及和谐的美——优于形态美。这本对话录主张：美之极是宇宙的秩序、计划与和谐，也是神圣的美的外在表现；爱情由对形体美的赞扬与追求的阶段经知识美而达对天堂美的赞扬与追求，最高潮是对上帝的知识爱——对天体秩序的了解与体会及和圣神结合在一起的渴望。这本书的原稿卡斯底里欧内可能看过，他在他那本《科迪加诺二世》（*Cortigiano II*，1528年）中也使贝姆波（Bembo）这个角色谈到同样的看法，而书印成之后可能经过一个世纪的辗转，影响到斯宾诺莎的那本《知性改进论》（*Amor dei Intellectualis*）中所持的看法。

散居各地的葡萄牙犹太人不喜欢这种轻妙的"爱"，而喜欢乌斯科（Usque）用葡萄牙文写成的那本充满热情的散文诗《慰以色列的忧伤》（*Consolation for the Sorrows of Israel*，1553年）。该书刻画犹太人国家盛衰的连番更替，并以犹太人仍为上帝选民的保证来安慰他们。犹太人虽因他们有罪而被上帝处罚，但是借着他们所吃的苦，他们已被净化。世间的邪恶不足以在他们通往幸福与荣耀的神圣命运中欺诈他们。

不可避免地，犹太人对科学方面的贡献因其整个民族被长期肢解而慢了下来。除了不安全、贫穷和不稳定等因素足以窒碍科学方面的研究之外，更重要的是：一个可算是最受敬重、也最具影响力的犹太教牧师之一的所罗门·本·亚伯拉罕（Solomon ben Abraham ben Adret，住巴塞罗那城），在这个时期一开始（1305年）就下令禁止向任何年龄在25岁以下的犹太人教授科学或哲学方面的知识，违者逐出教会。所持理由是：这种教导可能破坏他们的宗教信仰。虽然如此，托利多城的小伊萨克·伊斯雷利（Isaac Israeli）也综合了当时的天文学（1320年），并澄清犹太历和纪年表；塔拉斯康（Tarascon）城的埃马努埃尔·博费尔斯（Immanuel Bonfils）画出极具价值的天文表，也成为指数与十进式微积分的先驱；马约卡（Majorca）城的亚伯拉罕·克勒斯卡斯（Abraham Crescas）——也就是"亚拉冈政府地图与指南针的权威"——画了一幅（1377年）被公认为当时最佳的世界地图，以至于亚拉冈把它当作一项极突出的礼物，拿去送给法国的查理六世，如今成为法国国家图书馆的珍藏。亚伯拉罕之子耶胡达·克勒斯卡斯（Jehuda Crescas）是"航海家亨利"设在萨格雷斯（Sagres）港的海洋实验所的头号顾问，并帮助绘制探险航程图。佩德罗·纽内斯（Pedro Nuñes）的那篇《天体论》（1537年）为莫卡托（Mercator）和现代制图法做开路先锋，而加西亚·德奥塔（Garcia d'Orta）的论文更是创植物学的新纪元，并且奠定了热带药物的基础。

亚伯拉罕·查库托（Abraham Zacuto）是15世纪犹太科学界主要人物之一。在沙拉曼卡（1473—1478年）执教期间，他收集了他那份《永久历书》(*Almanach Perpetuum*)，其中的天文表被用来当作达·伽马、卡布拉尔（Cabral）、阿尔伯克基及（1496 年以后）哥伦布航行的指南。查库托也是逃离西班牙（1492 年）的逃难者之一。他在葡萄牙获得暂时性的庇护所。他被皇室召集，咨询有关达·伽马远征印度的筹备事宜，而船上也装有他改良过的星盘。然而，1497年的迫害也把他驱出葡萄牙。他贫穷地流浪数年之后，定居于突尼斯，在那里他以撰写民族史自娱。他的弟子约瑟夫·维西诺（Joseph Vecinho）是葡萄牙约翰二世的御医，奉命画出几内亚海岸沿岸的纬度和赤纬，而他所画的资料果然对达·伽马颇为珍贵有用。维西诺是约翰二世召来洽商有关哥伦布西行寻求通往西印度群岛（1484 年）的委员之一，当时维西诺持反对意见。

犹太医生仍是欧洲各国竞相礼聘的对象。虽然有宗教上的谴责和官方的约束，而且本人又得冒生命危险去为显赫的基督徒看病，他们仍是诸教皇与国王最欢迎的人物。他们对医学方面的贡献，除了德奥塔的热带药物之外，如今看来都不算杰出，但是阿马图斯·鲁西塔努斯（Amatus Lusitanus）是医生和犹太人优良传统的典型。他被葡萄牙的宗教裁判所逐出之后，前后在安特卫普、费拉拉和罗马等地停留过，最后定居于安科那城（约 1549 年），他在该城时常奉召去为那个过去曾经尽力要摧毁《塔木德》的尤里乌斯三世看病。终其一生，他矢守诺言，绝不计较医疗费用，从不接受珍贵礼物，免费为贫民施医，病患不论是基督徒、犹太人或土耳其人一律医治，为热心应诊，时间与距离的远近，都阻止不了他。他的一本医书（1563 年）记录了他 700 个病历的诊疗记录。数百年来全欧洲的医生都悉心研究，并倍加珍惜。波兰国王邀请阿马图斯为其私人医师，阿马图斯宁可留在安科那城。不幸的是，保罗四世要求意大利境内的马拉诺斯不皈依就拘禁，1556 年他再度被迫浪迹天涯。

本·阿德雷特（Ben Adret）对科学与哲学方面暂时性的禁令，对哲学比对科学的效果小，在法国的效力比在西班牙差。迈蒙尼德的影响在犹太人之间极为强烈，他们设法在法国南部活下去。约瑟夫·卡斯皮（Joseph Kaspi）胆敢撰述逻辑与伦理学方面的论文来指导自己的儿子，并为他从迈蒙尼德的《解惑》（*Moreh Nebuchim*）接受到古典解说的自由哲学传统辩护。这种趋近方式产生了一个伟大的犹太思想家列维·本·热尔松，基督教圈子里的人称他热尔松尼德斯（Gersonides）。他跟大部分犹太思想家一样，也以行医为业，也了解希波克拉底"医生兼哲学家"的理想。他生在巴格诺斯（1288年）一个书香之家，一生几乎全住在奥伦奇、佩皮南和亚威农，并在诸教皇保护下平安无事地工作。各种学科他几乎没有一门不学，也不放过任何哲学难题不去思考。他是精研《塔木德》的学究，对乐理颇有贡献，也写过诗。

在数学和天文学方面，他可算是当时的泰斗之一。他（1321年）先于莫罗利科（1575年）和帕斯卡尔（1654年），发现用数学归纳法的方式来算出"n"个物件简单的排列法的公式。他的三角学论文为雷吉奥蒙塔纽斯铺路，而且评价颇高，教皇委人把它译成拉丁文（1342年）。他发明了、至少大大地改良了计量天体高度的测量仪器，这种仪器作为航海界的宠儿达两个世纪之久。他自己观察天文，并颇有见地地批评托勒密系统。他讨论且排斥太阳为中心的假设，由其讨论的方式看得出当时少有支持他的人。他制作了模糊镜箱（camera obscura），与观测距离的仪器配合使用，来更精确量出太阳和月亮表面直径的变化。

正如同本·热尔松的科学衍生自阿拉伯的数学家和天文学家一样，他的哲学也是根据阿威罗伊对亚里士多德的注解的认真研究。1319年至1321年，列维对这些注解再加以注解，包括了亚里士多德在逻辑、物理、天文学、气象学、植物学、动物学和形而上学等方面的论文，而在这些学科之外，他还一再研读迈蒙尼德。他自己的哲学，还有他大部分的科学方面的作品，多收入一本希伯来文的作品中，该书的书名也仿效时尚，定为《主的战役》（*Milchamoth Adonai,*

1317—1329 年）。在中古犹太哲学作品中，该作品享有很高地位，而且继承迈蒙尼德的未竟之志，把希腊思想和犹太信仰调和，结果大大损害了信仰的部分。我们想及阿威罗伊和托马斯·阿奎那两人也曾同样地想把伊斯兰教与基督教的教义拿来和亚里士多德调和的时候，我们大可以说亚里士多德对中古神学的冲击已造成其瓦解，及由"信仰时代"转入"理性时代"的改变。热尔松尼德斯缓和正统派人士的反对的方法是公开表示，如果他的见解与经典违背，他愿意放弃他的看法——真是学究们的老套诡计。虽然如此，他还是不停地大肆剖析上帝、创世记、世界的永恒性、灵魂的不灭等。他的结论和经典冲突时，他把经典的原文大大地曲解，使批评他的人把他那本书改名为《与主为敌的战争》（*Battles against the Lord*）。列维说：我们绝对不可以按字面的意思来相信约书亚使太阳静止等这一类的故事，这些类似的"奇迹"很可能是原因不详或已被遗忘了的自然现象。他最后还毫无隐瞒地说出他的理性主义的主张。他说："摩西五经无法叫我们停止相信理性要我们相信的事物。"

热尔松尼德斯从"自然界的系统"引申出来上帝的存在就像后来的无神论者霍尔巴赫（Holbach）一样，宇宙的规律与秩序显示出某种宇宙的"心智"。在这个东西之外，他还加上目的论的看法：天下的生灵似乎是为了某种目的而设计的工具，而上帝赋予每个生物体某种自卫、发展和生殖的能力。当作宇宙或秩序的世界及时创造出来的，却非无中生有。在永恒之中早已先存有某种惰性、无形的物质，创造只是给这种无形之物以生命与形状。在上帝与被创造出来的形态之间，有一种居间的力量，热尔松附和亚里士多德和阿威罗伊的看法，把这种居间力称为"nous poietikos"，即积极创造的智力。神化的智力引导万物，成为人类的灵魂。由于灵魂依赖个人的感觉，灵魂是会灭亡的。由于它了解共相，而且理解世界秩序和一致性，它也就有意识地成为"积极智慧"的一部分，因而不朽。

犹太人排斥本·热尔松的哲学，认为它根本上是阿威罗伊主义——一种将来终究会瓦解宗教信仰的理性主义——的一种形式。基督徒中的思想家却研究他，而斯宾诺莎更受了他的影响。不过，有思考力的犹太人的心智则由汉斯戴·克勒斯卡斯（Hasdai ben Abraham Crescas）更忠实地表达出来，他接受了所罗门·本·阿德雷德的保守主义。克勒斯卡斯 1340 年生于巴塞罗那城，也经历过一段激烈反犹太的生活。他曾因亵渎圣饼而遭逮捕，不久即被释放，他的儿子不幸在结婚前夕，在 1391 年的大屠杀中被杀死。宗教迫害只有增强汉斯戴的信仰，因为只有借着信仰公正的上帝的确存在及一个补偿人类的天堂，他才能够忍受这种既不公平、又多折磨的生活。他儿子殉道后 7 年，他用西班牙语出版了一本著作，他想借着该书向基督徒解释犹太人不该被迫接受基督教的原因。他很有礼貌地、很温和地主张说基督教独断的教条中"人的堕落""三位一体""圣灵怀胎""基督之化为人""基督拯救世人免罪之受难及死"，及"变体论"等，都包括无法克服的矛盾和荒谬。然而，在他撰写他的主要作品《上帝之光》（*Or Adonai*，1410 年）时，他采取基督徒可能会为这些理论而辩护的立场，他排斥理性，并要求理性屈服于信仰。虽然他并不是正式的犹太教牧师，却有着牧师般的看法，认为更新的迫害无非是针对那些使宗教屈服于理性的人的一种神罚。他如果阐述哲学，并非因他景仰哲学，而是想证明哲学和理性的弱点，强调信仰的必要。他也批评迈蒙尼德和热尔松想把犹太教和亚里士多德的思想加以调和的尝试：这个希腊人算老几？上帝凭什么要和他看法一致？他抗议亚里士多德派人士认为"上帝最高的特质是知识"的看法，他认为应该是"爱"才对，上帝就是"绝对的善"。克勒斯卡斯承认理性不能使上帝的先知和人类的自由相调和：因此我应该拒绝理性，而不是拒绝自由。我们必须信仰上帝、自由意志和不朽，以求我们心境的平安和道德的健康，我们无须借口用理性来证明信仰。我们必须在将瓦解我们的信仰、带来绝望的那种自负、脆弱的理性，及只有凭借着它我们才能够承受生命中的羞辱和匮乏的那种谦卑地信仰上帝的道，这两者之间选择其一。

　　克勒斯卡斯是最杰出的中古犹太哲学家行列中的最后一个人。他并没有立刻得到同胞的欣赏，因为他的学生约瑟夫·阿尔博（Joseph Albo）那本可读性更高的《基本原理》（*Ikkarim*）吸引了哲学爱好者的注意，这本书以折中的方式把迈蒙尼德和克勒斯卡斯两者拿来和那种不打算承认信仰的非理性的正统犹太教合并在一起。约瑟夫死后（1444 年），犹太人不再涉足哲学，几乎也不过问历史，直到斯宾诺莎。大屠杀、扰乱、贫困、居住和职业的限制等等，已使他们颇受挫折，并使他们的人数降至耶路撒冷 70 年沦陷以来的最低点。这群被鄙视、被排挤的人只有在悲伤的圣诗和聚会所里安慰他们的友谊中得到慰藉，也只有寄望上帝宽恕他们，现世的公平化，还有天国的祝福才能使他们的心灵有所逃避。学者埋首研究《塔木德》，把他们的理智局限于阐释救人的律法，有些则步入把不幸升华为天国一类的幻想的神秘学说。犹太人的诗歌再也听不见了。只有极少数偶尔迎着暴风雨敢大胆地抬起头来，或是把人生的讽刺以沉思的幽默和嘲弄的智慧来加以软化。只有等到阿姆斯特丹的那个谦卑的犹太人[1]胆敢把犹太教经院哲学和笛卡儿学说分成宗教和科学的至高合并物时，犹太人才会自长期的、治疗的昏睡中醒来。

---

[1] 指 17 世纪理性主义哲学家斯宾诺莎，犹太人，自幼受神学教育，精通犹太教法典、中世纪经院哲学，后来倾心于笛卡儿与布鲁诺的思想，成为近世时期欧陆理性论的巨匠之一。

第五章 ｜ **人民的生活**
（1517—1564）

经济

就某种意义而言，充满 16 世纪的宗教、政治和军事的戏剧性冲突只是表面的，历史的台前幕后以及人类与土地、风雨等自然力、贫穷和死亡的日子的永远斗争才是深刻而现实的戏剧。毕竟，在与为了食物、庇护所、衣服、健康、席子和生活所作的奋斗相比之下，教皇的敕令和新教徒的风暴，因错误观点而引起的杀戮，皇帝和国王之卖弄、继承、痛风、梅毒等，又算得了什么呢？

在 16 世纪，欧洲的乡村必须日夜提高警觉，以防狼、野猪和其他的威胁侵入羊群和家园。打猎仍是必要的：人类必须杀戮不然就会被杀。无数的昆虫、森林中的野兽和空中的鸟类，与农夫互争种子和辛勤工作的结果，而神秘的疾病毁灭了 1/10 的牲畜。雨水随时可能成为侵蚀性的急流或吞没人畜的洪水，直到所有的生命都凋萎了才止住。饥饿始终充斥于各个角落，而火的恐惧永不远离人心。疾病经常叩访，医生距离病患却很遥远。而且几乎每 10 年，瘟疫就会感染家人或周围的人，夺走亲人的生命。每 5 个出生的孩子中，两人死于婴孩时期，另一个则死于成年之前。至少每一世代有一次，征兵的官员为了军队而带走一个儿子，军队则烧毁乡村并破坏田庄。从最后能收成的谷物里，1/10 或更多的数量归地主，1/10 归入教会。快乐若非得之于孩童的欢乐，傍晚时家庭的游戏、欢歌笑语、酒店的狂饮和对另一更仁慈的世界抱着半信半疑的希望中，则现世的生活、身心两方面都太过艰难了。食物生产出来养城堡里的男爵、朝廷里的国王、讲坛上的牧师、城里的商人和工匠，及医生、教师、艺术家、诗人、科学家和哲学家，最后而且也是最少量的，才是属于土地的奴隶。文明是靠有锄头的人为生的寄生虫。

农业生产力的进步主要来自于大片土地取代小片土地。新获得土地的商人和资本家，为利益所驱使开进萧条的农业地区，增加产量的同时却给那里带来不幸。经营企业的进口商把含有磷和氮的肥料——在秘鲁海岸外，鸟排泄的粪——带进欧洲来。来自亚洲或美洲的植物和灌木被移植到欧洲的土地上，马铃薯、木兰树、龙舌兰、胡椒苗、大丽花、金莲花……也移植其上。1558 年，烟草从墨西哥传入西班牙；一年以后，法国驻里斯本大使简·尼科特（Jean Nicot）把一些烟草的种子送给美第奇的凯瑟琳，如今香烟中的毒素（尼古丁）就是以他的名字命名。

渔业随人口增加而成长，但宗教改革以准许星期五吃肉而给予鲱鱼业以短暂的打击。在资本主义的组织下，矿业进步快速。纽卡斯尔于 1549 年输出煤。富格尔家族以提高劳动生产率和改进提炼矿物的方法，来增加矿物的产量。阿格里科拉（Agricola）把我们带进了 16世纪的一个矿场：

> 主要的工人种类是矿工、铲工、绞盘工、搬运工、拣选工、洗濯工和熔炼工……一昼夜 24 小时中，被分成三个轮班，每个轮班 7 小时，剩下的 3 小时在三个轮班的间隔中，工人在这时进入或离开矿场。第一班始于早上 4 点，一直继续到 11 点；第二班始于 12 点，结束于 7 点；此两班是上午、下午的白天班。第三

班是夜班，开始于晚上 8 点，早上 3 点结束。矿山监督不许强迫
工人上夜班，除非有必要。若在那种必要的场合……他们点夜灯
来保持警醒，为了不使他们自己因为时间太晚或太过疲倦而睡着
了，他们以唱歌来减轻漫长而艰辛的劳作，而那些歌既非全无训
练，也非毫不悦耳。有些地方，不允许矿工连续做两班，因为那
样常发生由于工作过度疲劳而在矿场里睡着的事……别的地方则
允许如此，因为工人靠一班的收入不能维持生活，特别是如果食
物变得更昂贵时……

　　星期六劳工不工作，而去买生活必需品，星期天或假日也不
工作，而去做礼拜。不过，若实际需要，就工作而不休息，因为
有时水的冲袭，迫使他们去工作，有时候水突然落下来……而在
这时，星期天工作并不违反教规。此外，这类工人都很健壮，而
且天生习于劳作。

　　1527 年，阿格里科拉被任命为朱彻姆斯塔尔（Joachimsthal）市
的市属医生。在该矿城，他不久成为矿物学家。他带着热诚和魔力
在该地或其他地方研究采矿和冶金学的历史与操作。20 年的研究之
后，他完成了《金属》（*De le Metallica*，1550 年）一书，该书在这一
领域为划时代的古典巨著，正如在同一时代的 10 年间哥白尼和维萨
里所写的杰作。他以极精确的细节描述采矿和熔炼的工具、机械和过
程，并请艺术家画图说明。首先主张铋和锑为真正的主要金属的人是
他，他辨别了以前认不出来的 20 种矿物，他是第一个解释石层里的
矿脉——流入地下的水把金属矿床带入而形成——成因的人。[1]

　　采矿、冶金学和纺织品能得到大部分机械上的改进，应归功于
这个时代。最早的铁路是为矿工在其上推、拉携带矿物的二轮车而设

---

[1] 阿格里科拉认为当时常被用以探测地下金属的"卜杖"（divining rod）或"有权的小枝"
（forked twig）毫无用处。盖革计算器（Geiger counters）使我们趋向于以宽恕的态度来看
这些有希望的卜杖。

的。1533年，约翰·尤根（Johann Jürgen）把那时用手纺织的纺车加上了用脚纺纱的踏板，使织工的手得以自由，产量很快加倍。表的尺寸变小，准确性加以改进，而且被雕刻上名字、浮雕和花纹，着以彩色、镶上珠宝。亨利八世戴了一块每周只要上一次发条的小表。不过这一时期最好的表，每天也要走错15分钟。

交通与运输落在商业与工业之后。16世纪，邮政业务渐渐扩展到私人的通讯。商业革命刺激了造船业的改进：越来越深和越薄的龙骨有助于其稳定性和速度，桅杆由一增为三，帆则由一增到五或六。弗朗索瓦一世和亨利八世不但在战争、爱情和衣着方面竞赛，在造船方面也互争长短，每人都为了命令与奇想而造船，富丽堂皇的船只上小燕尾旗飘扬着以显示其骄傲。在地中海，16世纪早期的船只，顺风时每小时可行10英里，但较重的船只行驶于大西洋，每天能行125英里算是幸运的了。在陆地上，最快的旅行是邮政的急差，日行85英里，但重要的消息从威尼斯传到巴黎或马德里也得花10天或11天。也许那时无人能欣赏使消息迟于到达而无采取行动的那种安慰。陆上旅行主要是靠骑马，因此房子进口的门上系着笨重的铁制系链环。马车增加了，但对于有轮的交通工具而言，道路并不太平稳。马车须配上6匹或更多的马来拉，才能通过不可避免的泥路，而每天的行程不能超过20英里。仆人抬的轿子仍由富家的女士使用，淳朴的人民则步行以横渡大陆。

不管道路和客栈如何，旅游很普遍。伊拉斯谟以为法国的客栈还不错，主要是因为年轻的女侍咯咯而笑，开着淫荡的玩笑，及"当你要走时，拥抱你"，而且"代价极低"。但他斥责德国旅店礼貌欠佳，脾气恶劣，动作慢吞吞，身手不干净：

> 你照顾好了马以后，你就得把靴、袋、泥和所有东西都带进暖炉房，因为那是所有来客的普通房间……在暖炉房间里，你脱去皮靴，穿上皮鞋，而且如你愿意，也可以换衬衫……在那里，

一个人梳头，另一个……打嗝吐出蒜臭味，……在那里，人多嘴杂，正如巴别塔。以我的看法，再没有比拥挤一室、在同一蒸汽中，更为危险的了，尤其是当他们的身体在热气中敞开时……不必提……放屁，恶臭的呼吸……而且毫无疑问的，许多人有西班牙——或大家所称的法国——的梅毒（天花），虽然各国都有。

　　在有些客栈里，若情况真是如此的话，则在扩展经济网时，那些游商把乡村与乡村、国家与国家连在一起时所行的罪过，我们可以原谅之。每10年，有些新的贸易路线被开拓出来——如驻俄大使所开的陆上路线，成千的冒险家所开的海上路线。莎士比亚的《威尼斯商人》的夏洛克交易于英国、里斯本、的黎波里、埃及、印度和墨西哥。热那亚在黑海、亚美尼亚、叙利亚、巴勒斯坦和西班牙有贸易的殖民地；它与奥斯曼土耳其帝国政府和平相处，而把武器卖给与基督教国家作战的土耳其人。法国看到这点，便与苏丹们协商，于1560年后掌握了地中海的贸易。安特卫普接受各处来的货物，并转运到各地。

　　为了适应这种扩张的经济需要，银行家改进其服务和技术。因为战费随着由封建的征税——此税带给他们弓和箭、短枪和剑——改变为大量的民兵和雇佣兵——他们配备火器和大炮，由城邦付薪——而增加，政府从银行家借入空前巨款，而他们所付或付不起的利息建立或破坏了财政上的稳定。人民的储蓄有息地借给银行家，他们则用来投入工商业。票据取代了不方便的现款或货物。利率与其说因贷方的贪心而异，不如说因借方的可靠性而不同。因此，在付款快的商人控制的德国城市，可以5分利借入，而弗朗索瓦一世则要付10分利，查理五世付20分利。经济稳定后，利率就降低了。

　　从德国、匈牙利、西班牙、墨西哥和秘鲁的矿场来的金和银，充盈了货币市场。珍贵金属新的供应正当时，因为货物较货币增加得快。亚洲来的进口货，一部分由出口货抵付，一部分由金或银抵付，企业和贸易感到沮丧的是物价的低落。在欧洲矿场的改进与银和金自非洲和美洲进口之后，贵金属的供应超过了货物的生产，物价上涨，事业兴隆，以金融为基础的经济驱逐了以行会控制土地或掌握工业为基础的旧经济。

行会在崩溃中，它们是在都市的自给自足和保护政策下形成的，组成的目的既不是建立资本或从远方的出产地购入大宗的货物，也不是利用工厂的生产和分配办法，也不会把产品送到远方的市场。从13 世纪起，行会已发展成一个贵族的排他势力，而且使职工的情况很艰难，驱使他们沦入资本主义雇主的权力范围。资本主义者因受到利润的鼓励而活跃起来，他们知道如何募集资本，如何、何处买机器和原料，经营矿场，建立工厂，招募工人，区分劳工并使之专业化，开拓并扩展外国市场，资助选举并控制政府。美洲的金子成为欧洲的资本。在随之而来的资本主义中，有一种竞争的热心，商业的刺激，对生产和分配更合经济方法的热心追求，而这种主义不可避免地使过去迟缓的自足经济落伍了。在产品的量而非质上，新的制度超过了旧的，商人正大声地要求大量生产，以出口货来抵付自东方的进口货。

新的财富主要是由商人、金融家、制造者和在政府里的同伙分享。有些贵族仍借着拥有成百租户的土地，或具有供应羊毛给纺织工业的围栏来赚钱，但大部分拥有领地的贵族，发现自己受到国王和被商业控制的都市的挤压，他们在政治上衰微了，必须以家世来满足自己。劳动阶级与贵族共享通货膨胀的恶果。1500 年至 1600 年，穷人烤面包的小麦的价格，在英国上涨 150%，在法国为 200%，在德国为 300%。1300 年，蛋在英国 10 打 4 美元；1400 年，同量的蛋值 5 美元；1500 年，为 7 美元；1570 年，则为 42 美元。工资提高了，但很慢，因为受到政府的管制。英国法律（1563 年）规定雇农年薪 12 美元，农场工人 9.5 美元，"男佣人" 7.25 美元。然而，我们必须注意，在所有这些场合中，床铺和膳食都被加到工资上去了。大体而论，16 世纪经济的改变使劳工阶级比以前更为贫穷，在政治上更为薄弱。

工人生产货物，货物则输出以抵付使少数人生活快乐舒适的进口奢侈品。

　　阶级战争自罗马的斯巴达克时代以来就带着几分不为人所知的酷烈形势，就以在西班牙的公社分子的反叛、德国的农民战争、英国凯特的叛变作为例证吧。罢工无数次，但被雇主与政府的联盟压制。1538 年，英国布工行会受到雇主的控制，有如下规定：职工在雇主所立的条件下拒绝工作者，第一次冒犯须入狱，第二次则须受鞭笞和烙印受辱。亨利八世和爱德华六世统治下所定的流浪罪法，太过野蛮，以致很少人敢不受雇。1547 年的一项法律规定：一个强壮的人，若离开工作而流浪于国内作为流浪汉，则须在胸前烙个"V"字，送给邻居市民当奴隶两年，只能有"面包、水、少量的酒和弃肉"；若又游荡无业则犯者颊上或额上须烙印"S"字，并判终生为奴。为了英国的荣誉，这些法案才没有施行，而且很快撤销了，但他们表现了 16 世纪政府的主张。撒克逊的乔治公爵颁令道：在他的辖区内，矿工的工资不得提高，矿工不得离开而到处找工作，雇主不得雇用在他地煽动不满情绪者。童工得到法律公开的批准或默许。佛兰德斯的刺绣制造业，完全由童工做，法律还禁止超过 12 岁的女孩子从事此项职业。禁止操纵垄断、囤积居奇或高利贷的法律却被避开或不理。

　　宗教改革迎合新的经济。天主教会的性情，不同情"商业"。它谴责利息，给行会宗教上的批准，使贫穷神圣，申斥财富，使工人假日免于工作，假日之多，1550 年天主教国家里一年竟有 115 个非工作日。这可能是天主教地区工业化和财富迟迟无法进展的重要原因。教会认定的神学家，已为民生必需品用法律规定"公正的价格"。托马斯·阿奎那称追求超过自己需要的金钱，是"有罪的贪心"，并规定多余的产物"基于自然律，应用以救助穷人"。路德采取同样的看法。但新教徒的一般发展，不自觉地和资本家的革命合作。宗教假日废除了，劳工与资本俱增。新宗教得到商人的支持，并回报之以友善。财富受到尊敬，节俭受到赞美，工作被鼓励为美德，储蓄冒险出借所得的利息被认为是合理的报酬。

法律

这是残酷的时代，其法律则符合无情的经济、惭愧的贫穷、阴沉的艺术和耶稣为上帝所遗弃的神学。

在大部分注定此生贫困、来世受谴责的人口中，犯罪是很自然的事。各个阶级都充满谋杀事件。每个有才干的人都悬挂短剑（匕首），只有虚弱者才依赖法律来匡正错误。情欲上的犯罪在生活中经常发生，正如莎士比亚作品中的一般，而任何不能杀可疑的妻室的奥赛罗（Othello，莎士比亚四大悲剧《奥赛罗》中主角名），被认为不够男子汉。旅客把拦路强盗视为当然，便结伴而行。都市的灯光未亮，强盗就已多得像娼妓一样，因此人需把家视若碉堡。在弗朗索瓦一世极盛时，称为"坏男孩"（mauvais garcons）的窃盗集团竟在光天化日下抢劫巴黎。布朗托姆告诉我们，查理九世想要知道"扒手如何行其手艺"，便训令警察邀10个这样的艺术家参加宫廷舞会。舞会完后，他要看看他们的猎获物，钱、珠宝和外衣在不经意间被他们拿走了，其价值达到数千美元之多，"国王说他会笑死"。他允许他们保有其研究的成果，但要他们从军。如果我们把货物的伪造、商业欺骗的诡辩、法庭的贿赂、教会财产的掠夺、以征服来扩张疆界等视为犯罪的话，则欧洲每两个人中就有一个是贼，我们可以从教士那里提取一些利益，来供养各地的诚实工匠。若加上纵火、强奸、叛逆，则我们就开始了解秩序和法律的力量面对的问题。

这些力量组织起来是为了惩罚犯罪，而非防止犯罪。像巴黎这些大城市，士兵充作防卫者。都市的街区有他们的守卫，教区有他们的警察，但大体而论，都市的警戒很松懈。厌倦与人性相斗的政治家认为，颁令酷刑并让公众目睹其执行来控制犯罪要划算得多。有20种罪是很严重的：谋杀、叛逆、异端、亵渎神物、巫术、抢劫、伪造文书、伪造货币、走私、纵火、伪誓、私通、强奸（除非以婚姻来和解）、同性恋行为、兽奸、偷斤减两、冒牌货、夜间损害财产、越狱和自杀未遂。执刑可能采取比较无痛苦的砍头，但这是女士和绅士的特权；较不重要的人用绞刑；异教徒和弑夫者火刑；重大的谋杀者则被割取五脏和分尸。亨利八世的某项法律（1531年），像我们煮贝类似的，把囚犯活活地烹死。萨尔茨堡（Salzburg）法令规定"伪造文书者须烧或烹死，伪誓者须连根割去舌头；与其主人之妻、女、姐妹同床者须杀头或绞刑"。朱里尼·莱贝（Julienne Rabeau）因在极痛苦的分娩后把孩子杀死，而被烧死于昂热（1531年）。若我们可以相信博丁（Bodin）的话，也有很多人因星期五吃肉并拒绝忏悔，被活活地烧死；忏悔的那些人则只处绞刑。通常那些被处绞刑的尸体被悬挂着，以警告活着的人。犯了轻罪的男女，可能被鞭笞，或失去一条腿、一只耳朵、一个鼻子，一只或两只眼睛被弄瞎，或被烙印。再轻一点的，则处以坐牢（其情况从礼貌到淫猥而有不同）、足枷、头手枷、鞭笞囚车和浸水椅。因负债而坐牢的，在整个欧洲是很普遍的。总而言之，16世纪惩罚的法规比中世纪更严厉，而且反映出这个时代的紊乱。

　　人民并不愤恨这些残酷的惩罚。他们带着某种乐趣来参观其执行，有时还助一臂之力。在拷问之下，蒙特库科利（Montecucculi）承认说，他已毒害（或曾有意毒害）弗朗斯——弗朗索瓦一世所爱的而且极受欢迎的儿子——时，他的四肢被绑到马上，马向四边奔跑，把他活活地肢解（里昂，1536年）。据说，老百姓"把他的遗体割成小片，割掉他的鼻子，挖出他的两眼，打碎他的双颊，把他的头沾上泥污，而'使他在死前先死过一千次'"。

　　惩治犯罪的法律又加上了"清教徒严法"，来惩治冒犯虔信的娱乐或太背离习惯的改革。天主教地区的共有法要求的星期五吃鱼，爱德华六世的新教英国立之为国家法，以支持渔业，并训练海军所需的海员。赌博始终是违法的，却很普遍。弗朗索瓦一世自己很会玩，却命令逮捕玩牌、掷骰子的人（1526年），但允许成立公共彩票（1539年）。法律很少惩处酗酒，但懒惰是主要罪行之一。禁奢法——防止新贵的铺张，并保存阶级区别——规定衣服、装饰、家具、膳食和款待的限制。"在我小时候，"路德说，"所有的游戏都被禁止，因此所有制牌者、吹笛者、演员都不允许参加圣礼。所有曾玩牌、在表演或戏中出现过的人，须对自己的行为忏悔。"这种禁令在宗教改革时代仍然存在，16世纪后期更达到最高峰。

真正的执行并不像法令那般严厉，这倒是一件可告慰的事。逃避很容易，受贿或受恐吓的法官或陪审员，让很多流氓只受到轻微的惩罚，或安然无事地逃脱。犯人庇护权法在亨利八世统治时仍获承认。然而，实施的松弛，常因使用拷问以诱出忏悔或口供，而得到平衡。亨利八世的法律，虽然是英国史上最为严苛的，却走在时代的前头：除非涉及国家的安全，禁止拷问。西班牙国会对查理五世的抱怨是，因轻微冒犯而受控者徘徊牢中，10年未判，而审判可能一拖就是20年。

牧师地位衰微时，律师增加。他们充塞于司法部和较高的政治机关。在全国集会或各省议会里，他们代表中产阶级，甚至贵族和教士团，在民法方面也依赖其指导。新的法衣贵族——拉伯雷的"有毛皮的猫"——在法国形成了。在新教国家里，教会法消失了，在大学里，法理学取代神学成为主流。在拉丁国家里，罗马法复活了，并占据了16世纪的德国。地方法随之在法国复活，在英国一般人则偏爱"习惯法"（不成文法），但《查士丁尼法典》对亨利八世专制政治的形成和维持有些影响。但在亨利八世自己的法庭里，他的牧师托马斯·斯塔基写了一本《对话录》，其主题在于阐明法律须指挥国王的意志，而国王须服从选举和罢免：

在所有人民都受非经选举产生而经自然继承而来的一个人的意志支配时，该国不能长久受到良好的统治，也不能保持良好的政策，因为借继承而领有王国和领域的人，很少被认为是值得拥有如此高的权威……还有什么比整国受到领主意志统治更为悖逆自然的呢？……还有什么比整国人民受到极缺普通理性者的统治更反理性的呢？……人类不能使天生缺少机智者成为其领主……但推选并选举既聪明又公正的人来做领主，若其为暴君则废之，这是人类权力范围内能做的事。

斯塔基在他写了《对话录》一年后，很奇怪地死了，该书在他死后334年才出版。

道德

拉丁基督教国家人民的行为如何？我们不可被他们宗教上的表白误导，这些表白常常是喧哗多于虔敬。如此强烈信仰的坚信者，也同样地会强烈地渎神，而星期天在圣母像前假装虔诚的女孩子，平常却满怀希望地搽脂粉，其中有些女孩子，把诱奸当作求婚，她们常受勾引。女贞必须用习俗、道德、法律、宗教、父亲的权威、教育法和"体面"等各种方法来保护，但女贞本身有意要舍身。从战场退下来的士兵，他们主要的慰藉是女色和酒气，如要适应节欲和节酒是痛苦的。学生抗辩道：通奸只是一种轻微的罪，开明的法官对此可能不予重视。罗伯特·格林宣称，在剑桥时，他已"把我青春的花朵浪掷于像我一样淫荡的诙谐者群体中"。跳舞的女性经常"赤身裸体"表演于舞台或别的地方。艺术家瞧不起性行为的规则和规定，绅士和贵妇同意他们的看法。布朗托姆写道："在大多数人中，很少重视这些关于女贞的规则和自责……在伟大的世界里，那么多我认识的女孩子不将贞操保留到洞房里呀！"书摊上堆满淫荡的文学作品，很多贪欲的人为之付出很高的代价。像彼德罗·阿雷蒂诺（Pietro Aretino）这样的人，在巴黎如同在罗马一样普遍。拉伯雷在他的《巨人传》里使用了连阿雷蒂诺都会极力掩饰的词句，但他并不以为这样会减少销路。艺术家发现色情画，甚至性变态的图像，有了现成的市场。这种杰作由街上的小贩、信差、江湖上的卖艺人出售，甚至在大市集（或博览会）里也出售。这一时期多的是性变态，布朗托姆著作中描述贵族的篇幅里也屡见不鲜。

组织卖淫获利颇丰，其中老手被称为 Cortigiane——娼妓，它是 Cortigiani（朝臣）这个字的阴性。有些将军供应娼妓给其军队，以保护被占城市其他的妇女。但因性病几乎如瘟疫般迅速增加，于是一个政府接一个政府，立法反对这些不幸的妓女。路德肯定性欲是人性之常，却努力减少卖淫，而且在他的督促之下，德国的许多城市都使妓女成为非法。1560 年，法国司法大臣米歇尔·埃霍皮塔尔（Michel de l'Hôpital）恢复路易九世反对这项罪恶的法律，很显然他的命令付诸实施了。

与此同时，肉体追求肉体的荒谬欲念，产生灵魂追求灵魂的饥渴，以及求婚和浪漫恋爱的优雅的修饰。偷偷的一瞥、情书、颂歌与声籁，叙事诗与情歌，满怀希望的礼物与秘密的幽会等，都能引起心灵的悸动。少数一些文雅的精灵，或爱打趣的女人，欢迎来自意大利和卡斯底里欧内的柏拉图式恋爱的消遣，贵妇和她的奉承者，可能是很热情的朋友，却很小心周到地保持纯洁。但这种约束并非此时代的风尚，男人很坦白地好色，女人则喜欢他们如此。情诗很丰富，但那是占有的前奏，而非结婚的序曲。父母太过现实，而不让有情人终成眷属。在他们的处理下，结婚是财产的婚礼。对女人很敏感但对婚姻没有兴趣的伊拉斯谟劝青年依照年老者的希望结婚，而且相信爱随着结合而增加，而非随着满足而凋谢。拉伯雷同意其见解。不顾权威人士的警戒，越来越多的年轻人，像珍妮·达尔贝特（Jeanne d'Albret），反叛门当户对的婚姻。伊丽莎白的家庭教师罗格·阿尚（Roger Ascham）惋叹说："我们的时代离开教训和服从多么遥远，现在不但年轻的绅士，就是女孩子也敢……不顾父亲、母亲、上帝、良好的秩序和所有的一切，而去结婚。"梅兰希顿的儿子不征询其父径自与人订婚，维藤贝格的一位青年法官竟宣布那是正当的。路德获悉此事，极为惊讶，这位宗教改革家认为此事定会给该城带来恶名。在大学里，他写道（1544 年 1 月 22 日）：

> 我们有来自各地的年轻人，他们追求女孩子越来越大胆，直追到她们的房间和卧室里，而且无论在何处，只要能够的话，就向她们要求自由地恋爱。我听说很多父母已命令其儿子回家……告诉他们说我们已把妻子挂在他们的颈间……第二个星期天我做了强烈的布道，告诉他们说男人要遵守人类开始以来就有的正道常径……换言之，父母应慎重而善意地把自己的孩子给予男女对方，而不该让他们自己预先订婚……这样的订婚是可鄙的教皇所创，是魔鬼要他来破坏上帝慎重地赋予并托付给父母的权力。

婚约可以早在男女孩 3 岁大时就安排好，但若结婚不成的话，这种婚姻可以在以后取消。圆满结婚的法定年龄是男 14 岁、女 12 岁。订婚后，婚礼前的性关系是可宽恕的。在瑞典和威尔士，就像在后来的某些美洲殖民地，甚至"和衣同睡"也受到允许：情人可同卧床上，但规诫在两人之间以被单（忏悔服）隔开。在新教的国土里婚姻已不再是一种圣礼，约 1580 年，依俗约行婚礼或由牧师主持，两者互相竞争。路德、亨利八世、伊拉斯谟和教皇克莱门特七世都认为在某些情况之下，尤其是作为离婚的代替物时，重婚是可以准许的。新教的圣职者渐渐地趋于允许离婚，但最初只准因通奸而离婚。法国尽管有杀奸妇的风俗，这种犯法行为却最为流行。社会地位良好的法国妇女正常生活的一部分是非法的恋爱。像亨利二世、美第奇的凯瑟琳和波蒂阿的狄安娜那样的三角关系是很常有的事——礼仪"习俗"上合法的妻子以委屈的厚道接受这种不正常的情况。

除非是贵族，女人婚前是女神，婚后是女仆。妻子在生活中表现母性，由子女身上得到光辉，而设法管理她们的管理人 [1]。她们很强壮，习惯于从日出辛苦工作到日落。她们为子女做大部分的衣服，有时候在家里承接来自工厂主的工作。纺纱机是家庭必备的，英国所有未婚的女性是"纺织娘"（双关语，又作"老处女"解）。法国宫廷女人是不同的一类，受到弗朗索瓦一世的鼓励而在肉体和服饰上大加修饰，有时她们的妩媚可以改变国家的政策。女权运动从意大利输入法国，但她们感到权力和杰出无须依赖政治和法律时，很快就在此消失了。许多上层阶级的法国女人受过良好的教育，在巴黎和其他地方，富裕而有教养的女士把她们的家供给政治家、诗人、学者、僧侣、数学家聚会，沙龙正在形成中。法国的另一类女人，就以法国的安妮、布里塔尼的安妮，克劳德和雷妮等为例吧，却在色情的风暴中，静静地保持美德。一般说来，有条顿风格的宗教改革，助长了尊敬妇女和家庭的观点。它结束了女人被视为美的榜样和男人的教化者的文艺复兴以来的观念。它谴责教会对性娱乐的宽恕，而在路德死后，它为清教徒的冷峻做铺路工作。

社会道德随着重商主义的兴起和慈善一时的瓦解而衰微。货币经济代替了封建社会的组织时，人类天生的不诚实找到了新的形式和机会。重视债券甚于土地的新富，很少注意为他们挣利的劳工个人，也没有责任心与慷慨的传统，好像随土地的财富一起消逝了。中世纪的商业和工业曾接受同业公会、市政府和教会规定的各种方式的规制，新的资本家不接受这类约束，而驱使人们拼命竞争，置旧有法规不顾。商业上的欺骗代替了宗教诈欺。当时的小册子文献对食物和其他产品冒牌货大加指责。奥地利西部因斯布鲁克地方议会（1518 年）抱怨进口商把砖粉加到姜粉上，胡椒里混有不健康的东西。路德注意到商人"学会把胡椒、姜粉和番红花等调味品放在潮湿的储藏室来增加重量的诡计。几乎无一事他们不能以假的量、秤、计算或大增人工

---

[1] 丈夫。作者在此玩了文字游戏: manage to manage their managers，一字三义，惜中文无法表出。

颜色来谋利……其骗术是不会结束的"。威尼斯元老院当众把一般来自英国的毛织品加上烙印，以表明其重量、牌子和大小上的欺骗。

在拉丁国家里，慈善仍随着中世纪的快乐而实行。贵族家族把收入相当大的部分用在礼物和救济上。里昂自 15 世纪就继承了市政府慈善的复杂组织，人民以"豪爽的慷慨"支持这个慈善组织。在英国和德国，人民并不如此慷慨。路德尽其最大努力重建因领主没收修院的财产而中断的慈善事业，但他承认他的努力失败了。他叹惋道："在教廷的主宰下，人民慈善好施，但在福音真理的宗教规定下，无人再施与。每人诈取他人……无人愿施舍 1 芬尼给人家。"1548 年，拉蒂默也提供了相同的报道："伦敦从未如现在这样缺德……在过去，任何富人死了……会将大笔的钱遗赠以救济穷人……现在慈善已渐渐消失了。"波尔主教告诉伦敦的人说，两座意大利城市施予的救济多于整个英国。弗洛德（Froude）论断说："真理传播后，慈善和公正在英国凋萎了。"使慈善渐渐减少的，也许不是新教，而是重商主义和信仰缺失。

贫困随社会危机的比例而增加。被逐出的租户、无业的工人及被遣散的军人，漫游于公路上或躺在贫民窟里，以乞求和抢劫维生。在奥格斯堡贫者达人口的 1/6，汉堡为 1/5，伦敦为 1/4。托马斯·利弗（Thomas Lever）这位改革家喊叫说："啊，仁慈的上帝呀！这么多的穷人、弱者、跛子、瞎子、残废和生病的人……躺着和爬在泥泞的街道上！"路德，其心的仁慈一如其舌的尖刻，是主张邦国应把照顾和救助贫民的责任从教会手中接管过来的人之一。在他的《日耳曼民族的基督徒的高贵》演讲（1520 年）中，他建议每个城市应扶养其贫民。他不在华德堡（Wartburg）时，他的激进门徒在维滕贝格组织社区基金会，来照顾孤儿，给贫家女孩子嫁妆，给贫困学生奖学金，并借钱给贫穷的家庭。路德在 1523 年拟订《公立钱庄规约》，该规约力促每地区的市民和教士团以征税来募钱，无息贷给穷困和不能工作者。1523 年，奥格斯堡任命 6 个穷人的保护者（Armenpfleger）管理救济的分配。纽伦堡仿效，接着斯特拉斯堡、布勒斯劳（1523年）、累根斯堡和马格德堡相继如此。

　　该年，西班牙人文主义者让·路易·维韦斯（Juan Luis Vives）为布鲁日市议会写了《贫民救济论》的小册子。他指出贫富差距日益加大，而且警告说所有财产的极端不平等可能引起毁灭性的反叛的危险。他写道："一个家庭里，而容许任何家人遭受无衣可穿或衣衫褴褛之辱，那是身为父亲者的屈辱。若一市之长竟能忍受其市民受饥饿和灾难的剧烈压迫，那也是极不合宜的。"维韦斯同意能工作者应有工作的说法，而且不准任何人行乞。但既然有许多人的确不能工作，必须建立收容所，在救济院和医院中收容他们，而受市政府财政支持的食物、医疗、初级教育等必须免费供给他们，尤其供应那些心理缺陷者。伊普尔把维韦斯的见解和德国的先例结合起来，于1525年组织社会资金，将所有慈善的捐赠联合成基金，而把所有的慈善分配统合在一个首脑之下。查理五世要了一份伊普尔计划的复本，并将之推荐给帝国内各城市（1531年），亨利八世也送了同样的训令到英国各教区（1536年）。在天主教国家，教会仍保持管理慈善事业之责。

　　政治道德仍保持马基雅维利式的权术思想。秘探被认为是当然的，在罗马的亨利八世的密探被要求获知梵蒂冈的主教们最神秘的谈话。贿赂已成为传统，而在美洲金子注入之后，蔓延得更厉害。政府竞相破坏条约，土耳其和基督教的舰队在海盗行为方面互较长短。在骑士的侠义衰微中，战争的道德重新堕入半野蛮的状态，抵抗围城未果的城市受到抢劫或烧毁，投降的士兵被杀或被俘直到赎回为止。以前国王偶然服从教皇的仲裁，那种国际法和礼让，在民族主义扩张和宗教敌对的大混乱中，已荡然无存了。对待非基督徒，基督徒很少重视道德的约束，而土耳其人也回报以同样的态度。葡萄牙人俘虏并奴役非洲黑人，而西班牙征服墨西哥和秘鲁时抢劫、奴役、杀戮美洲土著，而不致力于其使新世界基督化的崇高目标。在西班牙统治下的美洲，印第安人的生活是很痛苦，成千的人自杀。即使在基督教国家里，该世纪自杀的情形也增加得惊人。有些人文主义者宽恕自我毁灭，但教会规定自毁者会直接通往地狱，因此成功的自毁者从油锅出来又掉进火焰中。

在整个宗教改革过程中，虽然最后改进了欧洲的道德，却暂时伤害了世俗的道德。皮尔克海姆（Pirckheimer）和汉斯·萨克斯（Hans Sachs），两人同情路德，惋叹说不受约束的行为的混乱早已随教会、权威的崩溃而来。路德像往常一样，对此极为坦白：

> 我们越往前走，世界变得越坏……现在的人比以前在教皇统治下更贪心、残忍、欠中庸、无耻、恶劣，这是很显然的事……我们德国人现在是所有民族的笑柄和耻辱；我们被认为是可耻和卑贱的猪……我们偷窃、欺骗……我们暴饮暴食，我们行每种罪恶……一般人都抱怨当今的青年完全淫荡和无秩序，而不再愿让他们自己受教导……维滕贝格的女人和女孩前后赤裸地外出，而无人惩罪或纠正她们，上帝的话受到嘲讽。

一位路德派的牧师安德烈·穆斯库鲁斯说，把他的时代（1560年）和 15 世纪的德国相比，简直是无法形容的不道德时代，许多新教领袖同意他的说法。加尔文悲伤地说："想到将来就使我胆寒，我不敢想到它。除非主从天降，野蛮将会吞没我们。"从苏格兰和英国，我们也可以听到相同的论调。亨利八世的热心拥护者弗洛德很公平地提出以下结论：

> 亨利八世开始的运动，以目前（1550 年）的结果来判断，最后只是把国家带入冒险家的手里而已。人们交换了一种迷信，以最大的误用来规定尊敬和服从的虚文，使服从并入冒险的信念中。在此致命的影响下，不但自我牺牲的最高美德，而且正直和道德的最普通的责任都消失了。私人生活受到不纯洁的感染，与

此对比的，天主教士团的淫荡像天真般的出现……保持不受感染的好人中，最好的人仍是属于宗教改革这一边的人。

我们几乎不能把在英、德的这种道德上的衰微归咎于路德解除性的束缚或他轻视"良好作品"，或亨利在性沉溺和无情的残酷上所开的恶例，因为一种类似的——就某种意义而言，可说更为不受约束的——特权，统治着文艺复兴的教皇治下的天主教意大利和弗朗索瓦一世治下的天主教法国。也许西欧道德松弛的基本原因是财富的增加。另外的原因是信仰的衰微，不仅是天主教的教条，甚至是基督教信条的基础。安德烈·穆斯库鲁斯恼叹道："没有人在乎天堂或地狱，没有人想及上帝或魔鬼。"在宗教领袖所作的如此声明中，他们对改进道德生活所做的神学上的修正，不免表示失望，因此我们必须允许他们的夸大其词。人不会比以前好得更多，假如我们可以相信牧师的话，在以后的世纪里，人也不会比现在好得多。根据他们的方式，我们可以在我们的时代里找到16世纪的所有罪恶，而在他们的时代里找到我们所有的罪恶。

与此同时，天主教和新教已建立并加强了两个道德再生的焦点：婚姻或节制，教士行为的改进，及强调家庭为信仰和端庄的最后城堡。结果，宗教改革，即使过分了一点，也会真正地改革。终有一天，男女都会暗暗以羡慕的眼光来回顾这16世纪，在此时他们的祖先曾经如此的坏和自由。

礼俗

当时的人，就像现在，是以其礼俗而非道德来评断的。世人更容易原谅那些以最不低俗的优雅方式所犯下的罪恶。在此，就像大炮和神学之外的每件事情，意大利均居于领先的地位。和意大利人相比，阿尔卑斯山以北的人民，除了法、英有薄薄的上层脸皮，其他外观相当粗鲁。意大利人称他们为"野蛮人"，许多法国人陶醉于夺自意大利人的田庄和卧室，也同意他们的看法。但"野蛮人"渴望受到教化。法国的朝臣和娼妓，诗人和下毒者，追随意大利的模式；英国人则勤勉地跛行其后。

卡斯底里欧内的《科蒂尔》（*Courtier*，1528 年）于 1537 年被译成法文、1561 年译成英文，有礼貌地辩论绅士的定义。礼俗手册成为畅销书，连伊拉斯谟也写了一本。会话在法国成为一种艺术，就像以后在伦敦的美人鱼客栈一样——机巧应答的诀要与斗剑艺术约同时从意大利横渡阿尔卑斯山。会话在法国比在德国更为讲究：德国人以幽默来压服人，法国人却以机智来刺伤他。言论自由是这时代有力的媒介。

因为外表比灵魂更容易表现出来，北方的新贵过分注意衣着。普通人的衣着并不讲究——正如勃鲁盖尔（Brueghel）描写的群众一般：环状帽，袖子凸出的宽松短上衣，裤脚触到舒适鞋子的紧身裤子，具有以阴囊为中心的不雅结构——一种粗野的袋子，有时装饰鲜艳，挂在男人双腿交叉处之前。德国有钱的男人把他们的体格包封在很多层衣服里，头戴宽帽，帽子就像平顶屋状的薄煎饼。但德国女人除穿主妇或厨子服外，显然不穿其他的衣服。在英国，男人也比女士穿着更为精致，一直到伊丽莎白才以成千套的服装使男人相形见绌。亨利八世在服装的奢华方面立下了榜样，以色彩、装饰和珍贵物来美化自己。白金汉公爵在亚瑟王子娶阿拉贡的凯瑟琳时，"穿着由针工织成的长袍，覆以值 1500 英镑的黑貂上衣"。禁奢令禁止地位低于爵士的任何男人去模仿地位高于自己的人的华丽装束。英国妇女所穿的衣服从脖颈一直到地板，从袖子一直到腕，紧紧地裹着身体，其衣服边镶的毛皮，有宽带扣以金属装饰品，有时带着垂饰或念珠——所戴珠宝没有男人那么多。

在弗朗索瓦一世的鼓励下，法国女人敞开胸衣，展示丰满的胸部，袍背几乎开到最后一根脊骨。若天生的乳房膨胀不够，就把假乳塞在胸衣之下。胸部以下衣服拉得紧紧的，而腰部也勒得紧紧的，袖子拂动时像起大浪似的，隐藏的金属线则展开于裙后和裙边，高跟鞋使女人走起路来意气飞扬，步伐轻快。有地位的女人——其他则不可——允许其服装加上长裙或拖裙，地位越高越长；若尊贵有加，长度可达 7 码，其女仆或随从随侍其后握其裙摆。另一类的女人以用金属线硬撑着的襞襟盖住颈部，在正常的心理下把自己像机械般在颈上加上枷锁。约 1535 年，塞尔维特注意到"西班牙女人有穿耳，挂金耳坠（常镶有宝石）的习俗，这在法国被认为是野蛮的"。但 1550年，法国女人，甚至男人，也戴耳环了。珠宝继续受追捧。法国男人穿丝衬衣，绒紧身上衣，衬塞肩膀，用紧紧的有色骑马裤包扎其腿，用镶以丝带或饰以珠宝的袋形物来保护其男性的气概。颠倒 15 世纪的习俗，他们留短发去胡。女发式样之多，难以详述：结成辫子的、蜷曲的、网状的、填满假发的、饰花的、用珍珠装得艳丽夺目的、熏以油膏的、配合时尚而染上各种颜色的、在头上立起高塔或金字塔的。美容师在当时是时尚贵妇不可或缺的人物，因为变老似乎比死更可怕。

在服饰底下，身体干净不干净呢？一本 16 世纪的《青年女士指南》（*Introduction pour les Jennes Dames*）说到"女人不注意保持自己的清洁，除了见得到的地方之外，在内衣底下……一直很脏"，而犬儒派的谚语认为"除了脸和手之外，其他部分洗得较多的唯一女人是娼妓"。也许清洁随不道德而俱进，因为当女人展露其肢体给人看或给许多人看时，清洁就扩大其范围了。常常洗澡，尤其是用香水洗澡，特别是在法国，已成为良好礼仪的一部分。公共浴室随着家庭浴室的增加而减少，而这些家庭浴室通常没有自来水，用钵或浴盆取水。13世纪欧洲的十字军传入的蒸汽浴，整个 16 世纪很盛行。

在新教土地上，家庭几乎取代了教堂作为宗教崇拜的中心。父亲权充牧师，带领全家人做每日的祈祷、阅读《圣经》、诵读诗歌，而母亲则教小孩子教义问答。在中产阶级里，安慰随虔信而来。把支架和木板合起来，发展成完整的桌子，把凳子、褥垫发展成装有套面的椅子，而有雕刻和天篷的四柱床成为道德稳定和生活富足的象征。家具、盘碟、柴架、厨具做得发光、耐用，以供世世代代之用。锡铝合金制品代替了木制大浅盘，锡或银制的匙代替了木制匙。

人多屋大。女人几乎每年生产，但常养不活，婴儿死亡率很高。约翰·科莱特是 22 个小孩中年纪最大的一个；他 32 岁时，所有其他孩子都死了。纽伦堡画家安东·科尔格有 25 个孩子，其中好像只有 3 个成年。要使家庭圆满，家中宠物几乎与子孙一样多。鹦鹉已自西印度传入，来自印度的猴子是家中珍爱之物。有完整的文献教妇女和孩子照顾狗和鸟。

餐食浩大。蔬菜初受轻视，后来才渐渐地被人们接受，包心菜、胡萝卜、莴苣、大黄、马铃薯、赖马豆、草莓当时已普遍食用。主餐在上午 11 点吃，晚餐延到 7 点钟——阶级越高，时间越迟。啤酒和葡萄酒是每餐——甚至是早餐——的主要饮料。托马斯·莫尔的主要特征之一是他喝水。约 1550 年，西班牙人从墨西哥传入巧克力，当时咖啡仍未自阿拉伯渗进西欧。1512 年，诺森伯兰公爵允许家眷每人——甚至 8 岁大的男孩——每餐后喝一夸尔的麦酒。16 世纪时，英国中部考文垂的平均消耗麦酒量是每一个男人、女人和孩子每天一夸尔。慕尼黑的酿酒坊早在 14 世纪就很有名了。在英国酗酒不会带来恶名，直到"血腥玛丽"才受到抵制。在德国，它仍很盛行。法国人喝得不凶，可能因为气候没那么冷。

尽管贫穷和受压制，许多生活上的风雅仍然继续。即使穷，也有花园。驻君士坦丁堡的神圣罗马帝国大使贝斯贝奇于 1550 年首次带进西欧的郁金香，成为荷兰全国的宠物。在英国和法国，乡间别墅成为众所喜爱的时尚。乡下人仍有季节性的节宴——五月节、收获节、万圣节、圣诞节及许多其他的节宴。国王本人参加五朔节，用花冠替自己加冕。富人的娱乐有时为穷人提供了令人兴奋的化装游行，就像 1548 年亨利二世以隆重的仪式进入里昂时的情形一般，而平民则在远处以恭敬的态度观看着领主们参加马上长枪比武竞赛——直到在狄安娜的国王死后，这项运动不再时兴为止。亨利八世的时代过渡到伊丽莎白时代时，宗教的游行变得更趋于异教。而在欧陆，放荡的道德允许裸女在化装游行中扮演历史或神话上的人物。丢勒承认他自己于1521年被安特卫普表演的这些节目迷醉。

　　游乐的种类繁多。拉伯雷仅开列名称，其中有的是真的、有的是想象的，就写满一章节；而勃鲁盖尔在其一幅画中，也几乎列出上百种项目。耍熊、斗牛、斗鸡，为百姓所喜；足球、保龄球、拳击、角力等则为锻炼青年，驱其邪气；单在巴黎一城就有250个网球场供16世纪的贵族名门使用。各阶层的人都打猎、赌博。有些贵妇掷骰子，有些主教玩牌赌钱。哑剧演员、卖艺者和演员漫游于乡间，为领主和皇室表演。在家里，人们玩牌、棋、西洋双陆棋和20多种其他游戏。

　　在所有消遣中，最为人所喜爱的是舞蹈。拉伯雷说："宴后，他们都瞎闹在一起，到多柳的小树林去，在那里配合着愉快的笛声和悦耳的苏格兰风笛，在草地上跳舞，他们跳得多么庄严，就像是甜蜜而来自仙境的运动。"在英国的五朔节，乡下人也围聚在悦人的5月花彩柱四周，跳着他们快活的村野韵律，然后，显然是沉溺于亲密中，此情此景不由令人想起罗马的花节——花神之节。亨利八世治理下，五朔节游戏常包括摩尔舞（化装舞蹈），该舞是从西班牙的摩尔人传下来的一种西班牙的轻快三步舞加上响板的舞蹈。牛津、剑桥的学生跳舞跳得太疯狂，以致乌克汉姆的威廉禁止这种狂欢的行为在学校礼拜堂附近举行。路德赞成跳舞，特别喜爱"舞伴相互友善地鞠躬、拥抱和开心地旋转的方步舞"。那位严肃的德国学者、宗教改革家梅兰希顿也跳舞。16世纪，在莱比锡，城里的父亲们定期举行舞会，以允许学生"和大企业家、参议员和市民的值得尊敬和高雅的女儿们相识"。查理六世常在法国王宫中开芭蕾舞会。美第奇的凯瑟琳把意大利的舞蹈家带入法国来，在那里，舞蹈发展成一种新贵族的形式。让·塔布罗（Jean Tabourot）在关于最古老的艺术的一本书中说："练习舞蹈，以便看看情人是否健康及是否互相适合。舞罢时绅士可以吻情人，以便能肯定她是否有怡人的呼吸。以这种方式……对于社会上的良好治理而言，跳舞是有必要的。"因舞蹈的盛行，音乐从声乐及合唱的形式发展成为器乐的作曲，而器乐成为我们时代最重要的艺术。

第六章 ｜ 音乐
（1300—1564）

乐器

在这几个世纪中，音乐的流行调和了历史赋予的沉郁的调子。由于宗教改革的激动和痛苦，我们常常可以听到人们在唱歌。有激情的印刷（出版）商人埃泰内·多雷特（Étienne Dolet）说："我不喜爱食物、游戏和爱情的乐趣；只有音乐……俘虏了我，把我握得紧紧的，把我融化在狂喜中。"从女童音或完美的笛声产生的单纯的调子，到德普瑞（Josquin Deprès）或帕莱斯特里纳（Palestrina）的多音旋律配合法，每一民族和阶级都用音乐来救赎重商主义和神学。不但每个人都唱，弗朗西斯科·兰蒂诺（Francesco Landino）甚至抱怨每个人都作曲。在快乐或感伤的乡间民歌与教会庄严的大弥撒曲之间，上百种的音乐形式增添了舞蹈、芭蕾、宴享、求爱、求宠、游行、化装游行、表演和祈祷等的和谐，全世界都在唱歌。

安特卫普的商人每天由乐队护送到商业交易中心。国王们研究音乐，把它当作文明的标记和源泉。西班牙的阿方索十世努力不倦而虔诚地收集献给圣母的歌曲《圣玛利亚》。苏格兰的詹姆斯四世用翼琴和鲁特琴向玛格丽特·都铎求婚；法国的查理八世远征意大利时带皇家歌咏队同行；路易十二在皇家歌咏队里唱男高音；利奥十世作法国曲；亨利八世和弗朗索瓦一世在财势方面用对抗性的歌咏队互献殷勤、互相挑战。路易斯·米兰把1540年的葡萄牙描写为"真正的音乐之海"。匈牙利国王马蒂亚斯·科尔文努斯在布达的宫廷中有个歌咏队，其规模与教皇的相当，在西吉斯蒙德二世治下的克拉科有个音乐学校。德国在路德年轻时，歌兴大发。亚历山大·阿格里科拉于1484年写道："在海德堡，我们有很多歌手，其领袖为8或12个声部作曲。"在美因茨、纽伦堡、奥格斯堡和其他地方，诗乐会会员继续卖弄渊博的学问来和旋律配合，装饰流行歌曲和《圣经》的章节。在欧洲，德国民歌也许是最佳的。在每个地方，音乐都是虔诚之锥、爱之饵。

这个时代的音乐几乎都是声乐，但伴奏的乐器就像现代管弦乐那样不同。有像拨弦扬琴、弦乐器、竖琴、扬琴、尚姆双簧管、笛、鲁特琴和维奥尔等弦乐器；有长笛、欧波、低音笛、小喇叭、伸缩喇叭、小铜喇叭和风笛等管盘乐器；有鼓、钟、拍板、钹和响板等打击乐器；有风琴、翼琴、大键琴、小瑟、小键琴等键乐器；还有很多其他的，其中有很多乐器因时代和地方不同而种类各异。每个受过教育的家庭都有一个或更多的乐器，有些家庭设有特别房间来收藏乐器。这些乐器常常是艺术珍品，制之者雕以爱怜，造以精心；拥有乐器的人视之为财宝和纪念物而世代相传。有些风琴设计的精致一如哥特式天主教堂的正面；因此为纽伦堡的塞巴尔杜斯基策（Sebalduskirche）和洛伦兹基策（Lorenzkirche）家族建造风琴的人百年而"不朽"。教堂里风琴是主要而非唯一的乐器；长笛、箫、鼓、伸缩喇叭，甚至是罐形鼓，也可能把召唤增加到崇拜上面。

最为人喜爱的单音伴奏是鲁特琴。像所有的弦乐器一样，它来自亚洲。随摩尔人传入西班牙，在西班牙成为西式的鲁特琴，升到独奏乐器的尊贵地位，最早为人所知的纯器乐乐曲即为之而作。通常其本体是由木头或象牙做成的，形状像梨，腹部穿洞成玫瑰花的形状。它有 6 根——有时 12 根——弦，由手拨响；颈部被黄铜的琴格分成适度的音阶，木栓盒则转到颈之背后去。如果漂亮的女孩手抱鲁特琴放在膝上，拨弹其弦，展歌喉以和其调，爱神丘比特就可能省却一支箭了。然而要使鲁特琴保持音调正确很难，因为经常的拉弦会使骨架歪曲，而有位见证者说，有位老鲁特琴师 80 岁的生涯中，60 年是花在调乐音上的。

维奥尔与鲁特琴的不同，在于其弦的伸张于弦柱上，而且用乐弓来弹动，但原理是相同的——拉紧的弦被击时产生的振动通过穿洞以加深音响的盒子。维奥尔有 3 种尺寸：大的低音维奥尔，放在双腿之间，像现代的低音提琴一般；小的次中音维奥尔，握于臂上；还有最高音维奥尔。16 世纪，次中音维奥尔发展成小提琴（Violin），18 世纪就不再使用了。

乐器方面，欧洲人唯一的发明是键盘，借着它间接打击琴弦，而非直接弹或用弓拉。最古老的形式是翼琴，初次使用于 12 世纪，一直到 18 世纪巴赫（Johann Sebastian Bach）才调整其音调；其中最古老的（1537 年）一架现存于纽约的大都会博物馆。15 世纪，大键琴变为较坚固的形式；这种琴可借压力的不同而改变音调；有时第二个键盘扩大了音域、音栓和联结器，给乐音带来新奇的效果。小瑟和小键琴是大键琴在意大利和英国的变种。这些键盘乐器，像维奥尔和鲁特琴，以其美和音调为人重视，构成了富有人家装饰优雅的要件。

乐器在音域、音质和操作的复杂方面有所改进时，要演奏成功需要越来越多的训练与技巧，不杂人声的器乐演奏，听众越来越多，艺术鉴赏家因风琴和鲁特琴而出现。纽伦堡的盲风琴师康拉德·保曼（Conrad Paumann），优游于各朝廷之间，表演超群的独奏，使他获得爵士之衔。如此的发展鼓励了单为器乐本身作曲。15 世纪，几乎所有的器乐都显然用来为声乐或舞蹈伴奏，这一时期的有些画却只显示音乐家的演奏，而不见有人歌唱或舞蹈。现存最老的器乐谱是康拉德·保曼所写的《作曲基础》（*Fundamentum Organisandi*，1452 年），主要是作为风琴演奏的指南，但也有几首独奏曲。奥塔维亚诺·德佩特鲁西（Ottaviano dei Petrucci）把活字版应用于乐谱的出版（1501年），降低出版器乐及其他乐谱的价格。为舞蹈而作的乐谱适合独立的演奏，因此舞蹈影响作曲；为一系列的舞蹈而作的"乐章"组曲引生交响乐和室内乐的四部合奏曲，其音部有时仍保留舞蹈之名。鲁特琴、维奥尔、风琴和大键琴较适合于独奏或管弦乐演奏。阿尔贝托·达·里帕（Alberto da Ripa）在弗朗索瓦一世和亨利二世的宫廷做鲁特琴手，其闻名的程度，使法国的诗人在他死时（1551年）对着他的遗物唱起挽歌来。

佛兰德斯人的音乐成就（1430—1590）

人们的歌舞是一种发自内心的艺术表现，非宗教音乐形式的起源，音阶和主题即渊源于此，甚至弥撒曲也可能是由《情人再见》（*Adieu mes Amours*）之类的小调发展而成的。法国歌曲的范围包括坊间歌手的轻快故事歌和游吟诗人的民歌、纪尧姆·马肖（Guillanme de Machaut）和德普瑞复杂多音的赞美诗歌。

马肖（约1300—1377年）是新艺（ars nova）的领袖。这是一种把双重韵加到三重韵的音乐，三重韵是旧艺（ars antiqua）和教会认可的。马肖是诗人、学者、音乐家、理姆斯天主教堂的教士，可能也是一位多情人，因为他写了一些多情的抒情诗，至今读来依然热情洋溢。他精于十多种音乐形式——民谣、圆舞曲、一节二韵诗曲、经文歌曲、弥撒曲；我们把不知是谁作的最古的多音弥撒曲归到他的头上。他虽然是个基督教士，却参与了多音音乐世俗化的运动，将多音音乐从经文歌曲和大弥撒曲的正统韵律导向较自由、较柔顺的俗歌（cantilena）。

在这几个世纪里，英国人是音乐的民族。他们不和意大利人在旋律上争胜，也不和佛兰德斯人在多音上争长短，但他们的旋律有时会触及温柔灵敏的心，这就只有最深沉的法国歌才能媲美了。英国歌手在康斯坦茨会议中曾受到喝彩，而在那个时代，阿让库尔（Agincourt）的英雄亨利五世写了一个弥撒曲，其中的颂乐和《圣哉》（Sanctus）赞美曲保存至今。约翰·杜恩斯塔伯勒（John Dunstable，约1370—1453年）所作之曲从苏格兰到罗马处处可闻，而在佛兰德斯派的形成中扮演了重要角色。

正如佛兰德斯人在15世纪为绘画立下榜样，在繁荣的环境和爱好艺术的贵族及自治公民的支持下，音乐在此地也充满活力。约1490年，约翰尼斯·维尔威里（Johannes Verwere）写道："今日，撇开数目众多的名歌手不论，我们有正在激增的为数众多的作曲家。"其作品"在创作愉快的声音上极为出色；看到或听到他们的曲子我没有不喜悦的"。在天才和善行方面，时人可能已把杜法伊、奥克赫姆、德普利斯等人列入和让·万·埃克、克劳斯·斯鲁特尔、罗希尔·威伊顿差不多相等的地位。在佛兰德斯的多音音乐中，西欧使哥特式艺术的最后一面表现在生活中：宗教上的虔信受到世俗乐趣的调和，形式方面的基础和结构坚固，但在发展和装饰上脆弱而纤细。即使对哥特式艺术怀有敌意的意大利和西欧，也共同承认佛兰德斯人在音乐上的卓越成就，而从佛兰德斯找来音乐大师为主教的歌咏队和领主的朝廷效劳。马克西米里安一世皇帝，迷醉于布鲁塞尔的音乐，仿效兰德斯的风格在维也纳组了一个歌咏队。查理五世把佛兰德斯音乐家带到西班牙；斐迪南大公爵也带了一些音乐家到奥地利，克里斯蒂安二世带了另一些音乐家到丹麦。韦内蒂安·卡瓦洛（Venetian Cavallo）说："音乐的源泉在尼德兰。"由于这些佛兰德斯人优越的成就，专业性的音乐跨越了这一时期狭窄的民族主义的束缚。

纪尧姆·杜法伊是领导人物。生于埃诺（Hainau，约1399年），在坎特伯雷天主教堂被训练成男歌咏队指挥后，到罗马的西斯廷小礼拜堂演唱，然后回到坎特伯雷，使当地的唱咏队闻名世界，他在那里所作的弥撒曲在拉丁基督教国家的各音乐中心到处盛行。那时所残存的那些弥撒曲，对适应现代生活之轻快敏捷的耳朵而言，听起来沉重而缓慢，但它们可能已极为适合于庄严的天主教堂和严肃的教皇歌咏队。畅快而忧郁的多音歌曲——听上去让人感觉昏昏欲睡，超过我们的心境（非我们所能接受）。我们可以想象一个穿着长袍的合唱队在坎特伯雷、伊普尔、布鲁塞尔、布鲁日、根特或第戎等地的哥特式厅堂唱着这样的歌，我们感觉到其建筑、绘画、服装、音乐和温暖多彩而壮丽的时代的礼俗构成了一个和谐的艺术整体，而其本身则在一普遍的主题之下产生了许多变化。

有一位音乐导师，也许堪称历代最具影响力的一个，进一步发展了杜法伊的方法，并将之传于全欧。这个人是约翰尼斯·奥克赫姆，生于佛兰德斯（约在1430年），大部分时间花在为法国的宫廷提供音乐和音乐教育。他的特别兴趣在于"轮唱曲"——一种遁走曲，在这种乐曲中，第一声部唱出的歌词与旋律，经过几小节后，由第二声部重复，然后第三声部，如此类推，使用流动的对位法，其煞费苦心与复杂之处，考验了歌手却迷住了作曲家。这些作曲家来自各天主教国家，跟他学习，也带走了他的技巧。一个老史学家写道："经过他的学生，这种对位法和多音'轮唱曲'的'艺术'，被移植到所有国家；他应该被认为——因为可以从（风格的）谱系来证明——是从当时到现代各乐派的创始人。"但因为这段文字写于1833年，奥克赫姆对20世纪的音乐无须负责任。他死时（1495年），欧洲的音乐家写了经文歌曲来纪念他，伊拉斯谟也写了"哀歌"来纪念他。

他的学生成为下一代音乐上的领袖。从埃诺来到巴黎，德普瑞花很多年向奥克赫姆学习，然后以"教堂歌咏队大师"的身份服务于佛罗伦萨、米兰和费拉拉。他为艾尔科利一世公爵写了一首哀怜曲，该曲不久传遍整个西欧。在西斯廷小礼拜堂的歌咏队服务6年之后，他回到巴黎（1494年），以"小教堂大师"的身份为路易十二世服务。他最高贵的作品之一是《约翰尼斯·奥克赫姆的悲痛》，乃其亡师的挽歌。有一段时间，他用轮唱曲的风格作弥撒曲和经文歌曲，像数学中的数列与调和问题那样堆积了各种声音。他的技巧臻于完美、在"艺术音乐"上达到公认的无上地位时，他开始厌倦技巧，而以较单纯的和谐风格来写经文诗曲、赞美诗歌和俗歌，在这种风格中，音乐跟随歌词，使歌词的含义明朗起来，而非以多变化的轮唱曲来折磨歌词，或把一音节扩展成一首歌。师徒两人死后，习惯上人们称奥克赫姆为音乐艺术的多纳泰洛，称德普瑞为音乐艺术的米开朗基罗。

　　法国宫廷把音乐培养成财富和权力下最优雅的花朵。有一幅约作于 1500 年的可爱的绣帷（缀锦画，现存于巴黎戈贝林斯奥克赫姆博物院）画着四个女人，三个青年和一个秃头僧侣在花园里，围着喷泉；有个小男孩弹鲁特琴，一个女孩弹着维奥尔，一沉着的贵妇弹着手风琴。法国诗人有意要大家唱他们的抒情诗歌；皇家学院会员则献身于增进音乐和诗的统一；即使是现在，缺少其一似乎就是不完善的。德普瑞的学生克莱门特（Clément Jannequin）精于写意性的歌，他的《云雀之歌》（1521 年）迄今仍传世界各地。

　　西班牙音乐反映了人民的虔信与风流。在阿拉伯、意大利、普罗旺斯、法国和佛兰德斯人的相互影响下，这个艺术的范围包括从忧郁的摩尔单音曲到具有佛兰德斯风格的庄严多音弥撒曲。16 世纪最伟大作曲家之一的克里斯托巴尔·莫拉勒斯（Cristóbal Morales），把多音曲带到极高的和谐之境，并将其艺术传给他的更为有名的学生托马斯。与阿拉伯的传统对比，他写出了正好适合鲁特琴演奏的歌曲。路易斯·米兰和米格尔·德富恩拉纳（Miguel de Fuenllana）都为西班牙式的鲁特琴作曲并演奏，这些歌曲在种类和气势方面堪与德国的抒情歌抗衡。

　　意大利被佛兰德斯音乐家征服的情形一直继续到帕莱斯特里纳的兴起。亨利希·伊萨克（Heinrich Ysaac）专心于佛兰德斯的对位法艺术后，被洛伦佐·美第奇带到佛罗伦萨城去教马格尼菲科二世的孩子；他在那里住了 14 年，为洛伦佐的歌词配曲。受到法国侵略意大利的干扰，他转而服侍在因斯布鲁克（奥地利西部城名）的马克西米里安，在那里他参与德国抒情歌的创作。1502 年，他回到意大利，他以前的学生（即当时的皇帝利奥十世）供他以年金。他的弥撒曲、经文歌曲和歌——尤其是他所有的《忠贞合唱圣歌曲》，是为整个宗教年节的弥撒圣事所作的 58 首四部曲——被列入当时最佳音乐之林。

奥兰多·拉索（Orlando di Lasso）把佛兰德斯派带到了艺术境界的最高峰，其成功的生涯说明了文艺复兴时期音乐家影响势力的范围和日见增长的社会地位。他小时候在家乡埃诺参加儿童诗班，歌声令人迷醉，以致希望利用他的歌声谋利的人，曾两度把他掳走，终于 15 岁（1545 年）时，他的父母允许斐迪南·贡萨加（Ferdinand Gonzaga）把他带到意大利去。23 岁时，他成为罗马的圣约翰教堂的歌咏队男指挥。1555 年，他定居安特卫普，并出版了《意大利重唱歌曲第一集》，采用佛兰德斯对位法而创作的世俗抒情歌。同一年，他出版了意大利村歌、法国歌及四个宗教经文歌曲的杂集，此集反映出奥兰多·拉索踌躇于世俗享乐与旋律的悔悟之间的明智。从他呈献给波尔红衣主教和格兰威勒（Granvelle）红衣主教的经文歌曲中，我们可以看出他在安特卫普的处境。也许是格兰威勒安排这个青年作曲家的工作，使他负责指挥慕尼黑的公爵歌咏队（1556 年）。这位作曲家开始像喜爱意大利那样喜爱巴伐利亚，他从巴伐利亚娶得太太，然后为巴伐利亚公爵服务到死。

奥兰多·拉索好比是 16 世纪的快乐的莫扎特，后者的作品有 626 首，而奥兰多·拉索加倍。他因详论现行音乐形式的音域而享誉欧洲。对优雅的恋爱情歌、热情而轻浮的法国歌和神秘而虔信的弥撒曲，他似乎样样精通。1563 年，他被任命为乐团指挥。他为阿尔伯特五世作的 7 首悔颂歌配曲。公爵仰慕他的曲子，派艺术家转写在羊皮纸上，饰以彩饰画，用红色的摩洛哥羊皮装订成两册对开本，这两册画本目前是爱好艺术的慕尼黑图书馆所有藏品中最受重视的画本之一。

全欧洲都以金钱来贿赂这一颗新星。他访问巴黎（1571年）时，查理九世每年要给他1200利维尔，希望他留下来，他拒绝了，但献给查理和美第奇的凯瑟琳一本法国歌，布朗托姆说该歌集是巴黎所听到的最富旋律美的歌集。一首歌颂法国首都爱好正义与和平的歌在圣巴托罗缪节大屠杀之前一年演出。回到慕尼黑，他把一本包含拉丁经文歌曲、意大利情歌、德国抒情歌和法国歌的歌集献给富格尔家族的人。1574年，阿尔伯特公爵出资供他游历罗马，献给格列高利十三世一册弥撒曲集，又接受了金刺马钉勋章。即使是上帝也重视他的奉献。1584年的圣餐节，由于被一场严重的风暴雨威胁，例行的全慕尼黑街道的宗教游行被取消了，他的经文歌曲《请看上帝多仁慈》由歌咏队唱出时，竟雨过天晴了。此后每年的圣餐节，都唱这首曲子来求神庇佑风调雨顺。

1585年，年迈而悔悟的奥兰多·拉索出版了《情歌第五集》，用他的曲式来表达属灵的主题，每首都是他动人的作品之一。5年后，他的心智开始衰退，不再认得出他的太太，所谈者除死、最后审判和增薪外几无他事。他接受了增薪，死于成功和神志不清中（1594年）。

音乐与宗教改革

宗教改革是音乐、神学、礼仪、伦理和艺术的革命。天主教的礼拜仪式是贵族式的，这种庄严仪式以不可侵犯的传统为基础，而且在语言、祭祀、象征和音乐方面毫不掩饰地居于人民之上。基于这种精神，教士团把自己定义成教会中以人民为羊群，可用神话、传统、布道、戏剧和所有艺术来牧养的有道德和获解救的人。基于这种精神，弥撒是一种秘密的宗教仪式，一种牧师与上帝奇迹的交通，而弥撒曲是与崇拜者分开的牧师与男歌咏队员所唱的。但在宗教改革时期，中产阶级维护自己；人民成为教会，教士团成为他们的牧师，本国的方言成为礼拜式的语言，音乐需是易领悟的。会众先取得了主动的角色，最后又取得了领导的地位。

路德爱音乐，欣赏多音和对位法，1538 年，他热诚地写道：

> 自然的音乐受到艺术的磨炼和润饰，人便开始以惊讶的眼光看到上帝伟大和完美的智慧出现于奇妙的音乐作品中，那里有一单纯的声部，而三、四或五个其他声部，像在天堂跳方步舞，围绕着那一声部唱着、跳跃着，增添那单纯的声部神妙……不能发现这种不可言喻的上帝神迹者确是一个笨瓜，不值得被当作人。

与此同时，他渴望音乐能用歌声与信仰的融合来打动人心。1524 年，他与选帝侯"智者"腓特烈的乐团指挥约翰·瓦尔特（Johann Walther）合作写出第一本《新教赞美诗》，增订和修订了好几次。歌词部分取自天主教圣歌，部分取自德国诗乐会歌集，部分取自路德自己粗鲁的诗笔，部分取自变成宗教主题的民歌。路德说："魔鬼无权听所有好听的调子。"有些音乐是路德写的，有些是瓦尔特的，有些是从流行的天主教歌词配曲改编而成。路德派教会有一世纪之久一直把多音弥撒包括在其礼式中；但渐渐地，拉丁文被方言取代，弥撒的角色减少，会众所唱的歌扩大了，歌咏队的歌从对位法移向较易的和声曲，音乐遵从并解释字义。从路德及其助手所作的伴奏《福音书》故事叙唱调的诗班乐曲，产生了 18 世纪高贵的新教教会音乐，并在亨德尔（Handel）的圣乐和巴赫的弥撒曲、圣乐和合唱赞美诗中达到顶点。

并非所有新教的创立者都像路德那样喜爱音乐。茨温利本人虽是音乐家，却把音乐排除于宗教仪式之外，加尔文除了会众所唱的单音曲外，禁止唱任何教会的音乐。但他允许家庭的多音合唱曲，法国的加尔文教徒却从多声部的圣歌和赞美歌的家庭合唱中，得到力量和勇气。克莱门特·麦罗把诗篇译成法文时，加尔文如此喜爱，宽恕了克劳德为歌词所作的多音配曲，而这一新教作曲家在圣巴托罗缪节大屠杀中被杀的事实，反而使他的赞美诗集加倍地成为神圣的书。克莱门特之后一个世纪，一位天主教的主教对这些译文和配曲在法国的宗教改革中所扮演的角色表示羡慕。"在法国新教徒中，背诵这些诗篇是教友友谊的象征；在人数很多的城镇里，可听到艺匠口里唱着，在乡下，土地的耕者口中也哼着。"宗教音乐的平民化，划清了宗教改革的地界，解放的快乐之歌因而遮掩了信仰的黑暗。

圣乐作曲家帕莱斯特里纳（1526—1594）

如同赞助其他的艺术一样，天主教会仍是音乐的主要赞助者。阿尔卑斯山之北，天主教音乐沿着佛兰德斯派所定的路线发展。这种传统因奥地利的亨利希·伊萨克和巴伐利亚的迪·拉索而加强。路德曾致信路德维希·森夫尔（Ludwig Senfl，1530年），恭维他在慕尼黑作的曲子，并赞扬该地的公爵，因为"他们栽培和敬重音乐"。

西斯廷礼拜堂的歌咏队仍是十四至十五世纪各国国王和领主建立其"礼拜堂"的模范。即使是在新教徒中，音乐作品的最高形式也是弥撒曲，而其无上的光荣是被教皇的歌咏队唱出。歌手最高的野心是加入该歌咏队，而该歌咏队因此能够拥有西欧最好的男歌者。阉人首次被允许参加西斯廷歌咏队约在1550年，不久有些阉人出现在巴伐利亚的朝廷。男孩子被劝说最高音是比生殖力更为伟大的资产，经同意后，他们的去势被执行了。

教会仍很保守，在仪式方面拘泥的程度甚于对信仰的固执。相反，作曲家厌倦于旧的模式，就像他们在各个时代均抱着这种态度，而实验无疑是他们的艺术生命。经过这些世纪，教会挣扎着要阻止新艺的实现和佛兰德斯派对位法达到精妙境地，避免削弱大弥撒曲的尊严和壮观。1322年，教皇约翰二十二世发出一道严厉的训令反对音乐的新异和装饰，并命令弥撒乐曲必须固守齐音平白的歌曲——以格列高利的歌为基础，只允许崇拜者能理解并足以加深虔诚，而非分散其虔诚的和谐韵律。此法被遵守了一个世纪之久；后来被打破了，因为有些演唱者比所写的低音部唱高了八度；这种错的低音（faulx bourdon）在法国成为众所喜爱的诈术。弥撒乐曲的复杂性再度发展。五、六或八个音部出现于逃遁曲和对位法中，仪词以职业性的混乱方式紧紧地跟在一起，或被歌手随兴插入的花腔压制。修改通俗曲调成为弥撒曲的习俗，导致俗字插入神圣的经文。有些弥撒曲因为其世俗的起源而为世人熟知，像《情人告别弥撒曲》、《丛林阴影下的弥撒曲》。开明的伊拉斯谟本人如此地厌恶"艺术弥撒"的做作，在他出版的《新约》里附注说：

> 现代教会乐曲如此的结构，使会众无人能听清一个字。歌咏队员本人也不了解他们所唱者为何……圣保罗时代并无教会音乐。那时的歌词听来平白易解。现在的歌词毫无意义……人们离开工作上教堂去听比希腊、罗马戏院所曾听到更多的噪音。人们必须赚钱来买风琴和训练男孩子哇哇叫。

在这方面，天主教会里的改革派同意伊拉斯谟的看法。维罗纳的主教吉伯提禁止他教区里的教会使用情歌或流行曲调，而摩德纳的主教莫罗内禁止所有"藻饰"的音乐——即饰以煞费心机的动机或主题的音乐。在特伦特会议中，天主教的改革者力促排除多音的乐曲于教会仪式之外，而回复到格列高利单音曲调。教皇庇护四世袒护帕莱斯特里纳的弥撒曲可能挽救了天主教多音乐曲的命运。

帕莱斯特里纳的名字取自罗马近郊平原的一小城，该城在古代以"Praeneste"之名列入历史。1537年，我们发现11岁的他列名于罗马的圣玛利亚·马焦雷教堂的歌咏队中。他被任命为其故乡天主教堂的歌咏队指挥时，还不到21岁。如此建立基础之后，他和一个名叫路克莱西亚·戈利斯（Lucrezia di Goris）的小有资产的女子结婚（1547

年）。帕莱斯特里纳在教皇尤里乌斯三世登基后，被带到罗马，教皇任命他为圣彼得教堂的朱利亚歌咏队的首领，那地方是把歌手训练成西斯廷礼拜堂的歌咏队员的。这位青年作曲家把他的《弥撒曲第一册》献给新教皇（1554年），其中有一首是用三部对位来伴奏另一平白的声部。教皇很喜欢这些弥撒曲，提拔他为西斯廷歌咏队员。已婚的男人居于僧侣组成的团体，似乎是不合规定的，这激起了某些人的反对。尤里乌斯死时，他正要献上一本情歌集（1555年）。

马尔塞鲁斯二世在升任教皇后仅21天就死了。为了纪念他，这个作曲家献上（1555年）他著名的《马尔塞鲁斯教皇弥撒曲》，此曲直到1567年才以此名出版。缺乏变通而又服膺清教徒原则的教皇保罗四世，把西斯廷礼拜堂歌咏队三位已婚队员革职，每人给予极少的年金。帕莱斯特里纳很快地被任命为圣约翰教堂的歌咏队指挥，这个职位虽足以糊口，却不足以赞助他出版音乐作品的费用。随着庇护四世登位，教皇的恩宠回来了。帕莱斯特里纳为耶稣受难日礼拜仪式所写的《谴责曲》（*Improperia*）给庇护四世很深的印象，从这时起，这部作品成为西斯廷礼拜堂耶稣受难日礼拜仪式正规的一部分。他的婚姻仍使他被排除于西斯廷礼拜堂歌咏队之外，他的地位却随着被任命为圣玛利亚·马焦雷的歌咏队指挥而升高了。

一年后，重聚的特伦特会议提出调整教会音乐以适应新改革精神的问题。禁止多音的建议完全不被接受；反而通过一妥协方案以力促教皇当局"把所有……介绍不纯或淫荡的音乐排除于教会之外，以便上帝之屋的确就是……祈祷者之屋"。庇护四世任命8个红衣主教组成委员会在罗马教区履行这项法令。有个风趣的故事说，当委员会的委员红衣主教求帕莱斯特里纳作一弥撒曲，该曲要表现多音与虔诚的完全调和时，委员会正要禁止多音；帕莱斯特里纳写了，有个歌咏队为委员会唱了三首弥撒曲，其中之一是《马尔塞鲁斯教皇弥撒曲》，在这些曲中宗教升华与精练的音乐艺术之深沉完美统一，使多音免于受谴责。不过，《马尔塞鲁斯教皇弥撒曲》已有10年之久，而帕莱斯特里纳与这个委员会的唯一联系是获取年金。我们仍相信帕莱斯特里纳呈献于罗马歌咏队的音乐——忠于字义，避免世俗的动机，使音乐艺术隶属于宗教意向——在导致委员会批准多音音乐方面扮演重要的角色。帕莱斯特里纳为教会所作的乐曲免除了乐器的装饰，几乎始终用礼拜堂的风格——即只为声乐——而作，这是多音音乐的另一次额外争论。

1571 年，帕莱斯特里纳再度被任命为朱利亚礼拜堂的歌咏队指挥，留任至死。同时，他以控制不住的多产方式作曲——总共作了93 首弥撒曲、486 首唱和曲、供献歌、经文歌曲和颂歌，及很多的情歌。其中有些是关于世俗的主题，年迈时他甚至把这种曲式转用于宗教的目的。他的《精神情歌第一集》（1581 年）包括他的最美的一些歌曲。个人的不幸可能反而促使他创作出更好的音乐。1576 年，他的儿子安吉罗死了，留给他两个可爱的孙子让他照顾，几年后这两个孙子也都死了。另一个孩子约死于 1579 年，而 1580 年他太太的死使这位作曲家想出家。然而在一年内他又结婚了。

其作品量与质的惊人成就使他升到意大利（若非全欧的话）音乐领袖的地位。他的《所罗门之歌的 29 首经文歌曲》（1584 年）、《耶利米亚的哀悼曲》（1588 年）和《圣母悼歌及其赞美歌》（1590 年）增强了他的名誉和不屈不挠的力量。1592 年，他的意大利同行共同呈献《晚祷颂歌集》（*Collection of Vesper Psalms*）来赞扬他为"所有音乐家的共同祖先"。1594 年 1 月 1 日，他把《精神的情歌第二集》（*A Second Book of Spiritual Madrigals*）呈献给托斯卡纳的女公爵克里斯蒂娜，再度把宗教的虔诚与音乐的造诣结合起来。一年之后他死了，终年 69 岁。在他的墓碑名字下刻着他所获得的头衔——音乐的王侯（*Musicae Princeps*）。

除非我们自己在宗教的情绪中，身历其境地听到他那作为庄严仪式的一部分的音乐，否则我们不可期待时至今日还能欣赏他。而且，其技巧方面所留给我们的仍是惊讶多于感动。实际上，其时其境是不可能再回复了，因为它是天主教改革时期的音乐，一种反抗异教文艺复兴的肉欲享乐的严厉反应的沉郁调子。它是米开朗基罗的不朽超越拉斐尔、保罗四世取代利奥十世，罗耀拉排除班贝格，加尔文继承路德。我们当代的偏好是变更而易错的规范；而个人的口味——尤其是缺少技术上的能力、神秘主义思想和原罪的观念——要作为评判音乐及神学的标准，这个基础就未免太狭隘了。但我们可以完全同意：帕莱斯特里纳把他那个时代的宗教多音音乐带到了完美的境地。像大部分崇高的艺术家，在感情和技术的发展线上他站在最高峰；他接受了传统接着又完善它；他接受训练，然后通过这种训练把结构赋予音乐，以结构上的稳定对抗变化的风尚。一个现代人厌倦了管弦乐的响亮和歌剧的罗曼史，可能会在帕莱斯特里纳的音乐中再度发现情感的深度、和谐以及深而静的流动，更适于表达净化了理性与象征权力的精神的平和，再度谦逊而无畏地站立在湮没一切的无限之前。

第七章 | 拉伯雷时代的文学
（1517—1564）

书籍出版

古登堡之后，自我表现的冲动又增加了新的形式——出版的渴望。那是一种昂贵的愿望，因为那时为人所知的唯一版权，是政府或教会当局赋予出版规定的书籍的"独享特权"。这种赋予是特别的，没有出版商，即使在本国，也只能靠"盗印"而秘密出版。若书销路好，出版商常会给作者酬劳金；但足以赚到这些利润的通常是流行的罗曼史、魔术或神奇的故事和滥加出售的引起争论的小册子。学术作品能付得起出版费用的已是很幸运了。出版商鼓励作者把学术作品献给城邦或教会的显贵、富翁或领主，以期因赞美而得到赠礼。

印刷与出版通常由同一个公司包办，而经营的个人或家族是该城那个时代活力的动因。单因出版而成名者很少。巴黎的克劳德（Claude Garamond）的成名是因为他废弃德国印刷者采用的自手写体而发展出"哥特"体，并设计了（约 1540 年）以 9 世纪意大利人文主义者和阿尔迪内（Aldine）印刷所发展成的卡罗龙吉安（Carolongian）小写体为基础的"罗马"体。意大利、法国和英国的印刷者都选了这种罗马体；德国人固守其哥特体一直到 19 世纪，某些活字版仍承用克劳德之名。

在出版方面德国居于领导地位。巴塞尔、斯特拉斯堡、奥格斯堡、纽伦堡、维腾贝格、莱比锡、法兰克福和马格德堡有极为活跃的公司。出版商和书商每两年在法兰克福的博览会聚会一次，买卖书籍并交换意见。一家法兰克福印刷商出版了第一份报纸（1548年），分发于博览会中，报道的是最近的消息。克里斯托弗（Christopher Plantin）把他的装订所变成印刷店（1555年）时，安特卫普成为出版的中心，两年后他送了1200册书到法兰克福博览会。法国书商的中心是里昂，200个出版机构使该城有资格和巴黎竞争法国文化首都的地位。

出版家和人文主义者埃提内·多莱特是里昂的名人。他生于奥尔良，在巴黎受教育，他爱上了罗马作家西塞罗的作品；"我只同意耶稣和西塞罗"。听说在帕多瓦城的思想特别自由，他匆匆地赶到那里，并和怀疑论的阿威罗伊学派交换不敬神的警句。在图卢兹，他成为嘲笑天主教徒和路德教徒的自由思想群的灵魂人物。被放逐后，他到里昂，以诗文而小有名气，但在一次争论中他杀了一个出版家，于是逃往巴黎，在那里，纳瓦拉的玛格丽特使他获得国王的宽恕。他成为麦罗和拉伯雷的朋友，并常与之争吵。回到里昂，他成立了一家出版公司，专门出版异教的作品。罗马天主教裁判所传唤他，审问他，囚禁他；他逃了，但在他私访其子时被捕。1546年8月3日他被活活烧死。

法国出版界最有名气的是埃提内家族，他们称霸印刷界，有如富格尔家族支配财务界一样历久不衰。约1500年，亨利·埃提内在巴黎开设出版公司，其子弗朗西斯、罗伯特和查理继之，法国有希腊和拉丁古典名著最精致的版本应归功于这四个人。罗伯特编了《拉丁语文宝库》（*Thesaurus Linguae Latinae*，1532年），该书成为日后法、拉字典依据的标准。对于埃提内一家人而言，拉丁语是他们的第二语言；他们习以为常地在家庭生活中讲拉丁语。弗朗索瓦一世赞扬他们的作品，支持玛格丽特保护他们对抗巴黎的索邦神学院，而且在某个场合参加了集会于罗伯特的商店的学者小团体，一个有名的故事提到这位国王耐心地等着罗伯特改正紧急的校样。弗朗西斯提供一项基金，罗伯特以此雇用克劳德设计和铸造新的希腊字活字版，这个活字版精美得成为日后希腊文印刷的典范。索邦神学院不赞成国王与希腊主义调情，有位教授向国会（于 1539 年）警告说"传播希腊与希伯来知识，将促使所有宗教的毁灭"。又有一个僧侣说，至于希伯来文，大家"都知道学希伯来文的人立刻就变成犹太人"。在受到索邦神学院 30 年的困扰之后，罗伯特把他的出版公司迁往日内瓦（1552 年），就在那里，他在临死的那一年（1559 年），出版了加尔文的《基督教原理》来揭示他的新教倾向。他的儿子亨利·埃提内在巴黎出版了版本很美观的古典名著，并编了 5 册的《希腊语文宝库》（*Thesaurus Linguae Graecae*，1572 年）——该书是所有希腊字典中最为完备的，由此而大大地提高了家族的声望。他出版了《希罗多德的辩白》（*Apologie pour Herodote*，1566 年）招致索邦神学院的轻视，在书中他指出基督教奇迹与希腊难以置信的奇迹的对比。现在轮到他逃往日内瓦要求庇护了，但他发现加尔文教派和索邦同样不宽容。

这个时代的许多出版物是活字印刷术、雕刻术和装订的典范。15 世纪，半金属的笨重装订已为较轻而廉价的皮或羊皮纸的封面取代。法国 1534 年的财务部长把他的 3000 册书用上等摩洛哥羊皮装订得十分优雅，被列为现存最漂亮的书之一。私人图书馆这时为数甚多，公共图书馆也在许多城市开放：克拉科（1517 年）、汉堡（1529 年）、纽伦堡（1538 年）……在弗朗索瓦一世的治理下，查理八世收集的旧皇家图书馆从卢浮宫迁往枫丹白露，并充实了新的藏书和精美的装订本；大革命后，这个皇家图书馆变成了国家图书馆。许多寺院的书库被毁，也有许多落入私人手中，较有价值的典籍则流入公共书库。随历史失散的很多，许多有价值的仍被保存下来。

学校

大革命中，西欧教育制度一度被瓦解，这是很自然的事，因为那样的制度几乎完全效命于教会，天主教教士团对教育的控制若非受到破坏，则其影响力所受的挑战不会成功。路德谴责现存的文法学校只教学生"够恶劣的拉丁文使之能成为僧侣并能念弥撒……而终其一生仍是一个可怜的无知者，既不适合呵呵笑，也不适合下蛋"。大学，对于他而言，似乎是谋杀者的巢穴，古代火神的庙宇，腐化的会堂，地球上所曾出现过的……或可能出现的……没有一件会比之更为凶恶的了；他的结论是：大学"只值得化为尘土"。梅兰希顿基于大学正在把学生变成异教徒的理由而同意了他的看法。卡尔斯塔特，这位茨维考（Zwickau）的预言家和再洗礼派教徒，认为教育是无用的矫饰，危及道德，又有碍于救赎。这种看法很快地被父母们接受，他们舍不得付出费用让子女受教育。有些父亲说：既然次级教导主要用来引导学生作僧侣前的准备，而僧侣现在又如此不合时尚，送孩子上大学是不合理的。

宗教改革家曾期望，将城邦占用的教会财产总收入的一部分奉献出来建新学校，以取代那些修道院关闭后消失的学校。但路德抱怨道"诸侯和领主太忙于酒窖、厨房和卧室中高尚与重要的事业，以致没有时间"帮助教育。他写道（1524年）："在德国各省中，各地的学校都将毁灭。"1530年，他和梅兰希顿为德国大学的衰颓而哀悼。在欧福，学生入学人数从1520年的311名降到1521年的120名，再降到1524年的34名；在罗斯托克，从1517年的300名降到1525年的15名；海德堡在1525年教授人数多于学生人数；1526年，巴塞尔大学的学者人数只有5名。

路德和梅兰希顿努力修复这种伤害。在《致市长的书信》（1524年）中，路德恳求世俗当局设立学校。1530年，远远地超越他的时代，他建议初级教育应该强制执行，并由公家负担费用。对新教赞助下逐步重建的大学，他建议以《圣经》为课程的中心，但仍教拉丁文、希腊文、希伯来文、德文、法律、医学、历史和关于"异教或基督教……的诗人和雄辩家"的知识。梅兰希顿以复兴教育为其终生的事业。在他的领导和激励下，许多新的学校开设了。16世纪末，德国有300所学校。他为学校和大学的组织草拟了一个学校计划（1527年），写了拉丁文和希腊文文法、修辞学、逻辑学、心理学、伦理学和神学的教科书；为这些新学校训练了成千名教师。他的国家很感激地称他为德国的教育家。北德的大学一个接一个地在新教徒的控制之下产生了：维腾贝格、马堡（1527年）、图宾根（1535年）、莱比锡（1539年）、哥尼斯堡（1544年）、耶拿（1558年）。反对"正确、真实的新教教条"的教授或学生均被开除。加尔文派教徒被逐出路德派的学院，天主教掌握的大学仍拒收新教徒。一般而论，《奥格斯堡和约》之后，德国学生不准进入与其领主信仰不同的学校。

约翰尼斯·斯图姆（Johannes Sturm）在斯特拉斯堡设立了中级学校（1538年），并于同年出版了有影响力的论文《论正当地开设文科学校》，新教育大为跃进。像中欧的许多思想领袖一样，斯图姆从共同生活兄弟会中接受教育。然后他到卢万和巴黎，他在巴黎遇到了拉伯雷，巨人卡冈都亚关于教育的闻名信件，可能是他们相互影响的回音。在使"聪明的虔诚"变成教育的主要目标的同时，他强调研究希腊和拉丁语的重要。这种古典文学的彻底训练后来传到德国的中级学校，建立了一支学者军，在19世纪时翻搜穷研了古代的文献世界。

英国学校忍受宗教上的颠覆之苦甚于德国的学校。天主教堂、修道院、商会和附属礼拜堂的学校，在攻击教会的滥权和财富的狂热中融掉了。大部分大学学生是由以上的学校升上来的。1548年，牛津只有173名文科学士毕业，剑桥只有191名，而1547年和1550年，牛津根本无此类毕业生。亨利八世觉察到这一问题，但他对战争和婚礼的款项的需要，限制了他设立三一学院、剑桥和财政资助国王所设的神学、希伯来文、希腊文、医学和法律各种讲座。这一时期，私人慈善事业建立了克里斯蒂学院、基督教会学院、圣约翰学院、牛津的三一学院和剑桥的抹大拉学院。克伦威尔派往牛津和剑桥代表国王的皇家委员会（1535年），使其教职员和课程均受到政府的控制。经院派在英国的主宰权终于结束了。约翰·邓斯·斯各特的作品实际上随风四散了；教会法被置于一边弃而不用；希腊文和拉丁文的研究受到鼓励；课程大大地世俗化；但教条主义仍存在。1553年的法律要求所有攻读学位的候选人要赞同英国宗教条款。

在天主教的法国和佛兰德斯，大学的衰微不在于捐助或注册人数，而在知识上的活力和自由。新大学开设于兰斯、杜亚、里尔、贝桑松等地。卢汶大学在学生人数（5000人）和维护正统（即使教皇也认为是极端的）方面，和巴黎大学抗衡。巴黎大学有极多的注册人数（6000人），但它不再吸引数目相当可观的外国学生，也不再像13世纪鼎盛时期那样容忍新见解的传播。其神学院索邦的教职员支配其他的教职员，几乎使索邦成为该大学的同义词。神学和修订过的古典作品的课程，对于蒙田而言，似乎是遵照表面例行公事。拉伯雷永不厌于讽刺索邦经院派的拘泥形式和逻辑上的健身术——把学生的岁月浪费在细心地摆脱对实际生活关心的辩论上面。克莱门特·麦罗发誓道："我宁愿失去天堂的享乐，只要这些伟大的野兽——教授们——能不毁我的青春。"该大学的所有权力和权威都是用来反对法国的新教徒和法国的人文主义的。

曾喝过意大利酒并曾遇到过沉湎于古希腊、罗马文学的传教士的弗朗索瓦一世，极力维护法国的学术，使之不致受到来自索邦的保守派的阻碍。受到比代、让·杜贝尔莱红衣主教和永不疲倦的玛格丽特的敦促，他提供基金来设立（1529年）与大学完全独立的一所学校，该校主攻人文方面的研究。四位"皇家教授"被任命——两位教希腊文、两位教希伯来文，拉丁文、数学、医学和哲学讲座不久就被加进去了，不收学费。这所皇家学院，以后重新命名为法兰西学院——成为法国人文主义者温暖的火炉和自由而受过训练的智者的家园。

西班牙虽然属于很热情的正统教派，却有极佳的大学。1553 年有 14 所，包括在托利多、圣地亚哥、格拉纳达新建的在内；1584 年有 70 位教授和 6778 位学生的萨拉曼卡大学，足可跟任何大学相比；博洛那大学在 1543 年，文科教职员中有 57 位教授，法律方面有 37 位，医学方面有 15 位，而帕多瓦是来自阿尔卑斯山以北的追求进步的学生心目中的圣地。波兰一度以 15338 位学生入克拉科大学来表明其黄金时代。在波兹南，约翰主教创立（1519 年）的鲁伯兰科学院，奉献于人文主义的追求。总而言之，在这个剧变的世纪，在天主教国家的大学所受的灾难不如在新教国家那么多。

教师的重要性被低估了，更悲惨的是待遇过低。法国皇家学院的教授一年收到 200 克朗的薪水，但这是例外。在西班牙的萨拉曼卡大学，教授是通过试教由学生选择之后才被任命的。教导方式大部分采用演讲式，有时则恢复辩论式。笔记使许多学生用以代替教科书，字典极少。除了对炼丹家外，实验室几不为人所知。学生住在廉价而热度不足的房间，因为不干净和不适当的食物而生病，很多人半工半读。课于上午 6 时开始，下午 5 时结束。训练严厉，接近毕业的学生也会被鞭打。学生们以巷斗和他们出得起价钱的酒和女人来温暖自己。借助任何的方式，他们完成教育，获得学位。

阶级低的女孩子仍不识字，中产阶级的女孩子在女修道院里获得中等教育，富裕的少女有家庭教师。荷兰自夸有数名女士须以拉丁文求婚，而且可能其结婚的能力强于婉拒的能力。在德国，普丁格尔（Peutinger）之妻和皮尔德海姆的姐妹和女儿均以博学闻名；在法国，弗朗索瓦国王四周的妇女以古典的引文来增加其挑逗的情调；在英国，有些女学者——托马斯·摩尔的女儿、简·格雷、"血腥的玛丽女皇"和伊丽莎白女王都很博学。

这个时代有两位名师。一位是托马斯·艾略特（Sir Thomas Elyot），其作品《管理者》（*The Governour*），引出教育纲要，以教育望族学生成为政治家。该书以痛骂英国贵族在文化上的粗鄙开始，他将之和古代希腊和罗马老于世故者所信的学问对比，并引用犬儒大师第欧根尼的话——他"看到一个无学问的人坐在石头上时，他就说：'注意！那块石头坐在另一块石头上。'"7岁的男孩必受教于细心挑选的家庭教师，他将教他音乐、绘画和雕刻等基本课程。14岁时，他将被教以世界志、逻辑、历史，而且在角力、打猎、长弓射击、游泳和网球方面加以训练；不训练足球，因为那是庸俗的，"而且其中除了野兽般的狂暴和外在的暴虐外，一无是处"。小孩子在教育的每一阶段都要学古典作品——起初是诗人的，然后是雄辩家的，然后是史学家的。然后是将军的，然后是哲学家的；像是后来才想到的，艾略特又加上了《圣经》，如此正好倒转了路德的计划。尽管他有新教思想，他爱古典还是甚于爱《圣经》。"上帝啊，在柏拉图和西塞罗的作品中，其言词和事件具有多么难以形容的甜美，其中加入了严肃和愉快，卓越的智慧夹带着神圣的雄辩，绝对的美德带有难以置信的乐趣"，因此"这些书几足以造就一个完美而卓越的统治者！"

人文主义者中最富人本精神的约翰·维韦斯遵行的是更大的目标和更宽广的途径。他1492年生于瓦伦西亚，7岁时就离开西班牙，此后没有回去过。他在巴黎研究的时间长得使他爱上哲学而轻视经院学派。26岁时他写了第一本近世的哲学史——《哲学的源流与殊荣》（*De Initiis, Sectis, Et Laudibus Philo Sophiae*）。同年，他以攻击经院派的哲学教学法来向大学挑战；他觉得以辩论来增进思想的方案，只是增进不合逻辑的无谓争吵而已。伊拉斯谟称赞此书，推荐给莫尔，而且很客气地担心"维韦斯……可能使……伊拉斯谟黯然失色"。也许由于伊拉斯谟的影响，维韦斯被任命为卢汶人文学的教授（1519年）。由伊拉斯谟力劝，他出版了奥古斯丁的《上帝之城》（*City of God*）一书，附有极为精辟的评注；他将之献给亨利八世，而收到很热诚的回报，所以他搬到英国（1523年）。他受到莫尔和与他同国籍的凯瑟琳王后的欢迎，而亨利任命他为玛丽公主的家庭教师之一。很显然，为了指导她，他写了《论孩童的教育》（*De Ratione Studii Puerilis*，1523年）。一切都很顺利，直到他对亨利废婚的抗辩表示不赞同。亨利停止给他薪水，逮捕他并软禁 42 天。获释后，他回到布鲁日（1528年），在那里度其余年。

37 岁了仍具有理想主义的思想，他向查理五世提出伊拉斯谟式的请求——以国际法庭的仲裁来代替战争（1529 年）。两年后，他出版了其主要作品《学问的传播》（*De Tradendis Disciplinis*），这是文艺复兴时代最为进步的教育论文。他要求教育要导向"生活的需要、身心的改进及尊敬的培养与增进"。学生进入学校应"像进入神圣的殿堂"。但他在那里的研究，应为他成为可敬的市民做准备。那些研究应包括生活的全部，而且应被授以其间的相互关系，正如在生活中的作用一般。自然界和书本都要研究、事物本身比理论更具教导性。让学生注意血脉、精神、骨头和在解剖及行动中的身体其他部分；让他向农夫、猎人、牧羊者、园丁请教……并学习其特具的学问；这些东西聚集起来将会比"以逻辑为名而使各种知识腐化的"经院派的"胡言乱语"更为有用。为青年而修订的古典作品应保留为课程中有生命力的一部分，但现代历史和地理也应该学习。方言和拉丁语应被传授，而且以民生日用的直接方法来教导。

维韦斯超越其时代如此之远，以致时代看不见他，而让他死于贫穷。他到死仍是天主教徒。

学者

文艺复兴时代的大学、学术院和人文主义者的特殊的工作，是收集、翻译和传播希腊与罗马的旧世界文化。这项工作完成得很出色，而古典的启示是很完全的。

有两个值得被表扬的启示的贤哲。比代活了 62 年，希望使巴黎继承意大利的人文主义，在弗朗索瓦创立皇家学院时，自己反而成为其继承人了。他以学法律开始其成人教育，几乎有 10 年之久埋首于《查士丁尼法典》的研究。为了更为了解这些条文——用拉丁语写的，却属于拜占庭语的含义——他向约翰·斯卡里斯（John Lascaris）学希腊文；他如此专诚，以致其师将死时，把希腊书籍的珍贵书库遗赠给他。41 岁时，他出版了《查士丁尼法典文摘》（*The Digest of Justinian*，1508 年），文艺复兴时代里第一次有人研究法理学本身及其环境，而非代替以词典编注家的评注。6 年后，他出版了另一部深奥且意义深远的著作——表面上是古代硬币和度量衡的讨论，实际上却是古典文学对经济生活的关系的不殚其烦的考虑。令人产生更深印象的书是他的《希腊语评注》（*Commentarii Linguae Graecae*，1529 年），书中秩序杂乱，但在词典编纂学上的知识和说明的丰富，使比代被列为欧洲希腊主义者的领袖。拉伯雷给他一封致敬的信，伊拉斯谟表示佩服。伊拉斯谟是一位老于世故的人，学术只是他的生活的一部分；对于比代而言，学术与生活是合而为一的。他写道："长久以来一直是我的伴侣，我的同志，我的情妇，以感情的每个结紧紧地跟我系在一起的是文献学……但我已被迫去松弛我如此贪婪的爱着的结……因为我发现它对我的健康有害。"他哀叹须从研究中偷闲来吃和睡。在心情纷乱中，他结了婚，并生了 11 个孩子。他的画像（现存纽约大都会博物馆中）显示出他的悲观情绪，但弗朗索瓦一世必定在他的身上找到温暖，任命这位老学者为枫丹白露的图书馆长，并喜欢和他在一起，甚至在旅行中也是如此。在某次旅行中，比代生热病。他留言严训后人对其丧礼不得铺张，然后静静地死了（1540 年）。法兰西学院是他的纪念碑。

他那个时代的巴黎还没有吞没法国的知识生活。法国有成打的人文主义中心，布尔热、波尔多、图卢兹、蒙彼利埃，尤其是里昂等地，在这些地方爱与人文主义、贵妇与文学，成了愉快的混合。在亚仁，没有人期待帝王而只是企盼人文主义、诗人和学者的到来。尤里乌斯·恺撒·斯卡利杰在比代死后，帝王般地统治着文献学。可能是生于帕多瓦（1484 年），他在 41 岁时来到亚仁，住在那里一直到死（1558 年）。每个学者都怕他，因为他极为精通拉丁粗话。他攻击伊拉斯谟，因为他只是靠贬抑"西塞罗主义者"——严厉地责骂西塞罗式拉丁文者而成名。他批评拉伯雷，然后又因多莱特批评拉伯雷而批评之。在一册论文（Exercitationes）里，他考订杰罗姆·卡丹（Jerome Cardan）的《论精妙之物》（De Subtilitate），并证实：该书所肯定者均错，所否定者均对。他的《拉丁语原理》（De Causis Linguae Latinae）是第一本根据科学原理写成的拉丁文法书，而他对希帕恰斯和亚里士多德的评注，在风格及对科学的贡献方面，极为有名。他有15 个孩子，其中之一成为下一代最伟大的学者。他死后 4 年出版的《诗论》（Poefice），收有他儿子的作品——及跟随美第奇家族的凯瑟琳到法国来的意大利人的影响——共同把法国的人文主义思想从希腊转回到拉丁的研究。

希腊复兴的特别礼物之一是阿米奥特翻译的普鲁塔克的《名人传》（Lives）。阿米奥特是被玛格丽特保护的人之一，由于她，他被任命负责布尔茹瓦的希腊文和拉丁文的讲座。他的《达菲尼斯和克洛伊》（Daphnis and Chloë）及其他希腊爱情故事的翻译，在当时极受推崇，获得一所富有的大修道院作为报酬。得到如此的保障后，他广游意大利，沉湎于他对古物和文献学的嗜好中。出版《名人传》时（1559 年），他在序言中以雄辩的方式论述说，历史作为"人文主义的宝库"，是人类为教训而保存善与恶，是政治家风度与腐败的成千例子的博物馆。与拿破仑一样，他认为历史是比哲学更佳的哲学教师。然而，他还是翻译了普鲁塔克的《道德》（Moralia）。他被升任为奥沙的主教，80 岁时死于此地（1593 年）。他的《名人传》译本并非完全精确，但它本身就是文学作品，具有与原著极为相等的自然与习语化的风格。其影响是无止境的。蒙田沉迷于斯，而从圣巴托罗缪的法国转向这部精选而高贵的古代作品；莎士比亚有三个剧本取材于诺思根据阿米奥特译本的刚健的再译本；普鲁塔克式的英雄理想成为上百的法国剧本与革命者的典型；而《名人传》的法文译本带给法国适合激起灵魂中更多男性美德的名人万神殿。

法国的文艺复兴

　　称弗朗索瓦一世即位（1515年）至亨利四世被暗杀（1610年）这段期间为寓意丰富的法国文艺复兴，是合于习惯，而且是可以接受的。实际上，法国诗、散文、礼俗、艺术及服饰的多彩多姿的旺盛时期，与其说是再生，不如说是成熟。由于人类坚忍的精神恢复力和新生力量的成长，法国的经济和精神从百年战争中复原了。路易十一为法国建立了坚强、中央集权、有秩序的政府；路易十二给法国带来成果丰硕的十年和平。自由、松弛而异想天开的哥特式的创造性重生了，大部分表现于拉伯雷身上，他极为称赞古典作品，所以他几乎把他们全部引用了。但伟大的觉醒也是一种再生（文艺复兴）。法国的文学和艺术无疑因为更加熟悉古代文化和古典形式而受影响。这些形式和古典的气质——知识的秩序凌驾热情——继续地表现于法国的戏剧、诗歌、绘画、雕刻和建筑达3个世纪之久。促成新生的原动力是法国的发现与侵入意大利，法国研究罗马废墟、法理学和文献与意大利文学和艺术，及意大利艺术家和诗人输入法国。许多因素促成了此快乐的结果：绘画；古典文句的传播与翻译；法国国王与其情妇（或其女主人），纳瓦拉的玛格丽特；传教士和贵族赞助学者、诗人和艺术家；受到能欣赏自己以外之美的女人的鼓励。所有这些因素汇成法国的兴隆。

　　继承这一切的弗朗索瓦一世，让诗人克莱门特·麦罗做他的侍从。这位诗人使哥特风格过渡到古典风格，使维庸过渡到文艺复兴。根据历史的记载，13岁时他仍是嬉戏的孩子，他以快乐的做事和活泼的巧答来取悦国王。几年以后，法国国王对这青年与"所有巴黎贵妇"的奇遇和争吵，附以会心微笑，因为他同意麦罗的看法——她们的确很迷人：

> 法国妇女是无瑕完美的，喜乐引导她们，她们不喜爱利益。总而言之，不管什么人用什么话来取笑她们，法国妇女仍然是自然的杰作。

麦罗像起泡的喷泉似的随口吟诗。他的诗少有深沉的，但常触及温柔的情愫。那是偶兴的诗作，谈话的片段、民谣、圆舞曲、情歌和使人联想起贺拉斯和马夏尔（Martial）的讽刺文和书信，他以愠怒的心情提到，要说服女人，用钻石比用同情感强烈的诗歌或演说更具威力（他自己则相反）：

> 当小娼妓们开价钱
> 并发现某个省钱的勇敢的情人
> 他能握着一颗闪闪发光的钻石
> 于她们橄榄般的笑眼前，
> 咯！她们就全然神魂颠倒地堕落。
> 你笑？还是先谴责那误入歧途的人吧！
> 因为美德属于那块宝石
> 而宝石会引诱最贪婪的眼睛。
> 这样的礼物和恩宠比
> 美丽、祈祷、沉静的智慧更为有利；
> 他们把贵妇的女仆遣去睡觉，
> 而狗也忘了吠或哀叫。
> 紧闭之门随你意而开，
> 宛如为魔心所迷，
> 能见之眼也变瞎。
> 现在告诉我，你还怀疑我吗？

1519 年，麦罗成为玛格丽特的侍从，因为职务上的关系，两人恋爱了。传言说她回报以呻吟，更可能的是她只是为他祈祷而已。在他恋爱期间，他对新教产生了适度的同情心。他随弗朗索瓦到意大利，像巴亚尔（Bayard）般战于帕维亚，而有与国王同被俘的光荣——而诗人不用赎金——被释放了。回到法国，他公开主张新教见解，以致沙特尔（Chartres）主张传唤他，把他拘于主教官中的上流监狱中。由于玛格丽特的说情，他被释放，但不久因助犯人逃脱警察的逮捕而被捕。弗朗索瓦保释他出来，并带他到巴约尼（Bayonne）歌颂其新娘——葡萄牙的埃莉诺（Eleanor）。再次被提审——因在封斋期中吃腌肉——之后，他随玛格丽特到卡奥尔（Cahors）和那瓦尔去。

这时候又有海报出现，恢复反对法国新教徒的运动。麦罗获悉他在巴黎的房子被搜，而且逮捕令已发出（1535 年）。他唯恐玛格丽特的裙裾也不足以隐藏他，便逃往意大利，投奔费拉拉的雷妮女公爵。她欢迎他，好像他是来自曼图亚的维吉尔的再生降临似的；也许她知道他喜把他们的名字和普布留斯·维吉留斯·马罗（Publius Vergilius Maro）连在一起。他更像无忧无虑而多情的奥维德，或他所偏爱的维庸，他编了维庸的诗，并模仿维庸的生活。公爵艾尔高利二世对新教徒感到厌腻时，麦罗移到威尼斯去了。人家传话给他说，弗朗索瓦愿意原谅那些誓绝异端信仰的人，想到巴黎的贵妇值得膜拜（望弥撒），他誓绝新教。法国国王给他一幢有花园的房子，他设法成为中产阶级的绅士。

在皇家学院教希伯来文的弗朗索瓦·瓦塔布尔（Francois Vatable）求他将《诗篇》译成法文，并一字一字地对他解释。他把其中的 30 首译成有旋律的诗，并予以出版，很明智地献给国王。弗朗索瓦深为喜爱，特地送一本给查理五世，他当时是法国的朋友，查理送给诗人 200 克朗。麦罗译出更多的《诗篇》，于 1543 年出版，题词献给他初恋的"法国仕女们"。前文我们已经谈过了，古迪默尔（Goudimel）

将之谱成音乐，半数的法国人唱和着，路德和加尔文也喜爱它们。索邦神学院猜疑他有新教思想，或许那是成功的严格考验，他一再喃喃地说出他的异端思想。反对他的运动又起。他逃到日内瓦，但发现当地神学的气氛太严厉，不利于他的健康。他溜入意大利，死于都灵（1544年），时年49岁，留下一个私生女让那瓦尔的皇后照顾。

拉伯雷

·拉伯雷小传

"自有故事出现以来，最有趣、让人获益最多的故事"，其作者于1495年生于希农。他是一位发达的法律公证人的儿子，独特、永不疲倦、多疑成性、喜热闹、有学问而淫荡猥亵。他早就被送进一所圣方济各修道院，日后抱怨说："怀胎9个月的女人……不能忍心让他们受9年之苦……而仅仅加了'L'形物在他们的衣服上，而把头发剪去很多，并说了一些话就把他们变成鸟。"意即，她们将他们的头发剃去而使之成为僧侣。这个孩子之所以会接受这样的命运，是因为他倾心于研读，而且可能像伊拉斯谟般，被修道院的图书馆吸引。在那里，他发现另有两个僧侣希望研究希腊语，这方面的学术揭露的广大古代世界刺激了他。他进步得很快，因而比代亲自写信赞扬他。事情很顺利，1520年，这位未来的怀疑者被任命为牧师。但有些老僧在文献学中察觉出异端思想，他们控告这几位青年希腊主义者用布道所收的费用来买书，而不把该项费用交给公共财库。拉伯雷和另一僧侣被单独地关起来，无异于他们半个生命的书也被剥夺了。获悉这个意外，比代向弗朗索瓦一世求情，于是国王下令让这两位学者恢复自由和特权。更进一步的求情带来了教皇的敕令，允许拉伯雷改变他对修道院的誓言；他离开圣方济各修道院，进入迈勒泽斯的圣本笃会（1524年）。在那里，格奥弗罗伊主教非常喜爱他，与院长共同安排拉伯雷的去处，且以其意愿为准。拉伯雷走了，忘了回来。

试过几家大学后，他进入蒙彼利埃的医学院（1530年）。他必已先受过教导，因为他在1531年就得到医学士的学位。不知什么理由他不再继续攻读博士学位，而恢复漫游的生活，直到1532年他安居于里昂。与塞尔维特一样，他把行医和学术追求结合成一体。他充当出版家塞巴斯蒂安·格里菲乌斯（Sebastian Gryphius）的社论助理，出版了好几版希腊文句，把希帕恰斯的警句译成拉丁文，而且自愿淹没于当时在里昂已颇具影响力的人文主义潮流中。1532年11月30日，他寄了约瑟夫的作品给伊拉斯谟，附上一封奉承的信，对于37岁的人来说未免奇怪，却也令人欣赏那个时代的热诚：

> 格奥尔格·达马格纳斯……最近送我一本弗拉韦乌斯·约瑟夫的历史著作……并求我……将之送给你……我很渴望地把握这个机会，噢，神父中最有人性者啊，以我感激的敬意向您表明我深沉的尊敬和虔诚。我的父亲，我说过？若您的溺爱能允许，我应叫您为母亲。所有我们知道的母亲，她们在见到爱子之前，甚至在知其为何物之前，就滋养其子宫中的孩子，她们保护之，庇护之以抗空气的残酷无情——您已做的都是为了我，为了我，我的脸您未曾见，我的微贱之名不能给您任何印象。您已把我养大，您已喂我以您贞洁的胸中的神圣知识；我之所以成为我，我之所以有价值，我唯独归功于您。我如不大声宣扬出来，我就是最忘恩负义的人。再次向您敬礼，可爱的父亲，贵国的荣耀，文学的支持者和不可征服的真理的战士。

1532年11月，我们发现拉伯雷成为里昂市立医院的医师，年薪40利维尔。但我们不可以为他是典型的学者或医生。他的学问杂而博，这倒是真的，像莎士比亚，他似乎对于十几个——法律、医学、文学、神学、烹饪、历史、植物学、天文学、神话等——领域具有专业性知识。他提到上百个古典传说，引用数十个古典作者的作品——

有时候他很浅薄地炫示他的博学。他忙得没时间完成细节精确的学术，他的著作并非致力于细节的典范。他没有伊拉斯谟或比代那种献身于人文主义的人具有的那种性格，他爱生命甚于书籍。他被描绘成具有出众的仪容，高而俊，学识如源泉般喷涌而出，谈话间闪烁着光和火。他并不如旧有传说（根据他对酒鬼的致敬和对酒的赞美歌所作的错误推论），是个酩酊醉汉；相反，因为活得如此短暂，除了有一个私生子外，他几乎没有什么不可原谅的罪过。他过着一种很合理的高尚生活，而且受到当时精神最崇高的人物，包括教会的几个显要人物的尊敬。同时，他本人具有法国农夫的许多品质。他喜爱在田园、街道上所遇见的豪放和乐观之类的人；他欣赏他们的玩笑和大笑，夸大的故事和夸张的下流话。很不智地，他使伊拉斯谟的名声在他面前显得黯然失色，因为他收集、连缀这些故事，改进并增订之，用古典的学识使之尊严化，提升至有结构的讽刺文，很小心地加入猥亵的成分。

当时流行于农村地区的一个故事，说到一个仁慈的巨人名叫卡冈都亚，他的洞穴般的胃口和爱，及力量方面的功绩。地方的传述说，他走过时，从他的篮子里掉下的小山和圆石到处都是。这样的故事一直传述于法国小村庄里，直到 1860 年，一个不知名的作家，也许是拉伯雷自己对自己开玩笑，把寓言略记下来，而以《巨人卡冈都亚的伟大而无价的年代记》为名在里昂出版（1532 年）。此书销路极好，因此拉伯雷决定写续篇，关于卡冈都亚之子的事。在 1532 年 10 月的里昂博览会中，出现了一本匿名的书《最有名的庞大固埃之可怖、可怕的事迹与本事》。这个名字已被用于某些流行的剧本中，但拉伯雷赋予这个人物以新的内容和深度。索邦神学院和僧侣们责备此书猥亵，但其销路极好；弗朗索瓦一世喜欢它，某些教士团人士也喜欢它。近 14 年后，拉伯雷才承认为该书的作者，因为他怕他的学者之名（若非生命的话）受到影响。

他和学术依然结了不解之缘，因而忽略了医院方面的责任，乃被革职，若非巴黎主教、法国学院的共同创立者让·杜·贝雷请拉伯雷当随行医生一起出使意大利，恐怕他连吃饭都成问题（1534年1月）。4月回到里昂，拉伯雷于10月在当地出版了《庞大固埃之父、伟大的卡冈都亚之可怕的生活》。这是那部书的第2卷，后来成为全书的第一册，包含对教士团的讽刺，因此又遭到索邦神学院再度谴责。不久这两个故事一起出版，除了《圣经》和《效法耶稣》外，没有一本书在法国的销路超过它。据说弗朗索瓦再度笑而喝彩。

　　但在1534年10月17日和18晚上，张贴在巴黎各大建筑和国王自己家门上的侮辱新教徒的告示，使国王由人文主义者的保护者变成异端的迫害者。拉伯雷再度隐匿作者的身份，但已受到普遍的猜疑，而且他有足够的理由害怕把国王当作随从的索邦，可能会要这个丑闻作家的头。让再度拯救他。这位和蔼的教会人士，现在是红衣主教，他把这个遇到危险的学者、医生、色情文学家带出里昂的是非之地，到罗马去（1535年）。拉伯雷的运气还算好，在那里发现一位开明的教皇。保罗三世原谅他对僧侣和牧师职责的疏忽，准许他行医。为了正式道歉，拉伯雷把日前"紧急收回"的版本中最冒犯正统嗜好的章节，从下一版中删去；埃提内·多莱特为了开他玩笑而未经其允许，就出版他那未经删节的版本时，拉伯雷把这位出版家的名字从朋友的名单中删除。在红衣主教的保护之下，他再度于蒙彼利埃作学问，接受医学博士学位，在那里对广大听众讲课，然后回到里昂恢复医生和学者的生活。1537年，多莱特描写拉伯雷在聚集的学生面前，一边解剖一个被处决的罪犯、一边讲解剖学课的情景。

　　此后，我们只知道他那起伏不定的生活的片段。弗朗索瓦一世和查理五世在艾古斯莫特斯召开历史性的会议时，他是国王的扈从人员之一（1538年7月）。两年后我们发现他在杜林，跟随居纪尧姆·杜·贝雷——红衣主教让·杜·贝雷的兄弟——现为驻萨沃伊的法国大使。大约此时，侦探们在拉伯雷的信件中发现了一些内容，并在巴黎激起骚动。他匆匆赶回首都，很勇敢地坚持到底，国王终于免了他的罪（1541 年）。不顾索邦神学院对他的寓言式著作的重新谴责，弗朗斯给这位受困扰的作者一个小职位，即政府的请愿厅长，而且正式允许其出版《庞大固埃》第二册，拉伯雷很感激地将之献给那瓦尔的玛格丽特。该书在神学界引起偌大的骚动，拉伯雷经过审慎的判断，避难于梅斯——当时为帝国的一部分。在那里，他在市立医院充当一年的医生（1546—1547 年）。1548 年他回到里昂，以为可以安全，1549 年他前往巴黎。最后，他的教会方面的保护人使他得到莫顿教区牧师的任命（1551 年），该城就在首都的西南方，而这位被追逐的年迈的人物恢复了他的僧侣袍服。显然，他把圣俸的职守委托给属下，自己则仰赖收入为生。就我们所知，他有点不合常规地出版其作品的第四册时，他仍是莫顿的牧师（1552 年）。该书献给沙蒂永的红衣主教奥德特，一般猜测曾获其准许。显然，在当时的法国，像意大利文艺复兴时代的红衣主教那样的有学问而宽大的高僧大有人在。然而该书受到索邦神学院公开指责，国会并禁止其出售。此时弗朗索瓦和玛格丽特均已死去，而拉伯雷又不获阴沉的亨利二世的宠爱。他一度离开巴黎，不久返回，他经过长期的疾病之后死去（1553 年 4 月 9 日）。据说，在他的病床上，有人问他要往何处去时，他回答："我要去寻找一个我所向往的未知的世界。"

·巨人卡冈都亚

该书第 1 卷的序言（原为第 2 卷）一开始就交代了全书的情趣和风格：

> 最高贵、最有名的饮者，和你们 3 位可爱的花花公子（因为我把此作品献给你们，而非别人）……为了已看到苏格拉底外表和因其外表而尊敬他，你可能不会为他而付出洋葱的嫩皮……你们，我的好学徒，和一些安逸享乐的其他傻瓜，读了我们创作的一些书的愉快标题……就草率地判断其中只是些笑话和嘲笑，淫

词秽语和闲散的谎言……但……在精读这些论文时你将发现……一种深奥而抽象思虑的学说……我们关心我们的宗教，正如关心公共城邦的事物和经济生活一般……某一些糊涂虫花花公子说我的书的坏话，只不过自己的轻机关枪……现在嬉戏吧，我的孩子，开怀，愉快地读……进行吧，干杯！

　　这是厄克特（Urquhart）有名的译文，其译文有时超过原作，但很忠实于原作，甚至用了那时知识分子的交谈中所不允许的一些暗语。从上面那段引文里，我们已可看出拉伯雷的精神与目标：披着粗俗玩笑的外衣，骨子里都是严肃的讽刺，有时被没有用熏烟消毒的淫词污染。我继续我们的冒险，而感谢被印出来的字没有散发臭味，并相信会在粪堆中找到几块钻石。

　　在形式上，该书以绝世无双的模仿《圣经》的族谱开始。巨人的父亲是格朗古杰（Grangousier），乌托邦的国王，母亲是卡冈梅莱（Gargamelle）。她怀了他 11 个月之久，她开始阵痛时，朋友们为了一次快乐的酒会而欢聚，坚称自然憎恶空虚。这位骄傲的父亲无痛苦地告诉他太太："用羊的勇气继续加油！""生出这个孩子后，我们还要赶快工作……来制造另一个。"在那一瞬间，她恨不能让丈夫变成另一个亚伯拉德（一位被阉割的法国作家），没想到丈夫一口答应，于是她又改变了心意。未生出来的卡冈都亚发现母亲的出口几受到不合时宜的收敛剂的阻碍后，就"进入母亲的上腔静脉"，经过她的横膈膜和颈向上爬，而"从左耳生出来"。他一生下来就叫喊，声音大得两个县都听到了——"喝！喝！喝！"17913 罐牛奶被放在一旁以供滋养，但他早就挑选了他偏爱的酒。

　　教育这位年轻的巨人以使之适合于继承王位的时间到来时，他接受迈特（Maitre Jobelin）作为他的家庭教师，这位教师为了愚弄他，用死的知识来填塞他的记忆，并用经院哲学争辩来迷乱他的心智。被极度的权宜之计驱使，他把教育的责任转移给人文主义者潘诺瑞斯（Ponocrates）。师生都外出赴巴黎求取最新的教育。这位巨人骑在一匹巨大的母马上，马前进时，其瑟瑟作响的尾巴把森林中的巨木扫倒了，因此法国有部分土地成为平原。到达巴黎之后，巨人偶遇巴黎圣母院的塔；他爱钟，把它们扯下来悬挂在马颈上。为再教育这个被惯坏的巨人，潘诺瑞斯开始用大量的泻剂来洗涤其肠和脑。其肠与脑几乎是连在一起的。如此净化之后，他爱上了教育，他立刻很热心地开始训练他的身体、心智和性格。学《圣经》、古典作品和艺术；学弹鲁特琴和小提琴并欣赏音乐；学跑、跳、角力、爬和游泳；学骑马、马上长枪比武和战争所需的技能；打猎以增勇气；为了使肺部强健，他大喊大叫使全巴黎都听见了。他访问金属品制造工人、石工、金匠、炼丹家、织工、制表者、印刷者、染工，"给他们一些喝的"，学习其手艺，他每天参加有用的体力工作，有时他参加演讲、审判或"听福音牧师的布道"（新教的接触）。

在整个教育期间，巨人突然被召回父亲的领土去，因为另一国王毕可肖（Picrochole）已对其父宣战。拉伯雷从普鲁塔克的《皮洛士的生活》中剽窃故事，而说出毕可肖的将领如何地夸口他们将要征服以下的地方：法国、西班牙、葡萄牙、阿尔及利亚、意大利、西西里、克里特、塞浦路斯、罗德、希腊、耶路撒冷……毕可肖高兴而自负。但一老哲学家问他："如此兴师动众的结果是什么？"他回答："我们回家时，我们将会坐下来，休息、享乐。"老哲学家建议："但是，万一你们回不了家，因为旅途漫长而危险，现在就休息岂不更佳？"他叫道："够了，继续前进；我不怕什么……爱我的人跟我来。"单单巨人的马几乎就赢得了抵抗毕可肖之战，马仅仅方便一下就淹死了1000个敌人。

此战的真正英雄是托钵僧约翰，他爱战争甚于祈祷，他拿哲学来冒险。他曾问道："贵妇的大腿始终新鲜而凉快的原因何在？"——虽然在亚里士多德和普鲁塔克的作品里，他找不到这个迷人的问题的答案，他自己却以学者的博学姿态给予答案。国王所有的部下都喜欢他，给他好吃好喝；他们邀他脱下道袍，好吃得更多，但他怕没有道袍就没有好胃口。新教改革者坚称僧侣的所有过失都可在这个快乐僧身上找到对应：懒惰、贪吃、狂饮、含混祈祷，及除了狭窄的研究和见解外，对一切均怀敌意。此僧说："在我们的大修道院里，我们永不研究如何远离美食和女人。"

巨人建议使此僧成为现有一修道院的方丈，以报答他的善战，但他乞求给他建一所新的大修道院的资金，新修道院的规矩要和"其他所有的院规相反"。第一，没有围墙，居住者可随意离开。第二，不排斥女人，但只准"美貌、面目姣好，性情温和"，且年在 10 到 15 岁之间的女人进入。第三，只收 12 到 18 岁之间的男人，他们均须漂亮、出身好、有教养；酒鬼、盲信者、乞丐、律师、法官、抄写家、放高利贷者、金主或"假装悲伤的伪君子"均不得申请。第四，无须发誓守贞洁、贫穷或服从；会员可结婚，享受财富；而且一切都自由。这个大修道院预定命名为"德廉美"或"Theleme"，而其唯一的规则是"为所欲为"（Fais ce que vous vouldras）。因为"自由、出身好、教养好，与诚实的伙伴有交情的男人，自然地有一种本能或刺激，使自己趋善避恶；而此本能即称为光荣"。巨人给这个贵族式的无政府制度提供基金，在拉伯雷所提供的详细说明之下绘了图，大修道院就依此说明兴建。他提供了一图书馆、戏院、游泳池、网球场、足球场、小礼拜堂、花园、打猎公园、果园、畜舍和 9331 个房间。简直是美洲式度假旅馆。拉伯雷忘了提供厨房，或忘了解释谁应在这个园里做仆人的工作。

·庞大固埃

卡冈都亚继承其父为国王之后，负起了生育和教育的责任。在"400 个 40 加 400 个 40 又 44 岁"时，其妻巴德贝克（Badebec）生了庞大固埃，其妻生产时死了，卡冈都亚为其妻之死"哭得像母牛叫"，又因其强壮的孩子而"笑得像小牛"。庞大固埃依照斯威夫特

（Swift）在《格列佛游记》（*Gulliver's Travels*）的大人国的比例长大。他有一次用餐，不留心吞下了一个人，必须用开矿的操作才能在这个年轻巨人的消化道中把那个人挖出来。这个巨人到巴黎接受较高的教育时，他父亲给他一封暗示文艺复兴思想的信：

最亲爱的儿子：

……虽然我回想起就感到快乐的亡父格朗古杰曾尽最大的努力使我在所有完美的学问和政治知识上获利，而且我的努力和研究也完全与之一致，的确，甚至超过他的期望，然而，正如你将会彻底了解的，当时不像现在一样适合于学习……因为那个时代是阴暗的，为无知之云所蔽，而且一点点品尝哥特人的不当行为和灾难所带来的滋味，他们无论到何处，总是把所有好的文学摧毁，而其文学在我们的时代里由于神圣的善意而被恢复到以前的光辉和尊严的境地，与这种境地相伴而来的是知识的改良和增加，而这种改良和增加竟会进入文法学校的小孩童的初级教育之中。对此我几乎不敢承认。

现在人的心灵已具有接受各种训练的资格，而且已灭了数代的旧科学已复生；现在人所学的语言已恢复到原始的纯正——希腊文（无此则自认为学者的人应以为耻）、希伯来文、阿拉伯文、迦勒底文和拉丁文。印刷同样地被使用，如此优美、如此正确，因此没法想再求更为完美了。

我有意要……你学习这些语言学到家……不要有在你记忆中无所准备的历史……你还小时，我要你欣赏几何、算术和音乐等人文艺术……在这些科目中继续求进步……至于天文学，要学习其所有的定律；但占星学……只要及格就成了……因为那只是诚实的欺骗和无价值的事物而已。至于民法，我要你熟记其条文，然后与哲学互相参照……

我要你精细研究自然的作品……要最细心地精读希腊、阿拉伯和拉丁医生的作品，不要轻视犹太法典的编著和犹太神秘哲学家；借着经常地进行解剖，使你获得小宇宙——人类——的完全知识。而在白天有些时间里，把你的心应用到神圣经典的研究上：首先是用希腊文写成的《新约》……然后是由希伯来文写的《旧约》……

但因为正如智者所罗门所说的，智慧不进入不善者的心灵中，而且无良知的科学只不过是灵魂的毁灭；你应服侍、喜爱、敬畏上帝……常助邻居，爱人如己；要尊敬你的教师；规避和你不愿与他相似的人交谈，不要糟蹋上帝赐给你的恩典。而在你了解到你已得到在那部分所应得到的所有知识时，回我这里来，使我在死前能见到你，给你祝福……

父卡冈都亚

庞大固埃热心研究，学习许多语言，若非遇见巴努什（Panurge），他可能已成为书虫了。甚至比托钵僧约翰更甚，这位配角人物比其主人显得更为突出，正如丘桑·潘沙（Sancho Panza）有时胜过堂·吉诃德。拉伯雷没有充分发挥其不相干的幽默和恣情的渲染的机会；他需要这个 1/4 无赖、1/4 律师、1/4 维庸、1/4 哲学家，作为其讽刺的工具。他把巴努什描写得瘦如饥猫，走起路来极度小心谨慎，"就像踩在蛋上行走似的"；一个英勇的人，但有点儿淫荡，而"患有缺钱病"；一个扒手，一个"好色的歹徒、骗子、酒徒……和非常不道德的人"，"在别的方面，却是世界上最好、最有德行的人"。拉伯雷把最下流的俏皮评语放入他的口中。巴努什特别厌恶巴黎妇女把她们宽松短衫的扣子一直扣到背部的习惯；他在法庭里控告妇女，可能已失败，但他威胁要男人服从同一习俗——穿裙状的长裤，因此法庭判定女人在衣服前面要留适度、可以通过的开口。巴努什被一个轻视他的女人惹怒之后，看到她跪在教堂祈祷时，把一种搅动春情的带着母狗体味的臭味剂泼洒在她的裙裾上，当这位女士一出现，巴黎全市 600 014 只雄狗全体出动，紧追不舍地追逐着她。庞大固埃本人是个彬彬有礼的领主，喜爱这位无赖，作为逃避哲学的借口，邀他参加每次探险。

故事嬉闹到第 3 卷时，巴努什与自己和他人辩论他是否应结婚。他把争论的赞成和反对的理由列举成 100 页，有些理由才情洋溢，有很多则无聊乏味；但在这几页里，我们遇见跟哑巴结婚的人和以掷骰子做最佳判断的著名法律学家勃利德古斯（Bridlegoose）。第 4 卷的序言学卢奇安的样子，描写天堂里"诸神的宗教会议"，朱庇特抱怨非世俗的混乱统治着地球，同时有 30 个战争在进行中，人们之间相互仇恨，神学的分离和哲学家的三段论法。"我们应如何处置拉姆斯和加兰德……他们把全巴黎都弄得彼此不和睦了。"普来埃帕斯建议把这两个人变成石头（Stones 法文作 Pierres。此二人名中都带有Pierre）；在此，拉伯雷从《圣经》偷一个双关语。

第 4 卷和第 5 卷是记录回到地球上的事 [1]——关于庞大固埃、巴努什、托钵僧约翰和一乌托邦的皇家舰队漫长的格列佛式的游记，为的是要发现神瓶庙（Temple of the Holy Bottle），并问问巴努什是否应该结婚。在 20 多次的冒险——讽刺封斋期的斋戒，新教徒的恨教皇者，固执的教皇崇拜者，僧侣，伪造古物的交易者，律师（穿皮袍的猫），经院派的哲学家和历史学家——之后，探险队终于到达了神瓶庙，在庙的正门上有一希腊文的铭刻，其意为"酒中有真理"。附近有个泉半沉着一个瓶子，从瓶中冒出声音，汩汩作响，发出好听的声音。女牧师巴克布克（Bacbuc）解释说酒是最好的哲学，而且"不要笑，只要喝……清凉、可口的酒……是人特有的性格"。巴努什得此与他所知一致的神谕后，很快乐。他决心要吃、喝、结婚，而且以男子气概来接受后果。他唱着一首淫荡的赞美歌曲，巴克布克辞退这群人时，说了这样祝福的话："愿那被我们称为上帝，其中心无所不

[1] 第 5 卷于 1562 年出版，时为拉伯雷死后 9 年。可能其最初 15 章由拉伯雷留下。其余 32 章的可靠性有问题。

在，而没有周围的知识的天体，使你们受到他全能的保护。"因此，混合了淫荡和哲学的典型作风，这一伟大的罗曼史结束了。

· 国王的弄臣

在这种无意义的背后究竟有什么意义呢？在这种酒色欢乐的细头大坛中是否有任何智慧呢？拉伯雷让故事中的笨驴之一说："我们国家的小丑有点儿不雅，又喜欢在混乱中乱批评。"他喜爱词汇，不停地提供词汇，还创造了成千的词汇；像莎士比亚，他从各行业、哲学、神学和法律的各个领域中吸收词语。他把形容词、名词或动词列成表，好像是以沉思自娱似的；在重复的狂喜中，他把同义语增加了；这种冗词（赘言）在法国舞台上是一种老把戏。那是拉伯雷无限和不可控的幽默的一部分，阿里斯托芬或莫里哀的幽默跟他比起来，好像细流见到洪水。他的粗劣是这一不可控制的曲流的另一面。也许其中有些是反抗修道院苦修的一种反映，有些是反抗医生解剖上漠不关心的一种反映，有些则是对卖弄学问的精确的大胆挑战，而大部分则为时代的习尚。拉伯雷无疑描写过分，在12页的泌尿生殖器、排泄和气体状态的描写细节之后，我们会感到厌烦而不想再看下去。古典影响的另一个世纪须把这种火山似的喷溢驯服成有训练的形式。

我们原谅这些缺点，因为我们沉湎于拉伯雷的风格，他自己亦然。那是一种不虚饰、不文绉绉的风格，自然、简易、流畅，正好是一种说长故事的媒介。其神韵的秘诀在于想象加精力加清晰；他看见了我们大多数人见不到的成千事物，注意到不可计数的服装、行为和演说的奇行怪癖，然后异想天开地把它们结合起来，让这些混合物在嬉戏的篇章里彼此追逐。

他像莎士比亚那样，随着风尚东偷西借，所偷的一经他的手就更臻完善。他自行取用了伊拉斯谟的谚语集成百条格言式的片段，并仿效了《愚人颂》或《箴言集》。他吸收了普鲁塔克作品中数十个条目，此事在阿米奥特译本向文学上的窃贼打开伟大的宝库很多年之前。他把卢奇安的《天堂对话》（*Heavenly Discourse*）和弗伦戈（Folengo）的《自溺之羊》（*Tale of the Self-drowned Sheep*）的故事据为己有。那时，有出喜剧表演一个男人治好自己的哑巴妻子后，反而后悔了，拉伯雷以之作为其作品的题材之一。他有成百的题材源自中世纪的法国流传下来的故事诗和插曲。描写巴努什航海时，他依赖新世界和远东的探险者出版的叙述。然而，就是借用了这么多的东西，也没有一个作者比他更具创造性；只有在莎士比亚或塞万提斯的作品里，我们才能有像托钵僧约翰和巴努什这种如此生动形象的人物的创造。然而，拉伯雷本人是该书的主要创作者，他是庞大固埃、托钵僧约翰、巴努什、伊拉斯谟、维萨里和斯威夫特混合而成的人物，模糊乱语，大声而笑，捣碎偶像，热爱生活。

因为他热爱生活，他严责那些使生活不可爱的人。也许他对不能与他同享人道主义者的虔诚的僧侣的责难，有点过分。他必定曾吃过一两个律师的亏（他称律师为"穿皮袍的猫"），因为他报复性地撕其毛皮。他同时把鞭子放在法官、经院派哲学家、神学家、历史学家、旅客、特权持有者和女人的身上。他的整部书中，几乎找不到对女人说过一句好话；这是拉伯雷最为盲目的地方，也许因此他永远得不到温柔之情的回报——只能当僧侣、牧师和光棍。

人们曾为他是否为天主教徒、新教徒、自由思想家或无神论者而辩论。加尔文认为他是无神论者；而他的喜爱者法朗士下结论说："我相信他是不信任何东西的。"有时他写作，就像是一个不诚挚的愤世嫉俗者，其使用的语言正如羊贩子在找最好的方法使土地肥沃一般。他取笑斋戒、免罪、宗教裁判官、教谕，并且乐于解说如何成为一名教皇。他很显然是不信有地狱的。他随时附和新教徒的论调，说教皇耗尽国家的金子。罗马红衣主教过着贪吃而伪善的生活。他同情法国的异教徒；他说，庞大固埃并没有久住图卢兹，因为在那里他们"把他们的摄政活活烧死，就像烧红鲭鱼般"——他指的是一个异教法学教授被处以死刑。但他对新教徒的同情，似乎只限于对人道主义者。

他很敬仰地追随伊拉斯谟，但只温和地赞成路德，而对加尔文的教条和清教主义则不欣赏。除了对不容忍外，他对一切都容忍。像几乎所有的人道主义者，被迫选择时，他宁可选择天主教的传说、不容忍和艺术，而较不喜欢新教的宿命论、不容忍和清净。他一再肯定信仰基督教的基础，但这可能是一个人的谨慎所在，他为自己的意见辩护时，愿意专断地孤注一掷，他对上帝的定义爱得如此深，以致他（或其继承者）重复地提到它。他显然接受了灵魂不朽说。但一般说来，他爱粪便学甚于末世学。威廉·法雷尔（William Farel）称他为叛教者，因为他接受了莫顿的牧师职，但捐赠者和接受者都了解这只是一种谋生的手段。

他的真正信仰在于自然界，就是这方面，也许正如他的正教邻居一般，他兼具信仰和轻信两种性格。他相信自然力终极的目标是为善而工作，但他低估了在人与蚤之间，自然力是中性的。像卢梭一样，他反对路德和加尔文，相信人性本善；或者，像其他的人道主义者那样，他相信良好的教育和良好的环境可以使人向善。与蒙田一样，他劝人效法自然，他可能带着顽皮的不关心，来看自然将发生于社会和文明的事件。在描绘德廉美大修道院时，他似乎在传播哲学上的无政府主义，事实并非如此。他只准许那些有好教养、受过教育、有荣誉感而适合受自由的考验的人进入该大修道院。

他最后的哲学见解是"庞大固埃主义"（Pantagruelism，善意而粗率的讽刺）。这个词可不能与有用的烟草庞大固埃主义（Pantagruelion）相混。庞大固埃主义就像庞大固埃般地活着——自然与人之间有一种和蔼而容忍的情谊，感恩地享受着生活上所有美好的事情，很愉快地接受我们不可逃避的变迁和结局。有一次，拉伯雷曾把庞大固埃主义定义为——"在轻视生活中的事件下保存的一种愉快的精神"。它结合了节制派的芝诺——愤世嫉俗派的第欧根尼和享乐派的伊壁鸠鲁：以平静的态度忍受自然的事件，以不冒犯的态度来看待所有自然的冲动和作用，不行清教徒的抑制，而享受每个令头脑清醒的乐趣。庞大固埃"接受所有事情好的一面，从最好的方面来解释每一个动作；他绝不使自己烦恼或不安……因为这个世界包含的一切的善……其价值并不值得我们为之打扰或混乱我们的情感，烦扰或混乱我们的感官或精神"。我们不可夸张这种哲学带有的享乐派的要素；拉伯雷有关酒的连祷文，口头上多于实际的沉溺；这些连祷文并不和当时的人对他的描写——一个"沉静、仁慈、仪表坦诚"的人——的情形相称；他赞颂的酒是生命之酒。而这位假装的嗜酒者领主，借卡冈都亚之口，说出了向我们自己的时代挑战的警句："科学而无良知，只会带来灵魂的毁灭"。

除了珍视蒙田、莫里哀、伏尔泰外，法国珍视拉伯雷，甚于其他任何文学上的巨人。在他的世纪里，埃提内称他为那时最伟大的作家。17 世纪，礼仪在花边和假发下僵化、古典变成了文学上的礼仪的必需品时，他在国人的记忆里失去了地位。但莫里哀、拉辛、拉封丹仍承认受其影响，冯特内尔（Fontenelle La Bruyère）和塞维尼夫人（Mme de Sévigné）喜爱他，帕斯卡挪用了他对上帝所下的定义。伏尔泰起初轻视他的粗俗，最后却成为他的虔信者。法语改变时，19 世纪的法国读者几乎不能理解拉伯雷，也许目前他在英语世界里比在法国更受欢迎，因为在 1653 年和 1693 年，托马斯·厄克特（Sir Thomas Urquhart）出版了第 1 卷和第 3 卷的英译本，文笔刚健，嬉笑嘲讽，一如原作。1708 年，彼得·德·莫特（Peter de Motteux）完成全译本；由于这些人的努力，《巨人传》成为英国的古典名著。斯威夫特也从该书获取灵感，好像当了牧师就有特权，而劳伦斯·斯特恩（Laurence Sterne）必定从书中发现机智的酵母。它是属于世界而非一国文学的作品之一。

龙萨与七星诗社

正在那时，一股澎湃的诗潮也在法国泛滥。在弗朗索瓦及其子统治期间，约有两百位知名的诗人；他们不是在默默无闻的荒野上无病呻吟的人而是文艺战场上的战士——形式与内容交战、龙萨决斗拉伯雷——他们决定了法国文学的性格，一直到大革命时期。

一种复杂的狂喜激荡着他们。他们渴望在风格的纯正与形式的完善方面与希腊人和罗马人一争长短，在措辞和意象的优雅方面与意大利的十四行诗人抗衡。然而他们决定，不像教导和激励他们的学者一样用拉丁文写作，而用他们自己本国的法文；同时他们欲以窃自古典名著的字词、片语、结构和见解来使那仍然粗陋的语言成熟而精练。像拉伯雷的罗曼史那样不拘形式的插曲，在他们的眼光中，使法语成为用手匆促捏成的粗糙器皿，没有上绘，也没有加釉。他们将在那世俗的活力上，加以精心设计的形式和受理性控制的情感的训练。

复古的十字军始于里昂。莫里斯·塞维（Maurice Séve）花费一生中大部分时间去找他自己以为的彼特拉克之劳拉（Laura）的墓，然后写了446首诗给他自己所爱的德利埃（Délie）。其诗中的忧郁与精致，为龙萨清出了一条路。他在里昂最有力的对手是一个名叫路易丝·拉赫（Louise Lahé）的女人，她像另一个佩皮南的琼那样全副武装地斗争，然后由于跟一个制绳者结婚而冷却下来。他以很亲切的高卢式的风尚，对她的附属的恋情眨眼示意。她能读希腊文、拉丁文、意大利文和西班牙文，她的鲁特琴弹得令人销魂，有个沙龙让她的竞争者和爱人聚会，写了一些最早和最精致的法文十四行诗。有位年谱作家说，我们可以从她丧礼（1566年）的隆盛来推判她的名声，她的丧礼表现了她的"功成名就。她的脸没被覆盖，被抬着游遍全市，头上戴有花环。死亡没法破坏她的姿容与尊荣，里昂人用花和泪来掩埋她"。经由这些里昂诗人，彼特拉克的风格和情趣传到巴黎，进入七星诗社（Pléiade）。

七星诗社这个词是古典的回声，因为公元前3世纪时，亚历山大城有7个诗人组成的星云，同样以星球命名，而该星球是纪念神话里阿特拉斯和普勒俄涅的女儿的。龙萨是法国七星诗社里最亮的一颗星，但他很少用这个名字，他敬仰阿那克里翁和贺拉斯甚于亚历山大城的忒奥克里托斯或卡利马科斯。1548 年，在托赖内（Touraine）的一家客栈中，他遇到了约阿希姆·杜贝雷，与他共同使法国诗古典化。他们又争取了另外 4 个青年诗人——安东尼·德拜弗、雷米·贝洛、埃提内·约德勒和潘图斯·德奇亚德——参加他们的计划，学者让·多莱特也参加了，他在法国学院和科凯雷学院有关希腊文学的教学煽起他们对古代希腊抒情诗人的热情。他们自称"军旅"（Brigade），并发誓要把法国的诗神，从让·莫格（Jean de Meung）和拉伯雷的粗手中、维庸和麦罗松弛的韵律中解救出来。他们瞧不起《巨人传》放纵的语言和隐含的智慧；他们在这些混杂的动词和形容词中及色情文学的狂喜中发现不到古典的约束，也发现不到有对女人、自然或艺术形式美的感情。一个有敌意的批评家，见他们有 7 人，便起了绰号，称他们为"七星"。他们反以此成名。

1549 年，贝拉伊宣布"军旅"语言方面的计划，包括使法语表达所有古典语言所表达的事物；使法文本身更光辉更洗练，只要把流行的法国散文的粗俗措辞和法国诗的民歌、圆舞曲、三韵诗形式搁置一边，而以输入古典术语和古典形式，如阿那克里翁、忒奥克里托斯、维吉尔、贺拉斯和彼特拉克等，使法文纯化并使之丰富。因为对于七星社而言，彼特拉克已经是古典，其十四行诗是所有文学形式中最为完善的。

龙萨在他的诗中实现了杜贝雷以灿烂的散文表达的理想。他出生于新贵家庭，父亲是弗朗索瓦一世的侍臣，有一段时期龙萨住在显赫的宫廷里。后来他先后成为太子弗朗索瓦（Dauphin Francis）和马德雷娜（Madeleine，她后来和苏格兰的詹姆士五世结婚）的侍从，然后成为未来的亨利二世的骑士侍从。他期待从事军事探险，但 16 岁时，耳朵开始变聋。他将剑插入鞘中而舞动起笔来了。他偶然阅读维吉尔的作品，发现了形式和措辞的完美，这种完美是当时的法国所没有的。多莱特引导他从拉丁文到希腊文中获益，并教他读阿那克里翁、埃斯库罗斯、品达和阿里斯托芬的作品。这位青年大喊："哦，老师啊！为什么你把这些财富藏了这么久？" 24岁时，他遇见杜贝雷。此后，他把时间很专心地分散在歌、女人和酒上。

他的七音步诗（1550年）完成了抒情诗的反叛。他坦白地模仿贺拉斯，却把七音步诗的体裁介绍到法国，而在语言的纯粹、措辞的典雅和形式的精确方面，奠定自己的地位。两年后，在其《恋情》（*Amours*）的183首十四行诗中，他以彼特拉克为典范，达到了法文诗未曾被超越的高雅和精练的境界。他写的诗是要让人家唱的，许多诗在他在世时就已被谱成音乐，有些还是出自名作曲家，如杰尼昆（Jannequin）和戈蒂默（Goudimel）之手。他对他所求婚的女人发出了邀请——及时行乐，但即使在这种古典的主题中，他敲出的调子仍具有独创性，正如他劝告一位谨慎的少女，终有一天她会因失去被著名游吟诗人引诱的机会而后悔的：

> 你年老时，傍晚时分，坐在火炉旁，在烛光旁闲谈和缝纫，你将会背诵我的诗，而在惊异中，会说："我美貌时，龙萨曾夸示我的名字。"那时你的助手由于织布机的低语声而昏昏欲睡，但她们听到这些话时，没有一个人听到我的名字时会醒来，祝福你有得到如此不朽的称赞的命运。我那时将在地下，成为一个没有骨头的幽灵；我将休息在桃金娘的树荫下。你，一个弯腰于壁炉的老妇人，那时将会后悔拒绝我的爱并骄傲地轻视我。现在仍活着，且相信我，不要等待明天，采集今天正盛开的生命玫瑰吧！ [1]

这种风格意气扬扬，非常适合美第奇的凯瑟琳的宫廷，她把一个意大利家仆带回法国，此人后来享有彼特拉克之名。这位新诗人——

---

[1] 此诗译成散文，比起勉强地把韵律和习语译成诗行的形式，要好得多。

听觉困难，举止傲慢，具有军人的容貌，有金黄色的头发和胡须，和普拉克西特利斯所雕的赫尔墨斯那样的脸庞——成为凯瑟琳、亨利二世、玛丽·斯图亚特，甚至英国的伊丽莎白（她是他的第 17 代表亲，曾送他一枚钻戒）的红人。希腊和罗马神话在七星诗社很受欢迎。这位诗人谈到奥林匹斯时，朝廷承认其恭维；亨利成为朱庇特神，凯瑟琳成为朱诺神，狄安娜成为狄安娜神；而让·古戎（Jean Goujon）的雕刻正好使此相符。

亨利死后，查理九世继与龙萨为友，结果并不好，因为这位青年君主要人写法国史诗来和阿内德匹敌。"我能予人死亡，"查理说，"但你能予人不朽。"龙萨开始写法国史诗，但发现他的诗才呼吸太短促，不适合这样长的赛跑；不久他就放弃了他的虚饰而回到抒情诗和爱。他平和地进入老年，不受世界的纷扰，在政治和宗教上保守而安稳，受到青年游吟诗人的敬重，受到所有人——除死神外——的尊敬。死神于 1585 年降临。他的遗体埋于图尔，但巴黎给他奥林匹克式的丧礼，首都所有的显贵人物都来为他送行，并听主教吟诵一篇丧礼演讲。

以他为首的许多诗人写了很多诗，很精巧，却不生动。他们大部分，就像这位大师一样，是异教徒，他们在安逸时承认天主教为正教，而轻视道德的法国新教徒。不管有些诗人多么穷，他们在傲慢方面却有贵族之风，有的在血统上确是贵族，他们为有闲而喜爱形式的那一圈人写诗。对他们所怀的敌意，拉伯雷报以取笑，讽刺其卖弄博学，卑屈地模仿希腊与罗马的韵律、措辞和描述，他们对古代主题的处理手法、彼特拉克式的自负和哀悼的脆弱回音。在自然主义与古典主义的冲突中，法国文学的命运决定了。法国诗人和悲剧作家将选最直接而狭窄的结构和凿刻优雅的道路；散文作家将企图以实质的力量来取悦读者。因此法国诗在大革命之前是不可译的；定型的瓶子不能打破了再用外国的模子来重塑。19 世纪，两大潮流才遇合，文质并茂方始出现，内容结合形式，法国散文取得至高无上的地位。

韦艾特与萨里

不像洪流，而像经过许多出口流到海的河流，意大利的影响，经过法国而达于英国。一代的学术激励了下一代的文学，希腊和罗马的神圣启示成为文艺复兴的《圣经》。1486 年，普劳图斯的剧作在意大利上演，不久之后，又演于互相竞争的弗朗索瓦一世和亨利八世的朝廷。1508 年，比别那（Bibbiena）的《卡兰德拉》（Calandra）肇始了意大利方言古典喜剧。1552 年，祖蒂（Jodelle）的《被俘的克娄巴特拉》（Cléopatre Captive）成为法国方言悲剧的开始。1553 年，尼古拉·尤德尔（Nicholas Udall）写出第一部古典形式的英国喜剧。一位批评家说，拉尔夫·罗斯特·多伊斯特（Ralph Roister Doister）"发出了普劳图斯的香气"，的确如此，但它也发出英国的香气，而且是莎士比亚为迎合伊丽莎白时代戏院的低级趣味对观众所道出的那种粗鲁的幽默。

意大利的影响在都铎王朝的诗里显得最为耀眼。中世纪的风格复活于《明媚的少女颂歌》（The Notbrowne Mayd，1521 年）的精美民谣中；但那些在青年亨利八世的太阳下取暖的诗人沉溺于诗中时，其理想和典型是彼特拉克和他的诗集。在伊丽莎白登基的前一年，伦敦的一个印刷商理查（Richard Tottel）出版了一本《杂集》（Miscellany），在此集中有两名朝臣的诗显示出彼特拉克胜过乔叟，古典形式胜过中世纪的充溢。托马斯·韦艾特（Sir Thomas Wyatt）以为国王服务的外交家身份游历法国和意大利，并带回了一些意大利人助他开化他的朋友。像一个文艺复兴时代好心的朝臣，但他自寻烦恼于爱火中。传说他是安妮·布林恩（Anne Boleyn）的早期情人之一，当她被送往伦敦塔后，他不久也入狱。同时，他译彼特拉克的十四行诗，而且是第一个把英诗压缩成紧密形式的人。

韦艾特 39 岁死于热病时（1542 年），在亨利的朝廷出现了另一位浪漫派人物亨利·霍华德，萨里的伯爵，接下了他的七弦琴。萨里歌咏春之美，责骂顽抗的少女，而且轮番地向每个少女发誓永远忠贞。在伦敦，他过度地沉溺于夜生活，因挑战决斗而系于狱中一段时期，因在斋封期吃肉而被传唤受审，用他的嬉戏的弓打破窗子，再度被捕，再度获释，在法国为英国英勇作战。回国后，他大声戏言自己将成为英国国王。他被判受绞刑、被四马分尸，但最终被斩首了事（1547 年）。

在这个精力充沛的人的生活中，诗只是一种附带的装饰。萨里译阿内德史诗中的几卷，把自由诗介绍到英国文学中，赋予之后莎士比亚所用的十四行诗的形式。也许预见不适当的骄傲可能导向断头台，他以乡村生活的宁静平和为主题写了一首充溢沉思精神的田园诗给一个罗马诗人：

> 马夏尔，要达到快乐的生活，
> 我发现这些东西不可少：
> 祖先留下的财富，不劳而获；
> 能结果的土地，平静的心巢；
> 平等相处的朋友；没有遗恨，没有斗争；
> 规律或统治不改变；
> 健康的生命，没有疾病；
> 绵延不绝的家眷；
> 中等的饮食，而非海味山珍；
> 真正的智慧配合以质朴单纯；
> 思虑俱释的夜间；
> 畅饮不至多到智虑鲁钝；
> 忠心的太太，从不争论；
> 足以消遣夜晚的酣睡；
> 满意你自己的身份，
> 不希望老，但对之也不惧畏。

汉斯·萨克斯

德国在 1530 年以后，古典作品的出版几已停顿；书籍的出版已经很少；它们被大量出版的争论性质的小册子取代。圣方济各会的一名僧侣托马斯·穆诺以尖酸的笔调，用一系列关于流氓和傻瓜的小册子鞭笞每一个人——流氓商会、愚者群……全都剽窃自塞巴斯蒂安·布兰特的《愚人船》。[1] 被穆诺鞭挞的许多愚者是教士，因而他最初被误认为是路德派，但后来他"赞扬"路德为"一条野蛮的大侦察猎犬，没有感觉、愚笨、渎神的叛徒"。亨利八世送他 100 镑。

塞巴斯蒂安·弗兰克（Sebastian Franck）的情况较为好些。宗教改革时，他在奥格斯堡当牧师。他向宗教改革致敬，认为那是勇敢而必要的反叛，因而成为路德派的牧师（1525 年）。3 年后，他和奥蒂利埃·贝哈姆（Ottilie Beham）结婚，其兄弟为再洗礼派教徒。他对这个受迫害的宗派渐生同情之心，谴责路德派的不宽容，因而被逐出斯特拉斯堡，在乌尔木以制肥皂为生。他取笑德国公爵决定宗教的正统，他指出"假如一个领主死了，其继位者宣布另一个信条，而此一新信条则立刻成为上帝的话"。"疯狂的热心占据了所有的人，以致我们应相信……上帝也属于我们自己，而且除了在我们的宗派里，世上没有天堂、信仰、精神、耶稣。"他的信仰是不关门的宇宙派神论。"我的心并不和任何人不同，我在土耳其人、教皇派、犹太人和所有的人中都有兄弟。"他矢志追求"自由、不分宗派的……基督教，不为外物所束，甚至不受《圣经》所限"。因在性格上如此地不适于他那个时代，乌尔木的人将他驱逐出境。他在巴塞尔找到印刷的工作，在诚实的贫困中卒于该地（1542 年）。

这时的德国诗和戏剧沉湎于神学中，以至不再是艺术，而成为战争的武器。在这个争斗中，任何一行业的术语、粗俗话和猥亵语都被

---

[1] 亚历山大·贝克莱（Alexander Barclay）在《愚人船》中做了同样的修改，并加了他自己的尖刻之语。

认为是正当的；除了民歌和赞美诗，诗失去了应有的艺术趣味。那些 15 世纪时过多的舞台宗教剧因不合大家的口味而过期了，而被攻击路德或教皇的流行讽刺剧代替。

　　有时人会超越愤怒而看清整个生命。若汉斯·萨克斯曾服从过纽伦堡的市长们，他可能只是一个鞋匠。他不获出版许可权而出版了《巴别塔的韵文历史》时，他们禁止他出版，郑重宣布诗并非其职业，并命令他只管干好自己的事（只做鞋匠活，不得作诗）。但汉斯有此权利，因为他已成为诗乐会会员。他所属的织工和鞋匠商会定期表演会唱、并一年 3 次举行公众音乐会时，他对诗歌的热情愈加高涨。为了在商会和在其他的机会中有所表现，他专注于写作诗歌和剧本。

　　他或许不是大诗人，却是愤恨的世纪里一个头脑清醒、心情愉快的歌唱家。他的基本兴趣在于淳朴的人民，而非天才；他的剧本几乎均与这些人有关；在这些剧本中，即使上帝，也是仁慈的普通人，上帝就像教区的牧师那样跟人交谈。大部分作家的作品充满痛苦、庸俗、猥亵，而汉斯的作品描绘及赞扬爱情、责任、虔信、军事上的忠贞、父母之情、子女孝顺之爱等美德。他第一部出版的诗（1516年），计划"提高上帝的赞颂和光荣"，并"助其同胞过忏悔的生活"，这种宗教上的精神温暖了他终生的作品。他把半部《圣经》译成韵文，用路德的翻译作为范本。他祝贺路德为"维滕堡的夜莺"，他将会净化宗教并恢复道德：

　　　　醒来！醒来！白天已近，
　　　　我听到一曲唱于森林。
　　　　那是愉快的夜莺；
　　　　其歌声在山谷间传鸣。
　　　　夜已落入西方，
　　　　白天从东方耀上，
　　　　黎明终于到来，

忧郁夜的云彩已离开。

汉斯成为宗教改革时代的游吟诗人，用倔强的打油诗来讽刺天主教的过失。他写了关于无赖僧侣的剧本，并追溯其源流到魔鬼。他出版了讽刺滑稽的诗和讽刺剧，而指责牧师引诱少女和做弥撒时喝酒之类的事。1558 年，他出版《约纳教皇韵文历史》（*History in Rhyme of the Popess Joanna*）——大部分新教徒把这个寓言当作历史来看。但汉斯也讽刺路德派，公开揭发其生活丑陋与其信条相反："由于吃肉、喧嚣，滥用牧师，争吵、欺骗、侮辱人和所有其他不适当的行为，你们路德派教徒已大大地侮辱了《福音书》。"他和其他 100 人共同哀悼当时的商业主义和不道德。

总而言之，姑且不论瓦格纳（Wagner）把他理想化，汉斯实在是坦直、粗鲁而亲切的德国人的典型，至少在德国南部这类人占大多数。在他的家和诗中，我们想象他快乐而和谐地过了 40 年。第一位太太死时（1560 年），他再娶，时年 68，新娘却是 27 岁的漂亮女人，他甚至活得比太太长。一个补鞋匠能成为人道主义者、诗人、音乐家，得到并使用大图书馆，学希腊文学和哲学，写了 6000 首诗，活得相当健康和快乐，到 82 岁时才死去，就一个时代、一个城市而言，必有许多可以称道的地方。

伊比利亚半岛的诗人（1515—1555）

在葡萄牙文学上，这是一个活泼的时代。探险的刺激，因扩展商业而增加的财富，意大利的影响，科英布拉（Coimbra）和里斯本的人文主义者，有教化的朝廷的赞助，共同促就了一个开花期，并很快因卡蒙斯（Camoëns）的《卢西亚德斯》（*Lusiads*，1572 年）诗作而达于鼎盛。一场快乐的战役蔓延于吉尔·维森特（Gil Vicente）的旧派和奥斯·奎亨蒂斯塔斯（Os Quinhentistas）之间。吉尔·维森特，

"葡萄牙的莎士比亚"，以其简单的节目主宰戏院 34 年之久。朝廷对他微笑，并期望他以剧本来称赞（或庆祝）每个王室事件。国王与教皇争吵时，吉尔奉命讽刺教廷，其自由的程度，使在布鲁塞尔看他剧本的哲罗姆·阿林德以为自己正在中萨克森听路德讲话呢。这位多产的剧作家，有时用西班牙文写作，有时用葡萄牙文写作，有时两种均用，并插入了意大利文、法文、教会拉丁文、农民俚语等断简残篇。其剧本的动作，就像莎士比亚剧本中一般，常常被涌现于人们心中的抒情诗中断。同莎士比亚一样，吉尔是演员和剧作家，也是舞台经理，指导布景。而且，他是当时最好的金匠之一。

弗朗西斯科·萨·米兰达（Francisco Sá de Miranda）在意大利停留 6 年之后，于 1524 年回葡，并带回了文艺复兴的古典狂热。像法国的龙萨和七星诗社，英国的斯宾塞和菲利普·悉尼（Philip Sidney），他要以构塑主题、格律、风格于古典诗行中来使民族的文学尊贵起来；像约阿希姆·杜·贝雷，他把彼特拉克列入古典范围，并将其十四行诗介绍给国人；他用自己的国语写第一部古典悲剧（1550 年），此前他已用古典的形式写了第一部葡萄牙散文喜剧（1527年）。他的朋友里贝罗（Bernardim Ribeiro）用维吉尔的风格作牧诗（或田园诗），而过着塔索式的悲剧生活：他热恋一个宫中贵妇而被逐；后来被原谅而恢复宠幸，却死于疯狂中（1552 年）。

一群多彩多姿的历史学家把探险家的胜利记录下来。卡斯帕尔·科雷亚（Caspar Correa）到印度去，晋升为阿尔伯克基的秘书之一，公开谴责官方的腐化，于 1565 年被谋杀于马六甲。在其活跃的生涯中，他写了 8 册他所称的葡萄牙征印"简史"，充满了扩张的色彩。卡斯坦赫达（Castanheda）半生游历东方，花 20 年的光阴致力于《葡萄牙征印度历史》的写作。巴罗斯（Barros）在里斯本的行政部门服务 40 年，以不聚财而令其前任官员汗颜。他曾去过所有档案保存处，把资料收集起来，编成他仅称为《亚洲》的书，但该书后来以《十年》命名，因其 4 巨册中的 3 册，每一册都包含了某一个 10 年中发生的事件。除马基雅维利和圭恰迪尼的作品外，这部书可与当时的任何作品在秩序、精确和清晰各方面相比。骄傲的国家可能不会接受这两个例外，而给他以"葡萄牙之李维"的称誉。

卡斯提语现已成为西班牙文学语言。加利西亚、瓦伦西亚、卡塔罗尼亚、安达鲁西亚等方言残存于人们的语言中，而加利西亚语成为葡萄牙语，但卡斯提语在斐迪南、伊莎贝拉和西蒙尼斯的统治下，成为城邦和教会的语言，这使这一方言得到不可驾驭的特权并从当时以迄我们的时代，其男性的洪亮之音已影响到西班牙的文学。对语言的迷恋出现在这个时代的某些作家中。安东尼奥·古瓦拉立下了语言异想和修辞辞藻华丽的榜样，而他《领主的罗盘》（1529 年）的译本助长了约翰·黎里（John Lyly）在其作品《艾福埃斯》（*Euphues*）中铸炼的夸饰文体和莎士比亚在其早期喜剧中铸炼的愚笨的文字游戏。

西班牙文学歌颂宗教、爱情和战争，对侠士的罗曼史的热情达到高潮，以致 1555 年其国会建议把罗曼史禁止。这项命令实际颁行于西班牙所属的美洲，若在西班牙果真强制执行的话，我们就见不到《堂·吉诃德》这本书了。在骑士书丛的净化中得到前牧师宽容的罗曼史之一是葡萄牙人蒙特梅约（Jorge de Montemayor）所作的《多情的狄安娜》，它模仿西班牙籍意大利诗人桑纳扎罗（Sannazaro）的田园小说《阿卡迪亚》（*Arcadia*，1504 年），又被悉尼的田园小说《阿卡迪亚》（1570 年）模仿。蒙特梅约的散韵夹杂诗是意大利文学对西班牙文学产生影响的千例之一。胡安·波斯坎（Juan Boscan）把意大利剧作家卡斯蒂利奥内的《科尔蒂贾诺》（*Cortigiano*）译成散文，与原作甚为相宜，并接受威尼斯诗人纳瓦格罗（Navagero）的建议，使十四行诗的形式在西班牙通俗化。

其友加尔西拉索·维加（Garcilaso de la Vega）几乎用卡斯提语使这个形式达到完美的地步。像这时期的许多西班牙作家，他出身高贵的世家，他的父亲是斐迪南和伊莎贝拉驻罗马的大使。1503 年生于托利多，他早期献身军戎。1532 年，因逐土耳其于维也纳而声名大噪。1535 年时，在突尼斯受包围中，两度重伤，几个月以后他在普洛凡斯参加查理五世徒劳无益的战役。在弗雷瑞斯（Fréjus），他自愿领导士兵攻击一座破城堡，他第一个登上城墙，头部受伤，不久因之而死，时年 33 岁。在其遗赠给友人波斯坎的 37 首十四行诗中，有一首敲出战争的调子：

> 比以前更大的诅咒存在
> 于我们的这个时代；以前
> 一切的诅咒仍一直在改变其面目，越来越坏；
> 而我们都感觉到战争的出现——
> 战争接近着战争，随之而来的是流亡、危险和害怕
> 而我们每个人都彻头彻尾地烦厌
> 于见到自己的血从矛（枪）上流下——
> 矛未中的，而自己仍然幸存。
> 有些人已失去其财物和所有的马具，一切都垮，
> 甚至是房屋和家人
> 太太的名字和记忆都已成灰。
> 那么战争的用处何在？为了国家的感恩？
> 为了小名气？为了在历史上的地位？
> 总有人会写一本书，其用处我们可从中一窥。

　　他见不到，但成千的书纪念他。历史学家把他的死作为当时的主要事件记录下来。他的诗被印在携带方便的册子里，西班牙的军人把它带在口袋里转战各地。西班牙鲁特琴琴手把他的抒情诗谱成音乐，作为西式鲁特琴的情歌，而剧作家把他的牧诗变成剧本。

　　西班牙的戏剧著称于时代，不久将与伊丽莎白时代的英国剧本竞争。独幕喜剧、讽刺剧，或取材于通俗罗曼史的插曲被漫游的表演者表演于公共广场或酒店的庭院中，有时则在领主的别墅或皇宫里。

继承吉尔·维森特给这种歌团提供节目的主要供应者罗佩·鲁埃达（Lope de Rueda）以他的波波斯（Bobos，小丑）之名——并给我们提供这个新字——闻名。

历史学家辈出。龚萨洛·费尔南德斯·奥维埃多（Gonzalo Fernández de Oviedo）被查理五世任命为新世界的史官，他以漠不关心的态度，完成了浩瀚而秩序凌乱的《西印度通史及自然史》（1535年）以充数。在西班牙属美洲住了40年，他因采金矿而致富，并愤恨《印第安之破坏的简要关系》（*Brevisima Relacion de la Destruycion de las Indias*，1539年之后）一书，该书揭发了在美洲的矿场里土著奴工受剥削的残酷情形。1502年，拉斯·卡萨斯（Las Casas）与哥伦布一同航行，后来成为墨西哥恰帕（Chiapa）的主教，而且几乎为印第安人献出了一生。在致西班牙政府的陈情书里，他描绘土著因殖民者加诸其身的工作的严苛而急速死亡的情形。印第安人由于温暖的气候和简单的饮食，已习惯于偶尔的工作。他们未曾挖金，却已满足于从土地的表面或浅溪的河床上得到的金子，且仅用之作为装饰。拉斯·卡萨斯估计印第安的土著人口在38年间，已从1200万人（无疑猜测过高）减少到1.4万人。多米尼克教派和耶稣会的牧师与拉斯·卡萨斯联合起来反对印第安的奴隶制度，伊莎贝拉则一再公开指责之。斐迪南和西蒙尼斯规定印第安劳工征用条令，但这些绅士全神贯注于欧洲的政治时，他们对土著待遇的训谕多半被忽视了。

少数人为征服墨西哥而辩论。弗朗西斯科·罗佩兹·戈马拉（Francisco López de Gómara）提供这一征服计划的国会报告。德尔·卡斯蒂洛（Bernal Díaz del Castillo）为了反抗，写了《新西班牙的征服史》（*Historia Verdadera de la Conquista de la Nueva España*，1568年之后）——该书在称赞国会之余，谴责了弗朗西斯科把征服的所有光荣和利益都夺走，而几乎没有留下什么给像贝纳尔（Bernal）一样勇敢的战士。那是一本很迷人的书，充满行动的诱惑，胜利的乐趣，而且很诚实地对阿兹特克人（Aztec）的财富和光辉表示惊讶。"当我看到我周围的景色，我以为这是世界的花园。"然后他又说"所有的被摧毁了。"

这一时期最为成熟的西班牙历史著作和最有名的西班牙小说归于同一人。门多萨在斐迪南征服 11 年后生于格拉纳达；其父在被包围期中得到桂冠诗人头衔，并在城陷后成为该城的统治者。门多萨受教于沙拉曼卡、波隆那、帕多瓦等地，他在拉丁文、希腊文、阿拉伯文及哲学和法律方面接受广泛的教育。他以文艺复兴时代领主般的热忱，收集古典版本。他为苏里曼做了几宗宗教仪式后，苏里曼询问他将索要何种报酬时，他只想要一些希腊手抄本。他晋升到高的地位，为查理五世出使威尼斯、罗马和特伦特宗教会议。当转述来自查理的苛刻信息给教皇而受到保罗三世的指责后，他用西班牙贵族的傲气回答："我是一个骑士，我的父亲也是，以一个骑士而言，完成我的主人的命令是我的责任，我不必怕你——圣皇陛下，只要我遵从对耶稣代理人的正当尊敬。我是西班牙国王的使者……作为他的代表，即使你不乐意，我仍是安全的。"

最近的研究，对欧洲文学第一本以恶汉及其冒险故事为题材的小说——托马斯的《拉撒路的生活及其冒险》——其作者是否是门多萨，表示怀疑。那本书虽然直到 1553 年才被印出来，但可能在许多年前就已写成了。比王族的地位稍低的家族的后裔竟把一个贼当成英雄，这可是令人惊奇的事。更令人惊奇的是最初有意做牧师的人，竟在他的故事里写下了对教士团很尖刻的讽刺，以致宗教裁判所禁止其再版，直到所有冒犯的部分被删除为止。拉撒路（Lazarillo）[1] 是一个流浪者，做一个盲丐的向导，学得卑下窃盗的诡计，进而学会了较高级的罪恶，做牧师、托钵僧、私人牧师、州官副手、赎罪券出售者等人的仆人。即使是有些小聪明的青年贼，对赎罪券出售者为卖出其商品安排的奇异事情也会产生很深的印象。"我必须承认，我有时也受

---

[1] "小拉撒路"指在《路加福音》第 16 章乞丐之名。那时称为"小乞丐"，那时是一个小孩子领着一个盲丐。

骗，而认为我的主人是神圣的奇迹。"这种嬉戏的叙述，形成了小说的风格。它激起了无数的模仿者，而以勒萨日（Alain Lesage）所作的最有名的《恶徒罗曼史》（*Gil Blas*，1715—1735 年）达到顶点。

因为在一次争论中抽出菲利普二世的剑而被逐出宫廷，门多萨隐居到格拉纳达，作了随兴之诗，由于太不注重格律而在生前没有出版。他还在《格拉纳达史》中详述摩尔人的反叛（1568—1570 年），由于书中公平而正直地对待摩尔人，找不到出版者，直到 1610 年才印了一部分。他以萨卢斯特为典范，试图与之抗衡，并从塔西佗处剽窃一两个主题。但大体而言，这本书是第一部超越编年史或史实的宣传，以哲学的观点加以解释、以文学的艺术加以表现的西班牙作品。他死于 1575 年，时年 72 岁。他是充满完人的时代中最完美的人物之一。

在这些急就章节里，良知常与时间竞赛，并警告急挥之笔说，像走马看花的旅客一般，只不过能潦草涂写到表面而已。多少出版家、教师、学者、赞助者、诗人、罗曼史作者和鲁莽的反叛者，半个世纪以来，为生产文学而努力，而一旦不朽的天才被一行描绘而轻轻带过时，他们的文学成就在此难免受到狭隘的限制，许多杰作未被指出名来，许多国家受到忽略。文学是自然发生的事。男人和女人从神学和战争中摆脱开来，休息片刻，然后去爱恋美的形式和真理及权力的幻想，接着把文辞加以铸造、雕琢并彩绘——直到思想披上艺术的外衣。智慧和音乐出现，文学兴起以让国家发言，以让时代将其精神注入模型中，它如此深受喜爱而相沿成风尚，结果时间本身会珍视它，经过千百次大灾难仍被人视为传家宝般的流传下去，文学延续时，必有其保存下来的充分理由。

第八章 | 霍尔拜因时代的艺术
（1517—1564）

艺术、宗教改革和文艺复兴

只要新教徒相信《十诫》，艺术就得遭受宗教改革的摧残。上帝不已说过"不可为自己雕刻偶像，也不可作什么形象，模仿天空、大地和地底、水中的百物"吗？在扫荡性的禁止之后，象征性的艺术怎能存在呢？犹太人曾服从戒令，也疏忽过艺术。穆斯林大体上也服从过戒条，而使艺术仅作装饰之用，大半是很抽象的，常常以之代表事物，很少代表人，绝不代表上帝。新教重新发现《旧约》，遵从闪米特传统。天主教徒，其希腊罗马遗产盖过犹太的起源，越来越忽视这个禁止权：哥特式雕刻已把圣徒和诸神刻在石头上；意大利绘画已绘出《圣经》故事，文艺复兴却在盛开而放纵的象征艺术中，早把第二诫忘得一干二净；文艺复兴的意大利艺术赞助者，则以良好的见识藐视原始和现已无意义的禁忌。

所有赞助者中最伟大的是天主教会，她把艺术用在信仰上无文字表达的教条和传说上。在认为神话对道德具有教化作用的主教看来，这种艺术的利用似乎是合理的。但神话像炼狱一般，受到操纵，以资助教会的奢侈和滥用时，改革家就会在可原谅的情况下，反叛灌输神话的绘画和雕刻。就此事而言，路德是很适度的，即使不得不去修改《十诫》。"我不主张《福音书》必须摧毁所有的艺术，如同某些迷信的人相信的那样。相反地，或乐于见到所有的艺术……创造艺术并以之为我们的上帝服务。摩西律法只禁止上帝的偶像。"1526 年，他召唤他的信徒"借着绘画来攻击……罗马反耶稣派的偶像崇拜者"。即使加尔文（其追随者最热心地反对崇拜偶像）也有限度地赞同偶像。"我并不认为一切偶像都应被毁灭……但明白绘画和雕刻的艺术……来自于上帝，我要求的是艺术的实践必须纯正而合法。因此不应描画或雕刻除了眼所能看见以外的任何东西。"人情味不如路德、谨慎不如加尔文的改革者偏好把宗教上的绘画和雕刻全部宣布为非法，并把教会的所有装饰清除掉；"真理"把美当作不信教者加以驱逐。在英国、苏格兰、瑞士和德国北部，破坏是不分规模、不分青红皂白的。在法国，新教徒把圣物盒、神龛和在受其控制的教会发现的其他器物熔毁。人们在胜利之时会摧毁其一向所服从的偶像；在了解这种愤怒的情绪之前，我们须再思及人们冒生命之险去改革宗教的热情。这种破坏是残忍而野蛮的，但几世纪以来妨碍其本身改革的机构，对这种罪过也难辞其咎。

哥特式的艺术结束于这一时期，宗教改革只是其死因之一。反对中世纪教会的情绪随之带来对与教会联系长久的建筑和装饰的风格的排斥。然而，哥特式艺术在路德发言之前已垂死。它摇摆于天主教的法国和反叛的德国与英国，它自毁于灿烂中。文艺复兴和宗教改革都是哥特式艺术的敌人。文艺复兴来自意大利，而意大利从未爱过哥特式艺术，即使接受它，也加以嘲弄。文艺复兴主要散布于受教育者中，这类人不太能体会十字军东征和哥特时代的热心信仰。在宗教改革的进步中，天主教会本身（教会在哥特式的建筑中有其无上的艺术表现），由于失去了不列颠、德国、斯堪的纳维亚，并因天主教的国王对其总收入的挥霍而太穷，不能像以前那样慷慨地资助艺术或决定嗜好和风格。于是一天一天地，世俗化、异教化的文艺复兴以其古典的偏好超过中世纪信仰和形式的神圣传统。人们不虔敬地逾越了虔信而敬畏的世纪，去再度了解古代爱尘世、爱享乐的热情。哥特艺术被认为是摧毁罗马帝国的野蛮艺术，战争因反抗这种艺术而起。被征服的罗马人再度恢复生活，重建其庙宇，揭露其神的雕像，并且先命令意大利，再命令法国和英国恢复曾象征希腊光荣和罗马伟大的艺术。文艺复兴征服了哥特艺术，在法国它则征服了宗教改革。

法国文艺复兴的艺术

·建筑的狂热

在法国教会建筑方面，哥特艺术成功地为暂时解脱而扩张。有些天主教堂加入了新鲜的元素，所加必是哥特式的。因此，康恩的圣皮埃尔教堂完成其闻名的歌咏队的席位；博韦建其南面的十字式教堂的左右翼部；而让·瓦斯特（Jean Vast）在左右翼部建起一横跨其间 500 英尺高的尖塔时（1553 年），哥特艺术几已达到巅峰。在 1573 年的耶稣升天节，那高耸的旁若无人的物体塌垮而坠入歌咏队席位上时，这场灾难象征着建筑史上最高贵风格的结束。

哥特艺术的光辉，在此时期，兴起于法国的蓬图瓦兹、库唐斯和许多其他城市。在巴黎，随意一瞥都显示出信仰在过去时代的某些神奇，在此城有两个壮观的哥特教堂形成了：圣埃提内·杜—蒙特和圣艾乌斯塔策。但文艺复兴的风格潜入其中：在圣埃提内·杜—蒙特教堂，有壮丽的石屏风伸展于歌咏队席位之上；在塔策教堂，复合的半露方柱和仿科林斯式建筑的柱头伸展其上。

天主教哥特建筑为世俗的文艺复兴建筑取代，反映出弗朗索瓦一世的嗜好和人文主义者强调尘世乐趣甚于天国的希望。所有经济方面的成果，贵族的赞助，及在文艺复兴的意大利已形成的艺术上的异教主义，现在滋养了法国的建筑家、画家、雕刻家、瓷器匠和金匠的虔诚。意大利的艺术家被带入法国，把他们的技巧和装饰的动机与复活的哥特式形式融合。不仅在巴黎，在枫丹白露、图尔、布尔日、昂热、里昂、第戎、阿维尼翁和普罗旺斯的艾克斯等地，意大利设计的光辉、佛兰德斯绘画的写实主义、法国贵族的嗜好和两性的文雅，这些因素结合而在法国产生了一种足可向意大利的权威挑战并继承这一权威的艺术。

这一运动的领袖是具有放纵态度和鉴赏力且爱艺术的国王。弗朗索瓦一世把自己的无忧无虑和微笑的精神带进其王朝的建筑中。他告诉他的艺术家"敢"——然后让他们试验甚至意大利不允许的东西。他认识到佛兰德斯人在肖像画上的力量，请让·克卢埃作为他的宫廷画家，委托约斯·克里夫（Joos van Cleve）画他自己及周围人的肖像。在精制和装饰的所有艺术中，鼓励他的是意大利。征马里尼亚诺（1515 年）成功后，他访米兰、帕维亚、波隆那及其他意大利城市，而且很羡慕地研究其建筑、绘画及其他艺术。切利尼引用他的话："我很清楚地记得要检视所有的好作品，特别是所有意大利最伟大的大师所作的作品。"夸张的地方可能属于热情洋溢的切利尼。乔吉·瓦萨里（Giorgio Vasari）在十多个例证中，特别提及弗朗索瓦一世通过罗马、佛罗伦萨、威尼斯、米兰的代理人去买意大利艺术品的事。经过这些努力，达·芬奇的《蒙娜丽莎》、米开朗基罗的《莉达》、布龙齐诺的《维纳斯与丘比特》、提香的《抹大拉的玛利亚》和上千种的器皿、勋章、素描、小雕像、绘画和缀锦画翻过阿尔卑斯山而到法国的卢浮宫来。

这位热心的君主若能为所欲为的话，可能已把意大利最好的艺术家都引进来了。诱人花钱的地方多如牛毛。"我将以金子来使你窒息。"他答应切利尼。本韦努托（Benvenuto）来了，并且不定期地留下来（1541—1545 年），其留下的时间长得够法国金匠加强在传统设计和技术上的技艺。多米尼科·贝尔纳贝已在查理八世时来过法国，弗朗索瓦雇用他为巴黎设计一个新的市政厅（1532 年）。当它完成时，一个世纪快要过去了。1871 年的公社（Commune）革命把它烧毁了，它依博卡多罗（Boccadoro）的设计重建起来。达·芬奇老年时来到法国（1516年），法国艺术和门阀各界都崇拜他，但我们知道他在法国并无作品产生。安德烈·德尔·萨尔托来了（1518年），但很快逃跑了。乔万尼·巴蒂斯塔受到佛罗伦萨的引诱（1530年），然后停留在法国一直到自杀。罗马诺接受急邀，但为曼图亚城迷醉，他派他最显赫的助手弗朗西斯科·普里马蒂乔（Francesco Primaticcio，1532年）来。弗朗西斯科·佩莱格里诺、维尼奥拉、阿巴特、塞巴斯蒂安·塞利奥和其余十多人先后来法国。同时，法国艺术家受鼓励去意大利研究佛罗伦萨、费拉拉和米兰各城市的宫廷及新建于罗马的圣彼得教堂。自从希腊的艺术和思想征服古代的罗马以来，也未曾有过如此丰富的文化血液输入。

半个世纪以来（1498—1545年），法国的建筑是根深蒂固的哥特风格，和仿效被征服的征服者而渗入法国的意大利式样，体现于里尔皇宫的石头上。在此，哥特艺术仍有大手笔，高卢的石匠主宰设计的封建碉堡设于壕沟内，有堡垒状的塔垂直地自角落升起；宽大有坚框的窗引来阳光，斜屋顶可使雪滑下，而天窗像单片眼镜从屋顶窥视出去。但意大利的入侵者被允许把尖拱压平，使之回复到较旧的圆形；并使长方形阶梯式的正门并排，窗子被支持以半露方柱，并冠以三角墙，装饰以古典圆柱、柱头、腰线、壁带、圆形饰物。阿拉伯式圆饰和植物、动物等雕刻的羊角状物，帝王的本身像和神话上的圣物。理论上，这两种哥特式和古典的风格是不相称的。他们受到法国人的鉴别和品赏而融合成为和谐的美，这与其他因素共同使法国成为近世世界的希腊。

建筑的狂热——一位表示惊奇的将军称之——现在袭击法国或弗朗索瓦。建筑师雅克·苏尔多为了王后克劳德在布卢瓦的旧皇宫加了北面的厢房，其风格是十分文艺复兴式的。发现在厢房里建一楼梯不方便，建筑师便设计了当时建筑上引人注目的东西——向外的螺旋式楼梯，以一个八角塔的形状向上升起，通过3个台阶到从屋顶向外投射的优美走廊，每个台阶富丽堂皇地装饰着雕刻的楼座。

王后死后，弗朗索瓦把他建筑上的热情转到尚博德（Chambord）——卢瓦尔河南3英里、布卢瓦东北10英里。在那里，奥尔良公爵曾建造过一处打猎住的房子，弗朗索瓦以无上的哥特式皇宫取代之。该皇宫如此广大——有440个房间，容纳1200匹马的马房——以致需要1800个工人的劳力经过12年才能完成。法国的设计师使其北正面很迷人，混以由塔、"灯"、尖塔和雕刻建筑构成的迷宫；其内部以螺旋式楼梯闻名，该楼梯极为壮丽，有独一无二的上下双重过道。弗朗索瓦喜爱尚博德，以之作为快乐的猎区。在此，其宫廷喜聚集所有装饰品；在此，他度过了日渐衰老的残年。其内部装饰大部分毁于1793年的革命，另一座弗朗索瓦的皇宫——坐落于博洛涅森林里的马德里德宫，由吉罗拉莫·德拉·罗巴（Girolamo della Robbia）装饰以马尤利贝（Majolica）陶器的正面——在大革命时期完全被毁了。

奢侈并不只限于国王，其助手很多自行享用那仍像自神仙国度里输入的宫殿。最完善者之一是勒里多（Azay-le-Rideau）——在安德尔（Indre）的一小岛上，建此宫者吉勒斯·贝特罗特（Gilles Berthelot）并非一个无所事事的法国财政大臣。诺曼底的税务总监托马斯（Thomas Bohier）建了舍农索，财务部长让·科特鲁（Jean Cottereau）重建迈特隆（Maintenon）宫，纪尧姆·蒙特莫雷西（Guillaume de Montmorency）在尚蒂伊（Chantilly）建了领主似的皇宫（1530年）——大革命的另一个灾祸。其子安·蒙特莫雷西（Anne de Montmorency），法国的高级军官（主管城堡），在接近圣丹尼斯（Saint Denis）的地方建立了埃科恩宫（Ecouen）（1531—1540年）。让·布雷顿重建威廉德里皇宫，查理·斯皮纳伊完成了于塞（Ussé）宫。此外，图尔一地的瓦伦盖宫、森伯兰考宫，康尼一地的埃斯科雷勒宫，图卢兹一地的贝尔努埃斯宫，布尔茹瓦一地的拉勒蒙特宫，罗翁一地的布格泽龙德宫和成百个其他的宫，都是这个无顾忌的王朝的产物，我们可以从中推断领主的富有和人民的贫穷。

感觉到住室不合适，弗朗索瓦决定重建路易七世和路易九世在枫丹白露所建的皇宫（切利尼说，因为这个地方是"国王在其王国里最喜爱的地方"）。城堡主楼和小礼拜堂恢复了，其余被毁掉；在原址，吉勒斯·德布雷顿（Gilles de Breton）和皮埃尔·尚比格斯（Pierre Chambiges）建了一大片具有文艺复兴风格的皇宫，和优美的首相画廊毗连。这片皇宫的外观并不吸引人，也许像佛罗伦萨城的商人领主那样，法国国王担心，如果皇宫的外表太过奢华，加之又在都市附近，可能会招来百姓忌恨。他使内部保持艺术的水准，在那里他依赖受拉斐尔和罗马诺装饰传统培养的意大利人。

艾尔·罗索（Il Rosso）为弗朗索瓦一世的画廊工作了10年之久（1531—1541年）。瓦萨里描绘他，当时才37岁，是个"仪态大方，言词庄重而亲切的人，有成就的音乐家，精通学问的哲学家"，而且是个"卓越的建筑家"、雕刻家和画家。罗索把墙安排成15个方格，每格装饰的都具有高级的文艺复兴的风格：以雕刻和镶嵌的核桃树的壁板为柱脚（柱基），取材于古典神话或历史景色的壁画，由灰泥装饰而成的雕像、贝甲、武器、大奖牌、动物或人像、果园或花园的富丽堂皇的环境，装饰深浓的木头的天花板——这些完成了暖和之色、肉欲之美、无忧无虑乐趣的效果。所有这些正对国王的胃口。他给罗索一栋在巴黎的房子和1400利维尔的年金。瓦萨里说，这位艺术家"生活宛如领主，有仆人和马匹，开宴会款待朋友"。他聚集五六个意大利人和几个法国人（都是画家和雕刻家）为他服务，这些人构成了枫丹白露派的始祖和核心。在他成功和灿烂的高峰，他的意大利脾气结束了他的事业。他控告他的一个助手弗朗西斯科·佩莱格里诺偷他的东西，后者在受了一顿拷打之后，被发现是无辜的，罗索既惭愧又忏悔，吞下了毒药而死于极端痛苦中，时年46岁（1541年）。

弗朗索瓦哀悼他，但他发现普里马蒂乔有能力以相同风格来继续罗索的工作。普里马蒂乔在1532年到达法国时，年仅27岁，是一个英俊的青年。法国国王不久就相信他有建筑家、雕刻家和画家的各种能力，他给他一群助手、一份好的薪水，以后并给他等同一个修道院院长的收入；因此这些忠心者的贡献被转变成震愕僧侣的艺术。普里马蒂乔设计皇家缀锦的作品，为艾莱奥谱拉（Eleonora）王后在枫丹白露的房间雕刻了一件杰出的作品，为了报答埃唐普的女公爵的赞助和保护，他用绘画和灰泥雕像装饰她的房间。这些绘画在一再地恢复之下已死了好几次，但这个雕像光荣地保存下来；灰泥雕像中一名贵妇举手对着飞檐，是法国艺术中最美的人像之一。

亨利二世登位后，并没有伤害到普里马蒂乔的地位及风格。1551—1556 年，受到德洛尔姆（Philibert Delorme）和阿巴特的协助，他设计、绘画、雕刻和用其他的方法来装饰在枫丹白露的亨利二世的画廊。现在其绘画已经被毁，其女像的优美却很迷人，而残墙是古典要素的庄严灿烂的表现。据说更为精致的是尤利西斯画廊（Ulysses，已毁于 1738 年），那是普里马蒂乔及其同伴用《奥德赛》史诗中 161 个人物装饰成的。

枫丹白露宫象征古典风格在法国的胜利，弗朗索瓦用买自意大利并以其卓越来加强其古典信息的雕塑和艺术品布满其厅堂。同时，曾在枫丹白露工作一段时期的塞巴斯蒂安·塞利奥出版了《建筑作品》（*Opere di Architettura*，1548 年），该书传播其师巴尔塔萨·佩特夏奇（Baldassare Petruzzi）的维特鲁威派（Vitruvius），此派主张为公元前 1 年的罗马建筑家及工程师的古典主义，该书立刻被译过维特鲁威（1547 年）作品的简·马丁译成法文。枫丹白露派在罗索或普里马蒂乔门下受过训练的艺术家，把古典的规范和理想散布至全法国；而且随同被七星诗社开创的相关的古典文学的形式，这些规范和理想几世纪以来在法国保持主宰的地位。受到塞利奥和维特鲁威的激励，法国的艺术家，雅克·塞尔索、让·布兰特和德洛尔姆等人到意大利研究罗马的遗物，回国后便写了论文，有系统地陈述古典的见解；像龙萨和约阿希姆·杜贝雷，他们认为中世纪的风格太野蛮并谴责它，决定以形式净化材料。经过这些人及他们的工作和书籍，建筑家才以艺术家身份出现，和艺匠截然不同，在社会阶级上占有高的地位。法国建筑不再需要意大利的艺术家，因为法国现在已超越意大利而远及古代罗马本身以追求建筑上的灵感，于是产生了由古典秩序和法国传统与倾向合成的艺术。

在这种思想与艺术的环境中，法国最高贵的民间建筑形成了。今日从塞纳河左岸来看卢浮宫，或站在其庄严的宫廷里，一天一天地漫游于此世界的宝库，看那些巨大的石碑，我们会怀着敬畏之心，精神为之退缩。假如宇宙必须毁坏而只有一个建筑物可以留下来，我们应选这一个。菲利普·奥古斯都曾于约1191年首次建立它，作为防卫巴黎抵抗沿塞纳河入侵的碉堡。查理五世曾添上两个厢房（1357年），其外有一个楼梯，布卢瓦的佳作即因此楼梯获得暗示。发现这个半皇宫半牢狱的中世纪结构不适合作其居住和享乐之用，弗朗索瓦叫人把它毁了，委托皮埃尔·莱斯科（Pierre Lescot，1546年）在原址建了一座适合法国文艺复兴的皇宫。一年后，弗朗索瓦死去，亨利二世命令这项事业继续下去。

莱斯科是一个贵族和牧师，克拉格尼（Clagny）的爵士，克莱蒙特大修道院院长，巴黎圣母院的教士、画家、雕刻家和建筑家，设计圣劳克斯罗伊斯教堂（毁于1747年）崇高的十字架上的耶稣和卡姆瓦勒特宫的就是他。在这两件工作上，其友让·古戎帮助他雕刻装饰，在新卢浮宫的工作有点进展时，他也请此友来装饰。1548年，莱斯科修建现围绕卢浮宫方院的宫廷的两个厢房。意大利文艺复兴时代的风格支配了这两座建筑。从地面到屋顶的正面——正如拉伯雷所说的排外的：3排长方形的窗，排与排间用大理石飞檐分开，窗则为古典柱廊分开；3个门廊由优美的古典柱子支撑；只有斜状屋顶是法国式的，而其装饰用的嵌线仍属于优雅的古典风格。若非古戎在门廊的壁龛中插入雕像，在三角墙里和飞檐下雕刻以精致的浮雕，并在中间的突出部分镶以亨利和狄安娜的纹章，其外观可能就太严肃了。在这个莱斯科所建的厢房里，古戎建了卡丽亚德斯（Cariatides）宫；一条通往亨利四世休息的皇家卧室的大楼梯的拱形圆屋顶的修建者仍是古戎。在查理九世、亨利四世、路易十三、路易十四、拿破仑一世、拿破仑三世的统治下，卢浮宫的修建工作仍在继续，始终忠于莱斯科和古戎所立下的风格直到今天，其伸展的大厦是350年文明所凝结的精华。这种文明榨取老百姓的劳力以成灿烂的艺术。若贵族政治是公正的话，卢浮宫有存在的可能吗？

为了亨利二世和波蒂阿的狄安娜，德洛尔姆创造了建筑上的天堂。年轻时，德洛尔姆研究并估量古典罗马的遗物，但回到法国之后，他宣布此后法国的建筑必须是法国式的。他的古典偶像崇拜和爱国精神，的确是属于七星诗社的计划的。他在枫丹白露的离别宫设计马蹄形楼梯，在亨利二世的画廊设计壁炉和有装饰的天花板。为了狄安娜，他在阿内特（Anet）建了一个有皇宫和正式花园的十足的城市（1548—1553年）。在那里，切利尼把他的枫丹白露的山泉女神放在一个三角墙里，古戎则以他的一组狄安娜和她的牡鹿的景物来超越佛罗伦萨城的艺术。这个宝贵的乐园大部分已毁，只剩一个不感人的大门现存于巴黎的艺术学校里。为这个好胜的女士，德洛尔姆完成了舍农索——国王送给她的小礼物，想出横过察尔河（Cher）来延伸皇宫的主意的人是菲利普。美第奇的凯瑟琳从狄安娜的手中接收这个宫殿时，德洛尔姆继续其工作，直到完成。他太过于数学式的风格曾一度失宠，于是他退隐而去写百科全书式的《建筑论》。老年时，他再度被凯瑟琳召回，为她设计新皇宫——杜伊勒里宫（Tuileries，1564—1570年）——该皇宫被1871年的公社所毁。他从他的所有赞助者那里收到很丰裕的报酬。他成为牧师，而且掌握几个圣俸。1570年去世时，他仍为巴黎圣母院的教士，遗嘱中言及供养两个私生的孩子。

让·布莱特（Jean Bullant）是另一位杰出的建筑家。30多岁时，他在艾科恩为安内·蒙特莫雷西设计了具有古典风格的完美皇宫，因之闻名于世。60多岁时，他继德洛尔姆建杜伊勒里宫，一直工作到死——正如他所说的，"日日不停息，正当学习时，却要死去"。

当时的风尚是排斥意大利风格输入法国建筑，原始的哥特艺术留下的不偏离影响可能已演变成一种城市建筑风格，这种风格比相当严苛的古典风格更适合法国的优雅。但哥特艺术因年迈而亡，可能因衰老过度和火焰式的旧饰带而死：它的衰亡是自然而然的。希腊对约束、单纯、稳定和清朗的建筑线条的强调，很适合把法国艺术的繁荣充沛转化为有礼有节的成熟。某些中世纪的古怪风格曾被牺牲，而这里曾有过辉煌的日子，现在因为它死了而显得栩栩如生。法国文艺复兴的建筑发展其自己的民族特性时——天窗、斜屋顶和圆柱柱头、三角墙混合——法国产生一种3个世纪以来为西欧羡慕的建筑风格；而现在这种风格正在消失，然而我们仍觉得它是很美的。

·附属的艺术

成千的艺术家、艺匠在弗朗索瓦一世和亨利二世的快活时代里，装饰法国的生活。木工雕刻博未、亚眠、欧什和布劳等教堂的歌咏队席次，并敢用农牧神、女预言家、酒神巴库斯的祭司、森林之神，甚至有时用维纳斯、丘比特、加尼米德（Ganymede）等文艺复兴的情节来装饰哥特式的建筑。或者他们制造——为了我们疯狂的追求——桌、椅、架子、祈祷台、床架，有架或抽屉的橱柜，雕以过多的装饰品，有时镶以金属、象牙或宝石。金属工，在其卓越的高峰中，以贵重金属镶嵌或雕刻使器皿或武器增添光彩，并设计铁格子窗——诗在铁制花饰窗格里——为小礼拜堂，圣堂、花园、墓，或做巴黎圣母院两边门的那种枢纽，其手工之精美，使虔信者以为那是出自天使之手。为了适合自己的需要，只稍微称赞别人的切利尼承认在制造教会金银器皿——或让·杜雷特为亨利二世所刻的家用盘——方面，法国的金匠已"无人能超越的完美地步"。在布劳的"奥地利的玛格丽特"小礼拜堂，或在博未的圣埃提小礼拜堂及巴黎的圣埃提内·杜·蒙特小礼拜堂，彩绘玻璃至今仍有光辉。弗朗索瓦在枫丹白露建立一个工厂，缀锦一件一件织成，不像以前分开来做，然后缝在一起；金线与银线被充裕地混以染上色的丝和羊毛。1530 年以后，法国缀锦的图案和题材不再是哥特式和骑士风格的，而仿效来自意大利的文艺复兴的设计和主题。

文艺复兴的主题支配了里昂的陶器、南法的彩陶、利摩日的瓷釉等陶器制造业。列奥纳德·里莫辛（Léonard Limousin）和其他人用鲜艳的珐琅色，把植物、动物，人和神的优美形象画在铜浴盆、瓶、大口小罐、杯、桌用盐罐和其他升为艺术品的日常器皿上。弗朗索瓦在这方面也插一手，任列奥纳德为利摩日陶业皇家制造所所长，并冠之以国王侍臣之衔，列奥纳德精于在铜盘瓷釉上绘肖像之术；一个卓越的例子——弗朗索瓦本人的肖像——存于纽约大都会博物馆，更多的作品存在卢浮宫的阿波罗画廊，静静地证明这段黄金时代。

在意大利人来之前，肖像画在法国是充分发展的艺术。哪个在法国的意大利人能够超越 1520 年一位无名大师画的纪尧姆·蒙特莫雷西的肖像？这不是图画般的恭维，那是一个人！罗索、普里马蒂乔、阿巴特和其他的枫丹白露派画家，把从拉斐尔、瓦卡、乔万尼·达·乌迪内（Giovanni da Udine）或罗马诺学到的装饰半露方柱、飞檐、天花板等以“古怪”或嬉戏的有翼天使、孩童、螺旋形物错综图饰和植物的形象，带回法国来。此派一个无名画家画了波蒂阿坐着化妆，戴着后冠。1545 年以后，许多佛兰德斯的画家，包括大勃鲁盖尔（Brueghel the Elder），都到法国研究枫丹白露的作品。但他们自己的风格太根深蒂固，不屈服于意大利的影响，他们的肖像画写实的活力胜过拉斐尔的继承者那种女性的优雅。

在法国有一个佛兰德斯家族单独地组成一派。图尔的让·克卢埃与巴黎的弗朗索瓦的宫廷有联系。全欧洲都知道他约 1525 年画了此王的肖像，该像现存于卢浮宫：在即将衰落之前傲慢、自负和快乐的王权。其子弗朗西斯·克卢埃继之为宫廷画家，用色粉笔画或油画记录了四朝的权贵。其亨利二世肖像胜过乃父的弗朗索瓦肖像：我们惊讶地发现在愉快的勇敢者和阴沉的儿子之间的冲突；我们能了解这个人如何地认可（批准）异教迫害的热忱，虽然在这张几乎是博尔贾的脸孔中，看不出他对狄安娜永远的献身有任何的暗示。有段时间，德·利翁（Corneille de Lyon）开了竞争性的艺术馆，以玛格丽特的情人马雷夏尔·彭尼维特（Maréchal Bonnivet）的肖像向克卢埃族人挑战。但在法国，没有一个同时代的人能和肖像的画廊里弗朗西斯·克卢埃为美第奇的凯瑟琳、弗朗索瓦二世、苏格兰的玛丽皇后、瓦尔瓦的伊丽莎白、菲利普二世、亨利四世未来的妻子玛格丽特和青年时代的查理九世——太可爱了而难以想象他就是大屠杀的恐怖国王——所画的肖像相比。这些受到法国的纤细、精确和活泼的气质调节的肖像表现了佛兰德斯的写实主义和逼真的风格；其色调缓和，其线条精确而大胆，复杂的个性的要素被捕捉住和统一；只有霍尔拜因的英国才能欣赏这样多彩多姿的画家。

雕刻是建筑的女仆，但使建筑有光彩的是雕刻家。的确，现在法国的雕刻产生了仅次于米开朗基罗和其他在卡拉拉所刻的杰出作品。领主的墓碑被做成模型：乔万尼·于斯托·贝蒂（Giovanni di Giusto Betti）所做的路易十二及布列塔尼的安妮的墓碑，罗兰·勒鲁（Roland Leroux）和让·古戎在鲁昂所做的安布瓦斯两位红衣主教的墓碑，及在同一天主教堂里由不知名的人所做的狄安娜之夫路易斯的墓碑。鲁昂的墓碑似乎装饰太过分，而不适合死人用。弗朗索瓦一世、其妻克劳德及其女夏洛特被埋在圣德尼教堂里，这是德洛尔姆设计的一个有文艺复兴风格的墓，有皮埃尔·彭特姆普斯（Pierre Bontemps）做的极佳的雕刻。附近是彭特姆普斯做的一个小杰作——国王的情人的骨瓮。法国雕刻家不再需要意大利的教导来继承罗马的古典艺术。

让·古戎至少继承了古典的优雅。我们首次听到他的名字是在1540年。被列入鲁昂教堂的"石匠和泥瓦匠"的名单中。在那里，他雕琢支持圣马克卢教堂的风琴的圆柱，为红衣主教的墓碑雕像，也可能为布雷泽的墓碑雕像。他装饰圣罗克斯罗伊斯教堂的圣坛屏的雕刻（有部分仍保存于卢浮宫）在线条韵律性优美方面使人想起希腊的浮雕。古戎的女性优美的特性，在他贡献给勒斯科特设计的"天真之泉"的林泉女神（1547年）中达到完美的境地；贝尼尼以为这些形象是在巴黎艺术作品中最完美的。我们已在阿内特留意到他的狄安娜及其牡鹿、在卢浮宫的雕刻。他的异教的神性和女性形体的理想化，为法国提示了文艺复兴胜过宗教改革，古典艺术见解胜过哥特艺术，女人胜过其中世纪的诽谤者。不过，传统上人们把古戎描绘成法国新教徒。约1542年，为了惩罚他参加路德派的布道，他被判穿着衬衫走遍全巴黎的街道，并目睹一个新教徒的布道之处被烧。约1562年，他离开法国到意大利。1568年死于波隆那，默默无闻，几乎连把法国文艺复兴带到高峰的那个人也不认识他了。

彼得·勃鲁盖尔（1520—1569）

除了勃鲁盖尔和缀锦以外，低地国荷兰的艺术在这一时期为休耕时期。绘画则处于本地天才与意大利人争胜的局面。意大利风格在于精练的技术、丰富的色彩、古典的神话、裸体的妇女、罗马建筑背景等方面，而本地特色在于为显赫人物和普通事物所作的写实的肖像。赞助不仅来自朝廷、教会、贵族，而且越来越多地来自富商。这些富商把强壮的形体和饱满的颊颊留下来给他们的后代赞扬，而且喜欢看到画家把他们实际生活中的家常景象和乡村风景反映在画中。幽默感，有时是古怪感，取代了意大利大师崇高的情操。米开朗基罗批评佛兰德斯人的艺术中缺乏的鉴别力和高贵性："佛兰德斯人只为了欺骗外在的眼睛而画些使你高兴的事物……田野里的青草、树影、桥和河……这里那里的小东西……对取舍毫不在意。"对于他而言，艺术是为了表现高贵而对重要事物的选择，而非对现实不分青红皂白地表现；包裹在他那不可移动的靴里和轻视人类的那种庄重本性，对绿色田园的自豪和火炉的感情是有免疫性的。

我们怀着谢意向约阿西姆·帕蒂尼（Joachim Patinir）鞠躬，只因他在圣哲罗姆画中画了列奥纳德风格的风景；向约斯·克里夫鞠躬，因他葡萄牙的埃莉诺画的肖像；向奥利鞠躬，因他在普拉多画的高贵的家族和在布鲁塞尔的圣古杜勒教堂所设计的缀锦画和彩绘玻璃；向莱顿的卢卡斯鞠躬，因他在 39 年的岁月中创作如此多的上乘雕刻和木刻；向斯科雷尔鞠躬，因他画的《抹大拉的玛利亚》，该画叙述她用油瓶洗耶稣的脚，而使油瓶珍贵的故事；向安东尼斯·莫尔鞠躬，因为他画了阿尔瓦、格兰维勒红衣主教、菲利普二世、玛丽·都铎，还有他自己的有活力的肖像。

且留心这些艺术世家如何在绘画的技巧方面展开竞争。斯科雷尔把某些技巧传给他的儿子科内里斯（Cornelis），他在发疯之前画了几幅精巧的肖像。让·马西斯（Jan Massys）继承其父昆丁的画室，以精选裸体像画了朱迪斯、苏珊娜及其姐等画；其子昆丁·马西斯二世继其业，其兄弟则传其艺于英国，并画了亨利八世老年时的像，此像表现出画中人的傲慢与可憎。彼得·波布斯及其子弗朗兹在布鲁日画肖像和虔信者，弗朗兹之子弗朗兹·波布斯二世在巴黎和曼图亚画肖像。还有彼得·德洛尔·勃鲁盖尔（Pieter Droll Brueghel），其画家太太，其画家岳母，其子彼得·赫尔·勃鲁盖尔和让·威尔威特·勃鲁盖尔（Jan Brueghel），其画家孙子，其画家曾孙……

大勃鲁盖尔，其名可能取自布拉班特（Brabant）两个名叫勃鲁盖尔的乡村。其中之一靠近赫托根波斯基，博施曾生于此，勃鲁盖尔可能曾在此城的教堂里看到几幅画，这些画对他产生了一定的影响。25 岁（约 1545 年）时，他迁到安特卫普当彼得·科埃斯克的学徒，这个人的风景木刻可能促成了这个青年画家对田园、森林、河川和天空的兴趣。这位较不闻名的彼得曾生一女名叫玛丽亚，这个女孩子小时候常被勃鲁盖尔抱在怀中，后来成为他的太太。1552 年，他追随当时的潮流，到意大利学画。后来他回到安特卫普，带着一本厚厚的满是意大利的风景的素描书，但看不出其技巧受到意大利的影响，结果他几乎轻视南方大家那种微妙的模型制作术、明暗对照法和着色法。回到安特卫普后，他和管家的小妾住在一起，他答应她只要她不再说谎，就跟她结婚；他把她说过的谎话以在棍子上刻痕记录下来；因为没有棍子记下他自己所犯的罪，所以当那个计数刻痕没法再记下去时，他就把她抛弃了。他 40 多岁时（1563 年），和玛丽亚结婚，她这时 17 岁，服从他的召唤而搬到布鲁塞尔去。他只余下 6 年的生命。

他的画使他有了"农夫勃鲁盖尔"的绰号，他却是有教养的人，读过荷马、维吉尔、贺拉斯、奥维德、拉伯雷，可能还有伊拉斯谟等人的作品。荷兰的瓦萨里·卡雷尔·曼德（Karel Mander）把他描写成"宁静而有秩序，很少说话，但和大伙儿在一起很能取悦人，以吓坏人为乐……说些鬼和预报死亡凶信的女妖精的故事"。因此，也许这是他另一个绰号"滑稽的勃鲁盖尔"的由来。他的幽默感倾向于讽刺，但他以同情心来节制。有一具雕刻显示出他胡须很多，满脸因为严肃的思考而皱纹很多。有时，他追随博施，认为生命是大部分的灵魂漫不经心地匆匆赴地狱。在《杜勒·格瑞特》（*Dulle Griet*）一画中，他把地狱描绘得像博施所描绘的那样可恶和混乱；在《死亡的胜利》中，他不把死视为疲惫的躯体的自然睡眠，而视为像鬼般的把四肢和生命割除——骷髅用箭、斧、石和镰刀来攻击国王、红衣主教、骑士和农夫；罪犯被砍头，上绞刑或绑到车轮上；头盖骨和尸体骑在二轮车上。这是"死之舞"的变种，这种舞飞跃于这个阴沉时代的艺术中。

勃鲁盖尔的宗教画继续这种严肃的心境。它们没有意大利画的富丽堂皇，也没有其轻快的优美；它们仅仅用佛兰德斯人对地域、相貌和服饰的说法来解释《圣经》故事；它们很少揭露宗教上的感情；它们大部分是画群众的状态，即使其中的脸也没有感情；推挤着要看耶稣带十字架的人似乎对自己的受苦并不在意，只是急着要看个够。其中有些是《圣经》里的寓言，像《耕者》；有些其他的画，追随博施，以格言（谚语）作为主题。《盲导者》显示出一连串的视觉不灵的农夫，极丑，一个跟着一个地跑到沟里去；而《荷兰格言》用一组画举例说明近百个格言，包括一些沾有拉伯雷气质的人在内。

勃鲁盖尔的主要兴趣在于农夫大众，及以无关紧要的善行或恶行来掩蔽其无益可恕的人类活动的风景。也许他在群众中有安全感；在此他不必使每一张脸孔具有个别性或模铸肉体。他拒绝画为艺术或历史而摆姿态的人；他偏爱展示在不同的活动和自然的生活中散步、跑、跳、舞、比赛的男、女和小孩。他回溯他的童年生活的景象，乐于沉思，参与农夫的玩乐、享宴、音乐和结伴。他和一个朋友在很多次的场合中，化装成农夫，参加村集和婚礼，而且——假装是亲戚——送礼物给新郎和新娘。毫无疑问，在这些外出的场合中，彼得带了他的素描簿，因为在他现存的画中，有许多乡村人物和事件的画。莫尔和提香为贵族画肖像获利很多，但勃鲁盖尔未曾被这些贵族喜欢，而且也未从他们身上获得任何酬劳，他只画淳朴的人民。甚至他所画的狗也不过是在市巷或村屋里能见到的杂种狗。他知道农夫生活的辛酸，而且有时视之为众多愚人的混合。但他爱画村童的游戏、村童兄长的舞蹈和婚礼的骚动。在《科卡伊内之乡》一画中，倦于工作、爱好饮酒的农夫伸手坐卧于草地上，梦想着乌托邦。他似乎要说，知道如何玩、睡和工作，知道结伴和死的人就是农夫。

反抗死，他只看到一种安慰——那是他以美、恐怖、生长、衰微和再生的各种形式来接受的自然的一个完整的部分。风景补偿了人；部分的荒谬在整体的庄严中得到原谅。直到此时——除了阿尔托费（Altdorfer）以外——风景曾被作为人物和事件背景的附属物；勃鲁盖尔使风景本身成为画，人在其中只是偶然事件而已。在《伊卡洛斯的坠落》中，天空、海洋、山和太阳曾吸引了画家和参与者的注意；伊卡洛斯是两只不引人注意的腿，可笑地沉入海中；而在《暴风雨》中，人几乎见不到，失落而且无助于风雨的残酷和威力中。

　　勃鲁盖尔的艺术和哲学在表现季节的系列5幅画中达到高峰。《小麦收割》一画描绘一捆捆小麦收割和堆积，工人午餐或小睡，让观者感受到夏天的热与静的情景。在《稻草收获》中，男女孩子把秋果放在篮里顶在头上，一农夫磨快镰刀，强壮的妇女用耙聚拢稻草，男人将之抛到四轮马车顶上，马在休息时嚼着草。《兽群回家》一画预报冬天——天渐暗，牛被引回其厩。这个系列画中最好的是《雪中猎人》：屋顶和地面皆白；住宅沿着平原和小山伸展出令人出奇的远景；人们溜冰，玩曲棍球，滑倒在冰上；猎人和狗外出猎食；树木光秃秃的，鸟在树枝间预报春之到来。《忧闷的日子》是蹙额告别的冬天。在这些画中，勃鲁盖尔达到他的高峰，而为未来荷兰艺术的多雪风景开下先例。

　　只有画家或鉴赏家才能评判这些画的艺术品质和技术。他似乎很满意于赋予他所画的人物以两度空间，以实质混以阴影，他并不会觉得麻烦。假如必要的话，他会让我们的想象把第三度空间加到他的两度里。他太有兴趣于大众，以致不关心个人；他的农夫几乎都一样，像不雅的一块一块的肉。除了在画群体画时，他并不假装是写实主义者。他把很多人或插曲放在一幅画中，牺牲了统一性；但他抓住了一个乡村，一群人或一时激昂高涨的生活不自觉的统一性。

　　他要说的是什么？是否他仅仅把人类讥笑、嘲笑为古怪的"有叉的萝卜"，并把生活讥笑、嘲笑为愚笨而神气十足地走向衰亡？他欣赏农夫跳舞时摇摆的快活，同情他们的劳苦，以宽容的幽默冷眼旁观他们醉后的酣睡。但他从未从博施的影响中恢复过来。像那个神志不清的杰伦，他带着讽刺性的嘲笑来描写人类喜剧的辛酸面——跛者、罪犯、失败者和淫荡者，死的残酷的胜利。他似乎曾搜索过丑恶的农夫；把他们作成讽刺画，绝不让他们微笑或大笑；若他赋予粗鲁的脸孔任何的表情，那就是沉闷冷淡，为生活所重击、所鞭打的敏感的脸。幸运者对不幸者的不幸缺乏同情，活着的人很快地忘掉死者因而获得解脱，这种感受使他产生很深的印象，也使他受到伤害。他受到自然的浩大远景的压制——那天空的无边无际，在其下所有人类事件似乎沉溺在无足轻重之中，而善与恶，生长与衰亡，高贵与卑贱，同样地似乎都消失在浩大而分不出青红皂白的无用之中，而人类就被吞没于世界的风景中。

我们不知道是否这就是勃鲁盖尔真正的哲学，或是仅仅用艺术来开玩笑。我们也不知道何以他这样快就放弃战斗，49 岁就死了（1569年），也许更多的岁月会缓和他的愤怒。他遗留给他的太太一幅晦涩的画《赴绞刑的快乐之道》，此画是由这些景色构成的上乘作品：清新的绿色和淡远的蓝色，农夫在乡村绞架附近跳着舞，而放在绞架上的是鹊，这是饶舌者的象征。

克拉那赫与德国人

在宗教改革中，德国教会建筑处于停滞状态。没有新教堂因艺术虔信而兴建；许多教堂仍在未完成状态中；许多已毁，领主的碉堡连同他们的石头被放在一起。新教教堂献身于严格的单纯中；天主教教堂则故意叛逆，文艺复兴向巴洛克艺术发展时，它却往过分重视教堂礼拜用品发展。

民间和皇宫建筑取代天主教堂，正如公爵取代主教和城邦包围教会。这一时期有些栩栩如生的民间建筑在第二次世界大战时遭遇灾祸：在布兰兹维的阿尔特豪斯，在希得斯罕的屠宰公会大厦和内梅根文艺复兴风格的市政厅。这一时代和下一时代最为自负的建筑构成了领主的巨大碉堡的形式：花费 10 万弗罗林的德累斯登碉堡；在斯图加斯特的克里斯托弗公爵皇宫，在房屋的附属装置和家具上太浪费，以致市长们警告公爵，说其宫廷的奢侈和其人民的贫穷成为耻辱性的对比；还有巨大的海德堡碉堡，开始于 13 世纪，以文艺复兴风格重建于 1556 年至 1563 年，部分毁于第二次世界大战。

艺术的技巧在为领主、贵族、商人和金融家服务方面保持卓越的地位。制精致家具的细工木匠、木刻家、象牙雕刻家、雕刻家、制缩图者、纺织工人、铁工、陶工、金匠、兵器制造者、珠宝商——所有这些人都具有中世纪的技巧，虽然他们为了装饰的复杂而倾向牺牲趣味和形式。许多画家为木刻画图案，其细致的笔法就像做国王肖像似的；而木刻家，巴塞尔的汉斯·卢岑贝格尔等人，用德国木刻家和画家丢勒的忠诚来工作。纽伦堡、慕尼黑和维也纳的金匠居其世系的顶峰；温策尔可能曾向切利尼挑战过。约 1547 年，德国的艺术家开始用瓷釉的色彩来漆玻璃杯；以这种方式，瓶和窗采用粗而富于色彩的图案，繁荣的中产阶级可能使其喜好融入家中的玻璃窗中。

德国雕刻家保持其对金属铸像和浮雕的偏好。彼得·维舍尔的孩子继其技巧：小彼得铸的青铜薄金属板；汉斯为纽伦堡市政厅的庭院设计了漂亮的"阿波罗泉"；以纽伦堡的抹大拉闻名的美画常归功于保罗。纽伦堡的彼得铸了羡慕之神、正义之神、农神和舞蹈的缪斯女神的极佳浮雕。卢浮宫里一件最悦人的物品是约阿希姆·德谢勒做的帕拉蒂纳伯爵奥托·亨利希的半身雕像，6 英寸半高，体态肥胖，有着一张因多年的好胃口而成的脸。这是最普遍的德国式幽默。

德国艺术继续在绘画方面保有光荣。霍尔拜因和丢勒相埒，克拉那赫紧跟其后，而巴尔东·格林、阿尔托费和阿姆贝格形成了可赞扬的第二世系。巴尔东·格林因为弗赖堡布赖斯高盖天主教堂的祭坛后方及上方之画（或雕刻）而闻名。但更吸引人的是《与鹦鹉为伴的圣母》（*The Madonna with the Parrot*）——这幅画画的是有金黄色头发的丰满美丽的条顿妇女，一鹦鹉正啄其颊。克里斯托弗画了一些优美的肖像，里尔博物馆有他的查理五世肖像，真诚、理智、刚开始有狂热的气质。芝加哥艺术学院的《一个男人的肖像》是用凿刻的精致的温柔的脸。阿尔布雷奇特·阿尔托费以其风景的富丽而突出于这一小群画家。在他的《圣乔治》画中，骑士和龙在密集的树木围绕中几乎看不见；甚至在《阿贝拉之役》（*The Battle of Arbela*）中，战争的主人失落在塔、山、河、云和太阳的衬托中。这些和《逃往埃及途中的休息》，是近代画中最初的真正的风景画。

大克拉那赫（Lucas Cranach the Elder）取其名自故乡上法兰哥尼亚的克罗纳赫（Kronach），直到 32 岁被任命为维藤贝格的智者腓特烈的宫廷画家（1504 年），我们对他所知不多。他在那里或魏玛的萨克森宫廷任职约 50 年。他遇见路德，喜欢他，一再地为他作画，并以讽刺教皇的画来为某些宗教改革家的著作作插图；然而，他也同时为天主教贵族，如阿尔瓦公爵和美因茨的阿尔布雷希特的大主教等人画肖像。他有良好的商业头脑，把他的画室变成肖像和宗教画的工厂，卖书和卖药于其侧，1565 年成为维藤贝格的市长，死时年龄很大，钱也很多。

此时意大利的影响已达维藤贝格。它出现在克拉那赫宗教画的优美中，在他的神学中更可以见到，最突出的则是在其裸画中。当时，正如在意大利，异教的众神和玛利亚，耶稣和圣徒们竞争，但德国的幽默以取笑安全地死去的神来使传统上的众神有生气。在他的《巴黎的裁判》中，这位特洛伊的引诱者睡觉去了，而那些令人颤抖的美人正在等着他醒来并裁判她们谁最美。在《维纳斯和丘比特》中，爱情女神在平常的裸态中展示出来，尚有一迷人的帽子——好像她很害羞地暗示着欲望是因习尚而形成，所以可以用不习惯的附加物来使之解脱。维纳斯显得受欢迎，因此得到帮助之后，他就以十多种形式使她在法兰克福、列宁格勒、博尔盖赫塞画廊、大都会艺术博物馆等处亮相。在法兰克福，她隐隐约约地在十几条游丝的后面来隐藏其魅力；这些形式再度适用于在柏林的《卢克雷蒂娅》（*Lucretia*）一画，她很愉快地准备用光秃秃的束发针来补偿她的荣誉。为此画做模特的贵妇也为《泉之女神》摆姿态，躺在小池旁由绿叶做成的床上。在日内瓦博物馆里，她成为朱蒂斯，不再裸体，而穿上衣服要杀人，手握剑放在被供上的霍洛费内斯的头上，那把剑还很幽默地对着这个不幸的头闪闪发光呢。最后这位贵妇以裸体成为在维也纳的《天堂》，在德勒斯登的《亚当与夏娃》，在芝加哥的《夏娃与蛇》各画中的夏娃。

几乎所有这些裸体画都有某种特性，那种特性使这些画不致流于色情——一种恶作剧的幽默，色彩的温暖，意大利线条的精致，或存在女性形体里那种非爱国心的苗条。在此有一种征服女性的勇敢企图。

克拉那赫及其助手创作的肖像画比他那些老套的裸画更能引起人的兴趣，有些还可以和霍尔拜因的一较长短。《安娜·库斯皮尼安》(*Anna Cuspinian*) 一画体现了写实主义调和的精巧，画幅中有华丽的袍服和气球状的帽子；这位女士的丈夫约翰尼斯·库斯皮尼安 (Johannes Cuspinian) 坐着，以让他画一个更为精致的肖像——一个青年人文主义者——他所有的理想主义全反映在沉思的双眼中，以及爱抚地抱于怀里的书中。这个受欢迎的画室为成百位权贵画油画或色粉画，但没有一个人的肖像比《萨克森王子》这个孩子的肖像（现存华盛顿）更值得流传，这幅画中的王子纯真、温柔并有金黄色的鬈发。约翰尼斯·舍纳医生的肖像是生活的另一面，在形象上很可怕，在艺术上却很高贵。在此或在彼，在他的作品中，有华丽的动物，全是纯种，而牡鹿画得如此自然——有一个朋友说——"狗看到了就吠"。

若非成功过早过甚，他可能会更为伟大。其赞助者倍增——分散了他的天才；他没有时间把全部天才用在一件工作上。经过81年的生命，不可避免地，他退隐而松弛下来了；细节被他规避了，同样的脸、裸体、树木被重复得毫无生命之感。结果我们必须同意年迈的杜瑞对克拉那赫早期的画所作的评论——他能描绘形象，但不能描绘灵魂。

1550年，78岁时，他自画肖像：与其说是强壮的画家和雕刻家不如说是强壮的议员和商人，强有力的方头，庄严的白胡子，大鼻子，充满傲慢和个性的眼睛。3年后他的肉体向时间投降了。他身后留下3个儿子，都是艺术家，约翰·鲁卡、汉斯和小鲁卡，其《睡着的海格力斯》一画展示出大力士因为其周围的侏儒只能用箭刺穿他的外细胞层，而很平和地不理睬那些箭，把主题由拉伯雷转移到斯威夫特。也许克拉那赫也同样冷静地不理睬那些因为他的中产阶级理想和不谨慎而匆忙谴责他的人；在刻有晦涩的恭维语——最匆促的画家——的墓碑下，他睡得极佳。

德国绘画的伟大时代随他而逝。其衰亡的基本原因与其说是新教对宗教想象的弃绝，不如说是宗教争执的密集。或许道德的堕落，使德国绘画在 1520 年以后变得粗糙；裸体画开始扮演重要的角色；即使是在《圣经》的画里——画家表现像苏珊娜及其姐，波提法之妻试炼约瑟夫或拔示巴在洗澡等画的主题。克拉那赫死后两世纪以来，德国的艺术退缩到神学和战争的反动中。

都铎时代的风格（1517—1558）

亨利八世的王朝开始于亨利七世小礼拜堂的哥特式杰作，结束于皇宫的文艺复兴式建筑；风格的改变适当地反映出国家征服教会。政府对主教、修道院和教会岁入的攻击，使英国教会建筑停滞了约 100 年。

亨利七世预料将死，便拨款 14 万镑，在威斯敏斯特建一贵妇小礼拜堂（Lady Chapel）来容纳他的墓。从衣冠冢本身，到扇状地下坟墓的纠结不清的石头堆——这曾被人称为"由人类似乎所曾放在一起的最为美妙的石匠作品"——这是装饰上的杰作，而非结构上的杰作。因为小礼拜堂在设计上是哥特式的，装饰上却是文艺复兴的，我们以此作为都铎式华丽风格的开始。亨利八世，作为一个青年人文主义者，很快爱上了古典的建筑形式。他和托马斯·沃尔西带了几个意大利艺术家到英国来。其中之一的彼得罗·托里贾诺受委托设计其父之墓。在白大理石和黑石头的精美石棺上面，这位佛罗伦萨城的雕刻家在雕刻或镀金的青铜里放上过多的装饰品：圆胖的绑腿，气体般优美的花环，圣母和诸位圣徒的浮雕，天使坐在坟上并伸展其美足到空间，在这些物体之上，亨利七世和伊丽莎白王后横卧休息着。这是在英国未曾见过的雕刻，也从未曾有人能超越过它。培根说，在此，这位省用小钱耗费大钱的吝啬国王"死后所住比生前住过的任何皇宫都来得阔绰"。

亨利八世不是一个允许任何人埋葬得比他更为奢侈的人。1518年，他订契约要付2000镑给托里贾诺做一个墓，"在第四部分方面"比他父亲的更为伟大。这件事永不会完成，因为这个艺术家和这位国王都有皇家的脾气。托里贾诺一气之下离开英国（1519年），当他回来后他不再为第二个墓工作。相反，他为亨利七世的小礼拜堂设计一个高的圣坛，包括圣坛后的屏风和神龛，这些1643年时为克伦威尔的部下所毁。1521年，托里贾诺离开英国到西班牙。

沃尔西于1524年委托另一个佛罗伦萨人，贝内代托·罗韦查诺（Benedetto da Rovezzano）为他在温莎的圣乔治小礼拜堂建墓时，人类致命的喜剧又恢复了。尚伯里的赫尔伯特（Lord Herbert of Cherbury）写道："设计如此荣耀，远超过亨利七世的墓。"红衣主教衰亡时，他乞求国王至少在约克较卑下的墓里保留一角存放他的雕像。亨利拒绝了，他把整个墓没收了充作自己的容身之器；他还命令艺术家以自己的像来取代沃尔西的；但宗教和婚姻分了他的心，因此葬礼的碑铭最终没有完成。查理一世希望将来被埋进里面，但怀有敌意的国会把装饰物一件一件地变卖，直到最后只留下黑色的大理石棺，这个石棺最后充作圣保罗教堂纳尔逊（Nelson）神龛的一部分（1810年）。

除了这些以及剑桥的国王学院礼拜堂的辉煌灿烂的幕、台和彩色玻璃及地下坟墓以外，这一时代可纪念的建筑物很多是把贵族的乡下房子美化成神仙般的宫殿，遍布于英国的田园和森林之中。建筑家是英国人，但十多位意大利人列名为装饰而工作。用哥特式和文艺复兴式混合风格建成的壮丽的宽大正门，通往宅邸有小塔的大门，为拥挤的宾宴而设的宽大宴会厅，通常用雕木做的宏伟的楼梯，装饰着壁画或缀锦和有格子窗或凸出壁外之窗而光线充足的房间，建筑四周的花园、鹿苑和远处的猎场——这是英国贵族预先创造的乐园。

这些都铎时代领主宅邸中最为有名的是汉普敦宫，沃尔西红衣主教为自己而建，后因恐惧遗赠给他的国王（1525 年）。它并非由一个建筑家，而是由英国建筑大师联合起来创建，基本上是垂直的哥特式建筑，并依中世纪风格设计，有壕沟和塔以及有枪眼的墙。乔万尼·马亚诺（Giovanni da Maiano）在正门的赤土制的小圆形窗里加上了文艺复兴的特征。维藤贝格公爵于 1592 年访英时——称汉普敦宫为世界上最庄严堂皇的宫殿，耗费仅次于此宫者为萨里的苏顿宫（Sutton Palace）和诺内苏赫宫（Nonesuch Palace）。一本古老的书描述道："他邀请到这里来的是不同国家的最卓越的技师、建筑家、雕刻家和铸像家，意大利人、法国人、荷兰人和本地英国人；而在皇宫装饰方面，这些人在艺术方面提出很多奇思妙想，而在皇宫的内外均装饰以雕铸之像，这些像在文学上的再创造使人想起罗马古代的作品，而在另一方面这些像在卓越方面超过罗马古代的作品。"230 人被雇佣来为此宫工作，这是有意要使弗朗索瓦一世的尚博德和枫丹白露的宫廷相形见绌。英国国王未曾如此富裕过，英国人民也未曾如此穷过。在诺内苏赫宫完成前亨利死了，伊丽莎白女王使之成为她最爱的住处；查理二世将它给予他的夫人卡斯尔迈娜女士（Castlemaine，1670 年），她把它给拆毁并卖了，因为这是把债务变成资产的唯一方法。

小霍尔拜因（1497—1543）

小霍尔拜因的父亲是奥格斯堡重要画家之一。从他的身上，霍尔拜因学到艺术的要素；从汉斯·布克迈尔，他学到一些意大利的优美气质和模型制造术。1512 年，他画了 4 个圣坛的画板，现存于奥格斯堡画廊——称得上是中等作品，但就 15 岁的小孩而言，却是出奇的好。两年以后，他和他的兄弟安布鲁斯，秘密而匆匆地移居瑞士西北的巴塞尔。在巴塞尔，这两个小孩子发现自由是一种考验。霍尔拜因为不同的书作插图，包括伊拉斯谟的《愚人颂》一书在内。他做了一些艰难的画家的工作，为一小学校长做告示牌，他用取材于圣诺波底——那位敏捷的无足轻重的人物，他被控犯了每一件匿名的恶作剧，但绝不说句话来为自己辩护——的快乐事件来装饰一张桌子的顶部。在此作品中表现的技巧使他赢得一项获利的酬劳——画雅各·梅耶尔市长和其妻的肖像（1517 年）。这些肖像的声名不胫而走。雅各布·赫腾施泰因（Jakob Hertenstein）叫霍尔拜因到卢塞恩，在那里，他在这位赞助人的家的正面和墙上作壁画，并画本尼迪克特·赫腾施泰因（Benedict Hertenstein）的肖像。从卢塞恩他可能已去过意大利；他的作品因此在解剖上的精确、建筑上的背景和光线的布置各方面显示出受到意大利的影响。当他回到巴塞尔，年已 22 岁，他建立自己的画室并和一个寡妇结婚（1519 年）。那一年他的兄弟死了，1524 年他们的父亲也死了。

这时霍尔拜因所作的宗教画里，混合着德国的写实主义、罗马的建筑与古典的装饰风格。引人注目的是《墓中的基督》的写实，反映曼特尼亚·安德烈的作风：皮包骨、两眼张开令人悚然、蓬发散乱、目瞪口呆、勉强呼吸；看来准死无疑，无怪乎陀斯妥耶夫斯基说这张画会破坏人的宗教信仰。约在这个时期，霍尔拜因为巴塞尔的大议事厅作壁画。议员们都大为赞赏，有一个议员还委任他为加尔都西修道院供应圣坛屏风。这就是《基督的热情》，很不幸，在 1529 年的反偶像暴动中被破坏，只留下两扇套窗转送给弗赖堡－伊姆－布赖斯高（Freiburg-im-Breigau）的天主教堂。这两件艺术品模仿巴尔东·格林（Baldung Grien）的地方很多，但从圣子所发散出来的光辉来看，它们也有本身的力量。1522 年，巴塞尔市的书记官订了另一件圣坛屏风；这件作品就是安宁而高雅的《圣母玛利亚》，制作时霍尔拜因用他的妻子和儿子做模特，那时候他太太还是个温情标致的女人，尚未受到悲剧的打击。很可能在这时，他做出了他的宗教巨构《与梅耶尔市长一家为伴的圣母与圣婴》——结构、线条、色彩都甚为壮丽，感情的表现也非常强烈；在图中，两个儿子倚在他膝下，而跪在右边的两个太太中的一个已经死去。

但是，为像这样的宗教画获得的酬劳，就其所需要的心思和劳力的比例而言，实在太少了。肖像更能获利，而且家庭人口越来越多，他的负担越来越大。1519年，画青年学者博尼费修斯·阿梅尔巴赫——一张高贵的脸，表情中理想主义使洞察世界的眼光复活了。约1522年，他画伟大的印刷商弗罗本——一个忠于工作，心情被扰乱，因创造而被生活弄得精疲力竭的人。经弗罗本，霍尔拜因认识了伊拉斯谟。1523年，他画了两张这位忧伤的人文主义者的肖像。这位艺术家现已才力充沛，捉住了这位活得太久的人的灵魂，疾病和路德已加深了其脸上的皱纹和眼睛中忧伤的神色。巴塞尔·孔斯萨姆鲁格（Basel Kunstsammlung）的侧面像显示出他更为宁静、更有生气；鼻子像格斗者的剑般，好像要打斗似的。也许在其笔下的抄本是被列入反路德的目录中的《自由的公断》的草稿（1524年）。可能是1524年，他再度画伊拉斯谟，现悬挂于卢浮宫，看到那张深沉而贞洁的脸，我们不禁想起德西勒·尼萨尔德有见识的批评——伊拉斯谟是多了解而少肯定的光荣者之一。

约1523年，霍尔拜因画自己，时年26岁，看来似乎很成功；但其冷淡的目光暗示对生活的挣扎与斗争的愤怒。酒色占据了他的生活，他与妻子相处不睦。显然，他具有某种路德派的观点；他的《死之舞》木刻（约1525年）讽刺教士团——但当时即使是教士团也如此做。那一套木刻指出死追随每个男、女或阶级——亚当、夏娃、帝王、贵族、医生、僧侣、牧师、教宗、百万富翁、占星家、女公爵、弄臣、赌徒、窃盗——的脚后跟，这些人都正走在通往最后审判的途中，它是像杜瑞的任何作品一样的力作。除了这种绘画的杰作和《梅耶尔夫人》（*Meyer Madonna*）外，霍尔拜因并没有显明的虔信可见。也许他从伊拉斯谟和巴塞尔的人文主义中吸收了某些怀疑思想。他对解剖比对宗教更有兴趣。

虽然他假装赞成宗教改革，宗教改革却毁了他在巴塞尔的市场。

没有人再请他画宗教画。他为市议厅作画的酬劳被暂停支付。因农民战争而恐惧的富人退避隐居，日益吝啬，以为此时画肖像不吉利。1526年，伊拉斯谟自巴塞尔来信说："此地艺术正在冻结中。"他为霍尔拜因写介绍信给在安特卫普和伦敦的朋友，而霍尔拜因离开家人，到北方去找财富了。他拜访了昆丁·马西斯，无疑，他们互相交换了伊拉斯谟的信件。从安特卫普，他越海赴英国。伊拉斯谟的信使他受到托马斯·莫尔热诚的欢迎，并在他位于切尔西的家里腾个地方给他。在那里他画了莫尔的肖像（1526年），该像现存于纽约弗里克的画廊。这位殉道者的虔诚和倔强从其坚强而半忧郁的眼神中表露无遗，某个艺术家的洞察力却惊奇于袖子上的毛皮和褶缝。1527年，霍尔拜因画《托马斯·莫尔及其家人》一画，此画是阿尔卑斯山以北世俗艺术中，为人所知的最古老的多人画。

1528年下半年，霍尔拜因已赚了些钱，他回到巴塞尔，给伊拉斯谟一幅莫尔及其家人的画的复本，并与其妻重聚。这时他画了他最伟大、最诚实的画像之一，他以毫不宽容自己的写实主义的风格表现他的一家人。三张脸孔里的每一张都是忧伤的：女孩子顺从而几乎没有希望；男孩子忧愁地仰视他的母亲；她看着他们，神色显得极为忧愁而富于情爱——忧愁的是妻子失去丈夫之爱，而情爱则为母亲与其子女在生活上的唯一联系。画了这幅自我控诉的杰作三年后，霍尔拜因再度离家。

在他停留巴塞尔期间，他画了弗罗本的另一幅肖像，并为伊拉斯谟又画了6幅，但不如1523年至1524年所画的那样具有追索般的深沉。市议会重新委托他作议室上的壁画，但屈服于反崇拜偶像者，议会谴责所有的宗教画而规定"上帝曾诅咒那些制造宗教画的人"。委托不成，1532年，霍尔拜因回到英国。

在英国，他画肖像画得极多，在那动乱的岁月中，主宰英国命运的人物大部分靠霍尔拜因的魔力之手仍存人间。在温莎的女王图书馆里有87幅用炭笔或粉笔画的素描，有些是为漫画而作的，大部分则为肖像而画的。显然，艺术家只需要从他题材中得到一两个坐姿图，他就可以从如此的素描中画肖像了。在伦敦的汉撒商会的商人求他作画，但没有激发他产生最好的画。为汉撒商会的公会厅他画了两幅壁画，现只保留其复本或画：一幅表现《贫穷的胜利》，另一幅表现《财富的胜利》。两幅均极富个性，活泼的动作和调和的设计构成的奇迹，说明了该公会格言的含义——金钱是乐趣之父，忧虑之子；缺之者悲，具之者虞。

为了要做这个格言的榜样，托马斯·克伦威尔允许他那生硬的脸孔和柔软的骨架服从霍尔拜因的笔（1534 年）。透过他，艺术家找到通往朝廷最高人物的道路。他画了《法国诸大使》，其中之一的查理·索第尔（Charles de Saudier）被他画得极为成功。其他的四位大使——亨利·奎尔弗德、尼古拉·卡雷、罗伯特·切西曼和约翰·尚贝斯——暗示其皮之厚而凭此就能很安全地生活在热度过高的国王的四周。约 1537 年，霍尔拜因拥有的官方皇室画家的身份使其成为这些上层人士之一。他接受在怀特霍尔宫的一个属于他自己的工厂，住得很舒适，像其他人一样有情妇和私生子，而且穿着彩色的绸衣。他被召唤去装饰房间、设计典礼服装、书的装订、武器、桌上用物品、图章、御用纽扣和带扣以及亨利献给他的太太们的珍珠。1538 年，国王送他到布鲁塞尔画丹麦的克里斯蒂娜公主；她显得很迷人，亨利可能很想据她为己有，但她嫁给了洛林的弗朗茨公爵，也许她偏爱被悬挂在画廊上而不愿死于断头台上。霍尔拜因趁机简单地游历巴塞尔，他安排了 40 基尔德的年金给他太太，然后匆匆返回伦敦。不久受托去画《克里夫的安妮》（Anne of Cleves）；霍尔拜因在这幅肖像（现存于卢浮宫）的眼神上几乎预示了其结局。

他为国王本人画了好几幅大画，几乎全部失传。有一幅现残存于伦敦的理发外科医生厅堂里：《亨利赐颁特许状给理发外科医生公司》，画着亨利穿着城邦官服俯临此地。他为亨利的第三位太太简·西摩和第五位太太凯瑟琳·霍华德画了吸引人的肖像。亨利本人坐或站着给霍尔拜因作画时，画家起而应对挑战，创作出了只有在卢浮或巴塞尔他所画的伊拉斯谟肖像才能超越的肖像。1536年的肖像显示出帝王具有条顿式的自大和强壮。亨利很喜欢这幅画，便任命霍尔拜因把王室家族绘成怀特霍尔宫的壁画。此画于1698年毁于大火，1667年给查理二世所作的复本揭示其杰出的设计：左上是亨利七世，孝敬而中庸；下面是其子，挥舞着权力的象征，像巨人般伸展其腿；右旁是其母和第三位太太；中间是大理石的墓碑，用拉丁文记述国王的德行。亨利八世肖像被精心地画得如此逼真，以致传说进入该宫的人误认此肖像为活着的国王。1540年，霍尔拜因画了一幅更为堂皇的肖像——《穿着结婚礼服的亨利八世》。最后（1542年）他把亨利表现在心身俱衰之中，在此画中，复仇女神内梅西斯（Nemesis）悠闲地工作着，把神的报应从干脆和突然的死亡延长到漫长而屈辱的衰亡。

两幅可爱的画挽救了王室的画廊：其一为两岁时的爱德华王子，天真无邪；另一幅是《六岁时的爱德华》。这第二幅肖像看起来很悦目。我们看到霍尔拜因在两年内不畏缩地描绘这位父亲的肥胖而骄傲，然后以如此神秘的技巧捕捉住这位儿子的诚实的亲切时，我们就可肯定霍尔拜因的艺术了。

45岁（1542年）时，他再度以描绘国王的客观态度画自己：一个怀疑而好闹的人，有不经心修剪的头发和胡子；再度（1543年）在一圆形饰物里以更温柔的心情显示他自己。该年鼠疫侵袭伦敦，并选他为其牺牲者之一。

就技术而言，他是一位至高无上的画家。他观察得过于仔细，而且同样仔细描绘出来；每一个线条、颜色或态度，及每个能显示重要性的光线的投射和变化，都被他捕捉，并被钉在纸、亚麻布或墙上。其线条如此精确，颜色如此有深度、柔和而温暖，将细节排列成统一的结构如此有技巧！但在其目标不在题材而在报酬的许多肖像里，我们看不见人物的秘密灵魂以及让观者产生震动的那种同情心。我们在卢浮和巴塞尔的伊拉斯谟和其家人的肖像中能发现那种感染力。除了在《梅耶尔夫人》外，我们看不见能使扬·凡·埃克《敬拜羔羊》一画高贵的那种理想的现实主义。他对宗教的不关心使其作品缺少格吕纳瓦德（Grünewald）的高贵，并使他和丢勒截然有别，丢勒始终有一脚是踩在中世纪的。霍尔拜因不像提香那样具有文艺复兴的风格，也不像克拉那赫那样具有宗教改革的风格；他有德国、荷兰、佛兰德斯和英国相混而成的那种实事求是和实际的见解。也许他的成功阻止了意大利的绘画原则和精巧技术有效地进入英国。在他之后，清教主义胜过伊丽莎白时代的热情，而英国的绘画凋萎到霍加斯（Hogarth）出现为止。同时，光荣离开了德国的绘画。当美感在中欧再度找到声音之前，野蛮的洪流必须流过此地。

西班牙与葡萄牙的艺术（1515—1555）

除了埃尔·格莱科、委拉斯开兹、塞万提斯和卡尔德龙，西班牙并没有得到含义丰富的意大利文艺复兴。西班牙从远方赚来的财富重新装饰了其基督教的文化，并给予文学、艺术方面的天才生产性的报酬，但它并没有——像在意大利和法国一样——使异教文明产生令人激动的再生，而这种文明在耶稣生前或死后曾经装饰过地中海地区的世界，而且在西班牙本土产生了塞涅卡、卢肯、马尔修、昆体良、图拉真和哈德良等大人物。西班牙基督教和摩尔人之间长期的斗争，已使古典纪元的回忆负担过重。所有光荣的记忆是属于被延长的胜利，曾经赢得这种胜利所产生的信心，成为骄傲回忆不可分离的部分。当欧洲其他国家正在污辱教会时，西班牙教会的组织随着一代一代而变得更为强健。它向教皇挑战并不加理睬，即使西班牙人统治梵蒂冈时也同样如此；它使斐迪南、查理五世和菲利普二世的虔诚的专制主义残存，然后支配西班牙生活的每一个方面。西班牙教会几乎是唯一的艺术赞助人，因此它决定基调、指定主题，而且使艺术像哲学般成为神学的仆人。西班牙的宗教裁判所认定艺术上的裸体、不贞和异端为非法，并指明处理雕刻和绘画方面关于神圣题材的方式，引导西班牙艺术朝向信仰的转移和坚信方面。

意大利的影响正倾注入西班牙。西班牙人升到教皇的地位，那不勒斯和米兰为西班牙王征服，西班牙陆军之战役和西班牙政治家、教会人士在意大利的使命，西班牙和意大利港口间忙碌的贸易，弗蒙特（Forment）和贝鲁格特（Berruguetes）族人等西班牙艺术家造访意大利，多里加诺和莱奥内·莱奥尼（Leone Leoni）等意大利艺术家之造访西班牙——所有这些因素影响西班牙艺术的方法、装饰和风格，但在精神或主题方面几不受影响，对绘画的影响甚于雕刻，建筑所受的影响最少。

天主教堂主宰风景和城镇，正为信仰主宰生活。在西班牙旅行不啻是天主教堂的狂热者从一地到另一地去朝圣。教堂令人敬畏得无边无际，其内部装饰的繁复，其本堂半明的沉静，其回廊神圣的石工，加重了这些宏伟的教筑下面挤成一团的民宅的淳朴与贫穷，这些住宅仰视它们，如同仰视着另一更好的世界的希望似的。哥特风格仍旧统治着矗立于萨拉曼卡（1513 年）和塞哥维亚（1522 年）两城的巨大天主教堂；但一个哥特式雕刻家的儿子迭戈·西洛埃（Diego de Siloé）在格拉纳达用古典圆柱及柱头来设计其天主教堂的内部，并在此哥特式的设计中冠以古典的圆顶（1525 年）。在格拉纳达的查理五世的皇宫里，意大利文艺复兴的风格完全驱逐了哥特式的风格。查理曾谴责科尔多瓦主教以在 850 根柱之间建立一座基督教堂而破坏那伟大的清真寺。但他把摩尔族王室宫殿阿尔罕伯拉的厅院拆毁充作一建筑物的空间时，他几乎犯了同样严重的罪。该建筑物严格的整体性和沉闷的对称，属于罗马风格的建筑物，但和摩尔人城堡的不坚实的优美和愉快的变化多端相比，显得惊人地不和谐。

摩尔人对建筑装饰的眼光表现于使民间建筑有名的"镀金匠"风格中。此风格得自于银匠或金匠在金属器皿或其他物品上滥用的复杂而纤细的装饰。在正门和窗之顶和侧饰以缠绕的石头的错综图饰；它以摩尔人的异想把圆柱挖成沟槽，弄成螺旋状或弄成花状；它以大理石的花形饰物和刺绣刺穿窗格和栏杆。这种风格使马德里的奥比斯波小礼拜堂、亚威拉的圣托马斯教堂和科尔多瓦天主教堂的歌咏席位有名，并在塞维尔市政厅以无约束自娱（1526年之后）。葡萄牙人采用这种风格于布满装饰的正门和雕以装饰的圆柱上，及贝伦的圣玛利亚庄严的修道院（1517年之后）。查理五世将这种风格带到荷兰和德国，表现于安特卫普、莱登和海德堡的市政厅上。菲利普二世发现镀金匠风格对于他的嗜好而言太过于华丽，在他否决之下，这种风格很早就死了。

西班牙的雕刻比建筑更快地向正在膨胀的意大利潮流屈服。彼得罗·托里贾尼在佛罗伦萨城挑战米开朗基罗和在伦敦公然藐视亨利八世后，定居于塞维尔（1521年），并用赤土模铸了一个不好看的圣哲罗姆像，戈雅误断此像为现代雕刻的无上作品。感觉圣母像所付之报酬过少，他把它捣成碎片，被宗教裁判所所捕而死于狱中。达米安·弗蒙特从意大利回到阿拉贡后，在他的凿子和夸言里把文艺复兴的精神带回了。他自称是"菲狄亚斯和普拉克西特利斯竞争者"，大家也接受了他对自己的估评。教会当局允许他把他自己和其妻的像雕刻在他为蒙特·阿拉贡大主教所做的祭坛背后墙壁或屏风的柱脚上。为了萨拉戈萨的努斯特拉·塞诺拉·皮拉教堂，他用半浮雕在雪花石膏里雕刻了一个巨大的圣坛上突出的狭长物，把哥特式与文艺复兴式的要素、绘画与雕刻、色彩与形式结合在一起。其生命的最后13年（1520—1533年）贡献于胡斯卡（Huesca）天主教堂圣坛的突出狭长物上。

正如在查理五世之前半世纪中，贝鲁格特曾主宰过西班牙的绘画，其子成为当时西班牙重要的雕刻家。自其父那里，阿伦索学得色彩的艺术，然后赴意大利跟拉斐尔学绘画、跟布拉曼特和米开朗基罗学雕像。他回到西班牙（1520年）时，带回了米开朗基罗在强烈情绪和沉毅态度中捕获的形象爱好。查理任命他为宫廷雕刻家和画家。

在巴利阿多利德，他花了 6 年时间为圣贝尼托·艾尔·努尔教堂雕刻圣坛屏风。此建筑有 42 英尺长、30 英尺宽，只有片断被保存，圣塞巴斯蒂安被彩绘得极为生动，还带有因受伤而流的血。1535 年，他和他的主要对手菲利普·博尔戈纳一起雕刻托利多天主教堂的歌咏队席台；在此，表现了太多的米开朗基罗的风格，预示了在西班牙的巴洛克式风格。他高龄时受委托在托利多的圣约翰医院为其创立者胡安·塔韦拉红衣主教立一个纪念碑。他带其子去当助手，雕刻了西班牙的杰作，在死之前（1561 年）仍为此努力。

仍受意大利和佛兰德斯教导的西班牙绘画，在查理五世的统治下，并没有产生重要的大家。查理五世喜欢外国画家，邀请安东尼·莫尔（Anthonis Mor）来画西班牙贵族的肖像，至于他本人，他宣称除了提香外，不让任何人来画他。这个时代西班牙唯一的画家，其名声横越比利牛斯山者为路易·莫拉勒斯（Luis de Morales）。其生命的最初 50 年贫困地在巴达霍斯（Badajoz）隐居，在埃斯特雷马杜（Estremadura）省为教堂和小礼拜堂画画。菲利普二世命令他到艾科立（Escorial）画画时，他已经 54 岁了（1564 年）。他穿着极为庄重的服装来晋见国王，国王认为穿那样的服装与艺术家的身份不相称，但国王知道路易花了终生的积蓄置装以晋见国王时，其态度就缓和下来了。画家所画的《耶稣背十字架》没有获得皇上的喜爱，他便回到巴达霍斯，依然过着贫困的日子。他的画有几幅在纽约的西班牙学会可以见到，全都很美；但最佳者为在普拉多所画的《圣母与圣婴》——有点太过于拉斐尔的作风。菲利普于 1581 年路过巴达霍斯时，分派一批迟迟不来的年金给这位艺术家，那使他——那时因中风和失明而失去能力——在剩下的 5 年中能够有规律地饮食。

除了名义外，西班牙的艺匠从各方面来说，常常就是艺术家。西班牙的花带和皮革在欧洲续居无上的地位。木工也是无人能超越的，泰奥菲勒·戈捷（Théophile Gautier）认为哥特艺术未曾比托利多的天主教堂更接近完美。金属工为圣堂的屏风、铁格子窗、包厢栏杆、门轴，甚至指甲做艺术品。金匠和银匠把自美洲流入的贵重金属变成领主的装饰品和教会的器皿；有名的是他们用有精美图案花纹装饰金或银做成的用以盛圣体的遗骸容器。吉尔·维森特不满意于在这个时期成为西班牙和葡萄牙重要的剧作家，完成了圣体匣——为了把圣体展现给会众——这曾被认为是"葡萄牙金匠作品中的杰作"。弗朗西斯科·霍兰达（Francisco de Hollanda）使即将垂死的金银、彩色图案、图画来装饰书籍和文字的艺术继续下去。其成就很卓越。

总而言之，不管在宗教改革方面产生的专注和分裂，艺术在不到半世纪中，极光荣地发展了。在建筑、雕刻、绘画方面的大师，与以神学来震惊全欧的巨人几乎不可相比；宗教是时代的基调，艺术只能沦为伴奏。但法国的罗索、普里马蒂乔、莱斯科、德洛尔姆、古戎和克卢埃家族，西班牙的贝鲁格特，佛兰德斯的勃鲁盖尔，德国的克拉那赫，奔波于各地的霍尔拜因，等等，一个世纪以来如此激动而短暂地制造了艺术家的名簿。艺术是秩序，而一切都在混乱中——不仅仅是宗教，道德、社会秩序和艺术也是。哥特艺术与古典形式做正在失势的战斗，而以过去为根底的艺术家必须以试验来试验，而这种试验并不能给他以在信仰时代中榫合的稳定性的庄严。在宇宙性的动乱中，信仰也是怀疑的，不再给艺术以明确的命令。宗教的偶像受到攻击和摧毁，曾经鼓励过美的创造者和观看者的神圣的主题，正失去其激励天才、赞赏或虔敬的力量。在科学方面，所有革命中最伟大的人，把地球在神学上的王位给废了，在无终止的空虚中，把曾神圣地晤访人间，而且构成中世纪心灵、产生中世纪艺术的世界也失去了。稳定何时再度到来呢？

第九章 | 哥白尼时代的科学
（1517—1565）

秘教的盛行

　　在这个人们专注于神学和经院哲学的时代，能够产生科学史上最杰出的两位科学家——哥白尼、维萨里——可说是非常值得人们注意的。而且很奇怪的是，浓缩他们两人学说的精义的文章竟同时发表在 1543 年出版的《奇妙的年代》（*Annus Mirabilis*）中。当时很多因素有利科学的发展，美洲的发现、亚洲的探险、工业的需要及贸易的扩展，这些发展带来了与传统观念相反的新知识，并鼓舞着新思潮的到来。由希腊文和阿拉伯文翻译过来的译本，阿波罗尼乌斯所著《圆锥体》（*Conics*）的印行（1537 年）及阿基米德的论文（1544 年），都刺激了数学和物理的研究。除了这些严谨的知识之外，仍有许多旅行家漫天撒谎，一些印刷品也散布着形形色色的知识。当时虽已有许多种科学仪器，但都相当原始粗劣。当时还没有显微镜、望远镜、测温器、湿度计、测微器、微计时器等。文艺复兴时代重视文学及其格式，对哲学的兴趣则稍逊，而对科学毫不注意。文艺复兴时代的教皇对科学并不敌视。利奥十世和克莱门特七世都很虚心地倾听哥白尼的解说，保罗三世也曾毫不犹豫地接受了哥白尼呈献的那本惊动世界的

《天体运行论》。但在保罗四世时期反动派兴起，在意大利宗教法庭发展起来，再加上在特伦特召开的红衣主教大会上发布的敕令，使科学研究在1555年之后越加困难。

新教徒不喜欢科学，因为其信念是以不容置疑的《圣经》为基础。路德拒绝接受哥白尼主张的天文学理论，因为《圣经》记载约书亚命令太阳站着不动，而不是地球不动。梅兰希顿则倾心于科学，他研究数学、物理、天文和医学，教古代数学史，但他的多方面的兴趣被自己强有力的天性及路德死后狭隘的路德教派的声势压倒。加尔文对科学没有多少贡献，约翰·诺克斯对科学的前进就更谈不上有所助益了。

这种迷信的环境气氛一直笼罩、困惑甚至威胁着未来的科学家，尤其是卡丹和帕拉切尔苏斯（Paracelsus）。从埃及传来的炼金术、希腊神秘的毕达哥拉斯派学说及新柏拉图学派、犹太教的神秘哲学，吸引了上千人，人们的想象接受了这些新的刺激，因此在那一时期历史的撰述中充满了神话与奇迹。旅行者叙说有喷火的龙和能爬索的行僧。几乎公私生活中任何一件不寻常的事都被解释为上帝或魔鬼对人类的告诫或诱惑。许多人相信彗星与流星是愤怒之神投出的火球。每一个受过教育的家庭都收到传单说重金属能够转变成金子，当时的一篇报告称："所有听到或看到这些传单的裁缝师、鞋匠、仆人将会把他们所有的钱付给那些懂得这种法术的到处流浪的骗子。"1549年，在英格兰一个案件中，一位名叫威廉·威彻利（William Wycherley）的魔术师说，在那个岛上有500位像他一样的魔术师。在德国四处巡游的学生出售抵抗女巫和恶魔的护符，士兵中也流行携带保证能避枪弹的符咒。人们常在弥撒中祈雨或盼天晴，甚至祈求战争的胜利。祈雨是很平常的事，有时似乎过分灵验。如果过分灵验的话，教堂的钟将会敲响，以通知上帝停止下雨。1526年至1531年，特鲁瓦（Troyes）的僧侣即曾对传染植物病害损害收成的蝴蝶判驱逐教籍，但补充说明这种敕令只对那些向教会付什一税的农人拥有的土地有效。

一般来说，大多数事件被归因于恶鬼甚于上帝。一位新教徒作家在 1563 年很惋惜地称："许多城镇几乎没有一年不发生极其无耻可怕的事，而那只是魔鬼的阴谋，他企图利用各种肉体或灵魂的引诱来消灭神圣的《福音书》。"甚至路德也像群众一样，认为大多数疾病是由恶魔闯入人的身体引起的，这一看法并不与我们现在的理论完全不同。许多人相信疾病是由恶魔的眼睛或其他奇怪的方法得来的，因此疾病能被一些神奇的药帖治愈。大多数治病的方法要依靠行星的方位，医学生必须研习占星术。

占星术的产生基于宇宙间有一种不变的法则这一假说，其得以成为一个学科则是由实验而来的。在这期间相信人世的事件受星象的位置与运行支配的人已不像以往那样普遍，但 16 世纪单单巴黎一地就有 3 万名占星术者，只要付一块硬币，他们就能为人们画出一幅天宫图。占星预言的历书是当时最畅销的，法国讽刺作家拉伯雷在《巨人传》中讽刺他们为阿尔科弗里巴斯（Alcofribas）大师。在这方面，路德和巴黎大学神学院都一致谴责任何形式的占星术。对这种占星预卜先知之事，天主教会官方的态度并不欢迎，因为这种占卜蕴含着宿命论并将教会置于星象的支配下。当时一位驻教廷大使说，当时最伟大的思想家之一教皇保罗三世如果没有择吉日或观察星象，绝不召集宗教法庭会议或外出旅行。其他如弗朗索瓦一世、美第奇的凯瑟琳、查理九世、尤里乌斯二世、利奥十世、阿德里安六世等都询卜问卦。梅兰希顿更改路德的生日，以使他能在天宫图上占有更吉利的位置，并要求路德在新月时不要旅行。

在这个时期，占星术士仍然很受欢迎。法国有位占星术士名叫诺斯特拉达穆斯（Nostradamus），精通医术与天文，被认为是美第奇家族的凯瑟琳的半官方占星官。凯瑟琳为他在勒斯·霍尔斯（Les Halles）建了一所观测台。1564 年，他预测查理九世能活到 90 岁。但后者在 10 年后即去世，时年仅 24 岁。1566 年，他自己去世，遗留下一本预言的书，在该书中他很聪明地使字里行间显得模棱两可，而且总能与以后历史上的每一个事件相印证。

因为 16 世纪的基督徒相信能从魔鬼那里得到超自然的力量，而且从小就害怕魔鬼，他们认为必须将女巫烧死。路德和加尔文追随教皇英诺森八世，呼吁惩罚女巫。路德说："对这些女巫我没有丝毫的同情，我要将她们都烧死。"1540 年 6 月 29 日维滕贝格烧死 4 人，1545 年日内瓦烧死 34 人。当然，改革教派可从《圣经》中获得其焚烧巫师的正当理由，而清教徒也能从《出埃及记》中取得根据。天主教伏魔的仪式鼓励了人们相信巫术，认为魔鬼的力量潜伏在人体内。路德宣称，在莱比锡的敌手埃克曾和魔鬼撒旦签订条约，而约翰尼斯·科舍罗反驳说，路德是撒旦与玛格丽特·路德的私生子。

当时常利用指控对方施行巫术作为除去仇敌的手段。被指控的人只有选择冗长的拷问，以说出供词或因供认而即被处死。在 16 世纪的欧洲，执行拷询是极具系统的，常常极其冷血残暴地迫害异教徒和不信教的民族。许多受害者好像也相信他们自己是有罪的，认为自己曾与魔鬼有心灵或肉体的交感。有些被指控者自杀，一位法国法官注意到一年之内有 50 件此类案件。在这种迫害行为的高潮中，俗世的官员有时常超越神职的界限进行迫害。依照 1541 年亨利八世的法律，任何有施巫术行为者均处以死刑，但西班牙的宗教法庭认为施行巫术是心智耗弱者的幻觉，如此则否决了大众焚烧女巫的要求。

当时提出保护女巫的人比保护异端的人还少，虽然异教也信巫师。但 1563 年，有一位克莱沃的名叫威尔（Johannes Wier）的医师，发表了一篇论文《论魔鬼的骗术》（*De Praestigis Daemonum*），才稍微缓和了那种迫害的疯狂。他没有对魔鬼的存在提出疑问，而只是提出女巫是被魔鬼侵入体内的一个无辜的受害者，受魔鬼引诱去相信他们所供认的荒谬行为。他认为，女人及那些心灵或肉体受着疾病折磨的人容易成为魔鬼可能附身的对象。最后，他下结论称，巫术不是一种犯罪，而是一种病。他要求欧洲各君王们停止对那些可怜妇女的迫害。几年之后，威尔又写了一本书，很详细地描述地狱的情形，包括它的头目、组织及内部的情形。

我们可以从浮士德的故事中看出当时的看法。我们最早知道浮士德是在约翰·特里特缪斯（Johannes Trithemius）的信上。特里特缪斯称浮士德为江湖郎中，然后到1513年穆蒂亚努斯·鲁弗斯（Mutianus Rufus）再度提及，但也无好评。有一位沃姆斯的医生名叫菲利普·比加迪，在1539年写道："在之后几年，有一位相当杰出者名叫浮士德，他曾周游列国，而且自夸为伟大的医生，并精通手相、面相、预言及其他各种技能。"这位划时代的浮士德似乎在1539年去世，据梅兰希顿说，他是被魔鬼捏死的。4年之后，浮士德与魔鬼结交的神话出现在巴塞尔一位清教徒牧师约翰·加斯特（Johannes Gast）写的《欢乐布道》（Sermones Conviviales）一书中。有两个古老的观念使这位历史性的江湖郎中成为神话、戏剧及艺术中的人物，这两种观念是：人如果与魔鬼勾结即能获得神力；世俗的知识是一种无礼的自负，可能将人导入地狱。总而言之，这个神话可能是路德对天主教的一种讽刺，用一种更深入的眼光表示宗教排斥凡俗的知识，自认为本身即已是一种真理，就好像他反对谦卑地接受《圣经》一样。歌德反对这种对凡俗知识的排斥，认为宗教应吸取知识，以便应用到日常的善行之中，进而净化宗教本身。

浮士德的神话在阿格里帕（Henry Cornelius Agrippa）悲惨的一生中得到验证。阿格里帕于1487年出生在科伦的一个世家中。他到巴黎打天下，并在那里交结了一些自认为具有奥秘的智慧的魔术师和庸医。为了寻求学问与名望，他研习炼丹术和秘术，而且确信有一个不是遵循正轨观念和理性可达到的开明世界。他把一本《秘教哲学》（De Occulta Philosophia）的手稿送给特里特缪斯，并附有一封私函：

> 我觉得很奇怪，而且也觉得不平，因为竟然到现在尚无一人起来为这种崇高的研究辩护，虽然所研究的被指为不敬之事。我

内心沸腾，希将我所思予以哲学化，因此我欲著一本值得称赞的著作，如果我能为它辩护，这种古老的魔术将为所有明智之士学习，脱离被指控不敬的悲惨之境，而获得其本身应有的合理地位。

特里特缪斯给予他很好的建议：

> 对大众只能说可以公开的事，而秘密或高调只能对最亲密的朋友说。要对人说人话，对鬼说鬼话，因对象不同而话题有异。好好地加以考虑，以免你也像别人一样遭人残害。

可能是谨慎，也可能是无人肯出版，阿格里帕一直将该书压了20年未付梓。后来马克西米里安皇帝征召他到意大利作战，他在战场上表现甚佳，又曾抽空到比萨大学讲解柏拉图的课程，并在帕维亚大学取得法律和医学的学位。1518年，他被任命为梅斯的律师，不久之后即因干涉一件年轻女人被控施巫术的案件被免职（他将她从宗教法庭中释放）。那个时候他认为换个职位也未尝不是明智之举。之后两年他充任萨伏依的路易丝的医生，因他仍卷入甚多纠纷中，她停发了他的薪水。他带着第二任妻子与小孩搬到安特卫普，并担任奥地利玛格丽特·雷根的史官及皇家图书馆负责人。至此他方能三餐不辍。这时他完成最重要的一部著作《科学的不定与虚幻论》（*De Incertitudine et Vanitate Scientiarum*），他在1530年将其发表，然后再将其早期的作品《秘教哲学》加上一段序言，称他仍继续相信该书所指的神奇的护符，并将该书予以发表。这两本书触犯了整个世界。

《秘教哲学》主张如果人的灵魂支配着人的肉体，则整个宇宙也由宇宙精神（*spiritus mundi*）支配。而我们可遵循拜火教的方式来净化我们的心灵，然后就能发掘这种伟大的灵魂力量。如果用这种方式再予以加强，我们的心便能洞悉各种物体之质，也能透视星象的秘密控制地面上的各种力量和半空中的魔鬼。该书发行甚广，甚至到他死后仍发行数版，使人传说阿格里帕亦曾与魔鬼结盟，魔鬼化身为他的狗伴着他，并使他能够在地球上飞翔、睡在月亮上。

生命的兴衰缓和了阿格里帕对超感官体验的主张。他知道魔术或炼丹术并不能维持他一家人的温饱，也不能偿付其债务以免于入狱，故转而拼命追求知识，在39岁那年完成《科学的不定与虚幻论》，那是在16世纪蒙田散文问世前最具争论的书籍。他在序言中写道："我很清楚我必须面临一阵苦战……首先必定是由污秽的文法学家挑起的战端……然后紧跟着便是乖张的诗人，唯恐天下不乱的历史学家，咆哮夸言的讲演家，顽固的逻辑学家……占星术士、魔术师及爱好争辩的哲学家……"并称所有的知识是不确定的，所有的科学都是无用的，而无知是最快乐的一种生活。接着又指出，知识破坏了亚当与夏娃的幸福，及苏格拉底承认无知带给他满足与名望。

阿格里帕开始质疑法文的文法，并指责字母的发音不一致。他嘲笑文法家，认为所谓文法的例外比规则还多，那些人一再地为人们排拒。他又称诗人都是疯子，没有一个心智正常的人能写出一首诗。他还称大部分历史都是虚构的，但不像伏尔泰所称的"一个不变的虚构"，而是一个每一位历史学家或每一个朝代都在改变的常变的虚构。演讲是用流利的词句引诱人们的心智走入歧途。阿格里帕指出他自己的书谈论的神秘论只是一个虚假的赝品，如果你愿意的话，甚至可以说它是一个谎言。如果他正式地从事占星术、魔术、占卜、炼丹术或其他不学无术的伎俩，那主要是因为顾客纠缠不休地恳求告知人不可知的天机，并能付出可观的代价。巫术是有害的迷信。对于一个哲学家来说，对一件事各有不同的说法，无疑是自掘坟墓。我们可以不予理会而让他们自相残杀。至此，在哲学家寻求从理性演绎出道德的规范中，如果主张因时地不同而有道德标准的差异，那将是可笑的事。科学渗入了虚伪的成分时，艺术也将开始腐坏。每一个宫廷都是腐化习俗的集大成，也是罪恶的归宿。交易是欺诈的行为，司库是盗贼，无所不偷，无所不抢。战争是少数人残杀多数人的一种活动。医学是一种杀人的艺术，其对医生本身常较病患本身来得更危险。

如果科学仅是短暂的一种观念看法，而哲学只是对不定的大自然所作的一种无谓臆测的狂想，那人将依赖什么生存？那只有信赖《圣经》所说的"圣道"了。阿格里帕怀疑之事有些过于偏激，但也有许多地方显示出其改革之道。他反对教皇具有世俗的权力的说法，他甚至指出如教皇违背《圣经》所言，其宗教的权威性也值得怀疑。他谴责宗教法庭，认为它不是用理性与《圣经》来说服人，而是用柴薪与烈火来说服人。他希望天主教会少说教，多行善事。但他比改革教派更进一步指出《旧约》和《新约》的作者们也会有误的说法。他认为只有基督才是永恒的真理。我们只须信赖他，只有他才是我们的心灵与灵魂的最后归宿。

阿格里帕对他的言论引起的风潮甚感满意，但在他的余年中他必须为此而付出代价，牺牲欢乐。查理五世命令他收回对天主教会的批评。他拒绝了，因此他的薪水也被削减。他因负债入狱，他要皇帝负责，因皇帝有责任支付他的宫廷史官的费用。坎佩基欧（Campeggio）红衣主教和列日的主教保他出狱，但查理五世仍将他驱逐出其帝国领土（1531 年）。阿格里帕搬到里昂，据说，他在那里又因债入狱。释放之后，他搬到法国东南部的格勒诺布尔（Grenoble）。之后，他在此地去世，享年 48 岁。他可能对形成蒙田的怀疑论有所影响，但他唯一为世所知的书是那本为他自己废弃的评论秘教之书。秘教思想及其应用之术一直兴盛到 16 世纪末。

哥白尼的革命

现在看起来平凡无奇的数学，其进步大大地改进了这个时代的计算工具。迈克尔·斯蒂佛（Michael Stifel）的《算术加减法》（*Arithmetica Integra*，1544 年）介绍了现在我们所用的加减符号。罗伯特·雷考德（Robert Recorde）的《智慧的激励》（*Whetstone of Wit*，1557 年）第一次出现了现在所用的等号。一度闻名的亚当·里萨（Adam Riese）的算术使德国人从指算进步到笔算。约翰尼斯·维尔纳（Johannes Werner）在 1522 年发表了第一篇有关圆锥形的论文。而乔治·雷蒂库斯（George Rheticus）除了促成哥白尼的成就之外，还承继了雷乔蒙塔努斯（Regiomentanus）有关三角关系的著作。

天文学仰赖计算多于仪器。在计算的基础上，一些占星家预测第二次大洪水将在 1524 年 2 月 11 日来临。因为木星与土星在那天靠近"双鱼宫"。为此，图卢兹建了一艘逃难用的大方舟，谨慎的家庭则将食物贮藏在山顶上。当时大多数观测星象的仪器仍是中古时代所传下来的，如地球仪、浑天仪、象限仪、六分仪、四象仪、圆柱体、钟、圆规及其他发明，却没有望远镜和照相机。哥白尼就利用这种设备使我们有了地球在转动的认识。

哥白尼 1473 年生于西普鲁士的维斯杜拉河河畔的多恩。波兰人称他米科莱·哥白尼（Mikolai Kopernik），德国人称他尼克拉斯·哥白尼（Niklas Koppernigk），而一般学界称他为尼古劳斯·哥白尼（Nicolaus Copernicus）。多恩在哥白尼出生前 7 年被条顿族的骑士割让给波兰。因此，在空间上他是普鲁士人，在时间上算是波兰人。他母亲来自普鲁士的一个名门望族，他父亲原来住克拉科，后来才移到多恩定居，从事铜的生意。1483 年，哥白尼父亲去世，其舅舅卢卡斯·瓦泽尔罗德（Lucas Watzelrode）为埃尔姆兰德的亲王主教，就照顾这些孩子。哥白尼在 18 岁时被送到克拉科大学就读，准备当牧师。他不喜欢学校那种压制人性的经院哲学，说服其舅让他到意大利求学。他舅舅经过一番活动，替他弄了一个在波兰人所占的东普鲁士区的弗劳恩堡（Frauenburg）教堂教士的职位，而准他有 3 年的假期。[1]

---

[1] 教士是教堂中的一种圣职，不一定是牧师。但我们没有确实的证据说明哥白尼在他晚年，曾由低阶教士升到牧师职。1537 年，他被推荐为主教，这足以证明那时他已是牧师了。

　　1497 年至 1500 年，哥白尼在波隆那大学研攻数学、物理学和天文学。他的一位老师名叫多米尼科·诺瓦拉，曾是雷乔蒙塔努斯的门徒，他批评"天动说"是荒谬的，而将古希腊天文学家介绍给他的学生，因为希腊天文学者对地球不动而为宇宙中心的说法感到怀疑。早在公元前 5 世纪，就有一位信奉毕达哥拉斯学说的菲洛劳斯（Philolaus）主张地球和其他行星一样环绕着一团名为赫斯提（Hestia）的看不见的火球，地球上所有已知部分都是由该火球分裂出来的。西塞罗曾说，公元前 5 世纪，西那库斯有位叫希斯塔斯（Hicetas）的人相信太阳、月亮及其他星星都是屹立不动，而它们看起来在动是因为地球自转之故。阿基米德和普鲁塔克报告称，萨摩斯岛（Samos）的阿利斯塔克（Aristarchus，公元前 310—前 230 年）曾说地球是环绕着太阳而行，为此他被控为不敬神，他只得撤回这个论调。根据普鲁塔克的说法，巴比伦的塞琉古曾在公元前 2 世纪再度提出这一说法。如果不是亚历山大的克劳狄乌斯·托勒密在公元前 2 世纪提出极具权威性的地球中心说，令人不敢驳斥，太阳中心说可能很早就已经成立了。托勒密本人在解释这一现象时曾主张，科学必须采信由观察所得的结果组成的最简单的假设。也正如在他之前的希帕恰斯解释行星的移动一样，托勒密也被地球中心论者强迫接受大周转圆及离心圆周的复杂理论。[1] 尼科尔·奥雷斯姆（Nicole Oresme）和尼古拉（1401—1464 年）曾再度提出"地动说"。达·芬奇（1452—1519 年）曾写道："太阳并没移动……地球并非位于太阳周转的圆心上，也不是宇宙的中心。"

　　哥白尼觉得，太阳中心说的理论比托勒密的说法更简洁地解释我们看到的现象。1500 年，哥白尼到了罗马，时年 27 岁。他到罗马可能是以参加大赦年庆典为名。他在罗马发表了一些演说，在这些传统的演说报告中，他试验性地提出地球转动的假说。这时他 3 年的假期

---

[1] 所谓周转圆即一圆周的圆心在另一大圆周上。离心圆是不同中心的圆。

已告届满，因此回到弗劳恩堡担任教士的职务。但地球中心说的数学使他的祈祷感到困扰。他请求重返意大利继续研究，声称这次将研究医学和宗教法。这对其上级来说还比天文学像话一点。在15世纪结束之前他回到了意大利。1503年，他在费拉拉取得法律学位，但没取得医学学位。再度回到弗劳恩堡，可能是为了给他更多的时间从事进一步的研究，他舅舅很快地派他当私人秘书和医生（1506年），因此哥白尼在赫思堡主教的城堡住了6年。在那里，他研究出其理论的数学基础，并以文字记录下来。

当那位好心的主教去世后，哥白尼接替了他在弗劳恩堡的职位。他继续行医，免费为穷人看病。他代表教会到国外从事外交，并为波兰王西吉斯蒙德一世准备一份改革普鲁士货币的方案。在他所著的几篇有名的财政论文中，他说："劣币驱逐良币。"这句话成了以后著名的"格雷欣定律"（Gresham's law），也就是说，当政府发行贬值的货币时，价值良好的货币就会被贮存起来或流出境，而不再在市面上流通，人们会用劣币来付税款，这样国王就只能收回自己发行的货币。虽然哥白尼关注这些杂事，但他继续天文学的研究。他所处的地理位置不利于观察星象，因为弗劳恩堡靠近波罗的海，有半年时间为云雾所笼罩。他很羡慕托勒密，因为后者能"有更明朗的天空，他们在尼罗河不必像我们在维斯杜拉河一样呼吸雾气。大自然不赋予我们那种舒适和祥的空气。"无怪乎哥白尼几乎崇拜太阳。他观察星象天文次数不多也不太正确，但这对他的最终目的没有太大影响。他利用托勒密观察的大部分资料提出他的论点，认为所有的观察结果都符合太阳中心说的理论。

约1514年，他将所得的结论简单地记载在一本《小评》（Little Commentary）中，该书终其一生未曾付印，但他曾分发几份手抄本，作为一种试探。他用一种叙述简单事实的方式说出他的结论，而不是对基督教的历史作重大的改革。他说：

一、整个天体周转并没有一个中心。

二、地球的中心并非为宇宙的中心，而只是一个重力及月球轨道的中心。

三、所有的行星环绕着太阳运转，因此太阳是宇宙的中心。

四、地球离太阳的距离与天空之比远小于地球半径与其离太阳距离之比，因此在整个天空之下，地球离太阳的距离微不足道。

五、在整个天空之内若有任何移动，其并非因天空的移动，而是导自地球的移动，地球与其周围的物质在一天内，以其固定之圆心作了一完整的旋转，而整个天空毫不变动。

六、太阳看起来在动，并不是因太阳本身的移动，而是因地球本身在移动。因为这种移动，地球就像其他行星一样，环绕着太阳周转。

七、其他星球看起来逆行或顺行，并不是因它们本身的移动，而是因为地球的移动。只须地球移动，就足以解释天空中那么多的变动。

有一些天文学家看到哥白尼这篇小评没有加以太多的注意。教皇利奥十世也知道他的理论，并表示他非常有兴趣，让一位红衣主教写封信给哥白尼，要他示范证明其假说。当时，这种学说在开明的教皇宫廷内确实受到相当的好评。一直到了1530年路德才拒绝这种理论："人们信服那个极欲展示地球在周转而不是天空或太阳及月亮在转的暴发户占星家………这个愚人希望改变整个天文的体系，但《圣经》告诉我们约书亚命令太阳屹立不动，而不是地球。"加尔文引用圣诗第1003章（Psalm XCIII）的话回答哥白尼说："这个世界也是固定的，它不能移动。"他反问："谁胆敢将哥白尼的权威置于圣灵的权威之上。"哥白尼对其所著《小评》一书所受到的反应甚感挫折，约1530年当他的整部著作完成之后，他决定暂不发表。他很冷静地执行他的职务，研究政治，他60多岁时，被控养了一个姘妇。

1539 年，出现了一个十分狂热的青年数学家乔治·雷蒂库斯。他年仅 25 岁，基督徒，是受梅兰希顿保护的人，维腾贝格大学的教授。他曾研读《小评》一书，并深信该书所言属真，并渴望帮助那远在文明边缘的波罗的海的老天文学家，这位天文学家深深地盼望别人也能体会地球看不见的自转与周转。这位青年深深地为哥白尼的理论所迷，称他为"最好最伟大的人"，并对哥白尼醉心于科学的态度深表感动。雷蒂库斯研究那厚厚的手抄本达 10 个星期之久。他怂恿将该书出版，而哥白尼予以拒绝，但同意由雷蒂库斯对其前 4 本发表简单的分析。1540 年，这位年轻的学者在但泽发表其研究天体的《天体周转论丛》第一篇报告《从排列顺序论天体的运动理论》。他满怀希望地送一份副本给梅兰希顿，但这位仁慈的神学家不予以采信。雷蒂库斯在 1540 年初回到维藤贝格时，他自己说，奉命改教约翰尼斯·萨克罗博斯科（Johannes de Sacrobosco）的天体论。1541 年 10 月 16 日，梅兰希顿在写给朋友的一封信中说："有些人认为那个普鲁士天文学家发现太阳固定而称地球是移动的理论是一件非常卓越的成就。事实上，一个聪明的统治者应该压制人们的胡思乱想。"

1540 年夏，雷蒂库斯回到弗劳恩堡，并停留在那里一直到 1541 年 9 月。他再度请求哥白尼允许将他自己的论文公开发表。另外两个声名卓越的教士也有这种请求时，哥白尼可能觉得自己已行将就木了，也就答应了。他加了一些补充，让雷蒂库斯将它送至纽伦堡的一个印刷商处出版，由该印刷商负担所有的费用和风险（1542 年）。至此，雷蒂库斯离开纽伦堡到莱比锡教书，他派他在纽伦堡当路德教派牧师的朋友安德烈·奥西安德尔（Andreas Osiander）负责监督该书的出版印刷。

1541 年 10 月 20 日，奥西安德尔写信给哥白尼，建议应将哥白尼的新观点当作一种假说，而不是一件可经证实的事实。同一天他写信给雷蒂库斯说，只有这种方法，"经院学派和神学家们方能易于妥协"。哥白尼在他的《小评》及论文的本文当中，已一再地说明他的理论是一种假说。同时，他在他的献词上说，他的观点有"最明显的证据"支持。我们不知道他怎样回答奥西安德尔。不管怎样，奥西安德尔没有注上自己的名字，而在前言里说：

> 献给关心这本书所提假说的读者——
>
> 鉴于这些假说已众所周知，无疑，有许多科学家将深为本书所提的理论惊吓……然而，大师的假说也未必属真，它们甚至无法证实。但如果那些假说能符合我们对天文星象观察的结果，那已是相当完备了……天文学家一定会采信这一假说，因为它们最容易被了解。哲学家可能会提出更惊人的可能性，但两者都无法发现任何可确定的东西……除非从上天的启示得知。因此让我们在那个无法证实的旧假说之外，再加一个新的假说。再者，这些新假说被一致认为更容易了解，同时我们能在本书中发现许多有价值的观察结果，那可算是一大笔财产。此外，我们不要期望从天文学的假说里发现任何确定的东西。这本书无法给予我们这种确定的东西。一个人如果把他为了其他目的所做的结果视为真理的话，那他将使这一科学比他刚开始研究时更不受人重视。

这一篇序言常被指责为无礼地篡改文字。哥白尼可能反对这篇序言，因为他深信其理论已达 30 年之久，他认为那些理论已成为自己的生命与血肉之躯，而且是实际对宇宙观察所得事实的叙述。但奥西安德尔的序言是明智且公正的，因为它将各方面对这种惊动世界的革命性观念可能产生的抗拒消减至最少，同时提醒我们，我们对宇宙所作的描述仅为沧海一粟，极易犯错，而且很可能被他人纠正。

该书终于在 1543 年春天出版，书名为《尼古拉·哥白尼之运行论第一册》，之后，该书以《天体运行论》闻名于世。哥白尼在 1543 年 5 月 24 日收到该书，当时正仰卧病榻上。在临终的一刻，他看到该书的封面，含笑去世。

献给教皇保罗三世题词本身就是为了瓦解对该理论的排拒，因为哥白尼很明白其理论与《圣经》的条文完全背道而驰。他很虔诚地保证："我仍然相信，我们必须避免与正道背驰的理论。"他犹豫之下不肯出版，因为他怀疑"是不是应效仿毕达哥拉斯的例子，用口头而不用书面的方法将其哲学的秘密告知其亲朋"。但有一些有学问的教会人士，如卡普阿的红衣主教尼古拉·申伯格（Nicholas Schonberg）和库尔姆的主教提德曼·吉斯（Tiedeman Giese），怂恿他应该将其发现予以发表（哥白尼认为不要提路德教派的瑞笛卡斯更明智些）。他知道其理论中有很多论点都是抄自希腊天文学家的著作，但他对阿利斯塔克之名略而不提。他相信天文学家需要一种比"天动说"更好的理论，因为他们发现，如果采用地球中心说的看法，将很难精确地衡量一年的长度。他向教皇呼吁，请求爱好各种学问、甚至包括数学的教皇来保护他，以对抗那些缺乏适当的数学知识的毁谤者——那些人自认为有权力裁制此事，或假借《圣经》上的一两句话攻击他的理论。

他以下列的假说来阐释：第一，整个宇宙是一个球形；第二，地球是圆形的，一团物质围绕着一个中心转动，故形成圆形；第三，天体星球的移动同样都是作圆周转，或近乎于圆周，因为圆周是最完美的形状，因此学术上不敢称星球的移动是完全相同的。

哥白尼注意到移动的相对性："所有看起来的移动是由于视者位置的移动，或由于被视物体位置的改变，或两者位置同时做不同方向的改变。几个物体相对地做同样的移动时，那在视者与被视者之间看不出有移动的现象。"故其他星球每天看起来绕着地球在转只是因为地球每天以其轴为圆心而自转，而太阳看起来每年在移动只是因为地球每年绕着太阳周转。

哥白尼预测会遭到反对。托勒密曾辩称，如果地球是自转的话，那云层及地球表面上的东西都会飞掉。哥白尼回答称，这种反对的意见更足以驳斥星球环绕地球之说，因为那些星球距地球如此之远，则其环绕的轨道与速度更大。托勒密进一步指出，如果站在一个自转的地球上往上抛物体，那该物体必不会掉落在原来那点。哥白尼回答称，所抛上的物体仍然是地球的一部分，其抛上的空间也是地球整体的一部分，因此也跟着转。对有关地球每年环绕着太阳周转的反对意见，后者认为要知道此种周转，我们从地球轨道的两端分别看这一星系以外的固定星球时，那就应该看出其位置的移动。哥白尼答称，这种移动是有的，但因为其间距离太远，我们不能察觉到其移动。

他用很简洁紧凑的一段文字复述其理论：

> 最初，只有那些恒星系，包括恒星本身及其他物质，这些都是不移动的……然后产生了行星，最早是土星，它围绕一周为时30年，然后是木星，它环绕一周为时12年，然后是火星，为时2年。再来就是地球，它以太阳轨道为其周转圆，环绕一圈需为时1年。接着就是金星，为时9个月，最后是水星，费时80天。而太阳位居其中。无怪乎有人称它为宇宙之灯，或宇宙之心，或宇宙的统治者。的确，太阳就好像稳坐在宝座上统治着其周围的星球。因此我们发现，在这种有规则的排列下，宇宙是一个极为匀称的整体。各个星球的大小、移动的关系是绝对的和谐，这种和谐不是任何方法所能得到的。

一般来说，人类有关理论的进步都会保留一些被新理论所取代的遗迹。哥白尼将其概念建筑在托勒密传下来的观察的基础上，他仍保留托勒密提出的星系、周转圆、偏心圆等，这些论点到了开普勒才予以推翻。偏心圆中最著名的是哥白尼所作的太阳并不是在地球轨道的圆心的计算。他推算宇宙的圆心在离太阳三个太阳直径距离之处。而行星轨道的圆心也不是太阳，所有的轨道也不是同在一圆心上。哥白尼把过去两种有关地球的观念移转到太阳上，其一为太阳可等同于宇宙的中心，其二为太阳是静止不动的，而这两种到现在已被推翻。他认为地球不仅自转及环绕着太阳轨道公转，还有第三种转动，因为那才能解释何以地球自转轴的倾斜与岁差的现象。

我们不应讥笑那些必须花很长的一段时间去接受哥白尼的理论的人。因为他们不但必须要接受地球会倒转过来，以一种惊人的速度在太空中冲撞的观点（这正与我们感觉的完全相反），并且要接受仅比托勒密的理论稍微简单，但相当复杂的数学迷阵。在开普勒、伽利略及牛顿等发明了新理论的机械装备来证明其精简性和正确性之前，它确实比旧的理论高明些。那时，我们甚至应将伽利略用以叙述地球的方式来说明太阳。同时，图彻·布拉赫（Tycho Brahe）驳斥了哥白尼的假说，其理由为哥白尼回答托勒密的问题并不能令人心服。比这类驳斥更令人惊讶的是这个新理论很快为雷蒂库斯、奥西安德尔、约翰·菲尔德（John Field）、托马斯·迪格斯（Thomas Digges）、伊拉斯谟·赖因霍尔德（Erasmus Reinhold）等天文学家接受。其中赖因霍尔德在 1551 年发表银河运行图，其中大部分是根据哥白尼的理论。只要新理论自认为是假说，那天主教对之也不予以反对，但当布鲁诺将这一假说认定为事实，而且很明白地说明其对宗教的影响时，宗教法庭则予以无情的反击。1616 年，在讨论禁书目录的宗教大会中，禁止信徒阅读《天体运行论》，除非它予以删改。1620 年，教廷允许天主教徒阅读那些修改过的版本，在那些版本中有几句指出这一理论为事实的话被删除。1758 年，《天体运行论》已不在禁书目录中，但直到 1828 年才公开解除对该书的禁令。

地球中心说对那种主张万物皆为人而设的神学相当合适。但现在人们对自己居住"在整个宇宙中仅为渺小的一个行星上的事实"实在难以适应。"上"与"下"的观念失去其意义时，而且在半天之内所谓的"上"与"下"能互相倒置时，那"天堂"又能代表什么呢？1575 年，杰罗姆·渥尔夫（Jerome Wolf）写给图彻·布拉赫（Tycho Brahe）的信中说"没有一项对基督教义的攻击会比指出天堂是无限高无限大之事来得更危险"。虽然哥白尼没有指出宇宙无限之事，人们静下来思考这一理论时，他们必定会怀疑这一混沌宇宙的造物者会将其子送到这个半大不小的行星上。诚如歌德所说，所有有关基督教义的美丽诗词都在这个波兰教士的火把前付之一炬，随灰烟消散。太阳中心说的天文学促使人们对上帝的信仰不再粗浅或不再认为神人合一论，并使神学面对在宗教史上最严重的挑衅。因此，哥白尼的革命远较宗教改革的影响来得深远，它使天主教徒与新教徒之间有关教条解释的差异变得微不足道。它超越宗教改革而引导世界进入启蒙时期，从伊拉斯谟、路德到伏尔泰，甚至超越了伏尔泰 19 世纪的悲观主义的不可知论，而达尔文论的产生也应视为哥白尼革命的影响。他凭一己之力对抗他人的攻击，证明在任何一个时代中仅有少数的人能掌握真理。哥白尼被遗忘时，太阳仍旧继续"上升"与"下降"。

1581 年，克罗默（Kromer）主教在弗劳恩堡教堂靠近内墙的教士坟旁为哥白尼立了一个墓碑。1746 年，那块碑被移开，以放置什泽姆贝克（Szembek）主教的石像。

麦哲伦与地球上的发现

对地球本身探险的速度远较对星象的探寻来得快，而且对宗教与哲学也产生了重大的影响。《圣经》中有上帝创造世界的理论，使人们对它不能存有任何怀疑，因此地质学进步得最少。有一位意大利裔的英国宗教改革家彼得·韦尔米格里（Peter Martyr Vermigli）说："如果创世记上的创造说被证明是错的，那基督所有的允诺将落空，而我们也将丧失我们所有的宗教生活。"除了达·芬奇广为散布的学说外，在 16 世纪前半世纪最具意义的地质学上的成就是阿格里科拉建成的。他在 1546 年出版的《地壳的起源与成因》（*De Ortu et Causis Subterraneorum*）一书中讨论山脉的起源：

山是由两种力量造成的，一种是水的力量，一种是风的力量；然后我们还要加上地热……最初是倾盆大雨洗刷地表较软的部分，然后冲刷较硬部分，最后带动了岩石，这样经过数年的时间就侵蚀成了平原或坡地。由于经年累月地冲刷，侵蚀得更厉害，故出现了山川河流。我们常见有桑田沧海之变……风依靠两种方式促进山的形成：一种是强风吹动并堆积沙砾，另一种是风吹到地表凹面而风蚀成山。

阿格里科拉的《矿石的性质》（*De Natura Fossilium*）是第一本系统讨论矿物学的著作，他的《论金属》（*De Re Metallica*）一书最早有系统地介绍地层学，及我们看到的最早的对矿砂存在的说明。

关于人种学有两部主要的著作，一为明斯特（Sebastian Münster）的《宇宙志》（*Cosmographia Universalis*，1544 年），一为笔名非洲人利奥（Leo Africanus）在 1550 年所著的《非洲纪行》（*Descriptio Africae*）。艾尔哈桑（Al-Hassan）是格拉纳达的摩尔人，他曾旅游非洲，并南到苏丹。他被基督教海盗捕获，当作礼物送给罗马的教皇利奥十世，利奥十世对他学术上的造诣十分赏识，将他释放并予以赔偿。他因此改信基督教并改用利奥之名以为报答。在其后 30 年内，他完成了那部书，最初是用阿拉伯文写成，之后译成意大利文。在该书付印前，他回到突尼斯，并在 1552 年死于该地，死时回复原先的信仰。

这一时期是地理学上令人兴奋的时期。传教士、探险家、航海家及旅行者的报告不断涌现，使欧洲人对整个地球的认识大为增加。西班牙人在这一段时期征服了墨西哥、加利福尼亚、中美洲和秘鲁。西班牙人不安于本土的贫困，向海外寻求财富与刺激。在不顾一切地向外扩张中，他们抛弃了文明的拘束，采用武力至上的观念，进行大规模的掠夺、欺诈和屠杀。如果能有一个相关的第三者来予以裁判的话，他们的行为很难被原谅，除非说他们为该地带来文明。然而，我们对此仍有疑问，因为当时被征服者的文明程度甚至高过征服者。我们只要想想科尔多瓦 1517 年在尤卡坦（Yucatán）半岛上所发现的玛雅文化（Mayan Culture），科特（Hernando Cortes）1521年在蒙特苏马（Montezumas）流域征服的阿兹特克帝国（Aztec Empire），及皮萨罗1526年至1532年征服秘鲁时摧毁的印加帝国（Incas），就会发现被征服者或许并未因此获益。如果这些文明能有力量保卫自己并能发展下去，我们无法知道它们将会变成什么样子。

地理上的发现仍然继续。塞巴斯蒂安·卡波特带着西班牙国旗到阿根廷、乌拉圭和巴拉圭探险。索托（De Soto）横越佛罗里达、海湾国到俄克拉何马（Oklahoma）。阿瓦拉多发现得克萨斯帝国，科罗拉多跨过亚利桑那、俄克拉何马到堪萨斯。玻利维亚的波多希矿场在1545年开始将银子送回西班牙。年复一年，新大陆的地图被用金银或血液绘成了。在这场大争夺中，英国人和法国人落后甚多，因为西班牙人和葡萄牙人留给他们的北美洲缺乏贵金属，也没有森林。约翰·鲁特沿着纽芬兰岛和缅因州的海岸航行。弗朗索瓦一世派韦拉扎诺探求一条通往亚洲的西北航道。他在北卡罗来纳登陆，进入纽约港（为纪念他，在巴特里立了一座他的雕像），并自科德角进入缅因州。卡蒂埃带着法国国旗航行圣罗伦斯河到蒙特利尔，为法国争取到加拿大。

在第二期越洋探险中，最令人注意的是环球探险。麦哲伦是葡萄牙人，曾参加多次葡萄牙的航海和掠夺行动，但终与其政府不和，而转投为西班牙服务。1518年，他说服西班牙王查理一世资助他组织探险队，以便找寻一条从西南方向通往亚洲的航路。那时这位年轻的国王并不富有，他拨给麦哲伦的5艘船都像经不起风吹雨打，以致一位船长宣称这些船没有用。其中最大的为120吨级，最小的为75吨级。有经验的水手都不愿参加，不得已只有征用港口的地痞流氓。1519年9月20日，该舰队驶出圣路卡（San Lucar）的瓜达尔基维（Guadalquivir）。从北大西洋航行到南大西洋时是夏天，有利于航行。但1520年3月，冬天到了，船只停泊在巴塔哥尼亚5个月，水手们甚为惊惶。当地的土著甚为高大，平均身高在6英尺以上，但他们对待矮小的西班牙人相当殷勤友善。虽然如此，仍是困难重重，5艘船中有3艘船的水手叛变，使麦哲伦必须与自己人作战，迫使他们继续航行。有一艘船偷溜回西班牙，另一艘撞上暗礁。1520年8月，继续航行，每天都急迫地　望横过大陆的水道口。11月28日，他们终于找到了。该舰队进入以后所称的麦哲伦海峡，他们花了38天通过320海里长、沟通两个大洋的海峡。

然后他们开始横渡没有尽头的太平洋。在98天的航程中只看到两个小岛。他们的粮食贮备已所剩无几，水手都染上了坏血病。1521年3月6日，他们抵达关岛，但因土著过分凶恶，麦哲伦等只有继续航行。4月6日，到达菲律宾，次日他们登陆宿雾岛（Cebu）。为了取得补给，麦哲伦答应帮助土著酋长对抗邻近的敌人。他参加一支攻击麦克坦岛（Mactan）的远征军，而在1521年4月27日死于战役中。他并没有航行环绕世界一周，但他是第一个实现哥伦布向西航行以到达亚洲梦想的人。

这时水手死伤甚多，剩下的人仅够操纵两艘船。其中一艘横过太平洋折返，可能去寻找美洲的金矿。只有维多利亚号留下。该船载重85吨，由坎农（Cano）指挥，通过香料群岛，横渡印度洋，绕过好望角，从非洲西海岸北上。因为迫切需要补给，水手将船停泊在维德角群岛中一个岛屿外海，却受到葡萄牙人的攻击，半数人被捕入狱，剩下22人逃走。1522年9月8日，维多利亚号驶入西班牙西南部的塞维尔港，3年前280人自西班牙出发，现仅回来18人。但根据该船的航海日志记载，该船是9月7日到达的；红衣主教孔塔里尼解释这种矛盾是因为其西向航行而减少了一日。这次航行是历史上最勇敢的一次航程，也是地理学上收获最丰的一次航行。

接下来该由地理学家赶上探险家的发现。意大利地理学家、游记作者拉穆西奥（Giambattista Ramusio）花了30年的时间搜集航海家和旅行家带回来的资料，并加以编译。在他死后13年，其3巨册的著作得以发表（1550—1559年）。我们从保存在纽伦堡的德国国家博物馆中的 1520 年的世界地图看出，当时画出的欧洲、非洲、南亚的海岸都相当正确，此外尚有美洲东部自纽芬兰到麦哲伦海峡的东海岸，及从秘鲁到墨西哥的西海岸。如果我们拿保存在纽伦堡国家地理博物馆中的 1520 年的世界地图来和里贝罗（Diogo Rebeiro）在 1527 年至 1529 年画的 3 幅地图比较，则能很清楚地看出当时地理学家在 10 年内达到的成就。前者只显示出西印度群岛而没有美洲大陆，而距亚洲的海洋也相当窄；而后者画的欧洲、非洲及南亚的海岸都相当精确，并画出自纽芬兰到麦哲伦海峡的美洲东海岸及自秘鲁到墨西哥的西海岸。纽约市立图书馆所藏的美丽的《拉穆西奥地图》（*Ramusio Map*，1534 年）美洲地图可能是抄自里贝罗的地图。1538 年，墨卡托（Gerardus Mercator）抄录同一份地图，在该地图上首次将南美洲与北美洲分开。1524 年，阿皮安（Peter Apian）试图改善测距的方法，使地理学向前迈进。

这些探险的结果影响了欧洲人生活的各个方面。1420 年至 1560 年时期的航海几乎使地球表面的已知部分变为原来的 4 倍。新发现的动物、植物、矿物、宝石、食物、药物使欧洲的植物学、动物学、地质学、菜单食谱、药方都扩大了范畴。人们开始怀疑这些新发现的品种是否在诺亚的方舟上也有一席之地。文学也改变了，那种古老的骑士小说已变成了到远地探险旅行的小说。寻求金矿取代了寻找圣杯。这时候也发生了飞机发明以前所发生的最大的商业革命，为欧洲贸易打开了大西洋及其他海域，使地中海变成商业——以后变成文化——的沼湖。文艺复兴从意大利移到大西洋国家。由于拥有较为精良的船炮及富于冒险精神的人民，欧洲接二连三地征服或殖民新发现的土地。土著备受压迫，用来为欧洲人生产粮食。奴隶制度因之而起。这个最小的大陆变成了最富有的大陆，全球盛行欧化，虽然在我们这一时代欧化的趋势已倒转过来。由于受到远地各种不同的新事物的刺激，欧洲人的心境大为扩张。蒙田对基督教的怀疑论有一部分是源于外来的宗教信仰和生活方式的影响。道德与风俗习惯也由古老的教条式与绝对性变为相对的。面临着世界上其他宗教信仰，基督教本身也须开始检讨，以寻求新的方向。就像人文主义在纪元前已取得相当成就，像哥白尼发现了天文的奥秘一样，探险与贸易也在基督教之外揭开了许多新的领域。一旦证实亚里士多德及其他希腊哲人所知的世界是那么小之后，他们的权威一落千丈。文艺复兴时代对希腊的崇拜衰退了，人们由于新发现所获的信心使其知识与贸易的领域日益扩张。现代科学和哲学兴起，开始重新勾画新世界的工作。

生物学的复兴

自希腊时代以来几乎毫无进展的生物学现在重新活跃了起来。植物学逐渐脱离制药学而独立，最后终成一系，但不可避免地，植物学中的大师仍是药剂师。伯恩市医生奥托·布隆费尔斯（Otto Brunfels）以他所著的《植物动态图》（1530—1536 年）一书揭开了这一转变的序幕。该书文字大部分抄袭自泰奥弗拉斯托斯（希腊博物学家）、迪奥斯科里斯或其他学者，但也叙述一些德国地区土生的植物，该书所附的 135 张木刻图栩栩如生。不来梅市医生居里休斯·科杜斯（Euricius Cordus）于 1530 年在阿尔卑斯山北麓设了第一座植物园，以研究这一新生的科学，1534 年他写了一本《植物学》（*Botanilogicon*），后来又成为其研究医学的媒介。其子瓦勒里乌斯·科杜斯（Valerius Cordus）疯狂地沉迷于研究植物中，至死方休，去世时仅 29 岁（1544 年），死后其遗著《植物史》（*Historia Plantarum*）发表，该书很明确清晰地描述 500 种新发现的物种。图宾根的一位医科教授列奥纳多·富克斯（Leonard Fuchs）最初为制药而研究植物学，后来则专注于此。他在 1542 年发表《植物志》（*Historia Stirpium*）一书，可以说是对科学贡献最典型之例。该书共 343 章，分析了 343 种植物类属，并附有 515 幅木刻插图，每幅图各占一整页。他还准备了一套包罗更丰富的 1500 块木刻插图，但没有一个印刷者能够承担出版的巨额费用。以他的名字为名的晚樱科植物（Fuchsia）使他的名字永垂不朽。

这一时期对生物学贡献最重大的可能是皮埃尔·贝隆（Pierre Belon）。在他的《鸟类自然史》（1555 年）一书中令人惊讶地记载了有关人类骨头与鸟类骨骼之间的关联。但在这时，在自然科学方面最伟大的人物是格斯纳（Gesner），其著作和学问之多之广，以致居维叶（Cuvier，法国博物学家）称他为德国的普林尼，甚至称他为德国的亚里士多德。1516 年，他出生在苏黎世一个穷苦家庭。由于他表现出的才能及睿智，该市及一些私人赞助人共同资助他到斯特拉斯堡、布尔茹瓦、巴黎和巴塞尔接受更高的教育。他作了（或是搜集了）1500 幅画作为其《植物史》的插图，但要把该书付印则耗资甚巨，因此一直到 1751 年，一直都是手抄本而无印刷本。在该书中，他对植物属科卓越的分类为植物学带来了曙光，但对林奈（Linnaeus，瑞典植物学家，发明二分法）来说则为时太迟，不能有多少帮助。在其有生之年，他发表了 4 册（1551—1558 年）《动物史》（*Historia animalium*）的巨著，而遗留第五册未发表。该书用拉丁名字排列每一种动物的属科，并描述其外形、起源、习性、栖息地、疾病、心智与情感状态，医学与家庭用途，文学上的地位。其分类是依照字母排列，而非依科学分类。但这种将有关的知识有秩序地累集起来，使生物学一科得以成形。之后，格斯纳开始着手编辑一部 21 巨册的《世界书目》（*Bibliotbeca Univer-salis*），在该书中，他要将所有已知的希腊、拉丁及希伯来的作品加以分类，他完成了 20 册，赢得"目录学之父"（Father of Bibliography）的美名。在一本称为《米特里达特》（*Mithridate*）的旁白书中，他试图将世界上 130 种语言加以分类（1555 年）。他在 1541 年出版的《比拉底山的描述》（*Description Montis Pilati*）是第一本发表有关研究山脉之美的书。瑞士这时即体会到该书的伟大。所有这些成就都是在 1541 年至 1565 年完成的。1565 年，研究精神的化身格斯纳逝世了。

其他方面，胡安·维韦斯（Juan Vives）在 1538 年出版的《论动物及其主要器官》（*De Anima et Vita*）几乎创造了现代经验主义心理学。好像要规避休谟在两个世纪后所阐释在心智活动以外有关"心"的存在的诡辩主义，维韦斯建议其学生不要问"心"或"灵魂"是什么，因为（他认为）我们永不能探知其真相。我们仅应探询心是做什么，心理学不应变成理论的形而上学，而应该变成一种建立在明确而逐渐累积起来的观察上的一门学科。维韦斯比培根早一个世纪得知应重视"诱导"的重要性。他很详细地研究观念、行动、记忆的改进、知识的程序及感觉与感情的角色。与以前的许多学科一样，我们从他的书里可以看到心理学如何困难地从哲学中演变过来。

维萨里

1543 年，安德烈·维萨里发表了一本医学著作，威廉·奥斯勒爵士（Sir William Osier）誉之为有史以来最伟大的医学著作。他的父亲安德烈·维萨里（Andreas Wessel）是布鲁塞尔一个很有名气的药剂师，其祖父曾是勃艮第的玛丽女王的医生，之后成为其夫马克西米里安一世的御用医师；其曾祖曾为布鲁塞尔市医生，其曾曾祖父也是医生，曾对阿维森纳的《卡农》（*Kanun*）写了一篇评论，他渊博的家学一如巴赫。从维萨里出生时起就具备这种家学，因此很快地养成一种解剖的习性（他对任何一种动物都具有危险性，他很细心地解剖狗、猫、老鼠等）。但他并未忽略掉其他课程。22 岁时，他已能用拉丁文演说，而且能读希腊文。1533 年至 1536 年，他在巴黎跟从杰克·杜布瓦（Jacques Dubois）习解剖学，后者对许多肌肉和血管的命名一直沿袭到今日。正如他的老师一样，维萨里有很长的一段时期尊崇盖仑如同尊崇《圣经》一样，他从未抛弃对后者的尊敬，但他更相信观察与解剖的权威性。他和许多同学一起参观许多停尸间，里面停放着许多从墓地掘出的尸骨。因此，他们能熟悉人类骨骼的各个部分，他说："我们甚至蒙住眼睛，和同伴打赌，在半个小时之内能用手摸来辨认任何骨头。"在杜布瓦的课堂里，只要他对课堂所教的相当熟悉的话，他就经常代老师操刀，从事实际的解剖的工作，有"野蛮的外科医生"之称。

查理五世侵入法兰西时（1536年），维萨里回到卢万。被缺少尸首困扰，他和他的朋友伽玛·弗里修斯（Gemma Frisius，其后成为一个著名的数学家）意外地找到一具。他的报告说明了他的情绪：

> 我们到处游荡寻找尸骨时，我走到乡下路旁一块通常埋放着被处决者的尸首的地方，我碰到一具已枯的尸首，肉已腐烂无存，仅剩枯骨。得伽玛之助，我爬上尸堆，拉出大腿骨……肩胛骨则连着臂及腕一起出来……在几次秘密地把腿和手臂拿回家以后……我在夜里溜到城外，以便取得胸廓，因为那是一大串连在一起。我内心充满了这种欲望……第二天我从另一个城门零零碎碎地将骨头运回去。

市长知道这一问题后，将所能得到的任何尸首提供给这所解剖学校。正如维萨里自己所说："市长自己也常定期地参加我主持的解剖示范。"

一个有这种"高度欲望"的人是不容易减低工作热诚的。他为了有关放血的方法而与一个老师有过激烈的冲突，因而离开卢万顺莱茵河而下（1537年），越过阿尔卑斯山到意大利。他这时技术已经相当熟练，在同年底就在帕多瓦以最少的费用毕业，取得博士学位。依照当时的规定，学生学位程度越高，其毕业所交的费用越低。毕业后第二天（1537年12月6日），威尼斯元老院指派他为帕多瓦大学外科和解剖学教授。当时他仅23岁。

在以后6年中，他在帕多瓦、波隆那、比萨教书，亲手做过数百次的解剖手术，发表过一些短文。在他的指导下，一位名叫卡卡尔的学生（Kalkar）画了 6 幅图板，1538 年发表时命名为《解剖六图》（*Tabulae Anatomicae Sex*）。一年之后，维塞利亚斯在《放血通讯》上著文支持巴黎皮埃尔·布里索（Pierre Brissot）的放血方法。在他的论文里透露了一些他对静脉系统解剖的结果，这种观察对血液循环的发现大有贡献。1541 年至 1542 年间，他与其他学者合辑了盖仑书的希腊版本。他发现盖仑书中的错误时，他感到非常惊讶。因为最简单的人体解剖就能证实那是错误的。盖仑认为下颌有两块组成，胸骨有 7 块，肝有好几叶。只有假设盖仑解剖其他动物，而不曾解剖人体时，我们才能解释这种错误并原谅之。维萨里觉得必须修改人体解剖科学。因此他开始从事他的著作。

奥波里努斯（Johannes Oporinus）于 1543 年在巴塞尔出版《人体结构论》一书，该书厚达 663 页。刚问世时，其封面是杜瑞画的一幅维萨里在 50 多个学生注视下，示范解剖一条手臂的图，使读者大为震惊。然后有许多插图：有 277 幅史无前例精密正确的解剖木刻图，在主体的后面刻着一些与科学无关而富艺术气息的风景佳作陪衬，而主体则如在书桌前的一幅骨骼。这些大多是卡卡尔所作。那些木刻画非常精美，人们以为那是提香画室里的作品，至少是在他监督指导下的作品。在这里我们必须补充一句，在这些画中有几幅是维萨里画的。他自己用骡子带着那些木刻板由威尼斯翻过阿尔卑斯山，到达巴塞尔。印刷完成之后，那些木刻板在妥善保存之后，被转卖、交换，最后终于遗失了。1893 年，那些木刻板在慕尼黑大学的图书馆被发现，而又在第二次世界大战中被炸弹炸毁。

比那些画更使我们惊讶的是那篇论文，是一个 29 岁的青年写的，可称为是分类学的成就，也是科学上的革命。我们称它为革命性的，是因为在解剖学上，这本书结束了盖仑的时代，重新修正了解剖科学，而且奠定了现代医学的基础。这篇论文首次描述了静脉的正确系统和心脏的解剖，而且做了划时代的声明，称最仔细的解剖显示，心脏里并没有盖仑所说沟通两个心室之间血液的孔。这篇论文为塞尔维特、科隆博及哈维铺下了道路。盖仑的错误一再被纠正过来，如有关肝脏、胆腺、颚骨、子宫等。然而维萨里也犯了一些错误，即使透过观察，他还是不能从心脏的解剖跳到发现血液的循环。但这篇论文的确对各种器官做了前所未有的详尽的正确的描述。他用那双熟练自信的手将人体的每一部分呈现在科学面前。

但他也有个性上的缺点。多年来夜以继日分秒不停地研究使他骄傲地攻击别人，不愿承认前辈的成就和对手的能力。他深爱那句"真正的《圣经》是人体与人的本性"，以致伤害许多神学家。他曾讥讽地提到，他在课室里研究并展示生殖器官时，最受吸引而前来的是那些牧师。他树敌甚多，虽然像格斯纳和加布里埃尔·法洛皮奥（Gabriele Fallopio）很倾仰他的成就，但大多数老一辈的教授，包括他过去的老师杜布瓦，都骂他是粗野无礼的暴发户，并且拼命在他的书中挑毛病。杜布瓦解释盖仑并没有错，而是从盖仑那个时代以来，人体的结构起了变化。他认为，我们现在每个人看起来并没有弯曲的大腿骨是符合盖仑的描述的，其后来之所以弯曲是因为文艺复兴时代欧洲人裤子太窄之故。

在对这些人的态度极度失望中，维萨里烧毁了一大本《评论》及10本《医学百科全书》（*Kitab al-Mansuri*）的注释。1544 年，他离开意大利，做查理五世的幕僚，充当第二御医。同年他父亲去世，留给他一笔相当大的财产。于是他结了婚，并在布鲁塞尔建了一个非常漂亮的家。他曾写了一本《人体结构》献给查理五世。1555 年，该书第二版问世，内容经过详论与修正。这本书指出，虽然胸膛被切开，但利用人工呼吸能够保持动物的生命，同时利用风箱使停止跳动的心脏复苏。从此以后，维萨里对解剖学就不再有其他贡献了。他专心治疗国王和百姓的病、行医及研究外科。查理五世逊位之后，他又变成菲利普二世的第二御医。1559 年 7 月，国王派他帮助帕雷（Ambroise Paré），希望挽救受伤的亨利二世，维萨里试用一种临床检验，发现亨利没有治愈的可能。同年底，他和他的家人伴随菲利普到西班牙。

同时，其他人在解剖方面有很大的进步。卡诺（Giambattista Cano）发现静脉活瓣（1547 年）；塞尔维特解释血液在肺的循环（1553 年）；里亚多·科伦坡也有同样的发现（1558 年），并用活的心脏来证明。但以后经过了 70 年，哈维才有了划时代的发现。他指出血液从心脏，经肺，再到心脏，再经动脉、静脉，再回到心脏的路线。阿拉伯医生伊本·阿尔纳菲斯（Ibn al-Nafis）在 1285 年就预测到塞尔维特的发现，可说其理论的传统一直传到西班牙，由塞尔维特在年轻时继承起来。

维萨里在西班牙也相当冒险。在西班牙王宫里，当地的医生尊敬他，却不理会他的诊断。菲利普的独子堂卡洛斯（Don Carlos）因跌倒而导致脑震荡时（1562 年），维萨里建议用环锯施行手术。他的建议被拒绝，堂卡洛斯处于死亡的边缘。他们用圣徒的遗物和符咒来保护伤者，虔诚的人民鞭笞自己来祈求上天创造奇迹，以使堂卡洛斯治愈。但这一切都无效。最后维萨里坚持剖开脑壳，他打开它，取出一大摊脓。王子的病况很快改善。8 天之后，菲利普参加一项神圣的游行，感谢上帝。

两年之后，维萨里离开西班牙，原因为何现在仍无定论。帕雷说，维萨里为一个因子宫压缩而即将死亡的妇人开刀，救了她一命，使大部分西班牙人不得不对其赞佩之至。帕雷说："外科医生的手术刀再一割之后，那妇人突然醒了过来，使她所有的朋友大为吃惊，并由衷地敬佩……在这之前，他们认为这个医生是可憎而不名誉的。"但亲戚们不很欣赏这种突如其来的痊愈。这位法国新教徒医生继续说："因此，他认为没有更好的路子可走，如果他要很安全地生活，他就必须放弃对国家的热诚。"1579 年，一位名叫休伯特·朗格特（Hubert Languet）的法国新教徒也说出同样的故事。他说：有一位名叫维萨里的医生解剖了一个活人，使自己必须受宗教法庭的审判，之后他答应到巴勒斯坦朝圣以赎罪，方得以脱罪。但当时的记载没有提到这件事，天主教的历史学家也斥其为无稽之谈。可能维萨里只是厌倦了西班牙。

他回到意大利，1564年4月从威尼斯起航，到达耶路撒冷。在回航途中，他的船破裂，他因曝晒而死在希腊西海岸外的桑德岛上，身旁无一个亲友，时为1564年10月15日，享年55岁。同一年米开朗基罗去世，莎士比亚诞生。100年来在意大利闪耀的光辉已开始北移。

外科医学的崛起

虽然欧洲在解剖学上有相当的进步，但在医学和医术方面仍然依赖希腊和阿拉伯的权威。由感官上所获的证据也很难用来驳斥盖仑或阿维森纳的话，即便维萨里也是如此。他的解剖证实了盖仑的错误时，他说："我几乎不能相信我的眼睛。"编译盖仑或希波克拉底等作品、传播古老的知识将压制新的实验，好比意大利文艺复兴时代诗人彼特拉克与法国诗人龙萨努力模仿维吉尔的史诗而抹杀了他们原有的天分。林纳克（Thomas Linacre）在1518年设立了后世所谓的皇家医学院（Royal College of Physicians）时，其主要工作就是翻译盖仑的书。

各种药品传到欧洲，使医疗之术大为改善，如金鸡纳树皮、吐根、大黄、苏门答腊的姜、安息香、马六甲来的丁香、越南来的芦荟、中国来的樟脑和肉桂。这种发展也使欧洲人利用土生植物的数量大增。瓦勒里乌斯·科杜斯在1546年编纂了第一部德国药典。由西印度传来用零陵香木泡制之汁来治疗梅毒的方法变得非常普遍，使富格尔家族又一次从其债务人身上获得大利。查理五世在其王国内垄断这种买卖。

贫穷与肮脏使疾病在百姓中流行。到处都是成堆的垃圾和粪便，污染了空气，有时甚至充塞在道路上。巴黎有排水系统，亨利二世原希望将污水排到塞纳河。但市政当局向他解释塞纳河是全市一半市民饮水的唯一来源，使其计划作罢。1532 年英格兰已经成立了排水委员会，但一直到 1844 年，英格兰总共才有两个城镇用公款来清除贫民区中的垃圾。

这时传染病已经不像中古时期那样猖獗，但在高的出生率和高的婴儿死亡率下，人口数量基本稳定。1500 年至 1568 年，德国和法兰西全境不断地发生瘟疫。1422 年、1577 年、1586 年，英格兰则因虱子的传染流行斑疹伤寒。1528 年、1529 年、1551 年、1578 年在英格兰流行一种"出汗症"——可能是一种流行性感冒；同样的病在 1543 年至 1545 年流行于德国，1550 年至 1551 年流行于法兰西。据说在几天之内，汉堡和亚琛两地各死去万人。流行性感冒被认为是上天的影响，因之得名。1562 年，鼠疫再度在德国出现，使汉堡 4 万居民中的 9000 人丧生——虽然我们怀疑这些死于流行性疾病的统计数字可能过于夸大，而在好的一方面，则是癫病的消失及精神病的减少。

医术的进步远比医学的进步来得慢。庸医仍然到处都是，虽然有一些限制的法律，无照行医仍然很容易。大部分婴儿都是由产婆接生。当时几乎还没有分科的专门医生。牙科、药科及外科都没有分家。理发师也能拔牙，并装上象牙制的假牙。除了维萨里等少数例外，几乎所有的医生都将外科手术留给理发医师去做。这些理发医师不仅替人理发，而且很多人还是受过训练的技术外科医生。

帕雷开始时也是一名理发医师的学徒，最后终于执外科学之牛耳。他 1517 年出生在法国西北部缅因的波哈森，后来到了巴黎，并在圣米歇尔区开了一间理发店。在 1536 年战争期间，他充当随军医生。治疗那些伤兵时，他接受当时盛行的一种理论，认为枪伤的伤口是有毒的，而且也像维萨里一样，用当时的方法以滚烫的熟油来烧伤口，那使伤痛更为剧烈。有一晚油用光了，帕雷用蛋黄、蔷薇油及松脂做成的软膏涂在伤口上。第二天早上他写道：

> 昨晚我一直在想着那个我不能替他腐蚀伤口的病人，以致整

夜失眠。我原以为第二天早上他们都会去世，也正因为有这种念头，我起得特别早，去看他们。但使我大为惊讶的是我发现那些我用软膏涂在他们伤口上的病人已经不太痛，也没有发炎……他们整晚睡得相当舒服。而其他用滚烫的熟油替他们消毒伤口的病人则发高烧，伤口发炎……而且非常痛苦。因此，我决定今后决不再用那种残酷的方法来消毒。

帕雷并没有接受多少教育，直到 1545 年才发表他著的小本手册，即现在我们熟知的医学古籍——《论伤口的治疗》（*Méthode de Traicter les Plaies*）。在 1552 年战争中，他证明在割伤的止血方法中，绑扎动脉比烧灼腐蚀来得有效。后来他被敌方所俘，因他主持了几次很成功的手术而获释。回到巴黎之后，他被任命为圣康姆（St. Côme）学院的外科主任，该学院位于阴森森的索邦，在那里一个教授若不懂拉丁文将被视为生物学上的怪物。他成为亨利二世的外科医师，然后替弗朗索瓦二世和查理九世当御医。虽然他是新教徒，但在圣巴托罗缪节大屠杀中，他因皇命而受宽宥。1573 年，他发表《外科二册》（*Deux Livres de Chirurgie*），并没有增加多少理论，但对外科的方法确较多讨论。他发明了一些新的工具，介绍义肢，普遍运用脱肠带来治疝气、改善胎位的转换方法。他是第一个自手臂关节切割肘的人，指出一氧化物的毒性和苍蝇能传染疾病。他在医学史上最著名的是他的谦虚，他曾对那些恭贺他在一次困难的病例中取得成功的人说："我医他，但上帝使他康复。"他死于 1590 年，享年 73 岁。他改善了外科医师的地位与能力，并使法兰西在外科术上执牛耳达数世纪之久。

医生帕拉切尔苏斯

每一个时代都有一些人不满医学之保守落伍，凭借宣称他们自己有某些奇特神妙的医疗方法而轰动一时，但最后都因过于夸张而使自己陷于孤立中。然而这种令人讨厌的大夫的偶尔出现使得医学思想必须不断地求新，而在治疗人类的生命方面，医药必须一再地检查革新，如此来说，亦未尝不是一件好事。就像政治与哲学一样，在医学方面，激进的青年与保守的老派彼此很不情愿地合作，而使千奇百怪的医疗方法得以保持平衡的发展。

菲利普·泰奥弗拉斯托斯·霍亨海姆（Philippus Theophrastus Bombastus von Hohenheim）自命为奥里欧鲁斯（Aureolus）再生，因为其承继了后者的智慧；帕拉切尔苏斯可称为拉丁化的霍亨海姆。其父威廉·霍亨海姆（Wilhelm Hohenheim）是一个脾气暴躁的德国巴拉维亚境内一个贵族的私生子。为了改变环境，威廉到瑞士靠近爱茵西德伦（Einsiedeln）的穷乡僻壤行医，并娶了埃尔莎·奥克斯纳（Elsa Ochsner），后者是一个旅店老板的女儿，任助理护士之职。没多久，埃尔莎就变成了心智衰弱的精神病患者。这两种不同的遗传使菲利普趋向不稳定，而且因环境而造成了一种憎恨地位阶级的情绪。他出生于1493年，从小就与其父的病人为伍。同时也可能受了旅店的影响，他对所有的事物都有兴趣。有一个不太可靠的故事说，他被一只野猪或是一名喝醉的军人阉割了。在他的成年期中，没有和任何女人发生过任何关系的记载。他9岁时，其母自溺而死。可能就为了这个原因，他们父子两人离开菲拉赫（Villach）到提洛尔。据说，威廉在那里的一所矿工学校教书，并涉猎炼丹术。当然附近有矿场和熔冶厂。菲利普可能是从那些地方学到一些化学知识，他运用这些知识改革了医疗方法。

他12岁时，出外到海德堡念书。这时他不断从一个大学转到另一个大学。他从弗莱堡大学到因戈尔施塔特大学（Ingolstadt）、科伦大学、图宾根大学、维也纳大学、欧福大学，最后就读费拉拉大学（1513—1515年），虽然在中世纪这种游学的情形是常有之事，但也充分显示出他不稳定的天性。1515年他仍未取得任何学位，他加入西班牙查理一世的军队，充当一名理发医生，此时已改名为帕拉切尔苏斯。战争结束后，他恢复四处游荡的生活。如果他自己说的可信的话，则他曾在格拉纳达、里斯本、英格兰、丹麦、普鲁士、波兰、立陶宛、匈牙利及其他地方行医。1525 年"农民战争"爆发时，他在萨尔茨堡为伤患疗伤，同情其纲领。他谴责金钱、高利贷、商人，宣扬土地与贸易的共有主义，主张一切均分。在他的第一本著作《智慧》（*Archidoxa*，1524 年）中，他驳斥神学而赞扬科学的实验。农民革命失败后他被捕，但由于证明他从未亲执干戈作战，他得免以上绞架，但仍被放逐出萨尔茨堡。他只得匆匆离去。

1527 年，他在斯特拉斯堡执外科业，并向理发医生讲授课程。其所言在我们现代人看来虽是理所当然，但对于当时的人而言则含混着道理与胡言、医学与魔术。他驳斥占星学，但后来又接受了。他绝不在月亮的形状不对的时候替人灌肠。他嘲笑有魔棒之说，却又宣称曾将铁变成金。正如阿格里帕一样，他受知识的欲望激励，渴求寻找出一些能点石成金的"哲人之棒"，就好像那些能解释宇宙现象的定律。他用与生病的器官颜色或形状相似的药物来治疗。他有时也用魔咒或护符来作为治疗的方法。

除了具有那个时代的一些妄想外，他也很大胆地将化学应用在医药方面。有时他的言论好像是一个唯物主义者。他说："人由物质而来，物质是宇宙的整体。"人类与整个宇宙相比好像小宇宙与大宇宙之别，两者都是由相同的成分组成，最基本的是盐、硫黄和水银。很显然，这些无生命的金属与矿物充满了生命。化学疗法是用大宇宙的物质来治疗小宇宙的毛病。在身体上，人是化学的组合，疾病不是盖仑所说的体液失调，而是组成身体的化学物质的失调，这就是最早的现代新陈代谢的理论。然而，那时候的治疗方法仍然取决于植物与动物做成的药物。他精于炼丹术，因此强调无机物质治疗疾病的可能性。他将水银、铅、硫黄、铁、砷、胆矾及钾的硫化物列入药典中；他推广化学合成药与提炼剂的运用，他是第一个将鸦片溶在酒中当药用的人，我们称该药为"鸦片酊"。他鼓励洗矿泉浴，并解释其各种不同的性质和作用。

他注意到职业与所居地区对疾病产生的影响。他在矿工身上研究肺结核，他也是第一个将痴呆症与地方甲状肿腺症联系在一起的人。他对癫痫症有更进一步的了解，并将麻痹与语言的障碍归诸脑部的损伤。当时一般认为痛风和关节炎是随着年龄的增加不可避免、无法医治的疾病，但帕拉切尔苏斯宣称，如果对这种痛风和关节炎的诊断结果是因为食物的残渣停留在结肠太久，而产生的酸所致的话，那这种痛风及关节炎就可治疗。他说："所有的疾病都能导源于未能消化的食物的凝结。"他称那些肠内腐败物质产生的酸为"塔塔"（tartar，齿垢），因为它们存在于关节、肌肉、肾及膀胱中，"像地狱之火在燃烧，而塔塔罗斯（Tartarus）就是被关押的地狱之神。"他说，"医生们吹嘘他们对解剖的知识，但他们看不到留在牙齿上的齿垢。"这话真是一针见血。他建议人们遵守好的食谱，服滋补品不要过重以阻止身体内这种残余物质的积存。他用橄榄油和树脂的合成物来软化这些残余物质，在更严重情况下，他更提倡用手术割除。他宣称曾用这些方法治好了许多痛风的病例，而许多我们这一时代的医生也采用帕拉切尔苏斯的诊断方法医好了许多人。

帕拉切尔苏斯在斯特拉斯堡的医疗成就传到巴塞尔。那里有一个著名的画家弗罗本被其右足剧痛困扰甚久，而医生们都建议将其割除。弗罗本邀请帕拉切尔苏斯到巴塞尔替他诊断。帕拉切尔苏斯去了，而且未用手术刀就把他的病治好了。当时与弗罗本住在一起、多病的伊拉斯谟也向帕拉切尔苏斯请教，后者也为他开药方。我们不知后果如何。无论如何，这两位著名的病人为这位年轻的医生带来了新的名气。也由于这种奇遇，他更接近其日夜盼望的大学教授职位。

那时，在巴塞尔的市议会中新教徒占多数，他们不顾伊拉斯谟和天主教少数派的反对，解除了该市医生旺内克尔（Dr. Wonecker）的职务，其理由为旺内克尔发表反对改革的谬论。他们让帕拉切尔苏斯来接替该职务。市议会和帕拉切尔苏斯都认为这一任命使他有权在大学里担任教职，但大学教师们谴责这一任命，他们知道帕拉切尔苏斯在解剖学上的弱点，因此提议对他进行公开的适任考试。他逃避了那次考试，开始执行市医生的职务，并在私人场所公开演说教学（1527年）。他用一种非常独特的邀请来召集学生：

> 本人，泰奥弗拉斯托斯·邦巴斯特·霍亨海姆，医生兼医学教授，向诸位医科学生问好。在所有的科系中，只有医科被公认为最神圣的艺术。然而，现在很少医生能很成功地行医，因此我们必须努力将它恢复原先的光荣，扫除野蛮人的影响，补救错误。为达成这一目的，我们并不执迷着古老的教条而不放，而纯粹以研究自然之学及运用多年行医所获的经验为方法。谁不知道大部分当代的医生都因局限于阿维森纳、盖仑及希波克拉底的箴言而失败……他们那样做可能获得虚名，但不会成为真正的医生。医生所需要的不是谈话著书方面文字优美，而是必须对自然之学及其工作本身有足够的知识……
>
> 我很感谢巴塞尔的绅士们能给我这么好的机会。我将每天花两个小时的时间来解释我写的有关外科学和病理学的教科书，作为介绍我的医疗方法。我这本书不是从希波克拉底或盖仑的书上抄袭而来的。我经过千辛万苦不断地研究，才完成这部以经验为基础的宝典。如果我要证明某件事情，我将不会引用某些权威人士的话，而是用实验和推理来证明。因此，如果亲爱的读者想探讨这种神圣的秘密，希望在短时间内了解医学的奥妙，那么就到巴塞尔来找我……1527年6月5日于巴塞尔。

有30位学生注册上课，开始，帕拉切尔苏斯穿着一件传统的医师长袍，但他很快把它脱在一旁，穿上一件粗劣的外衣，围上一件炼丹术士所穿的油腻腻的皮围裙。他用拉丁文讲解其秘书奥波里努斯（他以后将维萨里的《组织学》付印）准备的医药讲稿，动手术时则用德文讲解。帕拉切尔苏斯建议称"任何药剂师不能违反医生的指示"时，使所谓正统的医师惊讶不已。为了表示他对传统医学的嘲笑，他把一本当时的医学书籍，可能是《雅各比述丛》（*Summa Jacobii*）这本书，投到他学生为庆祝圣约翰节（1527 年 6 月 24 日）燃起的营火中。他说："我把该书摘投入圣约翰之火中，这样那些不幸将随烟消逝。而医学的领域也能为之澄清。"人们常将这一行为与路德焚烧教皇的训谕比拟。

帕拉切尔苏斯在巴塞尔的生活就像他的教学一样怪异。奥波里努斯说："在我与他相处的两年中，他日以继夜地狂饮暴食……随意挥霍，常常一文不名……每个月他都做一件新外套，而将旧的送给别人，旧的通常是脏得连我都不想要。"布林格（Heinrich Bullinger）也对帕拉切尔苏斯做了同样的描述，称他为"最肮脏的酒鬼"。但奥波里努斯也证实其主人所做的杰出的治疗，他说："在他人都已放弃希望时，他像奇迹一样地治好了溃疡。"

这一行业的其他人却称他为庸医，粗鲁而没有经验，不能解剖又忽视解剖学。他反对解剖，认为各个器官只有在整个一致，而且均能活生生的时候，才能发挥其正常的功能。他用最生动的下流话来回敬那些医生的嘲讽。他嘲笑他们近乎野蛮的处方、丝衫、戒指、软皮手套及昂首阔步的骄傲姿态。他向他们挑战，要他们走出课堂到化学实验室中较量，穿起围裙，用双手拿起化学药品，靠近熔炉，用亲身的劳力来实验，以探讨自然的奥妙。因为没有学位，他自封为"哲学与医药之王"、"内外科医师"、"哲学的传播者"，借此来满足虚荣心。他写道："所有的人均应追随着我……医药的宝座是属于我的……所有的大学和老学究们加起来的智慧都不及我的多……"由于被别人排斥，他以如下这句话为其座右铭："不依赖他人者必能自立。"后世的人指责他的吹嘘，把他的中间名邦巴斯特（Bombast）当作一个普通名词，其意为"夸大之词"。

不知道是大学教授们串通合谋，还是学生被鼓动，反抗教条式的老师，有人用不正确的拉丁文写成一首不具名的讽刺文，假装是盖仑本人从地狱写的，以驳斥其诽谤者，并称那些人为"口出秽物者"。文中人取笑帕拉切尔苏斯的神秘的术语学，称他为疯子，并建议他悬梁自尽。由于无法找到犯罪人，帕拉切尔苏斯要求市议会逐一地询问学生，并对犯罪者予以惩罚。议会对该项请求不予理会。就在这时巴塞尔天主教堂有一位教士悬赏 100 金币征求能为其治病者，帕拉切尔苏斯在 3 天之内将他治愈，该教士仅付其 6 个金币而拒付余额，其理由是其治愈所需时太短。帕拉切尔苏斯向法院控告该教士，但败诉。这时他可真发了脾气，谴责批评他的人为"骗子"与"背后中伤者"，而且不具名地发表一本折页，称教士和官吏为贪污腐败。议会下令将他收押，但将这项命令的执行拖延至次晨。当夜，帕拉切尔苏斯逃走了（1528 年），在巴塞尔停留了约 10 个月。

在纽伦堡，他重蹈在巴塞尔的覆辙。该市的牧师让他主持监狱医院，其成就卓越，但他抨击那些忌妒的医生，指责他们不诚实，甚至他们太太的体形。他注意到大部分的议员是新教徒，因此为天主教辩护。他并指出那些所谓"神圣的木头"的愈疮木对治疗梅毒无效，而引起卖愈疮木的富格尔家族的注意。1530 年，他说服一位不出名的印刷商出版了《法国疾病三论》，在该书中，他痛骂群医，以致引起一阵风暴，迫使他再度流浪。他希望能就同一个主题发表一篇更大的著作，但议会禁止该书付梓。帕拉切尔苏斯在致议会的函件中，用一种不甚流畅的文字请求给予出版的自由，但终其一生该书从未出版。该书包括有关梅毒病症的临床报告，其为所有记载中的最好的一项，他还建议将汞内服，而非外涂。因此，梅毒成了植物药物与化学药物治疗法的战场。

帕拉切尔苏斯搬到圣高尔，在那里他住在一个病人的家中达一年半之久。后来他在那里写了《最奇妙的工作》（*Opus Paramirum*）、《反对谷物》（*Paragranum*）、《伟大的手术》（*Die Grosse Wundartzney*），这些书都是用粗浅的德文写的。那些书就像成堆的矿石，到处都藏有瑰宝。1534年，他又对魔术发生兴趣，并写了一本《秘术概要》。

他在圣高尔的病人去世后，他又上路，在德国境内到处流浪，有时甚至要为三餐乞食。他年轻时，曾说出一些异端的话，他指出"受洗"只有象征性的意义，圣餐礼只对儿童和笨人有益，而对智者是无用的，并说向圣徒祈祷是纯浪费时间而已。这时（1532年），他又穷又落魄，他的宗教信仰发生了改变。他很快地将自己仅有的财物送给贫穷的人，并写一些奉献上帝的散文，以进入天堂的希望来安慰自己。1540年，萨尔茨堡主教给予他庇护，使这个15年前在该地鼓吹革命的人感激万分地接受。他立下遗嘱，把他剩下的少许的钱分给他的亲戚，把他的工具留给该市的医生。1541年9月24日，他辞别人世。

他是一个被自己的天才压倒的人，经历广、理解力高，但受的教育太少，以致无法分清何为科学、何为魔术。他脾气躁，易怒，过于敌视旁人而无法将其影响力注入他那个时代。也许他的事业与阿格里帕的成就使浮士德的神话更能远播。直到一个世纪前，在奥地利，人们如果得了传染病，还会到他在萨尔茨堡的坟墓朝拜，希望能因他的灵魂或骨头的魔力得以痊愈。

怀疑论者

16世纪对于哲学来说是一个相当贫瘠的时代。神学控制了生活的每一个方面，吸引了所有思想家和信仰的注意力，也使理性随着它的方向发展。路德驳斥理性，认为理性会导致无神论，无神论的案件却很少。1512年，一位荷兰传教士在海牙被烧死，因为他否认基督的创造、永生及神性之说，但他不是很明显的无神论者。英国的一位史学家记述1539年道："这一年有一位伟大的医生死在巴黎大学，他说从他20岁起，他就一直认为没有上帝，他死时已八十几岁，终其一生，他从未泄露这一秘密。"纪尧姆·波斯特尔（Guillaume Postel）在

1552 年发表《反无神论》（*Contra Atheos*），但"无神论者"这一词与
"自然神教信奉者"、"泛神论者"或怀疑论者等名词没有多大区别。

　　怀疑论者则为数甚众，以致引起路德的攻击。据传，路德曾说：
"对于世界上那些盲目无知的子民而言，信仰对他们是陈义太高。在
三位一体中事实上只有上帝一人，而上帝之子变成了人类。基督有
两种本性，一种是神的本质，一种是人的本质。这种说法对于那些
无知的人而言只是一种虚构的故事而已。"他更指出：甚至有些人怀
疑上帝是否创造那些他预知将受天谴的人类。在法兰西有些人怀疑
是否有永生的存在。1537 年，波拿文都拉·德斯佩列（Bonaventure
Desperiers）在他所著的《世界钟声》（*Cymbalum Mundi*）一书中称，
所谓的神迹奇迹是无稽之谈，《圣经》中的矛盾及对异教徒的迫害都
是毫无道理的。他的书被加尔文和索邦谴责，并被官方的绞刑吏所焚
烧。因此，玛格丽特必须将他从她在聂拉克的宫廷放逐，但仍送钱给
他，使他得以在里昂过活。1544 年他自杀身亡，留下一些手稿给玛
格丽特，他称她为"万善的支持保护者"。

　　怀疑的精神表现在政治上攻击国王的神权与不可侵犯。因此，通
常怀疑论者就是那些在天主教统治下的基督教思想家，或是那些在国
家至上理论下的天主教思想家，两者对环境均感格格不入。1558 年，
约翰·波内特主教因不满都铎王朝的玛丽女王，发表了《政治权力短
评》（*A Short Treatise of Politique Power*），在该书中他称："放逐国王，
杀死独夫的例子在历史上不断发生过，这些都证实一个事实，即国
王、君主及总督能讨好人民时，人民能接受他们作为人民的代理人，
这就是符合上帝的判断与旨意。"有一位苏格兰的教授，约翰·梅杰
（John Major），曾帮助约翰·诺克斯形成其学说。梅杰辩称，既然所
有世俗的权力都来自社会的意志，人民可以放逐或处决一个恶君，只
是必须依照适当的法律程序。

　　最有趣的反对君王绝对权论的是一位年轻的天主教徒，他因死在
蒙田的怀里而留名后世。埃堤内·波伊提（Etienne de la Boétie）被

认为是无与伦比的论文家，"在我认为，他是我们这一时代最伟大的人。"波伊提是佩里格（Périgord）一个高官的儿子，在奥尔良攻读法律。在他到达所规定的年龄之前，他已成为波尔多议会的议员。约1549年，他19岁时，由于受了罗马和希腊文学而获致的共和思想的鼓舞，他写了一篇文情并茂攻击专制主义的论文，但从未将它发表。他称该文为《自愿奴隶论》（"Discours sur la servitude Volontaire"），谴责一人凌驾众人之上的独裁，名之为"反抗独夫"（Against One）。以下是其中最精彩的一段：

> 无以计数的人宁愿像奴隶似的服从一个暴君时，那将是多么可耻的事。一个独夫专制暴君剥夺了人民对其财产、父母、妻子、儿女，甚至他们自己生命的权利，这种暴君是怎样的一个人？他不是大力士海格力斯，也不是巨力法官萨姆森（Samson）！而只是一个侏儒，一个最优柔寡断的懦夫，他只是最卑鄙的娼妓的奴隶，他的权力并不是因为他本身的力量所致。他的臣民是多么可怜，如果这些三四个人不起来反抗独夫，那很明显是他们缺乏勇气，但如果成百上千的人不起来摧毁那些独夫加在他们身上的桎梏，人类的尊严与个人的意志则荡然无存。要解救自己并不需要对暴君使用武力，一个国家对这个暴君厌倦时，他自然要崩溃。被他奴役的人们只须否认暴君的任何权力。要求得到解脱只有唤起高度的意志去摆脱枷锁……立定决心不再受奴役，然后你就得以自由。拒绝向暴君提供任何援助，这样就像巨石像的底座被抽出，其像必崩溃破碎。

这时，波伊提已为卢梭和潘恩的思想铺了道路。他提出：人类生而向往自由；人幸与不幸非我们能料，幸运的人有为其同胞服务的责任，因为所有的人类都是兄弟，都是同一个上帝用同一块泥土做出来的。很奇怪的是，这段激进的声明吸引了一向冷静谨慎的蒙田，造成历史上最著名的友谊之一（1557 年）。当时蒙田 24 岁，波伊提 27 岁，可能当时蒙田还年轻，能够容纳激烈的言论。波伊提 32 岁去世时（1563 年），他们的友谊方告一个段落。蒙田描述波伊提临终那几天的情形时，就好像柏拉图描述苏格拉底之死一样。他如此哀悼那位满怀热诚的青年的过世，以致在 17 年之后他再提起这件事时，仍然比任何事都来得激动。他对出版《自愿奴隶论》一书并不太赞成，一位日内瓦牧师在 1576 年将它出版时，他触景生情，感到非常忧伤。他认为该书之成归因于青年高洁的精神，故将其完成此书时的年龄提前至 16 岁。这本书几乎成为法国革命之音。

拉米斯与哲人们

拉米斯（Pierre de la Ramée）打破了亚里士多德在哲学上的独自尊荣的风头。其一生甚为浪漫，结果却惨遭横死。亚里士多德个人的影响长达 3 个世纪之久，不仅是一个国家，而是许多国家；不仅是肉体，而且是内心，几乎控制了灵魂，因为从没有一个异教徒的思想家能成为罗马教会认定的官方哲人。文艺复兴时期的人文主义曾打算以柏拉图来取代他的地位，但宗教改革者当时正要扼杀人文主义，或可以说害怕人文主义。因此路德在 1546 年去世时，亚里士多德的经院哲学仍是基督教德国及天主教法国等地的思想主流，虽然路德曾诅咒它。对于饱学的年轻人来说，要将亚里士多德从其宝座上拉下来不啻是一种诛杀暴君之举。1536 年，拉米斯只有 21 岁时，他提出一个很激烈的观点——"亚里士多德所说的都是假的"——作为向巴黎大学申请硕士学位的论文，他花了一整天时间为他的论文向教员及其他反对者辩解。

拉米斯的事业可以说是对教育的颂歌。他出生在皮卡迪（Picardy），靠近加尔文的家乡努瓦永。因为急欲上大学，他两次尝试徒步到巴黎。但两次都没成功，他很沮丧地回到家乡。1528 年，他 12 岁时，他充当一名在那瓦尔大学注册的有钱学生的书童。这种情形好像法国诗人维庸所做的那样。他白天工作，晚上念书，这样熬了 8 年终于完成了文学院繁重的课程。在这期间，他几乎失明，但他发现了柏拉图：

> 我来到巴黎时，我觉得像置身于巧辩家的诡谲之中。他们用质问与争辩的方式教导我有关自由放任的艺术，却没有教我任何有用的东西。我毕业后，我认为这些争辩并未使我得到任何知识，而只是浪费时间。由于这种念头，又因为有幸运之神的引导，我开始研究色诺芬和柏拉图，而且学到有关苏格拉底的哲学。

我们有多少人在年轻时能够有这种令人振奋的发现！在研究柏拉图著作的过程中，他发现了柏拉图天生是一个饮酒诗人，柏拉图在雅典那种空气中听到了哲学，而且从风飘之中将它把握住，遗之后世亿万年。他又感觉到在一片为淫乐贪欲之事而争辩声中，苏格拉底与其门徒之音仍绕梁不去。看了亚里士多德枯燥的文章后、念了一大堆有关中庸之道的理论后，再接触到柏拉图和苏格拉底的著作是何等轻松的事。当然，只要我们稍将亚里士多德的演说稿与其老师的语录加以比较，就会发现我们与拉米斯对亚里士多德稍微不公平。只有年纪大的人才能够了解亚里士多德。拉米斯所知的亚里士多德主要是《工具论》一书的逻辑学著作者，而学院派的亚里士多德只是挽救了那些变成基督教正统的托马斯·阿奎那哲学的经院哲学。拉米斯说，在研究亚里士多德逻辑学 3 年中，他未发现一点能用在科学或生活上的东西。

拉米斯获得硕士学位，这不仅是他本人知识学问与勇气的一种表现，也是巴黎大学教员们的赏赐。这也可能是那些教授对这些所谓的逻辑与中庸之道感到厌烦。也有一些教授对此甚感愤怒，因为他们赖以为生的本钱在一天的辩论中被损害了。从此，拉米斯必须开始面对那些敌意与仇恨而终其一生。

他获得的学位使他有资格教书，他也很快在一所大学教一门课——演说。他将哲学混杂在希腊和拉丁文学中。他的课程越来越多，所得也增，使他能偿还他母亲为付他学费所花的储蓄。经过 7 年的准备，他在 1543 年发表两本著作，继续推翻亚里士多德逻辑的努力。一本是《亚里士多德的批判》（*Aristotelicae Animadversiones*），这是对亚里士多德做正面的攻击，有些地方甚至攻击得很激烈。第二本是《逻辑的分类》（*Dialecticae Partitiones*），在该书中，他提出一套新的体系来替代旧的。这本书对"逻辑"也重新下定义为"谈话的艺术"，他把逻辑、文学、雄辩术夹杂在一起用来说服别人。大学当局看到这种教学方式有点危险，但予以谅解。更有甚者，他们对拉米斯的某些论点持怀疑的观点，认为它带有异端邪说，如"怀疑是知识之母"。这是笛卡儿出现之前的笛卡儿方法学的怀疑；或是他呼吁应多研究《圣经》以取代巨册的经院哲学，这带有新教徒的论调；或是他为神学所下的定义，使道德逐渐取代了宗教。而拉米斯的这些骄傲、喜好争辩、粗暴的反对声调，他武断地自视为超乎教条之上，等等，都是他激怒他人的地方。

他那两本书出版之后不久，该校的校长就将他召至巴黎大教堂指控他为宗教的敌人，公共秩序的危害者，用危言耸听来腐化青年。该审判由 5 位皇家委员会成员主持，由拉米斯指定 2 人、控诉人指派 2 人、弗朗索瓦一世指定 1 人。由于对审判程序感到不满意，拉米斯撤回其所任命的 2 人。余下的 3 名判定拉米斯有罪（1544 年），由国王发布一道敕令，禁止他上课演说、发表著作或再攻击亚里士多德。谴责他的告示贴满城市，甚至送到其他一些学校去。学生上台讽刺模仿拉米斯的稀奇古怪的动作，拉伯雷对此也大大地取笑一番。

沉静了一段时间后，拉米斯又在圣玛利亚大学（Collège Ave Maria）开了一门演说课，但他限定自己只教修辞和数学，而政府对他的违抗命令视而不见。1545 年，他升任德普雷勒学院（Collège de Presles）的助理校长，这时他的课堂总是座无虚席。亨利二世继承弗朗索瓦一世时，他将对拉米斯的判决重新予以考虑，允许他自由论著讲学。一年之后，亨利二世任命他为皇家学院的院长，在那里他不受大学的控制。

这时他已到达事业的顶峰而成为巴黎声望最高的教授，开始花费大部分的时间与精力改革教学方法。如果他强调修辞——那时候即指文学——则他不只是要复兴哲学与诗词，他更要将充满热情活力的人文主义注入枯燥无味的抽象与经院哲学的课程中。在 5 篇有关文法的论文中，他将逻辑运用到语言上，他要使法文的拼音完全符合其发音，但法文仍照它绕来绕去的老办法拼。无论如何，他将"j"及"v"两个字母介绍到法文中以取代子音的"i"和"u"时甚为成功。他自己苦读出身，因此建议设立清寒奖学金，并谴责毕业必须付巨款的制度。同时，他致力于提高教师们的酬劳。

1555 年，他发表了一部《辩证法》(*Dialectique*)，那是第一本有关逻辑的法文论著。此时，他不但讨论推理的过程，更论及理性本身。他天生就有一种反抗传统与权威的气质，他唯一服从的只有理性。他具有文艺复兴那种热情，相信如果理性能充分发挥，100 年之内所有的科学将达到完美的境地。他说："我不断地研究，想把文理学科上的各种障碍一扫而光，使各门学科更为通畅简易，不仅使我们能增加智慧，而且可将其加以运用的境界。"

他的哲学与个性使他倾向同情新教徒的革命。法国新教徒获得政府的容忍时，他甚至有一段时期参加这项运动，1561 年，他宣称服膺改革后的新教。第二年初，他的一些学生在德普雷勒学院的教堂里公然诋毁宗教信仰。这时政府继续支付他薪水，但其地位已逐渐动摇。1562 年，内战爆发，他随着一队意大利美第奇家族凯瑟琳所派的卫队离开巴黎。一年之后和平条约签署了，他又回到巴黎。他婉辞波隆那大学的聘请，他说他自己欠法国太多而不能离去。

他的主要对手雅克·夏庞蒂埃 (Jacques Charpentier) 坦白承认自己对数学一无所知、但用钱买通进入皇家学院任数学教授时（1565

年），拉米斯谴责这一任命，夏庞蒂埃则威胁他。拉米斯向法院请求保护，夏庞蒂埃被系入狱，但很快又被释放。自此之后，两人一直争执不下，一直到拉米斯去世。1567 年，天主教徒与基督徒之间的内战再度爆发，使拉米斯再度离开巴黎。这时政府规定只有天主教徒才可以在皇家学院任教，因此拉米斯回来后隐退。凯瑟琳继续并加倍付其薪水，使他得以全神贯注地研究、著述。

1572 年 7 月，瓦朗斯（Valence）主教蒙特卢克（Montluc）邀他加入瓦朗斯驻波兰的大使馆，这可能是主教预测到 8 月 24 日圣巴托罗缪节的大屠杀，而希望保护这位高龄的哲人。但拉米斯予以拒绝，因为他对到波兰坐在安茹王朝的亨利王子的座旁毫无兴趣。8 月 17 日蒙特卢克离开巴黎，24 日大屠杀即开始。26 日，两名武装兵士侵入德普雷勒，登上拉米斯在六楼的书房，发现拉米斯在祈祷。其中一人开枪射他的头，另一人则用刀刺，之后两人合力将他抛出窗外。他的学生和一些顽童将他奄奄一息的尸体拖到塞纳河边并投入河中。其他的人将他的尸体寻回并将之碎尸万段。我们不知道谁雇了这些凶手，但绝不是政府，因为查理九世和凯瑟琳始终支持拉米斯。夏庞蒂埃则为这次屠杀和凶手欢呼："8 月天灿烂的太阳为法国带来了光明，那些废物和胡言随着其主子一起消失，所有好人都将齐声同庆。"两年之后夏庞蒂埃去世，有人说他是懊悔而亡，但这对他来说太褒奖了。

拉米斯去世了，其影响力也好像被击败，其对手获得了胜利。虽然在以后的 30 年之中，我们还可以在法国、德国、荷兰等地听说有其信徒，一直到笛卡儿出现为止，拉米斯攻击的经院主义一直是法国哲学思想的主流。但如要说在这一段期间内哲学有少许成就，科学上的进步则是划时代的。现代的科学可以说始自哥白尼和维萨里。地球上我们所知的范围已经加倍扩大，我们对整个宇宙的认识已史无前例地改变。在速度与范围方面，知识的领域急速地增加。在科学与哲学上利用本国语言和文字使过去为少数学者与教士独占的工具与学识已为中产阶级共享，如佩尔及帕拉切尔苏斯在医学上、拉米斯在哲学上都用本国文字书写，习惯、信仰及权威都已破产。信仰已开始不稳定，并随着新的自由成为数百种形式。

一切都在变迁中，唯独罗马教廷例外。处身革命的风潮中，它显得有些迷茫，起初还不知道情况有多么严重。但是接着很断然地面对其所遭遇的问题：是改变教义来适应观念的新气候与流变呢，还是顽立不动，等着思想与感情的钟摆使人们卑逊地、渴求地来祈求它的慰藉与权威？它的答复决定了它的近代史。

第十章 | 天主教会与宗教改革
（1517—1565）

意大利的新教改革者

意大利满布异教气氛，天生的多神教信徒，喜爱祥和而艺术的信仰，多的是不朽的圣徒，他们令人怖畏或喜爱的肖像每年被人抬在大街上游行，金银财宝非常富足，那是来自上打的属地的朝贡，我们不能期待那些北方国家的善男信女，会冒着生命的危险，过于虔敬地去养肥意大利。然而，意大利各地有不少的人已察觉使罗马教廷道德败坏的各种弊端，他们比德国人、瑞士人、英国人有更强烈的切肤之痛。意大利的教育阶层虽比任何别的地方享有更多的教学与思想自由，仍要求从大多数人着迷的、被教化的神话中解脱出来。

路德的某些著作于 1519 年出现于米兰、1520 年出现于威尼斯。圣马可修道院居然有一个天主教修士公然宣扬路德的教义。红衣主教给教宗克莱门特七世的报告（1532 年）说，威尼斯的宗教正陷入低潮，威尼斯人很少持斋和告解，而异端的书刊发行甚多。克莱门特自己也说在意大利的僧侣与俗众之间路德的谣言满天飞。1535 年，德国的改革者宣称他们在罗马教会的本土有 3 万名信徒。

费拉拉城的第一夫人是热衷的新教徒。雷妮是路易十二的女儿，她的新观念一部分得之于纳瓦拉的玛格丽特，一部分得之于她的女家庭教师苏比斯夫人。1528 年，这位公主嫁给未来的费拉拉第二任公爵埃尔科莱·埃斯泰，她把她的女老师一起带去。加尔文于 1536 年到费拉拉访问她，加强了她的新教信念。克莱门特·麦罗与法国加尔文派出版商休伯特·朗格特也前后来访。埃尔科莱原先都以时髦的文艺复兴礼节接待他们，直到其中一人嚷着说这是偶像崇拜时才改变，这是发生在 1536 年复活节前的礼拜六作十字架崇拜时的事，于是他让宗教法庭质询他们。加尔文和麦罗逃走了，其他人则因宣称坚信罗马公教的正统而幸免于难。但 1540 年后，雷妮另外聚集了一批新教徒众，而且不参加天主教的崇拜。埃尔科莱为了讨好教皇，把她放逐到波河沿岸康山多罗（Consandolo）的公爵别墅；但她依然故我，随侍左右的都是新教徒，并以改革的信仰来教养她的女儿们。埃尔科莱因为担心他这几个新教的女儿在政治的婚姻中无足轻重，干脆送她们到女修道院。最后他还是让宗教法庭对雷妮及她的 24 位家属起诉。她被控以异端罪，判处终身监禁（1554 年）。她撤销新教言论，接受圣餐，而得以恢复宗教与政治上的尊荣。而她真正的想法，可由其晚年感伤的孤独而见。1559 年埃尔科莱死后，她回到法国，住在法国加尔文教徒的避难所蒙塔日。

在埃尔科莱治下的摩德纳，有一阵子也闹了新教的风潮。科学家与哲学家聚集的学术院容许相当的讨论自由，但包括维萨里的学生和继承人加布里埃尔·法洛皮奥在内的某些人员却有异端之嫌。保罗·里奇（Paolo Ricci）公然布道反对教皇权柄，路德的观念在商店、广场、教会到处引起争议。里奇和其他一些人被捕了。萨多雷托红衣主教替学术院的人辩护，声称他们效忠教会，而且学者应该有权享受研讨的自由。教皇保罗三世要他们签字声明信仰了事，但埃尔科莱解散学术院（1546 年），使一个不愿悔改的路德教徒在费拉拉被处死（1550 年）。1568 年天主教的反动转趋强烈时，13 个男人、1 个女人在摩德纳以异端被焚。

在卢卡，奥古斯丁教团的修道院副院长彼得·韦尔米格里筹组博学的学术院，引进特殊的教师，鼓励自由讨论，而且告诉会众不必把圣餐看成神秘的变化，只须当它是纪念基督的受难就行了，他是路德教外的路德。设在热那瓦的一个教团传他质询，他逃离意大利，公开谴责天主教的错误与滥权，又接受了牛津大学神学教授职位（1548年）。他参与编撰《一般祈祷书》（*The Book of Common Prayer*，1552年）时的论争，天主教在英格兰再度得势时他离开英国，1562年死于苏黎世，仍担任希伯来文教授。他那在卢卡的小修道院有18个教士跟随他舍弃教职与意大利。

由于尤安·巴尔德斯（Juan de Valdés）的影响，贝加莫的索拉诺主教、威弥利及其他一些人改变了新观念。他和他的兄弟阿尔法诺（Alfono，也许是历史上最具天赋的孪生兄弟）是卡斯提贵族的后裔，阿尔法诺倾心于伊拉斯谟，后来成为查理五世的拉丁文秘书，写了一本《哺乳对话集》（*Dialogo de Lactancio*，1529年）来为攻击罗马教会辩护，他以为如果罗马教会把路德公允地批评的滥权之处改过来，路德就不会脱离罗马教会了。尤安在同书补上一篇《默丘里奥·卡龙对话录》（*Dialogo de Mercurioy Carón*），他的异端是政治方面的：应使富人自力谋生；穷人有权分享富人的收入；王侯的财富为人民所有，而不该在王侯之间或宗教的战争中损耗。教皇克莱门特七世很自然地选上了巴尔德斯，使他在30岁时就任御前大臣。巴尔德斯却搬到那不勒斯去，矢志写作与教学。他依然效忠罗马教会，信仰上则支持路德的释罪论教义，认为虔诚的神秘主义比任何以外在仪式上表现虔敬更崇高。许多名绅士、贵妇聚集在他的身边，接受他的领导：威弥利、伯纳迪诺·奥基诺、诗人马坎托尼欧·弗拉米尼奥、彼德罗·伽纳塞奇、维多利亚·科隆纳、科斯坦查·阿瓦洛斯、阿马菲的女公爵、西班牙大宗教裁判官的女儿伊莎贝拉·曼莉奎及朱丽亚·贡萨加，她的美色我们已有所闻。尤安·巴尔德斯死后（1541年），他的学生四散于欧洲各地。包括维多利亚·科隆纳在内的一些人留在天主教会内，有些人则把他的思想发展为公然的异教学说。3 个较不出名的学生于1564 年在那不勒斯被砍头焚烧，伽纳塞奇于 1567 年在罗马被砍头，朱丽亚·贡萨加的性命因残酷不仁的保罗四世之死而得救；她于 1566年进入女修院，那不勒斯的改教分子则随她销声匿迹。

伯纳迪诺·奥基诺历经宗教演变的各个阶段。他的出生地是锡耶那，靠近圣凯瑟琳出生的地方，但他向她的宗教虔敬挑战。他原本加入圣方济各教团，但发现他们的仪规太松懈，转而投入较严的嘉布遣会。奥基诺那种禁欲的无我深深地使他们惊异，他的肉体的苦修也是如此；他们选他为司教总代理时，他们以为找到了圣徒。他在锡耶那、佛罗伦萨、威尼斯、那不勒斯、罗马的布道词，在意大利各地引起回响。从 100 年前萨沃纳罗拉（Savonarola）以来，从没有听到过这么热诚与雄辩滔滔的声音。查理五世亲自跑来听道；维多利亚·科隆纳深受他的感动；彼德罗·阿雷蒂诺是一个罪迹累累的人，听他布道后内心里起了极虔敬的骚动。任何教堂都无法容纳那么多的会众。谁会想到这个人死时是个异教徒。

但是他在那不勒斯遇上了巴尔德斯，也因而熟知了路德与加尔文的著作。释罪论很合他的心，他也在布道时开始暗示。1542 年，他被威尼斯的教皇使节召见，受命不准布道。不久，教皇保罗三世邀他到罗马讨论某些圣方济各教徒的宗教观。奥基诺本来信任开明的教皇，但他畏惧宗教法庭无边的权力，而孔塔里尼红衣主教也警告他有危险。这位意大利的圣人与偶像，他与彼得·韦尔米格里在佛罗伦萨相遇后，突然决定与他一样越过阿尔卑斯山脉到新教的地区。科隆纳有个兄弟给他一匹马；他留在费拉拉时，雷内供应他衣物。他路过格里松（Grisons）去苏黎世，然后又到了日内瓦。他赞成加尔文所创的清教徒的仪规，但是他的德文比法文好，他搬到巴塞尔，再到斯特拉斯堡，最后到奥格斯堡，想靠口才或写作谋生。1547 年，查理五世清剿米尔贝格（Mühlberg）的新教徒后，进军奥格斯堡做德国的主人。查理五世获悉他在那不勒斯听到的那个圣方济各修士住在那里，而且结婚了。查理五世下了逮捕令，但执行的官员们偷偷地放过他。他逃到苏黎世和巴塞尔，就在近乎断炊之时，克兰默大主教邀他到英格兰去。于是他在坎特伯雷工作了 6 年（1547—1553 年），担任支薪牧师。他写了一本书，对约翰·弥尔顿的《失乐园》有很深的影响；玛丽·都铎登基时，他匆匆逃回瑞士。

他在苏黎世获得某一会众的牧师职位，但是与他的唯一神教观有了抵触，他发表了一篇对话录，主张一夫多妻的观念比主张一夫一妻的论点可取，结果他被革职了。他受命三周之内离开该城，虽然时值 12 月（1563 年）的大寒天。巴塞尔不准他停留，纽伦堡只容许他短住。不久，他举家搬到波兰，因为比较来说那是一个不受欢迎的思想家的避难所。有段时间他在克拉科布道，国王下令驱逐所有非天主教的外国人时（1564 年），他也被赶走了。从波兰到莫拉维亚的路上，4 个孩子中有 3 个因鼠疫而死。他比他们多活了两个多月，1564 年 12 月死于夏考（Schackau）。他最后说的话是：“我不愿做个布林格教徒，不愿是个加尔文教徒，也不愿是天主教徒，只想当个基督徒。”还有什么比这样更艰险的呢！

意大利当然不可能走新教的路。一般百姓虽然反对教权，即使他们不上教堂，他们还是生活在宗教中。他们喜爱被时间圣化了的仪式，有益于人或会安慰人的圣徒，及那些使他们从穷困的生活提升到伟大歌剧的崇高而深信不疑教条（上帝的死救赎了沦落的人）。带着强烈宗教信仰的西班牙统治意大利，在两个半岛发展了天主教的势力。教廷的财富是意大利的传家宝与天赋的利益，大多数意大利人会把想结束这个受贡的人看作丧心病狂。上层阶级因意大利中央地带的政治权力而与教廷有所争执，但他们喜爱天主教，因为它在维护社会秩序与和平的政府方面是活泼的助力。他们深知意大利艺术的荣耀不能没有罗马教会，需要她的各种传说来引发灵感，也需要她的财力来支持。天主教本身已成为艺术，它的感官因素已湮没禁欲与神学的因素。彩色玻璃、香炉、音乐、建筑、雕刻、绘画，还有戏剧，都是罗马教会里的活动，也为她所有，这些艺术汇流在一起，更可见他们与罗马教会是分不开的。意大利的艺术家与学者无须脱离天主教改奉他教，因为他们潜心学术与艺术就是改教。成百上千的学者与艺术家由主教、红衣主教和教皇支持。许多人文主义者、某些温文的怀疑论者，在罗马教会里身居高位。意大利深爱可及的美，而剥除了不可及的真理。而且，难道那些好发异想的条顿人、那个日内瓦的小教皇，那个残酷不仁的英格兰国王，就找到了真理吗？意大利的知识阶层差不多忘却了地狱与天谴时，那些改革家的叫嚣是多么无聊而令人气闷呀！我们很能了解那种静静地、私下地放弃基督教神学，而支持朦胧的、温暖的合理神论的处境，但以定命、宿命的恐怖来取代变体论的神秘，看来就像一条从振奋人心的象征主义走向自杀的荒谬的通道。就在这时，罗马教廷对意大利人民的异教癖好广加宽恕时，加尔文却要求全世界自梏于清教徒的严训之中，威胁着要从人生中排除所有的愉悦与自主权。然而，如果野蛮的条顿人与英国人不把他们的资财进贡到意大利来，意大利人的愉悦与艺术又如何继续发展呢？

意大利的天主教改革者

的确，忠实的教士们几个世纪以来承认教会改革的需要，宗教改革的爆发与进展予改革的需要与要求以新的迫切性，成百上千的小册子与讽刺书将矛头指向僧侣，罗马遭劫触及了受惊吓的红衣主教和民众的良心与收入，上百位教士表示这个大灾难是上帝的警告。史塔菲里奥（Stafileo）主教1528年在教廷法院讲教战，以新教徒的口吻解释上帝何以打击基督教世界的首都："因为所有的躯壳都变得腐败了，我们不是罗马这个圣城的公民，而是巴比伦的，是腐败之城的公民。"正如路德曾说过的话。

1517年前不久，乔万尼·彼得罗·卡拉法（Giovanni Pietro Caraffa）和加埃塔诺·蒂内（Gaetano da Thiene）在罗马创设了"圣爱祷告所"——为祷告与自我改革之用。许多显赫的人物参加，其中包括萨多雷托、吉贝蒂、朱利亚诺·达蒂（Giuliano Dati）。1524 年，加埃塔诺制定了僧侣规程——教区牧师遵从修道院的誓约。在罗马之劫后，该祷告所被解散了，而卡拉法及他人参加了新的教团，采用的名字为塞亚蒂内斯，源自卡拉法的两个塞亚特辖区；基耶蒂声望高的人被允许加入——班贝格、马坎托尼欧·弗拉米尼奥、路易吉·普列里、孔塔里尼、雷金纳德·波尔……他们保证固守贫穷、照顾病患及严格的道德生活，去"补偿""僧侣们欠缺的，他们被恶意和无知所腐败而危及人民"，其会员散布在意大利，而他们的例子连同教堂的改革，连同圣方济各会及耶稣会的例子被广泛宣传，以恢复天主教僧侣和教皇道德的情操。卡拉法领先推却其所有的圣俸，并将其可观的财富分给穷人。

吉贝蒂本人及其经历是天主教改革的缩影。在利奥十世教皇的时代，他是主要的人文主义者；在克莱门特七世时，他当教廷法庭的第一书记。受到 1527 年大灾难的震荡，他回到维罗纳当主教，治理其教区俨如一个苦行僧。他震惊于该处宗教的败坏——教堂毁坏，宣讲教义甚少，教士在弥撒时不解拉丁文，民众甚少使用告解室。经过例证、箴言及坚定的训练，他改革了他的僧侣团体。不久，一位天主教历史学家表示："地牢中关满了纳妾的教士。"吉贝蒂在 1531 年重建卡利特德联合会，此为朱利亚诺·美第奇红衣主教于 1519 年创建；他设立孤儿院，开创了平民银行以便借债者免于高利贷者的剥削，埃尔科莱·贡萨加红衣主教在曼图亚，维达在阿尔巴，法比奥维吉利在斯波雷托推行了相似的改革。许多主教了解教廷必须改革，否则便将死亡。

几位正教改革的英雄其后受到他们曾协助拯救的教会的褒扬。圣菲利普·内里（St. Philip Neri）是一位佛罗伦萨城的贵族，1540 年在罗马创立了特殊的教团（Trinità de' Pellegrini）：由 12 位俗人组成，在参加星期弥撒后，将赴长方形会堂之一或草原地朝圣，在该地表示或听从真诚的经语并唱宗教乐曲。他们很多都做了教士，奥拉托里的教父由他们对音乐的爱好组成了合唱之义圣查里·波罗维梅奥（St. Charles Borrowmeo）。教皇庇护四世的侄子辞去了罗马红衣主教的高位以清洁米兰的宗教生活。作为大主教，他在僧侣中维持纪律，并由其本身的严肃与奉献来显示其决心。不过那里有些反抗，乌米利亚蒂（Umiliati）3 个教团，首傲于其谦恭，退化沉溺于一种逸乐的、甚至放荡不羁的生活，红衣主教命令他们遵守他们的规矩。其中一人在他祷告时对他放了一枪，结果民众把他当成宗教革新最好的示范加以崇敬。在其一生及其主教辖区之内，庄重在僧侣和俗人中成为流行的品质。整个意大利皆可感受到他的影响，并将红衣主教由世俗的贵族变成奉献的教士。

　　由于这些人物刺激，教皇们才开始关注宗教的改革。教皇保罗三世任期之初，著名的法学家乔万·巴蒂斯塔·卡西亚（Giovan Battista Caccia），就教会的改革呈给他一篇论文。他在序言中表示："我认为教会这样改变，使她失去了《福音书》派的品格；而教会本身也找不出谦恭、节制、节欲及使徒的力量。"保罗用接纳这篇论文表示了他的态度。1534 年 11 月 20 日，他任命皮科罗米尼、桑塞韦利诺、塞斯 3 位红衣主教起草教会道德改革的计划。1535 年 1 月 15 日，他敕令严格执行 1513 年利奥十世改革的训谕。由于受困于教皇和帝国的政治，惊恐于土耳其人的出现，以及不愿意在这些危机中以激进的变革干扰教会法庭的结构与功能，保罗延缓了积极的改革，但他所举荐的红衣主们几乎都以廉正和热诚而著名。1536 年 7 月，他邀请了孔塔里尼、卡拉法、萨多雷托、科尔特塞、杰罗姆·阿林德尔、波尔、托马索·巴地亚和古比奥的弗德里戈·弗雷戈塞（Federigo Fregose）主教，他们都致力于改革，在罗马召开改革会议，并命他们将教会的弊端见于文章，及采纳他们所欲建议的方法缓和弊端。萨多雷托以勇敢的声明引出了开场白，他声言，教皇们的罪愆、恶行及财政的贪污，正是教会退化的主要原因。该会议持续了 3 个月。其精神领导者为孔塔里尼，是反宗教改革（Counter Reformation）中的最佳人选。他 1483 年生于威尼斯的贵族家庭，并受教于自由的帕多瓦，很快升任为威尼斯政府中的高位。他被派往查理五世德国的使节，陪同他到英格兰和西班牙，并在教皇法庭中担任元老院的代表（1527—1530 年）。退出政坛后，他勤于研读，使他家成为威尼斯最好的政治家、传教士、哲学家及人道主义者的聚会之所。虽然是俗人，他思虑宗教的革新，并与卡拉法、吉伯提、科尔特塞、波尔等人积极合作。意大利视他为知识与品行罕有的结合。1535 年，他被保罗三世任命为红衣主教，但他从未见过教皇。

　　1537 年 3 月，调查团呈给教皇们一致的建议。改革教会而任命的红衣主教会议以令人惊讶的直白暴露了教皇政府的弊端，并勇敢地将其归因于"精于宗教法典者肆无忌惮地夸大教皇的权威"。该报告认为："有些教皇擅用权力变卖教会的办公处所，而卖圣物扩展了唯利是图与腐败之风，使教会这个伟大的组织由于人民对她的廉正缺少信心而濒于崩溃。"该报告力陈对所有教廷的活动予严格的监督，对特赦有所节制，停止对他们金钱的酬佣，对所有任命有较高的标准及其对红衣主教和传教士的适任性，禁止多重或不在位而领取圣俸。该报告又说："在整个世界上，所有的牧羊人都放弃了他们的羊群并将之托付于佣工。"僧侣的规约必须恢复，而修道院应置于主教的监督之下，因为僧侣的巡视曾招致毁谤与亵渎。赦免一年只能宣布一次。该报告以对教皇严肃的劝诫结束：

　　　　我倒已满意我们的良心，虽然希望渺茫，在你的任期内，神的教堂恢复了……你领取了保罗之名，我倒希望你模仿他的慈悲，他被选为传达基督之名给异教徒的工具，而你，我们希望，已中选去复活并寻找那些早已被异教徒和僧侣们忘记的名字；去治愈我们的病痛，去团结基督的羊群于一栏之中，使我们的头免于愤怒，免于上帝威胁性的报复。

　　保罗愉快地接纳此"金言"，正如许多人所说的，并分送每个红衣主教一份副本。路德将之译为德文，刊行出来作为与罗马决裂的理由。然而，他判断该文件的作者们是"骗子……绝望的激进派以嘲笑来改造教会"。1537年4月20日，保罗任命了4位红衣主教——孔塔里尼、卡拉法、西莫内塔、吉努西——改造达塔利亚，它是教会法庭的一个部门，已因授予特赦、恩惠、特权、特典和圣职而腐败异常，而该权力是保留给教皇的权力。这种作为需要勇气，因达塔利亚每年贡献5万杜卡特给教皇——几约其收入之半。行动立即引起了官员及其家属的痛苦叫嚣，他们抱怨罗马生活费太高，并宣称若他们被束缚于法律许可的范围内，则他们的家庭立即就匮乏不堪。保罗谨慎地进行，但阿林德尔书告莫罗内（Morone，1540年4月27日），"改革的工作忙碌地进行"。12月13日，保罗召集了居住在罗马的80位大主教和主教，敕令他们回到他们的辖区。又一次产生了许多反对意见。莫罗内警告教皇：急迫地执行这项命令可能驱使一些主教回到目前新教徒占优势之地，加入路德派。这种事确有发生。不久保罗在帝国政治中丧失了他自己，而将其改革留诸其继任者。

　　内在的改革运动获胜于它的领导者卡拉法膺选为保罗四世（1555年）。僧侣们未获正式的许可及明显的需要而离开他们的修道院的，被命令立即回去。1558年8月22日晚上，教皇命令关闭罗马所有的城门，并逮捕所有游荡的教士。相似的做法在整个教皇国内施行，一些触犯者被罚做划船苦工。修道院不再供给不在的官吏岁收。主教及修道院长们若非确实在教庭法院有固定的工作，皆被请求回到他们的工作岗位，否则将丧失他们的收入。双重圣俸被禁止。教廷法院所有的部门被命令减少他们的支出，并消除任命圣职时任何买卖职位以谋利的行为。虽已削减了他自己的收入，保罗又做进一步的牺牲，终止为确认大主教地位的付款。几项教皇敕令针对放高利贷者、优伶及娼妓，淫乱则处死。丹尼尔·沃尔特拉（Daniele da Volterra）被要求以衣遮盖米开朗基罗的"最后的审判"中某些较敏感的部位。罗马目前采取了一种外在的虔敬与道德不相适宜的气氛，在意大利——其外较不明显——教会改革了其教士与道德，同时使她的教条光荣地存在。改革来得很晚，当它来临时却是真诚与伟大的。

圣特蕾莎与修道院改革

道德重整同时发生在修道院教团中。我们可由虔敬的正统的米开朗基罗的评论想象他们的名声如何，当他听到塞巴斯蒂安·德尔·皮翁博（Sebastian del piombo）要在蒙托里奥之圣彼得教堂绘一幅教士图像时，他表示反对，因僧侣们败坏了这个世界，而该图像是如此庞大，若其将损及教堂是不足为奇的，何况教堂又是如此之少。格里高利·科尔特塞（Gregorio Cortese）在帕多瓦开始耐心地改革本尼狄克特派；吉罗拉莫·塞利潘多（Girolamo Seripando）改革奥斯丁·卡农（Austin Canons）；埃吉第奥·卡尼西奥（Egidio Canisio）改革奥古斯丁·埃雷米特斯（Augustinian Eremites）；帕奥罗·吉斯蒂尼亚尼（Paolo Giustiniani）改革卡马尔多利特斯（Camaldolites）。

新的修道院教团强调改革。安东尼奥·玛利亚·拉卡丽亚（Antonio Maria Laccaria）1533 年在米兰创立圣保罗的克勒克斯·勒古拉尔（The Clerks Regular of St. Paul），是个教士的组织，誓约固守于修道院之贫穷；他们最初集合于圣巴纳巴斯（St. Barnabas）教堂，因此他们被称为"巴纳比特斯"（"Barnabites"）。在 1535 年，圣安吉拉（St. Angela）组织了乌尔苏利纳（Ursuline）的修女，以教育女孩、看护病患或穷人；而在 1540 年，圣约翰（St. John of God）在格拉纳达创立了慈悲兄弟会（the Brothers of Mercy），做服务工作。1523 年，马特奥·德巴西（Matteo de'Bassi）下定决心去遵守他们的创导者给圣方济各所定的规律。其他教士参加了该组织，而在 1525 年前，参加者鼓舞了马泰奥（Matteo）去要求教皇的批准成立弗朗西斯的新支流，奉行严格的规律。其教团之狭窄性使其因抗命而入狱，但马泰奥不久即被释放，而在 1528 年克莱门特七世确认了圣方济各的新教团——其如此命名因僧侣们穿着相同于弗朗西斯曾穿过的修士服。他们穿粗劣的衣服，以面包、蔬菜、水果和水维生，保持严格的斋戒，居住在狭窄的破陋茅屋之中，从不旅行，整年赤脚。他们的名声在于其忘我地照顾 1528—1529 年间的疫病病人。他们的热诚使维多利亚·科隆纳及其他刚萌念头的新教徒对教会效忠，该教会仍可能产生如此热忱的基督徒。

在这个世纪，修道院改革中最值得一书的人物是一位在西班牙的纤弱、巧妙的女修道院院长。特蕾莎（Teresa de Cepeda）是亚威拉一位卡斯蒂里安骑士的女儿，该骑士自负于其清教徒的正直品行及其对教会之忠诚；每晚念圣者之生活给他的家庭成员听。特蕾莎的母亲，一位长期病患，以侠士之罗曼史来充实其苦涩的日子，并在她的病榻上享受高尔的阿马狄斯（Amadis of Gaul）的冒险事迹。特蕾莎的童年幻想逡巡于浪漫的爱情与崇高的殉道。10 岁时她立誓要成为修女。但 4 年以后，她突然绽放成为一个美丽的年轻女子了，跳跃在生命的欢愉中，多彩的服装使她倍加妩媚而使之遗忘了修道院的装束。崇拜者接踵而来；她与其中之一热恋了，并被邀约。在最重要的关头她受到惊吓并向她父亲供认了这"可怖的阴谋"。其时母亲已死亡，阿伦佐·德塞佩达（Don Alonzo de Cepeda）将此敏感的女孩子交给亚威拉之奥古斯丁（Augustinian）教会的修女们。

特蕾莎憎恶修道院中严肃的生活与纪律。她拒绝立誓作修女，且烦躁地企盼着 16 岁生日之来临，届时她将被允许离开。但当这个月快到达时，她病得很厉害，几至死亡。后来虽然恢复了，但她的年轻的欢愉却消失了。显然地，她得了一种歇斯底里的癫痫症，可能由于对不合其本性之束缚的压抑的反抗。虽痊愈了，但已使她疲惫不堪。她的父亲将之迁出修道院，送她去乡下与同父异母之姐妹同住。在旅途中一位叔父给她一册《圣哲罗姆》。那些栩栩如生的字句描绘地狱的恐怖，及性的挑逗在通往永恒破灭的道路上将带来怎样的惩罚。特蕾莎读得很用心。经过另一次严重的打击，她放弃了追求世俗快乐的想法，并决心去履行她童年的誓言。她回到亚威拉，并加入加尔默罗会（the Carmelite Convent of the Incarnation，1534 年）。

有一个时期她对日常的弥撒、令人安慰的祷告和净心的忏悔觉得快乐；当她领取圣餐时她觉得圣体如同真实的基督在她舌头及血液之中。但她被修道院的松弛的纪律所困扰。修女们不住在小室而是住在舒适的房子里；除了每周的斋戒外她们忙得很；她们用项圈、手镯及指环装饰自己；她们在客厅接待访客，并在修道院外享受长假。特蕾莎感觉这些情况不足以保护她使之免于情欲之诱惑与想象。也许是由于这些原因及她渐增的不满，她的病发作得更加频繁且更痛苦。她的父亲又将她送到她姐妹处，而且在路途中她的叔父又给了她一本宗教书籍：《宗教初阶》（*The Third Abecedarium*），作者是弗朗西斯科·德奥苏纳。它是一集神秘祷文，是祷告文而无文字；因作者认为："只有以静默来接近上帝，话语才能被听见并会被赐予答案。"她在乡间休息并练习静默的冥思的祷告，这种祷告与她发病时的恍惚状态非常吻合。

一位草药医生曾给她治疗，但他的调理几乎致她于死，当她在1537 年回到亚威拉修道院时，她濒于死亡，并渴求其来临。现在病情严重得发作了；她昏厥而被误以为死亡；有两天的时间冰冷而寂然地躺着，显然地并无呼吸；修女们为她挖了个坟墓。她恢复了，但仍软弱得无法消化硬质的食物，且不能被碰触。有 8 个月之久她躺在修道院的疗养所呈现完全之瘫痪状态。她的病情逐渐发展到半瘫痪，但"的确我不受重病之侵袭的时间很少"。她扬弃了医药治疗，而决定完全仰赖祷告。3 年之间，她受苦、她祈祷。但突然地，在 1540 年的一个早晨，这位缠绵病榻、几乎无可救药的病人醒来发现她的四肢不再麻痹了。她起身而行。日复一日，她更积极地参加修道院的活动。她的恢复被称为一次奇迹，而她也如此相信。也许是因为祷告使其冲突的情欲、罪恶感及对地狱之恐惧之过度紧张的神经系统得到抚慰；而其平静了的神经，给其身躯带来了不寻常的安宁。

因卡纳西翁（Incarnation）女修院因这一神奇的痊愈而变得名声斐然。人们由附近的乡镇来探视这位上帝所复原的人；他们捐钱及礼物给此神圣的修道院；女修道院院长鼓励这种访问，并令特蕾莎出现在访客面前。特蕾莎觉得苦恼的是她因访问、名声及英俊男人之出现而感到愉快。一种罪恶感回流到她身上。1542 年的一天，当她在客厅与一位特别吸引她的男人谈话时，她认为她看见基督站在访问者的身边。她陷入恍惚中，而不得不被人用帆布床抬到陋室之中。

其后 16 年之间，她继续地发生此种幻觉。此幻觉对她变得比生活更真实。1558 年，当她贯注于祈祷时，她觉得她的灵魂移出了躯壳而奔向上天，并在那里看见并听到基督。这些幻觉不再使她疲惫，它使她振作。她写道：

> 常常，由于可怕的痛苦连带之虚弱与感动，灵魂由其中涌出充满了生命力及可赞赏地适合采取行动……如同上帝已决定肉体本身，已服从于灵魂的渴望，应分享灵魂的快乐……灵魂经此眷顾而被赋予极大之勇气以致在当时若躯体为上帝之故而成粉碎，它也只会觉得最真实的舒适。

在另一个场合她认为一位"非常美丽的天使"，用一枝长的金标枪，尾之以火，"几次地穿过我的心，所以它达到了我的体内"——

> 这种苦楚是如此真实，迫使我大声呻吟，然而它是令人惊讶甜蜜，因而我不欲被由其中救出。没有其他生命的喜悦能给予更多的满足。当天使收回标枪，他遗留给我对上帝的伟大的爱的狂热。

圣特蕾莎著作中的这一段及其他记载是精神分析的现成资料，但没有一个人能怀疑这位圣者的高度真诚。如同伊格内修斯（Ignatius），他相信她见过上帝，而这最深奥难解的问题在这些幻觉中对她表明得很清楚：

> 一天，在祈祷，在一瞬间我被赋予洞察上帝所看之事务及其内在……那是上帝所曾赐给我的所有的恩典的最佳代表……我们的主使我了解到如何一位上帝能显然在 3 个人身上，他使我看得如此真切，因而当我被慰藉时，我是极端地惊讶……而现在，当我想到三位一体之圣时……我感到一种无可言喻的快乐。

特蕾莎的修道院姐妹们解释她的看法为幻想与病态的发作。听她告解的神父倾向此种观点，并严厉地告诉她："魔鬼欺骗了你的感觉。"城里的人认为她被恶魔附体，招致宗教裁判来检查她，并建议一位僧侣来为她驱邪。一位朋友劝告她将生活及幻觉的描述报告给裁判法庭。她写下了古典的《人生》（Vida），调查者审视它，并宣布其为神圣之文件，其可增强阅读者之信仰。

由此判决而使她的地位强化，特蕾莎现在已 57 岁了，决心去改革加尔默罗修女教团。她并非去恢复古老的因卡纳西翁修道院的苦行纪律，她决定开创一所隔开的修道院，她邀请愿意接受绝对贫穷统治的修女及见习修女参加。原来的加尔默罗会穿着破旧的忏悔服，永远打赤脚，吃得俭省并常斋戒。特蕾莎要求她的不穿鞋的加尔默罗教徒以相似的严苛规律，其本身并非目的，而是作为谦卑与抗拒此诱人的世界的代表。但引起了上千的障碍，亚威拉城里的人指责此种计划为终止修女及其亲戚的来往。她发现有 4 位修女参加，而新的圣约瑟修道院于 1562 年在亚威拉的一条小街上成立。修女们穿着草鞋，以稻草为褥，戒荤食，严格地足不出户。

180 位旧制修女简单表明对她们平易作风的不满。修道院的副主持，认为特蕾莎应遵守她服从的誓言，并命令她重着她以前之白道袍、穿鞋子，并回到因卡纳西翁的修道院。特蕾莎服从了。她被判以傲慢之罪，并被困于其小室内。城议会票决关闭圣约瑟修道院，并派遣4个壮汉驱逐无领导者之修女们。但着草鞋的修女们说："上帝希望我们留下，因之我们应留下。"而冷酷的法律官员们不敢强迫她们。特蕾莎因谈及凡阻止其计划者即为触犯圣灵而使加尔默罗的俗人震惊，她被释放了。4位修女与她一起离开，这5位妇女经过雪地回到她们的新家。4位创始的会员把她当作圣母那般，愉快地欢迎她。对几乎所有西班牙人而言，她现在成为特蕾莎·耶稣（Teresa de Jesu），即上帝之密友。

她的规则是亲爱、欢愉和坚定。她们的住处不对外开放，访客不得进入，窗户蔽以布幔，砖地作为床、桌及椅子。一个旋转的盘子装在墙中间；不论什么食物放在桌子的外半边皆被感激地接受，但不许乞讨。她们以纺织及刺绣来增加收入；其产品置于修道院外，任何买者可以选取他所喜爱的并留下他愿付出的。不顾这些清规，新会员加入了，其中之一是亚威拉最美貌、最受爱慕的女人。加尔默罗的修道会长，访问过这小修道院，印象是如此深刻而要求特蕾莎在西班牙其他地方设立相似的房子。1567年，她带了一些修女，乘坐一辆简陋的马车，经过70英里的崎岖道路在麦第纳德康波（Medina del Campo）设立了赤足加尔默罗（Discalced Carmelite）修道院。给予她的唯一一所房子是个废弃的、倒塌的建筑，所有的是残墙与漏顶。但当居民看到修女们要住进去时，木匠和建筑工来了，未受请求亦不要求报酬，为她们修补并做简单的家具。

麦第纳的加尔默罗派修道院副院长，希望改革他的纪律松弛的教士，想到特蕾莎并求教其训练的方法。这位副院长很高，但陪同他的一位青年是如此弱小，而使特蕾莎用启发她苦行的幽默，在他们离开时喊道："我主保佑，因我有一个半修道士作为我的新修道院的基础。"这位小的教士名胡安·耶皮斯（Juan de Yepisy Alvary），注定了要成为圣胡安·德拉·克鲁兹（San Juan de la Cruz），即圣十字的圣约翰（St. John of the Cross）——赤足加尔默罗会教士们的灵魂与荣耀。

特蕾莎的困难并没有结束。加尔默罗会的大主教，也许是为了考验她的意志与勇气，任命她为因卡纳西翁修道院的副院长。该地的修女们恨她，并害怕她会为了报复而对她们极尽侮辱之能事，但她的举止是如此之谦恭及仁慈而将她们一个个地争取过来，逐渐地，新的及更严格的制度代替了旧有的松弛，由这个胜利，特蕾莎更进一步在塞维尔设立一所新的修道院。

规则较松的修道士则决定停止此种政策之延伸，有人偷偷地将一名密探伪装为赤足修女派到塞维尔修道院，不久这女人声称特蕾莎鞭笞修女并偷听告解，俨如她是一位僧侣。宗教裁判所被请求去调查她。她被招至可怕的法庭，法官听她的证言，并作判决："你可免于所有的指控……回去并继续你的工作。"但教皇的使节被她的敌人说服。他谴责特蕾莎是个"不服从的、顽固的女人，她假借虔敬散播有害的教战，她违抗她的长者之命令私离修道院，她是有野心的，并教授神学恍如她是宗教的解释者，藐视圣保罗，她禁止妇女教书。"他命她退职而幽居于托利多（1575 年）的修女院。

因在此新的变化中无所适从，特蕾莎写信给国王。菲利普二世曾读过并喜爱她的《生活》一书，他派遣了一位特使请她来觐见；他听了她的辩解，并相信她的高尚品格，教廷之特使被国王谴责，而撤销了他对特蕾莎约束的命令，并宣称他是被蒙蔽的。

她开始旅行，在苦难之中写了著名的带有神秘信仰的著作：《美满之道》（*El camino de la perfección*，1567 年）及《内在之城》（*El Castillo interior*，1577 年），在后一书中她提到她身体的疾病又回来了。"感觉上似乎是许多泛滥的河流冲激在我的脑子里，越过一处悬崖，然后再度地被水浪声所淹没，那是鸟的歌声与啼声，我使我的脑筋倦怠并增加我的头痛。"心脏病复发了，而她的胃感到难以吸收食物。虽然如此，她艰辛地经过她所创建的、检查的、改进的、激励的一个个修女院。在马拉加她被一阵麻痹所侵袭；她恢复了，继续到塞哥维亚、巴利阿多利德、帕伦西亚、布尔戈斯和阿尔瓦去；肺出血迫使她中止行程。她愉悦地接受死亡，深信她要离开一个痛苦及邪恶的世界，并要永远地陪伴基督。

经过一场可耻的竞争，及阿尔瓦和亚威拉二地对其遗体之抢夺后，她被葬在她出生的城镇，虔敬的崇拜者声称她的躯体永不会败坏，而在她的坟墓有着许多神迹的报道，1593年，赤足托钵教派这个团体得到教皇敕准。著名的西班牙人如塞万提斯和维加联合呼吁教皇至少要美化她，要求在1614年达成，而8年后，特蕾莎连同阿波斯特尔·詹姆斯（Apostle James），被宣称为西班牙守护神之一。

同时在西班牙有一位更伟大的人物出现来改革教会并推动世界。

伊格内修斯·罗耀拉

罗耀拉（Don Iñigo de Oñez y Loyola），1491年生于吉普斯夸省（Guipuzcoa）的巴斯克（Basque）之罗耀拉城堡。他是贝特兰·德奥内兹·罗耀拉（Don Beltran de Oñez y Loyola）所生的八子五女之一。被抚育成为一名军人的伊格内修斯受的教育很少，并对宗教没有兴趣，他的阅读限于高尔的阿马狄斯，并喜爱豪侠的浪漫生活，7岁时被遣往唐·胡安·贝拉斯克斯（Don Juan Velasquez de Cuellar）当一名从仆，经由他而有机会接近皇室，在14岁时他爱上了天主教的新后格尔迈内·德富瓦（Germaine de Foix），终于他成了骑士，并选择她为他的"心中的皇后（Queen of Hearts）"，穿着她喜爱之颜色，并梦想在比武中由她手中赢得一块花边手帕。这并不能约束他而使他不发生偶然的恋情与争执，那是一个军人生命的一部分，在他1553—1556年间口述的简单而诚实的自传中，他并未作任何努力去掩盖这些自然的胡作非为。

当他被指派到那瓦尔之首府旁普罗纳（Pamplona），去从事实际的军职时，他的无忧无虑的青年时代结束了。他在那里度过了 4 年光阴，梦想着光荣并执行例行任务，一个彰显他自己的机会来了：法国攻打旁普罗纳，伊格内修斯以他的勇敢激励了防御；然而敌人还是攻陷了城，伊格内修斯的右腿被炮弹所伤，胜利者仁慈地对待他，矫正他的骨骼，将他置于担架送到他祖先的城堡，但骨骼接错了；而必须再打开又再接合，第二次手术结果比第一次还坏，因有一根骨头的一部分穿出腿部；第三次手术使骨骼得以矫正，但腿变得太短，伊格内修斯难耐于数星期之久的矫正架子的煎熬，觉得无望，虚弱和痛苦。

在他恢复健康的那段日子里，他遍览书籍，偏好一些刺激的骑士及危难的公主的故事。但这堡垒的图书馆只由二本书构成：鲁多尔夫（Ludolfus）的《基督的生活》（*Life of Christ*）及《弗洛斯·桑克托鲁姆》（*Flos sanctorum*），记录圣者之生活。起初这位士兵厌烦于这些书籍；然后基督及圣母的形象，对他的影响渐增，而圣者的传奇故事证明其美妙不亚于宫廷恋情与战争之史诗；这些基督的骑士们的英勇完全与卡巴勒罗斯（Caballeros）相同。逐渐地，所有战争中最伟大的是基督教对抗伊斯兰教的战争的想法在心中形成，在他内心，如同在多米尼克教派的托马斯·肯皮斯（Thomas a Kempis）心目中一样，西班牙信仰的热烈使宗教不能成为沉静的信仰，而是一种热烈的冲突，一种神圣的战争，他决定要去耶路撒冷并欲将此圣地由异教徒控制之下解救出来。有一晚他幻想着看到了圣母及其子；此后（他告诉神父）色情的诱惑不再指向他。他起床，跪拜，并发誓为基督及圣母而奋斗，直到他死亡为止。

他曾听说圣杯一度被藏在巴塞罗那省蒙塞拉拉山（Montserrat）的一座城堡之中，有个最著名的浪漫史说到阿马狄斯曾在圣母的形象面前守夜，以为自己获得了成为骑士的资格。一旦伊格内修斯能够旅行，他立刻骑上了驴子向遥远的圣地出发，有时他仍然以为自己是个配备齐全准备战斗的士兵。但在他读过的书中圣者们都没有武器，没有甲胄，有的只是破旧的衣服及最坚定的信仰。到达蒙塞拉拉山后，他以3天的忏悔及苦修来洗涤他的灵魂；他将他昂贵的衣服给了乞丐，而穿着一件粗布圣袍。1522年3月24日、25日两晚，他单独在本尼狄克特派修道院的教堂之中，在圣母面前顶礼膜拜，发誓永固于慈悲与贫穷。次晨，他领了圣餐，将他的驴子给了教士，并迈着软弱的双腿走向耶路撒冷。

最近的港口是巴塞罗那。在途中他曾停留在曼累沙（Manresa）的小村，一个女人指引他到一处洞穴栖身，在一些日子里，他把那里当成了他的家；渴望在禁欲方面超越圣者，他的苦行使他徘徊于死亡边缘；后悔曾过于顾及自己的容貌，他停止洗涤修剪梳理他的头发——不久就脱落了；他不修指甲或洗他的手、脸或脚；他依靠他所能乞求的食物维生，但不沾肉食，一个时期总要斋戒几天；他每天要鞭笞自己3次，每天要花数小时祈祷，一位虔敬的妇人，恐怕禁欲会致他于死，将他带回她家，看护他使之恢复健康，但当他迁到一个在曼累沙的多米尼克修道院的小室，他恢复了自我鞭笞。过去罪恶的回忆使他惊吓；他对自己的身体发起斗争作为其罪恶之代理；他下定了决心，将所有的罪恶想法驱出其肉体，有时这奋斗看似无望，而他曾想过自杀，然而幻觉出现而强化了他；在圣餐礼时他相信他看到的不是一块面包而是活生生的基督；另一次基督及圣母出现在他面前；有一次他看到三位一体之神，并在瞬间洞察中，无法用文字或理性来解释三位一体之神秘；而"在另一次，"他告诉我们，"上帝允准我去了解他如何创造了这个世界"。这些景象治愈了他的精神冲突；他将他年轻的荒唐事置于脑后；他放松了他的禁欲，而已征服了他的躯体。他现在可以洗涤它而无影响，由于他奋斗的经验，几乎有一年之久，他设计了"精神的运动"，能使异教徒的肉体臣服于基督的意志，现在他可能将他自己呈现在耶路撒冷神圣的古迹前。

1523年，他由巴塞罗那开始航行。途中他在罗马停了两星期，在7月14日，他乘船由威尼斯赴雅法，在抵达巴勒斯坦以前他遭遇了许多灾难，但意志支持了他。耶路撒冷本身是个灾难：统治那里的土耳其人允许基督教旅客来此地，但没有改变宗教信仰的想法；而当伊格内修斯建议穆斯林改变信仰时，圣方济各修会人士曾被教皇责成保持和平，而命这位圣者返回欧洲。1524 年 3 月间，他回到巴塞罗那。

也许他现在感到虽然他是他的身体的主宰，但他仍受制于其想象，他决心以教育磨炼他的心志。虽然已 33 岁，他与学童一起研究拉丁文。但教导的欲望强过学习的意志。不久，伊格内修斯，这是对他学术的称呼，开始向一群虔敬而动人的妇女说教，她们的爱人们谴责他是个扫兴者，并无情地殴打他。他在 1526 年迁到亚卡拉（Alcalá），研究哲学及神学。在此地他也教导一个小团体，主要是贫苦的妇女，有的则是渴求赎罪的娼妓。他试着用精神的锻炼去驱逐她们罪恶的倾向，但有些学生陷入癫痫或恍惚，宗教裁判所将其召去。他被监禁了两个月，但终于使宗教裁判官信服了他的正统思想；他被释放了；然而，他被禁止传教。1527 年，他到了萨拉曼卡，并举行相似的宣扬，被宗教法庭审判、监禁、宣告无罪，并禁止再传教。对西班牙失望了，他出发到巴黎去，永远是步行并做朝圣打扮，但现在又驮了书本。

在巴黎，他住在贫民院中，并在街上乞讨食物及学费。他进入蒙塔古学院（Collège de Montaigu），在那里他蜡黄色的、消瘦的脸孔，饥饿的身子，蓬乱的胡须及破旧的衣服，使他成为异类；但他追求他的目标是如此全神贯注而使学生开始尊他为一位圣者。在他的领导之下，他们加入祈祷、苦修和沉思之精神锻炼。1529 年间，他转学到圣巴尔贝（Ste. Barbe）学院，在那里召集了门徒，他的两位室友由不同之途径相信他的神圣。皮埃尔·法贝尔（Pierre Favre-Peter Faber）——一个在阿尔卑斯山的萨伏依（Savoyard）的牧人，深受迷信的或真实的恐惧之害，而在他们的影响之下，曾发誓永葆节操。法贝尔现年 20 岁，在他严谨的举止下，隐藏着一个激烈地挣扎的灵魂以免于肉体之引诱。伊格内修斯，虽然不自命为大智者，却有能力经由其本身之热忱感受他人内在之生命。他猜测他这位年轻朋友的困难，并保证他肉体的冲动能由有训练的意志所控制。如何训练意志？伊格内修斯的回答是经由精神的锻炼。他们在一起锻炼。

另一位室友圣泽维尔（St. Francis Xavier），来自旁普罗纳，罗耀拉曾在那里当过士兵。泽维尔有一长列显赫的祖先；他英俊、富有、骄傲，是一个放荡的纨绔子弟，他熟知巴黎的酒店和酒女。他嘲笑这两位苦行者，并吹嘘其应付女人之得法。然而他敏于学习；他已获有硕士学位，并在攻读博士学位。一天他看到一个人脸孔有梅毒的痘疮，这使他踌躇。有一次，他正在解释他要显赫于世的野心时，伊格内修斯沉静地对他引述了《福音书》的话："一个人若赢得世界而失去灵魂，那他有什么收获呢？"泽维尔憎恨此询问，但他不能忘怀，他开始加入罗耀拉及法贝尔的精神锻炼；也许是他的骄傲刺激他要在忍受剥夺、冷淡及痛苦上而与另二人并驾齐驱。他鞭笞自身、斋戒。穿薄衬衫睡在冰冷的地板上；他们赤着脚并几乎光着身子站在雪地里，去强化并驯服他们的肉体。

精神的锻炼初现雏形，现在有了较固定的形式。伊格内修斯模仿加西亚·西斯内罗斯（Don Garcia de Cisneros）的精神生活训练，他是蒙塞拉特山本尼狄克特教派之院长，他倾入炽热的感情与想象写成一部小书，并使其成为现代历史的一个推动力量。罗耀拉将永远正确的《圣经》及教会作为他的起点；个人对宗教的判断，他认为，是虚伪的骄傲与软弱的意志及虚荣混乱滋生的结果。"我们必须随时准备相信，对我们说来白的是黑的，若教会是如此地下定义的话。"为避免天谴，我们必须训练我们成为上帝毋庸置疑的仆人，和上帝在尘世的代理人，及教会的仆人。

第一次精神锻炼时我们必须回想我们许多的罪愆，并考虑它们应得多重的惩罚。撒旦因一项罪恶而被诅咒。我们每一项罪愆不正像对上帝的反抗吗？让我们在线上做记号来计数我们的罪愆，该线即表示日子，并让我们每天努力去减少记号。跪在漆黑的房间或小室中，让我们尽可能地对我们自己勾画一幅地狱的景象；我们必须凝聚该永恒火焰之恐怖；我们必须想象那被堕入地狱者所受之折磨，听听他们痛苦的尖叫及他们绝望的呼号；我们必须嗅察燃烧硫黄及肉体之臭气；我们必须感受火舌之焦烤我们的躯体；而后我们可以自问，我们如何可以避免那永恒的痛苦？只有经由拯救的牺牲。而上帝他自己，作为基督曾把自己贡献在十字架上。[1] 然后让我们沉思基督的生活，并及于每一个细节。我们必须在想象中现身在世界历史上最意义深远的事件中。我们必须跪拜在那个神圣年代的圣像之前神游，并吻他们衣服的边缘。经过两星期此种默想，我们必须陪伴基督在他受难事迹的每一个步骤，他经过的每一个地点；我们必须与他一同祷告在喀西马尼（Gethsemane），感受我们与他一起被鞭笞、被击打、被钉在十字架上；我们必须体验他的痛苦的每一个时刻，必须与他死在一起，同他一起躺在墓中；而在第四个星期我们必须想象我们自己由墓中胜利地复活，与他一起复活进入天国。被那种保佑的想象所强化，我们应准备好打败撒旦并为基督争取群众，作为忠诚的战士；而在那神圣的战争中我们应愉悦地承担每一个苦难并愉快地贡献我们的生命。

这种终身贡献之号召在巴黎有 9 名学生准备去接受。热忱的年轻人第一次感到世界的不可理解，并渴求在沉重的怀疑与恐惧中有些安全感。他们相信自己最终将免于惩罚，因而将他们的命运、他们的生命及拯救置于罗耀拉的计划之中。他建议在适当的时候他们应该一起到巴勒斯坦，并在那里过着尽可能像基督一样的生活。1534 年 8 月 15 日，罗耀拉、法贝尔、泽维尔、迭戈·莱内斯（Diego Laynez）、阿伦索·萨尔梅荣（Alonso Salmeron）、尼古拉·波巴迪拉（Nicolas Bobadilla）、西蒙（Simon）、罗德里古兹（Rodriguez）、克劳德·勒雅伊（Claude Le Jay）、让·科杜雷（Jean Codure）和帕斯查塞·伯罗埃特（Paschase Broet）在蒙马特尔的一个小教堂，誓守慈悲及贫穷，并保证

---

[1] 请注意，驱策伊格内修斯一生的那种对地狱的恐怖、悔改的苦修，以及因信仰基督以牺牲来救赎而得到的释放（路德有类似的体验）。

他们自己，经过两年进一步的研究，要到圣地去并住在那里。他们还没有打击新教集团的概念，伊斯兰人对他们来说是更大的挑战。他们无意于神学的争论；他们的目标是纯洁；他们的行动植根于西班牙的神秘主义而非当时智识的冲突。最佳的论据是神圣的生活。

1536 年至 1537 年间的冬天，他们步行通过法国，穿越阿尔卑斯山，横穿意大利到了威尼斯。在那里希望发现通往雅法之路。但威尼斯正与土耳其人作战；旅行被中断了。逗留期间伊格内修斯与卡拉法晤面，有个时期加入了西埃廷会（Theatine）。与这些虔敬的教士的相处经验对改变他的计划有些影响，由立志生活在巴勒斯坦转变到为欧洲的基督教服务。他和他的门徒同意，若经过一年的等待，巴勒斯坦仍不得通行，他们将把他们自己奉献给教皇，做他所指定给他们的工作。法贝尔为他们争取到牧师的资格。

这时罗耀拉是 46 岁，他头秃了，仍因他的伤而有点行动不便。他的 5.2 英尺的身躯会使他相当地不受注目，幸好有贵族的高雅外表，尖挺的鼻子与下颌，忧郁的、尖锐的黑色眼珠，严肃的、热心的面容；他已经是专心一意的几乎没有幽默感的圣者。他不是迫害者，虽然他赞成宗教裁判。他是受害者而非其代理人。他严厉但仁慈；他自愿为医院及疫病病患服务。他的梦想是赢取改信者，不是用火葬堆或用刀，而是捕捉可变的年轻人的性格并将之坚定不移地转注到信仰上。他是历史上最成功的教育规范之创始人，他不强调学习或智识。他不是神学家，不参与经院学派之争辩；他较喜直接感受而非理性的了解。他不需要争辩上帝、圣母及圣者之存在；他相信他曾看见过他们；他感觉在他的周遭他们较任何物体或人体更接近他；他的作风表明他是对上帝痴迷的人，然而他的神秘的经验并未使他不切实际。他能够将方法的可变性与目的的不屈性结合在一起。只要最终目的是好的，他不在乎所采取的手段，他能等待，缓和他的希望与要求，调适他的方法以符合性质与条件，需要时使用权谋，精明地判断，选择适当的助手及代理、管理人员，好像他——正如他认为他自己——将领导一个勇武的团体。他用一个军事名称称呼他的小团体，耶稣的骑士；他们是编组的兵士，终身为反对不相信基督及离异分子而战。对他们来说，那是理所当然及必需的。他们在绝对的领导之下接受协调的行动之军事训练。

1537 年秋，罗耀拉、法贝尔、莱内斯由威尼斯出发到罗马去，要求教皇俯允他们的计划。他们步行而往，乞讨食物，并大部分依靠面包及水来维生，但他们一路上欢愉地唱着赞美诗，好像他们知道由他们这个小数目将逐渐成长为一个有力的与光辉的组织。

耶稣会

到达罗马之后，他们并未立即要求觐见教皇，因此时保罗三世正陷入外交危机之中。他们服务于西班牙医院，照顾病患，教导青年。1538 年初，保罗接见了他们，对他们赴巴勒斯坦并欲居住在那里作为典型教士之想法深为感动；保罗及一些红衣主教捐赠了 210 克朗给这个团体做路费。当这些虔敬者必须因其想法之不可行而放弃时，他们将这笔钱还给捐赠者。留在北方的会员被召至罗马，使这个团体有 11 位会员。保罗任命法贝尔及莱内斯为罗马大学教授，而伊格内修斯及其他的人献身于慈善及教育工作。罗耀拉从事一项使娼妓皈依宗教之特别工作；由他的支持者所募集之金钱，他创立"玛莎之家"（House of Martha）；他狂热的反对性的违常的教诲使他在罗马树了很多敌人。制定加入的资格与团体应遵守的规则变得越来越有必要了。

当新的成员被接纳加入此团体时，服从被加到原有之纯净与贫穷之誓言内；这位"将军"由他们选出而应被服从之程度仅次于教皇。第四项誓言被采纳为"侍奉罗马教皇（Roman Pontiff）作为上帝在尘世的代理"和"立即且毫无犹豫及借口地执行在位教皇及其继承者可能加诸他们的责任，即为生灵之利益或信仰来宣扬"，且在世上的任何地方。1539 年，罗耀拉请求孔塔里尼红衣主教将该组织的这些条文交给教皇保罗三世，并请求教皇认可该团体为一个新教派。教皇是赞成的，有些红衣主教反对，认为该团体是无法驾驭的极端主义者；但保罗克服了他们的反对，并以"为地上教会之规则"（Regimini Militantis ecclesiae）之敕令正式建立敕令中所宣称的耶稣会（Societás Jesú）（1540年 9 月 27 日）。耶稣会之名直到 1544 年才出现，而后主要被加尔文及其他的批评者当作一种讥讽用语；伊格内修斯自己从未如此用过。他死后因这个新教派的成功而失去了昔日讽刺的意味，而在 16 世纪成了荣誉的表征。

1541 年 4 月 17 日，伊格内修斯被选为修道会长。其后数日他洗刷盘子并尽职于这最谦卑的工作。在他的余年（他当时是 50 岁），他把罗马当成了他的家，该城市也变成耶稣会永远的总部。在 1547 年到 1552 年之间，经过慎思及试验，他起草了规范，后稍经修改，成为今日耶稣会之戒律。在戒律中最终的权力属于彻底宣誓加入的分子。这将由每一个主教辖区选两名代表，而这些代表——连同主教辖区之领袖教会会长及他的助手——合而为"宗教会议"（General Congregration）。当需要的时候，将可选举一位新的会长，并可授权给他，只要他不犯大错。他有 1 名"劝谏者"及 4 名助理，他们将监视他的每一个行动，警告他的任何严重过失，并在有需要时，召开宗教大会来免他的职。

欲加入之候选人须经历两年的学习，他们依该会之宗旨及戒律而被训练，经历精神的锻炼，履行低贱的责任，并对上级绝对的"神圣服从"。他们必须将个人的意志搁在一边，并使他们自己能像一个士兵一样被命令并像"一具死尸"一样地被指挥；他们必须服从他们的长者就像服从上帝；他们必须同意把他们同事的过失报告给长者，并且不因被报告而心怀怨恨。这种戒律是严格的但是有差别和弹性的；它很少使意志崩溃或摧毁发动力。显然地，去服从的意愿是学习命令的第一步，因这种训练造就了许多能干的并有进取精神的人。

　　那些通过这种试探性的见习修行者可以作"简单的"——可收回的——贫穷、慈悲及服从的誓言，并可进入"第二阶段"。他们有些人将停留在那个阶段作为凡人修士；有些作为"养成学者"，渴望有教士资格，学习数学、古典文学、哲学及神学，并将在学校及学院中教书。那些通过更进一步的测验得进入第三阶段——"养成主教助理"。有些人将升入第四阶段"宣誓加入者"——所有的教士，特别是宣誓承担任何教皇给他们指定的任何工作或任务的修行者。这"宣誓加入者"通常只占整个团体之一部分，有时不及全人数的 1/10。所有人在四个阶段均过着与僧侣一样的生活，但由于他们许多行政的及教学的责任，他们被免除于每日 7 次祈祷。禁欲的执行是不需要的，虽然有时可能被劝告。饮食有所节制，但并无严格的斋戒；躯体及心灵保持者适合任何工作。会员可以保留当他加入教团时所拥有的财产和头衔，但由之而来的收入将缴给团体，该团体并将成为最后之继承者，每一位耶稣会士的财产与行动必须贡献给上帝的伟大的光辉（ad Majorem Dei gloriam）。

　　很少有一个教会能如此确定地拥有同一类的人格。罗耀拉活得够长的了，使他将该规约修改为一成功的有效用的戒律。由他的狭小简陋的房间，他以严厉的权威及优越的技巧指导他的"小军队"在欧洲每一个地方及地球上其他地方行动。他统理该教团之任务，建立并管理两个学院及几个在罗马的慈善机构。在他年老时证明这不适合于他的脾气；虽然对衰弱者仁慈，但他变得对他最亲密的同伴残酷而粗暴。他对自己也很严厉。他常以一把果核，一片面包及一杯水作为食物。他经常只睡 4 小时，甚至每天以半小时的时间他让自己沉湎于天国的幻想与教化。当他死时（1556 年），许多罗马人感觉刺骨的风停止了呼啸，他的一些跟从者混杂着解脱与悲伤之感。人们不能如此快地了解，这位不屈不挠的西班牙人将被证明为现代历史上最有影响力的人。

　　在他死时，该教团约有 1000 名会员，其中 35 人是"立了誓"的。

几经争论而几乎使精神解体，迭戈·莱内斯被选为修道会长；因他在四代以前有犹太人祖先，使他不能为一些西班牙贵族所接受，这些人在教团中颇有影响力。教皇保罗四世，害怕耶稣会会长之职位（由于其为终身职位）可能发展到与教皇权竞争，因而命令将教会会长之任期限制为3年；但庇护四世废除了这项命令，而会长成了（由他的黑色法衣）"黑色的教皇"（the Black Pope）。在博吉亚（Francis Borgia），甘迪亚的杜克（Duke of Gandia），参加该教团并贡献其财富之后，该团体在范围及力量上增长得很快。第三位会长在任时（1565年），共有3500名会员，拥有130间房子，散布在18个省。

欧洲只是它活动的一小部分，耶稣会派遣教徒到印度、中国、日本及新大陆。在北美，他们是冒险犯难及不能被打倒的探险者，忍受每一个苦难，将之视为上帝的礼物。在南美洲他们在发展教育及科学的农业方面比任何其他团体要做得更多。1541年，圣泽维尔乘一艘葡萄牙船离开里斯本，经过一年的旅行及艰辛，他到达了果阿。在那里他去街上以摇铃来招揽听众；他以真诚及口才解释基督之教义，并以愉快地分担他可怜的听众的生活来阐释基督徒的道德，因而他在印度教徒及穆斯林中争取了成千的信仰改变者，甚至使一些受苦受难被放逐的葡萄牙基督徒信服。他的治疗可能由于他那感染人的信心或他的一点医药方面的知识；后来神迹被归附于他，但他自己表示并无此事。教皇的敕令赞扬他（1622年），并称其拥有"舌尖的禀赋"——在需要时说任何语言之能力；但事实上这位英雄式的圣者是个拙劣的语言学者，他花了许多时间记忆坦米尔（Tamil）、马来及日本语证道辞。有时他的信心对他的人道来说是太强了。他促使葡萄牙的约翰三世在果阿建立宗教裁判所，并建议除非有几代的基督教祖先，印度人不能被任命以圣职；他不能忍受一个葡萄牙人向一个本地人悔罪的想法。他终于离开了果阿，因为他的目标太混乱了。"我希望到一个没有穆斯林或犹太人的地方。给我完完全全的异教徒！"——这些人，他认为，较易改变信仰，因较少受另一种信仰之感染。1550

年，他起程赴日本，在途中学习日语。在鹿岛（Kagoshima）登陆之后，他及他的同伴在街上布道，并受到民众谦恭地听从。两年后他返回果阿；他安抚了那里由基督徒所引起之不安，而后乘船赴中国传教（1552年）。备极艰辛后他到达珠江口，中国皇帝认为一个欧洲人进入中国是犯了一项重罪；然而泽维尔没有放弃，他想找到别的出入口。在等待中，他病倒了，他死于1552年12月2日，口中呼喊着："在你，上帝，我怀抱希望；让我永不受困惑。"他当时46岁。

　　耶稣会教士在欧洲也表现出同样的热忱。他们忠于职守，照顾病人，在有瘟疫的时候。他们对各阶层传教，并调适其用语于每一种情况。他们优越的教养与风度为妇女及贵族们所喜爱，终于也为国王所喜爱，他们积极地参与世界的事务，但注意谨慎和技巧，伊格内修斯劝告他们说，较多的谨慎与较少的虔敬比较多的虔敬及较少的谨慎为佳。大致上他们是有高贵道德情操的；虽然他们赞成宗教法庭之裁判，但他们是敬而远之，宁可经由教育之途，他们会员人数有限而只能将教导幼童之事留给他人；他们致力于中等教育；在发现大学被其他教派，或世俗的或新教徒的僧侣所把控时，他们组织了他们自己的学院，并希冀训练那些经过选择的年轻人成为下一代影响力的中心。他们成为那个时代最伟大的教育家。

　　在欧洲重要的地点他们设立了初级研究院（Studia Inferiora）——相当于德国的高等学校（Gymnasien）和法国的公立中学（Lycées）——及高级研究院（studia superiora）——学院。有时，如在科英布拉及卢万，他们能接管现成的大学。他们因免费的教授而使他们的竞争者震惊，课程可能仿自共同生活兄弟会（Brethren of the Common life），在荷兰及德国所设立的学校，有些取自斯特拉斯堡的狂飙课程，有些取材自德国及意大利的人道主义学校。它是基于古典文学并以拉丁文教授；学生禁止用本国的语言，但在假日可以。在较高的年级，经院哲学被恢复了。人格教育——道德的及礼仪的——被给予新的重视，并重新与宗教信仰发生密切的关系，传统的信仰每日再三地教诲，而祈祷、默思、忏悔、圣餐、弥撒及神学以正统之说浸染学生。因此在 16 世纪，只有很少的人脱离正统，人道主义由异教回归于基督教。尽管如此，这个制度仍有严重的缺点：它太依靠记忆，以至丧失了创造力，如同当时其他的课程，它在科学课程方面欠缺，并修订历史以统治现在。如此，独立的思想家培根，不久即批评耶稣会，"像他们那样，我们将永远不会再有进步，我们应当想想这是否是我们需要的"。其后两个世纪，他们的毕业生在几乎每一个行业中有优越的表现，除了在科学研究以外。

在罗耀拉死之前，已有 100 所耶稣会学院。经由教育、外交、热忱，经由有训练的狂热，经由对目标的协调和各种技巧的运用，耶稣会阻遏了新教徒的潮流，并为教会争取了德国的大部分，匈牙利及波希米亚的大部分，基督教波兰的全部，很少有这么小的团体如此快速地达到这种成就。一年又一年，其声望及影响力增加了，耶稣会自其正式建立后 20 年，被认为是天主教改革最辉煌的成果。最后，教会终于敢于召开一次大会，使其成为欧洲长期之向往，并以之来安息神学之争论，治愈其自身之创伤，这要归功于少数耶稣会会员——由于他们的博学、忠诚、谨慎、机智及口才——教皇们依赖他们以保卫自己的权威不受到挑战，以及古代信仰之永不磨灭。

第十一章 | **教皇与会议**
（1517—1565）

教皇处于困境

如果我们以宽容政治家的风度来看待他们，那么宗教改革时期的教皇（也许只有一位例外）都是善良的人。虽然不完全是无私或无罪的，但本质上是庄重的、人道的、睿智的，真正相信教会这个组织对于欧洲人来说，不仅与个人成就，而且与道德的健全和心智的和平有着不可分离的关系。假如一个人不愿意因为贵族的贪心和官吏的贪婪而推翻民众的政府，那么是否更不愿意倾覆那千年以来，用宗教、教育、文学、哲学和艺术滋育欧洲文明，作为文明之母的教会呢？假如已经发现某些教条有助于提高道德与秩序——而对于历史学家或哲学家来说似乎是难以消化的——是否新教徒倡议的教义就更合乎理性或更可信赖，而有足够的理由使欧洲在歧异点上天翻地覆？在任何例证中，宗教信条并不是由少数人的推理，而是由大多数人的需要而决定的。它们由一种信仰之心，使普通人能被塑造成有充足纪律的和自我控制的人，使社会和文明成为可能。假使那种信仰心粉碎了，另一个还会建立起来，然而也许要经过几个世纪道德和心理上的混乱。因为改革者与罗马教会岂不是都同意，道德典范除非由宗教信仰支持，否则将失去效用？对于知识分子来说，是否他们在新教王公下比在天主教教皇下生活得更自由、更快乐？艺术不是在教会的领导下绽放了吗？不是在改革者的敌意下枯萎了吗？有什么迫切的理由要将基督教王国缩小到无可计数的小宗派，互相诋毁、互相抵消，使单个的人失去抵抗的本能？[1]

我们不确定是否这些就是宗教改革时教皇们的感觉，因为活跃的领袖很少发表他们的哲学。但我们可以这样想象利奥十世（1513—1521 年）的心情——他被征召去享有教皇权时，发现教皇的权位已经动摇得很厉害了。他同我们一样——有罪恶感而且也会犯错误，但总是可以原谅的。总体来说，他是最仁慈的人，供给罗马半数诗人的粮食；然而他把布雷西亚的异教徒置于死地，并企图相信分歧的观念可以自人类消失。利奥误以为宗教改革是涉世未深的教士之间无礼的争执；然而，1517 年初，他刚担任教皇时，皮科在教皇和红衣主教面前发表精彩的演说，"以最暴露黑暗的手法描绘腐败深入教会"，并预言"若利奥……拒绝去医治创伤的话，他应惧怕上帝不再使用慢性治疗，而将以火和刀斩断并摧毁有病的肢体"。不顾这种警告，利奥为了保护教皇国，专心致力于在法国和最高权威之间维持平衡；有一位天主教历史学家说："他从不考虑那已成为必要的大规模的改革……罗马的教廷保持着和以前一样的凡俗。"

阿德里安六世的失败是改革可以由外来的一击而发生的最佳证明。坦白地承认滥权而想由高层开始改革，阿德里安被罗马人讥讽和辱骂，认为他威胁了来自阿尔卑斯山以北的金子的供应，经过两年不明智的争辩，阿德里安抑郁而死。

累积起来的风暴爆发在克莱门特七世（1523—1534 年）的头上。在智识和道德上他是最好的教皇之一，悲天悯人、慷慨，卫护被追捕的犹太人，没有性或财政上的放任，终其多灾多难的一生，鉴赏、钟

---

[1] 最博学、最具影响力之一的天主教评论家亨利·里尔（Henry C.Lea）说："路德叛教以前，整个天主教的欧洲容许有更多思想与言论的自由。"

爱、维护意大利的文学和艺术。也许他受了太好的教育不能成为好的行政官。他的优柔智识足够敏锐地察知每一次危机的根源，他的学识削弱了他的勇气，他的寡断使权力分化。我们不能对一个如此有心的人不表同情。他亲眼看到罗马被劫掠，而自己被暴徒和一位皇帝囚禁；他被阻止而不得与亨利八世达成和解，他必须在失去亨利（英格兰）或查理（德意志）之间做出选择。他抗议法国与土耳其人联合时，那个最基督化的国王告诉他，假如教皇再抗议，法国将由教皇国分裂。从来没有一位教皇身在圣职而过得如此艰辛。

他的错误造成大灾难。他误估了查理的性格与力量而招致罗马之劫时，他带给教皇权威的打击使法国北部放弃了对罗马的效忠。他加冕那个允许那次攻击的人时，他甚至丧失了在天主教王国里的尊崇。他之所以屈服于查理，部分原因是缺乏抗拒的物质力量，部分是因为害怕反叛的国王会召开一个俗人和僧侣的大会，将夺取教会和世俗的权柄，这将会使教廷屈服于猖獗的国家，也因为国王可能骂他为杂种。假如他具有他叔叔洛伦佐·美第奇于1479年在那不勒斯表现的勇气，克莱门特可能会采取主动并召集会议，而在他的放任的领导之下可能改造教会的道德与教义，并拯救西方基督王国。

他的继承者最初看似拥有智识与性格的所有条件，生在富有而有教养的家庭，由彭波纽斯·莱图斯（Pomponius Laetus）教以古典文艺，在佛罗伦萨的美第奇家族中长成为一个人文主义者，受到教皇的宠幸，25岁即被任命为红衣主教，在艰难的外交使命中证明他的勇气，而在红衣主教团中居于毫无疑问的优势地位，1534年全票当选为教皇。亚历山德罗·法内斯（Alessandro Farnese），即保罗三世，被公认为在基督教世界中是适当的人居于适当的高位。他拥有的尊荣并不因为他在被任命圣职（1519年）前生了4个小孩而略有挫折。然而他的性格如同他的经历，表现出不定与矛盾，他就像一根破败的石柱，介于他爱好的文艺复兴和他不能了解或原谅的宗教改革之间。单弱的身板，在15年的政治和内政风暴中生存下来。具有他那个时代所有的智识，他依赖占星家来决定言行，甚至决定一次觐见的最有利的时间。他有强烈的感情，虽有时被激而发怒，他的自我控制是有名的。切利尼曾被他囚禁，形容他是一个"对上帝没有信心或身无一物之人"。这似乎是很极端，但保罗确实对他自己有信心，直到最后几年，他子孙的行为削弱了他生存的意志。他因所犯的罪过而受到处罚；他恢复了偏袒亲戚之风，把皮亚琴察和帕尔马给了他的儿子皮耶路易吉，把卡梅里诺给了他的孙子奥塔维奥，授红帽给他 14 岁和 15 岁的侄子，擢拔他们而不顾他们狼藉的声名。他有个性而无道德，有知识而无智慧。

他认可由改革者引导出对教会批评的合理，而若非教会的修正是妥协的唯一阻力，他可能已终止了改革。1535 年，他派遣韦尔基里奥探测新教领袖对参加一次大会的态度，但他不保证在已界定的信仰或在教皇的权威上做任何基本的改变。韦尔基里奥由德意志带回来的是坏消息，他报告说那里的天主教徒怀疑教皇对召开会议的诚意，而斐迪南大公抱怨说他找不到一个听告解的神父而同时不是一个通奸者、醉汉或是无知的人。保罗在 1536 年又试了一次，他任命彼得·沃斯特（Peter van der Vorst）与路德派安排有关会议的条件，他受拒于萨克森选帝侯，一无所成。最后保罗以教会累积的努力与他的批评者达成一项和解：他派孔塔里尼红衣主教参加累根斯堡的会议，他毫无疑问对天主教改革运动是有诚意的。

我们无法抑制对这位老迈的红衣主教的同情，他在 1541 年勇敢地迎着亚平宁山和阿尔卑斯山 2 月和 3 月的寒雪，致力于宗教和平而荣耀一生。每一个累根斯堡人对他的朴实、单纯和善意印象深刻。他以圣者的耐心周旋于天主教的埃克、普夫卢格和格罗珀及新教的梅兰希顿、布塞尔和皮斯托里乌斯之间，在原罪、自由意志、受洗、坚信和宗派方面达成协议。5 月 3 日，孔塔里尼愉快地写信给法内斯红衣主教："感谢上帝！昨天天主教徒的神学家们在释罪方面达成了协议。"但在圣餐方面未发现可接受的妥协。新教徒不承认一位教士能够把面包和酒变为基督的身体和血液，而天主教徒感觉若放弃变体之说即放弃了弥撒和罗马礼仪的真正内涵。孔塔里尼回到罗马时已被失败和悲哀弄得疲惫不堪，并被一位保守的正统信仰者红衣主教卡拉法烙以路德派之名。保罗不清楚自己是否能够接受孔塔里尼签订的规则；然而他给予孔塔里尼友善的欢迎，并任命他为波隆那的罗马使节。在抵达该处 5 个月之后，孔塔里尼死去了。

　　宗教政治变得更加混乱而迷惑。保罗想到如果新教能与教会妥协，则将给查理五世以如此团结与平静的德意志，皇帝可能把箭头自由地转向南面并联合其北面和南部意大利地区，结束教皇们世俗的权力。弗朗索瓦一世同样害怕德意志的和解，指责孔塔里尼羞耻地向异端投降，并保证全力支持教皇，若教皇愿意坚定地拒绝与路德派和解——弗朗索瓦向他寻求联盟。保罗似乎已经决定了，即宗教的谅解可能招致政治上的毁灭。1538 年，以聪明的外交手法，他将查理和弗朗索瓦联合在尼斯签订停止敌对的协定。查理在西面安全了之后，保罗促使查理向路德派进攻，查理在接近胜利时（1546 年），保罗收回了曾给予他的教皇的领域，因为他害怕一个没有新教徒问题的国家，会企图征服全意大利。教皇暂时变成了新教徒，并视路德主义为教皇国的保护者——如同苏里曼曾经是路德主义的保护者一样。同时他的另一面盾牌反对查理——弗朗索瓦一世联合土耳其人，他们几次威胁进攻意大利和罗马。对于一个受困扰和被包围的教皇，他的一些犹豫是可以被原谅的，他仅有一小部分军队，被一种仅有弱者才珍视的信仰保护着。据说查理得知保罗正向法国求助时，这位皇帝如此说道：教皇在老年得了一种传染病，那通常是年轻人才得的法国病。

　　保罗没能停止新教，也没造成任何重大的改革，但他使教皇权力复生并恢复了他的伟大与影响力。他到最后一直都是一位文艺复兴教皇。他鼓励并资助米开朗基罗和其他艺术家，他以新建筑美化了罗马，以萨拉·雷吉亚（Sala Regia）和卡佩拉·保利纳（Cappella Paolina）美化梵蒂冈，参加盛大的宴会，欢迎淑女们到他那一桌，在他的宫廷中接见音乐家、滑稽演员、女伶和舞蹈家;甚至他80多岁时,这位法内斯也不是个扫兴的人,提香以一系列逼真传神的绘像把他留传给我们。最好的一幅(藏在那不勒斯博物馆)表现出这位75岁高龄的教皇仍然健壮,他脸上的皱纹映着国家与家庭的问题,但他的脑筋没有向时间低头。3年后,提香绘了一幅预言性的画像(也在那不勒斯),记录了保罗和他的侄子奥塔维奥和亚历山德罗:教皇,弓着身子,焦虑,似乎怀疑地询问奥塔维奥。1547年,保罗的儿子皮耶路易吉被暗杀;1548年,奥塔维奥反抗了他的父亲,并与保罗的敌人缔结协定使帕尔马成为帝国的采邑,这位老教皇被他的孩子们击败,向死亡投降了。

尤里乌斯三世取错了名字,他本身并没有尤里乌斯二世具有的男子气概、权势和伟大的目标。然而,他宁可恢复利奥十世的捷径,奢侈地享受着教皇权,如同改革已随路德之死而去。他狩猎、维持宫中弄臣、豪赌,钟爱斗牛,把照顾他的猴子的一个仆从提升为红衣主教,给罗马带来文艺复兴时异教艺术新道德的最后尝试。在波尔塔·德罗·波波洛(Porta del Popolo)之外,他有维尼奥拉,而其他的人为他建造了美丽的维拉·帕帕·朱利奥(Villa di Papa Giulio,1553年),并使之成为艺术家、诗人和宴会的中心。他平和地适应查理五世的政策。他不合时宜地患了痛风,试图以斋戒治疗;这位美食主义者似乎死于饮食的节制,或如有人所说死于放荡。

教皇马尔塞鲁斯二世几乎是一位圣者,他的道德生活无懈可击,他的虔敬是深厚的,他的起用人员可为后人模范,他为教会改革的努力是真诚的。但他死于任职后第22天(1555年5月5日)。

接着,红衣主教们选出了教会中改革运动的灵魂和代表人物,禁欲的乔万尼·彼得罗·卡拉法为教皇,并取了保罗四世之名(1555—1559年)。已经79岁的他,固执己见,并以坚定的意志和热烈的情绪执行。这几乎是不适合他的年纪的,一位佛罗伦萨的大使写道:"这位教皇是一个铁人,他走过的每个石头都会迸出火花。"他出生在贝内文托附近，在他的血液中带着南意大利人的热情，而火焰似乎永远在他深邃的眼中燃烧，他有如同火山般的脾气，而只有西班牙大使，受到阿尔瓦军团的支持，敢于同他意见相左。保罗四世憎恨西班牙曾统治过意大利，如同尤里乌斯和利奥十世曾梦想驱逐法国人，这位精力充沛的 80 岁老人的第一个目标是将意大利教皇国由西班牙帝国的统治下解放。他谴责查理五世为一个秘密的无神论者，是一个疯母亲的狂儿子，是一个"身心俱残"的人，他给西班牙人民烙以闪族的废渣之恶名，并发誓永不承认菲利普为米兰的总督。1555 年 12 月，他与法国的亨利二世和费拉拉的埃尔科莱二世缔结将所有西班牙或帝国的武力逐出意大利的和约，若胜利，教皇国将可获得锡耶那，法国人可以得米兰并保有那不勒斯为教皇的采邑；而查理和斐迪南将因为在奥格斯堡接受了新教的条件，被解除职位。

菲利普二世这位最热心支持罗马教会者，发现自己不得不与教皇权交战。他勉强地命令阿尔瓦公爵率领他的那不勒斯军队到教皇国，在数星期之内，这位公爵连同 1 万名熟练的部队，推翻了教皇弱小的力量，占了一城又一城，劫掠了阿纳尼，攫夺了奥斯蒂亚，威胁了罗马（1556 年 11 月）。保罗批准了法国和土耳其间的条约，而他的大臣卡尔罗·卡拉法红衣主教呼吁苏里曼攻击那不勒斯和西西里。亨利二世派遣了一支由吉斯率领的军队进入意大利。它征服了奥斯蒂亚使教皇欢欣，但法国在圣昆丁的战败迫使吉斯带着他的部下匆匆回到法国，而阿尔瓦在没有抵抗下，行进到罗马城下。罗马人发出恐惧的呻吟，希望他们那鲁莽的教皇死不安枕。保罗看到这进一步的敌对可能重蹈恐怖的罗马之劫的覆辙，甚至可能迫使西班牙脱离罗马教会。1557 年 9 月 12 日，他与阿尔瓦签订和约，后者提供宽大的条件，对他的胜利表示歉意，而且吻了这位被征服的教皇的脚趾。所有夺取到的教皇土地都归还了，但西班牙统治那不勒斯、米兰和支配教皇权柄被肯定了。王权战胜教皇权如此彻底，因而斐迪南由查理五世（1558 年）取得帝国头衔时，他被选帝侯们加冕，没有教皇的代表被允许参加典礼的任何部分。这终止了教皇加冕神圣罗马帝国皇帝的仪式。

不管是否愿意解除战争的重担，保罗四世在他教皇的剩余任期内，致力于宗教和道德的改革。他慢慢地解除了放纵的秘书卡尔罗·卡拉法红衣主教的职务，并放逐他两个辱及其教皇职位的侄子。一世纪以来盛行的偏袒亲戚之风终于被逐出了梵蒂冈。

检查制度与宗教裁判所

在这位钢铁般的教皇之下，出版物的检查达到最严重的程度与范围，而宗教裁判在罗马和西班牙变成一种几乎不人道的恐怖。也许保罗四世感到检查文学作品和扑灭异端是教会不可避免的责任——对新教和天主教都一样——是由上帝之子订下的。因为如果教会是神圣的，它的敌对者一定是魔鬼的代言人，而反抗这些魔鬼的持续的战争是一个受侮辱的上帝的宗教责任。

检查制度几乎与教会一样的古老。艾菲索斯的基督徒，在阿波斯特勒斯（Apostles）时代烧掉了号称价值 5 万片银子的"奇怪的艺术"，而艾菲索斯会议（150 年）禁止流传非正典的《保罗行传》（Acta Pauli）。在不同的时代，教皇命令焚毁《塔木德》和其他犹太人的书籍。威克利夫和以后的新教徒对《圣经》的翻译受到禁止，因为认为含有反对天主教的绪论、注解和修改。印刷术使教会的忧虑增加，严厉地禁止印刷品在教会内的流通以防止教会成员被虚假的教义腐化。拉特兰举行的第五次会议（1516 年）敕令从此以后没有教会的检查和允许，书籍不准印行。世俗的权力者也对没有获得允许的出版物设了限制：1508 年威尼斯的元老院，沃姆斯的会议，查理五世和1521 年弗朗索瓦一世的敕令，1542 年巴黎议会的禁令。而且，查理在 1543 年把教会控制出版伸张到西班牙统治的美洲大陆。第一本禁书的书目索引在 1544 年由索邦神学院发表，第一份意大利禁书清单在 1545 年由宗教裁判所发表。

　　1559 年，保罗四世第一次刊行了教皇准许与禁止的书籍的索引，它点出了 48 种《圣经》的异教版本，而且把 61 名印刷者和出版者置于禁令之下。1519 年以来，任何天主教徒阅读的书中，都明确记载著者、印刷者的名字、出版的地点和时间。此后，任何书必须获得教会的印行许可方可阅读。书商和学者们抱怨这些措施会妨碍或毁灭他们，但保罗坚持不改。在罗马、波隆那、那不勒斯、米兰、佛罗伦萨和威尼斯，成千的书籍被焚毁，在威尼斯每天 1 万册。保罗死后，教会的领袖指责他采取的方法太激烈而且不加选择，特伦特会议废弃了他的索引，并颁布了比较有秩序的禁令，即 1564 年的特伦特索引（Tridentine Index）。为此索引而设立的特别会议成立于 1571 年，它定期地修订和发行清单。

　　判断检查制度的影响是困难的。帕奥罗·萨尔皮（Paolo Sarpi）是一位曾当过教士而反对教权者，认为索引是"从未有过的最好的秘方——使人呆痴"。它也许是导致 1600 年以后的意大利和 1700 年以后的西班牙知识衰落的原因之一，但经济和政治因素更重要。根据英国历史学家断定，自由思想在天主教国家比在新教国家生存得更好。《圣经》的绝对主义，由新教神学者推行，到 1750 年证明对独立研究和思辨之害甚于这部索引和教会的宗教裁判。无论如何，人文主义运动在天主教和新教国家中逐渐衰弱了；重视生活的文学荒芜了；学习希腊文和对异教经典的爱好衰退了；胜利的神学家指责意大利的人道主义者是傲慢、放荡的无神论者。

　　书籍的检查，在保罗四世将之委托于宗教裁判所（1555 年）后就比较松弛了。这项制度首先建立于 1217 年，在文艺复兴教皇们的宽大之下，逐渐丧失其权力与声望。最后与新教徒协调的企图在累根斯堡失败之后，新教的教义在意大利出现，甚至在僧侣之间，而整个城市如卢卡和摩德纳威胁着趋附新教，红衣主教乔万尼·卡拉法、罗耀拉和查理五世敦促恢复宗教裁判所。保罗三世屈服了（1542 年），任命卡拉法和其他 5 位红衣主教重新组织，并授权他以将权力委之于基督教王国中指定的传教士。卡拉法以他习惯的严格，设立了总部和一个监狱，并为他的属下立了规则：

　　1. 信仰有问题时，不得延误，但有疑虑时，严格的手段必须采取，而且须全速进行。

　　2. 不须对任何诸侯或教士表现任何关切，不论其地位有多高。

　　3. 宁可采取极端严苛的手段来对付任何以权势来保护他们自己的人。只能等到他完全忏悔，才可以温文和父亲的关切去对待。

　　4. 一个人不应对任何一种异端容忍并降低他自己，尤其是对加尔文派教徒。

　　保罗三世和马尔塞鲁斯二世限制了卡拉法的热心，并保留了赦免上诉权。尤里乌斯三世无意干涉，因而在他的任期之内，几个异教徒在罗马被烧死。1550 年，新的宗教裁判所下令审判任何不对抗新教而布道的天主教士。卡拉法成为教皇保罗四世时，这个组织的工作全力进行，在他"超人的精力"之下，红衣主教塞尔皮潘多说："宗教裁判所获得了如此一个名声，因而不能从世界上任何其他审判席找到更恐怖和更受憎恶的判决。"裁判者的管辖范围延伸到亵渎上帝、买卖圣职、鸡奸、一夫多妻、强奸、淫媒，违反教会规律的斋戒，及许多其他的与异端无关的行为。我们再引述一位天主教历史学家的话：

　　这位急躁而轻信的教皇乐意听到指责，甚至最荒诞不经的……裁判官经常在教皇的催促之下，在许多事件中查出异端，然而一位平静而慎重的观察者不会发现有一点异端的迹象……忌妒者和中伤者积极地工作，想由那些反对裁判官的教会的支持者的话中找出嫌疑，加以无稽的异端分子的指责来对付他们……一个真正的恐怖统治开始了，使全罗马充满了恐惧。

在愤怒的高潮时（1557 年 5 月 31 日），保罗下令捉拿乔万尼·莫罗内，他是摩德纳教区的大主教；而且在 6 月 14 日命令波尔红衣主教放弃他在英格兰的使节权并返回罗马接受有关异端的审判。教皇说，红衣主教团本身也受到异端的影响。波尔受到玛丽皇后的保护，她拒绝将教皇的诏令交给波尔。莫罗内被指控签署了累根斯堡协定，而且在他的管辖权之下对异教太宽大，并被控与波尔、维多利亚·科隆纳、弗拉米尼奥及其他危险分子为友。经过 18 天在圣安吉罗堡的囚犯生活，他被裁判官宣布无罪，并欲将他释放，但他拒绝离开地牢，除非保罗认为他无罪。保罗不愿意，莫罗内继续当犯人，保罗死后才被释放。弗拉米尼奥以假装濒于死亡来欺骗裁判官，但保罗说"我们已把他的兄弟切萨雷焚死在米纳瓦教堂前的广场"。以公平的意志，这位疯狂的教皇追踪他那些有异教嫌疑的亲戚。"假如我的父亲是个异教徒，"他说，"我也要找些木头来烧死他。"

幸而，保罗死了，结束了为期 4 年的统治。罗马以 4 天疯狂的暴动来庆祝他的死亡，群众拆下他的塑像，又拖到街上，把它丢到台伯河，烧掉了宗教裁判所的建筑，释放了囚犯，毁坏了所藏的文件。教皇可以反驳说只有他的固执、严苛和勇气才能改造罗马教会的道德和教会的浮滥，就这一点而言，他的前任都是失败的。可惜的是，在改造教会时，他记得托尔克马达，而忘了基督。

1559 年的会议选出乔万尼·安吉罗·美第奇为教皇庇护四世时，全西欧松了一口气。他并不是美第奇家族的百万富翁，而是米兰一位收税员的儿子。他学习法律以维生，得到保罗三世的赞扬与信任，被任命为红衣主教并赢得睿智与仁慈的声名。作为教皇，他避免战争，谴责那些赞成侵略政策者。他没有终止宗教裁判，但他让裁判官知道他们"更能使他高兴，若他们能行以君子般的有礼而非野人般的粗暴的话"。有个疯子认为他太宽仁而想暗杀他，但教皇冷静而无防御地经过他的时候，他因敬畏而麻木了。庇护四世有礼而坚定地推行前任的宗教改革。他以允许德意志的大主教去供给圣餐所用的面包和酒作为安抚。他再度召开特伦特会议，并得到有系统的结论。1565年他去世了。

特伦特会议（1545—1563）

　　远在路德之前，有许多呼声要求召开会议以改革教廷。路德恳求教皇召开一个自由的、一般性的会议，查理五世要求这样一个会议能够把新教问题处理掉，并惩戒克莱门特七世。那位焦虑的教皇能找到上百个理由来延期会议，直到他能掌控为止，他记起了康斯坦茨和巴塞尔会议对教皇权的作用；而他也不允许有敌对的天主教或帝国的代表窥伺他的政策、内政困难及他的出身。除此以外，会议对这种情况有何帮助呢？路德不是斥责了会议也斥责了教皇吗？若新教徒被允许参加会议和自由发言，引起的争执将使裂缝更宽而扰乱整个欧洲；而他们被排除，他们可能会引起反叛的狂热。查理希望会议在德意志举行，而弗朗索瓦一世拒绝让法国僧侣参加一个屈服于帝国统治下的集会，再者弗朗索瓦希望在帝国后面的新教徒的火焰继续燃烧。

　　保罗三世也像克莱门特一样心怀忧虑，但他更有勇气。1536年，他诏令于1537年5月23日在曼图亚举行大会，并邀请新教徒参加，他认为所有参加会议的各方都应该接受会议的结论。但新教徒在那里居少数，几乎不能接受这种约束。路德建议不参加，而施马尔克阿尔登（Schmalkalden）的新教会议将教皇的邀请书原封退还。皇帝仍然坚持会议应该在德国召开；在意大利，他认为那将因太多意大利主教的参加，而变成教皇的傀儡。经过许多谈判与延误，保罗同意会议在特伦特召开，虽然那里意大利人居多，但属于查理的领土。会议诏令在1542年11月1日召开。

　　但法国国王不愿参加。他禁止在他的王国内刊行教皇的诏示，并威胁逮捕任何参加在他敌人领土上举行的会议的法国僧侣。会议开始时，只有少数几个意大利大主教参加，使保罗将会议延期到查理和弗朗索瓦允许一个完全会议的召开为止。克里皮和会似乎清除了障碍，保罗要求会议在1545年3月14日召开。现在由土耳其人带来的危险迫使皇帝再与新教徒妥协。他要求再度延期，一直到1545年12月13日，"第十九届全基督教会议"在特伦特召开了。

　　甚至开端也是不吉利的，与会者未达到一半。教皇已80高龄，留在罗马遥远地主持会议，他派遣了3位红衣主教代表他——德尔·蒙特、切尔沃尼和波尔。特伦特红衣主教马德鲁佐、4位大主教、20位主教、5位修道院院长和一些神学家参加了这次会议，其很难称得上是"全基督教"的会议。在康斯坦茨和巴塞尔的会议中，僧侣、诸侯和一些俗人连同修道院院长都能投票，票数以人头来计算；所以意大利的主教们——大多因负债或其他的原因而忠于教皇——以多数控制了会议。留在罗马的教皇准备了能够付诸讨论的问题。因为会议称这些问题是由圣灵指导的。一位法国代表表示，三位一体的第三位是放在信差的袋子里由罗马来到特伦特的。

　　第一项辩论是有关程序问题的：先界定信仰而后考虑改革，还是相反？教皇和来自意大利的支持者希望先对教义有所界定。而皇帝和他的支持者希望先改革。查理希望借此缓和、削弱或使新教徒更分裂；法国和西班牙的代表希望改革能减少教皇对主教和会议的权力，一项妥协方案达成了；联席会议将准备对教条与改革的决议，将其依次提呈会议。

　　1546年5月，保罗派了两位耶稣会教士莱内斯和萨尔梅龙在神学和教皇权方面协助他的使节；后来又派了彼得·卡尼修斯和克劳德·勒杰伊。耶稣会教士的博学使他们在辩论中有巨大的影响力，而他们不屈服的正统学说的信守，引导会议对改革的观念宣战，而不是寻求妥协或团结。不对新教让步可以弥补裂缝，很明显是大多数人的判断。新教教派分歧众多，因而没有妥协可以满足一部分而不触犯另一部分。任何对传统教条的基本改变将会使整个教义结构与天主教的稳定性被削弱，承认俗人有教士的权力将损及教士们和天主教会的道德权威，而那种权威对于社会秩序是不可或缺的。很明显，植根于信仰的神学理论会因屈服于个别的论断的妄想而失去本身的作用。所以第四次会议（1546 年 4 月）再次肯定了《尼西亚信经》，宣示了教会传统与《圣经》有相等的权威，解释和阐明《圣经》是天主教会的独占权，并确定拉丁文的哲罗姆的《圣经》（*Vulgate of Jerome*）是严谨的翻译和正本。托马斯·阿奎那被指名为对正统神学权威的解释者，他的《神学大全》（*Summa Theologica*）被放在祭坛上，地位仅低于《圣经》和《教令集》。天主教教义作为宗教的不会谬误的权威，实际始自特伦特会议，并以一种不妥协的反应的形式抗衡新教、理性主义和私见。

但若信仰如此重要，是否其本身就足以值得拯救，如同路德宣称的那样？第五次会议（1546 年 6 月）对这点有激烈的辩论。一位主教抓住另一位的胡须，拔了一手的白毛；皇帝在听到这种消息之后，告诉会议说，若他们不能平心静气的话，他将要派一些使节到阿迪杰使他们冷静。波尔为一个论点争辩而与路德的论点如此相似，因而卡拉法责他为异端。波尔从争辩中撤身而出，到帕多瓦，理由是身体不佳，不再参加会议。塞尔皮潘多红衣主教为已死的孔塔里尼的妥协办法而辩护，但莱内斯劝使会议全力反对路德，而强调善举和自由意志的重要。

宗教改革的方法比教义的界定较不受重视。圣马克主教在 1546 年 1 月 6 日的会议，以绘制一幅晦暗的图画来表现世界上的腐败横行腐蚀了会议。他认为后世绝不会超越，而他将这种退化完全归因于本堂牧师的邪恶。路德派的异端，他认为主要是由僧侣们的罪过引起的，而对僧侣的改革是压抑背叛的最佳途径。在这次会议中，唯一达成的重要改革是禁止主教们离开他们的教区居住或有多个住所。会议建议教皇改革达塔利亚应先由理论的建议再到实际的指引。然而，保罗希望改革之事留在教皇权限之内；而当皇帝坚持在会议中加速讨论改革时，教皇告诉他的使节们建议把会议移到波隆那，因为它在教皇国之内，其行动较易于罗马控制。意大利的主教同意，而西班牙和帝国的使节们反对。一场小瘟疫出现在特伦特，使一位主教死亡。居多数的意大利代表们移到波隆那，其余的留在特伦特。查理拒绝承认波隆那会议，并威胁要在法国另外召开会议。经过两年的争论与策略运用，保罗屈服了，终止了波隆那会议（1549年9月）。

保罗死后情况缓和了。尤里乌斯三世与皇帝达成谅解：为报答查理保证不支持任何减低教皇权的做法，他再度于1551年5月在特伦特召开会议，并同意路德派信仰者可以旁听。法国的亨利二世憎恶这种教皇和皇帝之间的妥协，拒绝承认这个会议。集会时，人太少而不得不延期。9月1日再度集会，参加的有8位大主教、36位主教、3位修道院院长、48位神学家，以及勃兰登堡的选帝侯约阿希姆二世及查理和斐迪南派来的使节们。

第13次会议（1551年10月）再度认定天主教教义中的变体论：僧侣在领取圣体的酒和面包时，真实地把它们变成基督的肉体和血。因而似乎不必再听新教的意见了，查理却坚持。符登堡大公爵，萨克森选帝侯莫里斯和南德城市选出几位新教代表，而梅兰希顿起草路德派教义的宣言要提到会议之中。查理给这个代表团安全通行证，但这些人也需要由会议取得安全通行证。经过许多讨论之后获得允准。然而有一位多米尼克教派的教士，在会议举行的大教堂中，传播《圣经》传说中的有毒的莠草的故事，并指出异端这株莠草可能还要持续一段时间，但最终会被焚毁。

1552年1月24日，新教徒代表在会议中演说。他们建议康斯坦茨和巴塞尔会议的宣言中对会议有优于教皇的权力这一点应被肯定；目前这个组织的会员应由他们对尤里乌斯三世的效忠誓言中解放出来；而所有会议达成的决定应予以取消；因而应该由一个有新教徒参加的扩大的宗教会议来重新讨论那些问题。尤里乌斯三世禁止讨论这些建议。会议表决延迟对他们采取行动，直到3月19日，另外的新教徒到达时。

就在延期之中战火蔓延到了神学之争。1552年1月，法国国王与德国的新教徒签署同盟；3月，萨克森的莫里斯侵向因斯布鲁克；查理逃亡，没有武力可以阻止莫里斯攻取特伦特和吞下会议——若他想要那么做的话，主教们一个接一个地消失，4月28日会议正式地停止了巴苏条约，斐迪南向新教徒的军事胜利者在宗教自由上让步。他们对会议不再有兴趣。

保罗四世认为在他的任期内让会议冬眠是明智的。庇护四世，一位仁慈的老人，认为对二者教友的承认可以使新教徒妥协，如同他对待波希米亚人。他在1561年4月6日敕令会议再在特伦特召开，并邀请了所有基督教的诸侯们，不分天主教和新教徒。对这个新的会议，法国的代表们带来了他们所要改革的项目表：本国语的弥撒，面包与酒的圣餐会，僧侣的婚姻，教皇权附属于大会，结束教皇的特赦和豁免权。明显地，法国政府在当时有一种半新教徒的倾向。斐迪南一世已成为皇帝，附议这个提案，而且表示"教皇……自身应谦卑，并改善自己、他的国家和宗教会议"；圣者的传奇应予以净化，修道院也应该改革，"使他们巨大的财富不再被如此浪费掉"。情势对庇护四世不利，他的使节们对会议的开始则怀着忐忑不安的心情。

经过散漫或策略性的延误之后，第17次会议在1562年1月18日召开，有5位红衣主教、3位族长、11位大主教、90位主教、4位修道院院长和其他天主教诸侯的俗人代表参加。在斐迪南的请求之下，任何新教代表愿意参加就可以得到安全通行证，但是没有一个人去。格拉纳达和查理大主教、洛林红衣主教领导了减少教皇特权的运动，认为主教拥有的力量并非来自教皇而是来自直接的"神圣权力"。而塞哥维亚主教重申路德异说之一的看法，否认教皇对其他主教在早期的教会中有超越的地位。主教的叛乱被教皇代表们议会的技巧、忠于教皇的意大利和波兰的主教及教皇对洛林红衣主教适时的礼遇扑灭。最后教皇的权力没有削减反而扩大了，而每一个主教必须发誓完全服从教皇的命令。斐迪南为保证终止会议而妥协，允许教皇以两种方法管理圣餐。

基本的争论过去了，会议迅速地了结有待解决的事情。教士的婚姻被禁止，并宣布对僧侣的纳妾处以重罚。又执行了许多改革以增进僧侣的道德和纪律。并设立神学院以使愿意取得教士资格者得以训练他们的节欲和虔敬。宗教法庭的权力受到限制。订下了改革教会音乐和艺术的规则，裸体像应予适当的遮蔽以避免刺激感官的想象。又区别对肖像的崇拜与由其代表的人物崇拜；后者在坚定信仰的意义上是为教会赞成的。炼狱、宽容及向圣者祈祷，受到保护并再加界定。会议坦白地承认引发路德叛乱的滥权行为，有道敕令写道：

> 为给予宽容，会议敕令所有非法所得应自此完全放弃，以其为基督教人民之间的可悲的腐败泉源，至于其他来自迷信、无知、不敬或不论其他原因而引起的混乱，不能由特别的禁令铲除——会议责成每一位主教找出在他自己教区内存在的恶习，将之告知邻近的宗教会议，并在其他主教同意之下，报告给罗马教皇。

教皇和皇帝同意现在会议已经统一了认识，达到了预期目的。1563 年 12 月 4 日，在疲惫的代表们愉快的欢呼声中终于被解散了。教会的方针被固定了好几个世纪。

相对的改革运动在其主要的目的上成功了。在天主教和新教国家，人们继续说谎与偷窃，引诱妇女与卖官鬻爵，杀戮与制造战争。但教士们的道德改进了，文艺复兴的意大利由狂乱的自由被驯服为与人类的要求相适宜。娼妓原是文艺复兴的罗马和威尼斯的主要产物，现在受到了打击，讲求贞洁又变得时髦。出版或发行淫秽书刊在意大利被认为是大忌，弗朗哥，这位阿雷蒂诺的秘书和敌人，为了他的普里亚佩亚而被庇护五世下令吊死。这些新规则对艺术和文学的影响无疑是有害的；巴洛克式的艺术由不名誉中怯生生地出现了；而从纯文学的角度，塔索、瓜里尼和戈尔多尼并非突然地由博亚尔多、阿廖斯托和戏剧家马基雅维利的水准中降低。西班牙文学和艺术的伟大时代在"天主教改革"的全盛时来临，但在文艺复兴的意大利那种欢愉的特质消失了；意大利的妇女丧失了来自改革以前的自由所产生的魅力和兴奋；一个健全而有心的道德在意大利产生了一个几近纯净的时代。修道院制度恢复了，从自由意志观点来看，崇尚思想自由的文艺复兴因教会与政治的检查而终止，对于人类来说是个损失；而在意大利和其他地方，科学正要打破中世纪枷锁时，宗教裁判的恢复是一个悲剧，教会有意地牺牲知识阶级以迎合虔敬的多数人，他们对观念的压制以防止使他们得到安慰的信仰解体。

教会的改革是真实而永久的，虽然教皇的君主式政体被称赞为对抗会议的主教的贵族统治，但那是那个时代的精神。各地弥漫贵族政治时，除了法国以外，教皇们无不将权力让给了国王们。教皇现在在道德上比主教优越；而宗教改革所需要的训练能由统一而非由分散的权威来引导将更有影响力，教皇终止了他们的滥用私人，又袪除了教会法庭耗资的拖延与声名狼藉的贪污。教会的行政，依非天主教学者的说法，变成效率和正直的典范。漆黑的忏悔室被应用（1547年），而且成为必需的，教士不再被美丽悔罪者引诱，宽大的贩卖者消失了；宽大更多地保留给虔敬的奉献者和慈善者，而非给财政的资助者。天主教的教士们并未因新教或自由思想的推进而退却，他们仍试图掌握年轻人的心灵，并效忠于权力。耶稣会的精神、信心、肯定、积极和纪律，变成了战斗教会的精神。

总之，那是一次令人惊讶的复兴，是新教改革中最辉煌的产物。

结语 | 文艺复兴、宗教改革与启蒙运动

　　文艺复兴与宗教改革是近代史的两个源泉，也是近代生活中知性与道德的两个敌对的根源。人会由于好恶和传承而互相分化，会感激文艺复兴解放人的心智和美化人生，或者会感谢宗教改革鼓舞了宗教信仰和道德意识。伊拉斯谟与路德的争论会持续下去。

　　依某种意义而言，这是种族战争与地缘战争，是拉丁人与条顿人之争；是空气清爽、多愁善感的南方与多雾、严肃的北方之争；一边是被罗马征服后接受古典遗产的民族，一边是抵抗罗马——也有征服罗马的——喜爱自己的根本与气候，而不是希腊人的天赋或罗马人的法律的民族。意大利与德意志在形成近代的心魂方面分道扬镳：意大利回到古典文字、哲学与艺术，德意志却恢复了早期的基督教信仰与仪规。意大利在第二次征讨德意志方面几乎是成功的——这回是在什一税与人文主义方面；德意志一样起而抵抗，驱逐罗马教会，逼使人文主义者沉默无语。宗教改革斥责文艺复兴及其强调现世的事务与愉悦，而独独回到了中世纪以人世的成就及欢乐为琐屑与无益的方面，认为人生是泪水之谷，召唤罪人皈依信仰、悔改与祷告。对于已经有了马基雅维利与阿雷蒂诺的作品可读的意大利人而言，这近乎是中世纪的反动，是信仰的时代在理性时代挣扎着的青春期的回复。这时的

意大利人已听到蓬波纳齐的大名，而文艺复兴时期教皇们的统治又很松懈，他们看到路德、加尔文、亨利八世保留了中世纪教规的所有令人讶异的教条，反而舍弃了中世纪基督教的真正精神，不免觉得好笑。

真诚信神的天主教徒对宗教改革有不以为然的说辞。他们一样谴责什一税，但是要摧毁教廷是他们做梦也想不到的。他们了解僧侣们越来越不像样了，但是他们以为世上应有让人沉思、研究、祈祷的地方与机构。他们接受《圣经》的全部，只是附带两项条件：基督的律法已经取消了摩西的律法，而天主教会是神子所立，理应与《圣经》具有同等的权威，也应有解释《圣经》和使《圣经》调适于变迁中的人生的权力。要不然，如果让《圣经》中歧义和显然矛盾的字句留给各人去自由解释和判断，那会发生多严重的问题——那岂非使《圣经》让千千万万的心智去撕成碎片，也使基督教分裂成千百个相争不已的教团？

近代的天主教徒从近代生活的每一方面继续他们一贯的论辩。"你们强调信仰而反对工作是有害的，你们的宗教貌似虔敬，心里隐藏的却是冷漠；百年来慈善事业几乎在你们几个胜利的心中死去。你们停止了忏悔，却在人们的灵魂里引生本能与文明间争斗的千百种紧张，虽然现在你们用各种令人难以置信的形式来复原那个有治疗作用的机构，但是太迟了。你们几乎摧毁了我们建立的所有学校，也逼使天主教会创办的大学软弱到死亡的边缘。你们的领袖也承认，你们瓦解信仰的结果，在德意志与英格兰导致了危险的道德败坏。你们纵容的个人意义，使道德、哲学、企业与政府陷于一团混乱。你们把所有的愉悦与美从宗教中剥除，而用魔鬼与恐怖来代替；你们酷责人类大众应受天谴而永不能得救，而以'选民'和'得救'来安慰傲慢的少数人。你们使艺术的生长窒息，你们胜利的地方，却使古典的研究萎谢。你们把天主教会的产物移转到国家与富人手里，使穷人更穷，却还要罪责不幸的人。你们原谅高利贷与资本主义，却剥夺了仁慈的天主教会赋给工人休息的假日。你们拒斥教皇权柄，只是高捧了国家。你们赋予自私的主仆们决定他们子民的宗教之权力——宗教许可了他们的战争。你们使国与国分裂对立，使许多国家和城市对自己不利；你们毁坏了国际对各国权力的道德审核，产生各民族国家间的混战局面。你们自己招供，你们拒绝了神子所创的天主教会的权威，却准许了绝对独裁，提升各国国王的神权。你们很不聪明地破坏了'圣道'的力量，使在金钱与剑之外别无选择。你们要求私下做判断的权利，可是你们得手之后，却不再给别人。你们不能宽容叛教者，比我们的更不可理喻，因为我们从不辩称自己是宽容的；人们除非漠不关心，不然怎能宽容。同时，看看你们的私自判断引出什么结果来。每个人无形中都自以为是教皇，在他的年岁不够成熟，尚不足以体会宗教在社会与道德方面的功能及人们对宗教信仰的需要时就判断教义。某种导致碎裂的狂热，在没受到任何统整的权威影响之下，导致你们的徒众陷于荒谬与残暴的争执，人人开始疑虑所有的宗教，基督教本身也会解体，而人们在面对死亡时精神上也就没什么防卫了；我们天主教会在各种意见与争辩的泛滥中，在各种科学与哲学的时髦中，不是屹立无恙吗！当你们之中的真正基督徒开始了解，而把你们个性与知性的骄傲托付给人类的宗教需求，不再介意这个不幸时代的那些渎神的意识形态而回到能保存宗教的这一圈时，我们不是一直把我们的羊群照顾得好好的吗？"

新教徒听了这项指控，会有什么答复呢？

"可不要忘记了导致我们发生歧见的原因。你们天主教会在实践与人事方面早已腐败，你们的僧众不再发生作用，你们的主教们都是市侩，你们的教皇是基督教世界丑闻最多的人；你们的史家不正是这样招供的吗？诚实的人呼吁你们改革，而同时又死心塌地地忠实于天主教会；你们答应改革，佯装改革，实际上毫无诚意；相反，像胡斯及布拉格的杰罗姆这类人，由于极力呼吁改革，都被你们活活烧死了。你们曾千百次试图从内部改革，在我们的宗教改革迫使你们行动之前，却总是失败；甚至当我们起而反叛之后，连想要清理天主教会的教皇都成了罗马城中的灾柄呢！

"你们认为自己造出了文艺复兴而沾沾自喜，殊不知文艺复兴进行中的不道德、暴力及欺诈狡黠，是从尼禄以来的欧洲所未曾听过的；我们誓反这些在梵蒂冈里耀武扬威的异教徒难道不对吗？我们并不否认宗教改革初始时曾有短暂的道德颓堕出现。然而要重建宗教基础与行政业已崩溃的道德生活总得花上一段时间。到后来，新教地域上的道德就远比天主教的法国与意大利好得多了。我们愿意把心智上的觉醒归功于文艺复兴，然而道德生活的康复却是宗教改革的功劳。知性的舒展之上，又增加了性格的强化。你们的文艺复兴只有贵族与知识阶级享受到。它冷眼看待平民，对摊贩及僧侣从神学上图利却装作视而不见；这种在人们的希望与恐怖上的大肆敲诈难道不应该受到挑战？我们之所以要拒斥你们乱置在教堂里的那些画像与雕像，是因为你们容许人们崇拜那些形象的本身，每每这些被尊为圣的偶像游行经过大街时，你们都要人们跪向他们。我们宁可让我们的宗教奠基在坚强积极的信仰上，而不要那些让人们当作心灵药物用的礼拜仪式。

"我们之所以尊崇世俗的权威当局为圣，就像你们自己的神学家们早在我们前面做过的一样，是因为社会秩序需要受尊敬的政府来维护。我们之所以拒绝教皇权威，是因为他们并不用那权威来仲裁正义，反而用来增进他们的物质利益。你们那些只顾自己的教皇不能统一全欧来组成对抗土耳其人的十字军，某些不诚实的教皇远在宗教改革之前就已破坏了基督教世界的统一。尽管我们支持国王们的神权，我们也在英格兰、苏格兰、瑞士及美国支持民主政治的发展，而你们的僧众却在法国、意大利及西班牙屈从国王；我们反叛你们天主教会的权威，破除专制暴政的迷梦，使欧洲人不再信任所有宗教的与世俗的极权。你们认为我们使穷人更穷，然而这也已经成为过去的事。最初剥削穷人的那个资本主义，如今已经增加了一般平民的财富，远非往常可堪比拟；而新教的英格兰、德意志及美国的生活水准，也确实比天主教的意大利、西班牙和法国为高。

"即使今天你们比过去强壮，那也是我们造成的。要不是宗教改革，还有什么会逼使你们改革罗马教廷，把你们的教职人员从纳妾的堕落中救赎出来，让真正的宗教人士，而不是异教徒登上教皇宝座。今天你们的僧职人士有如此团结的美名，你们又能归功于谁呢？归功于特伦特的宗教会议吗？然而特伦特宗教会议之所以有成，若不归功于宗教改革，又能归功于谁呢？若没有这个会议的审核，你们天主教会恐怕将继续从基督教堕到异教去，到后来你们的教皇统辖的恐怕将是一个不信神的、享乐的世界，即使你们天主教会因我们的压力而再生之后，接受你们教规的人还是比较忽略宗教，更怀疑基督教，接受宗教改革的人就不如此了。把法国和英格兰拿来比就清楚了。

"我们已经学会使宗教的虔敬与心智的自由取得协调；使科学与哲学最能开花结果的人都生活在我们新教的土地上。我们希望调整基督教义，使它能适应知识的进步——而你们天主教会拒不承认已往四百年的所有科学。想想，若要人类有所进步，你们这样能办得到吗？"

人文主义者也起来论辩，而且还肩挑评估新旧教的责任。

"新教的精神重视知性，而知性是善变的，这是新教的光荣，也是它的弱点；天主教的力量在于不依附科学理论，从史学的体验观之，科学理论很少能够立足百年。天主教教义最适合那些很少听到哥白尼、达尔文、斯宾诺莎、康德的学说的人的宗教需要；这类人很多，而且又多子嗣。但是，一个重视知性、强调布道的宗教，一旦发现这个曾经容纳神子的行星，在日益扩张的宇宙里，原只不过是太空中迁流着的小沙粒，而主牺牲生命去救赎的物种也不过在生命的梦幻中生存片刻时，将何以自适？而且，一旦发现他们那唯一不坏的信仰基础《圣经》，从主的道变成希伯来的文学、变为保罗的神秘神学，面对这样更高的批判，新教会有怎样的变化？

　　"近代心灵的真正问题并不存在于天主教与新教之间，也不在宗教与文艺复兴之间，而是基督教与启蒙运动之间。启蒙运动的时间很难追记清楚，大约是随弗朗西斯·培根而起始于欧洲，志在理性、科学与哲学。就像艺术是文艺复兴的主调，宗教是宗教改革的灵魂，科学与哲学也就成为启蒙运动的神。从这个立足来看，文艺复兴的确传承了欧洲心灵发展的主流，后来导出了启蒙运动；而宗教改革却逸出常轨，排斥理性，重新肯定中世纪的信仰。

　　"然而，尽管有宗教改革原先的不宽容，它在两方面还是对启蒙运动有所贡献：它破坏了教条的权威，产生了上百个在以往应该火烧的教团，容许他们激烈争辩，到后来使理性成为各教团找寻理由的依据（除非他们有了别人无法抵抗的实力武装）。在这些争辩中，在攻击与防卫中，所有的教团与权威都软弱下来；在路德高呼信仰万岁100年后，弗朗西斯·培根声称知识就是力量。17世纪的思想家，笛卡儿、托马斯·霍布斯、斯宾诺莎、约翰·洛克，都提供哲学来取代宗教。18世纪，爱尔维修（Helvetius）、霍尔巴赫、拉梅特利公然主张无神论，而伏尔泰则因为信神而被骂为冥顽不灵。这是基督教面临的挑战，这个危机的深邃远非天主教与新教对中世纪教规的不同解释可比。"

　　我们现在回顾这千余页的漫谈时，发觉我们对所有的斗士都能同情。我们能了解路德看到罗马的腐败与统辖时的愤怒，德国王公眼看着在德国聚集的资财养肥了意大利时的焦虑，加尔文与诺克斯急欲建立标准的公益社会的热诚，及亨利八世要求子嗣与国内威权的欲望。但是我们也能了解伊拉斯谟的祈望以及没有被恨毒化了的教会的改革；对像孔塔里尼那样虔诚的高僧眼看着曾经是西方文明的看护而依然防范不道德、混乱与绝望的天主教会即将陷于解体时的那种失望，我们也是能够感觉到的。

　　所有的努力都没有失败。虽然个人死了，然而只要他于人间有所留传，他就未尝死去。新教的出现及时帮助了欧洲道德生活的再生，而天主教会经过自身的净化之后，已经成为政治上衰弱而道德上比以前更坚强的组织。从战场的烟火中燃起了一道教训：任何宗教必须在竞争中求生存是最好不过的。若不面临挑战而显得至高无上，它就会趋向不宽容。宗教改革带来的最大礼物就是提供这种信仰上的竞争，使每种宗教奋力而为，提醒它们应当宽容大量，并把自由的热望与尝试带给我们脆弱的心灵。

波斯萨非王朝的国王阿巴斯一世和莫卧儿王朝皇帝贾汗季。他们标志着伊斯兰世界在16世纪末处于衰败前夜的顶峰状态。

| 波斯学者、神秘主义诗人拉赫曼·贾米最著名的诗集《七宝座》中的微画插图。

波斯文学中最伟大的浪漫主义叙事诗诗人内札米《五卷诗》中的情景——霍斯罗偷看西琳洗澡。

| 《演奏音乐的三位女子》（1530年）。音乐在繁荣的佛兰德斯公民社会里充满活力。

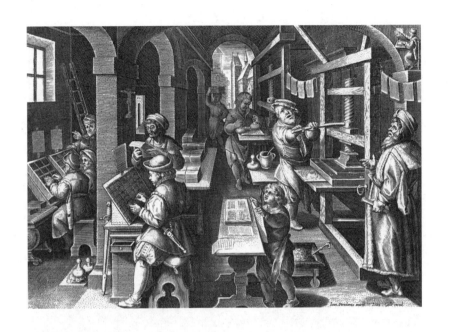

| 印刷厂的工作场景。印刷术的发展为思想的传播和意识形态的解冻打下了良好的基础。

| 16世纪德国绘画繁盛期重要艺术家之一老克拉纳赫。

上 《黄金时代》（老克拉纳赫，1530年）。

下 《春之女神》（老克拉纳赫，1537年）。

上 | 《圣神家族》（老克拉纳赫，1509年）。

下 | 《商人乔治·盖兹画像》（小霍尔拜因，1532年）。

《尼古拉斯·克拉策肖像》（小霍尔拜因，1528年）。

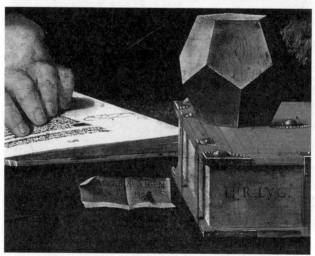

意大利数学家卢卡·帕齐奥里奥里桌前放满了几何工具：石板、粉笔、圆规和十二面体模型等，而他正在证明欧几里德定理。

《救世主的世界》。同样题材的作品通常表现末世论的观念，但在地理发现和观念革新的背景下，这幅画中有一种年轻的朝气。

波兰天文学家哥白尼。

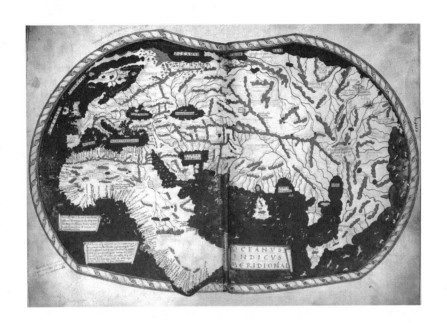

德国人马尔特鲁斯于1489年绘制的世界地图。

左 托勒密天体仪。托勒密体系认为地球是宇宙的中心，这一学说被哥白尼的日心体系取代。

右 16世纪的天文钟。天文钟可以显示某一时刻太阳、月亮和其他主要行星的相对位置。

《圣特蕾莎的狂喜》（贝尼尼，1645—1652年）。西班牙修女、天主教神秘主义者圣特蕾莎特别强调修行生活中的苦行和冥想。

| 天主教会第19次普世会议特伦特会议，1545年至1563年举行。